〔乾隆〕甘肃通志

（下册）

〔清〕许容 监修　李迪 等撰
刘光华 等点校整理

甘肃省地方史志办公室 组织策划

兰州大学出版社

图书在版编目（CIP）数据

[乾隆]甘肃通志 ：全两册 ：整理点校本 / （清）许容监修 ；（清）李迪等撰 ；刘光华等点校整理. -- 兰州：兰州大学出版社，2018.9
ISBN 978-7-311-05458-8

Ⅰ. ①乾… Ⅱ. ①许… ②李… ③刘… Ⅲ. ①甘肃—地方志—清代 Ⅳ. ①K294.2

中国版本图书馆CIP数据核字(2018)第213297号

责任编辑 张国梁 雷鸿昌
封面设计 郇 海

书 名 〔乾隆〕甘肃通志(全两册)
作 者 〔清〕许 容 监修 李 迪 等撰
刘光华 等点校整理
出版发行 兰州大学出版社 (地址:兰州市天水南路222号 730000)
电 话 0931-8912613(总编办公室) 0931-8617156(营销中心)
0931-8914298(读者服务部)
网 址 http://press.lzu.edu.cn
电子信箱 press@lzu.edu.cn
印 刷 天水新华印刷厂
开 本 880 mm×1230 mm 1/16
总 印 张 120.5
总 字 数 2680千
版 次 2018年9月第1版
印 次 2018年9月第1次印刷
书 号 ISBN 978-7-311-05458-8
总 定 价 980.00元(上、下册)

甘肃通志目录下

甘肃通志卷之第三十　名宦[①]一

名臣硕辅，秉节保厘[②]。良牧〔一〕循吏[③]，绾符守土[④]。保障岩疆，功在社稷。劳心抚字，泽在生民。当时沐其恩膏，奕代[⑤]传其政绩。召棠[⑥]岘碑[⑦]，遗泽犹新。考其时代，传其姓氏。芳型[⑧]虽远，吏道之师。志名宦。

甘肃总制文武大臣

秦

蒙恬，恬世为秦将，秦既并天下，使恬将三十万众北逐戎狄，收河南[⑨]。筑长城，因地形，用制险塞[⑩]〔二〕，起临洮，至辽东，延袤万余里。于是渡河，据阳山[⑪]。逶蛇而北，居上郡[⑫]。是时，蒙恬威振匈奴。

---

① 名宦：地方志书中常见类目，收录历史上曾在当地为官，政绩斐然、声望显著并且泽被地方者，一般记其姓名籍贯、仕宦经历，录其突出的事迹和功业。

② 秉节保厘：秉持气节和操守，保护和治理百姓。

③ 良牧循吏：尊奉法令、依循道理的良善地方官。

④ 绾符守土：操持印信和符节，掌握地方政权，守卫国家疆土。守土，地方官员都有守土之责，就是保卫国家疆土。

⑤ 奕代：累世，世世代代。

⑥ 召棠：典故，出自西周名臣召伯。召伯行巡南土，布政施化，深得民心，《诗经·召南·甘棠》即百姓为怀念、歌颂召伯而作。后世“召棠”成为颂扬官吏深得民心、政绩卓著的典故。

⑦ 岘碑：典故，出自西晋羊祜。“岘”指“岘山”，在今湖北襄阳境内，“碑”指岘山上的“堕泪碑”。羊祜曾担任都督荆州诸军事，坐镇襄阳十年。在此期间屯田兴学，以德怀柔，深得当地百姓拥戴。羊祜死后，当地百姓闻之落泪，感念不已，在岘山立碑表彰羊祜的政绩，表达怀念追思之情。

⑧ 芳型：名宦任职时的作为堪称典范、楷模。

⑨ 河南：即今内蒙古河套黄河以南的地区，先秦秦汉时期这一区域水草丰美，一度被匈奴占据。

⑩ 用制险塞：修筑长城时，因地制宜，利用天然的险要地形、地势作为防御屏障。

⑪ 阳山：山名。位于黄河河套的北河以北，内蒙古阴山西北。

⑫ 上郡：郡名。战国魏文侯置，治所在肤施县（今陕西榆林市东南鱼河堡附近），辖境相当今陕西北部及内蒙古乌审旗等地。

汉

卫青，字仲卿，平阳[①]人。初为侍中，后为大中大夫。元光六年，拜车骑将军，击匈奴，出上谷[②]，至笼城[③]，斩首虏数百。元朔二年，又取河南地，为朔方郡[④]，封为长平侯。后上郡、朔方数被寇掠，元朔五年，令青将三万骑出高阙[⑤]御之，大捷，获其裨王[⑥]十余人，及众男女、牲畜皆为汉得。还至塞，天子使使者持大将军印，即军中拜青为大将军，诸将皆以兵属，立号而归，益封青六千户。

霍去病，大将军青姊子也。善骑射，再从大将军出塞，斩首虏二千余级，得相国、当户[⑦]，斩单于大殳行籍若侯产[⑧]，生捕季父罗姑比，封冠军侯。元狩三年，以骠骑将军将万骑出陇西[⑨]，逾乌盭[⑩]，涉狐奴[⑪]。转战六日，过焉支山[⑫]千余里，合短兵，鏖皋兰下，杀折兰王，斩卢侯王，执浑邪王子及相国、都尉，首虏八千九百六十级，收休屠祭天金人，益封二千二百户。其夏，与合骑侯敖[⑬]俱出北地[⑭]，异道，

---

① 平阳：县名。治所在今山西临汾市。

② 上谷：郡名。战国燕置，治所在沮阳县（今河北怀来县东南），辖境相当今河北张家口市小五台山以东，赤城县、北京市延庆县以西，内长城和昌平县以北地。

③ 笼城：即龙城，“笼”同“龙”，匈奴单于的驻牧地。

④ 朔方郡：郡名。西汉元朔二年（前127）置，治所在朔方县（今内蒙古杭锦旗北什拉召一带），辖境相当今内蒙古伊克昭盟西北部及巴彦淖尔盟后套地区。

⑤ 高阙：阴山山脉的南北向的山口，即狼山石兰计山口，是穿越阴山山脉的重要山口。

⑥ 裨王：匈奴王名号，小王的统称。

⑦ 相国、当户：相国即相邦，避刘邦讳。匈奴官名，二十四长皆设，在裨王之下、都尉之上。当户，匈奴官名，二十四长皆设，在都尉之下、且渠之上。

⑧ 大殳行籍若侯产：殳与叔通，行，辈分。《史记》作“单于大父行”，指单于的叔祖，即单于祖父的兄弟。籍若，匈奴侯号，产，单于叔祖之名。

⑨ 陇西：郡名，战国秦昭襄王二十八年（前279）置，治所在狄道县（今甘肃临洮县南），辖境相当今甘肃陇山以西、黄河以东、西汉水和白龙江上游以北、祖厉河和六盘山以南之地。

⑩ 乌盭：山名。盭，音lì，古戾字。

⑪ 狐奴：水名，即今石羊河。

⑫ 焉支山：山名。祁连山的一条支脉，位于今张掖市山丹县境，山中产一种花草，其汁液酷似胭脂，妇女以之涂唇，因之得名。

⑬ 敖：即公孙敖（？—前96），汉朝将领，多次跟随卫青出击匈奴，以功封为合骑侯。

⑭ 北地：郡名。战国秦置。治所在义渠县（今甘肃宁县西），辖境相当今宁夏贺兰山、山水河以东及甘肃环江、马莲河流域。

去病深入，过居延，攻祁连山，捕斩甚多，益封五千四百户。日亲贵，比大将军。其秋，浑邪王与休屠王谋降汉，去病将兵迎之，浑邪王裨将有贰志，欲遁去。去病驰入，与浑邪王相见，斩其欲亡者八千人，遂独遣浑邪王乘传①先诣行在所，尽将其众渡河，降者数万。天子嘉之，益封千七百户。减陇西、北地、上郡戍卒之半，以宽天下徭役。元狩四年，上令青、去病各将五万骑出塞外，去病躬将所获荤粥〔三〕之士②，约轻赍③，绝大幕④，获其大纛⑤与主帅三人，将军、相国、当户、都尉八十三人，封狼居胥山⑥，登临瀚海，益封五千八百户。卒，谥景桓。

李息，郁郅⑦人，武帝元鼎间为将军。西域〔四〕既通，置河西郡。后先零羌⑧合兵十余万围枹罕⑨〔五〕，息与郎中令徐自为将兵十万人击平之，始置护羌校尉，持节⑩统领焉。

赵充国，字翁孙，陇西上邽⑪人，后徙金城⑫。昭帝末与霍光定策立宣帝，封营平侯，为后将军。宣帝神爵元年，西羌杨玉等背畔。充国年七十余，上老之，使御史丙吉问："谁可将者？"对曰："无踰老臣者矣。"又问："将军度羌虏〔六〕何如？当用几人？"曰："百闻不如一见，请行至金城，图上方略。"乃大发兵，充国将之，上屯田便宜十二事，留屯湟中⑬。二年五月，充国奏："羌本可五万人，除斩降溺饥死者，定计遗脱不过四千人。羌靡忘等自诡必得，请罢屯田〔七〕。"奏可，充国振旅而

---

① 乘传：乘坐邮驿系统的车马，此处指乘坐专车。

② 荤粥之士：霍去病将降附或俘虏的游牧部族中精壮者收入帐下组成的一支劲旅。

③ 约轻赍：约束命令士兵只携带少量的粮食物资，以便进行长途奔袭。

④ 绝大幕：横渡匈奴作为屏障的蒙古中部大荒漠。

⑤ 大纛：大旗，军队主帅的帅旗。

⑥ 狼居胥山：山名。今蒙古国境内的肯特山。霍去病在狼居胥山代天子行封礼，后封狼居胥成为武将的最高荣誉。

⑦ 郁郅：县名。治所在今甘肃庆城县。

⑧ 先零羌：西羌民族的一种，活动在河湟流域。

⑨ 枹罕：县名。治所在今甘肃临夏回族自治州。

⑩ 持节：持有皇帝颁发的符节，代表皇帝，可便宜从事。

⑪ 上邽：县名。治所在今甘肃天水市秦州区。

⑫ 金城：郡名。西汉始元六年（前81）置，治所在允吾县（今青海民和县南古鄯镇北古城），辖境约当今甘肃兰州市以西，青海省青海湖以东的河、湟二水流域和大通河下游地区。

⑬ 湟中：湟水流域，本是羌人游牧的区域，水草丰美，土地肥沃，宜农宜牧。

还。秋，羌人先零等共斩杨玉首以降，初置金城属国以处之。

来歙，字君叔，新野[①]人。建武初拜大中大夫，时方以陇蜀为忧，歙请行说嚣[②]，嚣遂遣子恂入质，拜歙为中郎将。帝谋西收嚣兵，与俱伐蜀，复使歙喻旨，嚣迟疑不决，歙怒，杖节就车而去。八年，分精兵二千余人，从番须、回中袭略阳，斩嚣守将金梁，因保其城。嚣悉兵数万围之，斩山筑堤，激水灌城，歙与将士固守。帝大发关东兵上陇，嚣众溃走。诏歙帅诸将入天水，击破公孙述将。复攻，拔落门[③]，隗嚣支党及天水属县皆降。后又击破襄武贼。时饥流相望[④]，乃倾仓廪转运诸县，以赈赡之，于是陇右遂安，而凉州亦通。

马援，字文渊，茂陵[⑤]人。王莽末避地凉州，隗嚣甚敬重之，以为绥德将军，与决策。使觇蜀，还曰："不如专意东方。"[⑥]嚣乃使援奉书洛阳，世祖岸帻[⑦]迎笑，援曰："臣远来，陛下何知非刺客，而简易若是。"世祖笑曰："卿非刺客，乃说客耳。"援叹服。及还〔八〕，帝使来歙持节俱西，援说嚣遣子入质，援因归洛阳。会嚣更狐疑，援数以书责嚣，嚣怨援，遂拒汉。八年，帝西征，至漆[⑧]，援于帝前聚米为山谷，指画形势，开示军所从道径，遂进兵至高平第一城[⑨]，嚣众大溃。拜援大中大夫，副来歙监诸将，平凉州。西羌寇边，来歙奏言："陇西侵残，非援莫能定。"玺书拜援陇西太守，乃发兵击破先零。援奏置长吏、缮城郭、起坞候，开导水田，劝以耕牧，郡中乐业。后拜新息侯。

---

① 新野：县名。治所在今河南南阳市。

② 嚣：即隗嚣（？—33），天水成纪人。新莽末被地方豪强拥立，据有天水、武都、金城等郡，自称西州上将军，割据一方。

③ 落门：聚落名。天水冀县有落门聚，是守卫天水的重要门户。

④ 饥流相望：饥民流民众多，充满道路，前后相望。

⑤ 茂陵：汉武帝的皇陵。汉代徙陵制度，迁徙豪强、二千石高官居于帝陵周边，形成"陵邑"，故汉武帝陵寝周边形成的陵邑也称茂陵。

⑥ 东方：即光武政权。马援使蜀，推断公孙述政权没有前途，建议隗嚣归附光武政权。

⑦ 岸帻：头巾戴得高，露出额头。这里指光武帝穿着率性随便，接见马援时禁卫措施不严格。

⑧ 漆：县名。治所在今陕西彬县。

⑨ 高平第一城：高平，县名，治所在今宁夏固原市原州区。因地处秦陇北塞，扼六盘咽喉，为关中屏障，自古以来是战略要地，城池坚固，有"高平第一城"之称。

冯异，字公孙，颍川[①]人，通《左氏春秋》《孙子兵法》。从光武起兵，诸将论功，异常独屏树下，军中号大树将军。建武六年，诸将上陇，为隗嚣所败，诏异军栒邑，大破行巡军。隗嚣乘胜遣将王元、行巡取栒邑，异先据之，以逸待劳。元赴之，异建旗鼓而出，巡军惊乱，大破之。于是北地诸豪长耿定等，悉畔隗嚣降异。于是使异领北地太守事，进军义渠[②]，青山豪帅肥头少卿率万余人降异。异又讨卢芳将贾览等，于安定破之，复领安定太守事。公孙述遣赵匡等救隗纯，异以天水太守攻匡等，皆斩之。

马武，字子张，南阳湖阳[③]人，光武时封扬虚侯。显宗初，烧当羌反，寇陇西，败太守刘盱于允街[④]，守塞诸羌皆叛〔九〕。拜武捕虏将军，与王丰等将四万兵讨平之。

寇恂，字子翼，上谷昌平[⑤]人。初，隗嚣将安定高峻，拥兵据高平第一城，帝使待诏马援招降之，后复叛，据高平坚守。帝使耿弇围之，一岁不拔。帝欲亲征，恂谏止之，遂奉玺书，西行至第一城。峻遣军师皇甫文出谒，辞礼不屈，恂斩之，遣其副归。峻惧，即日出降。诸将皆贺，因曰："敢问，杀其使而降其城，何也?"恂曰："皇甫文，峻之腹心，其所取计者也。今来而不屈，必无降心，全之则文得其计，杀之则峻亡其胆，是以降耳。"

耿弇，字伯昭，扶风茂陵人。光武即位，拜建威大将军。建武八年，从上陇，与中郎将来歙分部徇〔十〕安定、北地，诸营堡〔十一〕皆下之。

温序，字次房，太原祁[⑥]人。建武六年拜谒者，迁护羌校尉。序行部至襄武[⑦]，为隗嚣别将苟宇所拘劫，序曰："受国重任，义不贪生。"宇等晓譬之，序大怒叱宇等，因以节挝杀数人。贼众争欲杀之，宇止之曰："此义士死节，可授以剑"。序受剑，衔须于口，顾左右曰："既为贼所迫杀，毋令须污土。"遂伏剑而死。光武闻而怜之，赐冢葬焉，除三子为郎。

---

① 颍川：郡名。秦王政十七年（前230）置，治所在阳翟县（今河南禹州市），辖境相当今河南登封、宝丰以东，尉氏、郾城以西，新密以南，叶县、舞阳以北地区。

② 义渠：古族名。主要分布于陇东地区，中心在今甘肃宁县西。秦在此设县，为义渠县。

③ 湖阳：县名。治所在今河南唐河县湖阳镇 。

④ 允街：县名。治所在今甘肃兰州市红古区。

⑤ 昌平：县名。治所在今北京市昌平县东南。

⑥ 祁：县名。治所在今山西祁县东南七里祁城。

⑦ 襄武：县名。治所在今甘肃陇西县东南。

马贤，史失其字、籍。永初七年，贤以骑都尉[①]，与侯霸击零昌别部牢羌[②]于安定，元初元年击号多[③]于枹罕〔十二〕，皆有斩获。及庞参[④]军败，抵罪，贤代领校尉事。四年，贤与中郎将[⑤]任尚并击狼莫，贤先至安定青石岸，狼莫逆击，败之，会尚兵到高平，因合势进至北地，大战，破之于富平河[⑥]上，狼莫走死。六年，勒姐种[⑦]与陇西种羌号良等通谋，欲反，贤击斩号良于安故[⑧]，众皆降散。永宁元年，上郡沈氐〔十三〕种羌五千余人寇张掖，贤将万人往击之，斩首千八百级，获生口千余人，余悉降。时当煎种大豪饥五等，以贤兵在张掖，乃乘虚寇金城，贤还军，追之出塞，斩首数千级。初，饥五同种大豪卢忽、忍良等，别留允街而首鼠两端。贤率兵召卢忽，斩之，因放兵击其种人，忍良等皆亡出塞。玺书封贤安亭侯，是岁，建光元年也。忍良等以麻奴兄弟本烧当世嫡，而贤抚恤不至，常有怨心，遂相结，胁将诸种攻金城诸县，又胁将先零、沈氐〔十四〕诸种，缘山西走，寇武威。贤追到鸾鸟[⑨]，招引之，诸种降者数千，麻奴南还湟中。延光元年，贤追到湟中，麻奴出塞渡河，贤复追击破之，麻奴等诣〔十五〕汉阳降。永建元年，陇西钟羌反，贤击之战于临洮，斩首千余级，降其众，进封贤都乡侯。四年，贤以麻奴兄弟数背叛，因系其弟犀苦，质于令居[⑩]。其冬，贤坐征免。阳嘉三年，钟羌良封等复寇陇西、汉阳，诏拜贤为谒者[⑪]，镇抚诸种。四年，贤击杀良封，良封亲属并诣贤降。贤复进击种羌且昌，且昌诸种十余万亦降。永和元年，复代马续为校尉。二年击武都塞上白马叛羌，斩其渠帅饥指、累祖等三百余级，于是陇右复平。明年，烧当种那离等寇金城塞，贤击斩

① 骑都尉：官名。为光禄勋属官，秩级比二千石，本职是监领羽林骑，亦可领兵作战。

② 零昌别部牢羌：零昌，先零羌头领，其父滇零率领部众反叛汉朝，自称天子。滇零死后，零昌代立。牢羌为零昌属下部落。

③ 号多：烧当羌别种。

④ 庞参：? —136年，东汉将领，担任护羌校尉。

⑤ 中郎将：官名。光禄勋属官，领郎官，秩比二千石，常领兵出征。

⑥ 富平河：河名。今宁夏青铜峡黄河段。

⑦ 勒姐种：羌人种落名称。羌人没有统一组织，种落繁多，各自为政。勒姐与烧当、烧何、先零、当煎、沈氐、傅难、且冻、且昌、白马等均是羌种落名称。

⑧ 安故：县名。治所在今甘肃临洮县南。

⑨ 鸾鸟：县名。治所在今甘肃古浪县北。

⑩ 令居：县名。治所在今甘肃永登西北。

⑪ 谒者：官名。光禄勋属官，本职掌宾赞受事，员七十人，秩比六百石。

那离等，前后获首虏牲畜无算。四年，征为弘农[①]太守。五年，且冻、傅难种羌及湟中杂种，以刺史虐刻，俱反。复拜贤征西将军，屯汉阳。且冻分遣种人寇武都[②]，贤将骑兵数千赴之，至射姑山，军败，贤及二子皆战殁。帝愍之，赐，邺封其孙光为舞阳亭侯。

段颎，字纪明，姑臧[③]人。延熹[④]初迁护羌校尉，会烧当等种羌寇陇西、金城，颎将兵出湟谷，击破之，又使军吏田晏、夏育复战于罗亭[⑤]，大破之。四年，羌寇凉州，颎将兵讨之，为郭闳所诬，征下狱。六年，羌寇转盛，复以颎为护羌校尉。明年春，良多、滇那诸羌三千落诣颎降。当煎、勒姐种犹自屯结，颎击斩四千余级。八年春，复斩降二千余。以功封都乡侯，后官至太尉[⑥]。

皇甫规，字威明，安定朝那[⑦]人。延熹中举为中郎将，持节监关西兵，讨叛羌零吾等，破之，斩首八百级。先零诸羌慕规威信，相劝降者十余万。明年，规因发其骑兵讨陇右，而军中大疫，死者十三四，规亲入庵庐，巡视将士，三军感悦。东羌遂遣使乞降，凉州复通。先是安定太守孙俊、凉州刺史郭闳等皆倚恃权贵，不遵法度。规到州，条奏[⑧]其罪，或免或诛。羌人闻之，翕然[⑨]反善〔十六〕，沈氐〔十七〕大豪十余万口复诣规降。后拜度辽将军[⑩]，举张奂以自代，朝廷从之。

诸葛亮，字孔明，琅琊人。仕蜀至丞相，兼领司隶校尉。建兴六年，帅师攻祁

---

① 弘农：郡名。西汉元鼎四年（前113）置，治所在弘农县（今河南灵宝市北故函谷关城），辖境相当今河南黄河以南、宜阳以西的洛、伊、淅川等流域和陕西洛水、社川河上游、丹江流域。

② 武都：郡名。西汉元鼎六年（前111）置，治所在武都县（今甘肃西和县南仇池山东麓），辖境相当今甘肃武都、成县、徽县、西和、两当、康县及陕西凤县、略阳等县地。

③ 姑臧：县名。治所在今甘肃武威市凉州区。

④ 延熹：东汉桓帝年号，公元158—167年。

⑤ 罗亭：地名。在今青海乐都县境。

⑥ 太尉：官名。三公之一，掌四方兵事。

⑦ 朝那：县名。治所在今宁夏彭阳县西。

⑧ 条奏：上书奏事的一种方式，将所奏事项分为若干条书写上奏。

⑨ 翕然：形容言论、行动一致。

⑩ 度辽将军：官名。东汉明帝时设置，秩二千石，领军卫护依附的南匈奴部众。

山[①]，戎阵整齐，号令明肃，南安、天水、安定三郡响应，关中大震。魏命张郃拒之，亮使马谡与郃战于街亭[②]，谡违节度，为郃所破。亮拔西县千余家，还于汉中，戮谡以谢众。九年，复出祁山，粮尽退军，与张郃战，射杀之。

三国魏

夏侯渊，字妙才，沛国谯[③]人。献帝建安十九年，魏王操以渊为行护军将军，袭韩遂于显亲[④]，收其军粮，追至略阳[⑤]，战于长离，破之。转击高平屠各[⑥]，皆散走。时枹罕宋建因凉州乱，自号河首平汉王。渊率诸将进讨，围枹罕月余，拔之，斩建及所置丞相以下。渊别遣张郃等平河关[⑦]，渡河，入小湟中，河西诸羌尽降，陇右平。

钟繇，颍川长社[⑧]人。建安初，关中诸将马腾、韩遂各拥强兵相争，太祖方有事关东〔十八〕，以关右为忧，乃表繇督关中诸军。繇至关中，移书腾、遂，以陈祸福，腾、遂各遣子入侍[⑨]。

郭淮，太原阳曲[⑩]人。黄初[⑪]中，擢领雍州刺史，称为神明。太和[⑫]中，陇右无谷，议欲关中大运，淮以恩威抚循羌、胡，家使出谷，平其输调，军食用足。

陈泰，颍川许昌人。嘉平[⑬]初，代郭淮为刺史，拒蜀有功。

---

① 祁山：山名。位于甘肃礼县东，地扼蜀陇咽喉，三国时魏蜀攻守要冲，必争之地，诸葛亮曾经“六出祁山”，北伐曹魏。

② 街亭：地名，又名街泉亭。在今甘肃张家川回族自治县西北。

③ 谯：县名。治所在今安徽亳州市境。

④ 显亲：县名。治所在今甘肃秦安县叶堡乡金城里。

⑤ 略阳：县名。治所在今甘肃秦安县东北陇城乡。

⑥ 屠各：匈奴别种名。东汉后期内迁，散居西北各边郡。

⑦ 河关：县名。治所在今甘肃积石山县西北长宁驿古城。

⑧ 长社：县名。治所在今河南长葛东北。

⑨ 遣子入侍：将儿子送到朝廷，侍奉皇帝，以此表示归顺，实际是充当人质。

⑩ 阳曲：县名。治所在今山西定襄县。

⑪ 黄初：三国曹魏文帝年号，公元220—226年。

⑫ 太和：三国曹魏明帝年号，公元227—233年。

⑬ 嘉平：三国曹魏齐王曹芳年号，公元249—254年。

晋[十九]

范晷，顺阳[①]人。太康[②]中凉州刺史，转雍州。时西土荒毁，氐羌蹈藉，田桑失收，百姓困弊，晷倾心化导，劝以农桑，所部甚赖之。

唐

李大亮，泾阳[③]人。贞观[④]初为凉州都督，尝有台使[⑤]，见名鹰，讽[⑥]大亮献之。大亮密表曰："陛下绝畋猎久矣，而使者求鹰。信陛下意耶，乃乖昔旨。如其擅求，是使非其才。"太宗报书曰："有臣如此，朕何忧。"因赐荀悦[⑦]《汉纪》。时西突厥种落散在伊吾，诏大亮为西北道安抚大使，峙粮碛口[⑧]以赈其饥。大亮奏，罢之。房玄龄[⑨][二十]每称大亮有王陵、周勃[⑩]之节。

李靖，字药师[⑪]，京兆三原[⑫]人。贞观九年，督五总管兵伐吐谷浑[⑬]，军次伏俟城[⑭]，浑退保大非川。诸将议春草未芽[二一]，马弱不可战。靖决策深入，遂踰积石山，大破之。伏允[⑮]愁蹙，自经死。靖更立大宁王慕容顺而还，封卫国公。

薛仁贵，绛州龙门[⑯]人。显庆[⑰]中为铁勒道行军副总管，时九姓[⑱]众十余万，令骁

---

① 顺阳：县名。治所在今河南淅川县南。

② 太康：西晋武帝年号，公元280—289年。

③ 泾阳：县名。治所在今陕西咸阳市东北。

④ 贞观：唐太宗年号，公元627—649年。

⑤ 台使：朝廷使臣。两晋南朝称宫廷禁省为台，故名。

⑥ 讽：用婉言微词暗示。

⑦ 荀悦：148—209年，东汉时期史学家、思想家，曾任汉献帝侍讲，著《汉纪》。

⑧ 碛口：地名。在今甘肃与新疆交界处。

⑨ 房玄龄：579—648年，唐代名臣，辅佐唐太宗开创贞观盛世。

⑩ 王陵、周勃：俱为西汉名臣，有安定汉室之功。

⑪ 药师：《旧唐书·李靖传》言李靖本名药师，《新唐书·李靖传》言李靖字药师。

⑫ 三原：县名。治所在今陕西富平县西。

⑬ 吐谷浑：族名。原为辽东慕容鲜卑的一支，四世纪初西迁，活动在祁连山及黄河上游谷地，侵逼氐羌，建立了强大的游牧民族政权，成为中原王朝的边患。

⑭ 伏俟城：吐谷浑政权的王城，位于青海湖西七公里，古代中西交通线上的重镇。

⑮ 伏允：吐谷浑王之名。

⑯ 龙门：县名。治所在今山西河津市。

⑰ 显庆：唐高宗年号，公元656—661年。

⑱ 九姓：唐代铁勒族的九个部族，称为九姓铁勒，简称"九姓"。

骑数十来挑战，仁贵发三矢，辄杀三人，于是虏气慑，皆降。军中歌曰："将军三箭定天山，壮士长歌入汉关。"后拜瓜州长史①。

裴行俭，字守约，闻喜②人。擢安西都护，西域诸国多慕义归附。迁吏部侍郎，典选有能名。仪凤③〔二二〕二年，诏行俭册送波斯王，为安抚大食使。经莫贺延碛④，风砾昼冥，导者迷，将士饥乏。行俭止营致祭，令曰："水泉非远。"众少安，俄而云彻风恬，行数百步，水草丰美，后来者莫识其处，众皆惊，以方汉贰师将军⑤。至西州，诸蕃郊迎，行俭召豪杰千余人自随，扬言："大热，未可进军。"都支⑥不设备，行俭徐召四镇⑦酋长，伪约畋，乃阴勒部伍，数日，倍道进，又使人趣召都支，都支本与遮匐⑧计，及秋拒使者，已而闻军至，仓卒不知所出，率子弟五百余人诣营谒，遂禽之。进袭遮匐，道获其使者，释使往谕其主，并言都支已禽状，遮匐乃降，悉俘至京师。帝亲劳宴，曰："行俭提孤军入万里，兵不血刃而叛党擒，可谓文武兼备矣。"即拜礼部尚书，兼右卫大将军。永隆⑨中，突厥温傅部迎颉利族子伏念，寇原、庆二州。复诏行俭为总管，曹怀舜、李文暕副之，伏念走保细沙，行俭纵单于镇兵蹑伏念，伏念惶骇，不得战，遂遣使间道诣行俭，执温傅降。归，封闻喜县公。

娄师德，字宗仁，原武⑩人。上元⑪初为监察御史，会吐蕃盗边，刘审礼⑫战没，

① 长史：官名。州刺史的主要佐官。

② 闻喜：县名。治所在今山西闻喜县北。

③ 仪凤：唐高宗年号，公元676—679年。

④ 莫延贺碛：戈壁荒漠之名。在今罗布泊和玉门关之间，现在称为"哈顺戈壁"，是古代西域的起点。

⑤ 贰师将军：西汉将领李广利（？—前89）。传说李广利讨伐大宛，路过敦煌悬泉，人困马乏缺水，贰师以手拍石，对天盟誓，又拔出佩剑刺向山体，山间立即有一股泉水喷涌而出。当地人将此泉水命名为贰师泉。

⑥ 都支：即阿史那都支，西突厥酋长，自称十姓可汗，与吐蕃联合，构成对安西都护府的威胁。

⑦ 四镇：唐朝在西域的龟兹、焉耆、于阗、疏勒设置的四个军镇。

⑧ 遮匐：即李遮匐，阿史那都支的别帅。

⑨ 永隆：唐高宗年号，公元680—681年。

⑩ 原武：县名。治所在今河南郑州以北。

⑪ 上元：唐高宗年号，公元674—676年。

⑫ 刘审礼：？—681年，唐朝将领，曾从李敬玄伐吐蕃，拜洮河道行军副大总管，统兵先行，与吐蕃战于青海上，因李敬玄军迟迟不至，军孤势窘，败没，阵亡。

师德奉使收败亡于洮河，因使吐蕃。其首领论赞婆[①]等自赤岭[②]操牛酒迎劳，师德谕国威信，开陈利害，番人畏悦。后募猛士讨吐蕃，乃应诏从军，有功，迁殿中侍御史[③]，兼河源军司马。与敌战白水涧[④]，八遇八克。天授[⑤]初，为左金吾将军[⑥]，检校丰州都督。率士屯田，积谷数百万，兵以饶给，无转饷和籴[⑦]之费。长寿[⑧]元年，复为河源、积石、怀远军及河、兰、鄯、廓州营田大使[⑨]。万岁通天[⑩]中，为陇右诸军大使，复领营田。

许钦明，安陆[⑪]人。为凉州都督，尝轻骑按部，会突厥默啜[⑫]兵奄至，被执。贼与皆至灵州，使说之降。钦明至城下，呼美酱粱米，并乞墨一枚。时贼营四面阻水，惟一路得入。钦明欲选将练兵，乘夜袭之也，而城中无悟其意者，遂见害。时钦明兄钦寂为讨击副使，与契丹战，亦被擒。敌方围安东，令钦寂说其属城未下者。钦寂谓城中曰："贼朝夕当灭，幸谨守。"贼怒，害之。兄弟死王事，世名其忠。

唐休璟，名璿，以字行[⑬]，始平[⑭]人。垂拱[⑮]中，为安西副都护。圣历[⑯]〔二三〕中，授凉州都督、持节陇右诸军副大使。吐蕃率骑数万寇凉州，入洪源谷，休璟以兵数千临高望之，见贼旗铠鲜明，谓麾下曰："吐蕃自钦陵死，赞婆降，麴莽布支新将兵，欲以示武，且其下皆贵臣豪酋子弟，骑虽精，不习战，吾为诸军取之。"乃披甲

① 论赞婆：吐蕃首领。
② 赤岭：地名。今青海日月山。
③ 殿中侍御史：唐代官职名，从七品，职掌殿廷供奉仪式，纠察非违。
④ 白水涧：地名。在今青海湟源以南。
⑤ 天授：武则天年号，公元690—692年。
⑥ 左金吾将军：唐朝将军号，职掌皇宫禁卫。
⑦ 和籴：官府向百姓购买粮食。
⑧ 长寿：武则天年号，公元692—694年。
⑨ 营田大使：官名。负责屯田事务的官员。
⑩ 万岁通天：武则天年号，公元696—697年。
⑪ 安陆：县名。治所在今湖北省安陆县。
⑫ 默啜：东突厥默啜可汗。
⑬ 以字行：以"字"留名当时和后世，其名反而不为人知。
⑭ 始平：县名。治所在今陕西兴平县。
⑮ 垂拱：武则天年号，公元685—688年。
⑯ 圣历：武则天年号，公元698—700年。

先登，六战皆克，斩二将，获首二千五百，筑京观[①]而还。

张仁愿，华州下邽[②]人，本名仁亶，以睿宗讳音近避之[③]。神龙[④]三年，以左屯卫大将军充朔方军总管，以击突厥。比至，突厥众已退，引兵蹑击，夜掩其营，破之。始，朔方军与突厥以河为界，北崖有拂云祠，突厥每犯边，必先谒祠祷解[⑤]，然后料兵度而南。时默啜悉兵西击突骑施，仁愿乘虚取漠南地，于河北筑三受降城[⑥]，绝突厥南寇路，六旬而就。又于牛头朝那山[⑦]北置烽堠[⑧]千三百所，自是朔方无寇，减镇兵数万，岁省费亿计。

郭元振，魏州贵乡[⑨]人。嗣圣[⑩]十八年，突厥、吐蕃联兵寇凉州，拜元振为凉州都督。初，州境轮广[⑪]才四百里，寇来必至城下。元振始于南峡口置和戎城，北碛置白亭军，控制要路，遂拓境千五百里，自是州无寇患。又令甘州刺史李汉通辟屯田，尽水陆之利。元振治凉五岁，善抚御，夷夏畏慕，令行禁止，道不拾遗。河西诸郡置生祠[⑫]，竖碑颂德。神龙中迁安西大都护，突厥部落款塞愿和。睿宗立，召为太仆卿，将行，安西蕃长有哭送者，旌节[⑬]下玉门关，去凉州犹八百里，城中争具壶

---

① 京观：用敌军的尸体堆砌的山丘。

② 下邽：县名。治所在今陕西渭南市北下邽村东南。

③ 以睿宗讳音近避之：张仁愿本名仁亶，“亶”字与唐睿宗名讳“旦”同音，为避讳而改名“仁愿”。

④ 神龙：唐中宗年号，公元705—707年。

⑤ 祷解：祷告祈福以及解祟。

⑥ 三受降城：即三座受降城，分别是与朔方相对的中受降城，在今内蒙古包头西。与灵武相对的西受降城，在今内蒙古杭锦后旗乌加河北岸、狼山口南。与榆林相对的东受降城，在今内蒙古托克托南。

⑦ 牛头朝那山：山名。在今内蒙古固阳以东。

⑧ 烽堠：古代重要军事防御设施，用于侦测敌情并传递信息。遇有敌情，则白天施烟，夜间点火，以传递有关敌情的信息。

⑨ 贵乡：县名。治所在今河北大名县西北。

⑩ 嗣圣：唐中宗年号，公元684年。按：嗣圣年号只使用了一年，考《资治通鉴》系此事于长安元年（701）。

⑪ 轮广：即广轮。马融曰：“东西为广，南北为轮”，指土地面积。

⑫ 生祠：为仍然活着的人立祠奉祀，以表达爱戴和钦慕之情。

⑬ 旌节：古代出使者所持之节。以竹为体，以旄牛尾作饰。

浆欢迎。先天元年，为朔方军大总管，筑丰安、定远城①。

张说，字道济，洛阳人。开元②中，阿布思既诛，使说持节抚九姓③同罗、拔野固等。说从轻骑二十，直诣其部，宿帐下，召见酋豪慰谕之，由是九姓遂安。王晙讨康待宾④，诏说相闻经略。时党项羌亦连兵攻银城，说将步骑万人出合河关⑤掩击，破之。仍招纳党项，使复故处，奏置麟州以安羌众。十年，诏为朔方节度大使，亲行五城，督士马。八月，康待宾余党康愿子反，掠牧马，西涉河出塞。说追讨，至木盘山擒之，其党悉平。乃议徙河曲六州⑥残寇于唐、邓、仙、豫间，空河南朔方地。先是，缘边戍兵常六十余万，说以时平无事，奏罢二十余万还农。上以为疑，说曰："臣久在疆场，具知其情。将帅苟以自卫及役使营私而已，若御敌制胜，不必在多。臣请以阖门百口保之。"上乃从之。

萧嵩。开元十四年，吐蕃陷瓜州，河陇大震。帝择堪任边者，时嵩将赴朔方，徙嵩河西节度使，判凉州事。嵩与吐蕃战祁连城下，自辰迄晡，贼乃大溃，斩一将，贼哭震山谷。露布至，帝大悦，授嵩同中书门下三品⑦。嵩以裴宽为判官⑧，与君㲋判官牛仙客俱掌军政，人心浸安〔二四〕。又奏建康军使张守珪为瓜州刺史，修复城市，收合流散。复纵反间于吐蕃国中，云大将悉诺逻与中国通谋，赞普诛之。旧悉诺逻威名甚重，既被诛后，吐蕃少衰。

王君㲋，字威明，瓜州常乐人。初事郭知运，累功至右卫副率⑨。知运卒，代为

---

① 丰安、定远城：丰安，在今宁夏中卫市。定远，在今宁夏平罗县南姚伏镇。

② 开元：唐玄宗年号，公元713—741年。

③ 九姓：唐代铁勒族分出回纥、仆固、浑拔野古、同罗、思结、契苾、阿布思和骨仑屋骨等九个部落，史称九姓铁勒。

④ 康待宾：康姓粟特人，在默啜可汗死后，率所部及部分突厥人归顺唐朝，被安置在河套内外的六州之地。后来起兵反唐，被王晙生擒。

⑤ 合河关：关名。在今山西兴县西北，亦称合河津、临津关，是唐代在设立的黄河渡口上的关隘。

⑥ 河曲六州：设置在河套内外的丰州、灵州、夏州、胜州、代州、朔州，以安置归附的突厥及铁勒九姓部众。

⑦ 同中书门下三品：加官衔，唐代以中书省长官中书令、门下省长官侍中为丞相，以他职而加"同中书门下三品"，意为与中书令、侍中相同。加此官衔者即为丞相。

⑧ 判官：唐官职名。地方节度使的主要副手。

⑨ 右卫副率：官名。唐设左右卫，掌宫禁宿卫，分别设率一人，副率二人。

河西、陇右节度使。开元十四年，吐蕃自恃其强，致书用敌国礼[①]，上怒，君㚟请深入讨之。会吐蕃酋悉诺逻寇大斗拔谷[②]，君㚟间其怠，率秦州都督张景顺乘冰度青海袭破之，获其辎重羊马万计而还，以功迁左羽林大将军[③]。

哥舒翰，其先盖哥舒部[④]之裔。翰能读《左氏春秋》《汉书》，仕至左卫郎将。吐蕃盗边，与翰遇苦拔海[⑤]，吐蕃枝其军为三行，从山差池[⑥]下，翰持半段枪迎击，所向披靡，名盖军中，擢副陇右节度、河源军使。先是，吐蕃候积石[⑦]麦熟，岁来取，莫能禁。翰乃设伏东南谷，吐蕃以五千骑入塞，将就田，翰自城中驰至，虏骇走，伏起，悉杀之，只马无还者。后进凉国公，兼河西节度使。攻破吐蕃洪济、大莫门[⑧]等城，收黄河九曲[⑨]，以其地置洮阳郡，筑神策、宛秀二军[⑩]。进封西平郡王。

郭子仪，华州郑人。天宝十四载，安禄山反，诏子仪为灵武郡太守，充朔方节度使。率本军东讨，破史思明，北图范阳。会潼关失守，天子入蜀，太子即位灵武，诏班师。子仪与光弼将兵五万，自河北赴行在，军威始振。拜子仪兵部尚书，同中书门下三品，仍为朔方节度使。平河曲，复两京，破吐蕃，以身系天下安危者二十年。

李光弼，营州柳城[⑪]人。光弼严毅沉果，有大略。天宝六载，为河西兵马使，王忠嗣遇之厚，虽宿将莫能比。俄封，朔方节度使安思顺表为副，知留后事，爱其

---

① 敌国礼：匹敌对等国之礼仪。

② 大斗拔谷：地名，又称大斗谷。在今甘肃民乐县东南甘、青两省交界处的扁都口隘路，是连接青藏高原与河西走廊的交通要道。

③ 左羽林大将军：官名。唐太宗设左右羽林军，后改成左右羽林卫，设大将军各一人，正三品。

④ 哥舒部：西突厥突骑施别部，哥舒翰是哥舒部首领后裔。

⑤ 苦拔海：地名。今甘肃碌曲尕海湖。

⑥ 差池：参差不齐。

⑦ 积石：地名，在今青海贵德县河阴镇。

⑧ 洪济、大莫门：吐蕃占领青海东部之后修筑的堡垒。

⑨ 黄河九曲：唐代对黄河上游的称呼。青海贵德以上河段，为黄河上游。

⑩ 神策、宛秀二军：哥舒翰在攻破洪济、大莫门，收复青海东部之后，在其地设置洮阳郡以及神策、宛秀二支戍边军队。神策军原本是由哥舒翰创立的戍守西北边境的边兵，后来安史之乱时这支军队入援，指挥权落入宦官鱼朝恩之手。当吐蕃进犯长安，这支军队成为护卫代宗的重要力量，遂转变成为禁军，沿用神策军之名。

⑪ 柳城：县名。治所在今辽宁朝阳市。

才，欲以子妻之，光弼引疾去，哥舒翰异其操。后有大功，与郭子仪齐名。其代子仪朔方也，营垒、士卒、麾帜无所更，而光弼一号令之，气色[①]乃益精明云。

李晟，字良器，洮州临潭[②]人。年十八岁，从王忠嗣击吐蕃，悍酋乘城，杀伤士甚众，晟一矢殪之。大历[③]〔二五〕初，吐蕃寇灵州，李抱玉授晟兵五千，使击之，辞曰："以众则不足，以谋则多。"乃请千人，趋临洮，屠定秦堡[④]，执其帅慕容谷钟，虏乃解灵州去。迁泾原、四镇、北庭兵马使。马璘与吐蕃战盐仓，败绩，晟率游兵拔璘以归。及定朱泚之难[⑤]，晟以泾州倚边，数戕其帅，请治不龚命[⑥]者，因以训兵〔二六〕积粟实塞下，羁制西戎。乃拜晟凤翔、陇右、泾原节度使，兼行营副元帅，徙西平郡王。

王忠嗣，以武功至金吾卫将军。素勇敢，及为将，乃能持重。俄为河西、陇右、朔方、河东节度，佩四将印，控制万里。每互市[⑦]，高估马价，诸番争以马求市，番马遂少。每岁积石麦熟，吐蕃辄获之，无敢御者，忠嗣遣将伏兵于其侧，夷至，从其后夹攻之，无一人得返，至是吐蕃不敢犯。

李听，徙灵盐节度使[⑧]。部有光禄渠，久廞废[⑨]，听始复屯田，以省转饷。即引渠溉塞下地千顷，后赖其利。

---

① 气色：气象，军队的军容、士气。

② 临潭：县名。治所在今甘肃卓尼县西洮河南岸。

③ 大历：唐代宗年号，公元776—779年。

④ 定秦堡：地名。吐蕃在洮河地区设置的军事堡垒。

⑤ 朱泚之难：唐德宗时，泾原兵路过长安时因不满朝廷的赏赐，发生哗变，占领长安，推朱泚为首领，唐德宗出逃，史称"泾原兵变"，又称"朱泚之难"。第二年李晟攻克长安，德宗銮驾才返回长安。

⑥ 龚命：即恭命，听从命令。唐代后期藩镇形成骄兵悍将，不听指挥，经常为了兵饷赏赐而胁迫或更换节度使，成为一大顽疾。

⑦ 互市：在边疆地区设置的贸易市场，汉人与塞外民族进行商品贸易。

⑧ 灵盐节度使：即朔方节度使，又称灵州节度使、灵武节度使。

⑨ 廞：音 xīn，淤塞。这里指光禄渠年久失修，淤塞不可用。

宋

刘综，字居正，虞乡[①]人。咸平[②]中，夏人[③]扰西边，环、庆[④]大屯士马，诏以综为陕西转运副使[⑤]。时灵州孤危[⑥]，献言者或请弃之，综力上言："灵州民淳土沃，为边陲巨屏，所宜固守，以为扞蔽[⑦]。然后于浦洛河[⑧]建军筑城，屯兵积粮为之应援，此暂劳永逸之势也。且镇戎军〔二七〕与灵州相接，今若弃之，则原、渭等州益须设备，较其劳费十倍，其利害昭然可验矣。"四年，又献议于镇戎军置屯田务，又录唐《安国镇制置城壕镇戎古记》石本以进，诏从其请。

明镐，安邱[⑨]〔二八〕人。元昊[⑩]寇延州，起为陕西转运使。敌破金明砦[⑪]，既去，谋修复其城，帅臣[⑫]拥兵不即进，镐以百余骑自督将士，一月筑成。又常阅同州厢军[⑬]，得材武者三百余人，教以强弩，奏为清边军，号最骁悍。其后陕西、河南颇仿置之。

曹玮，字宝臣，真定灵寿[⑭]人，彬[⑮]第三子也。年十九，知渭州，沉勇严明，举

---

① 虞乡：县名。治所在今山西永济、运城一带。

② 咸平：宋真宗年号，公元998—1003年。

③ 夏人：即党项羌人。982年，党项羌李继迁反宋，其孙元昊于1038年建国，国号大夏，北宋称之为"西夏"。从982年至北宋灭亡间的近一百五十年时间里，约四分之三以上的时间，宋夏之间处于战争状态，是北宋在西北方向的劲敌。

④ 环、庆：即环州、庆州，北宋西北边州，在今甘肃庆阳西峰地区、环县、庆城、华池，是防御西夏、屏蔽关中的战略要地。

⑤ 转运副使：宋代官名。宋在路一级单位设置转运使司，简称"漕司"，负责一路的财政。

⑥ 灵州孤危：灵州，州名，治今宁夏灵武县。原属北宋，后被西夏占领，设翔庆军、西平府。咸平中灵州仍在北宋掌握中，但面对夏人的进攻，灵州已经被包围，情势孤危。

⑦ 扞蔽：即捍蔽，屏障，保障。

⑧ 浦洛河：河名，又称灵州河。今灵武县西南的苦水河，自南向北流入黄河。

⑨ 安邱：县名。治所在今山东安丘市。

⑩ 元昊：1003—1048年，李继迁之孙，于1038年称帝，建立大夏国。

⑪ 金明砦：寨名，即金明寨。在今陕西延安市西北。

⑫ 帅臣：路级安抚使司长官安抚使的别称。

⑬ 厢军：地方各州的镇兵，来自招募，一般不进行军事训练，只供地方行政上的役使。厢军中的精壮调任禁军，禁军中武艺不合格或犯法者，降充各地厢军。

⑭ 灵寿：县名。治所在今河北石家庄市西北。

⑮ 彬：即曹彬（931—999），北宋名将，主持灭南唐、北汉以及攻辽等战役。

措如老将，以破章埋族于武延川[①]，灭拨臧于平凉，陇上诸族皆来献地。筑堡山[②]外，为笼竿城[③]，募土兵〔二九〕守之，因知秦州，兼泾、原、仪、渭、镇戎安抚使。时唃厮罗[④]强盛，使其舅赏样丹与厮敦[⑤]，谋内寇。玮阴结厮敦，解宝带与之，敦感激，求自效，斩赏样丹，送其首，并献南市地，玮城之，表厮敦为顺州刺史。既，唃厮啰大入寇，玮迎战三都谷[⑥]，斩首千余级，获马牛兵仗三万余。迁康州防御使，秦人请刻石纪功，特诏褒之。天禧[⑦]中，以玮为环庆缘边巡检安抚使[⑧]，委乞、骨咩、大门等族闻玮至，归附者甚众。

曹琮，字宝章，彬之子。初知秦州，兼泾原路兵马，定国军节度观察留后[⑨]。琮欲诱吐蕃掎角图贼，得西川旧贾，使谕意。而沙州镇王子遣使奉书，愿率首领为朝廷击贼。帝善琮策，改陕西副都总管[⑩]，经略安抚招讨副使[⑪]，拜步军副都指挥使[⑫]。与夏竦屯鄜州，还为马军副都指挥使，以疾卒。帝临奠，赠安化军节度使，谥忠恪。琮小心谨畏，善赞谋，御军整严，死时家无余赀。

---

① 武延川：河名。即今宁夏西吉县南之葫芦河。

② 山：即六盘山，又称陇山。位于今宁夏、甘肃和陕西的交界处。

③ 笼竿城：城名。因位于笼竿川而得名。曹玮在此筑城，后来升置德顺军，位于今宁夏隆德。

④ 唃厮罗：音 gǔ sī luò。997—1065年，宋代青海吐蕃地方政权首领。“唃厮罗”为吐蕃语，意为“佛子”。后成为部族名和河湟地区少数民族政权名称。

⑤ 赏样丹与厮敦：吐蕃人名。赏样丹为唃厮罗母族部落领袖，厮敦是活动在秦凤路的吐蕃部落的头领。

⑥ 三都谷：地名。在今甘肃甘谷县西。

⑦ 天禧：宋真宗年号，公元1017—1021年。

⑧ 巡检安抚使：即巡检使和安抚使。巡检使是巡逻边界重镇、关隘要地的官吏。衙门称巡检司，设有都巡检、州县巡检或巡检、副巡检等职。主管巡查州县、缉捕盗贼、训练军队等事。

⑨ 节度观察留后：官名，唐末、五代节度使不在本镇则置，代行节度使之职。宋初沿置，多不赴任，用为三品武臣寄禄官。元丰改制，改为正四品。位节度使下、观察使上，掌一方民政军令。

⑩ 副都总管：官名。都总管掌军旅屯戍及营防守御之政令，或掌管一州，或掌管数州为一路，也有兼两路、三路者。由知州充任，或由节度使、重臣充任，副职是副都总管。

⑪ 经略安抚招讨副使：宋差遣官职。宋代的招讨使是针对蛮夷而言，招抚不听则讨伐之。设有经略安抚招讨使、宣抚招讨使、制置招讨使等。各职均有副使，

⑫ 步军副都指挥使：宋官名。北宋禁军分为步军、马军和弓军，各设都指挥使和副使，属于殿前都指挥使司。

韩琦，字稚圭，相州安阳[①]人。赵元昊反命，琦为陕西安抚使，进枢密直学士[②]，副夏竦为经略。琦画攻守二策入奏，言："元昊倾国入寇，不过四五万人。吾各路兵，势分力弱。若并出一道，鼓行而前，乘贼骄惰，破之必矣。"乃诏鄜延、泾原[③]同出征。既还营，敌使来求盟。琦曰："无约而请和者，谋也。"命将戒严，敌果犯山外。寻复为陕西四路经略安抚招讨使，屯泾州。东兵[④]从宿卫来，不习劳苦，琦奏增土兵以代戍，建德顺军以蔽萧关[⑤]、鸣沙道，立鄜、延、渭三军，视敌所不备，互出捣之，以规取横山。元昊称臣，夏人不敢近塞。时谣曰："军中有一韩，西贼闻之心胆寒。"召为枢密副使[⑥]。元昊介契丹为援，邀索无厌，宰相晏殊等厌兵，将一切从之，琦极言其不便，又陈西北四策，以为"今当以和好为权宜，战守为实务。请缮甲厉兵，营修城障，密定讨伐之计"。琦与范仲淹久在兵间，名重一时，朝廷倚以为重，天下称为韩、范云。

范仲淹，字希文，吴县[⑦]人。元昊反，召为天章阁待制[⑧]，知永兴军，改陕西都转运使，副夏竦为陕西经略[⑨]。先是，诏分领边兵，自万人至三千人，以官崇卑为差，敌至则官卑者先出战。仲淹曰："将不择人，以官为先后，取败之道"。于是大阅州兵，得万八千人，分为六，各将三千，分部教之，量敌众寡，使更出御敌，由是声震关辅。敌闻之，相戒曰："无以延州为意，今小范老子胸中有数万甲兵，不比

---

① 安阳：县名。治所在今河南安阳市。

② 枢密直学士：官名。后唐始置，宋沿置，简称"枢直"，与观文殿学士并充皇帝侍从，备顾问应对。宋哲宗时以枢密直学士充签书枢密院事，宋徽宗时改称述古殿直学士。

③ 鄜延、泾原：鄜延即鄜延路，北宋庆历元年(1041)置，治所在延州，后升为延安府，治今陕西延安市。泾原即泾原路，宋仁宗庆历元年分陕西路置，治所在渭州，今甘肃平凉市。

④ 东兵：从东方调来的军队。宿卫，驻扎京畿地区，保卫京城及皇帝安全。

⑤ 萧关：关中四关之一，东函谷、南武关、西散关、北萧关。在今宁夏固原市东南。

⑥ 枢密副使：宋官名。宋分宰相之权，设枢密院，以枢密使掌兵柄，称为执政，其地位仅次于宰相。枢密使有时亦称知枢密院事，简称知院。其副职称枢密副使，或同知枢密院事。枢密使与枢密副使一般都以文官充任。

⑦ 吴县：县名。治所在今江苏苏州市。

⑧ 天章阁待制：天章阁为宋代的皇家藏书机构，设置有天章阁学士、直学士、待制等文学侍从之职，随时听从皇帝召唤、应酬诗文、侍从对答。

⑨ 经略：即安抚经略史。

大范老子。”[①]时谣曰：“军中有一范，西人闻之惊破胆。”又城清涧[②]，大兴营田，听民得互市。又请鄜城为军[③]，以河中、同、华[④]户税租就输之。春夏徙兵就食，省糴十之三。诏诸路进讨，仲淹曰：“宜俟春深，敌马瘦人饥，势易制。鄜、延密迩灵州，西羌所必由，第按兵不动，以观其衅。稍以恩信招徕之，若臣策不效，当举兵先取绥、宥，据要害，屯兵营田，为持久计，则茶山、横山之民，必挈族来归矣。”帝皆用其议。仲淹又议修承平、永平等砦，稍招还流亡，定堡障〔三十〕，通斥堠，城十二砦。于是沿边之民相踵归业。迁环庆路经略安抚、缘边招讨使。初，元昊阴诱属羌[⑤]为助，环庆酋长六百余人，约为乡道[⑥]，事寻露。仲淹知其反复，奏请行边，以诏书犒赏诸羌，阅其人马，为立条约，诸羌皆受命，自是始为用。庆西北马铺砦当后桥川口，在敌腹中。仲淹欲城之〔三一〕，度贼必争，密遣子纯祐与蕃将赵明先据其地，引兵随之，诸将不知所向，行至柔远，始号令之，版筑[⑦]皆具，旬日而城成[⑧]，即大顺城。自此白豹、金汤皆不敢犯环庆，寇遂益少。明珠、灭臧[⑨]劲兵数万，仲淹闻泾原欲袭讨之，上言：“二族道险，不可攻。平时且怀反侧，今讨之，必与贼表里，边患未艾也。若北取细腰、葫芦[⑩]为堡障〔三二〕，以断敌路，则二族安，而环、镇道通，可无忧矣。”其后，遂筑细腰、葫芦诸砦。帝以葛怀敏[⑪]之败，泾原伤

---

① 今小范老子胸中有数万甲兵，不比大范老子：西夏人称北宋地方知州为“老子”，范仲淹为延州知州，被西夏人称为“小范老子”。范仲淹加强军备、积极防御，西夏军队损失惨重，所以西夏人说“小范老子胸中有数万甲兵”。“大范老子”指前任知州范雍。

② 清涧：地名。北宋元符二年（1099）筑清涧城，在今陕西清涧县。

③ 鄜城为军：鄜城，位于今陕西洛川县境内，战略位置重要，范仲淹请奏朝廷设置鄜城军。

④ 河中、同、华：河中府、同州和华州，在今山西西南部的永济地区及陕西东部的韩城、渭南、华阴地区。

⑤ 属羌：归附北宋的羌人部落，宋将之安置在缘边各州。

⑥ 乡道：即向导，带路、引路。

⑦ 版筑：古代筑城法，两侧用夹板固定，用木棍穿过夹板,以绳索固定取直,中间填土夯实。

⑧ 旬日而城成：旬日，十天。只花费十天就修筑好了城墙。此地原来叫马铺砦，战略地位重要，范仲淹以最快的速度在这里修筑城墙，提升防御能力。城墙建好后改名为大顺城，在今甘肃华池县西北。

⑨ 明珠、灭臧：羌人部族，活动于环庆地区。

⑩ 细腰、葫芦：地名，在明珠、灭臧二族与西夏之间，在此修筑堡垒，既可以断绝二族与西夏交通之路，亦可以控扼二族，堡障环州与镇戎军的交通。

⑪ 葛怀敏：？—1042年，北宋将领，泾原路安抚副使。1042年元昊入侵，葛怀敏出战阵亡。

夷，欲徙仲淹，遣王怀德喻之，仲淹谢曰："泾原地重，恐臣不足当。与韩琦同经略，并驻泾州，琦兼秦凤，臣兼环庆。泾原有警，臣与韩琦合秦凤、环庆之兵，犄角而进。若秦凤、环庆有警，亦可率泾原之师为援。臣当与琦练兵选将，渐复横山，以断敌臂。"帝从之。仲淹号令明白，爱抚士卒，诸羌来者，推心接之，故敌亦不辄〔三三〕犯其境。元昊请和，召拜枢密副使。邠、庆二州之民与属羌皆画像立生祠事之。及其卒也，羌酋数百人，哭之如父。

王尧臣，字伯庸，应天虞城①人。陕西用兵，为体量安抚使②，将行，请曰："连年以来，关中之民凋敝甚，请以诏劳来，仍谕以贼平蠲租赋二年。"仁宗从之。使还，上言："陕西兵二十万，分屯四路，然可使战者止十万。敌众入寇，常数倍官军，此所以败。泾原近敌，最当要害，请益团土兵，以二万屯渭州，为镇戎山外之援。万人屯泾州，为原、渭声势。二万屯环庆，万人屯秦州，以制其冲突。"又论："延州、镇戎军、渭州山外三败之由，是为敌先据胜地，诱我，将帅不能据险击归，多倍道趋利，遂致掩覆。愿勅边吏，度远近营砦，量敌奋击，毋轻出。"时韩琦徙秦州，范仲淹降耀州，尧臣言："二人皆忠义智勇，不当置之散地。"又荐种世衡、狄青有将帅才，上皆纳用，并以其言戒边吏。明年，敌自镇戎军、原州入寇，上思其言，乃复以琦、仲淹为招讨使，而使尧臣再安抚泾原。又言："鄜延、环庆皆险固，惟泾原，自镇戎军至渭州，沿泾河大川直抵泾、邠，略无险阻。朝廷置帅府于泾州，控扼关陕，诚合事机。然频经败覆，空虚不振，愿择将佐，严斥堠，一路兵力完实，敌不敢长驱而入矣。"

狄青，字汉臣，汾州西河③人。善骑射。宝元初④，赵元昊反，诏择卫士从边，以青为三班差使⑤、殿侍⑥、延州指使⑦。青行常为先锋，凡四年，前后大小二十五战。城桥子谷，筑招安、丰林、新砦、大郎等堡，皆扼贼要害。尝战安远，被创

① 虞城：县名。治所在今河南商丘市东。

② 体量安抚使：差遣官名。州郡发生战争、水旱灾害后，朝廷临时派遣使者调查灾情，主持赈恤，体量百姓疾苦，故以"体量"为名，并有察看官吏能否之责。

③ 西河：县名。治所在今山西汾阳市。

④ 宝元：宋仁宗年号，公元1038—1040年。

⑤ 三班差使：官名。低等武官，全称三班院差使。

⑥ 殿侍：侍卫军人，隶殿前司东西班等诸班。职为参班，应奉朝殿侍卫祗应，或在宗室、文武臣僚下供差，及任诸路州县指使，低品级武官。

⑦ 指使：地方低级武官。

甚，闻寇至，即挺起驰赴，众争前为用。临敌被发，带铜面具，出入贼中，皆披靡莫敢当。尹洙为经略判官，青以指使见，洙与谈兵，善之，荐于经略使韩琦、范仲淹，曰："此良将材也。"二人一见，奇之，待遇甚厚。仲淹授以《左氏春秋》，青折节读书，悉通秦、汉以来将帅兵法，由是益知名。以功累迁西上閤门副使①，擢秦州刺史、泾原路副都总管、经略招讨副使。

范祥，字晋公，三水人②。通判③镇戎军，元昊围城急，祥帅将士拒退之。请筑刘璠堡、定川砦，从之。累迁度支员外郎、权④转运副使，建议变盐法及筑古渭城。嘉祐⑤中，包拯言："祥通陕西盐法，行之十年，岁减榷货务使⑥缗钱数百万，其劳可录。"熙宁⑦中，以古渭为通远军，权陕西转运副使张诜奏："朝廷复洮陇故地，自将帅至裨佐悉有功赏。臣见洮、渭父老言，皇祐⑧中，转运使范祥因熟羌⑨数被寇掠，其部族愿输土置城以为守御，乃即古渭为砦。祥此举足以消沮边隙，可谓知攻守之利矣。冀推原旧功，少赐褒卹，使天下知祥死犹被恩，且舒祥忠义之气。"诏赠秘书⑩，录一子未官者。

李参，字清臣，郓州须城⑪人。历〔三四〕知兴元府、陕西转运使。部多戍兵〔三五〕，苦食少，审订其阙，令民自隐度⑫麦粟之赢，先贷以钱，俟谷熟还之官。经数年，廪

① 西上閤门副使：宋代武官名称。唐、宋仪制，正殿朝会，百官从东西上閤门入殿庭。宋设东西上閤门使各三人，副使各二人，掌朝会宴飨供奉赞相礼仪之事。

② 三水：县名。治所在今陕西旬邑县北。

③ 通判：官名。北宋地方职官，大州二人，余州一人，州不满万户者不置，知州若为武臣，虽小州亦置。凡民政、财政、户口、赋役、司法等事务文书，知州或知府须由通判连署方能生效，并有监察所在州、府官员之权，号称"监州"。

④ 权：暂代、代理。

⑤ 嘉祐：宋仁宗年号，公元1056—1063年。

⑥ 榷货务使：官名，从六品，掌国家专卖货物政令。

⑦ 熙宁：宋神宗年号，公元1068—1077年。

⑧ 皇祐：宋仁宗年号，公元1049—1054年。

⑨ 熟羌：已经内属的羌人，与未归附的羌人部落即生羌相对。

⑩ 秘书：即秘书郎，属秘书省，掌图书收藏及抄写事务。

⑪ 须城：县名。治所在今山东东平县。

⑫ 隐度：审度、估计。令百姓估计粮食收成之后，除去口粮后能够盈余的数量。

有羡粮[①]。朝廷患边费益广，参建议辇钱边郡，以平估籴，权罢入中法[②]。比其去，省粮榷贷钱千万计。召为盐铁副使。

孙永，字曼叔，赵人。历河北、陕西都转运使。时边用不足，以解盐[③]、市马[④]别为一司，外台[⑤]不得与。永奏曰："盐、马，国之大计，使主者专其柄，既无以统隶，苟为非法，孰从而制之？"加龙图阁直学士[⑥]。

范纯仁，字尧夫，仲淹次子。历陕西转运副使。召还，神宗问陕西城郭甲兵粮储如何？对曰："城郭粗全，甲兵粗修，粮储粗备。"神宗愕然曰："卿之才，朕所倚信，何为皆言粗？"对曰："粗者，未精之辞，如是足矣。愿陛下且无留意边功，若边臣观望，将为他日意外之患。"拜兵部员外郎，加直龙图阁。知庆州，过阙入对，神宗曰："卿父在庆著威名，今可谓世职。卿随父既久，兵法必精，边事必熟。"纯仁揣神宗有功名心，即对曰："臣儒家子，未尝学兵。先臣守边时，臣尚幼，不复记忆，且今日事势宜有不同。陛下使臣缮治城垒，爱养百姓，不敢辞。若开拓侵攘，愿别谋帅臣。"神宗曰："卿之才，何所不能？顾不肯为朕悉心尔〔三六〕。"遂行。秦中方饥，擅发常平粟赈贷[⑦]，僚属请奏而须报，纯仁曰："报至无及矣，吾当独任其责。"或谤其所全活不实，诏遣使按视。会秋大稔，民讙〔三七〕曰："公实活我，忍累公耶？"昼夜争输还之，使者至，已无所负[⑧]。

---

① 廪羡：仓库中有多余的粮食。

② 入中法：宋朝地方政府向朝廷缴纳钱物称"入中"。

③ 解盐：又称晋盐、池盐，以解州盐池之水晒制的颗粒状食盐。

④ 市马：掌管互市贸易中马的买卖。

⑤ 外台：宋代以安抚司、转运司、提刑司及提举司为外台。

⑥ 龙图阁直学士：龙图阁，宋朝图书阁名，收藏有太宗御书、御制文集及典籍、图画、祥瑞之物，以及宗正寺所进宗室名册、世谱。设置有学士、直学士、待制等职。

⑦ 常平粟：常平仓中的粟粮。常平仓是朝廷为储备粮食，以防备灾荒、调节粮食价格而设置的仓库；赈贷，中国古代的"荒政"，即在灾荒时向受灾百姓免费发放粮食救济，或者贷予粮食，来年丰收后偿还。

⑧ 负：欠。

张浚，字德远，汉州绵竹①人。高宗时，为川、陕宣抚处置使②，得便宜③黜陟〔三八〕。抵兴元，金人已取鄜延，骁将娄宿、孛堇〔三九〕引大兵渡渭，攻永兴，诸将莫肯先援。浚至，即出行关陕，访问风俗，罢斥奸赃，搜揽豪杰，诸将惕息听命。时敌帅在淮西，浚惧复扰东南，谋牵制之，遂决策治兵，合五路师以复永兴。敌大恐，急调淮西师由京西入援，大战于富平，泾原帅刘锜身率将士薄〔四十〕敌陈，杀获颇众。会环帅赵哲擅离所部，诸军皆溃。浚斩哲以徇〔四一〕，退保兴元。命吴玠聚兵扼和尚原④，断其来路，关师古等聚熙河兵于岷州大潭，孙渥、贾世方等聚泾原、凤翔兵于阶、成、凤三州，以固蜀口⑤。绍兴元年，敌攻和尚原，吴玠乘险击之，敌大败。拜浚检校少保⑥、定国军节度使。浚在关陕三年，训新集之兵，当方张之敌，以刘子羽为上宾，赵开为都转运使，吴玠为大将。西北遗民，归附日众。故关陕虽扰，而全蜀安堵，且以形势牵制东南，江淮亦赖以安。

胡世将，字承公，晋陵⑦人，宿曾孙也⑧。历官至安抚制置使⑨。吴玠以军无粮，奏请踵至，而蜀之饷运，遡嘉陵江千余里，半年始达。世将始用转般折运法⑩，军储稍充，公私便之。金陷长安，声援几绝，世将遣大将吴璘等归河池，不数日，有石

---

①绵竹：县名。治所在今四川绵竹市。

②宣抚处置使：官名。镇抚一方的军政长官，不常置，掌宣布威灵、抚绥沿边及统帅一路至数路军旅。

③便宜：即便宜行事，经过皇帝的特许，大臣有根据实际情况自行处置的权力，不必请示。

④和尚原：地名。在今陕西省宝鸡市西南，与大散关同为扼守川、陕交通的战略要地。

⑤蜀口：入蜀的关口要塞。阶州、成州、凤州，分别位于今甘肃武都、甘肃成县和陕西凤县，是扼守从甘肃、陕西进入四川通道的战略要塞。

⑥检校少保：唐、宋时检校官为加官，宋代本有十九级，元丰改制仅保留了三公、三师六级，宋徽宗改三公为三少。检校少保是三少之一。

⑦晋陵：县名。治所在今江苏常州市。

⑧宿：即胡宿（995—1067），常州晋陵人，北宋文学家，撰有《文恭集》。曾任湖州知州，两浙转运使、修起居注、知制诰、翰林学士，死后赠太子太傅，谥文恭。

⑨安抚制置使：宋代统兵大员官名，以安抚使或安抚大使兼任，或以统兵将领充任，为制置使司主官。掌管一路或数路军务，筹划边防事宜。

⑩转般折运法：运输粮食的方法，根据嘉陵江水流的季节性变化，制定运粮方案。在利州、阆州等相对靠近边防前线的州郡买粮，避免途中消耗并缩减路程，运抵前线。在泸州、叙州、嘉州、黔州等地打造运船，防止在措置运粮船只过程中出现的种种弊端。

壁之捷，金人逡巡不敢度陇。诏除端明殿学士[①]。

吴玠，字晋卿，德顺军陇干人[②]。建炎[③]二年，从统制[④]曲端，为前锋。敌据华州。剧贼史斌欲取长安，敌帅娄宿〔四二〕等长驱入关，玠咸击败之。张浚巡关陕，升玠泾原路副总管。富平之败，玠收散兵〔四三〕保散关东和尚原，积粟缮兵，列栅为死守计。时朝问隔绝，人无固志。玠命诸将选劲弓强弩，分番迭射，号驻队矢，连发不绝，繁如雨注。敌稍却，则以奇兵旁击，绝其粮道，屡败金师。浚录其功，为镇西军节度使。绍兴二年，复命节制兴、文、龙三州。时玠在河池，撒离喝[⑤]〔四四〕自商于捣上津〔四五〕，取金州，长驱趋洋、汉，守臣刘子羽以驿书招玠入援。玠日夜驰三百里，大战饶风岭[⑥]，金人死者山积，虽入三郡而失不偿得。四年，复战仙人关[⑦]，捷闻，拜少师[⑧]。玠与敌对垒且十年，常苦远饷劳民，屡汰冗员，节浮费，益治屯田，岁收至十万斛。用兵本孙、吴，务远略，不求小利，故能保必胜。御下严而有恩，身为大将，卒伍至下者得以情达，士每乐为之死。

吴璘，字唐卿，玠弟。绍兴元年，箭筈关[⑨]之战，璘功居多，超迁，统制和尚原军马。及金兵大入，分合三十余阵，璘随机而应，敌不敢窥蜀者数十年。后仙人原之战，复败贼于石壁砦。十一年，复大战剡家湾，复秦州及陕右诸郡。初，胡盏与习不祝〔四六〕合兵五万，屯刘家圈，璘请攻之。胡世将问策安出，璘曰："有新立叠阵法〔四七〕：每战，以长枪居前，坐不得起，次最强弓，次强弩，跪膝以俟，次神臂弓。约贼相搏，至百步内，则神臂先发。七十步，强弓并发。次阵如之。凡阵，以拒马为限，铁钩相连，俟其伤则更代。遇更代则鸣鼓为节。骑，两翼以蔽于前，阵

① 端明殿学士：官名。宋承五代制度，置诸殿学士，出入侍从，以备顾问，无官守、无典掌而资望极高。

② 陇干：县名。治所在今甘肃静宁县。

③ 建炎：南宋高宗年号，公元1127—1130年。

④ 统制：官名。南宋建炎元年设置御营司都统制，统管禁军。边要地区也设置都统制，多加"御前"两字，为屯驻外地的禁军将官。统制为都统制辖下军一级的指挥官，掌节制兵马、统帅诸将。

⑤ 撒离喝：即完颜撒离喝。金军将领，安帝跋海六世孙，胡鲁补山之子，金朝开国功臣之一。

⑥ 饶风岭：地名。在今陕西石泉县西北，上有饶风关，是重要的军事要塞。

⑦ 仙人关：地名。在今甘肃徽县东南嘉陵江畔，是古代陇、蜀通道的重要关隘之一。

⑧ 少师：官名。太子少师与太子少傅、太子少保合称"三少"。后来成为荣誉性质的加官名号。

⑨ 箭筈关：地名。在今陕西千阳县南箭括岭，宋金曾在此有过激战。

成而骑退，谓之叠阵。”〔四八〕得车战余意。及与敌遇，遂用之，敌大败，降者万人。十二年入觐，拜阶、成、岷、凤四州经略使。瓦亭之战，敌凡数出数败之。孝宗受禅①，命兼陕西、河东路宣抚招讨使。璘策敌必再争德顺，亟驰赴城下，而敌兵十余万果来攻。璘筑堡东山以守，敌极力争之，杀伤大半，终不能克。拜少傅。

元

廉希宪，字善甫。世祖初，分十道，希宪为京兆、四川宣抚使②，宣布诏旨，安谕六盘，捕太平乱党③。浑都海④〔四九〕反，命汪惟良将秦、巩诸军进六盘，惟良辞未得旨，希宪即解所佩虎符银印授之，又发蜀卒，令八春〔五十〕将之，曰：“六盘兵精，勿与争锋，但使不得东，则大事济矣。”会有诏赦至，希宪命绞太平等于狱，方出迎诏，人心遂安。帝深善之，别赐金虎符，使节制诸军。时八春〔五一〕获浑都海〔五二〕党五十余人，希宪谓僚属曰：“众志犹怀反侧，今宜因其惧死，并加宽释，使隶八春〔五三〕。”其党大喜，咸愿出兵效力，遂得精骑数千。诏以希宪为中书右丞⑤，行秦蜀省事。珲塔噶西渡河，趋甘州，阿蓝答儿⑥〔五四〕复自和林⑦提兵与之合，诸将失利，河右大震。朝议欲弃两川，退守兴元，希宪力言不可。会亲王合丹〔五五〕及汪惟良、八春〔五六〕等合兵，复战于西凉，大败之，俘斩略尽，二叛首俱伏辜。事闻，帝大嘉之曰：“希宪，真男子。”进拜平章政事⑧。

---

① 孝宗受禅：宋高宗于绍兴三十二年（1162）让位给孝宗，即孝宗受禅。

② 宣抚使：官名。元世祖于公元1260年置燕京、益都、济南、河南、北京、平阳、太原、大名彰德、西京、京兆等十路宣抚使。陕西、四川合为一道，称京兆路。

③ 太平乱党：忽必烈即位后，蒙哥少弟阿里不哥在漠北和林即大汗位，屯驻六盘山的浑都海奉蒙哥命，主持陕西政务的刘太平支持阿里不哥。文中“安谕六盘”，意指招降浑都海；“太平乱党”即指刘太平等人。

④ 浑都海：元宪宗大将，统大军驻守六盘，宪宗死后，拥护阿里不哥，后战败被杀。

⑤ 中书右丞：官名。忽必烈设立中书省总理全国政务。中书省最高长官中书令由皇太子兼任，未立皇太子时则缺。实际长官为右丞相、左丞相，总领省事，统率百官。设置有平章政事四员，为丞相之副贰；中书右丞、中书左丞各一员，参知政事二员，为执政官。

⑥ 阿蓝答儿：元宪宗蒙哥的亲信大臣，宪宗驾崩后支持阿里不哥与忽必烈争位。

⑦ 和林：地名。在今蒙古国哈儿和林，成吉思汗在此建都，元宪宗死后，阿里不哥在和林称大汗。

⑧ 平章政事：官名。中书省设有四员平章政事，掌副丞相。

商挺，字孟卿，济阴[①]人。杨惟忠宣抚关中，兵火之余，民不聊生，挺佐惟忠，进贤良，黜贪暴，明尊卑，出淹滞，定规程，止簿责，印楮币[②]，颁俸禄，务农薄税，期月民安。世祖即位，以廉希宪及挺宣抚陕蜀，破浑都海〔五七〕等于甘州，帝大悦，称古良将，进参知政事[③]。

明

徐达，字天德，濠人。洪武元年[④]，以征虏大将军、右丞相将二十五万人北伐，平山东、河南，定燕京，克凤翔。会诸将议所向，诸将咸欲先取庆阳，后攻临洮。达曰："不然，庆阳城险而兵精，猝未易拔。临洮北界河湟，西控羌、戎，得之，其人民足以备战斗，地产足以佐军储。今以大军蹙之，思齐[⑤]不走，即束手缚矣。临洮克，旁郡自下。"遂进克秦州，入巩昌，遣右副将军冯胜逼临洮，李思齐果降。张良臣[⑥]惧，亦以庆阳降，陕西悉平。进太傅、右丞相，封魏国公。卒，封中山王，谥武宁，配享[⑦]庙庭。

常遇春，字伯仁，怀远[⑧]人。洪武二年，副大将军达西入秦，张良弼遁，李思齐迎降，平奉元、凤翔、巩昌、临洮，所至望风归服，不妄杀一人。令将士所过，无得抢掠，秦人德之，为立祠。卒，封太保、开平王，谥忠武，配享庙庭。

邓愈，虹县[⑨]人。洪武三年，以左副将军从大将军平陇右，大败王保保[⑩]于定西。自临洮进克河州，招谕吐蕃诸酋长，何锁南等皆请降，于是河州以西朵甘思、乌思藏等部悉来归，封卫国公。八年，创兰州河梁，定河西。九年，吐蕃所部州城

---

① 济阴：县名。治所在今山东菏泽市。

② 楮币：楮，音chǔ。亦称"楮券"，简称"楮"，纸币的古称。古代用楮树皮制纸，称纸为"楮"。纸币由此引申为"楮币"。

③ 参知政事：官名。中书省职官，位低于左、右丞。

④ 洪武：明太祖年号，公元1368—1398年。

⑤ 思齐：即李思齐（1323—1374），元末任陕西行省平章兼四川行枢密院事，后来叛元，割据关中。

⑥ 张良臣：元末将领，驻守庆阳。

⑦ 配享：陪同主神一起享受祭祀。指功臣死后进入到皇家宗庙，和死去的皇帝一起受到祭祀。

⑧ 怀远：县名。治所在今安徽怀远县。

⑨ 虹县：地名。治所在今江苏泗洪县。

⑩ 王保保：？—1376年，即扩廓帖木儿，元末元军统帅。朱元璋攻破大都后，王保保退保甘肃，后北奔和林，辅佐北元昭宗。

邀掠乌思藏贡使。十年，复以愈为征虏将军，往讨之，愈分兵为三道，覆其巢穴，穷追至昆仑山，俘斩万计，获马牛〔五八〕十余万。上嘉其功，召还。卒，封宁河王，谥武顺，配享庙庭。

汤和，字鼎臣，濠州人。洪武二年，同大将军徐达入潼关，趋泾州，越六盘山，关陇皆平。明年，与徐达、冯胜至定西，袭元将扩廓帖木儿〔五九〕，败之。北定宁夏，至察罕脑儿[①]〔六十〕，皆以劳先诸将[②]。还京，卒，封东瓯王，谥襄武，配享庙庭。

沐英，字文英，定远[③]人。洪武十年，以征西副将军从邓愈出塞，渡黄河，略乌思藏，耀兵昆仑。转战数千里，俘获万计，论功封西平侯。十一年〔六一〕，拜征西将军，征西蕃，降元万户[④]乞失迦〔六二〕三副使，平其部落，擒洮州十八族。十二年，平朵甘纳儿七站地。十三年，以脱火赤[⑤]〔六三〕犯顺，由亦集乃路[⑥]〔六四〕，渡黄河，历贺兰山，涉流沙。分为四翼，自以骁勇冲其中坚，衔枚[⑦]夜薄其营，生擒脱火赤〔六五〕及知院爱足〔六六〕，全部以归。卒，封黔宁王，谥昭靖，配享庙庭。

冯胜，定远人。洪武二年，以右副将军从大将军下陕西，取凤翔、陇州、巩昌，征临洮，李思齐降。围庆阳，执张良臣。克庆阳、河州等处，陕西悉平。三年，复命胜为右副将军，同大将军出西安，捣定西，大破扩廓帖木儿〔六七〕，获士马数万，王保保〔六八〕等俱逃窜，封宋国公。五年，诏胜为征西将军，分兵由西道取甘州〔六九〕，至兰州，元将迎降。至亦集乃〔七十〕，追朵儿只班〔七一〕，俘获数十万，进拔肃州。开创河西，胜功独多。二十年，命为征虏大将军，讨纳哈出[⑧]〔七二〕，降之。太祖次列勋臣功高望重者八人，胜居其三云。

---

① 察罕脑儿：地名，又名白海子。今内蒙古阿巴嘎旗南查干淖尔。

② 劳先诸将：功劳最大，领先其他诸将。

③ 定远：县名。治所在今安徽定远县。

④ 万户：官名。金初设置，为世袭军职，统领千户(即猛安)、谋克(即百户)，隶属于都统。元代相沿，其军制设万户，为“万户之长”，总领于中央的枢密院。驻于各路者，则分隶于行省，其官署为万户府。

⑤ 脱火赤：元顺帝重臣，担任过太尉、知枢密院事和右丞相。

⑥ 亦集乃路：亦集乃即额济纳河，发源于祁连山，自南向北流经甘肃和内蒙古，汇入居延海。元代其下游设置亦集乃路，位于今内蒙古额济纳旗。

⑦ 衔枚：军队秘密行动时，令士兵口中横衔木棍，保持静默，以免敌人发现。

⑧ 纳哈出：元末大将，木华黎后裔，骁勇善战、用兵过人。

耿炳文，濠人。下河西，从大将军徐达，走李思齐、张思道，开拓西郡，即镇其地。筑城池，设卫所，以功封长兴侯。

耿忠，长兴侯炳文之弟。洪武九年，开立宁夏，披荆棘，修法制，招携怀远，恩威兼著，守以镇静，境土以宁。

郭子兴，濠人。洪武元年，从大将军徐达守潼关，移镇巩昌，西境帖然。三年，封巩昌侯。卒，赠陕国公，谥宣武。

宋晟，定远人。洪武十七年，讨西番，至亦集乃路〔七三〕，擒元国公[①]平章，进右军都督，镇守凉州。二十四年，充总兵官[②]，讨哈梅里〔七四〕，倍道疾驰，奄至城下，金鼓震地，即日克之，收其部落以归，番戎慑服。建文[③]元年，镇甘肃。永乐[④]元年，拜平羌将军，仍镇甘肃。三年，招降把都帖木儿〔七五〕部落，封西宁侯。晟凡四镇凉州，前后二十余年，威信著绝域。

马鉴，洪武间以都督佥事提兵宁夏，率兵出贺兰山，至五井，与元平章论卜〔七六〕战，大破之。

刘钊，全椒[⑤]人。以陕西指挥同知镇守河州，号令严明，中外畏服。永乐中，领兵往乌思藏，赏诸国，还遇敌众劫掠，钊率众败之。在镇二十余年，军民安堵，历升都督同知。

费瓛，凤阳府定远县人。永乐八年，以都督佥事[⑥]总兵甘肃。时叛贼虎保等侵掠凉州等处，瓛率兵败之于双城，贼遂溃散，追至鱼海〔七七〕，降之。后召征，迤北还。十二年复任，边境宁谧。加封崇信伯，卒于镇。

史昭，合肥人。初，哈密忠顺王[⑦]司徒火者他赤丁〔七八〕等倔强，梗西域贡道，昭率兵往讨，擒逆首以归。永乐八年北征，充鹰扬将军。十一年，出铁门关，勦寇有

① 国公：元朝的高等爵位。平章，国公之名，《明史》中作“吴把都剌赤”。

② 总兵官：明武官，无品级，无定员。总镇一方者为镇守，独镇一路者为分守，其上加提督、提调、巡视、备倭等衔，皆随事立名。

③ 建文：明惠帝年号，公元1399—1402年。

④ 永乐：明成祖年号，公元1403—1424年。

⑤ 全椒：县名。治所在今安徽全椒县。

⑥ 都督佥事：明代军事职官名。吴元年以前，朱元璋设大都督府，设有佥事一职，定制时改称佥都督，位从三品。洪武十二年，称都督佥事，升为正二品。位次都督同知，是都督府内协理府事、总管文牍的主官。

⑦ 忠顺王：明成祖授予哈密地区蒙古贵族安克帖木儿的封号，其后裔共十人沿用此封号。

功，升都督，镇守西宁。宣德[①]中，以曲先蕃〔七九〕寇邀劫贡使，昭充总兵官，直捣巢穴，生擒首恶，俘获无算[②]。凯还，迁镇宁夏。

史钊，以右都督[③]总兵宁夏。用兵有纪律，能料胜负。每置铁燕子于帐前，以候〔八十〕风色[④]，凡占验，毫发无爽，人以诸葛孔明方之。置斥堠、建关隘，边境利赖焉。

吴福，鄞县[⑤]人。历官礼部员外郎[⑥]，升参政。先是宁夏盐池禁严，民有一斗粟易盐三两者。福奏许民纳盐课[⑦]，官为量给，民甚便焉。

邝埜，字孟质，宜章[⑧]人。有诣阙告秦民群聚谋不轨者，上遂擢埜为陕西按察副使[⑨]，敕〔八一〕以便宜调兵勦捕，埜白其诬，诏诛妄告者。宣德四年，陕右饥[⑩]，华亭、宜川尤甚，公私廪皆竭，埜巡历其地，移旁县粟赈焉，民赖全活。历官兵部尚书，谥忠肃。

罗汝敬，名简，以字行，江西吉水[⑪]人。正统初[⑫]，以工部右侍郎[⑬]巡抚陕西，督

① 宣德：明宣宗年号，公元1426—1435年。

② 无算：不计其数，形容俘获的人和战利品非常之多。

③ 右都督：官名。明代改枢密院为大都督府，后改称五军都督府，设左右都督，分率全国卫所，秩正一品，以都督同知、都督佥事等佐之。

④ 候风色：观测风的强弱、方向等情况。

⑤ 鄞县：县名。治所在今浙江宁波市。

⑥ 员外郎：官名。隋朝在尚书省各司置员外郎一人，为各司的次官。唐、宋沿置，在六部下设司，担任司的副职者称员外郎，与郎中同称郎官，为中央官吏中的要职。明、清各部仍沿此制，以郎中、员外郎、主事为司官的三级。

⑦ 盐课：盐税，盐课之名始于宋。时煮盐之灶户按丁岁课入官，受钱或折租赋，始称“盐课”。以后元、明、清对盐户、盐商所征之税均称盐课。

⑧ 宜章：县名。治所在今湖南宜章县。

⑨ 按察副使：官名。明朝在各省设置提刑按察使司，长官称为按察使，俗称按台或臬台，掌一省刑名按劾之事，其属官为按察副使，正四品，按察佥事，正五品，俱无定员。

⑩ 陕右：即陕西，古人以右为西，陕甘一带在陕州之西，故称。

⑪ 吉水：县名。治所在今江西吉水县。

⑫ 正统，明英宗年号，公元1436—1449年。

⑬ 工部右侍郎：官名。明代中央设置六部，即吏、户、礼、兵、刑、工六衙门，是中央政府六个主要的执政机构，每一部设置尚书和侍郎，尚书正一品，为部之长官。侍郎二员，分左右，正三品，为部之副长官。

甘肃、宁夏屯田，分等第定赋则，区处精密[①]，杜兼并，广储蓄，至今赖之。转刑部右侍郎。

王翺，字九皋，盐山[②]人。正统六年，以佥都御史[③]镇守陕西，羌人服其令，历官吏部尚书。卒，赠太保，谥忠肃。

金濂，字宗瀚，山阳[④]人。正统三年，擢佥都御史，参赞宁夏军务。举贤任能，人服其公。宁夏旧有五渠，而鸣沙州、七星汉、伯石灰三渠淤，濂请浚之，溉芜田一千三百余顷。时诏富民输米助赈，千石以上褒以玺书[⑤]，濂言边地粟贵，请并旌不及千石者，储由此充，边民赖之。八年，拜刑部尚书。

王骥，字尚德，束鹿[⑥]人。正统初，阿台、朵儿只伯〔八二〕数寇甘凉，命骥以兵部尚书经略之。骥至，见沿边城堡不坚，将无纪律，大会诸将，问往年遇敌鱼儿海先退者谁。咸曰都指挥[⑦]安敬，即命引出斩之，一军股栗。又大阅将士，分兵画地，使各自防御，边境肃然，号令一新，兵威大振。敌首把秃孛罗〔八三〕寇庄浪，即遣都指挥魏荣，授以方略，破其部落以还。阅甘凉军冗冒者，定更番法[⑧]，兵休息而转输省汰三之一。还报命，上亲慰劳之。未几，敌复入犯，复勅往，至则遣大将蒋贵直捣狼山，且戒曰："不捷，无复相见。"遣偏将赵安副之，骥与都督任礼率大军后继，击败之，阿台、朵儿只伯〔八四〕走死，降其部落，穷追至黑泉而还，边境悉宁。捷闻，上遣人赉金币奖劳，加大理寺卿[⑨]。召还，理部务，后封靖远伯。卒，赠侯，谥忠毅。

---

① 区处：安排处置。精密：精确、严密。

② 盐山：县名。治所在今河北盐山县。

③ 佥都御史：官名。明代都察院属官，正四品，地位次于都御史和副都御史，掌纠察弹劾、明辨冤枉等事。

④ 山阳：县名。治所在今陕西山阳县。

⑤ 玺书：天子诏敕的别称。

⑥ 束鹿：县名。治所在今河北石家庄市以东地区。

⑦ 都指挥：官名。统军官。明兵制，每营设都督一，号头官一，都指挥二，把总十，领队一百，管队二百。

⑧ 更番法：军队的更迭、轮流换班的规定。

⑨ 大理寺卿：官名。明代大理寺与刑部是最高司法审判机构，刑部掌审判、大理寺掌覆核。设置卿、左右少卿。大理寺卿为正五品。

柴车，字叔舆，钱塘[①]人。累官至兵部侍郎，多谋略，熟习边事。正统初，西鄙不靖，命车协赞甘肃军务，调军给饷，悉得事宜。初，朵儿只〔八五〕寇凉州，副总兵刘广丧师，不以实闻，反要功赏[②]，车劾其罔，诏械广诣京。又劾奏宁夏等守将失律，亦召还，前后章数十上，甚剀切[③]。或以后患怵之，车曰："吾敢爱身以误国耶？"每有功赏，虽勅下，必覆验后行。岷州土官后能冒功得升赏，反复论不可曰："诈冒如能者非一人，今宥能，如余人何？若〔八六〕无功得官，何以待捐躯死敌者？"卒罢所升官，诏嘉之。

马昂，字景高，沧州人。监察御史[④]巡按陕西，未几，以右副都御史参赞甘肃军务。时都督王喜玩寇失机，昂劾其罪状，谪戍辽东，一时官军无不畏服。先是，边人恣钞掠，至强劫总兵进贡马驼，昂帅将士讨之，尽得主名枭示[⑤]，又擒其大将数人，并其妻子械送京师，自是敌人不敢近边。已而，甘肃戒严，昂躬擐甲胄[⑥]，简精锐，出屯山隘以待，敌闻，遁去。升兵部尚书。敌复内侵，陕西告急，命怀宁伯孙镗为总兵，昂仍总督，刻日出师。是夕，曹钦反[⑦]，昂与镗讨之，钦伏诛。进太子少保，仍掌兵事。

陈镒，字有戒，吴县[⑧]人。宣德十年，擢右副都御史，镇守陕西。巡延绥、宁夏，条奏军民便宜，多所废置，所部六府饥，请发仓赈，帝从辅臣请，修荒政[⑨]。镒请遍行于各边，由是塞上咸有储蓄。岁满当代，以陕人乞留，诏仍旧任。时仓储充溢，足支十年，镒以陈腐委弃可惜，请每岁春夏时，给官军为月饷，不复折钞[⑩]，从之。九年春进右都御史，镇守如故。秦中饥，乞蠲租十之四。已，命巡视甘肃、宁夏、延绥边务，听便宜处置，以灾沴频仍，条上抚安军民二十四事，多议行。寻还

① 钱塘：县名。治所在今浙江杭州市。

② 要：同邀，向朝廷邀功求赏。

③ 剀切：与事理完全相合。

④ 监察御史：官名。明代设督察院，掌弹劾建言，设都御史、副都御史、监察御史等。

⑤ 枭示：枭首示众。

⑥ 躬擐甲胄：亲自披挂甲胄上战场。

⑦ 曹钦：宦官曹吉祥的嗣子。明英宗天顺五年（1461），曹吉祥、曹钦谋反，"曹钦反"即此。

⑧ 吴县：县名。治所在今江苏苏州市。

⑨ 荒政：古代统治者在百姓遭受水旱等自然灾害时，所采取的赈济措施，以稳定统治。

⑩ 折钞：官员的俸禄、士兵的月饷，由俸米和俸钞支给。

理院事，进左都御史。景泰[1]二年，陕西饥，军民万余人，“愿得陈公活我”，监司[2]以闻，帝复命之。镒至是凡三镇陕，先后十余年，陕人戴之若父母。每还朝，必遮道拥车泣，再至，则欢迎数百里不绝。其得军民心，前后抚陕者莫及也。镒在陕西，恩惠并著，规画政务，曲尽事情，常先事豫防，边城赖以无患。于延绥要害处，奏置靖虏〔八七〕卫，于宁夏、甘肃边境，增墩堡[3]千余所。陕西屡旱，力为拯救，奏减徭役，蠲逋负[4]，发仓廪赈贫民，人以无困。三年春召还，加太子太保〔八八〕，掌院事，明年以疾致仕[5]。卒，赠太保，谥僖敏。

耿九畴，字禹范，卢氏[6]人。以刑部右侍郎巡抚陕西，持己端方，政令严肃。都指挥杨得青等私役操卒，九畴劾之，诏按治。边将请增临洮诸卫戍卒，九畴言：“边城士卒非乏。将帅能严纪律、精训练、勤抚恤、绝侵渔、赏罚明信，则人人思奋。不然，徒冗食耳。”竟不增戍。边民春夏出作田，秋冬辄徙入塞，九畴言：“边将所以御寇卫民也，今使民避寇失业，安用将帅?”因禁民入徙，有被寇者，治守帅罪。四年，布政使许资言：“侍郎出镇，与巡按御史不相统，事多拘滞，请改授宪职[7]便。”乃改授右副都御史。大臣镇守，巡抚皆授都御，自九畴始。

王概，庐陵[8]人。以右副都御史巡抚陕西，设法救荒，全活数万人，流民归业。

马文升，字负图，钧州人。成化[9]四年，固原土兵满四倡乱，边陲告急，特起文升副都御史，巡抚陕西，与总督项忠、刘玉讨平之，生擒满四，进左副都御史，巡抚如故。文升数条奏便宜，务选将练兵，丰财设险为守边计，翦除剧贼，西固番族不即命者悉灭之。修马政，易番马八千有奇，以给士卒。赈巩昌、临洮饥民，抚安流移〔八九〕，绩甚著。而是时，孛罗忽、满都鲁、乩加思兰〔九十〕比岁犯边。文升请驻兵韦州，而设伏于诸堡待之。至九年冬，寇深入西路，以有备，不能大逞。十一年春，代王越为总制三边军务，寻入为兵部右侍郎。孝宗即位，拜左都御史，二年为

① 景泰：明代宗年号，公元1450—1457年。

② 监司：即按察使司，负责监察地方官员以及民间舆情。

③ 墩堡：烽火报警台和要塞堡垒。

④ 逋负：百姓拖欠国家的赋税。

⑤ 致仕：官员退休。

⑥ 卢氏：县名。治所在今河南卢氏县。

⑦ 宪职：都察院官职的通称。

⑧ 庐陵：县名。治所在今江西吉安地区。

⑨ 成化：明宪宗年号，公元1465—1487年。

兵部尚书。土鲁番据哈密[①]，侵掠沙州，迫罕东〔九一〕诸部附已[②]。文升荐许进巡抚甘肃，请勅发罕东〔九二〕、赤斤〔九三〕、哈密兵[③]，令副总兵彭清将之，隶巡抚许进往讨，果克之，西域遂定。为兵部十三年，尽心戎务，数条上便宜，率报可。职守外所当及者，亦言无不尽。帝推心任之，自太子太保屡加至少保。迁吏部尚书，加少师。年八十五卒，赠太师，谥端肃。

项忠，字荩臣，嘉兴人。任陕西按察使，岁饥，发廪不待报。母忧归，部民乞留，诏改右副都御史，巡抚其地。时洮、岷羌叛，忠发兵抚捕，卒降其众。成化四年，固原土兵满俊，即满四，叛，聚众据石堡城，城险固，俊据以为巢穴。巡抚陈介进讨，复大败，贼众至二万，势益张。诏命忠总督军务，与总兵刘玉讨之。时朝议欲益兵，忠言："益兵非便。"遂与巡抚马文升分军七道，抵石城下，与战，斩获多。伏羌伯毛忠战死，诸军遽退，忠即阵斩一千户以徇，众乃定。会有星孛于台斗，占者以为秦分，不利。忠曰："昔李晟讨朱泚，荧惑守岁，卒以成功。"乃遣兵薄城下，焚贼刍草，绝汲道。贼益窘，邀忠与文升相见。忠偕刘玉单骑赴之，文升亦从数十骑往，呼俊，谕以祸福，于是城中胁从者相率来降。已而满俊夜使爱将杨虎狸远汲，被擒，忠贳其死，解所束金带钩赐，遣之，约为内应，诱俊出战，伏兵擒焉。忠大小三百余战，斩首七千六百有奇，俘获二千六百。升右都御史，兵部尚书。卒，赠太子太保，谥襄毅。

余子俊，字士英，青神[④]人。成化六年，以右副都御史巡抚延绥，请沿边筑墙建堡，谓："延庆地平易，利驰突，寇屡来犯。宿留重兵，所费巨万。莫若于沿边筑墙，置立堡砦[⑤]。今旧界石所在，多高山陡崖。依山形，随地势，或铲削，或垒筑，或挑堑[⑥]，绵引相接，以成边墙，于计为便。"十年，役陕西军，给食兴工，东起清水营，西抵花马池，延袤千七百七十里，咸凿崖筑墙，掘堑其下，连续不绝。每二里置敌台崖砦，为巡警之所。凡筑城堡十一，边墩十五，小墩七十八，崖砦八百十

① 土鲁番据哈密：吐鲁番在明初属于东察哈台汗国，后来大体保持自治状态。哈密，指明朝在新疆哈密设置的哈密卫。

② 罕东：即罕东卫，明朝在敦煌地区设置的羁縻蒙古诸部的卫所。

③ 赤斤：即赤斤卫，在今甘肃玉门市赤金镇。

④ 青神：县名。治所在今四川青神县。

⑤ 堡砦：堡寨，长城沿线的要塞堡垒。

⑥ 挑堑：挖掘壕沟。

九，役军四万人，不三月而成。墙内之地悉分屯垦，岁得粮六万石有奇。初，延绥镇治绥德州，属县米脂、吴堡悉在其外。寇入掠，镇兵觉而追之，已不及，故往往得利去。自子俊徙镇榆林，增卫益兵，拓城置戍，攻守器毕具，遂为重镇，寇抄渐稀，民安得耕牧焉〔九四〕。至十八年，寇入犯，扼于墙堑，散漫不得出，遂大衄[①]，边人益思子俊功。寻拜户部尚书，加太子太保。卒，赠太保，谥肃敏。

徐廷璋，字公器，罗山[②]人。成化初，以佥都御史抚延绥，再抚甘肃，条上边务，劾贪将，建设学校。在镇七年，武备整饬[③]。调抚宁夏，大筑边墙，堑山堙谷，增立寨堡，缮亭障。时与陕西马文升、延绥余子俊名相埒，称关中三巡抚。

蒋贵，江都[④]人。正统中[⑤]，阿台、朵儿只伯〔九五〕屡寇甘凉，拜贵将军，率京兵五千骑巡边。兵至镇，蕃出鱼儿海子，哨还，得敌营所在，贵欲即往，副将李安沮之，贵拔剑厉声言："敢复谏者死。"遂蹑迹[⑥]，败之于石城，又追至兀鲁〔九六〕，俘斩殆尽，阿台〔九七〕单骑走死，西土遂安。捷报，加封定西伯，镇甘凉。后征云南金齿[⑦]，皆平之。以病薨，赠国公，谥武勇。

郑时，字宗良，舒城[⑧]人。巡抚陕西，值大饥，请得帑金四十万赈济，分门给散。疏平凉利民渠以溉田，民感其德。

史琳，字天瑞，余姚[⑨]人。历官陕西布政司右参议[⑩]。时巩昌蕃人为梗，始至，掩击之，尽降其众。遂出行部，自安定、会宁历金兰，抵秦州，相度地势，增缮屯堡、斥堠，以断贼路。既又转关中之粟以实甘、凉，身自督输，往来边徼〔九八〕凡二年，由是尽得其形胜要害及战守方略。

---

① 大衄：惨重的失败。

② 罗山：县名。治所在今河南罗山县。

③ 整饬：有条理、有秩序、严整。

④ 江都：地名。治在今江苏江都县。

⑤ 正统：明英宗年号，公元1436—1449年。

⑥ 蹑迹：追踪、跟踪之意。

⑦ 金齿：族名。云南行省的傣族，元代曾设立金齿宣抚司。

⑧ 舒城：县名。治所在今安徽舒城县。

⑨ 余姚：县名。治所在今浙江余姚市。

⑩ 右参议：官名。明朝在各地方布政司内，置左、右参议，无定员，秩从四品，与左、右参政皆为布政使之佐，职掌分守各道及派管粮储、屯田、清军、驿传、水利、抚民等事。

王越，字世昌，浚县[①]人。成化五年，寇入河套，诏大同巡抚越帅师赴之，越遣将三路，破之，寇乃退。七年，加总督军务，专办西事，敕陕西、宁夏、延绥三镇兵皆受节制。九月，满都鲁及孛罗忽、乩加思兰〔九九〕留妻子老弱于红盐池[②]，大举深入，直抵秦州、安定诸州县，越策寇尽锐西，不备东偏，乃率总兵许宁、游击[③]周玉各将兵，两昼夜行八百里，薄其营，大破之。擒斩三百五十，获驼马器械无算，焚其庐帐而还。及满都鲁〔一〇〇〕等饱掠归，则妻子畜产已荡尽，相顾痛哭，自是远徙北去，不敢复居河套，西陲息静者数年。十年春，廷议设总制府于固原，控制延绥、宁夏、甘肃三边，总兵、巡抚并听节制，以越任之，三边总制[④]自此始。论功加太子少保，进兵部尚书，仍掌院事。成化十六年，出塞，大破虏于威宁海子[⑤]，封威宁伯。弘治[⑥]〔一〇一〕十年，寇犯甘肃，起越原官，加太子太保，总制甘凉边务，兼制延宁两镇。明年，分兵三路进勦，皆破走之于贺兰山。加少保。卒，赠太傅，谥襄敏。

范瑛，字俊彦。成化九年，巡按陕西，专理茶禁[⑦]。先是三边缺马，廷议欲资茶以市马，瑛谓："禁太严则利尽锥刀以病商[⑧]，太弛则利归权势以病国。"乃斟酌行之，于是官茶行而边马足。

郑已，字克修，山海卫人。巡按陕西、甘凉诸路，岁灾，告急，已请蠲边地逋赋，而分别边兵，令壮者战守，老弱耕牧。又上《匡时图治疏》，以安民练兵责将吏，以将吏责铨枢[⑨]，以铨枢之得人归人主之讲学、纳谏〔一〇二〕，亹亹[⑩]数千言，讲赈济，饬边备，陕以西赖之。时勋贵出镇，子弟怙势凌下，监司莫敢问，已捕杖之，濒死，乃谋中之[⑪]，谪戍宣府。

① 浚县：浚，音xùn。治所在今河南浚县。

② 红盐池：地名。今内蒙古伊金霍洛旗之红碱淖。

③ 游击：官名。明代设游击将军，无品级，也无定员，分掌驻在地的防守应援。

④ 三边总制：官名。总制延绥、甘肃、宁夏三边，是西北边镇最高的军事要职。

⑤ 威宁海子：湖泊名，亦名集宁海子。今内蒙古察哈尔右翼前旗东北之黄旗海。

⑥ 弘治：明孝宗年号，公元1488—1505年。

⑦ 茶禁：明初实行茶叶专卖制度，严禁私自贩卖。凡贩卖私茶者，处以极刑。茶户私下卖茶，则没收其茶园。

⑧ 利尽锥刀：连锥刀之利亦不放过。锥刀之利，比喻极为微小的利益。

⑨ 铨枢：负责官员选拔的机构。

⑩ 亹亹：形容连续不绝。

⑪ 中之：中伤、诋毁。

秦紘，字世缨，单县[①]人。先知秦州，后升巩昌知府，调西安，迁陕西右参政。岷州番乱，提兵破之。成化十四年秋，寇入花马池，败官军，直抵平凉，诏起紘户部尚书兼右副都御史，总制三边军务。紘驰至固原，躬祭阵亡将士，奏录死事指挥朱鼎等五人，恤军士战没者家，劾治败将杨琳等四人罪，更易守将，练壮士，兴屯田，申明号令，军声大振。初，寇未入河套，平凉、固原皆内地，无患〔一〇三〕。自孛来[②]〔一〇四〕住牧后，固原当兵冲，为平、庆、临、巩门户，而城隘民贫，兵力单弱，商贩不至。紘乃拓其外城郭，招徕商贾，建改为州，而身留节制之，由是商贾流通，公私两便。紘见固原迤北延袤千里，闲田数十万顷，旷野近边，无城堡可依，议于花马池迤西至小盐池二百里，每二十里筑一堡，堡周四十八丈，役军五百人，固原迤北各筑屯堡，募人屯种，每顷税米五石，岁可得五十万石。又言："花马池至固原，墩台疏远[③]，敌骑得长驱深入，当增筑墩堡。"卒行紘策，修筑诸边城堡一万四千一百所，垣堑三千七百余里，固原屹为重镇，敌人不敢窥伺。又以意作战车，名"全胜车"，诏颁其式[④]于诸边。在事三年，四镇晏然，前后经略西陲者莫及。十七年，召还视部事，以年老乞致仕。卒，赠少保，谥襄毅。

许进，字季升，灵宝[⑤]人。除御史，按甘肃有声。弘治七年，以佥都御史巡抚甘肃。时土鲁番阿黑麻[⑥]〔一〇五〕攻陷哈密，执忠顺王陕巴[⑦]〔一〇六〕去，使部酋据其城，久不复。进与都督刘宁辈出，调诸部为声援，冒雪夜进，遂破其众。余敌入城登台自保，进谕而降之，复得哈密城，获陕巴妻女。或欲尽屠之，进不可，乃止。录功，升副都御史巡抚陕西。未几，阿黑麻〔一〇七〕上书谢罪，以陕巴〔一〇八〕及金印来归，西域遂定。官至兵部尚书，赠太子太保。谥襄毅。

杨一清，字应宁，云南安宁人。父景，以化州同知[⑧]致仕，携之居巴陵。少举奇

① 单县：县名。治所在今山东单县。

② 孛来：北元前期蒙古喀喇沁部首领。

③ 墩台疏远：墩台要塞之间的间隔过于宽大松散。

④ 式：样式和制作规格。

⑤ 灵宝：县名。治所在今河南三门峡市灵宝县。

⑥ 阿黑麻：东察合台后王羽奴思汗次子。羽奴思汗时，为控制东西贸易的咽喉要道，曾和明朝争夺哈密地区。羽奴思汗死后，阿黑麻统治其东部阿克苏到吐鲁番地区，继续占据哈密。

⑦ 忠顺王陕巴：忠顺王为明朝赐封的哈密地区的统治者。陕巴，当时忠顺王之名。

⑧ 同知：同某官的意思，职位相等于某官之副。同知一般分掌督粮、巡捕、海防、江防、水利、牧马等事。

童，弱冠登进士。父丧，卜葬丹徒，遂家焉。授中书舍人[①]，久之，迁陕西提学副使[②]，在陕八年。弘治十五年，擢左副都御史，督理陕西马政。太祖著令：以蜀茶易番马，资军中用。久而寝弛，奸人多挟私茶阑出[③]为利，番马不时至。一清乃请重行太仆、苑马之官，严私通禁，尽笼茶利于官，以服致诸番[④]。番马大集，屯牧政修，军用渐足，李东阳、刘大夏皆材之。会寇大入花马池，命一清巡抚陕西，仍督马政。甫受事，寇已退，乃选精卒教演之。创平虏、红古二城[⑤]以援固原，筑垣濒河以捍靖虏[⑥]，劾罢贪庸总兵郑宏，裁镇守中官[⑦]冗费。正德[⑧]初，寇数万抵固原，一清轻骑昼夜行抵，总兵曹雄军张疑兵胁寇，夜发火炮，寇疑大兵至，遁出塞。一清以延绥、宁夏、甘肃有警不相援，患无所统摄，请遣大臣兼领之。即命一清总制三边军务，进右都御史，一清遂建议修边，其略曰："陕西各边，延绥据险，宁夏、甘肃扼河山，惟花马池至灵州，地宽衍，城堡复疏，寇毁墙入，则固原、庆阳、平凉、巩昌皆受患。臣久官陕西，颇谙形势。寇动称数万，往来倏忽。未至，征兵多扰费，既至，召援辄后时[⑨]。欲战则彼不来，持久则师坐老。防边之策，大要〔一〇九〕有四：修浚墙堑，以固边防。增设卫所，以壮边兵。经理灵夏，以安内附；整饬韦州，以遏外侵。当务之急，莫先于此。今河套即周朔方，唐张仁愿筑三受降城，置烽堠，突厥不敢逾山牧马。宜增筑边防，延绥至横城三百里，设墩台九百座，铲削险崖峻阜，连接宁夏东路花马池。"帝可其议，发帑筑墙。刘瑾憾一清不附己，遂引疾归。

---

① 中书舍人：官名。为中书省属官。明朝废中书省后，仍有中书科舍人二十人，隶内阁中书科，负责缮写文告、命令等事务。

② 提学副使：提刑按察副使提督学道的省称，即带提刑按察副使衔提督学道者。

③ 阑出：私自出关贸易，即走私。

④ 服致诸番：以茶马贸易来控制诸番，使其来服。

⑤ 平虏、红古二城：平虏城，在今宁夏平罗县；红古城，在今宁夏同心县。二城皆在固原之北，形成犄角之势，互相支援。

⑥ 靖虏：靖虏卫，在今甘肃靖远县，黄河流经此地。濒临黄河修筑长城城垣，以捍卫靖虏卫。

⑦ 镇守中官：明代宣德之后，逐渐在各省与沿边诸镇，设置镇守中官，由内廷宦官担任。沿边诸镇的镇守中官拥有监督军事将领、协赞军事行动、整饬军纪、边防等权力。

⑧ 正德：明武宗年号，公元1506—1521年。

⑨ 后时：为时已晚。征调军队兵奔赴前线，需要较长的时间，而游牧部族的骑兵行动迅速，来去迅捷。敌人来侵，防御军队抵达时，敌人已去。

安化王寘鐇反[①]，起一清提督军务，西讨，未至，故部将仇钺已捕执之。召还，拜户部尚书加少保，进武英殿大学士[②]，请归。世宗即位，廷臣交荐，改兵部尚书、总制三边。一清三为总制，部曲皆踊跃喜，旌旗壁垒色为一新。召为吏部尚书，进左柱国[③]、华盖殿大学士。卒，赠太保，谥文襄。

罗明，字时昭，福建延平人。弘治初，巡抚甘肃，奏罢贡献[④]以息横敛，夺势家所擅草湖以还军士。均水利，清兵马，蠲逋负，于学校风俗尤为加意，增贡额[⑤]，选秀民躬教之，革丁祭[⑥]循用俗乐[⑦]，讲求古乐舞器而演习之，河西文风于是大振。

仇钺，宁夏人。为宁夏前卫[⑧]指挥，寘鐇反，钺诈称病卧，贼党周昂来视，伏卒杀之。集壮士驰诣寘鐇第，缚之，贼众遂大溃。论功封咸宁伯，禄千石。复拜平贼将军，督三屯营，进咸宁侯。

颜颐寿，湖广人。正德间，以大理寺少卿差查延庆诸务。时刘瑾立法查粮，各边卫屯田欲有增益，及查军，欲三丁抽一为正军。又以官银散给军民，每银四钱责运边粮一石，每二分五厘责纳边草一束，赋重法严，人不堪命。颐寿不肯阿徇[⑨]，一切以宽大处之，边民受其德泽。因忤瑾意，撤回，百姓感恩攀送，遥望车尘拜祝。

李钺，字虔甫，祥符[⑩]人。嘉靖元年，钺以兵部侍郎出总制陕西三边军务，发内

① 寘鐇：即朱寘鐇（？—1510），明太祖朱元璋的玄孙，弘治五年（1492）嗣爵安化王，封国在宁夏。正德五年（1510），边关报警，镇兵出防，朱寘鐇遂以诛刘瑾、清君侧为名，乘机起兵叛乱。

② 武英殿大学士：明代仿宋制置大学士若干人，以殿阁为名，初设华盖、文华、武英三殿及东阁、文渊阁二阁大学士。学士以所系殿阁衔为正式官名，因其在宫城内的内阁中办事，通称内阁大学士。职掌为替皇帝批答奏章，商承政务，官阶为五品，由于实权甚重，其加官常至一品，成为事实上的宰相。一般称为辅臣，俗称阁老。

③ 左柱国：明代高阶勋官，正一品。

④ 贡献：即各地方将本地特产，纳贡献于皇帝。

⑤ 贡额：即贡生名额，地方选派到国子监学习生员名额。

⑥ 丁祭：对至圣先师孔子的祭祀。孔庙中每一季度仲月的上丁日，举行对孔子的祭祀，即释奠。州县学只需要春秋两季仲月上丁日祭祀。

⑦ 俗乐：泛指各种民间的音乐，与雅乐相对。

⑧ 宁夏前卫：明代于宁夏镇设有宁夏前卫、宁夏中卫和宁夏后卫。

⑨ 阿徇：迎合、屈从之义。

⑩ 祥符：县名。治所在今河南开封市。

帑[①]银四十万给军需。钺长军旅，料敌多中。初至固原，寇入犯，时援兵未集，乃下令大开诸营门，昼夜不闭，敌疑有备，不敢逼，乃炮击之，寇引去。以其间增筑墩堡，谨烽堠，广储蓄，选壮勇为备。未几，寇复深入平凉、泾州，放兵大掠，钺密令游击时陈、周尚文等，分伏要害遏其归路，军遂大捷，斩首百八十级，获牛羊万计。诸将入贺，钺曰："敌既失利，必东犯延绥。"檄诸将设伏待寇，寇果如延绥，伏发邀击之，斩首百余级。或请以捷闻，曰："偶胜耳，恶足为功?"镇巡奏捷，玺书嘉之，进右都御史。

王琼，字德华，太原人。嘉靖七年，起兵部尚书兼右都御史，督陕西三边军务。时土鲁番据哈密，数扰肃州，廷议闭关绝贡[②]，已四年。至是，其将牙木兰〔一一〇〕率众求内属，沙州番人帖木哥〔一一一〕等亦率众入附。番来寇者屡败，乃献还哈密，求通贡。琼奏乞抚纳通贡，西域复定。八年，北寇入犯庄浪、灵州，琼统兵三万，按行塞下，抵花马池，寇徙帐远遁。九年，洮、岷番人掠巩昌，命将击之，斩首三百五十余级，抚降七十余族。又置下马关门[③]，接修边墙一百八十余里，起甜水堡至兰州，因地形势，挑壕堑八百余里，据险以守。琼在边，戎备甚饬，土鲁番率十国奉贡，西北边经岁少烽警。及是，诸番荡平，西陲益靖，甘肃军民恐琼去，番寇复侵，相率乞留。帝嘉之，优诏奖加太子太保。十年冬，召拜吏部尚书。明年卒，赠太师，谥恭襄。其督三边，人以比杨一清云。

唐龙，字虞佐，兰溪[④]人。以监察御史升陕西提学副使，历吏部左右侍郎。陕西方大饥，吉囊[⑤]〔一一二〕拥众，入据河套，俺答[⑥]〔一一三〕亦出没边徼。特升龙兵部尚书，总制三边军务，兼理赈济。龙奏行捄[⑦]荒十四事。时吉囊〔一一四〕居套中，俺答〔一一五〕亦

---

① 内帑：皇室府库。古代国家以皇帝为中心的皇室财政与国家财政并行。皇室府库的支出，除用于皇室贵族的生活消费外，还用于战费、赏赐、赈恤、河工等非常性需要。

② 绝贡：明朝对周边少数民族政权，断绝交往关系，拒绝接受朝贡。

③ 下马关：地名。在今宁夏同心县，地处甜水河上游。明嘉靖五年（1407）筑城置营。

④ 兰溪：县名。治所在今浙江兰溪市。

⑤ 吉囊：明代鞑靼首领，小王子阿著之子。嘉靖时期，与俺答、小王子卜赤等部或分或合，侵扰明朝北边，因淫乐过度，病死。

⑥ 俺答：明鞑靼部首领之一，土默特万户。据河套，嘉靖年间屡为边患，明朝廷深以为忧。隆庆五年（1571）接受明朝赐封，为顺义王。俺答自受封以后，严禁部众扰害明朝边境，并允许汉人进入蒙古地区，汉蒙两族人民的经济文化联系大大加强。

⑦ 捄：同"救"。

自丰州入套为患。龙用总兵官梁震、王效等分左右夹击，破之。吉囊〔一一六〕自将入营花马池，龙督所部官兵迎战，大败之。时王效败敌于兴武营，梁震败敌于干沟，二旬三捷，屡被奖赉。召为刑部尚书。龙于三边四镇山川地形险扼，历历如指诸掌，为图置座隅，坐而筹之，咸中机要，动必有功。在边四年，朝廷倚重焉。

杨志学，长沙人。以右副都御史巡抚宁夏，奏改税粮以苏民困，创筑威远〔一一七〕、平远、靖远三堡，以遏寇路，民皆德之。

张文魁，字元甫，河南兰阳[1]人。嘉靖七年，以右副都御史巡抚宁夏，添置平远[2]迤北黄河战船，用扼敌人潜度劫掠之患。既去，人怀思之。

杨守礼，字秉节，蒲州[3]人。嘉靖初，以右副都御史巡抚宁夏。寇犯固原，败之，以功升兵部尚书，总督三边军务。凡二岁，最有功，加太子少保。

刘天和，字养和，麻城[4]人。嘉靖初，以右佥都御史督甘肃屯政[5]，请以肃州丁壮及山陕流民于近边耕牧，奏当兴革者十事，屯政悉举。改抚陕西，请撤镇守中官，帝从之。洮、岷番四十二族不顺命，天和讨诛之。十五年，改总制三边军务，仿前督秦纮制只轮车，练诸边将士。吉囊〔一一八〕寇凉州、庄浪，屡遣将败之。寇入黑河墩，遇伏，大败，入蒺藜川，又破之，进左都御史。吉囊〔一一九〕犯河西，御却之，进兵部尚书。又筑干沟、干涧三百里。十八年，敌陷花马池塞，斩失守指挥二人，敌侵固原，东出干沟，令任杰等诸将袭其后，捕斩二百余级。论功加太子太保，兵部尚书，天和年老乞休。卒，赠少保，谥庄襄。

寇天叙，字子惇，榆次[6]人。嘉靖三年，以右佥都御史巡抚甘肃，以银的[7]教射，赏中者。回贼犯山丹，命将截杀，斩其魁帅及余党三十六人。西域贡狮子、犀牛、西狗，天叙请却之，边人爱戴。进右副都御史，巡抚陕西。寇犯固原，调度截杀有功。关中饥，奏蠲租税，大发银盐赈济。又奏罢织造内官[8]，民赖以安。历兵部

① 兰阳：县名。治所在今河南兰考县。

② 平远：地名。在今宁夏同心县东北下马关乡。

③ 蒲州：县名。治所在今山西永济市西南。

④ 麻城：县名。治所在今湖北麻城市。

⑤ 屯政：屯田的政策和制度。

⑥ 榆次：县名。治所在今山西榆次市。

⑦ 银的：银制的箭靶心。能中者，则以银予之，以此鼓励训练。

⑧ 内官：宦官。明朝于南京、杭州、苏州各置提督织造太监一人，均由宦官充任，掌织造御用龙衣。

右侍郎，卒，贫不能殓[①]。

杨博，字惟约，蒲州人。任职方郎中[②]、大学士。翟銮[③]巡九边，以博自随。所过山川形势、土俗好恶、士卒多寡强弱，皆疏记之。至肃州，属番数百遮道邀赏。銮虑来者益众，不能给。博请銮盛仪卫[④]，集诸番辕门[⑤]，数以天子宰相至，不悉众远迎，将缚以属吏，诸番罗拜请罪，乃稍赉其先至者，余皆惧不复来。銮还，荐博可属大事。吉囊、俺答〔一二〇〕岁盗边，尚书张瓒一切倚办博。或帝〔一二一〕中夜降手诏，博随事条答，悉称旨。嘉靖二十五年，超拜[⑥]右佥都御史，巡抚甘肃。大兴屯利，请募民垦田，永不征租。又以暇修筑肃州榆树泉及甘州平川境外大芦泉诸处墩台，凿龙首诸渠。初，罕东〔一二二〕属番避土鲁番乱，迁肃州境上，时与居民戕杀。博为筑金塶、白城七堡，召其长，令率属徙居之，诸番徙七百余帐。总兵官王继祖却寇，永昌镇羌参将[⑦]蔡勋等战镇番、山丹，三告捷，斩首百四十余级。进博右副都御史。

陈九畴，字禹学，曹州人。正德十一年，兵备肃州[⑧]，值土鲁番速壇满速儿〔一二三〕拥万骑，入寇嘉峪关，游击芮宁败死，城中寄住回人斩巴思及失拜烟答〔一二四〕等将谋内应，九畴先事觇察[⑨]，悉捕戮之。躬擐甲胄，随机战守，克保孤城。后失拜烟答子米儿马黑麻〔一二五〕赴京诬奏，九畴被逮下狱。时权阉用事，而奸夷〔一二六〕写亦虎仙〔一二七〕者又贿通禁闼[⑩]，遂落职为民。嘉靖初，诏捕写亦虎仙〔一二八〕，诛死，起九畴陕西按察使，寻升右佥都御史，巡抚甘肃。当地方变乱后，极力镇抚，民用安辑。二年，亲率兵援总兵官武振于凉州，与寇迎战，大捷。三

① 殓：装尸入棺。这里代指葬礼，寇天叙死的时候，家贫不能承担其葬礼费用。

② 职方郎中：明代兵部设职方清吏司，掌天下舆图，以周知险要。设郎中一人，正五品；员外郎一人，从五品；主事二人，正六品。杨博任职方郎中，即职方清吏司主官。

③ 翟銮：1478—1547年，字仲鸣，明嘉靖皇帝时内阁首辅。

④ 仪卫：对仪仗和侍卫的统称，文者称仪，武者称卫，是权力的象征。盛仪卫，即呈现最高的仪仗和侍卫规格，以张扬威势。

⑤ 辕门：即营门。行营驻扎时以车为屏障，出入处两辕相向，故称辕门。

⑥ 超拜：越级任命官职。

⑦ 参将：武官名。为指挥一个地区或一路、一营军队的将官，地位在总兵、副总兵之次。

⑧ 兵备副使：官名。明代军事兼职官名，全称“整饬某地兵备副使”。

⑨ 觇察：暗中探查。

⑩ 禁闼：宫禁之门，此处代指宫中有权势的宦官。

年，速壇满速儿〔一二九〕复拥众入寇，主将员缺，九畴率裨将御于嘉峪关。觇贼有捣虚意，乃率数骑从间道疾趋甘州，贼果掩至，闻九畴先已入城，相顾错愕。寄住奸回间谍〔一三〇〕等欲为贼应，诡请御敌，不许，随按验得实，捕斩之。贼计穷，分掠红水、黑城等堡，又尾击之，始遁，甘州无虞，比屋尸祝之[①]。

曾铣，字子重，江都人。嘉靖二十五年，以副都御史总督陕西三边军务。寇大入延庆境，铣率兵数千，遣将捣寇巢，寇始遁。捷闻，赉银帑〔一三一〕。时套寇牧近塞，居民不敢樵采，间以轻骑入掠。铣复率诸军驱之，远徙。诏增铣俸一级，赐银帑〔一三二〕有加。铣感帝知遇，图所报称。念寇居河套久为中国患，上疏请复河套[②]，条八议以进，欲西自定边营，东至黄甫川一千五百里，筑边墙御寇，请帑金数十万。铣又条上方略十八事，并下廷议[③]。廷议套必不可复，遣官逮铣。严嵩令仇鸾诬铣克饷巨万，赂当途[④]，法司当铣交结近侍，律弃市。铣长于用兵，岁除夜[⑤]，命诸将出，不得已，丙夜[⑥]被甲行，果遇寇，击败之。问何以知？曰："以乌鹊非时噪也。"皆大服。既死，家无余赀。隆庆初，科道[⑦]颂冤，赠兵部尚书，谥襄愍。万历〔一三三〕中，敕陕西建祠。

王以旂，字士招，江宁人。累官兵部尚书。先是，陕西总督曾铣倡议复套，业奉命集议，俄旨出逮铣，即命以旂代之。陛辞[⑧]，驰入关，亟罢郡县军需，停造器具。又严盗马之罚，禁劫营之弊，虽仓卒建牙[⑨]而能推布腹心。哈密熟番久留甘肃，患之。乃召谕诸番，为缮室授田，示之生计。仍约朔望，族首得入关为市，诸番感喻，稽首听命远徙。嗣后敌入山丹波罗堡及庄浪高家堡，皆督师败之。计连年破敌

① 尸祝：祭祀，表示尊崇。

② 请复河套：明朝至嘉靖时，放弃阴山而防守陇山。河套地区被蒙古部族占据，此时曾铣建议收复河套。

③ 廷议：明代阁臣与各衙会议大政的制度，发挥官僚佐政和供咨询的作用。凡遇国家大事及推举文武大臣，皇帝命内阁官与各衙大臣进行集议。廷议结果上奏皇帝，由皇帝最后决定。

④ 当途：即当道、当权的重臣。

⑤ 岁除夜：除夕夜。

⑥ 丙夜：古代把一夜分为五更，丙夜指三更，即夜二十三时至次日一时。

⑦ 科道：六科给事中与各道监察御史的合称。两者均以谏诤、监察为职，前者为科官、言官，后者为道官、察官，两者职务相类似。

⑧ 陛辞：官员离京前上殿向皇帝辞别。

⑨ 建牙：牙指军帐前指挥的大旗。建牙指武将出镇或兴建幕府。

及番人出没境上者，屡多战功，夺获诸器无算，修完延庆等处城堡墩台及兰州边墙二百余里。进阶光禄大夫[①]、太子太保。卒于固原，诸镇军民为罢市。赠少保，谥襄敏。

毛伯温，字汝厉，吉水[②]人。历官都察院右佥都御史，巡抚宁夏。首罢衙前标军三百人，归营诸弁无敢以兵司自卫。检屯田没于河者，蠲其军租。夏地早寒，禾黍未实而霜陨，祷于神，仲冬始霜，岁大熟。

范鏓，字平甫，沈阳卫人。以右副都御史巡抚宁夏。刚断明察，清查侵盗，虚出[③]粮料一十二万余石、草五十余万束。裁革冒功，升赏旗甲。时方无事，政务弛废，一朝振刷，边境肃然。

王崇古，字学甫，蒲州人。嘉靖四十三年，以右佥都御史巡抚宁夏。遣将吴鼎，有清水营之捷，招降敌三百余人，边功甚著。进兵部右侍郎，总督三边。二岁中，敌三薄[④]城，遣大将董一奎、赵奇等，寻遣雷龙等出长城二百里，至白城。会流贼郭孟震钞掠秦晋，势张甚，崇古檄两省兵平之。进右副都御史。

汪文辉，字都山，婺源[⑤]人。以副使兵备宁夏。宁夏屯田濒河，易圮[⑥]无影，诸田赋重督严，丁耗役剧。辉虚心咨访，斟酌损益，探本成书，且与豁免。于是逃者复，疲者苏，民始有更生之乐。又周巡所部，以闸口岁费不赀，欲易以石。土人难之，辉程工量力[⑦]，通计所费三千两，较每岁闸口支费仅多三分之一。乃慨然曰："吾何爱〔一三四〕千金及半月之劳，不为百年计。"遂决计行之。至定盐法，决冤狱，筹兵劝农，通商课士，皆经国长虑。

石永，字寿卿，威县[⑧]人。历升陕西副使。驻甘州，询旧水田，浚泉五十余，灌田八百余顷，居民争复业。升右参政，巡视凉州土田，乃募民垦辟，导泉灌溉，后皆为沃壤。

① 光禄大夫：官名。明朝为从一品散官。

② 吉水：县名。治所在今江西吉水县。

③ 虚出：没有实际开支需要而领取。

④ 薄：迫近。

⑤ 婺源：县名。治所在今江西婺源县。

⑥ 圮：崩坏、坍塌。

⑦ 程工量力：计量考核需要的工作量，衡量需要的劳力。

⑧ 威县：县名。治所在今河北威县。

霍冀，字尧封，孝义[①]人。巡抚宁夏，遍历山川，究其利害。修内外诸关镇城雉堞[②]及远迩堡寨各路斥堠，修演武场、射圃及兵车厂、火器库。疏治河渠闸堰，招抚流移，宽赋役，新学宫，建书院。革差遣繁扰，禁吏胥需索，稽狡卒影射，罪积年奸慝，查赎锾[③]以助工，奖义士以厉俗，威行化洽。升户部右侍郎。

戴才，字子需，沧州人。嘉靖四十年，以佥都御史巡抚甘肃。简兵将，足储备，敌入辄创去。红柳林、枪竿岭之捷，甘镇向未有也。以其间垦荒田，兴水利，建学明教，百废振举。抚甘五年，晋副都御史巡抚陕西，寻升总督。凡三莅陕，熟悉利弊，举劾[④]咸当其人。裴家川腴地万顷，民苦敌，不得田作，才相度地形，筑墙建堡，奏请专官营田，秦陇间屹然巨镇。

王世扬，字孝甫，广平[⑤]人。以御史按视茶马。值岁祲，蠲赎锾二千金，复疏请茶课[⑥]二千金赈之。甘肃故以蕃为蔽，蕃与狄閧[⑦]。世扬卵翼[⑧]约束，烽燧顿消，岁增马四百七十匹，省椿朋银[⑨]五千有奇。迁大理卿，仍兼御史阅视延绥。世扬故谙九塞诡谰，咸为次第。阅实马如初市，否者闭关，其大赏转赏勒如初额，无侵士储糈。他所施设，皆百年桑土至计[⑩]。最后条十事，上嘉纳之，下所司覆著为令。

郑洛，字禹秀，安肃[⑪]人，兵部尚书。万历[⑫]〔一三五〕十八年，经略陕西、延、宁、甘肃边务。诸番往来，率取道甘肃。俺答〔一三六〕迎佛，建寺于青海，奏赐名仰华[⑬]，

① 孝义：县名。治所在今山西孝义县。

② 雉堞：城墙上掩护守城士兵的矮墙，又称“垛口”。

③ 赎锾：赎罪交纳的银钱。明代律法中，某些罪可以用钱赎买，以减轻或免除惩罚。

④ 举劾：举，举荐。劾，弹劾。

⑤ 广平：县名。治所在今河北邯郸市东北。

⑥ 茶课：政府对茶农征收的赋税。

⑦ 閧：音hóng，同“哄”，喧闹、搅扰。

⑧ 卵翼：比喻养育、庇护。

⑨ 椿朋银：即桩朋银，是桩头银与朋合银之合称。明京营及边镇军队骑操马匹倒死、走失或被盗后，对领养该马之官兵所处之罚金，称为桩头银。领养骑操马匹之官兵，因马匹死亡或丢失而分摊之买补银两，称朋合银。

⑩ 桑土至计：即桑土之谋，比喻勤于经营谋划，防患未然。

⑪ 安肃：县名。治所在今河北徐水县。

⑫ 万历：明神宗年号，公元1573—1620年。

⑬ 仰华：即仰华寺，明代青海第一座黄教寺院。蒙古土默特部首领俺答汗为迎请达赖三世入蒙古族地区传教，于万历五年在青海海南察卜齐雅勒地方建寺，明廷赐名为“仰华寺”。

留别部把尔户〔一三七〕守之。撦力克[①]〔一三八〕赴仰华，把尔户部卒阑入，西宁副总兵李奎醉，斫之，遂噪，射奎死，进围旧洮州，副总兵李联芳败殁。入临洮，河州总兵刘承嗣失利，游击李芳等皆死。诏洛经略七镇，以兵部员外梁云龙、佥事万世德随军赞画。洛至甘肃，与云龙入西宁，控扼青海。撦力克还所掠人口，输罪请归。洛陈收番有大利，会撦力克北归，乞复贡市，于是招抚一百六十五族，部落五万八千余口。给赏筑堡，随便安插，自是番依中国为屏蔽，我藉番人为耳目。分拨隘口，哨探敌情，每得预闻[②]。洛首议禁借路以伐奸谋，焚夷寺以绝祸本。乃养士秣马，集粮治器，又多方摇撼，散其党。后李汶、田乐收两川之功，皆本洛谋。加少保，仍召理戎政。

魏学曾，泾阳人。万历〔一三九〕十九年，起兵部尚书兼右副都御史，总制三边。学曾立朝敷政，直亮清正，有古大臣风。哱刘〔一四〇〕之乱，董师[③]平夏，在事三时[④]，贼灭城全，皆本其谋。为萋菲[⑤]所中，以去，廷臣交颂其功，公论不泯。

麻贵，大同人。万历〔一四一〕二十年，哱拜〔一四二〕之乱，以贵协镇宁夏。时分五队攻城，贵以游兵策应。哱拜自北门出战，欲逃勾套部。贵率参将马孔英先登赴敌，逐拜〔一四三〕入城。套部打正〔一四四〕自花马池西沙湃入，贵侦击于石沟，又与总兵李如松夹击套部于张亮堡，追至贺兰山，以所斩级举示哱〔一四五〕，贼始夺气，城破，贼平。

李如松。哱拜〔一四六〕之变，命如松总宁夏兵，与御史梅国正统辽左、宣大[⑥]兵至。时套部数阑入援哱拜〔一四七〕，如松遣裨将李宁等驰赴黄峡口击之，以劲卒千余，身往策应，至张亮堡遇贼，搏战，自卯至巳[⑦]，敌锐甚，如松剑斩缩朒[⑧]二人。会李如樟、麻贵亦至，张左右翼夹击之，乃却。追至贺兰，破南关，贼犹堙门断堑以

① 撦力克：明代蒙古右翼土默特部领主，俺答汗孙，辛爱黄台吉长子，万历十五年袭封为第三代顺义王。

② 预闻：预先得知。利用番人为耳目探察敌情，提前得知敌军情报。

③ 董师：率领军队。

④ 三时：三个季度。明廷平定哱拜之乱，耗时九个月，即三个季度。

⑤ 萋菲：花纹交错貌，比喻谗言毁谤。

⑥ 宣大：全衔为“总督宣大山西等处军务兼理粮饷”，代指宣化、大同和山西地区。

⑦ 自卯至巳：卯，卯时，又名日出，从五点至七点。巳，巳时，又称隅中，从九点至十一点。古代一天分为十二时辰，以十二地支分别命之。

⑧ 缩朒：朒，音nǜ。怯懦、退缩。

守，承恩[①]既杀其党刘东旸、许朝等，悬首城上求抚。如松先登，围哱拜〔一四八〕家，拜自缢，斩其首。贼平，捷奏，以如松为第一，擢左都督。

张铨，字宇衡，山西沁水[②]人。万历〔一四九〕中，巡视陕西茶马。会属番肆掠，铨立参起衅边将，整肃金牌纳马之法。又条奏马政四议，为通变苑马之计。筹边造士，卓有善政，绳奸斥佞，直声振天下。后殉难，谥忠烈。

张九德，字咸仲，慈谿[③]人。以按察副使为河东兵备。时辽左、川、贵多调边兵，方遣行，悍丁金白、张威等杀领兵官，焚掠而前。德至固原，闻变星驰，进大书前导曰："戍士远役，诚可念。即有所需，何不以请，轻犯国宪，幸吾未受事，可开一面，如悔罪，速投戈[④]以明无叛志。"众环跪叩头请死，哭声震山谷。德慰遣归营，密擒渠魁，寘[⑤]之法，宁镇以安。时熊廷弼得便宜调发，有伪充经略使者勒取马价，甚倨，曰："道远恐疲，折价至近关买马为便。"德命简故牒，印文小异，遂伏罪。复创设商学，以便商贾子弟肄业。灵州濒河，岁费数千金以御河[⑥]。天启[⑦]二年，河大决，居民议他徙。德相度水势，建石堤，岁省工役无算。秦家渠常苦涸，汉白渠常苦涨，三农失业，德筑长湃以护秦，别开芦口以泄汉，计疏渠道三十里，复芜田数百顷，岁额增数千石，时号张公堤。为政先事绸缪[⑧]，临机制变，声色不动而指挥若神。履任六年，以卓异擢巡抚都御史，去。先是，灵州有祠祀杨一清、王琼。及九德去任，镇人思其功，貌其像而三之[⑨]，更其额曰三贤。

李汶，字次溪，任邱[⑩]〔一五〇〕人。万历〔一五一〕二十三年，继郑洛为总督。初，洛请招番，已有效。汶踵行之，遂有南川之捷，获头目把都尔恰〔一五二〕。后以兵备刘敏宽分插白旗，招回番族，且请曰："各番窘约，告讨买卖，盖求以毡皮牛羊易我米面，此亦于我有利。宜订期定物，各于就近城堡换易资生。其非时禁物，仍宜严禁。且

① 承恩：即哱承恩，哱拜之子。

② 沁水：县名。治所在今山西沁水县。

③ 慈谿：县名。治所在今浙江宁波市西北。

④ 投戈：放下武器

⑤ 寘：同"置"，处置。

⑥ 御河：防御黄河水患。每年防御水患的费用达到数千金。

⑦ 天启：明熹宗年号，公元1621—1627年

⑧ 绸缪：事先预做准备。

⑨ 三之：以张九德像与杨一清、王琼像，并列为三。

⑩ 任丘：县名。治所在今河北任丘县。

各番素服于北，一旦归来，一不得意，纵兵雠抢，不为保护，必复外向。凡有北警，宜收其老小人畜于近堡，令其精兵外御，我且救援。彼欲筑堡安居者，亦为择便久住，永为保护之计。”边方赖之。

田乐，任邱〔一五三〕人。万历〔一五四〕初，凉永兵道。郑洛既还朝，永寇①劫掠番人，与其党潜居海上，计图复逞。乃命乐巡抚甘肃，乐选将治戎，会诸将议方略，乐曰：“青②近窥甘泉，永逼穴湟中，首尾牵制我兵。青恃强无备，今出不意，势可必克。青既克，而永可擒也。”遂潜师捣青，青单骑走。于是为三伏待永，密与西宁道刘敏宽授计参将达云，分布既定。永谓：“九月九日汉儿游赏，必不设备。”乃率众佯呼求款，伏其千余骑于后，欲俟既合而发。达云率精甲短兵直接，镇海游击合诸番歼其后，番兵剌卜尔〔一五五〕击其左，隆卜申中击其右。永死于番兵者无算，余落皆夜徙海西，羊牛家帐多为番获，诸番被劫者相率而归。乐曰：“永虽创，火〔一五六〕独完，真相纳剌〔一五七〕等全部犹盛，非诸将所能办也。”自率中坚，所过简其精锐，晨夜赴西宁，而纳剌卜囊〔一五八〕在前，真相、火〔一五九〕后继，连络数十里，已攻剌卜尔〔一六〇〕寨，乐曰：“贼以忿来，本欲致死于我，而先图孤番，诱我也。”乃间语③剌卜尔〔一六一〕曰：“若能坚守十日，我必破贼。”剌卜尔〔一六二〕急，遂合于贼，诸将讙焉。乐曰：“剌卜尔〔一六三〕非心背我者也，已约彼绐贼。贼气锐，必直前薄我，我攻其外，剌卜尔〔一六四〕应于内，破之必矣。”乃合诸军，营于康缠沟。贼方围堡，矢下如雨，达云等更代以应之，自辰至申④，永死伤环垒，忿甚。以骁悍犯西宁，兵终不能入。乐度其将走，乃令间道设伏，亲与刘敏宽按中道，谕剌卜尔〔一六五〕收精壮截击，永遂逸。真相、火箎〔一六六〕之骁勇，两捷歼之殆尽。又阅兵边疆，修筑阿坝、松山、平城等堡，设将弁以防，边境乃宁。叙功〔一六七〕封松山伯，荫一子，世袭锦衣百户。

达云，凉州人。西宁副总兵。时总督李汶抚诸番，云安插招致，未期年，收获西宁甘州番万一千余人。每出军，云与密议，指授方略。南川之战，云衷甲入阵，

① 永寇：即流窜青海的蒙古头目永邵卜，经常带兵抢掠蕃民并屡骚扰郡县，企图入侵。

② 青：青酋，与永邵卜联合的蒙古部落首领。

③ 间语：秘密告诉。

④ 自辰至申：辰，辰时，七点至九点。申，申时，十五点至十七点。自辰至申，指战斗从上午持续到傍晚。

手刃黠魁[①]，斩获六百八十余级。西川之战，诸部并力致死，巡抚田乐合诸营，令云统之，营于康缠沟，敌围康缠沟堡以诱云，麾众四面齐攻，矢下如雨，云鼓众，分枪炮、弓弩，更番应之，从辰至申，百余合，敌人马死伤无数。复以骁悍重铠、长枪、钩杆犯西宁，兵终不得入，敌始去。方两军相接，炮石如雷，烟焰弥漫，独片云五色盖罩云营上，时敌有拥坐纛[②]者，云亲提神炮击伤之，敌众乃散，将士咸呼神助云。

傅宗龙，云南人。两拜蓟镇督师。为政纲纪分明[③]，赏罚信决。再晋大司马，转授三秦总督。出关勦贼，大战于河南宝丰，力竭而死。

曹文诏，大同人。以战功推陕西临洮总兵。扫靖边氛，平可天飞，殄铁角城[④]。八年，流寇高应祥[⑤]、张献忠等率众数十万破陇、扶、凤翔属县。文诏同孙守法协力击破之，生擒高应祥，献俘京师。会秦贼复炽，庆、宁告急，文诏孤军赴之，遇于真宁和尚原。贼驱民荷戈而斗，贼内铁衣，杂农樵，文诏不忍概加诛，战时稍开一面，众逸不可止。铁衣农樵围文诏，文诏矢尽，援兵不至，大呼，格杀百余寇而死，天下惜之。至今原上有曹大将军战死处，大勒于石。

皇清

孟乔芳，号心亭，奉天人。顺治二年，总督陕西军务，节制文武，安抚地方，陕西三边、四镇、八府[⑥]文武官民俱就招抚，三秦士民帖然安堵。勦除逆贼贺珍、胡向宸、孙守法、马德等，招降余寇，平定汉中、兴安州郡。五年，逆回米剌印[⑦]等反叛，攻陷河州、兰州、临洮等州县，进至巩昌。乔芳选将调兵，勦擒逆回米剌印等，恢复临洮、兰州、洮州等城，平定地方。时山西乱作，复移兵征勦，收复蒲州、解州、运城。河西逆回丁国栋等叛，据肃州。乔芳遣将征勦，密授方略，攻克肃州，擒贼首丁国栋、黑二等，阵斩火者哈只等。恢复城池，诛逆抚顺，师行到

---

① 黠魁：永邵卜手下的头目。

② 纛：音 dào。大旗，为将帅所有。

③ 纲纪分明：纲领和原则清楚明白。

④ 铁角城：明末农民起义军将领。

⑤ 高应祥：即高迎祥（？—1636)，明末农民军领袖，称闯王。

⑥ 三边、四镇、八府：即延绥、宁夏、甘肃三边，延绥、宁夏、甘肃、固原四镇，西安府、凤翔府、平凉府、延安府等八个府。

⑦ 米剌印：回族，甘州（今甘肃张掖）人。清初西北回族起事首领。

处，民皆安堵。大小数百战，皆躬自督阵，将士奋勇，每战必克。又请豁八府一州积年荒粮，招抚流移，民皆复业。清厘驿弊，裁革冗役，请令守兵兴屯以足兵食，规取全蜀，粮饷不增而士马饱腾。知人善任，所用将佐张勇、赵良栋等，统兵征勦，所向成功。镇全秦十年，兵民感戴。以老乞休，加少保兼太子太保，驰驿回京。卒，谥忠毅。

刘芳名，字孝五，宁夏人。顺治二年，任宁夏镇总兵官。抵任，即平固原叛将武大定。三年，秦州逆贼贺珍、王元、马德作乱，芳名以计先后擒斩之。四年，招降香山诸寇，散其余党，地方以安。十六年，加左都督，领兵征海寇，卒于江南。赠太子太保，谥忠肃，详《人物传》。

刘斗，字耀徽，奉天人。巡抚甘肃。先是，巡抚自甘驻凉，康熙五年移驻兰州，自斗始。为政严明，纲纪肃清，恩威并用。清豁全省新旧荒粮，民沾实惠。又修学宫，崇庙祀，文教聿兴，士庶仰戴。升福建总督。

图海，满洲人。康熙十三年，以大学士[①]出为抚远大将军，威著边疆，西人怀服。时王辅臣余党未平，海招抚，顺逆尽来归附，远近百姓安堵。先是，平凉一郡被辅臣荼毒尤深，海抚绥安辑，民乐更生。建祠勒铭，以志感洵，功在封疆，泽及生民。

吴丹，满洲人，建威将军。康熙十三年，同大将军图海讨王辅臣，赞襄军务，悉合机宜，号令整严，约束部卒，兵临之地市不易肆[②]，与士卒同甘苦，恩威并用，人怀敌忾。平凉既下，逆党犹未尽除，丹数骑入城，宣布德意，开诚抚慰，人皆倾心向化，百姓赖以安全。

陈福，字东海，本延绥人，迁居宁夏。康熙十三年，任宁夏总兵。时吴三桂反，王辅臣据平凉，遥应之，遣伪将西陷洮、兰，东占花马池、定边。时宁夏兵先经调赴征川，留者甚少，人情汹汹。福按剑曰："吾知有朝廷封疆，敢有异议者，齿此剑。"遂整兵东向，复花马池、定边，斩伪将朱龙、陈江、倪五等。宁夏东路平，随移师西向固原，刻期[③]至平凉。会岁暮冰雪，众兵欲暂归，福锐意前进，不许。至

---

① 大学士：清初在国史院、秘书院、弘文院分设大学士。顺治中改称内阁，以大学士为主官。乾隆时起，大学士专以三殿（保和、文华、武英）、三阁（文渊、体仁、东阁）之名入衔，满、汉各二员。

② 市不易肆：交易的活动不更换市场地点，比喻当地秩序安定、市易如常。

③ 刻期：即克期，限定期限。

惠安堡兵变，遇害。先是，福家口留川，吴逆[①]遣人持逆书伪札结福，福得书不启视，即表封奏闻。时贼据东路，不得通，福乃遣其弟寿由口外[②]求蒙古引路，七日至京。上召寿问劳，仍命寿从口外归，授福陕西提督，加世职[③]，命未至而福已殁。赠公爵，谥忠愍，详《人物传》。

张勇，字非熊，咸宁[④]人。顺治二年，授陕西督标右营游击[⑤]，在西安杀贼十七次，后擒逆渠贺弘器〔一六八〕、李明义，复斩王元、马德，有功。五年，从总督孟乔芳征勦河西叛回，身先士卒，敢战先登。恢复巩昌、临洮、兰州、凉州、甘肃城堡数百余处，斩伪王土伦太等，生擒贼首丁国栋、黑承印，前后斩级二万有奇，擢肃州总兵官。逆回定后，城郭、庙宇俱被残毁，勇捐资补修，完固各处墩台、隘口。凡羌番出没〔一六九〕之所，筑墙设栅，控扼防守，夷人不敢犯境。城南黑水过峡处，天雨，水势泛溢，捐赀数千，凿石筑堤，民田获稔。滇逆变叛，全陕震动，临、巩已失，河西数郡人心汹惧。勇统兵援勦，行至靖边驿，贼遣人投密书，勇立斩之，刻期渡河，复兰州。后平、庆诸处投诚，全陕底定。晋靖逆将军，一等侯。在边三十余年，军民感戴。卒，谥襄庄〔一七〇〕。

赵良栋，字擎宇，延绥安边堡人。初任宁夏水利都司，因家焉。顺治初，从总督孟乔芳勦叛回，以擒伪将、恢复地方功，升高台游击。调征滇、黔，平水西诸苗，升广罗总兵。闻父丧，终制[⑥]，补任大同总兵，移镇天津。滇藩反，平凉提督王辅臣亦叛，宁夏提督陈福被害，沿边扰乱。上简良栋安抚，星驰至镇，宣布朝廷德意，诛首恶，宽胁从，远近悉安。在镇三年，日练兵储饷。规画已定，乃疏，请以劲卒五千独当一面，进取川滇。康熙十八年冬，遂自裹行粮，由八堵山进密树关，复徽州、略阳。十九年正月朔，兵临白水江[⑦]，贼对江列营拒守。江流湍涌，时无舟楫，良栋身先士卒，跃马浮渡，兵从之。贼溃走，追至青川，大败之。乘胜恢复成

① 吴逆：即吴三桂。吴三桂叛乱，清代文献多称之为“吴逆”“滇逆”。

② 口外：即口北。泛指今长城以北地区。因为在长城隘口以外，故名“口外”。

③ 世职：世袭爵位之统称。

④ 咸宁：县名。治所在今湖北咸宁市。

⑤ 督标右营游击：清代地方总督直辖统领的绿营兵。标下设协，由副将统领；协下设营，由参将、游击、都司、守备分别统领；营下设汛，由千总、把总分别统领。张勇为标下右营的游击，称督标右营游击。

⑥ 终制：古代官吏遭父母丧，离官家居守丧三年。

⑦ 白水江：源于甘肃，流经四川广元的白龙江，是嘉陵江的支流。

都，申严纪律，纳降抚顺，市肆不移。授勇略将军，兵部尚书，云贵总督。复云南省城，毫无所取。授銮仪卫使[①]。卒，谥襄忠，详《人物传》。

王进宝，字显吾，靖远人。顺治初，从总督孟乔芳讨叛回，立功，授守备，升游击。值西夷狂逞，随提督张勇率师讨之，以功升洪水营参将。既而海虏[②]输款，乞住牧大草滩地。进宝力持不可，并议城单于故址，遂改名永固，以进宝为副将驻之。番人畏威，无敢饮马城窟者。晋西宁总兵，会逆藩吴三桂反，王辅臣亦叛，兰州已陷。即统兵直抵黄河，夜以皮囊[③]冒险暗渡贼兵，更番迎敌，屡战屡捷，遂拔安定，复金县。乘雪夜，破临洮，复兰州，南安、天水相继投诚。功上，晋陕西提督，镇秦州，南扼川逆，北复通渭、静宁、平凉。陇右既平，晋奋威将军，进取四川，镇守巴蜀。卒，赠太子太保，谥忠勇，详《人物传》。

叶映榴，字丙霞，江南上海人。康熙十八年，任陕西提学道[④]，衡鉴[⑤]公明，一时人文蔚起。升湖广督粮道[⑥]，值夏包子乱，殉节，赠工部侍郎，谥忠节。

孙思克，字复斋，镶白旗人[⑦]。康熙元年，任甘肃总兵。四年，移驻凉州，剔蠹蚀，汰冗卒，简将材，核储饷，励精振刷，将士精强，尝戒诸将以戢兵[⑧]安民。驻凉二十年，民不知有兵。吴逆叛，陇右诸郡皆陷。思克提兵征讨，收复靖远、平凉，削平南安、天水，师行之处，秋毫无犯，民皆安堵。二十三年，升提督甘肃军务。后征噶尔旦，领兵出塞，讨平贼众，全军奏凯，晋振武将军。镇守河西几四十年，恩威所被，兵民感颂。卒，赠太子太保，谥忠襄。

潘育龙，字飞天，靖远人。从军督标，屡立战功。康熙十四年，值吴逆叛，

① 銮仪卫使：官名。专掌皇帝仪仗之序列及承应，以掌卫事大臣一人总其事，为正一品官，銮仪卫使三人，正二品。

② 海虏：即厄鲁特蒙古，是清代对西蒙古诸部的总称。

③ 皮囊：即羊皮筏子，用以渡兵过河。

④ 提学道：官名。每省一人，掌一省学政。后改称提督学政。

⑤ 衡鉴：品评，鉴别。

⑥ 督粮道：清代各省皆设，专门掌监察兑粮、督押粮运。有漕粮省粮道，则监督漕运粮、督押运船。

⑦ 镶白旗：八旗之一。1601年清太祖努尔哈赤在牛录制基础上建黄、白、红、蓝四旗，1615年增建镶黄、镶白、镶红、镶蓝四旗，合称八旗。每旗设都统、参领、佐领等官，凡满族成员分隶各佐领。清太宗皇太极时，又将归附之蒙、汉人编为蒙古、汉军八旗。

⑧ 戢兵：息兵，停止军事行动。这里指约束部伍。

临、巩、秦、兰俱陷。育龙随征，复泾州，战庆阳、宁州，功多。固原失利，宁夏道不通，贝勒[①]命由红河川等处，与敌〔一七一〕连战七昼夜，卒达宁夏，见提督陈福，面达机事。从抚远大将军图海讨叛逆王辅臣，恢复平凉一带，复兴安城邑。从征克川、滇。二十七年，升肃州副将。三十年，升总兵。在镇八年，出师败敌于半个山、黑山儿湖、察黑包、月儿湾、三家板等处，凡五捷。捐俸修筑边墙，自野麻湾至下古城，袤延一百七十里，商旅安行，番夷敛迹。优恤军士，捐赀修复嘉峪关七层城楼，内安外攘，夷人畏服。三十五年征噶尔旦，并粮减卒，倍道[②]抵昭磨多[③]，遇敌力战，以寡敌众，飞炮中右颐，战益力，敌大败。凯旋，调总天津兵。四十年，升固原提督。捐赀修学，设义塾[④]。因米价腾贵，令乡庄米止听民买，兵不得购，发银买粮食以赡兵，米多价平，兵民俱裕。秦陇连山旷野，俗悍，便弓矢，多盗，凡壮勇之徒，悉致〔一七二〕幕下，饬汛〔一七三〕防，定缉捕赏格，盗息民安，固原士马队伍器械俱甲天下。四十八年，晋镇绥将军。卒，赠太子少保，谥襄勇，详《人物传》。

江琦，字思韩，江西上饶[⑤]籍。先世以功为宁夏卫世职。琦生而英勇，武艺绝伦。康熙十三年，吴逆叛乱，从总督赵良栋征讨，有功。后征噶尔旦，奋勇先登，大获全胜。论功，累升总兵，调镇延绥、河北。四十八年，擢甘肃提督，建威布恩，慎选举，核冗滥，简士马，缮军装，谨斥堠，兵番畏服。卒之日，兵民为建坊[⑥]焉。

殷化行，号熙如，咸阳人。康熙三十二年，以都督佥事[⑦]任宁夏总兵。三十五年五月内，出口征勦至昭磨多地方，大破厄鲁特。三十六年三月，复出口勦噶尔旦，加授都督同知。

富宁安，满洲人。端方正直，廉介谨慎。康熙五十四年，以吏部尚书办理军

---

① 贝勒：即大将军爱新觉罗·董额，乃信郡王多铎的第七子。贝勒是清代爵位名，清制宗室封爵的第五级，在大贝勒之下，贝子之上。

② 倍道：日夜兼程而行，一日行二日的路程。

③ 昭磨多：地名，又作昭莫多。在今蒙古国乌兰巴托东南土拉河上游南岸。

④ 义塾：即义学，由私人集资或用地方公益金创办的免收学费的学校，供贫困子弟就学。

⑤ 上饶：县名。治所在治今江西上饶。

⑥ 坊：牌坊，形状像牌楼的建筑物，用来宣扬礼教、标榜功德。

⑦ 都督佥事：高级军官。明代置有五军都督府，设左右都督，正一品；都督同知，从一品；都督佥事，正二品。清代废都督，高级军官有都统、驻防将军、提督、统领、总兵等。

需，嗣为靖逆将军，统师出塞。驭兵纪律甚严而有恩，塞外番夷畏威怀德。在巴里坤十余年，贼人无敢近塞扰边。升大学士。

阿尔纳，满洲人。任副将军，持躬谨慎，奉职公忠。领兵出塞，收复土鲁番，平定青海，功绩甚著。兵之所至，毫不扰民，民皆感颂。

校勘记

〔一〕良牧　四库本、刻补本同，哈佛本作“良收”，误。

〔二〕用制险塞　哈佛本、刻补本同，四库本作“用险制塞”。按《史记·蒙恬列传》作“用制险塞”，四库本误。

〔三〕荤粥　哈佛本、刻补本同，四库本作“荤允”。

〔四〕西域　四库本、刻补本同，哈佛本作“西城”，误。

〔五〕枹罕　哈佛本、刻补本同，四库本作“枹罕”。

〔六〕羌虏　四库本同，哈佛本、刻补本作“羌形”。按《汉书·赵充国传》作“羌虏”。

〔七〕屯田　哈佛本、刻补本同，四库本作“屯兵”。按《汉书·赵充国传》作“屯田”。

〔八〕及还　四库本、刻补本同，哈佛本作“反还”。按《后汉书·马援传》作“及还”，从四库本和刻补本。

〔九〕叛　哈佛本、刻补本同，四库本作“畔”，皆通。

〔十〕徇　四库本同，哈佛本、刻补本作“狗”，误。

〔十一〕营堡　哈佛本、刻补本同，四库本作“营保”。

〔十二〕枹罕　哈佛本、刻补本同，四库本作“枹罕”。

〔十三〕沈氏　四库本同，哈佛本、刻补本作“沈氏”，按《后汉书·西羌传》作“沈氏”。

〔十四〕氏　四库本同，哈佛本、刻补本作“氏”，按《后汉书·西羌传》作“氏”。

〔十五〕诣　四库本、刻补本同，哈佛本作“诸”，误。

〔十六〕翕然反善　四库本同，刻补本作“翕然向善”，哈佛本作“翁然向善”。按《后汉书·皇甫规传》作“翕然反善”。

〔十七〕沈氏　四库本同，哈佛本、刻补本作“沈氏”，按《后汉书·西羌传》作“沈氏”。

〔十八〕关东　哈佛本、刻补本同，四库本作“山东”。

〔十九〕晋　四库本同，哈佛本、刻补本无，据四库本补。

〔二十〕玄　哈佛本、刻补本作“元”，四库本作“玄”，避康熙皇帝讳改。

〔二一〕未芽　四库本同，哈佛本、刻补本作“未牙”，误。

〔二二〕仪凤　四库本同，哈佛本、刻补本作“调露”，据《新唐书·裴行俭传》当作“仪凤”。

〔二三〕历　哈佛本作“厯”，刻补本作“歷”，四库本作“歴”，避乾隆皇帝讳改。

〔二四〕浸安　四库本同，哈佛本、刻补本作“侵安”，误。

〔二五〕历　哈佛本作“厯”，刻补本作“歷”，四库本作“歴”，避乾隆皇帝讳改。

〔二六〕训兵　哈佛本、刻补本同，四库本作“训耕”。

〔二七〕镇戎军　四库本同，哈佛本、刻补本作“镇远军”，误。

〔二八〕邱　哈佛本、刻补本同，四库本作“丘”，康熙间为避孔子讳新造字。

〔二九〕土兵　四库本、刻补本同，哈佛本作“上兵”，误。

〔三十〕堡障　四库本同，哈佛本、刻补本作“保障”，误。

〔三一〕城之　四库本同，哈佛本、刻补本作“成之”，误。

〔三二〕堡障　四库本同，哈佛本、刻补本作“保障”，误。

〔三三〕不辄　哈佛本、刻补本同，四库本作“不敢”。按《宋史·范仲淹传》：“贼亦不敢辄犯其境”，均系误抄。

〔三四〕历　哈佛本作“厯”，刻补本作“歷”，四库本作“歴”，避乾隆皇帝讳改。

〔三五〕戍兵　四库本、刻补本同，哈佛本作“戎兵”，误。

〔三六〕悉心尔　四库本同，哈佛本、刻补本作“悉尔”。按《宋史·范纯仁传》：“顾不肯为朕悉心尔”。

〔三七〕民讙　四库本、刻补本同，哈佛本作“民權”。權与讙形近，哈佛本误。

〔三八〕黜陟　四库本、刻补本同，哈佛本作“黜涉”。涉与陟形近，哈佛本误。

〔三九〕娄宿、孛堇　哈佛本、刻补本同，四库本作“罗索、贝勒”，四库馆据新译定名改。

〔四十〕薄　四库本、刻补本同，哈佛本作“溥”，误。

〔四一〕徇　四库本同，哈佛本、刻补本作“狥”，误。

〔四二〕娄宿　哈佛本、刻补本同，四库本作“罗索”，四库馆据新译定名改。

〔四三〕散兵　哈佛本同，四库本、刻补本作“散卒”。

〔四四〕撒离喝　哈佛本、刻补本同，四库本作“萨里罕”，四库馆据新译定名改。

〔四五〕上津　哈佛本、刻补本同，四库本作“上洋”。

〔四六〕胡盏与习不祝　哈佛本、刻补本同，四库本作“和珍与希卜苏”，四库馆据新译定名改。

〔四七〕叠阵法　四库本、刻补本同，哈佛本作“垒阵法”，误。

〔四八〕叠阵　四库本、刻补本同，哈佛本作“垒阵”，误。

〔四九〕浑都海　哈佛本、刻补本同，四库本作“珲塔噶”，四库馆据新译定名改。

〔五十〕八春　哈佛本、刻补本同，四库本作“巴沁”，四库馆据新译定名改。

〔五一〕八春　哈佛本、刻补本同，四库本作“巴沁”，四库馆据新译定名改。

〔五二〕浑都海　哈佛本、刻补本同，四库本作“珲塔噶”，四库馆据新译定名改。

〔五三〕八春　哈佛本、刻补本同，四库本作“巴沁”，四库馆据新译定名改。

〔五四〕阿蓝答儿　哈佛本、刻补本同，四库本作“阿拉克岱尔”，四库馆据新译定名改。

〔五五〕合丹　哈佛本、刻补本同，四库本作“哈坦”，四库馆据新译定名改。

〔五六〕八春　哈佛本、刻补本同，四库本作“巴沁”，四库馆据新译定名改。

〔五七〕浑都海　哈佛本、刻补本同，四库本作“珲塔噶”，四库馆据新译定名改。

〔五八〕获马牛　哈佛本、刻补本同，四库本作“获马牛羊”。

〔五九〕扩廓帖木儿　哈佛本、刻补本同，四库本作“库库特穆尔”，四库馆据新译定名改。

〔六十〕察罕脑儿　哈佛本、刻补本同，四库本作“察罕诺尔”，四库馆据新译定名改。

〔六一〕十一年　四库本同，哈佛本、刻补本作“十三年”。据《明史·沐英传》，沐英拜征西大将军在洪武十一年。

〔六二〕乞失迦　哈佛本、刻补本同，四库本作“且沙克嘉”，四库馆据新译定名改。

〔六三〕脱火赤　哈佛本、刻补本同，四库本作“托和齐”，四库馆据新译定名改。

〔六四〕亦集乃路　哈佛本、刻补本同，四库本作“额齐讷路”，四库馆据新译定名改。

〔六五〕脱火赤　哈佛本、刻补本同，四库本作“托和齐”，四库馆据新译定名改。

〔六六〕爱足　哈佛本、刻补本同，四库本作“阿珠”，四库馆据新译定名改。

〔六七〕扩廓帖木儿　哈佛本、刻补本同，四库本作“库库特穆尔”，四库馆据新译定名改。

〔六八〕王保保　哈佛本、刻补本同，四库本作“王巴拜”，四库馆据新译定名改。

〔六九〕甘州　哈佛本、刻补本同，四库本作“甘肃”。

〔七十〕亦集乃　哈佛本、刻补本同，四库本作“额齐讷”，四库馆据新译定名改。

〔七一〕朵儿只班　哈佛本、刻补本同，四库本作“多尔济巴勒”，四库馆据新译定名改。

〔七二〕纳哈出　哈佛本、刻补本同，四库本作“纳克楚”，四库馆据新译定名改。

〔七三〕亦集乃路　哈佛本、刻补本同，四库本作“额齐讷路”，四库馆据新译定名改。

〔七四〕哈梅里　哈佛本、刻补本同，四库本作“哈玛尔”，四库馆据新译定名改。

〔七五〕把都帖木儿　哈佛本、刻补本同，四库本作“巴图特穆尔”，四库馆据新译定名改。

〔七六〕论卜　哈佛本、刻补本同，四库本作“伦布”，四库馆据新译定名改。

〔七七〕鱼海　哈佛本、刻补本同，四库本作“黑鱼海”。

〔七八〕火者他赤丁　哈佛本同，四库本作“和卓塔济迪音”，刻补本作“火者他赤丁”，四库馆据新译定名改。

〔七九〕曲先蕃　哈佛本、刻补本同，四库本作“察逊番”，四库馆据新译定名改。

〔八十〕候　四库本、刻补本同，哈佛本作“侯”，误。

〔八一〕勅　四库本、刻补本同，哈佛本作“剌”，误。

〔八二〕阿台、朵儿只伯　哈佛本、刻补本同，四库本作“阿勒坦、多尔济巴勒”，四库馆据新译定名改。

〔八三〕把秃孛罗　哈佛本、刻补本同，四库本作“巴图博啰”，四库馆据新译定名改。

〔八四〕阿台、朵儿只伯　哈佛本、刻补本同，四库本作“阿勒坦、多尔济巴勒”，四库馆据新译定名改。

〔八五〕朵儿只　哈佛本、刻补本同，四库本作“多尔济”，四库馆据新译定名改。

〔八六〕若　四库本同，哈佛本、刻补本作“后”，误。

〔八七〕靖虏　四库本、刻补本同，哈佛本作“靖膚”，误。

〔八八〕太子太保　四库本、刻补本同，哈佛本作“太子少保”。《明史·陈镒传》作“太子太保”，从四库本和刻补本。

〔八九〕流移　四库本、刻补本同，哈佛本作“流积”，误。

〔九十〕孛罗忽、满都鲁、乩加思兰　哈佛本、刻补本同，四库本作“博勒呼、满达勒、奇木嘉色稜”，四库馆据新译定名改。

〔九一〕罕东　哈佛本、刻补本同，四库本作“罕都”，四库馆据新译定名改。

〔九二〕罕东　哈佛本、刻补本同，四库本作“罕都”，四库馆据新译定名改。

〔九三〕赤斤　哈佛本、刻补本同，四库本作“齐勤”，四库馆据新译定名改。

〔九四〕民安得耕牧焉　哈佛本同，四库本和刻补本作“民得安耕牧焉”。

〔九五〕阿台、朵儿只伯　哈佛本、刻补本同，四库本作“阿勒坦、多尔济巴勒”，四库馆据新译定名改。

〔九六〕兀鲁　哈佛本、刻补本同，四库本作“阿噜”，四库馆据新译定名改。

〔九七〕阿台　哈佛本、刻补本同，四库本作“阿勒坦”，四库馆据新译定名改。

〔九八〕徼　四库本、刻补本同，哈佛本作“徵”，误。

〔九九〕满都鲁、孛罗忽、乩加思兰　哈佛本、刻补本同，四库本作“博勒呼、满达勒、奇木嘉色稜”，四库馆据新译定名改。

〔一〇〇〕满都鲁　哈佛本、刻补本作如此，四库本作满达勒，四库馆据新译定名改。

〔一〇一〕弘　哈佛本同，刻补本作“宏”，四库本作“弘”，避乾隆皇帝讳改。

〔一〇二〕纳谏　四库本、刻补本同，哈佛本作“纳練”。練与谏形近，哈佛本误。

〔一〇三〕无患　四库本、刻补本同，哈佛本作“兵患”，当作“无患”。

〔一〇四〕孛来　哈佛本、刻补本同，四库本作“博啰”，四库馆据新译定名改。

〔一〇五〕阿黑麻　哈佛本、刻补本同，四库本作“阿哈玛特”，四库馆据新译定名改。

〔一〇六〕陕巴　哈佛本、刻补本同，四库本作“善巴”，四库馆据新译定名改。

〔一〇七〕阿黑麻　哈佛本、刻补本同，四库本作“阿哈玛特”，四库馆据新译定名改。

〔一〇八〕陕巴　哈佛本、刻补本同，四库本作“善巴”，四库馆据新译定名改。

〔一〇九〕大要　四库本同，哈佛本、刻补本作“太要”，误。

〔一一〇〕牙木兰　哈佛本、刻补本同，四库本作“雅穆拉”，四库馆据新译定名改。

〔一一一〕帖木哥　哈佛本、刻补本同，四库本作“特默格”，四库馆据新译定名改。

〔一一二〕吉囊　哈佛本、刻补本同，四库本作“济农”，四库馆据新译定名改。

〔一一三〕俺答　哈佛本、刻补本同，四库本作“谙达”，四库馆据新译定名改。

〔一一四〕吉囊　哈佛本、刻补本同，四库本作“济农”，四库馆据新译定名改。

〔一一五〕俺答　哈佛本、刻补本同，四库本作“谙达”，四库馆据新译定名改。

〔一一六〕吉囊　哈佛本、刻补本同，四库本作“济农”，四库馆据新译定名改。

〔一一七〕威远　四库本、刻补本同，哈佛本作“咸远”。咸与威形近，哈佛本误。

〔一一八〕吉囊　哈佛本、刻补本同，四库本作“济农”，四库馆据新译定名改。

〔一一九〕吉囊　哈佛本、刻补本同，四库本作“济农”，四库馆据新译定名改。

〔一二〇〕吉囊、俺答　哈佛本、刻补本同，四库本作“济农、谙达”，四库馆据新译定名改。

〔一二一〕或帝　哈佛本、刻补本同，四库本作“帝或”。

〔一二二〕罕东　哈佛本、刻补本同，四库本作“罕都”，四库馆据新译定名改。

〔一二三〕速壇满速儿　哈佛本、刻补本同，四库本作“苏勒坦称兵”，四库馆据新译定名改。

〔一二四〕斩巴思及失拜烟答　哈佛本、刻补本同，四库本作“扎卜戬及实伯音德尔”，四库馆据新译定名改。

〔一二五〕米儿马黑麻　哈佛本、刻补本同，四库本作“穆尔玛哈穆特”，四库馆据新译定名改。

〔一二六〕奸夷　哈佛本、刻补本同，四库本作“奸回”，皆通。

〔一二七〕写亦虎仙　哈佛本、刻补本同，四库本作“舍音和珊”，四库馆据新译定名改。

〔一二八〕写亦虎仙　哈佛本、刻补本同，四库本作“舍音和珊”，四库馆据新译定名改。

〔一二九〕速壇满速儿　哈佛本、刻补本同，四库本作“苏勒坦称兵”，四库馆据新译定名改。

〔一三〇〕间谍　四库本、刻补本同，哈佛本作“亦名”，误。

〔一三一〕银帑　哈佛本同，四库本和刻补本作“银币”。

〔一三二〕银帑　哈佛本同，四库本和刻补本作“银币”。

〔一三三〕历　哈佛本作“曆”，刻补本作“歴”，四库本作“歷”，避乾隆皇帝讳改。

〔一三四〕何爱　哈佛本、刻补本同，四库本作“所爱”。

〔一三五〕历　哈佛本作“曆”，刻补本作“歴”，四库本作“歷”，避乾隆皇帝讳改。

〔一三六〕俺答　哈佛本、刻补本同，四库本作“谙达”，四库馆据新译定名改。

〔一三七〕把尔户　哈佛本、刻补本同，四库本作“博勒呼”，四库馆据新译定名改。

〔一三八〕撦力克　哈佛本、刻补本同，四库本作“齐哩克”，四库馆据新译定名改。

〔一三九〕历　哈佛本作“曆”，刻补本作“歴”，四库本作“歷”，避乾隆皇帝讳改。

〔一四〇〕哱刘　哈佛本、刻补本同，四库本作“巴拜”，四库馆据新译定名改。

〔一四一〕历　哈佛本作“曆”，刻补本作“歴”，四库本作“歷”，避乾隆皇帝讳改。

〔一四二〕哱拜　哈佛本、刻补本同，四库本作“巴拜”，四库馆据新译定名改。

〔一四三〕逐拜　哈佛本、刻补本同，四库本作“逐之”，四库馆据新译定名改。
〔一四四〕打正　哈佛本、刻补本同，四库本作“塔沁”，四库馆据新译定名改。
〔一四五〕哱　哈佛本、刻补本同，四库本作“贼”。
〔一四六〕哱拜　哈佛本、刻补本同，四库本作“巴拜”，四库馆据新译定名改。
〔一四七〕哱拜　哈佛本、刻补本同，四库本作“巴拜”，四库馆据新译定名改。
〔一四八〕哱拜　哈佛本、刻补本同，四库本作“巴拜”，四库馆据新译定名改。
〔一四九〕历　哈佛本作“厤”，刻补本作“歴”，四库本作“歷”，避乾隆皇帝讳改。
〔一五〇〕邱　哈佛本、刻补本同，四库本作“丘”，康熙间为避孔子讳新造字。
〔一五一〕历　哈佛本作“厤”，刻补本作“歴”，四库本作“歷”，避乾隆皇帝讳改。
〔一五二〕把都尔恰　哈佛本、刻补本同，四库本作“巴图尔恰”，四库馆据新译定名改。
〔一五三〕邱　哈佛本、刻补本同，四库本作“丘”。康熙间为避孔子讳新造字。
〔一五四〕历　哈佛本作“厤”，刻补本作“歴”，四库本作“歷”，避乾隆皇帝讳改。
〔一五五〕剌卜尔　哈佛本、刻补本同，四库本作“拉巴勒”，四库馆据新译定名改。
〔一五六〕火　哈佛本、刻补本同，四库本作“和硕”，四库馆据新译定名改。
〔一五七〕真相纳剌　哈佛本、刻补本同，四库本作“宰桑纳喇”，四库馆据新译定名改。
〔一五八〕纳剌卜囊　哈佛本、刻补本同，四库本作“纳喇巴勒”，四库馆据新译定名改。
〔一五九〕真相、火筛　哈佛本、刻补本同，四库本作“宰桑、和硕”，四库馆据新译定名改。
〔一六〇〕剌卜尔　哈佛本、刻补本同，四库本作“拉巴勒”，四库馆据新译定名改。
〔一六一〕剌卜尔　哈佛本、刻补本同，四库本作“拉巴勒”，四库馆据新译定名改。
〔一六二〕剌卜尔　哈佛本、刻补本同，四库本作“拉巴勒”，四库馆据新译定名改。
〔一六三〕剌卜尔　哈佛本、刻补本同，四库本作“拉巴勒”，四库馆据新译定名改。
〔一六四〕剌卜尔　哈佛本、刻补本同，四库本作“拉巴勒”，四库馆据新译定名改。
〔一六五〕剌卜尔　哈佛本、刻补本同，四库本作“拉巴勒”，四库馆据新译定名改。
〔一六六〕真相、火筛　哈佛本、刻补本同，四库本作“宰桑、和硕”，四库馆据新译定名改。
〔一六七〕叙功　四库本、刻补本同，哈佛本作“叙力”，误。
〔一六八〕弘　哈佛本同，刻补本作“宏”，四库本作“弘”，避乾隆皇帝讳改。
〔一六九〕出没　四库本、刻补本同，哈佛本作“出殁”，误。
〔一七〇〕庄　四库本同，哈佛本、刻补本作“壮”，误。
〔一七一〕敌　哈佛本同，四库本和刻补本作“贼”。
〔一七二〕致　四库本、刻补本同，哈佛本作“至”，误。
〔一七三〕汛　四库本、刻补本同，哈佛本作“汎”，误。

甘肃通志卷之第三十一　名宦二

临洮府

汉

冯野王，字君卿。元帝时迁陇西太守，以治行高入为左冯翊①。

冯逡，字子产，野王弟。建昭②中为陇西太守，治行廉平。

库钧，光武时为金城太守。与河西都尉窦融等政皆宽和，上下相亲，晏然富殖。修兵马、习战射、明烽燧。羌人犯塞，诸郡相救，由是羌人震服，流民归之。

张纡〔一〕，章帝元和③时为陇西郡太守。烧当羌迷吾及弟号吾寇陇西，纡〔二〕兵追获之。号吾曰："诚得生还，必不复犯塞。"纡〔三〕放遣之，羌即解散。章和④初，傅育为护羌校尉，击羌，败死，纡〔四〕代为护羌校尉。迷吾寇金城，纡〔五〕遣将击败之，迷吾乞降，纡〔六〕因诱执迷吾，斩其首以祭育冢。

邓训，字平叔，南阳新野人，禹⑤之子。章和元年，代张纡〔七〕为护羌校尉。迷唐欲报其父迷吾怨，率兵来至塞下，训乃严兵守卫，羌掠无所得，因解去。于是发湟中兵，掩击迷唐，大破之。又以恩信怀诸附落小种，烧当豪帅皆款塞⑥纳质。其卒也，吏民、诸羌为训立祠。

曹凤，和帝永元十四年为隃麋相⑦。时安定降羌烧何种反，郡兵击灭之，自是西海及大小榆谷左右无复羌患。凤上言："宜及此时，建复西海郡县，广设屯田，隔塞

---

① 左冯翊：政区名。辖长安以东区域，与京兆尹、右扶风共同构成京畿地区。亦作官名，是左冯翊行政长官，秩中二千石。

② 建昭：汉元帝年号，前38—前34年。

③ 元和：汉章帝年号，公元84—87年。

④ 章和：汉章帝年号，公元87—88年。

⑤ 禹：即邓禹（2—58），东汉开国名将，云台二十八将之首。

⑥ 款塞：叩边塞门，意为外族归顺，求和好。

⑦ 相：官名。汉代在地方实行郡国并行制，郡县设置郡守、县令长；王国、侯国设置相，王国相地位相当于郡守、侯国相地位相当于县令。

羌人交关之路。又殖谷富边，省委输之役。”上从之。于是拜凤金城西部都尉[①]，将徙士屯龙支[②]。

庞参，缑氏[③]人。元初元年，代侯霸为校尉，以恩信招诱号多羌。二年春，号多羌率众七千余人诣参降。

霍谞，字叔智，魏郡邺[④]人。顺帝时，举孝廉[⑤]，稍迁金城太守。性明达笃厚，能以恩信化诱殊俗[⑥]，甚为羌戎所敬服。

贯友，永和五年为护羌校尉，遣译使构离[⑦]诸羌，攻迷唐于大小榆谷，获首虏八百余人，收麦数万斛。遂夹逢留大河[⑧]，筑城坞，作大航，造河桥，欲以渡兵。迷唐远徙，依赐支河曲[⑨]。

侯霸，和帝永元间为金城太守。时迷唐请降，入居金城，帝令居大小榆谷。未几复叛，霸将兵出塞至允川[⑩]，与迷唐战，陷阵斩首，羌众折伤，种人瓦解，降者六千余口。

鲁谦，扶风平陵[⑪]人，恭[⑫]长子。为陇西太守，有名绩。

上官鸿，和帝永元时为金城长史。开置归义、建威屯田二十七部。

---

① 西部都尉：官名。佐助郡守掌管全郡军事。西部都尉，由边郡都尉分设，掌管本郡特定区域的边防。

② 龙支：地名，即龙耆。在今青海海晏县，又名三角城。

③ 缑氏：县名。治所在今河南偃师市。

④ 邺：县名。治所在今河北临漳县。

⑤ 孝廉：察举制度的科目，是汉代入仕的主要方式。汉武帝时，每年令郡国举孝廉两人。孝廉到中央担任郎官，是官僚队伍的候选人。东汉时期，举孝廉按照人口比例，每二十万人口的郡举孝廉一人。

⑥ 殊俗：不同的风俗。因地方、民族不同，风俗各异。

⑦ 构离：离间，制造矛盾，使之不团结。

⑧ 逢留大河：地名。今青海东南贵德至尖扎县间的黄河。

⑨ 赐支河曲：河流名，亦作赐支河。今青海海南藏族自治州境内的黄河河段。

⑩ 允川：地名。在今青海湖东南、贵德县西北的黄河以北地区。东汉时为烧当羌所居，在大小榆谷之西，去赐支河曲数千里。

⑪ 平陵：汉昭帝的帝陵。西汉形成移民帝陵的惯例，从而形成陵县，平陵属于右扶风。

⑫ 恭：即鲁恭（32—113），东汉经学家，汉和帝、安帝时期官居司徒。

三国魏

苏则，字文师，扶风武功[①]人。起家为酒泉太守，转安定、武都，所在有威名。魏太祖征张鲁，过其郡见则，悦之，使为军导。鲁破，则绥定下辩[②]诸氏，徙为金城太守。是时丧乱之后，吏民流散饥穷，则抚循之，招怀羌戎，旬月流民归者数千家。乃明禁令，赏善诛恶，教民耕种，岁大收，由是归附日多。文帝以则平陇西李越，加护羌校尉，赐爵关内侯。又发兵至河西，平麴演、张进、黄华之乱，还金城，进爵都亭侯[③]，食邑三百户，征为侍中。初，兴平[④]中，则避难北地，客安定，依富室师亮，不为礼。及为安定守，亮欲逃，则使人解语，以礼报之。

游楚，字仲允，冯翊高陵人。太和[⑤]中陇西太守，以恩德为治，不好刑杀。诸葛亮出陇右，天水、南安太守各弃郡东下，楚独据陇西坚守，遣长史马颙出门设阵，而自于城上晓谓蜀帅言："卿能断陇，使东兵不上，一月之中则陇西不攻自服。若不能，虚自疲弊耳。"使颙鸣鼓击之，蜀人乃去。

晋

车济，字万度，敦煌人。穆帝时为金城令。后赵将麻秋陷金城，济不为屈，秋必欲降之，临之以兵。济辞色不挠[⑥]，曰："吾虽才非庞德，而受任同之。身可杀，志不可移。"乃伏刃而死。秋叹其忠节，以礼葬之。

张重华，西凉王张骏子。后赵石虎遣麻秋攻枹罕，华遣谢艾连战，败之。虎叹曰："吾以偏师定九州，今以九州之力困于枹罕。彼有人焉，未可图也。"

任兰，后秦时为金城太守。乞伏乾归以众叛，攻陷金城，执兰。兰厉色责乾归以背恩违义，乾归怒而囚之，兰遂不食而死。

南北朝魏

李贇，成纪[⑦]人。魏恭帝时王师东讨，朝议以西道空虚，虑羌、浑[⑧]侵扰，授贇

---

① 武功：县名。治所在今陕西武功县。

② 下辩：县名。治所在今甘肃成县。

③ 都亭侯：爵名。汉置，为亭侯的一种。在乡之亭称野亭，在城之亭称都亭。

④ 兴平：汉献帝年号，公元194—195年。

⑤ 太和：三国魏明帝年号，公元227—233年。

⑥ 辞色不挠：说话的言辞和神色坚定，不屈服。

⑦ 成纪：县名。治所在今甘肃静宁县。

⑧ 浑：即吐谷浑。

河州总管。河州旧非总管，至是始置。贇乃大营屯田以省运漕，多设斥堠[①]以备边警，于是羌、浑敛迹。

后周

豆卢勣，字定东，昌黎人。后周武帝初，渭源烧当羌因饥作乱，以勣有才略，拜渭州刺史。甚有惠政，华戎悦服，大致祥瑞。鸟鼠山俗呼为高武陇，其下渭水所出，其上绝壁千寻[②]，由来乏水，诸羌苦之，绩马足所践，忽飞泉涌出，有白乌翔止厅前，乳子而后去，又白狼见于襄武。民为之谣曰："我有丹阳，山出玉浆。济我民生，神乌来翔。"百姓因号其泉为玉浆泉。

隋

段文振，北海期原人。高祖时为石、河二州刺史，甚有威惠。迁兰州总管，封龙冈县公，寻以谮废。炀帝即位，征为兵部尚书，从征吐谷浑。文振督兵屯雪山，连营三百余里，合围吐谷浑于覆袁川[③]〔八〕，以功进右光禄大夫[④]。

裴伦，河东人。大业[⑤]末为渭源令。属薛举[⑥]之乱，城陷遇害。

唐

李素立，贞观二十一年为燕然都护[⑦]，统瀚海等六府，皋兰等七州。素立抚以恩信，羌落怀之，其率马牛为献，素立惟受杯酒，余悉遣之。

薛讷，字慎言，绛州龙门人，仁贵子。开元二年，吐蕃寇临洮，至兰州，剽牧

---

① 斥堠：亦作斥候，负责侦察的士兵。

② 千寻：寻，古代长度单位，一寻相当于八尺；千寻则形容为非常高峻。

③ 覆袁川：河流名。今青海祁连县境黑河上源八宝河。

④ 右光禄大夫：官名。在朝显职的加官，以示优崇，或授予年老有病者为致仕之官，亦常用为卒后赠官。隋初定为正二品，隋炀帝时降为从二品。

⑤ 大业：隋炀帝年号，公元605—618年。

⑥ 薛举：？—618，隋末起兵割据者。大业十三年与其子仁杲起兵反隋，自称西秦霸王，年号秦兴。占据陇西之地，有众十三万。不久称帝，迁都天水。次年，欲取长安，方行病死。其子仁杲继位，后兵败降唐。

⑦ 燕然都护：官名。唐代在边疆设置六都护府，由都护统领。唐太宗平定薛延陀后，因就薛延陀、回纥诸部置燕然都护府于金山，今蒙古国科布多境内。唐高宗徙燕然都护府于回纥部，更名瀚海都护府，以后又更名为安北都护府。

马。诏讷摄羽林将军，为陇右防御使[①]，与王晙击之。追及贼，战武阶驿，犄角破其众，尾北至洮水。又战长城堡，俘斩数万，悉收所掠及仗械不赀，以功拜左羽林大将军。

王晙，沧州人，为陇右群牧使[②]。开元二年，吐蕃以精甲十万寇临洮，屯大来谷[③]，其酋岔达延以兵踵而前。晙选勇士七百人，易胡服，夜袭之，多置鼓角[④]于其后，前军遇寇大呼，后人鸣鼓角应之，贼疑有伏，自相斗，死者万计。俄而薛讷至武阶，距大来二十里，夹贼而阵，晙与讷会，夜使士衔枚鏖突，贼骇引去，追至洮水，又败之，俘获数万。

郭知运，字逢时，瓜州晋昌人。从郭虔瓘破突厥有功，擢右骁卫将军。时吐蕃将岔达延、乞力徐寇渭源，盗牧马。诏知运与薛讷、王晙等相犄角，败之，进阶冠军大将军[⑤]，兼临洮军使[⑥]，封太原郡公，赐赉万计。徙陇右诸军节度大使，鄯州都督。卒，赠凉州都督，配享太公庙，谥曰威。

崔知温，字礼仁，许州鄢陵[⑦]人。仕为左千牛[⑧]，累迁兰州刺史[⑨]。党项羌入侵州境，兵寡，众惧莫知所出。知温开门不设备，羌怪之，不敢进，俄会将军权善才率兵至，大破其众。善才欲穷追取之，知温曰："古善战勿逆奔，且溪谷复深，草木荒延，万一有变，不可悔。"善才曰善，分降口五百赠知温，辞曰："我议公事，图私利耶?"累迁尚书丞。

---

① 防御使：官名。唐代置于西北边镇的地方军事长官。安史之乱时，又在中原军事重地设置，负责一州或数州的军事，因常由地方刺史兼任，实际上成为唐后期一个州或一个方镇的军政长官。

② 陇右群牧使：官名。唐置，监陇右诸牧场，掌牧马之事，治所在今青海乐都县。

③ 大来谷：地名。在今甘肃临洮县东南。

④ 鼓角：战鼓和号角的总称。古代军队中为了发号施令而制作的吹擂之物。

⑤ 冠军大将军：将军名号，是唐代的武散官，正三品上。

⑥ 军使：武官名。唐制，军队戍守之地，大者称军，各军置军使一人，隶属于都督或节度使，领兵在万人以上；领兵在五千人以上，不足万人者，置副使一人。

⑦ 鄢陵：县名。治所在今河南鄢陵县。

⑧ 左千牛：左千牛卫府的省称，为军府之名，是唐代禁军十六卫之一。府设大将军一人、将军二人、中郎将二人，与右千牛卫统领亲近禁军，共掌侍卫宫禁及供御兵器仪仗，不领府兵。

⑨ 刺史：官名。唐高祖改郡为州，设刺史以代太守。唐之州分上、中、下三等，均置刺史一人。上州刺史从三品，中、下州刺史均正四品下。

宋

种谊，字寿翁，洛阳人。熙宁初，从高遵裕复洮、岷，又平山后羌，至熙河副将[①]。使青唐[②]，董毡遣鬼章[③]迎候境上，取道故为回枉[④]。谊固习其地里，诮之曰："尔谓我不知远近耶?"改从便道。迁本路都监，自兰州渡河讨贼，斩首六百。元祐间复以平夏人功，进熙河钤辖[⑤]，知兰州。兰与通远[⑥]皆绝塞，中间保障不相接，腴田多弃不耕。谊请城李诺平[⑦]，以扼冲要，从之。

王韶，字子纯，江州德安[⑧]人。熙宁元年诣阙上《平戎三策》，以为西夏可取，帝异其言，召问方略。以韶管干秦凤经略，司机宜文字，因按边谕降，俞龙珂率属十二万口内附。五年，韶引兵城渭源堡，破蒙罗角抹水巴等族，焚其庐帐而还，洮西大震，遂城武胜，建为镇洮军，更名熙州，置西河路，以韶知熙州。六年，取河州，进破诃诺木藏城，穿露骨山，南入洮州，连拔宕、岷二州，叠洮羌酋皆以城附。七年入朝，还至兴平，闻景思立败于踏白城，瞎征合宗哥首领青宜结鬼章之众围河州，韶驰至熙州，选兵二万直趋定羌城，破结河族，断夏国通路。瞎征穷蹙，丐降，俘以献。韶入为枢密副使。

赵隆，字子渐，成纪人。熙宁初，从王韶取熙河，大将姚麟出战，被重创，谓曰："我渴欲死，得水尚可活。"时泉近贼营，隆独潜往，渍衣泉中，贼觉，隆且斗且行得，归持衣裂水以饮麟，麟乃苏。讨鬼章，斧其桥，鬼章失援，乃成擒。崇宁[⑨]

---

① 副将：官名。宋代军事编制将的统兵官。神宗时，部分禁军实行将兵法，一般每将设正将、副将各一员。

② 青唐：吐蕃城名。在今青海西宁市。公元十一世纪初，河湟吐蕃首领唃厮啰建政青唐，成为今甘、青地区藏族的政治、军事、文化、宗教中心。

③ 鬼章：又名青宜结鬼章。宋代河湟吐蕃大首领，唃厮啰政权董毡麾下名将。

④ 回枉：走路迂回、曲折，绕远路。

⑤ 钤辖：官名，亦称兵马钤辖。北宋前期临时委任的军区统兵官，位都部署、部署下，都监、监押上。后成固定差遣。官高资深者称都钤辖、都钤辖使和副都钤辖，官低资浅者称钤辖和副钤辖。又有路钤辖、州钤辖，其辖区分别以路和州为单位。

⑥ 通远：即通远军。北宋熙宁五年（1072）置，治所在古渭砦（今甘肃陇西），辖境相当今甘肃陇西、武山、漳县、定西、通渭等县地。

⑦ 李诺平：地名。在今甘肃榆中县定远镇。北宋元祐七年（1092）改筑为定远城。

⑧ 德安：县名。治所在今江西九江市。

⑨ 崇宁：宋徽宗年号，公元1102—1106年。

中钤辖熙河兵，将前军出邈川，复鄯廓。

王君万，秦州人。熙宁五年，以秦凤指挥使从王韶开边，擢熙河路钤辖。洮西羌叛，围河州，君万请于王韶，以为南撒宗城小而坚，强勇所聚，若并兵破之，围当自解。韶用其计，已而果然。

景思立，普州人。以荫①主渭州治平砦，以功知德顺军。策应王韶取熙州，过洮，筑当州堡〔九〕。克羌香子珂诺城，遂定河州。韶言其临事忠勇，擢河州刺史，又兼河州团练使②，知其州。青宜结鬼章举兵袭杀伐木卒，害小校七人，以书抵思立，词不逊。思立攻之于踏白城③，众寡不敌，兵败死之。

苗授，字受之，潞州人。熙宁中，从王韶取镇洮，为先锋，破香子城，复与羌战，尽得河湟地。鬼章寇河州，诏授往，一战克撒宗，论功第一，遂知州事。复知河州，讨生羌④于露骨山，斩万级，获泠鸡朴⑤，羌族十万七千帐内附，威震洮西。徙知熙州，元丰⑥中取定西降户五万城兰州，遇贼数万于汝遮谷〔十〕，登山逆战，贼夜遁去，授逾天都山⑦，焚南牟屯，凡师行百日，转斗千里，始入塞。

刘仲武，字子文，秦州成纪人。熙宁中迁熙河都监⑧，复湟川，徙知河州。吐蕃赵怀德、狼阿章⑨众数万叛命，仲武相持数日，潜遣二将领千骑叩其营，戒曰："彼出，勿与战，亟还，伏兵道左。"二将还，羌果追之，遇伏兵大败，斩首三千级，复西宁州。未几，怀德、阿章降，又羌王子臧征仆哥〔十一〕降。徽宗召仲武，劳之，官其九子。

李浩，字直夫，西河人。元丰中为熙河钤辖，讨山后羌至合龙岭，会战，遣降羌乞㖷轻骑突敌帐，俘其酋泠鸡朴等，迁安抚洮西。五路大举，浩将前军复兰州，徙知兰州，兼熙河、泾原安抚副使。

---

① 荫：因先世功劳而得到官职。

② 团练使：官名。宋承唐制，置诸州团练使，但无定员、职掌，不驻州、仅为武臣寄禄官，位在防御使之下、刺史之上。

③ 踏白城：城名。北宋吐蕃首领唃厮啰从子木征筑，在今甘肃积石山县南。

④ 生羌：汉人将未归附朝廷的诸羌部落称为生羌；将归附、纳贡的羌人称为熟羌。

⑤ 泠鸡朴：羌人大酋长。

⑥ 元丰：宋神宗年号，公元1078—1085年。

⑦ 天都山：山名。在今甘肃兰州市南三十里。

⑧ 都监：宋代武官名。位在钤辖下，掌屯戍、边防、训练的政令。

⑨ 赵怀德、狼阿章：赵怀德，宋代青唐主陇拶的汉名。狼阿章，河南地羌人部族首领。

王文郁，字周卿，麟州新秦人。元丰中为熙河将，讨灵武，文郁得羌户万余，迁钤辖。夏人围兰州，已夺两关门，文郁募死士，夜缒[①]而下，持短兵突入，贼即扫营去，擢知兰州。谍知夏人将大入，清野[②]以俟，夏果举国趋皋兰。文郁乘城御之，杀伤如积，围九日而解，收其尸为京观。后以副都总管知河州，筑安西城、金城关[③]。

孙路，字正辅，开封人。元丰中通判河、兰二州。元祐初，司马光议弃河湟，邢恕谓路尝为河、兰二州判官，在彼四年，可问也。光即召问，路挟《舆地图》示光，曰："自通远至熙州才通一径，熙之北已接夏境，今自北关辟土百八十里，濒大河，城兰州，然后可以捍蔽。若捐以与敌，则一道危矣。"光曰："赖以访君，不然，几误国事。"后徙知熙州、泾原。城西安，诏出师牵制其势。路即将众临会州，遂建取青唐之策。

王恩，字泽之，开封人。神宗朝为河州巡检[④]。羌夏寇兰州，恩搏战城下，中两矢，拔去，复斗，意气弥厉，迁泾原将。哲宗朝护秦、渭、延、熙四路兵城西安，筑临羌、天都十余垒。羌围平夏，恩设伏要其归师，果大获。

刘舜卿，字希元，开封人。元祐[⑤]初知熙州。夏人聚兵天都山，连西羌鬼章青宜结，先城洮州，将大举入寇。舜卿使姚兕部洮西，领武胜兵合河州熟羌捣讲珠城，遣人间道焚河桥，绝西援。种谊部洮东，由哥龙谷宵济拜金川，黎明，至洮州城下，一鼓克之，俘鬼章并首领九人，斩馘数千计。迁马军都虞侯[⑥]。

游师雄，字景叔，京兆武功人。为仪州司户参军[⑦]，历德顺军判官，元祐初迁军器监[⑧]丞。吐蕃寇边，其酋鬼章青宜结乘间胁属羌，构夏人，谋分据熙河。诏遣师雄

① 缒：用绳索系人或物品往城上提或向下送。缒而下，用绳索系住士兵，从城墙上放到城下。

② 清野：作战时暂时转移城池周围的人口、财物、粮食，清除附近的房屋、树木等，使敌人无所获取。

③ 金城关：关名。在今甘肃兰州黄河北岸，是通往河西的重要关隘。

④ 巡检：官名。掌训治甲兵，巡逻州邑，擒捕盗贼等，置于州县或边远的数州数县交界处。

⑤ 元祐：宋哲宗年号，公元1086—1094年。

⑥ 都虞侯：官名。是诸军都指挥使的副手。殿前司、侍卫马军司和侍卫步军司中，都设置都虞侯，马军司中的称马军都虞侯，步军司中的称步军都虞侯，殿前司所属诸班直禁军，以都虞侯为主官。

⑦ 司户参军：官名。为权知军州事和通判的属官，掌一州的户籍、赋税及仓库出纳。

⑧ 军器监：宋代机构名，元丰改制后置监、少监、丞等官，其职掌为缮治兵器什物，以给军国之用。

与边臣措置，便宜从事。既至，谍知夏人聚兵天都山，前锋屯通远境。吐蕃将攻河州，师雄欲先发以制之，力请于帅。刘舜卿分兵二道，姚兕将而左，种谊将而右。兕破六逋宗城，斩首千五百级，攻讲珠城，断黄河飞梁，青唐十万众不得渡。谊破洮州，擒鬼章及大首领九人，斩首千七百级。捷闻，迁陕西转运判官。夏人攻兰之质孤、胜如二堡，师雄上言："兰州距贼一舍[①]，通远不百里，非有重山复岭之阻。宜自兰州李诺平东抵通远、定西、通渭之间，建女遮、纳迷、结珠三栅，及护耕七堡，以固籓篱。"从之。

蒋之奇，字颖叔，常州宜兴[②]人。元祐中知熙州。夏人论和，请画封境，之奇揣其非诚，务修守备，谨斥堠，常若敌至。终之奇任，夏人不敢犯塞。

范育，字巽之，邠州人。元祐中知熙州。时议弃质孤、胜如两堡，育争之曰："熙河以兰州为要塞，此两堡者兰州之蔽也，弃之则兰州危，熙河有腰膂之忧矣。"又请城李诺平、汝遮川〔十二〕，曰："此充国屯田，古榆塞地也。"不报。入为户部侍郎，卒。绍兴[③]中，采其抗论弃地及进筑之策，赠宝文阁学士[④]。

王厚，字处道，韶之子。少从父兵间，畅习羌事，官累通直郎[⑤]。元祐中议弃河湟，上疏陈不可，不听。绍圣[⑥]中，干当[⑦]熙河公事，会瞎征、陇栘争国，河州守将王赡与厚同献议复故地。元符元年六月，师出塞，七月，下邈川，降瞎征，九月，次青唐，陇栘出迎，遂定湟、鄯。命厚知湟州，未几，湟、鄯弃，厚亦贬。崇宁[⑧]初，安抚洮西，以破多罗巴功，进熙河经略安抚使。

种朴，谊之子。绍圣中为熙河、兰会钤辖，兼知河州、安抚洮西沿边公事。河南蕃部叛，属羌阿章率他族拒官军。朴至州方二日，以熙帅胡宗回迫之，使出讨，遇伏，首尾不相应，朴力战而死。事闻，赠朴雄州防御使，官其后十人。

穆衍，字昌叔，河内人。元祐初大臣议弃熙、兰，衍以为兰弃则熙危，熙危则

① 一舍：古代行军一宿或三十里为一舍。

② 宜兴：县名，今江苏宜兴市。

③ 绍兴：南宋高宗年号，公元1131—1162年。

④ 宝文阁学士：官名，北宋英宗时置，充侍从、备顾问。

⑤ 通直郎：官名。唐始置，秩从六品下，宋初置，元丰时改太子中允、赞善大夫、洗马为通直郎，秩正八品。

⑥ 绍圣：宋哲宗年号，公元1094—1098年。

⑦ 干当：主管、经办某事。

⑧ 崇宁：宋徽宗年号，公元1102—1106年。

关中震，议遂止。熙河分画未决，诏衍视之。还言：“质孤、胜如据两川美田，实彼我必争之地。请界二垒间，城李诺平以控要害，及他城堡皆起亭障，以通泾原。”明年遂城李诺平，名曰定远。衍迁左司郎中①。

姚雄，字毅夫，五原②人。绍圣中知熙州，请城葫芦河川，据形胜以逼夏。方兴役时，夏人以其众来乘雄部，熙河兵策援，斩首三千级，城成，赐名平夏，由知会州徙河州。种朴与羌战没，王赡军陷敌中，雄自鄯至湟，四战皆捷，拔出之。遂筑安乡关③，夹河立堡，以护浮梁，通湟水漕运，商旅负贩入湟者始络绎不绝。

刘韐，字仲偃，建州崇安④人。绍圣中，王厚镇熙州，辟为狄道令，提举陕西平货司。河湟兵屯多食不继，韐延致酋长，出金帛易粟以饷军，公私便之，遂为转运使。初，熙河郡常贡毛褐段，厚⑤于例外⑥增以遗朝贵。韐曰：“勿重困百姓。”厚从之。

苗履，授之子。元符初为熙河、兰会都钤辖，知兰州。受诏同王赡取青唐，与姚雄合兵讨巉羌籛罗结。与羌战，羌宵溃，明日纵兵四掠，焚其族帐而还。

张叔夜，字稽仲，开封人。元符间任兰州录事参军⑦。州地极边，恃河为固，每岁冰合，必严兵以备，士不释甲者累月。叔夜曰：“此非计也。不求要地守之，而使敌迫河，则吾计殆矣。”有地曰天都者，介五路间，羌人入寇，必先至彼点集，然后议所向，每一至则五路皆竦。叔夜按其形势，画攻取之策，建为西安州⑧，自是兰无羌患。

---

① 左司郎中：宋官名。正六品。尚书左丞副贰，协掌尚书都省事务，监管吏、户、礼部诸司政务，举稽违、署符目、知直宿，位在诸司郎中上。

② 五原：县名。治所在今陕西定边县南。

③ 安乡关：关名。在今甘肃临夏县北莲花乡。

④ 崇安：县名。治所在今福建武夷山崇阳镇。

⑤ 厚：即熙河军政长官王厚。

⑥ 例外：定额之外的征收。

⑦ 录事参军：官名。隋初以录事参军为郡官，相当于汉时州郡主簿之职，唐宋因之，在京府则称司录参军。

⑧ 西安州：州名。治南牟会（在今宁夏海原县西安州古城）。西夏元昊时筑，宋元符元年攻占，元符二年复筑，称南牟会新城，并建为西安州。辖宁夏今海原县西部、西吉县北部及甘肃省靖远县东部。

种师道，字彝叔。徽宗时为熙州推官[①]，寻知西安州。夏人侵定边砦，筑佛口城，师道率师平之。始至，渴甚，师道指山之西麓曰："是当有水。"命工求之，果得水满谷。迁知渭州。

何灌，字仲原，开封祥符人。徽宗朝徙熙河都监，改知岷州，引邈川[②]水溉田千顷，湟人号广利渠。徙河州，提举熙河兰湟弓箭手。入言："汉金城、湟中，谷斛八钱，今西宁、湟、廓即其地也。葺渠引水，使田不病旱，则人乐应募而射士之额足矣。"从之，甫半岁，得善田二万六千顷，壮士七千四百人，为他路最。

刘惟辅，泾州人。建炎三年为熙河马步军副总管。金娄室〔十三〕引兵犯熙河，经略使张深遣惟辅将三十骑御之，夜趋新店，金人恃胜不虞，黎明军进，短兵相接，杀伤甚众。惟辅舞矟刺其先锋孛堇黑锋〔十四〕，洞胸坠马死。已而熙河陷，惟辅走匿山寺，欲图恢复。其亲信军诣金师降，金人执惟辅，诱之，百方不答。金人怒，捽[③]以出，惟辅曰："斩即斩吾头，岂汝捽也。"顾坐上客王睿曰："国家不负汝，遽降敌耶?"即闭口不复言而死。所部亦多不屈，俱被杀。事闻，赠昭化军节度使，立庙号忠烈。

高子孺，狄道人，高宗时知兰州龛谷砦。金人陷熙河，子孺先刃其家而后死。时马步军第六将韩青间行从刘惟辅，为金人所执，骂不绝口而死。

金

徒单合喜〔十五〕，上京人[④]，临洮尹。是时，关陕以西初去兵革，百姓多失业。合喜〔十六〕守之以静，民多还归。后迁元帅。

杨仲武，字德威，保安[⑤]人。皇统[⑥]中同知临洮尹。先是，羌人苦边将贪暴，相率为寇掠。仲武入其营，谕之曰："将校侵渔汝等，今已惩治。"并晓以祸福，羌人喜悦，寇掠遂息。后仲武改河中，羌复掠熙河，诏复遣仲武，比至，诸酋惊喜，乃折箭为誓，罗拜而去。

---

① 推官：官名。唐代始置，观察使、团练使、防御使及兼观察使的节度使，皆置此官，为长官之佐，位在使、副使、判官之下；掌勘问刑狱。宋袭唐制。

② 邈川：即湟水。

③ 捽：揪拽头发。

④ 上京：辽五京之一。在今内蒙古巴林左旗南波罗城。

⑤ 保安：县名。治所在今陕西志丹县。

⑥ 皇统：金熙宗年号，公元1141—1149年。

移剌成，本名落兀〔十七〕，其先辽横帐人也。大定[①]初为临洮尹，招降乔家等族首领，召拜枢密使[②]。

陀满胡土门〔十八〕，字子秀。贞祐[③]三年知府事。时夏人入寇，围临洮，土门〔十九〕夜袭其垒，大捷，夏人遁去。正大[④]末复为临洮总管，元兵破临洮，土门被执，诱之降，不屈，遂杀之。

庞迪，字仲由，延安人。天眷[⑤]中为临洮尹，兼熙秦路兵马都总管。时陇右大饥，流民四集，迪开渠灌田，流民利其食，居民藉其力，各得其所。郡人立碑，纪其政绩。大定初复为临洮尹。

元

田济顺，泰定[⑥]初为临洮府同知，兼管本府诸军奥鲁[⑦]。劝农事，廉慎不欺，吏民畏服。

着思吉巴〔二十〕，延祐[⑧]初为河州、吐蕃宣慰使[⑨]。尝置田赡学，养育人才。

祁安，狄道人。为临洮府尹，以廉勤见称。

赵潘，狄道人。为临洮元帅，岁饥，发仓廪以赈贫乏，给农民种粟二千余石，芜菁子[⑩]百石，人赖不饥。郡当孔道，传置旁午[⑪]，有司敝于供给。潘以私马百匹充驿骑、羊千口代民输，帝闻而嘉之，命行省酬其直，潘曰："我岂以私惠而邀公赏

---

① 大定：金世宗年号，公元1161—1189年。

② 枢密使：官名。唐代宗时始置，由宦官担任，掌承受表奏。后唐改崇政院为枢密院，改崇政使为枢密使，掌武事。宋、辽、金、元皆置枢密使，为枢密院主官，掌军机国防等兵事。

③ 贞祐：金宣宗年号，公元1213—1217年。

④ 正大：金哀宗年号，公元1224—1231年。

⑤ 天眷：金熙宗年号，公元1138—1140年。

⑥ 泰定：元泰定帝年号，公元1324—1328年。

⑦ 奥鲁：蒙古军出征，置老小辎重于后方，称奥鲁；并置奥鲁官，凡军户皆为奥鲁官管领，不受路、府、州、县统辖。

⑧ 延祐：元仁宗年号，公元1314—1320年。

⑨ 宣慰使：元代为宣慰使司的长官，掌军民之政。在行省之下统辖路府州县，亦有兼都元帅或兼管军万户府事者，多设于少数民族地区，参用少数民族首领。

⑩ 芜菁子：二年生草本植物，块根肉质，白色或红色，扁球形或长形，块根食用。

⑪ 传置旁午：传置，政府在交通线上间隔一定距离设置的驿站，备有车马，供乘传者换用。旁午，纵横交错，形容驿站非常之多。

耶?”卒不受。

傅梦臣，至治二年由陕西行省宣慰使为金州判官。下车[①]，首兴学校，有治绩，贤声著于时。

姚谅，顺帝至元[②]初为兰州知州，创建学校。

明

张温，洪武初指挥守兰州时，元将王保保以兵袭兰州，奄至城下，温谓将校曰："彼众我寡，难与为敌，且彼远来，未知我虚实，乘暮击之，可挫其锋，彼不退则固守以待援。"于是整兵出战，保保兵稍却。迟明，温收兵入城，敌兵围城数重，温坚守，保保进攻不利，乃引去。

于光，字大用，南康都昌人，磊落有大志。洪武二年为鹰扬卫指挥，守巩昌，屡败王保保军。及保保攻兰州，光将兵来援，至马莲滩，卒遇保保兵，战败被执。至城下，使呼张将军出降，光大呼曰："我不幸被执，公等坚守，徐总兵将大兵行至矣。"敌怒，批其颊，遂遇害。城中闻光言，守益坚。

韦正，洪武初为河州卫指挥使。时河州新经王保保之乱，城邑空虚，尝奏："民间转输甚劳，而茶、布可以易粟，以茶、布给军士，令自相贸易，庶省西民之力。"诏从之。正日夜抚循军民，河州遂为乐土。

刘钊，直隶[③]全椒人。洪武末，以陕西都指挥同知镇守河州，号令严明，蕃族畏服。永乐中领兵往乌斯藏[④]赏诸国，还遇蕃贼劫掠，钊率众破之。在镇三十余年，居民安堵。历都督同知。

张忠，字友直，太康人[⑤]。永乐初知兰县，抚良善、治奸慝。邑户不及千数，而递送人役[⑥]月有万计，忠奏军民协同递送，遂减三分之二。县地近黄河，岁令修造浮桥，劳民费财，奏行合府属县、卫所同造，民不为害。民间水利多为势豪所夺，忠奏归原主。又将民田为莲塘，并作草场牧养，奏准照民间纳粮，并于空处牧养，兰

① 下车：喻指新即位或新官到任。

② 至元：元顺帝年号，公元1368—1370年。

③ 直隶：京师地区不设布政使司，各府、州直隶于京师，故称为直隶。

④ 乌斯藏：元明时期对西藏地区的称谓。"乌斯"是中央的意思，指前藏，"藏"指后藏。清代统称为"卫藏"，后改为"西藏"，即今西藏自治区，首府拉萨。

⑤ 太康：明县名。属陈州，今河南太康县。

⑥ 递送人役：传递公文书等劳役。

民永受其福。

林宗德，山东掖县[①]人。永乐初同知临洮。值旱，祷雨三日不食，已而大雨霑足。

廖庄，字安实，吉水[②]人。景泰[③]中任大理寺卿，以直谏谪河州定羌驿丞。天顺[④]元年升刑部侍郎，去之日，军民不忍舍，于定羌寺竖碑刻像，以志不忘。

何信，字文实，信阳[⑤]人，渭源县丞[⑥]。初为藩司舍人，成化中关中大饥，诏发漕粟万石，令南阳、汝宁二郡发卒万人运至关中。信言于藩司吴节曰："关中米石不过一金，如令二郡卒人出金一两，即罢若役，使入关籴粟，可得万石，且免漕粟之苦。"二郡卒知役费且十倍，皆踊跃从之，民力不劳而关中全活甚众。及为县丞，会御史行县，簿尉以下皆跣[⑦]走，奉舆马辄数十里，信叹曰："可以去矣！"遂弃官归。

李进，山西大同人。正统[⑧]中，以山东都司指挥佥事守备兰州[⑨]。廉能有为，更多营建，置哨马营于河北大岔口外，筑金城东西三关，及北门外水门一，瓮城一，俾便于汲水，且捍矢石。造军器，每成刀以铁铤试，矢枪以甲胄试，视坚脆利钝为赏罚。又造兵车三百余乘，上为板屋，前后左右为傍牌，图狻猊[⑩]形于上，而口眼为孔，以出火器，每车神枪十，斩马炮五，九龙筒一，五人一车，行则衣粮附载之。又筑展新关于东门外，教场关于南门外，其余有益地方者，罔不毕举。致政还，空城追送，哭声震野，彭泽[⑪]为之传。

---

① 掖县：县名。治所在今山东莱州市。

② 吉水：县名。治所在今江西吉水县。

③ 景泰：明代宗年号，公元1450—1457年。

④ 天顺：明英宗年号，公元1457—1464年。

⑤ 信阳：县名。治所在今河南信阳市。

⑥ 县丞：官名。县的副长官，佐县令、县长掌县政，与县尉合称长吏。

⑦ 跣：光着脚，不穿鞋袜。

⑧ 正统：明英宗年号，公元1436—1449年。

⑨ 都司指挥佥事守备兰州：都司为都指挥使司的简称，行省一级的军政机构，掌一省兵权。都指挥使为最高长官，下设有佥事四人，称为指挥佥事，正四品，与指挥使、指挥同知共掌本卫事务。守备，武官名，明永乐时设南京守备，后于各城市也设置，为镇戍将校中位次于镇守总兵官、参将、游击将军的军官。

⑩ 狻猊：神话传说中的一种动物，性凶猛，食虎豹，类似狮。

⑪ 彭泽：明代大臣，明武宗时任川陕总督，明世宗时任兵部尚书。

熊概，字大节，商城[①]人。成化间任临洮知府。地当宁夏、河西之冲，二镇诸务皆取办于此。概悉心经画，咸中机宜。

黄立需，河南人。成化中，初改兰县为州，知州事。公署学校皆其创建，事集而人不告劳。

李纪，山西潞州人。弘治[②]中以锦衣卫经历[③]升临洮知府。廉明公慎，处事平恕，念边民寒苦，噢咻[④]如子。岁饥，捐俸以赈，教士子先德行而后文艺，葺城建堞，延袤数十里。终纪任，敌不敢犯边。去之日，囊箧萧然[⑤]，百姓攀送塞途。

李杲，洪洞[⑥]人。弘治中临洮同知，管兰州仓场[⑦]，民歌之曰："官攒无鼠偷，监收得李侯，收支不留难，军民两下安。"草场失火，民惧杲得罪，争为偿纳，其得人心如此。

吴璇，字世美，高唐[⑧]人。弘治中知河州，以边俗积玩[⑨]，首锄强暴，治民多惠政，恩威并著，军民畏服。

吉陈，直隶人。嘉靖十四年知河州，清介自持，请托不行。时卫军强横，咸正以法，远近凛然，当道奖云："严明之政大詟[⑩]豪强，清苦之操不殊寒士。"时论以为实录。

杨继盛，字仲芳，容城[⑪]人。嘉靖中以兵部员外[⑫]谏马市，贬狄道县典史[⑬]。地居

① 商城：县名。治所在今河南商城县。

② 弘治：明孝宗年号，公元1488—1505年。又"弘"字，哈佛本同，刻补本作"宏"，四库本作"弘"，避乾隆皇帝讳改。

③ 锦衣卫经历：锦衣卫，明太祖置，原本掌卤簿仪仗，护卫皇帝，后来太祖为加强专制统治，特令其兼管刑狱，赋予巡察缉捕权力，成为重要的特务机关。经历，官名，负责出纳文移。

④ 噢咻：抚慰病痛之义。

⑤ 囊箧萧然：形容财物很少，没有什么积蓄。

⑥ 洪洞：县名。治所在今山西洪洞县。

⑦ 仓场：官署名。负责收纳、储藏谷米。

⑧ 高唐：县名。治所在今山东高唐县。

⑨ 积玩：即积顽，旧俗顽固深重，难以革除。

⑩ 詟：震恐。

⑪ 容城：县名。治所在今河北容城县。

⑫ 员外：即员外郎，官名。吏、户、礼、兵、刑、工六部下设各司，担任司主官称郎中，任副职者称员外郎，为中央官吏中的要职。

⑬ 典史：吏员名。知县的属官，掌收发公文。

临洮山中，民不畏法，比至翕然，称神明。监司有难狱，辄问杨典史。少暇，则进诸生讲说文艺，因买东山，立书院，居诸生，即羌人子弟咸引领受教。诸生日众，无所取食，乃鬻乘马及夫人服装，买民地二百亩，资诸生，给笔札。又引洮水灌地，地益饶。邑有煤山，番人制之不开，仰薪二百里外，乃单骑召番人谕之，咸服曰："杨公即须我穹帐亦舍之，况煤山也。"居三年，吏民呼杨父，诸生称关西夫子。

张翼，庄浪人。隆庆①初河州参将，治兵有纪律，尤重民事。与州守聂守中开渠灌田，复于水灵寺口黄河补建折桥，以便往来。遍行河北大通堡一带，相地设险，修筑边墙，威肃三军，恩被百姓。

孟孝臣，山西榆次人。兰州参将，朴质有胆略，与士卒同甘苦。万历〔二一〕十八年，火落赤②入寇，渡大夏③，趋宁河。孝臣奉檄应援，大战和政驿，杀酋子枹罕兔长及婿拜言他卜囊，又斩虏众十余级，败之。总兵刘承嗣与虏战于朱家山，兵败，游击刘子都等皆死，承嗣被追且亟，孝臣力救得免。

聂守中，三河④人。隆庆中知河州。预防外患，建南关，新城民称不便者十九，竟力筑之。后敌犯境，赖以保障。清丈田粮，除豪滑，严考课，风清弊绝，民至今怀思。

夏镗，字梅原，四川大足⑤人。万历〔二二〕九年知临洮府。是时，洮虽腹里，而羌距河湟不远，镗虑河湟危则洮必危，请于当途，议蓄客兵⑥粮三千石、草四万束以备不虞。后边有警，大济军需，人皆服其先识。

岳维华，字三峰，曲周⑦人。万历〔二三〕十八年知临洮府，性鲠介不喜浮华，政尚廉平，而威足慑众。时火酋入犯，人心危惧，维华旦暮登城调度防守，抚恤士卒，不辞劳瘁。敌掠四境，复督遣民兵相机击之，城赖以全。

皇清

季之佺〔二四〕，字子双，真定人。西宁镇标游击。吴逆变，提督张勇与总兵王进

① 隆庆：明穆宗年号，公元1567—1572年。

② 火落赤：明代青海蒙古多罗土蛮，即多伦土默特部首领。

③ 大夏：河流名，即大夏河。发源于甘南，经临夏，北注黄河。

④ 三河：县名。治所在今河北三河市。

⑤ 大足：县名。治所在今重庆大足县。

⑥ 客兵：从其他地区调集而来的军队。

⑦ 曲周：县名。治所在今河北曲周县。

宝恢复临洮，时军务孔亟，以佺有文武才，题授临洮知府。佺招集难民，流移复业，调停挽运，军需不悞而民不扰。当地方甫定之日，人皆服其综理有才，兵民感颂。

王之鲸，黄冈人。知金县，前令王鲲化因亏空仓粮二千余石系狱，逮役四十余人，追比[①]待毙。之鲸到任，查邑有逃亡荒地，捐赀买牛种，给在事各役垦种，计岁所获，除完粮外即以贮仓，三年如数补足，仓储充实，鲲化得释归里。各役免罪，仍不累民，又兴屯多属捏报，金民苦累，鲸力请蠲免。岁饥，民鬻子女者代赎还之，仍周以粟。建社学以训邑子弟，金民勒石颂之。

巩昌府

汉

郦商，高阳人。项羽入秦，立沛公为汉王，以商为陇西都尉，别将定北地、上郡。

袁盎，安陵[②]人。文帝时为郎中[③]中郎将，数直谏，调为陇西都尉。仁爱士卒，士卒皆争为致死。

种暠，字景伯，洛阳人。由梁州刺史迁汉阳太守，暠至郡，化行于远近，怀抚羌人，禁止侵掠，乌孙等皆顺服〔二五〕。

傅燮，字南容，北地人。为汉阳太守，善恤人，叛羌感恩，悉来降附，乃广开屯田，列置四十余营。时治中[④]程球以奸利失众，金城贼王国[⑤]等杀球，遂进围汉阳。汉阳兵少粮尽，燮犹固守，而北地贼羌数千，随贼攻郡，皆夙怀燮恩，共于城外叩头，愿送燮归故乡里，子干谏从其计，燮叹曰：“食禄，欲避难乎？吾行何之？吾必死国！”遂麾左右进兵，战殁，谥壮节侯。

庞参，字仲达，缑氏人。举孝廉为汉阳太守。郡人任棠有奇节，参到，先候之，棠不与言而示之以意，参悟其旨，叹息而还。在职，抑强助弱，以惠政得民。

---

① 追比：官府限定百姓在规定的期限内交税、完差，逾期受责罚。

② 安陵：汉惠帝陵，属右扶风。在今陕西咸阳市东北穆家村附近。

③ 郎中：官名。西汉皇帝的侍卫，并作为官僚集团的后备。

④ 治中：官名。汉朝置，为州刺史的佐官，又称治中从事、治中从事史。掌文书案卷，或主财谷簿书。

⑤ 王国：汉凉州狄道人，自称合众将军，汉末凉州军阀，联合韩遂叛汉。

元初[①]时，代侯霸为护羌校尉，以恩信招诱畔羌，号多等帅众诣参降。官至太尉。

盖勋，字元固〔二六〕，敦煌人，汉阳太守。时人饥相食，勋调谷禀之，先出家粮以率众[②]，存活者千余人。

耿种，秉[③]长子，汉阳太守，招降羌种三千余户。

桥元，字公祖，梁国睢阳[④]人，为汉阳太守。时上邽令皇甫正〔二七〕有赃罪，元收拷髡笞[⑤]，死于冀市，一境皆震。

温序，太原祁人。建武六年拜谒者，迁护羌校尉。序行部至襄武，为隗嚣将苟宇所拘劫，序曰："受国重任，义不背恩。"宇等复晓譬之，序大怒，叱宇等曰："尔何敢逼胁汉将！"因以节挝杀数人。贼众争欲杀之，宇止之曰："此义士死节，可赐以剑。"序受剑，衔须于口，顾左右曰："既为贼所迫杀，毋令须污土。"遂伏剑而死。光武怜之，赐冢葬焉，除三子为郎。

隋

辛公义，狄道人。开皇[⑥]初除岷州刺史，岷俗畏疫，一人有疾合家避之，病者多死。公义欲变其俗，凡有疾病者皆舆来[⑦]安置，听事厅廊[⑧]悉满，公义亲设一榻，昼夜处其间，所得秩俸尽用市药迎医疗之。病者多愈，召其亲戚喻之，诸病家子弟惭谢而去，合境之内呼为慈母。后迁并州刺史。

皮子信，为洮州刺史。开皇三年，吐谷浑寇临洮，子信死之。

唐

柴绍，晋州临汾人，武德[⑨]中为将。吐谷浑寇洮州，绍为贼所围，贼乘高射，矢下如雨。绍遣人弹琵琶，令二女子对舞，贼怪之，相与聚观，绍察其无备，潜遣精骑出贼阵后，击之，贼众大溃。

---

① 元初：东汉安帝年号，公元114—120年。

② 率众：为众人作表率。

③ 耿秉：? —91年，东汉将领，击败匈奴在车师的势力，后又征北匈奴，大胜，封美阳侯。

④ 睢阳：县名。治所在今河南商丘县。

⑤ 髡笞：刑罚名。髡，剃去头发。笞，用竹板或荆条挞击犯人的脊背、臀部、腿部。

⑥ 开皇：隋文帝年号，公元581—600年。

⑦ 舆来：用车接来。

⑧ 听事厅廊：官府听事、处理政务的大厅和廊庑。

⑨ 武德：唐高祖年号，公元618—626年。

安敬忠，开元中为会州刺史。时河流横浸州城，敬忠率兵作堰，于是水西北流，免冲决患。

宋

张守约，濮州人。神宗时鬼章围岷州，守约以秦凤钤辖提敢死士，鸣鼓张帜高山上，贼惊顾而遁。遂知岷州，降其首领千七百人。

高遵裕，字公绰，琼[①]之孙。熙宁中，从王韶取岷州，下令曰："生获老幼与得级同。"全活者以数万。捷闻，加岷州刺史〔二八〕。

种谔，字子正，洛阳人。熙宁中知岷州，董毡将鬼章聚兵洮岷，新羌多叛，谔袭击破之。又出塞，收洮州。

种谊，洛阳人。元祐初知岷州，鬼章诱杀景思立后益自矜大，使其子诣宗哥，请益兵入寇，且结属羌为内应。谊请除之，诏遣游师雄就商利害，遂与姚兕合兵出讨，追奔至洮州。晨雾蔽野，谊亲鼓之，有顷雾霁[②]，先登者已得城。鬼章就执，谓人曰："我生恶种使[③]，今日果为所擒。"

姚兕，五原人。以熙河总管讨鬼章于洮州，破六逋宗城，遂擒鬼章。拜通州团练使。

雄姚，字毅夫，五原人。哲宗时知会州，开广土地，爱养庶。又知岷州。绍圣中，渭帅[④]城平夏，夏人倾国来，雄部兵策援，大破之，城成。擢秦州刺史。

章楶，浦城[⑤]人。知会州，深得军民之心。元符元年，夏人入寇，陷会州，楶为经略使，帅师大败之，克复有功。初知渭州，即言葫芦河川形胜[⑥]，宜城以逼夏，遂筑二城，于石门峡又筑西安城〔二九〕。夏众来乘，楶迎击败之，边功为西方最。

何灌，知岷州，葺渠溉田二万六千顷，募射士七千余人，为他路最。

刘锜，字信叔，仲武子。高宗录仲武后，召见，奇之，差知岷州，为陇右都

---

① 琼：即高琼（935—1006），北宋大将。太宗时从征太原，讨幽蓟有功，拜天武都指挥使，领西州刺史。后累官保大军节度使。真宗时，授殿前都指挥使等职。

② 雾霁：大雾散开。

③ 种使：即种谊。北宋时曾任岷州知州，知州原本是使职，称为"权知某军州事"，故一般也可以称为"使"。

④ 渭帅：即渭州知州章楶。

⑤ 蒲城：县名。治所在今陕西蒲城县。

⑥ 形胜：地理位置优越，具有重要战略意义的地点。

护[①]。与夏人战屡胜，夏人儿啼辄怖之曰："刘都护来。"张浚奇其才，以为经略使，兼知渭州。后以顺昌战功为节度使，兼沿淮制置使[②]。

郭成，字信之，中安堡人[③]。守陇西，羌人畏服，边境辑宁。

王渊，字几道，熙州人。知巩州宁远砦，诸羌入寇，经略司讨之，表渊总领岷山蕃兵。将城潭州，羌众来争，渊奋击，大破之。

陈寅，绍定[④]中知西和州。元兵入境，屡攻，却之。元兵增至数十万围城，外援不至，城陷。寅谓妻杜氏曰："若速自为计。"杜氏厉声曰："安有生同君禄，死不共王事者？"即饮药自杀，二子及妇俱死母傍，寅敛而焚之，乃朝服登战楼，望阙号泣曰："城之不存，臣死分也，恨无以报国。"再拜，伏剑而死。事闻，立庙祀之，赠文华阁待制[⑤]，谥襄节。

贾子坤，字伯厚，潼川人。为西和州推官，摄通判。关外被兵，与陈寅誓死城守，及城陷，子坤亦朝服，与其家人十二口死之。

郭祖德，为会州统制兵马，筑堡保障，军民怀思。

金

郭虾蟆〔三十〕，会州人，与兄禄大俱以善射应募。兴定[⑥]初，禄大以功授会州刺史。夏人攻会州，禄大遥见人马中有金甲者，一发中其吭，殪之。又射一人，矢贯两手于树，敌大惊。城破，禄大、虾蟆〔三一〕俱被执，夏人怜其技，囚之，兄弟誓死不屈。其后，兄弟谋奔，会禄大竟为所杀，虾蟆〔三二〕独拔归。兴定五年，夏人侵定西，虾蟆〔三三〕败之，以功迁同知临洮府事。元光[⑦]二年授通远军节度使，冬，虾蟆〔三四〕与巩州元帅田瑞攻取会州，城上有举手于悬风版者，虾蟆〔三五〕射之，手与版

---

① 陇右都护：官名。元符三年（1100)置陇右都护，以熙河兰会路都监充任，于湟州设都护府，职掌同沿边安抚司。

② 制置使：官名。为一路或数路的统兵大员。不常置，掌经画边防军务。南宋以后制置渐多，掌本路诸州军马屯防捍御，多以安抚使兼任，地位官阶高者称制置大使。位在宣抚副使之上，或置副使以辅之。

③ 中安堡：地名。在今宁夏西吉县东南十字路附近。

④ 绍定：南宋理宗年号，公元1228—1233年。

⑤ 待制：官名。唐高宗命弘文馆学士一人日待制于武德殿西门，以备顾问之用，以后成为定制，以文官六品以上更直待制，备顾问。宋朝各殿阁皆设待制官，位在直学士下。

⑥ 兴定：金宣宗年号，公元1217—1222年。

⑦ 元光：金宣宗年号，公元1222—1223年。

俱贯，凡射死数百人，夏人乃出降。正大①初，田瑞据巩州叛，蝦蟆〔三六〕帅众先登，以功进都总管元帅。天兴三年甲午春，金亡，独蝦蟆〔三七〕坚守孤城，元兵悉力攻之，蝦蟆〔三八〕日与血战，杀伤甚众，度力不能支，乃命积薪，自焚其家人，蝦蟆〔三九〕独上大草积，发数百矢，无不中者，矢尽，自投于火，城中无一人肯降者，土人为立祠。

爱绅，兴定中兵马都总管，任定西州刺史，卓有惠政。

赵阿哥昌〔四十〕，叠州安抚使。时兵兴，城无居人。昌至，则招逃亡，立城垒，课耕桑，以安辑之。

郭斌，正大末会州将。元兵围会州，斌力战累旬②，城将陷，乃驱妻子聚一室，焚之，已而自投火中。有婢自火中抱儿出泣，授人曰："将军尽忠，忍使绝嗣？此其儿也，幸哀而收之。"言毕，婢复赴火而死。元将按竺迩〔四一〕闻之，恻然为保其孤。

明

马华，字德辉，六合③人。洪武时掌岷州卫指挥，负性严毅，才兼文武。始筑东西二城，立楼置门，伐木通道，缮甲兵，练士卒，建学校、衙署、桥梁、烽堠、营堡、邮驿、仓厂、坛社、庙宇之属，以次修举。十五年夏，羌戎为乱，上命率西安五十卫步骑二万，直抵迭城讨之，歼五千余众，番羌闻声窜伏，边疆以宁，升陕西都指挥使。

牛励，博平④人。洪武间知通渭县，公勤廉干，抚民有方。九年考满⑤，父老奏留，复任又九年，以贫不能还，遂籍⑥于县。

孙亶，江阴⑦人，进士。永乐中知巩昌府，在郡多善政，平役省刑⑧。官满当代，民上章乞留，加俸二级复任，政绩益茂。

---

① 正大：金哀宗年号，公元1224—1231年。

② 累旬：一旬为十天，累旬即好几十天。

③ 六合：县名。治所在今江苏六合县。

④ 博平：县名。治所在今山东章丘市。

⑤ 考满：明清考课官员的方法之一。洪武中始定此法，亦称考核。其主旨是按年劳晋升，考其任官的年限、资历，作为升迁的依据。中央和地方官每三年一考，六年再考，九年通考。三考即九年为满。

⑥ 籍：名籍。这里作动词，将名籍著录于当地。

⑦ 江阴：县名。治所在今江苏江阴市。

⑧ 平役省刑：平役，使劳役负担更为均平。省刑，减少和减轻刑罚。

李达，定远人，永乐中以都督佥事[①]镇守洮州。洮地僻近边，民皆劲悍，达奏建儒学以兴文教，抚招生蕃内附，奏给金符，每岁纳马，后为定制。

尹陈，信阳人，宣德[②]中安定知县。劝农修学，政教兼举，吏畏其威，民怀其惠。

后能〔四二〕，岷州人，元哈撒儿〔四三〕之孙，世袭指挥。宣德元年调岷州，领军征松潘等羌，有功。镇守岷三十余年，号令严明，蕃人畏服。

韩福，山东人。正统初知巩昌府，刬暴[③]除奸，宽猛得宜，远近以神明称，治行为秦中[④]首。秩满[⑤]去，父老为泣涕竖碑。寻擢都察院右佥都御史。

房贵，宁夏人。正统二年守备，建置靖远城垣、公廨[⑥]、墩塘，事竣，奏设学校、仓场、驿递，又奏讨楚府牧军七百以资战守。百务聿举[⑦]，事妥人安，历二十年。都御史耿九畴荐，进署都指挥使回司掌印[⑧]。

胡智，浏阳人。天顺中知漳县，历任九年，政通人和，赋平讼简[⑨]。值天旱，修渠引水灌溉田畴，遇沟则架木槽以通之，实惠及民，民思之不忘。

戴浩，浙江鄞人。景泰初知巩昌府，适边患方炽，浩辑民饬武，郡赖以安。岁大祲，不俟报即发储三万赈之，当路[⑩]援法论浩，浩上疏待罪，曰："臣愿以一人之命易千万人。"诏原浩，而令民偿所贷。或檄浩促之，浩曰："疮痍未复而速征，不如无赈。"请以约三岁偿之。明年复旱，浩祷之三日，即雨。陇关盗梗，计擒其党而盗息。

---

① 都督佥事：官名。元末朱元璋于大都督府置，洪武十二年再升正二品。十三年改都督府为五军都督府，分置，恩功寄禄，无定员。或任总兵，副总兵镇守，或挂印出征。

② 宣德：明宣宗年号，公元1426—1435年。

③ 刬暴：刬同"铲"，刬暴，即铲除地方恶霸。

④ 秦中：即今陕西中部地区。因春秋、战国时这里为秦国地而得名。

⑤ 秩满：即古代官吏任期届满。

⑥ 公廨：官署，官吏办公处的通称。

⑦ 百务聿举：即各种事业开创兴办。

⑧ 都指挥使：官名。明代于各省置都指挥使司，简称都司，长官为都指挥使，为地方最高军事长官，隶属于中央五军都督府；回司掌印：都司下设的职官。

⑨ 赋平讼简：赋平，税赋均平。讼简，狱讼少而简，政事清闲。

⑩ 当路：当道，在权力位置上的人，当权者。

王珣，新安[①]人。景泰初任伏羌，拓修县城，穿渠种植，宽仁惠爱，政绩茂著。

秦纮，单县[②]人。景泰时巩昌知府，廉洁公正，人不敢干以私。

董敬，禹州人。成化三年知通渭营，建城池为民保障。九年致政归，其劳绩至今诵之。

孙春，字一元，河南尉氏[③]人。弘治初知巩昌府，居官清勤，持法平恕。兴立学校，增建公署。后升都御史。

邢瓘，昌邑[④]人。弘治间巩昌推官。巨盗被系，株连枝引，经岁不决，瓘一谳成狱。尝摄府县篆[⑤]，明决若神，人为歌曰："朝视府，夕视县，府如衡，县如鉴。"其得民如此。

裴绍芳，山西灵石[⑥]人。弘治间知伏羌，存心忠诚，莅政仁恕，民有谣云："县令裴，性和夷，恺悌慈祥，处处知宣上德，慰民思，泽若阳春逗柳枝，黄童白叟尽舒眉。"

朱裳，字公垂，直隶沙河[⑦]人。御史出知巩昌府[⑧]。俗朴不务学，裳振兴文教，郡以大治。嘉靖初，察举天下郡守治行高者，赐燕劳，得八人，裳以清名与焉。

张居敬，字伯简，赵州人。巩昌同知，三核边饷，再摄郡符，直指西巡，咸舍司理而任。居敬精明廉干，不负所委，五年报政，升知本府。凡所经画，悉皆实政。议驿传，议条编，皆朝上计夕报可[⑨]。闲墨吏人重犯法，案无滞牍，升宪副[⑩]。

张世应，字怀阳，湖广石首[⑪]人。知巩昌府，初至，人以年少易之。既下车，投讼者百余人，次其先后，俱令次日候鞫，老吏黠胥腹笑之。至期，听两造[⑫]，出剖

① 新安：县名。治所在今河南新安县。

② 单县：县名。治所在今山东单县。

③ 尉氏：县名。治所在今河南尉氏县。

④ 昌邑：县名。治所在今山东巨野县南。

⑤ 摄府县篆：即代理知府和知县职位。篆，名籍。

⑥ 灵石：县名。治所在今山西灵石县。

⑦ 沙河：县名。治所在今河北沙河市。

⑧ 御史出知巩昌府：本职是御史，以御史衔出任巩昌知府。

⑨ 报可：公文用语，即同意所奏请事项。

⑩ 宪副：提刑按察使司（宪司）副使的别称。

⑪ 石首：县名。治所在今湖北石首市。

⑫ 两造：即诉讼双方，即原告和被告。

断，数言立决，无不尽理，兼寓化诲，其无情甚者酌轻重笞遣之，于是人人骇服。事有阨于上不便于民者，辄出身为民请命。合属[①]向风，郡以大治。三年陟苑马卿，备兵庄浪。

田选，山西汾州人。选贡[②]任靖远同知，下车值岁荒，劝民出粟以救饥殍，开发仓庾以济军士，设糜煮粥，躬亲给散。清勘屯地，豪滑兼并诡寄[③]者，悉为厘正。

王继夏，岢岚[④]人。知宁远邑，当通衢[⑤]，且地硗瘠[⑥]，民艰于赋，困于役，继夏乃栉比其俗，差为等，捐冗费，禁苛取，平均置驿之序。岁时行乡落，劝农力耕，核社仓，教积贮，垦荒莱，招流亡，因山就泽，听民自利不为禁。庾橐既充，喜曰："民可以教矣。"举乡约，申六训，延见诸生，考德问业。又增筑陴堞[⑦]，凿渠引水，百姓利之，为立祠。

应昌士，台州临海[⑧]人。明末知安定县，闯贼纵横，所过无完邑。昌士与捕官叶暹城守，贼至环围旬日，矢石交攻不能下。先是，旧令王垣，四川文人也，以署会宁县篆，为贼所执。至是，驱以说城下，垣请登城说之，既上，乃勖[⑨]以死守，贼遂斫垣于城上，众薄而登，城遂陷，昌士毅然不屈，贼磔之。

皇清

龚佳育，字祖锡，浙江仁和[⑩]人。由吏员康熙二年知安定县，自明季寇虐后，庐舍焚毁，流移未复，民多逋赋。育以征粮耗羡尽归公帑，抵民积欠，于是逋额尽完，而前令被劾者皆得释归。城内空虚，造房数百间，招人居止。修葺学宫并城隍庙，以德化民，狱无系囚。先是，上司吏胥购差日至，需索无厌。佳育甫到任，持

① 合属：所有人员。

② 选贡：科举制度中贡入国子监生员的一种。明代在岁贡之外，考选学行兼优的生员充作贡生，称为选贡。

③ 诡寄：明清时期不享有优免赋役特权的地主将自己的田产寄于他人名下，借以逃避赋役的行为。

④ 岢岚：县名。治所在今山西岢岚县。

⑤ 通衢：地处四通八达的要道上。

⑥ 硗瘠：土地坚硬、贫瘠，不肥沃。

⑦ 陴堞：城堞，古代城垣之上所筑短墙，取重叠之义而称堞。亦称女墙。

⑧ 临海：县名。治所在今浙江临海市。

⑨ 勖：勉励，努力。

⑩ 仁和：县名。治所在今浙江杭州市。

檄者四十余辈，有臬胥[1]作威凌吏詈官者，执而杖之。又有诡言受指访事觇令贪廉者，止县舍，索吏民钱，既盈橐尚未厌，值令升堂，胥昂然来，吏民投牍，育遣卒至其舍，搜得赃物，决以重杖，自是无敢至县者。后升户部主事，历太常寺卿。

平凉府

汉

王尊，字子赣，涿郡高阳[2]人，安定太守。出教告属县令长、丞、尉："正身率下，故行贪鄙能变更者与为治，明慎所职，毋以身试法。"又敕掾功曹[3]："各砥厉[4]助治，其不中用，趣自避退，毋久妨贤。"五官掾[5]张辅贪污不轨，捕系狱，数日死，尽得其奸赃，威震郡中，盗贼分散。

萧由，字子骄，杜陵人[6]，前将军望之子[7]。为丞相西曹掾[8]，举贤良，累迁安定太守。治郡有声，公卿多称荐之。

张奂，字然明，敦煌酒泉人。永寿[9]元年，迁安定属国都尉。初到职，左薁鞬[10]等寇美稷，东羌应之。而奂壁惟有二百许人，闻即勒兵出，进屯长城，遣将王卫招诱东羌，使寇不得交通，遂破之，郡界以宁。羌豪帅感奂恩德，上马二十四，先零酋长又遗金鐻八枚，奂以酒酹地曰："使马如羊，不以入厩；使金如粟，不以入怀。"悉以金马还之。羌性贪而贵吏清，前有八都尉率好货财，为所患苦，及奂正身洁己，威化大行。

晋

贾疋，字彦度，武威人。疋勇略有志节，初辟公府，遂历显职，迁安定太守，

① 臬胥：臬同"劣"，臬胥指品行低劣的胥吏公差。

② 高阳：县名。治所在今河北高阳县。

③ 掾功曹：太守府的属官。

④ 砥厉：即砥砺，是磨砺、磨炼之义。

⑤ 五官掾：郡守属官，地位显要，无固定职掌，地位仅次于功曹。祭祀时在郡吏中居于班首。

⑥ 杜陵：汉宣帝陵墓。按汉代制度，帝陵要迁徙人口，形成陵县。这里指杜陵县。

⑦ 萧望之：前114—前47年，汉代名臣，元帝师傅，前将军。试图振兴朝政，后被宦官陷害而死。

⑧ 西曹掾：西曹，官署名。汉丞相府、三公府所属诸曹之一，掌府吏署用事，以掾主其事。西曹掾为西曹主官。

⑨ 永寿：东汉桓帝年号，公元155—158年。

⑩ 左薁鞬：匈奴王名，占据一定的封地，统领自己的部众，有相对的独立自主权。

以匡复晋室为己任。愍帝以疋为骠骑将军，封酒泉公。时刘曜等攻竺恢[①]于西平，疋邀击，大败之，追至甘泉，遂迎秦王，奉为皇太子。后堕涧遇害，人咸惜之。

姚硕德，兴之叔父也。苌卒，兴以硕德镇阴密，将佐言于硕德曰："公威名宿重，部曲[②]最强。今丧代之际，朝廷必相猜忌，非永安之道。宜奔秦州，观望事势。"硕德曰："太子志度宽明，必无疑阻。今苻登未灭而自寻干戈，所谓追二袁[③]之踪，授首与人。吾死而已，终不若斯。"及至，兴优礼而遣之镇。

南北朝魏

卢道裕，字宁祖，涿州人。少以学行名，尚献文女，拜驸马都尉[④]。迁泾州刺史，吏民爱之。

窦炽，字光成，扶风平陵[⑤]人。大统[⑥]中为泾州刺史，政号清静。莅职数年，除原州刺史，抑挫豪右，申理幽滞[⑦]。政暇，即亲巡陇亩，劝民耕桑，在官十载，甚有政绩。州城北有泉水，炽屡经游践，因酌水曰："吾在此州，惟当饮水而已。"及去，后人感其遗惠，每至此泉，莫不怀之。

费穆，字朗兴，代人。宣武初为泾州长史。时刺史皇甫集恃外戚，多为非法，穆正色匡谏，集惮之。转安定太守后，蠕蠕[⑧]王〔四四〕婆罗门归降，其部众因饥侵掠边邑，诏穆衔命宣慰，便皆款附。明年复叛，入寇凉州，除穆西北道行台[⑨]往讨。穆至凉州，蠕蠕遁走，穆简练精骑，伏于山谷，使羸劣之众为外营以诱之。贼骑竞至，穆纵伏奋击，大破之。

李贤，字贤和，陇西成纪人，为原州都督。大统二年，州民豆卢狼据城叛，贤率敢死士击破之，狼遁走，贤追斩之，以功授原州刺史。俄而，茹茹围逼州城，贤

---

① 竺恢：西晋的新平太守，其时引兵至长安救驾。

② 部曲：三国两晋南北朝时期地方豪强和将领的私人军队。

③ 二袁：即东汉末年的袁绍和袁术，兄弟相争，后均被曹操所灭。

④ 驸马都尉：魏晋以后授公主的夫婿，渐演变为一种称号，而不是实职。

⑤ 平陵：县名，以汉昭帝平陵而形成的县邑，治所在今陕西咸阳市西北。

⑥ 大统：西魏文帝年号，公元535—551年。

⑦ 幽滞：被埋没，不用于世。

⑧ 蠕蠕：又称柔然，北朝时期北方草原的游牧政权，后被突厥所灭。

⑨ 行台：北魏时期的行台是尚书台的派出机构，代表中央镇抚一方，治有定所。总理军事，兼治民刑诸政。

发兵击之，斩获不可胜计，人得安堵。贤虽少从戎旅，而颇闲[①]政事，抚导乡里，甚得民和。宇文泰至原州，令贤乘辂，备仪服[②]，以诸侯会遇礼相见，进爵西河郡公。

李远，字万岁，贤之弟。正光[③]末，勅勒[④]贼胡琮侵逼原州，远率励乡人，喻以节义，深壁拒守，除原州大中正[⑤]。后从征窦泰，复弘农，授都督、原州刺史。宇文泰谓远曰："孤之有卿，若身之有臂，岂可暂辍本州之荣，乃私事耳。"令居麾下。

周〔四五〕

于翼，字文若，代人，周闵帝时为渭州刺史。翼兄寔，先莅此州，颇有惠政。翼又推诚布信，夷夏感悦，比之大小冯君[⑥]焉。

隋

元褒，原州总管。有商人为贼劫，其人疑同宿者，执之官。褒察其冤，遂舍之，商人诣阙讼褒受金纵贼，文帝怒，遣使诘之，褒引咎，遂免官。盗寻发，上诏褒谕之，曰："何至自诬?"褒曰："臣受委一州，不能息盗，臣罪一也。百姓为人所诬，不付法司[⑦]即放免，臣罪二也。不存形迹，至今为物议[⑧]所疑，臣罪三也。臣又不言受金，使者复有所穷究，横及良善，益重臣罪。是以自诬"。上叹异，称为长者。

赵轨，洛阳人。卫王爽为原州总管，轨为司马。在道夜行，其左右马逸入田中，暴人禾。轨驻马待明，访知禾主，酬值而去。原州吏民闻之感励，莫不改操。

唐

刘感，岐州凤泉[⑨]人。武德初以骠骑将军镇守泾州，为薛仁杲所围，粮尽城陷。

---

① 闲：即娴熟、熟练。

② 仪服：礼仪服饰，官员出席朝廷大典穿着的礼服。

③ 正光：北魏孝明帝年号，公元520—525年。

④ 敕勒：我国古代北方的少数民族。魏晋南北朝时期，北方人称之为敕勒，南方人称之为高车。游牧于贝加尔湖以南地区，能制造车轮高大的车辆。

⑤ 大中正：官名。魏晋实行九品中正制时设置，掌考察州郡人才。

⑥ 大小冯君：西汉大臣冯野王和冯立，二人为兄弟，均担任郡守，为惠一方，受到时人赞美，称为"大冯君""小冯君"。

⑦ 法司：即掌握司法刑狱职权的机构。

⑧ 物议：众人的非议、批评。

⑨ 凤泉：县名。治所在今陕西眉县。

感率众与贼战，被擒，令感约城中降，感绐[①]诺，拥至城下，感大呼曰："贼大饥，亡在旦夕，秦王将数十万且至，勉之无懈。"仁杲怒执感，埋其半身，驰射之，感至死詈益甚。贼平，高祖购得其尸，祭以少牢[②]。

马璘，岐州扶风人。为泾原节度使，建泾州城。在泾八年，缮屯壁，为战守具，令肃不残，人乐为用，寇不敢犯，为中兴锐将。初，泾卒有犯法者，璘爱其勇，欲活之。段秀实曰："将有爱憎而法不一，虽韩、彭[③]不能为理。"璘善其议，捕卒，竟杀之。

李晟，字良器，洮州临潭人。年十八岁，从王忠嗣击吐蕃。悍酋乘城，杀伤士甚众，晟一矢殪之。大历〔四六〕初，吐蕃寇灵州，李抱玉授晟兵五千，使击之，辞曰："以众则不足，以谋则多。"乃请千人，趋临洮，屠定秦堡，执其帅慕容谷钟，虏乃解灵州去。迁泾原四镇、北庭兵马使。马璘与吐蕃战盐仓，败绩，晟率游兵拔璘以归。及定朱泚之难，晟以泾州倚边，数戕其帅，请治不龚命者。因以训耕积粟实塞下，羁制西戎。乃拜晟凤翔、陇右、泾原节度使，兼行营副元帅，徙西平郡王。

段秀实，字成公，姑臧人。为泾州营田官，大将谯令谌取人田给与农，曰："且熟，归我半。"是岁旱，谌督责益急，秀实卖所骑马市谷代偿。及为刺史，别将王童之谋作乱，约闻警鼓而纵。秀实知之，召鼓人，阳怒失节，戒曰："每筹尽当报，因延数刻。"尽四鼓而曙，童之不果发。后节度泾原，吐蕃不敢犯塞。

冯河清，京兆人。泾原兵马使，数与吐蕃战，有功，名闻军中。姚令言[④]犯阙，德宗幸奉天。河清闻，问与领州事姚况，召诸将计事，东向哭，相励以忠义，即发储铠、完仗百乘献行在所。初，帝之出，六军仓卒，无良兵。及河清输械至，披坚勒兵，军声大振，即拜河清泾原节度使，安定郡王，况行军司马，朱泚数遣谍人招之，河清辄斩以徇〔四七〕。

姚况，建中时领泾州事。德宗狩奉天，况与冯河清闻之，集将士激以忠义，发甲兵输行在所。诏况为行军司马。

---

① 绐：欺骗。

② 少牢：祭祀时祭品的规格，用羊、豕二牲。用牛、羊、豕三牲，则称为"太牢"。

③ 韩、彭：韩信和彭越，二人均是秦汉之际的名将。

④ 姚令言：？—784年，唐德宗时将领，受诏救襄阳，行至浐水，兵士倒戈，攻入京师，拥朱泚为帝，任侍中、执政事。旋败，亡泾州，被田希鉴诱杀。

李元谅，安西人，鸷敢有谋①。贞元三年吐蕃请盟，诏以军从浑瑊②会盟平凉，元谅军潘原以为援。元谅谓："潘原去平凉七十里，如有急，何以赴？请与公连屯。"瑊不听，元谅密徙营次之。既会，元谅望云雾曰："不祥，必有变。"传令约部伍，俄而敌果劫盟③，瑊奔还。元谅兵成列出，敌乃去，瑊得振旅徐还。帝闻之，嘉叹，赐良马金币。后为陇右节度，辟美田，劝士垦艺，岁入粟数十万斛。又筑连弩台，远烽侦，进据胜势，始列新壁，敌遂无所掠，泾陇以安。

裴识，闻喜④人，泾原节度使。镇平凉，修保障，整戎器，开屯田。初，将士守边，或积岁不得还，识立沿边将士限，满者代，亲七十，近戍〔四八〕，由是人感悦。加检校刑部尚书，凡历六节度，所莅皆可称述。

刘昌，字公明，汴州开封人，善骑射。贞元中拜泾原节度使，城平凉，开地二百里，扼弹筝峡⑤。又西筑保定，扦青石岭⑥，凡七城二堡，旬日而就。在边凡十五年，身率士卒垦田，三年军有羡食，边陲安宁。将士骸骨暴露，昌始瘗之。夕梦若诣昌谢者，昌具以闻。德宗命建二冢，将曰旌义，士曰怀忠，葬浅水原，诏翰林学士为铭，识⑦其所。昌率诸将祭之，边兵莫不感泣。

郝玼，泾原裨将⑧。贞元中镇临泾，雄鸷善战，屡破吐蕃。常请于帅，以临泾洛口地，其川沃衍宜畜牧，筑城益军以伐谋。前帅不能用，及段佑节度泾原，嘉其策，请于朝。元和三年，诏城临泾，为行原州⑨，以玼为刺史戍焉。玼在边三十年，每战辄克，吐蕃不敢近。虏大畏，尝称其名以怖啼儿。迁泾原行营节度使，封保定郡王。赞普⑩常等玼身铸金象，令于国曰："得生玼者，以金玼偿之。"朝廷畏失名

---

① 鸷敢有谋：勇猛且有谋略。

② 浑瑊：736—800年，唐代名将。先世属铁勒族浑部，徙居兰州，世为唐将。从郭子仪平安史，后平定朱泚之乱。

③ 劫盟：武力胁迫别人按照自己提出的条件订盟。

④ 闻喜：县名。治所在今山西运城市。

⑤ 弹筝峡：地名，在今甘肃平凉市西北。泾水至此，过都卢山，常如弹筝之声，故名。为关中通往陇右交通孔道。

⑥ 青石岭：地名，亦名青石岸、青石原。在今甘肃泾川县西北。

⑦ 识：音 zhì，表记、标识。

⑧ 裨将：副将，也称裨将军，大将的属将，位在偏将之下校尉之上。

⑨ 行原州：因为原州没于吐蕃，于是设"行原州"于今甘肃镇原县。

⑩ 赞普：古代吐蕃族王的称号。

将，徙庆州。

朱忠亮，字仁辅，汴州浚仪[1]人。宪宗时，为泾原四镇节度使，综核军籍，得窜名者三千人。吏白："老卒不任战，可罢。"忠亮曰："古于老马不弃，况战士乎？"闻者感奋。又泾俗旧多卖子，亮以财赎免者前后数百。筑潘原城，有劳。

周宝，字上珪，平州卢龙[2]人。泾原节度使，务耕力农，聚粮二十万斛，时号良将。

五代

王殷，大名人。晋天福中，拜原州刺史。殷事母以孝闻，欲与人游，必先白母，母所不可者即不敢往。及为刺史，政事有小失，母辄责之，殷即取杖授婢仆，自笞于母前。

赵远，幽州人。初充六军[3]判官，历泾州判官。居官清廉，民怀其政。

宋

白重赞，宪州人。习古兵法，娴于将略。知泾州，泾人赖以安靖。

孙继邺，金陵人。泾原路副都总管，兼知渭州。建言："萧关故道，前控大川，贼骑所出。诚得属羌，与奉赐，且羁其帅长，使为籓篱，则可无西顾之忧矣。"

张齐贤，字师亮，曹州人。李继迁[4]陷清远军，命齐贤为泾原等州军安抚经略使，齐贤上言："清远军陷没以来，灵武一郡援隔势孤，此继迁所觊觎而必至者也。以事势言之，加讨则不足，防遏则有余。能以官爵恩信结蕃部大族首领素与继迁有隙者，使相攻夺，我乘敝而击之，则继迁可灭也。"时不能用，灵州果陷。后继迁复入寇，齐贤分部诸将却之，边陲遂宁。又言边事利害甚悉，西人怀之。

赵昌言，字仲谟，汾州孝义[5]人。知泾州，当官无所顾避，以威断立名，太宗嘉之。

---

① 浚仪：县名。治所在今河南开封市。

② 卢龙：县名。治所在今河北卢龙县。

③ 六军：唐代以左右羽林军、左右龙武军、左右神武军合称六军。

④ 李继迁：963—1004年，原姓拓跋，唐朝赐姓为李，党项羌首领，西夏的奠基者。初为宋朝定难军知蕃落使，后反叛宋朝。其孙元昊建国后，追谥神武，庙号太祖。

⑤ 孝义：县名。治所在今山西孝义市。

李继隆，字霸图，上党人，至道[①]二年为灵环十州都部署[②]。初馈饷灵州，必由旱海，逾冬及春，刍粟始集。继隆排众议，坚请径古原州蔚茹河路，太宗许焉，遂率师进壁古原州，令如京使[③]胡守澄城之，是为镇戎军。

李继和，字周叔。常从兄继隆征伐，继隆请城镇戎，寻弃之。咸平[④]中，继和再请，遂命继和知镇戎，兼渭、原、仪都巡检使，复筑焉，加领平川刺史。继迁桀骜，命张齐贤、梁灏经略，因访继和边事，继和上言："镇戎军为泾、原、环、庆、渭、仪、秦北面屏蔽，当回鹘西凉六番诸族之路，诚用步骑五千守之，泾、原、渭州有急，会此并力战守，则贼不能越而边民熟户俱安堵矣。"五年，继和率兵破卫埋族于天麻川，自是陇外诸族皆惧，愿于要害树砦栅以为戍守。继和因请移泾原部署于镇戎，为环延应援，真宗嘉纳。夏人伺间夜填塞豪，越长城攻城，继和与都监史重贵破走之，诏加奖赐。继和习武，好方略，涉书史，多机警，然性刚严，部兵终日擐甲如寇至，故军多戒备焉。

薛奎，字宿艺，绛州人。至道、咸平中，任仪州推官。尝部民夫转粮至盐州，会久雨，粟麦浥腐[⑤]，奎白转运使卢之翰，纵民还州而偿所失。翰怒，欲劾之，奎徐曰："用兵久，人疲转饷，今幸兵食有余，安用此陈腐以困民。"奎在郡，凡不便于民者皆奏除之。

柴禹锡，字元圭，大名人。为镇戎军节度使，知泾州，入谢，上谓曰："今委卿旌节，兼之重镇，可谓优异矣。"禹锡流涕哽咽。既之任，宽厚爱民，凡土产诸物循例岁贡，不入私橐。

陈兴，澶州人。咸平三年知镇戎军，上言："镇戎军南去渭州瓦亭砦七十余里，中有二堡，请留兵三百人戍之。"俄与曹玮、秦翰领兵抵镇戎西北掩击，擒斩无算，诏书奖赐有加。

曹玮，字宝臣，灵寿人，彬之子。同知渭州，时年十九。治军严明，赏罚立

① 至道：宋太宗年号，公元995—997年。

② 都部署：武官名。五代时有行营都部署，为统领行营兵马的将领。北宋沿五代之制，临时委任的大军区统帅，称为行营、驻泊、或驻泊行营都部署和副都部署，掌军旅屯戍、攻防等事务。

③ 如京使：官名。五代时改"太仓出纳使"为"如京使"，职务相当于仓监督。宋朝沿用为武臣例转之官。

④ 咸平：宋真宗年号，公元998—1003年。

⑤ 浥腐：因潮湿而腐烂。

决。知镇戎军，以军据平地，便于骑战，非中国之利，请自陇山以东，循古长城堑以为限[①]。又以弓箭手皆土人，习障塞蹊隧，晓羌语，耐寒苦，官未尝与兵械资粮，而每战辄使先拒贼，恐无以责死力。遂给以境内闲田，春秋耕敛而蠲其租。李继迁死，其子德明请命于朝。玮请以精兵出不意禽德明，送阙下，复河西为郡县，帝不许。既而，数大族拔帐来归，玮曰："德明野心，急折其翮。"即日将其士薄天都山受降者，内徙，德明不敢拒。玮尝上泾原、环庆两道图，帝勅别绘二图，一留枢密院，一付诸将，按图计事。复为泾原路都钤辖，兼知渭州。陇山诸族皆来献地，筑堡山外为笼竿城，募土兵守之，曰："异时秦渭有警，此必争之地也。"

陈尧佐，字希元，阆中[②]人。知渭州，有惠政，边境赖以安。

张纶，字公信，颍州汝阴[③]人。知渭州，徙镇戎军。仁恕有才略，所至兴利除害。后历知秦州。

卢鉴，字正臣，金陵人。知仪州，有德政。李继迁声言欲袭仪之制胜关，谍者以告，诏徙老幼、刍粟于内地。鉴曰："此奸谋也，徙之是示敌弱，摇民心，不敢奉诏。"卒不徙，已而贼亦不至。

陈贯，字仲通，河阳〔四九〕人。知泾州，督察盗贼，禁戢游闲，检饬簿书，筦库赋租出入，谓僚属曰："视县官物如己物，容有奸乎？"州人惮其严明。擢利州路转运使，岁饥，出职田[④]粟赈饥者。又帅富民，令计口占粟[⑤]，悉发其余。

范祥，仁宗时为镇戎军通判。元昊[⑥]入侵，围城急，祥率将士拒退之。请筑刘璠堡、定川砦，从之。

王仲宝，字器之，高密[⑦]人。天圣[⑧]初，知镇戎军，有战功。为泾原路总管、安抚副使，与西羌战于六盘山，俘馘数百人。会任福[⑨]败于好水川，别将朱观被围于姚

① 堑：作动词，挖掘沟堑。

② 阆中：县名。治所在今四川阆中市。

③ 汝阴：县名。治所在今安徽阜阳市。

④ 职田：北魏至明初，施行按官职品级作为奉禄授给官员的土地。官员解职时移交后任，不得买卖。亦称公田或职分田。

⑤ 占粟：申报所需要的粮食数量。

⑥ 元昊：1003—1048年，西夏建立者，李继迁之孙，于1038年称帝，建立西夏。

⑦ 高密：县名。治所在今山东高密县。

⑧ 天圣：宋仁宗年号，公元1023—1032年。

⑨ 任福：北宋将领，知庆州兼环庆路副总管。康定中，与夏军战于好水川，众寡不敌，战死。

家堡，仲宝援观出围，乘以从马。时诸将皆没，独仲宝与观得还。以功徙环庆路总管，知庆州。

侯可，字无可，华阴[①]人，签书仪州判官[②]。西夏寇边，可以数十骑涉夏境按视，猝与敌遇，亟分其骑为三四，令张旗帜，旋山徐行。夏人疑以为诱骑，不敢击，人服其智。

程戡，字胜之，许州阳翟[③]人。知渭州。陕西有保毅军，人苦其役，戡奏曰："保毅在乡兵[④]外，不点而有籍，所以佐边备也。已隶保捷而保毅籍如故，州县以供，力役率困惫，至破析财产售田者，犹数户出一夫，民不胜苦。"因诏私役保毅者以计佣律坐之。进枢密直学士[⑤]。

郑戬，字天休，吴县人。为陕西四路都总管，驻泾州。初，静边砦主刘沪谋筑水洛、结公二城以通秦渭援兵，招生羌大王族为边卫。戬使著作郎[⑥]董士廉督其役，会戬罢，尹洙以为不便，召沪与士廉罢役归，不听。戬力争于朝，卒城之。

刘沪，字子浚，保塞[⑦]人。康定[⑧]中为渭州瓦亭砦监押[⑨]，击破党留等族，获牛马万计。时任福败，边城昼闭，居民、畜产多为贼掠。沪独开门纳之，全活甚众。西南有水洛城，川平土沃，又有水轮[⑩]、银、铜之利，环城数万帐，汉民逋逃者归之，

① 华阴：县名。治所在今陕西华阴县。

② 签书判官：官名，简称"签判"。宋制，京官以上充府、州判官者，称签书判官厅公事，协助长吏签署文书、用印等。

③ 阳翟：县名。治所在今河南禹州市。

④ 乡兵：地方民兵。北宋时，一般在数名壮丁中选取一名充当乡兵，平时不脱离生产，农闲定期教阅，教阅时发给钱粮。

⑤ 枢密直学士：官名，简称"枢直"。五代后唐改直崇政院置，选有政术文学者充任，宋初为皇帝侍从，备顾问应对。宋神宗元丰改制，定为正三品。

⑥ 著作郎：官名。三国魏明帝时置，职掌修撰国史及皇帝起居注。初隶中书省，晋初改隶秘书省。宋别有国史院，故著作郎仅为寄禄官。

⑦ 保塞：县名。治所在今河北保定市。

⑧ 康定：宋仁宗年号，公元1040—1041年。

⑨ 监押：官名。兵马监押的省称，掌屯戍边防训练、差役政令，其职与兵马都监相同，但朝官担任者称都监，京官、幕职官担任者则称监押。

⑩ 水轮：水动力机械。装置水轮于河边，辐板受水流冲击而使水轮转动，从而带动其他机械工作，诸如带动碓、磨、碾、砻等。

教以百工商贾，自成完国。沪进城章川，收善田数百顷以益屯兵，密使人说城主铎断那，令内附。会郑戬行边，沪遂致铎斯那族帐以水洛地来归，戬令沪将兵受之，驱其众隶麾下，以通秦渭之路。迁内殿崇班[①]。戬又遣董士廉率兵助筑城。会戬罢，泾原帅以为不便，令罢筑，沪不听。上遣使往视，以沪权水洛城砦主。城成，寻复内殿崇班。沪卒，番汉留葬水洛，建祠立碑记事。经略言熟户蕃官愿得沪子弟主其城，乃以其弟淳监水洛城兵马。后赐庙额曰忠勇，赠忠烈侯。

尹洙，字师鲁，河南人。葛怀敏、韩琦、范仲淹经略泾原，皆以洙为判官。后历知泾州、渭州。自元昊不庭[②]，洙在兵间最久，于西事尤习，其为兵制之说，述战守胜败，尽当时利害。

滕宗谅，字子京，河南人，知泾州。葛怀敏败于定川，诸郡震恐。宗谅顾城中兵少，乃集农民数千，戎服乘城，又募勇敢谍知寇势，檄报旁郡使为备。会范仲淹自环庆引蕃、汉兵来援，宗谅乃大设牛酒犒师。又籍定川战没者，祭酬之，厚抚其妻孥，于是边民以安。

王珪，开封人，为泾州都监。康定初，元昊犯镇戎军，珪以三千骑为先锋，自瓦亭至狮子堡，敌围之数重。珪奋击披靡，获首级为多。珪复语其下曰："兵法：以寡击众，利在暮。"即驰入阵斩二骁将，一军大惊，遂引去。仁宗下诏暴其功，以励诸将。改泾原路都监。

刘谦，字汉宗，开封人，泾原路总管兼知泾州。会敌犯镇戎军，谦引兵深入敌境，破其聚落而还，以功擢龙神卫四厢都指挥使[③]。

张亢，字公寿，临濮[④]人。尚节义，通判镇戎军。因论西北攻守之计，仁宗欲用之，会以忧去[⑤]。及元昊反，起为泾原路兵马钤辖，知渭州，上言设官屯兵之策甚悉，创建砦堡，修饬军政，边方倚以为重。复为泾原路总管，知渭州。好施轻财，凡燕犒馈遗皆过厚，以此人乐为用，屡立大功。

安俊，字智周，太原人，泾原钤辖。因条上御戎十三事，知泾州，历秦凤路、

① 内殿崇班：宋代武阶官名。宋太宗设置，为正八品大使臣之一，武臣第四十四阶。

② 不庭：不再来朝廷朝拜，表示背叛、不从。

③ 龙神卫四厢都指挥使：宋代军职，宋太宗特置龙神卫四厢都指挥使，其地位略低于殿前司的捧日、天武四厢都指挥使。北宋中期以后，此职因兵权过大，逐渐成为武将虚衔。

④ 临濮：县名。治所在今山东鄄城县。

⑤ 忧去：逢父母之丧，官员需要离职回家为父母守丧三年，称丁忧。

环庆路总管。俊久在边，羌人识之。种世衡尝得俘，问之曰："若属[①]于我将，孰畏？"曰："畏安太保。"指俊于坐曰："此长髯将军是也。"

段少连，字希逸，开封人。范仲淹荐少连才堪将帅，迁龙图阁直学士，知泾州。少连通敏有才，断决如流，士民畏服。改知渭州，命未至而卒。

蔡延庆，字仲远，莱州人。历知渭州。夏人禹臧苑麻疑宋谋伐之，使人入塞卖马为间，吏执以告，延庆曰："彼疑故来觇，执之是成其疑。"约马直[②]授之，使去。疆吏掠夏畜牧，戮诸境，以告夏曰："两境不相侵则安，故戮以戒。若有之，亦当尔也。"夏人悦服。

尹源，字子渐，河南人。通判泾州，徙庆州。元昊寇定川堡，大将葛怀敏救之，源遗怀敏书：宜驻兵瓦亭[③]，择利而动。怀敏不听，果败。弟洙亦知泾州。

王素，字仲仪，太尉旦[④]季子。知渭州。初原州蒋偕建议筑大虫巉堡，素遣卒助城之。治平[⑤]初，夏人犯静边砦，复以端明殿学士[⑥]知渭州三镇，泾原蕃夷故老皆欢迎，夏人解去。拓渭西南城，浚隍三周，积粟支十年。属羌纳地，悉增募弓箭手，其行阵出入之法，身自督训。为筑八堡居之，听散耕田里，闻警则聚，士气感奋。

刘舜卿，字希元，开封人。父钧，监镇戎兵马，庆历〔五十〕中与子尧卿战死于好水。舜卿年十岁，录为供奉官[⑦]，后知水洛城。神宗方经略西夏，近臣有荐其能者，召问状，对曰："自元昊称臣，秦中不复戒严，今宜先自治。"帝善其议。又历知原、渭二州，晓吏事，善料敌。

刘庠，字希道，彭城[⑧]人。仁宗初上《御戎策》，宜示大信，舍近功，为国家长利。元祐时加枢密直学士，知渭州，边人爱其惠政。卒于官，人咸思之，宣仁太后闻之，曰："帅臣极难得，刘庠可惜也。"

卢秉，字仲甫，德清人。神宗时知渭州五路，伐夏，惟泾原有功。夏境葫芦川

---

① 若属：你们，你们那边的人。

② 直：通"值"，指马的价钱。

③ 瓦亭：关隘名，又名东瓦亭关。在今宁夏固原市东南瓦亭。

④ 旦：王旦（957—1017），宋真宗时宰相，主张守祖宗之法。能知人，多提拔厚重之士。

⑤ 治平：宋英宗年号，公元1064—1067年。

⑥ 端明殿学士：五代后唐设，宋初沿置，掌出入侍从，以备顾问。

⑦ 供奉官：官名。宋代武职阶官有东、西头供奉官，简称供奉官。

⑧ 彭城：地名。在今江苏徐州市。

距塞二百里，秉遣将姚麟、彭孙袭之，俘斩万计，迁龙图阁直学士。夏酋仁多嵬丁大举入犯熙河定西城，秉治兵瓦亭，分两将驻静边砦，待其还纵击之，皆奔溃。或言嵬丁已死，有识其衣服者，诸将请以闻，秉曰："幕府上功，患不实，吾敢以疑似成欺乎？"他日物色之，嵬丁果死，诏褒赐服马金帛。秉守边久，表父革年老，乞归。行三驿[①]，复诏还渭，慰藉优渥。革闻，亦以义止其议。

姚麟，字君瑞，五原人。为泾原路副总管，从刘昌祚出战，胜于磨移隘，转战向鸣沙，趋灵州。后讨堪哥，破之。经略使卢秉上其功，赐金帛甚厚。元祐初擢为团练使。

刘仲武，字子文，秦州成纪人，熙宁中为泾原将。时夏人谋犯天圣砦，渭帅檄诸将会兵，约过某日，敌不至即分屯去。仲武谍得的期，乞缓分屯，帅不乐，但留一将及仲武军，如期而敌果至，仲武力战却之，迁皇城使[②]。

吕大忠，蓝田[③]人。绍圣二年知渭州，奏言："关陕民力未裕，士气沮丧，非假之岁月未易支吾。"为章惇[④]所嫌，坐降待制[⑤]。为政宽厚，不求近功。去任，民思之。

种古，字大质，世衡[⑥]子。泾原路都监，知原州。时羌人犯塞，古御之，斩级数百。筑城镇戎之北，以据要害，朝廷嘉之。民有损直鬻田于熟羌以避役者，古按其状，得良田三千顷，丁四千，皆刺为民兵。后徙知镇戎军，熙河师十万道境上，古皆给以刍粮，僚佐以他路为言，古曰："均王师也，何以彼此为言哉？"

张守约，字希参，濮州人。守原州截原砦，招降羌酋水令逋等十七族万一千帐，徙泾原、鄜延、秦凤副总管，领康州刺史。夏人十万屯南牟，畏其名，引去。知泾州，泾水善暴城[⑦]，每春必增，治堤堰费不赀。守约以岁饥罢役，然众忧水害，

① 三驿：三间驿站的路程。

② 皇城使：官名。五代后梁始置，为皇城司的主官，以君主的亲信充任，拱卫皇城。宋沿置，属东班诸司使，通常无职掌，仅作为武臣迁转之阶。

③ 蓝田：县名。治所在今陕西蓝田县西。

④ 章惇：1035—1105年，北宋大臣。宋哲宗时任尚书左仆射兼门下侍郎，擢用其党蔡京、蔡卞等，倡"绍述"之说，复王安石青苗、免役等法，力排元祐党人。

⑤ 待制：官名。唐代始置，由京官五品以上，待诏中书、门下两省，以备顾问。宋因唐制，于殿、阁均设待制之官，位在直学士之下。

⑥ 世衡：即种世衡（985—1045），北宋时为将作监主簿，累迁太子中舍，历签知同州、鄜州判官事。后西边用兵，世衡建青涧城，练兵御敌，官终环庆路兵马钤辖。对防御西夏贡献颇大。

⑦ 暴城：涨水围城。

守约乃祷河神祠一夕，雷雨河徙而南，不为患。

蔡挺，字子政，宋城[1]人。范仲淹宣抚陕西、河东，奏挺通判泾州。神宗初，由庆州移知渭州。籍禁兵悉还府，不使有隐占。建勤武堂，五日一训练，偏伍钲鼓之法甚备。搜劲卒为奇兵，别为一队，甲兵整习，常若寇至。又分义勇为伍番三千人，参正兵，防秋与春，余任耕守，省岁费十之二。

李复圭，字审言，徐州丰县[2]人，知泾州。是时二税之入，三司[3]移折已重，转运使又覆折之。复圭为奏免，民立生祠。

和斌，字胜之，濮州鄄城[4]人。为德顺军指挥使凡五年，数扞敌，被重创十余，徙泾原钤辖。召对，时议者谓交州可取，斌盛言："有害无益，愿陛下戒边臣无妄动。"神宗叹其质直。时渭部饥，帅王广渊命吏赈给，斌曰："救之无术，是杀之耳。"广渊以委斌，斌择地营居，养视有法，所活万计。斌老于为将，以恩信得边人心。

刘昌祚，字子京，真定人。元丰四年为泾原副都总管，诏与姚麟率番汉兵五万出葫芦川，多斩获。后知渭州，州地宜牧养，故时弓箭手人授田二顷，有马者复增给之，谓之马口分地。其后马死不补，而据地自若。昌祚按举其法，不二年耗马复初。迁指挥使。昌祚善骑射，箭出百步之外，夏人得箭以为神，持归事之，所著《射法》行于世。

游师雄，字景叔，武功人。为仪州司户参军[5]，迁德顺军判官。鄜延将刘琯与主帅议战守策，欲自延安入安定黑水[6]。师雄以地薄敌境，惧有伏，请由他道。既而谍者言夏伏精骑于黑水旁，琯谢曰："微君言，吾不返矣。"值岁饥，师雄按行边垒赈贷，计口赋粮，人无殍亡。深沟缮城，边备益固。

周永清，字肃之，灵州人。为渭州钤辖。渭兵劲而阵伍不讲[7]，永清训以李靖兵

① 宋城：县名。治所在今河南商丘市南。

② 丰县：县名。治所在今江苏丰县。

③ 三司：五代后唐合盐铁、度支、户部为一职，始称三司。宋沿置，三司号称"计省"，统筹国家财政大计。

④ 鄄城：县名。治所在今山东鄄城县。

⑤ 司户参军：官名，或称户曹参军。为权知军州事和通判的属官，掌一州的户籍、赋税及仓库出纳。

⑥ 黑水：河流名。今甘肃灵台县境黑河。

⑦ 阵伍不讲：不讲究行军作战的阵列。

法，蔡挺嘉其整，图上之，诏推于诸道，以为式。既而知德顺军，夏众入犯，击擒其酋吕效忠。又募勇士，夜驰百里捣贼巢穴，斩级三百，俘数千人，获橐驼甲马万计。并砦地三百里，盗耕不可禁，永清拓籍数千顷。置射士二千，声闻敌廷。降者引入帐下，待之不疑，多得其死力。

毛渐，字正仲，江山[①]人。以陕西转运使摄帅泾原，日夜治兵。乘夏人犯边，遣将捣其虚，遂破没烟砦，以功进龙图阁，知渭州。

姚雄，字毅夫。少勇鸷有谋，韩绛荐其材，历泾原、秦凤将，驻甘谷城，知通远、镇戎二军。绍圣中渭帅章楶城平夏，雄部兵策援。夏人倾国来，与之战，大破之。明年，敌复攻平夏，势甚锐，城几不守，雄与弟古合兵却之。徙知会州。

王恩，字泽之，开封人。为泾原将，整军出万惠岭，士饥欲食，恩倍道兼行。已而遇敌数万，恩引兵先入壁，井灶皆具，诸将始服。羌扣壁愿见，恩单骑径出，遥与语，一夕，羌引去。哲宗召见，语左右曰："先帝时宿卫，人皆杰异如此。"出为泾原副总管，城西安，筑临羌、天都十余垒，御夏人。改知渭州，分弓箭士为三十一部，耕屯以省馈饷。时边臣献车战议，帝以访恩，恩谓非宜，诏罢之。

章楶，字质夫，建州浦城人。哲宗问边事，称旨[②]，命知渭州。奏城葫芦河川，据形胜以逼夏。乃以三月合熙河、秦凤、环庆之师，筑二城于石门峡江口好水河之阴，二旬有二日成，赐名平夏城、灵平砦。方兴役时，夏以其众来挠，楶迎击破之，于是环庆、鄜延、河东、熙河皆相继拓境筑城。夏师大举围平夏，攻旬日，度弗克，遁去。楶在泾原四年，凡创州一，城砦九，荐拔偏裨不间厮役[③]，如夏降人折可适、李忠杰、朱智用，咸尽其力。夏人遂衰，屡请和，渐寝兵[④]。楶立边功为西方最。

种师道，字彝叔，洛阳人。通判原州，为泾原都钤辖，知怀德军。夏国画境，其人焦彦坚必欲得故地，师道曰："如言故地，当以汉、唐为正，则君家疆土益蹙矣。"彦坚无以对。久之，知西安州。夏人侵定边，筑佛口城，率师堕之。知渭州。督诸道兵城席苇，夏人来争，坚壁葫芦河。师道阵于河浒[⑤]，若将决战者。阴遣偏将

① 江山：县名。治所在今浙江江山县。

② 称旨：符合皇帝的旨意，令皇帝满意。

③ 厮役：地位低下，干杂事的奴仆。

④ 寝兵：战争止息。

⑤ 水浒：水边，河流的岸边。

出横岭，扬言援兵至，敌方骇顾。姚平仲以精甲邀击之，敌大溃，斩获万计。师道有远识，娴于将略，天下称为“老种”。

李哲，开封人，建炎①中知彭阳县。金陷关陕，与民徙治境上，被执。金人欲以为官，固辞不受。

朱友恭，西安人。为泾原将，御金人于华亭，数有功。金兵大集，友恭力战不胜，被执。金人爱其勇，欲降之，友恭不屈，遂遇害。

金

石盏女鲁欢〔五一〕，兴定三年行平凉元帅府事，上言：“镇戎赤沟川东西四十里，地无险阻，当夏人往来之冲，比屡侵突。明年当城镇戎，彼必出兵来挠，乞征旁郡兵，声言防护，示进伐之势，以掣其肘。臣领平凉之众，由镇戎而入，攻其心腹，彼自救不暇，安能及我？如此则镇戎可城而彼亦不敢来犯矣。”又言：“镇戎土壤肥沃且平衍，臣裨将所统几八千人，每以迁徙不常为病。若授以荒田，使耕且战，则可以御备一方，县官省费而食亦足矣。”金主嘉纳之。

爱申，史逸族氏，宣宗擢为德顺节度使。正大四年春，元兵西来，将攻德顺。有进士马肩龙客游凤翔，申器之，招与共事。凤翔帅以德顺决不可守，劝勿往，肩龙曰：“吾未识爱申，而爱申乃知我。士为知己者死耳。”冒围入德顺，申假肩龙凤翔总管判官，括民兵九千以守。攻二旬余，力竭城破，俱死之。金言官表其忠义，为请赠官，合享于褒忠庙。

赵得亨，为灵台县尹。建立学校，甚有政绩。

元

刘炳，字焕章，性纯素，博览经史。至正②间知崇信县，诲民以大禹惜寸阴，与民同休戚，修廛立市，葺理学校、祠廨，躬导稼穑，不避寒暑，民爱如父母。

明

王轸，洪武初崇信知县。值鼎革③之时，安集人民，创建城社④，立新政，皆足为后式。

欧阳信，字有孚，定远人。洪武四年，知静宁州，创建郡治，规模弘远，尽合

---

① 建炎：宋高宗年号，公元1127—1130年。

② 至正：元顺帝年号，公元1341—1370年。

③ 鼎革：改朝换代或重要的变革时刻。

④ 城社：城池和祭地神的土坛。

时宜。半载，郡大治。

顾佐，河南太康人。洪武末知庄浪县。廉能有惠政，民颂其德。守将初以不娴武艺，易之。会端阳聚射，佐持弓矢，连发三中，守将奇之。寻擢侍御史，历左都御史。刚正执法，百寮畏服，勋贵敛手，人拟之包孝肃[①]云。

张镛，肥乡[②]人。永乐间以御史知平凉府事，下车，访利病得失，锄强暴、绥善良，阖郡畏威感德。

李著，山东濮州人。成化初知平凉府。吐蕃乜理哈为其部所逼，欲为乱，总帅制之不下，曰："得平凉李公来，乃降。"大臣檄著往，皆相率归命。满四据石城以叛，命都御史项忠讨之。时军兴乏粮，忠雅知著，命备熟粮[③]千石，著请于韩王，命护卫军造粮，如期而集。

靳善，字宗元，山东巨野[④]人。成化初知静宁州，端方持己，刚果有为。郭外有弃地，久为卫卒侵耕自肥，前后守者莫敢问。善至，即申抚司还地于州，令民耕之，收其入为公需，名曰义田。

祝祥，字廷瑞，浮梁[⑤]人。初为监察御史，言事被谪。成化十一年知静宁州，有治才，历任九载，劝农兴学，政绩显著。岁饥，出仓赈济，全活甚众。后升汝宁知府。

徐镛，字用和，兴国州人。成化二十一年谪镇原，值岁大饥，请于上发帑赈济，躬阅分给，流移闻风归附，择薪水便舍煮粥以饲。疫大作，命药调治，赖以全活者万计，死者设义冢掩之。造水车百余辆，汲水灌田。再岁，灾益甚，盗贼四起，镛择壮士数百，严什伍，整甲仗，且抚且捕，境内宴然。是岁春，筑预备仓墙，获藏钱数十万缗，一无所私，以是钱偿逋负，买牛佐耕，赁工休力，邑政咸举。寻调临潼，镇原民数千泣送之。历升漕运都御史，民为立祠。

车霆，石州人。弘治中知平凉府，严以驭吏，宗室不能干以私。性直憨不拘小节，与上官语，是非无稍回互[⑥]。尝有檄郡取土产，霆恐为民患，不应命，当道亦莫

① 包孝肃：即包拯（999—1062），孝肃是包拯死后的谥号。包拯为政，明察公正。

② 肥乡：县名。治所在今河北肥乡县。

③ 熟粮：做熟可以直接食用的干粮。

④ 巨野：县名。治所在今山东巨野县。

⑤ 浮梁：县名。治所在今江西浮梁县。

⑥ 回互：曲折隐讳。

能强。其守临洮亦类。此后升参政。

孙侃，平定州人。弘治十六年知平凉县。政教有方。

杨宏，字希仁，海州人。正德元年以都指挥佥事守备固原。好学有谋，士皆感恩。时杨一清总制三边，宏献策，以红古城乃北兵必由之路，宜筑城凿池，募众屯田。甫阅月，军士云集，筑边墙数百里。

张守亨，颍州卫人。正德[1]间知华亭县。刚方简易，决狱如流。县依山险，多盗，守亨设计擒其渠魁，盗遂息。每春秋政暇，循行郊野，劝民耕作，有不给者补助之。月朔，礼请耆民[2]，访求闾阎利病，即次第兴除。尝大旱，步祷，甘雨如注，岁大稔。

刘大武，山西襄垣[3]人。正德间知灵台县，明辩任事，发奸摘伏，破啰哩贼于横渠，盗贼屏息。夜闻绩纺、读书者，晨即赏劳。课士励俗，人无敢游惰。居四年，卒。

吴琏，平定州人。正德十一年，任平凉府同知。行县至华亭，适华亭有警，民久不知兵，惧雉堞颓圮，咸谋夜遁西山。琏令曰："敢私下城者，斩。"众乃止。坚壁，昼夜徒行巡视。数日，敌解去，城居无事，民咸颂之曰："吴公生我。"

姚汝杼，河南襄城[4]人。嘉靖三十二年知平凉府，精吏事，无滞狱，宗室讦奏，使者捕治，犹忿争，众党十余相诟斗，宫府尽阖，汝杼肩舆出，喻众咸听命。三十四年冬，地大震，城垣尽摧，城中及山居穴处死者数千，人情震恐，群盗谋行劫，汝杼晨出省视，阳如平常，众乃定。逾年正月朔，东方旅人至者备言潼关蒲华危乱，盗遂汹汹以贺正为名，纵火城郭凡十余处。汝杼往来赴捄，火皆息。司氏军号众曰："反，且杀守令。"汝杼令众执之，合围而唱杖者凡百声，寻令曰："曳以饲狗。"众应曰："诺。"乱者喘息，卒无事。逾旬，司氏军居处如故，乃悟汝杼权道安众，实未尝棰死一人。

于玭，字子珍，东阿[5]人。嘉靖二十六年知静宁州，以廉明著。三十三年升平凉府同知，政先教化，令行禁止，道不拾遗。时大祲，民相食，请赈发仓，按籍赈

① 正德：明武宗年号，公元1506—1521年。

② 耆民：明代荐举名目之一。又称耆儒，指山林遗隐中之年高德劭者。

③ 襄垣：县名。治所在今山西襄垣县。

④ 襄城：县名。治所在今河南襄城县。

⑤ 东阿：县名。治所在今山东聊城市。

贷，全活数万人。韩府宗室不法，至聚众殴击别驾①，囚之别室。玭至，以法晓譬，诸宗悚惧而解。大滑高良据清平、万安二苑牧地，投献庆府，暴横苑民，莫敢制。玭单车入垒，诱良出见，缚之。部使②上其治行。

李盘，字用甫，浙江余姚③人。万历〔五二〕十九年知镇原县，补南河颓城之缺，增北山旧城之薄，开东濠绕城之水。重建公廨，修理学宫，教民织褐种树，设保甲，行乡饮④，善政毕举，邑人戴德。

喻三元，字少极，江西丰城⑤人。万历〔五三〕二十二年知平凉府。沉毅廉静，勇于任事。初至郡，值敌犯静宁、固原，三元悉心防御，颁布保障条约，远迩戒严，民恃以无恐。首禁宗藩请托，谕令修礼义以重廉隅，条议奖贤宗以励不肖，宗姓敛避不犯。创行条鞭以苏民困，裁冗费，汰冗役，断疑狱，惩豪横，免赎锾，崇礼让。台省、监司⑥咸重之。

李圭，山西安邑⑦人，万历〔五四〕中知华亭县。蔬食布衣，一介不取，以礼让化民三年，民相劝无讼。升真定府同知，民皆号泣以送。天启改元，诏举有宦绩者，直指杨某奏，允入祀。

范立朝，临川⑧人。天启中知平凉府。为政平恕，人有犯法者以理诲谕，使自愧悔，然后以薄刑示惩，强宗大姓、奸吏滑胥无不感服。韩王出所藏故勅，云有钦赐田地凡数里，尽负郭腴壤，时多在民间，欲奏请攘之。诸院司已从，知立朝不可以私干，乃设宴，从容微语。立朝即正色起，曰："某为朝廷守土，身可死，不敢以寸壤许人。"退，力求去位，其事遂沮。

颜日愉，字阳华，浙江上虞⑨人。知静宁州，会啰贼反，所至焚劫。日愉驰报，请固镇五道兵，而先率敢死士数人，阳为招抚，乘贼不备，遂引精兵五百直陷贼

① 别驾：本汉代刺史属官。明清时，以别驾为通判的别称。

② 部使：部使者省称，监司别称。转运使、提点刑狱公事等或以部使者称之，比汉代之刺史。

③ 余姚：县名。治所在今浙江余姚市。

④ 乡饮：乡饮酒礼，敬老尊贤之古礼。

⑤ 丰城：县名。治所在今江西丰城市。

⑥ 台省、监司：台省，对中央中枢官署尚书省、中书省、门下省、御史台等的简称、合称。监司，金代按察使、元代肃政廉访使与明代按察使，因掌管监察，亦称为监司。

⑦ 安邑：县名。治所在今山西运城市。

⑧ 临川：县名。治所在今江西抚州市。

⑨ 上虞：县名。治所在今浙江上虞东南二十六里丰惠镇。

营，设左右伏，贼仓皇失措，斩首数百。天明，五道兵继至，歼之，静宁安堵。寻迁南阳知府，贼陷城，殉难。

何相刘，乾州人。崇祯〔五五〕间华亭训导。寇至，教谕邹某援曾子居武城之义，欲去。相刘止之，曰："吾与若受命司铎，即臣也，岂可以未臣之师例之"。因率士死守。城陷，偕邹俱死。事闻，旌其烈，赠国子监学录①。

简仁瑞，字季麟，四川成都人。崇祯〔五六〕间知平凉府，洁己爱民。癸未冬，李自成破潼关，藩郡诸王与分司协镇谋远遁，仁瑞知之，即说韩王同死社稷，不听。是夜，兵鼓噪，挟〔五七〕诸藩郡斩关而出，仁瑞集少年技勇撤四关居民入城死守。尽出其橐散给厮役，召所活冤囚数辈，谓曰："吾为朝廷守土，义与此城存亡，但不可绝先人嗣。吾有一子，汝辈为我卫送出城。"众皆诺。诘晨，贼骑薄城，随有士民撰降文，请仁瑞佥名，仁瑞大怒，服衣冠自经于堂上。

校勘记

〔一〕纡　四库本同，哈佛本、刻补本作"纾"。按《后汉书·西羌传》作"纡"。

〔二〕纡　四库本同，哈佛本、刻补本作"纾"。按《后汉书·西羌传》作"纡"。

〔三〕纡　四库本同，哈佛本、刻补本作"纾"。按《后汉书·西羌传》作"纡"。

〔四〕纡　四库本同，哈佛本、刻补本作"纾"。按《后汉书·西羌传》作"纡"。

〔五〕纡　四库本同，哈佛本、刻补本作"纾"。按《后汉书·西羌传》作"纡"。

〔六〕纡　四库本同，哈佛本、刻补本作"纾"。按《后汉书·西羌传》作"纡"。

〔七〕纡　四库本同，哈佛本、刻补本作"纾"。按《后汉书·西羌传》作"纡"。

〔八〕覆袁川　四库本同，哈佛本、刻补本作"覆袁山"，误。

〔九〕当州堡　哈佛本、刻补本同，四库本作"当川堡"。

〔十〕汝遮谷　哈佛本、刻补本同，四库本作"女遮谷"。

〔十一〕臧征仆哥　四库本同，哈佛本、刻补本作"减征仆哥"。按《宋史·刘仲武传》作"臧征仆哥"。

〔十二〕汝遮川　哈佛本、刻补本同，四库本作"女遮川"。

〔十三〕金娄室　哈佛本、刻补本同，四库本作"金罗索"，四库馆据新译定名改。

〔十四〕孛堇黑锋　哈佛本、刻补本同，四库本作"贝勒哈富"，四库馆据新译定名改。

〔十五〕徒单合喜　哈佛本、刻补本同，四库本作"图克坦喀齐喀"，四库馆据新译定名改。

〔十六〕合喜　哈佛本、刻补本同，四库本作"喀齐喀"，四库馆据新译定名改。

① 国子监学录：官名。明、清国子监属官，初设一人，后于率性、修道、诚心、正义、崇志、广业六堂设七人，从九品。

〔十七〕移剌成，本名落兀　哈佛本、刻补本同，四库本作“伊喇成，本名娄乌”，四库馆据新译定名改。

〔十八〕陀满胡土门　哈佛本、刻补本同，四库本作“图们呼图克们”，四库馆据新译定名改。

〔十九〕土门　哈佛本、刻补本同，四库本作“图克们”，四库馆据新译定名改。

〔二十〕着思吉巴　哈佛本、刻补本同，四库本作“卓克索巴”，四库馆据新译定名改。

〔二一〕历　哈佛本作“曆”，刻补本作“歷”，四库本作“歴”，避乾隆皇帝讳改。

〔二二〕历　哈佛本作“曆”，刻补本作“歷”，四库本作“歴”，避乾隆皇帝讳改。

〔二三〕历　哈佛本作“曆”，刻补本作“歷”，四库本作“歴”，避乾隆皇帝讳改。

〔二四〕季之佺　四库本同，哈佛本、刻补本作“季佺”。

〔二五〕乌孙等皆顺服　哈佛本和刻补本有，四库本无此句。

〔二六〕元固　哈佛本、刻补本同，四库本作“符固”。

〔二七〕皇甫正　哈佛本、刻补本同，四库本作“皇甫祯”。

〔二八〕刺史　四库本同，哈佛本、刻补本作“利史”，误。

〔二九〕西安城　四库本同，哈佛本、刻补本作“安西城”。

〔三十〕蝦蟆　哈佛本、刻补本同，四库本作“哈玛尔”，四库馆据新译定名改。

〔三一〕蝦蟆　哈佛本、刻补本同，四库本作“哈玛尔”，四库馆据新译定名改。

〔三一〕蝦蟆　哈佛本、刻补本同，四库本作“哈玛尔”，四库馆据新译定名改。

〔三三〕蝦蟆　哈佛本、刻补本同，四库本作“哈玛尔”，四库馆据新译定名改。

〔三四〕蝦蟆　哈佛本、刻补本同，四库本作“哈玛尔”，四库馆据新译定名改。

〔三五〕蝦蟆　哈佛本、刻补本同，四库本作“哈玛尔”，四库馆据新译定名改。

〔三六〕蝦蟆　哈佛本、刻补本同，四库本作“哈玛尔”，四库馆据新译定名改。

〔三七〕蝦蟆　哈佛本、刻补本同，四库本作“哈玛尔”，四库馆据新译定名改。

〔三八〕蝦蟆　哈佛本、刻补本同，四库本作“哈玛尔”，四库馆据新译定名改。

〔三九〕蝦蟆　哈佛本、刻补本同，四库本作“哈玛尔”，四库馆据新译定名改。

〔四十〕赵阿哥昌　哈佛本、刻补本同，四库本作“赵阿克强”，四库馆据新译定名改。

〔四一〕按竺迩　哈佛本、刻补本同，四库本作“哈扎尔”，四库馆据新译定名改。

〔四二〕后能　哈佛本、刻补本同，四库本作“和宁”，四库馆据新译定名改。

〔四三〕哈撒儿　哈佛本、刻补本同，四库本作“哈扎尔”，四库馆据新译定名改。

〔四四〕蠕蠕王　哈佛本、刻补本同，四库本作“蠕蠕主”。

〔四五〕周　四库本同，哈佛本、刻补本无，据四库本补。

〔四六〕历　哈佛本作“曆”，刻补本作“歷”，四库本作“歴”，避乾隆皇帝讳改。

〔四七〕徇　四库本同，哈佛本、刻补本作“狗”，误。

〔四八〕满者代，亲七十，近戍　四库本同，哈佛本、刻补本作“满者代之就近戍”。按

《新唐书·裴识传》作“满者代，亲七十，近戍”。

〔四九〕河阳　哈佛本、刻补本同，四库本作“安阳”。

〔五十〕历　哈佛本作“曆”，刻补本作“歷”，四库本作“歴”，避乾隆皇帝讳改。

〔五一〕石盏女鲁欢　哈佛本、刻补本同，四库本作“实嘉纽勒珲”，四库馆据新译定名改。

〔五二〕历　哈佛本作“曆”，刻补本作“歷”，四库本作“歴”，避乾隆皇帝讳改。

〔五三〕历　哈佛本作“曆”，刻补本作“歷”，四库本作“歴”，避乾隆皇帝讳改。

〔五四〕历　哈佛本作“曆”，刻补本作“歷”，四库本作“歴”，避乾隆皇帝讳改。

〔五五〕祯　哈佛本、四库本同，刻补本作“正”，避雍正皇帝讳改。

〔五六〕祯　哈佛本、四库本同，刻补本作“正”，避雍正皇帝讳改。

〔五七〕挟　四库本同，哈佛本、刻补本作“陕”，误。

甘肃通志卷之第三十二　名宦三

庆阳府

汉

杜延年，字幼公，杜陵人。为人安和，明法律。宣帝时召拜北地太守，选用良吏，捕击豪强，郡中清静。居岁余，帝使谒者赐延年玺书、黄金二十斤。

谷永，字子云，长安人。元延[①]元年为北地太守。时灾异尤数[②]，永当之官，上使卫尉[③]淳于长受永所欲言，永奏对，天子感其言。永所居任职，岁余，征入为大司农[④]。

夏育，北地太守。熹平[⑤]三年，鲜卑入寇，育率休屠[⑥]追击，大破之。

冯异，颍川父城[⑦]人。建武中领北地太守事。青山贼率万余人降异，又击卢芳将及薁鞬日逐王[⑧]，破之，上郡、安定皆降。

隋

李充，成纪人。开皇中拜朔州总管[⑨]，甚有威名，为敌所惮。

元谐，河南洛阳人。宁州刺史，有威惠。时吐谷浑渡河〔一〕，连结党项，谐率兵出鄯州，趣青海，邀其归路，相遇于丰利山，击走之。在州数年，百姓德之。然性刚，不能取媚于左右，尝言于上曰："臣一心事主，不曲取人意。"帝曰："宜终此言。"

---

① 元延：汉成帝年号，前12—前9年。

② 尤数：特别频繁，数量很多。

③ 卫尉：官名。秦汉时九卿，掌宫门屯卫，负责皇帝的安全禁卫。

④ 大司农：官名。秦汉时九卿，负责国家财政。

⑤ 熹平：东汉灵帝年号，公元172—178年。

⑥ 休屠：匈奴右部王，西汉时游牧河西的休屠王降汉，部众被安置于陇西、北地、上郡、朔方等郡，因其故俗，设属国都尉统管。东汉时，休屠与其他族融合，形成以休屠为名的杂胡。

⑦ 父城：县名。治所在今河南宝丰县东古城村。

⑧ 日逐王：匈奴王号，又称薁鞬日逐王，地位仅次于左贤王，往往以单于的子弟充当。

⑨ 总管：官名。地方军政长官，掌一路兵马、民政。

柳俭，字道约，河东解[①]人。居官以仁明著称。大业初，征拜弘化〔二〕太守，清节逾励。五年，入朝，郡国毕集，帝谓纳言苏威[②]、吏部尚书牛弘〔三〕曰："其中清名天下第一者为谁？"威等以俭对，帝赐俭帛二百匹，令天下朝集使送至郡邸[③]，以旌异焉。及大业末，盗贼蜂起，数被攻逼，俭抚结人夷，卒无离叛，竟以保全。

唐

李勣，曹州人，宁州防御使，威名大振。

狄仁杰，字怀英，太原人。高宗时为宁州刺史，抚和戎落，得其欢心，郡人勒碑以颂。后迁豫州，时越王[④]兵败，支党余二千人坐死，仁杰密表其诖误，有诏悉谪戍边，囚出，宁州父老迎劳曰："狄使君活汝耶！"群哭碑下，斋三日乃去。垂拱中，建庙城西，宋范仲淹撰碑颂其德。

郭翰，以御史巡察陇右，多所按劾。次宁州，时狄仁杰为刺史，争言有异政，翰谓僚属曰："入其境，其政可知。愿荐使君美于朝，毋久留。"即命驾去。

赵纵，守庆州，与党项战，死。杜牧[⑤]以诗哭之。

杨朝晟，字叔明，夏州朔方人。贞元[⑥]间代张献甫为邠宁节度使。朝晟请城方渠、合道、木波，以遏吐蕃。师次方渠，水乏，有青蛇降岩下走，视其迹，水从而流。朝晟使筑防环之，遂为停渊，士饮仰足。图其事以闻，有诏置祠，命泉曰"应圣"。已城，吐蕃悉众至，度不能害，乃引去。复城马岭而归，开地三百里。

韩游瓌，灵州灵武人。始为郭子仪裨将，累进邠宁节度留后。奉天之狩，游瓌与庆州刺史论惟明以兵三千赴奉天。朱泚兵蹑攻之，战不利，泚兵夺门，游瓌殊死战，乃解。推赴难功第一，拜邠宁节度使。

毕諴，邠宁节度使，河西安抚使。諴到军，遣吏怀谕，羌人皆顺向。时戍兵常苦馈饷乏绝，諴募士置屯田，岁收谷三十万斛，以省度支[⑦]经费，诏书嘉美。

① 解县：县名。治所在今山西运城市。

② 苏威：534—623年，隋朝大臣，历任纳言，民部尚书，尚书右仆射等职。曾奏请减轻赋役，盛陈节俭之美，制定律令格式，并从征吐谷浑、辽东，甚为文帝所器重。

③ 郡邸：地方诸郡设在京师的办事处。

④ 越王：唐太宗第八子李贞，受封越王。武则天当政时，李贞因起兵失败而饮毒自尽。

⑤ 杜牧：803—852年，唐代后期著名的诗人，宰相杜佑之孙。其诗多有揭露现实之作，尤长七言律诗和绝句，词采清丽，情思豪爽，其写景抒情小诗尤为出色，有作品集《樊川文集》。

⑥ 贞元：唐德宗年号，公元785—805年。

⑦ 度支：即度支司，官署名。唐代尚书省二十四司之一，属户部。掌国家财政计划与收支。

宋

董遵诲，涿州范阳人。乾德[①]六年，以西夏近边，授通远军使。既至，召诸酋长谕以朝廷威德，刲羊釃酒[②]，宴犒甚至，众皆悦服。后数月，复来扰边，遵诲率兵深入其境，击走之，俘获甚众。太宗即位，兼领灵州路巡检[③]。在通远军凡十四年，安抚一面，夏人悦服。

姚内斌，平州卢龙人。宋初为庆州刺史，在郡十数年，西夏畏服，不敢犯塞。以其武猛，号为姚大虫。

田仁朗，元城[④]人。开宝[⑤]中知庆州。西人寇边，仁朗率麾下击之，前锋稍却，仁朗斩指挥使二人，军中震恐，争乞效命，遂大破之。其酋长相率请和，玺书褒美。

田绍斌，汾州人。真宗初，调环庆、灵州、清远军部署[⑥]。庆州有野鸡族，数为寇掠，道路患之。绍斌召其酋率三人，断臂、馘、劓[⑦]，放还，寇感化帖服。

范廷召，冀州枣强[⑧]人。淳化[⑨]二年环庆路都部署。至道[⑩]中副李继隆讨李继迁，廷召出延州，与贼遇白池，大小数十战，屡克捷，真宗嘉之。

曹玮，彬之子。真宗时为环庆路都钤辖。玮尝上泾原、环庆两道图，至是，帝以示左右，曰："山川城郭险固，出入战守之要在是矣。"因敕别绘二图，以一留枢密院[⑪]，一付本道，俾诸将按图计事。天禧[⑫]中，以玮为环庆缘边巡检安抚使，委乞、骨咩等族闻玮至，归附者千余部落。

---

① 乾德：宋太祖年号，公元963—968年。

② 刲羊釃酒：刲，音kuī，宰杀；釃，音shī，虑酒。意为宰羊备酒，准备宴席。

③ 巡检：官名，始于五代，北宋时县设巡检，掌巡逻、捕盗、缉私、消防等，与县尉分掌治安之事。依次隶属于路州两级的巡检使或都巡检。

④ 元城：县名。治所在今河北大名县东。

⑤ 开宝：宋太祖年号，公元968—976年。

⑥ 部署：武官名。五代时始置，为统兵之官。

⑦ 馘、劓：馘，音guó，割左耳；劓，音yì，割鼻。

⑧ 枣强：县名。治所在今河北枣强县。

⑨ 淳化：宋太宗年号，公元990—994年。

⑩ 至道：宋太宗年号，公元995—997年。

⑪ 枢密院：官署名。主要管理军事机密、边防等，与中书省并称"二府"，是最高国务机关。

⑫ 天禧：宋真宗年号，公元1017—1021年。

赵振，字仲威，雄州归信[①]人。景德[②]中为庆州都巡检使。时金汤、李钦等三族难制，振募降羌，啗以利，令相攻，破十余堡。钦等诣振自归，振为置酒共射，钦等百发不中，振十矢皆贯，钦等皆惊，誓不敢犯〔四〕。

范仲淹，吴县人。仁宗时为环庆路经略安抚使，建战守之策，待诸蕃以诚，威信大洽，庆人为立庙祀之。

张凝，无棣[③]人，知庆州。西蕃族难制，凝袭破之。土羌杂居，颇为患，凝诱至分水岭，降其族各四千户，边境获安。

种世衡，字仲平，洛阳人。知环州，蕃部有牛家奴讹者，素倔强，未尝出谒郡守。闻世衡至，遽郊迎，世衡与约，明日当至其帐，往劳部落。是夕雪，深三尺，奴讹方卧帐中，谓世衡必不能至。世衡蹵而起之，奴讹惊且喜，率其族罗拜听命。诸部有贰者，使讨之，无不克，其后百余帐皆自归。率羌兵以援泾原，无敢后者。尝课吏民射，有过失，射中则释其罪，人人自厉，皆精于射，由是数年，敌不敢近环境。迁环庆路兵马钤辖，范仲淹檄令筑细腰城，昼夜兴筑，有功。及卒，环人画像祠之。

杜杞，字伟长，无锡人。仁宗时知庆州，蕃酋孟香率部落内附，夏人以兵来索香，诏还之。杞言："彼违约举兵，香不可与。"因移檄问罪，夏人詟服[④]。

孔道辅，字原鲁，孔子四十五代孙。为宁州军事推官[⑤]，数与州将争事。有蛇出天庆观真武殿中，一郡以为神，州将率官属往奠拜，欲上其事。道辅径前，以笏[⑥]击蛇，碎其首，观者大惊，后莫不叹服。迁大理寺丞[⑦]。

安俊，仁宗时环州都监[⑧]。破元昊吃口江井那等诸砦，安抚使韩琦上其功，迁环庆路都监。

---

① 归信：县名。治所在今河北雄县。

② 景德：宋真宗年号，公元1004—1008年。

③ 无棣：县名。治所在今山东无棣县。

④ 詟服：詟，音zhé。畏惧服从。

⑤ 军事推官：幕职官名、阶官名。元丰新制正九品，元祐后从八品，其系衔冠以州名，

⑥ 笏：古代大臣上朝拿着的手板，用玉、象牙或竹片制成，上面可以记事。

⑦ 大理寺：官署名。始设于北齐，掌审核刑狱案件。隋、唐以后沿置。主官是大理寺卿、少卿，之外置大理寺丞，为卿的佐官。

⑧ 都监：官名。宋置，位在钤辖下。掌屯戍、边防、训练的政令。官高资深者为都监，或称兵马都监。官低资浅者为监押，或称兵马监押。安俊从州都监升迁到路都监。

滕宗谅，河南人〔五〕。知庆州，上言朝廷："既授范仲淹、韩琦四路经略安抚招讨使，而诸路亦带招讨称号，非宜。"诏罢之。

景泰，普州人。通判庆州，上言："元昊虽称臣，包藏祸心。当选将练卒、修城储粮以备不虞。"三疏不报。俄，元昊反。又上《边臣要略》二十卷，会有荐泰知兵者，召对称旨，使知宁州。

任福，开封人。咸平①中知庆州，兼环庆路副总管。上言："庆州去蕃族不远，愿勒兵境上，按亭堡，谨斥堠，因经度所过山川道路，以为缓急攻守之备。"仁宗善之，听便宜从事②。夏人寇保安镇戎军，福部分诸将，攻白豹城，四面合击，破其城，平骨咩等四十一族，以功拜龙神卫都指挥使。

孙长卿，字次公，扬州人。知庆州，州险峻乏水，长卿凿百井，皆及泉。泥阳有罗川马岭，上构危栈③，过者惴恐。长卿访得唐故道，辟为通途，人皆便之。

史方，字正臣，开封人。知环州，兼环庆路兵马都监。先是，磨媚等六族内寇，方谕以恩信，乃传箭牵羊乞和，减禁兵五千，徙内地以省边费。

刘几，字伯寿，洛阳人。知宁州，处官清约，政务便民。州俗喜巫，军校有挟妖法结其徒为乱者，几使他兵伏垒门④以伺，夜半尽擒之。

孙沔，字元规，会稽⑤人，仁宗时知庆州。元昊死，诸将欲乘隙大举，沔以乘危伐丧⑥，非体，止之。战亡遗骸聚而葬祭之，军中感泣。凡〔六〕三知是州，边人服其能。

韩绛，字子华，雍邱⑦〔七〕人。以翰林侍读学士⑧知庆州。夏人犯环庆，绛请行郡县治兵，大破之。又熟羌据堡为乱，即日讨平之。加端明殿学士。

---

① 咸平：宋真宗年号，公元998—1003年。

② 便宜从事：经过特许，根据当时当地具体情况，可以斟酌处理。

③ 危栈：栈，栈道，在悬崖绝壁上凿孔支架木桩，铺上木板而成的小路。危栈即危险的栈道。

④ 垒门：军垒之门。

⑤ 会稽：县名。治所在今浙江绍兴市东。

⑥ 伐丧：乘敌对之国有丧葬时进行征伐。

⑦ 雍丘：县名。治所在今河南杞县。

⑧ 侍读学士：官名。宋、金翰林学士院有翰林侍读学士、翰林侍讲学士，掌为皇帝进读书史，讲解经义，备顾问应对。

李允则，字垂范，谦溥①子〔八〕。为宁州防御使。允则不事威严，间或步出，遇民有可语者延坐与语，以是洞知人情。讼至，无大小，面讯立断。善抚恤士卒，皆得其用，盗发辄获，人莫知所由。身无兼衣，食无重馐②，不畜资财，后人作六君子堂，允则其一也。

蔡挺，字子政，宋城人。治平初知庆州，上书论攻守大计。夏人寇大顺城，挺尽敛边户入堡，戒诸砦无出战，密布铁蒺藜③城旁水中，贼渡水，马多踬④。夜斫夏营，夏人溃去。又筑荔原堡，分属羌三千人守之。

傅求，字命之，考城⑤人，知庆州。环之定边砦蕃官苏恩，以小过疑惧而遁，将佐议攻讨。泾原既出师境上，求谓恩非素携贰⑥者，乘以兵，必起边患，但遣裨将扣其帐，开以祸福。恩感，还砦如初。

张守约，字希参，濮州人，神宗时知环州。慕家族黠狠⑦难制，摇动种落，勒兵讨擒之，余遁入夏国。守约驻师境上，檄取不置，居数日，械以来，斩于市。进为环庆都钤辖，知邠州。夏人十万屯南牟，畏其名，引去。守约典七州，皆有惠爱可纪。

俞充，字公达，鄞县人，熙宁中知庆州。庆阳兵骄，小绳治辄肆悖⑧，充严约束，斩妄言者五人于军门。闻有病苦则巡抚劳饷，死不能举者⑨周之，以故莫不畏而怀焉。

萧注，字岩夫，临江新喻⑩〔九〕人。熙宁初知宁州，有胆气。环庆李信之败，列城皆坚壁，注独启关夜宴如平时。

① 谦溥：即李谦溥，字德明，性慷慨，重信用，通左氏春秋。历仕五代晋汉周，周世宗时守隰州，严兵备，善守御，屡挫敌锋，使其不敢犯境。北宋初为济州团练使。

② 身无兼衣，食无重馐：衣着朴素，食物简单。

③ 铁蒺藜：中国古代一种军用的铁质尖刺的撒布于道路、水中的障碍物。有四根伸出的铁刺，长数寸，凡着地均有一刺朝上，刺尖如草本植物“蒺藜”。

④ 踬：音 zhì，被刺倒。这里指马被铁蒺藜刺倒。

⑤ 考城：县名。治所在今河南民权县。

⑥ 携贰：有二心，即离叛之心。

⑦ 黠狠：狡猾且凶狠。

⑧ 肆悖：放肆狂悖。

⑨ 死不能举：无法承担并操办丧事。

⑩ 新喻：县名。治所在今江西新余市。

贾岩，字民瞻，开封人，神宗时为庆州荔原堡都监。绍圣[①]中，夏兵数万围麟州神堂砦，岩以数百骑往援，一矢殪其酋，众骇溃。

钱即，字中道，临安人。知庆州，筑安边城、归德堡，开地万顷，纵耕其中，岁得粟数十万斛。

张舜民，字芸叟，邠州人，为襄乐令。王安石倡新法，舜民上书言："人君不可与小民争利。"时人壮之。元丰中环庆帅高遵裕辟，掌机宜文字[②]。

范纯仁，字尧夫，仲淹子，神宗时知庆州。帝曰："卿父在庆著威名，今可谓世职。"纯仁揣帝有功名心，对曰："臣未尝学兵。陛下使臣治城垒养百姓，不敢辞。"既至，岁方饥，擅发常平粟赈贷，全活者甚众，或谤其不实，遣使按视。会秋大稔，民讙曰："公实活我，忍累公耶?"昼夜争输还之。

范纯粹，字德孺〔十〕，仲淹子。元祐中代兄纯仁知庆州，请修诸路策应救援之法，朝廷是之。及夏侵泾原，纯粹遣将曲珍救之，曰："本道首建应援牵制之策，臣子之义，忘躯殉国，无谓邻路被寇，非我职也。"珍即日疾驰三百里，破之于曲律，捣横山，夏众遁去。

章楶，浦城人，哲宗时知庆州。夏人入寇，楶先用间知之，遣骁将折可适伏兵，鼓噪而出，斩获甚众。又预置毒于牛圈潴水[③]，贼马饮者多死，遂破其众。

高遵裕，字公绰，琼之孙。环庆路经略安抚使，兼知庆州。神宗命统泾原兵讨夏国，师渡旱海[④]，贼骑骤至，遵裕出精兵与战，斩首千余级。

耿戡，元祐间为真宁令。建学教人，既去，人思之，为竖碑颂德。

赵卨，字公才，邛州依政[⑤]人，知庆州。夏人欲袭取新垒，大治攻械，卨具上挠夏计。及夏侵兰州，卨遣将间道出敌砦后，邀其归路，斩馘甚众。迁龙图阁直学士。

曲珍，字君玉，陇干[⑥]人，元祐初为环庆副总管。夏人寇泾原，号四十万，珍捣虚，驰三百里破之曲律山，俘斩千八百人。

---

① 绍圣：宋哲宗年号，公元1094—1098年。

② 机宜文字：宋代书写文书和主管机宜文字诸职。

③ 潴水：蓄水。

④ 旱海：地名。今甘肃环县北至宁夏灵武市一带，干旱多沙，俗称"旱海"。

⑤ 依政：县名。治所在今四川邛崃市。

⑥ 陇干：县名。治所在今甘肃静宁县。

吕由诚，字子明，诲[1]之季子，知合水县。王中立、种谔征灵州，由诚部运随军，天寒食尽，他邑役夫多溃去，惟由诚善抚字，所部分无失者。

郑仅，字彦能，徐州彭城人，知宁州。诸军多杀老弱，持首级要赏。仅下令非强壮而能生致者，赏半之。有内附羌追寇，得老人，不忍杀，擒之，乃其父也，相持哭，一军感动。诸路争进讨奏捷，仅独保境不生事，寇亦不犯。

种师中，字端孺，世衡之孙。历知环、秦州，又知庆阳府。老成持重，为时名将。榆次刘韐言："师中闻命即行，奋不顾身，虽古忠臣不过。"

强霓，自金归宋，知环州，兼环庆路统制军马、沿边安抚使。隆兴[2]间，金兵围环，霓与其弟环庆路统领沿边忠义军马震，坚守孤城，招降不屈，城陷死之。诏立旌忠庙。

金

庞迪，延安人。天眷[3]中为庆阳尹，历三考[4]不易，以治最闻，诏书褒美，西人荣之。

杨仲武，保安军人，皇统[5]初知宁州。关中荐饥[6]，境内盗贼纵横，仲武悉平之。

马讽，字良弼，大兴漷阴[7]人，天德[8]初为宁州刺史。民有告谋不轨者，株连数十百人，讽察其无状，乃究问告者，告者具伏其诬，众欢呼感泣。

元

何不罕〔十一〕，至大三年庆阳路兵马都总管。训练士卒，增浚城堑，政通人和，百废俱兴。

李真，奉元路人。至顺中任合水主簿，博学儒雅，惠爱及民。

---

① 诲：即吕诲（1014—1071），北宋政治家，宰相吕端之孙。历任侍御史、起居舍人。神宗时任右谏议大夫，权御史中丞，反对王安石变法，出知邓州。季子，小儿子。

② 隆兴：宋孝宗年号，公元1163—1164年。

③ 天眷：金熙宗年号，公元1138—1140年。

④ 三考：朝廷对官员三年考核一次，九年考核三次，根据官员的政绩决定其升迁或者罢黜。

⑤ 皇统：金熙宗年号，公元1141—1149年。

⑥ 荐饥：荐，屡次，频仍。指发生多次饥荒。

⑦ 漷阴：县名，治所在今北京通州区。

⑧ 天德：金海陵王年号，公元1149—1153年。

陈政，奉元路人。至正[①]中庆阳府同知，莅政公勤，兴举废坠[②]。

明

陈林，洪武初知庆阳府。创造之始，百务聿兴，事有成规，才猷[③]可观。

何敦善，淳安人。洪武间以人才调庆阳府同知，持身廉谨，政绩有声。秩满，以绩最赐衣一袭，升抚州府知府。

李仕铭，徐州人。永乐间知宁州，修创坛祠、驿舍，诸工兴作不一，多佣无业贫民，偿其功而饩廪焉，人不告劳，事亦称办[④]。

刘纲，河南钧州〔十二〕人。宣德[⑤]间知宁州，廉勤公恕，百废俱兴。久任三十年，规模整肃，州人观感，莫忍违令。累加爵，增参议俸。比考绩入觐，赐宴礼部以旌宠之，列祀六君子堂。

马杰，利津人。成化间知庆阳府，尚礼让，惜人材。至折民讼，洞察隐微。且为开市兴利，招集远商，一郡始称富庶云。

郝镒，字廷重，河间[⑥]人。知庆阳府，郡民多穴处，不知桑麻。镒至，革奸胥，清征输之弊，招工陶瓦甓治屋庐，教树艺，暇则饰公署学校。民有杀人报父仇者，镒据法当原，宪司[⑦]不从，后台议，卒是之。治为诸郡第一。

段绅，兰阳[⑧]人。弘治[⑨]间知宁州，立市集，开官街，凡便民者，无不力行之。且讯刑明允，有循良风。

杨宽，涿州人。弘治间任管粮通判，廉介自持，禁约仓厂不得妄取，且以粮刍积羡扣补失业之数。由是民力宽省，军储不乏。

马湘，徐州人。弘治间任管粮通判[⑩]，时属邑负税十数万，湘曰："民宁有食土

---

① 至正：元顺帝年号，公元1341—1370年。

② 兴举废坠：将废坠的事业重新兴举起来。

③ 才猷：才智，谋略。

④ 称办：妥善处理。

⑤ 宣德：明宣宗年号，公元1426—1435年。

⑥ 河间：县名。治所在今河北河间市。

⑦ 宪司：诸路提点刑狱的官署为宪司。

⑧ 兰阳：县名。治所在今河南兰考县。

⑨ 弘治：明孝宗年号，公元1488—1505年。又"弘"字，哈佛本同，补刻本作"宏"，四库本作"弘"，避乾隆皇帝讳改。

⑩ 管粮通判：官名。亦称监兑通判，是督理漕粮的官员。

而不输赋者乎？此必有过额侵渔之扰，乃长事者之过也。”为定限革弊，良者有所遵循，奸滑不得规避，赋税渐完。筑环县城郭，凿盐池井得甘泉，民利赖之。及归，行囊莫办，士民深服其廉。

龙相，庆阳卫指挥佥事①，骁勇善骑射。正德中，敌人入寇，督军战于箭竿岭，身中二十余矢，力竭而死。

晁瀛，山西平陆②人。正德中知合水县，居心慈惠，恩及黎庶。性尤刚毅，县有豪强者，辄为惩诫，威行境内，肃然向化。

田大有，字豫甫，东平③人。嘉靖中知庆阳府，兴学治戎，贤声大著。北寇攻围郡城，出奇制胜，威震西边。

马彦卿，内江④人。万历〔十三〕中知宁州，在任十五年，增修内城及郭城雉堞，凡凤凰堡、焦村、太昌、新庄、襄乐城，皆属创筑。初设北关，通商利民，立遗爱祠⑤。

阮自华，安庆人。万历〔十四〕末知庆阳府，博雅名儒，尤以天象预知。庆地有兵，创修武备，城赖以全。

宋云霄，山东淄川⑥人。天启⑦七年庆阳府同知，秉性清简，居官明恕。时柜夫、马夫、铺兵等役俱系佥报里甲，民产多荡⑧。云霄署县篆⑨，一切革去。乃设处工食，招募应役，民受其赐。

---

① 指挥佥事：官名。明朝置于各卫的副长官，每卫四人，正四品，与指挥使、指挥同知共掌本卫事务。

② 平陆：县名。治所在今山西陆县。

③ 东平：县名。治所在今山东泰安市。

④ 内江：县名。治所在今四川内江市。

⑤ 遗爱祠：取孔子论子产为“古之遗爱”之意建祠，以纪念本地以往为民做主的良宦。

⑥ 淄川：县名。治所在今山东淄博市。

⑦ 天启：明熹宗年号，公元1621—1627年。

⑧ 民产多荡：百姓多破产。

⑨ 县篆：县令之印，这里代指县令。

周日强，蠡县[①]人，举人[②]。崇祯[③]〔十五〕间知宁州，值合水为贼所陷，州城危在旦夕。闻督师杨鹤赴省，已次永寿，日强军书日三上，督师返节驻宁，民喜更生[④]。鹤嘉其经画有方，特疏题擢分守河西道。

唐万龄，赣榆[⑤]人。知宁州，简民间壮者编为游兵，城头设八阵，阵立哨官，用是习于技击。后贼围城，卒能固圉[⑥]，游兵之力也。

马一荀，云南建水[⑦]人。明末庆阳府推官，忠厚存心，用刑惟宽。及流寇围城，昼夜戒严，多方设法守御，赖以保全。

郭之麟，威远[⑧]人。崇祯间知真宁县，好贤礼士，省刑薄税。时流寇猖獗，麟练乡勇，躬擐甲胄，卒保孤城，父老谓百年来循良之最[⑨]。寻倅[⑩]江州，卒死贼难。

袁继登，江南人。崇祯〔十六〕间知安化县，明隆、万以还，户口凋耗，地荒粮重，民不堪命。继登履亩踏勘，备陈赔累，申请院司题请蠲除荒粮，官民便之。癸未[⑪]城陷被执，不屈而死。

靳圣居，长治[⑫]人，崇祯〔十七〕末庆阳府推官。闯贼至，即不言不食，以死自矢[⑬]。及城陷，不屈死。

周嘉彦，明末庆阳城守都司。少年骁勇，号周小将。闯贼攻城，分守城西北一带，极为戒严，杀贼甚众。贼登东城，嘉彦率亲丁五六人巷战，手杀数百人，所向披靡。或劝出城，彦仰天大呼曰："我恨不能杀尽此贼报国恩也，何走为？"复扑杀

---

① 蠡县：县名。治所在今河北蠡县。

② 举人：科举制度中通过乡试者称为举人。次年，以举人试之京师曰会试，中试者天子亲策于廷曰殿试。

③ 崇祯：明思宗年号，公元1628—1644年。

④ 更生：重生，重获新生。

⑤ 赣榆：县名。治所在今江苏连云港。

⑥ 固圉：圉，防御。固圉，稳固、坚固的防御。

⑦ 建水：县名。治所在今云南建水县。

⑧ 威远：县名。治所在今四川威远县。

⑨ 循良之最：最，第一。指在当地百年来所有循良官吏中是最突出的。

⑩ 倅：音cuì。副，担任副职。

⑪ 癸未：崇祯十六年，公元1643年。

⑫ 长治：县名。治所在今山西长治市。

⑬ 自矢：即自誓，自己发誓，表示决心。

数十人，乃自刎。

皇清

沈加显，河南河内[①]人，顺治二年任庆阳道。时值闯寇之后，空城瓦砾，阒[②]无居人。郭外尚为贼据，加显设法招徕遗民，日渐来集。更请兵驻防，激励将士，除贼首三十三人，胁从皆散，凡被虏男妇，皆绥戢[③]安业。五年升凉州参政，洁己爱民，和平宽厚，请免丁徭，两地皆感恩不忘。

杜霁远，永年[④]人，顺治九年知安化县。招抚逃亡，回籍八百余户，垦屯地七百余顷。捐赀修城楼，筑垣墉[⑤]，俱坚固可垂永久。设立乡城社学八所，淘浚城内外湮塞旧井，收殓明末死难骸骨，葬于高原。

甘州府

汉

路博德，西河平州人。武帝时以右北平太守从骠骑将军[⑥]，有功，封邳离侯。骠骑卒后，博德以卫尉为伏波将军，出塞，筑遮虏障[⑦]，益封。其后坐法[⑧]失侯，为强弩都尉，屯居延，卒。

郭忠，昭帝时为张掖太守、属国都尉[⑨]。元凤三年[⑩]，单于使犁汗王窥边，天子诏边警备。后无几，右贤王、犁汗王以骑四千，分三队自日勒屋兰番和入寇。忠发兵击之，射杀犁汗王，大破之，得脱者数百人，自是匈奴不敢犯张掖。忠以功封成安侯。

辛庆忌，狄道人。元帝初举茂才，为张掖太守，徙酒泉，所在著名。

---

① 河内：县名。治所在今河南沁阳市。

② 阒：寂静无声。

③ 绥戢：安抚、抚绥，使之安居乐业。

④ 永年：县名。治所在今河北永年县。

⑤ 垣墉：即县城的城墙。

⑥ 骠骑将军：将军号，这里指霍去病。

⑦ 障：秦、汉边塞上作防御用的城堡。

⑧ 坐法：汉代法律术语，因犯法而获罪。

⑨ 属国都尉：即张掖属国都尉，汉代在边地设置属国，安置归附的少数民族，其长官都尉。郭忠在汉昭帝时担任过张掖太守，后来转为张掖属国都尉。

⑩ 元凤：汉昭帝年号，前80—前75年。

萧咸，字仲为，兰陵人，望之[①]之子。初为好畤令，迁张掖太守，有政绩，数增秩[②]赐金。后复为中郎将，官至大司农。

傅育，北地人。章和[③]初，叛羌出塞依迷吾。育请发陇西、张掖、酒泉各五千人，诸郡太守将之，育自领汉阳、金城五千人，克期击之，令陇西兵据河南，张掖、酒泉兵遮其西。未及会，育独进兵，迷吾闻之，徙庐落去。育选精骑三千穷追之，夜至建威三兜谷，遇伏兵，育下马手战，杀十余人而死。诸郡兵到，羌遂去。肃宗下诏褒美，封其子毅为明进侯。

史苞，始为张掖都尉。及窦融行河西五郡将军事，以苞为张掖太守。及融决策东向[④]，遂与融砥厉兵马。光武西征隗嚣，融率苞等会高平。后封苞为褒义侯。

马贤，元初[⑤]间领征西校尉事。永宁元年[⑥]，羌寇张掖，贤将万人击破之，斩获万数，余寇悉降。羌复寇张掖，杀长吏，贤率兵击，其种皆亡出塞。玺书封贤安亭侯。

马续，永宁间为张掖太守，代韩皓为校尉。两河间羌以屯田近之，恐必见图，乃解仇诅盟[⑦]，各自儆备。续欲先示恩信，乃上移屯田还湟中，羌意乃安。永和元年，迁度辽将军。

第五访，字仲谋，长陵[⑧]人，为张掖太守。岁饥，粟石数千钱，访乃开仓赈给，以救其敝。吏惧谴，争欲上言，访曰："若上须报，是弃民也。太守乐以一身救百姓。"遂出谷赈人，顺帝玺书嘉之，由是一郡得全。岁余，官民并丰，界无奸盗。拜护羌校尉，边境服其威信。

---

① 望之：即萧望之（前114—前47），汉元帝老师，官至前将军、太子太傅。后被宦官石显等陷害下狱，自杀。

② 增秩：官职不变但增加秩等。

③ 章和：东汉章帝年号，公元87—88年。

④ 决策东向：决定归附东边的刘秀政权。

⑤ 元初：东汉安帝年号，公元114—120年。

⑥ 永宁：东汉安帝年号，公元120—121年。

⑦ 解仇诅盟：解仇，各羌人种落之间达成和解，搁置以往的仇怨。诅盟，即盟誓，对违反誓约者的诅咒，故称为诅盟。

⑧ 长陵：西汉高祖刘邦的陵墓。按：汉代实行徙陵制度，长陵即刘邦帝陵的陵县。

隋

杨恭仁，仁寿[①]中甘州刺史。临事不苛细，边人安之。文帝谓其父雄曰："匪特朕得人，乃卿善教子矣。"

阴世师，武威人。炀帝初，拜张掖太守，深为戎狄所惮。及唐师至，世师以世荷隋恩[②]，遂勒兵拒守，月余不下，被杀。

裴矩，字弘大〔十八〕，闻喜[③]人，高祖时为吏部侍郎。炀帝大业三年[④]，西域诸蕃多至张掖交市[⑤]，帝使矩掌其事。诸商胡至者，矩诱令言其国山川、风俗、人物、仪形、服饰，撰《西域图记》三卷，合四十四国，奏之。仍别造《地里图》，穷其要害。从西倾以去，至西海将二万里，为三道，北道从伊吾，中道从高昌，南道从鄯善，总凑敦煌。帝欲收西域，以矩为黄门侍郎，令往张掖引至诸蕃，自是西域往来相继。大业五年，帝西巡至焉支山，伊吾献西域数千里之地，置西海、河源等郡，大开屯田以通西域之路。以矩有绥怀之略[⑥]，进位银青光禄大夫。

唐

李汉，长安时甘州刺史。时郭元振都督凉州，命汉通辟屯田，尽水陆之利，稻收丰衍。旧凉州粟斛售数千，至是岁数登，至匹缣易数十斛，积军粮余十年，牛羊被野。

宋

曹元忠，归义节度使，太宗时以州归于宋。

明

宋晟，洪武中讨哈密，有功。永乐中，又遣都指挥史昭出兵，擒火者厮，通西域贡道，封西宁侯，镇守甘肃。

庄得，洪武二十四年以都指挥开设山丹卫，治督农讲武，是年麦秀，一茎两穗者四，次年一茎两穗者十，人以为德政所致。

---

① 仁寿：隋文帝年号，公元601—604年。

② 荷：蒙受。世荷隋恩，世代蒙受隋朝的恩典。

③ 闻喜：县名。治所在今山西喜县东。

④ 大业：隋炀帝年号，公元605—618年。

⑤ 交市：即互市，中原国家与少数民族在边疆地区的贸易市场。

⑥ 绥怀之略：抚绥怀远的方略、能力。

蒋贵，正统[①]初西兵犯边，贵充总兵至甘肃，击败贼众，以功封定西伯。镇守甘肃，边境宁谧。

彭智，山丹卫都指挥佥事[②]，守御善抚士卒，学校公宇多所增置。

凉州府

汉

任延，字长孙，南阳宛[③]人。拜武威太守，光武亲见，戒之曰："善事上官，无失名誉。"延对曰："履正奉公，臣子之节。善事上官，臣不敢奉诏。"帝叹息曰："卿言是也。"既之武威，时将兵长史田绀，郡之大姓，其子弟宾客为人暴害，延收绀系之，父子宾客伏法者五六人，自是威行境内，吏民累息[④]。郡北当边塞，南接种羌，民畏寇抄，多废田业。延选集武略之士千人，明其赏罚，屯据要害，有警追讨，敌遂不敢出。河西旧少雨泽，乃置督水官吏，修理沟渠，人蒙其利。又立校官，自掾吏[⑤]子孙，皆令诣学受业，郡遂有儒雅之士。

梁统，字仲宁，安定乌氏人。初为酒泉太守，更始败，窦融起兵保境，更以统为武威太守。为政严猛，威行邻郡，诏加宣德将军。光武自征隗嚣，统与窦融等将兵会车驾[⑥]。及嚣败，封统为成义侯，更封高山侯，拜大中大夫。

孔奋，字君鱼，茂陵人。建武五年为姑臧长。时天下扰乱，唯河西独安，而姑臧称为富邑。每居县者，不盈数月辄致丰积。奋在郡四年，财产无所增，力行清洁。或以为身处脂膏，不能自润，徒益苦辛耳。被征日，单车就路，姑臧吏民及羌人相谓曰："孔君清廉仁贤，举县蒙恩，如何今去不共报德?"遂相赋敛牛马器物，追送数百里，奋一无所受。既至京师，除武都郡丞，旋拜太守。为政明断，甄善疾非，郡中称为清平。

牛邯，光武建武九年司徒掾班彪上言："今凉州部皆有降羌，与汉人杂处，数为

---

① 正统：明英宗年号，公元1436—1449年。

② 都指挥佥事：官名。明朝置，各都司、行都司及羁縻卫所副长官。都司、行都司定制四人，羁縻都司随需设置。均正三品。

③ 宛：县名。治所在今河南南阳市。

④ 累息：因恐惧而屏气。

⑤ 掾吏：汉朝官府属吏的通称。此处指任延郡守府的僚属吏员。

⑥ 车驾：代指皇帝。此处指光武帝刘秀。

小吏黠人所见侵夺，穷恚无聊[①]，故致反叛。旧置护羌校尉持节领护，理其怨结，岁时巡行，问所疾苦，今宜复旧，以明威防。”帝从之，以邯为护羌校尉。

赵冲，顺帝时为武威太守。永和六年，击巩唐羌，降二千〔十九〕余人，诏冲督河西四郡兵，为节度。汉安元年，以冲为护羌校尉。冲招怀叛羌，多诣冲降，唯烧河种三千余落，据参䜌北界。三年，冲击诸羌，斩首四千余级，诏冲一子为郎。冲复追击于河阳，斩首八百级。于是，诸羌前后三万余户诣凉州降。建康元年，复追叛羌于建威鹯阴河，遇羌伏兵，与战，殁。冲虽身死，而前后多所斩获，羌由是衰耗。

苏正和，灵帝光和[②]间为凉州从事。时武威太守倚恃权势，恣行贪横，正和案致其罪。刺史梁鹄畏惧贵戚，欲杀正和以自解[③]，访之汉阳长史盖勋，勋素与正和有隙，或劝勋因此报之，勋曰：“谋事杀良，非忠也。乘人之危，非仁也。”乃谏止之。

张奂，字然明，敦煌酒泉人。延熹[④]中拜武威太守，平均徭赋，率厉散败[⑤]，常为诸郡最，河西由是而全。其俗多妖忌[⑥]，凡二月、五月产子，及与父母同月生者，悉杀之。奂示以义方，严加赏罚，风俗遂改，百姓为立祠。

三国魏

张既，字德容，高陵[⑦]人。文帝初，凉州卢水寇反，河西大扰，帝曰：“非既莫能安凉州。”乃以既为刺史。既至金城，遂渡河，贼拒军于鹯阴口，既扬声军从鹯阴，潜由且次出至武威。寇以为神，引还显美。既据武威，遂前军显美。寇骑数千，因大风欲放火烧营。既夜藏精卒三千为伏，使余骑挑战，阳退诱敌，因发伏兵首尾进击，大破之，封西乡侯。酒泉苏衡反，攻边县，既击，降之，遂上疏请治左城，筑障塞，置烽候、邸阁[⑧]以备边。后西平麴光杀其郡守，既曰：“光等造反，郡人未必悉同。”乃檄告谕诸羌，党斩送光首，其余安堵。既临二州十余年，惠政著闻，卒，谥肃侯。

---

① 穷恚无聊：恚，怨、怒。因为极度愤怨而无法解脱。

② 光和：东汉灵帝年号，公元178—184年。

③ 自解：自我开脱。

④ 延熹：东汉桓帝年号，公元158—167年。

⑤ 率厉散败：将离散败走之人组织训练起来。

⑥ 妖忌：不符合正当教义或人情的妖妄禁忌。

⑦ 高陵：魏武帝曹操墓高平陵，又称高陵。在今河北临漳县邺镇西南。

⑧ 邸阁：指储蓄粮食及军需物资的仓库。蜀汉诸葛亮曾于斜谷口修治邸阁，储积军粮。

徐邈，字景山，燕国蓟人。明帝时为凉州刺史，护羌校尉。河右少雨，常苦乏谷，邈上修武威、酒泉盐池以收虏谷，又广开水田，募贫民佃之，家家丰足，仓廪盈溢，乃支度州界军用之余，以市金帛犬马通供〔二十〕中国之费。立学明训，禁厚葬，断淫祀，进善黜恶，风化大行。西域流通，荒戎[①]入贡，赏赐散与将士。与西羌从事不问小过，若犯大罪，先告部帅，乃斩以徇〔二一〕，由是州界清肃。

晋

马隆，字孝兴，东平平陆人。武帝咸宁五年，凉州刺史杨欣为树机能所没，河西断绝。帝每有西顾之忧，临朝叹曰："谁能为我讨此，通凉州？"隆进曰："臣能平之。请募勇士三千人，率之鼓行[②]而西，贼不足灭也。"许之，乃以为武威太守。隆募能引弩三十六钧[③]、弓四钧者，立标简试[④]，得三千五百人，帝又给其三年军资。隆西渡温水，树机能等以众万计乘险设伏，隆依八阵图作偏箱车，地广则为鹿角列营，地狭则为木屋，施于车上，且战且行，弓矢所及，应弦而倒，奇谋间发，出敌不意，贼以为神。转战千里，音问断绝，或谓已歿。后隆使夜到，帝抚掌欢笑，诘旦，召群臣谓曰："若从诸卿言，无凉州矣。"诏假节，宣威将军。隆到武威，鲜卑归附，凉州遂平。

张轨，字士彦，安定乌氏人。永宁[⑤]初，轨以时方多难，阴有保据河西之志，求为凉州刺史。时鲜卑入寇，轨讨破之，威著西州。时天下既乱，所在使命莫有至者，轨遣使贡献，岁时不替[⑥]，进拜镇西将军，都督陇右诸军事，封霸城侯。

张寔，字安逊，轨之子。建兴初[⑦]，除西中郎将，领护羌校尉。轨卒，长史张玺等表寔摄父位，诏为都督凉州刺史、西平公。凉州军士得玺，文曰"皇帝行玺"，献于寔，僚属皆贺，寔曰："是非人臣所得留。"因送于京师。

---

① 荒戎：对边远民族的称呼。

② 鼓行：古代行军作战，击鼓而进，鸣金而止，因称军队行进为鼓行。

③ 钧：三十斤为一钧，用来表示弩和弓的力量。

④ 简试：考核，达标者合格。

⑤ 永宁：西晋惠帝年号，公元301—302年。

⑥ 不替：坚持不变，不废弃。

⑦ 建兴：西晋愍帝年号，公元313—317年。

隋

樊子盖，字华宗，庐江[①]人。炀帝时为武威太守，莅官明察，下莫敢欺，以善政闻。五年，车驾西巡，将入吐谷浑，子盖献青木香以御瘴气。及帝还，谓曰："人道公清，定如此否？"子盖谢曰："臣安敢清，止是小心，不敢纳贿耳。"加右光禄大夫，子盖曰："愿奉丹陛[②]。"帝曰："公侍朕侧，一人而已。委以西方，则万人之敌。宜识此心。"六年，除户部尚书。是岁，处罗可汗及高昌王款塞，复以子盖检校武威太守，应接二蕃。后以疾卒于东京，武威吏民闻其死，莫不嗟痛，立碑颂德。

宋

丁惟清，太宗时以殿直往凉州市马，惟清至而境大丰稔，因为西人请留，命知西凉府事。咸平六年，李继迁陷凉州府，惟清死之。

明

濮英，凉州卫指挥使。洪武初，修葺城楼、仓库，措置有方[③]，士卒不劳而事集[④]，郡称智能。以擒叛贼功升右军都督佥事，掌行都司事。

刘林，凉州卫百户。洪武时，土官[⑤]逃叛，攻掠凉州，林击贼至城西土台，力战而没。事闻，上喜其忠勇，遣祭于台下。

江亨，洪武十年以凉州卫千户防守古浪，缮城隍，创驿传，始立庄浪卫屯住之所。

张杰，洪武中任永昌指挥佥事。开设卫治，修筑城池，建学宫，兴文教，措置有方。

马昭，遵化[⑥]人，镇番守备，累功升都阃[⑦]。成化[⑧]间，展城开学，修卫治，建钟

---

① 庐江：县名。治所在今安徽庐江县。

② 丹陛：古时宫殿前涂上红色的台阶，此处代指皇帝陛下。

③ 有方：方法得当。

④ 集：此处作成功解。不用疲敝士卒而能使事情成功完成。

⑤ 土官：元、明、清在西南、西北各少数民族地区设置的官员的泛称，文官有知府、知州、知县等。武官有宣慰、宣抚、安抚等使。文官属吏部，武官属兵部。这些官统称土官，也称土司，由其子孙世袭。

⑥ 遵化：县名。治所在今河北唐山市。

⑦ 都阃：官名，又称都司，即都指挥使司。

⑧ 成化：明宪宗年号，公元1465—1487年。

鼓楼，一切规制，创造居多。勇而善战，入阵有飞挝[①]，能掣寇于百步外，人呼为马挝。阵亡，勑封镇国将军。

王孟颜，神木[②]人。崇祯〔二二〕九年，任大靖营参将。招壮丁，汰老弱，购备战马三百余匹，修筑边墙百余丈，开垦酸茨沟荒地，本城及夹山堡厢井造窖以便民汲，皆有益于地方。十年，套虏入寇，提兵堵截，斩级夺马，自是不敢犯境。

宁夏府

唐

裴识，闻喜人，度[③]之子，为灵武节度使。灵武斥卤[④]，识祷神而凿之，果得泉。

路嗣恭〔二三〕，京兆人，朔方节度使。灵武初复，戎落未安，思恭披荆棘，立军府，威令大行。

崔知温，字礼仁，许州鄢陵[⑤]人。仕为左千牛，迁灵州司马。境有浑斛萨万帐，数扰齐民[⑥]。知温表请徙河北，疏十五上，始得请，自是人得就耕。浑斛萨至徙地，顾善水草，亦忘还〔二四〕。后入朝过州，谢曰："初徙且怨公，今地膏腴，众孳夥[⑦]，更荷公恩。"皆再拜。

五代

张希崇，蓟州人，后唐明宗时灵武节度使。灵武接边境，戍兵饷道[⑧]常苦抄掠。希崇乃开屯田，教士耕种，军以足食而省转馈，明宗下诏褒美。希崇抚养士卒，招辑部落，自回鹘、瓜、沙皆遣使入贡，寻镇邠宁。晋高祖入立，复拜灵武节度。为将不喜声色，好读书，知星历。天福三年，月掩毕口大星，希崇叹曰："此边将亡兆，我其当之。"明年正月卒，赠太师。

---

① 飞挝：挝，音zhuā。索系兵器，以净铁打造，若鹰爪，五指攒中，钉以贯，能活动。穿长绳系之。大力丢击人马，着身收回，不能逃脱。为宋明军中使用之兵器。

② 神木：县名。治所在今陕西神木县。

③ 度：裴度（765—839），字中立，河东闻喜人。贞元进士，由监察御史进为御史中丞，转升宰相，力主削除藩镇，为唐代名相。晚年因宦官专权，辞官退居洛阳。

④ 斥卤：土地含有过多的盐碱成分，不宜耕种。

⑤ 鄢陵：县名。治所在今河南鄢陵县。

⑥ 齐民：即编户齐民。

⑦ 孳夥：即部落人口繁衍众多。

⑧ 饷道：运输军队粮饷的道路。

冯晖，魏州人，灵武节度使。灵武自唐明宗以来，市马籴粟，招来部族，给赐军士，岁用度支钱六千万，自关以西转输供给，民不堪役。青冈土桥氏、羌剽掠商旅，晖至，推以恩信，止息争夺。广屯田以省转饷，出俸钱治仓库、亭馆，民不加赋，管内大治。

段思恭，泽州晋城[①]人。天福[②]中，冯继业自灵州举家来朝，帝以思恭代知州事。思恭下车，矫继业之失，绥抚部落，访求民病，悉条奏免之。

宋

董遵诲，涿州范阳[③]人。太宗即位，以通远军使兼领灵州路巡检。夏人有剽掠灵武进奉使者，遵诲部署帐下，欲讨之，夏人惧，尽归所掠，伏罪，遵诲慰抚令去。自是各谨封界，秋毫不敢犯。

安守忠，字信臣，晋阳人。太平兴国[④]初知灵州，在官凡七年。雍熙二年知夏州，每西羌犯边，战无不捷。

侯赟，太原人。太平兴国中知灵州，按视蕃落，宴犒以时，得边士心，部内大治，迁左卫。在朔方凡十余年，帝念其久次[⑤]，求可代者而难其人。

田绍斌，汾州人。至道[⑥]元年充灵州马步军都部署，入番讨贼，斩获无算，以马给诸军之缺者。捷闻，手诏嘉谕之。

王昭远，冀州阜城[⑦]人。至道中，李继迁扰西鄙，绝灵武粮道。太宗命昭远为灵州路都部署[⑧]，护二十五州刍粟径达灵武，继迁不敢犯。

郭密，贝州经城[⑨]人。淳化[⑩]中夏人寇边，以密有武略，擢灵州兵马都部署。训练士卒，号令严肃，夏人畏服，边境宁谧。

---

① 晋城：县名。治所在今山西晋城市。

② 天福：五代后晋高祖年号，公元936—942年。

③ 范阳：县名。治所在今河北涿州市。

④ 太平兴国：宋太宗年号，公元976—984年。

⑤ 久次：长期担任某一官职。

⑥ 至道：宋太宗年号，公元995—997年。

⑦ 阜城：县名。治所在今河北阜城县。

⑧ 都部署：官名。北宋临时委任的大军区统帅，称为行营、驻泊、或驻泊行营都部署和副都部署，掌军旅屯戍、攻防等事务。

⑨ 经城：县名。治所在今河北威县。

⑩ 淳化：宋太宗年号，公元990—994年。

杨琼，汾州西河人。至道初为灵庆路副都部署、河外都巡检使。贼累寇疆，琼固捍有功。导黄河溉民田数千顷。败贼于合河镇北，又破贼于城下，追北三十里，赐诏嘉谕，充灵环十州军副都部署兼安抚使。

曹灿，字韬光，灵寿[①]人。至道初知灵州，徙河西钤辖。善抚士卒，威爱兼著。

元

郭守敬，字若思，邢台人。至元元年[②]，从张文谦[③]行省西夏，提举河渠。先是，古渠在中兴者，一名唐来，长四百里；一名汉延，长二百五十里。他州正渠十，皆长二百里，支渠大小六十八，灌田九万余顷。兵乱以来，废坏淤浅，守敬更立闸堰，皆复其旧，夏人赖之，遂立生祠以祀。

张文谦，字仲谦，邢州沙河[④]人。至元初，以中书左丞行省西夏〔二五〕、中兴等路。羌俗素无统纪，文谦得蜀士陷俘中者数人，理而出之，使习吏事。旬月间，簿书有品式[⑤]，子弟亦知读书，俗为一变。浚唐来、汉延二渠，及夏、灵、应理、鸣沙四州正渠十，支渠大小共六十八，溉田十数万顷，人蒙其利。

董文用，字彦材，槀城[⑥]人，至元初为中兴等路行省郎中。自浑都海〔二六〕之乱，民间相恐动，窜匿山谷。文用镇之以静，民乃安。始开唐来、汉延、秦家等渠，垦水田若干。于是民之归者户四五万，悉授田种，颁农具，更造舟置黄河中，受诸部落及溃叛之来降者。

袁裕，洛阳人，至元八年以御史授西夏、中兴等路安抚副使。时徙鄂民万余于西夏，裕与安抚使独吉请于朝，计丁给地[⑦]，立三屯，使耕以自养，官民便之。

明

卢茂，成化间以都指挥守备灵州。骁勇兼人，到任之二日，敌以百骑来犯，茂单骑驰突之，俄，敌渐众，而茂兵亦至，奋呼一击，斩其犯阵一将，余遁去，数岁

---

① 灵寿：县名。治所在今河北灵寿县。

② 至元：元太祖年号，公元1264年—1294年。

③ 张文谦：1216—1283年，字仲谦，邢州人，元初名臣、理学家。至元元年(1264)，奉忽必烈之命，以中书左丞出治西夏中兴等路。

④ 沙河：县名。治所在今河北沙河市。

⑤ 品式：标准、法式。

⑥ 槀城：县名。治所在今河北藁城市。

⑦ 计丁给地：按照丁男的口数分配土地。

不敢近灵州边。

吴福，鄞县人，宁夏参政。宁夏盐池禁严，民食盐甚艰。福奏许民纳盐课，官为量给，民甚便焉。秩满，升福建布政使[①]。

袁旦，大名府人。隆庆五年任西路通判，莅政清勤，建议筑边垣、浚渠坝。

王三锡，翼城[②]人。万历〔二七〕三十五年[③]任宁夏理刑同知，案无留牍[④]。尤加意水利，请于巡抚崔景荣，石甃张政堡暗洞。

萧如薰，延安人，任平罗参将。刘东旸之反，起于仓卒，熊国臣等弃城匿，河西望风而靡，独如薰坚守力拒。伪将哱云引着力兔来攻，如薰伏兵射云，死。九月八日，如薰与李如松等以锐卒击南关，云梯攀缘而上城，遂下。以功加都督同知，历官总兵。贞亮不渝，更多修创之功。

杜希伏，由延绥入籍宁夏。世承武功，历兴武游击，平罗参将，宁夏中协副将。恢复四城，擒斩六王，屡获奇捷。廉勇著闻，兴武、平罗至今皆建有生祠。升湖广安陆府总兵。

韩洪珍，四川人，天启七年任西路同知。威宁旧有七星渠，岁久荒淤，洪珍与屯田守备王光先，条列疏筑之法，上诸巡抚焦馨，以百户李国柱、刘宰分督之，而专任洪珍综其事。

靳桂香，灵州参将。明季无为教[⑤]称居士作乱，夜入城杀河东道[⑥]曹孟吉。时桂香已谢事，乃率众守城门，使贼不得出，尽攻杀之。

刘谨身，河南人，明末任西路同知。督修渠工，剔除奸弊，招选义勇，保障城池。

---

① 布政使：官名。明朝洪武九年（1376），改行中书省为布政使司，每司设左、右布政使各一人，职掌一省的户口、田土、赋役、屯田、水利、驿路等事务，与专管刑名的按察使同为一省最高行政长官。

② 翼城：县名。治所在今山西翼城县。

③ 万历：明神宗年号，公元1573—1620年。又“历”，哈佛本作“曆”，补刻本作“歴”，四库本作“歷”，避乾隆皇帝讳改。

④ 案无留牍：形容案件办理及时，没有拖延不决的案件。

⑤ 无为教：民间教派，又称大乘教，明清时秘密宗教罗教之一支，相传为明代罗孟洪所创。倡言清净无为，劝人修证来世，故名。

⑥ 河东道：亦称河东兵粮道、督储河东道。明宁夏监察机关，治灵州城。

皇清

黎士弘〔二八〕，字愧曾，长汀[①]人。时吴逆煽乱，西秦震动，擢洮岷道副使。署甘山道事王辅臣叛，诸镇会剿。及复兰州，摄臬篆[②]，分别失守官吏罪，号为平允。会宁夏营弁谋逆，杀提帅，改授宁夏道，佐提督张勇赞画军机，申严守御，绥靖反侧，又密请免卫所逋粮七万五千石。寇平，叙功升右参政[③]。

丹达礼，满州人，康熙二十七年任宁夏道。时大兵驻防在城，民心惶惑。达礼多方慰谕，更详督抚割城中一隅安置大兵，勿与民间杂处，严立教条，以免滋累。其后大兵驻宁者六，悉如旧制，兵民相安，皆达礼之力也。当兵马云集时，需草甚多，达礼亲督人夫采于湖滩，不事科敛[④]，调度有方，亦省公费，军马亦给。又督浚渠工，修理庙学，皆著善政。去二十年后，士民犹思之。

西宁府

汉

任尚，安帝元初间任中郎将。屡破西羌先零、狼莫、零昌，又降西河虔人种羌万余口，平陇右。

晋

马隆，字孝兴，东平平陆人。太康[⑤]初，朝廷以西平荒毁，除隆为太守。时南虏成奚为边患，隆至，虏据险拒守。隆令军士皆负农器若将田者，虏备稍怠，因进兵击破之，毕隆之政不敢为寇。积十余年，威信振于陇右。

隋

梁毗，字景和，安定乌氏人。文帝仁寿元年为西宁州刺史。先是，蛮夷旧俗，酋长皆服金冠，以金多者为豪俊，递相陵夺，略无宁岁[⑥]，毗患之。后因诸酋长相率以金遗毗，毗置金坐侧而谓之曰："此物饥不可食，寒不可衣，汝等以此相灭，不可胜数，今将此来欲杀我耶?"一无所纳，于是蛮夷感悟，遂不相攻。在州十一年，帝闻而喜之，征为大理寺卿。

---

① 长汀：县名。治所在今福建长汀县。

② 臬篆：明清时期按察使又称为臬台，臬篆即按察使的印章，这里代指按察使的职权。

③ 右参政：清代官名。佐布政使掌一省政务。

④ 科敛：摊派、搜刮，征集赋税，收敛钱财。

⑤ 太康：晋武帝年号，公元280—289年。

⑥ 略无宁岁：基本没有安宁的年岁。

唐

黑齿常之，百济西部人，高宗仪凤时以功擢河源军副使。调露中吐蕃使赞婆等入寇，屯良非川。李敬玄〔二九〕之败，常之引精骑三千夜袭其军，赞婆等单骑遁，即拜经略大使。常之因建言："河源当贼冲①，宜增兵镇守，而运饷须广。"乃斥地置烽七十所，开田五千顷，岁收粟斛百余万，由是食衍士精②，戍逻有备。凡莅军十年，吐蕃惮畏，不敢窥边。

杜希望，万年③人。开元④间拜鄯州都督，破乌莽城镇西，威震吐蕃。时军屡兴，府库虚寡，希望居数岁，刍粟金帛丰裕。

皇清

杨宗仁，字天爵，奉天正白旗人⑤。由湖广蓝山知县卓异擢知阶州，州近生羌出没，昼劫行旅。宗仁抵任，连堡塞，谨斥堠，严缉捕，羌夷敛迹⑥，商贾安行。迁同知临洮府事，监收兰州镇远桥商税。时值岁歉，请发仓廪以赈饥民，减税额恤商贾，招流亡实户口，循良之誉著于远近。上官有疑狱，辄委治，发奸摘伏⑦，民颂神明。雍、梁多盗，老瓜阴贼，尤为民害，因谳他狱，发案百余，皆为穷治。又虑有司失察被谴，取百余事汇为十案，悉置诸法，盗风顿息，而有司亦全。迁知临洮府，率属安民，政绩尤著。寻擢西宁道，宁古湟中地西陲要冲，振颓剔弊，贤声著闻。升浙江按察使，历仕至湖广总督，晋太子少傅。卒，赠少保，谥清端。

直隶秦州

汉

马成，南阳人，世祖封平舒侯。从世祖征破隗嚣，以成为天水太守。明年代来歙守中郎将，率刘尚等下河池，遂平武都。

陈立，临邛⑧人，为天水太守。劝民农桑，为天下最，赐金四十斤。入为左曹卫

---

① 冲：冲衢，冲途，交通要道。

② 食衍士精：粮食储备充足，士兵训练精良。

③ 万年：县名。治所在今陕西西安市阎良区。

④ 开元：唐玄宗年号，公元713—741年。

⑤ 正白旗：军名。清代置，八旗兵之一，其军旗为正白色。

⑥ 敛迹：即坏人有所顾忌，收敛自己的行迹，不再敢猖狂活动。

⑦ 摘伏：擿，挑，揭发奸邪。形容治理政事精明。

⑧ 临邛：县名。治所在今四川邛崃市。

将军、护军都尉。

晋

陈安，陇上[①]人。怀帝永嘉五年为中军都尉，守上邽。有膂力，左挥八尺大刀，右挥丈八蛇矛。后与将军平先战，大雨，泥深三尺，夺其刀矛，被执于涧曲，杀之。安善抚将士，与同甘苦。及死，陇上思之，为作《壮士歌》以悼之。

胡烈，字武元，临泾人，泰始[②]中为秦州刺史。初，邓艾纳鲜卑降者数万，杂居雍、梁间，傅玄〔三十〕上疏言："艾不虑后患，使散居山谷，此必为害。胡烈素有恩信于西方，今〔三一〕往，必且消弭。然兽心难保，不可必久安，若东人安定，西赴武威，此二郡非烈所制，宜并属秦州，令烈得专御边之宜。"及凉州叛，烈屯于万斛堆，为虏所围，无援，遇害。

杜预，字元凯，京兆杜陵人。时虏寇陇右，除预秦州刺史，领东羌校尉、轻车将军，假节。属虏兵强盛，安西将军石鉴使预出兵击之。预以虏乘胜马肥，而官军悬乏，宜并力大运，须春进讨，陈五不可、四不须。鉴怒，劾奏，征诣廷尉[③]，论赎。其后，陇右之事卒如预策。

南北朝

王子直，字孝正，杜陵人。正光[④]中为秦州总管司马，以德政化人，西土悦附。

刘藻，字彦光，广平易阳[⑤]人，魏太和[⑥]中为秦州刺史。秦人率恃险拒课输[⑦]，或害长吏，前守宰皆依州遥领，不入郡县。藻开示恩信，诛锄豪横，羌氐惮之，守宰于是始得居旧治[⑧]。车驾南伐，以藻为东道都督。秦人纷扰，诏藻还州，人情乃定。

裴邃，字深明，河东人，为秦州刺史。大开屯田数千顷，仓廪盈实，省息边运，人吏获安，乃相率遗邃绢千余匹，邃从容曰："汝等不应尔，吾又不可逆止。"纳其二匹。

---

① 陇上：即今陕北、甘肃陇以西一带。陇上诸郡包括陇西、南安、汉阳、永阳等。

② 泰始：晋武帝年号，公元265—274年。

③ 征诣廷尉：征召其赴廷尉，属于诏狱，皇帝亲自下令处理的案子。

④ 正光：北魏孝明帝年号，公元520—525年。

⑤ 易阳：县名。治所在今河北永年县。

⑥ 太和：北魏孝文帝年号，公元477—499年。

⑦ 拒课输：抗拒租税的交纳。

⑧ 旧治：原先的郡县府寺驻所。

张彝，字庆宾，清河人。宣武[①]中除安西将军、秦州刺史，羌人惮其威，一方肃静，号为良牧。

邢峦，字洪宾，河间人。有文才干略，拜持节梁秦二州刺史。拓地定境，东西七百里，南北千里，获郡十四及诸县戍。

北齐

韩轨，字伯年，太安人。齐神武时为秦州刺史，甚得民。神武巡秦州，欲轨还京师，赐秦州城户人绢布二疋[②]，州人皆辞不受，惟乞留轨，神武嘉叹，许留。

南齐

王玄邈[三二]，字彦远，太原祁人，升明[③]中为秦州刺史。齐建元初，李乌奴作乱，袭州城，元邈率兵破之，高帝闻之曰："玄邈果不负吾。"

周

独孤信，云中人，大统中除陇右大都督、秦州刺史。先是，守宰暗弱，政令乖方，人有冤讼，历年不能断决。及信在州，事无壅滞，示以礼教，劝以耕桑，数年中公私富实，流人愿附者数万家。周文以其信著遐迩，赐名为信。岷州刺史梁企定反，及凉州刺史宇文仲和据州，不受代[④]，信皆破平之，以功增封。

宇文导，颢[⑤]仲子。独孤信东下，令导代信为秦州刺史。导性宽明，善抚御，文帝每出征，导恒居守，深为吏人所附，朝廷重之。薨于上邽，朝议以导抚和西土，威恩显著，欲令世镇陇右，以彰厥德。乃葬上邽城西，中外会葬者万余人。

唐

萧瑀，后梁明帝子，徙长安，为河池郡守。有钞贼万人，吏不能制，瑀募勇敢士击降之。又击走薛举众数万，高祖授光禄大夫，封宋国公。

姜謩，上邽人。武德初擢秦州刺史，帝曰："昔人称衣锦还故乡，今以本州相授，所以赏功。凉州荒梗[⑥]，宜有以靖之。"謩至，抚边俗以恩信，盗贼衰息，人喜曰："不意复见太平官府。"

---

① 宣武：北魏宣武帝年号，公元483—515年。

② 疋：音pǐ。同"匹"，量词，指整卷的绸或布。

③ 升明：南朝宋顺帝年号，公元477—479年。

④ 不受代：即不接受朝廷派来接替自己工作的官员，即抗拒朝廷的任免安排。

⑤ 颢：即宇文颢（？—524），西魏权臣宇文泰长兄，随父与卫可孤作战，因救父战死。

⑥ 荒梗：荒凉闭塞。

郝廷玉，李光弼将，累为秦州刺史。善训练，羌人不敢犯。

五代

崔继勋，字成绩，长社人。后晋天福中为秦州观察使，推恩信，设方略，以招诱诸部，羌人相率奉牛酒请盟，边境以安。

宋

刘熙古，字义淳，宁陵[①]人。乾德[②]中知秦州，州境与羌接，熙古至，谕以朝廷恩信，取蕃部酋豪子弟为质，边鄙以宁。

宋玚，字宝臣，华州人。太宗时知秦州，有善政，就拜监察御史，充陕西转运使，以韦亶代之。玚去州未百日，亶坐事系狱。上念玚治绩，命再知州事，安集诸羌，部内清肃。

冯伉，雍熙中州推官。州民李益饶于财，恣横不法，赂权贵为庇护，长吏而下皆畏之，独伉不从。益遣仆数辈毁辱伉，伉屡表其事，为邸吏[③]所匿，后因市马驿者附表以闻，帝怒，诏知州吴元载逮捕，具得其状，诛之。

温仲舒，字秉阳，河南人。淳化四年知秦州。州杂羌戎，有两马家、朵藏、枭波等部，唐末以来，居于渭河南，大洛门、小洛门砦多产良木，为其所据。岁调卒采伐给京师，必以赀假道于羌户。犹不免攘夺，甚至杀掠，为平民患。仲舒至，部兵历按诸砦，谕其酋以威信，诸部献地内属。既而悉徙其部落于渭北，立堡砦以限之，民感其惠，为画像祠之。

曹玮，彬之子。知秦州，有德泽于民，秦人立碑纪功。

曹琮，字宝章，彬之子。知秦州，度羡材为仓廪，大积谷于渭冀城。以恩信怀生羌，多请内属。宝元[④]中元昊反，复知秦州，上攻守御三策。

马知节，字子元，蓟人，咸平[⑤]初知秦州。州尝质羌酋支属二十余人，逾二纪矣。知节曰："羌亦人耳，岂不怀归。"悉遣之，羌怀其德，讫任，更不犯塞。时州有银坑，岁久矿竭，课额[⑥]弗除，主吏破产偿之不足。知节请蠲之，章三上，得允。

---

① 宁陵：县名。治所在今河南宁陵县。

② 乾德：宋太祖年号，公元963—968年。

③ 邸吏：宋代都进奏院吏人别称。因都进奏院别称奏邸、进邸、留邸等得名。

④ 宝元：宋仁宗年号，公元1038—1040年。

⑤ 咸平：宋真宗年号，公元998—1003年。

⑥ 课额：针对银矿征收的税赋。

文彦博，汾州介休[①]人。知秦州有威名，夏人不敢犯。

王随，字子正，河南人。乾兴中知秦州，秦卒有负罪逃入蕃部者，戎人辄奴畜之，小不如意复执出求赏，前此坐法多死。随下教能自归者免死，听复隶军籍，由是来归者众。又建请增蕃落，卒给废陷马地，募民耕种。

梁适，字仲贤，东平人，知秦州。古渭初建砦，间为属羌所抄，益兵拒守，羌复惊疑，适召谕其种人，且罢所益兵，羌人不为患。

吕公绰，字仲祐，寿州人。知秦州，安远砦、古渭州诸羌来献地，公绰顾其属曰："天下之大，岂利区落尺寸地耶？"时弓箭手马多阙，公绰谕诸寨，户凡十丁为社，秋成，募出金帛市马，马少则先后给之[②]。

唐肃，字叔元，钱塘[③]人，秦州司理参军。有商人寓逆旅〔三三〕，而同宿者杀人亡去，商人夜闻人声往视之，血溅其衣，捕吏执赴州狱，已具，肃为伸其冤。后数月，果得杀人者。

韩琦，安阳人。知秦州，兼秦凤路经略招讨使。增广州城，招集属户，厉兵讨贼，讫琦去，贼不敢犯。

王拱辰，字君贶，咸平[④]人。帅秦州，威恩并用，羌人信服。

尹洙，字师鲁，河南人。韩琦知秦州，辟洙通判州事，荐其才可用，加直集贤院[⑤]，上奏命令数更、恩宠过滥、赐与不节三事，仁宗嘉纳。

余靖，字安道，曲江人。知秦州，教条分明，以治最闻。

薛奎，绛州人，知秦州。州宿重兵，经费常不足，奎务为俭约，教民水耕，岁中得刍粟数十万。徙知益州，秦民与夷落数千人列奎治状，请留，玺书褒谕，不许。

李参，字清臣，郓州须城人，以枢密直学士知秦州。药家族作乱，讨平之，得良田五百顷，以募弓箭手，居镇阅岁，未尝以边事闻，英宗遣使问故，对曰："将在边，期于无事而已，不敢妄以寇贻主忧。"参刚果严毅，事至即决，虽簿书纤悉不遗，称才能吏。

---

① 介休：县名。治所在今山西介休县。

② 先后给之：按照弓箭手的先后顺序配给马匹。

③ 钱塘：县名。治所在今浙江杭州市。

④ 咸平：县名。治所在今河南通许县。

⑤ 集贤院：唐宋掌管秘书典籍的专门机构，设置有学士、直学士。尹洙加直集贤院，即担任集贤院直学士。

孙永，字曼叔，长社人，知秦州。王韶以布衣入募府，建取熙河策，永折之曰："边陲方安静，无故骚动，恐变生不测。"会新筑刘家堡失利，众请戮偏裨以塞责，永曰："居敌必争之地，军孤援绝，兵法所谓不得已而守者也。尤人[①]以自免，于我安乎？"

李及，字幼几，郑州人，知秦州。议者以及谨厚，非守边才。及至州，州将吏亦颇易之。会有禁卒白昼攫妇人金钗于市，吏执以来，及方坐观书，召前诘问，其人服罪，及亟命斩之，观书如故，将士惊服。

王令图，太原人，至和[②]中以殿中丞为河池令。时值开河会议，河去县四十余里，部属陕西，移文令图通干[③]其事，自秋七月至八月，路已通，功告讫，下诏旌之。

李周，字纯之，冯翊[④]人，嘉祐五年知河池。公正严毅，沉晦自匿[⑤]，未尝私谒执政。

李师中，字诚之，楚邱[⑥]〔三四〕人。知秦州，以持重总大体自处。前此多屯重兵于境，寇至则战，而内无以遏其人。师中简善守者列塞上，而使善战者居中，令寇至坚壁固守，须其去，出战士尾袭之，约束既熟，常以取胜。

张诜，字枢言，建州浦城人。知秦州，号令严肃。前此将吏贪功，多从羌地射猎，因起边患。诜至，申令毋得犯，得一犯者，斩诸境上，群羌感悦。

吕大忠，字进伯，蓝田人。元祐初知秦州。时郡籴民粟，豪家因之制操纵之柄。大忠选寮寀[⑦]自旦入仓，虽升斗亦受，不使有所壅阏。民喜，争运粟于仓，负钱而去，得百余万斛。马涓以进士举首入幕府，自称状元。大忠谓曰："状元云者，及第未除官之称也。既为判官则不可。今科举之习既无用，修身为己之学[⑧]，不可不勉。"又教以临政治民之要，涓自以为得师焉。

---

① 尤人：责备、怪罪他人。

② 至和：宋仁宗年号，公元1054—1056年。

③ 通干：统领负责其事。

④ 冯翊：县名。治所在今陕西大荔县。

⑤ 自匿：隐蔽自身，不张扬、不显露。

⑥ 楚丘：县名。治所在今山东曹县。

⑦ 寮寀：百官，僚属。

⑧ 为己之学：强调学习是为了提升自己的道德修养，成就自己的德性。与之相对的是"为人之学"，即为了得到他人的赞赏、肯定和赏识。

谢良佐，上蔡[①]人，秦州教授[②]。州守吕大忠每过之，听讲《论语》，必正襟敛容，曰："圣人言行在焉，不敢不肃。"

何常，字德固，京兆人。知秦州，谍告夏人多筑堡栅，朝议欲出兵牵制。常言："羌人生长射猎，今困于版筑，违其所长而用其所短，可拱手以待其敝也。"从之。

罗拯，知秦州，筑东西二城。

姚祐，字伯受，长兴[③]人。知秦州，或请调熙河弓箭士徙边，以省更戍[④]。祐谓："人情怀土重迁，丐以二年为更发之期，满岁乐业而愿留者，乃听。"且请择熙秦富民，分丁授地，蠲役借粮，以劝耕植，益广秦之东西川，建城壁，严保障，以控熙河、泾原，皆从之。

叶康直，字景温，建州人。元祐中知秦州，时筑甘谷城，成，夏人侵之。康直戒诸将设伏以待，歼其二酋，自是不敢犯境。

张浚，广汉[⑤]人。绍兴初以川陕〔三五〕宣抚使，置幕府于秦州。至，即出行关陕，访问风俗，罢斥奸赃，以搜揽豪杰为先务。

刘韐，字仲偃，崇安[⑥]人。知陇城，以廉称。后使金，死节。子子羽，参议张浚军事，驻秦州，有方略。

狄訷，元祐间知陇城寨，绰有声绩。

赵鼎，闻喜人，徽宗时为两当尉。自筮仕时，立志远大，后为中兴贤相。

陈佃，简州人。绍兴二十二年自朝奉大夫知河池，不为烦苛，有古循良风。常盛暑遣囚归，各感恩，如期而至。

董彦威，绍兴中河池尉，恺悌爱民。一日盗至，邑人大震，彦威不恐慑，徐遣兵尽捕之。

---

① 上蔡：县名。治所在今河南上蔡县。

② 教授：学官名。宋太宗为皇侄等置师傅，名为教授。后宗学、武学、律学中也都有教授。仁宗庆历四年(1044)，州学中也设教授以为学官，以经术行义训导学生，掌其授课考试等事。

③ 长兴：县名，治所在今浙江长兴县。

④ 更戍：北宋军事制度。宋太祖赵匡胤鉴于唐末五代藩镇之弊,分遣禁军轮番戍守边城,称更戍法。

⑤ 广汉：县名。治所在今四川射洪县。

⑥ 崇安：县名。治所在今福建武夷山市。

元

田守璋，大德二年徽州管军元帅副使，以骁勇见称。洞悉民艰，军民依赖。

张仲文，大德中徽州管军参议元帅。善骑射，务广恩信，劝民农桑，建仓备荒，军民怀德。

明

邵毅，河南中牟人。洪武中知清水，刚果无私，吏畏民服。擢御史，祀名宦。

刘德，直隶人。知清水，重修城池，创建县治，学校庙宇，公署铺舍。正经界，编里甲①。

廖森，两当主簿。元末，县内衙舍废弛。洪武七年，森于旧基创建县治，公署始备。又同训导蒋庆于县治东创建儒学，诸生肄业②始得其所，士民称颂。

傅鼐，字天和，直隶新河③人。成化间秦州知州，严以莅政，平以近民，除淫祀④，戒游食，重农申教，袪灾弭盗，凡学校、馆舍、坛壝、桥梁，以次修葺。常上疏，言救荒弭乱二十事，言皆剀切⑤，当旨如议行于秦〔三六〕，秦人便之。

宋珍，字廷瑶，深州人，成化间知秦安。性最孝，母尝怒杖珍，珍跪而受，邑人感叹。一日有风过堂下不去，珍谓曰："若有事白我，盍我前风前。"就席，至夜方寐，如有前声冤者，于是遍境内体之，果得杀人者，寘于理，人以为廉明所致。学校堂斋多所修建，任五载，曾不受嘱⑥，人或有所赠遗，略不省视，却之。后卒于官。

荆琨，猗氏⑦人，嘉靖间清水县训导。凡五载，教士禔躬⑧，如出一日，虽雨雪晏晦，未尝不整襟危坐⑨。捐所得俸补葺庙学，治俎豆爵罍⑩，始倡明道之学，群诸

① 里甲：明代基层组织或役制组织。一里为一百一十户，里设里长，由一里中丁多田多的十户轮流当里长，其余一百户分为十甲，每甲十户。甲的负责者称甲首，由各户轮流充当。

② 肄业：修习课业。

③ 新河：县名。治所在今河北新河县。

④ 淫祀：淫，过度、滥。淫祀指不合礼制的祭祀，包括不当祭的祭祀。

⑤ 剀切：恳切，切中事理。

⑥ 受嘱：接受私人的请托。

⑦ 猗氏：县名。治所在今山西临猗县。

⑧ 禔躬：禔，音zhī。犹禔身，指安身、修身。

⑨ 危坐：即端坐，古人坐时两膝着地，挺直上身即为危坐，是一种严肃恭敬的坐姿。

⑩ 俎豆爵罍：皆祭祀用的礼器。

士〔三七〕于官舍讲习之，清士始彬彬可观。天旱，琨出米数十石，赒[①]贫士之不给者。

王忠显，山西泽州人，万历〔三八〕十七年知清水。甘淡薄，注意民瘼[②]，兴利除害。尝以息讼谕民，两造庭质，唯决是非而已。百姓戴如父母。升南京户部主事。

朱廷彰，晋藩宗室[③]。明末巩昌判官，署秦州事。廉介刚直，颇有声政。李贼[④]至，被执，拥见贼帅，叱之跪，廷彰正色曰："我天朝宗室，可拜贼乎？头可断，膝不可屈。"贼犹欲生之，大呼曰："今日此来，只须一死。"正襟危坐，神色自若，遂见杀。

朱呈瓘，宗室，明末知秦安。邑处边冲，城守无具，贼陷城，絷至伏羌，胁令赚城，呈瓘呼告伏羌令曰："诸君宜坚守勿降，吾忍辱至此，盖欲知死所耳。"言讫骂贼，连呼"速杀我!"贼遂杀之。伏羌卒严守，不得下。

向永凤，礼店所副千户。嘉靖甲午[⑤]，阶州铁甲山贼肆劫，永凤与战，追至麒麟山。贼曰："我贻若金帛，盍[⑥]两生之。"永凤叱曰："何物贼！敢以金帛饵我。歼贼，我分也。"因奋击之，射二贼死，将复射，弓忽弛，军曰："可少却。"永凤曰："战而却，畏死耶!"复与力战，死之。事闻，擢其子元吉为正千户。元吉忠勇，有父风。

直隶阶州

汉

孔奋，字君鱼，茂陵人。建武中以守姑臧，清廉仁贤，召除武都郡丞[⑦]。时陇西余贼隗茂等夜攻府舍，残杀郡守，畏奋追击，执奋妻子欲以为质。奋惟有一子，终不顾，遂穷力讨之，吏民感义用命。又率厉氐豪齐钟留等共相遮击，贼窘惧逼急，乃推奋妻子置军前，冀奋退却。奋击之愈厉，遂擒灭茂等，奋妻子亦为其所杀。世祖下诏褒美，拜武都大守。为政明断，甄善疾非，见有美德，爱之如亲，其无行者，忿之如雠。郡中称为清平。

---

① 赒：周济、救济。

② 民瘼：百姓的疾苦。

③ 晋藩：明朝分封到山西的宗室。

④ 李贼：即李自成军队。

⑤ 嘉靖甲午：即嘉靖十三年，公元1534年。

⑥ 盍：何不。

⑦ 郡丞：为郡守的佐官，秩六百石，佐郡守以治众事，郡府奏疏及一般文书均经郡丞副署；太守因故不能视事时，常由丞代行太守事。但在平时则无多大实权。

虞诩，字升卿，陈国武平[①]人。永初[②]间，羌寇武都，邓太后以诩有将帅略，自怀令迁武都太守。羌众遮诩于崤谷，诩宣言请兵，须到当发，羌闻之，乃分抄旁县。诩因日夜兼行，令吏士各作两灶，日增之，羌不敢逼。或问之，诩曰："孙膑昔示弱，吾今示强，势固不同。"既到郡，兵不满三千，羌众万余攻围赤亭。诩乃令军中，使强弩勿发，而潜发小弩[③]，羌以为矢弱，并兵急攻诩。于是使强弩迸射，发无不中，羌退，诩因奋击之。明日陈兵，令出东郭入北郭，易衣数周[④]，羌恐动，乃潜伏兵于浅水，候其走，因揜击[⑤]，大破之。诩乃筑营壁，招流亡，假贷贫乏，郡遂以安。先是，运道艰险，诩案行川谷，由沮至下辩数十里，烧石翦木，开漕船道，于是水运通，利岁省四千余万。诩始到郡，户裁[⑥]盈万，二年遂增至四万余户。

赵冲，顺帝永和六年，以冲为武都太守。时唐羌内侵，冲破之，领西河四郡兵。

李翕，字伯都，汉阳阿阳[⑦]人。灵帝时仕武都太守，屡致嘉瑞。建宁四年，开天井道、西狭石路，民为磨崖[⑧]刊颂于鱼窍峡。

三国魏

杨阜，字义山，天水冀[⑨]人，建安中迁武都太守。阜威信素著，徙郡小槐里，百姓襁负[⑩]随之。为政举大纲而已，下不忍欺也。在郡十余年，征拜城门校尉。

南北朝魏

高允，渤海人。为中书侍郎，从征杨难当[⑪]，禁暴止杀，秦人更生。

---

① 武平：县名。治所在今河南鹿邑县。

② 永初：东汉安帝年号，公元107—113年。

③ 小弩：威力和射程有限的弩机。

④ 易衣数周：易衣，更换军服，数周：多圈。易衣数周指每个士兵多次出东郭入北郭，造成军队庞大强大的印象。

⑤ 揜击：揜，音yǎn。掩击，袭击，冲杀。

⑥ 裁：通"才"，仅仅，刚刚。

⑦ 阿阳：县名。治所在今甘肃静宁县。

⑧ 磨崖：在山崖的石壁上镌刻碑文、佛像以及诗赋等。

⑨ 冀：县名。治所在今甘肃甘谷县。

⑩ 襁负：用襁褓把婴儿兜负在背上，形容拖家带口向化追随。

⑪ 杨难当：后仇池国国王，公元429年称大秦王，置百官，遣使通刘宋。后来魏军进逼，难当归附魏。

隋

杨文思，字温才〔三九〕，华阴①人，周天和②初行③武都太守。历平十姓党项羌及山东寇〔四十〕，并破之。

五代

郭琼，平州卢龙人。后唐清泰④初，刺史阶州。城垒未葺，蜀人屡寇。琼徙城保险，民乃无患。受诏攻文州，拔二十余砦，生擒数百人。晋天福中，为朔方部署，将兵平羌浑。

王弘贽〔四一〕，太原人。后唐时阶州刺史，到任，增户二千余，复请置将利、福津二邑，诏褒之。

宋

牛逢源，淳化初知同谷。简靖自持，治民敦尚礼教。

李公璹，祥符中知阶州。州东北峪河水为患，公璹命工凿卧龙冈，回河势⑤，使东南流，导水入江。

宇文之邵，字公南，绵竹⑥人。为文州曲水令，岁饥，转运使以布绢高其价，使鬻于民。之邵言："地狭民贫，耕者亡几，况岁方俭。羌数入寇，不可重困之以求利。"因忤运使，遂乞致仕。神宗即位求言，上疏不报，遂致仕。司马光曰："志不行顾禄仕如锱铢，道不同视富贵如草芥，于之邵见之。"

家愿，字处厚，眉山人。崇宁⑦初以元祐党人⑧谪监华州西岳庙，禁锢⑨十年，大观⑩间禁解，通判文州。郡守郑行纯凭内侍势自恣，罢互市，启边衅，愿争之不从，

① 华阴：县名。治所在今陕西华阴县。

② 天和：北周武帝年号，公元566—572年。

③ 行：代理之意，代理武都太守。

④ 清泰：五代后唐末帝年号，公元934—936年。

⑤ 回：调转、回旋。这里指改变黄河的水势走向。

⑥ 绵竹：县名。治所在今四川绵竹市。

⑦ 崇宁：宋徽宗年号，公元1102—1106年。

⑧ 元祐党人：崇宁元年（1102）七月，蔡京打着崇奉熙宁新政的旗号，打击排斥异己，籍定所谓"元祐旧党"司马光、文彦博、苏轼、张士良等一百二十人，分列罪状，称为"奸党"，全部加以黜责。

⑨ 禁锢：禁止为官，惩罚官吏的方式之一。

⑩ 大观：宋徽宗年号，公元1107—1110年。

径下令复其旧。守怒，交章互奏[①]，俱报罢。

蒲卣，字君锡，阆州人。通判文州，有献议者欲开文州径路达陕西，卣言："洮、岷、积石至文为甚迩，自文出江油，邓艾取蜀故道也。异时鬼章欲从此窥蜀，为其阻隘而止。夏人觇此久矣，可为之通道乎？"议遂寝。

苏寀，字公佐，滏阳[②]人，为利路转运使。文州岁市羌马，羌转买蜀货，滑驵[③]上下物价，肆为奸渔。寀议置折博务[④]，平货值以易马，宿弊顿绝。

刘锐，知文州。嘉熙元年，元兵来攻，锐与通判赵汝向乘城固守，率军民昼夜搏战，杀伤甚多。拒守两月余，援兵不至，城中无水，取汲于江，敌知虚实，遂增兵攻城甚急，一夕移江流数里外。锐度不免，乃尽饮家人以药，幼子同哥才六岁，饮药时犹下拜受之。锐聚尸，及告命[⑤]，焚之。锐及二子登文王台自刎死，军民死者数万。

赵汝向，宣城人，通判文州。北兵围城，与刘锐相誓死守，更迭出战[⑥]。及被围旬有六日，汲道绝，兵民水不入口者半月，至吮妻子之血，卒无叛志。城垂陷，汝向犹提双刀入阵，中十六矢，被执。汝向善射，敌先断其两臂，而后脔杀之。

明

陆弘〔四二〕，洪武初为阶县令。时兵燹[⑦]后，创建之绩居多，凡公署、坛宇、桥梁、铺舍，焕然改观。

简原辅，四川人，洪武十年任阶州。建砖城，招抚流亡，审徭编户，无不均平，大有造于阶。

张奇，河南商水[⑧]人。自望江县迁知阶州，廉介正直，政事聿修。阶有巨豪数人，悉绳之以法。及归，囊橐萧然[⑨]，惟图书数卷而已。

---

① 交章互奏：官员交互向皇帝上章，相互弹劾指责。

② 滏阳：县名。治所在今河北磁县。

③ 滑驵：驵，交易的中间人。滑驵，指奸滑不正的中间人，上下其价，从中牟利。

④ 折博务：官署名。北宋于陕西沿边诸州置，掌商人入中的现钱与粟帛，按值给以茶盐。

⑤ 告命：向天子遥相报告。

⑥ 更迭：轮流交替。

⑦ 兵燹：燹，音 xiǎn，野火。兵燹指因战乱所遭受的焚烧、破坏等灾害。

⑧ 商水：县名。治所在今河南商水县。

⑨ 囊橐萧然：囊橐，泛指口袋。这里指张奇离任时的行李、家赀。萧然，萧条，空虚。

崔尚义，直隶长垣[①]人。嘉靖十六年知阶州，雅尚俭素，取予不苟。尤娴刑名，凡有勘断，援笔立就，未尝假手于人。升临洮同知，复摄州事。

鲍德，字子慎，雁门人。嘉靖二十七年知阶州，边警方殷，岁复大旱，调兵食，起饿莩，全活者众。龙江暴涨，捐俸修桥，民免垫溺。

田辅，西安卫人。嘉靖二十九年守备文县，创立堡寨，谨烽火，严边禁，申军法，募勇敢，时训练，在任二年，番人不敢犯边。

蔡思和，湖广攸县[②]人。万历〔四三〕间知阶州。通水利，开山壕，凡强弁豪滑[③]必置以法，孤寒贫弱则抚翼之惟恐不尽力。升叙州府同知，州人立祠竖碑。

谢镛，字禹铭，顺天良乡[④]人。崇祯〔四四〕九年知成县。值兵燹之余，官无宅舍，民多流亡，残垣危堞，整顿无资。镛设法防御，率民人上城，缮城池，建廨宇，抚残复业，督耕劝垦，暇则训士习射，有警即佩剑巡缉。更募壮丁以习战，储火器以设防。戊寅、己卯间，万贼压境，率民固守，贼不敢犯。又仓卒定计以解徽危，而徽亦无虞，两署徽州，皆绥戢得所。

皇清

毛洪麟，山西夏县[⑤]人。吴逆之变，以军功授秦州知州，改授阶州。康熙十五年，阶州复陷，退守阶西之冈旗寨，征缮扞圉，不惮劳苦。十八年冬，大兵入境，粮草甚亟，居民远窜，多方措处，供应不匮。招流移，通商贾，旋以夫驴之役，约费万金，力请豁免，又请蠲免荒粮三千八百余石。民屯〔四五〕亡丁一千有余，胥幸更生[⑥]，有颂德碑。

直隶肃州

汉

辛武贤，狄道人，宣帝神爵[⑦]中为酒泉太守。时先零羌杨玉等反，赵充国至金城，欲俟虏疲极乃击之。武贤奏言："郡兵皆屯备南山，北边虚空，势不可久。可益

① 长垣：县名。治所在今河北长垣县。

② 攸县：县名。治所在今湖南攸县。

③ 强弁豪滑：强弁，仗持武力而蛮横之人。豪滑，强横狡诈不守法纪的人。

④ 良乡：县名。治所在今北京房山区。

⑤ 夏县：县名。治所在今山西夏县。

⑥ 更生：重获新生。

⑦ 神爵：汉宣帝年号，前61—前58年。

马食，以七月上旬分兵并出张掖、酒泉，合击罕开〔四六〕在鲜水[①]上者。”天子下其书，公卿议以为是，上乃拜武贤为破羌将军，赐玺书，嘉纳其策。子庆忌亦徙酒泉太守。

戴宏，字元襄，济北刚县[②]人。吴祐迁胶东侯相，时宏父为县丞，宏从在舍，祐每行园，尝闻讽诵之音，奇而厚之，遂与为友。卒成儒宗，知名东夏，官至酒泉太守。

翟酺，字子超，广汉雒县[③]人。延光三年出为酒泉太守。叛羌千余骑徙敦煌，来抄郡界，酺赴击，斩首九百级，羌众几尽，威名大震。后迁京兆尹。

三国

苏则，字文师，扶风人。少以学行闻，举孝廉茂才，起家为酒泉太守，转安定、武都，所在有威名。

唐

公孙武达，京兆栎阳[④]人。贞观初为肃州刺史，突厥入寇，谋南趋吐谷浑，武达以精兵二千人与战，敌稍却，复殊死斗，薄之张掖河，潜命上流渡兵，俟半渡，乃两岸夹击，斩溺略尽。玺书劳之，迁左监门将军[⑤]。

明

曹赟，任肃州卫千户。本卫城旱地千余顷，赟于洪武二十七年创开沟渠，远引河水灌溉，居人咸获其利，至今赖之。

钟振，任肃州指挥使。正统二年，北兵犯边，赴敌而死。

西域

汉

张骞，汉中人。武帝建元中以郎应募，使月支十余岁，骞持汉节不失，因得穷河源，还拜大中大夫。由是西国遂通，封骞博望侯。元狩四年，骞使西域，是时匈奴浑邪王降汉。元鼎六年，分酒泉、武威之地置张掖、敦煌，为河西四郡，隶凉州部。

崔不意，济南人。元封六年为鱼泽尉，教力田以勤效得谷，因即鱼泽障立县，

---

① 鲜水：亦作“鲜水海”，青海湖的古名。

② 刚县：县名。治所在今山东宁阳县。

③ 雒县：县名。治所在今四川广汉市。

④ 栎阳，县名。治所在今陕西西安临潼区。

⑤ 左监门将军：军官名。隋唐时期中央十六卫之一左右监门府(卫)主官，正四品，掌宫殿门禁及守卫之事。

名为效谷。

郑吉，会稽人。以卒伍从军，数出西域，由是为郎。宣帝时吉以侍郎田渠黎积谷，因发诸国兵攻破车师，迁卫司马，护鄯善以西南道。神爵中匈奴〔四七〕乖乱，日逐王欲降汉，吉发渠黎、龟兹诸国五万人迎之，诣京师，封日逐为归德侯。吉既破车师，降日逐，威振西域，遂并护车师以西北道，故号都护，都护之置自吉始。于是中西域立幕府，治乌垒城，都察乌孙、康居等三十六国，汉之号令，始得颁西域。

冯奉世，字子明，上党潞[①]人。元康[②]初，乌孙有击匈奴功，而西域诸国新辑，帝欲安之，以奉世为卫侯，使持节，送大宛诸国客至伊修城。会莎车叛汉，从鄯善以西皆绝不通，奉世遂以节谕告诸国王，因发其兵，南北道合万五千人击莎车，攻拔其城，莎车王自杀，传其首诣长安，诸国悉平，威振西域。奉世至大宛，大宛闻其斩莎车王，敬之异于他使，得其名马象龙而还，上甚悦，以为光禄大夫[③]。

陈汤，字子公，山阳瑕邱[④]〔四八〕人，元帝建昭元年汤为西域副校尉[⑤]。为人沉勇有大虑，多策谋，喜奇功。时郅支自以大国，又乘胜骄，不为康居王礼，困辱汉使者。汤乃矫制[⑥]发兵，与都护甘延寿袭击斩之，传首至京师，悬槀街[⑦]十日。竟宁元年，封汤爵关内侯。

窦固，字孟孙，平陵[⑧]人。永平十五年，以固尝从其父融在河西，明习边事，乃以固为奉车都尉，同驸马都尉耿秉将兵屯凉州。十六年，分道出击羌夷，固与耿忠率张掖、酒泉、敦煌甲卒及卢水羌人出酒泉塞，至天山击呼衍王，斩首千余级，追至蒲类海[⑨]，取伊吾庐地，置宜禾都尉，留吏士屯田。十七年复与耿秉及骑都尉刘张击车师，降之，复置西域都护、戊己〔四九〕校尉。

---

① 潞县：县名。治所在今山西潞城市。

② 元康：汉宣帝年号，前65—前61年。

③ 光禄大夫：官名。汉武帝太初元年(前104)，中大夫改名为光禄大夫，秩比二千名，与谏大夫、太中大夫等参与议论政事。

④ 瑕丘：县名。治所在今山东兖州市。

⑤ 西域副校尉：官名。西汉置，为西域都护之副，协助都护掌护西域诸国。

⑥ 矫制：又称矫诏。擅自假托诏令，假称君王的命令。

⑦ 槀街：在今陕西西安市西北长安故城内。汉时诸夷来朝，于槀街设邸以居之。

⑧ 平陵：西汉昭帝陵，在今陕西咸阳市西北。

⑨ 蒲类海：湖泊名，又名婆悉海、巴尔库勒淖尔。即今新疆巴里坤县西北巴里坤湖。

班超，字仲升，平陵人。永平十六年窦固击匈奴，超为假司马[①]。超与从事郭恂俱使西域，鄯善王广奉超礼甚备，后忽懈。超疑必有北使，诘侍者，具服，遂与吏士三十六人夜奔虏营，顺风纵火，寇众惊乱，超格杀三人，吏兵斩其使及从事三十余级，余百人悉烧死。明日，以寇使首示广，广遂纳子为质。复遣使于阗，其王广德礼意甚疏，且信巫言，求汉使騧马[②]以祠巫神，令其相私来求马。超令巫自来，乃斩巫而鞭其相，广德惧，斩其寇使以降。西域与汉绝六十五载，至是复通。十七年，复与窦固执疏勒王兜题，更立其故王子忠。章帝建初元年，留屯疏勒。五年，以平陵徐干为假司马，将弛刑[③]、义从[④]就超，平西域。八年，复拜为西域将兵长史。章和元年，超发诸国兵击莎车，降之。龟兹等兵各退散，自是威震西域。和帝永元二年，遣兵至月支，伏兵杀之，月支由是遣使奉献。三年以为西域都护、骑都尉。六年讨焉耆，斩其王广。于是，西域五十余国俱纳质内属。十四年，以老乞归。

耿恭，字伯宗。永平十七年，恭以司马为戊己校尉，屯后王部金蒲城[⑤]。恭至部，示汉威德，昆弥[⑥]遣子入侍。明年，北单于击杀车师后王安得，遂攻恭。恭以毒药傅矢，语匈奴曰："汉家箭神，其中疮者必有异。"寇中矢者视疮皆沸，遂大惊，会暴风雨，随雨击之，杀伤甚众，匈奴震怖，相谓"汉兵神"，乃解去。恭引兵据疏勒城，匈奴复来攻，壅绝涧水，恭于城中穿井，向井拜祷，有顷水泉奔出，乃令扬水示虏，遂引去。十一月车师叛，复与匈奴共围之，恭率励士众御之，数月食尽，煮铠弩食其筋革，与士卒推诚同死生，故皆无二心。初，关宠上书求救，乃诏酒泉太守段彭等将兵救之。章帝建初元年，击车师，匈奴走，车师复降，军吏范羌固请迎恭，归，拜骑都尉。

三国魏

仓慈，字孝仁，淮南人。魏太和[⑦]中敦煌太守。抑挫权右，抚恤贫羸，民翕然称

① 假司马：官名。汉置，又称军假司马，为司马之副，在正式任命为司马前代理试用期间称假司马。大将军营下属"曲"有假司马，为司马之副贰。

② 騧马：騧，音guā，黑嘴的黄马。此马是汉使者的坐骑。

③ 弛刑：除去刑具。这里指解除束项铁圈及脚镣的罪犯，从军免罪。

④ 义从：汉代军名。初指募兵之一种，意谓自愿从军者。

⑤ 后王部金蒲城：车师分为车师前部和车师后部。后王部即车师后部的金蒲城。

⑥ 昆弥：乌孙王号。

⑦ 太和：三国魏明帝年号，公元227—233年。

其德惠。数年，卒于官，吏民悲感，图画其形。

南北朝

令狐整，字延保，敦煌人。魏大统十二年，凉州作乱，瓜州民张保杀刺史，晋昌民吕兴〔五十〕杀太守以应凉州。整时为瓜州主簿，保欲杀之，以其人望，恐失众心，虽外相敬，内实忌之。整阳为亲附，因使人说保，使整将兵备东兵，保从之。整及玉门，召豪杰述保罪状，驰还，袭斩吴兴，进击瓜州，保奔吐谷浑。众议推整为刺史，曰："吾属以张保肆逆乱，恐阖州之人俱陷不义，故相与讨诛之。乃复见推，是效尤也。"乃推魏使者张道义行州事，具以状闻，而帅宗族乡里三千〔五一〕余人入朝，累迁侍中。

申徽，字世仪，魏郡人。先是，元康为沙州刺史，刘彦杀康而夺其位，魏不能讨，因以为刺史，屡征不至。大统十一年宇文泰以徽为河西大使，密令图彦。徽以五十骑行，既至，止于宾馆，彦入谒，徽执之，因宣召慰谕吏民，且云大军续至，城中无敢动者。

唐

侯君集，三水人。贞观四年为碛石道总管。讨吐谷浑，约赍[①]深入，追及其众于库山，大战，破之。进会李靖大非川，平其国。十三年为交河大总管，将兵击高昌，拔其城，降之。分兵略定二十二城〔五二〕，太宗以其地为西州，置安西都护府。

郭孝恪，许州人。太宗时为安西都护。贞观十六年，西兵来寇伊州，孝恪击败之。后复击焉耆，执其主而还。

苏定方。高宗显庆二年，定方为前军总管击西突厥，至曳咥河西，败沙钵罗兵，冒雪兼行至其牙帐[②]，纵兵击之，斩获又数万。沙钵罗脱走，趋石国，定方于是息兵，诸部各归所居，通道路，置邮驿，掩骸骨，问辛苦，画疆场，复生业，凡为沙钵罗所掠者悉括还之，百姓安堵如故。乃命萧嗣业将兵追沙钵罗，获之，分其地置昆陵、濛池二都护府。

杨胄。高宗显庆三年，遣左领军郎将雷文成送龟兹王布矢毕归国，龟兹大将羯猎颠发众拒不纳，诏左屯卫大将军杨胄发兵讨，擒诛之。乃徙安西都护府于其国焉。

王孝杰，新丰[③]人。初与刘审理击吐蕃，皆没于吐蕃，后竟得归，由是知吐蕃虚

① 约赍：轻装。

② 牙帐：主将或主帅的营帐。

③ 新丰：县名。治所在今陕西西安市。

实。会西州都督唐休璟请复取龟兹等四镇，中宗嗣圣九年，乃敕孝杰及阿史那忠节将兵击破之，复取四镇，置安西都护于龟兹，兵戍之。后为总管，与契丹决战而死。

张孝嵩，初为监察御史，奉使廓州。拔汗那者，古乌孙也，内附岁久，吐蕃攻之，其王奔安西求救。孝嵩率旁侧戍落出龟兹西数千里，下数百城，传檄诸国，威振西域，大食等八国请降，勒石纪功而还。

杜暹，濮阳①人。开元四年以监察御史按事至突骑施②，突骑施馈金，暹固辞，左右曰："君寄身异域，不宜逆其情。"乃受之，埋于幕下。已出境，乃移状令取之，突厥大惊，度碛追不及。及开元十二年安西都护阙，或言暹往使安西，虏伏其清，今犹慕思，遂拜黄门侍郎、安西副大都护。守边四年，抚戎练士，能自勤励，为夷夏所乐。

张守珪，陕州河北③人，开元十五年为瓜州刺史。时瓜州为吐蕃所毁，守珪帅余众筑故城，板干④裁立，吐蕃奄至，众失色。守珪于城上置酒作乐，虏疑有备，不敢攻而退。守珪纵兵击之，虏败走。于是乃修复城市，招合流散，使皆复故业。朝廷嘉其功，诏以瓜州为都督府，即以守珪为都督。

高仙芝，本高丽人，从事安西，骁勇善骑射，累官四镇节度副使〔五三〕。天宝六载，小勃律王及其旁二十余国皆附吐蕃，贡献不入，诏以仙芝为行营节度使讨之。仙芝遣将军席元庆将千骑前行，缚其大臣，密谕之曰："若酋领逃者，第出诏书呼之，赐以缯彩，至皆缚以待我。"元庆如言，仙芝继至，悉斩之。又遣元庆断娑夷桥，仙芝虏小勃律王及其吐蕃公主，自赤佛道而还，上以为安西四镇节度使。

袁光庭，天宝末为伊州刺史。伊州本汉伊吾庐地，在敦煌大碛⑤外，唐置伊州。吐蕃攻之，累年不下，粮竭兵尽，自焚死。时不达音问者十五年，德宗建中二年郭昕至，朝廷始知之。秋七月，赠工部尚书。

郭昕，子仪之弟，为四镇留后。旧安西节度抚宁西域，统龟兹、于阗、焉耆、疏勒四国，故谓之四镇。唐自吐蕃陷河陇伊西，昕帅将士闭境拒守，数遣使奉表，

---

① 濮阳：县名。治所在今河南濮阳县。

② 突骑施：突厥的一支，突厥文碑铭记其原音为Turgis。早先游牧于新疆塔城一带和伊犁河上游。唐初逐渐西迁至吉尔吉斯斯坦的托克玛克和哈萨克斯坦东南部的江布尔之间。

③ 河北：县名。治所在今山西芮城县。

④ 板干：采用夯筑法筑城时，平行固定的两排木版。

⑤ 敦煌大碛：即莫贺延碛，即位于今哈密和敦煌之间的哈顺沙漠。

皆不达。德宗建中二年，昕遣使间道自回纥中来，上嘉之，赐昕武威郡王。

张义潮，沙州首领，摄州事，缮甲兵，耕且战，略定其旁瓜、伊、西、甘、肃、兰、鄯、河、岷、廓等州。宣宗大中五年，遣其兄义泽奉十一州图籍[①]以献，于是河湟之地复入于唐，诏置归义军于沙州，以义潮为归义节度使镇之。至懿宗咸通四年，克复凉州。八年，入朝。

校勘记

〔一〕渡河　四库本同，哈佛本、刻补本作“度河”，误。

〔二〕弘　哈佛本同，刻补本作“宏”，四库本作“弘”，避乾隆皇帝讳改。

〔三〕弘　哈佛本同，刻补本作“宏”，四库本作“弘”，避乾隆皇帝讳改。

〔四〕皆惊，誓不敢犯　哈佛本、刻补本同，四库本作“皆誓不敢犯”。

〔五〕滕宗谅，河南人　哈佛本、刻补本同，四库本作“刘越，大名人”。按《宋史·滕宗谅》传附刘越传。

〔六〕凡　哈佛本、刻补本同，四库本作“几”，误。

〔七〕邱　哈佛本、刻补本同，四库本作“丘”，康熙间为避孔子讳新造字。

〔八〕谦溥子　四库本同，哈佛本、刻补本作“谦浦子”。按《宋史》作“谦溥子”。

〔九〕新喻　四库本同，哈佛本、刻补本作“新淦”，误。

〔十〕德孺　哈佛本、刻补本同，四库本作“德儒”，误。

〔十一〕何不罕　哈佛本、刻补本同，四库本作“何布哈”，四库馆据新译定名改。

〔十二〕钧州人　哈佛本、刻补本同，四库本作“禹州人”。

〔十三〕历　哈佛本作“曆”，刻补本作“歴”，四库本作“厯”，避乾隆皇帝讳改。

〔十四〕历　哈佛本作“曆”，刻补本作“歴”，四库本作“厯”，避乾隆皇帝讳改。

〔十五〕祯　哈佛本、四库本作“祯”，刻补本作“正”，避雍正皇帝讳改。

〔十六〕祯　哈佛本、四库本作“祯”，刻补本作“正”，避雍正皇帝讳改。

〔十七〕祯　哈佛本、四库本作“祯”，刻补本作“正”，避雍正皇帝讳改。

〔十八〕弘　哈佛本同，四库本作“弘”，刻补本作“宏”，避乾隆皇帝讳改。

〔十九〕二千　四库本同，哈佛本、刻补本作“二十”。按《后汉书·西羌传》作“二千”。

〔二十〕通供　四库本同，哈佛本、刻补本作“通共”。按《三国志·魏书·徐邈传》作“通供”。

〔二一〕徇　四库本同，哈佛本、刻补本作“狥”，误。

〔二二〕祯　哈佛本、四库本作“祯”，刻补本作“正”，避雍正皇帝讳改。

---

① 图籍：地图和户籍。

〔二三〕嗣恭　四库本同，哈佛本、刻补本作“思恭”。按《新唐书·路嗣恭传》：“玄宗以为可嗣汉鲁恭，因赐名。”

〔二四〕还　哈佛本、刻补本同，四库本作“迁”，误。

〔二五〕西夏　四库本同，哈佛本、刻补本作“西省”。按《元史·张文谦传》作“西夏”。

〔二六〕浑都海　哈佛本、刻补本同，四库本作“浑塔罕”，四库馆据新译定名改。

〔二七〕历　哈佛本作“厯”，刻补本作“歴”，四库本作“歷”，避乾隆皇帝讳改。

〔二八〕弘　哈佛本同，刻补本作“宏”，四库本作“弘”，避乾隆皇帝讳改。

〔二九〕玄　哈佛本、刻补本作“元”，四库本作“玄”，避康熙皇帝讳改。

〔三十〕玄　哈佛本、刻补本作“元”，四库本作“玄”，避康熙皇帝讳改。

〔三一〕今　哈佛本、刻补本同，四库本作“令”，误。

〔三二〕玄　哈佛本、刻补本作“元”，四库本作“玄”，避康熙皇帝讳改。

〔三三〕寓逆旅　哈佛本、刻补本同，四库本作“遇逆旅”。

〔三四〕邱　哈佛本、刻补本同，四库本作“丘”，康熙间为避孔子讳新造字。

〔三五〕川陕　四库本同，哈佛本、刻补本作“州陕”，误。

〔三六〕当旨如议行于秦　哈佛本、刻补本同，四库本作“得旨如议行”。

〔三七〕群诸士　哈佛本、刻补本同，四库本作“萃诸生”。

〔三八〕历　哈佛本作“厯”，刻补本作“歴”，四库本作“歷”，避乾隆皇帝讳改。

〔三九〕才　四库本同，哈佛本、刻补本作“仁”。按《隋书·杨文思传》作“才”。

〔四十〕山东寇　哈佛本、刻补本同，四库本作“东山獠”。

〔四一〕弘　哈佛本同，刻补本作“宏”，四库本作“弘”，避乾隆皇帝讳改。

〔四二〕弘　哈佛本同，刻补本作“宏”，四库本作“弘”，避乾隆皇帝讳改。

〔四三〕历　哈佛本作“厯”，刻补本作“歴”，四库本作“歷”，避乾隆皇帝讳改。

〔四四〕祯　哈佛本、四库本作“祯”，刻补本作“正”，避雍正皇帝讳改。

〔四五〕民屯　哈佛本、四库本同，刻补本作“又如”，误。

〔四六〕罕开　哈佛本、刻补本同，四库本作“罕开”。

〔四七〕匈奴　四库本同，哈佛本、刻补本作“羌人”，误。

〔四八〕邱　哈佛本、刻补本同，四库本作“丘”，康熙间为避孔子讳新造字。

〔四九〕戊己校尉　哈佛本、四库本作“戊巳校尉”，四库本作“戊已校尉”，皆误。

〔五十〕吕兴　四库本同，哈佛本、刻补本作“吴兴”，误。

〔五一〕三千　哈佛本、刻补本同，四库本作“二千”。

〔五二〕二十二城　哈佛本、刻补本同，四库本作“二十二地”。

〔五三〕节度副使　哈佛本、刻补本同，四库本作“都知兵马使”。

甘肃通志卷之第三十三　选举

上古立贤无方。自汉以后，取士之法，征辟、保荐、科举、考试，代各异制。有明专重科目。我朝辟门造士，茂材异等，连类汇征，科举之法，向仍明旧，诚野无遗贤矣。志选举。

荐辟

汉

李恂临泾人，辟司徒府，官武威太守。① 傅燮北地人，举孝廉，官至汉阳太守。 盖勋敦煌人，举孝廉，官至颍川太守。 皇甫规朝那人，举贤良方正，弘农[一]太守。 张奂酒泉人，举贤良对策，仕大司农。② 段颎武威人，举孝廉，历官至太尉。 皇甫嵩规兄子，举孝廉，历官至太尉。③

三国

姜维天水人，郡辟上计掾，晋大将军。④ 贾诩姑臧人，察孝廉，为郎官，冀州牧。⑤ 辛毗狄道

---

① 太守：官名。战国时郡的长官称"守"，汉初改称郡守，景帝中二年（前148）更名太守，太守始为正式官称。

② 大司农：官名，也是机构之名。秦置治粟内史，汉初沿置，景帝时改称大农令，武帝时改称大司农。王莽改为羲和，又改为纳言。秩中二千石。主管国家财政，位列九卿。

③ 太尉：官名，三公之一。西汉初为全国军事首脑，与丞相、御史大夫合称三公。东汉与司徒、司空并称三公，仍为共同负责军政的最高长官。

④ 上计掾：官名。汉代实行上计制度，要求地方官府每年定期向中央朝廷呈递上计报告。地方官府为此设置并派遣专司上计事宜的职官，称为"上计吏"或"计吏"。大将军：官名，三国时大将军掌征伐，与大司马、太尉、司徒、司空合称五府。

⑤ 郎官：官名，其义同"郎"。秦汉郎中令（汉武帝改为光禄勋）所属中郎、侍郎、郎中等都是郎官。令丞长吏多以郎官出补，有些人还出任显职，所以郎官实际是后备官员队伍。州牧：官名。西汉武帝置十三州刺史，汉成帝时改称州牧。东汉初仍称刺史，末年为镇压农民起义，升刺史为州牧，居郡守之上，成为地区最高行政长官。后州牧往往拥兵自大，成为割据势力。

人，辟为议郎，迁侍中。[①]

晋

傅玄北地人，举秀才，除郎中，官侍中。　李含狄道人，举秀才，累官河南尹。[②]　索靖敦煌人，举贤良方正，酒泉太守。[③]　索綝靖子，举秀才，官至尚书仆射。　贾疋武威人，初辟公府，历安定太守。　郄昙金乡人，辟秘书郎，官至刺史。[④]　郄超金乡人，桓温辟为掾，临海太守。　虞溥高平人，察孝廉，除郎中。　张轨安定乌氏人，初辟掾，官凉州牧。　张茂轨子，辟从事中郎，官至凉州牧。　刘殷新兴人，辟大司马军咨祭酒。[⑤]　泛腾敦煌人，举孝廉，除郎中。　郭荷略阳人，以经学征博士祭酒。[⑥]　祈嘉酒泉人，征儒林祭酒。[⑦]

北魏

李彦狄道人，举秀才，历秦州刺史。　辛祥狄道人，举秀才，官义阳太守。　辛少雍祥弟，荐举，迁给事中。[⑧]　辛穆狄道人，举茂才，官龙骧将军。[⑨]　宋繇狄道人，举秀才，除郎中。　辛雄狄道人，

---

① 议郎：官名。西汉置，在诸郎中地位最高，不属诸郎署，不入直宿卫。东汉时议郎的地位提高，得参预朝政。侍中：官名，西汉时为中朝加官，得入禁中，直侍左右。东汉时为实官、掌赞导众事，顾问应对。献帝即位，殿内门下众事皆掌之。其后侍中皆以旧儒高德、学识渊博者充任。

② 河南尹：官名。东汉都洛阳，以河南尹治京师，魏晋沿置。

③ 贤良方正：汉代选拔官吏的科目之一。汉文帝为了询访政治得失，始令公卿、诸侯王和守相选荐贤良方正能直言极谏者。中选者则授予官职。

④ 秘书郎：官名。魏晋始置，属秘书省，掌管图书经籍，或称秘书郎中。

⑤ 军咨祭酒：官名。晋朝因避司马师讳，由军师祭酒改名。诸将军府置，位在诸僚佐之上。

⑥ 博士祭酒：东汉改博士仆射置，为博士之长，秩六百石。由太常选定博士一人兼任，领诸五经博士，仍掌教授经学，备顾问应对。三国沿置。西晋为太学之长，与国子学之长国子祭酒并隶太常。

⑦ 儒林祭酒：学官名。晋永嘉中，华轶为江州刺史，置儒林祭酒，掌州学之事。

⑧ 给事中：官名。秦汉之世为加官。以其给事于殿中，议政事、备顾问，故称给事中。晋代以后，始为正员。

⑨ 龙骧将军：将军名号。三国魏置，两晋、南朝沿置。魏、晋、南朝宋为三品，梁为武职三十四班之第十二班，陈秩比六百石，拟七品。北魏亦置，为从三品。

辟户曹参军，官至尚书。[①] 梁祚北地泥阳人，辟秘书中散，迁秘书令。[②] 李琰之狄道人，举秀才，官侍中。

北周

令狐整敦煌人，辟为主簿，加荡寇将军。[③] 辛庆之狄道人，以文学征，官度支尚书。[④] 辛仲景举文学对策，拜司空府主簿。

隋

田仁恭平凉人，举明经，官武卫大将军。[⑤] 辛德源狄道人，荐，累官咨议参军。[⑥] 梁毗安定乌氏人，举明经，刑部尚书。[⑦]

唐

段秀实姑臧人，举明经，官至司农卿。[⑧] 尹思贞天水人，《春秋》高第，为国子大成。[⑨] 尹愔思贞子，荐，授集贤院学士。[⑩] 辛秘系出陇西，擢明经第，官节度使。

五代

王仁裕天水人，辟判官，累迁户部尚书。[⑪]

---

① 户曹参军：官名。由户曹掾属演变而来。东晋初丞相府始置。南北朝诸公府及都督中外诸军事府，多置户曹参军。尚书，官名，汉武帝时执掌文书奏章，东汉以后正式成为协助皇帝处理政务的官员。

② 秘书中散：官名。北魏置，秘书省中散官。掌管禁中文书事务，参预礼仪、制度的议定，亦受皇帝之命，外出执行临时任务。秘书令，北魏孝文帝置，为秘书省次官，位在秘书监下。

③ 荡寇将军：武官名。东汉始置，北魏亦置，用以褒赏勋庸，从七品上。

④ 度支尚书：官名。曹魏置度支尚书，主军国支计。北朝度支尚书亦掌支计，统度支、仓部、左户、右户、金部、库部六曹。

⑤ 明经：隋唐两代科举考试科目之一，所考内容为经文、时务策。考试方法是先帖经，帖既通而后问经义，问通而后试策。三试皆通者，按其成绩分为甲、乙、丙、丁四等录取。武卫大将军：官名。隋朝置武卫大将军，分左右，掌左右武卫府事，领外军宿卫。

⑥ 谘议参军：官名。隋三公府及诸王府各置一员，正五品上，掌咨谋众事。

⑦ 刑部尚书：官名。刑部长官，唐代的刑部尚书为正三品，掌律令、刑法、徒隶、按覆谳禁之政。

⑧ 司农卿：官名。掌国家之农耕、仓储以及宫廷百官供应。

⑨ 国子大成：又称国子监大成简称，唐代国子监学官。

⑩ 集贤院学士：官名。唐集贤院文史官，掌秘书图书等事。

⑪ 户部尚书：官名。为户部的最高长官。掌管土地、人民、钱谷之政、贡赋之差。

元

高斌安定人，以明经举，授廉访佥事。①

明

张谔兰州人，荐，授卢龙知县。② 赵荣通渭人，举明经，历工部尚书。③ 赵玹〔二〕通渭人，举明经，官至苑马少卿。④ 田彬通渭人，以经明行修辟，官知府。⑤ 李俨伏羌人，举人才，山西道御史。⑥ 谢九温伏羌人，举人才，任重庆府同知。⑦ 牛叙伏羌人，举人才，任崖州知州。⑧ 刘偲平凉人，辟经明行修，授御史。 张仲贤平凉人，辟孝廉，滦州知州。 段荣镇原人，举人才，任九江府推官。⑨ 罗杰镇原人，保举，擢寿州州判。⑩ 刘仲祥固原人，举人才，任无锡知县。 韩正隆德人，举人才，历监察御史。 黄钟隆德人，举人才，授刑科给事中。⑪ 王音真宁人，举人才，为寿阳县丞。⑫ 鲍士弘〔三〕秦州人，举人才，授南昌知府。 门克新礼县人，由荐举历擢尚书。 赵斌徽州人，举人才，任京畿御史。 李铭徽州人，以贡荐任御史。 高斗南徽州人，以荐历新兴知州。 高恂斗南子，以荐任新兴知州。 周鉴徽州人，举秀才，授盩厔知县。 冯均臣两当人，由荐授户科给事中。 杨维新文县

---

① 廉访佥事：官名。属肃政廉访司。

② 知县：宋代多以中央官做县官，称“知某县事”，简称“知县”。

③ 工部尚书：官名。隋代始设，掌管工程建筑，为工部长官，以后历代相沿，掌营造之事。

④ 苑马少卿：官名。明初于北直隶、辽东、平凉、甘肃等地分置苑马寺，寺的长官称卿，副长官为少卿，专掌马政。

⑤ 知府：官名。地方政权中“府”一级的长官，在唐代称尹。宋代于升府之处，命朝臣出充长官，称为知某府事，简称知府，后成为定制。

⑥ 御史：官名。汉以后所置侍御史，一般称御史，其职专主纠察。明清监察御史，分道行使纠察。

⑦ 同知：官名。为各官衙长官的辅佐官。宋代在朝廷及地方府、州、县等，均设有同知，明、清因之。明代各府同知为知府的副职。

⑧ 知州：官名。宋代命朝至充任一州长官，称权知某军州事，简称知州。明代正式定为官名，清沿用。

⑨ 推官：官名。唐代始设此官，是节度使、观察使、防御使等的属官，以后诸州府亦置，为军事推官。宋袭唐制。元、明时则于各知府下设推官一人，专管一府刑狱审判。

⑩ 州判：官名。宋代始于知州下设通判，其职权几乎与知州无异。金元明以同知为州的佐官，其下设判官，协助正副主官处理政务。

⑪ 给事中：官名。明朝吏、户、礼、兵、刑、工六科，各置都给事中一人，正七品；左、右给事中各一人，从七品，掌侍从、劝谏、补阙、拾遗、稽察六部百司之事。

⑫ 县丞：官名。明代正八品，分知县政，掌粮马、巡捕之事，编户不及二十里之县不置。清代一般为每县置一人，正八品，事简之县或不置。

人，由保举，授江油知县。　赵伏岷州人，举明经，任监察御史。　姚谦岷州人，举明经，任刑部郎中。①　刘昌岷州人，举明经，任兵科给事中。　吕贤岷州人，举明经，任户部郎中。

皇清

马一鹗徽州人，举茂才，任武隆知县。　李兆乾阶州人，荐授马湖知府。　贾还正阶州人，荐授夔州道。②　李梦白庄浪卫人，荐任徽州知州。　苏应麟庄浪卫人，荐任临洮通判。③　郭征庸徽州人，荐授叙州知府。　马廷瑜徽州人，荐授盐亭知县。　张纶武威人，荐任济宁州知州。　张珺美武威人，荐任惠来知县。

进士

唐

赵彦昭张掖人，刑部尚书。　李揆陇西人，尚书左仆射。　权皋天水人，秘书少监。　李益陇西人，礼部尚书。　皇甫镈泾州临泾人，侍郎平章事。　皇甫镛镈弟，官国子祭酒。　段平仲武威人，谏议大夫。④　权璩秦州略阳人，阆州刺史。　牛僧孺鹑觚人，平章事。　牛从僧孺子，吏部尚书。　牛蔚僧孺子，尚书右仆射。　牛徽蔚子，刑部侍郎。　李石陇西人，检校司空。⑤　李中敏陇西人，给事中。　李让夷陇西人，中书侍郎同平章事。　李蔚巩昌人，中书门下平章事。⑥

五代

李珽敦煌人，谏议大夫。　李琪敦煌人，尚书左仆射。

宋

李仕衡成纪人，尚书左丞。⑦　胡顺之临泾人，屯田员外郎。⑧　郭执中华亭人，枢密承

---

① 刑部郎中：官名。刑部尚书属官，负责依法复核有关案件，纠正不当处理。

② 道：即道员。官名。明清时在省府之间所设的监察区称为道，有分巡道、分守道的区别，长官称为道员。

③ 通判：官名。宋代设立，是州府长官的行政助理，握有裁可、连署州府公牍和监察官吏的实权，号称“监州”。明清设于各府，分掌粮运及农田水利等事务，职任远较宋初为轻。

④ 谏议大夫：官名。唐代谏议大夫分为左右，各四人，秩正四品。左谏议大夫属于门下省，右谏议大夫属于中书省，皆掌谏谕得失，侍从赞相。

⑤ 检校司空：官名。唐代设此官，为散官，无职事。诏除，而非正式加官。

⑥ 中书门下平章事：即同中书门下平章事，隋唐定制，以三省长官中书令、侍中、尚书令、仆射为宰相，唐中叶以后，由皇帝特选他官加以同平章事之衔，方为宰相。

⑦ 尚书左丞：官名。北宋初为四品寄禄官，不预省务，神宗元丰（1078—1085）改制后，升为正二品，位列执政，为宰相副贰，居六部尚书上，参议大政，与左、右仆射合治省事。

⑧ 屯田员外郎：官名。屯田郎中的副职，佐掌屯田政令。

旨。[①] 王庶庆阳人，经略宣抚使。 王公仪长道人，中散大夫。[②] 吴师古徽州人，编修。[③] 曹友闻同庆栗亭人，骁骑大将军。

金

虞仲文武州宁远人，翰林侍讲学士。[④] 裴满亨河西临潢人，安武军节度使。 高汝砺金城人，尚书右丞相。 傅慎微秦州人，礼部尚书。 张邦宪秦州人，永固县令。

元

马祖常狄道人，御史中丞。[⑤] 闫仲贤泾州人，延安府知府。 闫卜花泾州人，监察御史。 武绍文伏羌人，刑部侍郎。 王清伏羌人，河南佥事。[⑥] 武德裕绍文子，郎中。 雒政伏羌人，河东参议。 张清伏羌人，剑南路佥事。 王思聪清水人，知秦安县。 余阙武威人，佥都元帅府事。

明

洪武乙丑科

曹铭会宁人，左都御史。[⑦] 王恪伏羌人。 杜铭阶州人，给事中。

甲戌科

景清真宁人，左都御史。

---

① 枢密承旨：官名。五代枢密院置，主管承旨司之事。北宋初沿置，太宗太平兴国七年(982)，始名枢密都承旨。南宋因之。

② 中散大夫：文阶官名。北周始以中散大夫为文阶官，秩七命。唐与宋初为正五品上，元丰三年（1080）改为从五品。

③ 编修：官名。宋代国史院及实录院均置编修官，掌编修国史及实录，其他有编纂文献之责者，如枢密院亦有编修官，随事设置，无固定员额。

④ 翰林侍讲学士：官名。金翰林院置侍讲学士，为皇帝撰拟文字者，并带知制诰衔。

⑤ 御史中丞：官名。秦汉皆置，俸千石，密举非法。北魏改御史中丞为御史中尉。唐朝御史中丞正四品下，为御史大夫之佐官，御台的副长官。宋朝御史大夫不常置，中丞为台长官。

⑥ 佥事：官名。宋代各府州设有佥书判官厅公事，简称“佥事”，掌佐治郡政，总管文牍之事。金代于按察司设佥事。元代各卫、各亲军及廉访、安抚各司皆置佥事。明代沿袭，在都督、都指挥、按察、宣慰、宣抚等之下设佥事。清初沿用，乾隆时废。

⑦ 左都御史：官名。明朝置，为都察院长官，正二品，掌纠劾百司，辨明冤枉，提督各道，为天子耳目。

丁丑科

党理真宁人，太仆寺少卿。[①]　何润宁州人，知府。

永乐丙戌科

韩缙巩昌人，郎中。

壬辰科

何贤狄道人，少詹事[②]。

乙未科

徐琦宁夏人，兵部尚书。　曹衡宁夏人，知府。

戊戌科

王弘〔四〕河州人，知县。　朱孟德宁夏人，庶吉士[③]。

辛丑科

孔文英安化人，侍郎。　王珏泾州人，御史。　袁锭真宁人，知府。

正统己未科

张勋会宁人，参政。　李翱隆德人。　倪让庆阳人，太常寺少卿。　江浒成县人，知府。

壬戌科

黄谏兰州人，学士。[④]　段竑河州人，尚书。　李翔隆德人，郎中。　宋儒宁夏人，佥事。

乙丑科

冯时宁州人，主事。[⑤]

---

① 太仆寺少卿：官名。太仆寺副长官。明初员二人，后增为三人，一人佐判寺事，一人督营马，一人督畿马，正四品。

② 少詹事：官名。唐代置，为詹事府次官，佐詹事辅导太子，并掌府务。明代设员二人，正四品，多由他官兼任。

③ 庶吉士：官名。明清科举制规定，中殿试者分三等，一甲三名，立即分授翰林院修撰、编修，二、三甲进士再经朝考，择优选入翰林院进一步深造，称庶吉士。学业期满，再根据成绩分别授以翰林院编修、检讨。进士入选庶吉士，为担任朝廷重要职官的捷径之一。

④ 学士：官名。明于翰林院置学士一人为主官，另设侍读学士、侍讲学士各二人。

⑤ 主事：明、清六部各司皆置，正六品，不仅为正式司员，而且握有实权。其他如内务府也置主事。

景泰辛未科

赵铭安化人，布政使。[①]

甲戌科

滕佐兰州人，按察使。[②]　段坚兰州人，知府。　聊让兰州人，知府。　朱绅河州人，布政使。　茂彪庆阳人，御史。　程景云宁夏人，御史。

天顺丁丑科

文志正兰州人，郎中。　段宁平凉人，行人。[③]

庚辰科

周凤狄道人，参政。[④]　曹英狄道人。　李锐凉州人，主事。

甲申科

张九畴狄道人。　梁翰狄道人，检讨。[⑤]

成化丙戌科

罗睿兰州人，佥事。　刘晟安定人，主事。　王伟宁州人，庶吉士。

己丑科

邵宗兰州人，主事。　张锦岷州人，侍郎。　杨重灵台人，知州。　赵聪阶州人，主事。

壬辰科

赵英兰州人，参政。　李宽兰州人，参政。　张琡镇原人，参政。　闫钲泾州人，布政使。　王绅安化人，副使。　陈瑗甘州人，御史。

---

① 布政使：官名。全称“承宣布政使司布政使”，又称“藩司”“藩台”“方伯”。明代始置，清沿设，各省一人，唯江苏设二人，分驻江宁、苏州。地位低于总督、巡抚，主管一省民政、财政。

② 按察使：官名。全称“提刑按察使司按察使”，又称“臬司”“臬台”“廉访”。唐代始置，相沿至清。各省一人，隶总督、巡抚之下，主掌一省司法、刑狱，兼管驿站。

③ 行人：官名。明代设行人司，行人为主官，职掌捧节奉使、颁诏册封、抚谕征聘诸事，实际是秦、汉时谒者的衍变。

④ 参政：官名。明代中书省废，于各布政使司之下，设左右参政和左右参议，均无定员，以辅佐左右布政使（司长官）。

⑤ 检讨：官名。掌修国史。唐宋均设。宋于崇文院、史馆、国史院、实录院设检讨，位次编修，通常以京官兼任。明清于翰林院设检讨，以三甲进士之留馆者授之，职掌文史纂修。

乙未科

陈祥兰州人，按察使。　史书灵台人，知府。　齐廷珪隆德人，都事。①　张锐秦州人，参政。　陈祥甘州人，学士。

戊戌科

张伦平凉人，郎中。　王存礼秦州人，副使。

辛丑科

王瓒通渭人，知府。　何宗贤泾州人，佥事。　韩鼎合水人，侍郎。　张安环县人，知县。　马体元秦州人，主事。　郭文秦州人，知州。

甲辰科

王璠宁远人，参政。　林廷玉平凉人，巡抚。　王铨隆德人，员外。②　杨纶安化人，御史。　李巩西宁人，员外。

丁未科

王铎岷州人，参政。　陈震庆阳人，侍郎。③　胡汝砺宁夏人，尚书。　夏景和秦州人，御史。　黄世经秦州人，副使。　宋琮陇西人，太仆寺卿。

弘治〔五〕庚戌科

彭泽兰州人，尚书。　罗璋兰州人，知府。　赵士元河州人，知州。　张彩安定人，尚书。　刘尧安定人，御史。　何宗理泾州人，副使。　贾瓘宁州人，按察使。

癸丑科

范镛巩昌人，御史。　曹廉安定人，副使。　李鏊通渭人，行人。　闫洁泾州人，提学副使。④　李梦阳庆阳人，提学副使。

丙辰科

王纶庆阳人，参政。　张潜岷州人，参政。

---

① 都事：官名。晋始置，时称都令史，掌协助左右丞总知尚书台事。隋改称都事，分隶六部。唐沿隋制，掌收发文书，检察违失以及监印等事。宋有尚书左右司都事。元在中书省及其它主要官署设都事。明中央及地方主要官署亦设都事。清设于都察院。

② 员外：官名。明、清两代中央六部设有员外郎之职，简称员外，从五品。员外职位低于郎中，高于主事。

③ 侍郎：官名。明清六部皆设，与各部尚书同为本部堂官，正二品。

④ 提学副使：提刑按察副使、提督学道省称，即带提刑按察副使衔提督学道者。由按察副使充任之。

己未科

高良弼临洮人，御史。　赵斌平凉人，应天府丞。　张维新华亭人，给事中。　马昊宁夏人，御史。　刘庆宁夏人，御史。

壬戌科

李伸平凉人。　张嘉谟宁夏人，御史。

乙丑科

段炅兰州人，检讨。　冯友端宁州人，主事。　胡汝楫宁夏人，知县。

正德戊辰科

胡缵宗秦安人，御史。　韩守愚合水人，佥事。　吕经宁州人，给事中。　骆用卿宁夏人，员外。

辛未科

田荆兰州人，佥事。　马应龙兰州人，按察使。　许理镇原人，给事中。　姚爵静宁人，知府。　杨朝凤庆阳人，参政。

甲戌科

殷承叙兰州人，主事。　王廷瑶安定人，郎中。　张几平凉人，佥事。　高杰平凉人，佥事。　张鹏翰庆阳人，参议。　韩奕庆阳人，佥事。　侯一元秦安人，郎中。

丁丑科

刘漳兰州人，御史。　刘世纶岷州人，主事。　桑仟平凉人，庆府长史。①　畅华陇西人，佥事。　陈大纲庆阳人，副使。　王官宁夏人，御史。

辛巳科

王朝用陇西人，巡按御史。　于敖岷州人，御史。　管律宁夏人，给事中。　徐元祉秦州人，运同。②

嘉靖癸未科

刘耕兰州人，佥事。　张文泰渭源人。　段续兰州人，副使。　孙廷相平凉人，知府。　吕颛宁

---

① 庆府：即庆王府，朱元璋第十六子及其支系。长史：王府属官，总管府内事务。清代惟于亲王府、郡王府置长史。

② 运同：官名。同知都转运盐使司事的简称，始设于元，位在都转运盐副使之上。明沿置，清代以运同为正式官名。明清时运同分驻在盐运使或盐法道所辖各盐务分司，以便管理盐场。

州人，府尹。[①]　楚书宁夏人，御史。　王学古宁夏人，知县。

丙戌科

赵时春平凉人，巡抚。　傅学礼安化人，按察使。　杨经宁夏人，推官。

己丑科

黄绶宁夏人，大理寺丞。[②]　白世卿秦州人，佥事。

壬辰科

吴伯亨兰州人，员外郎。　刘思唐宁夏人，按察使。

乙未科

陆坤兰州人，副使。　许登瀛兰州人，知府。

戊戌科

葛廷章兰州人，副使。　吕颙宁州人，知府。

辛丑科

周镐狄道人，副使。　刘应熊陇西人，巡按御史。　俞鸾灵州人，给事中。

甲辰科

杨应元固原人，推官。

丁未科

张万纪狄道人，知府。　张嘉孚安定人，副使。

庚戌科

王言陇西人，主事。　王希尧安化人，同知。

癸丑科

周鉴平凉人，巡抚。　杜实庆阳人，佥事。　周斯盛宁州人，副使。

丙辰科

邹应龙兰州人，侍郎。　张问仁西宁人，佥事。

己未科

胡执礼永昌卫人，侍郎。

---

① 府尹：官名。明朝应天府、顺天府设府尹，掌管京府的政令。清朝沿袭明制，在顺天府、奉天府设府尹。

② 大理寺丞：明代大理寺下另设左、右二寺，分理京畿、十三布政司刑名之事。其中左、右寺丞各一人，赞理寺务，属正五品。

壬戌科

李崧秦州人，佥事。　郭庄徽州人，巡按御史。①　杨愈茂安化人，副使。

乙丑科

孟学易平凉人，副使。　麻永吉庆阳人，御史。

隆庆戊辰科

栗在庭会宁人，布政使。　曹昉安化人，主事。　王继祖宁夏人，副使。

辛未科

段补兰州人，主事。　李正庆阳人，尚书。　双凤鸣庆阳人，知县。

万历〔六〕甲戌科

朱衣岷州人，副使。　李廷彦宁夏人，大理寺少卿。

丁丑科

杜和春陇西人，主事。　王元宁夏人，知县。

庚辰科

穆来辅宁夏人，右通政。②

丙戌科

詹廷佩宁夏人，给事中。

己丑科

胡忻秦州人，给事中。

壬辰科

赵邦清真宁人，参议。

乙未科

杨恩陇西人，主事。　李廷训固原人，佥事。　米万钟安化人，太仆寺卿。

戊戌科

蒯谏宁夏人，主事。　张国儒镇夷所人，给事中。

---

① 巡按御史：专差御史名。明制，御史巡按地方，称为巡按御史，所至审录罪囚，调刷案卷，大事奏裁，小事立决。

② 右通政：官名。明朝置，为通政使司官员，其位次于本司长官通政使。佐使掌受内外章疏敷奏封驳之事；凡四方陈情建言，申诉冤滞，或告不法等事，于底簿内缮写诉告缘由，呈状奏闻。

辛丑科

王道成兰州人，主事。

丁未科

麻禧庆阳人，给事中。

庚戌科

张国绅安定人，漕储道。①

癸丑科

杨蛟安化人。　杨寿宁夏人，主事。

丙辰科

薛文周安定人，给事中。　关光庆阳人，推官。

己未科

王建侯山丹人，郎中。

天启壬戌科

杨行恕狄道人，庶吉士。　韩谦兰州人，知府。　王懋学永昌人，主事。　罗世锦两当人，参政。

乙丑科

潘光祖临洮人，副使。　杨大升兰州人。

崇祯〔七〕戊辰科

朱家仕河州人，副使。　李希沆庆阳人，总督。②

辛未科

关永杰陇西人，副使。　王瓆静宁人，佥事。　巩焴真宁人，参政。

甲戌科

王门弼清水人。

丁丑科

郭九围陇西人，给事中。

---

① 漕储道：官名。《明史·职官志》："按察司分司诸道。……其外又有协堂道、水利道、盐法道、漕储道。"

② 总督：官名。明英宗始设，以京官至地方总督军务，事毕即归。明宪宗成化五年（1469），为镇压两广瑶、汉等族农民起事专设两广总督，以后各地相继设置，成为定制。清代是最高地方长官，辖一省或二、三省，综理军民要政，为正二品官。

庚辰科

韩三杰通渭人，知州。

癸未科

曹毓芬永昌人，知县。

皇清进士

顺治九年壬辰科

张晋狄道人，知县。　彭翮真宁人，推官。

顺治十二年乙未科

黄虞再伏羌人，提学道。　慕天颜静宁人，总督漕运。

顺治十五年戊戌科

胡大定平凉人，员外。

顺治十八年辛丑科

杨纯臣漳县人，知县。　丁斗南宁夏人，知县。　蒲珩秦州人，知县。

康熙三年甲辰科

梁联馨平凉人，员外。

康熙九年庚戌科

张辅宸伏羌人，知县。

康熙十八年己未科

武筹伏羌人，知县。

康熙二十一年壬戌科

慕琛静宁人，礼科。

康熙二十七年戊辰科

宋朝楠陇西人，佥都御史。①

康熙三十年辛未科

张寿峒平凉人，同知。

① 佥都御史：官名。明始置左右佥都御史，为都察院的佐官，秩均为正四品，无固定员额。清初沿置左佥都御史一人，为御史台的佐官。

康熙三十三年甲戌科

孟之珪灵州人。

康熙三十九年庚辰科

孙克明镇番人，知县。　韩遇春清水人，庶吉士。

康熙四十五年丙戌科

谢王宠灵州人，宗人府丞。[①]

康熙四十八年己丑科

刘云鹤兰州人，教谕。[②]

康熙五十一年壬辰科

潘祥靖远人，编修。　孙诏凉州人，宁绍台道。[③]

康熙五十二年癸巳科

巩建丰伏羌人，侍读。[④]

康熙五十四年乙未科

王用中甘州人，知县。　栗尔璋宁夏人，员外。　李愫灵州人，主事。

康熙五十七年戊戌科

蔡曰逢秦安人，登州知府。　解震泰宁夏人，庶吉士。

康熙六十年辛丑科

杨魁甲平罗人，吉州知州。

雍正元年癸卯科

陈长复陇西人。　孙昭安定人，迁江县知县。　朱谌平凉人。　卢生薰镇番人，庶吉士。

雍正二年甲辰科

夏之瑚阶州人。　何宗韩文县人，庐凤道佥事。

---

① 宗人府丞：官名。清代设宗人府，掌管皇室宗族的谱牒、爵禄、教诫、赏罚、祭祀等事务。设宗令一人，多以亲王、郡王充任，其下有左右宗正、左右宗人。设宗人府丞，负责办理具体事务，由汉人充任。

② 教谕：官名。元、明、清县学的教官称教谕，掌文庙祭祀，训诲所属生员。

③ 宁绍台道：清雍正四年（1726）置宁绍台道，辖宁波、绍兴、台州三府。在今浙江宁波市。

④ 侍读：官名。其职务是帮助皇帝读书或给皇帝讲学。宋、明、清皆置。

雍正五年丁未科

马荣朝陇西人，西平县知县。　汪执桓陇西人，灵寿县知县。

雍正八年庚戌科

王有德镇番人。　路于兖镇番人。　苏暻武威人。　谢升灵州人。

举人

明

洪武庚戌科

乔擢临洮人，知县。

甲子科

贺崇德临洮人，布政使。　苏熠临洮人，训导。[①]　雷鸣春狄道人，御史。　曹铭会宁人。　杜铭阶州人。

丁卯科

王道亨临洮人，主事。　王朴狄道人，教谕。　孟鐩狄道人。　张敏狄道人，右通政。　赵景芳兰州人，知县。　曹忠泾州人，推官。　邹仲贤清水人。

庚午科

钱梦麟临洮人，盐运使。[②]　巩师古狄道人，主簿。　安九万伏羌人，给事中。

癸酉科

梁德兰州人。　唐信兰州人，教谕。　吕德伏羌人，上林苑丞。[③]

丙子科

安友文伏羌人，同知。　吕忠伏羌人。　雍清清水人，行人。

科分无考

李文灿伏羌人。　赵克钦宁远人，御史。　王懿宁远人，御史。　魏本秦州人，教谕。　李荣秦

---

① 训导：学官名。明清府州县儒学均置训导，分别为教授、学正、教谕的副职，掌训迪所属生员。

② 盐运使：官名。又称“都转”或“盐政”。元、明、清设在重要产盐区的都转运盐使司的长官。总理盐的生产和运销。

③ 上林苑丞：官名。明朝置上林苑监，掌苑囿、园池、牧畜、树种等事。其主官为左右监正、左右监副、左右监丞。

州人。　李耿秦州人，光禄寺丞。[①]　索逵平凉人。　闫全平凉人。　张翱平凉人，知州。　唐俊平凉人。　张敬华亭人，教谕。　多学华亭人，御史。　崔旭庄浪人，主事。　吴泰庄浪人，知州。　张斌隆德人，太仆寺丞。　齐好智隆德人，给事中。　冯毅隆德人，知县。　贺润宁州人。　贾洪安化人。　段哲安化人。　陈恕安化人。　李芳安化人。　刘鼎安化人，布政使。　张善合水人。　辛纯合水人。　袁锭真宁人。　李春真宁人。　景清真宁人。　柳清真宁人。　李清真宁人。

己卯科

王庸会宁人，通判。　马让伏羌人，都司断事。[②]　闾斌泾州人，知州。　杨裕清水人，御史。

壬午科

景文安定人，知县。　狄荣伏羌人，知县。　张俊伏羌人，知县。

永乐乙酉科

葛尧兴临洮人，通判。　王宝临洮人，御史。　王赫狄道人，推官。　何贤狄道人。　敖三乐狄道人。　石执中兰州人，布政使。　刘澄金县人。　张正安定人，通判。　魏文质安定人，通判。　马骏伏羌人，御史。　张亨泾州人，通判。

戊子科

宋济狄道人，主事。　王麟狄道人，治中。　雒观光狄道人，判官。　毛贯狄道人，御史。　曲春安定人。　吴钟伏羌人，知府。　王成隆德人。　刘兴静宁州人，知县。　徐琦宁夏人。　张翼秦州人，御史。　台献秦州人，教谕。　朱友谅秦州人，知州。　雍亨清水人，学正。[③]

辛卯科

王道隆狄道人，评事。[④]　叶栋狄道人，右庶子。[⑤]　谢嘉兰州人。　王伯敬兰州人，给事中。　陈潜伏羌人。　樊琏泾州人，序班。[⑥]　赵亮宁州人，训导。　邵义宁州人，知县。　李玘宁州

---

①光禄寺丞：官名。为光禄寺卿的佐官，其地位仅次于少卿，掌衙署内部事务。

②都司断事：都指挥使司断事司断事的省称，掌理刑狱，正六品。

③学正：学官名。学正有两种，一种是宋、元、明、清太学中的学官，协助博士进行教学，并负责执行校规；一种是地方学校学官，元代路、州、县学及书院设学正，明清州学设学政，负责教育生员。

④评事：官名。唐代始置，此后历代沿置，清末废。大理寺属官，掌评议刑狱。

⑤右庶子：明、清设为詹事府右春坊官，仅为翰林官迁转之阶。正五品。掌记注撰文。

⑥序班：官名。明、清皆置，属鸿胪寺，掌整饬殿廷行礼时百官的班位。

人。　曹衡宁夏人。　朱孟德宁夏人。　雍晋清水人，照磨。①

甲午科

孙晟狄道人，太仆少卿。　范衡狄道人，苑马寺卿。　唐朋渭源人，知县。　王弘〔八〕河州人。　刘铉〔九〕河州人，知县。　杨安伏羌人。　王俭静宁州人。　董钧秦安人。

丁酉科

及第狄道人，兵部司务。②　骆尔中狄道人，训导。　支廷晃狄道人。　张伦狄道人，学正。　李本狄道人，参政。　张刚兰州人。　李让狄道人。　张励安定人，户部郎中。　张师善安定人。　李迪安定人。　杨林岷州人，经历。　起纪西和人。　杨谌华亭人，户部侍郎。　梁秀泾州人，知县。　卫捍灵台人，知县。　徐贵静宁人，知县。　张诚静宁人。　樊振静宁人。　陈纯宁夏人，知县。　胡秉忠清水人，御史。

庚子科

钱梦麒狄道人。　商之贤狄道人，员外。　曹谦狄道人，知州。　李寿狄道人，按察照磨。　成友直安定人，教谕。　杜原宾宁远人，主事。　于文贵宁远人，同知。　王纪伏羌人，御史。　马仲礼伏羌人。　蒋冕伏羌人。　张勋灵台人。　李芳灵台人。　王鼎静宁人。　王玉宁夏人。

癸卯科

郭镛狄道人，御史。　申万言狄道人，太常寺丞。　张善渭源人。　董茂兰州人，知县。　周谨兰州人，检校。　杨麟兰州人，推官。　张鼎兰州人。　张肃河州人。　郭茂河州人，县丞。　刘冕河州人。　赵奎西和人。　雍谦岷州人。　田文郁宁远人，推官。　杨浩宁远人。　马旻宁远人。　王恭先宁远人。　王琼崇信人。　左恕灵台人。　孔贤静宁人。　张整静宁人。　史鉴静宁人。　张亨静宁人。　王道合水人。　周福环县人。　吴能宁夏人。　韩忠宁夏人，王府教授。

科分无考

李沧秦州人，序班。　唐琛秦州人，巡按。　刘威秦州人，知县。　韩弘〔十〕秦州人，知县。　董瀛秦州人，知县。　刘良秦州人，同知。　李奎秦州人。　吴弘万〔十一〕秦州人。　赵琦秦州人。　于海徽州人，推官。　苟评阶州人，通判。　何汉阶州人，州判。　樊琰平凉人，光禄寺署正。　孟钦平凉人，知县。　张鹏平凉人。　王规平凉人，知州。　唐进平凉人，知县。　宋益平凉人，知县。　张

---

① 昭磨：官名。元、明、清皆有此官，掌核对文卷、主管文书、照刷卷宗，有的还兼承发、架阁、管勾等职事。

② 兵部司务：官名。满汉各一人，属兵部，掌收外省衙门送达的文书，编号登记，分司办理；并稽察提塘官的勤惰，管理本部吏员、杂役。

安华亭人，教授。　王旻固原人。　何居泰固原人，通判。　杨可度固原人。　王政崇信人，教谕。　齐好礼隆德人，运判。[①]　孔文英安化人。　王述安化人。　吴吉安化人。　杨福安化人。　牛力安化人。　王英安化人。　刘浩安化人。　陶本初安化人。　梁直合水人。　王琏合水人。　柳景春真宁人。

宣德丙午科

金延康狄道人，教谕。　梁博狄道人，副使。　娄国宝狄道人，通判。　卢麟狄道人，经历。　漆正渭源人。　李昱静宁人。　许福环县人。　赵恭环县人。

己酉科

席珍狄道人，洗马。[②]　杜威狄道人，主事。　钮恢祖狄道人，知县。　王臣河州人，教授。　段克己通渭人，御史。　安泰伏羌人，教谕。　王盘华亭人。　李敬环县人。　镡鉴成县人，知事。　张勉成县人。

壬子科

冬瓒狄道人，参政。　王庆河州人，教授。　郭祥伏羌人，训导。　张茂平凉人，知州。　李讃华亭人。　宋儒宁夏人。　张玺秦州人，知县。　丁好义秦州人，知州。

乙卯科

宋景夔狄道人，按察使。　段锦狄道人。　华褒狄道人，通判。　黄谏兰州人。　关恕秦安人。　汪浒成县人。

科分无考

魏端安定人，同知。　景彦和安定人。　蒲清漳县人，推官。　焦茂徽州人。　李源秦州人，教谕。　王顺秦州人，同知。　傅岩阶州人。　王杰平凉人，知县。　吕忠平凉人，知县。　施溥平凉人，知县。　刘頔安化人。　安理安化人。　张骥安化人，少卿。　辛兴安化人。　蔡正前所人，长史。　刘瑞宁州人。　王会宁州人，御史。　张修宁州人，主簿。　郑要宁州人，县丞。　张清宁州人，按察使。　赵梦宁州人，知县。　史智真宁人。　姚铭真宁人。　王玘秦州人。　王好义秦州人，教谕。　任忠狄道人，主事。　邵义宁州人，知县。

---

① 运判：官名。从六品，掌盐运事务。

② 洗马：秦置，也作先马、前马，为太子属官，掌侍从，其后历代沿置。清代虽无太子，但有此官，以备翰林官的升转。

正统戊午科

张安狄道人，训导。　王竑河州人。　张勋会宁人。　安进伏羌人，典仪。[①]　谭升静宁人，知州。　倪让庆阳人。　祈寿环县人。

辛酉科

杨普泾州人，教授。　常经泾州人。　刘潮泾州人，知县。　明熵狄道人，监丞。[②]　漆耀伏羌人，知县。　文明静宁人，教谕。　杨玉安化人，提举。[③]　冯时宁州人。　赵缙宁夏人，佥事。　赵玉宁夏人，知府。　卢清西宁人，训导。

甲子科

梁昺狄道人，推官。　张安渭源人，少卿。　滕佐兰州人。　段坚兰州人。　王克修兰州人，教授。　黄浚伏羌人，训导。　黄理环县人。　姚成宁夏人，知县。

丁卯科

年孟容狄道人，同知。　连登狄道人。　殷寿兰州人，训导。　朱绅河州人。　王纪伏羌人，同知。　薛正华亭人，知州。　王钦泾州人，教授。　何元泾州人，知府。　杨盘灵台人。　李寿环县人。　雍熙清水人，教谕。　赵宁清水人，布政司都事。[④]　程景云宁夏人。

科分无考

韩春通渭人，教谕。　李敏通渭人，学正。　杨崇通渭人，知州。　李鼒秦州人，运同。　文斌阶州人，知县。　王裕阶州人，知县。　蒋璧阶州人，知县。　虎继宗固原人。　衡镛庆阳人。　赵铭安化人。　王述宁州人。

景泰庚午科

刘景狄道人。　周凤狄道人。　曹英狄道人。　唐鼎兰州人，知县。　聊让兰州人。　邢真兰州人。　汪巨兰州人，知县。　卢中河州人，司务。　孙英金县人，知县。　魏容安定人。　刘铠安定人，教谕。　宿慎会宁人。　范瑄会宁人。　冯进会宁人。　王麟会宁人。　王绶灵台人。　张庸镇原人，知县。　陈纲静宁人，教授。　魏通静宁人。　高嵩真宁人，知县。　袁升真宁人，通判。　张

---

① 典仪：清代为王公府属官员之一，掌礼节导引。

② 监丞：官名。元代的阑遗监，明代的钦天监，清代的国子监等，均设有监丞。丞是衙署里主持日常事务的佐官。

③ 提举：官名。清代设有文渊阁提举阁事，以内务府大臣充任；还有盐课提举，负责盐务。

④ 都事：官名。明代都察院及各省承宣布政使司置都事，掌受发公文。清代则仅都察院设都事，掌文书。

瑾甘州人，翰林院孔目。　庞质凉州人。　蒋瑢宁夏人。　邹牧宁夏人，通判。　王宪宁夏人。　陈德宁夏人，教谕。　包文学宁夏人，同知。　贾正宁夏人，知县。　但懋宁夏人，郎中。　沈正宁夏人，教授。　武志学秦州人，知县。　穆升秦州人。

癸酉科

张元狄道人，国子监博士。① 岳宗狄道人，知县。　王政狄道人，主事。　窦礼兰州人。　邵宗兰州人。　倪端河州人，训导。　杨训河州人，知县。　王钺河州人，知州。　武烈会宁人，侍郎。　茂彪庆阳人。　王爵真宁人，教授。　于宽甘州人，训导。　朱景甘州人，教谕。　王桓凉州人。　王用宾宁夏人，同知。　常泰宁夏人，学正。　计全宁夏人，知州。　陈林宁夏人，通判。　吴震宁夏人，经历。　徐智宁夏人，通判。　赵升凉州人，训导。　田愉安化人，知县。

丙子科

刘源狄道人，知府。　张铎兰州人，训导。　文志真兰州人。　赵英兰州人。　顾忠兰州人，训导。　王经河州人，佥事。　刘晟安定人。　李恕伏羌人。　段宁平凉人。　张孟升平凉人，知州。　石辂华亭人，佥事。　齐经隆德人，佥事。　张达安化人，知州。　韩璇环县人。　唐信合水人。　吴俊甘州人，知县。　李衍凉州人，训导。　王谦凉州人。　朱廷仪宁夏人，同知。

科分无考

王志学秦州人，知县。　张玺秦州人，知县。　孙英金县人，知县。　雒显合水人，佥事。　蔡祯〔十二〕环县人，提举。　陈佑徽州人，教谕。　景忠通渭人，都司断事。　马健通渭人。　王永升宁远人，知事。　马骏宁远人，推官。　侯瑞阶州人。　杜原实宁远人。　王翔平凉人，通判。　贺鼎平凉人，知县。　贺瑄平凉人，知县。　王浩平凉人，知县。　胡俭庆阳

天顺己卯科

张诚狄道人，知县。　唐佑兰州人，知县。　杜荣兰州人，知州。　董芳兰州人，教谕。　张谅兰州人，知县。　杜宣兰州人，学正。　田畴河州人。　白镃会宁人。　刘烈会宁人。　侯广平凉人，同知。　陈新平凉人，知县。　温和泾州人，知县。　陈瑗甘州人。　包玺甘州人，知州。　李锐甘州人。　周显山丹人。　孙谊凉州人。　朱俊宁夏人。　姚进西宁人。

壬午科

张九畴狄道人。　梁翰狄道人。　刘朝宗狄道人，郎中。　赵维正狄道人，知县。　赵珩狄道人。　曹俊狄道人，知县。　罗睿兰州人。　郭征兰州人，知县。　吴摘兰州人，训导。　杨能安定

① 国子监博士：明清国子监置，掌博士厅事，分经讲授儒学，考校程文，协助助教、学正、学录掌六堂学生之训诲。

人，知县。　何正泾州人，知州。　杨景泾州人，知县。　魏琎环县人，通判。　严明永昌卫人，知县。　陈昺清水人，知州。　于宽甘州人。

科分无考

陈伯玉通渭人，吏目。　王辅通渭人，知县。　孔仪通渭人，教谕。　章文固原人，知县。

成化乙酉科

王道狄道人，知县。　杨芳狄道人，知县。　曹杰狄道人。　宋通狄道人，教授。　姚成兰州人，知县。　任僖兰州人，知县。　孙懋兰州人，知州。　何铭金县人，知州。　王澄安定人，知县。　张锦岷州人。　平塘平凉人，通判。　杨重灵台人。　王福庆阳人。　王伟宁州人。　胡英凉州人，知州。　袁英宁夏人，同知。　殷学宁夏人，知县。　何英宁夏人，教授。　张翌宁夏人，知县。　张锐秦州人。　马瑞秦州人。　龙光秦州人，知县。

戊子科

刘塘狄道人，通判。　李宽兰州人。　马瓛兰州人，知县。　彭佑兰州人，知县。　王赟河州人，教谕。　刘聪泾州人。　杨璲泾州人，知县。　刘璲泾州人。　史书灵台人。　张贤合水人，推官。　张安环县人。　道泰环县人，知县。　夏景芳宁夏人。

辛卯科

刘玺狄道人，知县。　文仪狄道人，推官。　陈祥兰州人。　张政兰州人，县丞。　聊堂兰州人。　李宁靖远人，知县。　张拱端会宁人。　王铎岷州人。　閰钲泾州人。　李玘宁州人。

甲午科

高景狄道人，知县。　高智狄道人，通判。　于浚兰州人，知县。　顾九成兰州人。　王鉴安定人，知县。　胡顺平凉人。　何普泾州人，理问。[①]　齐廷珪隆德人。　刘英宁州人。　陈祥甘州人。　彭鉴甘州人。　刘裔山丹人，知县。　夏景华宁夏人，推官。　尹玉秦州人。

丁酉科

单成狄道人，知县。　禹祥狄道人，知州。　王廷狄道人，主簿。　王缨狄道人，知县。　萧宪兰州人，知县。　石浚兰州人。　殷富兰州人，教谕。　张蕙兰州人，教谕。　刘骞安定人。　张伦平凉人。　李暹宁夏人，知县。　岳山宁夏人，教谕。　马聪宁夏人，知县。　朱玉秦州人，推官。　徐浩秦州人，长史。　董鼐秦州人。　王辅秦州人。　马体元秦州人。　夏景和秦州人。

---

① 理问：官名。负责检查核验法律实施情况，元代各行省有理问所，设理问、副理问，明代改省为布政使司，仍设理问、副理问。官阶分别由元的四品、五品，改为六品、七品。清沿其制。

庚子科

曹宝狄道人，知州。　萧韶狄道人。　殷实兰州人，知县。　魏漳安定人，提举。　桑桂平凉人，通判。　何宗贤泾州人。　文朴镇番人，知县。　李廷祥秦州人，知县。　李巩西宁人。　郭文秦州人。　尹琭秦州人。

癸卯科

林廷玉平凉人。　周弼狄道人，教谕。　周敏狄道人，知县。　彭泽兰州人。　赵经泾州人，通判。　薛珣华亭人，知县。　靳仁灵台人，知州。　闾锐泾州人。　吴瑆静宁人，训导。　王铨隆德人。　李泰宁夏人，知州。　孔珍宁夏人，纪善。①　萧汉宁夏人。　黄世秦州人。　万全秦州人，知县。　辛良阶州人，知县。　王璠岷州人。

丙午科

刘永成狄道人，知州。　王英狄道人，知州。　冒材兰州人，知县。　耿瑄兰州人，知县。　闾洁泾州人。　李用宾宁夏人，教谕。　胡汝砺宁夏人。　邢通宁夏人。　李昌言秦州人，知县。

科分无考

刘烈会宁人。　刘冕金县人。　张萧金县人。　郭懋金县人，知县。　任旒徽州人，知县。　贺溥平凉人，知县。　张亨平凉人，知县。　王敬宁州人。　朱璟宁州人，知县。　栗旻宁州人。　刘真宁州人。　赵亮宁州人，训导。　邵义　狄宗文宁州人，知县。　高举宁州人，训导。　刘廷璲宁州人，训导。　李文宁州人，知县。　李克惠宁州人，知县。

弘治〔十三〕己酉科

张标狄道人。　殷安兰州人。　赵世元河州人。　任良金县人。　张綵安定人。　胡进律平凉人，同知。　陈启聪镇原人，通判。　何宗理泾州人。　张瑭镇原人，教谕。　董绣环县人，通判。　贾瓘宁州人。　张凌汉宁夏人。　濮颐宁夏人，知州。　田赋宁夏人，教谕。　李道清水人，知县。

壬子科

孙芳兰州人。　孙篚兰州人。　张文锦河州人，知县。　李绣河州人，学正。　曹廉安定人。　张潜岷州人。　赵斌平凉人。　邢大经平凉人，知县。　杜恩平凉人，知县。　石奎华亭人，通判。　许锦镇原人。　闾铠泾州人，知府。　魏宗仁泾州人。　李梦阳庆阳人。　丁琏庆阳人。　魏德环县人。　安世贤秦州人，同知。　梅信宁夏人，知县。　徐昙宁夏人，知县。

乙卯科

萧凤岐兰州人。　段炅兰州人。　张儒兰州人，知县。　魏臣安定人，通判。　王铎通渭人，学

① 纪善：官名。明朝于各王府纪善所置，各二人，正八品，掌规谏讽谕。

正。钱贯岷州人，通判。温应璧泾州人，同知。赵澍安化人。李朝阳庄浪卫人，知县。胡汝楫宁夏人。马昊宁夏人。王文麟秦州人，同知。王纶秦安人。李宁靖远人，知县。

戊午科

邵履兰州人，知州。田英兰州人。张济安定人，推官。张维新华亭人。许理镇原人。沈源镇原人。魏继盛泾州人，知州。方良弼隆德人，通判。刘庆宁夏人。王如翼宁州人，同知。张凤安定人。南鹤安定

辛酉科

马应龙河州人。史祥灵台人。王天佑庆阳人，知县。李大芳环县人，教谕。赵永宁宁州人。吕经宁州人。秦钺宁州人，通判。卢英甘州人，州判。骆用卿宁夏人。张嘉谟宁夏人。赵玺灵州人，教授。成文林秦安人。胡纘宗秦安人。

甲子科

杜大江渭源人，推官。王道兰州人，同知。田荆兰州人。王龙山靖远人，知县。唐臣平凉人，知县。高杰平凉人。彭璘固原人，佥事。杨天锡泾州人，推官。韩奕庆阳人。吕渭宁夏人，知县。吴冕宁夏人。丁继文秦安人，学正。侯一元秦安人。陈善秦安人，同知。

科分无考

贺祥平凉人，知县。尚德宁州人，长史。罗璋安化人。罗琛安化人。高夔安化人。宋儒庆阳人。陈大纲庆阳人。栗铭宁州人。李祥宁州人。刘钺宁州人，知州。

正德丁卯科

周玺狄道人，学正。朱逊兰州人，知县。陈镐兰州人，知县。李材兰州人。薛定兰州人，通判。马浚兰州人。张维安定人。陈绅靖远人。张世选平凉人。姚天爵静宁人。张鹏翰庆阳人。丁安中庆阳人，郎中。杨纯宁州人，同知。李岱秦安人，知县。刘钺陇西人。

庚午科

张文泰渭源人。陈范兰州人，知州。练锐兰州人。捏经河州人，知县。郭希廉安定人，知县。杨瑞安定人，经历。王廷瑶安定人。王应麒安定人。刘世伦岷州人。赵文显平凉人，知县。张几平凉人。王绅泾州人，知县。朱廷章静宁人。杨朝凤安化人。刘珊甘州人，教授。张岐凤宁夏人。王朝元秦州人，知州。孙述先秦安人，推官。李元芳秦州人，知县。

癸酉科

刘耕兰州人。唐时和兰州人，学正。殷承叙兰州人。于茂林兰州人，知县。刘漳兰州人。桑仟平凉人。郭傧静宁人。马应麟静宁人，知县。王嵱庆阳人。罗珍宁夏人。梅羹

宁夏人，知州。　王官宁夏人。　马克孝秦州人，知县。　王谟秦安人，知县。　王朝用陇西人。

丙子科

吴山狄道人。　朱宪兰州人。　卢晓兰州人，教谕。　段续兰州人。　董希曾崇信人，同知。　杨经宁夏人。　管律宁夏人。　潘九龄宁夏人，布政使。　秦聘宁夏人，知州。　李文明阶州人，同知。

己卯科

吕颛宁州人。　田卿狄道人。　王洲兰州人。　林朝兰州人，主事。　邓琇兰州人。　史录巩昌人，通判。　张杰陇西人，助教。①　张倌平凉人，知州。　杨廷美平凉人。　孙廷相平凉人。　李麒泾州人，知县。　傅学礼安化人。　胡献金环县人，主事。　王师古宁夏人，长史。　楚书宁夏人。　汪文渊宁夏人，知县。　梁仁宁夏人，知县。　刘伸宁夏人。　徐元祉秦州人。　王缉显秦州人。　白世卿秦州人。　夏金秦州人。　孙巨鲸徽州人。　崔观阶州人，教谕。　叶绍先文县人，知县。　侯宾嘉秦安人。

嘉靖壬午科

赵时春平凉人。　李瑾宁夏人。　王彤狄道人，知县。　蔡畴兰州人。段在兰州人，通判。　王得光通渭人，知县。　刘世经岷州人，知县。　吕颙宁州人。　沙廷珪宁夏人，知州。　王学古宁夏人。　薛广伦宁夏人，推官。　宋文鉴宁夏人。　黄绶宁夏人。

乙酉科

宋淮狄道人，知州。　边永宁狄道人。　贾正已兰州人，推官。　张铉兰州人，知县。　陈养正兰州人，知县。　刘衷岷州人，通判。　王良臣宁夏人，运使。王正仁秦安人，知县。　张九经文县人，通判。

戊子科

李永祥狄道人，知县。　曹璧狄道人，推官。　康从吉狄道人，通判。　叶保兰州人，长史。　吴伯亨兰州人。　高潮兰州人，知县。　王民牧安定人，通判。　刘世绅岷州人，运同。　邵苾宁州人，同知。　郭守宁州人。　王朝珍宁州人，长史。　李相镇番人，通判。　李絅宁夏人。　吴用宾宁夏人，知县。　李元西宁人，知县。　陈谟秦州人，知县。　关世教秦安人，知县。　姜汝奇秦安人。　张朝元成县人，知县。　张九功文县人，长史。

辛卯科

杨梦豸安定人，知州。　王廷祀宁远人，知县。　何宗学安化人。　张炌宁夏人。　刘思唐宁

---

① 助教：学官名。帮助国子祭酒和博士教授学生。

夏人。　杨希元宁夏人，通判。　刘凤宁夏人。　傅汝砺宁夏人。

甲午科

杨启充狄道人，员外。　刘朝麒狄道人，佥事。　蒋嘉猷狄道人，通判。　周镐狄道人。　陆坤兰州人。　许登瀛兰州人。　闫淳陇西人。　白世璧秦州人，知县。

丁酉科

祁玳狄道人，通判。　花山狄道人，知县。　雍焯狄道人。　刘泾兰州人，知县。　王仲辅兰州人，知县。　葛廷璋兰州人。　李光祖兰州人，知州。　张嘉孚安定人。　王尚质陇西人，同知。　李逢春平凉人，通判。　王士吉庆阳人。　张慎安化人。　申嘉言安化人。　刘承宽安化人。　张九思宁夏人，通判。　李彻宁夏人，同知。　俞鸾灵州人。　刘应熊陇西人。

庚子科

段綖兰州人。　王良宾兰州人，知州。　车锦巩昌人，知县。　杨杲岷州人，通判。　陈爵巩昌人。　赵梦奇平凉人。　杨应元固原人。　王育德环县人。　葛世学宁州人，知州。

癸卯科

王瑜秦州人。　张万纪狄道人。　赵一本狄道人，知县。　徐耕兰州人，知县。　葛永泰兰州人，知县。　柳东光巩昌人。　巩延龄伏羌人，知县。　高侃平凉人，通判。　赵希洛镇原人，通判。　张世祥固原人，知县。　左柱宁州人，御史。　周斯盛宁州人。　王业宁夏人，知县。

丙午科

曹可登狄道人。　苟文奎狄道人，同知。　杨华巩昌人。　宋益巩昌人。　于诰岷州人。　马世臣固原人，通判。　王九德灵台人，通判。　张璲庆阳人。　曹昉安化人。　曹时安化人。　曹旸安化人。　杨汝松安化人。　苏辅干合水人。　李如唐宁州人，知州。　李质宁州人，长史。　丁密庄浪卫人，知县。　张光孝秦州人，知县。　王霄秦州人，知州。　胡被秦安人。

己酉科

陈大夏兰州人，知县。　张近思金县人，知县。　王辙巩昌人，同知。　王植安定人，知县。　张旗庆阳人。　杜实庆阳人。　王希尧安化人。　和天秩宁州人，知县。　邵蕙宁州人，通判。　赵崇儒宁夏人。　黄鹍宁夏人，知县。　徐佃宁夏人。　张民范秦州人，同知。

壬子科

周鉴平凉人。　段补兰州人。　朱琏河州人，通判。　李光鸾陇西人。　梁栋安定人。　寇靖安定人，知县。　赵佩平凉人。　陈葵泾州人，通判。　廖大位庆阳人。　刘家相安化人。　周斯美宁州人，知县。　雍镐清水人。　周麟阶州人，知州。　孙光祖徽州人。

乙卯科

李自发狄道人，知县。　邹应龙兰州人。　白崇文河州人，知县。　党益巩昌人，知县。　唐继参平凉人。　李应奇镇原人，知州。　李正庆阳人。　麻永吉庆阳人。　徐登庆阳人。　张思聪庆阳人。　孙管安化人。　杨愈茂安化人。　胡执礼永昌人。　屈大伸宁夏人，署丞。　张问仁西宁人。　郭维价徽州人。

戊午科

江橹兰州人，长史。　石麒兰州人。　赵邦奇陇西人，推官。　陈嘉谟伏羌人，知县。　孟学易平凉人。　单滨固原人，知州。　双凤鸣庆阳人。　冯礼安化人。　李旸宁州人。　王元宁夏人。　贾万镒宁夏人，知县。　杜文锦宁夏人，知县。　胡来缙秦州人，副使。　李怡如秦安人。　许柬徽州人。　乔应萃清水人，通判。

辛酉科

吴应选会宁人，知府。　张谔平凉人。　脱颖镇原人，知县。　李崧秦州人。　郭庄徽州人。　王守中徽州人

甲子科

张若愚兰州人，知州。　王景怡会宁人，通判。　徐辙巩昌人，知县。　栗在庭会宁人。　李发泾州人，同知。　马相静宁人，同知。　王勑宁州人。　武成宁州人，长史。　蹇来亨阶州人，知县。　赵维贤环县人。

隆庆丁卯科

王继祖宁夏人。　李紧兰州人。　马怡兰州人。　何迁巩昌人。　张西铭巩昌人。　杜和春巩昌人。　马化龙宁远人，推官。　王道济固原人，知州。　靳贤静宁人，知州。　唐寀庆阳人。　杨士魁真宁人，通判。　王泽恩宁州人，通判。　丁文亨宁夏人，知县。　李廷彦宁夏人。　赵攀凤秦州人，知县。　李桢安化人。

庚午科

戴廷礼兰州人，知县。　杨希古安定人，通判。　李崇教灵台人，通判。　闫应儒宁州人，通判。　闫励宁州人，知县。　吴过宁夏人，同知。

万历〔十四〕癸酉科

杨登云兰州人，知县。　文显兰州人，教谕。　朱衣岷州人。　王可嘉平凉人。　谈应春安化人。　傅中庆阳人。

丙子科

王化兰州人，知县。　王仰中陇西人。　赵兰平凉人。　贾师谦华亭人，同知。　高荐泾州人，同知。　曹汝校安化人。　刘道揆镇番人。　穆来辅宁夏人。　侯廷佩宁夏人。　胡忻秦州人。

己卯科

曹思聪岷州人。　赵应裕平凉人，知县。　赵性粹静宁人，副使。　石可大安化人。　赵凤宁州人。　李养中镇番人，知县。　陈洪训宁夏人。　赵赏瀛礼县人，知州。

壬午科

杨时亨巩昌人，知县。　杨恩陇西人。　孙鹏翰安化人。

乙酉科

王三锡兰州人，知县。　江一龙兰州人，知县。　张衮安定人。　吴望岱会宁人，知府。　吴望嵩会宁人，知县。　郭峻通渭人，知府。　李廷训固原人。　王梦卜静宁人，知县。　马谦亨静宁人，知县。　靳应鸾隆德人，知县。　孔从周安化人。　冯恩阙安化人。　许天印永昌人。　杨大烈镇番人，通判。　杨亨秦州人，知县。　李应诏秦州人，知县。　胡槭少秦安人。

戊子科

杨师震兰州人，知州。　刘世裕河州人。　李洪远巩昌人，知县。　何士玮巩昌人，副使。　张一谔会宁人，知县。　栗储栋会宁人，知县。　王治平凉人，知县。　冯思问安化人。　尤翘文县人，知县。

辛卯科

李德岷州人，长史。　徐盈科宁远人。　杜沛然镇原人，知县。　陈好学固原人，知县。　赵邦清真宁人。　邵崇雅宁州人，知州。　沈再思永昌人，知州。　蒯涑宁夏人。　田赋宁夏人，知县。　杨溢秦州人，知县。

甲午科

张一鸿会宁人，同知。　刘令誉平凉人，知县。　钱济时庆阳人。　左司谏宁州人，知县。　史左宁夏人。　单谟宁夏人。　王纯秦州人，知县。　侯嘉晏徽州人，通判。　萧籍文县人，知州。　米万钟安化人。　张国儒镇夷所人。　李冕庆阳人。

丁酉科

杨国珍巩昌人，同知。　杨毅巩昌人。　姚有光通渭人，知县。　马三仕静宁人，知县。　车尚殷宁夏人，知县。　何绅两当人。　贺国正两当人。　张四杰文县人。　任学曾文县人，知县。　李可柱文县人，通判。　雷鸣春狄道人。

庚子科

王道成兰州人。　杨巽巩昌人，主事。　张国纲安定人，推官。　李奎安定人，知县。　周汝灏平凉人。　张天德固原人，学正。　陈顺典固原人。　张纮徽州人，知县。　刘近颜文县人，知县。　张世熙文县人，知州。　许光祖宁夏人。

癸卯科

朱书兰州人。　段锽兰州人。　张国绅安定人。　刘盈科平凉人，知县。　关光庆阳人。　唐虞龙庆阳人。　尹觉民秦州人。

丙午科

段钦兰州人，知县。　张虞龙漳县人。　王秉衡平凉人，员外。　杨蛟庆阳人。　麻僖庆阳人。　杨寿宁夏人。　尹先民秦州人，教谕。　尤翱文县人，知县。　张其光文县人，参议。　张化机文县人。

己酉科

杨行恕狄道人。　段铨兰州人，知县。　张书绅安定人，推官。　薛文周安定人。　张应龙漳县人。　徐州儒固原人，知州。　王家相固原人，知县。　李国珍宁夏人，同知。　王耀文县人。

壬子科

韩谦兰州人。　王世楠兰州人，知县。　原高平凉人。　张国士平凉人，教授。　王懋学永昌人。　朱应聘秦州人，知县。　刘洪养文县人，推官。　谢廷諆文县人，知县。　杨长春文县人，知府。

乙卯科

单浚兰州人，知县。　关永杰陇西人。　张金门庆阳人。　张奎璧安化人。　赵凤宁州人。　何斯美镇番人，同知。　张四术文县人，知县。　王敦德文县人，知州。

戊午科

傅楫狄道人。　杨泰升兰州人。　段锵兰州人。　畅应登陇西人，知县。　王瓆静宁人。　樊腾霄宁州人，知县。　邵兴周宁州人。　王建侯山丹人。　张若鹇镇番人。　吕华宁夏人，同知。　郭峥秦州人，知州。　郭师游徽州人，知县。　罗世锦两当人。　刘大猷文县人，知府。　张美安化人。

天启辛酉科

张行敏狄道人，知县。　司文颖狄道人。　朱家仕河州人。　刘跃龙安定人，同知。　吴望仑会宁人，知县。　连捷平凉人，教谕。　李齐镇原人，同知。　孟良印镇番人，布政司。　张先春宁夏人，知县。 沙圻宁夏人。 赵鸣雷秦州人，知县。 马性闲徽州人。

甲子科

潘光祖狄道人。 杨弘道〔十五〕陇西人，知县。 李必逾会宁人，知县。 樊士英固原人，知县。 朱鸞平凉人，通判。 吴明俊灵台人。 方跃龙静宁人。 李希沆庆阳人。 李敏盛庄浪人。 胡有年永昌人，司务。 王心学永昌人，副使。 任远文县人，主事。 王门弼清水人。 杨纯臣漳县人。

丁卯科

张汉俊狄道人。 张文熙狄道人，教谕。 张略兰州人，知县。 朱长治兰州人。 江化龙陇西人。 白钟灵安定人。 张开祥安定人。 曹思正岷州人，知县。 巩熿真宁人。 王文祥宁州人，知县。 冯云路凉州人，同知。 李峪宁夏人。 郑感民灵州人。 陈有增灵州人。 高抡秦州人，御史。 高必选秦州人。 秦日昌文县人，教谕。

崇祯〔十六〕庚午科

周璜陇西人，知府。 于凌霄灵台人，知县。 安绍先庆阳人。 张养庆阳人。 李之元安化人。 仇传香真宁人。 姚隆运秦州人，知县。 杨名显秦州人，布政使。 毛凤来文县人，知县。

癸酉科

宋荐巩昌人，知县。 郭九围巩昌人。 刘奇芳陇西人。 白尔瑜安定人。 张凤翎环县人。 王鸣灿安化人。 王皞如真宁人。 赵正儒宁州人。 门四辟宁州人，知县。 曹毓芳永昌人。 李元朴成县人。

丙子科

段应甲兰州人，知县。 徐中彦安定人，知县。 王鸣琚安化人。 唐魁合水人。 王扶朱镇番人。 李文炜宁夏人，知县。 朱伸𪽉宁夏人。

己卯科

郝璧兰州人，副使。 杨恒巩昌人，郎中。 陈九经巩昌人，郎中。 石中玉陇西人，知县。 黄圣果陇西人。 刘凝鼎安定人，知县。 王皑靖远人。 丁映章固原人，通判。 黄金授安化人。 侯元勋宁州人，知县。 朱廷翰宁夏人，御史。 李惟让环县人。

壬午科

姚之理狄道人，教谕。 唐章庆阳人，知县。 黄建封安化人，知县。 吴健宁夏人，参议。 吕维熊宁夏人，知府。 郝翀汉文县人。

科分无考

张颙巩昌人，知县。　蹇升巩昌人，教谕。　张崇巩昌人，经历。　李逢春巩昌人，知州。　杨铭巩昌人，同知。　杨仕敏巩昌人，参政。　周正巩昌人，知县。　刘钺巩昌人，知县。　杨廷济巩昌人，知县。　唐伟陇西人，御史。　陈芳陇西人，御史。　杜俨陇西人，太仆寺卿。　杨善陇西人，光禄署丞。[①]　杨景镛陇西人，知县。　韩杰陇西人，万全卫都事。　刘汝安徽州人，兵科给事中。　高儒徽州人，同知。　许可久徽州人，知县。　郭从道徽州人，佥事。　赵荣通渭人，尚书。　郭讷漳县人，御史。　张凤翔漳县人，教谕。　宋淮漳县人，御史。　杨林岷州人，经历。　韩成秦州人，推官。　杨克勤秦州人，推官。　田邃秦州人，教谕。　董振秦州人，教谕。　史衢两当人，推官。　王洁巩昌人。　曹肃巩昌人。　陈纪贤巩昌人。　范恩巩昌人。　孙光巩昌人。　何铭陇西人。　邓璇陇西人。　畅茂陇西人。　石璞陇西人。　柳缙陇西人。　杨世杰陇西人。　王纪陇西人。　刘世纶陇西人。　张逊徽州人。　伏升徽州人。　王雍徽州人。　文献徽州人。　胡彦祥徽州人。　李朝阳徽州人。　马负图徽州人。　牛麟秦州人。　孙靖秦州人。　张哲秦州人。　李纪秦州人。　张善秦州人。　黎廷瓒漳县人。　郑礼两当人。　赵佩平凉人。　赵渊镇原人，工科给事中。　刘祥镇原人，知县。　敬惟寅镇原人，检校。　胡顺镇原人，知县。　王充镇原人。　张绶镇原人。　赵敬镇原人。　段淳镇原人。　窦信镇原人。　包暹镇原人。　张道镇原人，长史。　柳开泾州人，检校。　杨复泾州人，经历。　薛广伦灵州人，府尹。

皇清举人

顺治二年乙酉科

李寀狄道人，知县。　李振藻安定人，知县。

顺治三年丙戌科

慕天颜静宁人，总督漕运。[②]　朱英帜镇番人，知县。　方象圻兰州人。

顺治五年戊子科

陈一贯靖远人，教授。　彭翩真宁人，推官。　郭振郛宁夏人，知县。

顺治八年辛卯科

张晋狄道人，知县。　巩我阅真宁人。　王宏翼宁州人。　何孔述镇番人。

---

① 光禄署丞：官名。光禄寺大官署、珍羞署、良酝署、掌醢署四署各置丞，通称“光禄署丞”，从七品。

② 总督漕运：官名。明朝置，负责漕运外，兼提督军务，万历七年（1579年）加兼管河道。

顺治十一年甲午科

胡大定平凉人，员外。 彭若愚真宁人。 范韩侪真宁人。 黄虞再伏羌人，提学道。[①] 武士奇伏羌人，教谕。 曾畹宁夏人。

顺治十四年丁酉科

徐光台凉州人，教授。 杨端宪镇番人，宁台道。 蒲璋秦州人，教授。 徐世节秦安人，知县。 汪坎成县人，知县。 苏眉英成县人，学正。 丁斗柄宁夏人，知县。 许震元宁夏人，知县。 强震猷宁夏人，史馆纂修。

顺治十七年庚子科

梁联馨平凉人，员外。 高璇兰州人，学正。 刘荫芝镇番人，教授。 蒲珩秦州人，知县。 甄自灵文县人。 杨先甲宁夏人，教授。

康熙二年癸卯科

王汝明狄道人。 杨景运金县人，知县。 谷迁乔宁夏人。 白楚琳凉州人，教谕。

康熙五年丙午科

杨淑灵台人，教授。 张象斗岷州人，学正。 张奇斌镇番人，知县。 黎时雍宁夏人，教授。 巩我造真宁人。

康熙八年己酉科

石中琳狄道人，典簿。[②] 孙克恭镇番人，同知。

康熙十一年壬子科

伍云龙宁夏人，教授。 罗万辰凉州人，教谕。

康熙十四年乙卯科

慕国璿静宁人，授中书。

康熙十七年戊午科

刘振凉州人。 顾麟宁夏人，教授。

康熙二十年辛酉科

刘云翼兰州人。 王衮平凉人，教授。 李一元镇番人，教授。 冯荫敞宁夏人。 慕琛静宁

① 提学道：提督学道省称。为按察分司之职，专掌提督本省学政。各省由按察副使、佥事充任，南、北直隶由御史差充。

② 典簿：官名。明置于太常寺、国子监及诸王府。清因明制，惟王府不设。掌文牍、簿书等事，秩从七品。

人，给事中。

康熙二十三年甲子科

王绶兰州人，知州。　宋朝楠陇西人，佥都御史。　邢昭陇西人，知县。　孙克明镇番人，知县。　韩遇春清水人，庶吉士。

康熙二十六年丁卯科

吴仲仪镇番人，知县。　孟扬生宁夏人。

康熙二十九年庚午科

王克兴镇番人，知县。　张寿峒平凉人，同知。　朱奇宁夏人，知县。　张九如文县人。

康熙三十二年癸酉科

王昉中真宁人。　闫锡璜镇番人，学正。　张瑄宁夏人，国子监助教。　邹居业秦州人。

康熙三十五年丙子科

杨鼎锜陇西人。　包仁相宁远人，教授。　何渊灵台人，教授。　张九锡镇番人。　李早甲宁夏人。　蒋懿苾文县人，教授。

康熙三十八年己卯科

张彭甲文县人，教谕。　康甲科陇西人，教谕。　李如芸真宁人。　史元西宁人。　张瑶华文县人，教谕。　慕国珣静宁人。

康熙四十一年壬午科

吴郡兰州人，教谕。　潘祥靖远人，编修。　孙诏凉州人，宁绍台道。　谢王宠灵州人，宗人府丞。　高嶷宁夏人，教谕。

康熙四十四年乙酉科

宋朝楗陇西人，教谕。　冯尽善陇西人，知县。　郭仁济会宁人，教谕。　严用熙伏羌人。　王化行凉州人，知县。　侍彤镇番人，教授。

康熙四十七年戊子科

刘云鹤兰州人，教谕。　王用中甘州人，知县。　张瑢宁夏人，内阁中书。　李�灵州人，主事。　薛继周秦安人，学正。　何宗韩文县人，庐凤道佥事。

康熙五十年辛卯科

孙进德兰州人。　侯屏兰州人，教谕。　马荣朝陇西人。　董霈陇西人。　潘祄靖远人。　潘祎靖远人。　武芸业平凉人。　许芮镇番人，教谕。　杨维元甘州人。　尹诰凉州人，知县。　李珣宁夏人。　高腾蛟宁夏人。　王倚重宁夏人。　邹正业秦州人。

康熙五十二年癸巳科

江锭静宁人。　刘竹勋兰州人。　巩建丰伏羌人，侍读。　何天相固原人。　范谐暐真宁人。　马尔栋永昌人。　马孟生宁夏人。　解震泰宁夏人，庶吉士。　江之瀚宁夏人，知县。　马河生宁夏人。　马俊士清水人。　郑蕤文县人。　蔡曰逢秦安人，知府。

康熙五十三年甲午科

孙昭安定人，知县。　王佩蘅陇西人，行人司行人。　任子延安化人。　左简宁州人。　高崇徽凉州人，知县。　卢生莲镇番人。　栗尔璋宁夏人，员外。　赵弘熺〔十七〕宁夏人，知县。　高宣灵州人。　蒋登御文县人，学正。

康熙五十六年丁酉科

马书升洮州人。　李兴宗凉州人。　李宗儒灵州人。　蒲本馨秦州人。

康熙五十九年庚子科

朱谌平凉人。　赵选安化人，教谕。　仇佺中真宁人。　陈史甘州人。　卢生华镇番人。　杨魁甲平罗人　陈讷灵州人。　汪仍成县人。

雍正元年癸卯科

范英陇西人。　骆英伏羌人，教谕。　巩敬祖伏羌人。　张光佑平凉人。　高昕固原人。　孙为璘凉州人。　卢生薰镇番人，庶吉士。　卢生荚镇番人。　田九畹宁夏人。　胡重器宁夏人。

雍正二年甲辰科

汪执桓陇西人，知县。　张绣固原人。　范锡篆真宁人。　白璋凉州人。　王有德镇番人。　刘得炯中卫人。　冯飞龙中卫人。　周仕翚秦安人。　夏之瑚阶州人。

雍正四年丙午科

江自岷　王天祥安化人。　李铁汉安化人。　石攻玉真宁人。　聂汉佐张掖人。　赵璘古浪人。　周昌祚宁夏人。　李应龙宁夏人，教谕。　何溥文县人。

雍正七年己酉科

杨倓陇西人。　洪且重陇西人。　张主一西和人。　路于兖镇原人。　秦国英张掖人。　苏暻凉州人。　谢升灵州人。　王加民灵州人。　李珌灵州人。

雍正十年壬子科

刘体智伏羌人。　杨名世陇西人。　张士琮宁夏人。　谷宗肇宁夏人。　郭成峻岷州人。　张显名庆阳人。　马继隆隆德人。　杨士美宁夏人。　韩将杰张掖人。

贡生

明

白迪安定人，御史。　李文安定人，御史。　李铭徽州人，御史。　梁学临洮人，佥事道。　符品临洮人，副使道。　蔡弼临洮人，参议道。　王宾临洮人，御史。　宋成临洮人，御史。　毛贤临洮人，御史。　赵琮临洮人，给事中。　张谔临洮人，佥事道。　许继祖临洮人，御史。　雷鸣夏临洮人，员外。　牛怀哲临洮人，按察使。　马可俊狄道人，御史。　房士龙狄道人，参议道。　庄懋学狄道人，佥事道。　阎嘉乐狄道人，谕德。①　汪斗南狄道人，府丞。　钟玥狄道人，御史。　任杰狄道人，通政使。②　茆泉狄道人，参议道。　何继远狄道人，通政使。　周能狄道人，副使道。　廉秀渭源人，御史。　王志礼兰州人，府尹。　杨徽河州人，御史。　王吉河州人，同知。　权嵩陇西人，尚宝卿。　娄俭安定人，御史。　刘铸通渭人，佥事道。　王宽伏羌人，御史。　李恕伏羌人，御史。　王悫宁远人，御史。　董绅岷州人，兵备道。　胡廷佐平凉人，兵备道。　贾兴华亭人，参议道。　张凯镇原人，御史。　张维静宁人，御史。　贾伯愚庄浪人，佥事道。　邢政庆阳人，布政使。　孟贤庆阳人，御史。　璩安庆阳人，御史。　米寿图庆阳人，御史。　史伸成安化人，御史。　马撝安化人，参政道。　武斌安化人，按察使。　王斐安化人，知府。　张理环县人，御史。　巩固真宁人，副使道。　高岐凤凉州人，督粮道。　孟良范镇番人，荆南道。　进浴中卫人，副使道。　赵得福秦州人，参议道。　赵璧秦州人，给事中。　刘纪秦安人，副使道。　王克礼清水人，运使。　高恂徽州人，给事中。　文献徽州人，御史。　罗应辅两当人，给事中。　武彦成县人，御史。　王政华亭人，参政道。　张谅华亭人，参议道。

皇清

汪宗周巩昌人，治中。　孟家栋巩昌人，知府。　李灿然泾州人，知府。　马飒固原人，主事。　陈王前固原人，知府。　曹文挺固原人，郎中。　慕珏静宁人，佥事。　慕国琠静宁人，知府。　康廷璧庆阳人，知府。　李栖鸿凉州人，主事。　赵弘爕〔十八〕宁夏人，总督。　马遂伯宁夏人，郎中。　陈寿宁夏人，通政使。　赵之垣宁夏人，通政使。　赵之采宁夏人，郎中。　路坦然秦安人，知府。　胡向华两当人，知府。　倪君甫庄浪人，知府。　卢硕辅西和人，运副。

① 谕德：官名。明詹事府所属左、右春坊各置一人，掌侍从赞谕之责。清初沿置，满、汉各一人，汉员兼翰林院修撰，掌记注撰文之事。

② 通政使：官名。通政使司长官，掌受内外章疏敷奏封驳之事。

校勘记

〔一〕弘　哈佛本同，刻补本作“宏”，四库本作“弘”，避乾隆皇帝讳改。

〔二〕玹　哈佛本同，四库本、刻补本作“玹”，避康熙皇帝讳改。

〔三〕弘　哈佛本同，刻补本作“宏”，四库本作“弘”，避乾隆皇帝讳改。

〔四〕弘　哈佛本同，刻补本作“宏”，四库本作“弘”，避乾隆皇帝讳改。

〔五〕弘　哈佛本同，刻补本作“宏”，四库本作“弘”，避乾隆皇帝讳改。

〔六〕历　哈佛本作“曆”，刻补本作“歷”，四库本作“歴”，避乾隆皇帝讳改。

〔七〕祯　哈佛本、四库本作“祯”，刻补本作“正”，避雍正皇帝讳改。

〔八〕弘　哈佛本同，刻补本作“宏”，四库本作“弘”，避乾隆皇帝讳改。

〔九〕铉　哈佛本同，四库本、刻补本作“玹”，避康熙皇帝讳改。

〔十〕弘　哈佛本同，刻补本作“宏”，四库本作“弘”，避乾隆皇帝讳改。

〔十一〕弘　哈佛本同，刻补本作“宏”，四库本作“弘”，避乾隆皇帝讳改。

〔十二〕祯　哈佛本、四库本作“祯”，刻补本作“正”，避雍正皇帝讳改。

〔十三〕弘　哈佛本同，刻补本作“宏”，四库本作“弘”，避乾隆皇帝讳改。

〔十四〕历　进呈本作“曆”，刻补本作“歷”，四库本作“歴”，避乾隆皇帝讳改。

〔十五〕弘　哈佛本同，刻补本作“宏”，四库本作“弘”，避乾隆皇帝讳改。

〔十六〕祯　哈佛本、四库本作“祯”，刻补本作“正”，避雍正皇帝讳改。

〔十七〕弘　哈佛本同，刻补本作“宏”，四库本作“弘”，避乾隆皇帝讳改。

〔十八〕弘　哈佛本同，刻补本作“宏”，四库本作“弘”，避乾隆皇帝讳改。

甘肃通志卷之第三十四　人物一

两河郡邑，山川雄峻。土厚水深，间气[①]所钟。笃生[②]英俊，代不乏人。载在史册，按籍可稽。父老传闻，舆论可采。或政绩文章，或武功事业，其所建树，虽有不同，皆为人杰。

本朝名臣，接武节[③]，著封疆，勋铭钟鼎，人才之盛，度越前代，尤当纪载，流芳奕禩。志人物。

临洮府〔一〕

汉

辛庆忌，字子真，狄道[④]人。酒泉太守武贤子，少以父任[⑤]为右校丞[⑥]，随长罗侯常惠[⑦]屯田乌孙赤谷城，与歙侯[⑧]战，陷阵却敌。惠奏其功，拜为侍郎，迁校尉，将吏士屯焉耆国[⑨]，还为谒者，尚未知名。元帝初，补金城长史，举茂才[⑩]，迁郎中、车骑将军，朝廷多重之者。迁张掖太守，徙酒泉，所在著名。成帝初，征为光禄大

---

① 间气：古代谶纬学说以为，帝王臣民各受五行之气而生，正气为帝，间气为臣。

② 笃生：得天厚佑而出生。

③ 武节：古代将帅凭皇帝所授符节，专制武事。也指武德，尚武的精神。

④ 狄道：县名，治所在今甘肃临洮县。

⑤ 父任：汉代高官有荫子的特权，因父亲为官，儿子可荫授官职。

⑥ 右校丞：官名。将作大匠机构所属工徒分为前后左右中五校，每校置令、丞各一人，掌率工徒修建宫室等。

⑦ 常惠：？—前46年，西汉著名外交家。宣帝初为校尉，持节护乌孙兵击匈奴，以功封长罗侯。终生五进五出乌孙，在加强汉朝与乌孙的关系上作出了很大贡献。

⑧ 歙侯：官名，也写作翕侯。西汉时西域乌孙国置，犹汉之将军，掌征伐。

⑨ 焉耆国：汉西域三十六国之一，属西域都护府。都城员渠城，位于今新疆焉耆县。

⑩ 茂才：汉代的察举科目，属于特举，不设常科。东汉光武帝改为岁举。

夫，迁左曹中郎将，至执金吾[①]。大将军王凤荐其通于兵事，明略威重[②]，任国柱石，乃复征为光禄大夫，执金吾。后坐小法左迁云中太守。丞相司直何武上封事[③]，谓庆忌宜在爪牙官，以备不虞，寻拜为左将军。时朱云欲请上方斩马剑，斩佞臣张禹[④]头，上怒，下云，将戮之，庆忌叩头流血争之，得免。庆忌居处恭俭，食饮被服尤节约。为国虎臣，遭世承平，西域亲附，敬其威信，年老卒官。长子通为护羌校尉，中子遵函谷关都尉，少子茂水衡都尉，出为郡守，皆有将帅之风，宗族支属至二千石者十余人。

魏

辛毗，字佐治，其先自陇西徙阳翟[⑤]。毗随兄评从袁绍，魏王曹操为司空，辟毗，毗不得已应命，表毗为议郎[⑥]。遣毗平，还为丞相长史[⑦]。文帝践祚[⑧]，迁侍中。帝欲徙冀州万户〔二〕实河南，毗谏帝，不答，起入内，毗引帝裾[⑨]，帝奋衣不还，良久乃出，曰："佐治卿，何持我太急耶！"乃徙其半。帝以射雉为乐，毗讽之，亦为希出。帝大举征吴，毗止之，帝不从，卒无功。刘放、孙资[⑩]用事，而毗不与往来，

① 执金吾：官名。西汉武帝太初元年（前104）由中尉改名，秩中二千石。职掌京师治安，督捕盗贼，负责宫廷之外、京城之内的警卫，戒备非常水火之事，管理中央武库，皇帝出行则掌护卫及仪仗队。

② 明略：谋略，计谋；威重：威严庄重。

③ 封事：密封的奏章，直接呈奏皇帝而不经过尚书台。

④ 张禹：？—前5年，字子文，西汉河内轵（今河南济源东南）人。通经学。元帝初元中任博士，教太子《论语》。成帝即位，以帝师任为光禄大夫，领尚书事，后代王商为丞相，封安昌侯。为相六年。好音乐，内淫奢。其说《论语》独成一家，号"张侯论"。

⑤ 阳翟：县名，治所在今河南禹州市。

⑥ 议郎：官名。属光禄勋。掌顾问应对。议郎在诸郎中地位最高，不属诸郎署，不入直宿卫，其性质与大夫相似。

⑦ 丞相长史：丞相府诸史之长，置二人，秩比千石，位在丞相司直之下。掌辅佐丞相，督率诸吏以处理政务。

⑧ 践祚：登基称帝。

⑨ 裾：衣服的大襟。

⑩ 刘放、孙资：刘放（？—250），汉宗室。曹魏时历任县令、秘书郎、中书监、光禄大夫、卫将军等职。孙资（？—251），初为曹操所辟，历县令，参丞相军事。魏文帝立，改秘书监为中书监，任中书令，加给事中。刘放、孙资二人长期典掌机密，参谋军国大事。明帝末，刘放、孙资预定大谋，齐王芳即位并由曹爽、司马懿共同辅政。

子敞谏之，毗正色曰："吾之立身，自有本末。孙、刘不过令我不作三公而已，焉有大丈夫欲为公而毁其高节者耶？"终卫尉，谥肃侯。

晋

李含，字世容，陇西狄道人。举孝廉[①]，会州刺史郭奕素闻其贤，擢含为别驾[②]，遂处群僚之右。寻转秦国郎中令，领始平中正[③]。后河间王颙表为征西司马，甚见信任，终河南尹。

辛谧，字叔重，狄道人。少有志尚，博学善属文，性恬静，不妄交游。召拜太子舍人[④]、诸王文学，累征不起。永嘉末[⑤]，以谧兼散骑常侍，抚慰关中。谧以洛阳将败，故应之。及长安陷没，刘、石[⑥]辟命，并不应。处丧乱之中，颓然高迈，视荣利蔑如也。及冉闵[⑦]僭号，复备礼征谧，谧遗闵书，劝其归身本朝，因不食而卒。

辛勉，字伯力，狄道人。父洪，左卫将军。勉博学，有贞固之操。怀帝累迁为侍中，及洛阳陷，随帝至平阳。刘聪[⑧]欲署为光禄大夫，勉固辞不受。聪遣其侍郎乔度赍药酒逼之，勉曰："大丈夫岂以数年之命而亏高节，事二姓哉？"引药将饮，度遽止之，曰："相试耳，君真高士也！"叹息而去。聪嘉其节，为筑室于平阳西山，月致酒米，勉亦辞而不受。年八十卒。

李暠，字大业，狄道人。性沉毅宽和，美器度，通涉经史，习知孙吴兵法。后

---

① 举孝廉：汉代察举制度，地方郡国每年向中央举孝廉两人，到中央担任郎官，是入仕的主要渠道。魏晋南北朝仍实行察举孝廉的制度，以"经明行秀"者为之，惟多虚应故事。

② 别驾：刺史属吏。刺史巡察，别驾别乘传车从行，总领行部事务，故以别驾为名，秩百石。

③ 中正：官名，曹魏时各郡选拔有声望的人任中正，负责将当地士人按才能品德分成九等，做为政府选用官吏的依据。

④ 太子舍人：官名。秦朝始置，汉魏因之，秩二百石，无员额，轮流宿卫。

⑤ 永嘉：西晋怀帝年号，公元307—313年。

⑥ 刘、石辟命：五胡十六国时期建立前赵和后赵的刘渊、石勒。辟命，征辟和任命官职。

⑦ 冉闵：？—352年，十六国时冉魏建立者。父冉瞻为石虎养子，从姓石氏。闵以善战著名。虎死，闵杀羯人，夺取后赵政权，建立魏国，史称冉魏。

⑧ 刘聪：？—318年，字玄明，刘渊第四子，匈奴所建汉国国君。晋怀帝永嘉四年（310），杀兄自立。遣族弟刘曜等攻陷洛阳，俘晋怀帝。晋愍帝即位于长安，聪遣将攻陷之，俘愍帝。刘聪在位时骄奢淫暴，穷兵黩武。其子刘粲继位，军国之事一决于靳准。后刘曜率军诛灭靳氏，改国号汉为赵，即前赵。

为敦煌太守，及段业[①]僭称王，六郡推暠为大都督、大将军、凉公，领秦、凉二州牧。遣使间行，奉表诣阙，国人谥曰武昭王。

魏

辛绍先，狄道人，父渊以义烈见称西土。绍先性明敏，有识量才勇。丁父忧[②]三年，口不甘味，头不栉沐[③]，发遂落尽。自中书博士转神部令[④]，迁下邳太守。为政不尚苛察，举其大纲，惟教人为畜牧、御敌之备。及宋将萧顺之等来侵，畏绍先，不历郡境而去。卒，赠并州刺史，谥曰惠。

辛子馥，字元颖，平原相穆之子。早有学行〔三〕，累迁平原相，父子并为此郡，吏民怀安之。元颢[⑤]入洛，子馥不从，庄帝反正[⑥]，封三门县男。天平[⑦]中，除太尉府司马。白山〔四〕连接三齐瑕邱〔五〕数州之界，多有盗贼。子馥受使检覆，因辨山谷要害宜立镇戍〔六〕之所。又诸州豪右在山鼓铸[⑧]，奸党多依之，又得密造兵仗，上表请罢诸冶，朝廷善而从之。后卒于清河太守。

辛琛，字僧贵，狄道人，雄之族祖。祖敬宗，父树宝，并代郡太守。琛少孤，曾过友人，见其父母无恙，垂涕久之。后魏孝文时，释褐奉朝请[⑨]、荥阳郡丞。太守元丽[⑩]性颇使酒，琛每谏之，丽后醉，辄令闭閤[⑪]曰："勿使丞入也"。孝文南征，丽

① 段业：？—401年，十六国时期北凉州君主，初仕后凉，龙飞二年（397），沮渠蒙逊脱离后凉，段业推为凉州牧，年号"神玺"，三年后称凉王。

② 丁父忧：父死丁忧，为父亲服丧三年。

③ 栉沐：栉，梳头发；沐，洗头发。

④ 神部令：官名，祠部令之别称。祠部属礼部，掌祠祀、享祭、天文、国忌、朝讳、卜筮，医药等。

⑤ 元颢：？—529年，字子明。北魏明帝末，率军解郊、华两州之围，迁骠骑大将军。率军拒葛荣，闻庄帝即位，奔梁。萧衍以为魏主，遣军送还洛阳，称帝，年号建武。庄帝与尔朱荣还军攻洛，颢兵败被杀。

⑥ 反正：即帝王复位。

⑦ 天平：东魏孝静帝年号，公元534—537年。

⑧ 鼓铸：鼓风冶炼金属。

⑨ 释褐奉朝请：释褐，脱去粗布衣服，指出仕任官。奉朝请，南北朝时用来安置闲散官员的名号，多达六百多人。

⑩ 元丽：北魏宗室，鲜卑族，字宝掌。济阴王拓跋小新成第三子。官宗正卿、右卫将军，迁光禄勋。历官雍州、冀州刺史，以严酷闻。

⑪ 閤：门。太守府前半部分用于办公，后半部分用于太守居住，两部分之间有閤为门。

从舆驾，诏琛曰："委卿郡事如太守也"。景明[①]中为扬州征南府长史，刺史李崇多事产业，琛每诤折[②]。后加龙骧将军，南梁太守崇因置酒谓琛曰："长史后必为刺史，但不知得上佐何如人耳？"琛对曰："若万一叨忝得一方正，长史朝夕闻过，是所愿也。"崇有惭色。琛宽雅有度量，涉猎经史，喜怒不形于色。当官奉法，所在有称。卒于官。

辛术，字怀哲，狄道人，南梁太守琛之子。为清河太守，政有能名，累迁散骑常侍[③]。魏武定六年，侯景[④]叛，术破之，擒萧渊明[⑤]〔七〕，迁淮南经略使。天保元年，侯景征江西租，术渡淮烧其稻数百万石〔八〕，还镇下邳，人随北渡淮者三千余家。又奉文宣勅，凡刺史、太守、镇将犯法者，术皆案奏杀之。有犯法者，朝廷以其奴婢百口及赀财尽赐术，三辞不见许，乃送诣所司，不复以闻。及王僧辩[⑥]破侯景，术招携安抚，城镇相继款附。于是移镇广陵，获传国玺，送邺。寻领太常卿，议定律令。迁吏部尚书，铨衡黜陟[⑦]咸宜，甚为当时称誉。术清俭寡欲，勤于所职，临军以严，牧民以惠。少爱文史，晚更勤学，虽在戎旅，手不释卷。

辛雄，字世宾，狄道人。有孝性，居父忧，哀毁异形殆不可识。廉谨雅素，不妄交[⑧]，喜怒不形于色。清河王怿[⑨]为司空，辟为户曹参军，怿迁司徒，仍授户曹参

① 景明：北魏宣武帝年号，公元500—503年。

② 诤折：谏诤面折。

③ 散骑常侍：官名，南北朝时属集书省，掌侍从顾问，往往预问要政。

④ 侯景：503—552年，北朝将领，先属尔朱荣，继归高欢，镇守河南。后来因恐被高澄杀害，降梁，为河南王。次年又举兵叛梁，攻破建康。陈霸先等起兵，侯景兵败被杀。

⑤ 萧渊明：？—556年，梁武帝兄子，封湞阳侯。侯景附梁，渊明随军援景，兵败，被东魏所擒。555年，北齐立其为梁主，迫梁将王僧辩等迎纳，入建业称帝，年号天成。陈霸先杀王僧辩，改立萧方智，以渊明为太傅。次年病卒。

⑥ 王僧辩：？—555年。初为北魏将领，梁初随父南渡，历为湘东王绎左常侍、司马，新蔡、竟陵等郡太守。侯景之乱，率军增援建康，未至而城陷。回军攻灭湘州刺史萧誉。太清六年（552）与陈霸先收复建康，平定侯景。萧绎即位，迁太尉，出镇石头。元帝在江陵被杀，迎立北齐扶持的萧渊明为帝。后为陈霸先所杀。

⑦ 铨衡黜陟：铨衡，衡量轻重的器具，引申为考核、选拔人才。黜：降职或罢免；陟：晋升、进用。

⑧ 不妄交：不随便交游、交结。

⑨ 清河王怿：即元怿（487—520），孝文帝子，封清河王。博涉经史，有文才。宣武帝初，为侍中、尚书仆射。明于断决，为政有名声。明帝时，为灵太后宠信，怿亦竭力布诚。常抑制元叉，与元叉失和，叉幽禁灵太后，怿被杀。

军，并当繁剧，诤讼填委[①]。雄用心平直，加以娴明政事，经其断割，莫不悦服，怿重之。诏令门下、尚书、廷尉议狱，雄议曰："春秋之义，不幸而失，宁僭不滥，僭则失罪人，滥乃害善人。"诏从雄议，于是公能之名甚盛。又为《禄养论》，书奏，肃宗纳之。以雄长于世务，更除司空长史，诏雄为行台左丞[②]，与临淮王彧[③]击贼，平之，在军上疏，请明赏罚。除辅国将军、尚书右丞，迁光禄大夫。庄帝除度支尚书，兼侍中、关西慰劳使，将发，请事五条，帝从之。

李琰之，字景珍，狄道人。少有盛名，彭城王勰[④]辟为行台参军，累迁国子祭酒[⑤]。孝庄初讨葛荣[⑥]，以琰之兼御史中尉，为北道军司马，历车骑将军、雍州刺史。琰之素机警，善谈经史百家，无所不览。朝廷疑事多所访质，当时人士咸宗之。

李延实，狄道人。性温良，袭父爵为清泉县侯。庄帝以元舅之尊，超授侍中、太保，封濮阳郡王。延实以太保犯祖讳，又以王爵非庶姓所宜，抗表固辞。徙封濮阳郡公，谥孝懿。

梁览，字景睿，金城人，其先出自安定。太祖时，祖颢〔九〕为尚书，封南凉公。父钊为河、华二州刺史，封新阳伯。至览，家世豪富，赀累千金。魏明帝孝昌[⑦]初，秦州莫折念生[⑧]、胡琛[⑨]等反，散财召募有三千人，镇河州，从大军平之。历凉、河

① 填委：云集、堆积，形容事务繁多。

② 行台左丞：官名。行台尚书左丞的省称。行台尚书是尚书机构临时位在外设置的分支机构。

③ 临淮王彧：即元彧（？—531），北魏宗室。临淮王拓跋谭曾孙，袭封。以博古、文学著名当时。累迁侍中、兼尚书左仆射。尔朱荣入洛，杀害元氏，彧南奔梁，梁武帝礼待之。孝庄帝即位，以母老请还，梁武帝礼送之。历位尚书令、大司马，兼录尚书。尔朱荣死，彧为司徒公，防河阴。尔朱兆率众至，被俘，死。

④ 彭城王勰：即元勰（？—508），献文帝子。封彭城王。孝文帝亲政，委以公私大事，谨慎勤勉，位至司徒、侍中、都督中外诸军事。

⑤ 国子：即国子学，创始于晋武帝，是贵族子弟学校。国子祭酒，国子学或国子监的长官，掌教授国子生徒。

⑥ 葛荣：？—528年，怀朔镇（今内蒙固阳西南）镇将。明帝孝昌二年（528）建国号齐，年号广安，称天子。后被尔朱荣击败，送洛阳杀害。

⑦ 孝昌：北魏孝明帝年号，公元525—527年。

⑧ 莫折念生：？—527年，莫折太提子。父死统众，设百官，国号秦，年号天建，遣弟天生率军攻克岐、泾、凉三州。孝昌元年（525），天生退入陇西。孝昌三年被部属杜粲杀害。

⑨ 胡琛：？—526年，高平镇（今宁夏固原）酋帅，高车族，应破六韩拔陵，称高平王，遣万俟丑奴南攻泾州。后被费律诱杀，余部归万俟丑奴。

二州刺史，封安德县侯。览既为本州刺史，盛修甲仗，人马精锐，吐谷浑惮不敢出，曰："梁公在，未可行也。"永安中[①]，诏策授世为河州刺史，封郡公。

赵柔，字元顺，金城人。少以德行才学知名河右[②]，沮渠牧犍[③]时为金部郎。太武平凉州，内徙京师，历著作郎、河内太守，甚有信惠。

宗钦，字景若，金城人。少好学，有儒者风。仕沮渠蒙逊[④]为中书郎、世子洗马〔十〕，上《东宫侍臣箴》。太武平凉州，入魏，赐爵卧树男，拜著作郎[⑤]，高允[⑥]甚相褒美。有《蒙逊记》十卷。

念贤，字盖卢，金城枹罕〔十一〕人。美容质，颇涉经史。少时有善相者过，诸生竞诣之，贤笑曰："男儿死生富贵皆前定，何用相为？"居父丧哀毁，以孝称。后以军功封屯留县伯，从尔朱荣入洛，兼尚书右仆射。大统[⑦]中，官至都督秦、河二州刺史。子华，性和厚，有长者风，官至开府仪同三司[⑧]，河州刺史。

周

辛庆之，字余庆，狄道人，父显宗，冯翊郡守。庆之少以文学征诣洛阳，对策[⑨]

---

① 永安：北魏孝庄帝年号，公元528—530年。

② 河右：古代泛指黄河以西的地区，相当于今宁夏和甘肃一带。

③ 沮渠牧犍：？—447年，十六国时北凉国君。卢水胡沮渠部人。沮渠蒙逊第三子。蒙逊死，继位，自称河西王，遣使称藩于北魏，魏拜牧犍为河西王、凉州刺史，尚太武帝妹武威公主。又与南朝宋通信使。太武帝以牧犍内多乖悖为由，亲征之，牧犍降。

④ 沮渠蒙逊：368—433年，十六国时北凉建立者，临松（今甘肃民乐西）卢水胡人。初仕后凉吕光，伯父沮渠仇罗等被吕光诛杀，拥立后凉建康太守段业为建康公，建立北凉，授张掖太守。晋安帝隆安五年，受段业疑忌，杀段业自立，称张掖公。安帝义熙八年（412），称河西王。宋文帝元嘉十年（433）死。

⑤ 著作郎：官名。三国魏始置，属中书省，晋代改隶于秘书省。掌编纂国史，号称大著作。南朝时，此官职闲望重，为贵族所把持。

⑥ 高允：390—487年，字伯恭，渤海蓨（今河北景县）人。为郡功曹。讲经学，受业者千余人。太武帝召为中书博士，迁侍郎。崔浩得罪，允言浩罪不至死。历事文成、献文、孝文三帝，皆有直言，亦被优容，官至尚书、散骑常侍、光禄大夫。

⑦ 大统：西魏文帝年号，公元535—551年。

⑧ 开府仪同三司：汉制，惟三公得开府置官属。东汉末，大将军、骠骑将军、车骑将军等并得开府，如三公之制。三公亦称三司。

⑨ 对策：应荐举、科举的人回答皇帝有关政治、经义的策问。

第一，除秘书郎。魏孝庄时，杨津[①]启庆之为行台左丞，后兼盐池都将。东魏攻陷正平，遂欲经略盐池，以庆之有备，乃引军退。河桥之役，庆之独因盐池抗拒强敌，时称其勇，累官至开府仪同三司。位遇虽隆，而率性俭素，志量宽和，有儒者风度，为当时所重。又以其经明行修，令教授诸生，拜秘书监，卒于官。

辛昂，字进君，庆之族子。为龙州刺史，威惠咸著。成都风俗舛杂，昂登文翁讲堂，谓诸生曰："子孝臣忠，师严友信，立身之要。"诸生感悟，谓父老曰："辛君教诫不可违也。"于是井邑肃然从化。迁梓潼郡守，时益州多盗，昂抚绥荒梗，颇得宁静〔十二〕。天和[②]初，陆腾[③]讨信州蛮，诏昂运粮馈之，民无怨言。巴州万荣叛，围郡城，昂倍道兼行，出其不意，直趋贼垒，贼望风瓦解。朝廷嘉其功，特进为骠骑将军。

王杰，本名文达〔十三〕，金城人。善骑射，有壮志。魏孝武时，起家都督，太祖奇其才，擢扬烈将军。复潼关，破沙苑[④]，争河桥[⑤]，战邙山[⑥]，皆以勇敢闻。亲侍日隆，历迁泾州总管。少从军旅，虽不习吏事，所历州郡，咸以忠恕为心，百姓慕焉。卒，谥曰威。

---

① 杨津：469—531年，本名延祚，为侍御中散。以敬慎奉上被赏识。历直阁将军，岐、华、肆、并等州刺史，有政绩。

② 天和：北周武帝年号，公元566—572年。

③ 陆腾：？—578年，北魏代（今山西大同）人，鲜卑族。起家员外散骑侍郎，仕东魏为征西将军、阳城郡守，被俘入西魏，为宇文泰帐内大都督。周武帝保定初，为隆州总管，屡击破蛮、僚诸部。宣帝初，卒于长安。

④ 破沙苑：即沙苑之战。东魏天平四年（537）十月，东魏高欢亲率二十万军队至蒲津（今山西永济县）攻讨西魏，西魏宇文泰迎击，当时宇文泰的军队不满万人，但他力排众议，率军轻骑急进，在沙苑一举击溃东魏军队。

⑤ 争河桥：即河桥之战。537年沙苑之战东魏大败后，宇文泰派遣两路大军出击，一路东进洛阳，一路渡过黄河包围蒲阪（今山西永济）。蒲阪牙门将高子信开门迎大军入城，宇文泰占据蒲阪，威胁汾州、绛州。

⑥ 战邙山：即邙山之战。543年，东魏北豫州刺史高仲密据虎牢叛变，宇文泰率军接应，两军在邙山决战，西魏军大败。

隋

李礼成，字孝谐，狄道人，凉王暠[①]六世孙。年七岁，与姑子荥阳郑颢随魏武入关，颢母每谓所亲曰："此儿平生未尝回顾，当为重器。"及长，沉毅有行检，不妄通宾客。大统中，迁太子洗马[②]。时贵公子皆竞习武事，被服有军容。礼成善骑射，而从容儒服，不失素望。后以军功拜车骑大将军，时朝廷有所征发，礼成度蛮必为乱，上表固谏，周武帝从之。又从帝伐齐，力战，击退之，拜北徐州刺史。未几，征为民部中大夫。隋高祖受禅，进封绛郡公，宁州刺史。

辛德源，字孝基，狄道人，子馥子。沉静好学，美仪容。齐仆射杨遵彦、尚书辛术并虚襟礼敬，同举荐之。中书刘迪又上表荐，除员外散骑常侍。及齐亡，周尉迟迥起以为中郎，亡去，隐林虑山，著《幽居赋》以自寄[③]。后秘书监牛弘[十四]以德源才学显著，奏与著作郎王劭[④][十五]同修国史。蜀王秀[⑤]奏以为掾，转咨议参军[⑥]，有集二十卷，又撰《政训》《内训》各二十卷。

辛公义，狄道人，父季庆，青州刺史。公义早孤，母氏亲授书传。周天和中[⑦]，充太学生。武帝召入御前，令与大儒讲论，数被嗟异。从平齐，累迁掌治上士。开皇元年除主客侍郎[⑧]，迁并州刺史。下车，先决断狱囚，尝宿厅事，曰："刺史无德，令百姓系于囹圄而能自安乎？"罪人闻之，咸自款服。后有讼者，多两让而止。

---

① 暠：音hào，即李暠（351—417），字玄盛，陇西狄道人，出身凉州大族。天玺二年（400），自称凉公，迁居酒泉，建立西凉政权。

② 太子洗马：秦代为太子属官，汉沿置，秩比六百石，职如谒者。魏晋及南朝沿置，职如谒者、秘书。

③ 自寄：寄托自己的志趣和情怀。

④ 王劭：字君懋，太原晋阳（今山西太原南）人。仕北齐为中书舍人。隋初，任著作郎。守母丧去职，违禁私著《齐书》，被人告发，文帝遣使收其书，览后悦其文，起用为员外散骑常侍、修起居注。

⑤ 蜀王秀：即杨秀（？—618），隋文帝第四子，开皇初立为越王，改封蜀王，镇蜀。善武艺，有胆识，为朝臣所惮。及杨勇被谗废，意甚不平。杨广既为太子，恐秀为变，乃阴令杨素构成其罪，废为庶人，囚禁内侍省。

⑥ 咨议参军：官名。西晋南北朝时，诸王府置咨议参军，以备顾问。

⑦ 天和：北周武帝年号，公元566—572年。

⑧ 主客侍郎：官名。隋尚书省礼部主客司长官，置二员，正六品上，开皇三年（583）升为从五品。

仁寿[①]初，充扬州道黜陟大使，官寮犯法，无所纵舍。炀帝除内史侍郎[②]、司隶大夫。

辛彦之，狄道人。少孤，好学，博涉经史。周文帝引为礼曹，修定仪注[③]，拜中书侍郎，封五原郡公。宣帝时拜少宗伯，及高祖受禅，除太常少卿，与牛弘〔十六〕撰新礼。高祖尝命与硕儒沈重论议，重曰："辛君所谓金城汤池，无可攻之势。"帝大悦，拜随州刺史。在州，惟贡祭物，帝善之，曰："人安可无学？彦之所贡，稽古之力也。"迁潞州，卒官，谥曰宣。撰《坟典》《六官》《祝文》《礼要》《新礼》《五经异义》共六部，并行于世。

唐

李袭誉，字茂实，袭志弟也。高祖已定长安，召授太府少卿[④]，伐王世充[⑤]，拜潞州总管，擢江南巡察大使。扬州俗喜商贾，不事农。袭誉为引雷陂水，筑句城塘，溉田八百顷，以尽地利，民多归本业，召为太府卿。居家勤俭，厚于宗族，禄廪随多少散之，以余赀写书[⑥]，罢扬州，载书数车。尝谓子孙曰："吾性不喜财，遂至屡乏。然负京有赐田十顷，能耕之足以食，河内千树桑，事之可以衣，江都书力读，可进求宦。吾殁后，能勤此无资于人矣。"子元为桂州都督，守桂二十八年，政尚清省，南荒便之。

浑瑊，本铁勒九姓[⑦]之浑部也，世为皋兰都督。父释之，有才武，从朔方军，积战功累迁宁朔郡王，广德[⑧]中与吐蕃战殁。瑊年十一，善骑射，随释之防秋[⑨]，朔方节度使张齐邱〔十七〕戏曰："与乳媪俱来耶？"是岁即立功。后二年，从破贺鲁部，勇

---

① 仁寿：隋文帝年号，公元601—604年。

② 内史侍郎：官名。隋始置，内史省次官，员四人，正四品。大业三年（607）减为二人，十二年改称内书侍郎。

③ 仪注：《隋书·经籍志》史部有"仪注"类，著录有关礼仪制度的书籍。

④ 太府少卿：官名。北魏太和中改少府为太府，置太府卿、少卿一人，掌财物库藏。

⑤ 王世充：？—621年，字行满，新丰（今陕西临潼东北）人，祖籍西域。炀帝初，为江都郡丞，颇得帝信任。后以军功为江都通守。炀帝死，拥越王侗为帝。李密军破宇文化及后，乘机击败密军，废侗自立，国号郑，年号开明。唐高祖武德四年，兵败降唐，至长安被杀。

⑥ 写书：即抄写书籍，而非创作、写作。

⑦ 九姓：唐朝对蒙古高原回纥、仆固、同罗、浑、思结、拔也古、契苾、阿布思、骨仑屋骨思等游牧部落的总称。因为他们是铁勒的分支，每部一姓，所以称之为"九姓铁勒"。

⑧ 广德：唐代宗年号，公元763—764年。

⑨ 防秋：北方游牧民族往往在秋季马肥之时南侵掠夺，防秋指秋季时对游牧族侵扰的防御。

常冠三军。禄山反，从李光弼定河北，及从郭子仪复西京，讨安庆绪，平史朝义，大小数十战，功最。从子仪击吐蕃，破之，积功官至检校尚书、左仆射平章事。帝狩奉天，瑊率家人子弟以从。奉天围解，分道要击朱泚①，与李晟收复京城。泚平，加侍中，封咸宁郡王。卒，赠太师，谥忠武。瑊天性忠谨，功高而志益下，世方之金日磾②云。

浑镐，瑊子。谦谨，喜交士大夫，历邓、曹二州刺史，有政声。元和③中，延州沙陀部苦边吏贪残，震扰不安。李绛建言，宜选才识称者为刺史。任镐延州，会讨王承宗④，义武节度使任迪简病不能军，以镐将家可用，乃迁检校右散骑常侍、义武军节度副使，俄代迪简为使。治兵颇有法，然短于韬略⑤，不持重，贬循州刺史。卒，赠工部尚书。弟鐬以荫补诸卫参军，迁殿中监⑥。开成⑦中，宰相言鐬尝治郡有绩，授寿州刺史，终诸卫大将军。

辛云京，兰州金城人。世为将家，有胆略，以擒生斩馘常冠三军，迁太常卿。史思明⑧屯相州，云京将锐兵袭滏阳，追破其众，加代州都督。太原军乱，帝以云京沉毅，授太原尹，进封金城郡王。云京治谨于法，故军中畏而信之，数年太原大

---

① 朱泚：742—784年，幽州昌平（今属北京）人。建中二年（781）因弟滔谋叛唐，受株连，免职留京师。四年，泾原节度姚令言军在长安哗变，德宗逃亡奉天，朱泚被姚兵拥立为帝，年号应天。后战败被杀。

② 金日磾：日磾，音 mì dī。前134—前86年，本匈奴休屠王太子，武帝时随昆邪王归汉。任马监，后迁侍中、驸马都尉、光禄大夫，深受宠信。由擒缚谋反的莽何罗，以功封秺侯。昭帝即位，与霍光、桑弘羊等同受遗诏辅政。

③ 元和：唐宪宗年号，公元806—820年。

④ 王承宗：？—820年，唐契丹族人。王士真长子，父卒，自为成德军节度使留后，寻抗命。宪宗以吐突承璀为帅讨之，无功，乃授为成德节度使。

⑤ 韬略：即“六韬”“三略”，古代的兵书。后因指用兵的谋略。

⑥ 殿中监：官名。殿中省长官，从三品，掌皇帝服御之事。

⑦ 开成：唐文宗年号，公元836—840年。

⑧ 史思明：？—761年，营州（今辽宁朝阳）突厥族人，与安禄山同里。天宝时以战功官平卢兵马使。安禄山作乱，以十三州地、十余万众降唐，封归义王，拜河北节度使。乾元初复叛，次年于魏州称燕王。后在陕州为子朝义所杀。

治，加检校尚书[①]、平章事[②]，寻加左仆射。卒，赠太尉，谥忠献。

宋

王渊，字几道，熙州[③]人。善骑射，应募击夏国，屡有战功，累迁熙河兰湟路部将，权知巩州宁远砦，西羌入犯，渊大破之。宣和[④]中，刘延庆[⑤]讨方腊[⑥]，以渊为先锋。贼势张甚，渊逆击平之，授閤门宣赞舍人[⑦]。高宗即位，以渊为御营司统制[⑧]。帝如扬州，时群盗蜂起，以渊为制置使[⑨]，平杭贼，所向皆捷。拜佥书枢密院事，累加〔十八〕少保，谥襄愍。

元

马正卿，名月乃合〔十九〕，临洮人，父庆祥死节。正卿好学负气，会国兵破汴，北见宪宗，辞容端谨，帝命赞断事官事，以燕故城为治所。正卿以治道自任，政事修举。岁壬子，料民丁于中原，凡业儒者试通一经即不同编户，著为令甲，儒人免丁始此。常建言立常平仓，举海内贤士杨春卿、张孝纯辈，分布诸郡，号称得人。后世祖南征，从行至汴，令专馈饷，运济南盐百万斤以给公私之用。所过州郡，商

---

① 检校：官制用语。初谓代理，即尚未实授某官业已掌其职事之谓。隋及唐初已有此称。中唐以后，使职、外官多带中央台省官衔，其加三公、尚书仆射、尚书、丞郎等高级官衔者，称检校官，为寄衔之意，仅示官品高下，不掌职事。

② 平章事：官名。“同中书门下平章事”的简称。唐宋的宰相之称。

③ 熙州：州名。北宋熙宁五年（1072）置，治所狄道（在今甘肃临洮县），辖境相当今甘肃临洮、康乐、渭源等县地。

④ 宣和：宋徽宗年号，公元1119—1125年。

⑤ 刘延庆：保安军（今陕西志丹县）人。世为将官，以战功官至相州观察使、龙神卫都指挥使、鄜延路总管。破西夏军，拜马军副都指挥使。从童贯镇压方腊起义；又从北伐，督兵十万，遇辽兵不战而溃。

⑥ 方腊：？—1121年，宋睦州青溪（今浙江淳安）人。利用摩尼教组织群众，宣和二年（1120），以诛朱勔为号召，发动起义。三月之内连陷青溪县及睦、歙、衢、杭诸州，斩将杀官。徽宗以童贯为宣抚制置使，帅抗辽十五万大军南下镇压。次年杭州失守，腊率主力退守青溪，战败被擒，后在汴京被杀。

⑦ 宣赞舍人：官名。宋属閤门司，从七品，掌朝会，宴飨时传宣赞谒。

⑧ 御营司统制：宋高宗建炎元年（1127）置御营司，初总管行在军中之政，后改为只管行在五军营寨事务，其余有关边防措置等事，归三省和枢密院。统制是军一级的统兵官，每军设置一人。

⑨ 制置使：官名。为一路或数路的统兵大员。南宋以后制置渐多，掌本路诸州军马屯防捍御，多以安抚使兼任，地位官阶高者称制置大使。

农安业，军民不扰。世祖亲征阿里不哥[①][二十]，正卿出私财市马五百以助军，帝厚赡其家，拜礼部尚书，谥忠懿。

马祖常，狄道人，正卿曾孙。延祐[②]初，廷试[③]第二，授翰林[④]，拜御史。以直言忤上官意，去。起为翰林侍讲官[⑤]、御史中丞。立朝多所建明，为文自成一家言。文帝谓："中原硕儒，惟祖常云。"谥文贞。

赵昌，本乌思藏檛族氏[二一]，始附宋，赐姓赵氏，世居临洮。父巴命[二二]，富甲诸族。昌貌甚伟，有力兼人。金贞祐[⑥]中以军功至熙河节度使，金亡，保莲花山[⑦]，以其众来归。皇子阔端[二三]之镇西土也，承制[⑧]以昌为迭州安抚使。时兵兴，城无居民。昌招逃亡，立城垒，课耕桑，以安辑之，百姓赖焉。

赵汝楫，一名重喜，潘子。始给侍皇子阔端[二四]，为亲卫。癸丑，从世祖征哈刺章[二五]，数有功。中统元年[⑨]，浑都海[二六]反[⑩]，从总帅汪良臣[⑪]引兵至拔沙河纳火石地[二七]，逆战，以功授征行元帅。四年，从讨忽都、达吉、散竹台[二八]等，克

① 阿里不哥：忽必烈弟，拖雷第七子。蒙哥大汗死后，他在和林（今蒙古国鄂尔浑河上游右岸额尔德尼桑图地方）密谋继位。中统元年（1260），忽必烈在开平（今内蒙古多伦北的石别苏木）即位，他继之自立，两军大战漠北。次年，不哥失败西走，与阿鲁忽争察合台汗国，攻战连年，天山南北为之残破。至元元年（1264），以兵财俱缺，被迫向忽必烈投降。两年后病死。

② 延祐：元仁宗年号，公元1314—1320年。

③ 廷试：亦称"殿试"，由皇帝对会试录取的贡士在殿廷上举行的考试。考策问，取中后统称进士。第一名为状元，第二名为榜眼，第三名为探花。廷试第二即高中榜眼。

④ 翰林：唐代以后朝廷撰拟文书的官。明清两代进士被选入翰林院的称庶吉士，也称翰林。

⑤ 侍讲官：官名。在翰林中选拔，掌管给皇帝讲学。

⑥ 贞祐：金宣宗年号，公元1213—1217年。

⑦ 莲花山：地名。在今甘肃康乐县南，与临潭县交界处。

⑧ 承制：秉承皇帝旨意得便宜行事。

⑨ 中统元年：元世祖年号，公元1260年。

⑩ 浑都海反：即元世祖忽必烈即位之初，在宁夏地方曾爆发了浑都海、阿蓝答儿的叛乱。这次叛乱是以反对忽必烈即汗位、拥护阿里不哥称大汗的形式出现的。

⑪ 汪良臣：1231—1281年，元巩昌盐川人，系出汪古部。世祖中统初，在甘州击败拥护阿里不哥之阿蓝答儿、浑都海，授权便宜都总帅。

之，使袭父职为元帅。入觐，赐金虎符，为临洮府达鲁花赤①〔二九〕。在郡，劝农兴学，省刑敦教，以善治闻。请老，不许，诏其长子官卓斯结〔三十〕袭为达鲁花赤〔三一〕，升汝楫巩昌二十四处宣慰使。卒，谥桓襄。

祁望芳〔三二〕，西域人，居狄道，以巨家擢守临洮，伟绩著于边陲。卒，封本府城隍②，见碑记。

祁安，狄道人，元赐金虎符，临洮府尹。岁久，以廉勤见称，超授中大夫，同知巩昌便宜，都总帅府事，历升大司徒。

祁公〔三三〕，哥朵只安〔三四〕子，袭任临洮知府，兼宣政院都事③。至正十二年④以王事没于兴元。

乌马儿〔三五〕，西域人。元授河南光州达鲁花赤〔三六〕，威德兼济。任满，光人立去思碑，马祖常⑤撰文。后升授亚中大夫，佥通政院事，授通议大夫、浙江湖州府总管。

明

王道亨，狄道人，举建文元年乡试⑥，弟道隆举永乐九年乡试，忠孝并著，时称之为王氏双凤。道亨任刑部主事⑦，卒于官。道隆知内江县，政绩卓异，居民畏而服之。

---

① 达鲁花赤：官名。蒙语意为镇压者、制裁者、盖印者，转而有监临官、总辖官之意，汉人不能任此官，多数行政机关及各路、府、州、县均设此官，主要由蒙古人充任，亦常参用色目人，以掌印办事，把握实权。

② 城隍：民间敬奉的神祇之一，为城市的护神。据说能剪恶除凶，护国安邦，旱时降雨，涝时放晴，并管领一方亡魂。唐宋时，府州县城皆立城隍庙。相传祁望芳死后就被封为临洮府城隍。

③ 宣政院：官署名。元置，掌理全国佛教和吐蕃（西藏）地区军民政教事务。设院使、同知、副使、佥院、同签、院判、参议、经历、都事、照磨、管勾等官。都事，掌本院文书。

④ 至正：元顺帝年号，1368年元亡，顺帝北走应昌，仍用此年号。

⑤ 马祖常：1279—1338年，元代文学家。善诗文，作文取法先秦两汉，诗学汉魏盛唐。散文多碑志之作，简洁新奇，条理明晰，质实平易有余，文采藻饰不足。著有《石田集》。

⑥ 乡试：每三年一次在省城举行的考试。

⑦ 刑部主事：官名。刑部属官。明清各清吏司均设主事二人，其职位在刑部员外郎之下。

何锁，南河州人，善弓马，元末为吐蕃等处宣慰使司[①]。洪武三年率众归附，升河州卫指挥同知，世袭。居边数年，烽燧不惊，边人怀之。

何贤，字彦哲，狄道人。永乐中进士[②]，任中书舍人，历升詹事府少詹、太常寺少卿。资禀颖异，学问博洽，精传译，工词翰，居馆阁二十年不迁，德行卓冠时流。卒，赠礼部右侍郎，谥文敏。所著有《五经集解》《续古乐章》《东麓文集》。

赵安，狄道人。永乐元年除临洮百户。使西域，从北征立功，进都指挥同知。宣德二年，松潘[③]番叛，充左参将，从总兵陈怀讨平之，进都督佥事。四年，使乌思藏[④]〔三七〕。明年，复以左参将从史昭讨曲先，斩获多。九年，中官宋成等使乌思藏〔三八〕，命安率兵千五百人送之毕力术江[⑤]〔三九〕。寻与侍郎徐晞出塞讨阿台，败之镇番。正统元年，进都督同知[⑥]，充右副总兵，协任礼镇甘肃。明年冬，与王骥、任礼、蒋贵分道进师，安至刁力沟，縶酋乃颜忽及奄克台等，封会川伯，食禄千石。安勇敢有将略，与贵、礼并称西边良将。九年，卒。子英为指挥使，立功进都督同知。

石执中，字惟一，兰州人。长身美髯，举永乐三年乡试，任刑部主事，升郎中。谳狱[⑦]平允，擢山东右布政使。直而不华，勤而能慎，转浙江左布政，致仕。平生廉介不阿，卓有定守。宣帝常记其姓名于御屏，赐诰褒之。

王伯敬，兰州人。举永乐九年乡试，任户科给事中[⑧]。乡人有以事干之者，遗以

① 宣慰使司：官署名。元置，为行省与路之间的转承机关，掌军民之务，分道以领路、府、州、县，行省有政令则布于下，路府有所请则转达于省。

② 进士：科举考试中，通过会试者进行殿试，由皇帝亲自考核，通过者称为进士。

③ 松潘：地名。明洪武十二年（1379）置松州、潘州二卫，寻并为松潘卫，治所在今四川松潘县，辖境相当今四川松潘、南坪、若尔盖、红原、马尔康、黑水等县及甘肃迭部县东南一带。

④ 乌思藏：藏语 Dhus—Gtsang 的音译，元、明两代对西藏前、后藏的称谓。Dhus 译为“乌思”，指前藏；Gtsang 译为“藏”，指后藏。

⑤ 毕力术江：河流名。即今青海境内通天河。

⑥ 都督同知：官名。明初于中央设大都督府，在大都督和左、右都督之下设同知都督，位从二品。洪武十三年（1380），改大都督府为五军都督府，各都督府设置左、右都督，左、右都督之下设置都督同知，从一品，协助左右都督管理本府所辖都司、卫所。

⑦ 谳狱：谳，音 yǎn。审理案件。

⑧ 户科给事中：官名。明清户科之属官，从七品。

文绮数疋，固却不受。乡人云：“纵不受，第[①]一视见意”。曰：“吾穷儒，一见即爱之矣，不如不见之为愈也。”乡人愧服而去，闻者以为名言。

王佐，字良辅，河州人。世业儒，常与解缙[②]游，处家一遵《朱文公家礼》[③]，乡人化之。

王竑，字公度，号戆庵，河州卫人。正统四年进士，授户科给事中。豪迈负气节，正色敢言。英宗北狩[④]，郕王摄朝，群臣劾王振误国，王未有旨，百官皆哭，伏地不起，请族振。锦衣指挥马顺，振党也，叱百官令退，竑怒，奋臂起，捽顺发倒地，与众共击之，立毙。王起入宫，竑率群臣随之，王令中官金英问所欲言，曰：“内官毛贵、王长随〔四十〕皆振党，请寘于法。”遂出二人，众又捶杀之。是时，竑名震天下。会也先入犯，命竑为佥都御史[⑤]，督兵守御。寇退，镇守居庸关，简士马，缮阸塞，劾将帅不职者，壁垒一新。景泰[⑥]初，总督漕运兼巡抚江北徐淮诸郡。大水，道殣相望，山东、河南流移民载道。竑不待奏，大发广运仓粮赈济，前后全活无算，因自劾专擅罪，帝得疏，喜曰：“真贤都御史也。”进左副都御史。竑因言：“谨天戒，当以进君子退小人为先。”又陈致治保邦二十事，其言多指斥权贵。天顺[⑦]初，左迁浙江参政，寻除名，编管江夏。后英宗于宫中见竑疏有正伦理、笃恩义语，因感悟，命送还河州。后以副都御史起理漕运，至徐淮，淮人迎拜数百里不绝。会旱，漕河涸，竑祷祀，大雨，舟楫通行。宪宗即位，召为兵部尚书。竑奏勅边将，各陈战守方略，简练京兵，劝屯政，复武学。时两广寇未平，陕西寇在河

---

① 第：此处作副词，只、仅。

② 解缙：1369—1415年，明代文渊阁大学士，主持编修《永乐大典》，名重于世。善诗文，其文雅劲奇古，诗豪宕丰赡。工书法，小楷精绝，行、草皆佳，狂草名闻当时。

③ 《朱文公家礼》：即《朱子家礼》，朱熹所著的主讲纲常伦理，礼节礼仪的书。关于如何做到忠义孝悌，如何遵从长幼尊卑等礼节礼仪。

④ 英宗北狩：即土木堡之变。1449年，明英宗在宦官王振的怂恿下，亲率大军出征瓦剌。军政事务皆由王振专断，行军路线屡变，人马失序。瓦剌军乘机进攻，明军仓促应战，终至大败，英宗被俘。英宗异母皇弟郕王朱祁钰留守京师，于谦请郕王调两京、河南备操军，山东和南京沿海的备倭军，江北和北京各府的运粮军驰援，在北京城下击败也先。

⑤ 佥都御史：官名。明始置左右佥都御史，为都察院的佐官，秩均为正四品，无固定员额。掌纠察弹劾、明辨冤枉等事。

⑥ 景泰：明代宗年号，公元1450—1456年。

⑦ 天顺：明英宗年号，公元1457—1464年。

套，四川赵铎作乱，江西湖广猺獞[①]入境，竑居中调度，悉合事机。荐都御史韩雍为总督，有成功。既而竑又请复京营军士旧额，革除诸将私役宿弊，及荐修撰岳正都、给事中张宁，上不报，竑遂上章乞休以归，日惟课畊读，不问他事，改号其庵曰休。弘治〔四一〕初卒，年七十五。遣官谕祭[②]，葬。正德[③]中，赠太子少保，谥庄毅。淮人立祠祀之。

黄谏，字廷臣，兰州人。德性谦和，博学多艺，工隶、篆、行、楷。登正统七年进士，历官侍讲学士，兼尚宝卿[④]。使安南[⑤]，往还议定迎诏坐次等仪，及却贶等书，悉按经史，风节凛然，交趾[⑥]人称之。常过河南渑池县，以名儒月川曹正夫[⑦]没葬霍州，深以为恨，出金属知县[⑧]，归葬渑池。升本院学士，后谪广州府判，从学者甚众，广人立祠祀之。所著有《诗经集解》《使南稿丛》《古正文兰坡集》行世。

聊让，字公逊，兰州人。少孤贫，苦学。景泰五年进士，任南昌知县，以不附权贵被劾，罢归。让精于史学，虽老而贫，风采凛然可畏，平生温恭正直，为后学师表。

滕佐，字良辅，号栗庵，兰州人。少清介，刻志于学。景泰五年进士，授监察御史。肃振纪纲，升山西按察司副使，转云南副使、四川按察司。所至公廉有威，不避权要，以刚直忤物，改直隶河间府知府，有惠政及人，卒于官。

朱绅，字大用，河州人。幼聪敏，从王竑学。景泰五年进士，授监察御史，风采凛然。后勘问郡王，事协舆情，景帝书其名于屏。升浙江按察司副使，巡督海道。廉明公爱，远人输诚。兴学校，筑海堤，立义冢，赈贫施药，重名节，有靖海

① 猺獞：统治者对少数民族的侮辱性写法，现均改作“傜”“僮”。

② 谕祭：天子下旨对有突出贡献的臣下进行祭祀。

③ 正德：明武宗年号，公元1506—1521年。

④ 尚宝卿：尚宝司卿省称，符玺郎改名。正五品。掌宝玺、符牌、印章，而辨其所用。

⑤ 安南：越南国古名。名于唐代的安南都护府。

⑥ 交趾：郡名。前111年，汉武帝灭南越国，并在今越南北部设立交趾、九真、日南三郡，郡治交趾县（位于今越南河内）。后来汉武帝在全国设立十三刺史部时，将包括交趾在内的七个郡分为交趾刺史部，后世称为交州。

⑦ 曹正夫：即曹端（1376—1434），字正夫，号月川，河南渑池人。明初著名学者、理学家。其学以躬行实践为务，而以存养性理为大端，对理学重要命题多有修正、发挥，被论者推为“明初理学之冠”。

⑧ 出金属知县：出钱给知县，嘱托他将曹先生迁葬回本籍。金，金钱；属，通“嘱”。

功，寻升贵州左布政使。致仕归。

汪钜，字志方，兰州人。举景泰元年乡试，任北直柏乡知县。抚字有方，持已廉介。丁母忧归，邑人立去思碑。服阕[①]，邑民保奏，复留任柏乡知县。

张铎，字孟宣，兰州人。举景泰七年乡试，任山西岚县训导[②]，寻为韩府教授[③]。学问该博[④]，尤长诗词。老年步履艰难，王命扶掖上殿讲读，士子有不循教者，以王命挞之，不少贷，王感之，后以女妻其次子。

赵英，字廷杰，狄道人，会川伯安子。幼武勇，景泰初任临洮卫指挥使，寻以征失剌哈真地〔四二〕，擒伪祁王锁南功，升陕西都司指挥佥事，协守凉州。复于镇番抹山斩获羌首千余级，升右军都督府同知，充总兵，镇守凉州。

段坚，字可久，兰州人。读书知正学，志希圣贤，薛瑄[⑤]门人。登景泰五年进士，授山东福山知县。以德化民，刊布小学，令邑人讲诵，民俗胥化[⑥]。升莱州知府，治如初，莱人大化。服阕，补南阳。病近世以利禄为学，乃倡明周、程、张、朱之学[⑦]，集郡属诸生亲授讲说，士习丕变。又取属治童蒙，创志学书院教之，刊《小学》《孝经》《论语》，崇正辨文公家礼，教民学孝，俗言授之讲习。建节义祠，祀诸贞烈，日呼诸生，以道德性命之言，互相辨说，退食至育英所考校，朔望诣节义祠，聚父老谕以正俗大义。有处子未婚，婿亡自经殉节者，率僚友师生素服往吊，择地合葬，奏表其闾。郡人爱戴如父母。致政归，民攀援不忍舍，立木主于志学书院，祀之。有《容思集》《柏轩语录》行世。子炅，翰林检讨[⑧]。

杜荣，字景华，兰州人。举天顺三年乡试，任朔州知州。适岁荒，加意赈恤，蠲徭役，募开垦，招流徙。地方稍苏，即兴学校，崇风化。公廉明恕，民怀吏畏。致政去，州民攀泣走饯，郡城为之一空。居家二十余年，自处甚约，足迹未尝至公

① 服阕：即服丧期满，除丧服，停止服丧。

② 训导：学官名。明清府州县儒学均置训导，分别为教授、学正、教谕的副职，掌训迪所属生员。

③ 韩府教授：韩府为明代韩王王府。韩府教授，掌教导王府中的子弟。

④ 该博：亦作“赅博”，形容学识渊博，见识广博。

⑤ 薛瑄：1389—1464年，翰林学士，性刚直，不惧权贵。散文雅正，堪为典型；诗冲淡高秀，自然天成。

⑥ 民俗胥化：百姓的风俗全部得到更化。

⑦ 周、程、朱、张之学：即宋代周敦颐、程颐、程颢、朱熹、张载之学，即宋代理学。

⑧ 翰林检讨：官名。翰林院检讨省称，是官方史官，负责修史。

门，自号乐闲老人。

吴裯，字彦和，兰州人。举天顺六年乡试，历任河南阌乡、山东登州、陕西隆德学训导。性耿介，与人寡合，乡人有仕至御史者，人皆称贺，裯独遗书云："当今言路久塞，吾方为子忧之。"言论切直，人皆敬之。

文志正，字正夫，兰州人。天顺元年进士，任行人[①]。建言以御史巡茶，民皆便之。历升户部广东司郎中。明敏练达，绰有能誉，创修《兰志》。

唐祐，字良弼，兰州人。举天顺三年乡试，任山东齐东知县。尽心民事，一清如水，取法前令姚显微之善政，士民感服。

杜宣，字弘化〔四三〕，兰州人。举天顺三年乡试，任山西汾州学正。学问该博，善诗文，造士[②]有方，其所识拔，后多至贵显。

罗睿，字文哲，兰州人。成化二年[③]进士，授河南西华知县，升南京大理寺评事[④]、山东按察司佥事。历官以清白自持，宪度严整，吏民畏服。

周敏，临洮卫人。举成化十九年乡试，四川仁寿知县。治民事神，处已待物，一诚不欺。居官清约如寒士，乡邦以此重之。

曹英，字文华，临洮卫人。成化进士，任监察御史，巡按四川，监临率称得人。岁大荒，有赵铎者啸聚为盗，英摘首恶寘大辟[⑤]，余赦之，悉令解散归业。以言事忤上旨，左迁湖广邵阳知县。二年，引疾致仕。所著有《遣兴集》《恒斋实录》《默翁集》《三友主人传》。

姚诚，字通夫，兰州人。举成化元年乡试，任山西闻喜知县，邑大饥，即省徭蠲赋以赈饥民，于盐商过县者，每引劝输粟一升以备赈，后遂为例引[⑥]。县东南泉水，灌民田若干顷，任数年，兴利革弊。改任河南新郑，奉公守法，不避权贵，素喜饮，以居官绝口不尝。及归田，日用淡泊，如未遇时。不事干谒[⑦]，惟以诗书教子

① 行人：官名。明代设行人司，复有行人之官，掌传旨、策封等事。

② 造士：造就人才，指鉴识、提携和培养后学人才。

③ 成化：明宪宗年号，公元1465—1487年。

④ 大理寺评事：官名。宋初大理寺正、丞、评事都有定员，分掌断狱，后去正、丞、评事之名，统谓之详断官。明制左右寺评事各四人，掌刑狱驳正之事。

⑤ 大辟：即死刑。

⑥ 引：宋以后历代政府给予商人缴钱领盐运销的凭证。引由户部印发，商人向政府购引，凭引领盐至指定的"引岸"销售，独占引岸地区的食盐运销。

⑦ 干谒：因有所要求而求见有权力、有地位的人。

孙。卒，年八十三，所著有《书经义》《休田集》。

邵宗，字以道，兰州人。成化五年进士，任户部主事。博通经史，才气优赡[①]，诗文不烦，绳削而自合矩度，所交士大夫无不推服。

任僖，字克敬，兰州人。举成化元年乡试，任直隶赞皇知县。公勤有为，兴利除害，绰有治声。凡有所为，事集而人不扰，邑民颂之。其敬兄睦族，尤可称述。

孙懋，字行勉，兰州人。举成化元年乡试，授河南卫辉府通判[②]。莅政公勤，周知民隐，绰有贤声。考绩居上，赐勅褒嘉。升四川剑州知州，在任数年，境内乂安[③]，吏民称颂。

赵英，字储秀，兰州人。成童日记数千言，举成化八年进士，授河南宜阳知县，升监察御史，巡按山东，改知保定府。丁父忧，服阕，士民诣京奏留，寻升山西参政，仍管知府事。英博通五经，有才略，居官所至有声，多遗爱。所著有《斐然稿》《防边策》《修河类稿》。

陈祥，字吉夫，兰州人。性孤介，勤学，成化辛卯乡试第一，成化十一年进士，授刑部主事，转员外郎、山西按察司佥事、四川按察使，历任三十余年，检身持法，久而不渝，所至奸贪屏迹。祥端慎，不妄交人。致仕，杜门谢客，惟以诗书自娱，有《考庵集》藏于家。

耿瑄，字习珍，兰州人。举成化十六年乡试，授河南汲县知县。慎于操修，敏于干理[④]。尝被诬免，既白，改知河阴县，益尽心民事，加意学校。以逆瑾[⑤]乱政，罢归。瑾诛，复取知山东青城县。是时群盗起，破郡邑，青城独全。后改知淄川，卒于官。瑄素守廉介，历宰四县，囊无余资。

黎献，字舜臣，兰州人。刻苦励行，言动不苟。尝署学事教规，克举若师儒然。后授陕州学正，师范尊严，诲人不倦，诸生心悦诚服。勤学慎行，至老不衰，

① 优赡：意为富足。此处指天赋极好，才华横溢。

② 通判：官名，在知府下掌管粮运、家田、水利和诉讼等事项。

③ 乂安：太平无事。

④ 慎于操修：在个人品行的操守和修身方面非常慎重；敏于干理：即处理事情灵敏而迅速。

⑤ 逆瑾：即刘瑾（1451—1510）。明代宦官，武宗时掌司礼监，在东厂、西厂外，加设内行厂，使缉事人四出活动，镇压异己。威福擅权，朝士多趋附之，人称“千岁”。史书多称之为“逆瑾”。后以谋反罪，磔之于市。

乡评[①]推重。

陈琮，河州卫指挥佥事。成化戊子领军攻石城，奋勇当先，为流矢所中，死之。

周凤，狄道人，登成化进士，任兵部职方司[②]主事，历升江南太平知府、福建盐运使、浙江右参政。凤治郡宽恕廉明，询民瘼，恭祀典，衣食不异寒素[③]。任满，郡民遮道拥留，泣不忍别。

刘源，字大本，狄道人。成化举人，历知永平府。张虎等作乱，源斩缚渠魁，胁从尽释。所至廉介公勤，造士爱民，敦风化，尚实行，人不敢干以私。调开封府，军民奏留，加三品服俸，卒于官。源博通五经，工诗文，善临池[④]，所著有《翠屏集》。

梁翰，字文苑，临洮人。进士，任翰林检讨，升授崇府左长史。性纯粹端静，言笑不苟，诗文醇实典雅。退食，闭门端坐，读书鼓琴，翛然[⑤]自得。收录名士最多，辅导诸宗藩，多所补益，有诗文杂著若干卷。

高景，字必大，临洮人。举人，授嵩县令，兴学造士，约己爱民。时嵩境有二狼噬人，景诣岳神[⑥]，虔祷越一日，二狼果至县，大吼而死。寻调怀仁，值艰归，复补彰明，贤声茂著。未几致仕，行李萧然。其后三邑俱有召杜之思[⑦]。

苟鉴，字克明，狄道人。岁贡[⑧]，任山东沾化簿。时境内大饥，民望赈甚急，鉴

---

① 乡评：乡里地方对某人的评价。

② 职方司：官署名，为兵部四司之一，掌地图、城隍、镇戍、烽候、防人、道路的远近及周边少数民族归化之事。

③ 寒素：即读书人尚未为官，处在贫穷之中的时候。

④ 临池：即书法。池，指砚池，典出自东汉张芝学书的故事。

⑤ 翛然：翛，音xiāo。自然超脱的样子。

⑥ 岳神：中岳嵩山的山神。

⑦ 召杜：即汉代召信臣和杜诗，二人均曾在南阳当太守，爱民如子，为民兴利，深得百姓爱戴，称召信臣为召父，杜诗为杜母。召杜成为称颂仁政爱民的地方官员誉词，召杜之思表达百姓对这类官员的思念和爱戴。

⑧ 岁贡：科举制度中贡入国子监生员的一种。明清两代，每年从府州县学中选送资深的廪生升入国子监肄业，因称岁贡。一般都是依据生员的资格，挨次升贡，故俗称“挨贡”。

请命当途[①]，弗许，民几变。鉴仿汲黯故事[②]，竟开仓赈给，全活甚众，人为鉴危之，既而主计者亦察其贤云。

彭泽，字济物，兰州人。弘治[四四]三年进士，官刑部主事，出守徽州府，父丧归。正德初，起知真定府。阉宦数挠政治，泽叹曰："我岂附人者哉！"具一棺于堂后，曰："倘有不测，即附诸棺。"历按察使，总制湖广、四川。泽体干修伟，腰带十二围，平居寡言笑，大音声，与人语如叱咤，有文武才略。霸州贼刘六、刘七[③]流劫入河南，命泽同咸宁侯仇钺帅兵讨之。始至，大陈军容，擐甲召诸将校，责以畏缩当死。诸将惶恐伏罪，请自效，良久乃释。遂鼓行薄贼，数十战皆捷，杀贼万计，四月贼尽平，进右都御史[④]。寻总督川陕诸军讨蜀贼蓝廷瑞、鄢本恕，平之，进左都御史、太子太保。会土鲁番据哈密，执忠顺王，劫印。遣大臣经略，泽至甘州，土鲁番方寇赤斤、苦峪，遣使索金币，泽以番人可利啗[⑤]，遣使以币二千银、酒枪一赂之，令还城、印。未得报，辄奏事平，乞骸骨[⑥]。召还院。初，兵部缺尚书，廷推泽而王琼得之，且阴阻泽，言官多劾琼，由是有隙。泽又使酒凌琼、詈钱宁，宁大怒。泽乞归，琼劾泽妄增金币，遗书议和为辱国，遂斥泽为民。嘉靖初起兵部尚书，泽核功罪，杜干请，兵政一新。又请勅九边筑墙浚濠，修墩台，饬屯堡，为经久计。内地守臣练卒伍，立保甲，惩匿盗不举者，抚西南诸苗，申海禁，汰京军老弱，帝咸嘉纳。又请罢镇守诸中官[⑦]。在部多所执持，言者交劾累疏，乞休，加少保，乘传归。锦衣百户王邦奇上书言："哈密失国，由泽赂求和所致。"泽复夺官，

---

① 当途：身居要职、执掌大权的人。

② 汲黯故事：汲黯，? —前112年，西汉名臣。故事，旧日的典章制度或行事制度、先例、成例。汲黯故事是指他曾奉命出使河南，见贫民万余家因水旱灾而父子相食，于是矫命发官仓粟救济贫民。

③ 刘六、刘七：兄弟二人，明中叶农民起义领袖。正德时被中官诬为盗，遂举事，得众数万。转战于山东、河南、京畿地区，纵横千里，破城数百，使官军疲于奔命。后兵败于黄州西北，溺死。

④ 右都御史：官名。明代改御史台为都察院，设左、右都御史各一人，为都察院长官，正二品。掌监察举劾之事，兼管审理重大案件及考核官员。右都御史位略次于左都御史。

⑤ 啗：音dàn，同啖，用利益来引诱。

⑥ 乞骸骨：古代官吏请求辞职或退休的谦称，与"乞身"义同。

⑦ 镇守中官：镇守太监，明洪熙元年（1425），以王安为甘肃镇守太监，以宦官总镇一方始此。正统间各省各镇皆有镇守太监，职掌限于军事。

为民家居。卒，尚书唐龙请复官加恤，不从。隆庆[①]初复官，谥襄毅。

段炅，号河滨，兰州人，南阳知府坚之子。弘治〔四五〕十八年进士，授翰林院检讨[②]，与王九思、康海并以文学鸣世，称关中三老。年八十卒，所著有《河滨集》。

高良弼，字梦说，临洮卫人。弘治〔四六〕十二年进士，官御史，巡京仓，查盘辽东边储，首劾刘瑾、苗逵不法数事。调掌贵州道，题设三边、宣大总制及京营兵十万，恃以有备。巡按苏松，振纲纪，慎举错，风采凛凛。卒于官，时年三十七。平生耿介，与人寡合，问学质实，诗文雅健，所著有《西岩稿奏议》若干卷。

田荆，号西泉，兰州人。少聪慧，正德六年进士，选庶吉士[③]，兵科给事中。时京都岁荒，疏奏发太仓粟五千赈济。升四川按察司佥事，以赎锾[④]造木桶数万，人笑为迂，后遭水灾，缘木桶活者数万人。以不附权贵被诬，罢归。长于诗学，生平温恭刚正，后学咸师之。

马应龙，号雪峰，河州人。幼颖敏，读书一览成诵。登正德六年进士，授户部主事，历升霸州兵备副使[⑤]。持廉秉正，权势不敢干以私。督饷燕汴及总储辽阳，所至卓异，转四川按察使。平鸨贼有功，又治兵渤海，剧盗屏迹，士民立祠祀之。为人操履不苟，善属文。及卒，尚书彭泽撰碑文，极称其忠清雅操云。

殷承叙，兰州人。少负奇志，正德九年进士，任南阳府推官。训饬严明，为政有体，升刑部主事。会议大礼[⑥]，抗疏极谏，廷杖[⑦]死。隆庆初赠光禄寺少卿。

---

① 隆庆：明穆宗年号，公元1567—1572年。

② 翰林检讨：史官官名。明清史官有翰林修撰、编修以及检讨。

③ 庶吉士：在新进士中选文学书法均优长者入翰林院学习，以学士、侍郎等官充任教习，称为翰林院庶吉士，是储备于翰林院的预备官。

④ 赎锾：赎罪的银钱。

⑤ 兵备副使：官名。明代军事兼职名称，全称“整饬某地兵备副使”，以分巡兼任，沿海各郡俱置。

⑥ 议大礼：即大礼议，为明代朝臣间争议世宗生父尊号的事件。武宗朱厚照无子，死后由堂弟朱厚熜继位为世宗。世宗即位后，命礼官集议崇祀生父兴献王朱祐杬的礼仪。内阁首辅杨廷和等认为应尊伯父明孝宗（武宗父）为皇考，生父兴献王为皇叔父，祭告上笺称侄。世宗不满，命再议。观政进士张璁等迎合世宗，认为应尊兴献王为帝。争论三年，杨廷和罢官，终于追尊兴献王为皇考恭穆献皇帝。杨派官僚二百多人跪哭左顺门请愿，世宗下令将一百三十四人下狱，一百八十余人受杖责，廷杖致死者十七人，张璁被擢为内阁首辅。

⑦ 廷杖：明代皇帝责打大臣之杖刑。始于洪武初。正德时，刘瑾窃权，乃去衣行刑，受杖者每立毙杖下，幸不死者亦残废终生。

刘漳，字永济，号南泉，兰州人。正德十二年进士，授户部主事，历升河南开封知府。毁淫祠[①]，重民义，断疑狱若神明。比入觐，治为天下第一，升四川按察使、山东左布政使。所至，贪墨望风去。升副都御史，巡抚辽东。辽饥，发仓赈粥，全活数万人。复著边功，辽人立祠祀之。

陈范，字道宗，兰州人。举正德五年乡试，授静海令。静海多貂珰[②]，尝夺民田，不入税。范下令许自新，一时豪滑悉还民田，急公赋。改郏县知县，寻升陕州知州，所至有治声。

段续，号东川，兰州人。嘉靖二年进士，性诚笃精明，有公辅器。初以才堪风宪[③]，授云南道御史。会议大礼，被廷杖。复议宰臣阿逢，谪河南郾城丞，寻升杞县知县，均田革弊，卓有政声。升庐州府同知、南京兵部郎中、四川佥事、湖广参议，督工修显陵，调停节省巨万计，升密云兵备。陵工告成，加三品俸。致仕，总督贾应春特荐，云："孝友忠信，素重乡评，正直廉平，允孚士论。"郡人以为实录。未及起用，卒。

张万纪，字舜乡，狄道人。嘉靖二十六年进士，授行人，选吏科给事中。劾佥事尹耕，帝可其奏，谪耕，严嵩[④]衔之。寻升礼科右给事中。上建醮西苑，万纪执弗进香，被廷杖，严嵩欲杀，杨继盛[⑤]、万纪抗疏救，遂出为庐州知府。抵郡，雪某指挥冤，察胥吏抵换库银，适以星变考察，夺职归。抚按科道凡九荐，以亲老竟不复起。所著有《讲学语录》《超然山人集》。

张文泰，渭源人，嘉靖进士。少颖悟，善诗文，学行端方，言切世务，所著有《五竹遗稿》。

刘朝麒，字仁甫，临洮卫人。举嘉靖十三年乡试，授正定府〔四七〕通判，敷政宽平，署篆赵州。富民王相雠其兄密，使佣火兄屋，佣弗从，相惧谋泄，纵火杀佣家

① 淫祠：不在官方祀典，民间百姓滥设的祠庙，属民间信仰的鬼神庙。

② 貂珰：本为冠饰名。貂即貂尾，珰指金珰。汉朝皇帝近侍如侍中、中常侍服用，中常侍为银珰左貂。东汉专任宦官为中常侍，右貂金珰，貂珰渐为宦官代称。

③ 风宪：风纪法度，代指监察、御史一类的职官。

④ 严嵩：1480—1567年，嘉靖朝权臣，以子严世蕃、赵文华等为爪牙，操纵国事，排斥异己，吞没军饷，战备废弛。晚年渐为世宗疏远，徐阶遂谋去嵩。御史邹应龙、林润相继弹劾世蕃，世蕃伏诛，嵩革职、抄家，不久病死。

⑤ 杨继盛：1516—1555年，字仲芳，容城（今属河北）人。嘉靖二十六年（1547）进士。授南京吏部主事。杨继盛恶严嵩当权，弹劾嵩五奸十大罪，嵩矫旨杀之。

七人以灭口，佣妇翁白冤，亦被谋死。相以赂啗朝麒，弗动，更援有势者，以无证为词，朝麒不允，竟寘于法。升知绛州，筑汾堤。绛有灵邱〔四八〕藩，招纳无赖，强籴为民害，朝麒正其罪。再丞德安，值楚大饥，麒开廪施赈，全活甚众。父亡，归。复补大同同知，筹划边务，垦荒田数千顷，折狱清戎，厘奸剔蠹，赐纶音[①]，褒嘉至再，擢口北佥事道，谨勅宪度，拮据兵食，一郡赖之。寻引疾归。

杨启充，字子大，狄道人。少颖敏，过目成诵，举嘉靖十三年乡试，任五台令。时世宗建三殿，采木于邑，充募民伐山得木。时亢旱，水竭艰运，充祷于天，是夕雨大霈，木尽浮出。寻知朔州，会俺酋大入云中，充内捍郡邑，外输军饷，卒解右卫之困。迁户部郎，是时京师北急边、南急倭，司农[②]金钱不足，充促漕挽，摄榷会、煮海之利以实廪庾。后督饷榆林，竟以侃直忤当路[③]，注年老致政归，时年五十二，宦橐萧然，无异诸生时。

葛廷璋，字朝宪，兰州人。嘉靖十七年进士，授行人，选户科给事中，历凤阳知府。岁祲盗起，众议扑灭，廷璋曰："此良民也，夺于饥寒耳。"乃悬榜境内，曲示祸福，盗悉散。随发粟赈贷，多所全活。赎还民间散鬻子女，三载治行称最，帑库羡积数多，一无所染。升江西按察副使，驻南昌，省会簿牒填委[④]，廷璋剖决详慎，平反疑谳，民皆爱而畏之。既而抱疾，犹批驳如素，正襟端坐而逝。

颜锐，字进之，兰州人。岁贡，为人刚毅，博学通五经，善楷书，授河南新郑令。风行雷厉，剖决如流，权贵奸豪皆敛手，为时名令。

陆坤，字子厚，兰州人。少颖异，嘉靖十四年进士，授刑部主事，历员外郎中。持身清谨，执法公平。隆平侯纵妾杀人，所司欲徇情[⑤]〔四九〕引避，坤按之如法。恤刑四川，活冤狱百余人，升霸州兵备。河湮伤禾，坤浚之，令有田者服役，遂忤权珰[⑥]，诬奏逮系，谪云南浪穹典史[⑦]。寻起，历升至青州知府，赈活青民以万计，

① 纶音：喻指皇帝的圣旨。

② 司农：即大司农，在汉代官制中，掌管国家财政。明清财政由户部掌管，司农在这里代指国家财政部门。司农金钱不足，指国家财政紧缺。

③ 当路：当权的官僚。

④ 填委：堆积，云积，形容文件数目非常之多。

⑤ 徇情：曲从私情而违犯法纪。

⑥ 权珰：即当权的宦官。

⑦ 典史：官名。明清每县设典史一人，秩未入流，掌狱囚。如无县丞，则典吏兼掌衙署内部事务。

升蓟州兵备副使，以劳瘁卒于任，贫无以敛，巡抚吴某助赙殡归。所著有《如樗子集》《云思漫稿》等书。

胡执礼，字汝立，兰州人。嘉靖三十八年进士。初授保宁府推官，发奸摘伏[①]，知府罗绅叹为老吏不如。升刑部主事，改吏部，拔淹滞，起遗佚，历太常卿。巡抚应天，饬江防，广储饷，更置守令，蠲恤茕黎[②]，纠债帅，肃军伍，纲目悉举。张居正私憾[③]余懋学、江文辉，因丝绢鼓噪事移书执礼，欲将二人名入疏内，执礼不可，止擒首恶。又生员吴仕期撰欲上居正书，谳者罗织其词，坐余、江以罪，会稿于执礼，执礼曰："杀人媚人，吾不为也。"又特疏王锡爵之孝以刺居正。三年升户部侍郎，督仓场，以居正忌，抗疏归。后起户部左侍郎，卒。

刘谊，字正卿，临洮卫人。博学能文，善书法，由太学生仕平陆令，清慎勤敏，发奸摘伏，不避权贵。寻以忧归，服阕，补费邑令，贤声益著。平徭赋，劝农桑，置官庄，设义仓[④]，凿惠井。以亲老乞归。

何永达，字拙庵，河州人。幼颖敏，博极群书，尝从三原马理[⑤]受业，仕清丰县丞，几五月即辞归，所著《春秋井鉴》《林泉偶得》。

李自发，字伯生，狄道人。举嘉靖三十四年乡试，任稷山教谕[⑥]，典蜀省文衡[⑦]，甄录多名士。升垣曲知县，平狱讼，均赋役，设处砖料以固城垣，虽劳怨弗恤。竟以不善事上官，挂议归。

刘渐，字进夫，金县人。为陈留教谕，性直才敏，严考课，启迪有方，赒恤贫士。会学庙倾圮，请于当道，捐俸修之，两署县篆[⑧]，吏畏民怀。

---

① 发奸摘伏：发，检举。奸，奸邪。摘，揭露、揭发，伏，隐藏、隐秘。指揭发检举隐秘的坏人坏事。

② 茕黎：孤独无依的百姓。

③ 私憾：私人间的仇怨。

④ 义仓：又称“社仓”。隋以后历代王朝为备荒赈恤而设置的粮仓。

⑤ 马理：1474—1556年，咸阳三原人，正德间进士，著名理学家。学识和文章闻名全国，当时学者将他与宋代著名哲学家、关中学派代表人物张载相提并论。总纂《陕西通志》，有诗文集多种传世。

⑥ 教谕：学官名。元代县儒学置教谕，于任满经考试合格的直学中选任。明清沿元制，于县学置教谕，掌文庙祭祀，与训导同掌县学管理及课业，秩正八品。

⑦ 典蜀省文衡：蜀省即四川省，即担任四川省科举的考试官。

⑧ 两署县篆：县篆，县长或县令之官印。两署县篆意为两次担任县令长。

邹应龙，号兰谷，兰州人。嘉靖三十五年进士。为人刚正敢为，授行人，选监察御史。时严嵩窃权乱政，言者被伤，应龙论劾世蕃，谪戍南海①。嵩罢政，世宗嘉其尽忠言事，升通政参议②、大理少卿、太常卿。会大祀③，太监冯宝预祀事，应龙谓刑腐之人不可供祀事。寻升都察院左副都御史，巡抚云南，劾黔国公沐朝弼横肆无状，安置南京。未几，边寇窃发，劫掠远近，应龙兴师平之。廷议夺官，万历④〔五十〕癸未复职。卒，赐祭葬。

雍焯，字闇中，狄道人。举嘉靖十六年乡试，幼颖敏有大志，任武乡谕，勤考校，奖德行，赒贫乏。擢交城令，复除河津令，兴利宽征，捐俸新学，建大禹庙，葺子夏⑤祠。邑俗婚礼重财，亟力正之⑥，民歌曰："高如山，明如镜，清如水，平如秤。"擢御史，条陈马政，世宗可其奏，令刊行。清军河南清影射，祥符尹被藩王诬系狱，力白其冤，得复官，劾严氏贵客。巡按山东，祀段知府之贤，论梅提学之奸，忤权贵，引疾归。所著有《中州使余集》《麓原文集》《内台奏稿》，刊《周礼》《尔雅》《孝经》《书》，修城作义冢，置学田，缮祠宇，宦迹乡评皆称为名御史云。

段补，字希仲，兰州人。参议续子，九岁能诗文，性廉行方，识高才敏。隆庆五年进士，授直隶曲周知县，政绩茂著，凡所厝注，行以实心。调河间，升南京户部主事，监督粮储，出纳惟明，奸弊悉除。丁母忧，不饮酒不茹荤者三年，哀毁骨立，寻以疾卒。

王道成，兰州人，博学有才，万历〔五一〕二十九年进士，授华阳令。平徭赋，开水利，政声大著，升吏部郎。不通一刺⑦，自矢惟"不爱钱"三字，足以自效。

何奋武，临洮卫百户，才勇过人，方弱冠即有为国效忠之志。万历〔五二〕中，总兵刘綎辟新疆，得红水、永泰等地千余里，奋武之战功居多，擢授右军都督佥事，

① 南海：地名。在今广东广州市。

② 通政参议：官名。明朝置，为通政使司官员，协助长官掌受内外章疏敷奏封驳等事，分左参议、右参议，各一人，皆正五品。

③ 大祀：皇帝规格最高的祭祀。皇帝的祭祀，按照祭祀对象的不同，分为大祀、中祀、小祀。

④ 万历：明神宗年号，公元1573—1620年。

⑤ 子夏：即卜商，字子夏。孔子弟子，以文学见称。为鲁国莒父宰。孔子死后，讲学于西河，李克、吴起、田子方、段干木皆从受业。相传作《诗序》。

⑥ 亟力：全力，极力。

⑦ 刺：古称名片为刺。

赠荣禄大夫[①]。

韩谦，兰州人，天启二年进士。微时，以父殁于扬州，万里扶榇还葬。其母性严正，谦孝事奉养怡悦，敬二叔如其父。初仕宿松令，革鱼芦诸税。继调溧阳，除漕军折干[②]陋规，平反死刑二十余人。升户部主事，司饷宁远，力除扣克陋弊，给发片刻弗迟，将士感颂。出知重庆府，厘剔不法，一清征敛之弊，百姓感颂。

潘光祖，字义绳，狄道人。天启五年进士，历任吏户二部山西参议道。性清介，执法不挠，巡按某托令曲庇所知，光祖不从，巡按衔之。会流贼入境，光祖亲冒石矢，督军拒战，贼皆败走。巡按以招降之误劾其纵贼，逮问，光祖自以无罪，耻对狱吏，绝食而死。晋民悲之，立祠祀之。

皇清

郝璧，兰州人。顺治初由太常博士擢给事中，前后章凡数十上，有漕运、盐法、河道诸议。迁安徽按察副使。所著有《兰石集》二十卷行世。

岳镇邦，临洮卫人。幼奇伟，当明末流寇充斥，散家赀招义勇，大破逆回米剌印，生擒左王三，解赴总督军前。顺治十二年率族随军讨平逆贼刁尔吉，弟镇鳌死，抚其遗孤，一如己子。康熙十四年靖逆侯张勇荐拔，抚标中军，以克临洮、全巩昌、夺回乐门行营，升洮岷副将。十八年转绍兴协镇副将。居乡谦让，和睦宗族，教以忠孝，遇无告者倾赀周济[③]。

岳升龙，字见之，镇邦长子。值吴逆变，随将军王进宝复临洮城，既下，恳求主帅禁辑[④]部卒，还所掠人口。时游击许进忠潜通贼营，受伪劄，升龙密访得实，擒斩之。历升游击参将，扈从北征，平定噶尔旦，任四川提督。征建昌凉山诸番，降十万户。升龙事母至孝，友爱昆弟，封荣禄大夫。

周化凤，狄道人，康熙十四年以吴逆之变，从奋威将军王进宝复天水，收岳州，进取辰龙关，随复偏桥、兴隆等处，夺沙子哨，攻拔腊茄坡，恢复新兴、普安，逆贼荡平，历升湖广襄阳总兵官，又调云南永顺总兵，署理提督印务。化凤在

---

① 荣禄大夫：文散官名。金代始置，秩从二品下。元升为正一品。明制荣禄大夫从一品初授之阶。清代从一品概为荣禄大夫。

② 折干：指以钱代替实物。

③ 无告者：即孤苦无依者；周济：给予金钱上的帮助。

④ 禁辑：约束，严加控制管理，不要放纵。

镇，整部伍、肃军实[①]，威德并著，所向有功，军民悦服。

王潮海，狄道人，智勇绝伦。康熙十四年吴逆变，黄河以东悉为贼有，潮海先锋破敌，夜渡黄河，克复临洮、兰州，进剿宝鸡连云栈，生擒贼将三百余名，进取汉中，又进剿广元县朝天关、蟠龙山、梅岭、保宁等处，凡经数百战，大破逆贼。历升四川重庆总兵，调补贵州威宁镇，率师征剿蛮贼，生擒贼首王成龙、王腾龙等，降其余众。贼平，升贵州提督。

张宪载，狄道人，由武生[②]效力甘肃提督张勇标下千总。康熙十四年随征吴逆，时贼攻围宁远甚急，宪载奋力堵截，保守城池，随宁夏提督赵良栋进剿四川，克复成都，解永宁围，恢复宁越、越嶲等城，直抵建昌，伪将胡国柱窜入云南。以功擢凉州参将，陕西兴安总兵官。

巩昌府

汉

廉褒，陇西襄武人，成、哀间为右将军[③]。在河西，以恩信结羌戎，羌戎感之。

秦嘉，字士会，渭城人。博学宏才，为郡上计掾，有《赠妇徐淑诗》三首传世。

姜维，字伯约，天水冀人，仕郡上计掾，州辟为从事[④]。建兴六年，丞相诸葛亮军祁山，维诣亮，辟为仓曹掾[⑤]，封当阳亭侯，时年二十七。亮与蒋琬书曰："姜伯约忠勤时事，思虑精密，心存汉室，凉州上士也。"后迁征西将军。亮卒，维还成都，为辅汉将军，进封平襄侯。十年，与大将军费祎共录尚书事[⑥]。是岁，讨定汶山，平康夷，与魏夏侯霸等战于洮西，胡王治无戴等举部落降。维自以练[⑦]西方风俗，兼负其才武，欲诱诸羌胡以为羽翼，谓自陇以西可断而有也。每欲大举，费祎

① 军实：古代称器械、粮饷等军用物资。

② 武生：科举制度中在武学或府、州、县、卫学肄业的武学生员的称谓。

③ 右将军：将军名号。汉有前后左右将军，位上卿，次于大将军、骠骑将军、车骑将军、卫将军。掌京师兵卫和四夷屯兵，凡将军皆掌征伐。

④ 从事：东汉十二部刺史之属官从事史，包括治中从事、别驾从事、簿曹从事、兵曹从事的省称。

⑤ 仓曹掾：官名。汉置，为仓曹长官，掌管仓库粮食。公府置仓曹掾属，掾为正，属为副。郡县置仓曹掾史，史为副。

⑥ 录尚书事：官名。东汉时尚书台为政务汇集之地，实际职权高于三公。常由大臣加录尚书事的官衔，以代表皇帝总领尚书台事。

⑦ 练：经验多，精熟，熟知。

常裁制之。及祎卒，维率数万人出陇西，斩首破敌，多所降下，迁大将军。景耀六年，维表："闻钟会治兵，欲规进取。宜遣张翼、廖化督军，分护阳安关口、阴平桥头。"后主信宦官黄皓言，寝其事[①]。后钟会进兵，维保剑阁拒之，而邓艾自阴平入，破诸葛瞻于绵竹，后主降于艾，勅令维诣钟会降。会厚待维，还其印节，谓长史杜预曰："以伯约比中土名士，公休、太初[②]不能胜也。"情好欢甚，因将维等诣成都。维知会有异图，教会诛北来诸将，已杀会，坑魏兵，复蜀祚，魏将士愤发杀会及维。

魏

赵昂，字伟章，天水冀人。马超攻冀城，昂与尹奉戮力攻超，官统军校尉，功闻朝廷，迁益州刺史。

晋

彭祈，襄武人，为州别驾，历西郡、酒泉、弘农〔五三〕、略阳四郡守，累官封侯，所至忠以卫上，清以守己，威以克敌，恩以惠下。

宋

垣护之，字彦宗，貆道人。少倜傥，气干强果[③]。元嘉初[④]为殿中将军，累迁钟离太守。随王玄谟[⑤]〔五四〕入河，为前锋，进据石济。及元谟败退，魏军悉牵元谟水军大艚，连以铁鏁三重，断河绝护之归路。河水迅急，护之中流而下，以长柯斧断锁[⑥]，魏人不能禁。既还，戍淮阴，领济北太守。义宣[⑦]反，护之率水军大破之，封益阳侯，后拜青、冀二州刺史，谥壮侯。

---

① 寝其事：不听从，将之停止。

② 公休、太初：公休，指诸葛延，字公休。太初，指夏侯玄，字太初。二人皆曹魏才华横溢的名士名臣。

③ 气干强果：气魄和才干坚强果敢。

④ 元嘉：南朝宋文帝年号，公元424—453年。

⑤ 王玄谟：388—468年，太原祁县（今属山西）人。初为徐州从事史，屡劝宋文帝北伐。元嘉二十七年（450）北伐，受任为宁朔将军，率前锋渡河攻滑台，久围不克，北魏大军来救，兵败逃归。

⑥ 长柯斧断锁：长柯斧，劈砍兵器。斧较之前代大有改进，刃部加宽，柄也变短，砍杀效能高。

⑦ 义宣：即刘义宣（415—454），南朝宋武帝第六子。元嘉初，封竟陵王，后改封南谯王。孝武帝即位，改封南郡王，镇荆州。后与江州刺史臧质等密谋举兵反，兵败被杀。

齐

焦度，字文绩，南安氐人。少有气干，便弓马。孝武初，魏寇青州，刺史颜师伯遣度领军，大捷。师伯启孝武，称度气力，弓马绝伦。帝召见，壮之。沈攸之①反，度守郢城，于城楼上褰露形秽②，辱骂攸之。事平，封东昌县子。

垣崇祖，字敬远，护之弟子也。少有干略，历北琅邪、兰陵二郡太守。及齐高帝践祚，徙为豫州刺史。魏攻寿春，崇祖乃于城西北立堰塞肥水堰，北起小城，使数千人守之。曰："寇攻小城，吾破堰放水，自然沉溺。"及魏军攻小城，崇祖著白纱帽，肩舆③上城，决堰水，魏众溺死千数，大众退走。齐高帝谓朝臣曰："崇祖恒自拟韩、白④，今果其人也。"进为都督，给鼓吹一部⑤。崇祖虑魏复攻淮北，启徙下蔡，戍于淮东。魏果攻下蔡，崇祖大破之，领骁骑将军。

垣荣祖，字华先，貆道人，崇祖从父兄也。荣祖善骑射，宋孝建⑥中，为后军参军。后归齐，高帝除东海太守。荣祖善弹，见翔鹄云中，曰："当生取之。"乃弹其两翅，毛脱，坠地无伤，养，毛生后飞去。预佐命⑦功，封将乐县子，拜兖州刺史。

陈

赵知礼，字齐旦，天水陇西人。涉猎文史，善书翰，为文赡速，占⑧授军书，下笔便就。初为陈武帝书记⑨，及武帝征侯景，上表于梁元帝，及与王僧辩论军事，其文并知礼所制。及景平⑩，授中书侍郎。陈受命，每军国大事，文帝辄问之。拜散骑常侍，再迁右将军。卒，赠侍中，谥曰忠。

---

① 沈攸之：？—478年，南朝宋大臣。宋顺帝即位，萧道成专政，攸之发兵反，攻郢州，众溃被诛。

② 褰露形秽：褰，音qiān，掀起裤子。露形秽，此处指露出生殖器。

③ 肩舆：皇室宗亲及老弱病残大臣所乘轿。魏晋六朝时期，用二长竿，中设软椅坐人，前后有人肩抬，其上无覆盖物，称百步辇。后来加柄及帷，成为轿。

④ 韩、白：即汉代韩信和战国白起。

⑤ 鼓吹一部：即鼓吹车一部，用于演奏军旅之乐，用为出行时的前导车。

⑥ 孝建：南朝宋孝武帝年号，公元454—456年。

⑦ 佐命：辅佐开创帝王事业。

⑧ 占：口占，即口授。

⑨ 书记：官名。掌管书牍记录的官员，魏已有之。唐代元帅府及节度使属官有掌书记，主撰文字，省称书记。

⑩ 景平：南朝宋少帝年号，公元423—424年。

魏

李冲，字思顺，陇西人。沉雅有大量，善交游，不妄戏杂，流辈重之[①]。高祖初，迁中书令，加散骑常侍，寻转南部尚书，进爵陇西公。冲恩宠日盛，遂为富室，而谦以自牧，积而能散，姻族乡闾，莫不分及。虚已接物，时以此称之。河南太守来崇子护纠冲兄佐赃，罪佐及冲等，悉坐幽系，会赦乃免。至冲宠贵，护为南部郎，深虑为冲所陷[②]，而冲每慰抚之。护后坐赃罪，惧必不济。冲乃具奏，乞原恕之，遂得不坐。冲从甥阴始孙，往来冲家，至如子侄。有人求官，因其纳马于冲，始孙受而不言。马主自陈始末，冲大惊，执始孙以奏，始孙坐死。其处要自厉[③]，不念爱恶，皆此类也。冲竭忠奉上，知无不尽，出入忧勤，形于颜色，旧臣戚辅，无不服其明断慎密。高祖深相仗信，亲敬弥甚，寻迁侍中，吏部尚书。高祖以冲女为夫人，诏以冲领将作大匠，营改正殿。车驾南伐，加冲辅国大将军，统众翼从。至于洛阳，霖雨不霁，冲反复进谏。高祖谕群臣曰："若不南銮，即当移都于此。"高祖初谋南迁，恐众心恋旧，外名南伐，其实迁也[④]。于是定都洛阳，委冲以营构之任，兼右仆射，留守洛阳。诏讨汉中，冲表谏止。自邺还京，高祖欲南征，冲以为未可。冲机敏有巧思，北京明堂、圆丘〔五五〕、太庙，洛都新起堂寝，皆资于冲。勤志强力，旦理文簿，兼台匠制，几案盈积，终不劳厌。卒，赠司空，谥文穆。

杨机，字显略，天水冀人。少有志节，河南尹李平、元晖并召署功曹，由是声名更著。于时，皇子国官多非其人，诏选清直之士。机见举为京兆王愉国中尉，当官正色，不避权势，明达政事，断狱以情，凡诉讼者一经其前，后皆识其姓名，并记事理，世咸异之。荆州蛮叛，拜尚书左丞，讨平之。建义初，拜平南将军、光禄大夫，除度支尚书[⑤]。方直之心久而弥厉[⑥]，奉公正已，为时所称。家贫无马，多乘小犊车[⑦]，时论许其清白。

---

① 流辈：同辈，同一群人。

② 陷：构陷，陷害。

③ 自厉：警戒自己，严格要求自己的言行。

④ 迁：迁都。孝文帝本意迁都，担忧群臣不从，故以南伐为幌子，真实目的是迁都洛阳。

⑤ 度支尚书：官名。汉代大司农主管国家财政，随着台省的发展，其职权逐渐转移到尚书台。至魏则置度支尚书，主军国财政。

⑥ 弥厉：弥，更加。厉，坚定。

⑦ 小犊车：即小牛车，古代牛的价钱要比马低，乘牛车是贫寒的一个象征。

周

赵贵，字元贵，天水南安人。少颖悟，有节概，从贺拔岳平关中，迁大都督。岳为侯莫陈悦[①]所害，将吏奔散。贵曰："仁义岂有常？行之则为君子，违之则为小人。"乃诣悦诈降，悦信之，因请收葬岳，悦许之，乃收岳尸，奔平凉。周文帝以为大都督，封南阳郡公，又封楚国公。

辛威，陇西人。少慷慨有志略，初从贺拔岳，征伐有功，假辅国将军、都督。及太祖统岳之众，见威，奇之，引为帐内，封白土县伯。从魏孝武攻回洛城，及擒窦泰，复弘农[五六]、战沙苑，并先锋陷敌，勇冠一时，进爵为公。出为鄜州刺史，迁河州。保定[②]初，率兵讨丹州叛兵，平之。又讨绥、银诸州，并平之，拜大司寇，进位上柱国，宿国公。威性持重，有威严，莅官数十年，未尝有过，故得以身名终，兼其家门友义，世以此称之。

赵昶，字长舒，天水南安人。昶少聪敏，以材力闻。大统九年，周太祖遣昶使于氐酋李鼠仁，谕以祸福。鼠仁感悟，遂相率降。复遣慰谕叛氐梁道显，皆即款附。以功封章武县伯，除大都督、行南秦州事。昶自擢居将帅之任，倾心下士，擒获氐羌，抚而使之，皆为昶尽力。录前后功，进爵长道郡公。

赵善，字僧庆，贵从祖兄。少好学，沉毅有远量。普泰[③]初，以平关陇功拜骠骑将军。尔朱天光东拒齐师，兵败见杀，善请收葬其尸，齐神武义而许之。魏孝武时历尚书仆射，进爵为公。善性温恭，有器局，功则归人，过则归已，时人称其有公辅之量。九年，从战邙山，为敌所获，卒于东魏，谥曰敬。

任果，字静鸾，南安人。果性勇决，志在立功。魏废帝时，率所部来附。周文嘉其远至，待以优礼，授南安县公。果因陈取蜀之策，率兵征蜀，及成都平，周太祖以其方隅[④]望族，早立忠节，授骠骑将军，进爵安乐郡公。

---

① 侯莫陈悦：？—534，姓侯莫陈，名悦，鲜卑族。初附尔朱荣，为大都督，魏庄帝初为征西将军。随尔朱天光入关中作战，为骠骑大将军、秦州刺史，杀贺拔岳后率本部还陇右，宇文被泰进攻，悦兵败被杀。

② 保定：北周武帝年号，公元561—565年。

③ 普泰：北魏节闵帝年号，公元531—532年。

④ 方隅：即边境地区。

唐

赵憬，字退翁，渭州陇西人，志行峻洁。宝应[①]中，天下荐饥，憬褐衣上疏[②]，请杀礼从俭，士林叹美。建中[③]初，擢水部员外。贞元[④]中，李泌[⑤]荐之使回纥，未还，尚书左丞缺，帝以命之，进中书侍郎同平章事，与陆贽[⑥]同辅政。穆赞〔五七〕等为裴延龄构摈〔五八〕，憬救护申解，得免。憬精治道，常以国本在选贤节用，薄赋敛，宽刑罚。又陈前世损益当时之变，献审官六议：一议相臣，二议庶官〔五九〕，三议京司缺官，四议考课，五议遗滞，六议藩府官属。帝皆然之，下诏褒答。辅政五年，卒，谥曰贞宪〔六十〕。憬性清约，位台宰而第室童仆犹儒生家，竟不营产。

李晟，字良器，洮州临潭人。年十八，从王忠嗣击吐蕃，号万人敌。凤翔节度使高升召署列将，击迭州叛羌于高当川，又击连狂羌于罕山，破之，迁左羽林大将军。广德初[⑦]，击党项有功，授特进，试太常卿[⑧]。建中二年，魏博田悦反，晟为神策[⑨]先锋，斩杨朝光，乘冰度洺水，破悦。又战洹水，悦大败，加检校左散骑常侍。帝出奉天，召晟，诏迎拜神策行营节度使。朔方帅李怀光迁延有异志，阴通朱泚，晟虑为所并。适有诏使到晟军，乃令曰："有诏徙屯。"即结阵[⑩]趋东渭桥。诏进晟尚书左仆射，同中书门下平章事。时晟家皆为贼质，有言者，晟泣曰："陛下安在？而欲恤家乎！"泚使人款壁门曰："公等家无恙。"晟怒叱，斩之。晟能与下同甘苦，以忠义感发士心，终无携怨，大破贼众，乘胜入光泰门，再战，贼奔溃，余党悉降。

---

① 宝应：唐肃宗年号，代宗沿用，公元762—763年。

② 褐衣：粗布衣服，用来代称平民身份。

③ 建中：唐德宗年号，公元780—783年。

④ 贞元：唐德宗年号，公元785—805年。

⑤ 李泌：722—789年，京兆（今陕西西安）人。天宝中，玄宗令待诏翰林、东宫供奉。肃宗即位，拜银青光禄大夫，辅佐政务，权逾宰相。代宗时检校御史中丞、杭州刺史。德宗朝位曾至宰相。

⑥ 陆贽：754—805年，苏州人。代宗大历进士。德宗即位，由监察御史召为翰林学士，迁中书侍郎、同门下平章事。为相时，指陈弊政，废除苛税。

⑦ 广德：唐代宗年号，公元763—764年。

⑧ 太常卿：官名。南朝梁改太常为太常卿，专司礼乐、祭祀之官，隋唐沿置。

⑨ 神策：神策军，中晚唐皇帝最亲近的禁卫军。代宗以后，以宦官统帅此军，驻于宫禁之中，其势力远在诸禁军之上，左右神策军设大将军、将军各二员，唐亡始废。

⑩ 结阵：即布阵，摆开军阵。

晟引军屯含元外廷，令军中曰：“五日内不得通家问坊。”人之远者宿昔乃知王师之入也，露布至梁，曰：“臣已肃清宫禁，祗谒寝园，锺簴不移，庙貌如故[①]。”德宗览之感泣，曰：“天生李晟，以为社稷，非为朕也。”拜晟司徒，兼中书令。帝纪其功，自文于碑，封西平郡王。薨，赠太师，谥曰忠武。有十五子，知名者愿、宪、愬、听。

李愿，少谦谨。元和初，领夏、绥、银、宥节度使。政简而严，境内肃然。后为左仆射，节度凤翔。

李宪，性仁孝，长喜儒，以礼法自矜。累迁绛州刺史，以治行称。太和[②]初，迁岭南节度使。所历皆以吏能显，政绩暴著，善治律令，性明恕。详正大狱，全活无辜者甚众。

李愬，字元直。有筹略，善骑射，补卫尉少卿。出为坊、晋二州刺史，以治异等进詹事。宪宗讨吴元济[③]，愬求自试，遂检校左散骑常侍，为隋、唐、邓节度使。推诚待士，贼来降者，辄听其便，给粟帛遣还，众愿为愬死。居半岁，知士可用，乃请济师，益河中兵二千。吴秀琳降，以其众攻吴房，贼以精骑尾击。愬下马，据胡床，令军中曰：“退者斩!”众决死战〔六一〕，射杀其将，贼乃走。李祐，贼健将也，设计擒之，待之厚，令佩刀出入帐下，署六院兵马使。祐捧檄呜咽，始定袭蔡之谋。元和十一年十月己卯夜，师起，祐为前锋，愬率中军，吏请所向，愬曰：“入蔡州，取吴元济。”士失色，监军使者泣曰：“果落祐计。”天大雨，雪行七十里，夜半至城旁，皆鹅鹜池。愬令击之以乱军声，祐坎墉先登[④]，众从之，杀门者发关，留持柝[⑤]传夜自如。愬入驻元济外宅，元济闻号令，常侍传语，始惊曰：“何常侍至此?”擒吴元济，槛送京师，不戮一人，众皆输降。以功进检校尚书、左仆射，封凉国公。卒，赠太尉，谥曰武。

李听，字正思〔六二〕，为神策行营兵马使。讨王承宗，斩贼骁将，宪宗壮之，迁

① 庙貌如故：即宗庙与过去一样，没有损坏。

② 太和：唐文宗年号，公元827—835年。

③ 吴元济：783—817年，吴少阳之子。初为试协律郎，摄蔡州刺史。父卒，擅领军务，并发兵屠舞阳、焚叶县，攻掠鲁山等。宪宗发兵征讨。李愬袭破蔡州，俘获，斩首长安。

④ 坎：掘坑、挖洞。

⑤ 柝：打更的梆子。

蔚州刺史，召为羽林将军。帝讨李师道，出刺楚州，听日整勒[①]，士皆奋，即掩贼不虞，攻朐山，降之。以功授夏、绥、银、宥节度使。统兵北讨，授检校兵部尚书，充河东节度使，封凉国公。卒，赠司徒。

王佖，洮州人，李晟之甥。武敢，娴骑射。晟在师，佖无不从。攻朱泚于光泰门，贼方锐，佖与李演鏖战蹀血，贼数北，诸军乘之，遂大振。以功为神策将，击吐蕃有功。

李益，字君虞，陇西成纪人。长于诗名，与宗人贺相埒[②]，每篇成，乐工争求之，被声歌供奉天子。至《征人》《早行》等篇，天下皆施之图绘。刘济辟置幕府，进为营田副使，宪宗召为秘书少监、集贤殿学士。太和初，以礼部尚书致仕。

李贺，字长吉，陇西人。七岁能辞章，韩愈、皇甫湜[③]过其家，使贺赋诗，援笔立就，自目曰《高轩过》[④]，由是有名。为人纤细，通眉[⑤]，长指爪，能疾书。每旦出骑马，从小奚奴背古锦囊，遇所得书投囊中，及暮归，足成之。母使婢探囊中，见所书多，即怒曰："是儿须呕出心乃已耳。"以父名晋肃，不肯举进士[⑥]，韩愈为作《讳辨》，然卒亦不就。举辞尚奇诡，所得皆惊迈。绝去翰墨畦径，当时无能效者。乐府数十篇，云韶诸工[⑦]皆合之管弦，为协律郎[⑧]，卒年二十七。

尹思贞，字季若〔六三〕，天水冀人。明《春秋》，擢高第。常受学于国子博士王道珪，称之曰："吾门人多矣！尹子不可测也。"以亲丧哀毁，除丧不仕[⑨]。左右史张

---

① 整勒：操练，训练。

② 宗人贺：即唐代诗人李贺，唐皇室远支。早岁即工诗，见知于韩愈、皇甫湜，和沈亚之友善，死时仅二十七岁。李贺诗，以丰富的想象力和奇特瑰丽的语言著称。

③ 皇甫湜：777—835年，睦州新安（今浙江淳安）人。元和进士，官至工部尚书。善为诗、文。尝从韩愈学古文。

④ 《高轩过》：李贺的诗题，全诗分成三个部分。第一部分，写韩愈、皇甫湜二人来访时的气派；第二部分，着重赞颂二人的学识和文名；第三部分，写自己的处境与抱负。

⑤ 通眉：即连眉。

⑥ 以父名晋肃，不肯举进士：因为李贺父亲名"晋肃"，"晋"与进士之"进"同音，为避家父讳，李贺不应科举。

⑦ 云韶诸工：即乐工、乐师。

⑧ 协律郎：官名。北魏有协律郎与协律中郎，属太常，掌监调律吕音乐。自隋至明均置此官，

⑨ 除丧：即除服，旧时指守孝期满，脱去丧服。

说、尹元凯荐为国子大成①，每释奠②讲辨，听者皆得所未闻。

尹愔，思贞子，博学通经，尤精《老子》。明皇召对，甚喜，厚礼之。拜谏议大夫、集贤学士，兼修国史，固辞不起。诏以道士服视事，乃就职〔六四〕，专领集贤馆图书。开元末，赠左散骑常侍。

李翱，字习之，陇西人。授校书郎。元和初，为国子博士，史馆修撰，常条兴复太平大略，再迁考功员外郎、礼部郎中。翱性峭鲠，议论无所屈，常面斥宰相李逢吉③过失。逢吉诡不校，翱移病，有司白免官，逢吉更表为庐州刺史。时州旱，民无食，权豪贱市田屋牟厚利，而窭户④仍输赋。翱下令，始〔六五〕以田占租，无得隐，收豪室税万二千缗，贫弱以安。入为谏议大夫，出为湖南观察使，卒。翱始从韩愈，为文章辞致浑厚，见推当时，故亦谥曰文。

李中敏，字藏之，系出陇西。元和中擢进士，性刚峭，辟观察判官⑤，入拜侍御史。太和六年大旱，中敏上言："宋申锡⑥之冤不伸，宜斩郑注⑦，以快忠臣之魂，则天且雨。"不省，以病归。召谏议大夫，迁给事中。仇士良⑧以开府阶荫其子，中敏曰："谒者监安得有儿。"士良惭恚⑨，由是复弃官去。开成⑩末，为杭、婺二州刺史。

李让夷，字达心，陇西人。擢进士第，累进谏议大夫。开成初进起居舍人⑪。武

① 国子大成：国子学大成简称，为国子学资深学生。

② 释奠：古代学校举行的一种典礼，陈设酒食以祭奠先圣先师。

③ 李逢吉：758—835年，陇西人。元和中拜相。后拉帮结派，极力排挤、压抑裴度，并夺其官职，久不许入朝。敬宗时，裴度复知政事，逢吉出任山南东道节度使。

④ 窭户：贫穷的人家。

⑤ 观察判官：官名。唐肃宗以后置，为观察使属官，由有出身者及六品以下正员官充任。

⑥ 宋申锡：？—833年。唐文宗时任户部郎中，知制诰，复为翰林学士。不久拜相，旋受王守澄诬害，贬开州司马，后卒于黜所。

⑦ 郑注：？—835年，绛州翼城（今山西翼城东）人。初从李诉、王守澄。后献医方于文宗，拜太仆卿、兼御史大夫，与李训日侍君侧，权力显赫。出任凤翔节度使，与训合谋翦灭宦官。甘露之变，率部入京，至扶风，闻训败，退兵，旋为监军使张仲清所杀。

⑧ 仇士良：781—843年，有辅立文宗功，拜左神策军中尉。甘露之变事泄，他率五百禁兵，杀李训、王涯四位宰相及王璠等十一位大臣。自是大权复归士良。

⑨ 惭恚：愧恨、怨恨。

⑩ 开成：唐文宗年号，公元836—840年。

⑪ 起居舍人：官名。唐属中书省，员额二人，秩从六品上。职掌修记言之史，录制诰德音。

宗初，李德裕[①]复入，三迁至尚书右丞。让夷廉介，不妄交，位虽显剧，以俭约自将，为世咨美。

李蔚，字茂休，陇西人。举进士，拜监察御史，累擢尚书右丞，拜京兆尹。出为宣武节度使，徙淮南。代还，民诣阙请留，诏许一岁。乾符[②]末，以吏部尚书同中书门下平章事[③]，罢为东都留守。

宋

王德，字子华，通远军熟羊砦人。以武勇应募，隶于熙帅姚古。会金人入侵，遣德谍之，斩一将而还。古曰："能复往乎？"德从十六骑径入隆德府治，执伪守姚太师，左右惊扰，德手刃数十百人，众愕眙[④]，莫敢前。古械姚献于朝，钦宗问状，姚曰："臣就缚时，止见〔六六〕一夜叉耳。"时遂呼德为王夜叉。平济南寇李昱、池阳寇张遇。叛将张昱围和州，德接战，斩昱，俘其兵骑数万。刘光世谋讨苗、刘，德至浦城，斩苗瑀，擒马柔古，送行在。绍兴元年，平秀州水贼邵青，余党复索战，谍言将用火牛[⑤]。德笑曰："是古法，可一不可再。"令诸军持满，阵始交，万矢齐发，牛皆返奔，贼众歼焉。迁同州观察使。明年，金兵破滁州，德越江袭，夺之，追擒甚众。改环庆副总管。金兵自合肥入侵，德与夹河而军，兀术以铁骑十余万陈于前，德渡桥大呼，令万兵持长斧，如墙而进，敌大败，复追击之。刘锜曰："昔闻公威略如神，今果见之。"召拜清远军节度使，诸军都统制。卒，赠少傅。

元

高斌，安定人，以明经[⑥]举，授凤阳路四川廉访司佥事。以廉能称。

汪世显，字仲明，巩昌盐川人。皇子南征，诸蛮与宋将潜兵相为犄角。世显以轻骑驰之，杀其将，乘胜定资州，入成都。中统三年，论功追封陇右王，谥义武。

---

① 李德裕：787—849年，唐代赵郡（今河北赵县）人。牛李党争中为李党首领，与李宗闵、牛僧孺进行了激烈斗争。宣宗时遭牛党打击，再贬崖州司户时卒。

② 乾符：唐僖宗年号，公元874—879年。

③ 同中书门下平章事：唐代职官加"同中书门下平章事"成为真宰相，宰相办公处为中书门下，而原来的三省长官逐渐成为序进之位。

④ 愕眙：惊视，震恐呆视。

⑤ 火牛：火牛阵，战国时齐将田单收城中牛千余头，画上五彩龙纹，角束兵刃，尾束灌脂芦苇。夜半时，驱牛出城，五千兵士随后，点燃牛尾，使其猛冲敌营。

⑥ 明经：唐宋取士科目之一。

汪德臣，字舜辅，世显子，年十四侍太子猎，矢无虚发。袭爵巩昌等四路都总帅，入觐宪宗，所陈率嘉纳。命城沔州，德臣缮治室庐，部署官属，数日而集。进攻嘉定，克之，又破宋军于隆庆。诏城益昌，德臣入见，乞免益昌赋税及徭役，从之。蜀人惮其威名，诸郡莫敢出斗。甲寅夏，获宋提辖[①]，令持檄谕告守将，南清以城降，所俘城中民悉归之。东南戍卒数百有去志，德臣知之，给券[②]纵去，皆泣谢。未几，帝幸益昌，锡金带，俾立石纪功。中统三年，追封陇西公，谥忠烈。

汪良臣，世显子，年十六，从兄德臣出征取四川。世祖即位，阿蓝台儿、浑都〔六七〕逆命，劫六盘府库，西陲骚动，诏良臣讨之，贼大溃，获都海，杀之，西鄙辑宁[③]。捷闻，赐金虎符。中统三年，火里〔六八〕叛，复讨平之，转巩昌路都总帅。平四川，良臣禁俘掠，发粟赈饥，民大悦。捷闻，授中书左丞，四川行省平章事[④]。良臣陈治蜀十五事，皆纳之。追封梁国公，谥忠惠。

汪惟正，字公理，德臣子。幼颖悟，藏书二万卷，喜从文士议论古今得失。尤喜谈兵，袭父爵，守青居山。火都〔六九〕叛，擒杀之。十四年，藩王土鲁〔七十〕叛于六盘，惟正攻平凉，麾兵逐之三逾山，土鲁〔七一〕就擒，入朝授金吾卫、上将军。命惟正分省于蜀，留意拊循[⑤]，人便安之。卒，谥贞肃。

李忽兰吉〔七二〕，陇西人。从征西川，以功为管军总领。取合江大获山，守臣杨大渊纳款，已而逃归，宪宗怒，将屠其城。呼喇济乃单骑至城下大呼，入城曰："皇帝使我来抚汝军民。"执大渊手谓曰："上方宣谕赐赏，不待而来，何也？"大渊曰："诚不知国礼，非敢有异谋也。"遂与偕来，一军皆喜。呼喇济入奏，宪宗问之，对曰："城门不闭，无他心也。一闻臣言，即从臣出。"宪宗悦，赐葡萄酒。二十年，改四川南道宣慰使，时蛮僚叛服不常，往往劫掠边民。呼喇济遣谕，诸蛮豪长率众来降。二十三年入觐，以老病乞归田里，许之。二十七年，拜资善大夫[⑥]，授陕西行省尚书左丞。元贞二年入觐，授资德大夫[⑦]，陕西行省中书右丞。卒，谥襄敏。

---

① 提辖：宋代于路、州置提辖兵甲官，简称提辖。掌统率训练军队、维持治安。

② 券：指路条，相当于通行证。

③ 辑宁：和平安宁。

④ 行省平章事：行省的最高负责人。

⑤ 拊循：即抚慰。

⑥ 资善大夫：文散官名，金代始置，秩正三品下。元升为正二品。

⑦ 资德大夫：文散官名，金代始置，秩正三品上。元升为正二品。

明

曹铭，会宁人。洪武中进士，任兵科给事中。才名显著，声振一时。历官都察院左佥都御史。

王恴，宁远人。少有气节，倜傥敢言，性至孝。洪武初举贤良方正，授御史。凡有利弊，必以上闻，数忤权贵，不避艰险，有铁面之风。

赵克钦，宁远人。以孝友闻，置义田[①]赡宗族，社田以养士，赈恤贫乏。洪武间举贤良方正，为御史，风节凛然，京师豪滑敛手，贵游相戒勿犯。及居家，复为邑人开水利，当时赖之。

王敬，陇西人。监生。永乐间知太湖县。性毅直，有胆略，豪强敛迹，吏民德之。

韩缙，字子云，陇西人。举乡试第一，永乐四年进士，任吏科给事中。敷陈时政，不畏权奸，寻转南京户部郎中。历事三朝，才名懋著，学者称为关西韩夫子。

杨仕敏，字克勤，陇西人。举永乐十四年乡试，任监察御史。在台十有三载，考最。正统间改江南太平知府，振学校，广储蓄，修城池，举废坠，郡大治，迁河南按察副使。太平民恳留，具奏，加三品俸，仍管府事。景泰初，迁山西布政右参政。五载，引疾归，行李萧然。足迹不至公门，陇人服其德化，上遣行人李诚召问，仍以疾辞命。布政司岁给米以优礼，年八十六卒。

张励，字克勤，安定人。举永乐十五年乡试，仕户曹主事、员外郎中，督储祛弊，有声淮阴。以建白[②]中奄竖忌，下诏狱，读书宴如[③]也。后得释，遂归。一日，仆缚盗数人，励手解盗缚，饭之，诫令改行，纵使去，人以为有陈太邱〔七三〕之风[④]。居官以廉称，勤俭立家，子姓不许衣文绣[⑤]。

姬序通，西和人，正统辛酉以监生[⑥]入朝贺。是夜，帝梦异人奏曰："衣红者忠

① 义田：族田的一种，是古代宗族共有的土地之一。因其地租收入主要用于周济贫困族人而得名。

② 建白：提出的意见和建议。

③ 宴如：安定平静貌。

④ 陈太邱：即陈寔（104—187），东汉名士。寔在乡间，平心率物，其有争讼，辄求判正，晓譬曲直，退无怨者。至乃叹曰：宁为刑罚所加，不为陈君所短。

⑤ 子姓：即子孙；文绣，指绣有文饰、华美的衣服。

⑥ 监生：明清时代称在京师国子监读书的人或取得进国子监读书资格的人。

臣也。”次日，令察之，独序通衣红褐袄。帝心异之，即除为山西汾州知州，有善政。

赵荣，字孟仁，通渭人。以能书授中书舍人①。正统十四年十月，也先拥上皇②犯京师，邀大臣出迎。众相顾不敢行，荣慨然自请，即擢大理少卿，偕右通政③王复出城朝见。也先以非大臣，遣还。景泰元年七月，擢工部右侍郎，偕杨善等奉迎上皇归，进左侍郎。后英宗复辟，天顺元年擢工部尚书。曹钦④反，荣策马大呼于市，号召壮士，从者数百人，卒擒逆贼，上目之为忠臣。七年，以疾罢。成化十一年，卒，遣官谕祭，录其子珙锦衣指挥。

张勋，字鼎彝，会宁人。正统初，登进士，授工部主事，监储两淮。复除南礼部，迁知青州府。在府持正，以良吏称。复调知武昌府。武昌繁剧，治理有方，给饷济饥，刑清弊绝，迁山西布政右参政。

宋琮，字朝用，陇西人。成化二十三年进士，历吏科都给事中。琮知无不言，有冒太后兄者，琮上疏辨其诈，罪之。山西御史某以贪酷闻，屡遣官问，皆不伏命。琮治之，立伏道路，称搏虎手。迁太仆卿，直气愈励，刚正不阿，所至有声。

王瓒，字宗器，通渭人。成化十七年进士，授工部主事，转员外。弘治⑤〔七四〕末，同中使李瑾勘水灾，上疏略曰：“侍郎杨礼，股肱之臣，指挥刘刚，爪牙之臣。瑾召之如奴仆，而二人望风奔命。国体所关非小，宜付瑾于法。”不报。瑾执奏诬瓒，下狱，寻赦，出推郎中，奉勅督修兴王府，立法均役，人皆悦服，升怀庆知府，其政以许衡⑥为法，复除开封。刚明仁恕，民歌之曰：“包公后，王开府，严如父，慈如母，不可犯，良可慕”。

范镛，字鸣远，巩昌卫人。弘治〔七五〕六年进士，授御史。鲠直敢言，不避权奸，因忤旨下狱，旋得释，补浙江佥事、萧山令。邹鲁雠其邑绅何舜宾，陷之死，

① 中书舍人：官名。明废中书省，但仍有中书舍人，属中书科，掌书写诰敕等事。

② 上皇：即明英宗，土木堡之变，英宗被也先俘获。

③ 右通政：官名。明朝置，为通政使司官员，正四品，佐掌受内外章疏敷奏封驳之事，凡四方陈情建言，申诉冤滞，或告不法等事，于底簿内缮写诉告缘由，呈状奏闻。

④ 曹钦：？—1461年。天顺初以迎英宗入宫复位，官都督同知，封昭武伯。后与其叔太监曹吉祥发动兵变，败死。

⑤ 弘治：明孝宗年号，公元1488—1505年。

⑥ 许衡：1209—1281年，元代名儒，参与制定朝仪、官制、历法，官至集贤大学士兼国子祭酒。长于文，多宣传程朱理学。

镛廉[1]得其情，以鲁抵何死。进副使，备兵建昌。中宦闻镛风采，不敢横，以开矿厉民，奏罢之。历擢操江都御史，稽核行伍，罢横门占役，劾罢怀宁侯。巡抚云南，刬[2]奸摘弊，平赋均徭，滇人戴之。刘瑾用事，兵部尚书王琼与镛左，琼中之，左迁参议，卒于官。

吴养廉，字廷用，通渭人。文学俱优，任唐县知县。有善政，致仕归，设教于西山院二十余年，人称西山先生。

王璠，字廷瑞，宁远人。成化二十年进士，授户部主事，监督临清仓。力清中官剥克之弊，总理辽东粮储，阅实得羡米千万，儹运漕河。值藩封之国，河道壅塞，璠昼夜巡视，漕艘如期竣事。晋山西参议，分守冀北道，以台评[3]罢归。

何溥，陇西人，监生，历官至府通判。清慎平易，处乡足迹不至公门，乡人敬服。

刘宪，巩昌卫，监生。成化间知奉化县，政平刑简，民皆悦服。

杨铭，陇西人，举人。历官永宁府同知，清慎爱民。致仕，家居三十余年，屏迹公门，手不释卷。九十余卒。

刘钺，字廷威，陇西人。正德中以乡举，授遵化知县。素履清苦，政多简易，蝗不为灾，质朴笃实，有古人风。

高登，字东山，靖远人。任山西屯留主簿，多惠政，人不敢干以私。遭母忧归邑，人泣送。有士怀清慎、民慕岂弟之颂。继任四川大竹，旧赋纳松潘，登建议详宪允贮绵州郡邑，皆被节省。以父耋[4]归养，值岁饥，出资周济邻里，戚党咸受其惠。

高冠，靖远人，父登。冠初知浮山县，洁已爱民，因诖误[5]降判解州。议筑城垣，民蒙其利，署夏县。值大荒，条议赈粥事宜，民赖全活。又立慈幼局[6]，收抚弃婴。后因事左迁，遂家居著述。

① 廉：查究、查探。

② 刬：音chǎn，通“铲”。铲除，祛除。

③ 台评：御史台弹劾官吏之奏疏。即因御史的弹劾而罢官归乡。

④ 耋：年老，七八十岁的年纪。

⑤ 诖误：诖，音guà。也作罣误，被别人牵连而受到处分或损害。

⑥ 慈幼局：设立的抚育幼婴的慈善机构。

张锦，字尚絅，岷州人。成化五年进士，任刑部司官，鞫谳[①]明允，审录山东，平反甚众。会他司失官金，属锦按之，屡鞫不承，遣人绐[②]其家，得金示之，遂伏罪。畿辅灾，以锦往赈，平籴劝贷[③]，分遣良吏饘给[④]之，所活不可胜计。方山、庆成二王府有大狱，奉命往治，还迁大理右丞。再奉命治岷、襄二府狱，情罪皆协。寻转左丞，擢副都御史，巡抚宣府，直枉除弊，兵民畏服。劾罢中官、武将不职者。卒，赐祭，葬长沙，李东阳[⑤]志其墓。

王铎，字大振，岷州人，成化二十三年进士。为人敦古尚行，事亲以孝闻。初任知永平县，再任知眉州，旋升马湖同知、知府，所至贤声籍籍。继擢西蜀参议道[⑥]，功业恢廓，于龙安一郡多所创建，区画悉得其宜。致仕归，清风亮节，益重于乡里。

张潜，字用昭，岷州人，锦之子，弘治〔七六〕九年进士。少应举，与庆阳李献吉、洵阳张光世齐名。潜历任户、礼二部，迁知广平府。时畿辅[⑦]多盗，潜善为防御，得以无事，暇则按属拊循，广施惠政，民益安辑。寻擢山东参议道。

邹昊，字宗大，巩昌人，弘治〔七七〕十二年进士。以御史谪真定推官，教吏士习武，民有劫盗，悉擒之。升按察佥事[⑧]。蜀盗蓝鄢反，昊简骁勇千人，分队立长以待。贼来逼城，昊夜出击，贼营乱，悉兵乘之，斩首四千级，乘胜直前。贼方阵左而伏兵，于右为应。昊以正兵当左，而身与百骑直捣伏，伏惊溃，左阵亦溃，捕斩

---

① 鞫谳：审狱断案。

② 绐：音dài，同“诒”。欺骗；欺诈。

③ 平籴劝贷：平籴，国家储粮备荒，丰所收购，借以稳定粮价的经济措施。劝贷，歉年劝富户商人贷粮给贫民。

④ 饘给：饘，音zhān。施舍贫民稠粥。

⑤ 李东阳：1447—1516年，茶陵（今属湖南）人。孝宗两次召讲《尚书》大义，合帝意，命入京学。天顺进士。任编修、太子讲官。后任礼部尚书兼文渊阁大学士。参与修纂《宪宗实录》。条摘《孟子》七篇大义，附时政得失，累数千言献帝，帝称善。入内阁参与机务，专管诰敕。与首辅刘健等竭诚辅政。武宗立，加封少傅兼太子太傅、左柱国。朝廷著作多出其手。

⑥ 参议道：各省布政使司置参议，分驻分守道，理粮谷。以其原职官秩分别系布政使参议衔，凡由科、道官补授道员者，即称为参议道，秩从四品。

⑦ 畿辅：京城周围地区。

⑧ 按察佥事：即签按察使事，按察使的下属，秩正五品。按察使掌审察刑狱、照刷案牍、纠察滥官污吏豪猾之人、私盐酒麴并应禁之事，兼劝农桑，与副使、签事轮流外出巡按。

万人。迁副使，治兵川东。贼众围中江，昊以五千骑与总督彭泽合击，大破之，杀贼魁廖麻子。进右佥都御史，抚蜀，贼余党窜东乡山，昊请于泽，以步兵三万据出入要道，贼果请降。邛僰人普法恶倡众立寨，僭号攻劫，昊率兵捕之，周视其寨，遣兵据泉口。两日，贼众渴，败走，擒普法恶，诛之。迁右副都御史，荫一子，锦衣百户。

畅华，字子实，陇西人。六岁即知学，正德十二年进士，知无锡县。县繁剧①，华宰之有余力。嘉靖初，擢刑部主事，谳狱畿内，平反明允，进员外郎，迁山西按察佥事。值岢岚寇发，华率兵殄其渠魁，胁从尽释之。分巡河东，辑盗安民，散白莲之党②。致仕归。

刘晟，字孔昭，安定人，成化二年进士。授户部主事，度支明断，划尽积弊，董储临清。中官侵渔，晟动裁以法。督运河漕，值旱，水涸舟阻，晟疏列乞运法，随路贮水递运之，漕期不滞，人咸德之。

曹廉，安定人，弘治〔七八〕六年进士。授大理寺评事，恤刑河南，申理冤滞，全活甚众。迁黄州知府，恪慎尽职，居家端严，子孙恪守。

王廷瑶，字尔玉，安定人。父鉴，宁国通判。廷瑶正德九年进士，授户部主事，监京储商税，以廉称。监湖湘兑运③，以时进继，迁员外郎，度支严明。

张济，安定人。举弘治〔七九〕十一年乡试，由襄城教谕擢保宁府推官。清雅端方，足范后学。

王溥，会宁人。任成都知县。性澹泊，仆从三、二人。在县理繁剧，平刑狱，安静明决，百姓以青天呼之。居家敦孝友，世传清白。

王弼，会宁人。山东峄县主簿，负气节。正德七年署县事④，忽流贼千余骑来攻城，弼率丁壮，力战擒斩，贼遁去，城赖保全。升益都丞，民为立去思碑。

① 繁剧：县内政务繁多、复杂难办。

② 白莲之党：白莲教分子，白莲教是中国秘密宗教组织，起源于宋代，到元代逐渐流行，明清延续。其教义崇尚光明，认为光明定能战胜黑暗。农民常利用其组织起义，以"明王出世""弥勒降生"相号召。

③ 兑运：明代漕运方式之一。永乐年间行支运法，江南民运粮至诸仓，往返费时，致误农事。宣德时期改行兑运法。兑运即军民联运，具体办法是：令江南民运漕粮至淮安、瓜州（今扬州城南）等处，河南民运漕粮至大名府小滩，山东民运漕粮至济宁，然后交兑给卫所官军领运，由官军运往京师。

④ 署县事：代理县令之职。

王朝用，字行甫，陇西人。正德十六年进士，授怀宁知县。时值盗贼蜂起，又当逆濠兵燹之余，恤民袪弊，敏而惠，士民怀之。擢御史，勅按鹾[1]两淮。朝用请复旧额，商称便而课亦通。巡按山西，议平太行巨盗，谳狱摘奸，卓有风裁，未几，以毁谪和州判。

于敖，字叠州，岷州人。正德十六年进士，授户部郎。出知山西大同府，升霸州道、山西参政，擢湖广按察使，寻任右布政使，升副都御史，巡抚辽东致仕。为人孝友实践，蕴藉渊深，历仕中外，声施奕奕[2]。在冀南时，创立外城及四方堡寨，贼不敢犯，民永赖之。乞休后，杜门谢客，时复周恤宗族、乡党，州人咸推重焉。

路瑛，靖远人。镇守宁夏总兵，屡建大功，朔方肃静。正德十六年，闻本卫年荒，运粮赈济，全活甚众。及致仕归，适祖厉河水泛涨，势将及城。瑛捐赀疏通，北入黄河，通邑建祠立碑以报功。

王民牧，安定人。少登科，究精经义，文归正体，学者多师之。任顺德、叙州二府判，雅持冰操，行李惟图书而已。自蜀归，号林下散人，乡闾称其正直。

王钦，字敬之，安定人。清修苦节，事继母至孝，年已强仕，母犹棰楚之，敬受弗避。仕为万泉令，锄强抑恶，有声三晋，邑人纪其嘉绩，画十二图。将内召，以疾告归，贫无食，鬻衣履以供，竟饥饿死。邑令伐石表其墓曰："廉吏王敬之之墓"。

杨瑞，安定人，举正德五年乡试，知易州，官至南京后府经历[3]。平生清操，一无所苟。

刘应熊，字得阳，陇西人。嘉靖二十年进士，任嵩县知县。邑人中舍王臣，严嵩客也，横里中。应熊廉得其杀人事，立置于法。监司某亦嵩客也，承嵩旨陷之。直指[4]许某得情，立为昭雪。以卓异荐于朝，授监察御史。时西苑修醮[5]，命廷臣皆道服，应熊独朝服，上心衔之，出按河东。久之，以星变罢诸台谏。应熊时巡历泽潞，夕闻报，朝即治装归，归而课耕莲峰之阳，不与外事。一日无疾，卒。

① 按鹾：鹾，音 cuō。巡查盐务。

② 声施奕奕：声施，声名传播。奕奕，高大、盛美。形容声名口碑好，传扬广泛。

③ 后府经历：官名。明清时知府衙门有经历司，掌出纳文移。主官有经历，秩正八品，员额一人。其下有知事，秩正九品。

④ 直指：京卫上直亲军指挥使省称。

⑤ 修醮：道教的法事，设坛作法以禳灾求福。

张嘉孚，字以贞，安定人。嘉靖二十六年进士，知长治县。身衣浣濯，革旧规祥紬百七十四，折强宗之横而给禄以期，宗人畏服，庭无黠吏，里无追胥[①]，狱无滞系。又兴学造士，养老恤孤。五年，荐擢河南府同知，一时上下咸敬惮之。忧归，复除重庆摄篆治理，人严惮之如河南时。以忧归，起补郧阳知府。检府藏，有羡金万余失籍[②]久，即具以闻，备兵饷。迁建昌道，饬兵振旅，养士恤民，旌旗壁垒赫然改观。

种勋，字世赏，其先顺天通州人。父霄，袭指挥同知。成化末，羌入寇，与战于黑山堡，死之，勋袭职。正德初，守备西固，屡立战功，进参将，守肃州。嘉靖初，以副总兵镇凉州，寻充总兵官，佩征西将军印，镇宁夏。尝自誓期靖边尘[③]，贺兰不复有烽燧之警。

雷龙，字云从，巩昌卫指挥使。技勇过人，为宁夏总兵。中军敌至沙湃，龙以精兵二千，张两翼冲击之，斩首四千余级，升庄浪参将。在河西累立战功，晋凉州副总兵。明年，挂征西将军印，镇宁夏，首功最多，晋都督同知。复佩平羌将军印，出镇甘肃，边用戢宁。以疾卒。龙由卫使至大将，大小百余战，斩获万计，未尝一屻[④]。

闫震，其先江都人，以功授巩昌卫指挥佥事。震袭职，勇而善谋，提兵分戍酒泉，抚军士，习战守。蟒墩遇虏，奋勇当先，斩获甚众。会日夕矢竭，力战死之，将士悉流涕。朝廷赐祭，荫子瓛指挥使，卫人列于忠烈祠。瓛亦能修军政，事祖母以孝称。

张力，字德夫，漳县人，嘉靖庚子贡于乡。事继母以孝闻，族中后无人者葬之，年老失养者养之。居乡恂恂雅饬，信义自守；博学好古，每论性学，直入蕴奥[⑤]。遇后生小子，辄讲解诲谕之。及仕寿阳知县，廉节自矢，抚民如子，尽置奸吏、豪横于法，公论称快。归装，惟书数卷而已。寿阳尸祝不忘[⑥]。

---

① 胥：伺捕盗贼也。按追谓抵御外侮之正规军队，胥犹今之保安部队及警察。

② 失籍：没有登录在册。

③ 靖边尘：使边疆安宁，无战事。

④ 屻：同衄（音niù），损伤，受伤。

⑤ 蕴奥：即深远微妙的义理。

⑥ 尸祝：这里代称祭祀。寿阳县百姓感念张力，一直不忘对他的祭祀。

曹文辉，安定人。由郡博[①]为县令，虽三见黜，清操愈厉。上官有希觊[②]者，或讽之不顾也。居乡孑孑，孤行一意，人呼之曰：铁曹。其时权奸秉国，贿赂公行，文辉独耿介不悔，性同姜桂[③]。

刘学礼，安定人。幼标清誉，长擅文名，为金华教授。以母老致仕，家居四十年，城市不入，寿百岁而终。

栗在庭，会宁人，隆庆二年进士。初授中书，历官吏、户二科给事中，擢河南右布政使。德粹学优，居官清慎，所撰有诗文、县志等书。

张国纲，字与立，安定人。举万历〔八十〕二十八年乡试，知顺义县。以卓异擢南阳推官，摄南阳县。妖寇徐鸿儒乱山左，势逼中州，国纲　关阻之，寇不敢窥。唐端王好长生术，残孕妇，国纲发于两台[④]，王请罪乃已。以终养归，集元明名儒语录为《续性理》十五卷，纂《明代名臣奏疏》二十卷。

张存，会宁人，任阆中教谕。朴直禔身[⑤]，勤敏训士。居乡，婚丧一准古礼，士民化之，绝不干谒有司[⑥]。

杨恩，陇西人，字用卿，万历〔八一〕二十三年进士，授户部主事。博学，以能文称。有足疾，闭户著述，绝不及户外事。天启元年修郡志，凡关隘、民用、鉴戒、文献，独有裁酌，时称信志。

闫化淳，陇西人。泰昌间恩贡[⑦]，仕吴桥令。时兵躏山左，畿辅震动。化淳多所防御，城赖以全。河决运窝，运道为阻，化淳捐赀筑堤，河患遂息。获其淀淤，为良田数十顷。居家尽孝，母寿百有十二岁，人以为孝感云。

何士玮，陇西人。万历〔八二〕举人，授滦州知州，升四川保宁同知。平水寇，知贵阳府，卓有风裁。升贵州按察司，分巡毕乌、永赤道。诸苗叛，命士玮讨平之。四川宣抚奢寅、贵州宣慰安尧臣妻奢社辉争地仇杀，士玮往勘，入其阻，反复开

① 郡博：即郡博士，指州府的教授。州府学设教授一人，从九品，掌教诲所属生员。

② 希觊：怀有非分之想。

③ 姜桂：生姜、肉桂，其味愈老愈辣。比喻人到老来性格愈刚烈。

④ 两台：藩台和臬台的合称。指明清时期地方最高行政长官承宣布政使和提刑按察使。

⑤ 禔身：安身。

⑥ 有司：官吏。古代设官分职，事各有专司，故称有司。

⑦ 恩贡：科举制度中贡人国子监生员的一种。明清之制，凡遇国家庆典或皇帝即位颁布恩诏之年，根据府，州、县学岁贡常额，在本年加贡一次，称为恩贡。

谕，两酋帖然。因直言魏党中谗，归，连征不起。

杜和春，字还朴，陇西人。万历〔八三〕五年进士，性朴直，知鲁山、涞水、乐亭三县，所至有声，擢刑部主事。以孤梗失权贵意，谪山西藩幕，转卫辉同知。宗室有辱县令者，和春缉而置之法。再为刑部主事，多所平反，持议独立，不合诸僚意。即致仕归，闭门谢客，与京兆冯从吾相友善，柬牍往来，质疑辨义，所著有《中庸秘旨》。

皇清

王雄，字玉山，宁远人。顺治五年河西回变，征剿有功，授游击。领兵征川，当阵生擒郝摇旗[①]，恢复武隆等八州县，议叙[②]擢湖广镇筸副将，升西宁总兵官。

孟家栋，陇西人。顺治初授莱州通判。始入境，憩于新兴镇，有贼数百骑直逼旅次，居民各散，家栋独端坐，从容语贼曰："我若公祖官，当抚汝。若果改图，吾为汝谋，不至汝失所。"贼皆下马罗拜去。及抵任，贼果率众来归。家栋为白于宪司[③]，安插得所，自是境无盗。嗣因军书旁午，上司委栋调剂缓急，民不至困，军需不乏。寻晋开封府同知。值兵燹后，招徕抚字，民始有生聚之乐。会河决金龙，栋寝食河干，与役者同劳苦，河工始成，升知河间府。汰滑吏，革驿弊，调和兵民，修葺学校，去官之日，士民泣送。年八十六终。

王进宝，字显吾，靖远人。英姿魁梧，精骑射。顺治初年，从总督孟乔芳讨叛回，立功，授守备。李定国[④]窃据滇黔，进宝随提督张勇进剿，师次万溪。悬崖千仞，攀援而上，直捣其穴，贼众奔溃，长驱直入，荐授标营游击。值西夷狂逞，随提督张勇率师败之，以功授洪水营参将。既而海虏输款，乞住牧大草滩地，进宝力持不可，并议城单于故址，遂改名永固，以进宝为副将驻之。番人畏威，无敢饮马

① 郝摇旗：李自成部将。李自成死后，他与刘体仁等归附明将何腾蛟，进行抗清斗争。在湖南、广西一带屡败清军，后战败被俘。

② 议叙：清制于考核官吏以后，对成绩优良者给以议叙，以示奖励。议叙之法有二，一加级，二纪录。又由保举而任用之官亦称为议叙，如议叙知县之类。这里指保举为官。

③ 宪司：即主管刑狱的机构。

④ 李定国：明末农民军将领，十岁参加张献忠部农民军，作战勇敢，为张献忠四将军之一。张献忠死后，与孙可望等率军移屯云、贵，联明抗清。

城窟者。晋西宁总兵，会逆藩吴三桂反，王辅臣①亦叛，兰州已陷，即统兵直抵黄河，夜以皮囊冒险暗渡贼兵，更番迎敌，屡战屡胜，遂拔安定，复金县。乘雪夜破临洮，复兰州。南安、天水相继投诚，功上，升陕西提督，镇秦州，南扼川逆，北复通渭、静宁、平凉。陇右既平，晋奋威将军。适贼犯宝鸡，即率师前进，命子用予潜袭利桥，遂取凤县，直抵武关。又遣用予潜出关，后夜半破关，直趋汉中，夺朝天关，拔广元、昭化，夺浮桥，直抵保宁。命用予斩门而入，逆帅王屏藩自缢，伪将军吴之茂降。遣偏裨分道而出，全蜀底定。遣内大臣赐彤弓、骏马，授长子用予为四川松潘总兵，寻改固原。既而川贼复叛，进宝移镇巴蜀，力疾驰赴保宁，剿抚兼施，贼党悉平。入觐，恩宠有加。卒，赠太子太保，谥忠勇。

王用予，字公安，靖远人，奋威将军王进宝长子。从父征蜀，骁勇先登，所过披靡，累立大功，历任松潘、固原、太原、凉州四镇总兵，以终养致仕。

黄虞再，伏羌人。任江西奉新令，吏骩民疲，积逋甚多，册籍混淆，前令坐累者数人。虞再莅任，密访得积胥廖某，俾键户造籍以报，曰："成则赏，否则抵死。"胥惴惴奉法，逾旬呈籍，完欠井然，前令皆释，积逋尽清，由是称神明。秩满，士民构祠以祀。后榷关浒墅，蠲除苛征，视学江西，兼督驿传事务。时值滇逆之变，虞再独镇静自如，密画战守计，当事倚重。以父忧归。

潘育龙，字飞天，靖远人。效力于陕督标下，随中军副将张自臣剿竹山、房县贼，斩获独多。攻白岩塞，功尤最。剿茅麓山余寇，奋勇拔寨。贼平后，吴逆乱，临、巩、秦、兰俱陷，于三水、淳化杀贼，克复泾州，扑灭贼首周养民等。历升参将，时宁夏道阻，育龙奉差侦探，率数十人由红河川等处与贼连战七昼夜，卒达宁夏，归至省报命。从抚远大将军图海②讨王辅臣，屡战皆捷，恢复平凉一带，斩伪游击李景才等，降伪总兵王绪武，复兴安。三秦既定，进剿川东，复大竹、渠县等处，蜀疆底定。乘势进取云南，定曲靖。奉旨驻劄成都，授肃州副将，升肃州总兵，前后在肃八年，出师胜敌者凡五。捐俸修筑边墙，番夷不扰。捐赀修复嘉峪关城楼，夷人畏服。三十五年，同振武将军孙思克征噶尔旦，战于昭磨多，忽飞炮中

① 王辅臣：？—1681年，明末参加农民军，后入姜瓖营。姜瓖反清，大同被围，乃降于清阿济格，从入北京。从洪承畴南下云、贵，改隶吴三桂为总兵。康熙间内调为平凉提督。三藩之乱，反覆于清政府与吴三桂之间。后清军围平凉，穷蹙求降，畏罪自杀。

② 图海：？—1681年，清满洲正黄旗人。三藩乱时，为抚远大将军，围平凉，迫王辅臣投降。督王进宝、赵良栋等军进向四川，旋以病还京。

右颐，贯耳后仍奋勇力战，贼大败，凯旋。调天津总兵，戢士伍，严缉捕，勤训练，盗息民安，屡奉褒奖宠锡。镇津六年，升固原提督，晋镇绥将军，仍管陕西提督事务，在任十八年。卒，赠太子少保，谥襄勇。

王万祥，会宁人。少英武雄伟，慷慨有奇气。从戎，隶奋威将军王进宝麾下，每遇敌，奋勇先入，恢复临巩、平凉诸郡，进取汉中，攻取武关，升兴化总兵。后移台湾，晋福建提督。御将束兵，爱民重士，在任一十七载，闽人建立生祠。

杨庆，陇西人。五、六岁见字即辨形审音，父奇之，课之书，即能了大义。稍长，刻志攻研，凡立身行己，一以礼义。为宗其学，由穷理而慎独，坐立举止，皆中规矩。中年著书，屏去科举之业。凡制度典章，下至名物，莫不探索原委。纵游齐、鲁、燕、晋间，得阅故家①图书。归而阖门，俯读仰思，有得则书，著《大成通志》，外有《佐同录》等书共一百七十二卷。

校勘记

〔一〕临洮府　哈佛本、四库本同，刻补本作“兰州府”。

〔二〕万户　哈佛本、刻补本同，四库本作“十万户”。

〔三〕学行　四库本同，哈佛本、刻补本作“孝行”。按《魏书·辛绍先传附辛子附传》作“学行”。

〔四〕白山　哈佛本、刻补本同，四库本作“长白山”，误。

〔五〕邱　哈佛本、刻补本作“邱”，四库本作“丘”，康熙间为避孔子讳新造字。

〔六〕镇戍　四库本同，哈佛本、刻补本作“镇戎”。按《魏书·辛绍先传附辛子附传》作“镇戍”。

〔七〕萧渊明　哈佛本、刻补本同，四库本作“萧明”。系避唐高祖李渊之讳。

〔八〕数百万石　四库本同，哈佛本、刻补本作“数百万顷”。按《北齐书·辛术传》作“数百万石”。

〔九〕颢　四库本同，哈佛本、刻补本作“显”。按《北史·梁览传》作“颢”。

〔十〕世子洗马　四库本同，哈佛本、刻补本作“庶子洗马”。按《魏书·宗钦传》作“世子洗马”。

〔十一〕枹罕　哈佛本、刻补本同，四库本作“枹罕”。

〔十二〕颇得宁静　四库本同，哈佛本、刻补本作“颇好宁静”。按《周书·辛昂传》作“颇得宁静”。

---

① 故家：即勋旧、名门大族，指有历史渊源、文化积淀的家族。

〔十三〕本名文达　四库本同，哈佛本、刻补本作“字文达”。按《周书·王杰传》作“本名文达”。

〔十四〕弘　哈佛本同，刻补本作“宏”，四库本作“弘”，避乾隆皇帝讳改。

〔十五〕王劭　四库本同，哈佛本、刻补本作“王邵”，误。

〔十六〕弘　哈佛本同，四库本作“弘”，刻补本作“宏”，避乾隆皇帝讳改。

〔十七〕邱　哈佛本、刻补本同，四库本作“丘”，康熙间为避孔子讳新造字。

〔十八〕累加　四库本同，哈佛本、刻补本作“屡加”。按《宋史·王渊传》作“累加”。

〔十九〕月乃合　哈佛本、刻补本同，四库本作“乌尔古纳”，四库馆据新译定名改。

〔二十〕阿里不哥　哈佛本、刻补本同，四库本作“额呼布格”，四库馆据新译定名改。

〔二一〕乌思藏椶族氏　哈佛本、刻补本同，四库本作“乌斯藏多族氏”，四库馆据新译定名改。

〔二二〕巴命　哈佛本、刻补本同，四库本作“巴莽”，四库馆据新译定名改。

〔二三〕润端　哈佛本、刻补本同，四库本作“库腾”，四库馆据新译定名改。

〔二四〕润端　哈佛本、刻补本同，四库本作“库腾”，四库馆据新译定名改。

〔二五〕哈剌章　哈佛本、刻补本同，四库本作“哈喇章”，四库馆据新译定名改。

〔二六〕浑都海　哈佛本、刻补本同，四库本作“珲塔罕”，四库馆据新译定名改。

〔二七〕拔沙河纳火石地　哈佛本、刻补本同，四库本作“博素河纳果尔和斯地”，四库馆据新译定名改。

〔二八〕忽都达吉散竹台等　哈佛本、刻补本同，四库本作“呼图克德济沙卜珠台”，四库馆据新译定名改。

〔二九〕达鲁花赤　哈佛本、刻补本同，四库本作“达噜噶齐”，四库馆据新译定名改。

〔三十〕官卓斯结　哈佛本、刻补本同，四库本作“官绰斯戬”，四库馆据新译定名改。

〔三一〕达鲁花赤　哈佛本、刻补本同，四库本作“达噜噶齐”，四库馆据新译定名改。

〔三二〕祁望芳　四库本同，哈佛本、刻补本作“祁望”，误。

〔三三〕祁公　哈佛本、刻补本同，四库本作“祁恭”。

〔三四〕哥朵只安　哈佛本、刻补本同，四库本作“噶多尔济丹”，四库馆据新译定名改。

〔三五〕乌马儿　哈佛本、刻补本同，四库本作“乌玛喇”，四库馆据新译定名改。

〔三六〕达鲁花赤　哈佛本、刻补本同，四库本作“达噜噶齐”，四库馆据新译定名改。

〔三七〕乌思藏　哈佛本、刻补本同，四库本作“乌斯藏”，皆通。

〔三八〕乌思藏　哈佛本、刻补本同，四库本作“乌斯藏”，皆通。

〔三九〕毕力术江　哈佛本、刻补本同，四库本作“巴喇玛江”，四库馆据新译定名改。

〔四十〕毛贵、王长随　四库本同，哈佛本、刻补本作“王贵、毛长随”。按《明史·王竑传》作“毛贵、王长随”。

〔四一〕弘　哈佛本同，刻补本作“宏”，四库本作“弘”，避乾隆皇帝讳改。

〔四二〕失剌哈真地　哈佛本、刻补本同，四库本作“实喇浩沁地”，四库馆据新译定名改。

〔四三〕弘　哈佛本同，刻补本作“宏”，四库本作“弘”，避乾隆皇帝讳改。

〔四四〕弘　哈佛本同，四库本作“弘”，刻补本作“宏”，避乾隆皇帝讳改。

〔四五〕弘　哈佛本同，四库本作“弘”，刻补本作“宏”，避乾隆皇帝讳改。

〔四六〕弘　哈佛本同，刻补本作“宏”，四库本作“弘”，避乾隆皇帝讳改。

〔四七〕真定府　哈佛本、刻补本作“正定府”，四库本作“真定府”。

〔四八〕邱　哈佛本、刻补本同，四库本作“丘”，康熙间为避孔子讳新造字。

〔四九〕徇情　四库本同，哈佛本、刻补本作“狥情”。

〔五十〕历　哈佛本作“暦”，刻补本作“歷”，四库本作“歴”，避乾隆皇帝讳改。

〔五一〕历　哈佛本作“暦”，刻补本作“歷”，四库本作“歴”，避乾隆皇帝讳改。

〔五二〕历　哈佛本作“暦”，刻补本作“歷”，四库本作“歴”，避乾隆皇帝讳改。

〔五三〕弘　哈佛本同，刻补本作“宏”，四库本作“弘”，避乾隆皇帝讳改。

〔五四〕玄　哈佛本、刻补本作“元”，四库本作“玄”，避康熙皇帝讳改。

〔五五〕丘　哈佛本、刻补本同，四库本作“邱”，康熙间为避孔子讳新造字。

〔五六〕弘　哈佛本作“弘”，四库本作“弘”，刻补本作“宏”，避乾隆皇帝讳改。

〔五七〕穆赞　四库本同，哈佛本与刻补本作“陆贽”。按《新唐书·赵憬传》作“穆赞”。

〔五八〕构摈　四库本同，哈佛本、刻补本作“所构”。按《新唐书·赵憬传》作“构摈”。

〔五九〕庶官　四库本同，哈佛本、刻补本作“度官”。按《新唐书·赵憬传》作“庶官”。

〔六十〕贞宪　四库本同，哈佛本、刻补本作“贞”。按《新唐书·赵憬传》作“贞宪”。

〔六一〕众决死战　哈佛本、刻补本作“众决战”，四库本作“众决死战”。按《新唐书·李晟传附李愬传》作“众决死战”。

〔六二〕正思　四库本同，哈佛本、刻补本作“思正”。按《新唐书·李晟传附李听传》作“正思”。

〔六三〕季若　哈佛本、刻补本同，四库本作“季弱”。

〔六四〕就职　四库本同，哈佛本、刻补本作“亲职”。按《新唐书·儒学·尹愔传》作“就职”。

〔六五〕始　哈佛本、刻补本同，四库本作“使”。

〔六六〕止见　四库本同，哈佛本、刻补本作“正见”。按《宋史·王德传》作“止见”。

〔六七〕阿蓝台儿、浑都海　哈佛本、刻补本同，四库本作“阿勒达尔、珲塔哈”，四库馆据新译定名改。

〔六八〕火里　哈佛本、刻补本同，四库本作“浩里”，四库馆据新译定名改。

〔六九〕火都　哈佛本、刻补本同，四库本作“呼图”，四库馆据新译定名改。

〔七十〕土鲁　哈佛本、刻补本同，四库本作“图噜”，四库馆据新译定名改。

〔七一〕土鲁　哈佛本、刻补本同，四库本作“图噜”，四库馆据新译定名改。

〔七二〕忽兰吉　哈佛本、刻补本同，四库本作“呼喇济”，四库馆据新译定名改。

〔七三〕弘　哈佛本同，四库本作“弘”，刻补本作“宏”，避乾隆皇帝讳改。

〔七四〕弘　哈佛本同，四库本作“弘”，刻补本作“宏”，避乾隆皇帝讳改。

〔七五〕弘　哈佛本同，四库本作“弘”，刻补本作“宏”，避乾隆皇帝讳改。

〔七六〕弘　哈佛本同，四库本作“弘”，刻补本作“宏”，避乾隆皇帝讳改。

〔七七〕弘　哈佛本同，四库本作“弘”，刻补本作“宏”，避乾隆皇帝讳改。

〔七八〕弘　哈佛本同，四库本作“弘”，刻补本作“宏”，避乾隆皇帝讳改。

〔七九〕弘　哈佛本同，四库本作“弘”，刻补本作“宏”，避乾隆皇帝讳改。

〔八十〕历　哈佛本作“曆”，刻补本作“歷”，四库本作“歴”，避乾隆皇帝讳改。

〔八一〕历　哈佛本作“曆”，刻补本作“歷”，四库本作“歴”，避乾隆皇帝讳改。

〔八二〕历　哈佛本作“曆”，刻补本作“歷”，四库本作“歴”，避乾隆皇帝讳改。

〔八三〕历　哈佛本作“曆”，刻补本作“歷”，四库本作“歴”，避乾隆皇帝讳改。

甘肃通志卷之第三十五　人物二

平凉府

汉

梁统，字仲宁，安定[①]乌氏[②]人，晋大夫梁益耳[③]之后，性刚毅而好法律。更始[④]召拜酒泉[⑤]太守。会更始败，赤眉[⑥]入长安，统与窦融[⑦]及诸郡起兵保境，众推统为武威[⑧]太守，为政严猛，威行邻郡。建武五年，遣使诣阙奉贡，诏加统为宣德将军。八年，光武自征隗嚣[⑨]，统将兵会车驾，封统为成义侯。后诣京师，更封高山侯，拜大中大夫[⑩]。统在朝廷数陈便宜，以为宜重刑罚以遵旧典。后出为九江[⑪]太守，封陵乡侯。统在郡有治迹，吏人畏爱之。子松嗣。

---

① 安定：郡名。西汉元鼎三年（前114）置，治所在高平县（今宁夏固原县），辖境相当于今甘肃平凉。

② 乌氏：县名。安定郡属县，治所在今甘肃平凉市崆峒区。

③ 梁益耳：？—前618年，战国时晋国大将。文公八年（前619），同箕郑父、先都作乱，次年被晋人所杀。

④ 更始：？—25年，即更始帝刘玄，字圣公，光武帝族兄。公元23年被绿林军拥立为皇帝，年号更始。公元25年，败于赤眉军，出降被杀。

⑤ 酒泉：郡名。西汉元狩二年（前121）置，治所在禄福县（今甘肃酒泉市），辖境相当今甘肃疏勒河流域。

⑥ 赤眉：西汉末年农民起义军。王莽天凤五年（公元18），樊崇等人举兵反汉，将眉涂红，以区别敌我，故史称“赤眉军”，后败于光武帝。

⑦ 窦融：前16—62年，字周公。王莽掌权时，曾镇压绿林、赤眉起义，后归刘玄。玄败，刘秀称帝，即归汉。为东汉“云台三十二将”之一。

⑧ 武威：郡名。西汉元狩二年（前121）置，治所在姑臧县（今甘肃武威市），辖境相当今甘肃省黄河以西武威地区。

⑨ 隗嚣：？—33年，字孟季，西汉天水成纪人。王莽败，归附刘玄，后逃回天水。建武八年（32）为光武帝所攻灭。

⑩ 大中大夫：官名。文官。秦始置，汉沿之，掌议论，秩比千石，为郎中令属官。

⑪ 九江：郡名。秦置，治所在寿春县（今安徽寿县），东汉时移治阴陵县（今安徽定远县西北），辖境相当今安徽、河南淮河以南，以境内有九江得名。

梁松，字伯孙，为虎贲中郎将[①]。博通经书，明习故事，与诸儒修明堂、辟雍、郊祀、封禅礼仪。永平元年，迁太仆[②]。子扈亦敦诗书，为长乐少府[③]。

梁竦，字叔敬，少习《孟氏易》。尝坐事南徙，济沅、湘，感悼子胥、屈原，乃作《悼骚赋》，系石而沉之。后还〔一〕本郡，闭门自养，以经籍为娱，著书数篇，名曰《七序》，班固称之。性好施，不事产业，尝叹曰："大丈夫生当封侯，死当庙食。如其不然，闲居可以养志，《诗》《书》足以自娱，州郡之职，徒劳人耳。"后辟命交至，并无所就。章帝纳其二女，皆为贵人。小贵人生和帝，永元九年追尊恭怀皇后，追封谥竦褒亲愍侯。封子棠为乐平侯，棠弟雍乘氏侯，雍弟翟单父侯。雍子商。

梁商，字伯夏，竦之孙，以外戚拜郎中。阳嘉元年，女立为皇后，以商为大将军。商自以戚属居大位，每存谦柔，虚己进贤，京师翕然，称为良辅。每有饥馑，辄载租谷，赈与贫馁，不宣己惠。检御门族，未尝以权盛干法。中常侍张逵等谮商，帝怒，收逵等，悉伏诛。辞所连染及在位大臣，商上疏，请罪止首恶，帝纳之。病笃，敕子曰："气绝之后，敛以时服，无更裁制，祭食如存，无用三牲。"[④]及薨，诸子欲从其诲，朝廷不听，谥忠侯。

李恂，字叔英，安定临泾人。少习《韩诗》，教授诸生尝数百人。太守颍川李鸿请署功曹[⑤]，未及到，而州辟为从事，会鸿卒，恂不应州命，而送鸿丧还乡里，既葬持丧。三年后，拜侍御史[⑥]，持节使幽州，宣布恩泽，所过图写山川、屯田、聚落，

① 虎贲中郎将：武官名。汉制，天子有虎贲宿卫兵，设虎贲中郎将总领之。

② 太仆：官名。秦汉置，掌舆马，为九卿之一。

③ 长乐少府：官名。西汉置，掌皇太后宫，原为长信詹事，景帝中改为长信少府，平帝时中改为长乐少府。

④ 气绝之后，敛以时服，无更裁制，祭食如存，无用三牲：按《后汉书·梁统列传》作："吾以不德，享受多福。生无以辅益朝廷，死必耗费帑臧，衣衾饭唅玉匣珠贝之属，何益朽骨？百僚劳扰，纷华道路，秖增尘垢，虽云礼制，亦有权时。方今边境不宁，盗贼未息，岂宜重为国损。气绝之后，载至冢舍，即时殡敛。敛以时服，皆以故衣，无更裁制。殡已开冢，冢开即葬。祭食如存，无用三牲。孝子善述父志，不宜违我言也。"

⑤ 功曹：官名。汉代为州刺史、郡太守属官。主官吏选拔、考核、赏罚，在其他属员之上。

⑥ 侍御史：官名。秦汉以来为御史大夫属官。

封奏，章帝嘉之。拜兖州[①]刺史，以清约率下，常席羊皮、服布被。迁张掖[②]太守，有威重名，时大将军窦宪兵屯武威[③]，天下州郡莫不修礼遗，恂奉公不阿，为宪所奏免。后征拜谒者[④]，使持节领西域副校尉[⑤]，西域数遗恂奴婢、宛马、金银、香罽[⑥]之属，一无所受，道路夷清，威恩并行。迁武威太守，后坐事免，步归乡里，与诸生织席自给。会西羌反畔，恂到田舍，为所执获，羌素闻其名，放遣之。恂因诣洛阳谢，时岁荒，司空张敏、司徒鲁恭等各遣子馈粮，悉无所受。居新安[⑦]关下，拾橡实以自给，年九十六卒。

皇甫规，字威明，安定朝那[⑧]人，祖棱，度辽将军，父旗，扶风[⑨]都尉。永和六年，西羌侵安定，郡将知规有兵略，乃命为功曹，使将甲士八百与羌交战，有功。梁太后临朝，规举贤良方正，对策[⑩]，梁冀[⑪]忿其刺已，下第免归，州郡承冀旨，几陷于死，遂以《诗》《易》教授门徒，积十四年。后梁冀诛，旬月之间，礼命五至，皆不就。泰山贼侵乱郡县，征拜泰山[⑫]太守，到官广设方略，寇虏悉平。延熹四年

---

① 兖州：州名。西汉元封五年（前106）置，为十三刺史部之一，范围约当今山东西南部及河南东部地区。东汉治所在昌邑县（今山东巨野县东南）。

② 张掖：郡名。汉武帝元鼎六年（前111）分武威郡置，治所在觻得县（今甘肃张掖市西北），辖境约今甘肃弱水流域。

③ 武威：郡名。西汉元狩二年（前121）以匈奴休屠王地置，治所在姑臧县（今甘肃武威市），辖境约今甘肃黄河以西、武威地区。

④ 谒者：官名。秦置，汉沿之，掌宾赞受事。

⑤ 西域副校尉：官名。汉宣帝时设，为西域都护副职，不置都护时，总领都护府事。

⑥ 香罽：罽，音jì。华丽的毛毡。

⑦ 新安：县名。西汉弘农郡属县，治所在今河南义马市西石河村。西汉元鼎三年（前114），迁函谷关于新安。

⑧ 朝那：县名。秦置，隶北地郡，西汉元鼎三年（前114）改隶安定郡，治所在今宁夏彭阳县西南古城镇。

⑨ 扶风：即右扶风，三辅之一。西汉太初元年（前104）改主爵都尉置，以关中中部为其辖区，因地属京师，故不称郡，治所在长安县（今陕西西安市西北）。

⑩ 对策：汉代察举制度下的一种考试方法，又称“策试”。

⑪ 梁冀：？—159年，字伯卓，梁商之子，其妹为汉顺帝皇后（顺烈皇后）。东汉时期外戚、权臣，被汉桓帝杀死并将灭族。

⑫ 泰山：郡名。楚汉之际刘邦以博阳郡改置，治所在博县（今山东泰安市东南），后移治奉高县（今泰安市东北），辖境约今山东中部地区。

秋，叛羌寇关中，规请自效，三公举规为中郎将，讨破之，诸羌慕规威信，相劝降者十余万。东羌乞降，凉州复通，论功当封，而中常侍徐璜、左琯欲从求货，规终不答，遂排陷，坐系廷尉，论输左校①，诸公及太学生张凤等三百余人诣阙讼之，会赦，归家。征拜度辽将军，上书荐中郎将张奂以自代。规自以连在大位，欲退避，数上病，不见听，会友人王旻丧还，规越界迎之，因令客密告并州刺史胡芳，使举奏，芳曰："威明欲避第仕途，吾当为朝廷爱才。"②遂无所问。及党事③大起，规自以西州豪杰，耻不得与，乃先自上言："臣前荐故大司农张奂，是附党也。又臣昔论输左校时，太学生张凤等上书讼臣，是为党人所附也。臣宜坐之。"朝廷知而不问。在事数载，北边威服，迁弘〔二〕农④太守，封寿成亭侯〔三〕，不受，转护羌校尉⑤。所著书二十七篇。

皇甫嵩，字义真，规兄子，父节，雁门⑥太守。嵩少有文武志介，好《诗》《书》，习弓马，举孝廉、茂才⑦俱不起。灵帝征为议郎⑧，迁北地⑨太守。黄巾贼起，

① 论输左校：论输指论罪而输作，即定罪而罚作劳役。秦及西汉初曾置左、右、前、后、中五校令，后只设左、右校令。东汉沿置，掌左、右工徒。

② 威明欲避第仕途，吾当为朝廷爱才：按《后汉书·皇甫张段列传》作："威明欲避第仕涂，故激发我耳。言欲归第避仕宦之涂也。吾当为朝廷爱才，何能申此子计邪。"

③ 党事：即东汉党锢之祸。东汉桓、灵二帝时期，官僚士大夫因反对宦官专权而遭禁锢，党锢的政争自延熹九年（166）一直延续到中平元年（184）。

④ 弘农：郡名。西汉置，治所在弘农县（今河南灵宝市北），辖境约今河南省黄河以南，宜阳以西的洛、伊、淅川等流域以及陕西洛水、杜川河上游、丹江流域。

⑤ 护羌校尉：官名。汉武帝始置，持节监护西羌。王莽时废，东汉复置，曹魏沿置。

⑥ 雁门：郡名。战国赵武灵王置，秦汉时治所在善无县（今山西右玉县），辖境约今山西北部。

⑦ 孝廉、茂才：孝廉，为汉任用官员的科目之一，孝廉即"孝顺亲长、廉能正直"之意。茂才，即秀才，东汉时因避光武帝刘秀的讳而改为茂才。在汉朝察举制下，由各州推举的民间人材称之为"秀才"，秀才最初为特举，在西汉后期成了岁举，举主为刺史，遂形成州举秀才、郡举孝廉的体制。

⑧ 议郎：官名。秦置，汉沿置，备顾问对应，为郎中令属官。西汉时多征贤良方正充任，地位高于其他郎官。东汉时可参与朝政。

⑨ 北地：郡名。战国秦昭王置，治所在义渠县（今甘肃宁县西北），西汉移治马岭县（今甘肃庆城县），辖境约今宁夏及甘肃环江、马莲河流域，东汉末为羌胡占领。

召群臣会议，嵩以为宜解党禁，帝从之。以嵩为左中郎将[①]，讨黄巾波才于阳翟[②]，击彭脱于西华[③]，并破之，禽卜已，又讨张角弟梁宝，悉破斩之。先后生擒、斩首、降服三十余万人。角死剖棺戮尸，传首京师。封槐里侯，领冀州牧[④]，奏请冀州一年田租，以赡饥民，帝从之，民歌其德。信都令阎忠说嵩建不赏之功，北面庸主无以自安，后悔莫及，嵩守节不屈，忠亡去。中常侍赵忠、张让憾嵩，奏收印绶，更封都乡侯。五年，梁州贼王国围陈仓，复拜左将军，督兵击，大破之，斩首万余级，国走死。董卓故怨嵩，及秉政，乃征嵩为城门校尉[⑤]，有司承旨，奏嵩下吏，将遂诛之，嵩子坚寿泣救得免。及卓诛，复拜征西将军，迁车骑将军[⑥]，又拜太尉，为光禄大夫[⑦]。嵩为人爱慎尽勤，前后上表陈谏五百余事，皆有补益，皆手书，毁草不宣于外，又折节下士，门无留客，人皆称而附之。

魏

胡遵，安定临泾人。才兼文武，累居藩镇，至车骑将军，封阴密侯。

晋

胡奋，字玄〔四〕威，安定临泾人，魏车骑将军遵子。性开朗有筹略，少好武事。司马懿伐辽东，以白衣侍从左右，甚见接待。骁骑路蕃讨刘猛，奋为监军，击破之。以功迁征南将军，都督荆州，加散骑常侍[⑧]。奋家世将门，晚乃好学，所在有声绩，居边

---

① 中郎将：官名。汉代光禄勋下有五官、左、右、虎贲、羽林等中郎将，主更宿卫。东汉末置东西南北四中郎将，掌领兵征伐。

② 阳翟：县名。秦汉时颍川郡属县，治所在今河南禹州市。

③ 西华：县名。西汉汝南郡属县，治所在今河南西华县。

④ 冀州牧：官名。冀州，汉武帝时置，为十三刺史部之一，辖境约今河北中南部，东汉时治所在高邑县（今河北柏乡北），后移治邺县（今河北临漳县）。东汉州牧权力逐渐扩大。灵帝中平五年（188年），成为一州最高军政官员，地方州、郡两级体制也随之形成。

⑤ 城门校尉：官名。汉置，为掌管京城城门的武官。

⑥ 车骑将军：汉代重号将军之一，文帝时置，主掌宫卫，领禁兵，后代沿置。

⑦ 光禄大夫：官名。秦置中大夫，掌议论。汉武帝时始称光禄大夫，掌顾问。

⑧ 散骑常侍：官名。秦以来设散骑，为帝侍从，掌规谏，不典事。

特著威惠。女为武帝贵人，甚见宠待，加镇东大将军，开府仪同三司[①]。时杨骏[②]以后父骄傲，奋曰："卿恃女更益豪耶？历观前代，与天家婚，未有不灭门者，但早晚事耳。"骏衔之而不能害。后卒于官，赠车骑将军，谥曰壮。

皇甫谧，字士安，安定朝那人，汉太尉嵩曾孙，出后[③]叔父。年二十不学，所后叔母任氏责其不学，对之流涕，谧乃感激。居贫躬自稼穑，带经而农，遂博综典籍百家之言，沉静寡欲，始有高尚之志，以著述为务，自号玄〔五〕晏先生。遂不仕，耽玩典籍，忘寝与食，时人谓之"书淫"，举辟皆不行，或劝应命，谧为《释劝论》以通志。武帝屡诏敦迫，谧辞切言至，遂见听许。自表就帝借书，帝送书一车与之。所著诗、赋、诔、诵，又撰《帝王世纪》《年历》《高士》《逸士》《列女》等传，《玄〔六〕晏春秋》并重于世。

皇甫方回，安定朝那人，谧子。少遵父操，兼有文才。永嘉[④]初征博士，不起。避乱荆州，闭户闲居，未尝入城府。蚕而后衣，耕而后食，先人后已，尊贤爱物，南土人士咸崇敬之。刺史陶侃[⑤]礼之甚厚，每造之，著素士服，望门辄下而进。

张轨，字士彦，安定乌氏人。少明敏好学，有器望，与同郡皇甫谧善，隐于宜阳汝几山[⑥]〔七〕。张华[⑦]与轨论经义及政事损益，甚器之。除太子舍人[⑧]，累迁散骑常侍，公卿举轨才堪御远。永宁初[⑨]，出为凉州刺史，鲜卑反，轨到官即讨破之，威著

① 开府仪同三司：给非三公官员以三公待遇，可建立府署并自选僚属。

② 杨骏：？—291年，字文长，西晋弘农华阴（今陕西华阴）人。晋初，因侄女杨艳、女儿杨芷先后为皇后而被武帝重用，封临晋侯。后惠帝皇后贾氏欲干政，被骏抑制，遂密召楚王玮入京，并让惠帝下诏收捕杨骏，诛杨家三族及党羽数千人。

③ 出后：过继。

④ 永嘉：西晋怀帝年号，公元307—313年。

⑤ 陶侃：259—334年，字士行，东晋名将。出身贫寒，初任县吏，后都督八州诸军事，封长沙郡公。曾平定西晋杜弢、张昌起义。东晋建立后，又平定了苏峻之乱。曾孙为著名诗人陶渊明。

⑥ 汝几山：《元和郡县志》作"女几山"，在今河南宜阳县。

⑦ 张华：232—300年，字茂先，西晋范阳方城（今河北固安南）人。初仕魏为佐著作郎，官至中书郎。司马炎代魏，官至中书令，力主伐吴，统一全国。曾著有《鹪鹩赋》《女史箴》《博物志》等。八王之乱中被赵王伦所杀。

⑧ 太子舍人：官名。太子宫属官，职更直宿卫。

⑨ 永宁：西晋惠帝年号，公元301—302年。

西州，化行河右，立学校，行乡射[1]之礼。及河间、成都二王[2]之难，遣兵三千东赴京师。永兴中，鲜卑若罗拔能为寇，轨击斩之，俘十余万口，威名大震，惠帝遣加安西将军，大城姑臧[3]。永嘉初，东羌校尉[4]韩稚〔八〕杀秦州刺史张辅，轨讨之，稚〔九〕降。王弥[5]寇洛阳，轨击破之，又败刘聪于河东。帝嘉其忠，进封西平郡公，不受。遣使贡献，岁时不绝，朝廷嘉之。京师饥匮，轨即遣参军杜勋献马五百匹，毯布三万匹。帝遣使拜镇西将军，都督陇右诸军事。刘聪逼洛阳，轨遣兵入卫，及京都陷，轨驰檄关中，翼戴帝室。秦王为皇太子，遣使拜为骠骑大将军，仪同三司，固辞。在州十三年，寝疾，遗令将佐尽忠报国，务安百姓，谥曰武。子寔。

梁

席阐文，安定临泾人。少孤贫，涉猎书史。齐初为雍州刺史。梁武帝受禅，除都官尚书[6]，出为东阳[7]太守。在郡有能名，冬至，悉放狱中囚，依期而至。改封湘西侯，卒官，谥曰威。

魏

胡国珍，字世玉，安定临泾人，魏灵太后[8]父也。国珍少好学，雅尚清俭。太和

---

① 乡射：古代射箭饮酒的礼仪。射礼有四种，即大射，宾射，燕射，乡射。乡射为地方官荐贤举士而举行的射礼，射礼前后，常有燕饮，乡射礼也常与乡饮酒礼同时举行。秦汉以后亦多有实行者。

② 河间、成都二王：即西晋八王之乱中的河间王司马颙和成都王司马颖。

③ 姑臧：县名。西汉元狩二年（前121）置，为武威郡治，因姑臧山为名，治所在今甘肃武威市凉州区。

④ 东羌校尉：官名。三国魏置护东羌校尉，西晋改此名，掌雍、秦、梁等州羌族的事务。领兵，下设东羌督、猎将等部属。晋多以将军或西中郎将等兼领，有时亦兼秦州刺史。

⑤ 王弥：？—311年，西晋山东东莱（今山东掖县）人。晋惠帝时，率家僮从刘伯根起事，聚众入山，转战青、徐、衮、豫四州，众至数万。怀帝永嘉元年（307）归附刘渊。五年，与刘曜攻陷京师，纵兵大掠，回师青州途中，为石勒所杀。

⑥ 都官尚书：官名。南朝宋置，隋初改为刑部尚书，主畿内非违得失事。

⑦ 东阳：郡名。三国吴分会稽郡置，属扬州，治所在长山县（今浙江金华市），辖境相当今浙江金华江、衢江流域。

⑧ 魏灵太后：？—528年，即胡太后。北魏宣武帝元恪之妃，安定临泾（今甘肃镇原南）人，司徒胡国珍女。延昌四年（515），以孝明帝诩年幼，遂临朝听政，独揽大权。武泰元年（528）二月，鸩杀孝明帝，立年仅三岁的元钊为帝。四月，尔朱荣以此为借口，引兵进逼洛阳，她落发出家。后与钊俱被荣遣骑送于河阳（今河南洛阳东北），沉杀于黄河。

中，袭父爵为武始侯，以女选入掖庭，生孝明。及即位，灵太后临朝，加侍中，封安定郡公，进位中书监①，仪同三司，同厘庶政。与侍中崔光②俱授帝经，侍直禁中。国珍上表陈刑政之宜，诏皆施行。灵太后以国珍年老，加持节都督、雍州刺史，不欲令其在外，就宅拜之，灵太后、孝明率百僚幸其第，宴会极欢。国珍年虽笃老而雅敬佛法，时事斋洁，自强礼拜，至于出入侍从，犹能跨马据鞍。薨年八十，追崇太师，号太上秦公，加九锡，谥文宣。

席法友，安定泾州人③。祖父南奔梁。法友仕齐，以膂力自效，迁安丰④、新蔡⑤二郡太守。后归魏，拜豫州刺史⑥。恬静自安，不竞势〔十〕利。武宣末，除济州刺史⑦，以廉和著称。卒，谥襄侯。

皇甫和，字长谐，安定朝那人。祖澄，秦、凉二州刺史，父徽，安定、略阳⑧二郡太守。和年十一而孤，母夏侯氏才明有礼，则授以经。及长，深沉有雅量，尤明礼仪，宗亲凶吉多相咨访。终济阴⑨太守。

皇甫亮，字君翼，和弟。神武⑩命为大行台郎中⑪，亮率性任真，不乐剧职。除

① 中书监：官名。曹魏始置，与中书令同为中书省长官。

② 崔光：451—523年，本名孝伯，字长仁，北魏东清河鄃（今山东高唐北）人。少随父徙代，孝文帝太和初，以博学善为文得帝赏识。曾以拥立孝明帝，安抚内外有功，为灵太后所信任。崔光素崇信佛法，以学问见重于时。

③ 泾州：州名。北魏置，治所在临泾县（今甘肃镇原县东南），后移治安定郡安定县（今甘肃泾川县北）。辖境相当今甘肃平凉市东部、宁夏泾源等地。

④ 安丰：郡名。治所在安丰县（今安徽寿县南安丰铺），辖境相当今安徽寿县南部。

⑤ 新蔡：一说为北齐改北建州置，治所在固始县（今河南固始县东北）。一说北齐时属东豫州，治所在苞信县（今河南息县东北）。

⑥ 豫州：州名。北魏时改司州为豫州，治所在上蔡县（今河南汝南县），辖境相当今西起河南灵宝市，东至中牟县；北起古黄河，南至卢氏、临汝、新郑等县市及开封市西南地。

⑦ 济州：州名。北魏置，治所在碻磝城（今山东茌平县西南），辖境相当今河南范县、山东聊城、东阿、肥城、阳谷、高唐等县市间地。

⑧ 略阳：郡名。北魏置，治所在陇城县（今甘肃秦安），辖境约今甘肃秦安、清水以北，通渭以西，会宁以南，静宁县及宁夏隆德县等地。

⑨ 济阴：郡名。西汉时置，北魏时治所在左城（今山东曹县西北），辖境相当今山东菏泽市及定陶、东明等县地。

⑩ 神武：即北齐神武帝高欢（496—547），东魏权臣，北齐的奠基人。

⑪ 大行台郎中：官名。北魏大行台为随军代表中央行使权力的机构，郎中为其属官。

司徒东阁祭酒。后降梁，以母兄在北求还，梁帝不夺。至邺，无复宦情，入白鹿山[①]，恣泉石之赏，赋诗超然自乐，性纯朴无片言矫饰。后除任城[②]太守，病，不之官，终于邺。

胡方回，安定临泾人。父仪周，黄门侍郎[③]〔十一〕。方回仕赫连屈丐[④]为中书侍郎，博史籍、善文辞。太武破赫连昌[⑤]，获之为北镇司马，为镇修表，帝善之。召为中书博士，赐爵临泾。子迁侍郎，改定律制。司徒崔浩[⑥]与一时朝贤并爱重之。清贫守道，以寿终。

邓彦海[⑦]，安定人。祖羌[⑧]，为苻坚车骑将军。父翼，为河间相。彦海性真素，言行可复，博览群书，长于易筮。道武定中原，擢为著作郎[⑨]。彦海明解制度，多识故事，与尚书崔宏[⑩]参定朝仪、律令、音乐及军国文记、诏策。谨于朝事，未尝忤旨。

韩茂，字元兴，安定安武人[⑪]。茂年十七，膂力过人，尤善骑射。魏明元征丁零[⑫]，茂为中军执幢，时大风，诸旌旗皆偃仆，茂于马上持幢，初不倾倒，帝异之，

① 白鹿山：山名。在今河南辉县市西北。

② 任城：郡名。北魏神龟元年（518）分高平郡置，治所在任城县（今山东济宁），辖境约今山东济宁及巨野、嘉祥等地。

③ 黄门侍郎：官名。东汉始设给事黄门侍郎，出入禁中，主尚书事。

④ 赫连屈丐：即赫连勃勃（407—425），十六国时期匈奴铁弗部人，夏政权建立者。

⑤ 赫连昌：赫连勃勃第三子。

⑥ 崔浩：？—450年，字伯渊，北魏清河东武城（今山东武城县）人。司空崔宏长子，历仕道武、明元、太武三帝，官至司徒，是太武帝最重要的谋臣之一。太平真君十一年（450），崔浩因国史之狱被夷九族，并牵连范阳卢氏、河东柳氏以及太原郭氏。

⑦ 邓彦海：即邓渊，因避唐高祖李渊讳而作邓彦海。

⑧ 祖羌：即邓渊先祖邓羌。邓羌骁勇善骑射，仕前秦苻生任建节将军。苻坚即位，迁骁骑将军，讨平李俨，以功迁建武将军。又平定益州，勒铭岷山。

⑨ 著作郎：官名。曹魏始置，掌修国史，或为兼官。

⑩ 崔宏：？—418年，字玄伯，因避孝文帝讳而常作崔玄伯，北魏清河东武城（今山东武城县）人。初仕前秦苻坚，坚亡后仕后燕慕容垂，任吏部郎。北魏道武帝访得之，任黄门侍郎，与张衮执掌机要，草创典章，总裁律令、朝仪、官制。崔宏善书法，时人引为摹本。

⑪ 安武：县名。今甘肃镇原县，西汉时属安定郡，北魏属北地郡。

⑫ 丁零：中国北方古代族群名，又作丁令、丁灵、高车、铁勒。公元四世纪末至五世纪初，北魏九次发动对他们的战争，虏获六七十万人，置于漠南各地。

擢为武贲郎将。从太武讨赫连昌，大破之，赐爵蒲阴[①]。子又从征统万[②]，大破之。平平凉，当茂所冲，莫不应弦而殪[③]，进爵九门侯。又征蠕蠕[④]，频战大捷，进爵安定公。太武南征，茂出青州[⑤]，降者相继，还拜仆射[⑥]。文成践祚，拜尚书令，加侍中、征南大将军。茂沉毅笃实，议论合理，善于抚众，勇冠当时。卒，赠安定王，谥曰桓。

胡叟，字伦许，安定临泾人。少聪敏，年十三，辨疑释理，知名乡国。学不师受，披读群籍，再阅于目，皆诵于口，好属文。入长安，时京兆韦祖思多蔑时彦，待叟不足，叟拂衣而出，祖思固留之，叟曰："论天人者其亡久矣，与君相知，何夸言若是。"遂去，时年十八。归魏，以其识机，赐爵始复男。家于密云[⑦]，寻归家，[⑧]不事产业，饥贫不以为耻，见荣华者视之蔑如也。尚书李敷遗以财，不取。少孤，每言及父母则泪下。密云左右皆祗仰其德。

齐

金祚，字神敬，安定泾州人。性骁雄，尚气侠。魏末以军功至大中大夫，讨

---

① 蒲阴：县名。治所在今河北顺平县，东汉时属中山国，北魏属北平郡。北齐废。

② 统万：十六国时夏的都城，始建于东晋义熙九年（413），俗称"白城子"，在今陕西省靖边县红墩界乡白城子村。

③ 殪：音 yì，杀死。

④ 蠕蠕：即柔然，四世纪后期至六世纪三十年代中期，柔然与北魏长期并立，是北魏在北方草原的主要对手。柔然游牧范围大体为今蒙古国全境、俄罗斯联邦贝加尔湖地区，西面可达阿尔泰山西麓，东面至额尔古纳河西岸地区。柔然后为突厥所灭。

⑤ 青州：州名。西汉置，治所在临菑（今临博市临淄北），辖境相当于今山东德州市以东；河北吴桥县及山东马颊河以南，济南、临朐、安丘、即墨、莱阳等市县以北地。

⑥ 仆射：官名。为所领某事之长官。

⑦ 密云：县名。北魏皇始二年（397）置，以密云山为名，密云郡属县，治所在今河北丰宁满族自治县大阁镇东北。

⑧ 寻归家：按《魏书·胡叟列传》作："高宗时召叟及舒（金城宗舒），并使作檄刘骏、蠕蠕文。舒文劣于叟，舒寻归家。"此处节略《魏书》时误。

平邢杲[①]，历泾、岐[②]二州刺史。贺拔岳[③]表授东雍州刺史，令讨仇池氐杨绍先[④]于百顷[⑤]，岳为侯莫陈悦所杀，祚克仇池还，莫知所归。神武遣行台侯景[⑥]谕祚，遂解甲而还，封安定县公。卒，赠司空。

彭乐，安定人。骁勇善骑射。随齐神武韩陵之役[⑦]，乐先登陷阵，贼众大溃，封乐城[⑧]县公，除肆州刺史[⑨]。天平四年，从神武西讨，与周文相距，乐请决战，因醉入深，被刺肠出，内之不尽，截去复战。芒山之役[⑩]，乐以数千精骑为右甄，冲西军，所向奔退，遂驰入周文营，俄告捷，诸军乘胜斩首三万余，西军退，神武使乐追之，周文大窘而走，获周文金带一束以归。神武虽喜其胜，且怒其失周文，令伏诸地，亲按其头连顿之，取绢二千匹压乐，因赐之。累迁司徒，封陈留王。

周

梁昕，字元明，安定乌氏人。祖重耳，漳县令，父劝儒，中散大夫[⑪]。昕少温恭，见称州里。周文帝迎魏孝武，昕以三辅望族上谒，周文见昕容貌瑰伟，即授右

① 邢杲：？—529年，北魏末年起义首领之一。河间（今属河北）人，出身士族，曾任北魏幽州平北府主簿。建义元年（528），在北海（今山东潍坊西南）起兵反魏，自称汉王，年号天统。次年，在济南被北魏军队击败，邢杲投降，被杀于洛阳。

② 岐州：州名。北魏置，治所在雍县（今陕西凤翔县南），辖境相当今陕西宝鸡西部。

③ 贺拔岳：？—534年，北魏名将。一名阿斗泥，神武尖山（今山西朔县）人。鲜卑族。贺拔允、贺拔胜之弟。先事广阳王元渊。后投奔尔朱荣，为其都督，随从镇压葛荣起义军，屡有军功。孝武帝时，官至大行台、大都督，与高欢相抗衡，成为当时两大军事首领。永熙三年（534），高欢指使侯莫陈悦杀贺拔岳。

④ 杨绍先：？—535年，略阳清水（今甘肃清水）氐人。南北朝时期武兴国君主。

⑤ 百顷：山名。仇池山，在今甘肃陇南市西和县大桥乡。

⑥ 侯景：503—522年，字万景，北魏边将。初随尔朱荣，后依附高欢，高欢死，归附梁，547年举兵反梁，困死梁武帝，自立为帝，国号汉。后为梁元帝部将王僧辩所败，逃亡途中为部将所杀。

⑦ 韩陵之役：北魏晋泰二年（532），尔朱氏与高欢争夺北魏政权，在韩陵地区发生的战争。

⑧ 乐成：县名。三国魏置，为河间郡治，汉所在今河北献县。

⑨ 肆州：州名。北魏太平真君七年（446）置，治今山西忻州市西北，辖境约今山西滹沱河、牧马河流域。

⑩ 芒山之役：543年，西魏对东魏发动的战争，两军在芒山决战，西魏败。

⑪ 中散大夫：官名。自魏晋至南北朝，位似汉代之“太中大夫”。

府参军。累迁东荆州[①]刺史，有仁惠声。后进开府仪同三司。明帝进爵胡城县伯，出为陕州总管府长史。性温裕有干能，历官咸著声称。卒，谥曰贞。

席固，字子坚，安定人，少有远志。梁大同中为齐兴[②]郡守，士多附之，迁兴州刺史[③]。大统中归魏，周文甚礼遇之，拜丰州刺史，累封静安郡公、昌州[④]刺史。固居家孝友，莅官颇有声绩。卒于州，谥曰肃。子雅少以孝闻，位大将军。

隋

皇甫绩，字功明，安定朝那人。祖穆，魏陇东太守[⑤]，父道，周湖州刺史[⑥]。绩三岁而孤，外祖韦孝宽[⑦]愍其孤，幼不加严训，绩叹曰："我无庭训，何以自立？"[⑧]遂感激好学，略涉经史。周武帝时引为侍读，转宫尹中士。武帝避暑云阳，宫卫刺王作乱，百僚多遁，绩闻难赴之，遇太子于元武门，太子执绩手悲喜交集，帝闻而嘉之。开皇初[⑨]，拜都官尚书，出为晋州[⑩]刺史，言陈有三可灭，上嘉劳而遣之。及陈平，拜苏州刺史。高智慧[⑪]等作乱，破之，拜信州[⑫]总管，征还京师。卒，谥曰安。

---

① 东荆州：州名。北魏延兴二年（472）置，治所在朗陵（今河南确山县南），后徙治比阳城（今河南泌阳县）。

② 齐兴：郡名。南朝梁置，属北江州，治所在西平县（今湖北黄陂县北）。

③ 兴州：州名。西魏改东益州置，治所在武兴郡武兴县（今陕西略阳县），辖境相当今陕西略阳县等地。

④ 昌州：州名。西魏改南荆州置，治所在今湖北枣阳市。

⑤ 陇东：郡名。北魏置，治所在汧阴县（今陕西陇县），辖境相当今陕西陇县、千阳、宝鸡等县市地。

⑥ 湖州：州名。西魏置，治所在湖阳县（今河南唐河县西南湖阳镇）。

⑦ 韦孝宽：509—580年，名叔裕，字孝宽，北魏京兆杜陵（今陕西西安）人，为三辅大族。仕西魏，屡有战功。大统十二年（546）高欢与攻西魏，苦战六旬，欢发病退军。曾用反间计使北齐杀名将斛律光，又为周武帝规划平齐战略。周宣帝死后杨坚建隋，韦孝宽破尉迟迥军，师还而卒。

⑧ 我无庭训，何以自立：按《隋书·皇甫绩传》作："我无庭训，养于外氏，不能克躬励己，何以成立？"

⑨ 开皇：隋高祖年号，公元581—600年。

⑩ 晋州：州名。北魏置，治所在白马城（今山西临汾）。

⑪ 高智慧：？—591年，隋越州（今浙江绍兴）人，隋初割据势力之一。开皇十年（590年），在越州自称天子。后杨素命来护儿攻占其地，高投奔泉州王国庆。次年，王降隋，高被斩于泉州。

⑫ 信州：州名。南梁分益州置，治所在鱼复县（今重庆奉节县东）。

牛弘〔十二〕，字里仁，安定鹑觚①人。父允，魏侍中、临泾公。弘〔十三〕性宽裕，好学博闻。仕周为记室内史，掌文翰，袭父封临泾公。隋开皇初，授散骑常侍秘书监。弘〔十四〕以典籍遗逸，上表请开献书之路，上纳之，诏献书一卷赉缣一匹，一二年间，经籍略备。进爵奇章公，后拜礼部尚书。敕修撰五礼，勒成百卷行世。弘〔十五〕请依古制修立明堂，上以时事草创，未遑制作，竟寝不行。六年，除太常卿②。九年，诏定雅乐，又作乐府歌词，撰定圆丘五帝凯乐，并议乐事。上善其议，诏弘〔十六〕与姚察③等正定新乐。是后议置明堂，诏弘〔十七〕条上故事，上甚敬重之。时杨素④恃才矜贵，轻侮朝臣，唯见弘〔十八〕未尝不改容自肃，素将击突厥，诣弘〔十九〕言别，弘〔二十〕送素至中门而止，素曰："大将出征，故来叙别，何相送之近也?"弘〔二一〕遂揖而退，素笑曰："奇章公可谓其愚不可及也。"⑤寻拜吏部尚书，诏与杨素、苏威⑥、薛道衡⑦、许善

① 鹑觚：县名。治所在今甘肃灵台县东北。西汉时置，初名鹑孤，东汉时改为鹑觚。隋属安定郡。唐改为灵台县。

② 太常卿：汉代九卿之一，后代多沿置，掌宗庙礼仪及选试、国学等。

③ 姚察：533—606年，字伯审，南朝吴兴武康（今浙江德清西）人。梁元帝时任著作佐郎以撰史。入陈后历任嘉德殿学士、东宫学士。陈亡入隋，授秘书丞，撰梁、陈二史，未成而卒。其子姚思廉继之而成《梁书》《陈书》。

④ 杨素：？—606年，字处道，隋弘农华阴（今属陕西）人。隋初封郡公。平陈之役，战功卓著，位至尚书左仆射，参掌朝政。文帝废太子勇，黜蜀王秀，皆其促成。后依附于杨广，为其谋夺帝位。炀帝初，又率兵平定汉王杨谅。后知炀帝忌己，病不服药而卒。

⑤ 奇章公可谓其愚不可及也：按《隋书·牛弘传》作："奇章公可谓其智可及，其愚不可及也。"

⑥ 苏威：534—621年，字无畏，西魏京兆武功（今属陕西）人。隋初，为纳言，吏部尚书，请减赋役，宽刑典。制定律令格式。炀帝初受信任，参掌选事，后忤帝意免官。

⑦ 薛道衡：540—609年，字玄卿，北齐河东汾阴（今山西万荣西南）人。历仕北齐、北周，以善诗赋闻名。隋文帝时，迁至吏部侍郎。炀帝即位，道衡上《高祖文皇帝颂》，帝以为讥己。用为司隶大夫，将陷以罪。道衡不悟，又赞高颎。炀帝遂令人将其缢死。

心[①]、虞世基[②]、崔子发[③]等并召诸儒，论新礼隆杀轻重，弘〔二二〕所立议，众咸推服。献皇后丧，杨素谓弘〔二三〕："今日之事，决在于公。"弘〔二四〕斯须之间仪注悉备，皆有故实，素叹曰："衣冠礼乐尽在此矣，非吾所及也。"弘〔二五〕在吏部，其选举先德行而后文才，务在审慎，用多称职，隋之选举，于斯为最，时论弥服。大业二年，进位上大将军。六年，从幸江都。卒，赠文安侯，谥曰宪。有文集十三卷行世。

梁睿，字恃德，安定乌氏人。父御，西魏太尉。睿少沉敏有行检。周太祖时，袭爵广平郡公，进蒋国公，历凉[④]、安[⑤]二州总管，俱有惠政。后益州[⑥]总管王谦[⑦]反，命睿为行军元帅，率兵讨谦，斩之，剑南悉平，威震西川，进位上柱国[⑧]。睿威惠兼著，民夷悦服，声望逾重。隋高祖受禅，眷待弥隆。睿复上平陈之策，上善之。时突厥方强，复陈镇守之策十余事，上嘉叹久之。睿自以周代旧臣，久居重镇，威名太盛，内不自安，遂谢病阖门，不交当代。卒，谥曰襄。

---

① 许善心：558—618年，字务本，南朝高阳（郡治今属河北）人。仕陈为聘隋使，被扣长安，陈亡，仕隋。为秘书丞时仿梁阮孝绪《七录》体，撰成《七林》。炀帝时，补足父亨未成之《梁史》，以忤权贵，频遭贬斥。炀帝死，善心不附宇文化及，被杀。

② 虞世基：?—618年，字茂世，南朝会稽余姚（今属浙江）人。博学工书法，善作诗赋。任陈为尚书左丞。入隋为通直郎。炀帝时，以文学见知，位至内史侍郎。诏敕多出其手。善奉帝意，常参朝政。知帝恶言天下乱，遂抑外情不令帝知，恃宠卖官鬻狱，大受贿赂，朝野痛恨。与炀帝同时被杀。

③ 崔子发：隋博陵安平（今山东临朐县北）人。有文才。仕隋为秦王文学，卒于国子博士。

④ 凉州：州名。西汉置，东汉时治所在陇县（今甘肃张家川），曹魏移治姑臧县（今甘肃武威），魏、晋以后辖境缩小，只限于今甘肃黄河以西地区。

⑤ 安州：州名。西魏置，治所在安陆县（今湖北安陆市），辖境相当今湖北安陆、广水、应城、孝感、云梦等市县地。

⑥ 益州：州名。西汉置，辖境相当今四川、重庆、贵州、云南等省市大部，湖北省西北部及甘肃省小部分地区，隋代治所在今四川成都。

⑦ 王谦：? —580年，字敕万，北周太保王雄之子，以父功授柱国大将军，袭爵。平齐之战中有功，迁益州总管。杨坚执周政，谦率所部反对，杨坚令梁睿率军反击，王谦兵败被杀。

⑧ 上柱国：官名。春秋楚国置，为武官所加荣号。隋文帝置十一等散官，以酬文武勋劳，上柱国为第一。

梁毗，字景和，安定乌氏人。祖越，魏泾[①]、豫[②]、洛[③]三州刺史，合阳县公，父茂，周沧[④]、兖二州刺史。毗性刚謇，颇有学涉。隋初，拜治书侍御史，迁雍州赞务[⑤]。直道而行，无所回避，颇失权贵心，出为西宁州[⑥]刺史。先是蛮夷酋长以金多者为豪俊，每寻干戈，略无宁岁，毗患之，后因诸酋长相率以金遗之，毗置金座侧，对之恸哭，谓曰："此饥不可食，寒不可衣，汝等以此相灭。今将此来，欲杀我耶！"一无所纳，悉以还之，于是蛮夷感悟，遂不相攻征。为大理卿[⑦]，持法平允。进位上开府，因上封事，抗言杨素擅权宠、作威福，利国家有事，帝重其不屈。素任寄隆重，多所折挫，朝士慑伏，有敢与相是非词气不挠者，独毗与柳彧[⑧]、李纲[⑨]而已。大业初，迁刑部尚书，摄御史大夫事，劾宇文述[⑩]私役部兵，固争之。

梁彦光，字修芝，安定乌氏人。祖茂，魏秦[⑪]、华[⑫]二州刺史，父显，周荆州刺

---

① 泾：州名。北魏置，治所在临泾县（今镇原县东南），辖境约今甘肃崇信、泾川、灵台，陕西彬县、旬县、永寿等地。

② 豫：州名。西汉置，辖境约今淮河以北，南北汝河流域以东的豫东、皖北与江苏丰、沛两县地，隋代治所在上蔡县（今河南汝南县）。

③ 洛：州名。北魏改司州置，治所在洛阳县（今河南洛阳市东北），太和中复名司州，并迁都于此。东魏又改洛州。北魏太和十七年（493）以荆州改名，治上洛县（今陕西商洛市商州区），辖境相当今陕西省商洛市、山阳、商南、洛南等市县区域。

④ 沧：州名。北魏析瀛、冀二州置，治所在饶安县（今河北盐山县西南），自古为产盐区。

⑤ 赞务：官名。隋置，即赞治，佐太守理郡务。

⑥ 西宁州：州名。北周置，治所在今四川西昌市，辖境约今四川西昌市。

⑦ 大理卿：官名。秦汉九卿之一，北齐改称大理寺卿，掌决正刑狱。

⑧ 柳彧：隋河东解县（今山西运城西南）人，字幼文。仕北周，为宁州总管掾，转郑县令。入隋，累迁治书侍御史。以汉王杨谅事为杨素所谮，坐徙敦煌。杨素死后征还，卒于道。

⑨ 李纲：？—631年，字文纪，观州蓚（今河北省景县）人。隋时任太子洗马、尚书右丞，刚正不阿，为当权所排，后归附李渊。

⑩ 宇文述：？—616年，字伯通，北魏代郡武川（今属内蒙）人。本姓破野头。骁勇，善权变。炀帝即位，宠信异常，参预朝政，凡有荐举，皆至大官。性贪，恣意取贿。大业八年（612）攻高丽败，除名为民，次年复官。

⑪ 秦：州名。西晋分雍、凉、梁三州置，治所在冀县（今甘肃甘谷县东），后移治上邽县（今天水市秦州区）。

⑫ 华：州名。西魏改东雍州置，治所在华山郡原郑县城（今陕西华县西）。隋大业初废，唐武德初复置。

史。彦光少有至性，七岁时父遇笃疾，药求紫石英①不得，彦光忧瘁，忽于园中见一物不识，怪而持归，即紫石英也，人咸异之，谓至孝所感。隋高祖受禅，为岐州刺史，甚有惠政，嘉禾连理出于州境。开皇二年，上幸岐州，悦其能，下诏褒美。岐州俗淳，以静镇之，合境大化，课最第一。转相州②刺史，相俗多诈，为之作歌，称其不能理化③，坐免。岁余，拜赵州④刺史，彦光请复为相州，上从之。豪猾闻而嗤笑，彦光下车发擿⑤奸隐，有若神明，合境大骇，狡猾潜窜，乃招致大儒，每乡立学，教授策试，人皆克励〔二六〕，风俗大改，吏民感悦，略无争讼。卒，谥曰襄。子文谦，弘〔二七〕雅有父风，迁鄱阳⑥太守，治称天下最，征拜户部侍郎。

田德懋，平凉人，观国公仁恭子。少以孝友著名。开皇初，以父军功爵平原郡公，授太子千牛备身⑦。丁父艰，哀毁骨立，庐于墓侧，负土成坟。上闻而嘉之，遣侍郎元志就吊，仍降玺书褒美，赐缣二百、米百石，诏表其门闾。历太子舍人、义州司马⑧、尚书驾部郎⑨。

唐

吕向，字子回，泾州人。工草隶，学通古今。开元十年，召入翰林兼集贤院校理，侍太子，友诸王。时岁采天下姝好，因奏《美人赋》以讽，帝善之，擢左拾遗⑩。帝好校猎，向又献诗规谏，进左补阙。从帝东巡，帝令蕃夷酋长入仗内射禽，

① 紫石英：为卤化物类矿物萤石矿石，中医可入药。

② 相州：州名。北魏置，治所在邺县（今河北临漳县西南邺城），北周移治安阳城（今河南安阳市南）。

③ 理化：即治化，避唐高宗李治讳改。

④ 赵州：州名。北齐改殷州置，治所在广阿县（今河北隆尧县东旧城），后移治平棘县（今河北赵县），辖境相当今河北宁晋、元氏、赵县、赞皇、高邑、栾城、临城、柏乡等县及隆尧县一部分。

⑤ 擿：揭发。

⑥ 鄱阳：郡名。东汉建安十五年（210）孙权分豫章郡置，治所在鄱阳县（今江西鄱阳县东北古县渡镇），辖境当今江西鄱阳湖东岸、进贤县以东及信江、乐安江流域（婺源县除外）。

⑦ 太子千牛备身：官名。东宫宿卫长。

⑧ 义州：州名。隋改申州置，治所在义阳县（今河南信阳市南）。

⑨ 尚书驾部郎：官名。隋唐尚书省驾部长官，掌乘舆、传驿、厩牧之事。

⑩ 左拾遗：官名。唐武则天时置左右拾遗，分隶门下、中书两省，掌供奉规谏、扈从乘舆。

向谏诏蕃夷出仗。久之迁主客郎中[①]。始向之生父岌，客远方不还，存亡莫知音信，访索累年不获。它日，自朝还，道见一老人，物色问之，果父也，向下马抱父足号恸。帝闻咨叹，官岌朝散大夫[②]，赐锦彩、乐工，娱怿其心。向官至工部侍郎。

牛仙客，泾州鹑觚人。初为县小史令，陇西营田使傅文静器之，积功迁洮州司马[③]。河西节度使萧嵩[④]委以军政，清勤不懈。及嵩执政，荐迁太仆少卿。开元末，为朔方[⑤]总管，啬事省用，仓库积实，器械锋锐，迁工部尚书同中书门下三品[⑥]。为相谨身无他，与百司咨决，无所处可，惟曰："如令式而已。"卒，赠贞简。

牛僧孺，字思黯，隋奇章公弘〔二八〕后。工属文，第进士。元和初[⑦]，以贤良方正对策，条指失政，宰相怒，调伊阙尉[⑧]，改河南，迁监察御史[⑨]。穆宗时，为御史中丞[⑩]。宿州[⑪]刺史李直臣坐赇当死，帝惜其才，僧孺曰："法以制有才者。安禄山、朱

---

① 主客郎中：官名。隋置，掌诸蕃朝聘事。

② 朝散大夫：官名，文散官名。

③ 洮州：州名。北周城置，治所在美相县（今甘肃临潭县）。广德元年（763）后地属吐藩，称临洮城。

④ 萧嵩：？—749年，字乔甫，号体竣，唐南兰陵郡兰陵（今江苏省丹阳市访仙镇）人。神龙十四年（726）以兵部尚书领朔方节度使，会吐蕃陷瓜州，徙河西节度使，遣副将杜宾客与吐蕃战，大败之，此后边塞渐宁。授同中书门下三品，二十一年罢相，因李林甫谗陷，贬青州刺史，寻复拜太子太师，以老致仕。

⑤ 朔方：唐五代方镇名，唐开元九年（721），为防御突厥置朔方节度使，后又称灵盐、灵武节度使，为玄宗时边防十节度经略使之一，治灵州（治今宁夏灵武市西南）。

⑥ 同中书门下三品：唐承隋制，以三省长官中书令、侍中、尚书令及仆射为宰相，后从其他职官中特别选派，充任宰相，而中书令、侍中均为三品，因此，为其与中书、门下长官共同议政，后为宰相必加此头衔，而低于三品的人，授以该头衔，就是使之获得与中书、门下长官同等待遇。

⑦ 元和：唐宪宗年号，公元806—820年。

⑧ 伊阙：古山名，又称伊阙山、龙门等。在今河南省洛阳市，为洛阳南面门户。

⑨ 监察御史：官名。御史大夫属官，掌分察百僚，巡按郡县，纠视刑狱，肃整朝仪。

⑩ 御史中丞：官名。御史大夫副职，唐不常设，主要掌管御史弹奏之事、审理刑案，并在国家举行大礼时乘车为先导。

⑪ 宿州：州名。唐置，治所在符离县之埇桥（今安徽宿州市南古汴河上），后移治符离（今宿州市）。

泚以才故乱天下。”[①]帝从之，赐金紫服。以户部侍郎同平章事[②]韩弘〔二九〕卒，帝遣使者收其家赀簿，得朝臣受赇者皆在，惟僧孺注某月日送钱千万不纳，帝善之，迁中书侍郎。敬宗立，进封奇章郡公。时宦官擅权，僧孺数表去位，授武昌[③]节度使，鄂城土恶亟圮，岁增筑扰民。僧孺陶甓以城，鄂城无复岁费，又废沔州[④]，以省冗官。文宗立，复为平章事，寻进弘〔三十〕文馆大学士[⑤]。他日，帝召宰相，问以致太平之道，僧孺曰："太平无象。今四方不内扰，百姓安生业，虽未及至盛，亦足为治矣。更求太平，非臣所及。"[⑥]退固请罢，出为淮南节度副大使。三年，召为尚书左仆射〔三一〕。会庄恪太子[⑦]薨，为陈父子君臣大伦以悟帝，帝流涕。以足疾乞出，为山南

① 法以制有才者。安禄山、朱泚以才故乱天下：按《旧唐书·牛僧孺传》作："凡人不才，止于持禄取容耳。帝王立法，束缚奸雄，正为才多者。禄山、朱泚以才过人，浊乱天下，况直臣小才，又何屈法哉？"

② 平章事：唐初为加给退职宰相的名号，使其继续预闻宰相事务。唐中叶以后，凡任宰相之职，必在其本官之外加同中书门下平章事的头衔，意为共同议政。

③ 武昌：唐五代方镇名，唐元和元年（806）升鄂岳观察使置，治所鄂州（今湖北武汉市武昌城区），辖境约当今湖北广水、应城、汉川以东，河南淮河以南，固始、商城及湖北英山、黄梅以西，湖南洞庭湖和汨罗江以北地。北宋初废。

④ 沔州：州名。唐置，治所在汉阳县（今湖北武汉市汉阳区），宝历二年（826）废入鄂州。

⑤ 弘文馆大学士：弘文馆属员。唐武德四年治修文馆于门下省，以安置文学之士，典司书籍，太宗时改名弘文馆。后避太子李弘名讳，改为昭文馆。此后多次改名，开元七年（719）又改为弘文馆。掌校正图籍，教授生徒，并参议政事。

⑥ 太平无象。今四方不内扰，百姓安生业，虽未及至盛，亦足为治矣。更求太平，非臣所及：按《旧唐书·牛僧孺传》作："臣等待罪辅弼，无能康济，然臣思太平亦无象。今四夷不至交侵，百姓不至流散。上无淫虐，下无怨讟。私室无强家，公议无壅滞。虽未及至理，亦谓小康。陛下若别求太平，非臣等所及。"《新唐书·牛僧孺传》则作："臣待罪宰相，不能康济，然太平亦无象。今四夷不内扰，百姓安生业，私室无强家，上不壅蔽，下不怨讟，虽未及至盛，亦足为治矣。而更求太平，非臣所及。"

⑦ 庄恪太子：李永（？—839），唐文宗李昂子。

东道节度使[①]，赐彝尊龙勺[②]，诏曰："精金古器以比君子，卿宜少留。"固请乃行。卒，赠太尉，谥文简。

牛蔚，字大章，僧孺子。第进士，由监察御史为右补阙。大中初[③]，屡条时政，宣宗嘉之，累迁吏部郎中，失权幸意，贬国子博士。咸通[④]中，进至户部侍郎，袭奇章侯。久之，为山南西道节度使[⑤]，治梁三年受代。黄巢陷京师，遁山南，故吏民喜蔚至，争迎候。后以尚书右仆射致仕。

牛徽，蔚子。蔚避地于梁，道病，徽扶篮舆，历阁路，遇盗击其首，血流面，持舆不息，盗迫之，徽拜曰："亲老而疾，幸无惊骇。"盗感之，曰："此真孝子也。"共举舆舍之家，进帛裹创，以饘奉蔚，留信宿去。擢吏部员外郎，时选滥，吏多奸，岁调四千员，徽治以刚明，抑杜干请，法度复振，后召为给事中。李茂贞[⑥]请假节钺讨杨复恭[⑦]，昭宗怒，徽劝帝许之，果有功。后终刑部尚书。

皇甫镛，字鉌卿，临泾人。第进士。兄镈为相时，任河南少尹[⑧]，见权宠太盛，

---

① 山南东道：唐方镇名。至德二载（757）升襄阳防御使为山南东道节度使，治襄州（治今湖北襄樊市襄阳城），领襄、邓、隋、唐、安、均、房、金、商九州。北宋初废。

② 彝尊龙勺：按《新唐书》《旧唐书》中并无确指彝尊龙勺，而言："赐觚、散、樽、杓等金银古器，令中使喻之曰：'以卿正人，赐此古器，卿且少留。'"《玉海》则记："（牛僧孺）开成三年为左仆射，以足疾不任，出为山南东道节度使，文宗赐彝樽龙勺，诏曰：'精金古器以比君子，卿宜少留'。僧孺固请乃行。"

③ 大中：唐宣宗年号，公元847—860年。

④ 咸通：唐懿宗年号，公元860—874年。

⑤ 山南西道：唐方镇名。至德元年（756）置山南西道防御守捉使，广德元年（763）升为节度使，寻降为观察使，治所在梁州（今陕西汉中市东），领梁、洋、集、壁、文、通、巴、兴、凤、利、开、渠、蓬十三州。建中元年（780）升为节度使。北宋初废。

⑥ 李茂贞：856—924年，本姓宋，名文通，唐深州博野（今属河北）人。僖宗时以镇压黄巢起义功授神策军指挥使，后历任武定、凤翔节度使，封陇西郡王，赐姓名。昭宗时曾焚毁长安宫城，挟制昭宗，与朱温对抗。后梁建立，他地盘缩小，自称岐王。后称臣于后唐庄宗，封秦王。

⑦ 杨复恭：？—894年，唐代福建人。幼为宦官入内侍省，监军讨庞勋义军，拜宣徽使。咸通时迁枢密使。僖宗再次亡蜀，代田令孜为右军中尉，旋拜观军容使。龙纪初加开府、金吾上将军，专典禁兵，颇擅朝政，昭宗怨恨，令其致仕。后受诬谋反，被杀。

⑧ 少尹：官名。唐代三府（京兆、河南、太原）府尹之副职，权微。

每极言之，镈不悦，乃求分司为太子右庶子[①]。镈败，朝廷贤之，授国子祭酒[②]。开成初，以太子少保[③]卒。镛能属文工诗，为人寡言正色，衣冠甚伟，所交皆知名士，著书数十篇。

宋

胡顺之，字孝先，原州临泾人。登进士试，秘书省校书郎[④]。知休宁[⑤]县，有县民汪姓者豪横，县不能制，岁租赋常不入，逮捕不肯出，顺之置诸法。为青州从事，高丽入贡，中贵人[⑥]挟以为重，使州官旅拜于邸，顺之独不拜。大姓麻士瑶阴结贵侍，匿兵械，服用拟尚方[⑦]，州县被凌蔑，莫敢发其奸，又杀其兄子，其母诉于州，众相视曰："孰敢往捕者？"顺之尽得其党。有诏鞫问，士瑶论死，子弟流放者百余人。改知常熟[⑧]县，迁太常博士[⑨]。明道[⑩]间，再上宰相书，乞太后还政，仁宗嘉其忠，迁尚书屯田员外郎[⑪]。其后数论朝廷事，范仲淹爱其才，州里皆敬之。

曲珍，字君玉〔三二〕，陇干世族。宝元[⑫]、康定[⑬]间，夏人屡入寇，珍诸父纠族党御之，敌不敢犯，于是曲氏遂以材武长雄边关。珍善骑击剑，尝与诸父出塞游猎，猝遇夏兵围之，奋击大呼，夏人披靡，得出，顾叔未出，复持短兵还决斗，遂俱

---

① 太子右庶子：太子属官。隋分左、右庶子各二人，分统门下、典书二坊事，唐初因之。

② 国子祭酒：官名。国子监主官，掌儒学训导之政令，领国子监及所属学校。。

③ 太子少保：官名。东宫六傅之一，掌教谕太子之事。

④ 秘书省校书郎：官名。秘书省属官。

⑤ 休宁：县名。汉所在今安徽休宁县。

⑥ 中贵人：帝王宠幸的近臣。

⑦ 尚方：古代制造帝王所用器物的官署。

⑧ 常熟：县名。南朝梁析海虞县置，属信义郡，宋属平江府（今江苏常熟市）。

⑨ 太常博士：官名。掌引导舆论，议定王公以下谥号，且掌撰五礼仪注。

⑩ 明道，北宋仁宗年号，公元1032—1033年。

⑪ 尚书屯田员外郎：官名。屯田司副长官。屯田司掌天下屯田、文武官之职田与公廨田。

⑫ 宝元：北宋仁宗年号，公元1038—1040年。

⑬ 康定：北宋仁宗年号，公元1040—1041年。

脱。元祐[①]初，为环庆[②]副总管，夏师数十万寇泾原[③]，珍驰三百里，袭破之曲律山，俘斩千八百人，进东上阁门使[④]，忠州[⑤]防御使[⑥]。

向宝，镇戎军[⑦]人，善骑射。年十四，遇敌战，斩首二级。及壮，以勇闻。有虎踞五原，东西百里断人迹，宝一矢殪之。道过潼关，巨盗郭邈山多载关中金帛、子女，宝射走之，尽得其所掠。尝至太原，梁适射弩再中的，授宝矢，射之，四发三中，适曰："今之飞将也。"神宗称其勇比薛仁贵。历官至嘉州[⑧]团练使[⑨]。

姚兕，字武之，《宋史》五原人，《一统志》隆德人。父宝，战死定川[⑩]，兕补右班殿直[⑪]，为环庆巡检。与夏人战，一矢毙其酋，众溃，因乘之，遂破兰浪。敌大举入边，有悍酋临阵甚武，兕射中其目，斩首还。明日来攻益急，兕射杀数百人，裂指流血。又遣子雄引壮骑驰掩其后，敌退攻大顺城，兕复往救，转斗三日，斩级数千卒，全二城。后庆军叛兕，守西关，盗不得入而奔。兕追及与语，皆感泣罗拜，誓不复为乱。神宗闻其名，召入觐，赐银枪袍带，迁都监[⑫]。从攻河州，飞矢贯耳，

① 元祐：北宋神宗年号，公元1086—1094年。

② 环庆：环庆路。北宋康定二年（1041）分陕西路置环庆路经略安抚使，治所在庆州（今甘肃庆阳市），辖境相当今陕西长武、武功、旬邑、礼泉和甘肃环江、马莲河流域以东地区。

③ 泾原：泾原路。北宋康定二年（1041）置经略安抚使，治所在渭州（今甘肃平凉市），辖境相当今甘肃蒲河以西，葫芦河以东，张家川回族自治县以北，以及宁夏固原、隆德、泾源、西吉等地。

④ 东上阁门使：官名。宋属横班诸司使，为武官转迁之阶。

⑤ 忠州：州名。唐改临州置，治所在临江县（今四川忠县），辖境相当今四川忠县、丰都、垫江、石柱等县地。。

⑥ 防御使：官名。唐为中原军事要地军事长官，一般由州刺史兼领，常与团练使互兼。宋设于诸州，无职掌、无定员，不驻守本州，仅为武官寄禄官，位次观察使，高于团练使。

⑦ 镇戎军：北宋至道元年（995）置，治所即今宁夏固原市原州区，辖境相当今宁夏固原、彭阳二县地。

⑧ 嘉州：州名。北周改青州置，治所在平羌县（今四川乐山市东北），辖境相当今四川乐山、峨眉山、峨边等市县地。

⑨ 团练使：官名。唐因安史之乱，于各地设团练守捉使等，在正规军外就地选取丁壮加以军事训练，辽宋以来称团练使。

⑩ 定川：县名。隋废定川郡置，治所在今广西玉林市西南。

⑪ 右班殿直：官名。宋为武臣阶官，第五十阶。

⑫ 都监：官名。宋为诸路统兵官，掌本路军旅屯戍、边防、训练之政令，位次钤辖下。

战益力。河州既得，又为鬼章[①]所围，兕曰："解围之法，当攻其所必救。"乃击陇宗，围遂解。从攻交趾[②]有功，领雅州[③]刺史。徙熙河，与种谊[④]合兵，讨鬼章于洮州，擒之，拜通州[⑤]团练使。兕以父战死，凡图画器用，皆刻仇雠未报字。事母尽孝，力学兵法，老不废书，尤喜颜真卿翰墨，曰："吾慕其人耳。"弟麟亦有威名，关中号二姚。

姚麟，字君瑞。兄兕攻河州时，俱在兵间。中矢透骨，以强弩出镞，笑语自若。积功至皇城使[⑥]。从李宪讨生羌，擒冷鸡朴[⑦]，再转英州[⑧]刺史。元丰西讨，从刘昌祚[⑨]出战，胜之。督诸军讨堪哥平。经略使卢秉上其功状，赐金帛六百。元祐初[⑩]，擢威州[⑪]团练使，历殿前都虞候。绍圣三年[⑫]，拜武康军节度使。王赡[⑬]取青

① 鬼章：即青宜结鬼章，北宋时吐蕃青唐羌酋长。

② 交趾：地名。即今越南中部、北部。

③ 雅州：州名。隋置，治所在蒙山县（今四川雅安），辖境相当今四川雅安、名山、荥经、天全、卢山、宝兴等市县地

④ 种谊：字寿翁，种世衡子，以战功累转西京使。哲宗元祐中，知岷州，一战擒鬼章。徙知鄜州。夏人犯延安，受命统诸将，敌闻其至，皆溃去。后进熙河钤辖、知兰州，迁保州团练使，卒时年五十五。

⑤ 通州：州名。五代周改静海军置，治所在静海县（今江苏南通市），辖境相当今江苏长江以北泰兴、如皋以东地区。

⑥ 皇城使：官名。宋属东班诸司使，通常无职掌，仅为迁转之阶。

⑦ 冷鸡朴：北宋时生羌酋长。

⑧ 英州：州名。五代南汉析广州置，治所在浈阳县（今广东英德市），辖境相当今广东英德市地。

⑨ 刘昌祚：字子京，北宋真定人。其父战死，录为右班殿直。西夏入犯，昌祚以寡击众，有功，知阶州，累迁熙河路都监。从王中正入蜀，破筚篥羌。神宗元丰四年（1081）为泾源路副都总管，率军攻西夏，兵败贬官。后历知西边州军，修完堡寨，屡破西夏军。累迁殿前副都指挥使、武康军节度使。卒年六十八。

⑩ 元祐：宋哲宗年号，公元1086—1094年。

⑪ 威州：州名。北宋改维州置，治所在保宁县（今四川理县东北），辖境相当今四川理县地。。

⑫ 绍圣三年：宋哲宗年号，公元1096年。

⑬ 王赡：？—1101年，北宋秦州宁远人。以战功累官皇城使。哲宗元符二年（1099），知河州，以冒赏夺官。欲以功赎过，乃建策并率军攻取青唐、邈川，拜维州团练使，为路钤辖。因纵所部剽掠，引起羌人反抗，与西夏合围邈川，屡损大将，势危弃归。被劾，安置房州，旋配昌化军，中途自缢卒。

唐[1]，麟以为朝廷讨伐方息肩，奈何复生此大患。已而赡果败。徽宗立，进检校司徒[2]。卒，赠开府仪同三司。麟为将沉毅持重，不少纵舍。宿卫将常犯法，诏释之，麟杖之于庭，而后请拒诏之罪，故所至肃然。

姚雄，字毅夫，兕子。少勇鸷有谋，年十八即佐父讨金汤，以百骑先登夺隘，又成荔原[3]之功。历泾原、秦凤将，累佐骐骥使。绍圣中，渭帅章楶[4]城平夏，夏人倾国来争。雄与鏖斗，流矢注肩战愈厉，敌引却，追蹑大破之，斩首三千级。徙知会州[5]。王赡略地青唐，羌人攻湟、鄯[6]，雄与苗履[7]援之，羌惊溃。履谓无虞，雄严备以待，俄而贼至，雄整众迎击，破之，献馘二千。哲宗遣中使劳问，徙河州。种朴[8]战没，王赡军陷敌中，雄自鄯至湟四战皆捷，拔出之。遂筑安乡关[9]，夹河立堡，以护浮梁，通湟水漕运，商旅负贩入湟者，始络绎于道。复加防御使。建中靖国初，议弃湟州，雄以为可弃。蔡京用王厚[10]复河湟，治弃地罪，停雄官，光州[11]居

① 青唐：古城，唐鄯城县，后没于吐蕃，称青唐城，即今青海西宁市。

② 检校：官名。按唐制，其义有二，一指代理某官，二指地方使节带台省官衔，由于使制本身没有品阶，检校官衔就用来表示其地位。

③ 荔原堡：在今甘肃华池县东南。

④ 章楶：1027—1102年，字质夫，北宋建州浦城（今属福建）人。以荫得官，第进士。绍圣中，知渭州，帅四路师出胡芦河川，筑平夏、灵平城砦，开边拓地。西夏派重兵围平夏十余日。楶遣将夜袭西夏营帐，俘其骁将，擢枢密直学士。

⑤ 会州：州名。西魏废帝置，治所在会宁县（今甘肃靖远县东北），约当今甘肃靖远、景泰、会宁及宁夏海原等县地。

⑥ 湟鄯：即湟州、鄯州。湟州，北宋元符二年（1099）置，治所在邈川城（今青海乐都县南湟水南岸）。鄯州，北魏孝昌二年（526）改鄯善镇置。

⑦ 苗履：宋潞州上党人。苗授子。授攻降木征，履护送至京，得官閤门祗候。哲宗元符初，知兰州，与姚雄合兵击峗羌，焚其族帐而还。累进至天武都指挥使。

⑧ 种朴：种谔之子，种世衡之孙。累官熙河兰会钤辖兼知河州，安抚洮西沿边公事。适蕃部阿章叛，奉熙帅胡宗回命出战，遇伏兵，力战死。

⑨ 安乡关：在今甘肃临夏市北莲花乡。

⑩ 王厚：？—1106年，字处道，江州德安人。王韶子。少随父征战，官通直郎。哲宗绍圣中，勾当熙河公事。元祐弃河、湟，上疏力陈不可，未纳。元符中出兵收复。徽宗崇宁初知河州兼洮西安抚使，屡破羌兵，超拜武胜军节度观察留后。

⑪ 光州：州名。南朝梁置，治所在光城县（今河南光山县）。

住，后窜金州[①]。及西宁诸戍阻绝，乃起雄权经略熙河使，召诣阙为中太乙宫使，引疾纳节钺，改左金吾卫上将军[②]，寻以检校司空致仕。卒，赠开府仪同三司，谥武宪。

郭成，字信之，德顺中安堡[③]人。从军得供奉官。王师趋灵武[④]，成将泾原兵击破夏人于漫隘。有羌驰突阵前，大将刘昌祚曰："谁能取此者？"成跃马斩其首以献。朝廷筑平夏城，置将戍之，问可守者，诸将皆曰："非郭成不可。"遂使往守。夏人恚失地，倾国入争，连营百里，飞石激火，昼夜不息。成与折可适以万骑异道并进，遂俘阿埋、都逋二大酋。捷闻，进雄州防御使[⑤]、泾原钤辖[⑥]。徽宗诏筑绥戎[⑦]、怀戎[⑧]二堡，成独当其役，暴露雪中，感疾，卒。帝悼之甚，赙以金帛，官其子。成轻财好施，名震西鄙。廉访使[⑨]王孝竭白于朝，帝手书报曰："郭成尽忠报国，有功于民，宜载祀典。"榜其庙，曰："仁勇"。

郭浩，字充道，成子。徽宗时，充环庆路第五将部将。尝率百骑至灵州[⑩]城下，夏人以千骑追之，浩手斩二将首以还。擢渭州[⑪]兵马都监[⑫]，寻升鄜延路[⑬]安抚使。时

---

① 金州：西魏改东梁州置，治所在西城县（今陕西安康市）。

② 左金吾卫上将军：官名。左右金吾卫为唐府兵十六卫中两卫，上将军为长官，掌宫中、京城巡警、烽候、道路、水草之宜。

③ 中安堡：在今宁夏隆德县西北。

④ 灵武：郡名。隋大业三年（607）改灵州置，治所在回乐县（今宁夏灵武市西南），辖境相当今宁夏中卫、同心县及其以北地区。

⑤ 雄州：州名。唐中叶置，治所在灵州西南（今中宁县石空堡附近），辖今中宁、中卫两县的黄河以北地区。

⑥ 钤辖：官名。宋代路或州的统兵官。

⑦ 绥戎：即绥戎堡，在今宁夏海原县东北。

⑧ 怀戎：即怀戎堡，在今甘肃靖远县东。

⑨ 廉访使：官名。宋徽宗政和六年（1116）改走马承受为廉访使，诸路各一员，无事每年一入奏，有边警则及时上报。宋钦宗靖康初罢之，复称走马承受。

⑩ 灵州：州名。北魏改薄骨律镇置，治所在今宁夏吴忠市北。

⑪ 渭州：州名。北魏置，治所在陇西郡襄武县（今甘肃陇西县东南五里），因渭水得名。

⑫ 兵马都监：官名。宋置，掌屯戍、兵甲、边防、训练、差使之事。位钤辖下，州、府、军均有置。

⑬ 鄜延路：北宋置，治所在延州（今陕西延安市），辖境相当今陕西宜川、黄龙、洛川、宜君等县以北及清涧河以南地。

二敌交侵，浩守保安一军，对垒一年，敌不能犯。后为秦凤路[1]经略使，知秦州[2]。金人侵和尚原[3]，浩与吴玠随方捍御，蜀赖以全，迁防御使。金人以步骑十余万窥川口[4]，抵杀金坪，浩与吴玠大破之。迁彰武军[5]承宣使[6]，徙知金州[7]。金州残敝特甚，浩招集流亡，开营田，以其规置颁示诸路。朝廷嘉之，凡有奏请得以直达。金人还河南地，以浩充陕西宣谕使[8]，知金州，后拜检校少保。卒，赠少师，谥恭懿。

杨政，字直夫，原州[9]临泾[10]人。崇宁初[11]，父忠与夏人战殁，政甫七岁，哀号如成人，母曰："此儿孝于亲必忠于君，其大吾门乎？"建炎间，从吴玠击金人，九战九捷。绍兴元年，金人趋和尚原，政引兵大破之，拜恭州[12]刺史。四年，金精兵十万欲道仙人关[13]入蜀，政说玠曰："此地为蜀阨塞，当坚守。"玠遂筑垒关外。敌帅督战益急，政以神臂弓射之，又出不意夜斫其营，敌遁去。授环庆路安抚使[14]。政母留敌境，遣人省母，母惟勉以忠义。后和议成，始迎母归，诏封感义郡夫人。以政为熙河路经略安抚使，知熙州，又败金人于凤翔，又败金人于宝鸡，擒万户。通检凡大

---

① 秦凤路：北宋置，治所在凤翔县（今陕西凤翔），辖境相当今长城以南，秦岭、嶓冢山、岷山以北，青海日月山、达坂山以东地区。

② 秦州：州名。三国魏置，治所在冀县（今甘肃甘谷县东）。

③ 和尚原：在今陕西宝鸡市西南大散关东。

④ 川口：在今陕西吴堡县东北。

⑤ 彰武军：五代唐以忠义军改名，治延州（今陕西延安市），辖境约当今陕西省志丹、子长县以南，黄龙山以东，宜川县以北地区。

⑥ 承宣使：官名。宋政和二年（1117）改节度观察留后为承宣使。

⑦ 金州：州名。西魏改东梁州置，治所在西城县（即今陕西安康市），辖境相当今陕西石泉县以东、旬阳县以西的汉水流域。

⑧ 宣谕使：官名。掌至各路宣谕朝廷旨意，奏报各地弊政，事已即罢。

⑨ 原州：州名。北魏置，治所在高平县（今宁夏固原市），辖境约当今宁夏回族自治区固原市至甘肃省平凉市一带。唐末陷于吐蕃，徙治今甘肃镇原县。

⑩ 临泾：县名。治所在今甘肃镇原县东南。

⑪ 崇宁：宋徽宗年号，公元1102—1106年。

⑫ 恭州：州名。北宋改渝州置，治所在巴县（今重庆市），辖境相当今四川重庆、江津、璧山、永川等市县地。

⑬ 仙人关：在今甘肃徽县东南。

⑭ 安抚使：官名。北宋时为总掌一路兵政的长官，负责军务与治安。

战七，斩获甚多，拜武当军[①]节度使[②]。和议成，召还，军民诣部使者借留。加少保，久之拜太尉。卒，赠开府仪同三司，谥襄毅。政守汉中，六堰久坏，失灌溉之利，政为修复。汉江水决为害，政筑长堤捍之。凡利于民者，不敢以军旅废。政为吴璘裨将，及与璘分道建帅，执门下之礼益恭，世颇贤之。

吴玠，字晋卿，德顺军陇干人。少沉毅，知兵善骑射，读书能通大义，以良家子隶泾原军。政和中，为队将，从讨方腊[③]，破之。夏人攻怀德军[④]，玠追击斩级多，擢第二副将。建炎初，金人略秦、雍，玠逆击，大破之，追奔三十里。金人攻延安[⑤]府，玠攻华州，拔之。张浚[⑥]巡关陕，授玠统制，升泾原路副总管，寻为秦凤副总管。时兵火之余，玠劳来安集，民赖以生。转忠州防御使。张浚合五路兵，欲与金人决战，玠言宜守要害，须其敝而乘之。不听，遂大溃。玠收散卒，保和尚原，积粟缮兵为死守计。凤翔民感其惠，相与夜输刍粟助之，玠偿以银帛，民益喜。金人怒邀杀之，民输如故。败金将乌鲁折合〔三三〕。拜明州[⑦]观察使，兼陕西都统制[⑧]。兀术[⑨]〔三四〕会诸道兵十余万，攻和尚原，玠命分番迭射，号“驻队”。矢连发如

---

① 武当军：徽宗时以均州为武当军，治武当县（今湖北丹江口市西北旧均县）。

② 节度使：宋沿唐置，但剥夺其实权，使之成为高级武官，但并不驻守本镇，文臣、宗室均可出任。

③ 方腊：？—1121年，原籍歙州（治今安徽歙县），后迁至睦州青溪（今浙江淳安）。宋徽宗宣和二年（1120），方腊利用明教组织民众起事，自号圣公，建元永乐。宋徽宗派童贯等率大军镇压，方腊战败被捕。后被押赴东京（今河南开封），处以极刑。

④ 怀德军：北宋大观二年（1108）于平夏城置，治所在今宁夏固原县西北，辖境相当今宁夏同心、海原及固原等县部分地。

⑤ 延安：府名。北宋升延州置，治所在肤施县（今陕西延安市）。

⑥ 张浚：1097—1164年，南宋抗金名将，汉州绵竹（今属四川）人。

⑦ 明州：州名。唐置，治所在鄮县（今浙江宁波市南鄞江南岸），唐宋时对外贸易港口，辖境相当今浙江宁波、鄞县、慈溪、奉化等市县和舟山群岛。

⑧ 都统制：官名。北宋后期，大军出师，诸军不相统属，即以其中一人为都统制。南宋时为各支屯驻大军的统帅。

⑨ 兀术：？—1148年，即完颜宗弼，金太祖第四子。初随完颜杲伐辽，后领军伐宋，从江宁渡江席卷至杭州，逐宋高宗入海。返师，被宋将韩世忠击败于黄天荡。攻陕西，被宋将吴玠击败于和尚原。天眷中，继续攻宋，与宋划淮水为界。迁尚书左丞相兼侍中、太保，他官如故。皇统中，进太师，领三省事，皇统八年（1148）卒。

雨注，大败之，兀术〔三五〕中流矢走。以玠为镇西军[①]节度使。撒离喝[②]〔三六〕长驱趋洋、汉，玠自河池[③]日夜驰三百里，以黄柑遗敌。撒离喝〔三七〕大惊，大战饶风岭[④]六昼夜，死者山积。未几，金人北归，玠令邀击之，死者以千计，尽弃辎重去。进玠少保，阶成凤州[⑤]制置使[⑥]。敌复攻仙人关，与弟璘合击，败之。金人宵遁，复秦、凤、陇三州。拜少师保定军[⑦]节度使。玠与敌对垒十年，常苦远饷劳民，益治屯田，岁收至十万斛。治废堰，民知灌溉可恃，愿归业者数万家。进四川宣抚使[⑧]。卒于仙人关，谥武安。玠善读史，用兵本孙、吴，务远略不求小近利，故能必胜。御下严而有恩，故士乐为之死，用将佐视劳能为高下先后。方金人一意睨蜀，微玠身当其冲，无蜀久矣，故西人至今思之，立庙于仙人关，号忠烈。淳熙中，追封涪王。子拱亦握兵。

吴璘，字唐卿，玠弟也。从玠攻战，积功至宣赞舍人[⑨]。绍兴初，箭筈关[⑩]之战，璘功居多。守和尚原，兀术〔三八〕大入，玠兄弟死守，分合三十余阵，璘随机而应，兀术〔三九〕中流矢遁。升副都总管。玠命别营仙人关，金帅撒离喝〔四十〕以兵十万至，璘血战七昼夜，金兵大败，自是不敢窥蜀者数年。除知秦州，金兵大入，璘守河池，屡败之。又以叠阵法更休迭战，士殊死斗，金将胡盏习不祝〔四一〕大败，降者万人，胡盏〔四二〕走保腊家城，璘围而攻之。城垂破，诏班师，秦桧主之，世将浩叹

① 镇西军：唐置，治所在今青海循化，后移治甘肃临夏。

② 撒离喝:？—1150年，即完颜杲。金世祖第五子。金国初建，都统内外诸军，领军伐辽，克中京、西京、西逐辽主。天会三年（1125），为都元帅，连年伐宋，俘宋徽、钦二帝以归。天德二年（1150）被告谋反，族全家。

③ 河池镇：在今甘肃徽县西银杏镇。

④ 饶风岭：在今陕西石泉县西北，上有饶风关。

⑤ 凤州：州名。西魏改南岐州置，治所在固道郡梁泉县（今陕西凤县东北凤州镇），辖境相当今陕西凤县及甘肃徽县、两当二县地。

⑥ 制置使：官名。为一路或数路地区的统兵大员。不常置，掌经画边防军务。南宋以后制置渐多，掌本路诸州军马屯防捍御，多以安抚使兼任，地位官阶高者称制置大使。位在宣抚副使之上，或置副使以辅之。

⑦ 保定军：北宋改平戎军置，治今河北文安县西北新镇，辖境相当今河北省文安县部分地。

⑧ 宣抚使：官名。唐置，为诸道临时特遣官。宋为镇抚一方的军政长官，不常置。

⑨ 宣赞舍人：官名。掌传宣赞谒之事。

⑩ 箭筈关：在今陕西千阳县南，当时为宋金双方争夺之要塞。

而已。后入觐，拜少保。三十一年，金主败盟。拜四川宣抚使，兼陕西河东招讨使[①]，遣将屡败敌兵。乾道初，入朝拜太傅，封新安郡王，改判兴元府。及还镇，两宫宴饯甚宠，入辞德寿宫，高宗解佩刀赐之。璘至汉中，修复褒城古堰，溉田数千顷，民甚便之。卒，赠太师，追封信王。璘守蜀余二十年，隐然为方面之重，威名亚于玠。

吴挺，字仲烈，璘子。累迁利州东路[②]统制[③]。绍兴三十一年，金人渝盟，挺愿自力军前，以为中军统制。既复秦州，金人以兵来争，挺破其治平砦[④]。已而战南市城[⑤]，挺率背嵬骑[⑥]尽易黄旗，绕出敌后，敌遂惊败。擢荣州[⑦]刺史，以瓦亭[⑧]功授郢州[⑨]防御使。隆兴初[⑩]〔四三〕，除陕西河东路宣抚使，寻加熙河路经略安抚使，时年二十五。会议和，旋军。十年冬〔四四〕，加检校少保。成州[⑪]、西和[⑫]岁大祲，挺力赈恤，分军储以佐之，全活数十万。绍熙四年，以疾乞致仕，诏加太尉。卒，赠少师。挺少起勋阀，弗居其贵，礼贤下士，虽遇小官贱吏不敢怠忽。拊循将士，人人有恩。璘故部曲拜于庭下，辄降答之，即失律，诛治无少贷。璘尝对孝宗言，诸子中惟挺可任。

---

① 招讨使：官名。唐置，为统兵将领，主掌招抚讨伐。宋时为一路至数路的统兵官，性质略同于宣抚使，而地位稍逊。

② 利州东路：南宋分利州路置，治所在兴元府（今陕西汉中市），辖境相当汉中盆地一带。

③ 统制：官名。南宋各屯驻大军下的军一级统兵官。

④ 治平砦：即治平寨，在今甘肃静宁县西南治平镇。

⑤ 南市城：在今山西应县西南。

⑥ 背嵬骑：南宋岳飞帐下一支精锐骑兵。

⑦ 荣州：州名。唐置，治所在公井县（今四川自贡市西），辖境相当今四川自贡、荣县、威远等市县地。

⑧ 瓦亭：即瓦亭寨，在今宁夏隆德县东北泾水北岸瓦亭。

⑨ 郢州：州名。西魏置，治所在长寿县（今湖北钟祥市），辖境约当今湖北钟祥、京山二市县地。

⑩ 淳熙：南宋孝宗年号，公元1174—1189年。

⑪ 成州：州名。唐改汉阳郡置，治所在上禄县（今甘肃礼县南西汉水东岸），辖境相当今甘肃礼县、西和、成县等地。

⑫ 西和：州名。南宋改岷州置，治所在今甘肃西和县西南，辖境相当今甘肃西和、礼县、岷县、宕昌等县地。

金

张中孚，字信甫，安定镇戎人。父达，仕宋至太师，封庆国公。金围太原，战殁于军中。孚涕泣，率部曲十余人入大军中，竟得父尸以还。后降金，睿宗以为镇洮军节度使，知渭州。刘豫括民田，籍丁壮为军，中孚竟执不从，泾原独免掊克[①]之患。后拜参知政事，迁尚书左丞相，封南阳郡王，卒。中孚天性孝友刚毅，与弟中彦居，未尝有间言。喜读书，驭士卒严而有恩，西人尤畏爱之。

张中彦，字才甫，中孚弟。历官至临洮尹兼熙秦路[②]〔四五〕都总管。巩州[③]贼刘海构乱，中彦惟论为首者戮之。西羌恃险不服，朝廷使御史就论方略，中彦曰："此羌服叛不常，若非中彦自行，势必不可即。"至积石[④]，豪长四十来约降，事遂定，加仪同三司。

明

杨思道，字梦辅。为元巩昌[⑤]总管，善《易》学。时明兵北伐，思道乃弃官遁华亭[⑥]。西山大将军知其贤，命署县事。遭兵乱，余民止八户，思道乃招谕民户，凡千一百有奇，遂葺县治，修学校。久之，思道退占籍，为武村里人。藩臣荐为本学训导[⑦]，升山西襄陵教谕[⑧]，九年，致仕。

刘偲，灵台人。辟经明行修，授福建道监察御史[⑨]，久居风宪，有声名。

张谅，字子贞，华亭人。聪明过人，有膂力，善骑射，居家孝友严肃，轻财好

---

① 掊克：为聚敛、搜刮之义。

② 熙秦路：金置，治所在临洮府（今甘肃临洮县），辖境相当今岷山、秦岭以北，甘肃平凉、崇信和陕西麟游，扶风、周至等县以西，甘肃临夏、夏河、临潭等市县以东，宁夏同心县以南地。

③ 巩州：州名。北宋升通远军置，治所在陇西县（今甘肃陇西县）。辖境相当今甘肃定西及天水之一部分。金皇统二年（1142）复置通远军。

④ 积石：州名。金升积石军置，治所在今青海贵德县西十里黄河南岸。

⑤ 巩昌：府名。金改巩州置，治所在陇西县（今甘肃陇西县）。

⑥ 华亭：府名。元置，治所在华亭县（今上海市松江县），辖境相当今上海市吴淞江以南地区。

⑦ 训导：学官名。分别为教授、学正、教谕的副职，掌训迪所属生员。

⑧ 教谕：学官名。元代县儒学设教谕，与训导同掌学校管理和课业。

⑨ 监察御史：官名。明改御史台为都察院，按行政区划设十三道监察御史，主查纠内外百官。

义。永乐中，以贡生[①]历官贵州参议[②]。诸苗反，英宗知谅严明可用，诏至暖阁亲谕，赐白金及剑。俾专征，遂讨平之，升参政[③]。

黄种，隆德人。永乐[④]中贡生，除户科给事中[⑤]，鲠介不苟，久居清要，及归，行李萧然。

杨谌，字伯维，华亭人。举永乐十五年乡试，有谋略，善骑射。初任工部主事，升湖广司郎中。正统间[⑥]，宁德[⑦]等县矿贼反，官军讨之，失利。英宗谕谌讨之，谌承命，不归私第，既至宣布朝廷恩意，招来王孟光等一千一百四十九户，给粮存恤，诸县遂安。独崇悦不降，谌率众直抵其寨，悉擒之，阅贼穴，妇女财货不可胜计，令曰："敢私者，斩。"俾妇女各归其家，余悉籍奏。诏嘉之，升本部侍郎，兼抚治宁夏。

王珏，泾州人。登永乐十九年进士，为监察御史，骨鲠敢言，朝野望其风采，时人呼为"铁面御史"。

余俊，平凉人。宣德、正统间，历任介休[⑧]、闻喜[⑨]二县教谕，俱教有成效，升成都府教授[⑩]。

王政，字裕民，华亭人。天性孝友，有学行，善骑射。正统中，以监生[⑪]授工部主事，历任员外郎中[⑫]。成化初，擢浙江参政。时有叛贼王好已作乱，政率兵平之。

---

① 贡生：地方儒学生员取得入国子监习业的身份，谓之贡生。

② 参议：官名。明代布政使司分设左、右参议各一，与参政同管粮储、屯田、驿传、水利、抚民等事。

③ 参政：官名。明代布政司高级官员，有左、右参政各一，位次左、右布政使。

④ 永乐：明成祖年号，公元1403—1424年。

⑤ 户科给事中：官名。户科为明代"六科"之一；给事中，意为"在内廷服务"，属"六科"的办事人员。

⑥ 正统：明英宗年号，公元1436—1449年。

⑦ 宁德：县名。治所在今福建宁德市。

⑧ 介休，县名。治所在今山西介休县

⑨ 闻喜：县名。治所在今山西闻喜县。

⑩ 教授：学官名。明清各级儒学教官，最高一级为教授。

⑪ 监生：即国子监学生。

⑫ 员外郎中：官名。司一级主管郎中的副官。

齐礼，字克敏，隆德人。正统间贡，性刚介，居家以孝友称。授陕州[①]知州，有异政。先是州多虎患，礼至，虎悉远去，又池生瑞莲，人以为德政所致。九载考最，升贵州黎平[②]知府，拊循苗夷、兴学校、设科条，以表正风俗为务。卒于官，黎人思之，为立祠。

郭坚，字屏翰，静宁州人。正统十四年贡，慷慨好义，负有大志，勤苦力学，卓为时望。历知密云[③]、顺义[④]、束鹿[⑤]三县，升涿州[⑥]知州，政绩甚著。

石辂，字君舆，华亭人，膂力善射。举景泰七年乡试。成化会试场灾，士争逾墙，辂援之，悉生。授南城兵马指挥[⑦]，有盗百余人聚劫东城富民，辂驰救，射杀数人，获其魁，余皆遁走。宪宗闻之，诏赐纻丝、白金，补东城兵马。继擢高唐[⑧]知州，路当要冲，清约却馈，大变奢风，民贫者为置牛，租母犊以为业，逋逃者招归，凡有利可兴者悉举之，高唐民戴如父母。及去，民刻碑颂遗爱焉。

林廷玉，字粹夫，平凉人。本福建候〔四六〕官[⑨]籍，以父芝教授平凉，遂家焉。成化二十年进士，授吏科给事中。劾僧继晓〔四七〕[⑩]弃市，中外快之，升工科都给事中。

---

① 陕州：州名。北魏置，治所在陕县（在今河南三门峡市西陕县老城），辖境相当今河南三门峡、陕县、洛宁、渑池、灵宝等市县及山西运城、平陆、芮城等市县地。

② 黎平：府名。明置，治所在五开卫（今贵州黎平县），辖境相当今贵州黎平、榕江、从江等县及锦屏县南部地。

③ 密云：县名。治所在今北京市密云区。

④ 顺义：县名。治所在今北京顺义区。

⑤ 束鹿：县名。治所在今河北辛集市。

⑥ 涿州：州名。唐置，治所在范阳县（今河北涿州市），辖境相当今河北涿州市、雄县及固安县地。

⑦ 南城兵马指挥：明在京城置中、东、南、西、北五城兵马司，为京师治安机构，兵马指挥为其主官。

⑧ 高唐：州名。蒙元置，治所在高唐县（今山东高唐县），辖境相当今山东高唐、夏津、武城三县。

⑨ 候官：县名。治所在今福建福州市。

⑩ 继晓：明江夏（今湖北武昌）僧人。宪宗时，由宦官梁芳引进，以秘术累任“通元翊教广善国师”，奸黠窃权。孝宗立，逮治弃市。

学士程敏政[①]主会试，给事中华敞劾其卖题下狱，廷玉言："谏官下狱，被劾官顾朝参，非法，请同敏政入狱，以昭公道。"谪廷玉海州[②]判官[③]。稍迁茶陵[④]知州，历右通政佥都御史[⑤]。巡抚保定，劾太仆丞索赂暴民者，丞恃中助反诬讼玉，罢之。嘉靖初，吏部侍郎胡世宁荐玉骨鲠有风裁，宜引助新政，不果用。

史书，字献忠，灵台人。成化十一年进士，授山西阳城[⑥]知县。年尚少，大猾路省祭轻之，置诸法，民皆惊服。省里甲贯小罪，徭赋如期，百务咸集。再知平山县，民习朴，治以无事。历吏部员外郎。擢守保宁，多善政，视事九年，以清介称。

郭遡，静宁人，涿州刺史坚子，工骑射。成化四年，从总督项忠[⑦]讨石城贼，战辄当先，生擒伪招督王满。四授秦州卫，镇抚十三年。从都御史余子俊[⑧]讨洮岷叛番有功，升百户，累官指挥佥事。尝将精兵摧锋陷阵，屡有斩获。寻升都指挥佥事[⑨]。

张琡，字文璧，镇原人，少颖悟有干局。成化八年进士，授工部主事。查定、魏二公，勅赐芦滩额外地，奏属有司，以供官厂薪费。升真定知府[⑩]，兴修学舍，积粟赈饥。滹沱河[⑪]泛溢，没民田庐，琡疏新河泄水，又筑长堤百余里，民赖以安。内官李广夺民田，奏檄踏勘，归田于民。升河南参政，督饷革弊，历官中外有名，所至辄集事云。

① 程敏政：1445—1500年，明中叶文学家。字克勤，休宁（今属安徽）人。成化二年（1466）进士。初授翰林院编修，累官礼部右侍郎。弘治十二年（1499），与李东阳主持会试，被诬鬻题下狱，出狱后不久病死。

② 海州：州名。东魏改青、冀二州置，治所在龙沮城（今江苏灌云县西北龙苴镇），辖境相当今江苏连云港市及赣榆、东海、沭阳、灌云等县地。

③ 判官：官名。明代专设于有属县之州，位次知州、同知，掌粮马、巡捕等事。

④ 茶陵：州名。元升茶陵县置，治所在今湖南茶陵县。

⑤ 右通政佥都御史：官名。明代通政使司属官。

⑥ 阳城：县名。治所在今山西阳城县。

⑦ 项忠：1421—1502年，字荩臣，明浙江嘉兴人。正统七年（1442）进士。从英宗北征被俘，令饲马，乘隙逃归。官至刑部尚书。以劾汪直，斥为民。直败，复官致仕。

⑧ 余子俊：1429—1489年，字士英，明四川青神人。景泰二年（1451）进士。授户部主事，进员外郎，在部十年以廉干称。官至兵部尚书。

⑨ 都指挥佥事：官名。明代都指挥使司属官，掌一方之军政。

⑩ 真定：府名。五代唐改镇州置，治所在真定县（今河北正定县）。

⑪ 滹沱河：即滹池，源出山西五台山。

张伦，平凉卫人。成化十四年进士。清直自励，学以经济为先。任南京户部主事郎中，俸悉给官，费无遗留。丙午，河陕大饥，伦请发江淮运米数十万往赈，旱甚河漕运阻，伦百方经画，济以陆挽，致米二十余万，不能至者粜之河南，以估金赈陕，活数十万人，竟以劳卒于河南，人为立祠。

赵斌，字时宪，平凉人。弘〔四八〕治十三年进士。温厚寡言，有胆略。为举人时，路遇盗数十人，斌下马持弓，盗问何人，斌从容曰："吾平凉赵斌，矢不空发。"盗驰去。以行人擢监察御史，凡十余年掌京畿道，升应天府丞①。历任为政，咸有方略。

仇钺，字廷威，镇原人。袭宁夏前卫指挥同知②世职。正德二年，总制杨一清荐擢宁夏游击将军。五年，安化王寘鐇及指挥何锦、周昂、丁广反，钺时驻城外，闻变引兵入城，解甲觐寘鐇即归，卧家称病，以所将兵分隶贼营，锦等信之，时就问计。钺阴结壮士，遣人令报，官军旦夕至，绐锦、广出兵守渡口，遏东岸兵，勿使渡河。锦、广果倾营出，昂独守城。寘鐇以祃牙召钺，钺称病，亟昂来视，钺方坚卧，伏卒猝起，捶杀昂。钺乃被甲横刀，提其首跃马大呼，壮士皆集驰，诣寘鐇第，缚之，谕其部曲，众遂大溃。论功封咸宁伯，进署都督佥事，充宁夏总兵官。七年，刘惠③、赵燧等乱河南，拜平贼将军，偕都御史彭泽讨之。连战皆捷，俘斩不可胜计，盗首先后被擒。出师四月，河南贼悉平，论功进世侯。十年，称疾解营务。世宗立，再起，掌前府事，未上，卒，谥武襄。

周鉴，字子明，平凉人。举嘉靖三十一年乡试第一，三十二年进士，授刑部主事。考最，升佥事，督学四川、山东，其所品鉴，一时得士最盛，名士多出其门。升河南左布政使④，迁右副都御史⑤。鉴有政才，所至多风，力持法严，人不敢犯，虽藩府每事必裁抑。妖贼曹伦起仪封⑥，鉴擒斩之，所司具状上闻，为忌者所沮抑，

---

① 应天府丞：官名。应天府即南京。府丞，明代应天府佐官。

② 前卫指挥同知：官名。明代为前卫指挥使司佐官。

③ 刘惠：？—1512年，明河南人。正德六年（1511），在河北随从刘六、刘七起义。起义军分兵作战，他参加杨虎领导的一支。杨虎死后，任主将，攻占河南、湖广等多处州县。后败走南召，自缢死。

④ 左布政使：官名。明代设左、右布政使，为布政使司长官。

⑤ 右副都御史：官名。明代设左、右都御史，为都察院长官，副都御使为副官。

⑥ 仪封：县名。治今河南兰考县。

竟未叙功。张居正[①]当国，威詟朝野，以葬亲归，道过河南，卿大夫迎谒礼甚卑，鉴独守常仪，居正不悦，语人曰："周子明殊无东道意。"鉴遂抗章自劾求去，凡五上未允，部议拟调，俄有中旨准致仕归家。

何宗贤，泾州人。成化间进士，官佥事。弟宗礼亦官副使。兄弟讲学有文名。

姚爵，字汝修，静宁人。正德六年进士。初授刑部主事，历升湖广司郎中。公明果断，廉正自持。岁戊寅，武宗巡游，爵抗疏累谏，廷杖[②]几毙。辛巳春，奉命勘事大名[③]府，称平允。恤刑四川，理冤伸枉，尤多平反。升河南开封知府，未赴任，道卒。

董希曾，隆德人。举正德十一年乡试，初授保安知州，矿盗可洪等众二十余连结，鼓煽伺衅将发，时承平日久，郡县无备。希曾结以恩信，开诚布公，贼感悦，相率敛辑，卒不为乱。寻升东昌[④]府同知，亦著政绩。

赵时春，字景仁，平凉人。为人严毅介特，与士大夫处，意有所不可，议论有所不合，必引绳按矩诘责之，不少贷，人服其正。年十四举于乡，逾四年举嘉靖五年会试第一，授庶吉士[⑤]，改户部主事，寻调兵部。九年，疏请禁谀佞、正士风，又疏请崇治本、信号令、广延访、励廉耻、惜人才、固疆圉、正治教七事。下诏狱[⑥]，黜为民。既起编修兼司经局校书。帝有疾，疏请东宫御殿受正旦朝贺，复黜为民。会京师被寇，世宗用荐，召为兵部职方主事[⑦]。仇鸾[⑧]恃宠，倡马市损国扰边，时春

① 张居正：1525—1582年，字叔大，号太岳，湖广江陵（今湖北江陵）人。明朝中后期政治家、改革家。

② 廷杖：在朝廷上行杖打人，是对官吏实行的一种侮辱性惩罚。

③ 大名：府名。五代汉改广晋府置，治所在大名县（今河北大名县东北大街乡），辖境相当今河北大名、魏县、成安、广平、威县、临西、馆陶和山东临清、夏津、冠县、莘县及河南内黄等县市地。

④ 东昌：府名。明初改东昌路置，治所在聊城县（今山东聊城市），辖境相当今山东聊城市及高唐、茌平、冠县、莘县等地。

⑤ 庶吉士：按明制，从进士中选优秀者，进入翰林院深造，称庶吉士，后根据考试成绩授予不同官衔。

⑥ 诏狱：由皇帝亲自下诏方能系狱的案子，就是由皇帝直接掌管的刑狱。明代的锦衣卫狱就是诏狱的一种。

⑦ 兵部职方主事：明清兵部下职方司长官。

⑧ 仇鸾：？—1552年，字伯翔，明陕西镇原人。仇钺孙，嗣侯爵，任总兵官，因贪虐被劾革职。

抗议不合，又以能兵为鸾所忌，几得罪。稍迁山东佥事，转副使。三十二年，擢巡抚山西佥都御史提督，雁门诸关武备甚修。其为政斥贪墨、省征徭、抑请托、绝馈遗，宗藩贵宦相戒不敢犯法。其年九月，寇入神池、利民[①]诸堡，时春率兵往御，擐甲策马，至大虫岭[②]遇伏兵，败绩被论解官。时春少喜谈兵，读书善强记，凡天文、地理、户口、钱谷多寡之数，能历历诵之，所为文章豪肆，与唐顺之[③]、王慎中[④]齐名。唐顺之尝曰："宋有欧、苏，明有王、赵。"其推重如此。著有《浚谷集》行世。

许理，字伯温，镇原人。正德六年进士。授丹阳[⑤]知县。群奸横征苦诛，求邑当要路，理省费十之三。豪右欺隐公帑各数千金，累请谒县令，莫能治，理置之法而括财归官。会水灾，租不入，悉以前金代输。升任兵科，将行，民垂涕，赆金送者千余人，理悉却之。及给谏弹劾，不避权贵大吏，贪墨并时政之弊者，辄上封事，论皆得体，中外惮之。

刘时中，字大本，华亭人，国学生。正德十四年，授大名府检校。干敏疏通，太守任君中深赏之，数任以疑事，事皆办。开州[⑥]豪吏韩甲为伯所讼，州使徒往捕甲，甲击杀徒，藏其衣壁中，而尸于伯氏之门。州收其伯，掠治承服。时中覆讯，尽得枉状，部徒搜甲，获其衣刀，阖府惊异。大名县丧尹，吏民败乱，时中摄行数月，即治。

刘怀德，隆德人。贡生，授永川[⑦]丞，摄县事。嘉靖间，值白莲贼反势甚张，旬日陷七县，转寇永川，吏民震恐。怀德以忠义激劝婴城固守，贼悉众薄，城攻甚力，怀德应变俱有方略，引弓射中贼帅，众乘势百弩齐发，贼败遁，率众驰逐，俘斩数百人。

---

① 神池、利民堡：神池堡，在今山西省神池县。利民堡，在今山西省神池县西北利民堡。

② 大虫岭：在今陕西宝鸡市东北。

③ 唐顺之：1507—1560年，字应德，一字义修，号荆川，武进（今江苏常州）人。明代学者、军事家、文学家。

④ 王慎中：1509—1559年，字道思，号南江，别号遵岩居士，晋江（今福建泉州）人。明代诗人、散文家。

⑤ 丹阳：县名。唐天改曲阿县置，今江苏丹阳市。

⑥ 开州：州名。金改澶州置，治所在濮阳县（今河南濮阳县），辖境相当今河南濮阳市和山东莘县南部地。

⑦ 永川：县名。治所在今四川永川县。

杨文奎，隆德人。以赀补国子生，授灵邱[①]〔四九〕知县。有干才，持正不阿。县故有虎为民害，文奎斋沐祷祀三日，虎竟死。太白山有矿迹，中官欲奏闻之，文奎以为扰民，坚执不可，事得已。近山多盗，时出寇掠，文奎谍知，选壮士二百人躬擐甲胄，率二子往讨之，斩首五十余级，贼遂平。升衢州府同知。

李迪，隆德贡生。除房县[②]主簿[③]，居官务以善导人，不喜刑名。时县以争田讼者七十余家，迪叹息曰："是关风化，非刑狱所能止也。"乃期日引诸讼者集列庭中，为之陈逊让敦睦之义，往反开晓，辞气恳恻，于是讼者感愧，各愿罢去，无复以田为言者。迪治理率多类此，及去，民思其德，为立祠。

张世爵，崇信人。嘉靖[④]间贡士，任四川安居[⑤]县簿，为政宽平廉静，不尚苛刻。故事，司粮务者，岁有例金。里甲循例以献，世爵曰："若辈以吾为何等？乃以赤蹶相污耶？"挥之去。宥过奖善，以诲谕代鞭朴，安人感德，立祠祀之。居乡睦姻尚义，里党矜式。

靳贤，字子哲，静宁州人。举隆庆元年乡试，性至孝。万历〔五十〕中[⑥]，知沁源[⑦]县，俗多逋租，率由田土未清。贤履亩勘丈，绝其兼并，自是沁源无催科之累。又捐俸置机房，以教民织。县城土筑，贤至始甃以砖。沁人感戴，为之立祠。寻擢潞安府通判署事[⑧]，泽州皆称明决。时值岁歉，捐资赈济，全活尤多。贤丰姿挺秀，自律甚严，而待人和蔼，尚义好施，亲族赖之。

江渤，字汉海，静宁州人。性鲠介，慎名节，恬退自矢。万历〔五一〕二十一年选贡，除知山西芮城[⑨]县。时县有陋规，新令赴任送途费三百金。渤挥去曰："此民脂膏耳，何玷吾官箴？"为解组日，囊橐萧然。归里杜门，手不释卷。独居衣冠危坐，闻官司过门辄起立，古冥行君子也。

① 灵邱：县名。治所在今山西灵丘县东。

② 房县：县名。治所在今湖北房县。

③ 主簿：官名。知县佐官。

④ 嘉靖：明世宗年号，公元1522—1566年。

⑤ 安居：县名。治所在今四川铜梁县。

⑥ 万历：明神宗年号，公元1573—1620年。

⑦ 沁源：县名。治所在今山西沁源县。

⑧ 通判署事：官名。为各府知府佐官。

⑨ 芮城：县名。北周改安戎县置，属河北郡。治所在今山西芮城县东。天和二年（567）移治今芮城县。唐属陕州。金属解州。

董三秦，隆德人。万历〔五二〕十年选贡，历官河南真阳[①]知县。为人廉正，难干以私。其治真阳，诛锄强豪，拊循柔善，深得宽猛之宜。时白莲教寇乱势甚剧，三秦往招之，贼素服其威信，胥受抚。

连捷，字金门，平凉人。工举子，业试辄冠侪辈，久著名诸生间，举天启元年乡试。为人宽和，尤敦友让，与弟芳同居，终身无间言。素恬静不与人竞，未尝见有睚眦之怨，乡曲皆称之。

杨可教，灵台人。万历〔五三〕间贡生，任城[②]武训[③]。其先仲纪，以贡尹丰润，长厚多善政，以理学传家。可教博闻强记，穷极经史。时与弟可立互订理学，耄年不衰。

董三策，隆德人。万历〔五四〕间贡士，授黄州[④]府通判。性廉介，持正不阿。其佐郡治，以薄赋税、宽民力为急。在官数年，政化大行，远人归慕。去官，黄州人思之，为立祠。万历〔五五〕四十五年，隆德饥，时三策居家，出所积俸，籴粟收养宗族，计口授食，举宗无有饥者。

王琪，字公甫，静宁州人。少颖达好古，博学家世，藏书数万卷，为文有体，诗亦入格，善书法，与弟瓆齐名。而行谊素孚于人，以副榜入贡[⑤]。所著有《韈线集》〔五六〕。

王瓆，字蓝璧，静宁州人。明末进士，授山西孝义[⑥]知县，迁黄梅[⑦]令。除其锢害，梅民立碑志德。历升湖广武昌佥事道。时闯、献猖獗，江汉震惊。瓆调兵驻防，分守冲要，设伏诱击，擒杀颇多。而贼众益集，攻陷楚城，瓆扣左良玉军门，号泣请师。瓆擐甲督阵，直抵鄂渚，斩贼万计，不旬日而武、黄、汉三郡州县皆复如故，寻升参政。卒年七十七。

清

杨可立，字止止，灵台县人。淹贯群书，少工文艺，究心周、程、张、朱之

---

① 真阳县：县名。治所在今河南正阳县。

② 任城：县名。治所在今山东济宁市。

③ 武训：官名。武学学官。

④ 黄州：府名。明初改黄州路置，治所在黄冈县（今湖北黄州市）。

⑤ 以副榜入贡：即在乡试正式录取名单之外，再选若干人入国子监，称“副榜贡生”。

⑥ 孝义：县名。治所在今山西孝义市。

⑦ 黄梅：县名。治所在今湖北黄梅县。

学，体认求放心工夫，乐教人为善，建塾训，乡里子弟远近从之。以明经授蓝田[①]训导，升镇安[②]教谕。优恤贫生，致仕归，设义田周穷乏。晚尤好学笃行，著述甚多，学者称为“淡斋先生”。值岁荒，有百余人采食苜蓿，可立悯之，各给米数斗去。有群盗攻掠，居民谓其众曰：“杨某名贤，众毋扰。”其为小人敬服如此。

慕天颜，字拱极，静宁州人。顺治十二年进士，初任浙江钱塘[③]县令，升福建兴化知府。审理军需案，费关百万，事连府州县官数百人，屡年不决，天颜得其要领，库帑以清。寻摄太常卿[④]，招抚台湾。授兴泉道，升江苏布政使，入觐条奏八事：其一黄淮全局情形，其二淮扬涸田宽征，其三请除荒坍田粮，其四请减浮粮[⑤]额数，其五永行均田均役，其六选用守令能员，其七恤给罪囚口粮，其八闽海寨游设防。而治河、闽防二事，荒坍、浮粮之弊尤为确切。康熙十五年，升江苏巡抚。十六年，捐造鸟船[⑥]四十只，火药二十万斤，炮手一千二百名，解送岳州军前，加兵部尚书。江南屡荒，皆由水道不治，复奏大兴水利，请浚常熟白茆港[⑦]、武进孟渎河[⑧]诸处，盖吴淞、刘河、白茅、孟渎为苏、松、常、镇[⑨]之四大干河，不可不急治也。疏入报可。又苏、松、常、太、长[⑩]等十州县有历久版荒之田，有江湖冲塌之坍江[⑪]，有地入公家、粮存编户，谓之公占，三者历年里甲包赔，官司那[⑫]垫至是。因地震，陈言请豁，勘实坍荒田地共二千三百六顷，历年缺额银二百三万零，而版荒、坍江、公占，诸虚租遂得永豁。以核京口驻防事去官。二十三年，起复湖北巡

① 蓝田：县名。治所在今陕西蓝田县。

② 镇安：府名。明初 改镇安路置，治所在今广西德保县，辖境相当今广西靖西、那坡、德保、天等四县及田阳、田东二县部分地。

③ 钱塘：县名。治所在今浙江杭州市。

④ 太常卿：官名。从汉代太常变化而来，明制为“小九卿”之一，掌宗庙礼仪、选试、国学等。

⑤ 浮粮：即定额之外的钱粮税款。

⑥ 鸟船：中国古代海船的一种。因船头似鸟嘴而得名，与沙船、福船、广船并称中国古代四大名船。

⑦ 常熟白茆港：常熟境内阳澄地区主要通江河道之一。

⑧ 武进孟渎河：又称孟河，在江苏常州西北，为重要漕运河道。

⑨ 苏、松、常、镇：即苏州、松江、常州、镇江四府。

⑩ 太、长：太仓、长洲。

⑪ 坍江：即江水泛滥淹没田地。

⑫ 那：同挪，挪用。

抚，旋调贵州，升总督漕运。因条列漕政、复岁造船只之例，创渡江先后之法，请江北红白兼收以便土宜，又严斛卒盘验之法，于过淮倡合帮互挽之条于上闻。所著有《抚吴封事》《楚黔封事》《督漕封事》《辑瑞陈言》刻行。后卒于苏州，葬于吴。

庆阳府

汉

李息，郁郅人。事景帝。至武帝立八岁，为材官将军①，军马邑。后六岁，为将军，出代。后三岁，为将军，从大将军青出朔方。凡三为将军，后常为大行②。浑邪王谋欲降汉，是时大行李息将城河上，得浑邪王使，即驰传以闻，上乃令去病将兵往迎之。元鼎间③，西域既通，置河西郡。后先零、羌合兵十余万围枹罕，息与郎中令徐自为将兵十万人击平之。始置护羌校尉，持节统领焉。

公孙敖，义渠人。以郎事景帝。至武帝立，为骑将军，出代。后五岁，以校尉从大将军青，封合骑侯。后一岁，以中将军从大将军，再出定襄。后二岁，以将军出北地。后十四岁，以因杅将军筑受降城④。凡四为将军。

公孙贺，字子叔，北地义渠人。祖昆邪。景帝时，为陇西太守。以将军击吴、楚有功，封平曲侯，著书十五篇〔五七〕。贺少为骑士，从军数有功。武帝即位，迁至太仆⑤。贺夫人，卫皇后姊也，贺由是有宠。元光中⑥，为轻车将军〔五八〕，从大将军青出有功，封南窌侯，坐酎金失侯。后八岁，遂代石庆为丞相，封葛绎侯。时朝廷多事，督责大臣，贺引拜为丞相，不受印绶，顿首涕泣曰："臣本边鄙，以鞍马骑射为材，官诚不任宰相。"上与左右见贺悲哀，感动下泣曰："扶起丞相。"贺不肯起，上乃起去，贺不得已拜，出，左右问其故，贺曰："主上贤明，臣不足以称，恐负重责，从是殆矣。"贺子敬声，代贺为太仆，父子并居公卿位。敬声骄奢不奉法，坐事死。

傅介子，北地人。以从军为官。先是龟兹、楼兰皆尝杀汉使者。元凤中⑦，介子

---

① 材官将军：官名。西汉列将军之一。

② 大行：官名。掌礼仪，又名大鸿胪。

③ 元鼎：汉武帝年号，前116—前111年。

④ 受降城：在今内蒙古乌拉特中旗东阴山北。

⑤ 太仆：官名。掌舆马，汉为九卿之一。

⑥ 元光：汉武帝年号，前134—前129年。

⑦ 元凤：汉昭帝年号，前80—前75年。

以骏马监[①]求使大宛，因诏令责楼兰、龟兹国。介子至，责其王，各谢服。因率其吏士共斩匈奴使者，还奏，诏拜为中郎[②]，迁平乐监[③]。复遣介子赍金币，扬言赐外国。至楼兰，王贪汉财物，来见使者。介子与坐饮，壮士二人刺之立死，遂持王首还诣阙。公卿议者咸嘉其功，诏封为义阳侯，食邑七百户。

甘延寿，字君况，北地郁郅人。少以良家子善骑射为羽林，投石拔距绝于等伦，尝超逾羽林亭楼，由是迁为郎。试弁，为期门[④]，以材力爱幸。稍迁至辽东[⑤]太守。车骑将军许嘉[⑥]荐为郎中谏大夫[⑦]，使西域都护骑都尉，与副校尉陈汤[⑧]共诛斩郅支单于[⑨]。封义成侯。薨，谥曰壮。

梁慬，字伯威，北地弋居[⑩]人也。慬有勇气，慷慨好功名。延平元年，为西域副校尉。都护段禧、长史赵博守它乾城[⑪]，城小，慬以为不可固，乃说龟兹王欲入共保其城。慬既入，遣将急迎禧、博，合军八九千人。龟兹吏人并叛其王，反共围城，慬出战，大破之。二年春，敦煌众羌叛，朝廷发兵西击，诏慬留援，慬进兵击破之，追至昭武[⑫]，及至姑臧，降其大豪三百余人，河西复安。受诏屯金城〔五九〕，羌犯

---

① 骏马监：官名。骏马厩属官，厩掌皇宫马厩。

② 中郎：官名。为近侍官，光禄勋所属五官、左、右中郎将署及虎贲中郎将署，均设中郎，地位高于侍郎与郎中。

③ 平乐监：官名。西汉养马诸厩有平乐厩，设监以领其事。

④ 期门：官名。属光禄勋，掌执戟送从。武帝建元三年初置，比郎，无固定人数，多至千人。

⑤ 辽东：郡名。战国燕置，治所在襄平（今辽宁辽阳市老城），辖境相当今辽宁大凌河以东、开原市以南，朝鲜清川江下游以北地区。

⑥ 许嘉：？—前28年，许延寿中子，元帝、成帝时均以外戚居高位。

⑦ 郎中谏大夫：官名。汉代光禄勋属官，掌议论。

⑧ 陈汤：字子公，山阳瑕丘（今山东兖州东北）人。西汉西域副校尉，攻致支城，杀郅支单于。

⑨ 郅支单于：西汉匈奴分裂后的北匈奴首领。

⑩ 弋居：县名。义渠今甘肃宁县。

⑪ 它乾城：地名。在今新疆新和县西南大望库木旧城。

⑫ 昭武：县名。义渠今甘肃临泽县。

三辅[①]，即引兵赴击，转战武功[②]、美阳关[③]，连破走之，尽得所掠生口，羌遂奔散。朝廷嘉之，赐书劳勉，委以西方事。三年，行度辽将军事，救耿种于美稷[④]，破匈奴、乌桓，即拜度辽将军。

王围，郁郅人。为强弩将军，以勇武显闻，有《射法》五卷。

傅育，北地人。显宗初，与将军马武等击羌，功冠诸军。后为武威太守，屡有战功，详《凉州名宦》。

魏

傅嘏，字兰石，北地人，介子之后。弱冠知名，司空陈群[⑤]辟为掾[⑥]。时刘邵[⑦]作考课法[⑧]，嘏以"殿最之课，未尽人才"作论难，以箴其失。后为河南尹，迁尚书。时议征吴，嘏言非便时不从出师，果为诸葛恪[⑨]所败。正元二年，平母邱俭[⑩]、文钦[⑪]之乱，嘏谋居多，进封阳乡侯。

晋

傅祗，字子庄，魏太常嘏子。性至孝，以才识明练称。武帝时，起家太子舍人，累迁散骑黄门郎。为荥阳太守，时河、济泛溢，乃造沉莱堰以时蓄泄，兖、豫

① 三辅：地区名。汉初分秦内史为左、右内史，与主爵中尉（不久改为主爵都尉）同治长安城中，所辖皆京畿之地。汉武帝太初元年（前104）改左、右内史、主爵都尉为京兆尹、左冯翊、右扶风，合称"三辅"。辖今陕西中部地区。

② 武功：县名。在今陕西眉县东。

③ 美阳关：地名。在今陕西武功县西北。

④ 美稷：县名。治所在今内蒙古准格尔旗西北。

⑤ 陈群：？—236年，字长文，三国时颍川许昌人。曹魏重臣，九品中正制创始人。

⑥ 掾：通指佐官或属官。

⑦ 刘邵：字孔才，三国时广平邯郸（今属河北）人。曹魏著名政治家、文学家。

⑧ 考课法：按一定的标准对官吏的政绩进行考核，以决定其升降赏罚的方法，以殿最分其先后。

⑨ 诸葛恪：203—253年，字元逊，三国时吴将，琅邪阳都（今山东沂南）人。大将军诸葛瑾之子，诸葛亮之侄，东吴权臣。

⑩ 母邱俭：按《三国志・魏书・毌丘俭传》当作"毌丘俭"，魏明帝时重臣，后与文钦联合起兵，反对司马师专政，兵败被杀，夷三族。

⑪ 文钦：？—258年，字仲若，三国时谯（今安徽亳县）人。曹魏将领，与毌丘俭起兵反司马氏，兵败亡命孙吴。后奉吴命，领兵襄助魏将诸葛诞起兵，因与诸葛诞相互猜忌，遭杀。

无水患。后以讨杨骏功，封灵州县公。氐人齐万年[①]反，祇率夏侯骏[②]讨平之。及赵王伦辅政，祇辞疾，伦强之使就职。惠帝还宫，请退，不许。怀帝即位，加右仆射、中书监[③]。祇明达国体，朝廷制度多所经综，著文章驳论十余万言。

傅宣，字世弘〔六十〕，祇子。年六岁丧继母，哭泣如成人。长好学，赵王伦以为相国，掾尚书郎。怀帝即位，转吏部郎御史中丞。宣弟畅，少有重名，以选入侍讲东宫，为秘书丞，没于石勒[④]。

傅玄〔六一〕，字休奕，北地泥阳人[⑤]，爕之孙。少孤贫，博学善属文，解钟律，举秀才，除郎中，选入著作，撰集《魏书》。历官弘〔六二〕农[⑥]太守、典农校尉[⑦]，所居称职。太始四年[⑧]，有水旱之灾，上便宜五事，诏称善，迁司隶校尉[⑨]。元天性峻急，不能有所容，每有奏劾，或值日暮捧白简，整簪带坐而待旦，于是贵游慑伏，台阁生风。元虽贵显，而著述不废，撰论经国及三史[⑩]故事，评断得失，名《傅子》，内、外、中篇凡四部六录，并文集百余卷行于世。其后追封清泉侯。子咸。

傅咸，字长虞。刚简有大节，风格峻整，疾恶如雠，推贤乐善，好属文。咸宁初，袭父爵，拜太子洗马[⑪]，累迁司徒左长史[⑫]。在位多所执正，以世俗奢侈上书极谏，朝廷从之。迁尚书左丞[⑬]。惠帝即位，杨骏辅政，咸规谏讽切，骏渐不平。骏

① 齐万年：西晋氐族首领。元康六年（296），匈奴人郝度元（郝散弟）起兵反晋，关中氐族和羌族人民纷起响应。他被推为帝，众达数十万。次年，杀西晋建威将军周处。此后又屡破晋军。元康九年（299），兵败被俘。

② 夏侯骏：魏晋时期将军，夏侯威长子。

③ 中书监：官名。与中书令同为中书省长官。

④ 石勒：274—333年，字世龙，羯族，上党武乡（今山西榆社北）人。十六国时后赵的建立者，公元319—333年在位，都襄国（今河北邢台）。

⑤ 泥阳：县名。治所在今甘肃宁县东南。

⑥ 弘农：郡名。西汉置，治所在弘农县（今河南灵宝市北故函谷关城），辖境相当今河南黄河以南、宜阳以西的洛、伊、淅川等流域和陕西洛水、社川河上游、丹江流域。

⑦ 典农校尉：官名。魏晋置，主郡屯田事。

⑧ 太始四年：即泰始四年，公元268年。

⑨ 司隶校尉：官名。汉武帝始置，掌京畿地区监察之职。

⑩ 三史：即《史记》《汉书》《东观汉记》。

⑪ 太子洗马：官名。太子属官，两晋时掌秘书图籍及释奠讲经。

⑫ 司徒左长史：官名。司徒属官，协理军政要务。

⑬ 尚书左丞：官名。为尚书令属官，与尚书右丞同掌台内事。

诛，咸转太子中庶子，迁御史中丞。汝南王亮辅政专权，咸又切谏，亮不纳。仆射王戎兼吏部，咸奏："戎备位台辅，兼掌选举，不能谧静风俗，人心倾动，开张浮竞。"①咸累自上称引故事，条理灼然。吴郡顾荣②尝曰："傅长虞为司隶，劲直忠果，按劾惊人。虽非周才，偏亮可贵也。"卒，赠司隶校尉，谥曰贞。

宋

傅弘〔六三〕之，字仲度，北地泥阳人。高祖祗，晋司徒。弘〔六四〕之少倜傥有大志，仕宋累迁建威将军、顺阳③太守。武帝北伐，弘〔六五〕之等七军自武关入。弘之素善骑乘，曾于姚泓驰道内缓服戏马，甚有姿致，聚观者数千人，并嗟叹称善。留为雍州治中从事。义真④东归，赫连勃勃倾国追蹑，于青泥⑤大战，弘〔六六〕之躬贯甲胄，气冠三军，军败陷没，逼降不屈。时天寒，裸弘〔六七〕之，弘〔六八〕之叫骂，见杀。

魏

梁祚，北地泥阳人。笃志好学，历治诸经，尤善《公羊春秋》《郑氏易》，常以教授，有儒者风，而无当世之才。与幽州别驾⑥平恒有旧，时请与论经史，辟秘书中散。后为中书博士，撰订陈寿《三国志》，名曰《国统》。又作《代都赋》，颇行于世。清贫守素，不交势贵。子元吉有父风。

唐

康寿，真宁〔六九〕人。任襄阳谷城⑦令，有美政，野有驯翚，村无吠犬。子智任县

① "戎备位辅"至"开张浮竞"句：《晋书·傅玄传附子咸传》作："戎备位台辅，兼掌选举，不能谧静风俗，以凝庶绩，至令人心倾动，开张浮竞。中郎李重、李义不相匡正。请免戎等官。"

② 顾荣：？—312年，字彦先，西晋吴郡吴县（今江苏苏州）人。弱冠仕吴，吴亡，与陆机、陆云同入洛，晋拜郎中，转廷尉正。怀帝永嘉元年，司马睿镇江东，以为军司，加散骑常侍。凡所谋划，皆与荣议。

③ 顺阳：郡名，西晋改南乡郡置，治所在酂县（今湖北老河口市西北），辖境相当今湖北老河口、丹江口二市及谷城县，河南淅川、西峡二县地。

④ 义真：即刘义真（？—424），南朝宋武帝刘裕次子。刘裕西征灭后秦，留刘义真镇守关中，为赫连勃勃所败。

⑤ 青泥：关名。在今陕西蓝田县。

⑥ 别驾：官名。汉置别驾从事史，为司隶校尉和部刺史的属吏，因与长官巡视辖区政务时，另乘车从行，故乘别驾，魏晋后多有沿置，总理州府总务，职权甚重。

⑦ 谷城：县名。治所在今湖北谷城县。

令，政治公平有父风。有墓碑。

宋

王庶，字子尚，庆阳人。崇宁[①]间进士第，知泾州保定县。以种师道[②]荐，通判怀德军[③]。高宗初，为鄜延经略使。累立战功，进龙图阁待制[④]，节制陕西六路军马。金人大入，破潼关。庶传檄诸路，会期进讨。曲端[⑤]与庶不协，屡督不进，延安遂陷，自劾得罢。绍兴五年，起复知兴元[⑥]府，利夔路制置使。庶以士卒单寡，籍兴洋壮丁，以时简阅，未半年，有兵数万。六年，除湖北安抚使，知鄂州。趋阙陈绍复大业，上大异之，进直学士。七年，以兵部侍郎召入对奏："恢复之功未立，失在偏听、欲速、轻爵赏、是非邪正混淆。诚能赏功罚罪，其谁不服?"又口陈手画秦、蜀利害，上大喜，即日迁本部尚书，命庶措置江淮边防京湖宣抚使。当是时，秦桧主和戎，庶力诋和议，乞诛金使，不从，七疏乞免官。中丞勾龙如渊[⑦]劾庶，本赵鼎所荐，欺君罔上，夺职罢归。十三年，御史胡汝明论庶讥讪朝政，责道州安置，至贬所卒。孝宗追复其官，谥节敏。

元

斡扎箦〔七十〕，宁州人。元太祖命副撒都忽〔七一〕为中兴路[⑧]管民官[⑨]，国兵西征，运饷不绝，无毫发私，时号曰满朝清。世祖时，以疾卒，遗奏请谨名爵、节财用，

---

① 崇宁：宋徽宗年号，公元1102—1106年。

② 种师道：1051—1126年，字彝叔，洛阳（今属河南）人。北宋末年名将，力主抗金。

③ 怀德军：北宋升平夏城置，在今宁夏固原县西北，辖境相当今宁夏同心、海原及固原等县部分地区。

④ 龙图阁待制：官名。龙图阁为宋朝阁名，收藏太宗御书、御制文集及典籍、图画、祥瑞之物，属官有学士、直学士、待制等。

⑤ 曲端：1091—1131年，字正甫，南宋镇戎（今甘肃固原）人。建炎三年（1129），因战功为张浚所重。明年金兵犯境，坐不出师策应，贬海州团练副使。虽有将略，刚愎自用，为人所忌，以其作诗，指斥皇帝，为张浚所杀。

⑥ 兴元：府名。唐置，治所在南郑县（今陕西汉中），辖境相当今陕西汉中市。

⑦ 勾龙如渊：1093—1154年，字行父，永康军导江（今四川灌县）人。秦桧心腹，力主与金议和，除御史中丞，为秦桧排除异己。

⑧ 中兴路：元置，治所在江陵县（今湖北荆沙市荆州区故江陵县城），辖境约当今湖北荆沙市荆州区以南、石首市以北、监利县以西、枝江县以东地。

⑨ 管民官：官名。元代诸路民事长官，与掌管兵戎的官兵管相对。

帝嘉纳焉。

朵儿赤〔七二〕，字道明，斡扎箦〔七三〕子。年十五通古，注《论语》《孟子》《尚书》。帝召见曰："朕闻儒者多嘉言。"朵儿赤〔七四〕奏："当亲君子远小人。"帝曰："汝言甚当。"因授中兴路新民总管。至官，录其子弟之壮者垦田，塞黄河九口，开其三流，凡三载，赋额倍增。寻升潼川〔七五〕府尹①，累迁云南廉访副使②。时云南诸蛮叛，僚佐悉称故而去，朵儿赤独居守。寻调廉访使。行省丞相③贴木迭儿〔七六〕贪暴擅诛杀，罗织安抚使④法花鲁丁〔七七〕，欲致之死。朵儿赤〔七八〕诘其专杀，法花鲁丁〔七九〕竟获免，寻复其官。朵儿赤〔八十〕后卒于官。

明

党理，真宁〔八一〕人。洪武三十年进士，任宜阳⑤县丞，以经术饰吏事，政平化行，境内以治。永乐初，累升太仆寺少卿⑥。沉潜温厚，为文敷畅典雅。莅政公勤，律身清白。抑豪强抚遗孑，俾游食之民各安其业，一时称为良吏。

贺润，宁州人。赋性聪明，立志坚定，读书不泥旧习，而能深契维新。洪武初，登进士第，授监察御史。

张文，字载道，庆阳卫人。明初法严，学者恐贻后累，不乐进取。文欲寻师受学，父母难之，乃潜游寺观觅藏经书之，久之有悟，取儒书读之即大通。里邻申报，郡守见而奇之，曰："此少年隽器也。"入庠给廪，乃益修身励行，讲学受徒，文章德行推冠一时。以岁荐补博平⑦训导，开说经义，士彬彬向风，文体一变。致仕归，其贫如洗，怡然自得。

孔文英，字世杰，安化⑧人。永乐十九年进士，授庐陵⑨知县，擢监察御史。浙黄岩有健讼者，构捏齐民三千人相聚为非，奉勅往鞫，遂得其所构造罗织者，一讯

① 潼川：府名。北宋改梓州置，治所在郪县（今四川三台县），辖境相当今四川三台、中江、盐亭、射洪等县地。

② 廉访副使：官名。元朝设廉访以考课官吏，于各道设肃政廉访司，设廉访使，廉访副使。

③ 行省丞相：官名。元代行中书省的最高长官。

④ 安抚使：官名。元代于少数民族地区设安抚司，掌理军政事物，每司设安抚使总掌事物。

⑤ 宜阳：县名。治所在今河南宜阳县。

⑥ 太仆寺少卿：官名。太仆寺主掌马匹、造作鞍辔等，以太仆卿、少卿为正副主官。

⑦ 博平县：县名。治所在宽河镇（今茌平县西博平镇）。

⑧ 安化县：县名。治所在今湖南安化县。

⑨ 庐陵县：县名。治所在今江西泰和县。

皆服，立遣之，独械首讼者来京，时交口以明果称之。历大理寺卿[①]。镇守紫荆关[②]，提督边务，练兵有法，设险防要，内外晏然，升刑部左侍郎，卒于官。

张骥，安化人。永乐中乡荐，宣德中擢御史，激扬有声，迁大理寺少卿。平山东寇乱，理两浙冤狱，特勅奖谕。

赵恭，环县人。宣德间举人，任河南钧州知州，升彰德府知府，历河南参政，执法不挠，清苦自持。

张清，宁州人。宣德间乡举，授四川道监察御史。历山东按察司，居官以勤恪著。时山东郡邑城垣毁塌，清檄一切修筑之，凡七十余座，民不知劳，官不知费。

赵铭，安化人。景泰二年进士，任监察御史，执法不避权势，升浙江布政使。律身清苦，莅政廉平，逮终无一金遗子孙。

倪让，右所人。正统七年进士，授翰林庶吉士。精通六书[③]，深明治体。历升太常寺少卿[④]，提督四夷馆〔八二〕[⑤]。性行中和，平生无疾言遽色，且见事前知。子英亦中乡举，任鸡泽[⑥]县尹。

陈旺，安化人。正统初，袭指挥使。资性英敏，熟谙韬略，凡攻战守御俱有成法。又通晓译语，当道荐其有文武才。迁淮安参将[⑦]，挂两广平蛮大将军印。历升都督同知掌前府事，时以名将称之。

李福，真宁人，太学生，任大同府同知。英宗北狩，福冒险进贡，久无怠意。回銮日升本府知府，进升参政。

刘仪，庆阳人。甘贫好学，动遵礼义。以岁贡任石州[⑧]通判，理冤狱，征逋税，大有称誉。改判陈州[⑨]，惠政尤多，其廉节之操始终不变，人以为清白吏。

---

① 大理寺卿：官名。大理寺掌刑狱审判，大理寺卿为长官。

② 紫荆关：地名。今河北易县西北紫荆关。

③ 六书：汉字的六种造字方法，即象形、指事、形声、会意、转注、假借。

④ 太常寺少卿：官名。太常寺掌管奉祀等事，少卿为其属官。

⑤ 提督四夷馆：官名。明设四夷馆，为四夷馆长官，掌译书之事，属太常寺。

⑥ 鸡泽：县名。治所在今河北鸡泽县。

⑦ 参将：官名。明代总兵、副总兵之下的军官，无品阶，无定员，属行伍官，分守各路。

⑧ 石州：州名。北周改西汾州置，治所在离石县（今山西离石县），辖境相当今山西离石、中阳、柳林、临县、方山等县地。

⑨ 陈州：州名。北周改信州置，治所在项县（今河南沈丘县），辖境相当今河南淮阳、商水、太康、西华、沈丘等县及周口、项城二市地。

茂彪，后所人，性明敏有俊才。登景泰五年进士，擢监察御史。尝纠仪奏失仪者，声音如雷，百官惮之。寻升山东按察司[①]，佥事明法，律识治体。兼通医术，刻《经史类证》行于世。

田愉，安化人，字景和，慷慨尚气节。中景泰四年顺天乡试，授平遥[②]县令，邑素号难治，愉以清介自持，莅事精察，锄奸去暴，尽息刁风。致仕归，以俸余周给族属，足迹不履公门。

张达，字文通，安化人。中景泰丙子[③]举人，授蠡县[④]令。抚字有方，政平讼简，蠡民化之。升蒲州[⑤]郡守，即乞休，家人强之行，达曰："吾以农家得科目，勋不逮禄，有负国恩多矣，乃复营营仕途为家人计耶?"竟浩然归，结庐柔远山中，耕田课子终身。

杨纶，字大经，安化人。成化二十年进士。知肃宁[⑥]县，擢监察御史，历按宣府河南、四川。赃吏望风解绶，发宣府总兵[⑦]赵昶贪酷，伏其罪，孝宗谓为真御史，历升山西按察使。不附刘瑾，构罪下狱。瑾诛，起升佥都御史，巡抚宣府，寻升右副都御史，掌院事，整饬风纪。后累疏乞休，人皆称为"清白大夫"。

韩鼎，字廷器，合水[⑧]人。成化十七年进士，选礼科给事中。孝宗嗣位，首陈公铨选、经财用、严兵卫、崇天道四事。寻差宁夏，给散军赏，尽革侵渔之弊，迁右给事中。西夷贡狮，所过骚然，疏罢遣之。又以皇嗣未广为忧，上书极言，上优诏答之。进左给事中，疏纠神乐观董素云窃祭服之罪，且乞用文学之臣以充太常。鼎抗疏极谏，随事纳忠，多人所不敢言，屡蒙褒纳。迁江西按察司副使，平反冤狱。奉命统制陕西，讨平吐蕃之乱，升兵部右侍郎。正德间以疾归，所著有《斗庵集》《庆阳府志》。

---

① 按察司：官署名。即提刑按察使司，主管一省司法。

② 平遥：县名。治所在今山西平遥县。

③ 景泰丙子：即明宗景泰七年，公元1456年。

④ 蠡县：县名。治所在今河北蠡县。

⑤ 蒲州：州名。北周改泰州置，治蒲坂县（今山西永济市西南蒲州镇），辖境相当今山西永济、万荣、临猗、芮城等市县地。

⑥ 肃宁：县名。治所在今河北肃宁县。

⑦ 宣府总兵：官名。宣府即宣府镇，明"九边"之一，治今河北宣化县。总兵为指挥一区或一个兵团的主将。

⑧ 合水：县名。治所在今甘肃合水县。

陈震，字文静，庆阳卫人。成化二十三年进士，弘〔八三〕治初授监察御史，风裁凛然，凡所按行平冤释逮，时称平允。历兵部侍郎，尝总制大同诸边。励志廉勤，为政明肃，人不敢干以私。精兵法六壬三式[①]之学，善骑射，敌人不敢入寇。

李梦阳，献吉，庆阳人。父正，周王府教授。母梦日堕怀而生，故名梦阳。弘〔八四〕治五年举乡试第一，六年成进士，授户部主事，进郎中。应诏上书言二病、三害、六渐，中指陈阉宦并寿宁侯张鹤龄[②]，怙宠骄纵，罔利贼民。鹤龄奏辨，诬梦阳讪母，后为张氏下锦衣卫狱，寻宥出夺俸。武宗立，太监刘瑾等八人乱政，户部尚书韩文[③]流涕忧愤，文令梦阳属草奏之，疏入诏廷议其事，瑾知韩疏出梦阳手，摭他事下梦阳狱，将杀之，康海[④]力救得免。瑾败，起江西提学副使[⑤]，振古学，变宿习，士翕然向风，以材高负气。布政使郑岳与梦阳因诘问相忤，下广信狱，按之坐前作《宸濠书院记》削籍。梦阳才思雄骜，以复古自命，与何景明、康海、王九思等号“十才子”，皆卑视一世，而梦阳尤甚，所著有《空同集》。

王天祐，字受之，庆阳人。举弘〔八五〕治十四年乡试。祐世农家，儿时樵牧，即能画地成字，稍长觅书潜读山间。李梦阳见而奇之，因授之学，辄颖悟有得。弱冠中乡举，酷好鲁公法帖，遒劲逼真。正德间纂修《孝宗实录》，预选中书，授介休令。有分巡凌逼州县，祐曰：“是犹可以仕耶?”即解组归。

吕经，字道甫，宁州人。少孤贫，负薪养母，读书不辍。尝荷薪市米，见遗金，坐而待之，果有泣至者，即检还之。归，母怪其久，告之，母大悦。正德三年举进士，授礼科给事中。廷议以经谙练边情，命专核山西诸路机宜，体勘详明。晋都给事中，疏陈弭灾异及植国本诸事，权奸恶之，调山西蒲州同知，镇守太监黄玉

---

① 六壬三式：中国古代天文星占学。天干有壬者共六：壬子，壬寅，壬辰，壬午，壬申，壬戌。六壬与遁甲、太乙又合称三式。

② 张鹤龄：明河间府兴济人。孝宗即位，封鹤龄寿宁侯，与弟张延龄并骄肆横行。后坐事被逮下狱，瘐死。

③ 韩文：1441—1526年，字贯道，明山西洪洞人。成化二年（1466）进士，除工科给事中。遇事敢直言。弘治中累迁户部尚书。武宗即位，太监马永成、刘瑾辈用事。上疏纠劾。瑾等恨之，伺隙坐以罪。瑾诛，始复官。

④ 康海：1475—1541年，字德涵，明陕西武功人。弘治十五年（1502）进士第一，授翰林修撰。与李梦阳等提倡文学复古，为前七子之一。正德间，因救李梦阳，往见太监刘瑾，梦阳因此得免。瑾败，竟坐其党，落职。

⑤ 提学副使：官名。提学使掌一省教育行政事务，提学副使为其副手。

求索，弗遂，诬奏系狱。嘉靖改元，起复吏科，升山东参政。矿贼王堂作乱，亲督战，生擒之，升云南布政使。土司文安邦反，剿平之，升都察院右副都御史。巡抚辽东，厘剔弊习，太监王纯等诬奏，戍茂州，恩诏释归。有《使边录》《谏垣存稿》诸集〔八六〕。隆庆初，诏复其官。

韩守愚，字希哲，鼎之子。正德三年进士，选庶吉士，补兵部武库主事。值逆瑾被收，凡同省士大夫株逮者多，守愚独以质直不与，调山东济宁通判。时流贼猖炽，当事以守愚素谙军机，委以提率民兵。守愚谕以忠义，相机剿杀，贼相戒趋他境。历四川按察司佥事。

陈大纲，字廷宪，震子。正德十二年进士，授大理评事，谳疑狱，片言立折，人咸惊服。擢山西佥事，土豪陈卿据青羊山[①]作乱，抚剿未决，独纲力主剿。作《平贼方略》六篇，遂度地形险易，断山伐木为飞梯，望楼出其背，三军攀援而上，贼惊溃，卿遂降。时宰相以前异议抑之，命官覆勘以不合勋格，竟不蒙赏。升密云兵备，著《修边或问》一卷〔八七〕。时戴贵作乱，久不平。纲至，立保甲法[②]，榜乡邑失贼者连坐，贵遂获，胁从各散去，邑赖以宁。上赉赏褒之。纲为人志大才雄，方严直劲，时称干城腹心之托。

韩奕，字大之，庆阳卫人。家贫不能受读，以赋役见辱于军吏，始奋志向学。登正德中进士，授四川新都[③]令，持己廉慎，莅政平易，擢监察御史，奉命巡盐[④]两浙。时值矿徒啸聚，横行州县，奕曰："盐法不过商估一年利害耳，今变起不灭，祸延不浅。"多方招抚，悉为解散。升四川佥事。致仕，为陶穴之居于城南，教授生徒，讲性命之学，一时俊髦多出门下。

杨纯，字粹夫，宁州人。举正德丁卯[⑤]乡试，授井陉[⑥]令，清慎公勤，升夔州府同知。以刚方自持，不阿于时，清实军伍，一时奸弊肃清。见忤当道，未竟施，为

---

① 青羊山：在今山西平顺县西北。

② 保甲法：明乡村住户，十家为一保，五保为一大保，十大保为一都保。凡家有两丁以上的，出一人为保丁。农闲进行军训，夜间轮差巡查，维持治安。

③ 新都：县名。治所在今四川新都县。

④ 巡盐：官名。即巡盐御史。明于两淮、两浙、长芦、河东四盐场各差巡盐御史一人，总理盐课。

⑤ 正德丁卯：即明武宗正德二年，公元1507年。

⑥ 井陉：县名。治所在今河北井陉县。

时论惜之。

张鹏翰，庆阳人，训导文子。性敏笃学，日记数千言。登正德六年进士，授襄垣[1]令，视民如子，擢监察御史。左迁解州[2]判官，申明吕泾野乡约，三年风俗丕变。壬辰大饥，鹏翰捐俸易粟，活人甚众。寻升苏州通判，疏凿淤河，商贾称便。升南户部员外，邻有新配军苦于卫幕，鬻女得十金，未致而失之，将求死，翰遗之金如数，又为赎女，遣之。除河南佥事，有劝翰复矿洞者，怒曰："汝以利诱我耶?"遂踈其人。历官山东参议。

吕颛，字幼通，经犹子。幼失恃，随伯父读书京师。举正德己卯乡试第一，嘉靖二年进士，授户部主事。升刑部员外郎，审理冤滞，多所平反。升郎中，出知河南卫辉[3]府，政治严明。调山东东昌，值大水河决，渰没馆陶[4]、武城[5]二邑，乃分檄乡村，安插灾民，请赈全活，计口给粮，历升云南左布政使。所著有《仕进录》《上都稿》《诸子说括》等书及《定原集》行世。

吕颙〔八八〕，字幼诚，经子。学问宏博，器识老成。嘉靖十七年进士，谙练明达，历升南京刑部郎中，升襄阳知府。理繁剖剧，随机应变。致仕归，有《诸书释义》《芹谷集》若干卷。

黄正，庆阳卫人，袭都指挥使。父泽，以勇干著闻。正少时已熟谙韬略，人谓其有父风。升灵州备御都司[6]，值宁夏寘鐇作乱，潜谋刻日渡河，正先机收敛渡船，屯兵据守，贼闻之大惊，不敢轻动。先事预防之速，正实与有功焉，升都督佥事。

胡献金，环县人。中正德已卯[7]乡试，除荣昌[8]县令，爱民省费。行取赴京，值父丧归。先居荣昌时，每岁尽以俸资奉父母，止留柴薪自用，一无所取于民。到家窘甚，至不能襄葬事服阕。擢户部主事。

杨蛟，字巨峤，安化人。登嘉靖三十二年进士，操行方洁，为文宏辨。后以主

① 襄垣：县名。治所在今山西襄垣县。

② 解州：州名。五代汉置，治所在解县（今山西运城市西南解州），北宋辖境相当今山西运城市及闻喜县地，金以后扩大至今夏县、芮城、平陆等县地。

③ 卫辉：府名。明改卫辉路置，治所在汲县（今河南卫辉市），辖境相当今河南新乡市。

④ 馆陶：县名。治所在今河北馆陶县。

⑤ 武城：县名。治所在今山东武城县。

⑥ 备御都司：官名。都指挥使司属官。

⑦ 正德已卯：明武宗正德十四年，公元1519年。

⑧ 荣昌：县名。治所在今四川荣昌县。

事榷税临清，革去一切陋规，省民数万金，吏民戴之。

左桂，字立卿，宁州人。举嘉靖二十二年乡试，除胙城①令。胙称难治，桂至损徭役、宽狱讼、明法勅、罚权豪。屏息擢御史，巡视西城，奏大木厂失火，中官悉置于法。又上封事，如弭灾变，谨修省，侃侃皆大计。按山西盐法，会河东地震，破格发帑赈灾。以继母忧归，悉以遗业让诸昆弟。

麻永吉，字庆川，本卫人。嘉靖中登进士，秉性纯笃，嗜读书。母目失明，饮食起居必亲奉焉。初授庶吉士，累官御史太守。廉宪尝抗书劾大臣，正色立朝不避权贵，文章气节一时仰为山斗，后卒于武昌宦邸，囊橐磬然，敛椋无资。

邵苾，字叔芳，宁州人。举嘉靖七年乡试，历任叶县②、介休③、长山④、东乡⑤四县，所至除豪猾，擒巨寇，兴废祛弊，历有政声。迁石州⑥知州，政治益励。以镇江府同知致仕。

周斯盛，字子才，宁州人。登嘉靖三十二年进士，历官御史巡按⑦。辽东土寇犯广宁，身先士卒，战守六昼夜，卒保无虞。巡按浙江，论列巨蠹，罢斥贪墨，吏治一清。督学南畿，简拔英才，抑绝刺竞，风教翕然。历岢岚⑧副使。

李桢，字克庵，庆阳人。隆庆五年进士，累官至尚书。为诸生时，读书楼上，三年不出户庭。乡试卷真草不涂一字，其养定如此。筮仕后，政事简易，与物无忤，立朝著节，为世所仰重。

米万钟，字友石，安化人。万历〔八九〕二十三年进士，累官太仆寺卿。聪颖博雅，尤善书画，名著一时。时阉寺魏忠贤欲令书屏，钟闻之逾墙走，终不与书忠贤

① 胙城：县名。治所在今河南延津县。

② 叶县：县名。治所在今河南叶县。

③ 介休：县名。治所在今山西介休县

④ 长山：县名。治所在今山东邹平县。

⑤ 东乡：县名。治所在今江西东乡县。

⑥ 石州：州名。北周改西汾州置，治所在离石县（今山西离石县），辖境相当今山西离石、中阳、柳林、临县、方山等县地。

⑦ 御史巡按：官名。清代都察院下属十五道监察御史，如奉命出巡地方，即为巡按御史。

⑧ 岢岚：县名。治所在今山西岢岚县。

党。倪文焕[①]劾之，遂削籍。

李巍然，合水人。天资颖异，垂髫知孝友，家贫苦志，学业精专。以明经授武昌府通判，决断如流，狱无冤滞，除奸革弊，颂流江汉。升安宁[②]知州，修举废坠，教养士民，甫一载而政声倍著。卒于官。

巩国柱，真宁人。任葭州[③]学正，历任四庠，取与必严。一介家门之内肃若师保[④]，虽私居言不妄发。人无贤愚，见者咸悚然起敬。

崔嵩，庆阳人。袭本卫指挥，历官参将。器宇豪迈，胆勇过人，申明军法，恩威并著。敌常至城下索酒，不许，因邀嵩饮，嵩单骑往与贼对酌，慷慨论议如识平生，贼畏服之，嵩由此知名。一日，以百骑出，遇贼，乃据高冈，下马解鞍，坐卧以示暇逸，贼疑有伏，终不敢近，仍与贼对谈，嵩已令善射者洞其胸矣，贼见劲兵，解去。

魏锟，庆阳人。精骑射，从兄镇宦历边，方熟习边事，谙晓韬略。比兄出塞，锟常在左右，指麾调度，率部下精骑与贼战，贼射堕兄指，锟引弓射中贼目，应弦而倒，贼众惊溃。后锟以军功授指挥使，历升参将。

甘州府

汉

金日磾，字翁叔，本匈奴休屠王太子也。休屠王与昆邪王谋降汉，后悔，昆邪王杀之，帅其众来降，日磾遂没入官，输黄门养马，时年十四矣。久之，武帝游宴见马，后宫满侧，日磾等数十人牵马过，殿下莫不窃视，至日磾独不敢。日磾长八尺二寸，容貌甚严，马又肥好，上异而问之，具以本状对，上奇焉，即日拜为马监，历迁至光禄大夫。日磾既亲近，未尝有过失，上甚信爱之，出则骖乘，入侍左

---

① 倪文焕：？—1629年，明扬州府江都人。万历四十七年（1619）进士，擢御史。投靠魏忠贤，为五虎之一。先后疏劾李邦华、周顺昌等数十人，轻者削夺，重者拷死。为魏忠贤建生祠三处。魏忠贤败，论死。

② 安宁：州名。元以阿宁部改置，治所在今云南省安宁市，辖境相当今云南省安宁市。

③ 葭州：州名。金改晋宁州置，治所在今陕西佳县，辖境相当今陕西吴堡、佳县、神木等县市地。明属延安府。

④ 师保：古时辅弼帝王、教导王室子弟的官，有师有保，统称“师保”。

右。日磾二子为帝弄儿，及壮，与宫人戏，日磾杀之，帝心敬日磾。初，莽何罗[①]与江充[②]相善，后充族诛，何罗惧及，遂谋为逆。上幸林光宫，日磾小疾，何罗矫制杀使者，发兵入，见日磾，色变，日磾得抱何罗，因传曰："莽何罗反！"帝惊起，擒缚之，穷治皆伏辜，由是著忠孝节。日磾自在左右，目不忤视者数十年，赐出宫女不敢近。上欲内其女后宫，不肯，其笃慎如此，上尤奇异之。及武帝病，属霍光以辅少主，日磾为光副，封秺侯。卒，谥曰敬。

金伦，字少卿，日磾弟。为黄门侍郎，蚤卒。日磾两子贵，及孙则衰矣，而伦后嗣遂盛。

金赏，日磾子，嗣侯爵。宣帝即位，赏为太仆。霍光妻以女，霍氏有事萌芽，即上书去妻。后霍氏败，独得不坐。

金安上，字子侯，伦之子。为侍中，惇笃有智，宣帝爱之。发楚王延寿[③]反谋，封都成侯。卒，谥曰敬。

金敞，安上子。元帝时为中郎将、侍中。太后以敞世名忠孝，留侍成帝，为奉车、水衡都尉[④]，至卫尉[⑤]。敞为人正直，敢犯颜色，左右惮之。后病甚，帝使问所欲，以弟岑为托，诏拜为郎使主客[⑥]。敞子涉，明经节俭，诸儒称之，历官至长信少府[⑦]。

唐

乌承玼，字德润，张掖人。开元中，与族兄承恩俱任平卢先锋，沈勇而决，号

① 莽何罗：？—前88年，本姓马。汉武帝时为侍中仆射。与江充善。充因诬太子刘据巫蛊事败，夷三族。何罗惧祸及己身，遂谋刺武帝，为金日磾缚。东汉明德马后耻与同宗，易其姓为莽。

② 江充：？—前91年，西汉赵国邯郸（今属河北）人。获罪逃入关中，汉武帝召见，任为谒者，升绣衣使者，督察三辅。曾忤太子，惧日后被诛，遂上告太子等为巫蛊诅害武帝，被任为使者治巫蛊，掘蛊戾太子宫，为戾太子所杀。

③ 楚王延寿：？—前56年，西汉楚元王五世孙。宣帝即位后，他认为广陵王刘胥为汉武帝子，一旦天下有变，可得立为帝，遂暗与其交结。后为人告发，自杀国除。

④ 奉车、水衡都尉：官名。奉车都尉掌陪奉皇帝车舆；水衡都尉，掌上林苑及农田、水利、造船、铸钱之事。

⑤ 卫尉：掌管宫门卫戍兵。

⑥ 郎使主客：使主客是皇帝派出的使者，一般由郎官担任，掌管接待少数民族事务。

⑦ 长信少府：官名。掌皇太后宫。平帝时更名长乐少府。

“辕门二龙”，遇敌辄先，同恩击破契丹于捺禄山，又战于白城，斩首万计。后说史思明斩承庆等降，李光弼表为冠军将军，封昌化郡王、石岭军使。积粟厉兵，出入耕战，久之移疾还京师。卒年九十六。子重胤。

乌重胤，字保君，张掖人，河东将承玼子。少为潞牙将、节度使。卢从史①奉诏讨王承宗，阴与贼连，重胤乃缚从史，帐下士持兵合欢，重胤叱曰：“天子有命，从者赏，违者斩。”士敛手还部，无敢动。宪宗嘉其功，擢河阳节度使，封张掖郡公。诏重胤以兵讨淮蔡，大小百余战，贼平。迁检校司空②，进邠国公。建言河朔拒命者，镇将领兵能作威福也，遂以所管三州兵还，刺史各主其兵，时以为宜。长庆末，以检校司徒〔九十〕、同中书门下平章事。文宗初，真拜③司徒〔九一〕。未几卒，年六十七，赠太尉，谥懿穆。为将善抚士卒，蔡将李端降，其妻为蔡人所杀，将死呼曰：“善事乌仆射。”待官属有礼，名士如温造、石洪皆在幕府。殁时，二十余人至，刲股以祭。

赵武孟，甘州张掖人。少游猎，以所获馈其母，母泣曰：“汝不好书而敖荡，吾安望哉?”不为食。武孟感激，遂力学，淹该书记。自长安丞为右台侍御史。著《河西人物志》十篇。

赵彦昭，字奂然，甘州张掖人，武孟子。少豪迈，风骨秀爽。及进士第，调为南部尉，与郭元振④、薛稷⑤、萧至忠⑥善。自新丰丞为左台监察御史。景龙中，累迁中书侍郎同中书门下平章事，历凉州都督。为政严，下皆股栗。入为吏部侍郎，持

① 卢从史：唐节度使李长荣大将，长荣卒，因善迎奉宦官，得授昭义军节度使。宪宗元和间，朝廷讨王承宗，从史阴与之通谋，乌重胤受宪宗密旨，缚之以献，赐死。

② 检校司空：官名。唐制即代理司空之职。

③ 真拜：即真除，指实授官职。

④ 郭元振：656—713年，唐魏州贵乡（今河北大名）人。举进士。武后时使吐蕃，归陈和蕃之策。先天元年为朔方军大总管，始筑定远城。后从玄宗讲武骊山，因军容不振流放新州。起为饶州司马，病卒道中。

⑤ 薛稷：649—713年，唐蒲州汾阴人。薛道衡曾孙。进士及第，中宗景龙末为谏议大夫，昭文馆学士。睿宗立，封晋国公，除太子少保、礼部尚书，世称薛少保。

⑥ 萧至忠：?—713年，唐雍州长安人。祖籍南兰陵。中宗神龙初，附武三思，累迁中书侍郎、同中书门下平章事。尝以女妻韦后舅之子，睿宗景云初坐后党，出为晋州刺史。太平公主用事，参与逆谋，事败，遁入南山，捕诛之。

节按边，迁御史大夫。萧至忠等诛，郭元振、张说[①]言彦昭与秘谋，改刑部尚书，封耿国公。

元

昂吉儿，张掖人，世为西夏将。家父甘卜〔九二〕，率所部归元，为千户。及昂吉儿领父军，从征诸国有功，又略地淮南，世祖时累官行尚书省右丞。时欲征日本，昂吉儿上疏极谏，请罢兵息民，不从，既而师，果无功。屡进直言，帝虽怒甚，其辞不少屈。

明

陈瑗，左卫人。成化壬辰[②]进士，授户部主事。历升江西左布政使、南京都察院副都御史，卒于官，所至有政声。

刘宽，甘州中卫人。刻意经史，尤精于星历、筮卜之学。尝建议开高台，所从学甚众，号“心古先生”。著有《河西赋》。

张杰，甘州人。任宁夏总兵，善抚士卒，更多谋略。哱拜之乱，巡抚朱正色[③]以杰尝与拜善，缒入城招安，杰切责之，被系不屈，兵临城下，贼乃缒出之。

马渥野，张掖人，居恒专心理学。万历〔九三〕间，从父宦长子县，时焚香静坐，体认周、程语录，晨夕不懈者几二十年。著《管窥序诗》八首、《困学诗》一帙。

武振，山丹卫人。有文武才，任甘肃总兵。尝著《哈密行录》，山川道里概可考见。

何景阳，张掖人。任四川彭县教谕，好学不倦，年八十犹精楷书，河西壁经之传推为第一，寿百岁而终。

苏鳌，张掖人，号介石。由岁贡授四川保县令，以理学教士。有《孝弟廉让》诗集。

---

① 张说：667—731年，字说之，唐河南洛阳人。武则天时应诏对策乙等，授太子校书。睿宗时进同中书门下平章事，劝睿宗以太子李隆基监国。玄宗开元初任中书令，历兵部尚书、同中书门下三品，兼朔方军节度使，奏罢边兵二十余万。为李林甫所排挤，罢相。

② 成化壬辰：即明宪宗成化八年，公元1472年。

③ 朱正色：1539—1606年，字应明，明顺德府南和人。万历二年（1574）进士，除偃师知县，有政声，力行一条鞭法，凡赋役不便民者尽蠲之。二十年，宁夏哱拜反，正色分守要害，与诸军进讨，缚哱拜子哱承恩及其党刘东旸。

凉州府

汉

段颎，字纪明，武威姑臧人。郑共叔段[①]之后，西域都护段会宗之从曾孙也。少习弓马，尚游侠，轻财好学。举孝廉，为阳陵[②]令，所在能政。迁辽东属国都尉[③]，鲜卑犯塞，颎驰赴之，恐贼惊去，使驿骑诈赍玺书诏颎，颎伪退设伏，因大纵兵，悉斩获之。永寿二年，拜中郎将，讨太山、琅邪贼东郭窦等，大破之，斩首万余级。封列侯，迁护羌校尉，会烧当、烧何等羌寇陇西、金城，颎将兵击破之，又出塞二千余里，击斩烧何大帅。上郡诸羌寇并、凉二州，凉州刺史郭闳贪功，稽颎军义从反叛，颎坐征下狱，羌遂陆梁。吏人守阙讼颎，诏问状，颎但谢罪，不敢言枉。复为护羌校尉，羌酋降者三千落，又击当煎种羌，自春及秋，无日不战，凡破西羌，斩首二万三千级，获生口数万人，马、牛、羊八百万头，降者万余落。封颎都乡侯。西羌弭定，而东羌、先零等数寇扰三辅，既降复叛，颎将兵与战，羌众大溃，斩首八千余级，获牛、马、羊二十八万头。拜颎破羌将军，复出桥门至奢延泽击破之，颎被甲先登，士卒无敢后者，羌遂大败，弃兵而走，余悉散入汉阳山谷间。颎规一举灭之，穷山深谷处处破之，斩其渠帅，获牛、马、毡裘、庐帐不可胜数，东羌悉平。凡百八十战，斩三万八千六百余级，获牛、马、羊等四十二万七千五百余头，实用四十四亿，军士死者四百余人。更封新丰县侯，邑万户。颎行军仁爱士卒，疾病者亲自瞻省，手为裹创。在边十余年，未尝一日蓐寝，与将士同苦，故皆乐为死战。后征拜太尉。初颎与皇甫威明、张然明并知名，显达京师，称为凉州三明云。

段煨，武威人。以中郎将屯华阴，特修农事。李、郭之乱[④]，车驾东迁，煨具服御及公卿资储，请帝幸其营。杨定与煨有隙，诬煨欲反，攻其营十余日不下，而煨奉给御膳、禀赡百官，终无二意。建安三年，汜既死，诏煨与关中诸将讨诛李傕，以煨为安南将军，封闅乡侯。

---

① 共叔段：春秋时郑国国君郑庄公的弟弟。

② 阳陵：县名。治所在今陕西咸阳市东北。

③ 辽东属国都尉：官名。东汉安帝时分辽东、辽西两郡地置，治昌黎县（今辽宁义县），设都尉总管其事。

④ 李郭之乱：即192—196年，董卓余部李傕、郭汜控制汉献帝刘协，把持朝政之事。

魏

贾诩，字文和，武威人。诩依张绣为谋主，曹操征绣，一朝引军退，绣自追之，诩谓绣曰："追必败。"绣不从，大败而还。诩促更追之，绣谢曰："不用公言，以至于此，今已败，奈何复追？"诩曰："兵势有变，亟往必利。"遂收散卒复追，果以胜还。绣问故，诩曰："此易知耳。将军虽善用兵，非曹公敌也。军虽新退，曹公必自断后，故知必败。曹公攻将军无失策，力未尽而退，必国内有故。已破将军，必留诸将断后，诸将虽勇，亦非将军敌也，故虽用败兵而必胜。"绣乃服。操拒袁绍于官渡，诩劝绣归操，操表诩执金吾[①]，封都亭侯，用其计败绍。时文帝为五官将，而临淄侯植才名方盛，有夺嫡之志。诩劝文帝不违子道，又以袁本初、刘景升父子讽操，太子遂定。诩自以非曹旧臣，而策谋深长，惧见猜嫌，阖门自守，男女嫁娶，不结高门，当时论智计者归之。文帝以诩为太尉，谥曰敬侯。

梁

阴子春，字幼文，武威姑臧人。晋义熙[②]末，曾祖袭随宋武帝南迁至南平[③]，因家焉。父智伯与梁武帝邻居，少相友善。见帝卧有异光，成五色，因握帝手曰："公后非人臣也。天下方乱，安苍生者其在君乎？"帝曰："幸勿多言。"及帝践位，拜凉、秦二州刺史。子春虽无佗才能，临人以廉洁称。太清二年，迁侍中。属侯景乱，随王僧辩攻平邵陵，至贝矶[④]，与景遇，力战恒冠诸军。会郢州陷，卒于江陵。

陈

阴铿，字子坚，子春子。博涉史传，尤善五言诗，为当时所重。陈天嘉中，为始兴王录事参军[⑤]。文帝燕群臣赋诗，徐陵[⑥]言之，帝即日召铿与宴，使赋新成安乐宫诗。铿援笔便就，帝甚赏之。累迁晋陵[⑦]太守、散骑常侍。有文集三卷行于世。

---

① 执金吾：官名。秦汉时率精兵保卫京城与宫城的官员。

② 义熙：东晋安帝年号，公元405—418年。

③ 南平：县名。治所在今湖南安乡县。

④ 贝矶：地名。在今湖北鄂城市西北。

⑤ 录事参军：官名。王府佐官，掌王府文书、纠察府事。

⑥ 徐陵：507—583年，字孝穆，南朝东海郯人。八岁能文，及长，博涉史籍，初仕梁为通直散骑常侍。梁武帝太清二年（364），使魏，七年不得归。后归陈，累迁御史中丞。其诗歌骈文辞藻绮丽，与庾信齐名。

⑦ 晋陵：郡名。西晋改毗陵郡置，治所在丹徒县（今江苏丹徒市东南丹徒镇）。

魏

贾彝，字彦伦，武威姑臧人。父为苻坚巨鹿[①]太守，坐讪谤系狱。彝年十岁，诣长安讼父冤，获伸，远近叹之。弱冠，为慕容垂[②]辽西王农[③]记室参军。魏道武闻其名，遣使求彝。及即位，拜尚书左丞，预国政。

阴仲达，武威姑臧人。少以文学知名。世祖平凉州，内徙代都，司徒崔浩启仲达凉土才华，同修国史，除秘书著作郎。

北齐

段荣，武威人。祖信，以豪族徙家五原郡[④]。荣好历术，专意星象。后魏正光中，谓人曰："吾今观天象、察人事，不及十年，当荐乱矣。"及齐神武起兵，荣赞成之，论功封姑臧县侯。

段韶，荣子。有将领才略。以武明皇后[⑤]甥，齐神武[⑥]益器爱之。韶袭父爵，事神武、文襄，加广平郡公。出总军旅，入参帷幄，功高望重。又教诲子弟闺门雍睦，事后母以孝闻，齐代勋贵罕有及者。

隋

阴寿，武威人。少果烈有武干。高祖尝遣韦孝宽击尉迟迥，命寿监军。时孝宽有疾，不能亲总戎事，三军纲纪皆取决于寿。以功进位上柱国，拜幽州总管，封赵国公。

---

① 巨鹿：郡名。秦置，治所在巨鹿县（今河北平乡县西南平乡镇），辖境在今滹沱河以南、平乡以北，柏乡以东，辛集、新河以西地。

② 慕容垂：326—396年，十六国时后燕国君，鲜卑族。前燕时封吴王，曾在枋头大败东晋桓温军。后奔前秦苻坚。淝水之战，苻坚为东晋败，垂遂乘机复燕政权。东晋孝武帝太元十一年（386）称帝，建立后燕。在位十三年卒。

③ 辽西王农：即慕容农（？—398），慕容垂之子，时封辽西王。

④ 五原郡：西魏改大兴郡置，治所在五原县（今陕西定边县）。辖境相当今陕西定边县、宁夏盐池县及内蒙古鄂托克旗部分地。

⑤ 武明皇后：即武穆皇后裴惠昭（？—481），齐武帝皇后。

⑥ 齐神武：即南朝齐武帝萧赜（440—493），字宣远，小名龙儿，齐高帝萧道成长子。

唐

安兴贵，河西凉州人。武德三年，仕长安，请说凉王李轨①，唐主乃遣之。兴贵至，乘间说轨曰："今唐殆天启，非人力也，若往归之，则窦融之功复见于今日矣。"轨曰："吾据山河之固，彼若我何？"兴贵退，与弟修仁阴结诸羌，起兵击轨，轨败入城，登陴，须外援。兴贵传言曰："唐遣我来取轨，不从者罪三族。"于是诸城不敢动，修仁执送之长安。诏以兴贵为右武侯大将军，封凉国公。

李抱玉，本安兴贵曾孙，世居河西。娴骑射，为人沉毅有谋。李光弼引为裨校，累有战功。安禄山乱，抱玉上言："世居凉州，耻与逆臣共宗。"诏赐姓李。史思明破东都，光弼使抱玉守南城，贼急攻，抱玉纵奇兵出，俘杀甚众，贼大败，因不能西。论功封栾城县公、司空兼兵部尚书。广德元年〔九四〕，加山南西道副元帅兼节度使，屯盩厔②。在镇十余年，禁暴安人，为将臣之良。卒，赠太保，谥昭武。

李抱贞，抱玉从弟，沉虑能断，抱玉属以军事。代宗时，授泽州③刺史，兼泽潞④节度副使。抱贞策山东有变，上党为兵冲⑤，乃籍民户三丁之一，蠲其徭租，给弓矢，习射三年，皆为精兵，遂雄视山东，步兵为诸道冠。田悦⑥反，围邢及临洺，抱贞破走之，进检校尚书右仆射。朱泚、李希烈⑦反，抱贞以数骑驰见王武俊，说之约为兄弟。破朱滔，进检校司空。卒，诏赠太保。

---

① 李轨：？—619年，字处则，隋武威姑臧（今甘肃武威）人。隋末任本郡鹰扬府司马，大业十三年（617）与曹珍等起兵，自称河西大凉王，攻据河西五郡之地。次年称帝。后为安兴贵兄弟所擒。

② 盩厔：县名。治所在今陕西周至县东终南镇。

③ 泽州：州名。隋改建州置，治所在高都县（后改丹川县，即今山西晋城市东北高都镇），辖境相当今山西晋城市。

④ 泽潞：唐方镇名。至德元年（756）置，治所在潞州（今山西长治市），领潞、泽、邢、洺、磁五州，相当今山西沁县沁水以东地区及河北巨鹿、丘县以西至太行山。

⑤ 兵冲：即军事要冲。

⑥ 田悦：751—784年，唐平州卢龙人，田承嗣侄。继承嗣为魏博七州节度使。成德节度使李宝臣死，其子惟岳谋袭父位，朝廷不许，悦代为请，又不许，遂与惟岳等叛。国号魏，僭称王。会朱泚乱，帝赦其罪，封济阳郡王。后为其从弟田绪所杀。

⑦ 李希烈：？—786年，唐辽西（今北京顺义）人。少入平卢军，后任淮西节度留后。建中时，同河北叛将朱滔、田悦等勾结，自称建兴王、天下都元帅。在宁陵、陈州为刘洽所败。汴州失守，被杀。

李光进，其先河曲诸部，姓阿跌氏。贞观中内属，以其地为鸡田州[①]，世袭刺史，隶朔方军。光进与弟光颜，少依舍利葛旃，葛旃妻其女兄也。初，葛旃杀仆固玚，归河东，辛云京遂与光进俱家太原。以沉果称，从马燧[②]救临洺，战洹水有功，历御史大夫、代州[③]刺史。元和四年，王承宗、范希朝[④]引师救易定，表光进为都将，时光颜亦至大夫，故军中呼小、大大夫。俄为振武节度使[⑤]，赐姓，以光宠之。别诏光颜拜洺州[⑥]刺史，弟兄荣冠当时。光进徙灵武，卒，赠尚书左仆射。光进有至性，居母丧，三年不归寝。光颜先娶，而母委以家事。及光进娶，母已亡，弟妇籍赀贮纳管钥于姒，光进命反之，曰："妇逮事姑，且尝命主家事，不可改。"因相持泣如初。

李光颜，字光远。葛旃少教以骑射，每叹其天资票健，已所不逮。长从河东军为裨将，节度使马燧谓曰："若有奇相，终必光大。"解所佩剑赠之。讨李怀光、杨惠琳，战有功。从高崇文平剑南，数搴旗蹈军，出入若神，益知名。进代、洺二州刺史。元和九年，讨蔡诏，以其军当一面，明年大破贼。光颜将数骑突入贼中，反往一再，矢集其身如猬，子揽马鞅谏无深入，光颜挺刃叱之，于是士争奋，贼乃溃北。时诸镇兵环蔡，相顾不前，独光颜先败贼。始裴度为宪宗言，光颜勇而义，必立功。俄又与乌重胤破贼小溵河[⑦]，捷闻，进检校尚书左仆射。十二年，败贼于郾

① 鸡田州：唐以铁勒阿跌部置，其地在今蒙古国色楞格省哈拉河与鄂尔浑河下游一带，总章二年（669）属安北都护府。

② 马燧：726—795年，字洵美，唐汝州郏城（今河南郏县）人。通兵法。大历十年（775）受诏率兵数次大败魏博节度使田悦，同时又击退了前来援救的李灵耀、朱滔等，翦灭了河中叛将李怀光，功拜光禄大夫兼侍中。贞元三年被剥夺兵权。

③ 代州：州名。隋改肆州置，治所在广武县（后改雁门县，即今山西代县），辖境相当今山西代县、繁峙、原平、五台等县地。

④ 范希朝：？—814年，字致君，唐河中虞乡人。初为邠宁军别将。德宗幸奉天，以战守功累迁振武军节度使。德宗贞元末请朝，拜右金吾卫大将军。宪宗时历朔方、灵盐、河东节度使。以太子太保致仕。

⑤ 振武：唐方镇名。唐置，治所在单于都护府（今内蒙古和林格尔县西北）。领单于、镇北二都护府及麟、胜二州。

⑥ 洺州：州名。北周置，治所在永年县（今河北永年县东南城关镇），以洺水为名，辖境相当今河北邯郸、鸡泽、永年、曲周、丘县、肥乡、武安等市县地。

⑦ 小溵河：河流名。故道自尽河南临颍县分颍水东流，至西华县入大溵河。

城[①]。守将邓怀金令董昌龄开门降，韩弘〔九五〕素蹇纵，阴挟贼自重，且恶光颜忠力，思有以挠蔑之，乃饰名姝教歌舞、六博，遣使遗光颜，约旦日纳焉，乃大合将校置酒，引使者以侍姝至，光丽秀曼，一军惊视，光颜徐曰："我去室家久，以为公忧，诚无以报德。然战士皆弃妻子、蹈白刃，奈何独以女色为乐？为我谢公。天子于光颜恩厚，誓不与贼同生。"因呜咽泣下，将卒数万皆感激流涕，乃厚赂使者还之，于是士气益励。裴度筑赫连城于沲口，率轻骑观之。贼以奇兵自五沟至，大呼薄战，度危甚，光颜力战却之。先是，光颜策贼必至，密遣田布伏精骑沟下扼其归，贼败去，由是贼悉锐士当光颜，而李愬得乘虚入蔡，贼平，加检校司空。入朝，复镇忠武。吐蕃入寇，徙邠宁军[②]。时虏毁盐州城[③]，光颜复城之。初，田缙镇夏州[④]，开边隙，故党项引吐蕃围泾州，郝玭力战，破之。光颜闻贼至，料兵以赴，邠人不肯行，光颜为陈说大义，闻者泣下，遽即路，虏走出塞。穆宗立，加同中书门下平章事。敬宗初，拜司徒、河东节度使。卒，赠太尉，谥曰忠。光颜性忠义，善抚士，其下乐为用。许师劲悍，常为诸军锋，故数立勋。

段平仲，字秉庸，武威人。擢监察御史，磊落有气节，敢言。是时，德宗春秋高，躬自听断，天下事有所壅隔，群臣畏帝苛察，无敢言。平仲得对，欲有所陈，帝怒叱去，由是坐废，然名由此显。元和初，为谏议大夫[⑤]，再迁尚书左丞〔九六〕。朝廷有得失，未尝不论奏，世推其敢直。终太子左庶子。

元

高智耀，河西人，世仕夏国。祖良惠为右丞相。智耀登本国进士第。夏亡，隐贺兰山。元太宗访河西故家子孙贤者，召见将用之，遽辞归。皇子阔端镇〔九七〕西凉，儒者皆隶役，智耀谒藩邸，请除之。欲奏官之，不就。宪宗即位，智耀入见，言："儒者所学尧、舜、禹、汤、文、武之道，自古有国家者，用之则治，不用则否，养成其材，将以资其用也。宜蠲免徭役以教育之。"诏复儒士徭役，无有所与。世祖即位，召见，又力言儒术有补治道。时淮、蜀士俘者皆没为奴，智耀请除之，

---

① 郾城：县名。今河南郾城县。

② 邠宁军：唐方镇名。关内道藩镇，治所在邠州（今陕西邠县），领有邠、宁、庆诸州。

③ 盐州城：地名。即今陕西定边县西南。

④ 夏州：州名。北魏升统万镇置，治所在化政郡岩绿县（唐改名朔方，今陕西靖边县北白城子），辖境相当今陕西靖边县北红柳河流域和内蒙古杭锦旗、乌审旗等地。

⑤ 谏议大夫：官名。专掌议论之官员。

帝从其言，即拜翰林学士，命循行郡县区别之。智耀又言，宜仿前代置御史台，以纠肃官常，从之。擢西夏中兴等路提刑按察使。卒，赠司徒柱国，追封宁国公，谥文忠。子睿，年十六授符宝郎①，出入禁闼，恭谨详雅。除嘉兴路总管，生擒宿盗，一郡以宁。擢江东道提刑按察使，讨平草窃。迁浙西道肃政廉访使，按治奸民。除淮南道肃政廉访使，纵遣无辜，皆有政绩。复拜南台御史中丞。务持大体，有儒者风。卒，赠太傅，谥贞简。

星吉〔九八〕，河西人。少给事仁宗潜邸②，以精敏称。至治初，拜监察御史，有直声，出为江南行御史台御史大夫。星吉〔九九〕持风裁，御史行部，必勑厉而遣之。移湖广行省平章。湖广地连江北，威顺王岁尝出猎，民病之，又多萃名娼巨贾以网大利，有司莫敢忤。星吉〔一〇〇〕至，责王，王谢之，悉罢其所为。有胡僧曰："小住持者恃宠横甚。"星吉〔一〇一〕命捕，得其妻妾女乐十八人，罪而籍之，由是豪强敛手。至正十一年，汝、颍妖贼起，乃命募土兵完城池、修器械、严巡警，悉以其事属老将郑万户。贼来约降，知其诈，乃械其渠魁数十人以俟命，适召为大司农，同僚受赂，释所械者，贼大至，内外响应，城遂陷。武昌人泣曰："大夫不去，吾岂为俘囚?"星吉〔一〇二〕入见，陈贼本末，帝大喜，命为江西行省平章，令守江州。时江州已陷，募兵得三千人，克铜陵③，乘胜奋击，擒其渠魁，遂复池州④、石埭⑤。据鄱阳口，缀江湖要冲，日久粮乏援绝，力战众死，星吉〔一〇三〕中流矢昏仆。贼素闻名，舁置密室，罗拜馈食，星吉〔一〇4〕不食，七日，北面再拜而绝。星吉〔一〇五〕为人公廉明决，与将士同甘苦，以忠义感激人心，故能得人死力云。

斡栾〔一〇六〕，北庭人。祖哈剌，本畏兀儿〔一〇七〕国人。自元太祖起兵，四年来归，居于永昌，故世为永昌巨族。斡栾久居政府，聪明典重，通达国体，敭历中外。繇直省舍人，历官平章政事。元危素⑥撰墓碑。

---

① 符宝郎：官名。掌皇帝八宝及国家符节。

② 潜邸：又称潜龙邸，通常指由非太子身份而继位的皇帝在登基之前的住所。

③ 铜陵：县名。治所在今安徽铜陵市。

④ 池州：池州路。元改池州置，治贵池县（今安徽贵池市），辖境相当今安徽贵池、东至、石台、青阳、铜陵等市县地。

⑤ 石埭：县名。治所在今安徽石台县东北广阳镇。

⑥ 危素：1303—1372年，字太朴，号云林，江西金溪人，元末明初历史学家、文学家。负责主编宋、辽、金三部历史，并注释《尔雅》。

余阙，字廷心，唐兀氏。家世武威，父官庐州，遂为庐州人。少丧父，授徒以养母。元统初，赐进士及第，授同知泗州事，召入翰林修撰待制。至正中，庐州盗起，以阙佥都元帅府事，分兵守安庆，抵官十日，而寇至，拒却之。集将吏议屯田战守，计环境、筑堡砦、选精甲，外扞而耕稼于中。明年大饥，人相食，捐俸为粥以食之，且请钞三万锭以赈民。十五年大熟，得粮三万斛，乃浚隍增障，表里完固。盗环布四外，阙居其中，屹为江淮一保障。时池州贼赵普胜帅众攻城，连战三日败去，未几又至，相拒二十日始退。陈友谅自上流而下，阙遣兵扼于观音桥，而饶州祝寇又攻西门，阙斩却之，贼并兵来攻，又却之。贼恚甚，乃树栅起飞楼，分攻三门，阙以孤军血战，身被十余创，日中城陷，城中火起，阙知不可为，引刀自刭，堕清水塘中。妻耶卜〔一〇八〕氏，一子德生，女福童，皆赴井死。贼义之，求尸塘中，具衣冠葬之西门外。事闻，赠行中书省平章政事，追封豳国公，谥忠宣。阙号令严信，与下同甘苦，故人争用命。当出战，矢石乱下如雨，士以盾蔽阙，阙却之，曰："汝辈亦有命，何蔽我为?"尝修辽、金、宋三史，而于《五经》皆有传注。为文淳古有气，诗尚江左，高视鲍、谢、徐、庾，以下不论也，为篆隶亦工。及安庆归附，明太祖嘉其忠，诏立庙于忠节坊，命有司岁时致祭。

明

吴允诚，蒙古人，本名把都帖木儿〔一〇九〕，居甘肃塞外塔沟地。永乐三年，率妻子及部落五千，马驼万六千，因宋晟来归，赐姓名吴允诚，授右军都督佥事，使居凉州。八年，从出塞，败本雅失里〔一一〇〕，进左都督，追获阔脱赤〔一一一〕，封恭顺伯。允诚三子：答兰、管者〔一一二〕、克勤。帝征瓦剌〔一一三〕，允诚父子皆从。允诚卒，赠国公，谥忠壮。正统土木之变，克忠与其弟都督克勤为后拒寇，至战不胜，官军死伤略尽，克忠下马射矢竭，犹杀数人，与克勤俱殁于阵，赠邠国公，谥忠勇。克勤赠遵化伯，谥僖敏。

鲁鉴，其先西大通人。明初，率部落归附，命居庄浪。父失加，官庄浪卫指挥同知。正统末，鉴嗣父职。成化四年，固原满四〔一一四〕反，鉴以土兵从征，出则先驱，入则殿后，为贼所惮。贼平，进总兵官，镇延绥。鲁氏世守西陲，有捍御功，帝命有司建坊，旌其世绩。鉴条上边策四事，多议行。鉴有材勇，遇敌辄冒矢石，数被伤不为阻，故能积功至大将。卒，赠右都督，赐恤如制。鉴子麟，袭指挥使，豪健如其父，由甘肃参将迁副总兵。麟子经，正德二年袭职，积功以总兵官镇延绥。经骁勇，奉职寡过，继祖父为大帅，保功名，称良将。

李震，字卯泉，镇番人，以庠生袭祖职，协守宁夏。总督王崇古驻花马池，知套虏有异谋，以轻骑三千属震，为虏所觉，部分精锐逆战，震劈其坚阵，突入帐中，所遇强壮尽歼之。白城子之捷，以震功为最，升甘肃总兵，挂平羌将军印，修葺五郡砖城。

达云，凉州卫人，勇悍饶智略。万历〔一一五〕中，嗣世职指挥佥事，累进西宁参将。有顺义王俺答从子永邵卜〔一一六〕者，部众强盛，随俺答西迎活佛，留据青海，更名瓦刺他卜囊〔一一七〕，岁为西宁患，尝诱杀副将李魁。二十三年九月九日，拥劲骑直入，云伏兵朵尔〔一一八〕峡口外，而已提卒二千与战，方合，伏忽起夹击，大败之，云手馘其帅一人，斩首六百八十余级，获驼马、戎器无算。所馘把都而恰〔一一九〕即前杀李魁者，其地即魁阵亡处。为西陲战功第一，边人快焉。后寇复至，云冲击，寇死伤无算，追奔数十里，捷闻，帝遣官郊庙宣捷。永邵卜败，远徙。云招番复业者七千余户，命云以总兵官镇守延绥。未几，镇甘肃，有松山宾兔阿赤兔〔一二〇〕等屡为边患。云分道袭之，寇远窜，攘地五百里。松山既复，为筑边垣，分屯置戍，寇入犯，辄大败之，以功进秩增勋荫。云为将，先登陷阵，所至未尝挫衄，名震西陲，为一时边将之冠。卒，赠太子太保。子奇勋，昌平总兵。

校勘记

〔一〕还　四库本同，哈佛本、刻补本均作“迁”，误。

〔二〕弘　哈佛本作“弘”，刻补本作“宏”，四库本作“弘”，避乾隆皇帝讳改。

〔三〕寿成亭侯　四库本同，哈佛本、刻补本均作“寿城亭侯”，按《后汉书·皇甫张段列传》作“寿成亭侯”。

〔四〕玄　哈佛本、刻补本为“元”，四库本作“玄”，避康熙皇帝讳改。

〔五〕玄　哈佛本、刻补本为“元”，四库本作“玄”，避康熙皇帝讳改。

〔六〕玄　哈佛本、刻补本为“元”，四库本作“玄”，避康熙皇帝讳改。

〔七〕女几山　四库本同，哈佛本、刻补本均作“汝几山”，按《元和郡县志》作“女几山”。

〔八〕韩稚　四库本同，哈佛本、刻补本均作“韩雅”，按《晋书·张轨传》作“韩稚”。

〔九〕稚　四库本同，哈佛本、刻补本均作“雅”，按《晋书·张轨传》作“韩稚”。

〔十〕势　四库本同，哈佛本、刻补本均作“世”，按《魏书·席法友传》作“势”。

〔十一〕黄门侍郎　哈佛本、刻补本均如此，四库本作“姚泓侍郎”。按《魏书·胡方回列传》为“姚泓黄门侍郎”，皆可。

〔十二〕弘　哈佛本作“弘”，刻补本作“宏”，四库本作“引”，避乾隆皇帝讳改。

〔十三〕弘　哈佛本作“弘”，刻补本作“宏”，四库本作“引”，避乾隆皇帝讳改。

〔十四〕弘　哈佛本作“弘”，刻补本作“宏”，四库本作“引”，避乾隆皇帝讳改。

〔十五〕弘　哈佛本作“弘”，刻补本作“宏”，四库本作“引”，避乾隆皇帝讳改。

〔十六〕弘　哈佛本作“弘”，刻补本作“宏”，四库本作“引”，避乾隆皇帝讳改。

〔十七〕弘　哈佛本作“弘”，刻补本作“宏”，四库本作“引”，避乾隆皇帝讳改。

〔十八〕弘　哈佛本作“弘”，刻补本作“宏”，四库本作“引”，避乾隆皇帝讳改。

〔十九〕弘　哈佛本作“弘”，刻补本作“宏”，四库本作“引”，避乾隆皇帝讳改。

〔二十〕弘　哈佛本作“弘”，刻补本作“宏”，四库本作“引”，避乾隆皇帝讳改。

〔二一〕弘　哈佛本作“弘”，刻补本作“宏”，四库本作“引”，避乾隆皇帝讳改。

〔二二〕弘　哈佛本作“弘”，刻补本作“宏”，四库本作“引”，避乾隆皇帝讳改。

〔二三〕弘　哈佛本作“弘”，刻补本作“宏”，四库本作“引”，避乾隆皇帝讳改。

〔二四〕弘　哈佛本作“弘”，刻补本作“宏”，四库本作“引”，避乾隆皇帝讳改。

〔二五〕弘　哈佛本作“弘”，刻补本作“宏”，四库本作“引”，避乾隆皇帝讳改。

〔二六〕励　哈佛本、刻补本均作“励”，四库本为“厉”，皆可。

〔二七〕弘　哈佛本作“弘”，刻补本作“宏”，四库本作“引”，避乾隆皇帝讳改。

〔二八〕弘　哈佛本作“弘”，刻补本作“宏”，四库本作“引”，避乾隆皇帝讳改。

〔二九〕弘　哈佛本作“弘”，刻补本作“宏”，四库本作“引”，避乾隆皇帝讳改。

〔三十〕弘　哈佛本作“弘”，刻补本作“宏”，四库本作“引”，避乾隆皇帝讳改。

〔三一〕左仆射　四库本同，哈佛本、刻补本均作“右仆射”，按《旧唐书·牛僧孺传》为“左仆射”。

〔三二〕君玉　哈佛本、四库本同，刻补本作“君王”，误。

〔三三〕乌鲁折合　哈佛本、刻补本同，四库本作“乌噜舍赫”，四库馆据新译定名改。

〔三四〕兀术　哈佛本、刻补本同，四库本作“乌珠”，四库馆据新译定名改。

〔三五〕兀术　哈佛本、刻补本同，四库本作“乌珠”，四库馆据新译定名改。

〔三六〕撒离喝　哈佛本、刻补本同，四库本作“萨里哈”，四库馆据新译定名改。

〔三七〕撒离喝　哈佛本、刻补本同，四库本作“萨里哈”，四库馆据新译定名改。

〔三八〕兀术　哈佛本、刻补本同，四库本作“乌珠”，四库馆据新译定名改。

〔三九〕兀术　哈佛本、刻补本同，四库本作“乌珠”，四库馆据新译定名改。

〔四十〕撒离喝　哈佛本、刻补本同，四库本作“萨里哈”，四库馆据新译定名改。

〔四一〕胡盏　习不祝　哈佛本、刻补本同，四库本作“和珍希卜苏”，四库馆据新译定名改。

〔四二〕胡盏哈佛本、刻补本同，四库本作“和珍”，四库馆据新译定名改。

〔四三〕隆兴初　四库本同，哈佛本、刻补本均作“淳熙年”，按《宋史·吴璘传附挺传》吴挺以瓦亭功授郢州防御使在高宗绍兴三十二年（1162），次年孝宗即位，即隆兴元年。

〔四四〕十年冬　哈佛本、刻补本均如此，四库本作“淳熙十年”，按《宋史·吴璘传附挺传》作“十年冬”。

〔四五〕熙秦路　四库本同，哈佛本、刻补本作“西秦路”，考金代并无“西秦路”。

〔四六〕候　哈佛本、刻补本同，四库本为“矦”，皆可。

〔四七〕继晓　哈佛本、刻补本、四库本均误作“维晓”，按《明史·孝宗纪》作“继晓”，据改。

〔四八〕弘　哈佛本作“弘”，刻补本作“宏”，四库本作“弘”，避乾隆皇帝讳改。

〔四九〕邱　哈佛本、刻补本同，四库本为“丘”，康熙间为避孔子讳新造字。

〔五十〕历　哈佛本作“厯”，刻补本作“歴”，四库本作“歴”，避乾隆皇帝讳改。

〔五一〕历　哈佛本作“厯”，刻补本作“歴”，四库本作“歴”，避乾隆皇帝讳改。

〔五二〕历　哈佛本作“厯”，刻补本作“歴”，四库本作“歴”，避乾隆皇帝讳改。

〔五三〕历　哈佛本作“厯”，刻补本作“歴”，四库本作“歴”，避乾隆皇帝讳改。

〔五四〕历　哈佛本作“厯”，刻补本作“歴”，四库本作“歴”，避乾隆皇帝讳改。

〔五五〕历　哈佛本作“厯”，刻补本作“歴”，四库本作“歴”，避乾隆皇帝讳改。

〔五六〕所著有《韈线集》　哈佛本、四库本同，刻补本无。

〔五七〕十五篇　哈佛本、刻补本同，四库本作“十余篇”。

〔五八〕轻车将军　哈佛本、刻补本为“轻骑将军”，四库本为“车骑将军”，按《汉书·公孙贺传》，“元光中为轻车将军”，后五岁“以车骑将军从大将军青出”。故两说均有误，据《汉书》改。

〔五九〕金城　四库本同，哈佛本、刻补本均作“金城关”，按《后汉书·梁慬传》亦为“金城”。

〔六十〕弘　哈佛本作“弘”，刻补本作“宏”，四库本作“弘”，避乾隆皇帝讳改。

〔六一〕玄　哈佛本、刻补本为“元”，四库本作“玄”，避康熙皇帝讳改。

〔六二〕弘　哈佛本作“弘”，刻补本作“宏”，四库本作“弘”，避乾隆皇帝讳改。

〔六三〕弘　哈佛本作“弘”，刻补本作“宏”，四库本作“弘”，避乾隆皇帝讳改。

〔六四〕弘　哈佛本作“弘”，刻补本作“宏”，四库本作“弘”，避乾隆皇帝讳改。

〔六五〕弘　哈佛本作“弘”，刻补本作“宏”，四库本作“弘”，避乾隆皇帝讳改。

〔六六〕弘　哈佛本作“弘”，刻补本作“宏”，四库本作“弘”，避乾隆皇帝讳改。

〔六七〕弘　哈佛本作“弘”，刻补本作“宏”，四库本作“弘”，避乾隆皇帝讳改。

〔六八〕弘　哈佛本作“弘”，刻补本作“宏”，四库本作“弘”，避乾隆皇帝讳改。

〔六九〕真宁　哈佛本、四库本如此，刻补本作“正宁”，避雍正皇帝讳改。

〔七十〕斡扎簧　哈佛本、刻补本同，四库本作“旺札勒结”，四库馆据新译定名改。

〔七一〕副撒都忽　哈佛本、刻补本同，四库本作“副珊苏库”，四库馆据新译定名改。

〔七二〕朵儿赤　哈佛本、刻补本同，四库本作“托尔齐”，四库馆据新译定名改。

〔七三〕斡扎篑　哈佛本、刻补本同，四库本作“旺札勒结”，四库馆据新译定名改。

〔七四〕朵儿赤　哈佛本、刻补本同，四库本作“托尔齐”，四库馆据新译定名改。

〔七五〕潼川　哈佛本、刻补本、四库本均作“潼州”，《元史·朵儿赤传》为“潼川府”，据改。

〔七六〕贴木迭儿　哈佛本、刻补本同，四库本作“特们德尔”，四库馆据新译定名改。

〔七七〕法花鲁丁　哈佛本、刻补本同，四库本作“法哈鲁克都”，四库馆据新译定名改。

〔七八〕朵儿赤　哈佛本、刻补本同，四库本作“托尔齐”，四库馆据新译定名改。

〔七九〕法花鲁丁　哈佛本、刻补本同，四库本作“法哈鲁克都”，四库馆据新译定名改。

〔八十〕朵儿赤　哈佛本、刻补本同，四库本作“托尔齐”，四库馆据新译定名改。

〔八一〕真宁　哈佛本、四库本如此，刻补本作“正宁”，避雍正皇帝讳改。

〔八二〕四夷馆　哈佛本、刻补本、四库本均为“四驿馆”，按《明史·职官志》有“四夷馆……置译字生，通事”，据改。

〔八三〕弘　哈佛本作“弘”，刻补本作“宏”，四库本作“弘”，避乾隆皇帝讳改。

〔八四〕弘　哈佛本作“弘”，刻补本作“宏”，四库本作“弘”，避乾隆皇帝讳改。

〔八五〕弘　哈佛本作“弘”，刻补本作“宏”，四库本作“弘”，避乾隆皇帝讳改。

〔八六〕有《使边录》《谏垣存稿》诸集　哈佛本、四库本同，刻补本无。

〔八七〕著《修边或问》一卷　哈佛本、四库本同，刻补本无。

〔八八〕吕颙　哈佛本、四库本同，刻补本作“吕融”，误。

〔八九〕历　哈佛本作“曆”，刻补本作“歷”，四库本作“歴”，避乾隆皇帝讳改。

〔九十〕检校司徒　四库本同，哈佛本、刻补本作“司徒”，按《新唐书·乌重胤传》作“检校司徒”，据改。

〔九一〕真拜司徒　四库本同，哈佛本、刻补本作“拜司空”，据前文为“检校司徒”当为“真拜司徒”，据改。

〔九二〕甘卜　哈佛本、刻补本同，四库本作“堪布”，四库馆据新译定名改。

〔九三〕历　哈佛本作“曆”，刻补本作“歷”，四库本作“歴”，避乾隆皇帝讳改。

〔九四〕广德元年　哈佛本、刻补本为“大历三年”，四库本为“大历二年”。按《旧唐书·李抱玉传》为“广德元年”，《新唐书·李抱玉传》为“大历二年”。李抱玉逝世不早于777年，后文有“在镇十余年”之说，故加封之时不应晚于767年，据《旧唐书》改。

〔九五〕弘　哈佛本作“弘”，刻补本作“宏”，四库本作“弘”，避乾隆皇帝讳改。

〔九六〕尚书左丞　哈佛本、刻补本同，四库本作“尚书右丞”。按《旧唐书·段平仲传》作“尚书左丞”，《新唐书·段平仲传》作“尚书右丞”。

〔九七〕阔端镇　哈佛本、刻补本同，四库本作“库腾镇”，四库馆据新译定名改。

〔九八〕星吉　哈佛本、刻补本同，四库本作“桑节”，四库馆据新译定名改。

〔九九〕星吉　哈佛本、刻补本同，四库本作“桑节”，四库馆据新译定名改。

〔一〇〇〕星吉　哈佛本、刻补本同，四库本作“桑节”，四库馆据新译定名改。

〔一〇一〕星吉　哈佛本、刻补本同，四库本作“桑节”，四库馆据新译定名改。

〔一〇二〕星吉　哈佛本、刻补本同，四库本作“桑节”，四库馆据新译定名改。

〔一〇三〕星吉　哈佛本、刻补本同，四库本作“桑节”，四库馆据新译定名改。

〔一〇四〕星吉　哈佛本、刻补本同，四库本作“桑节”，四库馆据新译定名改。

〔一〇五〕星吉　哈佛本、刻补本同，四库本作“桑节”，四库馆据新译定名改。

〔一〇六〕斡栾　哈佛本、刻补本同，四库本作“沃抡”，四库馆据新译定名改。

〔一〇七〕畏兀儿　哈佛本、刻补本同，四库本作“辉和尔”，四库馆据新译定名改。

〔一〇八〕耶卜　哈佛本、刻补本同，四库本作“雅希”，四库馆据新译定名改。

〔一〇九〕把都帖木儿　哈佛本、刻补本同，四库本作“巴图特穆尔”，四库馆据新译定名改。

〔一一〇〕本雅失里　哈佛本、刻补本同，四库本作“巴尼雅实哩”，四库馆据新译定名改。

〔一一一〕阔脱赤　哈佛本、刻补本同，四库本作“库图齐”，四库馆据新译定名改。

〔一一二〕答兰、管者　哈佛本、刻补本同，四库本作“达兰、珪撤”，四库馆据新译定名改。

〔一一三〕瓦剌　哈佛本、刻补本同，四库本作“卫喇”，四库馆据新译定名改。

〔一一四〕满四　哈佛本、刻补本同，四库本作“穆苏”，四库馆据新译定名改。

〔一一五〕历　哈佛本作“厤”，刻补本作“歷”，四库本作“厯”，避乾隆皇帝讳改。

〔一一六〕俺答从子永邵卜者　哈佛本、刻补本同，四库本作“谙达从子永实卜者”，四库馆据新译定名改。

〔一一七〕瓦剌他卜囊　哈佛本、刻补本同，四库本作“卫喇特塔布囊”，四库馆据新译定名改。

〔一一八〕朵尔　哈佛本、刻补本同，四库本作“托尔”，四库馆据新译定名改。

〔一一九〕把都而恰　哈佛本、刻补本同，四库本作“巴图而徹而”，四库馆据新译定名改。

〔一二〇〕宾兔阿赤兔　哈佛本、刻补本同，四库本作“琸都阿齐图”，四库馆据新译定名改。

甘肃通志卷之第三十六　人物三

宁夏府

汉

傅燮，字南容，北地灵州人。少师事太尉刘宽①，举孝廉。后为护军司马，与左中郎皇甫嵩俱讨张角。燮素疾中官，因疏言："阉竖弄权，忠臣不进，张角起于赵魏，黄巾乱于六州，皆是故也。"②书奏，宦者赵忠③见而忿恶。及破角，功多当封，竟不得，以为安定都尉，拜议郎。会西羌反，司徒崔烈议弃凉州，燮厉言曰："斩司徒，天下乃安。"因对言凉州不可弃，帝从之。由是朝廷重其方略〔一〕。顷之，赵忠为车骑将军，遣弟延谓燮曰："南容少答我④，万户侯不足得也。"燮正色拒之，忠愈恨，出为汉阳太守。燮善恤人，叛羌怀其恩化，并来降附，乃广开屯田，置四十余营。刺史耿鄙讨金城贼王国、韩遂，败死。贼进围汉阳，城中兵少粮尽，燮犹固守。时北胡骑数千随贼攻郡，皆夙怀燮恩，共于城外叩头，求送燮归乡里。子幹，年十三，从在官舍，因进谏，劝燮从之，燮慨然呼幹曰："圣达节，次守节，世乱不能养浩然之志，食禄又欲避其难，吾行何之？必死于此。"⑤遂麾左右进兵，临阵战殁。谥曰壮节侯。幹知名，位至扶风太守。

---

① 刘宽：120—185年，字文饶，东汉弘农华阴人。少学今文经，称通儒。桓帝时累官东海相，拜尚书令，迁南阳太守。灵帝时征拜太中大夫侍讲华光殿。后官至太尉，封逯乡侯。

② 阉竖弄权，忠臣不进，张角起于赵魏，黄巾乱于六州，皆是故也：按《后汉书·傅燮传》，此处引文为："臣闻天下之祸，不由于外，皆兴于内。今张角起于赵、魏，黄巾乱于六州。此皆衅发萧墙，而祸延四海者也。陛下仁德宽容，多所不忍，故阉竖弄权，忠臣不进。"

③ 赵忠：？—189年，东汉安平（今河北冀县）人，宦官。桓帝、灵帝时期历任小黄门、中常侍。曾参与诛杀朝臣梁冀、何进。后被袁绍所杀。

④ 南容少答我：按《后汉书·傅燮传》，此处引文为："南容少答我常侍。"

⑤ 圣达节，次守节，世乱不能养浩然之志，食禄又欲避其难，吾行何之？必死于此：按《后汉书·傅燮传》，此处引文为："别成，汝知吾必死邪？盖'圣达节，次守节'。且殷纣之暴，伯夷不食周粟而死，仲尼称其贤。今朝廷不甚殷纣，吾德亦岂绝伯夷，世乱不能养浩然之志，食禄又欲避其难乎，吾行何之。必死于此。"

晋

傅瑗，晋司隶校尉咸之子也。以学业知名，仕晋，官至安成太守。

宋

傅迪，字长猷，北地灵州人。父瑗，与郗超[①]善。超尝造瑗，见二子迪及亮。亮年四、五岁，超令人解亮衣，使左右持去，初无吝色。超谓瑗曰："卿小儿才名位宦，当远逾于兄，然保家传祚，终在大者。"亮方贵，迪每深诫之。

傅亮，字季友，瑗子，迪之弟。亮博涉经史，尤善文辞。义熙中，累迁中书黄门侍郎。宋国初建，除侍中加中书令。永初元年，以佐命功封建城县公，入直中书省，专典诏命。太祖[②]登阼，加散骑常侍，开府仪同三司。

傅隆，字伯祚，北地灵州人。少孤有学行，不好交游。义熙初，年四十，始为孟昶[③]建威参军，累迁尚书左丞，徙太子率更令。元嘉初，为御史中丞，甚得司直[④]之体。转司徒右长史，出为义兴[⑤]太守，在郡有能名。寻转太常。太祖以新撰《礼论》付隆，使更下意，隆因表上五十二事。明年致仕，拜光禄大夫。归老于家，手不释卷，博学多通，特精三《礼》。

南齐

傅琰，字季珪，北地灵州人。父僧祐，山阴[⑥]令，有能名。琰美姿仪。仕宋为武康[⑦]令，迁山阴令。僧佑在县有称，琰尤明察，又著能名，其年赐爵新亭侯。元徽[⑧]初，迁尚书左丞。母丧，邻家失火，延烧琰屋，抱柩不动，邻人竞来赴救，乃得俱全。琰股髀之间，已被烟焰。齐高帝辅政，以山阴狱讼烦积，复以琰为山阴令。有

---

① 郗超：336—377年，字景兴（或作敬舆），一字嘉宾。东晋高平金乡（今属山东）人，是东晋一代官僚崇信佛教的代表人物之一。

② 宋太祖，即南朝宋文帝刘义隆（407—453）。

③ 孟昶：？—410年，字彦达，东晋城阳平昌人。少为王恭所知。桓玄重之。及玄称帝，与刘裕合谋讨之，拜丹阳尹，累迁吏部尚书、尚书右仆射。安帝义熙六年（410）卢循起事，晋军累败，遂自杀。

④ 司直：官名。汉武帝元狩五年（前118）初置丞相司直，省称司直，秩比二千石，掌佐丞相举不法。东汉至晋亦置此官。

⑤ 义兴：郡名。西晋置，治阳羡县（今江苏宜兴市），辖境相当今江苏宜兴、溧阳二市地。

⑥ 山阴：县名。秦置，属会稽郡，治在今浙江绍兴市。

⑦ 武康：县名。西晋改永安县置，属吴兴郡，治在今浙江德清县西。

⑧ 元徽：南朝宋后废帝年号，公元473—477年。

卖针卖糖老姥争团丝，来诣琰，琰挂团丝于柱鞭之，密视有铁屑，乃罚卖糖者。又二野父争鸡，琰各问何以食鸡，一人云“粟”，一人云“豆”，乃破鸡得粟，罪言豆者。县内称神明，无敢为偷。琰父子并著奇绩，时云“诸傅有理县谱[①]，子孙相传，不以示人。”升明中，迁益州刺史。

傅翙，琰子。为官亦有能名。后为吴令，别建康令孙廉，廉因问曰：“闻丈人发奸擿伏，惠化如神，何以至此？”答曰：“无他也，惟勤而清。清则宪纲自行，勤则事无不理。宪纲自行，则吏不能欺，事自理，则物无疑滞，欲不理，得乎？”时临淮刘玄〔二〕明[②]亦有吏能，历山阴、建康令，政常为天下第一，终于司农卿。后翙代玄〔三〕明为山阴令，问元明曰：“愿以旧政告新令尹。”答曰：“我有奇术，卿家谱所不载，临别当相示。”既而曰：“作县令，惟日食一升饭而莫饮酒，此第一策也。”天监中，为建康令，复有能名。

梁

傅昭，字茂远，北地灵州人，晋司隶校尉咸七世孙。昭六岁而孤，哀毁如成人，宗党异之。十一岁，随外祖为雍州刺史袁顗客。顗尝来昭所，昭读书自若，神色不改。顗叹曰：“此儿神情不凡，必成佳器。”太原王延秀荐昭于丹阳尹袁粲[③]，礼辟为郡主簿，使诸子从昭受学。粲每经昭户，辄叹曰：“经其户寂若无人，披其帷其人斯在，岂非名贤。”寻为总明学士[④]，累迁尚书左丞。梁武帝素重昭，梁台建，以为给事黄门侍郎，领著作，兼御史中丞，历位左户尚书，安成内史。郡自宋来，兵乱相接，府舍称凶，在任者鲜以善终。及昭至，有人夜见甲兵出，曰：“当避善人。”[⑤]乃腾虚而去，俄而风雨忽至，数间屋俱倒，自后郡舍遂安，咸以昭正直所致。郡多猛兽，尝设槛阱，昭命去槛阱，猛兽竟不为害。历秘书监、太常卿，迁临

---

① 理县谱：即治县谱，治理县政方法的书。

② 刘玄明：南朝齐人，祖籍临淮（治今江苏盱眙）。有吏能，历山阴、建康令，为政常为天下第一，位至司农卿卒。

③ 袁粲：420—477年，字景倩，南朝宋陈郡阳夏人。宋孝武帝时，除尚书吏部郎。宋明帝泰豫元年（472），以尚书令与萧道成、褚渊同受明帝遗命，共辅后废帝掌朝政。后萧道成杀后废帝，立顺帝。粲谋讨道成，事泄被杀。尝著《妙德先生传》以续嵇康《高士传》。

④ 总明学士：官名。南朝宋明帝泰始六年（470），立总明观，征学士以充之。置东观祭酒、访举各一人，举士二十人，分为儒、道、文、史、阴阳五部学。

⑤ 当避善人：按《南史·傅昭传》，此处引文为：“傅公善人，不可侵犯。”

海[①]太守。郡有蜜岩，前后太守封固，专收其利。昭教勿封，与百姓共之。县令饷栗，置绢于下，笑而还之。入为散骑常侍、光禄大夫。昭所莅官，常以清静为政，不尚严肃。居朝廷，无所请谒，不交私利。终日端居，以书记为乐，虽老不衰。博极古今，尤善人物。性尤笃慎，子妇尝得家饷牛肉以进昭，召其子曰："食之则犯法，告之则不可，取而埋之。"其居身行已，不负暗室，类如此。后进宗其学，重其道，人人自以为不逮。卒，谥曰贞。

傅映，字徽远，昭弟。三岁而孤，兄弟友睦，修身励行，非礼不动。始昭之守临海，陆倕[②]饯之，日昏不返。映以昭年高，不可极乐，自往迎候，同乘而归，兄弟并已斑白，时人美焉。及昭卒，映丧之如父，年逾七十，哀戚过礼。映有文才，而不以篇什自命。后为武康令，累迁光禄卿、大中大夫。

傅岐，翙子，字景平。仕梁，起家南康王左常侍，除如新[③]〔四〕令。后去县，人无老少，皆出境拜送，号哭闻数十里。至都，除廷尉正兼舍人。岐美容止，博涉能占对。大同中，与魏和亲，其使岁中再至，常遣岐接对。岐在禁省，机事密勿，亚于朱异。太清元年，贞阳侯萧渊明[④]伐彭城，兵败陷魏。明年，渊明遣使还，述魏欲通和好，敕近臣定议。左卫朱异[⑤]曰："和为便。"议者并然之。岐独曰："高澄既新得志，其势非弱，何事须和？必是设间，故令贞阳遣使，俾侯景自疑，当以贞阳易景，景心不安，必图祸乱，此和殆不可许。"高祖从异议。遣和，景果疑，遂反入寇京师，请诛异。二月，景于阙前通表，乞割江右四州〔四〕安置部下，当解围还镇。敕许之，乃于城西立盟，求遣宣城王出送。岐固执宣城嫡嗣，不宜许。乃遣石城公大

① 临海：郡名。治临海县（今浙江临海市），辖境当今浙江灵江、瓯江、飞云江流域全部市县。

② 陆倕：470—526年，字佐公，南朝吴郡吴县（今江苏苏州市）人。齐竟陵王子良招为西邸学士，累迁议曹从事参军、庐陵王法曹行参军。梁历太子中舍人、太子中庶子、守太常卿。所撰《新漏刻铭》《石阙铭记》，深为梁武帝嗟赏。普通七年（526）卒，有文集二十卷行世。

③ 如新：县名。南朝宋侨置，在今安徽六安市舒城县。

④ 萧渊明：？—556年，南朝梁南兰陵中都里人，字靖通。梁武帝太清元年（547），为豫州刺史。明年，为都督率师北伐，军败被俘。后北齐立渊明为梁帝，送之南还。梁将王僧辩惧，迎入建康即位。陈霸先寻袭杀僧辩，黜渊明为太傅、建安王。明年疽发背死。

⑤ 朱异：482—548年，字彦和，南朝梁吴郡钱唐（今浙江杭州市）人。历任太学博士、中书舍人、太子右卫率、中领军。太清二年（548）劝武帝受降侯景。任职掌权三十余年，善阿谀以迎合帝意，累受宠任。又广受贿赂，财富般积。侯景反，惭愧发病卒。所撰《礼》《易》讲疏及仪注、文集共百余篇。

款送之。及与景盟讫，城中文武喜跃，冀得解围。岐独言曰："贼举兵为逆，未遂求和，其心不可信。"及景背盟，莫不叹服。寻有诏，以岐勤劳，封南丰县侯，固辞不受。宫城失守，岐带疾出围，卒于宅。

陈

傅縡，字宜事，北地灵州人。縡幼聪敏，七岁诵古诗赋至十余万言。长好学，能属文。依湘州刺史萧循。循颇好士，广集坟籍，縡肆志寻阅，因博通群书。后主即位，迁秘书监、右卫将军，兼中书通事舍人，掌诏诰。縡为文典丽，性又敏速，虽军国大事，下笔辄成，未尝起草，沉思者亦无以加。然负才使气，陵侮人物，朝士多衔之。会施文庆、沈客卿以佞见幸，专制衡轴，而縡益疏。文庆等因共谮之，后主收縡下狱。縡素刚，因愤恚上书言："小人专制，宦竖弄权，恶忠直若仇雠，视百姓若草芥，恐东南王气自斯而尽。"[①]书奏，后主谓曰："我欲赦卿，卿能改过不?"縡曰："臣心如面，臣面可改，则臣心可改。"后主益怒，赐死。

隋

李彻，字广达，和子，朔方岩绿[②]人。性刚毅，有器干，伟容仪，多武艺。周武帝时，从讨吐谷浑，赐爵同昌县男。从拔晋州，与齐王宪[③]屯鸡栖原[④]，齐遣骁将率劲骑蹑宪，战于晋州城北，宪败，彻力战，宪军获全。复从帝破齐师于汾北，乘胜下高壁[⑤]，拔晋阳。宣帝即位，从韦孝宽略定淮南，每为先锋。淮南平，授淮州刺

---

① 小人专制，宦竖弄权，恶忠直若仇雠，视百姓若草芥，恐东南王气自斯而尽：按《陈书·傅縡传》，此处引文为："陛下顷来酒色过度，不虔郊庙之神，专媚淫昏之鬼。小人在侧，宦竖弄权，恶忠直若仇仇，视生民如草芥。后宫曳绮绣，厩马余菽粟，百姓流离，僵尸蔽野。货贿公行，帑藏损耗，神怒民怨，众叛亲离，恐东南王气，自斯而尽。"

② 岩绿：县名。治在今陕西省靖边县东北白城子。

③ 齐王宪：即宇文宪（545—578），代郡武川人，宇文泰第五子。北周初建，拜骠骑大将军。北周明帝武成初，除益州总管、益州刺史，封齐国公。善抚御，勤政务。宇文护被杀后，宪为大冢宰。积功封齐王。宣帝即位，忌其名望而杀之。

④ 鸡栖原：地名。在今山西霍州市东北三十里霍山上。

⑤ 高壁：地名。即高壁岭，又称韩信岭，在今山西省灵石县东南。

史，安集初附，甚得欢心。隋高祖受禅，进爵齐安郡公。明年，沙钵略①率兵犯塞，上令卫王爽②为元帅，以彻为长史。遇虏于白道③，彻率精骑五千掩击，大破之，沙钵略潜遁，以功加上大将军。沙钵略因此称藩。其后，彻复击突厥于塞上，破之。左仆射高颎之得罪也，以彻素与颎善，因被疏忌，不复任使。

史祥，字世休，朔方人。少有文武才干。隋高祖践阼，拜祥仪同领交州事，颇有惠政，转骠骑将军。从王世积④伐陈，破之，进拔江州。后以行军总管从晋王广击突厥于灵武，破之，迁右卫将军。仁寿中，率兵屯弘〔六〕化⑤以备敌。炀帝初，汉王谅⑥作乱。帝以祥为行军总管，军于河阴。令军中修攻具，简精锐，于下流潜渡。讨綦良等，良众溃，祥纵兵乘之，杀万余人。进位上大将军，转太仆卿，寻迁鸿胪卿。从征吐谷浑，祥率众出间道击破之，拜左骁卫将军。

唐

韩游瓌，灵州灵武人。始为郭子仪裨将。安禄山反，使阿史那从礼将同罗、突厥五千骑伪降于朔方，诱〔七〕河曲九蕃府、六胡叛，部落凡五十万。子仪使游瓌率辛京杲击破之，九蕃府还附。累进邠宁节度留后。奉天之狩⑦，兵未集，游瓌与庆州刺

① 沙钵略：隋代东突厥可汗，他钵可汗之侄。他钵可汗卒，子庵罗继立，懦弱不能统国，因让国于摄图。得立后，号伊利俱卢设莫何始波罗可汗，简称沙钵略可汗。以勇得众，控弦四十万，称雄漠北，累扰边郡。文帝开皇三年（583），于白道被隋军击败。后又受困于达头可汗，遂称藩于隋，岁岁朝贡。

② 卫王爽：即杨爽（563—587），杨坚异母弟。幼时随坚妻居，受坚宠爱。隋初，封卫王，为雍州牧。转凉州总管，为行军元帅，督高颎等击突厥，获胜。为政有声誉。后迁纳言，寻病卒。

③ 白道：地名。即今内蒙古呼和浩特市西北通武川大道。自古为河套东北地区通往阴山以北的交通要道。

④ 王世积：？—599年，北周时以军功拜上仪同，封长子县公。入隋，进封宜阳郡公，授蕲州总管。参与平陈之役，以功进位柱国，迁荆州总管。文帝开皇十八年（598）攻高丽，与汉王谅并为行军元帅，途中遇疾疫而还。拜凉州总管。其亲信皇甫孝谐有罪，吏捕之，亡抵世积，世积不纳，遂结怨，后竟诬告世积谋反，乃被召入朝，坐诛。

⑤ 弘化：县名。治在今甘肃庆城县北二十里。

⑥ 汉王谅：即杨谅，隋文帝第五子。开皇初立为汉王，并州总管，为文帝宠爱。太子杨勇被废，居常怏怏，乃称突厥方强，宜修武备，遂缮治器械，招纳亡命，阴有异图。及蜀王杨秀被废，愈不自安。文帝卒，遂发兵反，为杨素击败而降。除名为民，终幽囚以死。

⑦ 奉天之狩：即奉天之难。指唐建中四年（783），奉命入援襄阳的泾原军发生兵变，拥戴朱泚为帝。唐德宗逃往奉天（今陕西乾县），历史称之为“奉天之难”。

史论惟明以兵三千来赴，有诏引军屯便桥，次泥泉，与泚兵值，游瓌还奉天，卫天子，泚兵蹑攻之，夺门，游瓌殊死战，乃解。泚大治战棚、云桥，士皆惧，游瓌曰："贼取佛祠乾木为攻具，可以火之。"贼大噪，攻南雉，游瓌曰："是分吾力也。"趋北雉，遣锐士傅满直出，火其棚，投薪于中，棚皆烬，贼气沮。故诸将推游瓌赴难功第一。帝置统军一员，以游瓌处之。李怀光叛，诱游瓌为变，游瓌白发其书，帝嘉其忠义。怀光檄假游瓌邠州刺史，欲因张昕杀之。游瓌统旧部兵驰入邠，说昕戴王室，昕不听，伏甲斩昕。游瓌屯七盘关①，受李晟②节度。诏拜邠宁节度使，与浑瑊、戴休颜分扼京东西要险。李晟入长安，游瓌破泚兵，咸阳、京师平。迁检校尚书左仆射。帝至自兴元，游瓌及瑊、休颜从，而李晟、尚可孤、李元谅奉迎，论功皆第一。吐蕃请盟，游瓌谏，帝不从。盟之日，游瓌以劲骑五百屯洛口待非常。瑊被劫，驰免，虏见兵出，即解去。后吐蕃寇大回原，即选骑迎击败之，吐蕃夜遁。后还京师，拜右龙武统军。卒，谥曰襄。

戴休颜，夏州人。家世尚武，志胆不常。郭子仪引为大将，讨平党项羌，以功封咸宁郡王，兼朔方节度副使。朱泚反，率兵驰奔行在，德宗嘉之，赐实封二百。后留守奉天。李怀光屯咸阳，使人诱之，休颜斩其使，勒兵自守。迁奉天行营节度使。合浑瑊兵，破泚，斩首三千级，追至中渭桥，京师平。又与瑊率兵趋岐阳，邀泚残党。加检校尚书右仆射。从乘舆至京师，拜左龙武军统军。卒，赠扬州大都督。弟休璿，历开府仪同三司，封东阳郡王。休晏，历辅国大将军，封彭城郡公，俱以将略称。

康日知，灵州人。少事李惟岳③，擢赵州刺史。惟岳叛，日知与别驾李濯及部将

---

① 七盘关：地名。在今陕西宁强县西南与四川广元市交界处，为川、陕交通要隘。

② 李晟：727—793年，字良器，唐陇右临洮（今甘肃岷县）人。十八岁从军，从王忠嗣等击败吐蕃，授右神策都将。建中二年（781）率军讨伐藩镇田悦、朱滔、王武俊。四年，击败叛据长安的朱泚，收复京师，拜司徒、兼中书令。任凤翔陇右节度等使兼四镇北庭行营兵马副元帅，安定泾州，并迫使吐蕃乞和。不久受张延赏排挤，被解除兵权。

③ 李惟岳：？—782年，唐范阳奚族人。李宝臣子。少为行军司马、恒州刺史。父卒，求袭父位，不允，遂与田悦、李正己等拒命，战败，为王武俊所杀。

百人共盟，固州自归。惟岳怒，遣先锋兵马使王武俊[①]攻之，日知使客说武俊，引兵还，斩惟岳以献。德宗美其谋，擢为深赵观察使。会武俊拒命，遣将攻赵州，日知破之，上俘京师。兴元元年，以深赵益成德，徙日知奉诚军节度使，又徙晋绛加检校尚书左仆射，封会稽郡王。卒，赠太子太师。子志睦，工驰射，隶右神策军，以功进平卢军节度使。李同捷[②]反，志睦挫其锐，下蒲台尽夺其械。加检校尚书左仆射，封会稽郡公。子承训亦以功封会稽郡男。

何进滔，灵武人。少客魏，事田弘〔八〕正[③]。弘〔九〕正攻王承宗，承宗使健将引精骑千余驰魏壁，进滔率猛士逐之，几获。从讨李师道[④]，以功兼侍御史。史宪诚死军中，传呼曰："得何公事之，军安矣。"进滔下令曰："公等既迫我，当听我令。"众唯唯。执杀前使及监军者，凡斩九十余人，释胁从者，素服临哭，将吏皆入吊。诏拜留后，俄进授节度使。居魏十余年，民安之。进检校司徒，同中书门下平章事。卒，赠太傅，谥曰定。

史敬奉，灵州人。事朔方军，为牙将。元和中，吐蕃数犯塞，敬奉白节度使杜叔良，请兵三千，赍一月粮，深入虏地，分贼势，乃由间道绕出虏后，大破之，驱其余众于瓠芦河[⑤]，获马牛杂畜迨万数。敬奉走逐奔马，挟鞍勒以上，而后羁带之，矛矢在手，前无强敌。甥侄部曲二百人，每出辄分其队为四五，随水草，数日不相知，及相遇，已皆有获。以名雄边。

---

① 王武俊：735—801年，契丹人。安史乱时，劝其主将李宝臣降唐，拜先锋兵马使。建中时从宝臣子惟岳谋乱，旋又杀惟岳归朝，擢为恒州刺史、恒冀都团练观察使。不久所辖赵、定二州被朝廷收走，朱滔、田悦乘其不满，与之联络，共同作乱，称赵王，署官府。兴元元年（784）削除国号，并合军打败了朱滔。后官至检校太尉兼中书令。

② 李同捷：？—829年，李全略子。父卒，擅领留后事。唐文宗即位，拜兖州刺史、兖海节度使，并令乌重胤代为沧州节度使。同捷拒命，朝廷出兵征讨，不久大败，被杀。

③ 田弘正：746—821年，唐平州卢龙人，田承嗣侄。宪宗元和七年（812）魏博节度使田季安死，弘正为众拥立，听命于朝，继任节度使。吴元济叛，出兵讨伐。后逼使成德节度使王承宗归唐，又讨平平卢、淄青节度使李师道，加同中书门下平章事。元和十五年诏拜成德军节度使。次年为原成德军都兵马使王庭凑所杀。

④ 李师道：？—819年，唐时高丽人。李师古异母弟。师古死，继任淄青节度使留后。李师道联合吴元济，使人烧河阴仓，断建陵桥以援蔡，又使人杀武元衡、伤裴度。吴元济平，讽令割地质子，师道上书以军不协为解。唐诸军进讨。师道昏庸，为部将刘悟所杀。

⑤ 瓠芦河：河流名，为渭河主要支流，在宁夏回族自治区南部、甘肃省东部。

宋

周美，字之纯，灵州回乐[①]人。少隶朔方军，以材武称。契丹犯边，帝幸澶渊，常令宿卫。陕西用兵经略使夏竦荐其材。夏人既破金明[②]诸砦，美请于经略使范仲淹曰："金明当边冲，我之蔽也，今不亟完，将遂失之。"仲淹属美复城如故。数日，贼众数万薄金明，美领众力战，抵暮援兵不至，乃多设疑兵，夏人引去。复败敌于金汤城[③]，焚其族部二十一。元昊入寇，美西出芙蓉谷，大破其众。庞籍、范仲淹交荐之，除鄜延路兵马都监。又破敌于无定河[④]，加副总管。每边书至，诸将各择便利，美独不辞难。所向辄克，诸将以此服之。卒，谥忠毅。美前后十余战，平族帐二百，焚二十一，招种落内附者十一族，复城堡甚多。禄赐多分其下，家无余赀。

周永清，字肃之。世家灵州。州陷于夏，祖美归京师。永清以荫从仕宰相。庞籍荐其忠勇，加阁门祇候。押时服赐夏国，至宥州，夏人受赐不跪，诘之，恐而跪。迁渭州钤辖，渭兵劲而陈伍不讲，永清训以李靖法。帅蔡挺上其图，以令诸军知德顺军。夏众入寇，擒其酋吕效忠，募勇士夜袭夏帐，斩三百级，俘数千人，获驼马、甲器万计。并砦禁地三百里，盗耕不可禁，永清拓籍数千顷，置射士二千，声闻敌廷。降者引入帐下，待之不疑。多得其死力，威名甚著。擢泾原路钤辖、知泾州。

斡道冲，字圣宗，灵武人。其先从伪夏主迁兴州，世掌夏国史。道冲通五经，为番、汉教授，译《论语注》，别作《解义》三十卷，又作《周易卜筮断》，以其国字书之，行于国中。后官至其国之中书宰相。

元

李征，字干臣，西夏国族子。金末，以经童中选。既长，入为质子，以文学得近侍。元太宗[⑤]嘉之。及下河南诸郡，兵余岁凶，民人流散，赈恤饥寒，归者如市。

① 回乐：县名。治在今宁夏吴忠市北。

② 金明：地名。在今陕西安塞县东南沿河湾镇。

③ 金汤城：地名。即今陕西志丹县西一百里金汤城。

④ 无定河：河流名。在今陕西省北部。

⑤ 元太宗：名窝阔台，蒙古国成吉思汗三子，于1229—1241年称蒙古国大汗。

十三年，师围寿春，久雨不止，言于察罕①曰："城久拒命，破必屠之，生灵何辜，请身往招之。"遂单骑入，晓以利害，明日与其将率众来降。以功赐银五千两。后累官襄阳军马万户。

来阿八赤〔十〕，宁夏人。宪宗伐宋，奉命监元帅纽隣〔十一〕军，遏宋人援兵，驻重庆下流之铜罗峡②，夹江据崖为垒，预积薪于二垒，明火鼓噪，矢石顺流而进，宋人败走。帝闻，赐银。至元末，调征东招讨使。招徕辽左，降附远近。帖然征交趾，领中卫亲军千人至思明州。贼阻险拒守，于是选精锐与贼战于女儿关，斩馘万计。进至交州，陈日烜空其城而遁。日烜屡遣使约降，阿巴赤〔十二〕往攻之，昼夜迎战。会将士多疫，乃议班师。

拜延〔十三〕，河西人。袭父火夺都〔十四〕千户职。宋师侵成都，四川佥省严忠范遣拜延〔十五〕迎击，大败之。又从攻嘉定、泸叙、重庆，数有战功。总帅汪田哥用兵忠州，拜延〔十六〕将兵涪州策应。宋人以舟师邀于青江，拜延〔十七〕领兵驰赴，擒其部将十七人。泸州复叛，拜延〔十八〕领兵趋泸州，败其将，遂克泸州。行院副使卜花〔十九〕进兵围重庆，遣拜延〔二十〕将兵降之。制授宣武将军、蒙古汉军总管。

李恒，字德卿。唐末赐姓李，世为西夏人。恒生有异质。世祖时，累加为益都淄莱万户。从取宋襄阳、江西，及崖山平，累官中书左丞。后从皇子征交趾，中毒矢卒。谥武愍，追封滕国公。

杨朵儿只〔二一〕，河西宁夏人。少孤，幼即知自立，语言仪度如成人。事仁宗于藩邸，甚见倚重。命朵儿只〔二二〕与右丞相哈剌哈孙〔二三〕定议，迎武宗于北藩。仁宗还京师，朵儿只密致警备，仁宗嘉之，亲解所服带以赐。既佐定内难，论功为大中大夫、家令丞。日夕侍侧，虽休沐不至家，众敬惮之。帝他日与中书平章李孟论元侍从人材，孟以朵儿只为第一。拜礼部尚书。有论朝政阙失，面触宰相，宰相怒将取旨杀之。朵儿只曰："诏书云：'言虽不当，无罪。'今若此，何以示信天下？"帝悟释之，加昭文馆大学士。为权臣铁木迭儿〔二四〕所害而死。初铁木迭儿〔二五〕为丞相，恃势贪虐，平章政事萧拜住〔二六〕牵制之。朵儿只〔二七〕拜御史中丞，纠正其罪，

① 察罕：？—1255年，蒙古国将军，曾随铁木真攻略云中、桑乾。在野狐岭（今河北张家口市附近）大败金将定薛。后征西域孛哈里、薛迷思干二城。又征伐西夏，破肃州（今甘肃酒泉）。后攻中兴，杀夏主。窝阔台时，攻略河南入枣阳（今湖北枣阳），又进光州（今河南潢川），拔天长县（今江苏天长）。贵由汗时，为都元帅兼领尚书省事，封河南王。

② 铜罗峡：地名。又名石洞峡、黄葛峡，在今四川重庆市东北。

有诏逮问，铁木迭儿〔二八〕逃匿。朵儿只〔二九〕持之急，太后召至宫门，责以违旨，仁宗恐伤太后意，但罢其相位。英宗立，铁木迭儿〔三十〕复相，乃宣太后旨，召萧拜住〔三一〕、朵儿只〔三二〕，责以前违太后旨之罪，载诸国门之外，与萧拜住〔三三〕俱见杀。后赠上柱国夏国公，谥襄愍。时权臣欲夺其妻刘氏与人，刘氏剪发毁容，自誓乃免。子不花〔三四〕。

杨不花〔三五〕，幼有才气，能以礼自持，好读书。仁宗欲以为翰林直学士，力辞。后补武备司提点，转佥河东廉访司事。尝出按部民，有杀子以诬怨者，狱成，不花〔三六〕谳之，得其情，平反出之。河东民饥，先捐已赀以赈，请未得命，即发公廪继之，民赖以不死。文宗立，除通政院判，将行，值陕西诸军拒诏，不花〔三七〕率众出御，阵溃见杀，二仆亦见执，曰："吾主既为国死，吾苟得生，何以见吾主于地下?"亦皆被杀。至顺二年，赠不花〔三八〕礼部尚书。

明

徐琦，宁夏人。永乐十三年进士。天资笃实，德望镇静，士林重之。累官至南京兵部尚书，参赞机务。尝谕降安南。赠太子太保，谥贞襄。

张泰，宁夏人。正统间，以都督同知镇守宁夏。凡关堠之设，营阵之法，兵车火炮之制，皆出其谋画。自束发用兵，累建边功，从无挫衄。卒后恤赠。

宋儒，宁夏人。正统七年进士。历任江西按察司佥事。有德行以范俗。

常泰，宁夏人。受学薛瑄，明性理之学。任定州学正，以正学教诲士人。及卒，贫不能归，诸生留葬于定州。

程景云，宁夏人。景泰五年进士。有重望，家贫，或馈之不受。为御史，有风裁，直声大著。

仇廉，宁夏人。景泰间，以指挥使充副总兵，协守宁夏。时值也先以万骑攻城，旬日不解。廉以忠义固结人心，竭力守御，敌遂引去，城赖以全。后没于战。

任信，宁夏人。前卫指挥。制兵车，督教演，众称其长。

胡汝砺，宁夏人。成化二十三年进士，官至兵部尚书。敏捷练达，临事裁决如流。凡所在请托不行，能持法。

夏景华，宁夏人。举成化十年乡试，任河南彰德府推官[①]。正直尊严，人莫敢干以私，即上台亦严惮之，相戒毋渎夏推官也。

---

① 推官：官名。明于府设推官，理刑名，赞计典。

张嘉谟，字舜卿，宁夏人。弘〔三九〕治十五年进士。授兵部主事，厘剔宿弊。盗起山东，侍郎陆完督军，嘉谟献议，谓当出奇以遏其锋，审势以夺其气，若徒尾其后，是驱贼以自戕也。贼犯潍县[①]，陆以偏师属之，贼易之不为意，乘其怠即夕掩击，大破贼，斩首二千级，贼平。升车驾司员外，诏起兵部尚书。彭泽征蜀寇，疏请与行，乃告泽曰："蜀地险阻，用兵为难。公若分兵属谟，由汉中取道以入夔峡[②]，公以大兵取重庆，交蹙之则成禽矣。"泽深然其策。后卒奏功升山东兵备佥事，以禁矿忤藩邸罢。平生好书，学隶、篆、行草各得其妙，诗文敏捷自成一家，有《云谷集》《西行稿》。

潘九龄，宁夏人。举正德八年乡试。历任四川右布政使。清白著声，平麻阳寇，却云南沐国公馈金，定其世爵，时论归焉。

史镛，宁夏人。以右卫指挥同知。值寘鐇变，倡义率众据河夺船。贼平，以功充游击将军，升都督佥事，历镇甘肃。长于筹略，尤善攻守，有良将风。

楚书，字国宝，宁夏人。嘉靖二年进士。初任兵部主事，大同之变[③]，书观兵城下，城中俱登陴请曰："吾辈非杀主帅者，亦无他志，但畏死自保耳。"请书入城，书谕慰之，且言用兵非朝廷意，众皆望阙呼万岁。书陈朝廷威德，晓以祸福，令献首恶。贼平，累升右副都御史。

黄绶，宁夏人。嘉靖八年进士。风裁峻整，名重朝绅。督学北直隶，巡按山东，士仰民怀，清白之声大著。嘉靖甲辰，大学士翟銮二子俱登第，物议蜂起。绶弹之，有"一銮当道，双凤齐鸣"之句，其不避权势如此。

江潮，中卫人。嘉靖间选贡。任沭阳县丞。性淡泊，一衣一食动以民膏为念，廉明特著淮上，号为"青天"。及居乡，淳朴敦厚，有古君子之风焉。

李廷彦，宁夏人。万历〔四十〕二年进士。才品端方，器识弘〔四一〕远。巡按云南，

① 潍县：县名。治在治今山东潍坊市。

② 夔峡：即瞿塘峡，长江三峡之一，西起重庆市奉节县白帝城，东迄巫山县大溪镇。

③ 大同之变：明朝的两次军队哗变。明世宗嘉靖三年（1524），大同府巡抚都御使张文锦实行残酷的统治，引起了军队的反抗。郭鉴、柳忠、陈浩、胡雄、郭疤子等人在夜间举火为号，杀死贪官张文锦，打开仓库，发放粮食，砸开监狱，释放囚犯，占领了大同城。农历九月，明朝政府派遣蔡天佑、桂勇等人，以"谕抚"为名，设计宴请郭鉴等三十多人，予以杀害。又过了九年，曾当过山阴总兵的朱振，又组织王福胜等士兵首领在大同发动兵变，火烧总兵府，总兵李道自杀。明朝派总督刘源清与总兵郤永带兵前去镇压。明军驻在聚乐，以计诱捕朱振，朱振自杀。接着，明军又逮捕、杀害了王福胜等三十多人，才平息了这次兵变。

平罗寇叛。为大理，奏活无辜。巡抚周光镐疏举人才，称为伟器。

王英，宁夏人。指挥同知。万历〔四二〕壬辰，哱刘〔四三〕之变①，为贼所拘。因密侦贼中事报军门，卒为内应，既歼群凶，抚军疏荐之，云：“身在贼旁，志存国事，招降用间，实赖之以周旋，宗社士民多因之而保护，较之斩获，军功不啻倍之。”

马世龙，字苍元。由世职举武会试，历任宣府游击。三屯营总兵官孙承宗出镇，荐授世龙府御拜大将，赐尚方剑，叙功进左都督，寻谢病归。崇祯〔四四〕六年，插汉虎墩兔②〔四五〕合套寇犯宁夏，总兵贺虎臣战殁，诏起世龙代之。世龙生长宁夏，习其形势，为大修战备。明年，二部入犯，邀击大破之。逾月，套寇犯贺兰山，世龙遣降丁潜入其营，斩其长撒儿甲〔四六〕、黄台吉等。半岁中斩二千余级，屡奏捷，威名震西塞，敌退事平。无何，以疾卒于官。论功，赠太子太傅。荫子世，袭锦衣佥事，赐恤如制。子献图、负图、呈图。

清

刘芳名，字孝五，宁夏人。顺治二年，任宁夏总兵，平固原叛将武大定。三年，秦州贼贺珍、王元、马德作乱，芳名先后擒斩之。四年，招降香山诸寇，散其余党，地方以安。十六年，加左都督，领兵征海寇。时贼犯崇明，芳名同提督梁化凤击之，夺船拔帜，擒获伪将。以疾殁于军。赠太子太保，谥忠肃。

马宁，宁夏人。顺治初，从总兵刘芳名擒王元、马德有功。又以恢复河州、庄浪，功授督标中军副将。征剿番回功最著，升四川总兵，克取川、云，驻防缅甸平水，西歼余氛于交趾，功又最著，升湖广提督。

陈福，字东海。本延绥人，迁居宁夏。顺治初，以守备从征有功，累升四川夔

① 哱刘之变：明万历二十年（1592），哱拜、刘东旸合谋之叛乱，又称“壬辰事变”。哱拜（1526—1592）世居宁夏，为蒙古鞑靼部酋长。万历二十年（1592），哱拜纠合其子哱承恩、义子哱云和土文秀等人，嗾使军锋刘东旸叛乱，杀党馨及副使石继芳，纵火焚公署，收符印，发帑释囚。刘东旸自称总兵，以哱拜为谋主，以哱承恩、许朝为左右副总兵，土文秀、哱云为左右参将，占据宁夏镇。此后，明朝各路大军在总督叶梦熊的统一指挥下，将宁夏城团团包围，并决水灌城，刘东旸、哱拜等人先后被杀。

② 插汉虎墩兔：即林丹汗（1592—1634），蒙古帝国末代大汗。林丹汗试图恢复蒙古的统一，重建成吉思汗霸业，对外采取联明抗金的方针，对内则谋求控制蒙古其他部落，优先进行对蒙古各部的统一，避免与后金正面交锋。1627年，林丹汗西迁，平定右翼诸部。1632年，后金汗皇太极远征林丹汗，林丹汗远遁青海。1634年，林丹汗因天花死于青海大草滩，其子额哲于翌年投降后金。

州副将。康熙十三年，擢宁夏总兵官。会吴三桂叛，王辅臣据平凉遥应之，遣伪将西陷洮、兰，东占花马池、定边。时宁夏兵先经调赴征川，留者什之二三，人情惶迫，众议纷纭，福按剑怒曰："敢有异议者，齿此剑。"遂整兵东复花马池、定边，斩伪将朱龙、倪五等。宁夏已平，移师西向固原，前至平凉，岁暮冰雪，众欲暂归，福锐意前进。十四年十二月二十二日，驻惠安堡，定期次日进剿固原。是夜，福被乱军杀死。先是福家口留川，吴逆遣人持逆书，伪札结福，福得书不启，即表奏闻。时东南路阻，遣弟寿由口外求蒙古王引路，七日至京，上召寿问劳，仍命寿归授福陕西提督，未至而福已殁。后赠公爵世职，谥忠愍。

赵良栋，字擎宇，榆林卫安边堡人。后官宁夏，因家焉。顺治初，随亲王入关，定陕西，委署宁夏水利都司。从总督孟乔芳剿叛回，以擒伪将功升高台游击。调征云南，以平水西功授广罗总兵。闻父丧，吴三桂蓄异志，欲为题留，良栋力请，终制奔归。补大同总兵，移镇天津。滇藩反，平凉提督王辅臣亦叛。宁夏提督陈福被害，沿边扰乱。上简良栋安抚，星驰至镇，宣布朝廷德意，诛首恶宽胁从，远近悉安。在镇三年，日练兵储饷，规画已定，乃疏请以劲卒五千独当一面，进取川、滇。康熙十八年冬，遂自裹行粮，由八堵山进密树关，复徽州、略阳。十九年正月朔，兵临白水江[①]，贼对江列营拒守。江流湍涌，时无舟楫，良栋身先士卒，跃马浮渡，兵从之，贼溃走，追至青川，大败之，乘胜直抵成都，申严纪律，纳降抚顺，市肆不移。捷闻，授勇略将军。旋晋兵部尚书，总督云贵军务。复克象岭，夺大渡河，取建昌，全川既定，进取云南。时楚、粤兵围城久弗克，良栋至，周视壁垒，昼夜急攻，凡七日而城下。良栋驻兵城外，不以一卒入城，贼私积充牣，毫无所染。滇省荡平，即移师曲靖。具疏乞休，诏入京，授銮仪卫使[②]。明年以疾归。三十四年，征噶尔旦，命良栋随师出塞。追叙前功，授一等精奇尼哈番世职[③]。三十六年，上巡幸宁夏，良栋已殁，特命皇子吊奠，阁臣致祭，赐谥襄忠，御制碑文以叙其功。良栋早岁从戎，身经百战，所向有功。驭兵严而有恩，皆乐为之用。克滇毫无所取，有古大臣风。

赵弘〔四七〕灿，字天英，良栋长子。良栋下四川时，灿奉使至军前，授宁夏总兵官，随进讨川、云，取建昌，抚永宁，平定滇黔。历川北正定〔四八〕总兵，转赣州黄

---

① 白水江：河流名。在今四川广元市西，为嘉陵江支流。

② 銮仪卫使：清代皇帝的侍卫机构銮仪卫长官。

③ 一等精奇尼哈番：满语音译。清代八旗满洲、蒙古、汉军中勋臣封爵之一，分三等。

岩。康熙三十八年，升浙江提督。四十二年，调广东提督。四十六年，以兵部侍郎副都御史总督两广，升兵部尚书。卒，谥敏恪。

李日荣，字君宠，中卫人。幼从军。康熙十五年，王辅臣变，洮、兰俱陷。日荣从奋威将军王进宝夜渡黄河，恢复临洮，加右都督。又从征四川，平定保宁，劳绩最著，历升广东顺德总兵官。所至俱有声。

师帝宾，宁夏人。赵良栋征川，帝宾以中营游击留守宁镇。时派宁民挽运军需，帝宾以宁民半已出征，加以挽运必致，兵心不安，固请止之。及良栋凯旋，奏云："臣之得以成功者，以有师帝宾在，无内顾忧也。"历升襄阳总兵，调凉州总兵。居官绝扣克，杜苞苴[①]，屏声色，介然特立，凉州立祠祀之。

马际伯，字逸闻，宁夏人。从勇略将军赵良栋恢复建昌，抵云南，以功加参将。征厄鲁特，际伯裹粮出塞，屡立战功。授宁夏前营游击，擢灵州参将，又擢陕西督标副将，升四川建昌总兵官。抚戢军民，招徕苗人，大有方略。移西宁镇，恤兵惠商，羌人敛戢听命，西宁人立祠祀之。升四川提督。

江琦，字思韩，宁夏人。世为宁夏卫职。琦生而英武，会吴逆乱，从提督赵良栋征讨取四川，复云南。后剿噶尔旦，论功累升石匣副将。擢河北总兵官，寻移镇延绥，驭兵筹饷，军民仰赖。康熙四十八年，迁甘肃提督，宣威布德，忠诚待下，士卒感服。

西宁府

魏

源贺，西平乐都人。自署河西王秃发傉檀[②]之子也。傉檀为乞伏炽盘[③]所灭，贺自乐都奔魏。贺伟容貌，善风仪。太武素闻其名，及见，器其机辩，赐爵西平侯，

① 苞苴：指礼品。

② 秃发傉檀：十六国时南凉君主。晋安帝元兴元年（402），继兄利鹿孤嗣立，称凉王，迁都乐都。与西秦、北凉、夏等连年交战，国力耗尽。晋安帝义熙十年（414），为西秦乞伏炽磐所攻，出降，南凉亡。

③ 乞伏炽盘：即乞伏炽磐，十六国时西秦君主（412—428）。乞伏乾归子。初入质南凉，从南凉降姚秦，授晋兴太守。父于宛川称秦王，叛姚秦归国，立为太子。晋安帝义熙八年（412），继父嗣立。

谓曰："卿与朕同源，今可为源氏。"[①]太武征凉州，问攻战之计，贺曰："姑臧外有四部鲜卑，皆臣祖父旧人，臣愿军前宣国威信，必相率请降，外援既服，然后攻其孤城，拔之如反掌耳。"乃遣贺招慰。凉州平，以功进爵西平公。又与尚书陆丽[②]定策，翼戴文成，及即位，贺有力焉，以定策勋进爵西平王。时班赐百僚，敕贺任意取之，贺惟取戎马一匹。是时断狱多滥，贺上书谏，帝从之。出为冀州刺史，改封陇西王。上书请赦坐赃及盗与过误之愆，恕死徙边，帝纳之。贺之临州，鞫狱以情，徭役简省。时考殿最，贺治为第一，赐衣马器物，班宣天下，征拜太尉。及献文将传位于京兆王子推，贺固执不可，卒立孝文。河西叛，敕贺讨之，多所降破。贺依古今兵法，采至要为《十二阵图》，献文览而嘉焉。三年薨，赠侍中、太尉、陇西王，谥曰宣，陪葬金陵。子延袭。

源怀，贺子。谦恭宽雅，有大度。袭父爵为雍州刺史。清俭有惠政，善抚恤，劫盗息止。景明二年，除尚书左仆射。诏奸吏犯罪，每多逃遁，肆眚乃出，自今犯罪不问轻重，而藏窜者悉皆远流，若永避不出，兄弟代徙。怀奏以为宜停，宣武纳之。又诏持节巡行北边，连年旱俭，百姓困敝。怀衔命抚导，存恤有方。时后父于劲[③]势倾朝野，劲兄子祚素与怀通婚，祚郊迎不与语，劾祚免官。怀朔镇将元尼须与怀少旧，表劾其贪。其奉公不挠皆此类也。百姓为豪强凌压，积年枉滞，一朝见伸者，日有百数。上事宜便于北边者，凡四十〔四九〕余条，皆见嘉纳。正始元年，蠕蠕南寇，诏怀以本官便宜从事，时年六十一。至云中，蠕蠕亡遁，乃案视诸镇左右要害，可筑城置戍及储粮积仗之处，凡表五十八条，宣武并从之。卒，赠司徒，公谥曰惠。怀性宽容简约，不好烦碎，恒语人曰："为政当举纲维，何必须太子细也。"性不饮酒，好接宾客，雅善音律。

源子邕，怀子，字灵和。少好文雅，笃志于学，推诚待士，士多归之。累迁夏

---

① 卿与朕同源，今可为源氏：按《魏书·源贺传》，此句为："卿与朕源同，因事分姓，今可为源氏。"

② 陆丽：？—465年，北魏代人。少入侍太武帝，累迁南部尚书。正平二年（452），中常侍宗爱弑杀太武帝拓跋焘，拥立南安王拓跋余为帝。同年十月，宗爱弑杀拓跋余，陆丽与源贺等人议迎立文成帝拓跋濬。后封平原王，迁侍中。文成帝死，乙浑专政，忌而杀之。

③ 于劲：北魏代人。有武略，以功位沃野镇将，拜征虏将军。宣武帝纳其女为后，封太原郡公，拜征北将军、定州刺史。

州刺史，以平贼功封乐平县公。安乐王鉴①据邺反，勅子邕与都督李神轨②讨平之。改封阳平县公。后讨葛荣，殁于阵。赠司空，谥曰庄穆。

源子恭，邕弟，字灵顺。聪明好学，稍迁北主客郎。河州羌却铁忠〔五十〕反，诏子恭为行台讨之。子恭示以威信，二旬悉降，朝廷嘉之。屡以军功封临颍县侯。闵帝初，以预定策勋封临汝县子。天平初，除中书监。三年，拜魏尹。卒，赠司空，公谥曰文献。

周

源彪，子恭子，字文宗。学涉机警，少有名誉。魏永安中，以父功〔五一〕赐爵临颍县伯。天平四年，为凉州大中正。皇建二年，累迁泾州刺史。彪以恩信待物，边境辑和，邻人钦服，累迁秦州刺史。及齐平，入京授仪同大将军、司成下大夫。隋开皇中，拜莒州刺史。

源师，字践言。少知名，明辨有识悟。仕齐为尚书左外兵郎中。周武帝平齐，授司赋上士③。隋累迁尚书左丞，以明干著称。时蜀王秀颇违法度，乃以师为益州总管司马，尝苦谏秀，秀败，州官多连坐，师独获免。炀帝即位，拜大理少卿，卒于刑部侍郎。

源雄，子恭弟纂子，字世略。少宽厚，美姿容。周以伐齐功封朔方公，历冀、平二州刺史。及尉迟迥作乱，以书诱雄，雄卒不顾，遣众平之。陈人遣其将陈纪、萧摩诃等侵江北，雄击走之，悉复故地，迁朔州总管。平陈后以功进位上柱国，复镇朔州〔五二〕。

明

李南哥〔五三〕，河西土人。元西宁州同知。洪武四年归附，授本卫镇抚。招安番族，开创西宁，其功居多，升指挥佥事。

张经，字道器，西宁人。正德间，以岁荐④为固安县丞。值岁歉民饥，经多方救

① 安乐王鉴：即元鉴（？—527），北魏宗室，安乐王元诠子。袭爵，除相州刺史，北讨大都督，镇压葛荣起义。孝昌三年（527），投葛荣军，后为源子邕及裴衍所攻杀。

② 李神轨：？—528年，北魏顿丘人，袭父爵陈留侯。自给事中稍迁员外常侍、光禄大夫。为胡太后所宠幸，势倾朝野。曾与都督源子邕等攻讨安乐王元鉴，平之。后率众御尔朱荣，不敌退还。死于河阴。

③ 司赋上士：官名。北周地官府载师中大夫属官，掌功赋政令。

④ 岁荐：每年定期荐举。

济，百姓德之。居家严肃，跬步不苟，室徒四壁晏如也。

李完，西宁人。举嘉靖七年乡试，任直隶衡水知县。甫释褐[①]，以家产推于兄。生平衣不重采，食无兼味，清苦有冰檗操[②]。寻解任归，闭户读书，无间寒暑，绝迹公门。工古文词。

清

马进良，字栋宇，西宁人。甫弱冠，从戎，技勇冠军。后征吴逆，以功累擢古北口总兵。从征噶尔旦，多著奇绩，加提督。康熙五十三年，以年老乞休回籍。卒，谥襄毅。

直隶秦州

周

壤驷赤，字子徒，秦州人，孔子弟子。唐封北徽伯，宋封上邽侯，明称先贤，从祀孔子庙庭。

秦祖，字子南，秦州人，孔子弟子。唐封少梁伯，宋封鄄城侯，明称先贤，从祀孔子庙庭。

石作蜀，字子明，秦州人，孔子弟子。唐封石邑伯，宋封成纪侯，明称先贤，从祀孔子庙庭。

汉

李广，陇西成纪人。其先曰李信，秦时为将，逐得燕太子丹者也。广世世受射。文帝时，广以良家子从军，用善骑射，功多为武骑常侍〔五四〕。数从射猎格猛兽，文帝曰："惜乎，子不遇时。如令当高帝时，万户侯岂足道哉。"景帝初，为陇西都尉，徙上谷[③]太守。典属国[④]公孙昆邪为上泣曰："李广材气，天下无双，自负其能，数与虏战，恐亡之。"于是乃徙广为上郡太守。又徙陇西、北地、雁门、代郡、云中[⑤]太守，皆以力战为名。武帝立，入为未央卫尉。广行无部伍〔五五〕行阵，就善水

---

① 释褐：脱去平民衣服，喻始任官职。

② 冰檗操：意指能在清苦的生活中磨练意志。

③ 上谷：郡名。战国燕置，治所在沮阳县（今河北怀来县东南），辖境相当今河北张家口市、小五台山以东，赤城县、北京市延庆县以西，内长城和昌平县以北地。

④ 典属国：官名。秦始置，西汉因之，掌诸属国及归附少数族事务，秩二千石。

⑤ 云中：郡名。战国赵武灵王置，治所在云中县（今内蒙古托克托县东北古城），辖境相当今内蒙古土默特右旗以东、大青山以南、卓资县以西，黄河南岸及长城以北地。

草屯，舍止，人人自便，不击刁斗自卫，莫府[①]省文书。已为右北平[②]太守，匈奴闻之，号曰“汉之飞将军”，避之数岁，不敢入右北平。广廉，得赏赐辄分麾下，饮食与士卒共之。终广之世，为二千石四十余年，家无余财。其射，见敌急，非在数十步之内，度不中不发，发即应弦而倒。元狩四年，广为前将军，从大将军青出塞，令广军出东道。军亡导，或〔五六〕失道，大将军责广之幕府对簿，广曰：“年六十余，终不能复对刀笔之吏[③]。”遂自刭。百姓无老壮皆为垂涕。

李蔡，广从弟，少与广俱事孝文帝。景帝时，积劳至二千石。孝武帝时，至代相。从大将军青击右贤王，以功封乐安侯。元狩初，代公孙弘〔五七〕为丞相。蔡名声出广下甚远，然广不得爵邑，而蔡为列侯，位至三公。坐侵孝景园壖地，下吏自杀。

李敢，广少子。广三子，当户、椒、敢，为郎。天子与韩嫣[④]戏，嫣少不逊，当户击嫣，嫣走。天子以为勇〔五八〕。当户早死，椒为代郡太守，皆先广死。广死时，敢以校尉从骠骑将军击胡左贤王，力战，夺左贤王鼓旗，斩首多，赐爵关内侯，代广为郎中令[⑤]。当户有子陵。

李陵，字少卿，少为侍中建章监。善骑射，爱人，谦让下士。武帝以为李氏世将，使将八百骑，深入居延[⑥]视地形，还，拜为骑都尉，将勇敢五千人，教射酒泉、张掖。天汉初，贰师将军出酒泉，击右贤王〔五九〕，欲使陵将辎重。召见武台，陵叩头自请，愿得自当一队，以少击众，率步兵五千人涉单于庭[⑦]，上壮而许之。出居延，北行三十日，至浚稽山[⑧]，与单于相值，以兵八万〔六十〕围陵军。陵搏战，千弩俱发，杀数千人，且战且引，南行近塞，日杀伤匈奴积数万人。匈奴得军候管敢降，言军无后救，遮道急攻。汉军南行，未至鞮汗山[⑨]，一日五十万矢皆尽，韩延年战

---

① 莫府：即幕府，将军出征时的府署。将帅出征军还则罢，治无常处，故以帐幕为府署。

② 右北平：郡名。战国燕置，治所在平刚县（今辽宁凌源市西南），辖境相当今河北承德、天津市蓟县以东（长城南滦河流域及其以东除外），辽宁大凌河上游以南，六股河以西地区。

③ 刀笔之吏：刀与笔为在竹简上书写的主要文具，一般用以指代从事文书写作的官员，此处指执法审判官。

④ 韩嫣：字王孙，西汉弓高侯韩隤当之孙。汉武帝为胶东王时，曾与其学书相爱。

⑤ 郎中令：官名。秦始置，为郎中长官，掌宫廷戍卫，侍从皇帝左右，参与谋议，职甚亲重。

⑥ 居延：县名。治在今内蒙古自治区额济纳旗东南黑城东北故城。

⑦ 单于庭：指单于王庭所在，即是匈奴政权所在地。

⑧ 浚稽山：山名。在今内蒙古乌拉特前旗南西北二千余里。

⑨ 鞮汗山：山名。在今蒙古国西南南戈壁省境。

死，陵遂降。边塞以闻，帝怒甚，问太史令司马迁，迁盛言，陵事亲孝，与士信，常奋不顾身以徇国家之急，有国士风，其不死者，诚欲得当以报汉也。[①]久之，上悔陵无救，乃遣使劳赐陵余军得脱者。陵在塞外二十余年，卒。

赵充国，字翁孙，陇西上邽人。以六郡良家子善骑射补羽林。为人沉勇有大略，少好将帅之节，而学兵法，通知四夷事。武帝时，以假司马[②]从贰师将军击匈奴，为虏所围，充国乃与壮士百余人溃围陷陈，贰师引兵随之，遂得解身，被二十余创，武帝嗟叹，拜为中郎。昭帝时，武都氐人反，充国以护军都尉将兵击定之，迁中郎将，为水衡都尉[③]，擢后将军。定册尊立宣帝，封营平侯。义渠安国使行诸羌，先零豪言愿时渡湟水北畜牧。元康三年，先零遂与诸羌种豪解仇交质盟诅[六一]。上问充国，对曰："羌人所以易制者，以其种自有豪，数相攻击，执不一也。匈奴使人告诸羌：'张掖、酒泉本我地，地肥美，可共击居之。'欲与羌合。宜豫为备，勑视诸羌，毋令解仇。"[④]义渠安国备羌，至浩亹[⑤]，为虏所击，失亡甚众。

---

① 陵事亲孝，与士信，常奋不顾身以徇国家之急，有国士风，其不死者，诚欲得当以报汉也：按《汉书·李广苏建传》，此处引文为："陵事亲孝，与士信，常奋不顾身以殉国家之急。其素所畜积也，有国士之风。今举事一不幸，全躯保妻子之臣随而媒糵其短，诚可痛也。且陵提步卒不满五千，深輮戎马之地，抑数万之师，虏救死扶伤不暇，悉举引弓之民共攻围之。转斗千里，矢尽道穷，士张空拳，冒白刃，北首争死敌，得人之死力，虽古名将不过也。身虽陷败，然其所摧败亦足暴于天下。彼之不死，宜欲得当以报汉也。"

② 假司马：官名。又称军假司马。为司马之副，在正式任命为司马前代理试用期间称假司马。

③ 水衡都尉：官名。汉武帝元鼎二年（前115）始置，秩二千石。初主盐铁收入，后主上林，凡上林诸机构、库藏，离宫禁苑农田水池禽兽及供宗庙用牲，均归其职掌。元鼎四年（前113）悉禁郡国铸钱，专令其属官上林三官铸钱。与少府并为皇帝私府，同掌帝室财政。

④ 羌人所以易制者，以其种自有豪……宜豫为备，勑视诸羌，毋令解仇：按《汉书·赵充国传》，此处引文为："羌人所以易制者，以其种自有豪，数相攻击，势不壹也……先零豪封煎等通使匈奴，匈奴使人至小月氏，传告诸羌曰：'汉贰师将军众十余万人降匈奴。羌人为汉事苦。张掖、酒泉本我地，地肥美，可共击居之。'……狼何，小月氏种，在阳关西南，势不能独造此计，疑匈奴使己至羌中，先零、罕、开乃解仇作约。到秋马肥，变必起矣。宜遣使者行边兵豫为备，敕视诸羌，毋令解仇，以发觉其谋。"

⑤ 浩亹：县名。治在今甘肃永登县西南河桥镇。

时充国年七十余，帝使御史大夫丙吉①问谁可将者，充国对曰："亡逾于老臣者矣。兵难遥度，愿驰至金城，图上方略。"充国至金城，夜遣三校衔枚先渡，渡辄营阵。虏来，令军勿击。充国常以远斥候，持重爱士卒，先计后战。虏数挑战，充国坚守。遣罕、开豪雕库告种豪："大兵诛有罪，犯法者能相捕斩，除罪，赐钱。"欲以威信招降罕、开，解散虏谋，乃击之。酒泉太守辛武贤奏：七月分兵并出，合击罕、开。充国欲捐罕、开之过，先行先零之诛。公卿议，上以书勅让之，充国乃上书谢罪，因陈兵利害，谓先诛先零，则罕、开不烦兵而服矣。上从充国计。充国引兵至先零，斩虏甚众，罕、羌自归，竟不烦兵而下。遂上屯田奏，愿罢骑兵留田，条屯田十二便，帝从其计。充国振旅而还，赐安车驷马黄金，罢就第。朝廷每有大议，常与参兵谋，问筹策焉。年八十六薨，谥曰壮侯。

段会宗，字子松，天水上邽人。竟宁中，以杜陵②令举为西域都护、骑都尉，西域敬其威信。三岁，更尽还，拜沛郡③太守，徙雁门太守，坐法免。西域诸国上书愿得会宗，阳朔中复为都护。会宗为人好大节，矜功名。与谷永相友善，尝与书戒之。会宗既出，诸国遣子弟郊迎。小昆弥④安日前为会宗所立，德之。岁余，小昆弥为国民所杀，诸翎侯⑤大乱。征会宗为左曹中郎将光禄大夫，使安辑乌孙，立小昆弥兄末振将，定其国而还。明年，末振将杀大昆弥，会病死，复遣会宗发戊己校尉⑥诸国兵，即诛末振将太子番丘〔六二〕。会宗恐大兵入乌孙，惊番丘亡逃不可得，选精兵三十弩，径至昆弥所在，召番丘⑦，责以末振将骨肉相杀，杀汉公主子孙，使者受诏

① 丙吉：？—前55年，字少卿，西汉鲁国（今山东曲阜）人。初为鲁狱史，积功迁廷尉右监。武帝末，治巫蛊之狱，曾救护武帝曾孙，后为大将军霍光长史，受重用，迁光禄大夫给事中。昭帝死，建议迎立宣帝。地节三年（前67）任太子太傅，数月迁御史大夫，封博阳侯，后代魏相为丞相。

② 杜陵：县名。西汉元康元年（前65）改杜县置，属京兆尹。治所在今陕西长安县东杜陵南五里。因在杜县之东，并修有宣帝陵，故名。

③ 沛郡：郡名。西汉高帝改泗水郡置，治所在相县（今安徽淮北市西北相山区），辖境相当今安徽淮河以北，西肥河以东，五河、泗县以西，河南夏邑、永城及江苏沛、丰等县地。

④ 昆弥：又名昆莫。古代西域乌孙王国的名号。自汉宣帝时起，乌孙有大、小二昆弥，均受汉王朝册封。

⑤ 翎侯：又名翕侯，官名。古代西域乌孙、大月氏、康居等国均设有此官。

⑥ 戊己校尉：哈佛本、刻补本作"戊巳校尉"，四库本作"戊已校尉"，皆误。

⑦ 丘：四库本同，哈佛本、刻补本作"邱"，康熙间避孔子讳新造字。

诛番丘，即手剑击杀之。还奏事，天子〔六三〕赐爵关内侯，黄金百斤。明年，会宗病死乌孙中，年七十五，城郭诸国为发丧立祠焉。

锡光，略阳人。为交阯太守，教民以礼义，风俗渐变。王莽篡位，据郡不附。光武即位，遣使归顺焉。帝嘉其忠节，拜大将军。

魏

杨阜，字义山，天水冀人。初为韦康别驾。马超战败渭南，曹操追至安定，将引兵东还，阜言于操曰："超有信、布之勇，甚得羌人心，若军还，不为之备，陇上诸郡非国家有也。"操军还，超击陇上，诸郡县尽有之。阜与外兄姜叙定计起兵，闭冀城门拒超，超遂南奔。后转武都太守，威信素著，百姓襁负从之。刘晔[①]称阜有公辅之节。在郡十余年，征拜城门校尉[②]。时既作许宫〔六四〕，又营洛阳宫殿，阜上疏谏。每朝廷会议，阜常侃然以天下为已任，数谏诤，不听，屡乞逊位。

薛夏，字宣声，天水人。博学有才。天水旧有姜、闫、任、赵四姓雄于郡中，而夏为单家，不为降屈。魏武宿闻其名，甚礼遇之。后文帝雅重其才，黄初中，为秘书丞[③]。帝与夏推论书传，未尝不终日也。每呼薛君而不名。夏甚贫，尝顾其衣薄，解御袍赐之。征西将军曹休[④]来朝，帝引入座，顾谓休曰："此君，秘书丞天水薛宣声也。"其见遇如此。

晋

苻雄，字元才，天水略阳临渭氐，洪季子，坚之父也。少善兵书，多谋略，好施下士。兄健位，为佐命元勋，权侔人主，谦恭奉法。及卒，健哭之曰："天不欲吾定四海耶？何弃吾元才之速也。"

苻融，字博休，天水略阳人，坚季弟也。少魁伟，美姿度。封安乐王，融固

① 刘晔：？—234年，三国魏淮南成德人，字子扬。曹操辟为司空仓曹掾。从征张鲁，为主簿，时乏军食，操欲退兵，晔力谏，遂平汉中。魏文帝黄初元年，为侍中，赐爵关内侯。明帝时进爵东亭侯，累迁大鸿胪、太中大夫。

② 城门校尉：官名。西汉武帝征和二年（前91）始置，秩二千石。掌京城长安诸城门警卫，领城门屯兵。

③ 秘书丞：官名。东汉献帝建安十八年（213）曹操为魏公后置，员二人，辅佐秘书令典尚书奏事，职权甚重。

④ 曹休：？—228年，字文烈，曹操族子。初领虎豹骑宿卫，历迁骑都尉，领军将军、镇南将军、征东大将军等职，先后封东阳亭侯、安阳乡侯。文帝时，屡次参与对东吴的战争。太和二年（228）兵败于孙吴，忧病而卒。

辞，坚深奇之。及长，令誉弥高，为朝野所属。坚立，拜侍中。聪明辨慧，下笔成章。耳闻则诵，过目不忘。尝著《浮图赋》，世咸珍之。铨综内外，刑政修理，进才理滞，尤善断狱，发奸擿伏，为坚所委任，迁司隶校尉。时慕容垂、姚苌说坚平晋，融每谏曰："江东，天之所相，终不可灭。垂、苌吾之仇敌，冀因变以逞其凶。"坚不听，遂及于败。

权翼，天水略阳人。仕苻秦，为给事黄门侍郎。与北海王猛、太原薛赞并称王佐之才，坚令共典机密。朱肜劝坚谋晋，翼曰："晋祚虽微，未闻丧德，谢安、桓冲皆江表伟人，君臣辑睦，未可图也。"[①]慕容垂请安集北鄙，翼谏曰："国兵新破，四方皆有离心，宜征召诸将，置之京师，以固根本。垂勇略过人，世家关东，顾以避祸而来，譬如养鹰，饥则依人，每闻风飚之起常有凌霄之志，正宜谨其绦笼，岂可解纵任其所欲哉?"坚不听。

吕婆楼，氐人也。其先吕文和。汉文帝时，自沛徙焉，世为首豪，与梁平老为特进。苻生[②]僭位，遂以婆楼为侍中尚书。苻坚将废生，谋之，婆楼对曰："某不足以办大事，里舍有王猛者，谋略不世出。"坚因婆楼招猛，一见如旧交，坚大悦。坚既废生，除生苛政，秦大治。后官至太尉。

阎鼎，字台臣，天水人。为东海王越参军，转豫州刺史。京师失守，秦王[③]出奔于密。鼎与抚军长史王毗等怀翼戴之计，奉秦王西行至蓝田。值贾疋败刘聪，遣迎秦王，鼎遂至长安，同心推戴，立王为皇太子，登坛告天，立社稷宗庙。以鼎为太子詹事。

梁

杨公则，字君翼，天水西县人。父仲怀，为宋豫州刺史殷琰[④]将。琰叛〔六五〕，刘

① 晋祚虽微……未可图也：按《晋书·苻坚载记》，此处引文为："今晋道虽微，未闻丧德，君臣和睦，上下同心。谢安、桓冲，江表伟才，可谓晋有人焉。臣闻师克在和，今晋和矣，未可图也。"

② 苻生：334—357年，字长生。西秦苻健子。健死嗣位，荒耽淫虐，杀戮无道。宗室大臣，被杀几尽。后欲杀苻坚，谋泄，坚废杀之。

③ 秦王：指西晋愍帝司马邺（300—318）。

④ 殷琰：415—473年，南朝宋陈郡长平（今河南西华北）人。初为江夏王刘义恭征北行参军，累迁至豫州刺史。宋明帝时，晋安王刘子勋反，他为部属所挟，起兵响应，失败始降。后复官至少府。

勔[①]讨琰，仲怀力战死，公则冒阵抱尸号哭气绝。既敛，徒步负丧归乡里，由此著名。后领白马戍主[②]，氐贼李乌奴攻白马，公则矢尽粮竭陷于寇，抗声骂贼。乌奴壮之，要与同事。公则伪许而阴图之，谋泄，逃归。齐高帝下诏褒美。除晋寿太守。梁武帝下建业，命公则先驱，秋毫不犯。大军至新林[③]，公则尝登楼望战，城中遥见，纵弩射之，矢贯胡床[④]，左右失色，公则谈笑如初。进平南将军，迁卫尉卿。时议北侵，诏公则假节先屯洛口。公则受命，将发遘疾，语人曰："马革还葬，吾志也。"力疾登舟。至洛口，寿春士女归降者数千户。寻卒于师，武帝深痛惜之，谥烈侯。

魏

赵逸，字思群，天水人。逸少好学，仕姚兴，历中书侍郎。后入魏，事世祖。神䴥三年〔六六〕上巳[⑤]，帝幸白虎殿，命百寮赋诗，逸制诗序，时称为善。拜宁朔将军，赤城镇将，绥和荒服[⑥]十有余年，百姓安之。性好坟典[⑦]，白首弥勤，年逾七十，手不释卷，凡所著述、诗赋、铭颂五十余篇。

赵超宗，天水人，河东太守，卒于官。超宗在河东，更自修厉，清静爱民，百姓追思之。赠大将军、华州刺史，谥曰成。

周

李弼，字景和，陇西成纪人。从周太祖破齐师，以功封赵国公。每征讨，朝受命夕便引路，略不问私事，其忧国忘身如此。性沉雅有深识，故能以功名终。曾孙

---

① 刘勔：418—474年，字伯猷，南朝宋彭城（今江苏徐州）人。初为广州增城令。累迁至宁朔将军、屯骑校尉。宋明帝时，豫州刺史殷琰反，率兵征讨，围城近一年，及城克，令三军秋毫无犯，百姓生为立碑。后历豫州刺史、尚书右仆射、领军。后废帝元徽二年（474），率军讨桂阳王刘休范反，临阵战死。

② 白马戍：地名。亦作白马城。在今陕西勉县西十里老城乡。

③ 新林：地名。在今江苏南京市西南。

④ 胡床：又名交床、绳床、逍遥座。一种能折叠能挂的轻便坐具。古代西北少数民族有此物。汉代传入中原。

⑤ 上巳：旧时节日名称。魏晋时固定在三月初三，旧俗次日在水边洗涤、饮宴、郊游。

⑥ 荒服：古代王畿以外，以五百里为一区域，由近及远分为甸服、侯服、绥服、要服、荒服，合称五服。荒服为离京师二千到二千五百里的边远地方，亦泛指边远地区。

⑦ 坟典：三坟五典省称。据说，三坟指伏羲、神农、黄帝之书，五典指少昊、颛顼、高辛、尧、舜之书。后成为古代典籍的通称。

密，志气雄远，少袭父爵。隋末兵乱，自号〔六七〕魏公。

李檦，字云杰，弼弟。长不盈五尺，果决有胆气，为周文帝帐内都督。从复弘〔六八〕农，破沙苑，檦时跨马运矛，冲坚陷阵，隐身鞍甲之中，敌人见之皆曰："避此小儿。"文帝嗟叹之曰："但问胆决何如，何必八尺之躯。"以功进爵，为汝南郡公，出为延州①刺史。

李贤，字贤和，陇西成纪人。幼有志节，不妄举动。九岁从师受业，略观大指，至于忠孝之道，实铭之于心。年十四丧父，抚训诸弟，友爱甚笃。魏文西征，守原州，州人豆卢狼叛，贤率敢死士与战，斩之，授原州②刺史。蠕蠕围逼州城，贤发兵击之，斩获无算，人得安堵。周太祖至原州，命以诸侯礼见，授河州总管。大营屯田，以省漕运，多设斥堠以备寇戎，羌、浑敛迹，不敢犯塞。征拜大将军。谥曰桓。

李远，字万岁，贤弟。幼有器局，志度恢然。屡以战功进阳平郡公，授河东郡守。敦奖风俗，劝课农桑，修守御之备，百姓怀之。后破东魏兵，进左仆射、柱国大将军。谥曰忠。

权景宣，字晖远，天水显亲人。晓兵权，有智略。仕周，为南阳③郡守。郡邻敌境，旧制发民防守，多废农业，而奸宄犹作。景宣至，并除之，惟修造城楼，多备器械，寇盗敛迹，百姓称之。东魏将刘贵平来攻，景宣随机奋击，退走之。景宣号令严明，戎旅整肃，仍留镇荆州，威行南服，乃授六州诸军事，寻进爵千金郡公。

隋

赵煚，字贤通，天水西县人。祖超宗，魏河东太守，父仲懿，尚书左丞。煚少孤，养母至孝。年十四，盗伐其墓中树，号恸送官。见魏右仆射周惠达④，长揖不拜，自述孤苦，涕泪交流，惠达为之叹息。及长，深沉有器局，略涉书史。周文引

---

① 延州：州名。西魏改东夏州置，治所在徧城郡广武县（今陕西延安市东北甘谷驿镇附近），辖境相当今陕西延安市、延川县和延长县大部地区。

② 原州：州名。北魏置，治所在高平（即今宁夏固原市），辖境相当今宁夏固原县至甘肃平凉市一带。

③ 南阳：郡名。西魏改北随郡置，治所在顺义县（今湖北随州市北八十里）。

④ 周惠达：？—544年，西魏章武文安人，字怀文。好读书。初事魏瀛州刺史萧宝夤，宝夤败，乃归贺拔岳。岳死，从宇文泰，为府司马。泰东征，总留台事。赵青雀据长安子城反，惠达出渭桥北以御之。军还，拜吏部尚书。官至右仆射，仪同三司。

参相府军事。与齐人前后五战，斩获甚多。吴明彻[①]屡为寇，煚与前后十六战，每挫其锋。以功授开府仪同三司。煚与宗伯斛斯徵[②]不协，徵坐事下狱，自知罪重，逾狱走。帝大怒，购之甚急。煚密奏曰："徵自以罪重，惧死遁逃，若不北走匈奴，则南奔吴越。徵虽愚陋，久历清显，奔彼敌国，无益圣朝。今炎旱为灾，可因兹大赦。"帝从之。徵赖而免，煚卒不言。隋文帝践阼，进位大将军，赐爵金城郡公。未几，出为冀州刺史，甚有威惠。煚尝有疾，百姓奔驰，争为祈祷。市多奸诈，煚为铜斗铁尺，置于肆，百姓便之。诏颁天下以为式。尝有人盗煚田中蒿者，为吏所执，煚曰："此刺史不能宣化，彼何罪也?"慰谕遣之，令人载蒿一车赐盗者，盗者愧恧，过于重刑。

赵芬，字士茂，天水西县人。少有辩智，颇涉经史，明习故事。每朝廷有所疑，议众不能决者，芬辄为评断，莫不称善。李穆[③]讨齐，引为行军长史。隋高祖既为丞相，深见亲委，迁东京左仆射。开皇初，拜尚书左仆射，与郢公王谊[④]修律令。出为蒲州[⑤]刺史，加金紫光禄大夫，赐钱百万、粟五千石。

李询，字孝询，成纪人，贤子。沉深有大略。周武帝拜仪同三司，迁长安令。累以军功加大将军，爵高平郡公。隋高祖为丞相，尉迟迥作乱，以询为元帅长史击

① 吴明彻：514—约580年，南朝陈秦郡人，字通昭。梁元帝时为安州刺史，陈朝建立，历江州、湘州刺史，领军将军。太建五年（573），统诸军北伐，收复淮南。太建九年，又受命北伐，至吕梁全军败没，为北周所俘，后卒于长安。

② 斛斯徵：？—584年，字士亮，北周河南洛阳（今属河南）人，高车人。习三礼，懂音律。起家通直散骑常侍。西魏末，为司乐中大夫，参预定乐制。周武帝命诸皇子从他受业，呼为夫子。宣帝初，为上大将军、大宗伯。开皇四年（584）卒。撰《乐典》十卷。

③ 李穆：510—586年，字显庆，北周陇西成纪人，李贤弟。初为宇文泰亲随，深得信任。河桥之战，泰失马被敌军追及，穆以己马与泰。赐姓拓跋氏。北周武帝时官至上柱国、并州总管，封申国公。尉迟迥举兵反杨坚，子荣劝其应迥，不听。执迥子谊送长安，俘迥，署潞州刺史。密表向杨坚劝进。隋初为太师，开皇六年（586）卒。

④ 王谊：540—585年，字宜君，北周乐浪（今属朝鲜）人。家居武川镇。少与杨坚同学。博览群书，平齐之战中有救护周武帝功，为大内史。周宣帝忌其刚正，出为襄州总管。杨坚执政，以平定司马消难功，拜大司徒。得坚信任，子娶坚第五女。后杨坚待其疏薄，同元谐常有失意语。被人告发，赐死。

⑤ 蒲州：州名。北周改泰州置，治所在蒲坂县（今山西永济市西南二十四里蒲州镇），辖境相当今山西永济、万荣、临猗、芮城等市县地。

之，委以心膂①〔六九〕。尉迟迥平，封陇西郡公。卒，谥襄。

李景，字道兴，天水人。容貌奇伟，骁勇善射。开皇中，以行军总管从王世勣伐陈，有功，进位开府，改授韩州刺史〔七十〕。仁寿中，拒汉王谅，与刘嵩战于城东，斩获略尽，谅复遣劲勇三万攻景，景大破之，拜大将军。明年，破吐谷浑于青海，又攻破高丽城，进爵滑国公。

王仁恭，字元寔，天水上邽人。工骑射，秦孝王引为记室，转长道②令，迁车骑将军。从杨素击突厥于灵武，以功拜上开府。讨平山獠③。又从杨素击汉王谅，以功进大将军。岁余，改汲郡④太守，迁信都⑤太守。汲郡吏民叩马号哭于道，数日不得出境。辽东之役，以仁恭为将军。及班师，仁恭为殿遇贼，击走之。进左光禄大夫。

唐

姜謩，秦州上邽人。隋大业末，为晋阳长。謩前识高祖，谓所亲曰："隋政乱将亡，唐公负王霸资，必能拨乱得天下。"乃深自结。从平霍邑⑥、绛郡⑦，除长道县公。薛举⑧寇秦州，以謩山西豪望，诏安抚陇外，委以便宜。将行，请唐公早正大位，高祖嘉纳。及薛仁杲平，擢秦州刺史。謩抚边俗以恩信，盗贼衰止。改守陇州。卒，赠都督，谥曰安。

姜确，字行本，以字显，謩之子。性明敏，虽祁寒烈暑无懈容。凡营缮所司，

① 心膂：即亲信。

② 长道：县名。治在今甘肃西和县北长道镇。

③ 山獠：古代南方民族，因活动在山区而得名。唐代时主要活动在今广西东部地区。獠，为对少数民族的侮辱性称呼。

④ 汲郡：郡名。西晋置，治所在汲县（今河南卫辉市西南二十里），辖境相当今河南新乡、卫辉、辉县、林州、淇县等市县地。

⑤ 信都：郡名。西汉置，治所在信都县（今河北冀州市），辖境相当今河北冀州、深州、武邑、枣强、衡水、南宫、景县等县市及山东德州市的一部分地区。

⑥ 霍邑：地名。在今山西霍州。大业十三年（617），李渊率军在此消灭隋将宋老生部，遂西入关中。

⑦ 绛郡：郡名。隋改绛州置，治在正平县（今山西新绛县），辖境相当今山西襄汾、翼城、稷山、新绛、曲沃、绛县、闻喜、垣曲等县地。

⑧ 薛举：？—618年，河东汾阴人，后居兰州金城（今甘肃兰州市）。隋大业末与子仁杲乘乱起兵称帝。据有陇西，拥众十余万，迁都秦州。武德元年（618）于高墌城大败唐军，未几病死。

必咨而后行。贞观中，为将作少匠[①]，护作九成、洛阳宫，迁宣威将军。太宗选趫才，衣五色袍[②]，乘六闲马[③]，直屯营，宿卫仗内，号曰“飞骑”，每出幸，即以从，遂拜确左屯卫将军，分典之。高昌之役，为行军副总管。与侯君集进平高昌，战有功，还，为金城郡公。帝自征高丽，从至盖牟城[④]，确中流矢，卒。赠郕国公，谥曰襄。子柔远。

姜皎，秦州人，柔远子。事明皇于藩邸，知其有非常度，委心焉。及即位，自润州[⑤]长史召授殿中少监[⑥]。出入卧内，呼之不名，赐宫女、厩马及他珍物。后将诛窦怀贞[⑦]等，皎与密议，以功进殿中监[⑧]、楚国公。或议任遇太过，帝以其藩邸旧恩，下诏曰：“皎往事朕于藩国，虽彭祖同书、子陵共学，不过也。朕既即位，又参诛奸臣，将厚以光宠，每所撝逊。昔汉昭之任霍光，魏祖之用程昱，朕之不德，庶几乎此。”寻迁太常卿，监修国史。

姜晦，皎弟。起家蒲州参军，为高陵[⑨]令，寻迁长安令，治有声。开元初，擢御史中丞，转太常少卿。请以诏市马六胡州[⑩]，闲厩乃稍备。除兵部侍郎，满岁改吏部

① 将作少匠：官名。即将作少监。为将作监的副主官，主要掌营缮宫室宗庙城门东宫王府诸中央官署及京都其他土木工程。

② 五色袍：即“品色衣”，宫廷侍卫护驾所穿的杂色衣服。以青、赤、黄、白、黑五种色彩为方位标识。

③ 六闲马：六闲，即“六厩”。按仪制，天子六厩：未央、承华、騊駼、骑马、辂軨、大厩，马皆万匹。

④ 盖牟城：地名。高句丽置，在今辽宁抚顺市。

⑤ 润州：州名。隋置，治所在延陵县（今江苏镇江市），辖境相当今江苏南京、句容、镇江、丹徒、丹阳、金坛等地。

⑥ 殿中少监：官名。殿中省次官，唐高祖武德三年（620）改殿内少监置，员二人，从四品上。协助殿中监掌供奉皇帝生活事务。

⑦ 窦怀贞：？—713年，唐京兆始平人，字从一。初为清河令。性谄诈，善谐结权贵，畏奉宦官。中宗神龙时官左御史大夫，依附于韦后。及后败，又党于太平公主。玄宗即位，进左仆射，封魏国公。先天二年（713）太平公主谋废玄宗，怀贞与谋，事败，投水死。

⑧ 殿中监：官名。魏始设此官，掌殿中张设监护之事，领禁兵。

⑨ 高陵：县名。治在今陕西高陵县西南。

⑩ 六胡州：唐调露元年（679），在灵州（治今宁夏灵武市西南）、夏州（治今陕西靖边县北白城子）南界设鲁、丽、含、塞、依、契六州，用唐人为刺史，以处突厥降户以及部分昭武九姓胡。

主选。曹史尝请托为奸，晦处事精明，私相属诿罪辄得，皆以为神。始，晦革旧示简，廷议恐必败，既而赃赇路塞，流品有叙，众乃伏。

李揆，字端卿，系出陇西。揆性警敏，善文章。开元末，擢进士第，补陈留尉，献书阙下，迁右拾遗①。以考功郎中②知制诰。扈狩剑南，拜中书舍人。乾元二年，宗室请上皇后号，揆谏止。肃宗欲立太子，而意未决，从容语揆曰："成王③长有功，将定太子，卿意谓何?"揆曰："陛下此言，社稷福也。"因再拜贺。拜中书侍郎，同中书门下平章事，修国史。揆美丰仪，善奏对，帝叹曰："卿门地、人物、文学，皆当世第一。"揆素为卢杞〔七一〕所恶，用为入蕃会盟使，拜尚书左仆射。揆至，蕃酋长曰："闻唐有第一人李揆，公是否?"揆畏留，给之曰："彼李揆。安肯来耶?"还卒于凤州。赠司空，谥曰恭。

权皋，字士繇，秦州略阳人。父倕与席豫、苏源明以艺文相友，终羽林军参军。皋擢进士第，为临清尉，安禄山表为蓟尉，署幕府。皋度禄山且叛，欲行，虑祸及亲。天宝十四载，献俘京师，还过福昌尉仲謩。謩妻，皋妹也，密约以疾召之，皋阳喑④，直视而瞑。謩尽哀含敛。皋逸去，人无知者。皋母谓实死，恸哭，禄山不之虞，归其母，皋潜奉母南奔。禄山反，天下闻其名，争取以为属。明皇在蜀闻之，拜监察御史。浙西节度使颜真卿表为行军司马，召拜起居舍人，固辞。李华、柳识、韩洄、王定皆仰皋节，与友善。卒，赠秘书少监。元和中，谥贞孝〔七二〕。子德舆。

权德舆，字载之，皋子。少以文章称。德宗闻其才，召为左补阙⑤。贞元八年，淮南、浙西大水。德舆建言宜择群臣问民疾苦，蠲其租入。裴延龄⑥判度支，上疏劾

① 右拾遗：官名。唐始置，员二人，从八品上，属中书省，掌供奉讽谏。

② 考功郎中：唐代尚书省所辖吏部，下置四司，各以郎中主其政。总掌百官功过善恶之考法及其行状，并详加簿录。

③ 成王：即唐代宗李豫（726—779）。肃宗长子，初名俶，原封广平王，后改封成王。

④ 喑：嗓子哑，不能说话。

⑤ 左补阙：官名。唐始置，员二人，从七品上，掌供奉讽谏。

⑥ 裴延龄：728—796年，唐河东（今山西永济西南）人。德宗时拜司农少卿，领度支，自认为不善理财，常用老吏谋议。又肆意虚言浮语，以图固宠保位。陆贽力主解除延龄之职，反受其害，被贬黜。

之，疏奏，不省。迁起居舍人[①]，兼知制诰。凡撰词命九年，以类集为五十卷。知礼部贡举，拜侍郎。凡三岁，甄品详谛，所得士相继为公卿、宰相。十九年，大旱，德舆上陈阙政，请蠲除租赋。泽潞卢从史[②]诈傲不制，成德王承宗父死求袭，德舆请赦承宗、徙从史。后皆如所料。自太常卿拜礼部尚书、同中书门下平章事。德舆善辨论，开陈古今本末，以觉悟人主，为辅相宽和不为察察名。复拜太常卿，徙刑部尚书，复检校吏部尚书，出为山南西道节度使。乞还，卒，赠左仆射，谥曰文。德舆积思，经术无不贯综，自始学至老，未尝一日去书不观，虽动止无外饰，其酝藉风流自然可慕。子璩，元和进士，历御史，有美称。为中书舍人。劾李训[③]倾覆乱国，不宜出入禁中。不听。后贬徙郑州刺史，训诛人多。璩明祸福大体，能世其家。

赵昌，字洪祚，天水人。始为昭义李承昭[④]节度府属，累迁虔州[⑤]刺史。安南叛，拜昌都护，远人向化。后入为国子祭酒。未几，州将逐裴泰[⑥]，德宗召昌问状。时年逾七十，占对精明，帝奇之，复拜安南都护。诏书至，人相贺，叛兵即定。宪宗初，立检校户部尚书，迁岭南节度使。召入，再迁太子少保。卒，年八十五，赠扬州大都督，谥曰成。

五代

王仁裕，字德辇，天水人。年二十五尚未学，梦人剖其肠胃，以西江水涤之，

---

① 起居舍人：官名。隋内史省始置，员二人，从六品，与起居郎同掌起居注，记录皇帝言行以备修史。

② 卢从史：唐人，少时善骑射，来往于泽潞间，被节度使李长荣拜为大将。长荣卒，他买通宦官，擢为昭义军节度使后，多为不道，并图谋兴乱。宪宗设计将其擒获，贬为驩州司马。

③ 李训：？—835年，唐陇西成纪（今甘肃秦安）人。进士。坐事流放岭南，遇赦归，得郑注、王守澄引荐，擢翰林侍讲学士。太和九年（835）拜相，处死襄阳监军陈弘志、观军容使王守澄等宦官，继又在左金吾大厅设伏兵，诈称后院石榴树上有甘露，诱宦官往观，谋加诛杀，事败，逃往凤翔，途中被杀。

④ 李承昭：？—约777年，唐宗室后裔，字承昭。肃宗至德中，为山南采访使。代宗大历七年（772），入为礼部尚书。寻出为华州刺史。十年，为相州刺史、昭义节度留后。时相卫节度田承嗣为乱，不奉诏。遂贬承嗣，以承昭为昭义节度。

⑤ 虔州：州名，隋以南康郡改置，治赣县（今江西赣州市西南），辖境相当今江西赣县以南的赣江流域。

⑥ 裴泰：唐绛州闻喜人，裴居道曾孙。德宗建中初，始佐戎幕，屡迁监察御史。贞元中，入为祠部员外郎。十八年，检校兵部郎中，充安南都护、本管经略使。次年，为州将王季元所逐。

顾见江中砂石皆为篆籀之文，由是文思益进，以文辞知名。秦帅辟为判官。秦州入于蜀，仁裕事蜀为翰林学士。唐庄宗平蜀，仁裕事唐，复为秦州节度判官。废帝得仁裕，置之军中。其驰檄诸镇，诏书告命皆仁裕为之，充翰林学士。晋高祖入，历司封左司郎中。汉高祖①时，复为翰林学士承旨，累迁户部尚书、太子少保。仁裕晓音律，晋高祖初定雅乐，宴群臣于永福殿，奏黄钟，仁裕闻之曰："音不纯肃而无和声，当有争者起于禁中。"已而两军校斗升龙门外，声闻于内，人以为神。仁裕在五代与和凝②皆以文章知名，又尝知贡举，仁裕门生王溥③，凝门生范质④，皆至宰相。有诗集百卷，号《西江集》。

宋

尹崇珂，秦州天水人。初事周，为殿前都指挥使。宋初，出为淄州刺史。有善政，民诣阙请刻石颂德。太祖命殿中侍御史李穆撰文赐之。讨平湖南，授朗州⑤团练使，又与潘美克郴州〔七三〕。乾德中，征岭表，以崇珂为行营马步军副都部署。克广州，擒刘鋹录，功迁保信军节度使。未几，南汉开府乐范、容州都指挥使邓存忠等叛，崇珂讨之，数月尽平其党。卒，赠侍中。初，太宗在周朝娶崇珂妹，追谥淑德皇后。崇珂子昭吉，洛苑使，次子昭辑，合门祗候，弟崇珪，西京作坊使。

---

① 汉高祖，指五代后汉高祖刘知远（895—948），后汉开国皇帝。

② 和凝：898—955年，字成绩，唐五代汶阳须昌（今山东东平）人。举明经、进士及第，为滑州节度使贺瓌幕僚。后唐时官至中书舍人、工部侍郎。后晋时拜相，曾出策平定襄州安从进反叛。后汉、后周时相继授官太子太保、太子太傅。为文擅长短歌艳曲，有集百卷。

③ 王溥：922—982年，字齐物，唐五代并州祁县（今属山西）人。后汉乾祐进士。广顺初，授左谏议大夫、枢密直学士。周世宗即位后，加兼礼部尚书，监修国史。宋初，进位司空。乾德二年（964），罢为太子太保。太平兴国初，封祁国公。撰成《唐会要》一百卷和《五代会要》三十卷。

④ 范质：911—964年，字文素，唐五代大名宗城（今河北临西）人。后唐长兴进士。后周时，官至左仆射兼门下侍郎、平章事兼参知枢密院事。恭帝嗣位，封萧国公。陈桥兵变后，加侍中。乾德元年（963）制定《南郊行礼图》，进封鲁国公。次年，罢相为太子太傅。曾述五代史为《通录》六十五卷。

⑤ 朗州：州名。隋改嵩州置，治所在武陵县（今湖南常德市），辖境相当今湖南常德市及汉寿、桃源等地。

李仕衡，字天钧，秦州成纪人。进士第，授鄠县[①]簿。田重进[②]守京兆，命仕衡鞫死囚五人，活者得四。重进曰："子有阴施，门当高大。"迁大理评事。寇准荐其才，徙知剑州[③]。贼攻剑州，仕衡迎击之，斩首数千级。擢尚书度支员外郎，历陕西转运使，请弛盐禁，悉除之，累迁河北转运使。河北岁给诸军帛七十万，方春民不足，请户给钱，令夏输帛。诏优其直，仍推其法于天下。后运粟塞下，至巨万斛。棣州[④]地下苦水患，仕衡奏徙西北七十里，既而大水没故城。迁知青州，前守捕盗妻子置棘围中，仕衡至，悉纵之。未几，其徒有枭贼首至者。迁吏部侍郎，改观察使。子丕绪以荫补将作监主簿。及仕衡归老，丕绪时为虞部员外郎，请解官就养。后起佥书、永兴军判官。丕绪居官廉静，不为矫激。家多图书，集历代石刻，为数百卷藏之。

崔立，字本之，河池人。祖周度，仕周为泰宁军节度判官〔七四〕。慕容彦超[⑤]叛，度以大义责之，遂见杀。立中进士第。为果州[⑥]团练推官。役兵辇官物，道险，乃率众钱，佣舟载归。知州姜从革论如法，当斩三人，立曰："此罪杖耳。"从革不听，论奏，诏如立议。真宗记之，特改大理寺丞[⑦]。会滑州[⑧]塞河决，调民出刍楗[⑨]，命立提举。计其用有余，而下户未输者尚二百万，悉奏弛之。知江阴军，立教民浚治水

① 鄠县：县名。治在今陕西户县北二里。

② 田重进：929—997年，唐五代幽州（今北京）人。后周显德中应募为卒，隶赵匡胤麾下。陈桥兵变后，积功升瀼州刺史。雍熙中，率兵北征，伏兵于飞狐南口，败契丹兵，连破飞狐、灵丘等城。改彰信军节度使，后移京兆尹、永兴军节度使。

③ 剑州：州名。唐改始州置，治普安县（今剑阁县），辖境相当今四川省剑阁、梓潼等县地。

④ 棣州：州名。隋置，治所在阳信县（今山东阳信县南七里），辖境相当今山东滨州、惠民、商河、阳信、利津、沾化等地。

⑤ 慕容彦超：?—952年，后汉高祖同胞弟。少事后唐明宗，官至刺史。后汉建立，拜镇宁军节度使。隐帝时郭威起兵邺都，彦超往击，兵败逃奔。后周建立之初，对其采取笼络政策，后联结北汉、南唐，准备起兵。后周太祖率兵亲征，城破被杀。

⑥ 果州：州名。唐置，治所在南充县（今四川南充市北五里），辖境相当今四川南充、蓬安、西充、营山、岳池等地。

⑦ 大理寺丞：官名。北齐始设，为大理寺佐官。唐代大理寺丞，员额六人，从六品上，掌分判寺事，正刑之轻重。其断罪不当，则由大理寺正纠正之。

⑧ 滑州：州名。隋改杞州置，治所在白马县（今河南滑县东南城关镇），辖境相当今河南滑县、长垣、延津等地。

⑨ 刍楗：堵塞决水口所下的竹木草石。

港，溉田二千顷，及开横河六十里，通运漕。迁太常卿。立遇事敢言，前后上四十余事，以尚书工部侍郎致仕。

赵隆，字子渐，成纪人。以勇敢应募。从王韶取熙河，又从李宪破西市。师讨鬼章，外河诸羌皆以兵应之，隆率众先至，斧其桥，鬼章失援，乃成擒。夏人寇泾原，师至铁山，隆先登，士皆殊死战，夏人解去。童贯与论燕云事，隆极言不可，贯曰："君能共此，当有殊拜。"隆曰："隆武夫，岂敢干赏，以败祖宗二百年之好。异时，启衅万死不足谢责。"知西宁州，充陇右都护，羌豪信服。卒，赠镇潼军节度使，徽宗自篆碑额曰旌忠。

刘仲武，字子文，秦州成纪人。熙宁中，试射殿庭异等，补官为泾原将。夏人犯天圣砦①，力战却之。迁皇城使，知河州。吐蕃赵怀德等叛，仲武与相持数日，潜遣二将领千骑扣其营，戒曰："彼出，勿与战，亟还，伏兵道左。"二将还，羌果追之，遇伏大败，斩首三千级，复西宁州，怀德等降。累进荣州②防御使。童贯招诱羌王子臧征仆哥〔七五〕，邀仲武计事，仲武曰："王师入，羌必降，或退伏巢穴，可乘其便。但河桥功力大，非仓卒可成，缓急须豫办耳。若禀命待报，虑失事机。"贯许以便宜。仆哥果约降，而索一子为质。仲武即遣子锡往，河桥亦成。仲武帅师渡河，挈与归。贯掩其功，仲武亦不言。徽宗访知，召对，劳之曰："仆哥之降，河南绥定，卿力也。"问几子，曰："九子。"悉命以官。仲武历拜泸川军节度使，再起为熙州。卒，赠检校少保，谥威肃。

张俊，字伯英，成纪人。好骑射，负才气。政和中〔七六〕，以讨河朔群寇为都指挥使。靖康初，以队将击敌于太原，杀伤甚众，获马千匹。金人围汴，俊勒兵勤王，擢元帅府后军统制。高宗即位，为御营统制。苗、刘之变③，引兵问罪，战于临平，傅等败走入城，见于内殿，帝嘉劳久之。寻为浙东制置使，又败金人于明州。

---

① 天圣砦：地名。在今宁夏固原东北官厅乡。

② 荣州：州名。唐置，治所在公井县（今四川自贡市西十里贡井），辖境相当今四川自贡、荣县、威远等地。

③ 苗、刘之变：南宋建炎三年（1129），苗傅、刘正彦发动兵变，诛杀宋高宗赵构宠幸的权臣及宦官以清君侧，并逼迫赵构将皇位禅让给三岁皇太子。兵变之后，各地将领纷纷采取勤王平乱的立场，出兵镇压，苗傅、刘正彦见局势失去控制，连忙奉赵构复辟。两人后兵败被杀。

及讨平群盗，改江南招讨使。复筠州、江州，诸郡悉平，拜太尉。金人刘豫①分道入侵，薄诸淮，大败之。刘麟②入寇，兵十余万，俊率大军鼓行而前，遇刘猊，与战，杀获略尽，降者万余。复屡败金师。加太傅，进益国公，寻进封清河郡王，追封循王。

刘锜，字信叔，仲武第九子。美仪状，善射，声如洪钟。尝从仲武征讨，牙门水斛满，以箭射之，拔箭水注，随以一矢窒之，人服其精。高宗即位，差知岷州，为陇右都护。与夏人战，屡胜，夏人儿啼，辄怖之曰："刘都护来。"绍兴三年，复官宣抚使统制。十年，充东京副留守，部八字军③驻于汴，家留顺昌④。至涡口⑤，方食，暴风拔坐帐，锜曰："此主暴兵。"即兼程而进，抵顺昌。金人来侵，诸将皆请还江南，锜曰："敢言去者斩。"凿舟沉之。置家寺中，积薪于门，戒守者：脱不利，焚吾家。锜于城上躬自督厉，金人围顺昌，锜击之，杀虏颇众，募壮士百人，夜斫其营。是夕，天欲雨，电光四起，命折竹为嘂⑥，如市井儿以为戏者，人持一以为号，电所烛则奋击，电止则匿，闻吹声即聚。金人不能测，终夜自战，积尸盈野，退军老婆湾。兀术〔七七〕在汴闻之，七日驰至。锜闻兀术〔七八〕至，募二人作间，遇敌佯坠马，为敌所得。敌帅问锜何如人，曰："太平边帅子，喜声伎，图逸乐。"兀术〔七九〕喜，即置鹅车⑦砲具不用，至城下责诸将丧师，皆曰："南朝用兵，非昔之

① 刘豫：1070—1143年，字彦游，宋景州阜城（今属河北）人。元符进士。历殿中侍御史、河北提点刑狱等。建炎二年（1128），杀宋将关胜降金。后受金人册立为帝，国号"大齐"，始建都于大名，后迁都于汴京。设置官职，招兵集粮，屡与金合兵攻宋，皆被韩世忠、岳飞等击败。绍兴中，金帅挞懒率部入汴京，废为曹王，卒。

② 刘麟：字元瑞，刘豫子。伪齐时，累官诸路兵马大总管，进尚书左丞相。连岁兴兵攻宋，皆无功而还。金废齐，随父迁临潢。

③ 八字军：南宋初太行山抗金义军。建炎元年（1127），宋将王彦北进战败，与士兵面刺"赤心报国，誓杀金贼"八字，在共城（今河南辉县）西山坚持抗金，称八字军。与金军大小数百战，斩获金军及夺回被掳人民不可胜计。后王彦奉宗泽令，率部一万余人南归，八字军主力遂成南宋一支正规军。南下之部于绍兴五年（1135）编为行营前护副军。七年，划归侍卫马军司，由刘锜统率。十年，取得了顺昌之战的胜利。

④ 顺昌：地名。在今安徽阜阳。

⑤ 涡口：地名。涡水入淮处，在今安徽怀远县东北。

⑥ 嘂：音jiào，古代的一种乐器。

⑦ 鹅车：亦称"鹅鹘车"。攻城战具，用以破坏城墙。

比。”锜遣耿训约战，毒颍上流及草中，戒军士虽渴毋饮于河，时天大暑，敌远来疲敝，人马饥渴，食水草者辄病。方晨气清，锜按兵不动，逮未申间，敌力疲气索，出兵接战，令匆喊，入其阵刀斧乱下，敌大败北去，遣兵追之，死者万数。金人自用兵以来，以铁骑号“拐子马”，所向无前，至是，为锜所破，弃尸毙马，器甲山积。时洪皓①在燕，密奏顺昌之捷，金人震恐丧魄，意欲捐燕以南弃之。秦桧议和，王师亟还。十一年，自太平渡江，与金人战屡胜，敌望见顺昌旗帜即退走。三十一年，为江淮浙西制置使。金万户高景山攻扬州，锜大败之，斩景山，俘数百人。捷奏，赐金五百两、银七万两以犒师。卒，赠开府仪同三司，谥武穆。金主亮②南侵，举宋朝诸将，问其下孰敢当者，皆随姓名答，至锜，莫有应者，其为敌人所畏如此。

张子盖，字德高，俊从子。金人破开德府，父宏战死。子盖初从韩世忠〔八十〕讨苗傅，补承信郎③。又从俊击刘猊，授宣赞舍人④。十年，以兴复宿、亳，功迁登州⑤防御使。金兵围海州⑥急，子盖往援之，即日渡江，进次石湫堰⑦。金人陈万骑于河东，子盖率精锐数千骑击之，谓麾下曰：“彼众我寡，利在速战。”遣统制张玘掠阵，玘中流矢，子盖曰：“事急矣。”奋臂大呼，驰入阵，诸将继之，殊死战，敌大败，围遂解。寻复来战，子盖再率精锐击之，获其车马铠仗万计。孝宗召对，授检校少保、淮东招抚使。卒，赠太尉，谥恭壮。

---

① 洪皓：1088—1155年，字光弼，宋饶州鄱阳（今江西波阳）人。南宋建炎三年（1129）以徽猷阁待制假礼部尚书使金，粘罕迫其仕伪齐，不从，又拒出任金之官职。绍兴十三年（1143）返临安。忤秦桧意，贬濠州团练副使，安置英州九年，徙袁州，至南雄州死。著作有《文集》五十卷及《帝王通要》《姓氏指南》《松漠纪闻》《金国文具录》等。

② 金主亮：即海陵王完颜亮。正隆六年（1161），完颜亮率兵大举攻宋，虞允文败之于采石。

③ 承信郎：官名。宋徽宗政和二年（1112）重定武臣官名，改三班借职置，为从九品武阶官，属小使臣。

④ 宣赞舍人：官名。閤门宣赞舍人简称。北宋徽宗政和六年（1116），改閤门通事舍人置，掌传宣赞谒之事，从七品。

⑤ 登州：州名。唐置，治牟平县（今山东烟台市东南宁海镇），辖境相当今山东龙口、栖霞、乳山以东地。

⑥ 海州：州名。东魏改青、冀二州置，治龙沮县（今江苏灌云县西南龙且），辖境相当今江苏连云港市及赣榆、东海、沭阳、灌云等县地。

⑦ 石湫堰：地名。在今江苏连云港市南。

王焕，徽州人。焕以进士知武当①县。建炎间，贼犯钧州，焕率邑人保山寨，贼至或劝之遁，焕曰："使吾有此心，则不能与邑人为此谋耳。"遂力战守之。迁京西湖北路制置使，授忠训郎。弟焯，修职郎，知同谷县，主管劝农公事。炜，从仕郎。

元

赵世延，字子敬，秦州汉阳人。其先雍古〔八一〕族人②。祖按竺迩〔八二〕，幼孤，鞠于外大父术要甲〔八三〕，讹为赵家，因氏为赵。自金而元世，以武功显。世延天资秀发，喜读书，究心儒者体用之学。官监察御史，与同列五人劾丞相桑哥〔八四〕不法，中丞赵国辅抑不以闻。按平阳郡监也先忽都〔八五〕赃巨万，鞫左司郎中董仲威杀人狱，皆明允。出佥湖北道肃政廉访使。敦儒学，立义仓，撤淫祠，修坏堤，严掠卖良民之禁。除安西路总管。前政壅滞者三千牍，世延至不三月，剖决殆尽。陕民饥，省台议请于朝，世延先发廪以赈，所活者众。改四川肃政廉访使，修都江堰，民便之。右丞刘深讨八百媳妇③，兵败弃市。右丞阿忽台〔八六〕当继行，世延言："蛮夷事，在羁縻，重烦天讨，致军旅亡失，诛戮省臣，使得其地，何补于国？兵宜止，勿用。"章再上，事卒罢。延祐元年，拜中书参知政事，迁御史中丞。世延劾奏右丞相贴木迭尔〔八七〕罪恶，诏夺其官职。进昭文馆学士，乞补外，拜四川行省平章政事。垦江津、巴县闲田七百八十顷，岁得粟万一千七百石。明年，贴木迭尔〔八八〕复居相位，诬以罪逮世延，系刑曹，左丞相拜住〔八九〕言世延无辜，得旨出狱。泰定四年，复为御史中丞，加翰林学士承旨。文宗即位，拜中书平章政事。与虞集修《经世大典》，屡奏衰老，乞解政务。养疾于金陵之茅山。卒，赠上柱国、鲁国公，谥文忠。

明

高斗南，字拱极，徽州人。明初，以州荐，授四川定远知县。惠政多方，民为之谣曰："江上高楼鼓角鸣，至今吹出斗南声。"三载考绩，以他故下刑部狱。定远耆民赴阙奏其廉能，太祖赦之，仍命知定远，赐赉特优宴而遣之。时举天下廉官，斗南与焉。九载考最，升云南新兴知州。新兴人爱戴如定远。居数年，以衰老乞闲，荐子恂以代，上允之，厚遣以归。

高恂，字士信，斗南子。十二岁通五经，博极群书，尤善属诗文，习骑射。以

① 武当：县名。治在今湖北丹江口市西北关门岩北。

② 雍古族：元代蒙古族姓氏，本部落名，以部为氏。

③ 八百媳妇：即八百媳妇国，亦称兰纳，是泰国历史上十三至十六世纪的强大政权。

父荐，召至京，太祖奇之，命翰林、兵部两试焉，文武皆优等。授礼科给事中，奏劾不避权贵。莅父职，知新兴州。时安南王陈日煃为黎季所弑，阻声教新兴，密迩安南。上遣成国公朱能往讨之，命恂权行司马，大将而下咸听节制。乃以大军二十万协能航海，趋安南宣扬教化，抚顺凶逆，备谕慰安之意，蛮人肃然清平。献功方至新兴，病卒，年三十七，三军恸哭。

门克新，礼县人。以儒士为秦州训导，生徒多有成效。洪武二十六年，秩满入觐，上亲询以民间政事得失，克新敷奏亮直，特命为左赞善，应制作《万里长江图记》。晋礼部尚书，卒于官。上自制祭文，遣官谕祭。

胡彦祥，徽州人。少有大志，刻苦力学。永乐中，以乡贡为肃宁令。自奉清约，取予不苟。擢监察御史，巡按北直，除强扶弱，贵戚敛手。迁知眉州，德威并施，重农兴学，修堰以广水利。升知保宁府，再迁河间，擢山西参政。禄俸自给外，悉以给公，家无私焉。

高儒，字崇文，恂之子。以乡贡授豹韬卫[1]经历，改怀来卫，廉谨勤事。九年，升山西石州同知。石州田赋，积年逋废。儒廉慎仁信，凡利弊因革，力赞长吏为之，而阴运其机，逾年大治。

王恕，秦安人，永乐中以卫经历被选，督修皇城。文皇帝[2]幸城，见恕老成，谕左右曰："此可作台谏者。"事竣，擢御史巡按广西，迁云南按察佥事，所在以风力称。

刘纪，秦安人。永乐间以国子生授工部主事。奉勅巡视淮北河道，屡疏颇中时弊，当道不悦，乃罢归。

张翼，秦安人。永乐间乡举，授御史巡按江西。岁大祲，莩殣相属，翼绘图上疏，请赈之，发帑金数十万，全活甚众。又江岸地斥卤可田，翼命开垦，给牛种，凿渠道灌田万余顷，民以殷富。劾宠臣刘观贪婪不法，帝即遣戍观。又劾中涓[3]阳进怙宠要恩，为中官所嫉忌。致仕归。

胡琏，字大用，秦安人。国子生。景泰间，授南皮知县，严以惩奸，平以近民，盗不涉境，蝗不害稼，民用乂安[4]。九载乞休，攀送者相望于路，若失慈母。

① 豹韬卫：禁卫军名。

② 文皇帝：即明成祖朱棣（1360—1424）。

③ 中涓：近臣，一般指宦官。

④ 乂安：平安无事。

王福，秦安人。以国子生任蒲州知州，刚直有声。

张锦，字尚絅，秦安人。成化中进士，授刑部主事，历郎中，鞫讯明审。奉命赈畿辅灾。及治方山、庆成二王狱，还称旨，迁大理寺丞右少卿，擢右副都御史、巡抚宣府，劾罢中官、武将守备不职者。未几，巡抚保定，诸府有贵臣为都御史秦纮所劾，赃以万数，怙势求免，卒正其罪。以疾乞归。子潜，弘〔九十〕治六年进士，历官山东右参政。

张锐，字抑之，秦州人。成化十一年进士，在刑曹以平恕称。知吉安府，政教并举。以刚直忤权贵，调汉阳，益厉严操。参政山东。归，讲学不倦，闾里熏德，陇西学者称之。

王爵，字锡之，秦州人。自少潜心力学，及长，从周蕙学知操存法①。郡守秦纮悦之，与讲求操存之学，其教后学以诚敬为本。弘〔九一〕治初，以国子生仕保安州判，出纳惟公，会计允当，日不惮劳，及归，秦纮赠以扬州盐引②数百石，爵辞不受。布衣疏食坦如也。

文献，徽州人。成化中举人，为监察御史，以正直称。巡按北直、云南、河南，所至贪污吏望风遁去。河南有贼，杀人夺货，悮坐平民，献密访得贼，捕讯获赃及凶器，人称其神。奉命阅卢氏银币，搜剔宦官，监督弊，以纾民怨。宦官衔之，令人暮逾墙投金寝所，翌日，劾献，被系下狱。值风雷之变，即日赦出，升山东佥事，擢湖广副使。治行卓异，威声大振。

王谦，徽州人。由监生知寿州，单车赴任。将入境，移檄杜绝奔竞，至州宣布德威，劝农桑，别善良，恤鳏寡，发奸摘伏，号称神明。除去弊端，疏通利源，百姓安乐。九载考绩，民赴京乞留，朝廷褒之，加参议。赴任三十余年，以衰老致仕。

夏景和，字时雍，秦州卫籍。成化二十年进士，授行人③，擢监察御史。持纪刚正，人不敢干以私。孝宗以其好直谏，每曰："黑秀才知之又上疏矣。"升山西副使。刘瑾诬以事，逮系狱，论输米八百石，后事白，迁右副都御史，巡抚宣府。

苏民，字天秀，秦州人。弘〔九二〕治中进士，授榆次知县。榆次健讼，且易腾

---

① 操存法：宋明理学用语，指与"穷理致知"相辅相成的心性修养方法。

② 盐引：又称"盐钞"，取盐凭证，也可以作为"代币"流通。

③ 行人：官名。《周礼·秋官》属官有大行人、小行人，掌迎送接待宾客之礼。明代为行人司长官，掌传旨、册封等出使事。

谤[①]，民廉以直已，讼息谤弭。征为兵部主事。逆瑾构之，谪为梓潼驿丞。时蛮人叛，巡抚进剿，民领兵从征有功。瑾诛，复官工部主事，改吏部，历文选郎中。澄别流品，有清誉。历光禄卿，节财万计。升工部右侍郎，改南京兵部。考满，道经榆次，父老百姓万人遮道邀迎。寻补刑部侍郎。

王纶，字大经，秦安人。国子生，授汤阴令，刚方不挠，摧抑权豪，民翕然称颂。瑾用事，遣官校过县，恃势不逊，纶执而杖之，坐事下诏狱，夺职。

张潜，字川昭，秦安人，锦子。弘〔九三〕治六年进士，历官山东参政。学问渊博，明习练达。历任所在，政事有声。

胡士济，字济民，秦安人，琏子。以贡入太学。成化末，仕成都训导，以文行导诸生。迁盐亭学谕，又除双流谕，亦以文行教诸生。两摄县印，惠政及民，颂声载道。

侯一元，字应乾，秦安人。进士，授工部主事，监闸济宁。中官恒乘楼船，匿贾客货，越次开闸，官无敢问。一元至，令舟以序进闸，启闭以时，有敢匿货贸进者，惩以法，自是中官不敢横。改兵部职方郎中，病免。以荐起吏部郎中，卒于官。

坚晟，字伯明，秦州人。由国子生历知博平县。东郡盗起，东昌属邑半不守，渐逼博平，人心思遁。晟严戒固守，乃〔九四〕闭妻子于宅，围之以棘，云贼到尔辈可自裁。人心感动，盗攻五日去，百姓为建生祠。迁蓟州，改通州通冲而剧。晟敏而直，中贵迫董同知堕河，晟以状闻，置中贵于法，心衔之。明年，以郡守罪中贵挟私，波及晟，谪云南同知，寻复迁安州，改宁州，所至藉甚。

尹琭，秦州人。弘〔九五〕治进士，授太平[②]知县。刚方梗介，民以真父母称之。征入将，擢台谏，改知平定州[③]。后以大计误陷郡邑，冤之。

张凤，字廷仪，徽州人。以贡士任长子[④]、深泽[⑤]二县教职。升林泉王府教授，辅导匡正，王不听，遂乞休归。性豪迈有才辨，议论若决江河。成化末，居家，上疏论时政，十事皆切时弊。居乡廉介，不干人以私。

胡缵宗，字可泉，秦安人。正德三年进士，知苏州府，厘革积弊，兴讲学书

---

① 腾谤：肆意诽谤。

② 太平：县名。治在今山西襄汾县西南三十二里汾城镇。

③ 平定州：州名。治平定县（今属山西），辖境相当今山西阳泉市及平定、昔阳等地。

④ 长子：县名。治在今山西长子县西南。

⑤ 深泽：县名。治在今河北深泽县东南二十七里故城。

院，表义烈。历浙江参政，升副都御史，巡抚山东。鲁王愎谏恣恶，奏请诏夺其禄，裁护卫。总理河道，经画有方，改抚河南，疏请赈饥。归筑别墅，日闭阁著书，有《鸟鼠山人集》，秦安、秦州、巩郡诸志，《春秋本义》等书。

黄世经，字时济，秦州人。成化进士，授修武县。县当冲路，政事勤敏，听讼明决，输赋均平，修武大治。擢监察御史，迁云南副使。提刑惟慎，肃政惟明，滇民感之。

胡来缙，字东泉，秦州人。举于乡，知大兴[①]县。大兴在辇毂下，贵戚杂沓，人皆为缙恐，缙曰："京县之难，难在逐情弃理，惜官曲法，吾惟视理守法，人心孰无公道，得失何知焉？"冰檗自矢，勤敏供职。三年，权贵慑伏。进司农郎，革宿弊殆尽。升山西按察司副使。

郭庄，字子庄，徽州人。隆庆二年进士，以庶吉士授御史。辛未按吴，吴贵人子弟多关说[②]，一切以法治之。癸酉按蜀，会多盗，檄府道剿治，盗遂息。蜀府有所请于朝，久沈阁，庄为请得允，王馈以金，庄却之，王益重之。丁丑掌河南道，主计吏不敢通馈遗。再入吴督学，黜纤巧，崇醇雅，士风翕变。

胡忻，字慕东，来缙子。万历〔九六〕十七年进士，知临汾[③]县。庭无滞讼，狱无缧囚，日惟申明乡约，官民相习若父子。晋工科给事，三殿[④]大工，阉商扶同冒破[⑤]几百万，上疏发其奸弊，请身任其事，以二十万起工，遂减十之五。其它论陵寝、论河工、转礼垣、请郊祀、请日讲、参税监，祈撤回梁，永论虚矿，开豁赔累，秦人并受其福。引疾归。

杨名显，字心虞，秦州人。明末举人，除山西山阴[⑥]县令，善政，为良吏最，行取刑部主事。晋郎中，差恤刑，山东全活甚众。升广东布政使，罢除差官及挂添火耗之费，岁省民财无算。

---

① 大兴：县名。治在今北京城西南。

② 关说：指代人陈说，替人说项，引申为用言辞打通关节。

③ 临汾：县名。治在今山西临汾市。

④ 三殿：指太和殿、中和殿和保和殿。

⑤ 扶同冒破：指协同虚报冒领。

⑥ 山阴：县名。治在今山西山阴县东南山阴城镇。

直隶阶州

魏

杨大眼，阶州人，武当氏难当之孙。少有胆气，跳走如飞。孝文南伐，令尚书李冲[①]典选征官，大眼往求，冲弗许，大眼曰："请出一技。"便出长绳三丈许，系髻而走，绳直如矢，马驰不及。冲曰："逸材也。"遂用为军主。所经战阵，勇冠六军，除辅国将军。宣武征为太尉长史。持节东征，人慕其勇，观者如市。还，加平东将军。大眼善骑乘，装束雄竦，擐甲周旋，抚循士卒，自为将帅，常冲突坚阵，当其锋者，无不摧拉。出为荆州刺史，荆蛮不敢为寇。虽不学，常令人读书，而坐听之，悉能记识，令作露布[②]，皆口授之，而竟不多识字也。

宋

丁焴，字晦叔，福津人。为人刚直，不受私谒。累官至太府少卿。嘉定间，为利州路安抚使，兼知兴元府，决事明白，吏民信服。魏了翁[③]称曰："丁晦叔，武阶一人而已。"

张威，字德远，成州人。贫甚，卖药自给。或言其才勇，乃令戍边。开禧用

① 李冲：450—498年，北魏陇西狄道人，字思顺。孝文帝时典禁中文事，以敏慧迁内秘书令、南部给事中。太和十年（486）上书议立三长制代替宗主督护制，便于查检户籍，均徭省赋，抑制宗主豪强多占民户。又建议颁行新租调制，革除宗主中饱之弊，增加朝廷收入。得冯太后信重，迁南部尚书，进爵陇西公。后佐孝文帝议定礼仪律令，主持营建洛阳新都，帝南攻萧齐，委冲留守洛阳。迁尚书仆射。后以愤李彪倨傲无礼见负，发病卒。

② 露布：一种写有文字并用以通报四方的帛制旗子，多用来传递军事捷报。

③ 魏了翁：1178—1237年，字华父，号鹤山，邛州蒲江（今属四川）人。南宋大臣、著名理学家。累知嘉定府。史弥远入相，了翁力辞召命，居白鹤山授徒讲学。历知汉州、眉州，在蜀凡十七年。入为兵部郎中，至权工部侍郎。遭诬劾降三官，靖州居住。后复职，擢潼川路安抚使、知泸州，曾上章论十弊，召还，权礼部尚书兼直学士院。以端明殿学士同佥书枢密院事，督视京湖军马。后除知绍兴府、浙东安抚使，官终知福州、福建安抚使。卒谥文靖。有《鹤山集》《九经要义》《师友雅言》等。

兵，威与敌每战，辄捷以功，补本军将领。吴曦[①]既诛，遣将复西和州[②]，威率众先登，败金人于板桥，遂取西和，升统制。由是威名大振，升天水县为军，命威为守，屡立奇功，擢利州副都统制。嘉定间，金分道入蜀，威却之，又破之于金斗镇。潜遣石宣等袭于大安军，大破之。威以勇见称，每战辄克，临阵战酣，则精采愈奋，两眼皆赤，时号“张鹘眼”，金人惮之。军律整严，兵行常若衔枚。每与百姓避路，买食物则价倍于市，无敢多取。

张诏，字君卿，成州人。少隶张俊帐下，积功守和州。尝奉命使金一日，金国持所绘祐、献二陵[③]像至馆中，皆北地服，诏向之再拜，馆人问之，答曰：“诏虽不识其人，但龙凤之姿，天日之表，自非恒民祖宗也。”孝宗闻而嘉之。初，赵汝愚[④]奏请以诏代领武兴军，杜吴氏握兵之渐。及汝愚既知枢密，力请于光宗曰：“若武兴朝除帅，则臣夕拜命。”上许之，乃以诏为成州团练使、兴州诸军都统制。诏在兴州，甚得士心。

明

汪浒，成县人，世显七代孙。正统进士，授户部主事，升员外郎中。景泰间，奉勅选募陇右民兵，御敌有功。迁苏州知府，政绩著闻。

王存礼，阶州人。成化十四年进士，授评事，转左寺副，谳狱明允。升山西佥事、松潘副使。询民疾苦，杜科敛，定更番转戍法，军民便之。尚俭崇厚，辟邪匡

---

① 吴曦：1162—1207年，吴璘孙，吴挺子。宋德顺军陇干（今甘肃静宁）人。以祖荫补右承奉郎，累迁武宁军承宣使。开禧二年（1206），为四川宣抚副使，兼陕西、河东招抚使，按兵不动，献关外阶、成、和、凤四州地于金，求金封蜀王。并遣将利吉引金兵入凤州，僭王位于兴州，议行削发左衽之令，统军十万沿嘉陵江而下，声言约金兵夹击襄阳。杨巨源与安丙、李好义等密谋，乘夜率勇士七十人斧门而入，杀吴曦，裂其尸。

② 西和州：州名。南宋改岷州置，治所在今甘肃西和县西南三里。以淮南亦有和州，故加西以别之。辖境相当今甘肃西和、礼县、岷县、宕昌等县地。

③ 祐、献二陵：分别为徽宗赵佶与钦宗赵桓之帝陵。

④ 赵汝愚：1140—1196年，宋宗室，字子直。乾道二年（1166）进士，除秘书省正字。历吏部侍郎兼太子侍讲、制置四川兼知成都府等职。光宗绍熙二年（1191），召为吏部尚书。四年，迁知枢密院事。五年，与韩侂胄等定议，立嘉王赵扩为帝，是为宁宗。拜右丞相，命朱熹待制经筵，悉收召士君子之在外者。未几，和韩侂胄有隙，罢相出知福州，再谪永州安置。至衡州疾作，为守臣所窘，暴死。后谥忠定。有诗文集和《太祖实录举要》《国朝诸臣奏议》。

正，松潘称治。归田，筑草堂，吟咏自适，著书课子，不干谒当事。

龙光，阶州人。成化举人，知巴县，以清勤称最。居家孝友。

李文明，阶州人。正德中举人，授叙州同知。治政清廉，蜀民称颂。及归宦，橐萧然窶，居丘〔九七〕园不谒公庭。

崔观，阶州人。正德中举人，为巴县教谕。师道端严，士多成就。分俸济贫，不营家计。著《学庸补说》。

叶绍先，文县人。举正德十四年乡试，授宁津①知县，清廉著闻。

蹇来亨，阶州人。嘉靖甲子举人，知峨眉县，补绵竹、渠县。所至清慎，蜀民感颂。

王继礼，字行之，文县人。嘉靖中进士，知常熟县。海寇扰民，相机擒之，寇平，赐白金、文绮。以荐擢监察御史，巡视团营，权度兵饷，整肃军容，劾罢役占，科克诸将领。巡按两浙，惩奸不少假，而居心持平，都御史台，称为贤。后迁徽州知府，在郡持廉秉公，大狱立判。迁浙江按察司副使，巡察河滨，严防御，广储犒，敌人不敢犯境。历迁至湖广按察使。

朱希晦，文县人。贡生，知新乐县。居官廉明，归里萧然。日与故旧相欢，刚正无曲，过门者必式。

张九经，文县人。嘉靖中举人，任太原府通判。居官守正，不求声誉。一生嗜古，好学不问家产，晚年尤究心穷理之功。乡人矜式。

张九功，文县人。嘉靖举人，初任河南武安知县，升知涿州，迁王府长史，居官清慎。解组归，克敦孝友，精岐黄术，在官在家全活无算。

武彦，成县人。刚劲严明，才识过人。初任湖广按察司，经历能声远播。荐监察御史，风裁峻厉。升浙江宁波知府。

萧籍，文县人。万历〔九八〕二十二年举人。授渑池知县，历升泽州知州。居官精明，吏不敢欺。渑池为立生祠。处乡清正，尤善诗文。

陈尚表，成县人。万历〔九九〕中恩选，初任历城丞，有贤声，升知井研县，廉明益著，升眉州知州。会奢酋作乱，筑城防御，募兵驱敌，劳绩显著。升湖广常德同知。

刘大猷，文县人。万历〔一〇〇〕举人。初任万泉知县，调太平升户部主事，至潞安知府，所在多政绩。处继母、异弟，孝友并称，言动不苟，乡评推重。

① 宁津：县名。明属河间府，治所即今山东宁津县。

赵守廉，阶州人。以明经授东昌推官，振幽理冤，黜贪举贤，升崇庆州。

直隶肃州

汉

张奂，字然明，敦煌酒泉人。父惇，为汉阳太守。奂少游三辅，学《欧阳尚书》[①]。举贤良，对策第一，拜议郎。迁安定属国都尉。南匈奴合羌入寇，奂击降之，郡界以宁。羌豪帅感奂恩德，上马二十匹，先零酋长又遗金鐻八枚，奂并受之，而召主簿于诸羌前，以酒酹地，曰："使马如羊，不以入厩。使金如粟，不以入怀。"悉以金马还之。羌性贪而贵吏清，奂正身洁已，威化大行。迁使匈奴中郎将[②]，时休屠各及乌桓同反，兵众大恐，奂坐帐中，与弟子讲诵自若。乃潜诱乌桓，使斩屠各渠帅，袭破其众，诸胡悉降。明年，梁冀诛，奂以故吏免官禁锢。皇甫规上章荐举，复拜武威太守。举尤异，迁度辽将军。数载间，幽、并[③]清静。征拜大司农[④]。鲜卑闻奂去，招结南匈奴等，寇掠缘边九部。复拜奂护匈奴中郎将，诸羌闻奂至，悉降，凡二十万口，又复击破先零诸羌。论功当封，奂不事宦官，赏遂不行，惟赐钱二十万，除家一人为郎，并辞不受，而愿徙属弘〔一〇一〕农华阴。旧制边人不得

① 《欧阳尚书》：指汉代欧阳生所传之今文《尚书》。

② 使匈奴中郎将：官名。又作护匈奴中郎将。西汉时常遣中郎将使匈奴，作为使节，事讫即罢。东汉建武二十六年（50），遣中郎将段郴等使南匈奴，授南匈奴单于玺绶，令入居云中，始置使匈奴中郎将以监护之，因设官府，后遂为常制。秩比二千石，所属从事、掾员数不定，随事增减。

③ 幽、并：指幽州和并州，俱为汉武帝时所置十三州刺史部之一。东汉时，幽州治蓟县（今北京市西南），辖境相当今北京市、河北北部、辽宁大部、天津市海河以北及朝鲜大同江流域；并州治太原郡（今山西太原市西南晋源镇），辖境相当今山西大部及内蒙古、河北的一部。

④ 大司农：官名。西汉武帝太初元年（前104）改大农令置，秩中二千石，列位九卿。掌管全国租赋收入和国家财政开支，凡百官俸禄、军费、各级政府机构经费等由其支付，管理各地仓储、水利，官府农业、手工业、商业的经营，调运货物，管制物价等。

内移，惟奂因功特听。窦武①、陈蕃②谋诛宦官，事泄，中常侍曹节等矫制，使奂围武，武自杀，蕃见害。后知为节所卖，加封不受。明年，青蛇见于帝座，大风雨雹拔木奂，上书言，窦武、陈蕃志宁社稷，方直不回，以谗受诛，灾眚之来，盖为此也。天子深纳其言，左右皆恶之。下诏切责，遂陷以党罪，禁锢归田里。奂闭门不出，著《尚书记难》三十余万言。董卓慕之，遗缣百匹，奂不受。卒年七十八，武威多为立祠。所著铭、颂、书、教、诫述、志、对策、章表二十四篇。

张芝，字伯英，奂长子。少持高操，勤学为儒宗。太尉辟，公车③征，皆不就，号“张有道”。尤好草书，学崔、杜之法，为世所宝，韦仲④将谓之“草圣”。弟昶字文舒，亦善草书。

魏

庞淯，字子异〔一〇二〕，酒泉表氏⑤人也。初以凉州从事守破羌长，会武威太守张猛反，杀刺史邯郸商，猛令曰：“敢有临商丧，死不赦。”淯闻之，弃官，昼夜奔走，号哭丧所讫，诣猛门，衷匕首，欲杀猛。猛知其义士，勅遣不杀，由是以忠烈闻。太守徐揖请为主簿。后郡人黄昂反，围城，淯弃妻子，夜逾城出围，告急于张掖、敦煌二郡，感其义遂为兴兵，未至而城已陷，揖死。淯乃收敛揖丧，送还本郡，行服三年乃还。魏王闻之，辟为掾属。文帝践阼，拜驸马都尉，迁西海太守，赐爵关内侯。

杨丰，本名阿若，字伯阳，酒泉人。少游侠，常以报仇解怨为事。建安中，郡中强族黄昂杀太守徐揖，重募取丰，丰遂逃走。武威太守张猛假丰为都尉，使赍檄告酒泉，听丰为揖报仇。丰遂单骑入南羌中，合众得千余骑，从乐浪南山中出，指趋郡城，未到三十里，令骑下马，曳柴扬尘，酒泉人望见，以为东大兵到，遂破，

① 窦武：？—168年，字游平，东汉扶风平陵人，窦融玄孙。少以经行著称，名显关西。以长女为桓帝皇后，封槐里侯，拜城门校尉。桓帝卒，武立灵帝，更封闻喜侯，拜大将军，辅朝政。与陈藩等谋诛宦官曹节、王甫等，事泄自杀。

② 陈蕃：？—168年，字仲举，东汉汝南平舆（今属河南）人。初仕郡，后举孝廉，历官乐安、豫章太守、太尉等职。与李膺等反对宦官专权，受到太学生敬重。灵帝时为太傅，与外戚窦武谋诛宦官，事泄被杀。宗族、故吏、门生全部免官禁锢。

③ 公车：官署名。汉朝及三国均置。为公车司马省称，以令主之，属卫尉。掌管宫中司马门警卫，并接待臣民上书及征召。

④ 韦仲：南朝梁京兆杜陵人。善飞白书。与善书者顾协、谢善勋同属湘东王府，为中兵参军。

⑤ 表氏：县名。治在今甘肃高台县西骆驼城。

散羌捕得昂，丰遂杀之。黄初中，河西兴复，丰乃还郡。举孝廉，州表其义勇，诏即拜驸马都尉。

晋

祈嘉，字孔宾，酒泉人。少清贫好学，年二十余，西至敦煌，依学官读书。贫无衣食，为诸生都养①〔一〇三〕以自给，遂博通经传，精究大义。西游海渚，教授门生百余人。张重华征为儒林祭酒。性和裕，教授不倦，受业弟子二千余人。

隋

赵才，字孝才，酒泉人。祖隗，魏乐浪太守。父寿，周顺政太守。才少骁武，便弓马，性粗悍。仕周，为舆正上士。隋高祖受禅，以功至上仪同。炀帝即位，转右骁卫将军。以才藩邸旧臣，渐见亲待。才亦精勤匪懈，所在有声。从征吐谷浑，为行军总管。出合河道破贼，以功进金紫光禄大夫。帝将幸江都，才见四海土崩，谏请还京师安兆庶，帝大怒，以才属吏，旬日乃出之。

安西

汉

盖勋，字元固，敦煌广至②人。举孝廉，为汉阳③长史。时武威太守恣行贪横，从事苏正和案致其罪。凉州刺史梁鹄欲杀正和，访之于勋，勋素与正和有隙，或劝因此报隙，勋曰："不可。谋事杀良，非忠也。乘人之危，非仁也。"乃谏鹄从其言，正和见免〔一〇四〕，诣勋谢，勋不见，曰："吾为梁使君谋，不为苏正和谋也。"怨之如初。叛羌围护羌校尉夏育，勋与州郡合兵救育，为羌所破，士卒多死，被三创，坚不动。羌滇吾素为勋所厚，乃以兵扞众曰："盖长史贤人，汝曹杀之为负天。"骂曰："促来杀我。"滇吾下马与勋，勋不肯上，为贼所执。羌人服其义勇，不敢加害，送还汉阳。后刺史杨雍表勋，领汉阳太守。时大饥，人相食，勋调谷廪之，活者千余人。征拜讨虏校尉。勋与宗正刘虞、佐军校袁绍同典禁兵，勋曰："上甚聪明，但壅蔽于左右耳，若诛嬖幸，拔英俊，以兴汉室，岂不快乎？"未及发，而

① 都养：指为众人烧菜做饭。

② 广至：县名。治在今甘肃安西县东南破城子。

③ 汉阳：郡名。东汉改天水郡置，治冀县（今甘肃甘谷县东），辖境相当今甘肃定西、陇西、礼县以东，静宁、庄浪以西，黄河以南，嶓冢山以北地。

司隶校尉举勋为京兆尹[①]。时长安令杨党，父为中常侍，勋案得其赃千余万，并连党父，威震京师。勋虽在外，每军国密事，帝常手诏问之。及董卓擅权，公卿莫不卑下，惟勋长揖争礼。勋虽强直不屈，而内厌于卓，不得意，卒。遗令勿受卓赙赠。

张恭，敦煌人。为郡功曹。恭素有学行，郡人推行长史事，恩信甚著。时酒泉张华，张掖张进各据郡，恭遣从弟华攻酒泉沙头、乾齐二县，又遣铁骑二百出张掖北河，逢迎太守尹奉，于是张进、张华遂诣金城，太守苏则降。黄初二年，下诏褒扬，赐爵关内侯，拜西域戊己校尉。数岁征还，授以侍臣之位。恭至敦煌，固辞疾笃。太和中卒，赠执金吾。后子就为金城太守，父子著于西州。

晋

张斅，字祖文，就之子。弘〔一〇五〕毅有干，武帝时为广汉太守。王濬在益州，受中制募兵讨吴，无虎符，斅收濬从事列上，由此召斅还。帝责斅："何不密启而便收从事?"斅曰："蜀汉绝远，刘备尝用之。辄收，臣犹以为轻。"帝善之。官至中郎将。子固，字元安，有斅风，为黄门郎。

段灼，字休然，敦煌人。世为西土著姓。果直有才辩，少仕州郡，稍迁镇西司马。从邓艾破蜀有功，封关内侯。武帝即位，灼上书追理艾事，帝嘉其意。前后陈事，辄见省览，擢为明威将军、魏兴太守。

索靖，字幼安，敦煌人。靖有逸群之量，与乡人范衷、张甝、索紾、索永俱诣太学，驰名海内，号称"敦煌五龙"。四人并早亡，惟靖该博经史，兼通内纬。州辟别驾，郡举贤良方正，对策高第，拜驸马都尉，出为西域戊己校尉。张勃表靖才艺绝人，宜在台阁。武帝纳之，擢为尚书郎，与尚书令卫瓘俱以善草书知名。拜酒泉太守。惠帝时，赐爵关内侯。靖有先识，知天下将乱，指洛阳宫门铜驼，叹曰："会见汝在荆棘中耳。"元康中卒，赠司空，谥曰庄。所著有《五行三统正验论》，辩理阴阳气运，《索子》《晋诗》各二十卷，又作《草书状》。

索綝，靖少子，字巨秀，少有逸群之量。靖每曰："綝廊庙之才，非简札之用，州郡吏不足污吾儿也。"举秀才，除郎中。屡立战功，除安西将军、冯翊太守。綝有威恩，华夷向服，贼不敢犯。及怀帝蒙尘，长安又陷，綝纠合义旅，小大百战，频破贼党，复定宗庙，尊立愍帝。迁尚书左仆射。

索袭，字伟祖，敦煌人。虚静好学，不应州郡之命，举孝廉、贤良方正，皆以

① 京兆尹：官名。西汉京畿地方行政长官之一。武帝太初元年（前104）改右内史置，职掌如郡太守。秩中二千石（一说秩二千石），地位高于郡守，位列九卿。

疾辞。游思阴阳之术，著天文、地理十余篇，多所启发。不与当世交通。张茂时，敦煌太守阴澹奇而造焉，经日忘返，出而叹曰："索先生硕德名儒，真可以咨大义。"澹欲行乡饮之礼，请袭为三老。

魏

宋繇，字体业，敦煌人。少以孝闻，长博通经史。事凉武昭王①，历位通显，家无余财。虽兵革间，诵讲不辍。后入魏，拜河西王右丞相，赐爵清水公。

刘昞，字延明，敦煌人。父宝，以儒学称。昞年十四，就博士郭瑀受业，妻以女。后隐居酒泉，不应州郡命，弟子受业者五百余人。李暠征为儒林祭酒、从事中郎，迁抚夷护军。虽有政务，手不释卷，著《略记》《敦煌实录》《方言》《靖恭堂铭》诸书，注《周易》《韩子》《人物志》《黄石公三略》行于世。世祖平凉州，夙闻其名，拜乐平王从事中郎。尚书李冲奏昞河右硕儒，除其一子为郢州云阳令，太保崔光奏复其孙等三家，河西人以为荣。

索敞，字巨振，敦煌人。为刘昞助教，专心经籍，尽传昞业。凉州平，入魏，以儒学为中书博士。京师贵游之子，皆敬惮威严，多所成益。敞以丧服散于众篇，遂撰为《丧服要记》。后出补扶风太守，在位清贫。卒，赠凉州刺史，谥曰献。

张湛，字子然，敦煌人。魏执金吾恭九世孙。湛弱冠知名凉土，好学能文，有大志。魏太武平凉州，赐爵南浦男。司徒崔浩重之曰："敦煌张湛有俊才，见称于西州。"湛至京师，家贫不立，而操尚无亏，浩尝给其衣食，荐为中书侍郎，湛知浩必败，固辞，每赠浩诗颂多箴规之言。

阚骃，字玄〔一〇六〕阴，敦煌人。博通经传，聪敏过人，三史群言，经目辄诵，时人谓之宿读。注王朗《易传》，撰《十三州志》。沮渠蒙逊甚重之〔一〇七〕，常侍左右，访以政治损益。拜秘书考课郎中，典校经籍，刊定诸子三千余卷。牧犍重之，拜大行，迁尚书。及姑臧平，乐定王丕镇凉州，引为从事中郎。丕薨后，迁京师。家甚贫敝，不免饥寒。

范绍，字始孙，敦煌人。少聪敏，年十二，父命就学，师事崔光。以父忧废业，母诫之曰："汝父卒日，令远就崔生，希有成立。今已过期，宜遵成命。"绍遂

---

① 西凉武昭王：即李暠（351—417），字玄盛，小字长生，陇西成纪人。初为后凉吕氏效谷令，转敦煌太守。晋安帝隆安四年（400），自称大都督、大将军、凉公，领秦凉二州牧、护羌校尉，建元，史称西凉。遣使奉表称臣于东晋，从敦煌迁都于酒泉。后屡遭北凉的侵扰。安帝义熙十三年（417）死，谥武昭王。

赴学。太和初，充太学生，颇涉经史。孝文选为门下通事令史，迁录事，掌奏文案，帝善之。历位并州刺史、太常卿。

北齐

宋游道，繇曾孙。弱冠随父任，父亡，吏人赠遗，一无所受，事母以孝闻。后魏时，为殿中侍御史，台中语曰："见恶能讨宋游道。"孝庄即位，除左兵中军。后入北齐为尚书左丞。

宋显，字仲华，敦煌人。性果毅有干用。初事尔朱荣，稍迁为记室参军。后归齐神武，为行台左丞，拜西兖州刺史。遇事勇决有气干。及河阴之战，深入没于行阵，赠爵司空公。

周

令狐整，字延保，敦煌人。幼聪敏，沉深有识量。学艺骑射，并为河右所推。刺史魏东阳王元荣辟整为主簿，加荡寇将军。进趋详雅，对扬辨畅，谒见之际，州府倾目，尝谓僚属曰："令狐延保西州令望，岂州郡之职所可絷维？但一日千里，必基武步，当委以庶务，画诺而已。"河右扰乱，荣仗整防扞，州境获宁。张保据河西，杀刺史成庆，晋昌人吕兴等复害郡守郭肆，以郡应保。整先定晋昌，斩吕兴，进军击保，平之。以状闻，遂立为瓜州义首。整以国难未宁，常愿举宗效力，遂率乡亲二千余人入朝，随军征讨。整善于抚驭，躬同丰约，是以士众并忘羁旅，尽其力用。累迁骠骑大将军，加侍中。初，梁兴州刺史席固以州来附，周文以固为丰州刺史。固多亏政典，朝议密欲代之，而难其选，令整权镇丰州。整广布恩威，倾身抚接，数月之间，化洽州府，除丰州刺史，及秩满代至，吏民恋之，老幼送整，远近毕集，数日停留，方得出界，其得人心如此。拜御正中大夫。整雅识情伪，尤明政术，恭谨廉勤，常惧盈满，故历居内外，所在见称。进位大将军。宇文护执政，欲委以腹心。整辞颇忤其意，护疏之。及护诛，附会者伏法，整独保全。人称其先觉。卒，谥曰襄。子熙。

令狐休，整弟。幼聪敏，有文武才。与兄整同起兵逐张保，授帅都督。后为敦煌郡守，在郡十余年，甚有政绩。

隋

令狐熙，字长熙，整子。性严重，有雅量，虽在私室，终日俨然。不妄通宾客，凡所交结，皆一时名士。博览群书，尤明三礼[①]，善骑射。为夏官都上士，母忧去官，殆不胜哀，其父戒之，稍加饘粥。服阕，除驾部，复丁父忧，非杖不起，人闻哭声，莫不下泪。及武帝平齐，以留守功进位仪同。隋高祖受禅，进爵河南郡公。讨吐谷浑，以功进上开府。拜沧州刺史，风教大洽。开皇四年，上幸洛阳，熙来朝，及还，百姓出境迎谒，欢声盈路。在州有瑞麦甘露。八年，徙为河北道行台度支尚书，兼吏部尚书，号为明干，上甚任之。汴州殷盛，多有奸侠，以熙为刺史，下车禁游食，抑工商，星居者勒为聚落，侨人逐令归本，决遣滞狱，令行禁止，上闻而嘉之。其年来朝，考绩为天下之最。以岭南夷数起乱，征拜桂州十七州总管诸军事，封武康郡公。熙至部，大弘〔一〇八〕恩信，溪洞渠帅相率归附。为建城邑，开设学校，边夷感化。

薛世雄，字世英。本河东汾阴人，其先寓居敦煌，世雄儿童时，与群辈戏，辄画地为城郭，令诸儿为攻守势，不从令者辄挞之，诸儿畏惮，莫不齐整。其父见而奇之，谓人曰："此儿当兴吾家。"年十七，从周武帝平齐，以功拜帅都督。隋开皇中，数有战功，累迁车骑将军。炀帝即位，为右监门郎将，进位通议大夫。世雄性廉慎，凡行军破敌之处，秋毫无犯。帝嘉之，超拜右翊卫将军。岁余，为玉门道行军大将。从帝征辽，迁左御卫大将军。仍领涿郡留守，卒。子四人并以骁勇知名。

唐

薛万均，敦煌人，世雄子。与弟万彻事唐，授上柱国、永安郡公。破窦建德，平梁师都，从李靖讨吐谷浑，勇盖三军，迁本卫大将军。又副侯君集讨高昌，降曲智盛皆有功，进潞国公。

薛万彻，与兄万均归高祖，授车骑将军、武安县公。从李靖讨突厥颉利可汗，副李绩击薛延陀，以功迁代州都督、右武卫大将军。太宗尝曰："当今名将，惟李绩、江夏王道宗、薛万彻而已。"

王君㚟，字威明，瓜州常乐人。为河西节度使。开元十四年，吐蕃寇甘州，焚掠而归。君㚟勒兵蹑其后，至青海大破之，获其羊马辎重万计而还，以功迁大将军。

五代

李珽，河西敦煌人。唐末举进士，为监察御史。丁内艰，贫无以葬，乞食而后葬，饥卧庐中，闻者哀怜之。赵匡凝镇襄阳，辟掌书记。梁太祖破匡凝，得珽，喜

① 三礼：指《周礼》《礼记》《仪礼》，俱为儒家经典。

曰："此真书记也。"除知制诰，辞不拜。出知曹州，曹州素剧难理，珽至以治闻。迁兵部郎中、崇政院直学士。许州冯行袭有牙兵二千，故蔡卒，太祖惧为变，行袭严酷，欲诛从事魏峻，遣珽代行袭为留后，乃理峻冤，立出之，太祖喜曰："珽果办吾事。"会岁饥盗劫，汴宋间曹州尤甚，太祖复遣珽治之，珽至索贼，得大校张彦珂、珽甥李郊等及牙兵百余人，悉诛之，召拜左谏议大夫、右散骑常侍。

李琪，字台秀，河西敦煌人。少举进士，博学宏辞。仕梁，为翰林学士。梁兵征伐四方，所下书诏皆琪所为，下笔辄得太祖意。梁亡，仕唐为御史中丞，累官至尚书右仆射。琪为人重然诺，喜称人善，少以文章知名，亦以此自负。以太子少保致仕，卒。

校勘记

〔一〕方略　哈佛本、刻补本同，四库本作"方格"，误。

〔二〕玄　哈佛本、刻补本作"元"，四库本作"⽞"，避康熙皇帝讳改。

〔三〕玄　哈佛本、刻补本作"元"，四库本作"⽞"，避康熙皇帝讳改。

〔四〕如新　哈佛本、刻补本同，四库本作"始新"，误。

〔五〕江右四州　哈佛本、刻补本、四库本均作"江右四川"。按《梁书·傅岐传》《南史·侯景传》均作"江右四州"，据改。

〔六〕弘　哈佛本作"弘"，刻补本作"宏"，四库本作"弘"，避乾隆皇帝讳改。

〔七〕诱　四库本同，哈佛本、刻补本作"访"。按《新唐书·韩游瓌传》作"诱"，据四库本改。

〔八〕弘　哈佛本作"弘"，刻补本作"宏"，四库本作"弘"，避乾隆皇帝讳改。

〔九〕弘　哈佛本作"弘"，刻补本作"宏"，四库本作"弘"，避乾隆皇帝讳改。

〔十〕来阿八赤　哈佛本、刻补本同，四库本作"来阿巴齐"，四库馆据新译定名所改。

〔十一〕纽隣　哈佛本、刻补本同，四库本作"纳琳"，四库馆据新译定名所改。按《元史·来阿八赤传》作"纽邻"，《元史·纽璘传》作"纽璘"，均系一人。

〔十二〕阿八赤　哈佛本、刻补本同，四库本作"阿巴齐"，四库馆据新译定名所改。

〔十三〕拜延　哈佛本、刻补本同，四库本作"巴延"，四库馆据新译定名所改。

〔十四〕火夺都　哈佛本、刻补本同，四库本作"和多都"，四库馆据新译定名所改。

〔十五〕拜延　哈佛本、刻补本同，四库本作"巴延"，四库馆据新译定名所改。

〔十六〕拜延　哈佛本、刻补本同，四库本作"巴延"，四库馆据新译定名所改。

〔十七〕拜延　哈佛本、刻补本同，四库本作"巴延"，四库馆据新译定名所改。

〔十八〕拜延　哈佛本、刻补本同，四库本作“巴延”，四库馆据新译定名所改。

〔十九〕卜花　哈佛本、刻补本同，四库本作“布哈”，四库馆据新译定名所改。

〔二十〕拜延　哈佛本、刻补本同，四库本作“巴延”，四库馆据新译定名所改。

〔二一〕朵儿只　哈佛本、刻补本同，四库本作“多尔济”，四库馆据新译定名所改。

〔二二〕朵儿只　哈佛本、刻补本同，四库本作“多尔济”，四库馆据新译定名所改。

〔二三〕哈剌哈孙　哈佛本、刻补本同，四库本作“哈喇哈逊”，四库馆据新译定名所改。

〔二四〕铁木迭儿　哈佛本、刻补本同，四库本作“特们德尔”，四库馆据新译定名所改。

〔二五〕铁木迭儿　哈佛本、刻补本同，四库本作“特们德尔”，四库馆据新译定名所改。

〔二六〕萧拜住　哈佛本、刻补本同，四库本作“萧拜珠”，四库馆据新译定名所改。

〔二七〕朵儿只　哈佛本、刻补本同，四库本作“多尔济”，四库馆据新译定名所改。

〔二八〕铁木迭儿　哈佛本、刻补本同，四库本作“特们德尔”，四库馆据新译定名所改。

〔二九〕朵儿只　哈佛本、刻补本同，四库本作“多尔济”，四库馆据新译定名所改。

〔三十〕铁木迭儿　哈佛本、刻补本同，四库本作“特们德尔”，四库馆据新译定名所改。

〔三一〕萧拜住　哈佛本、刻补本同，四库本作“萧拜珠”，四库馆据新定译名所改。

〔三二〕朵儿只　哈佛本、刻补本同，四库本作“多尔济”，四库馆据新定译名所改。

〔三三〕萧拜住　哈佛本、刻补本同，四库本作“萧拜珠”，四库馆据新定译名所改。

〔三四〕子不花　刻补本同，哈佛本作“于不花”，四库本作“子布哈”。“于”为“子”之误，“布哈”，四库馆据新定译名所改。

〔三五〕不花　哈佛本、刻补本同，四库本作“布哈”，四库馆据新定译名所改。

〔三六〕不花　哈佛本、刻补本同，四库本作“布哈”，四库馆据新定译名所改。

〔三七〕不花　哈佛本、刻补本同，四库本作“布哈”，四库馆据新定译名所改。

〔三八〕不花　哈佛本、刻补本同，四库本作“布哈”，四库馆据新定译名所改。

〔三九〕弘　哈佛本作“弘”，刻补本作“宏”，四库本作“弘”，避乾隆皇帝讳改。

〔四十〕历　哈佛本作“曆”，刻补本作“歷”，四库本作“歴”，避乾隆皇帝讳改。

〔四一〕弘　哈佛本作“弘”，刻补本作“宏”，四库本作“弘”，避乾隆皇帝讳改。

〔四二〕历　哈佛本作“曆”，刻补本作“歷”，四库本作“歴”，避乾隆皇帝讳改。

〔四三〕哱刘　哈佛本、刻补本同，四库本作“巴拜”，四库馆据新定译名所改。

〔四四〕崇祯　哈佛本、四库本同，刻补本作“崇正”，避雍正皇帝讳改。

〔四五〕插汉虎墩兔　哈佛本、刻补本同，四库本作“察罕呼都克图”，四库馆据新定译名所改。

〔四六〕撒儿甲　哈佛本、刻补本同，四库本作“萨勒扎”，四库馆据新定译名所改。

〔四七〕弘　哈佛本作“弘”，刻补本作“宏”，四库本作“弘”，避乾隆皇帝讳改。

〔四八〕正定　哈佛本、刻补本同，四库本作“真定”，避雍正皇帝讳改。

〔四九〕四十余条　四库本同，哈佛本、刻补本作“三十余条”。按《魏书·源贺传附子怀传》作“四十余条”，据四库本改。

〔五十〕却铁忠　哈佛本、刻补本同，四库本作“却铁忽”，四库馆据新定译名所改。

〔五一〕以父功　四库本同，哈佛本、刻补本作“以功”。按《北齐书·源彪传》：“魏孝庄永安中，以父功赐爵临颍县伯。”据四库本改。

〔五二〕朔州　四库本同，哈佛本、刻补本作“朔方”，误。据四库本改。

〔五三〕李南哥　哈佛本、刻补本同，四库本作“李纳木喀”，四库馆据新定译名所改。

〔五四〕武骑常侍　哈佛本、刻补本同，四库本作“郎骑常侍”，误。

〔五五〕部伍　哈佛本、刻补本同，四库本作“部曲”，皆可。

〔五六〕或　哈佛本、刻补本同，四库本作“惑”。按《史记·李将军列传》作“或”，《汉书·李广传》作“惑”，皆可。

〔五七〕弘　哈佛本作“弘”，刻补本作“宏”，四库本作“弘”，避乾隆皇帝讳改。

〔五八〕勇　哈佛本、刻补本同，四库本作“能”。按《史记·李将军列传》作“勇”。

〔五九〕右贤王　哈佛本、刻补本同，四库本作“左贤王”，误。

〔六十〕八万　哈佛本、刻补本同，四库本作“三万”。按《史记·李将军列传》《汉书·李广传》均作“八万”。

〔六一〕盟诅　四库本同，哈佛本、刻补本作“盟谊”，误。据四库本改。

〔六二〕丘　四库本同，哈佛本、刻补本作“邱”，康熙间避孔子讳新造字。

〔六三〕天子　刻补本、四库本同，哈佛本作“天下”，误。据刻补本、四库本改。

〔六四〕许宫　刻补本、四库本同，哈佛本作“许昌”，误。据刻补本、四库本改。

〔六五〕父仲怀，为宋豫州刺史殷琰将。琰叛　哈佛本、刻补本、四库本均作“父仲怀，为宋豫州刺史殷琰将。叛”，因漏字句意不通。按《梁书·杨公则传》作“父仲怀，为宋豫州刺史殷琰将。琰叛”。据改。

〔六六〕三年　哈佛本、刻补本同，四库本作“二年”，误。

〔六七〕自号　哈佛本同，刻补本、四库本作“自称”。

〔六八〕弘　哈佛本作“弘”，刻补本作“宏”，四库本作“弘”，避乾隆皇帝讳改。

〔六九〕委以心膂　哈佛本同，刻补本作“委以志膂”，四库本无此句。

〔七十〕韩州刺史　哈佛本同，刻补本作“善州刺史”，四库本作“检校代州总管”。按《北史·李景传》作“韩州刺史”。

〔七一〕卢杞　哈佛本、刻补本、四库本均作“卢柁”，误。

〔七二〕贞孝　刻补本、四库本同，哈佛本作“贞李”，误。据刻补本、四库本改。

〔七三〕郴州　四库本同，哈佛本、刻补本作“彬州”。据《宋史·潘美传》《宋史·尹崇珂传》均作“郴州”，据四库本改。

〔七四〕节度判官　四库本同，哈佛本、刻补本作“节度使”。按《宋史·循吏·崔立传》作“节度判官”，据四库本改。

〔七五〕王子臧征仆哥　哈佛本、刻补本作“王子臧以征仆哥”，四库本作“王子臧以征布格”。按《宋史·刘仲武传》：“童贯招诱羌王子臧征仆哥”其人名为“臧征仆哥”，据改。“布格”，四库馆据新译定名所改。

〔七六〕政和　刻补本同，哈佛本作“致和”，四库本作“徽宗时”。按此为北宋徽宗年号，据刻补本改。

〔七七〕兀术　哈佛本、刻补本同，四库本作“乌珠”，四库馆据新译定名所改。

〔七八〕兀术　哈佛本、刻补本同，四库本作“乌珠”，四库馆据新译定名所改。

〔七九〕兀术　哈佛本、刻补本同，四库本作“乌珠”，四库馆据新译定名所改。

〔八十〕韩世忠　刻补本、四库本同，哈佛本作“朝世忠”，误。据刻补本、四库本改。

〔八一〕雍古　哈佛本、刻补本同，四库本作“永古特”，四库馆据新译定名所改。

〔八二〕按竺迩　哈佛本、刻补本同，四库本作“按札尔”，四库馆据新译定名所改。

〔八三〕术要甲　哈佛本、刻补本同，四库本作“卓裕勒嘉”，四库馆据新译定名所改。

〔八四〕桑哥　哈佛本、刻补本同，四库本作“僧格”，四库馆据新译定名所改。

〔八五〕也先忽都　哈佛本、刻补本同，四库本作“额森呼图”，四库馆据新译定名所改。

〔八六〕阿忽台　哈佛本、刻补本同，四库本作“阿固台”，四库馆据新译定名所改。

〔八七〕贴木迭尔　哈佛本、刻补本同，四库本作“特们德尔”，四库馆据新译定名所改。

〔八八〕贴木迭尔　哈佛本、刻补本同，四库本作“特们德尔”，四库馆据新译定名所改。

〔八九〕拜住　哈佛本、刻补本同，四库本作“拜珠”，四库馆据新译定名所改。

〔九十〕弘　哈佛本作“弘”，刻补本作“宏”，四库本作“弘”，避乾隆皇帝讳改。

〔九一〕弘　哈佛本作“弘”，刻补本作“宏”，四库本作“弘”，避乾隆皇帝讳改。

〔九二〕弘　哈佛本作“弘”，刻补本作“宏”，四库本作“弘”，避乾隆皇帝讳改。

〔九三〕弘　哈佛本作“弘”，刻补本作“宏”，四库本作“弘”，避乾隆皇帝讳改。

〔九四〕乃　刻补本、四库本同，哈佛本作“及”，误。据刻补本、四库本改。

〔九五〕弘　哈佛本作“弘”，刻补本作“宏”，四库本作“弘”，避乾隆皇帝讳改。

〔九六〕弘　哈佛本作“弘”，刻补本作“宏”，四库本作“弘”，避乾隆皇帝讳改。

〔九七〕丘　四库本同，哈佛本、刻补本作“邱”，康熙间避孔子讳新造字。

〔九八〕历　哈佛本作“曆”，刻补本作“歷”，四库本作“歴”，避乾隆皇帝讳改。

〔九九〕历　哈佛本作“曆”，刻补本作“歷”，四库本作“歴”，避乾隆皇帝讳改。

〔一〇〇〕历　哈佛本作“曆”，刻补本作“歷”，四库本作“歴”，避乾隆皇帝讳改。

〔一〇一〕弘　哈佛本作“弘”，刻补本作“宏”，四库本作“弘”，避乾隆皇帝讳改。

〔一〇二〕子异　哈佛本、刻补本同，四库本作“子冀”，误。

〔一〇三〕都养　哈佛本、刻补本同，四库本作“厮养”，误。

〔一〇四〕见免　哈佛本同，刻补本、四库本作“得免”。

〔一〇五〕弘　哈佛本作“弘”，刻补本作“宏”，四库本作“弘”，避乾隆皇帝讳改。

〔一〇六〕玄　哈佛本、刻补本作“元”，四库本作“玄”，避康熙皇帝讳改。

〔一〇七〕甚重之　四库本同，哈佛本、刻补本作“世重之”。按《北史·阚骃传》作“甚重之”，据四库本改。

〔一〇八〕弘　哈佛本作“弘”，刻补本作“宏”，四库本作“弘”，避乾隆皇帝讳改。

甘肃通志卷之第三十七　忠节

人臣委质事君，平时竭忠尽职，遇难殉节致身。自古忠臣烈士彪炳史册，当时传为盛事，后代犹深景仰。甘肃自汉迄今，代有其人，谨列姓名，垂诸奕世。志忠节。

临洮府〔一〕

晋

辛宾，狄道人，勉弟。愍帝时为尚书郎。及帝蒙尘于平阳，刘聪使帝行酒洗爵，宾起抱帝大哭。聪曰："前杀庾珉①辈，故不足为戒耶。"引出遂加害焉。

辛恭靖，狄道人。隆安中，为河南太守。会姚兴②来寇，恭靖固守百余日，以无救而陷，被执至长安，兴欲官之，恭靖厉色曰："我宁为国家鬼，不为羌贼臣。"兴怒，幽之别室。经三年，诳守者，乃逾垣遁，归于江东，安帝嘉之。桓玄③〔二〕请为咨议参军，置之朝首。

鞠允，金城人。为雍州刺史。愍帝即位，以允为左仆射，领军持节西戎校尉，录尚书事。刘曜④逼长安，允击破之，擒殷凯于阵。曜后攻〔三〕北地，太守鞠昌遣使

---

① 庾珉：字子琚。西晋时历散骑常侍、侍中。永嘉末，与怀帝一起被刘渊所俘，后被杀。

② 姚兴：366—416年，字子略，十六国后秦君主，姚苌子。初仕苻秦为太子舍人，父姚苌称帝，立为太子，留镇长安。晋孝武帝太元十九年（394），继父为帝。出兵灭苻秦，后秦的势力一度包括西起河西、东至徐兖的广大地区。后连年征伐，赋役加重，民不堪命，国力下降，所部各族又不断叛离，姚秦的统治逐渐衰落。

③ 桓玄：369—404年，东晋谯国龙亢人，桓温子。袭爵南郡公。安帝隆安二年（398），兖州刺史王恭、荆州刺史殷仲堪起兵，玄应之。恭为其部将刘牢之所杀，诏以玄为江州刺史。明年，朝廷用离间计，加玄都督荆州四郡，使击杀殷仲堪、杨佺期，据有荆雍，领荆、江二州刺史，都督荆、司等八州。会稽王世子司马元显领兵讨伐桓玄，玄率军东下，攻入建康，杀司马道子父子，执掌朝政。刘裕在京口起兵，玄兵败被杀。

④ 刘曜：？—328年，十六国前赵君主，刘渊族子。刘渊、刘聪时，常领兵征战，破洛阳陷长安，俘晋怀、愍二帝。晋元帝太兴元年（318），出兵讨平靳准，于长安称帝，国号赵，史称前赵，都长安。后与石勒频繁交战。晋成帝咸和三年（328），刘曜败于石勒，被杀。

求救，允率步骑赴之。曜复攻长安，允与帝至平阳，为刘聪所幽辱，允伏地号哭不能起，因自杀。聪嘉其忠烈，赠谥节愍侯。

周〔四〕

刘雄，字猛省，临洮金城人。少机辨，慷慨有大志。初为文帝亲信，后拜中大夫，赐姓宇文氏。天和中，封周昌侯。武帝以雄为河州刺史，雄先已为本县令，复有此授，乡里荣之。后进爵赵郡公。宣政元年，突厥寇幽州，雄战没。赠亳州总管。

隋

李袭志，字仲先，狄道人，始安郡丞。大业末，盗起。袭志倾私财，募士三千，乘城拒之。或劝其据岭表取百粤[①]，效尉陀事，袭志曰："当相与戮力，为宗社雪耻，宁蹈忠以死，不逆节以生。"遂固守。凡二年，竟为萧铣[②]所害。

唐

辛谠，兰州人，云京孙也。学《诗》《书》，能击剑，重然诺，急人之急。初事李峄，主钱谷。性廉劲慨然，常有济时意。后庞勋[③]攻杜慆于泗州[④]，谠闻之，乘舟趋泗口，贯贼栅以入。慆素闻其名，握手相慰。贼焚淮口，谠乃出求援，至洪泽见戍将郭厚本，流涕告急，付兵五百，与慆表里击贼，大败之。谠入，人心遂固。围三月，城益危。谠复与壮士徐珍等夜斩贼栅，诣浙西见杜审权。时皆传泗州已陷，疑谠为贼计，囚之。防御使李峄称其忠可信，审权乃许救。合淮南兵五千，谠引兵大战，斩贼六百级，入城。慆表其功于朝，授御史。围凡十月乃解，卒完一州，以功第一拜亳州刺史。乾符末，终岭南节度使。〔五〕

明

何铭，河州卫指挥同知。永乐十年，领军凉州卫，遇贼力战而死。

---

① 百粤：即百越。百越是先秦时中原华夏部落对长江以南地区诸多部落的泛称，后来大部分的百越部落在汉朝时与中原华夏部落互相融合。此处百粤指今广东、广西。

② 萧铣：583—621年，隋末割据者之一。大业十三年（617），自称梁王，次年称帝，迁都江陵，割据长江中游等地。后兵败降唐，在长安被杀。

③ 庞勋：？—869，唐末起义军首领。懿宗咸通间，为桂州戍军粮料判官，桂州戍卒因久戍不归，遂杀都将，起事，推勋为都将，自行北归。寻攻占宿州、徐州，杀徐泗节度使崔彦曾，勋自称武宁军节度使。开府库募兵，众至万人。复攻泗、濠等州，断江淮粮道。唐廷遣康承训等率军二十万往讨，庞勋失战机，屡败，于濠州战败溺水而死。

④ 泗州：治临淮县，在今江苏泗洪县东南、盱眙县对岸，今已沦入洪泽湖中。

漆坚，渭源人。任四川重庆府照磨①，值蜀贼反，领乡兵力战而死。

何勋，字朝用，铭之孙。本卫指挥同知。正德九年征西宁，及嘉靖五年征洮州，俱有功。九年，戍甘州，贼临境，同百户孙福力战阵亡。

陈钟，兰州卫左所正千户。成化四年，从大将军征叛贼满俊于石城，临阵呼副千户李旺尽力报国，遂挥兵奋击力战，同死于阵，一时壮之。

张瀛，字士元，兰州卫左所正千户。性孝友忠实，临事有为。升指挥佥事。正德十二年秋，临巩参政张禴檄瀛随征。至安定，先令军士入城，为保全计，挺身出探，遇敌，众寡不敌，战死至剖其腹。事闻，加指挥使，世袭，命有司致祭。

姚震，河州卫指挥同知，升游击将军。正德辛未，调四川征剿流贼，力战阵亡。

朱辅，兰州卫右所正千户。委守河北安宁堡，大敌〔六〕至，斩获有功，俄而势益众，辅力战，为流矢所中而死。性孝友勤职，善抚士卒，人共悼惜之。事闻，赠指挥佥事，世袭。

妙龄，河州人。由军功升本卫正千户。弘〔七〕治十四年，领兵固原等处，遇贼战死，赠指挥佥事。

冯琦，河州卫指挥佥事。正德癸酉，追剿四川流贼，战死。子恩袭职。嘉靖元年，领军于洮州，遇贼亦战死。

蒋继勋，河州卫指挥使。嘉靖十一年，领军甘州，遇贼战死，赠都指挥佥事。

黄命，河州营千总。明末，从参将费邑宰统兵进征四川流贼于五丁峡，力战而死。

朱家仕，字翼明，河州人。明末戊辰进士，升山西兵备道，治迹有声。李逆陷京师，山右讫无坚城，家仕义不屈，投井而死。

韩一麟，兰州人。明末以明经司训宁羌②，寇至，城陷，麟以身殉难。事闻，赠国子监学录。

石崇德，字峻吾，狄道人。早丧父，其母张氏殉节死。德寄养外家，及长，袭祖父职，升金锁关③守备，有战功，升固原镇左营都司。会流贼袭隆德，崇德从兵备道陆梦龙出兵御之，贼围陆数匝，德突出重围，闻陆困贼中，复杀入，与陆俱战

① 照磨：官名。以对照磨勘为职，是主管文书、照刷宗卷的文书管理官。始设于元代，明代大体因袭之。

② 宁羌：州名。明改宁羌卫置，在今陕西宁强县。

③ 金锁关：地名。位于陕西铜川市北约二十公里的神水峡，是关中北部著名的古关隘。

死。奉旨赠副总兵。

李承先，兰州卫百户。勇略出众，骑射迈伦。天启间，以功升参将，殉节。

蒋嘉印，兰州人。年弱冠，善骑射。从督抚剿寇有功，题授都司。明末，李贼压境。嘉印扈王出城，为伏莽土回所劫，拒敌河浒，矢尽被害，碎骨层冰中。

段字辛，兰州庠生，南阳知府坚曾孙。闯寇至，衣冠再拜，自缢于祖祠，子妇王氏亦同时自尽。

温樫，兰州人，肃藩侍书①。李寇入城，夫妻子女八口阖门俱缢死。

林培梁，兰郡庠生。李寇入城，殉难自缢死。

朱文美，兰州耆民。李寇入城，同妻王氏并缢死。

李芳、李如玉、刘子都、魏承勋、李国琦、何天衢、贺守、王官，俱固镇标弁。万历〔八〕十八年，从总兵刘承嗣征剿，俱奋勇当先，杀贼甚多。贼更出骁骑，伏精兵冲营，时天大雨，承嗣败绩，芳等八人俱战死。后立庙致祭。

清

王世德，河州卫人，博学多谋。以军功升授临洮道标，中军守备。顺治五年，遇回变，不屈而死。

李絮飞，辽东人。顺治五年，任临巩道，履任未及两月，值逆回米剌印②叛，殉节。

赵翀，郑州人。顺治五年，任兰州同知，回变殉节。

李涓，定兴人。顺治二年，知渭源县，政尚平恕。五年回变，涓议守城，奸民为贼内应，遂被执，涓骂贼，不屈死。督抚上其事，赠按察司佥事，荫一子。

白旗，兰州学正，回变殉节。

巩昌府

魏

庞德，字令明〔九〕，南安貆道③人。初平中，从马腾击反羌有功，迁校尉，封都亭侯。以不降蜀汉死，魏封其二子为列侯，谥壮侯。

---

① 侍书：官名。翰林院属官，掌讲读时侍书。

② 米剌印：清初西北回族起事首领。1648年与丁国栋在甘州（今甘肃张掖）起事，后肃州被清军攻破。

③ 南安貆道：地名。在今甘肃省武山县洛门镇四门乡新庄村。

宋

李彦仙，字少严，宁州彭原人，徙巩州。靖康元年，应募为石壕尉，坚守三觜。金人攻之，彦仙战佯北，金人追之，伏发，掩杀千级。累功知陕州。初，金人得陕，用降人守之，招集散亡，彦仙阴遣人厕其间。乃引兵攻南郭，潜师薄东北隅，所纳士内应，噪而入，复陕州。乘胜渡河，列栅中条诸山，郡邑皆响附。金娄宿〔十〕奇其才，啖以官，彦仙斩其使，复遣人招降，彦仙命强弩一发毙之。金益兵攻城，城陷，彦仙率众巷战，矢集身如猬，左臂中刃不断，战愈力，既而投河死之。赠彰武节度使，建庙号忠烈，谥忠威。

马堃，宕昌人。家世以忠勇为名，将堃以六郡镇抚使。咸淳中，元将杨文安与堃同里，谕使降，堃不从。文安乃列栅攻城，潜遣勇士蹑云梯，宵登斩关，纳外兵，堃悉力巷战，兵败力屈而死。

马塈，堃弟。咸淳中，知钦州，徙邕州，抚诸蛮及治关隘皆有条理，边陲晏然。宋亡，塈因留静江，总屯戍诸军守城。元将阿里海牙〔十一〕以兵夹攻，塈兵败，海牙〔十二〕使人招降，塈发弩射之。攻三月，前后百余战，讫无降意。城破，塈率死士巷战，被执，杀之，断其首，犹握拳起立，逾时始仆。

金

郭虾蟆〔十三〕，会州人。以善射应募，累立战功，官兰会洮河元帅。大兴初，西州望风降元，虾蟆〔十四〕坚守孤城，集州内金银铜铁，杂铸为炮，杀牛马食战士，悉焚庐舍积聚，曰："无使资敌军。"士死伤过半，益奋力死守，度力不支，乃命积薪州廨，呼集家人及城中将校妻女，尽焚之。城破犹鏖战良久，士卒弓尽矢绝者，即先挺身入火中。虾蟆〔十五〕独上大草积，发三二百矢，皆中，矢尽自焚死。

明

王良辅，陇西人。正德间，以国子生授河南沈丘县学训导。汴东盗起，流劫郡县。贼至城下，良辅督兵防御，竭力拒贼。城陷，良辅帅子礼、诸生陈善等与贼接战，被执，骂贼不屈，与礼及家人俱受害。当路奏闻，赐恤。

程斌，会宁人。为戎伍总旗，有勇略。先是虏犯兰靖，游击哈钦与战，败绩，几为所及，斌力捄得免。万历〔十六〕二年，西番劫阶岷境，总兵孙国臣以斌为先锋，斌手刃番贼百余人，焚毙不可胜计，后入丛林，失归路，被杀。军门①为护其丧葬，

① 军门：明朝为总督、巡抚之代称。清朝为提督或总兵加提督衔者之尊称。

具奏，厚恤其家。

刘跃龙，安定人。举天启元年乡试，任河南开封府同知。威治豪强，惠抚小民。解任归，适当闯寇。龙尽出已囊，缮城郭，募乡兵，为捍御计。城破，骂贼不屈而死。

赵率教，靖远人。万历〔十七〕中，历延绥参将，屡著战功。为将廉勇，待士有恩，勤身奉公，劳而不懈。经略袁应泰①荐擢副总兵，以枢辅孙承宗②，令编次难民为兵，悉加精练，余给牛种屯田。承宗上其功于朝，擢总兵官、右都督。后因战中流矢阵亡，赠恤，立祠。

关永杰，字人孟，巩昌卫人，状貌奇伟。登进士，授开封推官。强直不阿，摄府事，兴利去患，民畏爱之，以忧归。起官绍兴，迁兵部主事，擢河南按察佥事，备兵陈州，多异政。时李自成扰乱中州，永杰缮城修备，率士民分堞守，贼遣使说降，斩其头悬之城上，贼怒，攻破之。永杰格杀数贼，身中数刃，大骂而死。事闻，恤赠光禄寺卿。

戴天，安定贡生。闯贼陷巩昌，属县皆降，独安定拒守。贼围城邑，人欲开门迎降，天与贡生张国紞甲胄至县堂，按剑号令，誓死守城，城陷，与紞死之。时诸生张大才同弟大训分守南城，城陷不屈，骂贼死。监生张大韶坠城死，仆掌儿亦死。

李茂实，陇西人。岁贡，授青州府通判。时饥民啸聚，劫掠州县。茂实自本城至新泰县，凡十余战，屡挫贼锋，既而衙兵溃散，茂实力战遇害，濒死骂不绝口。

崔弘〔十八〕宇，巩昌卫，世袭百户。明末，流贼薄郡城，势甚炽，巡按贾多男坐东城楼，陈兵简将，令出师破贼。诸卫弁惧，弘〔十九〕宇独请行。贾降坐与揖把酒，手扶上马。出东郭，与贼遇，弘宇善射，贼应弦落马，乘胜追杀之，矢尽遇害。贾哭之恸。关永杰为文诔之。

---

① 袁应泰：？—1621年，字大来，明凤翔（今属陕西）人。万历二十三年（1595）进士。授临漳知县。修成二十五堰，灌溉田数万顷，邻邑皆享其利。累升兵部右侍郎，巡抚辽东。谋复抚顺，然用兵非其所长，清兵攻沈阳，城破自缢死。

② 孙承宗：1563—1638年，字稚绳，明高阳（今属河北）人。万历三十二年（1604）进士。天启初，累官兵部尚书兼东阁大学士。时辽阳广宁俱被清军攻陷。自请督师，以原官督山海关及蓟、辽、天津、登、莱诸处军务。前后修复大城九、堡四十五，练兵十一万，营造军器数百万，拓地四百里，开屯田五千顷，年收入十五万。遣将成锦州、松山、大小凌河。魏忠贤党进谗言，乞罢归。清兵攻高阳，率家人拒守。城陷，被俘，上吊死。

张杰，陇西生员。李贼破西安，袁宗弟[①]取巩昌，杰倡义纠卫弁、崔光祖等据宁远鲁班山，思欲恢复巩昌。自成逆将攻山，破之，杰骂贼死，妻李氏亦殉其难。

王保民，安定庠生。贼李自成攻安定，保民号于众曰："协心坚守，贼进城无噍类矣。"率诸子侄力战三昼夜。兄保泰、弟保贞、子敬俱庠生，一时同被贼刃，侄孙弘〔二十〕毅射杀二十余贼，贼多识之，入城碎其尸。同时监生陈周鼎、庠生石瑄、高朝凤骂贼不屈死。康维新、李洲、杨毓秀、陈周瑞、陈周哲，俱坠城死。杨中葵巷战死。刘翘名、杨九仪、王玺、薛三戒、杨道泰，与保民同议守城者，贼指名审讯，皆不屈，被杀。义民梢柏、张问行、孙印、于应泰、张一才、张懋龄、李太升、王臣，竭力捍守，手刃多贼，俱被杀。

冯维京，通渭诸生，贫不自给，为人训诂。性耿介。明末闯贼寇渭，维京携其妇避于水岔，遇贼叱之跪，维京指贼大骂，贼断其足，骂不绝口而死。

张永祚，字锦基，通渭诸生。少失父，奉母至孝。明末闯贼围渭，永祚登城以守，时励于众。矢石尽，永祚知不免，乃持杯酒与母兄诀。城陷，贼露刃逼降，永祚张目大骂，即投井中死。次日扶尸出，神气如生，怒目未瞑。

温元春，拔贡，郭梁，监生，杜桂枝、金章、王汝盘，生员，皆宁远人。明庄烈帝[②]殉国，五人散家赀募丁勇，以大义激众，众多从之。其后势不敌，俱死于难，无一人肯幸脱者。

薛国正，西和庠生。明末流寇破西和，国正率乡兵迎战于西门巷口。众皆逃溃，贼围之，挺身力战，矢下如雨，骂贼自刎而死。巡方旌其忠烈。

王国兴，靖远选贡，授山东寿光县丞，署县印，遭闯贼变，殉难死。

房加宠，靖远人。任四川綦江[③]参将，殁于战。

徐承斌，岷州百户。崇祯〔二一〕四年，领兵赴秦州剿流寇，阵亡。

杨承芳，岷州卫指挥佥事，升环县守备。回籍，贼登城，承芳率家仆数十人拒战，复抵贼垒大战，迭河之南，死于阵。

① 袁宗弟：即袁宗第。？—1641年，明末清初人，李自成部将，大顺军前营制将军。李自成遇害后，随刘体纯、郝摇旗等与南明将领何腾蛟联合抗清，入巴东创立夔东十三家。后遭清军大举围攻，突围被俘遭害。

② 明庄烈帝：即崇祯帝朱由检（1611—1644），李自成率领起义军攻克北京，帝自缢于万岁山（今北京景山），明亡。

③ 綦江：长江上游右岸支流，在今四川綦江县及江津市境。

梁建中，岷州卫诸生。崇祯〔二二〕七年十一月初一日夜，贼逾城而上，建中上城拒之，复绕城大呼，城中人起时，建中遇害，贼亦带伤而下，城赖以完。

曹思正，岷州人。以孝廉授河南襄城令。冰檗[①]自矢[②]，襄人爱戴之。李自成陷城，遂殉于难。

丁光耀、光彩，洮州庠生。明末流寇围洮，光耀等奋不顾身，出城与贼血战而亡。

王廷璋，洮州岁贡。历任四川璧山[③]知县。致仕回家，流寇至洮，不食而死。

奂纬，西固人。明末任直隶巢县[④]训导。李贼破巢，骂贼死之。

清

杜懋哲，直隶人。顺治四年，任岷州同知。立法严整，诸弊悉除。五年四月，回贼作乱，执懋哲欲降之，懋哲骂不绝口，被害。

刘继祖，顺治三年补道标中军守备，值回变，率兵巷战死之。

韩国元，藁城人。由行伍任西固守备。康熙四十八年，番夷猖獗，抢掠边民，国元身先士卒，与贼战，杀数十人，力屈遇害。

洪章，同安人，西固所千总。康熙四十八年，番贼犯境，守备韩国元率兵堵御，章亦督乡壮奋勇击贼，乡民溃，章力竭遇害。

李邦栋，靖远人。四川成都府游击。顺治十八年，征茅芦山[⑤]，阵亡。

平凉府

晋

皇甫重，字伦叔，安定朝那人。性沉果有才用，为司空张华所知。元康中，为秦州刺史。重弟商为长沙王乂参军。河间王颙〔二三〕遣四郡兵攻之，商间行，赍帝手诏，使四郡罢兵，令重进军讨颙，颙捕得商杀之。乂既败，重犹坚守四郡，筑土山攻城，重辄以连弩射之，所在为地窟，兵不得近城，将士为之死战。后知商为颙所杀，无外援，遂遇害。

张肃，轨弟，寔叔父，建威将军。以京师危逼，请为先锋击刘曜。寔以肃年

① 冰檗：亦作“冰蘖”，寒苦而有操守。

② 自矢：即自誓，立志不移。

③ 璧山：县名。唐置，在今四川璧山县，以重璧山为名。

④ 巢县：县名。唐改襄安县置，在今安徽巢湖市。

⑤ 茅芦山：山名。一作茅麓山，在今湖北兴山县西北。

老，不许，肃曰："受晋宠秩，剖符列位，今国运方艰，朝廷有难，不奋何以为臣。"寔以军旅非耆老所堪，终不用。既而肃闻京师陷，遂悲愤而卒。

隋

皇甫诞，字玄〔二四〕虑，安定乌氏人。少刚毅，有器局。周毕王[①]引为仓曹参军。隋高祖受禅，为兵部侍郎，出为鲁州刺史，复为刑部侍郎，俱有能名。迁治书侍御史，朝臣无不严惮。上以百姓多流亡，命诞为河南道大使，以检括之，及还，奏事称旨，上甚悦，令判大理少卿，寻转尚书左丞。时汉王谅[②]为并州总管，朝廷盛选僚佐。上以诞公方著称，拜并州总管司马，总府政事一以咨之。及炀帝征谅入朝，谅发兵作乱，诞数谏止，不纳，因流涕曰："愿王奉诏入朝，守臣子之节，如更迁延，陷身叛逆，求为黔首不可得也。"谅怒囚之。及杨素将至，谅屯兵清源以拒之。谅主簿豆卢毓出诞于狱，协谋闭城拒谅，谅袭击破之，抗节遇害。帝以诞亡身殉国，嘉悼久之，下诏褒显，赠柱国，封弘〔二五〕义公，谥曰明。

宋

郭浒，德顺中安堡人。宣和中从军，积官至武经郎[③]，为泾原第八副将。金人犯陕西，渭帅以下叛降，独浒不从，乃下之狱，胁使降，浒奋呼曰："大丈夫今得死所矣，终不为叛逆，为天地所不容，吾死当诉尔于地下耳。"众恶其语，即杀之。建炎间，赠武翼大夫，忠州刺史。

刘惟辅，泾州人。以同州观察使为熙河副总管。金人既得秦州，经略使张深遣惟辅将三千骑御之。惟辅留军熟羊城[④]，以千八百骑夜趋新店，黎明短兵相接，杀伤大当〔二六〕，惟辅舞槊刺其先锋将孛堇黑锋〔二七〕，洞胸，坠马死，敌为夺气，退。深檄陇右都护张严往追之，与曲端期而不至，遇伏死，惟辅自间道得归。金人掠熙河，惟辅顾熙河尚有积粟，急出焚之，金人追及，执惟辅，诱之百方，终不言，金人怒捽以出，惟辅奋首曰："死犬斩即斩吾头，岂汝捽也。"即闭口不复言而死。赠昭化军节度使，官子孙十二人，立庙成州，号忠烈。

---

① 周毕王：即宇文贤（？—580），字乾阳，明帝宇文毓长子，北周宗室、大臣。

② 汉王谅：即杨谅，隋文帝第五子，字德章。文帝死，发兵反，兵败，除名为民，绝其属籍，幽禁而死。

③ 武经郎：宋代武臣阶官名。

④ 熟羊城：地名。北宋初筑造，故址在今甘肃陇西西北约二十公里处。

明

巨敬，灵台人。初为御史，伉直敢言。建文中，擢户部主事，充史官，清慎有声。靖难兵起，与陈迪同被逮，责问不屈死之，灭其族。后谥节愍。

闾钲，字静之，泾州人。举成化八年进士，授户部主事，升大同知府。陕西饥，钲分俸泾州，以赈活族人。守大同六年，多惠政。升山西参政。代王乞留，以参政秩知大同。又三年，迁江西参政，大同民为立去思碑。迁贵州布政使。福米禄作乱，以钲帅兵讨之，至安南卫，裨将潘江轻敌深入，钲屡言不听，后同败死。赠礼部尚书，荫子，赐祭葬。

王续宗，字继志，静宁州人。习骑射。弘〔二八〕治间国子生，正德间授罗山①主簿。时流贼猖獗，汝南府州县多陷。罗山旧无城，续宗督工筑城垣，复引淮水灌注濠堑，贼入寇，罗山保全。时都御史彭泽委领汝南各州县民兵数千，遇贼奋身当先，每多克捷，常夺获妇女、辎重、头畜不可胜计。泽复令信阳卫指挥沈镗连兵合营。贼复攻罗山，续宗同镗发民卫兵与贼众对敌，镗败走，续宗势孤，贼众攻围，挺身深入贼营，格杀数十人，贼见其骁勇，重围诱降，曰："吾朝廷臣子，奉命剿贼，肯从狗彘同生？"遂被杀。事闻，恤荫，立庙罗山，祀焉。

齐敏，字克鲁，隆德人。为浦江县主簿，高阳土贼作乱，敏率兵讨之，战殁。赠浦江县知县，立祠曰忠勇，荫孙入监。

齐恩，字承之，隆德人，敏孙。以祖父荫，初授鸿胪寺鸣赞，升河曲②知县，有惠政，治县九年，考最，当升迁，百姓守阙乞留。朝廷嘉其治理，命光禄寺署正蒋琅赍金币赐之，寻升无为③州同知。倭寇叛，抄掠州境，恩率弟侄亲党十一人，督吏民讨，死之，十一人俱殁于阵。事闻，赠光禄寺丞，荫子入监。

朱弘〔二九〕道，崇信人。万历〔三十〕年间贡，以霍州④判官归。值寇乱，坚守不避，同邑令庞瑜赴难。事闻，赠陕西都司经历。

梁孕龙，崇信人，邑学生。为寇所获，欲杀之，龙不少屈，寇曰："但能屈膝婉

① 罗山：县名。隋置，在今河南罗山县西南。

② 河曲：县名。金置，在今山西河曲县东南。

③ 无为：州名。元降无为路置，治所在无为县（今安徽无为县），辖境相当今安徽无为、庐江、巢湖三市县地。

④ 霍州：州名。金置，治所在霍邑县（今山西霍州市），辖境相当今山西霍州市，灵石、汾西二县及洪洞县北部地。

词，则生汝矣。”龙曰：“吾名教正人，肯受汝贼奴辱耶?”碎口裂舌，至死弗变。

杨泰运，隆德县诸生。为人磊落不羁。明末，贼克隆德，被执，泰运见贼不屈，贼叱之跪，泰运曰：“杀即杀，膝不屈。”遂骂不绝口，贼怒断其舌，脔杀之。

杨泰初，隆德人，性刚介。明末贡生，授松江[①]府通判，去官，贼陷隆德，泰初率其子诸生善同赴井溺死。

张士俊，隆德县诸生。贼克城，士俊与妻齐氏并三子俱赴井死。

朱杰轩，平凉人。明末闯逆陷西安，西向平凉，杰轩知城难保，率妻及子女合家服药死。

孟肖池，平凉人，医药为生。明末闯逆陷潼关，肖池见贼势渐近，服药死。

平凉马夫，失姓名，明末随驿使逢贼，贼杀使，留马夫诳城，至城下，大呼贼至，贼怒磔之。

清

郝全善，固原提标前营游击。从奋威将军王进宝讨吴逆，战于永宁，被执，坚不从逆，绝食六日而死。

冯明雨，镇原县典史。康熙十四年，值王辅臣之变，城破遇害。

庆阳府

宋

张吉，合水人。熙宁三年，为怀安镇[②]守烽卒。夏人秉常入寇东谷，掠得吉，胁至城下，使呼曰：“诸砦已破，宜速降。”吉反其辞曰：“努力，诸砦无虞，贼粮尽去矣，不可降。”贼怒杀之，骂不绝口而死。事闻，赠内殿崇班[③]，录其子。

明

景清，真〔三一〕宁人。生有异质，读书过目成诵，性刚介。初赴举，宿淳化民家，有女为妖所凭，是夕妖不至，曰：“吾避景秀才也。”女父语之，清书“景清在此”四字，令粘其户，妖遂绝。洪武二十七年进士及第，授翰林，改监察御史。太祖召见，命署都察院左佥都御史。建文初，擢左都御史，以刚直闻。靖难兵起，清

---

① 松江：府名。元改华亭府置，治所在华亭县（今上海市松江县），辖境相当今上海市吴淞江以南地区。

② 怀安镇：在今甘肃华池县西北怀安乡。

③ 内殿崇班：宋代武臣阶官。

率师战白沟河，乘胜追之，将及马蹶而止。成祖即位，方孝孺、练子宁[①]辈俱相继死，清独诣阙自归，命仍其官，委蛇侍朝，人皆疑之。钦天监奏文星犯帝座甚急，成祖故疑清。及朝，清独衣绯，遂收清，得所带剑，曰："欲为吾君报仇。"肆骂断其舌，清含血直前，喷帝衣，帝杀之，剥其皮实以草系朝门，族其家。后帝出，草人忽断索向前，为犯驾状。是后精英迭见，时入殿庭为厉，遂赤其族。宣德间，诏建文时死者皆忠臣，乃得赠谥。

魏玺，庆阳人。世袭指挥，领兵戍安边营。成化初，毛里孩[②]将三万众掠安边，伏其精骑，以老弱牧诱城下，玺悉兵击之，敌佯败，追至师婆涧，伏兵四起，军被围，无水者七日，饮马血，并力突阵，玺手杀数十人，身被九矢，坠马而死。朝廷悯其忠节，赐谕祭。

张羽，庆阳卫人，袭指挥。遇贼至，主将谋遁，羽示以忠义，缘营督战，军士殊死，无不一以当百，贼众我寡，全军覆没，羽犹鏖战，至夕力竭，被害。

麻僖，字立轩，庆阳人。父永吉，湖广按察使，以清操闻。僖举万历〔三二〕三十五年进士，授翰林庶吉士，改兵科给事中。疏陈纳谏，净举枚卜、补大僚、登遗佚、速考选数事，劾汤宾尹[③]。四十五年，京察谪按察司知事。天启二年，起太常寺少卿。五年，魏忠贤乱政，御史陈世俊劾之，落职居家三十年，布衣粝食，不涉公庭。癸未李自成陷庆阳，不屈死之，伯叔子姓同死者四十余人。

赵邦清，正〔三三〕宁人，进士。因奢寇之变，起四川遵义参议，招抚降叛，恢复地方，深入蔺穴，殉难捐躯。追赠光禄寺少卿，荫一子。邦清任吏部时，以本县贫，累疏革盐商协济。邑人德之，建祠立碑，申请从祀。

李增，环县人。岁贡，历授通判同知。自幼颖异博学，胆略出众，每以忠义自矢。及遇变，独立十字街，贼众拥至县前，大骂被杀。

郭伏羌，环县人，指挥防守曲子镇[④]。贼入，伏羌只身血战，立杀数贼而亡。

王信，宁州人。天性纯孝，幼好读书，敦大节，居家遵行文公家礼。父殁，庐墓三年，顶土筑坟，不食盐醋菜果，遘疾几危。母病，信年已六十，母临终泣嘱戒

---

① 方孝孺、练子宁：同为建文帝旧臣，朱棣入京，皆死于是。

② 毛里孩：又译摩里海、毛礼海、卯里海。明代蒙古翁里郭特部人。成吉思汗异母弟别里古台后裔。屡扰明边，亦曾遣使入贡。后势衰，被满都鲁汗所遣乌讷博罗特王所杀。

③ 汤宾尹：字嘉宾，号霍林。明宣城（今属安徽）人。因充同考官时私门人韩敬，被劾罢官。

④ 曲子镇：在今甘肃环县东南九十里曲子镇。

勿庐墓，乃居祠三年，足不出户，斋素哀毁，一如父丧。由岁贡除灵璧训导，迁知正阳县。出剿土寇，遇流贼猝至，兵败被执，贼拥信胁降罗山县，信大骂不从，断头剖腹而死。阅四日，其子来觅，犹舒指握子手。赠光禄寺少卿，谕祭葬。

朱国祯〔三四〕，环县岁贡，授照磨，免官村居。贼执国祯〔三五〕给环城，祯〔三六〕临城呼曰："幸固守城。"贼怒杀之。

任秉衡，环县人，贡生，德行兼优，节义坚固，遇变，株守孤城至死。

张弘〔三七〕道，环县人。吏员，授武邑县典史。贼至，赴敌而死，人称义勇。

曹尔奏，环县人。素明大义，志节凛然。贼入城，与子庠生天心同骂贼而死。

任崇德，安化生员。明末，与同学生员陈三仁俱为贼执，交口叱骂，词义激烈，贼怒碎其尸。

李彝，安化生员。率乡兵击贼，战死。子之元，闯贼入关，誓以殉难，曰："吾父既成仁，我亦当取义。"及城陷，自缢而死。巡按旌其门，曰"侠烈真儒"。

石瑄，安化生员。明末，城陷，瑄衣冠端坐，贼至大骂之，且曰："死为明鬼，不作贼人。"贼怒，刃死。

苏升阶，合水人，生员。明末，贼克县，阶被执，贼索金帛，阶厉声大骂，至死不改色。道府旌其门，曰"骂贼捐生"。

段复兴，字仲方，阳谷人。历任分守庆阳道。明末，闯贼入关，旁郡皆陷，贼檄谕降，复兴裂其檄，集兵固守，贼围城数匝，复兴发炮杀贼满濠，日夜守御，度势不可支，预置妻妾子女于楼，积薪其下，拜辞其母，攻四日，城陷，复兴趋署火其楼，母踊火自焚。子小瑞，方十二岁，有仆引出，见火起，大哭，奔入火中，婢仆皆从之。复兴复抵城上，往来杀贼数十辈，而后自杀。庆民舆复兴尸，葬于西河坪，立祠祀之。

甘州府

唐

乌承恩，张掖人。天宝末，为信都太守。河北诸将欲迎承恩镇常山，承恩以无诏命，不从。及史思明降，上以承恩为范阳节度副使，令阴图之，谋泄，为思明所杀。

明

王纲，甘州中卫人。授本卫指挥。正德初，敌兵大入，纲与都指挥祝泰、指挥王佐追之，至把鸡儿〔三八〕地方，转战三昼夜，援兵不至，泰、佐俱战死，纲力战独久，杀贼甚多，力竭被执，刳肠支解之。

路保，甘州卫人，中卫百户。嘉靖三年，回贼寇甘州，堡寨多破，保固守毕家堡，贼攻围旬余，援救不至，堡陷，被贼执，磔之。

葛永，甘州卫人。明末，以随征参将调河南剿流贼，永有威名，贼呼为“葛鹞子”，援兵不至，被害。

高国恩，甘州卫人。明末，以行都司奉调河南剿贼，每临阵，奋勇先登，力竭被执，不屈死之。

罗一贵，甘州卫人。任镇海参将，征沙岭阵亡，奉旨旌奖。

欧阳衮，甘州卫人。任临洮副将，衮守甘州，闯贼围甘数日不退，焚其家属，城陷，巷战而死。

段自宏，字海若，甘州卫人。知山西垣曲①县，有清望，已行取竟，辞疾归。闯贼犯甘，宏捐赀饷士，与郡绅罗俊杰同守西城，城陷被执，骂贼自刎死。

童志道，甘州卫人。任靖远卫教授，致仕归，闯贼陷卫城，志道肃衣冠端坐，贼至遇害。著有《恒心录》《良知图》二书。

罗俊杰，甘州卫人，镇海参将，一贵子。任山西宣府总兵，致仕归。闯贼渡河围城，捐资助饷，尽力坚守，城陷，自缢死。

高登科，甘州卫人。授行都司，城陷被执，不屈见杀。

万峘，甘州卫人。抚标游击，同巡抚林日瑞守城，杀贼甚众，城陷，战死于市，贼恨之，磔其尸。

姜弘〔三九〕基，甘州卫人。任屯都司，闯贼陷城，骂贼不屈死之。

张攀，甘州卫人。任洪水营游击，城陷被执，不屈死之。

姚世儒，甘州卫人。任镇标营都司，闯贼陷城，率众巷战，力竭自焚死。

刘国栋，甘州卫人。任固原副将，子灿任千总。城陷，父子率亲丁巷战，杀贼甚多，力竭，一门俱焚死。

赵宗礼，甘州卫人，官游击。年七十余，解任家居，贼陷城，仆欲负其幼子金刚保以逃，礼曰：“设不得脱，必为贼隶。”遂手刃之，合家俱焚死。

赵宗祝，同子寀俱指挥，城陷，父子率亲丁巷战力竭，命妻妾投缳死，父子俱刎。

① 垣曲：县名。北宋改垣县置，在今山西垣曲县东南五十七里古城镇。

杨威，甘州卫人。任宁夏洪广营游击，戆直不阿，因忤当道，解任归。闯贼陷城，被执，骂不绝口，贼恨之，断喉折胫而死。

姚天宠，甘州卫人，官指挥。闯贼陷城，率家人迎战，被杀，合家放火自焚死。

张洪勋，甘州卫人，官指挥。闯贼入城，躬披甲胄，率家僮巷战，杀贼无数，力竭自焚死。

王嘉官，甘州卫人，官指挥。贼入城，持弓矢升屋射杀贼数十人，贼率百余众围攻，遂自刎。

李汝璋，甘州卫人。任阿坝岭游击，致仕回籍。闯贼入城，同子起凤、集凤、祥凤射贼，俱被杀。

朱文选，甘州卫人，练兵守备。闯贼至，调度守城，大有方略，城陷，同贡生张之衡缢死于茶马司署[1]中。

李栖鹍，甘州卫人，官指挥。闯贼入城，披甲跃马，突出冲战，杀贼甚众，力竭自刎。

罗俊士，俊杰弟。闯贼围城，城陷被执，遇害。

郭秉忠，罗俊杰家将。闯贼入西门，忠提大炮打伤贼首数人，被执骂不绝口，遂被杀。

张之衡，甘州卫贡生，善射。贼至，尽力守城，射伤甚众。城陷，同朱文选缢死茶马司署中。

保献书，甘州卫贡生。贼至，守城防贼掘壕，及城陷被害。

张圣翼，甘州卫生员。闯贼至，城陷，遂被害。

蒋明理，甘州卫生员。贼围城，巡抚命理同贡监生员百余人，四面提调坚守，城陷被害。

童士楷，甘州卫生员。城陷被执，极口骂贼，不屈死。

康万秋，甘州卫生员。城陷，同家人俱自缢死。

丁抡，甘州卫生员。闯贼入城，骂不绝口，贼怒，缚于西街坊柱，炮烙而死。

康国新，甘州卫生员。献平寇十余策，悉中机宜。城陷，被执不屈，被害。

费国兴，甘州医学。贼入城，阴药酒毒贼，贼觉被杀。

祁士英，甘州民。闯贼陷城，率众执兵，杀贼力竭，回家同妻子自焚死。

马腾锦，甘州民。闯贼陷城，锦杀妻武氏，抱二子投火死。

---

① 茶马司署：明代掌管茶马贸易的官署。

梁进德，甘州掾吏。闯贼陷城，登楼发矢，射杀数人，矢尽，自刎死。

周公台，甘州民。闯贼陷城，战贼力竭，同妻子自焚死。

陈通法，甘州民。闯贼围城，法积薪于宅内待之，隘巷杀贼数人，举火焚室，合家俱死。

郭世洁，甘州民。闯贼陷城，持刀而出，格杀数十人，力不能支，赴家杀其妻，复出击贼，遂被害。

马旷，山西蔚州人，甘肃总兵。明末奉檄下河西剿杀闯贼，及抵皋兰，闻西安诸郡俱陷，贼势猖獗，以兵寡不足御敌，劝肃王渡河为恢复计，王不听。旷以封疆为重，回甘，同巡抚林日瑞、副将郭天吉婴城守御，督率士卒杀贼无算。越五日，城陷，旷急入署，焚妻子媵妾，仍率副将欧阳衮巷战，时日晡，城内火起，矢尽被执，不屈自刎。其仆马虎见旷死，亦自刎死。

清

张文衡，开平卫人。顺治五年，巡抚甘肃，值逆回米剌印叛，遇害。

刘良臣，北直人。顺治四年，任甘州总兵。米剌印久蓄叛，谋欲图之而未敢发。会调兵征湖广茅芦山，剌印佯言兵变，诱良臣至北关，遂被害。

林维造，诏安人。顺治初，分巡甘山道，翦除闯贼余党，其未发觉者内不自安，潜结米剌印作乱，遂被害于甘州之北关。

黄得功，奉天人。任游击，逆回米剌印谋叛，得功觉之，密献计于总镇刘良臣，未及制，为贼所杀。

高天福，张掖人。任提标守备，以招抚噶尔旦，至哈密为贼所执，迫胁不屈，支解之。

康泰，张掖人。由行伍从振武将军孙思克剿灭噶尔旦，著有战功，官至四川提督。康熙五十七年，统兵进藏，遇敌阵亡。

康海，泰之弟，张掖人。征剿噶尔旦，所向有功，历升凉州总兵官。康熙五十七年，领兵进藏，陷阵而亡。

凉州府

晋

贾疋，字彦度，武威人，魏太尉诩之曾孙。少有志略，器望甚伟。初辟公府，遂历显职，迁安定太守。愍帝以疋为骠骑将军、雍州刺史，封酒泉公。时诸郡百姓饥馑，白骨蔽野，百无一存。疋帅兵将伐长安，西平太守竺恢亦固守，刘曜等距疋，先攻竺恢不克，疋邀击，大败之，追至于甘泉，旋自渭桥袭胡彭、荡仲，杀之，遂迎秦王为皇太子。后荡仲子夫护率群胡攻之，疋败走，夜堕于涧，为夫护所害。疋勇略有志节，以匡复晋室为己任，不幸颠坠，时人痛惜之。

隋

阴世师，武威人，寿子。性忠厚多武艺，拜仪同张掖太守，甚为戎狄所惮。后迁左翊卫将军，与代王留守京师。唐兵至，世师以世荷隋恩，拒守，城陷见杀。

元

王弘〔四十〕功，平番人。有才武，世为本郡守御。至正五年，盗贼蜂起，有土寇犯城，弘〔四一〕功提兵不过百余，奋勇捍御，鏖战矢尽，被贼生擒，不屈，碎尸。事闻，恤赠。

明

刘林，武威人，任凉州百户。洪武十年二月，也先帖木儿〔四二〕攻凉州，林御于窦融台①，力战而死。事闻，上嘉其忠勇，遣祭于台下。后人因名其台曰“刘林台”。

吴克忠，恭顺伯永诚子。袭父爵，洪熙初进侯。正统元年，征兀良哈〔四三〕有功。土木之变，克忠与弟克勤为后拒，寇突至，战不胜，官军死伤略尽，克忠下马射矢尽，犹杀数人，与克勤俱殁于阵。赠邠国公，谥忠勇。

吴克勤，都督，与兄克忠同战死，赠遵化伯，谥僖敏。

脱脱卜花〔四四〕，永昌卫人。永乐八年春〔四五〕，土达兀马儿沙〔四六〕等谋叛，卜花〔四七〕发其奸，报甘州总镇。贼执其妻子，掠其财畜，卜花〔四八〕度志弗伸，自刎死。事闻，上嘉其忠直，特升其子好贴木儿〔四九〕任本卫所镇抚，赐袭衣冠带钞段，并恤其家，被掠牛羊驼马官给还其孙朵儿只〔五十〕。正统九年，以功赐赵姓，历升指挥佥事。

毛忠，字允诚，扒里扒沙〔五一〕人。累世立战功，封伏羌伯，充甘肃副总兵。成化间讨满四，与其孙铠奋战，俱死炮架山②。事闻，宪宗赐铁券，赠侯，弘〔五二〕治乙卯建祠，致祭，谥武勇，又立忠义坊以表之。

① 窦融台：地名。俗名皇娘娘台，后名刘林台，在今甘肃武威市西北五里金羊乡宋家园村。

② 炮架山：地名。在今宁夏固原县西北。

严玺，古浪人。体貌魁梧，智勇过人。袭父职，授凉州卫千户，改古浪守备，署本所事。爱恤军士，御虏有法，垦荒田，凿河渠，置义仓，立社学，周贫恤寡，凡有益于地方者靡不为之。正德间，北虏入寇〔五三〕，逼本所。时盛暑，玺昼夜不解甲，往来防御，且乘隙击之，贼遂去，一方赖以保全。丙子，因防送行客，追贼番，力战而死。平生仗义，临难不苟。巡抚奏请立祠以祀，右佥都御史孟泰为碑记。

张达，凉州人。慷慨负奇节，膂力绝人。嘉靖中，累官都指挥佥事，充延绥游击，改参将，守庄浪，擢都督佥事、山西总兵官，驻宁武。寇大入太原，坐逮系诏狱，部曲攀号，如失慈母。命赴军前立功，进总兵官，镇延绥，改大同。俺答入塞，巡按御史胡宗宪趣达出师，不得已，率所部出。达素勇敢，好离营绕斗，至是，挺身陷阵，寇兵围之数匝，矢如雨，达左右突不能出，遂殁。事闻，赠都督，谥忠刚，立祠，赐祭葬。

彭汝为，镇番人，以战功授碾伯守备。嘉靖三十四年〔五四〕，番夷劫饷，汝为挺戈逐之，为番众所围，孤身力战，中伤二十七处，支解而死。事闻，恤赠，建祠致祭。

文振，永昌县人。嘉靖四十一年，袭职千户。海夷入犯黑涝池，振单骑驰救，奋勇力战，陷阵而亡。其仆文顺殉主难，亦冲锋死。

赵思义，永昌县人，袭千户。嘉靖四十三年，海夷大举入寇，官军失利，思义身先士卒，出入血战，陷阵而亡。其仆赵忠亦冲阵死。诏恤赠。

王录，镇番生员。同千户孟清随参将李恺于柳条湾御虏，阵亡，赠百户。

祁恩，镇番人，百户。率兵御寇于邑之十里墩，战死。

张显谟，庄浪人，甘州总兵。崇祯〔五五〕七年春，插汉〔五六〕犯甘凉，率兵进剿，扎营三岔堡，用火车火器布为五层，练以铁索，忽黄沙蔽天，敌乘风放火，困官兵于烈焰之中，遂大溃。谟左右冲杀，射死酋虏无算，矢尽犹步战十余合而殁。事闻，赐祭葬，世袭锦衣千户，敕建忠孝元戎坊。

鲁映昌，庄浪土司，任西宁副总兵。崇祯〔五七〕十四年，闯贼已陷西安，上疏欲请肃王据甘肃，以图恢复，不报，誓以死殉国。遂诣连城，散家财享士卒，提兵至西大通，遇贼将贺锦，挥兵奋战，部卒被伤殆尽，遂亡于阵。

鲁希圣，庄浪土司，世袭指挥。闯逆贺锦设计擒之，爱其刚勇，迫胁万端，毅然不屈，且哭且骂，泪尽继之以血，守卒稍懈，脱身入山，不知所终。

李昌龄，镇番人，总兵震孙，明末任榆林总兵。闯寇变，与兵备道都任、集榆，绅弁侯世禄、尤世威等据城誓守，以强弩大炮击贼杀万余人，贼以冲车穴城，城陷，昌龄等巷战数十合被执，贼胁之降，不从，贼断其臂割其腿，与都任等四十八人俱就义而死，其妻并举家数十人皆自杀。任与世禄、世威等家属俱自焚。

陈则从，平番生员。甲申，闻京城陷，庄烈帝殉社稷，谓子大勋曰："谢枋得[①]何如人耶?"遂不食积九日而死。

马良御，镇番人。由指挥任蔡旗堡守备，调征湖广流寇，与张献忠对敌，被执不屈，支解死。

清

张鹏翼，昌平人。顺治四年，任分守凉庄道参议，中正廉明，五年死于逆回之难。

张仲金，武威人，官把总。康熙三十五年，随振武将军孙思克征剿噶尔旦，奋勇先登，殁于阵。

李兰，镇番人，新城堡守备。康熙五十七年，进征西藏，于哈喇乌苏随总兵康海兵战，矢尽阵亡。

傅瑾，武威人，西宁千总，俸满归家。雍正元年，庄浪番夷作乱，凉庄道蒋洞团练民兵，以瑾为统领。二年正月，率众攻打石门寺[②]，与乡民吴廷、周田栋、愈仲宗力战阵亡。

陈昌，武威人，庄浪把总。雍正元年，番夷作乱，随提督杨进善进剿棹子山，遇贼，奋勇战死。

宁夏府

明

王俶，宁夏人。陕西都指挥，镇守宁夏。永乐辛卯，与贼战于河西，被重创死，同时有指挥诸鼎、千户沈杰亦战殁。

许颙〔五八〕，宁夏人。都指挥，守备灵州。天顺间，追敌至河套鹿泉，颙乃据险掣，全军回，力战，射死酋长数人，又毙酋子三人，力尽自刎。敌乃刳其肉、煮其骨以灌驼。

---

① 谢枋得：1226—1289年，字君直，信州弋阳人。南宋末年著名爱国诗人，带领义军在江东抗元，被俘不屈，在北京殉国。

② 石门寺：创建于明代，在今甘肃省天祝藏族自治县城西十一公里的石门乡。

王震，宁夏人，指挥。成化四年，石城满四[①]作乱，与镇人苏谅同领军，战死。

赵玺，宁夏人，指挥。弘〔五九〕治六年，与贼战灵武口庙山墩下，遇害。

姜汉，宁夏人，总兵。正德五年，寘鐇[②]为变，贼党惮汉威名，伏兵府署，诡致汉执之，汉数其负国背叛之罪，骂不绝口，被杀，临死其气益厉。

李睿，宁夏人，都指挥。寘鐇之变，愤骂不屈，为乱军所害。事闻，赐祭荫。

杨忠，中卫人，官宁夏都司。寘鐇变叛，弁拥众入行台，杀巡抚安惟学。忠执杖击贼，为贼所执，骂愈烈，贼怒，碎其尸于都堂。事闻，赐祭袭荫。

张钦，宁夏人，右卫百户。寘鐇变，钦不肯臣逆，自缢于演武场。事闻，荫子表门。

成贤，宁夏人，胆勇出众。嘉靖十三年，套骑四万余入寇〔六十〕，贤从总兵官王效为前锋，率八百骑迎于秦坝，力战移日，贤独当一面，敌被伤者众，因并力攻之，遂死。事闻，荫子梁为都指挥。

杨璘，宁夏人，为神木参将，与贼血战而死。

李时，宁夏人，指挥。嘉靖三十二年，领兵入卫，行至浮图峪[③]，遇贼血战一日，杀敌颇多，碎尸而亡。虏自是不敢入犯，以捍御功建祠祀之。时镇人战死浮图峪者，指挥张第、江嵒，百户杨汝松、周时。

戚文，宁夏人，指挥。骁勇素著，虏畏之不敢近边。滑者以计诱之，出伏兵邀截，文遂力战死。

韩选，宁夏人，都指挥。嘉靖三十二年，敌由横城入，选以千总从总戎姜应熊出御，奋勇堵截，自卯至酉，力竭而死，为贼碎尸。灵州不失，皆其力也。事闻，赠恤，建祠致祭。

李承恩，宁夏人，原任守备。万历〔六一〕二十年，谋擒哱刘〔六二〕，机泄被执，不屈，为贼所杀。其子佩见父死，即渡河请兵，欲报父仇，被缚挺立，骂不绝声，为

---

① 满四：？—1469年，本名满俊，排行第四，故称“满四”。明朝宁夏固原开城的土官，蒙古族。明宪宗成化三年（1467）六月，满四聚众数万起事，自称招贤王，占领石城，明宪宗派项忠、刘玉、毛忠率兵围困石城，诱俘满四。成化五年，在北京被凌迟处死。

② 寘鐇：即朱寘鐇。？—1510年，镇国将军邃墁子。袭父爵，封安化王。性狂诞，看相人说他当大贵，遂有非分觊望。正德五年（1510），以讨刘瑾名义，策动边将，举兵反朝。兵败被擒，赐死。

③ 浮图峪：地名。在今河北涞源县东浮图峪。

贼磔死。又陈汉，宁夏人，百户，抚标供给官，贼忌之，与承恩同日见杀。

安宗学，宁夏总旗。贼索总兵符印、旗牌，宗学不屈，被执杀之。

陈栋，宁夏人。原任游击，以骁勇闻。万历〔六三〕二十年，哱刘〔六四〕之叛，与原任守备朱绶谋擒贼，事觉，贼杀栋，缚绶于北楼，杀之。

王彻，宁夏把总。曾揭哱拜〔六五〕父子青海侵冒钱粮不法事于经略，至是谋贼不密，哱许〔六六〕以恨杀之。

周哲，中卫学生。万历〔六七〕二十年，哱拜〔六八〕反，遣伪将王虎攻中卫，参将熊国臣弃城走，哲招集士庶，分城据守，叛弁韩范为内应，城遂陷。贼怒哲等拒守，欲杀之，或劝哲往见求解，哲怒触柱曰："宁死耳，肯屈贼求生耶?"贼犹欲收人心，未即杀，越数日，出攻他城，留左右十余人，哲侦知，即令其子约同志伪贺，各藏兵器，择家僮之健者，将羊酒随入，虎闻绅士来，喜出迎甫，拜揖，遽击之，虎被擒，杀余贼十余辈，其党乃逸。时总督魏学曾驻兵下马关，闻中卫从贼，遣兵来讨，比至，以贼级献，乃按兵而入，中卫得全，皆哲之力。哲事亲孝，黄元会作《忠孝纪略》载其事。

李金，宁夏人。谋刺许朝，事觉，父子俱戮。

张沛，宁夏人，指挥，与百户施威皆以谋歼贼而死。

吕擢，宁夏百户。赴镇河滩，驱哱贼〔六九〕牛马，仍运窑草以供征兵，贼缚至镇杀之。

李沛，宁夏人。应袭谋歼贼被执，骂贼极烈，为贼所害。

王极，中卫指挥。领兵追哱拜〔七十〕至古场儿，被杀，赐恤。

钱柏，中卫人。哱拜〔七一〕乱于中卫，奋勇堵战，被杀，赐恤。

张世杰，宁夏百户。屡报贼情于王师，且输供刍草。贼执去，鞭挞无完肤，死。

施威，宁夏百户。守李刚堡，侦贼动定〔七二〕，报平卤将官，仍约弟男，内外同谋除贼，贼执而杀之。

蒋三重，宁夏人。谋杀伪把总雷鸣，机泄，被执不屈，骂贼裂眦而死。

姜应奎，宁夏人。同宗子谋献东城于官军，且约刺贼。贼拘诸宗子，徧受棰楚，独支解应奎。时陈文通、孟举、张大勋亦会议献城，贼俱杀之。

纳赋，宁夏生员。因其侄指挥纳舟，从广武渡官兵。许朝执赋并其子，梏族人纳坤、纳税、纳福、纳书等，杀于市，罄其家。

高盖，宁夏健丁。追贼入北门内，盖无后继，遂为贼所脔。

陈缙，宁夏人，常信堡官。杀贼党三人，贼执至镇支解之，妻梅氏自缢死。

张伏三，宁夏常信堡民。堡官陈缙恨贼党张堡等逼取民间牛车刍米猪羊鹅鸭为害，杀堡，贼诱缙出城，缚去。伏三与堡民张大经、胡希禹、李现、潘奉、谢邦林等追救缙，贼伏突起，执伏三等六人，同缙支解。

孙九龄，宁夏人。贼邀入党，不从，断其手膊，仍枭之。

赵承先，宁夏人，指挥。与镇人指挥戚卿、张佩等同谋献西城、纳官军，策就，密报西营将领，以城中火起为号。至期，城外杳然，乃遣武生张遐龄缒城下，往促兵，贼觉，分布缉捕同谋，死者赵承先、戚卿、张佩，而外为武生陈松等，镇民陈九叙等，军丁贾谟等，皆死之。

任天庆，庆阳人。流住宁夏，制铁杆与张应魁谋击贼，事泄，许朝执二人诘之，应魁不伏，天庆厉声曰："与应魁无与，汝背违朝廷，我恨不得早杀汝耳。"朝怒缚斩之。

王继哲，宁夏人。恃勇，立誓擒贼，贼执，禁古庙，杀之。

张龙，宁夏人。掣船东岸，以绝贼渡，又擒贼党，解灵州枭示。贼恨，捕龙至镇斩之。

王琦，宁夏人。奉军门令易糗粮，贼缉，磔死。

杜祥，宁夏人。为吏识，贼掠诸堡，祥具禀平卤营将官防御，贼失利，加祥劓刖刑，脔其肉以饲犬。

瞿桂，宁夏人。其族百户。瞿坊管魏信堡，擒杀许朝族丁，朝因拘桂与瞿相、瞿枢、瞿栋、瞿材、瞿东、瞿尚礼、瞿尚义八人，尽杀之。

夏之时，宁夏人。与镇人何廷璋、生员王懋等三十人闭南关之北门，计饮伪千总冯佐等，以酒醉而杀之。遣衷朝缒城驰报，遂得南关。

苏汇，中卫生员。哱拜〔七三〕之变，倡义守城，遏贼河上，灵州保全。时同事者掌印指挥李继先、学正马文明、武进士卢养龙、生员金佩等十五人，事平，奉旨勒石纪功。

李世松，灵州人。性忠直，善左右射，耕于晏湖墩侧。插汉①入，世松率众拒贼，众寡不敌，人悉奔，松独守墩上，以矢射贼，中者辄毙。贼恨甚，攻围益力，凡两日夜，松左右大指皆裂见骨，身被七创死。

① 插汉：又译插汉儿、察罕儿。明蒙古部名。住牧地约在今内蒙古锡林郭勒盟地区，嘉靖中迁至辽河中下游。林丹汗死后，降附后金。清以后作察哈尔。此处"插汉"四库本未改。

史开先，都督镛五世孙。历官宁夏中路副将。明季插汉〔七四〕入，率兵御敌，斩馘甚多，阵亡，赐赠谥忠烈。

耿光荣，宁夏人。世指挥，任玉泉营游击。插汉入犯，奋勇出御，与指挥赵有牧、千总周崇雅、把总唐国俊、许城、王朝俱殁于阵，皆赐恤典。

江孔学，灵州人，居胡家堡。插酋之变，贼围堡，孔学登城骂贼。城陷，孔学自刎，一家大小俱罹于难。

解文英，宁夏人。以副将守延安府，李自成据关中，遣兵至延安，文英率众死守。及城破，贼授以官，文英骂不绝口，囚于狱，又于狱中约榆林总兵尤世威等举义，图恢复，贼怒，支解之。

吕之荫，宁夏贡生，授真〔七五〕定通判，委摄获鹿县篆。未旬日，寇临城下，荫率士民坚守七昼夜，城破被执，骂不绝口死，妻刘氏、妾张氏偕幼子二人及其奴仆俱殉死。荫受刃，乱军中不辨其骸，事定，与城中被杀者作二大冢，别男女而封之，敕建祠致祭。

王风水，宁夏人。贼将牛成龙入宁夏，风水与指挥彭凌云等十三人，纠合山后蒙古举义。事泄，贼磔风水于市，凌云等皆被杀，生员保国璧死尤惨酷。

李学牧，宁夏人，指挥。贼将牛成龙知其技勇，授以官，不应，与王风水谋举义。单骑往召河东人，图恢复，贼防之严，不得出，或劝之亡去，学牧曰："贼索我亟，必残杀无辜，我一身当之，以解众难。"遂复入城，贼露刃拥之，学牧具冠带北向再拜，端坐受刃。

邓德，宁夏人，官百户。逆闯檄至宁夏，诸宗属及绅士集庆府议降，德排闼入，洒泪申大义曰："诸公皆欲卖城自全，独不为王计乎？"后与王风水等举义，欲诛伪官陈之龙、贼将牛成虎，谋泄被执，挺身仰面受刃，厉声曰："吾死当为神，尽杀卖国臣。"遂遇害。

马献图，字兴之，宁夏总兵马世龙子，以荫补指挥同知。李自成据关中，勒降不屈，械系军中，至山西候马驿杀之。弟负图、呈图俱袭指挥。自成遣伪将牛成虎陷宁夏，负图兄弟约表兄彭姓者图恢复，事泄，同被害于灵州，兄弟殉节，人称马氏三忠。献图死时年三十三，负图年十九，呈图年十六。

丁孔应，宁夏人，以世指挥授北川守备，升游击。闯逆变，孔应守义不屈，贼拥戈逼之，孔应厉声曰："吾头可断，身不可屈。"遂遇害。

雍缔，中卫人。以岁贡任四川仁怀知县。张献忠入蜀，缔率百姓死守，城破，合家自焚死。先是宣和堡岁饥，人日逃散，缔倾赀全活之。

蔡应昌，兴武所千户，任花马营千总。明末，罗凸土贼抢掠，应昌统兵剿贼，自卯至酉，力尽血战而死。

郑感民，后卫举人，任辽东宁远州推官。总制洪承畴称其临机决策措置有方，擢为辽东监军道。后城破，合家死难。

韩嘉爵，宁夏人。平虏中军指挥，有勇略，临阵直前，手刃数十人，为贼支解。

孙祚昌，中卫鸣沙堡生员。明末，寇入堡，欲降之，祚昌怒骂，拔刀自刎，贼碎其尸去。

黄儒熼，中卫永康堡生员。明末，香山贼攻陷永康堡，人皆顺从，儒熼独挺立不屈，危言抗贼，贼加桎梏，绝其饮食，殒。

李维新〔七六〕，中卫威武堡人，业商，慷慨多大略。明末，贼朱国端等啸聚螺山，出没峡口杨柳泉，劫杀行旅。广武游击奉檄征剿，至威武，闻维新名，委令领民兵入山合剿。既遇贼，维新奋勇独战，杀贼无数，以众寡不敌，殁于阵。遗子淋，幼妻张氏少后守节，抚孤成立，烈节萃于夫妇。

包永成，后卫人，庠生，弟永明亦庠生。明末，贼破惠安堡，闻永成兄弟有技勇，欲挟之去，不屈，为贼所杀。

清

吴绣，以千总随总兵陈福出征，临阵先登，死于固原城下。子继统袭其职，每临阵亦奋勇争先，相继阵亡。

刘进孝，总兵体义次子，任千总。康熙三十五年，随总兵殷化行征噶尔丹，同中营游击陈维屏守瓮金，阵亡。

司九经，字圣典，宁夏人。从征川云，又从征出塞，俱有功绩。历任宣化总兵，罢职归。康熙五十七年，随征效力，遇敌阵亡。

杜呈源，宁夏人。随陈福克复定边，以功任本镇右营千总。后随征川、云，屡立战功，阵亡于建昌。

冯琇，宁夏人。任固原参将，随征进剿，至木鲁乌素〔七七〕地方，遇准噶尔贼寇，与战，争先杀贼，殁于阵。

许世隆，宁夏人。任永固城参将，进剿至巴尔库尔，殁于阵。

罗万仓，宁夏人。历任台湾北路参将。朱一贵反乱，总兵欧阳凯战死，府治陷。万仓鼓励将士坚守，贼攻北路，连发大炮，击仆贼旗，贼四面围困，万仓突围力战，兵孤无援，逾沟坠马，贼以竹篙枪戳其喉，犹挥刀杀贼而死。

西宁府

宋

高永年，西宁人，任西宁知州。建中靖国三年①，夏人寇泾原，罗撒合兵逼宣威城，永年出御之，行三十里，为羌人所执，多罗巴谓其下曰："此人夺我国土，使吾宗族漂无处所。"遂杀之。

明

李淳，西宁卫千户。勇敢善战，能以寡敌众，多所克捷。尝承委追抚番族有剽掠者，淳直捣庐帐，得首恶歼戮之，用是诸番恚恨，相与发誓，必欲生噉淳肉。正德十四年，追番至内隆卜，贼众拒敌，从者溃散，淳手杀数人，力尽被执，贼逼令跪，淳骂不绝口，遂被贼砍死。

祁秉忠，西宁世袭土司，指挥同知，以功升甘州镇总兵。万历〔七八〕中，西贼入寇，力战死之。

清

马金良，西宁人。任守备，随征准噶尔，与贼战，奋不顾身，兵败遂自刎死。

直隶秦州

汉

纪信，成纪人。项羽围汉祖于荥阳，甚急，将军纪信曰："事急矣，臣请诳楚，可以间出。"于是，陈平夜出女子东门二千余人，楚因四面击之，纪信乃乘王车，黄屋左纛曰："食尽，汉王降。"楚皆呼万岁，之城东观。汉王得与数十骑出西门遁。羽见纪信，问汉王安在，曰："已出去矣。"羽烧杀信。

魏

阎温，字伯俭，天水西城人。魏凉州别驾，守上邽，令马超奔上邽，温驰还州，超围州甚急，刺史韦康遣温告急于夏侯渊，温夜从水中潜出，明日超追获之，超解其缚，使告城中，云："东方无救。"温向城大呼曰："大军不过三日至，勉之。"超怒杀之。

---

① 建中靖国三年：建中靖国，宋徽宗年号，该年号仅用一年，无三年，误。按《宋史·高永年传》高永年死于崇宁（1102—1106）间。

隋

李崇，字永隆，陇西成纪人，贤子。英果有筹略，胆量过人，以父封爵。时年尚少，拜爵之日，亲族相贺，崇独泣下，贤怪而问之，对曰："无勋于国，而幼小封侯，当报主恩，不得终于孝养耳。"贤奇之。以伐齐功擢开府仪同三司。建德初，摄太子宫正。周武引参谋议，以勋进爵郡公。开皇初，除幽州总管。突厥犯塞，崇力战死。谥曰壮。

唐

姜宝谊，秦州上邽人。父远仕后周，为秦州刺史。宝谊游太学，受书，业不进〔七九〕，去为左翊卫领府兵。唐高祖起兵，授左统军，下西河、霍邑，爵永安县公。与裴寂①拒宋金刚②，战于汾州，兵合，寂弃军走，宝谊被执，帝闻为泣下，曰："彼烈士，必不下贼，死矣。"厚赐其家。果谋还，被害。贼平，诏迎其柩，赠左卫大将军、幽州总管，谥曰刚。

直隶阶州

宋

曹友闻，字允叔，同庆栗亭人。武惠王彬③十二世孙。少有大志，与弟友谅千里寻师取友。登宝庆二年进士，授绵竹尉，改天水军教授。城已被围，友闻单骑夜入，与守臣张维纠民厉战。罄家财，募健士，乘高据险，身冒矢石，为士卒先，敌败去，檄知天水军。北兵入凤州，友闻遣统制王汉臣等，授以方略出战，部分诸将各守一门，取间道出战，自提兵乘敌后，大战有功。北兵又自西和至阶州，友闻引兵与诸军会，命弟万及友谅督战，自冷水口渡嘉陵江，屡战有功。夜衔枚直趋青野原④，截战围解，特授左骁骑大将军。北兵破沔州，捣大安，友闻遣统制王资等趋鸡

① 裴寂：570—632年，字玄真，隋唐州（今山西临猗）人。隋末任晋阳宫副监，参预李渊起兵。进占长安后，又劝渊称帝。先为渊府长史，封魏国公，唐建任尚书仆射，掌握大权，高祖最为倚重。贞观三年坐事免官，后流放静州而卒。

② 宋金刚：？—620年，隋唐时易州人。隋末聚众万人于易州界起事。唐高祖武德二年（619），为窦建德所败，率余众奔刘武周，说武周南向以图天下，屡败唐兵，进据太原。三年，被秦王李世民战败，亡奔突厥。后为突厥所杀。

③ 武惠王彬：即曹彬（931—999），北宋初大将，字国华，真定灵寿（今河北灵寿）人。历任后汉后周将领，后归宋。曾助宋太祖赵匡胤攻南京，灭南唐。死后封济阳郡王，谥武惠。

④ 青野原：地名。在今陕西略阳县北一百四十里。

冠隘，王资等出战，敌乃解去。特授眉州防御使，弟万知同庆府。明年，友闻引兵扼仙人关，北兵大至，友闻语万曰："以寡击众，非乘夜出奇、内外夹攻不可。"乃遣弟万、友谅上鸡冠隘，多张旗帜，示敌坚守，选精鋭万人，设伏衔枚突战，会大风雨，淖泞深没足，诸将欲待霁，友闻斥曰："敌知我伏兵在此，缓必失机。"遂五鼓出隘口，内外两军皆殊死战，北兵以铁骑围绕友闻，杀所乘马，血战愈力，与弟万、友谅俱死。元将汪世显过战地叹曰："蜀将军真男儿也。"事闻，特赠龙图阁学士，赐庙褒忠，谥曰节。

牛皓，福津人。仕为川陕宣抚部将。绍兴五年①，金犯秦州，宣抚副使吴玠遣诸将分道伺之，皓至瓦吾谷，与金将虎山〔八十〕遇，皓所部不满二百，乃下马与战，金将异皓，欲招之，皓力战死。有承信郎高万且骂且战，与部将任安，队官秦元、薛琪、张亨皆死于阵。后皆赠官，录其子。

明

孟宗孔，阶州贡生，授汉阴教谕。李贼破汉阴，宗孔朝服自缢于明伦堂，赠国子助教。

蹇遇泰，阶州人。乡贡，初授高邮州同，后升琼州府判，解绶归，日较书课子。明末李贼破城，至其门犹闻读书声，贼劈其门而入，仗义大骂，遂遇害。

赵明盛，阶州恩贡，授太原照磨。回籍城陷，举家惊逃，其子强之行，盛不从，贼至其家，盛登屋以瓦击贼，贼焚屋，盛端拱北面而死。

钟其硕，成县人。贡生，任镇平县令。时值兵荒，民多流离，多方招抚百姓复业。遇旱，登山步祷，精诚感格，甘雨立沛。修城池，建营房，创修书院，出馆谷延师课士，催科抚字②，备极鞠劳。流寇陷城，骂贼不屈，殉难。

直隶肃州

晋

宋矩，字处规，敦煌人，慷慨有志节。张重华③据凉州，以矩为宛戍都尉。石季龙④遣将麻秋攻大夏，护军梁式〔八一〕执太守宋晏，以城应秋，秋遣晏以书致矩，矩既至，谓秋曰："辞父事君，当立功与义，苟功义不立，当守名节。矩终不背主覆宗，

① 绍兴五年：公元1135年。绍兴，南宋高宗年号。

② 催科抚字：指地方官吏的治政。

③ 张重华：327—353年，十六国时前凉君主。年十六嗣为凉王，在位八年。

④ 石季龙：即石虎，十六国时期后赵君主，334—349年在位。

偷生于世。”先杀妻子，自刎而死。秋曰：“义士也。”命葬之。重华嘉其诚节，赠振威将军。

车济，字万度，敦煌人，果毅有大量。张重华以为金城令，为石季龙将麻秋所陷，济不为屈，秋必欲降之，乃临之以兵，辞色不挠曰：“吾虽才非庞德，而受任同之，身可杀志不可移。”乃伏剑而死。秋叹其忠节，以礼葬之。后重华迎致其丧，亲临恸哭，赠宜禾都尉。

明

胡麒，本卫指挥，镇守肃州。正统十四年，贼攻临水堡，麒率千户来斌、杨祥，百户朱安、陈五、王贵忠、崔达等，追贼至永胜墩，对敌阵亡。

董和，百户。弘治〔八二〕十年，贼党出没，随参将刘勋追贼至昌平三墩，对敌阵亡。

黄义，百户。弘治〔八三〕十年，回贼犯边，统兵随中军刘忠追贼至北沙窝地方，陷阵身亡。

田志深，百户。正德五年，随中军钟纪追贼至石峡墩地方，对敌阵亡。

芮宁，本卫人，任游击将军。正德丙子，土鲁番速檀满速儿入寇肃州，宁率千户许钊，百户张玺、吴英、陈泰、王忠、刘威等，至黄草坝，与贼对敌，贼众我寡，自朝至暮，矢尽，宁中流矢死之，全军陷没。事闻，赠宁都督同知，世袭指挥使，恩赐葬祭，立襄愍祠，余祀忠勇。

陈进，千户。正德十四年，随甘肃总兵柳涌截贼至新河地方，对敌阵亡。

任虎，百户。嘉靖八年，回贼犯边，追至老鹳窝地方，与贼对敌阵亡。

司彦明，百户。嘉靖三十一年，南山西番抢杀人畜，随指挥姚仲寿追贼至中寨堡，阵亡。

王臣，千户。嘉靖三十九年，贼犯肃州，同千户边威、李相，百户梁栋等，随参将许经追贼至三尖海子，对敌阵亡。

钱济民，百户。隆庆四年，虏犯肃州，统兵追贼至石头庄，殁于阵。

校勘记

〔一〕临洮府　哈佛本、四库本同，刻补本作“兰州府”。乾隆三年（1738），临洮府移治到兰州，改称兰州府。

〔二〕玄　哈佛本作“玄”，刻补本作“元”，四库本作“𤣥”，避康熙皇帝讳改。
〔三〕攻　哈佛本、刻补本同，四库本作“围”。
〔四〕周　哈佛本、刻补本无此标题，据四库本补。
〔五〕乾符末，终岭南节度使　刻补本无此句。
〔六〕大敌　哈佛本、刻补本同，四库本作“外敌”。
〔七〕弘　哈佛本作“弘”，刻补本作“宏”，四库本作“弘”，避乾隆皇帝讳改。
〔八〕历　哈佛本作“厯”，刻补本作“歷”，四库本作“歴”，避乾隆皇帝讳改。
〔九〕令明　四库本同，哈佛本、刻补本作“全明”，误。据四库本改。
〔十〕金娄宿　哈佛本、刻补本同，四库本作“金罗索”，四库馆据新译定名所改。
〔十一〕阿里海牙　哈佛本、刻补本同，四库本作“阿里哈雅”，四库馆据新译定名所改。
〔十二〕海牙　哈佛本、刻补本同，四库本作“哈雅”，四库馆据新译定名所改。
〔十三〕郭虾蟆　哈佛本、刻补本同，四库本作“郭哈玛尔”，四库馆据新译定名所改。
〔十四〕虾蟆　哈佛本、刻补本同，四库本作“哈玛尔”，四库馆据新译定名所改。
〔十五〕虾蟆　哈佛本、刻补本同，四库本作“哈玛尔”，四库馆据新译定名所改。
〔十六〕历　哈佛本作“厯”，刻补本作“歷”，四库本作“歴”，避乾隆皇帝讳改。
〔十七〕历　哈佛本作“厯”，刻补本作“歷”，四库本作“歴”，避乾隆皇帝讳改。
〔十八〕弘　哈佛本作“弘”，刻补本作“宏”，四库本作“弘”，避乾隆皇帝讳改。
〔十九〕弘　哈佛本作“弘”，刻补本作“宏”，四库本作“弘”，避乾隆皇帝讳改。
〔二十〕弘　哈佛本作“弘”，刻补本作“宏”，四库本作“弘”，避乾隆皇帝讳改。
〔二一〕崇祯　哈佛本、四库本作“崇祯”，刻补本作“崇正”，避雍正皇帝讳改。
〔二二〕崇祯　哈佛本、四库本作“崇祯”，刻补本作“崇正”，避雍正皇帝讳改。
〔二三〕颙　哈佛本、四库本同，刻补本作“融”，误。
〔二四〕玄　哈佛本作“玄”，刻补本作“元”，四库本作“𤣥”，避康熙皇帝讳改。
〔二五〕弘　哈佛本作“弘”，刻补本作“宏”，四库本作“弘”，避乾隆皇帝讳改。
〔二六〕大当　哈佛本、刻补本同，四库本作“相当”。
〔二七〕孛堇黑锋　哈佛本、刻补本同，四库本作“贝勒哈富”，四库馆据新译定名所改。
〔二八〕弘　哈佛本作“弘”，刻补本作“宏”，四库本作“弘”，避乾隆皇帝讳改。
〔二九〕弘　哈佛本作“弘”，刻补本作“宏”，四库本作“弘”，避乾隆皇帝讳改。
〔三十〕历　哈佛本作“厯”，刻补本作“歷”，四库本作“歴”，避乾隆皇帝讳改。
〔三一〕真　哈佛本、四库本同，刻补本作“正”，避雍正皇帝讳改。
〔三二〕历　哈佛本作“厯”，刻补本作“歷”，四库本作“歴”，避乾隆皇帝讳改。
〔三三〕真　哈佛本、四库本同，刻补本作“正”，避雍正皇帝讳改。
〔三四〕祯　哈佛本、四库本作“祯”，刻补本作“正”，避雍正皇帝讳改。
〔三五〕祯　哈佛本、四库本作“祯”，刻补本作“正”，避雍正皇帝讳改。

〔三六〕祯　哈佛本、四库本作“祯”，刻补本作“正”，避雍正皇帝讳改。

〔三七〕弘　哈佛本作“弘”，刻补本作“宏”，四库本作“弘”，避乾隆皇帝讳改。

〔三八〕把鸡儿　哈佛本、刻补本同，四库本作“巴咱尔”，四库馆据新译定名所改。

〔三九〕弘　哈佛本作“弘”，刻补本作“宏”，四库本作“弘”，避乾隆皇帝讳改。

〔四十〕弘　哈佛本作“弘”，刻补本作“宏”，四库本作“弘”，避乾隆皇帝讳改。

〔四一〕弘　哈佛本作“弘”，刻补本作“宏”，四库本作“弘”，避乾隆皇帝讳改。

〔四二〕也先帖木儿　哈佛本、刻补本同，四库本作“额森特穆尔”，四库馆据新译定名所改。

〔四三〕兀良哈　哈佛本、刻补本同，四库本作“乌梁海”，四库馆据新译定名所改。

〔四四〕脱脱卜花　哈佛本、刻补本同，四库本作“托克托布哈”，四库馆据新译定名所改。

〔四五〕春　四库本脱该字。

〔四六〕土达兀马儿沙　哈佛本、刻补本同，四库本作“托达乌玛喇实勒”，四库馆据新译定名所改。

〔四七〕卜花　哈佛本、刻补本同，四库本作“布哈”，四库馆据新译定名所改。

〔四八〕卜花　哈佛本、刻补本同，四库本作“布哈”，四库馆据新译定名所改。

〔四九〕好贴木儿　哈佛本、刻补本如此，四库本作“哈斯特穆尔”，四库馆据新译定名所改。

〔五十〕朵儿只　哈佛本、刻补本同，四库本作“多尔济”，四库馆据新译定名所改。

〔五一〕扒里扒沙　哈佛本、刻补本同，四库本作“伯尔克巴尔斯”，四库馆据新译定名所改。

〔五二〕弘　哈佛本作“弘”，刻补本作“宏”，四库本作“弘”，避乾隆皇帝讳改。

〔五三〕北虏入寇　哈佛本、刻补本同，四库本作“北敌入境”。

〔五四〕三十四年　哈佛本、四库本同，刻补本作“二十四年”，误。

〔五五〕祯　哈佛本、四库本作“祯”，刻补本作“正”，避雍正皇帝讳改。

〔五六〕插汉　哈佛本、刻补本同，四库本作“察哈尔”，四库馆据新译定名所改。

〔五七〕祯　哈佛本、四库本作“祯”，刻补本作“正”，避雍正皇帝讳改。

〔五八〕颙　哈佛本、四库本同，刻补本作“融”，误。

〔五九〕弘　哈佛本作“弘”，刻补本作“宏”，四库本作“弘”，避乾隆皇帝讳改。

〔六十〕入寇　哈佛本、刻补本同，四库本作“入境”。

〔六一〕历　哈佛本作“曆”，刻补本作“歴”，四库本作“歷”，避乾隆皇帝讳改。

〔六二〕哱刘　哈佛本、刻补本同，四库本作“巴拜”，四库馆据新译定名所改。

〔六三〕历　哈佛本作“曆”，刻补本作“歴”，四库本作“歷”，避乾隆皇帝讳改。

〔六四〕哱刘　哈佛本、刻补本同，四库本作“巴拜”，四库馆据新译定名所改。

〔六五〕哱拜　哈佛本、刻补本同，四库本作“巴拜”，四库馆据新译定名所改。

〔六六〕哱许　哈佛本、刻补本同，四库本作“巴拜”，四库馆据新译定名所改。

〔六七〕历　哈佛本作“厯”，刻补本作“歴”，四库本作“𠩄”，避乾隆皇帝讳改。

〔六八〕哱拜　哈佛本、刻补本同，四库本作“巴拜”，四库馆据新译定名所改。

〔六九〕哱贼　哈佛本、刻补本同，四库本作“巴拜”，四库馆据新译定名所改。

〔七十〕哱拜　哈佛本、刻补本同，四库本作“巴拜”，四库馆据新译定名所改。

〔七一〕哱拜　哈佛本、刻补本同，四库本作“巴拜”，四库馆据新译定名所改。

〔七二〕动定　哈佛本、刻补本同，四库本作“动静”。

〔七三〕哱拜　哈佛本、刻补本同，四库本作“巴拜”，四库馆据新译定名所改。

〔七四〕插汉　哈佛本、刻补本同，四库本作“察哈尔”，四库馆据新译定名所改。

〔七五〕真　哈佛本、四库本同，刻补本为“正”，避雍正皇帝讳改。

〔七六〕李维新　哈佛本、刻补本同，四库本作“利瓦伊新”，四库馆据新译定名所改。

〔七七〕木鲁乌素　哈佛本、刻补本同，四库本作“穆垒乌苏”，四库馆据新译定名所改。

〔七八〕历　哈佛本作“厯”，刻补本作“歴”，四库本作“𠩄”，避乾隆皇帝讳改。

〔七九〕进　四库本同，哈佛本、刻补本作“尽”。按《新唐书·裴寂传附姜宝谊传》为“进”，据四库本改。

〔八十〕虎山　哈佛本、刻补本同，四库本作“呼珊”，四库馆据新译定名所改。

〔八一〕梁式　哈佛本、刻补本同，四库本作“梁彧”，误。

〔八二〕弘　哈佛本作“弘”，刻补本作“宏”，四库本作“弘”，避乾隆皇帝讳改。

〔八三〕弘　哈佛本作“弘”，刻补本作“宏”，四库本作“弘”，避乾隆皇帝讳改。

甘肃通志卷之第三十八　孝义

三物六行①，胶庠②训士，首重于孝。纯孝敦伦，乡闾矜式，可以风励世俗，至于慷慨仗义，崇尚廉隅，敦重然诺，捐赀恤患，道不拾遗。甘虽边徼，民风淳厚，亦时见焉。志孝义。

临洮府〔一〕

魏

辛穆，字叔宗〔二〕，狄道人。举茂才，为雍州别驾。初随父凤达在下邳③，与彭城陈敬文友善，敬文弟敬武少从师远游，久不归，敬文病，临卒以杂绫二十匹托穆与敬武。穆久不得见，经二十年，于洛阳见敬武，以绫还之，封题如故。历义阳太守，领戍，雅有恤人之志。再转汝阳太守，遇水涝人饥，上表请轻租赋，帝从之，敕汝阳一郡听以小绢为调。除平原相，征为征羌将军、大中大夫。卒于郡，赠后将军。

辛少雍，字季和，狄道人。少聪颖有孝行，尤为祖父绍先所爱，尝呼共食羊肝，及绍先卒，少雍终身不食羊肝。性仁厚，有礼义，门内之法，为时所重。始为田曹参军〔三〕，清正不惮强御，请托路绝，时称贤明。正始中，诏百官各举所知，高阳王雍及郎中李宪俱以少雍为举首。卒于给事中。少雍妻王氏，有德义。少雍与从子怀仁兄弟同居，怀仁事之甚谨，闺门礼让，人无比焉，士大夫以此称之。

明

岳宗，狄道人。由举人任江油④县知县，清苦慈明，民爱而畏之，去后立碑颂德。归里后，为学宫置祭器二百余，举宦中俸赀及祖遗产业，令子与侄均分之。

---

① 三物六行：三物指六德、六行、六艺。按《周礼·地官·大司徒》："以乡三物教万民，而宾兴之。一曰六德：知、仁、圣、义、忠、和。二曰六行：孝、友、睦、婣、任、恤。三曰六艺：礼、乐、射、御、书、数。"

② 胶庠：周代学校名。周时胶为大学，庠（音xiáng）为小学。后世通称学校为"胶庠"。

③ 下邳：县名。秦置，东海郡属县，在今江苏邳县西南。

④ 江油：县名。西魏置，以境内涪江水碧如油而名，在今四川江油县东。

赵奈，临洮人，会川伯安之孙，府学生。事亲至孝，父有疾，昼夜祈祷于天，父殁，哀毁而卒。

曹邦豸，临洮人，知县俊之孙，府学廪生[1]。善事父母，父染疾，吁天祈以身代，父殁，数日不食，哀毁而卒，远迩以孝子称之。

雍兰，狄道人，郡诸生。母患疮，兰咂之，母卒，庐墓三年。

杨豸，狄道人。父桂，戍贵州，豸随戍所，竭力奉养，桂殁，豸扶榇归里。母病笃，豸侍汤药，衣不解带，母卒，号泣几绝，举二亲合葬。

段鸣鹤，兰州人。性至孝，父疾，吁天求以身代，刲臂肉燔为灰，和汤药以进疾，寻愈。乡人以孝重之。孙坚，南阳知府。

石恒，兰州贡生，任直隶正定府经历。正统间，父丧，庐墓。母失明，恒吁天，舔而愈，人共称焉。

唐泉，字本清，兰州人。天性孝友，母萧氏病笃，尝割股和药，饮之而愈。与弟海友爱最笃，后海卒，每食必号哭，不一载得疾亦卒。尝赴京，同卫汪姓者没于京，负其骨归葬之。

陈泰，兰州人。与弟和极相友爱，和卒，遗二子，曰简、曰策，俱幼，泰养育周至，不啻已出。

陈和，泰之弟。天顺间，泰被选从征，和念泰年迈且乏嗣，遂请于总戎，愿代泰往。既中流矢，官司给舆以归，病十余年，镞始溃出。及卒，毫无怨悔，乡士大夫咸称之。

周海，字克容，兰州千户。尝师事段坚[2]，笃学好礼，以古人自期。居官公勤清慎，戎务毕举。事亲纯孝，母尝病，吁天求以身代，妻张氏割股和药以进，母疾遂愈。

殷富，兰州人，纯笃孝友。举成化丁酉乡试，任乐平县训导，升昌平州[3]学正。

---

① 廪生：明清科举制度中生员名目之一。明初府、州、县学在学生员都给廪膳（由政府发给膳食津贴），故称廪膳生员，简称廪生。

② 段坚：字可大，明兰州人。由乡举入国子监。景泰五年（1454）进士，授福山知县，兴学校，变民俗。成化初，超拔为莱州知府，教化大行。改知南阳，创志学书院，建节义祠。讼狱徭赋，务于公平，以疾去。

③ 昌平州：州名。明升昌平县置，寻废，八年复置。治今昌平县，辖境相当今北京市昌平、顺义、怀柔、密云等地。

弟曰实、曰安、曰宁富，皆勉以举业，后先俱登乡荐。后宁卒，遗孤养育周至，不啻已出。士林重之。

殷实，兰州人。举成化庚子乡试。学行端毅，居父丧，三年不入私室。丁母忧，枕块寝苫，中寒疾而卒。

王麟，字廷瑞，兰州人。事继母以孝闻。成化间，父用以讼系狱，遘疾几危，麟祷于天，愿以身代，寻疾愈。谪戍广西，麟代父行，逾二年，中瘴疠，卒于戍所，仆负骨归葬于兰，士林皆称为“瘴江孤孝”。

萧宪，字孟章，兰州人。端淑纯谨，性至孝。举成化十三年乡试，以亲老不赴会试。后授中牟①知县，未任而卒，乡人惜之。

李锐，字徐之，兰州人，监生。任四川简州②训导。性敦实好学，甘贫不苟取。事继母尽孝，抚育诸弟及弟之孤甚厚。性行纯笃，有前辈风。卒于官。

禹祥，字廷珍，临洮卫人。举成化十三年乡试，任剑州③知州。生平廉能，性至孝。家尝被火，祥惟抱先人主，余悉不顾。

彭锭，兰州人。父早卒，事母尽孝。尝客于外，有友卒于邸，锭负骨还葬，不求人知。以子泽贵诰赠柱国光禄大夫。

张儒，字为已，兰州人。弘〔四〕治乙卯举人。勤苦有志行，事父母克孝，事伯亦如父，伯无子，卒，即奉养伯母于家，事如母。授新繁④知县，未任。

蒋汉，兰州人。天性孝敬。家虽贫，凡力所能者，无不奉亲。遘时新品物，亲未尝，不忍入口。每出饮，必先置父母所用酒肉而后往，人称孝养。

段增，字志崇，兰州人。性耿介，刻苦问学。亲殁三年，不赴饮燕。处家一丝粟不入私室。其从妹孀居，一子一女，增抚爱如子，乡人贤之。子续登进士，仕御史。

李敦，渭源人。父早丧，母抚育成立。敦孝敬异常，及母殁，遂庐墓侧，朝夕拜哭。万历〔五〕二十八年，直指表其门。

---

① 中牟：县名。西汉置，在今河南中牟县东。

② 简州：州名。隋分益、资二州地置，辖区约为当今简阳市地。明正德八年（1513）移治今简阳市简城镇。

③ 剑州：州名。唐改始州置，治所在普安县（今四川剑阁县），辖境相当今四川剑阁、梓潼等县地。

④ 新繁：县名。北周改繁县置，在今四川省成都市新都区新繁镇。

罗应诰，狄道人，府学生。事父孝，菽水必亲捧，起居必亲扶。寿八十有五，卒，应诰哀毁骨立，既葬，庐墓三年，哀慕如一日。

刘雄，兰州人。少失恃，力农为养，事继母韩称孝。韩性严急，屡被谴责，愈加敬谨，韩因化为慈母。迄长父命与兄异爨[①]，力辞不忍，乃以田园让兄，而自取敝庐，至于葬舅丧、焚负券，乡人最重之。

陈鉴，兰州人。以孝闻里闬[②]。母殁，哀毁逾礼，不入私室者三年。事师孟生极厚，孟将终托孤，寄金帛于鉴，其后孤成立，悉还所寄，封识宛然，乡人咸服其义。

王纯，字原诚，河州人，竑仲子。事父母寒暑不怠。以父荫国学生，修业未竟，闻母疾，不逾月须发尽白，疏乞归养，诏允之，例授狄道县丞。侍疾，吁天请以身代，比卒，悲痛三日不食，哀毁逾礼，旌表。

杨均，兰州人。立心制行，迈出等伦。父及伯父早卒，均孝事伯母及母，抚姊遗孤，营舅氏丧。笃于恩义，人所难及。

任重，兰州人。弘〔六〕治初庠生。母卒，庐墓三年，有盗犯庐，所欲劫衣粮，重守墓号泣，盗感其孝，遂去。

王朝相，狄道庠生。从游杨继盛之门，清操不苟。一日，市有遗金，呼遗金者还之，继盛赠其门，曰："十两白金轻一芥，百年清操重千钧。"后三世孙王汝明登第。

杨启蒙，狄道人。万历〔七〕中，为郡推官吏。时学政严，有五廪生得罪，推官欲揭以行劣，命蒙录过，蒙请曰："五生半世寒帷，休之一旦，小人弗忍。"请之至再，推官怒笞之，蒙叩头流血，坚辞而出，曰："吾不忍以刀笔杀子孙。"次早，推官呼蒙至，曰："予因汝言，五生劣状俱焚之矣。尝闻有阴德者必大其门间，尔子孙必有登第者。"其子行恕果登天启二年进士，官翰林院庶吉士。

曹守忠，兰州人。性慷慨。万历〔八〕初，两遇奇荒，煮粥救饥，全活甚众，又出其积粟，平价出粜，流离者资助还乡，贫病者施药疗治，当道以义民旌之。

李守文，兰州人。幼有至性。母李氏甫二十余孀居，多疾，文昼夜侍汤药。及长，夜必数起视寒温。家虽贫，竭力以供甘旨。母寿八十，奉母五十余年，略无懈志，内外以孝子称之。

骆兴周，兰州人。幼年丧父，母郭氏孀居四十余年，竭奉甘旨，曲体慈心，微

① 异爨：爨，音cuàn，烧火做饭。异爨指分家。

② 里闬：闬，音hàn。即乡里。

闻母愁，戚声伏榻婉慰，竟夜不寐。抚姊妹四人，情义切笃，肃藩旌曰“母慈子孝”。

赵重琮，临洮人。指挥使，掌卫事十余年。先是屯政多以常例病民，琮力革旧习。万历〔九〕中捐粟千余石，赈饥存活甚众。尤通经史，雅意文学，每以屯政所赢，厚宾兴礼，士林重之。屡有战功，受上赏，官至镇国将军。

廖恕，狄道人。性至孝，家贫葬母，负土筑坟，构茅茨以庐墓者三年。

张行敏，字公孺，狄道人。举天启辛酉乡试，淹贯六经诸子，刻阴隲文以自佩。严冬捐赀煮粥，人皆德之。仕观城[①]知县，甫三月，会李逆之变，挂冠归里。天性孝友，言动有法，郡子弟皆矜式焉。

张汉俊，字今房，临洮卫人。举天启丁卯乡试。三岁丧父，其母与大母俱孀，姑妇相守，纺织抚孤。稍长，日夜悲思其父，孝事母若成人。肆力经史，以理学自期，言不妄发，人不妄交，人皆重之。与兄汉倛同居，友爱诸戚，贫者代为婚嫁，赈穷周乏，恤孤养老，望重一时。以疾卒于家。

张旺，狄道人。生平积行累仁。尝一日平旦入城，拾旅人金三百五十锾，密藏僧舍。候至午，见二人号泣，询之，二人备道遗金情事，旺尽还之，毫不受谢。后孙万纪登进士。

袁应举，临洮人。幼读《孝经》《小学》，心佩之。事亲色养[②]。父母亡，合葬之，庐墓三年，朝夕悲号，不入家门，日手作三坯，及三年成大冢。后生孙玠，博硕宏通，为时大儒，所著有《卧雪集》六卷传于世。

李一桂，临洮人。郡庠生，性纯孝。天启中，父柱材授靖边[③]学正，升四川渠县[④]令，未赴任卒。桂奔丧扶榇，中途被劫，资斧一空。时值隆冬雨雪，桂鬻身衣，觅人同已舆榇。及衣尽，乃抱柩号泣仆地，适上官经过，捐给路费，始得扶柩归葬。

清

乔汉儒，渭源人，庠生。家贫，父早亡，母侯氏儒躬畊侍养，诚敬不衰。及没后，膝行搬土成坟，庐墓三载。

① 观城：县名。隋改卫国县置，在今山东省莘县西南观城镇。

② 色养：和颜悦色地奉养父母。

③ 靖边：陕北重镇。在今陕西西北部，为北出塞外交通要道。明成化六年（1470）设靖边营，清雍正九年（1731）设靖边县至今。

④ 渠县：县名。明降渠州置，以滨渠江为名，在今四川渠县。

吴成德，河州人。初丧父，哀毁骨立，葬之日即庐墓。以母故，朝侍母，夜庐墓，周年始归。母没，既葬，庐墓三年，酒肉未尝入口，人叹以为难。

朱祚长，字敬符，金县人。三岁丧父，祖父母抚之，勤学励志。祖国弼任河南河内[①]县丞，卒于任，闻讣，哭死复苏。事祖母纯孝，会土寇破城，欲杀其祖母，长挺身愿代，贼感其诚，两释之。

张经纶，狄道人。素精医术，与郡人许虎臣为莫逆交。未几，臣夫妇俱亡，遗孤幼，家且贫。纶礼葬臣，怜其孤曰："余与臣善，若子即余子也。"纳诸家抚育如己出。比长，就外傅寻以女妻之，传以医术，与己子平分其产，郡人皆高其义。

刘焕然，字文甫，金县人。庠生。为人清洁寡欲，贫淡自甘。顺治七年，拾银百两，俄而县役李通本呼号寻觅不获，盖遗失领解饷银也，焕然还之。

巩昌府

宋

程俊，会州人。绍兴初，居栗亭之泥阳镇[②]。俊幼时，父母陷于夏，常号泣自毁。逮长，捐家财数十万以赎，未至，日北向号泣，寝食俱废，夏人感动，还其母邵氏。俊日夕承顺，奉养周至。又事族兄恭谨，抚诸弟友爱，赡母党百余口，服食器用必与已同，乡里称至孝。

元

刘文德，安定人。父病三阅月，朝夕侍汤药，恭敬弗懈。父卒葬，庐墓三年，五辛[③]不入口，时有白兔异草之瑞。有司举为孝廉，授巩昌卫经历。

明

曹敬德，亲没，庐墓三年。

康尧，宁远人。宣德年，民饥，尧输粟千石，有司以闻，敕赐冠带，至今号"万石康家"。

成勋，陇西生员，亲没，庐墓三年。

张世昌，陇西人，父母没，前后庐墓六年。

---

① 河内：县名。隋改野王县置河内县，以位于沁河之阳而得名，在今河南泌阳县。

② 泥阳镇：在今甘肃徽县西北泥阳镇。

③ 五辛：辛，梵语 parivyaya，西藏语 spod（药味之义），指五种有辛味之蔬菜。与酒、肉同为佛家弟子所禁食之物。

关世安，陇西生员。父玘年八十余卒，世安哀毁几绝，既葬，庐于墓侧，日绩毛线自给。偶值兵变，乡民惊逃，世安墓居自若，致白鼠群乌之异。

张世恩，安定人。父母谪戍海南，客死数万里外。世恩朝夕号泣，几至殒绝，乃尽鬻产业，竟航海扶榇而归。

张宗让，巩昌卫人。幼孝，得一味，不奉亲不入口。及长，合家遘疫，父母兄弟皆死，号泣尸侧，治丧而疫不染。有子七人，亦能孝。

邢自明，巩昌卫人。母卒，负土筑坟，庐于墓侧三年，昼夜号泣，形销骨立。

石友瑢，安定人。轻财重义，每岁荒，粥以赈饥，棺以葬亡，邑人颂之。成化间大饥，瑢输粟千石，及丰都御史马文升令民偿粟，瑢不肯受，文升义之，表授正七品冠带。孙璜，大名府[1]教授，素有孝行，邑令榜其閒，曰“世孝义之门”。

徐彻，陇西人，平遥[2]县令。诸生时，事亲色养备至，不求人知。嘉靖甲子将赴省试，宿于逆旅，主者曰：“君非陇西徐彻乎？”对曰：“然。”主者曰：“吾早起闻空中人语，陇西徐彻以孝中今科四十二名。”榜发果如其言。

魏文昙，宁远人。成化间，陇右饥，文昙输粟二千石，有司闻于上，勅赐七品冠带。

漆金，伏羌人。天性至孝，母张氏病卒，金哀毁逾礼，既葬，庐墓三年，号泣如一日。有玉兔白狼绕眠冢，上天雨雹，惟墓所周围十里不害其稼，人以为孝感所致。弘〔十〕治五年旌表。

吴瑛，靖远卫指挥。少孤，母马氏抚育成立，及嗣职，事母孝。历官都督，俸资胥归于母，惟母分给诸弟，共食一堂。一日，母疾，医曰：“人肉可疗。”瑛遂割肉投粥，母即愈。官至总兵。

高文，靖远庠生。父俊，殁于阵，家寒，诸弟冲幼，竭力事母，友爱诸弟。嘉靖七年，赴中卫籴粮，忽心惕，即驰归，果母病。弟武亦往河南，经岁，适至三日，母卒，乡人皆称至孝所感。

张总，靖远人，笃于好善。明末大荒，饥民死者不可胜计，总独捐赀，雇夫掘大坑各处，收埋尸骸三千有余，卫人义之。

刘世经，岷州举人，任直隶深泽令。好古博学，力行孝弟。既葬亲，庐墓三年。

① 大名府：府名。五代后汉置，辖境相当今河北大名、魏县、成安、广平、威县、临西、馆陶和山东临清、夏津、冠县、莘县，及河南内黄等地，治所在今河北大名县东北大街乡。

② 平遥：县名。北魏时改平陶县置，在今山西平遥县。

清

杨纯臣，字衷丹，漳县人。性至孝，五十八岁举会试第五，事母备极色养，侍侧不忍远离，母亡哀痛，时年已六十二岁，每出入必拜母主①。既葬，始筮仕②青城③令，清累年赔苦，蠲无艺之征，释旧令之羁，输赀米，立义仓，善政种种。告老归，青人扳辕号泣，观者叹息。年八十一，正襟危坐而逝。

周祚，宁远人，岁贡生。明末甲申之变④，邑诸生温元春等倡义不成，死于是。贼谓宁远皆顽民，将屠之，众汹惧，计无所出，祚曰："举事不成，死自其分。贻祸桑梓，使一邑无噍类，可乎？吾固不惜七尺躯，以请一邑之命。"独往贼营见伪侯袁某，百端开譬，始免一邑于难，邑人颂之。〔十一〕

周之正，宁远人，庠生。家贫力学，以行谊孚乡里。旦日出行官道，见遗囊，拾之至家，视之，中皆白金及银器，私念此必官府遗物，即持物尾至县，果某官差役所遗，已妄诉无辜，刑讯不服，正即出其囊曰："此非遗物耶?"令大喜，诘其人，叩头服罪，实不知遗，所妄意众人以自解耳。令于是具始末及正素行，请于上官，表其闾，且置义田若干亩以旌之。

吴元孝，靖远人。家贫，一日偶见道有小包，拆视之，乃黄金一两九钱，候至晚不见有觅者。次日，潜至南街布店，见失金者与店客相争，元孝询其故，果所拾物，罄数付还，众论称之。

平凉府

明

马襄，静宁州人。永乐八年入贡，任魏县⑤丞。性至孝，凛遵庭训，每事必告。值父疾，躬侍汤药，夜不安寝，父疾寻愈。与母皆八十余终，襄哀毁骨立，几不欲生，庐墓三年，犹孺子号。德孚于人，久而无间，人皆称道不置云。

桑桂，平凉人。成化间举人，授大名府通判。廉静好古，重风教，酌定礼仪，乡人踵行。初，母宋氏疾笃，吁天割股，疾愈。后在京师，父卒于家，终身悲号，

① 主：牌位。

② 筮仕：做官前卜问吉凶。

③ 青城：县名。元置青城县，在今山东省高青县西青城。

④ 明末甲申之变：崇祯十七年（1644），李自成军攻占北京，崇祯皇帝在煤山自缢，明朝灭亡。因这一年为甲申年，史称"甲申之变"。

⑤ 魏县：县名。西汉置，在今河北魏县。

追思想象以祀之，人咸称其孝。

赵玉，平凉人。正德二年，省亲平谷，途拾旅金二百两，还之。以贡任元城，沾化学博，实心课士，循循善诱，登科甲者十余人。子时春贵赠翰林院编修。

侯政，平凉人，监生。母疾危，昼夜祷天，祈以身代，割股和药以进，母疾愈。后任济阳①知县，闻母丧，悲号不食而卒。

常经，镇原县庠生。以孝称于乡，亲有疾，侍汤药，衣不解带者四年。及卒，依丧次读礼，终制未尝出户庭入私室。嘉靖时旌其孝。

蒲政，崇信县学生。孝友纯笃，庐墓三年。生平足不履公门，口无择言，追踪古纯儒。

胥恭，固原人。父亡，哭三日，勺水不入口，遂致疾，终丧始愈。事母吕氏，年七十遘宿疾，众药弗效，恭斋沐吁天，祈以身代，刲股和药饮之，母疾愈，齿更生发反黑，寿至八十七卒，人以为孝感所致。

闾漳，泾州人。好古力学，博通经史，累举不第，以贡入太学。家居甚贫，事亲内外称孝。父中宪殁，三年不入私室。母疾，衣不解带，朝夕亲尝汤药。母虽无疾，每夜必数起，赴寝室外，察气平息，年逾六十，敦行不怠。

雍朝相，泾州人。家素贫窭，事母极孝，尽力以供蔬水之欢。母有疾，弗愈，朝相割股肉和羹，进食而愈。母没，三年守墓不茹荤，岁时追慕哀痛，闻者悲之。

刘芳，灵台人。父母合葬，庐墓三年，披发顶土，赤足膝行，填其墓冢约五丈余。

王化，灵台县庠生，素以孝闻。父染重疾，化尝粪割股，父疾即愈。后父卒，母哭失明，化吁天号泣，舌舐再明。及母逝，与父合葬，庐墓六载。化盗馈食至爱弟，让产与之，博施粟布以济饥寒，给药调病，舍棺殡孤，时称关西孝子。

姚谨独，灵台人。为人敦厚，敬慎有古君子风。事亲竭力承欢，友于兄弟，产业尽让其弟。平生好善乐施，人称为孝子义士。

张企仁，灵台县廪生。葬亲庐墓三年，妻亡终不更娶，以孝义旌表。

薛湘，华亭人。天性至孝，母没，庐墓三年。

张四恩，华亭人。家有蓄赀，喜施予，不责其报。万历〔十二〕中，岁饥民多殍，恩白县令，愿出粟五百石赈之，赖以全活者甚众。事闻，以尚义旌之。

万邦宁，静宁人。家贫力学。父早逝，母孀居，邦宁奉养竭力，母病医药，哀

① 济阳：县名。金析临邑、章丘二县地置，在今山东济阳县。

号动人，及卒，庐墓三年。

高位，静宁人。亲疾，祝于天，割股以进亲，疾寻愈。及卒，庐墓三年。后经旌表，乡党称为高孝子云。

董鲁，隆德廪生。母李氏病危，昏愦七日，鲁吁天割股，合药以进，母病随愈，寿登九十，人以为孝感所致。

王秉衡，字初旸，平凉人。万历〔十三〕乙酉举人，仕至河间府同知。性孝友，嫂性严，每怒，詈令其妻跪受之。兄死遗子四人，皆抚训为诸生，以已产分诸侄与子适均。遇诸族人及内外亲无一不笃厚，教子侄甚严，遇贤士必敬礼，闻人有过，常正言责让，一时乡里士人咸敬惮之。

张麟，字天瑞，灵台人。以岁贡授荥河丞，清廉奉公。子病思食鱼，僧馈一鱼，给以俸米。历任六年，或公出受民食，必以俸给价。居家执丧，三年不与妻言。每遇生日，静坐哀思，滋味不入口。适邠州[①]遇盗，劫所乘骡并行李，曰："此骡非鞭不行，吾尚有鞭以遗汝。"盗惊曰："必灵台张古人也。"尽还所劫，罗拜而去。麟平日教人不倦，非礼不行，故邑人称为"张古人"。

张金榜，字耀吾，平凉人。性刚直倜傥，尚义气，闻人有不平事，辄挺身出，为直之不避权势。以岁贡授商州[②]训导，州士数为强豪侵虐，金榜至，集诸生训以恪守学规，毋干纪败度及预外事，苟有非意之侮，吾为尔任。无何，王生某有田数十亩，巨室欲之，密属州判困生，生以田遗巨室求解。金榜闻之，力辞官判，与巨室俱诣学谢，让以大义，遂不夺生田。李自成初陷商南，杀令屠城，监司檄金榜署县事，金榜掩死骨，招遗民，厚为抚恤，请蠲田租三年，旧例蠲租不蠲徭，徭为县费，金榜一切贷之。迁宁州学正，归。

陈典，字五典，平凉人。少读书警敏，开卷即能见大义，文章力追《史》《汉》，不落寻常蹊径，为博士弟子员表，表诸生间。生有至性，执亲之丧，卧苫食蔬，终三年如一日。

李楹，隆德人。家贫负薪以供孀母。明末奇荒，妻一子三，不令分母之食，妻

---

① 邠州：州名。唐改豳州置，治所在新平县（今陕西彬县），辖境相当今陕西彬县、长武、旬邑、永寿四县地。

② 商州：州名。北周改洛州置，治所在上洛县（今陕西商州市）。

子饿毙，奉母董氏独生，乡人媲美郭巨①焉。

董俊，隆德人，与弟任并至孝。俊以贡生授温州②府训导，归家，母丧未葬，贼入城杀戮，人竞奔匿，俊与弟还守柩前，号泣不肯去，贼不忍加害。

左旋，泾州人。性孝友。为府掾。奉孀母尽礼，兄转早卒，遗二子，爱逾已子，祖业尽以遗之与二弟，友爱无间，抚弟侄成立，泾人推其孝友。后官辽阳经历，迁雅州判，郡守范冈旌其门。

曹麒，字文瑞，华亭县监生。勤学多识邑旧事，始撰县志。为人和易孝友，教诸弟、诸生皆有法。北城土恶数溃，辄征民治之，监工者因取赂剥，民众以为患。举麒督治，麒使贫者负善土，富者输材木瓦石，工用咸备，因缮修亭堞，半载完美。

张良金，镇原人，山海卫教授。有孝行，亲没，庐墓当道，上闻旌表。

朱勇，平凉群牧所千户，五世同居，旌表其门。

石德赞，华亭人。万历〔十四〕间贡，任夏县③少尹。持躬清勤，以义自律。一监生有冤狱，赂三百金求伸，赞廉得其情，却其馈，立为直之。居家岁饥，募邑煮粥，所活者众。

陈笃，静宁州人，万历〔十五〕间贡，历巩昌阶州学正。母病瘘笃，左右善事，母逝，破产营葬，手植松桧，庐墓三年。

丁甸、景乐、王重福、张廷弼、闫朝义，俱泾州人。万历〔十六〕十年大饥，尚义输粟，加冠带不就。甸粟二百石、重福六百石、廷弼二百石、朝义二百石、乐二百石，院旌其义。

朱氏二孙，平凉人，失其名。年甫垂髫，往庄取租，兄为贼所获，弟已潜匿，闻贼欲杀兄，即挺身出，求以已代兄死，兄亟麾弟去，语贼曰："愿杀我，请释弟。"兄弟争死不已，贼并杀之。

清

马从龙，固原州人。岁贡，任工部屯田司主事。从龙九岁丧父，事母孝，母病，衣不解带，母没，庐墓三年。教幼弟及诸侄有成，共爨让产，非公不入官署。

---

① 郭巨：二十四孝人物之一。传说事母至孝，其妻生一男，他恐分减母亲食物，欲加活埋，凿地时，得黄金一釜，中有丹书："孝子郭巨，黄金一釜，以用赐汝。"

② 温州：府名。明改温州路置，治所在永嘉县（今浙江温州市），辖境当今浙江温州市，永嘉、乐清二县和飞云江流域及其以南地区。

③ 夏县：县名。北魏改北安邑县置，在今山西夏县。

王宗鹤，字闻天，静宁州人。顺治四年贡，性孝友。鹤祖遗少子，于鹤，叔父也，方数龄，祖殁，饮食教诲，鹤必笃敬。少叔学于鹤，每复书，鹤必立听，不敢坐，有佳肴，必问少叔尝否，然后举。至成，人无间性，不与物竞。家亡驴，一日驮布入门，家人欲执之，鹤不可，曰："是将为市商累也。"通庠举优，行学使欲旌之，鹤固辞曰："是将形劣者短也。"终身不入城市，齿德兼优。

胡廷佐，平凉县人。由选拔历官淮徐兵备佥事，居官多善政，处乡里敦厚和平，能周人急难。时府县两庠以拖欠钱粮被黜者七十余人，佐皆代为完纳，悉复其名，人咸感之。

尹廷弼，平凉县人，岁贡生。读书刻苦，性严正，遇物少容，事有不可，即拂然去，人有不善，即正色切责之。三十失偶，终身不再娶。人皆称为义夫。后授文县训导。

杨金玉，固原州人，城守营兵。康熙十年，拾里民粮银二十七两五钱，还之。

陈大寅，固原州人，孝友和睦，笃于本支，七世同爨。

庆阳府

明

高雄，庆阳卫人。正统间，兄通贩淮盐，久绝音问。雄方弱冠，遍访江淮，阅数岁，始知兄为盐徒陈景谅所杀，具控江都令，谅贿，嘱公私不得理，令以利诱之曰："汝兄既死，盍相解和?"雄不从，竟坐谅死，得兄尸归葬，乡人义之。

衡镛，庆阳卫人。举正统六年乡试。长须伟干，面如冠玉，力学修辞，不愧前人。事继母最孝，乡党以纯德称之。

涂详，庆阳卫人。举景泰间乡试。父卧病三年，详躬侍汤药，顷刻不离，日夜吁天，愿以身代。及父殁，昼夜哭泣，哀毁骨立，勺水不下咽，期日而死。有司名其坊曰"孝子门"。

魏大用，庆阳卫人。早岁丧父，孀母卧病七年，大用躬侍汤药，无时刻少懈。及卒，哀毁过甚，哭泣至于丧明。庐墓三年，负土成坟，在卫城西原畔三里，人指为"孝子坟"。

王良，庆阳卫人。良方在娠，父恭远出商贩，莫知所之。及长，贡入太学，遂辞母觅父所在。偏历江淮，忽梦老人曰："何苦远游，汝宁尔父在焉。"随至，果遇。时父年八十余，不能归，良尽鬻衣装，佣舆而还，时称"王孝子"。

钱经，庆阳卫人。早孤，事母抚弟，以孝友著宗族，乡里无间言。死之日，自士大夫以及闾巷，无弗痛悼者。

倪斌，庆阳卫人，袭指挥。父病，医药罔效，每夜焚香告天，愿以身代，割股和羹，父果瘳，人谓孝感所致。

刘英，宁州人。年二十八始奋志读书，昼夜不辍，三载登成化甲午乡举。秉性公直，尝出粟救荒，全活甚众。以亲年老，朝夕奉养不仕。

赵璧，庆阳卫右所千户。少有大节，力能搏数人，善骑射，好读书，通《春秋左传》。都督仇廉器其才能，拔置帐下。天顺间，从廉出征，战于庄浪，师溃，廉中五矢，璧以身翼蔽不去，廉知其为己，遂自刎，璧乃夺路而出，贼莫敢追。后年七十余，临终谓其家人曰："吾生平所恨，未得与仇将军复雠耳，子孙勿忘吾志。"

李恭，宁州人。慷慨好施，成化中大饥，恭捐粟千余石，赈本州及真宁民，全活甚众，州守旌其义。

刘廷燧，宁州人。正德间乡举。事亲最孝，及殁，庐于墓侧三年，妻妾不使馈饷。

赵璋，环县人。事亲至孝，母卒，庐墓负土，值大水，家产漂没，恬不为意。卒终三年，每夜有野雉伴庐，而宿人谓孝行所感。嘉靖间诏旌其门。

杨来凤，安化人。少贩江淮，事亲以孝闻。父殁，年已逾七十，哀痛七日不食，及葬，庐墓三年。事母朝夕不离，至白头，强为壮容娱母，母寿逾九十，人以老莱子①拟之。嘉靖间诏旌其门。

杨云凤，安化人，字应祥。太学生，为汾州②吏目③，颇以清干闻，为人倜傥好施予。嘉靖戊子，岁大饥，云凤与弟雏凤设法全活颇众。丙午边事严急，南关居民数万人一时争入门，有死者。贼退，云凤倡率居民请于官，愿捐己赀筑城，以为民望，不期年而告成，郡人赖焉。己酉大水暴涨，南关居人漂没殆尽，独云凤一门

① 老莱子：据说是春秋时期与老子、孔子同时代的思想家。老莱子还是中国民间传说中的二十四孝人物。据说其孝养二老双亲，自己七十二岁时，为了使老父母快乐，还经常穿着彩衣，作婴儿的动作，以取悦双亲。后人以"老莱衣"比喻对老人的孝顺。

② 汾州：州名。北魏置，治所在蒲子城（在今山西省蒲县东南），辖境相当今山西汾阳、孝义、灵石、蒲县、乡宁、岚县、五寨等县以西地。

③ 吏目：官名。元代的提举司，明、清的都察院、太医院，五城兵马司、州设吏目。其职掌则据其所在官署而定。

无，大小得登前楼免患，人以为阴德之报。

赵一夔，安化庠生。嘉靖己酉秋，大水，南关居民漂没殆尽，夔为人所援，得登岸，闻母已溺，复投水觅之，不得，俱死。有子方数岁，亦同入水，忽于波浪中得渡，人谓孝感所致。

蔡蕃，庆阳人。为人庄雅温厚，言动循礼，少有文名。父病，扶掖起居，奉侍汤药，未尝离侧。初授宁国[1]丞，有政声。以母忧，复除费县[2]，升大宁[3]令，民有去后之思。归隐于河西圃，每入城市，见其皓首庞眉，人争从之，以为耆德归焉。

康锦，庆阳人，世袭千户。有胆略，敌寇边将至城下，锦单骑往探之，遇敌前锋，即短兵突击，身被数创，卒能拔归。母殁，哀毁骨立。又念祖父阵亡，三世皆寄殡各边，特匍匐舆榇归葬，即庐墓侧，负土筑封。逾年，亲友以锦衰年乏嗣，强之归，不从，其忠孝盖天性云。

阎应儒，字一庵，宁州人。隆庆庚午经魁[4]。性至孝，幼家贫茹苦，攻帷志期显亲。初授山西盂县[5]教谕，历升云南广西府通判，所至有政声。时滇洞苗为乱，应儒出奇制之，克就底平。致仕归，赒乡里恤宗族，年七十余殁，市巷皆为震哭。

李澄，环县人。母病二年，双目俱盲，求医百方弗效，澄自检药书，得羊肝补目之说，乃曰："以羊补不若以人补，以子补母，是为还元，其效必矣。"遂焚香告天，刺胁割肝一片，和羹以进，母食之，一夕病释，双目复明。澄亦无恙，人谓至孝感神，呼为"李割肝"。子杲以恩拔佐获鹿[6]，忠迹在《获鹿志》中。

李栋，澄之子。早失怙，母罹风疾，百治弗效，因建孙真人祠，朝夕泣祷，后夜梦一道人来医，病果愈。

荀鍧，环县人。天资孝友，赋性磊落，不事诗书，而礼义不失，大节凛然。尝督修庠序，每出已资以助，有司重之，与列乡饮。事嫂节妇周如母，待侄志仁无异己出，德义著乡里。

张经，合水人，三世同居。经益敦孝友，且赋性慷慨。年饥，输粟赈贷，岁熟

① 宁国：古时名城，在今安徽宣州市。

② 费县：县名。西汉置，在今山东费县。

③ 大宁：县名。北周置，在今山西大宁县。

④ 经魁：明清科举乡试名列榜首的称谓。明代科举以五经试士，每经各取一名为首，名为经魁。

⑤ 盂县：县名。隋改原仇县置，在今山西盂县。

⑥ 获鹿：县名。唐以鹿泉县改，在今河北省鹿泉市获鹿镇。

贷者偿之，不受，人目为义士。

曹瀛，宁州庠生。家贫至孝，父死京邸，不能舁归，徒跣负骨而还。樵采奉母，母疾笃，泣祷，潜割股和羹以进，母遂愈。士民公举，府州表其门。

王复古，宁州人。七岁失怙，母年二十五守节，抚育稍长，奉母尽孝。母尝患一顽疮，百方罔效，几危，古泣祷，自割股啖母，旬余大愈，母年八十四。

董八纮，宁州人，贡生。父殁，庐墓顶土筑坟。后母病笃，医药弗瘳，纮吁天，愿以身代。偶遇一僧，望气投饵，母饮之吐块如石而愈，觅僧竟不知所之，咸服神异。督学旌其孝。

傅伟，宁州人。母久病，目瞳反背，贫不能延医，哭祷于神，自割股肉，假汤药跪进，病顿愈，瞳睛如初。

陈志聪，宁州人。亲殁，庐墓三年，手掬土成坟，乡里重之。

强不息，安化人。节孝传家，亲殁，庐墓于河西樊家坪[①]，负土三年，未尝少懈。天启丙寅，钦赐节孝双全碑。

杨维勤，安化人。节妇强氏子，事母至孝。博物洽闻，经史过目终身不忘。家贫，广授生徒，藉束修[②]以奉母，虽身无完衣，而事亲必极滋味。

方允德，环县人，庠生。性至孝，敦睦族党，尤尚气节，赒贫乏，曾焚券百纸，遇变坚守孤城，死难。

李萃，安化人，廪生。父病，祈祷愿以身代。及闯贼破城，力战被执，大骂贼，义释之。创建义学，造就邑中子弟，人感其德。所著有《志孝图解》。

仇传香，真宁人，中庚午乡举。事亲至孝，朝夕定省，四十年如一日。父病五载，日侍汤药，父减粒则已辍食，尝粪以验其轻重，居三年丧，哀毁骨立。事继母，友兄弟，内外无间言。

杨光才，宁州人，事亲以孝闻。尝遇失金投河者，询其数，以二十金对，才出已囊偿之。明末岁饥，捐资赈粥，全活者众。督师洪承畴[③]饷匮，才以豆二百余石慨

① 樊家坪：地名。在今山西省临汾市乡宁县。

② 束修：古代学生与教师初见面时，必先奉赠礼物，表示敬意。束修本为两条干咸猪肉，后约相当于学费。

③ 洪承畴：1593—1665年，字彦演，号亨九，明末福建南安人。崇祯时任兵部尚书，曾督师镇压农民军。后任蓟辽总督，率八总兵援锦州，败入松山，被俘降清，隶汉军镶黄旗。顺治间，以兵部尚书总督江南军务，镇压抗清义军，继又奉命经略西南各省，官至武英殿大学士。

助王师，督师义之，旌其门。

栗有恩，宁州人。性长厚，尝出粟救荒，不留余资，郡士大夫称重之。州守屡延乡饮，固辞不赴。杨督师[①]抚贼神一魁[②]等，恩慨以身许质于合水，贼义之，拱手以降。当道屡旌其门。

朱用贤，字荩斋，宁州人，生员。孝继母，抚幼弟，助人婚葬，周给贫乏，尝焚券百余纸，倡众捐资，砌南门坡，成南河桥。董建文昌阁劝人为善，至老弥笃，年八旬无疾而逝。

杨光柱，宁州人。明末屡遇奇荒，俱出粟赈贷，负债贫不能偿者，焚其券三百余纸，乡人德之。

王僖，宁州人。明末大饥，斗粟三两贷粟数百石以活人，不计其偿。

阎鸣阳，字文瑞，宁州人。博通经史，善属文。孝弟谨朴，亲睦族党，尤好施予，赈饥恤苦，罄囊橐以行其志。垂老甘贫，略无怨言。督学使优旌其门。

王访，环县人。因兵马缺粮，捐米豆五十石，兵丁得食，大获全胜，将领官给银二百五十两，坚辞不受，有司旌其门曰“义助军糈[③]”。

李芳，安化人，李自盛家仆。主既破，家寄食于芳，芳事之愈谨。适贼有仇芳者，执其主缚之，且曰：“我得芳乃释芳主。”遂毅然赴之。主还，芳见杀。

清

穆三益，真宁县人。母殁，顶土筑坟，庐墓三年。

甘州府

汉

吴咏，张掖人。为护羌校尉马贤所辟，后为太尉庞参掾。参、贤相诬，罪应死，各引咏为证，咏计理无两直，遂自刎死，参、贤惭悔，自相和释。晋凉州刺史张轨祭其墓，而旌其子孙。

---

① 杨督师：指杨鹤（？—1635），字修龄，明武陵（今湖南常德）人。万历三十二年（1604）进士。崇祯初累任为兵部右侍郎，总督陕西三边军务。对农民起义军一意主抚，农民军降而复叛，被弹劾下狱，后卒。

② 神一魁：1584—1632年，明末农民起义首领之一。延绥（今陕西绥德）人。边兵出身，与其兄神一元在陕北起义。1631年春，明三边总督杨鹤进军宁州，遂求抚，任宁寨守备。是年夏，其部将张孟金等挟之再起，攻占宁寨，后战死。

③ 糈：音xǔ，粮食。

元

宁猪狗，山丹卫人。母年七十余，患风疾，药饵不效，猪狗割股啖之，遂愈。岁余，疾复作，不能行，猪狗手涤溷秽，护视甚周，造板舆载母，夫妇共舁行田园以娱之。后居丧尽礼，乡人称之。

明

徐行，甘州人，儒学生。少丧父，事祖孝。成化间，祖卒，庐墓。都御史唐瑜奏请旌表其门。弘〔十七〕治壬戌，母病，复割股啖之。

毛刚，甘州右卫军。性至孝，居丧，庐于墓侧。有司上其事，旌表其门。

应寿，甘州后卫军。家贫，竭力事亲。母病，割股啖之，后父母俱丧，寿结庐墓侧，三年不饮酒不茹荤，朝夕悲号。止有一子，或月一至，以馈菽粟。

清

马负图，张掖人。明末，闯贼陷城，巡抚林日瑞①抗节被害，一门俱殉，无收殓者。负图同郡人贾大玉收日瑞并其家人尸，殓之。后负图令其子天禄，大玉令其子文衡，为扶榇送归故里。巡抚黄图安②大加优奖，给额以旌之。

贾大玉，见马负图事内。

马俊昌，张掖人。顺治初年，闯寇虽平，甘镇兵饷莫给。昌助银五千两以济军需，总镇旌其门曰“捐金助国”。后逆回之叛，黑城兵粮不足，昌复助一月粮，兵赖以安。张勇时为总兵，至其家深嘉慰之。

张毓秀，张掖人。性至孝，时年十八，其父岚年六十，久病，诸药无效，秀割股佐汤药以进，父病遂愈。越三年，父以无病端坐而逝。

刘子奋，甘州镇营兵。路拾遗金五十两，待至次日，失主至，原封与之。

姚廉，张掖人，监生。自幼孝心笃挚，竭力事亲。先是母卒，因父老，不得遂其庐墓之志。在家长斋茹素，三年，及父卒，遂庐于墓侧，寝苫枕石，晨夕哭奠。至雍正三年冬，庐墓将及三年，会值生辰酬祭，一恸得病，死于墓所。雍正七年具题旌表。

---

① 林日瑞：? —1643年，字浴元，明诏安（今属福建）人。万历四十四年（1616）进士。崇祯时，以右佥都御史巡抚甘肃，拒守甘州，李自成破城，被杀。

② 黄图安：明末清初山东堂邑人。明崇祯十年（1637）进士。官至易州道。顺治元年降清，留任原官。后擢甘肃巡抚，调宁夏，以乞终养老母，部议指为规避革职。后仍用为宁夏巡抚。顺治十六年（1659）坐事降级调用。寻卒。

凉州府

明

鲁麟，字玉书，平番土司人。官南直①提督，恂恂有儒将风，尤重士大夫，语所亲曰："勿为南人所笑。"洎致仕，家居好义乐施，建修学宫泮池②，捐助腴田百亩为宫墙补葺费。值岁荒，散米麦千石周乡党急，煮粥全活饥民甚众，人皆呼为"活我鲁公"。

石韫璧，字德辉，古浪县人。弘〔十八〕治时，庐庶母邸氏丧，于西山下孤守三载，猛虎入园者数，并未尝遇害，人皆骇异，以为孝感所致。有碑勒孝行，载入县志艺文内。

孙奉先，永昌县生员。朝夕供子职尽礼，父母有病，辄吁祷求欲代，及卒，哀毁骨立，及葬后，庐墓三年。

武登云，永昌县人。父病，欲食肉，苦无资，遂割股肉以奉，父病果愈。

顾言，平番人。事母彭氏，啜菽饮水，极尽其欢。弘〔十九〕治八年，母年八十有七，卒，言时六十有七，以号恸而殁。

李让，平番人。性孝友，与弟训甚欢爱，训卒，每时号哭。父丧，庐墓三年，年八十一卒。

清

郭怀德，武威贡生，素以孝闻。父病，亲尝汤药，克尽子道，及殁，庐墓三年。

鲁大诰，字慎九，平番土司。性宽和好义，尝置义田以赡宗族，焚契券以免贫累，又以郭外东南地水利不通，输金买沿途地，修浚沟渠，资灌溉者十余里，邑人德之。

张允澄，武威例监，居城北陈春堡。置朱家庄一处，价五百金，允澄念穷乡荒僻，子弟多因贫寒不能学，遂建义学，舍其地为义田，每年以所出租作束修纸笔之资，乡邻高其义，刊立碑记。

刘英，武威人，素肄医业。一日，其子于路拾金，白英，英曰："积金不如积德，不可私藏，须还之。"少顷，邑庠生尹思任寻至，英问其数，曰："八十两。"慨

① 南直：即南直隶，辖境相当今江苏、安徽二省和上海市及江西婺源县地。

② 泮池：孔子庙修筑泮池，在池上建桥，名叫泮池桥。泮池，规定是一种半圆型，形如半月，在池的中心点上建桥，各地文庙均建有泮池桥。

然与之。

宁夏府

唐

侯知道、程俱罗，俱灵州灵武人。居亲丧，穿圹作冢，皆身执其劳，乡人助者，即哭而却之，庐坟次哭泣无节。知道七年不止，垢尘积首，率夜半傅坟踊而哭，鸟兽为悲号。李华作《二孝赞》表其行曰："厥初生人，有君有亲。孝亲为子，忠君为臣。兆自天命，降及人伦。背死不义，忘生不仁。过及知就，为之礼文。至哉侯氏，创巨病殷。手足胼胝[①]，以成高坟。夜黑飚动，如临鬼神。哭无常声，迥彻苍旻[②]。苴斩[③]三年，尔独终身。嗟嗟程生，其哀也均。顾后绝配，瞻前无邻。"

明

王絅，字子纹，宁夏指挥纶之弟。母丧，庐墓，足不履城郭者三年。事闻，宣德中旌表。

安廷瑞，宁夏监生。自始祖安礼保至千户，廷璧与廷瑞六世百口同爨，家门雍肃。事闻旌表。

茅贵，宁夏人。正统五年，宁夏大饥，都御史金濂请于朝，设预备仓，劝镇人之尚义者各输粟三百石以赈饥，奉旨旌表其门。同时输粟者有杜海、朱禋、焦原、赵友德、虞海、韩寅、黄铭、叶荣、孙俊、缪显、葛谦、陈祥、张敬、唐颙、管矩、吴仲名，并贵十七人。

吴过，宁夏人。嘉靖庚子举人，历任袁州[④]府同知，尝出廪粟赈饥，多所全活。后闻变，为母弃官。官著廉明，乡称孝友。

徐勇，灵州人。事母孝谨，母年九十有四，勇自少至老，凡饮食起居，未尝刻离，乡党称之。遭刘东旸之变，率守孤城，两献俘馘。

赵諴，灵州人。奉继母孝，母殁，朝夕哭奠，斋戒三年如一日。

---

① 胼胝：音 pián zhī，长茧子。

② 苍旻：旻，音 mín。苍天。

③ 苴斩：苴，指麻布；斩，指斩衰。古代五种丧服中最重的一种，用粗麻布制成，左右和下边不缝，服制三年。苴斩的意思是身着粗麻布制成的丧服。

④ 袁州：府名。元改袁州路置，治宜春县（今江西宜春市），辖境相当今江西宜春、萍乡二市及万载、分宜县地。

李云，宁夏人。父兄罹哱刘[①]之害最惨，云以遗腹子，赖母氏苦节鞠成。升左参将，奉母尽孝，居官尽职，尤熟练屯政，致仕。后当事委，重挑浚渠工。

万人重，宁夏人。明季，道拾镪三十两，系旗甲[②]张加义完官租之银，人重悉以付之。

明三畏，宁夏人。明末输粟三百石，以助兵饷。

陈谟，万历〔二十〕间中卫庠生，与西安客孙尚义友善，孙病故，遗子尚幼，谟抚之如已子。孙子长将回籍，谟举其父所寄银百两米百余石付之，锱铢不染。

清

郑兴基，后卫花马池人，为后卫弟子员。值年荒，其父为虏掠去，兴基询知父在板城[③]，只身徒步趋父所。板城在北口外，道经山西时，晋省大旱，人相食。兴基奋不顾身，决意长往，寻至杀虎口[④]，得达板城，父子相见，抱持大哭，见者俱感动。有喇嘛僧怜其孝，赠马二匹银十两，衣二袭，令其归。兴基遂奉父旋里。

冯尔晖，宁夏人。顺治丁酉副榜，孝事节母王氏，母终，尔晖庐墓三年。

马中骅，宁夏等卫学生。至性过人，嗜先儒语录，每日正襟默诵。亲丧，庐墓三年，镇人称之。

岳应孝，咸阳人，寄居中卫，椎鲁愿谨[⑤]。素贸布，有赀数百金，人贷辄与，或不偿亦不往索。夫妇织毛资生，少有所积，犹济贫不已。镇靖堡被贼陷，有王氏老妪无所依，应孝迎养于家。贫者生子不育，弃于野，犬啮之血淋漓尚未死，孝见而抱归，觅妇乳之，长成臀足啮痕犹在也。有卖儿于他乡者，母子号泣不忍离，孝与原值赎归。道拾金持白于市，三日未得其人，归纳之罐中，越数日有踵门哀求者，质其数符还之。其行如此。

周调元，后卫庠生。年十四，为流贼所掠，置营中，贼复掠得子女数十，闭之空室，令调元守之，调元放之，而身亦乘间脱。归，事亲诚孝。寓馆中有窃其衣物者，知而弗言。康熙三十年，西安饥，有冯昼者出外，其妻为父所鬻，一日相遇，夫妻对泣不忍舍，调元出银赎归之。

---

① 哱刘：四库本此处未改。

② 旗甲：明代负责领运漕船交纳漕粮之管事。每船一名，下管漕军十人。

③ 板城：地名。在今河北省宽城县中部，板城乡驻地。因其村北有山崖直立如墙而得名。

④ 杀虎口：地名。即古参合陉。在山西省右玉县西北部，长城要口之一。明嘉靖中筑杀虎堡城。

⑤ 椎鲁愿谨：愚鲁迟钝，恭谨质朴。

西宁府

明

张文学，字元素，西宁人。成化间，以岁贡选山西隰州吏目，为官清廉，有政声。居家长厚，推诚待人，蔼然有古君子风。

张莱，西宁人，国学生。性笃孝友，父母有疾，昼夜侍汤药，不一入私室。居家以宽，持身以俭，处里闬以恕。以子问仁贵，屡封山东按察司佥事

清

柴自建，西宁人。年三十，妻邓氏故，遗子宗续，甫二岁，别无婢媵，誓不再娶。躬亲菽水茹檗[①]，训子历四十六载。

贺增寿，西宁永安堡人。豪侠好义，和睦宗党，周急济贫，人多德之。雍正元年，逆夷罗卜藏丹津寇北川，官兵赴讨，时天气严寒，增寿以皮衣三百余件散给守御兵丁，又捐大布二百余匹，缝袋盛土，置之城闉，蔽贼矢镞，兵有所恃，城得保全。

杨永华，西宁人。赋性仁厚，乐善好施，夏舍镰铲，冬舍衣袴。康熙四十一年，岁饥，道有饿殍，华煮粥医药，毫无倦色，于无主尸骸，舍棺收葬以千计。市井中有贫不能葬者，捐资瘗于所置义冢。凡婚丧乞贷者，应之并不取偿。寿至七十一岁，端坐而逝。其子太学生志远，亦克继父志。

马云龙，字御霄，宁邑太学生。性笃孝友，五世同居，相睦无间言。且轻财重义，乐善好施，每春耕时散种于乡贫者，不取值。康熙四十一年，岁饥，米价腾贵，龙尽出所积以济贫乏赖，以全活者不可数计。设家塾，延师以课宗族子弟。遇有差徭，龙独任之，不使累及乡邻。见人斗讼，谕以情理，晓以利害，排难解纷，必不使争讼。乡人重之。

直隶秦州

元

毕也速答立迷里氏〔二一〕，元时，家秦州，父丧庐墓次，昼夜悲号，有飞鸟翔集、坟土踊起之瑞。

明

王英，秦州卫军。少孤，事母孝。母卒，英庐墓所，跣足负土者三年。时暴雨

---

① 菽水茹檗：指生活清苦。

害稼，墓侧禾稼无损。有司上其事，旌表其闾。

谢继昭，秦州人。父卒，继昭庐于墓，哀恸悲号，三年如一日，乃有驯鹿产芝之异。有司以闻，诏旌其闾。

夏时，字尚寅，秦州礼县庠生。事母孝，母卒，既葬，遂不问家事，独庐墓侧，穴寝匏食，仆供薪水者亦不许入墓所。每鸡鸣，戴土于斗，跪敷于冢，冢大如屋。初葬，鸠傍穴为巢，将禫[①]，兔孕于穴，人以为诚孝之感。州守表章其事，后以贡授叙州府照磨。

丁仪，秦安人。父泰，官知事，归，仪日侍左右，父婴疾[②]，医药无效，仪惶惧求代，乃号泣于天，百拜以祷，因割左股以进，父疾愈。

张之榘，秦州人，参政潜子。嘉靖癸未，举于乡，卒业国学。归省，梦母病，兼程抵家，母病延医，衣不解带，祷天以身代。母殁，哀毁逾礼，既葬，冬夏不扇不炉，雪夜伏墓而泣，墓所有乌鸟群集、泉水涌出之异。

潘弘〔二二〕，秦州人。成化间，陇右饥，弘〔二三〕输粟千石，有司闻于上，敕赐冠带。

孙居业，秦安人。幼失母，事父孝敬备，至庐墓三年，奉文旌表。

安期晟，秦安廪生。贼陷城，以身护母，被贼杀害。

蔡廷栋，秦安人。明末奇荒，罄家所有，得粟百石，输官赈饥。事闻，诏旌以仁人立达锡，命冠带。

雍周，清水人。有才略，善经营，白手致万金。赈困救急，扶助才俊之士，著名陇右。尝行游天下，访交贤善，惟以惠施广济为务，贫者至折券，虽千金不顾。巡方使闻其贤，欲表以官，固辞不愿。令画工绘其貌，持以厉俗。及其殁也，万金已罄，家贫自若。

项谦，清水学生。少丧父，事母至孝。母疾，谦割股啖之，母终，庐墓三年，旌表。

张孔教，清水庠生。父丧明，母多疾，孔教侍左右，未尝少离。及卒，庐墓三年。

雍泱宫，清水庠生。事亲至孝，及卒，庐墓三年，乡人称扬，邑令旌表。

康天保，清水庠生。居弓门寨，贼克其堡，以威胁之使从，大骂不屈死。兵巡

① 禫：音dàn。祭名，古时丧家除服的祭祀。

② 婴疾：指缠绵疾病。

副使为建“凛有生气坊”。

马班才，清水书生。居代家堡，强健有力，善骑射。贼破其堡，欲胁以从，痛骂不屈，贼怒缚于树，树为之拔乱矢射之，至死骂不绝口。

丘〔二四〕陵，清水圬者①。为贼所获，逼之攻城，骂曰：“要杀便杀我，不攻我城。”贼杀于城下。

赵一岩，礼县人。以选贡赴监，监期止少一日，闻母讣，人劝次日举哀，监事满矣，一岩不从，归庐墓三年。一方推重，后仕绛县主簿。

马根学，礼县人。流贼作乱，获其父应勋，将杀之，根学泣告曰：“请以身代。”贼从其言，竟杀之。

任希夔，徽州人。正德辛未，流贼劫掠，城几陷，希夔独呼邻人陈鸾等登城与贼战，竟日杀伤甚多，贼几退，中流矢死。御史以闻，命下旌表。

梁基恩、陈邦登，俱徽州义勇。明末率兵逐贼至白水江，冲破敌锋，多所克捷，后深入重地，遂被害，愤骂不绝。有司旌其门曰“真男子。”

杨其昌、何养德，俱徽州武生。流贼犯境，率义勇何献祥等战于银杏铺，贼大至，围之血战愈厉，矢尽被害。有司表之。

清

梁必擢，秦州人。家传孝谨，五世同居，时人以方张公艺②。必擢亡妻陈氏，主家五十余年，长幼百口咸相敬爱无间言。

吴殿契，秦州人，性长厚。时乡民刘弘〔二五〕失银契，拾还之。一夕，闻穿壁声，意必某为盗也，因呼曰：“天寒胡为此，或饥馁莫支，明朝来资汝，汝去我不汝泄。”嗣出城晚归，遇劫者数人于道，一人前急止之曰：“吾恩人也，毋相逼。”且拜谢不泄恩。因谕其人勿复为盗，兼给以赀，其人感悟，卒为善类。

直隶阶州

明

张文贵，文县人。洪武初补百户。张哲因逼乱，挟为谋主，不从，与弟文富同被害。弟文才阴与居民马桑者、军人巨伍儿倡率土人捕哲，乱遂平。洪武二十八

① 圬者：圬，涂抹、粉刷墙壁。圬者即泥瓦匠。

② 张公艺：隋唐时郓州寿张人。九代同居。唐太宗贞观中，敕加旌表。高宗麟德中封泰山还，幸其宅，问本末，公艺书“忍”字百余以进。高宗善之，命赐缣帛。

年，以功升千户。

卯应辰，阶州人。垂髫知孝，母杜氏卒，哀毁逾常，庐墓三年，饮食服用皆纯素，每食必涕泣。嘉靖间御史台遣使慰问，旌其闾。

乔挺，成县庠生。性至孝，总角时，即知定省，乡人誉之。父母既殁，泣血骨立，三年不出户，窥园既葬，庐墓，每日负土积冢，时有白兔绕其茔。有司闻于上，赐之冠带，邑皆以孝子称之。

李晋，文县贡生，任宜阳[1]主簿。事孀母以孝闻，及终，哀毁过情，祭葬如礼，三奏阙下，告陈亲节，得建坊旌表，人称其孝。子思忠性亦纯孝，途闻母讣，一恸几绝，水浆不入口者七日，哀毁骨立，三年如一日，以此抱恨终天。朝夕不离父侧，依恋如婴儿，人称有父风。

杨忠，文县人。其父为贼所执，挺身赴救，父得脱，忠遂为贼所脔杀。

李硕馥，文县人。性至孝，父死三年不出户庭，断酒荤，哀毁如一日。事母备尽孝养，举德行。

苏藩，成县人。年甫三十，妻亡不再娶，或劝之，藩曰："娶妻为后也，业有子矣，复娶何为？"孑身居室四十余载，非礼不行。教子课孙，一堂五代，乡族称为"义夫"。公举乡饮，各官旌奖，免其杂徭，寿九十三岁。

魏瞻，阶州人。家贫鬻贩以养亲，亲所欲必竭力奉之，亲殁，庐墓三年，未尝返室。

徐应麟，阶州人。贡于乡，以孝闻，父母亡，哭泣躃踊，水浆不入口者数日，葬，庐墓三年，蔬食饮水，奉旨旌曰"荣旌实孝"。

李自英、翟化鹏，俱阶州生员。明末李贼陷阶州，骂贼被害，同时死者有贡生赵维新、李桂枝、徐养气、刘显名、苟大魁五人，生员则有赵兹祚、马大亨、司宁、汪得溥、孙振业、苏民泰、杨州牧、郝升高、马呈图、郝升远、刘应龙、董国士、司儋、赵人龙、赵思贤、巨卿、徐景思、徐景曾、徐景孟、凌熙秦、寇来源、赵朱正、赵州牧、贾邦伟、蹇恒济、邢必动二十六人。

王贤，阶州人。年十五丧父，事母以孝闻。家贫弃儒，商吴楚间，累致千金。性豪侠，喜施予，有贷赀贫，不能偿者，即焚其券。里中构讼，遇贤辄解，人高其义。

叶见，阳文县布衣。家徒四壁，安分无营，循循雅饬，古貌古心，屡举乡耆，

① 宜阳：县名。金大定时改寿安县置，即今河南宜阳县。

不受，享年百岁。

权本时，成县国子生。任东平州①判，转经历回籍，遇贼陷城，力抗不屈，贼诱之降，大骂不休，贼怒，遂乱鞭而死。

丘〔二六〕维嵩，成县岁贡。贼破城，力敌不胜而死。

武述文，文县廪生。流贼攻县甚急，邑人奔逃，文混出城外，傍视无母，辄泣卧地，旋挺身入贼伙，扶母而出，贼逼之，骂贼不屈，母得全，述文被杀。

李元朴，成县人。举癸酉乡试，七年城陷，朴与其父廪生华国俱被系，父子抗骂不屈，贼灭其家。

直隶肃州

唐

薛万备，居母丧，庐墓，太宗表其门，仕至左卫将军。

明

芮攀龙，肃州卫人。父承诲早逝，龙奉母至孝，朝夕起居，未尝离侧，孺慕之诚，有如一日。

颜秩，肃州卫人。年三十岁，妻亡，誓不再娶。处家有序，教子有方，乡人称为“义夫”。

颜希孔，秩之孙。幼凛家训，奉祖三十余年，未尝少忤，乡人称为“顺孙”。

校勘记

〔一〕临洮府　哈佛本、四库本同，刻补本作“兰州府”。乾隆三年（1738），临洮府移治到兰州，改称兰州府。

〔二〕叔宗　四库本同，哈佛本、刻补本作“叔文”。按《魏书·辛绍先传附子穆传》作“叔宗”，据四库本改。

〔三〕田曹参军　四库本同，哈佛本、刻补本作“功曹参军”。按《魏书·辛绍先传附孙少雍传》作“田曹参军”，据四库本改。

〔四〕弘　哈佛本作“弘”，刻补本作“宏”，四库本作“弘”，避乾隆皇帝讳改。

〔五〕历　哈佛本作“厯”，刻补本作“歴”，四库本作“厤”，避乾隆皇帝讳改。

① 东平州：州名。明改东平府置，治今山东东平县西南州城镇，辖境包括今山东东平、汶上、东阿、平阴、阳谷、梁山等县地。

〔六〕弘　哈佛本作“弘”，刻补本作“宏”，四库本作“弘”，避乾隆皇帝讳改。

〔七〕历　哈佛本作“曆”，刻补本作“歷”，四库本作“歷”，避乾隆皇帝讳改。

〔八〕历　哈佛本作“曆”，刻补本作“歷”，四库本作“歷”，避乾隆皇帝讳改。

〔九〕历　哈佛本作“曆”，刻补本作“歷”，四库本作“歷”，避乾隆皇帝讳改。

〔十〕弘　哈佛本作“弘”，刻补本作“宏”，四库本作“弘”，避乾隆皇帝讳改。

〔十一〕“周祚”至“邑人颂之”　哈佛本、四库本同，刻补本无。

〔十二〕历　哈佛本作“曆”，刻补本作“歷”，四库本作“歷”，避乾隆皇帝讳改。

〔十三〕历　哈佛本作“曆”，刻补本作“歷”，四库本作“歷”，避乾隆皇帝讳改。

〔十四〕历　哈佛本作“曆”，刻补本作“歷”，四库本作“歷”，避乾隆皇帝讳改。

〔十五〕历　哈佛本作“曆”，刻补本作“歷”，四库本作“歷”，避乾隆皇帝讳改。

〔十六〕历　哈佛本作“曆”，刻补本作“歷”，四库本作“歷”，避乾隆皇帝讳改。

〔十七〕弘　哈佛本作“弘”，刻补本作“宏”，四库本作“弘”，避乾隆皇帝讳改。

〔十八〕弘　哈佛本作“弘”，刻补本作“宏”，四库本作“弘”，避乾隆皇帝讳改。

〔十九〕弘　哈佛本作“弘”，刻补本作“宏”，四库本作“弘”，避乾隆皇帝讳改。

〔二十〕历　哈佛本作“曆”，刻补本作“歷”，四库本作“歷”，避乾隆皇帝讳改。

〔二一〕毕也速答立迷里氏　哈佛本、刻补本同，四库本作“毕也速答娄穆尔氏”，四库馆据新译定名所改。

〔二二〕弘　哈佛本作“弘”，刻补本作“宏”，四库本作“弘”，避乾隆皇帝讳改。

〔二三〕弘　哈佛本作“弘”，刻补本作“宏”，四库本作“弘”，避乾隆皇帝讳改。

〔二四〕丘　四库本同，哈佛本、刻补本作“邱”，康熙间避孔子讳新造字。

〔二五〕弘　哈佛本作“弘”，刻补本作“宏”，四库本作“弘”，避乾隆皇帝讳改。

〔二六〕丘　四库本同，哈佛本、刻补本作“邱”，康熙间避孔子讳新造字。

甘肃通志卷之第三十九　隐逸

唐虞[1]圣世，亦有巢由[2]，岩穴之士，脱屣[3]浮荣，甘心肥遯[4]；衡泌[5]自适，考盘寤歌[6]；高风亮节，遗世独立。自古在昔，先民有作，未可没也，编次如左。志隐逸。

临洮府〔一〕

明

顾敬，字允恭，兰州人。少聪颖秀拔，涉经史，尤长书法，与段坚[7]、聊让[8]友善，言动有仪。晚年好学弥笃，年八十卒，有文稿。

颜宗鲁，兰州人，性坦直不阿，善书，能诗文，隐居自乐，乡评雅重。

周询，金县人，辞荣弃禄，隐居养亲，足以表正乡闾。

冯庸，字定之，兰州人。敦德尚行，通《春秋》，博子史，喜真草[9]。明代典章，一一手录成帙[10]。言谈必根道义，行检必循礼度。恬静自守，不求闻达，人称为博古君子云。

---

① 唐虞：即唐尧、虞舜。

② 巢由：即巢父、许由。相传皆为尧时隐士，尧让位于二人，皆不受。因用以指隐居不仕者。

③ 脱屣：屣，小履，鞋子。脱屣，比喻看得很轻，无所顾恋，犹如脱掉鞋子。

④ 肥遯：遯，音 dùn。指退隐。《易・遯》："上九，肥遯，无不利。"孔颖达疏："子夏传曰：'肥，饶裕也。'……上九最在外极，无应于内，心无疑顾，是遯之最优，故曰肥遯。"

⑤ 衡泌：谓隐居之地。《诗・陈风・衡门》："衡门之下，可以栖迟，泌之洋洋，可以乐饥。"

⑥ 考盘寤歌：考，扣也；盘，器名，扣之以成节拍。一说，考，成也；盘，盘桓之义，言自得其乐。指避世隐居。《国风・卫风・考槃》："考槃在涧，硕人之宽。独寐寤言，永矢弗谖。考槃在阿，硕人之薖。独寐寤歌，永矢弗过。"

⑦ 段坚：1419—1484年，字可久、思容，号柏杆，明兰州（今甘肃兰州）人。明朝官员。景泰五年（1454）进士。

⑧ 聊让：生卒不详，兰州人。景泰五年（1454）进士。明朝官吏。官至知县。

⑨ 真草：楷书和草书。

⑩ 帙：书、画的封套，用布帛制成。

汉德，金县人，隐居不仕，绝迹名利，尤远避权势，乡人以孤清高洁称之。

张九畴，字天锡，狄道人。器宇宏伟，动有矩矱[1]，杜门不出，绝口不言功名，足迹不至公府。探讨经史，从学者甚众。所著有《五经考》《学庸节解》《拙斋文集》。

王伯良，字志善，兰州人。潜心礼义之学，言动不苟，取予必以义。不妄交人，不干谒贵显。有《准庵集》《东山樵唱》。

巩昌府

周

伯夷、叔齐，孤竹君[2]之二子。当纣时，兄弟逊国[3]，闻文王善养老，乃入周就养。及武王东伐纣，扣马而谏。至周有天下，伯夷、叔齐耻之，不食周粟，隐于首阳山，采薇而食，饿死。按：曹大家[4]注《幽通赋》[5]云：陇西首阳县[6]，有首阳山[7]。邑人杨恩[8]有《首阳辨》。

汉

任棠，汉阳[9]上邽[10]人。有奇节[11]，隐居教授。汉阳太守庞参[12]初到，先候之。棠

① 矩矱：音jǔ yuē。矩，规矩；矱，标法度。

② 孤竹君：商朝孤竹国国君封号。《史记·伯夷列传》："伯夷 、叔齐 ，孤竹君之二子也。"司马贞《史记索隐》："孤竹君，是殷汤三月丙寅日所封。相传至夷齐之父，名初，字子朝 。"

③ 逊国：指把国家的统治地位让给别人。

④ 曹大家：家同姑（音gū），即班昭，约49—120年，班固之妹。名姬，字惠班，扶风安陵人。因为丈夫曹世叔的缘故，从夫姓，被称为曹大家。东汉史学家，续作班固《汉书》，注《幽通赋》。

⑤《幽通赋》：班固作于家乡安陵。班固突遭家庭变故之际，通过对宇宙、历史、人生诸问题的思考，抒发了个人思想情怀。

⑥ 首阳县：汉时陇西郡有首阳县。

⑦ 首阳山：今甘肃渭源县莲峰山。

⑧ 杨恩：字用卿，号凤池，巩昌府陇西人（今甘肃省陇西人）。著有《首阳山辨》，今碑尚存。

⑨ 汉阳：指汉阳郡，东汉时由天水郡改置。

⑩ 上邽：今甘肃天水市清水县。汉代属天水郡。

⑪ 奇节：奇特的节操。

⑫ 庞参：？—136年，字仲达，东汉河南缑氏人，拜汉阳太守，为政清明，抑强助弱，深得民心。

不与言，但以薤[①]一大本，水一盂[②]，置户屏前，自抱孙儿，伏于户下。主簿[③]白以为倨。参思之良久，曰："棠是欲晓太守也，水者，欲吾清也；拔大本薤者，欲吾击强宗也；抱儿当户，欲吾开门恤孤也。"于是叹息而还。皆用其言，为名太守。

姜岐，汉阳人，守道隐居，名著西州[④]。太守桥玄〔二〕[⑤]欲召为吏，岐称疾不就。玄〔三〕怒，逼致之。督邮尹益固争，得免。岐卒坚卧不起。

晋

朱冲，字巨容，南安[⑥]人。少有至行，闲静寡欲。邻人失犊，认冲犊以归。后得犊大惭，以还冲，冲竟不受。有牛犯其禾稼，冲屡持刍送牛，而无恨色。主愧之，乃不复为暴。咸宁四年[⑦]诏补博士[⑧]，不应。冲每闻征书，辄逃入山，时人以为梁管[⑨]之流。冲居夷俗，羌人奉之若君，冲亦以礼让为训。邑里化之，道不拾遗，村无凶[⑩]人，毒虫猛兽皆不为害。

董京，字威辇。初与陇西计吏[⑪]俱至洛阳，被发行吟，尝宿白社[⑫]中。时乞于市，得残碎缯絮，结以自覆。或见人排辱[⑬]，曾无怒色。孙楚[⑭]时为著作郎[⑮]，数就社

---

① 薤：多年生宿根草本，别名小根蒜、山蒜等鳞茎可作蔬菜，亦可入药。

② 盂：盛水器皿。

③ 主簿：古代官名，是各级主官属下掌管文书的佐吏。

④ 西州：古代泛指神州大地中原之西的广大区域。

⑤ 桥玄：即乔玄（110—184），字公祖，东汉梁国睢阳县（今河南省商丘市睢阳区）人。历任洛阳左尉、汉阳太守、司徒长史、司空、太尉等。

⑥ 南安：郡名。东汉中平五年（188），分汉阳郡獂道县（今陇西、武山间）置南安郡。

⑦ 咸宁四年：公元278年。咸宁，西晋武帝年号。

⑧ 博士：古为官名。秦汉时是掌管书籍文典、通晓史事的官职，后成为学术上专通一经或精通一艺、从事教授生徒的官职。

⑨ 梁管：梁指梁鸿，字伯鸾，扶风平陵（今陕西咸阳）人。东汉隐士，《后汉书》有传。管指管宁，158—241年，字幼安。北海郡朱虚县（今山东省安丘）人。汉魏之际著名隐士。《三国志》有传。

⑩ 凶：同"凶"。

⑪ 计吏：古代州郡掌簿籍并负责上计的官员。

⑫ 白社：地名。在河南洛阳市东。

⑬ 排辱：对他发泄不满，或不尊重他。

⑭ 孙楚：？—293年，字子荆。太原中都（今山西省平遥县西北）人。西晋官员、文学家。

⑮ 著作郎：官名。东汉末始置，属中书省，为编修国史之任。晋惠帝时改属秘书监，称大著作郎。

中与语，遂载与归。京不肯坐，楚贻之书，京答以诗。后数年遁去，莫知所之。

元

万敬儒，宁远人。家贫，嗜学不倦。与人说书，辄竟日。栖止东郊，画水竹以自娱。忽报朝使[1]至，抱琴逾垣而走，不知所终。

明

王辅，安定诸生。博极群书，应贡入京，遂隐不出。讲学于木坡[2]，诸生重趼[3]往从之。讲论经史数十年，不入城府。县令黄沂请为乡饮宾，辅笑谢之。至今乡人称儒者高蹈[4]，必以辅为首。

李文灿，伏羌[5]人。洪武初举人，资性颖异，夙学天成。自负经书，避兵石门，数年乃还。持身清苦，以教人为已任，终身不仕。

平凉府

汉

王符，字节信，安定临泾[6]人。少好学，有志操，与马融[7]、张衡[8]、崔瑗[9]等友善。当途者[10]更相荐引，而符独耿介，不同于俗，以此不得升进。志意蕴愤，乃隐居著书三十余篇，以讥当时失得，不欲章显其名，故号曰《潜夫论》。后度辽将军皇甫规[11]解官，归安定。乡人有为雁门[12]太守者，去职还家，谒规，规卧不迎。有顷，白

---

① 朝使：朝廷派出的使者。

② 木坡：梯形看台。

③ 重趼：趼，音 jiǎn。手、脚上磨的厚趼子。

④ 高蹈：指隐士。

⑤ 伏羌：今甘肃甘谷县。

⑥ 临泾：今甘肃镇原南。

⑦ 马融：79—166年，字季长，扶风茂陵（今陕西兴平东北）人。东汉时期著名经学家，东汉名将马援重孙。

⑧ 张衡：78—139年，字平子，南阳西鄂（今河南南阳市石桥镇）人。东汉时期天文学家、数学家、发明家、地理学家、文学家。

⑨ 崔瑗：字子玉，涿郡安平（今河北安平）人。崔骃之子。东汉著名书法家、文学家、学者。

⑩ 当途者：指掌握政权、身居要津的人。

⑪ 皇甫规：104—174年，字威明，安定郡朝那县（今甘肃灵台县）人。东汉时期名将、学者，度辽将军皇甫棱之孙、扶风都尉皇甫旗之子。

⑫ 雁门：指雁门关，位于山西代县。

王符在门，规惊遽而起，衣不及带，屣履出迎，援符手而还，与同坐极欢。时人为之语曰："徒见二千石①，不如一缝掖②。"言书生道义之为贵也。

石得林，安定人。建安③初，客三辅④，就学于宿儒栾文博⑤。始精诗书，后好学静默。关中乱，南入汉中。不治产业，不蓄妻孥。常读《老子》，昼夜吟咏。汉中破，还长安。人与不取，问姓氏不言。

唐

牛意仁，字行恭，安定鹑觚⑥人。大父⑦通，秉志守道，交辟⑧不起。仁乐道，丘园屡空，宴如⑨。或劝之仕，但笑而不答。开元六年⑩，卒于伏羌官舍。以子仙客⑪赠泾州⑫刺史。

宋

樊处约，崇信⑬县人。建中靖国⑭年进士，文章气谊为当时第一流。值乱，隐居不仕。或以仕强之约，慨然曰："我宋人也，死且为宋鬼忠臣，岂事二主哉?"不食而卒。人咸义之，以方谢迭山⑮。

① 二千石：汉郡守（太守）的俸禄为二千石，因此为郡守通称。

② 逢掖：古代读书人所穿的一种大掖之衣。借指儒生。

③ 建安：东汉献帝年号，公元196—220年。

④ 三辅：又称"三秦"。指西汉武帝至东汉末年长安京畿地区，即京兆、左冯翊、右扶风三个地方。

⑤ 栾文博：东汉末年宿儒，讲学于长安，有门徒数千人。

⑥ 鹑觚：地名。在今陕西长武县一带和甘肃灵台县邵寨镇一带。

⑦ 大父：指祖父或外祖父。

⑧ 交辟：交相征聘。

⑨ 宴如：又作"晏如"。安定、安然自若。

⑩ 开元六年：公元718年。开元，唐玄宗年号。

⑪ 仙客：指牛仙客。早年曾为县中小吏，后为陇右营田使佐吏，历任河西节度判官、节度使。开元二十四年（736），赐封陇西郡公，后入朝为工部尚书，加同中书门下三品。又后任侍中（左相），兼兵部尚书等。

⑫ 泾州：北魏神䴥三年（430），于安定郡城（今甘肃泾川北）置州，治安定县，州因泾水得名。

⑬ 崇信：今甘肃省平凉市崇信县。

⑭ 建中靖国：北宋徽宗年号，公元1101年。

⑮ 谢迭山：1226—1289年，名枋得，字君直，号叠山，南宋江西省弋阳县周潭乡人。与文天祥同科中进士。

明

孙一元，字太初，平凉人。尝栖太白之巅，故号太白山人。善为诗，风仪秀朗。携铁笛鹤瓢[①]，偏游中原、齐鲁，南涉江淮、吴越。时刘麟[②]以知府罢归，龙霓以佥事[③]谢政，并客湖州，与郡人陆琨、吴充招一元入社，称“苕溪[④]五隐”。举人施侃劝之娶，乃妻以妻之妹张氏，生一女而卒，充等葬之。李梦阳[⑤]有《太白山人传》。

直隶秦州

汉

赵壹，字符叔，汉阳西县[⑥]人。体貌魁梧，望之甚伟。而恃才倨傲，为乡党所摈[⑦]，乃作《解摈》。光和[⑧]初，举郡上计[⑨]到京师。时司徒袁逢[⑩]受计，计吏数百人皆拜伏庭中，莫敢仰视。壹独长揖而已。逢望而异之，延置上坐，因问西方事，大悦，顾谓坐中曰：“此人，汉阳赵元叔也，朝臣莫有过之者。”往造河南尹羊陟[⑪]，尚卧未起。壹径入上堂临之，因举声哭，门下皆惊。陟知其非常人，乃起，延与语，大奇之。陟明旦大从车骑造壹。时诸计吏多盛饰车马帷幙，而壹独柴车草屏，露宿

① 鹤瓢：葫芦。葫芦颈长如鹤颈，故称。

② 刘麟：1475—1561年，字元瑞，号南垣，明江西安仁县（今江西省余江县）人。进士出身。官至工部尚书。

③ 佥事：官名。金代，按察司属官有佥事。明代提刑按察使司属官有佥事，无定员，分道巡察。

④ 苕溪：在浙江省北部，是太湖流域的重要支流。由于沿河各地盛长芦苇，进入秋天，芦花飘散水上如飞雪。当地居民称芦花为“苕”，故名苕溪。

⑤ 李梦阳：1473—1530年，字献吉，号空同，祖籍河南扶沟，生于庆阳府安化县（今甘肃省庆城县）。明代书法家、文学家。

⑥ 西县：治今甘肃礼县东。

⑦ 摈：遗弃、排挤。

⑧ 光和：东汉灵帝年号，公元178—184年。

⑨ 上计：指年终考绩。即由地方行政长官定期向上级呈上计文书，报告地方治理状况。

⑩ 袁逢：字周阳，东汉汝南汝阳（今河南商水西南）人。灵帝时任太仆，后为司空、执金吾。袁绍和袁术生父，以宽厚笃诚著称于时。

⑪ 羊陟：字嗣祖，东汉太山梁父人。年轻时为人清正，有学问品行，被举荐为孝廉，后被任命为河南尹。

其傍，延陟前坐于车下。陟遂与言谈至曛夕[①]，极欢而去。曰："良璞[②]不剖，必有泣血，以相明者矣！"陟乃与袁逢共称荐之，名动京师。及西还，道经弘〔四〕农，过候太守皇甫规。门者不即通，壹遂遁去。规闻壹名大惊，乃追书谢之。壹报书[③]，遂去不顾。州郡争致礼命，十辟公府[④]，并不就，终于家。著赋、颂、箴[⑤]、诔[⑥]、杂文十六篇。

郭整，秦安人。汉安帝[⑦]、顺帝[⑧]时，公府八辟，公车[⑨]五征，皆不就。世仰其高。

晋

杨轲，天水人。易学精微，养徒数百。尝食麄[⑩]衣褐，悠然自得。受业者非入室弟子，莫得亲言。刘曜[⑪]征，拜太常[⑫]，固辞不起。隐于陇山[⑬]。曜败，秦人东徙，轲

① 曛夕：黄昏。

② 良璞：未经剖取的美玉。常用以比喻未被选用的贤才。

③ 报书：指回信。

④ 十辟公府：指十次征召。辟，朝廷召见并授与官职。

⑤ 箴：古代一种文体，以告诫规劝为主。

⑥ 诔（lěi）；叙述死者生前事迹，表示哀悼。

⑦ 汉安帝：刘祜（94—125），公元106—125年在位，汉章帝刘炟之孙，清河孝王刘庆之子，母左小娥，东汉第六位皇帝。

⑧ 汉顺帝：刘保（115—144），公元125—144年在位，汉安帝刘祜之子，母宫人李氏，东汉第七位皇帝。

⑨ 公车：汉代官署名。为卫尉下属机构，设公车令，掌管宫殿司马门的警卫。掌管天下上事及征召等事宜。后以指此类官署。

⑩ 麄：音cū，同"粗"。

⑪ 刘曜:？—329年，十六国时前赵君主，字永明，代郡新兴（今山西省忻州市）人。汉化匈奴人。十六国时前汉光文帝刘渊养子，前赵最后一位皇帝。

⑫ 太常：掌建邦之天地、神祇、人鬼之礼，吉凶宾军嘉礼以及玉帛钟鼓等威文物的官员。晋朝时九卿之一，掌礼仪祭祀。

⑬ 陇山：地处宁夏南部、陕西西部，位于宁夏、甘肃、陕西三省交界处，千河之北就是小六盘山。古代"陇"与"垄"相通，指的是田埂，古代人们看到横亘于关中平原西部的山脉如同田埂一样，就把它们称为陇山。

留长安。石季龙[①]备束帛安车[②]征之，轲以疾辞。迫之，乃发，既见不拜，与语不言。有司以轲倨傲，请从大不敬[③]论。季龙不从，下书任轲所尚。轲在永昌，季龙每有馈饩[④]，辄口授弟子，使为表谢，其文甚美。季龙乃密令美女夜以动之，轲萧然不顾。遣壮士临之以兵，并劫其所赐衣服。轲不言，了无惧色。尝土床布被，下无茵褥[⑤]。颍川[⑥]荀铺，好奇之士，造而谈经。轲瞑目不答，铺发被露其形，大笑之。轲神体颓然，无惊怒之状。时咸以为焦先[⑦]之徒，未有能量其浅深也。后求还，季龙送以安车蒲轮[⑧]，蠲[⑨]十户供之。自归秦州，仍教授不绝。

郭荷，字承休，略阳[⑩]人也。六世祖整及荷世以经学致位，荷明究群籍，特善史书，不应州郡之命。张祚[⑪]遣使者，以安车束帛征为博士祭酒[⑫]。使者迫而致之，及至署，太子友荷，上疏乞还。祚许之，以安车蒲轮送还。年八十四卒，谥曰：玄〔五〕德先生。

明

周蕙，字廷芳，山丹卫人。后徙家秦州。年二十，听人讲《大学》首章，惕然[⑬]感动，始知读书。为临洮卫军，戍兰州。闻段坚集诸儒讲学，时往听之，有闻即服。行久之，诸儒以为畏友，有疑与订论焉。遂殚心五经，笃信力行，为一时学者

① 石季龙：即石虎（295—349），字季龙，羯族，上党武乡（今山西榆社）人。十六国时期后赵第三位皇帝，石勒之侄。

② 安车：古代可以坐乘的小车。古车立乘，此为坐乘，故称安车。供年老高级官员及贵妇人乘用。高官告老还乡或徵召德高望重之人，往往赐乘安车。安车多用一马，礼尊者则用四马。

③ 大不敬：古代十恶罪之一。指蔑祖、侵犯帝王的尊严或人身安全的言行。

④ 馈饩：音kuì xì，意为赠送粮草、牲腥。

⑤ 茵褥：床垫子。

⑥ 颍川：郡名。秦置，治所在阳翟，今河南省禹州市。

⑦ 焦先：字孝然，河东（今山西永济）人。孑然无亲。汉末隐士，后因以指有道隐士。

⑧ 蒲轮：古人乘坐的车子。用蒲草包住车轮，使车子行进时减少颠簸。

⑨ 蠲：免除。

⑩ 略阳：始建县于西汉元鼎六年（前111年），“以其用武之地曰略，治在象山之南曰阳”，故名略阳。今陕西汉中略阳县。

⑪ 张祚：? —355年，字太伯，小字螽斯，凉州姑臧人。十六国时期前凉张骏庶长子，前凉君主。

⑫ 博士祭酒：官名，博士之首。《后汉书·百官志》载太常属官：“博士祭酒一人，六百石。本仆射，中兴转为祭酒。”

⑬ 惕然：警觉省悟的样子。

之宗。恭顺侯吴瑾[①]镇陕，欲聘为子师，固辞不赴。或问之，蕙曰："吾军士也，召役则往役，若以为师，师岂可召哉?"瑾亲送二子于其家以受教，始纳贽[②]焉。后隐居秦州之小泉，因以为号。秦人感化其德。西安李锦、薛敬之[③]咸执弟子礼。尝正冠婚丧祭之礼，以示学者。秦人至今遵之。迨老，以父游江南，访之，没于扬子江。人皆称其孝而悲其死云。

文蔚，秦州人。万历间武进士[④]，精韬略[⑤]，识天文。高卧不仕。秦王[⑥]闻其贤，聘见，语竟日，叹为天下奇士。寻辞归，终日静坐斗室。经略[⑦]张鄂序征蜀，庭臣荐其才，强起参军务。蔚至蜀，出奇制胜，数窘贼。夜观天象，忽曰："无以战也，不三日，敌必归命。"果如言。捷，上诏勅赐蔚指挥[⑧]札，固辞。后有人与蔚善，询之。曰："明祚[⑨]尽矣!"后人始叹以为神。

雍康年，字安夫，清水学生。以诗礼继先传，笃经史，不乐仕进。追崇孝行，修复古制，建先祠。立宗法，制祭田。修家塾[⑩]，躬行文公[⑪]四礼[⑫]。教训宗族，表率闾里。著《族约会则》、《家乡礼要》二书，刊布之。乡人尊为"敦礼先生"。

---

① 吴瑾：明代蒙古人。祖父巴都帖木儿，赐姓名为吴允诚，父答兰，更名吴克忠。《明史》有传。

② 贽：见面礼。

③ 薛敬之：1435—1508年，字显思，号思庵。五岁即喜读书，不与同龄小孩玩耍，尊儒重道，乡人以道学呼之。曾拜周惠（号小泉）为师。

④ 武进士：中国古代科举选拔人才，分文武两科，武科最优者，宋明之际称武状元，清代武举殿试及第者，称武进士。

⑤ 韬略：指《六韬》《三略》，为古代兵书，引申为战斗用兵的计谋。

⑥ 秦王：明朝封王之一，就藩西安府，共传十一世十六王。

⑦ 经略：明清两代有重要军事任务时特设经略，掌管一路或数路军政事务。

⑧ 指挥：明清承袭元制，于京城设五城兵马司，置指挥、副指挥，掌坊巷有关治安之事。又明代各卫指挥使亦简称指挥。

⑨ 祚：本意指福，也指帝位、保佑。

⑩ 家塾：私塾的一种。指塾师在自己家里或借用祠堂庙宇开馆设学，学生交纳一定"束修"入学就读的学校称"家塾"，也称"门馆"。私塾分三个种类：一是"家塾"；二是"村塾"，也称"族塾"；三是"坐馆"，也称"教馆"。

⑪ 文公：指朱熹，字元晦，号晦庵，谥文，世称朱文公。

⑫ 四礼：古代加冠、婚嫁、治丧、祭祀仪式的合称。文公四礼，多称《文公家礼》，又称《朱子家礼》，为朱熹的礼学著作。

直隶阶州

明

龙正，阶州人。幼英敏过人，精于易学。遇金牌道人，传授六壬[①]，占验多应。正德壬申[②]，蜀寇[③]猖獗，都御史[④]召之赞画[⑤]，每战多捷。番夷入寇，总督聘居帷幄，出奇数胜。欲授以官，不受，奏赐金帛冠带[⑥]。后总督杨、张、邓征聘，皆不就。所著有《八阵图》《太乙成局》《奇门集要》《六壬书》。

直隶肃州

汉

侯瑾，字子瑜，敦煌人。少孤贫，依宗人[⑦]居。性笃学，恒佣作为资。暮还，辄燃柴读书。居恒以礼自牧[⑧]，独处一室，如对严师。州郡累召公车，辞疾不就。作《矫世论》讥刺当时。隐居山中，殚思著述，作《应宾难》以自寄。又按《汉记》，撰中兴以后行事，为《皇德传》三十篇，行于世。余作新文数十篇，多亡失。西河[⑨]人重其才品，不敢名，称为侯君云。

晋

宋纤，字令艾，敦煌人。少有远操[⑩]，沉靖不与世交。隐居于酒泉南山，明究经纬，弟子受业三千余人。不应州郡辟命。惟与阴颙、齐好友善。张祚时，太守杨宣[⑪]画其像于阁上，出入视之。酒泉太守马岌[⑫]造焉，拒而不见。岌铭诗于石壁曰："丹

① 六壬：中国古代宫廷占术的一种。

② 正德壬申：公元1512年。正德，明武宗年号

③ 蜀寇：指明代正德年间由仁寿、曹甫等领导的川东农民军。

④ 都御史：官职名。明代设监督机构都察院，以左右都御史为长官，正二品，下设副都御史、佥都御史。

⑤ 赞画：辅佐谋划、襄赞。

⑥ 冠带：指官服和腰带。据《武都阶州直隶州续志》载："龙正因功，都御史"奏赐金帛数十杠，一品官服，并狮蛮带。"

⑦ 宗人：同宗之人，族人。

⑧ 自牧：自我调养，自我修养。《易》曰："卑以自牧。"

⑨ 西河：《后汉书》卷80下《文苑列传》作"河西"。

⑩ 远操：高远的节操。

⑪ 杨宣：生卒未详。前凉张骏、张祚时任敦煌太守。曾以西胡校尉率众征西域，大胜而归。

⑫ 马岌：生卒未详。前凉张茂时任参军，张骏时迁酒泉太守，张祚时任尚书。

崖百丈，青壁[①]万寻。奇木蓊蔚，郁若邓林[②]。其人如玉，惟国之琛[③]。室迩人遐，实劳我心。”纤注《论语》，及为诗颂万言。年八十，笃学不倦。谥曰玄〔六〕虚先生。

氾腾，字无忌，敦煌人。惠帝[④]时举孝廉，为郎中[⑤]属。天下兵乱，去官还家。太守张閟造之，闭门不见，馈遗无所受。散家财五十万，以施宗族，柴门灌园，琴书自适。张轨[⑥]征之为府司马，腾曰：“门一杜，其可开乎？”固辞。

郭瑀，字符瑜，敦煌人。少有操行，东游张掖，师事郭荷，尽传其业。精通经义，雅辩谈论，多才艺，善属文。荷卒，瑀服斩衰[⑦]，庐墓[⑧]三年。礼毕，隐于临松薤谷[⑨]，凿石窟而居。服柏实以轻身，作《春秋墨说》《孝经错纬》，弟子千余人。

索紞[⑩]，字叔彻，敦煌人。少游京师，受业太学[⑪]。博综经籍，遂为通儒[⑫]。明阴阳天文，善术数[⑬]占候[⑭]。司徒[⑮]辟，除[⑯]郎中，以避乱归。凡所占梦，靡不验。太守阴澹[⑰]从求占书。紞曰：“昔入太学，因一父老为主人，其人无所不知，有似隐者。

---

① 青壁：青色的山壁。

② 邓林：古代神话中的树林。

③ 琛：珍宝、宝物。

④ 惠帝：指晋惠帝司马衷（259—307），公元290—307年在位。字正度，晋武帝司马炎次子，西晋第二位皇帝。

⑤ 郎中：分掌各司事务，其职位仅次于尚书、侍郎、丞相的高级官员。

⑥ 张轨：255—314年，字士彦，安定乌氏人。十六国前凉政权建立者。晋谥曰武公。至其曾孙张祚时，追谥为武王，庙号太祖。

⑦ 斩衰：衰，音cuī。亦作“斩縗”，是“五服”中最重的丧服。用最粗的生麻布制作，断处外露不缉边，丧服上衣叫“衰”。表示毫不修饰以尽哀痛，服期三年。

⑧ 庐墓：指古人于父母或师长死后，服丧期间在墓旁搭盖小屋居住，守护坟墓。

⑨ 临松薤谷：在今张掖马蹄山风景区。

⑩ 紞：音dǎn。古时冠冕上用来系瑱（音tiàn）的带子，或缝在被端用以区别上下的丝带。

⑪ 太学：古代传授儒家经典的最高学府。太学之名始于西周。汉武帝时，于京师长安设立太学，魏晋时亦设太学。

⑫ 通儒：学识渊博的儒者。

⑬ 术数：阴阳五行生克制化的数理。

⑭ 占候：古代中国星占家视天象变化以附会人事，预言吉凶。

⑮ 司徒：掌管国家土地和人民教化的职官。

⑯ 除：拜受官位。

⑰ 阴澹：生卒不详。时任敦煌太守。曾开渠溉田，百姓蒙利而安。

統因从父老问占梦之术，审测而说，实无书也。”澹命为西阁祭酒[①]，統辞曰：“少无山林之操，游学京师，交结时贤。希申鄙艺，会中国不靖，欲养志终年。老亦至矣，不求闻达。又少不习勤，老无吏干，蒙汜[②]之年，弗敢闻命！”澹以束帛礼之，月致羊酒[③]。年七十五卒于家。

校勘记

〔一〕临洮府　哈佛本、四库本同，刻补本作“兰州府”。乾隆三年（1738），临洮府移治到兰州，改称兰州府。

〔二〕玄　哈佛本、刻补本作“元”，四库本作“玄”，避康熙皇帝讳改。

〔三〕玄　哈佛本、刻补本作“元”，四库本作“玄”，避康熙皇帝讳改。

〔四〕弘　哈佛本作“弘”，刻补本作“宏”，四库本作“弘”，避乾隆皇帝讳改。

〔五〕玄　哈佛本、刻补本作“元”，四库本作“玄”，避康熙皇帝讳改。

〔六〕玄　哈佛本、刻补本作“元”，四库本作“玄”，避康熙皇帝讳改。

① 祭酒：古代学官名，为国子学或国子监的主管官。

② 蒙汜：古代传说中太阳没入之处，喻人垂暮之年。

③ 羊酒：泛指赏赐或馈赠的物品。

甘肃通志卷之第四十　流寓

名贤高士，过都越国，旅寓栖迟[①]。或因事羁留，竟至毕世。足迹所经，山林生色，遗风流韵，后人景仰。爰[②]纪姓名，以资观览。志流寓。

临洮〔一〕府

明

徐兰，字与善，浙江开化[③]人。洪武初，任郃阳[④]知县，谪戍兰州卫，复举国子助教[⑤]，调崇仁[⑥]县丞。永乐元年，聘典[⑦]京闱乡试。致仕，复归于兰，寻又南还，卒。著有《书经体要》。

解缙，字大绅，江西吉水人。洪武二十一年[⑧]进士，授庶吉士。上封事[⑨]万言，论时政剀切[⑩]，上数称其才，诸大臣皆忌之。上慰谕，赐镪[⑪]遣归，令读书十年后来用。后因有司劾缙违诏奔丧，谪河州[⑫]卫吏。后召为翰林待诏。永乐二年[⑬]，擢右春坊[⑭]大学士。

---

① 栖迟：游玩休息。

② 爰：于是。

③ 开化：今浙江衢州市下辖县。

④ 郃阳：古地名。今陕西合阳县东南。

⑤ 国子助教：学官名。国子监或太学学官，协助国子祭酒和国子博士教授生徒。

⑥ 崇仁：今江西崇仁县。

⑦ 聘典：聘，请人担任职务。典，主管、主持。聘典，意为聘请担任主管。

⑧ 洪武二十一年：公元1388年。洪武，明太祖年号。

⑨ 封事：密封奏章。古时臣下上书奏事，防有泄漏，用皂囊封缄，故称。

⑩ 剀切：切中要害。

⑪ 镪：指成串的钱。

⑫ 河州：古地名。明洪武初置河州卫，今甘肃临夏回族自治州。

⑬ 永乐二年：公元1404年。永乐，明成祖年号。

⑭ 春坊：官署名。魏晋以来称太子宫为春坊，唐置左右春坊，以领诸局。明时春坊与唐接近，且各有大学士、庶子等官属，其实仅为翰林官迁转之阶。

耿复初，字明善，合肥人。性聪敏，博通经史，尤敦孝友。元末，归附李文忠[①]，廉其贤，授中书省，使居于杭。洪武间，谪戍兰州卫，二年，母尚留杭，不远万里，迎母就养。读书课子，造次颠沛，守仁义如一日。尝玩《易》，至《节》之六四[②]。叹曰：宜退而进，殃也可止，而止无咎[③]。自号安节老人，年八十而卒。

谢圆，字友规，浙江四明人。洪武中，以事谪临洮，为府学[④]掾[⑤]，学富才敏，文雅而思深，受知当道，郡弟子员皆从之，登第者甚众。寻以例释归。

丁晋，字希敏，江南[⑥]昆山人。洪武中，谪戍庄浪卫[⑦]。永乐中，被选为肃府[⑧]仪卫司[⑨]校尉。性鲠介[⑩]，明医术，善吟咏，尤精于画，所著有《樵云集》。

沈绎，字成章，江南吴县[⑪]人。洪武间，谪戍兰州卫。精医道，敦志节，善琴书，所著有《医方集要》《平治活法》[⑫]、《绘素集》《芝轩余兴》。

潘若水，江西人，为翰林待诏。以事充吏于西宁，往来于兰，与沈、丁辈游，善诗，为兰士大夫所重。

杨志善，浙江杭州人，迁河东盐运司。洪武间，谪戍兰州卫。善属文，不事生产，与范绎、丁晋善，齿德[⑬]为人所重，号称金城三老。

---

① 李文忠：1339—1384年，字思本，小名保儿，明江苏盱眙人（今安徽明光）。明太祖朱元璋外甥。明朝名将、谋臣，开国功臣之一。

② 六四：指《易经》六十四卦。

③ 无咎：没有过失。

④ 府学：指府级官办学校。

⑤ 掾：原为佐助的意思，后为副官佐或官署属员的通称。府学掾，即指府学中的属员。

⑥ 江南：长江以南地区。明清时主要指安徽南部、江苏、浙江北部地区。

⑦ 庄浪卫：明洪武五年（1372）平河西，改庄浪县为卫（一说十年改庄浪县为卫），治今甘肃省永登县。

⑧ 肃府：明肃庄王，名朱楧，明太祖朱元璋第十四子。初封汉，洪武二十四年（1391）改封肃，二十八年（1395）就藩甘州（今甘肃张掖）。朱元璋死后，建文元年（1399）迁至兰州。崇祯十六年（1643）冬，继任肃王被李自成杀害，至明末，其府未废。到清朝陕甘分治，将原明肃王府作为甘肃省衙门的驻地，兰州以此开府建省，从此兰州成为甘肃的行政中心。

⑨ 仪卫司：明官署名，掌王府仪仗。

⑩ 鲠介：正直耿介。

⑪ 吴县：今苏州市吴中区、相城区。

⑫ 《平治活法》：《千顷堂书目》作《平治治法》。

⑬ 齿德：年高德劭。

田中，北直[1]蠡县[2]人，由进士任钱塘知县。洪武间，谪戍肃府[3]仪卫司校尉[4]。性惇厚，尚古朴，治家严，肃人皆称之。

陈质，字太素，江西广信[5]人。洪武间，谪戍兰州卫。精医术，善吟咏，自少至老，好学不倦，有《瓦瓿集》。

游坚，字文固，应天府[6]人。任山东道监察御史。永乐间，谪戍河西。因寓于兰，有文翰存。

董可善，字在道，浙江四明人。敦德力学，教人有法，徐兰为记城南书塾，士林重之。

庆阳府

汉

马严，字威卿，扶风[7]茂陵[8]人。严少孤，从平原杨太伯讲学，能通《春秋左氏》。弟敦，字孺卿，亦知名。援[9]卒后，严乃与敦俱归安陵[10]，居巨下[11]。三辅称其义行，号巨下二卿。明德皇后[12]既立，严乃闭门自守，犹复虑致讥嫌，遂复更徙北

① 北直：北直隶简称。明代把直隶于京师的地区，称为北直隶，以区别直隶于南京的南直隶。

② 蠡县：属北直隶保定府管辖。

③ 肃府：肃王府。

④ 仪卫司校尉：王府侍卫司卫队长。

⑤ 广信：今江西省上饶市信州区。元顺帝至正二十年（1360），朱元璋部将胡大海攻取信州路，改为广信府，隶江浙行省，洪武四年改隶江西行省，民国二年（1913）废。

⑥ 应天府：或称京师，即明前期都城南京。永乐时期迁都顺天府，应天府为留都。

⑦ 扶风：指右扶风，汉代三辅之一。汉时将京兆尹、左冯翊、右扶风称三辅，即京师附近的三个地区。右扶风辖境约为今之秦岭以北、咸阳以西之地。今指陕西省扶风县，隶宝鸡市。

⑧ 茂陵：汉武帝陵，今陕西兴平市东北。

⑨ 援：指马援，马严叔叔。马援（前14—49），字文渊。汉族，扶风茂陵人。西汉末至东汉初年著名军事家，东汉开国功臣之一。

⑩ 安陵：汉惠帝刘盈墓，位于咸阳市东北。

⑪ 巨下：《后汉书·马援列传》作“钜下”，汉安陵附近地名。

⑫ 明德皇后：马氏，马援小女，东汉明帝皇后。

地[①]，断绝宾客。永平[②]十五年，皇后勅使移居洛阳。

明

张珩，山西石州人。正德辛巳[③]进士。由御史历升延、宁[④]巡抚[⑤]，总督三边[⑥]。清直，不阿权贵，升户部尚书，未及任，以延绥失利，谪戍庆阳七年。教授生徒，讲论道德，一时俊髦[⑦]，咸出门下。所著有《南川录》并文集、奏议。

性文山人，不知何许人。蓬头垢面，嗜酒善饮。诗不构思，百首立就，字亦奇。有赠衣者，即裂而披之。囊金不匮，莫知所从来。凡二十余年，死葬长安。

甘州府

明

刘廌，字士端，诚意伯[⑧]基之孙，江西参政琏之子。洪武二十三年袭封。明年坐事，贬秩，归里，筑室鸡山[⑨]下，命曰：盘谷。丁丑，谴戍甘肃。寻赦还。建文帝及成祖皆欲用之，以奉亲守墓力辞。永乐年，卒于家。著有《盘谷集》十卷，《盘谷倡和集》二卷。

① 北地：指北地郡，秦初三十六郡之一，郡治义渠县（今甘肃庆阳宁县西），西汉时郡治在马岭县（今庆阳环县东南马岭镇），东汉永初五年（111），北地郡迁池阳县（今陕西泾阳西北）。

② 永平：汉明帝年号，公元58—75年。

③ 正德辛巳：公元1521年。正德，明武宗年号。

④ 延宁：明代北边九镇名称，延指延绥，又称榆林；宁，指宁夏。《明史·地理志》载，其边陲要地称重镇者凡九：曰辽东、曰蓟州、曰宣府、曰大同、曰榆林、曰宁夏、曰甘肃、曰太原、曰固原。

⑤ 巡抚：明代官名。始见于洪武二十四年（1391），各省专设，自宣德五年（1431）始，至正德年间，巡抚已经全面制度化。

⑥ 三边：明时指延绥、甘肃、宁夏三地区。

⑦ 俊髦：指才智杰出之士。

⑧ 诚意伯：刘基封号。

⑨ 鸡山：今浙江温州市文成县南田镇。

郭登[①]，字符登，武定侯[②]英诸孙也。正统七年[③]，从王骥[④]征木麓川[⑤]。九年，从沐斌[⑥]征腾冲[⑦]，功皆最。土木之难，以都督佥事[⑧]守大同，上皇[⑨]至城下，登陴[⑩]谢却之。景泰元年[⑪]，大战栲栳山[⑫]，有功，封定襄伯。上皇复辟，谪戍甘肃。成化初，复爵。卒，赠侯，谥忠武。李东阳[⑬]尝谓武臣能诗者，莫过郭定襄。有《联珠集》二十二卷行世。

艾穆，字纯卿，湖广举人，为刑部郎[⑭]，谏张居正夺情，言切直，谪戍甘肃，尝游终南山水间，与一时词人结社赋诗。

张慎言，字金铭，山西阳城人。万历〔二〕庚戌[⑮]进士，为曹县令，有惠政，擢御

① 登：同“登”。

② 武定侯：明初将领郭英封号。

③ 正统七年：公元1442年。正统，明英宗年号。

④ 王骥：1378—1460年，字尚德，保定府束鹿（今河北辛集）人。明代名将。《明史》有传。

⑤ 麓川：汉文对傣族联盟国家“勐卯龙”的译写，“勐卯龙”直译为汉语是“大卯国”，因元朝曾在“勐卯龙”王城所在地“勐卯”（卯地）设立过“麓川路”（省之下、府之上的行政区），故将“勐卯龙”（大卯国）译写为“麓川国”。明朝洪武年间，麓川思伦发归顺明朝，授麓川宣慰使。正统年间，思任发、思机发父子叛乱，明朝四次发兵征讨。

⑥ 沐斌：1397—1450年，字文辉，初名俨，字可观，汉族，安徽定远人。明黔宁昭靖王沐英之孙。明英宗正统五年（1440）袭封黔国公。其父沐晟镇守云南四十余年，沐斌曾数次随父出征麓川之叛贼思任发。

⑦ 腾冲：云南省保山市代管县级市。

⑧ 都督佥事：都督的助理、助手，分管军纪、训练等事务。

⑨ 上皇：指明英宗。

⑩ 陴：城上的矮墙，亦称“女墙”，俗称“城垛子”。

⑪ 景泰元年：公元1450年。景泰，明代宗年号。

⑫ 栲栳山：在浙江慈溪上林湖南首，又称仙居山。

⑬ 李东阳：字宾之，号西涯，明长沙茶陵人。因家族世代行伍出身，入京师戍守，属金吾左卫籍。天顺八年举（1464）二甲进士第一，授庶吉士，官编修，累迁侍讲学士，充东宫讲官，弘治八年（1475）以礼部右侍郎、侍读学士入直文渊阁，预机务。立朝五十年，柄国十八载，清节不渝。官至特进、光禄大夫、左柱国、少师兼太子太师、吏部尚书、华盖殿大学士。死后赠太师，谥文正。

⑭ 刑部郎：刑部主事员外郎。

⑮ 万历庚戌：公元1610年。万历，明神宗年号。

史。天启时，以直言忤魏忠贤，谪戍甘肃，明末复职，历官南京吏部尚书[①]。

凉州府

汉

马援，字文渊，扶风茂陵人。少孤，有大志，诸兄奇之。后为郡督邮[②]，送囚至司命府[③]，囚有重罪，援哀而纵之，遂亡命北地。遇赦，因留牧畜，宾客[④]多归附者，遂役属数百家。转游陇、汉间，尝曰：丈夫为志，穷且益坚，老当益壮。王莽败，复避地凉州，世祖即位，归汉，为新息侯，拜伏波将军[⑤]。建初三年[⑥]，谥曰忠成侯。

刘般，字伯兴，宣帝之元孙。般数岁而孤，独与母居。王莽败，更始[⑦]即位，般奔长安，会更始败，与般西行上陇，遂至武威。般虽年少，而笃志修行，讲诵不怠。其母及诸舅以为身寄绝域，死生未必，不宜苦精若此。般终不改其业。建武八年[⑧]，隗嚣[⑨]败，河西始通，般将家属至洛阳，封菑丘侯。

晋

司马顺，字子思，宣帝弟，魏安城亭侯通[⑩]之子也。初封习阳亭侯，及武帝受

① 南京吏部尚书：明朝南京六部之一。明成祖朱棣迁都北京后，仍然在南京保留吏、户、礼、兵、刑、工六部。每部只设一个尚书，两个侍郎。

② 督邮：督邮书掾、督邮曹掾的简称。汉代各郡的重要属吏。代表太守督察县乡，宣达政令兼司法等。每郡分若干部，每部设一督邮。

③ 司命府：新朝王莽政权中央监察机关。王莽改西汉御史府为司命府，其长官名司命，掌监察大权，其属官有司命从事和执法，与大司徒司直、司威构成新朝中央政权监察机构。其职责是“上公以下皆纠察”。

④ 宾客：东汉以后对依附世家豪族的一种称谓。

⑤ 伏波将军：汉武帝置武官名号，历朝沿置。三国魏、晋等皆五品。隋炀帝时罢。路博德为第一位伏波将军，马援最著名，其后有汉末的陈登等。

⑥ 建初三年：公元78年。建初，汉章帝年号。

⑦ 更始：指汉帝刘玄。公元23年，绿林军王匡、王凤等人拥立刘姓宗室刘玄为帝，恢复刘姓汉朝统治，年号更始。25年，赤眉军攻入长安，更始帝刘玄出降，更始政权结束。

⑧ 建武八年：公元32年。建武，汉光武帝年号。

⑨ 隗嚣：字季孟，汉天水成纪人。出身陇右大族，青年时代在州郡为官，以知书通经而闻名陇上。

⑩ 魏安城亭侯通：指魏安城亭侯司马通。

禅，顺叹曰："事乖唐虞，而假为禅名"。遂悲泣，由是废黜，徙武威姑臧县，虽受罪流放，守意不移而卒。

魏

常爽，河内人①，寓凉州，不受礼命，魏主以为宣威将军。爽置馆于温水之右，教授七百余人，弟子事之如严君，由是儒风始振。

明

河西佣②，不知何许人。建文四年③六月，燕兵④入京城，佣被葛衣⑤走。其冬至金城，行乞市中。边地极寒，佣常衣葛。明年至河西，依庄浪鲁家⑥为佣，取佣值，买羊裘披之。夏或衣新布衣，皆以故葛衣覆其上。葛衣破缕缕，或劝弃之，终不可。钱稍余，辄市酒肉，与诸乞儿饮食。力作倦，自吟哦。或夜闻其哭声。永乐中，有京朝官至庄浪，识佣，欲与语，佣走南山避之。旬月，京朝官去，乃还。在庄浪数年，病且死，呼主人，嘱曰："我死勿殓我，西北风起，火我，勿埋我骨。"鲁家从其言。今建有葛衣先生祠⑦。

汤鼐，寿州⑧人，官御史。弘〔三〕治三年，上疏，劾万安⑨、刘吉⑩、尹直⑪。下诏

---

① 河内人：河内，河内郡，是汉代畿郡、名郡，位于今日河南北部、河北南部和山东西部。河内人，《山西通志》作"河内温人"，指河内温县。温县，今河南焦作市温县。

② 河西佣：一说翰林编修赵天泰，一说钦天监正王之臣。

③ 建文四年：公元1402年。

④ 燕兵：因朱棣被封为燕王而称之。

⑤ 葛衣：用葛布制成的夏衣。

⑥ 庄浪鲁家：指连城鲁土司。

⑦ 葛衣先生祠：康熙四十四年（1075），庄浪监屯厅金人望建于永登县城。

⑧ 寿州：今安徽寿县。

⑨ 万安：字循吉，明四川眉州人。正统十三年（1448）进士。明宪宗宠臣、外戚，后为明孝宗朱祐樘罢官。

⑩ 刘吉：字祐之，明河北博野人。正统十三年（1448）进士。成化十一年（1475）成为内阁成员，成化二十三年十月至弘治五年八月（1487—1492）任当朝首辅一职。

⑪ 尹直：字正言，明江西泰和人。景泰五年（1454）进士。成化中，历任翰林学士、兵部尚书、太子太保。修《英宗实录》，正德中卒。谥文和。

狱，坐妖言罪死。刑部侍郎彭韶[①]，辞不判，徐溥[②]力言，不可使朝廷有杀谏臣名，获免。鼐谪戍河西。

包节，字蒙泉，江南吴县[③]人。嘉靖间，御史参劾逆珰[④]，擅作威福。谪戍庄浪卫，以章句训童子，以给衣食，有时赋诗。既病笃，手书寄弟包孝[⑤]，善事母。殓以斩衰[⑥]，曰："少申罔极之恩[⑦]。"所著有《湟中稿》。

徐文彪，上虞[⑧]人。武庙[⑨]时，以布衣征。值珰瑾[⑩]乱政，即于廷中指为弘〔四〕恭[⑪]、石显[⑫]，极诋其恶。瑾怒，下狱，廷杖。谪戍镇番卫。

---

① 彭韶：字凤仪，明福建莆田人。天顺元年（1457）进士。授刑部主事，进员外郎。逝世后赠太子少保。

② 徐溥：字时用，号谦斋，明南直隶宜兴人。景泰五年（1454）进士，官至华盖殿大学士。弘治五年八月至十一年七月（1492—1498）任当朝首辅一职。性凝重有度，居内阁十二年，从容辅佐，爱护人才，屡遇大狱及逮系言官，委曲调剂，安静守成。卒年七十二，谥文靖。撰有《谦斋文录》四卷。

③ 吴县：今苏州市吴中区、相城区。

④ 逆珰：指弄权作奸的宦官。

⑤ 包孝：字元爱。包节之弟。明嘉靖十四年（1535）进士。历官中书舍人、南京御史，以直谏至孝闻名。

⑥ 斩衰：丧服名。"五服"中最重的丧服。用最粗的生麻布制做，断处外露不缉边，丧服上衣叫"衰"，因称"斩衰"。表示毫不修饰以尽哀痛，服期三年。《礼记·间传》："斩衰，三日不食。"

⑦ 罔极之恩：用以颂扬父母养育子女的无穷无尽的恩德。

⑧ 上虞：在今浙江绍兴上虞区。

⑨ 武庙：指明武宗朱厚照。

⑩ 珰瑾：太监刘瑾。

⑪ 弘恭：西汉沛（郡治今安徽濉溪县）人。青年时被处腐刑，为中黄门（在宫廷服役的太监），不久选为中尚书。宣帝为加强皇权，任用宦官曲掌机要，他被任为中书令。长期在内朝专政。元帝时病死。

⑫ 石显：字君房，西汉济南人（今济南章丘县西）。元帝时宦官。元帝生病之时趁机专权。掌权期间结党营私，打击异己，扰乱朝政。汉成帝时被人弹劾免官，死在回乡路上。

宁夏府

晋

周虓[1]，字孟威，晋益州[2]刺史、建城定公周楚[3]之孙，为梓潼[4]太守。宁康元年[5]，苻秦将杨安[6]攻梓潼。虓固守涪城[7]，遣步骑数千，送母妻自汉水趋江陵[8]。秦秘书监[9]朱彤[10]邀而获之，虓遂降于安。秦王坚欲用为尚书郎，虓曰："蒙晋厚恩，但老母见获，失节于此。母子获全，秦之惠也。虽公侯之贵，不以为荣，况郎任乎！"太元八年[11]，徙之于朔方之北。后竟卒于朔方。

隋

柳彧，字幼文，河东解[12]人。仕治书御史[13]。正色立朝，百僚皆敬惮之。后为杨素[14]所忌，坐罪除名，徙配朔方怀远镇[15]。

---

① 虓：音xiāo。

② 益州：汉武帝时所置十三州刺史部之一，范围包括今天的川、渝等地。

③ 建城定公周楚：字元孙，益州刺史。

④ 梓潼：今四川梓潼县。

⑤ 宁康：东晋孝武帝年号，公元373—375年。

⑥ 杨安：十六国时期略阳清水（今甘肃清水）人。氐族。前秦将领。祖父杨初、父亲杨国都是前仇池国君主。永和十二年（356），其父杨国被杀，杨安投奔前秦。先后参与平定匈奴右贤王曹毂叛乱、平定前秦宗室叛乱、消灭前燕政权、讨伐仇池公杨纂、攻克东晋梓潼，为前秦立下汗马功劳。

⑦ 涪城：今四川绵阳古称。

⑧ 江陵：今湖北荆州市。

⑨ 秘书监：专掌朝廷藏书与编校工作的机构和官名。东汉始置，典司图籍，至元朝废。

⑩ 朱彤：又作"朱肜"。十六国时京兆（今西安西北）人。与王猛知名关中，猛荐于秦主苻坚，任尚书郎，后迁秘书监。建元中，率军攻仇池，后攻晋蜀地，均陷之。淝水战前，朱彤阿附于坚，以为出兵必胜，酿淝水之败。

⑪ 太元：东晋孝武帝年号，公元376—396年。

⑫ 河东解：今山西临猗县临晋镇东南。

⑬ 治书御史：官名。秦置，亦称治书侍御史，掌图籍文书。明洪武年罢。

⑭ 杨素：544—606年，字处道，弘农华阴（今属陕西华阴）人。北周隋朝权臣。

⑮ 怀远镇：今辽宁中县附近。

明

阮彧，字景文，钱塘[1]人。任兵科给事中。其同母弟谊，谪戍宁夏，未及行而卒，遂以彧代戍。永乐元年，以荐者言，释于戍所，复其官。工吟咏，尤长于骈体。

陈矩，字善方，江西庐陵[2]人。洪武初第进士，以户部主事，谪戍宁夏。后复官，湖广江陵知县。

直隶秦州

汉

申屠刚，字巨卿，扶风茂陵人。性方直，仕郡功曹[3]。举贤良方正对策[4]，罢归田里。莽篡位，遂避地河西。隗嚣据陇右，欲背汉而附公孙述[5]。刚说曰："人所归者，天所与；人所携者，天所去。将军孤立一隅，宜推诚奉顺，上应天心，下酬人望，为国立功，可以永年。"嚣不纳。建武七年，征拜侍御史，迁尚书令[6]。

郑兴，字少赣，河南开封人。少学《春秋》，学者师之。更始，拜兴谏议大夫[7]、凉州刺史，使安集关西，及朔方、凉、益三州。会天水反者，攻杀郡守，兴坐免。赤眉入关，东道不通，乃西归隗嚣。嚣虚心礼待，而兴耻为之屈，称疾不起。闻嚣称王，说嚣不可，嚣乃止。建武六年[8]，侍御史杜林先与兴同寓陇右，乃荐兴。

---

① 钱塘：今杭州。

② 庐陵：今江西吉安。

③ 郡功曹：郡守佐吏。

④ 对策：察举制的一种考试方法，就政事、经义等设问，由应试者对答，称为对策。汉平帝时，王莽专权，朝多猜忌。申屠刚被举为贤良方正，对策批评莽，因之罢官。

⑤ 公孙述：字子阳，汉扶风茂陵人。哀帝时以父荫补清水（甘肃清水县）长，治下奸盗绝迹。王莽篡汉，公孙述受任为导江卒正（蜀郡太守）。王莽末年，天下纷扰，群雄竞起，公孙述遂自称辅汉将军兼领益州牧。建武元年（25），公孙述称帝于蜀，国号成家。东汉建武间被攻亡。

⑥ 尚书令：少府属官，负责少府文书及传达命令。汉武帝时，任用少府尚书处理天下奏章。因为天子近臣，其后职权渐重。东汉政务均归尚书台，其主官尚书令在制度上属于少府，秩仅千石，实际直接对皇帝负责，总揽事权。

⑦ 谏议大夫：汉武帝时置谏大夫，掌议论。东汉世祖时改称谏议大夫。唐置左、右谏议大夫，分属门下省与中书省，各四人，掌侍从规谏。明初置，不久废。

⑧ 建武六年：公元30年。建武，汉光武帝年号。

执义坚固，敦说诗书，征为大中大夫[①]。后坐事，左转莲勺[②]令。兴好古学，尤明《左氏》，世传《左氏》者多祖兴。兴去莲勺后，三公连辟不就。卒于家。

马融，字季长，扶风茂陵人。美辞貌，有俊才，博通经籍。永初二年[③]，大将军邓隲[④]闻融名，召为舍人[⑤]。不应命，客于凉州、武都、汉阳界中。后会边方[⑥]扰乱，自关以西，米谷踊贵，道殣相望。融既饥困，乃应隲召，拜校书郎[⑦]。

班彪，字叔皮，扶风安陵人。更始败，三辅大乱，隗嚣拥众天水，彪避难从之。嚣问彪曰："往者周亡，战国并争，意纵横之事复起于今乎？"对曰："周之废兴，与汉殊异。方今带州域者无七国之资，而百姓讴吟，思仰汉德。"乃著《王命论》以感之。而嚣终不悟，遂辟地河西。河西大将军窦融以为从事。彪为画策事汉。融还京师，召彪入见，举茂才，拜徐令。

杜林，字伯山，扶风茂陵人。博洽多闻，时称通儒。初为郡吏，王莽败，盗贼起。林与弟成及同郡范逡等，俱客河西隗嚣。素闻林志节，深相敬待，以为持书平。以疾辞去。嚣复强起，遂称笃。嚣乃出令曰："杜伯山，天子所不能臣，诸侯所不能友，今且从师友之位，须道开通，使顺所志。"林终不屈节。光武征拜侍御史。问以经书故旧及西州事，赐车马衣被。群寮知林以名德用，甚尊惮之。林于西州得漆书《古文尚书》[⑧]一卷，尝宝爱之，虽遭艰困，握持不离身，出以示卫宏[⑨]等，于

---

① 大中大夫：即太中大夫，郎中令属官，掌议论、备顾问。秩比千石。

② 莲勺：秦始皇时置县，大业元年废。今陕西渭南市临渭区交斜镇来化村。

③ 永初二年：公元421年。永初，汉安帝年号。

④ 邓鷺：字昭伯，南阳郡新野县人。东汉时外戚、将领，太傅邓禹之孙、护羌校尉邓训之子。初，征辟任郎中。其妹邓绥被立为皇后，升任虎贲中郎将。后拜大将军。倡节俭，辟召杨震等名士。

⑤ 舍人：门客。

⑥ 边方：边地，边疆。

⑦ 校书郎：掌校雠典籍，订正讹误。东汉朝廷藏书于东观，置校书郎中。明清废。

⑧ 《古文尚书》：西汉时期，相传鲁恭王在拆除孔子故宅一段墙壁时，发现了另一部《尚书》，是用先秦六国时的字体书写的，人们称之为《古文尚书》。《古文尚书》经过孔子后人孔安国的整理，篇目比今文《尚书》多十六篇。

⑨ 卫宏：字敬仲，东汉东海（今山东郯城西南）人。其主要活动时期大概在东汉光武帝时代（25—57）。年轻时与河南郑兴都好古学。先从谢曼卿习《毛诗》，后来从大司空杜林更受《古文尚书》。光武用为议郎，著有《汉旧仪》四篇。

是古文[①]遂行。后为光禄勋[②]、大司空[③]。

任延，字长孙，南阳宛人。年十二为诸生[④]，学于长安，显名太学，学中号为"任圣童"。值仓卒，避兵之陇西。隗嚣已据四郡，遣使请延，延不应。更始元年，以延为大司马[⑤]属，拜会稽都尉[⑥]，时年十九。时避乱江南者皆未还中土，会稽颇称多士。延到，皆聘请高行如董子仪[⑦]、严子陵[⑧]等，待以师友之礼。掾吏贫者，分禄给之。贤士大夫争往宦焉。建武初，征为九真[⑨]太守。九真吏人生为立祠。

唐

杜甫，杜陵[⑩]人，字子美。审言[⑪]孙。少贫不自振，客吴越齐赵间。李邕[⑫]奇其材，先往见之。举进士，不中第，困长安。天宝十三载献赋，授右卫率府胄曹参

---

① 古文：指古文经学。

② 光禄勋：秦称郎中令，汉初沿置。武帝时改称光禄勋。东汉末复称。为宫廷宿卫及侍从诸官之长。

③ 大司空：汉代三公之一，由御史大夫改称。秩万石，禄比丞相。

④ 诸生：儒生，学生。

⑤ 大司马：《周礼·夏官》有大司马，掌邦政。汉承秦制，置丞相、御史大夫、太尉，汉武帝罢太尉置大司马。东汉初为三公之一，旋改太尉，东汉末年又别置大司马，位在三公之上。明清用作兵部尚书别称。

⑥ 都尉：武官名。秦与汉初，每郡有郡尉，辅助太守主管军事。景帝时改名都尉。

⑦ 董子仪：东汉名士，名忽，字子仪。事迹不可考。

⑧ 严子陵：严光，字子陵，又名严遵，会稽余姚人。东汉著名隐士。严光少有高名，与刘秀同学，亦为好友。帮刘秀起兵，事成后归隐著述，设馆授徒。刘秀即位后，多次延聘不就，隐居富春山。

⑨ 九真：汉武帝时置郡，辖境相当于今越南清化、河静两省及义安省东部地区。

⑩ 杜陵：今陕西西安南。

⑪ 审言：即杜审言，字必简，唐襄州襄阳人。后迁河南巩县，唐高宗时进士，官修文馆学士，与李峤、崔融、苏味道被称为"文章四友"，唐代"近体诗"的奠基人之一。

⑫ 李邕：字泰和，又名李北海，也称李括州，唐广陵江都（今扬州江都区）人，一说鄂州江夏（今武汉武昌区）人，唐代书法家。少年成名，后召为左拾遗，曾任户部员外郎、括州刺史、北海太守等职，人称"李北海"。李邕为行书碑法大家，书法风格奇伟倜傥。

军[①]。禄山乱，走凤翔，谒肃宗[②]，拜右拾遗，出为华州[③]司功参军[④]。关辅饥，弃官。客秦州，寓居东柯谷，结草堂。草堂之中有泉焉，人称为子美泉。负薪、拾橡栗自给。其后往来栗亭[⑤]、同谷[⑥]间。今栗亭、同谷俱有草堂遗迹。后流落剑南[⑦]，节度使严武表为参谋、检校工部员外郎[⑧]。

明

李天成，庄浪人，天启甲子[⑨]举人，隐居秦州仙人崖。安贫乐志，萧然箕颖[⑩]之风。

朱新靖，山西举人。闯贼逆变，避迹秦州麦积山。诗酒自适，日逍遥于松泉间，以终其身。

直隶肃州

明

岳正，字季方，顺天漷县[⑪]人。正统十三年[⑫]进士及第，官修撰。天顺初，以原

---

① 右卫率府胄曹参军：率府，太子属官，掌东宫兵仗、仪卫及门禁等等。唐有十率府，右卫率府为其一。胄曹参军，太子府管盔甲的军官。

② 肃宗：即唐肃宗李亨（711—762），初名李嗣升，又名李浚、李玙、李绍，唐玄宗李隆基第三子，唐朝第七位皇帝，也是第一个在京师以外登基再进入长安的皇帝，至德元年（756）至宝应元年（762）在位。

③ 华州：今陕西渭南华州区。

④ 司功参军：即司功参军事。唐于府称功曹参军，州称司功参军。掌官员、考课、祭祀、礼乐、学校、选举、表疏、医筮、考课、丧葬等事。

⑤ 栗亭：古县名。得名于栗亭河，今甘肃省徽县伏家镇。杜甫在此留有“栗亭名更佳”等诗句。

⑥ 同谷：古县名。今甘肃康县。杜甫因感伤离乱，作《同谷七歌》。

⑦ 剑南：唐贞观元年，改益州为剑南道，治所在今成都。

⑧ 检校工部员外郎：员外郎，正额以外的郎官，为各司之次官。检校，唐中前期，加“检校”意指虽非正式拜授，但有权行使事职，相当于代理。唐中后期，检校官职均为散官或加官，不具有事权。安史之乱后，检校官职盛行，使用范围扩大，多为虚衔。

⑨ 天启甲子：公元1624年。天启，明熹宗年号。

⑩ 箕颖：即箕山和颍水。相传尧时，贤者许由曾隐居箕山之下，颍水之阳。后因以“箕颍”指隐居者或隐居之地。

⑪ 漷县：今通州区东南部的一个镇。

⑫ 正统十三年：公元1448年。正统，明英宗年号。

官入阁，言石亨[①]、曹吉祥[②]权太重，恐久不可制。又言尚书陈汝言[③]小人。时命正视草[④]，历数弊政。亨、吉祥构蜚语，谓正卖直讪[⑤]上，谪钦州[⑥]同知。道潞[⑦]，以母老暂留。汝言[⑧]嗾[⑨]校言状，逮系诏狱，杖百，戍肃州。亨、吉祥诛，起原官直经筵[⑩]，出为兴化[⑪]知府，筑堤，溉田数千顷，节缩浮费，预备仓储。卿士大夫不利，腾谤。成化五年[⑫]入觐，致仕。嘉靖中，追赠太常寺卿，谥文肃。

刘大夏，字时雍，湖广[⑬]华容[⑭]人，天顺八年进士。除兵部郎，宿弊[⑮]尽革。迁福建参政[⑯]、广东布政，移浙江，皆以政绩闻。治河张秋[⑰]，疏上流，筑长堤，水乃大

① 石亨：陕西渭南南志道里（今渭南市临渭区官路镇）人。明朝将领，官至太子太师，封忠国公。早年抗击瓦剌有战功。后于景泰八年（1457）发动夺门之变，拥立朱祁镇复辟，权倾朝野。天顺四年（1460），石亨大肆培植党羽，干预朝政。朱祁镇不能忍受，罢其职，得罪瘐死狱中，尽诛其党羽。后又以家属不轨，下诏狱，坐谋叛律斩，没其家资。

② 曹吉祥：明代权宦，永平滦州人。曾隶属于王振门下。1452年，参与分管京营，后来又与石亨等密谋帮助英宗复辟，并率兵迎明英宗复皇位。天顺初年，提升为司礼监掌印太监，总督三大营。1461年，曹吉祥父子谋反失败，英宗下令把曹吉祥凌迟于市。

③ 陈汝言：明直隶关卫人。正统七年（1442）进士。景泰五年（1454）任户部右侍郎，天顺元年（1457）任兵部尚书。因贪入狱死。

④ 命正视草：指英宗让岳正草拟罪己书。

⑤ 讪：毁谤。

⑥ 钦州：明代为钦州府，今广西钦州市。

⑦ 潞：古县名，又名新河。在今北京通州境内。

⑧ 汝言：指陈汝言，亨党，英宗初年任兵部尚书，后下狱。

⑨ 嗾：音sǒu，教唆、指使。

⑩ 经筵：汉唐以来帝王为讲论经史而特设的御前讲席。

⑪ 兴化：今江苏兴化市。

⑫ 成化五年：公元1469年。成化，明宪宗年号。

⑬ 湖广：明清及以后指两湖，即湖南、湖北。

⑭ 华容：指湖南省岳阳市华容县。

⑮ 宿弊：积久的弊政。

⑯ 参政：官名。参知政事的省称，为宰相副职。明于布政使下设左右参政。清初各部均设参政，后改为侍郎。

⑰ 张秋：古镇名。明弘治六年（1489）春，黄河在张秋堤防决口，刘大夏前往治水，从上游分流，水灾得到根治，张秋镇改名为“安平镇”。

治。理宣府[①]兵饷，储积充羡[②]。总制两广，令行，盗息民安。召拜兵部尚书，条上当兴革十六事，再陈兵政十害。武宗嗣位，乞归，加衔驰驿[③]。大夏忠诚悬笃，忘身徇国，见疾权幸[④]。刘瑾假田州[⑤]岑猛[⑥]事，欲坐以激变，李东阳力解，乃戍肃州。大夏徒步荷戈，至大明门[⑦]下，叩首而去。观者塞路，叹息泣下。父老携筐进食，所至罢市焚香，祝其生还。至戍所，儒学生徒传食之。遇团操，荷戈就伍。五年赦归。八年瑾诛，复官，致仕。教子孙力田谋食，稍余，散之宗族。预自为圹志[⑧]，卒年八十一。赠太保，谥忠宣。所居东山草堂，仅数楹，天下称东山先生。

赵逐仙，邑里[⑨]名，字未详。原任太常卿。弘〔五〕治[⑩]初，谪戍肃州。陶谐有《访赵逐仙》之作。

潘鲂，号愚叟，原任刑部尚书，以忤逆瑾，谪戍肃州。

陶谐，号南川，原任给事中，以忤逆瑾，谪戍肃州。后起，官为兵部侍郎，总制两广。

姜道渊[⑪]，原任兰州知州，不知何名。道渊，其字也。正德间，李高[⑫]巡按河西

① 宣府：即宣化府，河北省张家口市辖区之一。战略地位十分重要，历来为兵家必争之地。明朝建都北京之后，此地为保卫京师、防御蒙古南下的咽喉要道。永乐七年（1409）设置总兵官，始称宣府镇。

② 充羡：充足有余。

③ 驰驿：古代官员入觐或奉差出京，由沿途地方官按驿供给役夫与马匹廪给，称为驰驿。此处指刘大夏返乡，武宗给予“驰驿”待遇。

④ 权幸：有权势且得君宠之人。

⑤ 田州：古地名。今广西田阳县。

⑥ 岑猛：字济夫，明代广西田州土官，壮族人。正德三年（1508）袭父职为知府，因镇压江西华林起义，迁指挥同知。嘉靖五年（1526）四月，明政府以其屡侵邻部，不听征调，命都御史姚镆率兵进击，逃匿归顺州（今广西靖西），被杀。

⑦ 大明门：北京皇城正南门，明代称大明门，清代称大清门，民国后改称中华门。

⑧ 圹志：墓志。《大明会典》：五品以上许用碑，六品以下许用圹志。

⑨ 邑里：即乡里。

⑩ 弘治：明孝宗年号，公元1488—1505年。

⑪ 姜道渊：据《明武宗实录》卷29载，正德二年（1507），陕西巡按御史李高、兵备副使张天衢、兰州知州姜闳都发往肃州卫永远充军一案，可知“姜道渊”其名“姜闳”。据《山东通志》（卷15），姜闳为弘治六年（1493）进士，山东黄县（今龙口）人。

⑫ 李高：明山东虞城人。弘治九年（1496）进士。曾任陕西御史。

时，适凉州人徐谦任兰州参将，与姜相构。李因劾徐谦，徐乃逆瑾党，瑾力为内庇，遂逮治。李与边备副使张天衢及道渊，俱谪戍肃州。

校勘记

〔一〕临洮　哈佛本、四库本同，刻补本作“兰州”。乾隆三年（1738），临洮府移治到兰州，改称兰州府。

〔二〕历　哈佛本作“曆”，刻补本作“歷”，四库本作“歴”，避乾隆皇帝讳改。

〔三〕弘　哈佛本作“弘”，刻补本作“宏”，四库本作“弘”，避乾隆皇帝讳改。

〔四〕弘　哈佛本作“弘”，刻补本作“宏”，四库本作“弘”，避乾隆皇帝讳改。

〔五〕弘　哈佛本作“弘”，刻补本作“宏”，四库本作“弘”，避乾隆皇帝讳改。

甘肃通志卷之第四十一　仙释　方伎[①]

羽流缁素[②]，宿植灵根。[③]养道林泉，栖心物外[④]，餐芝吸露[⑤]，息尽尘机[⑥]。劝善戒恶，有裨[⑦]世教。至于方伎之士，或医药治疾，或卜筮[⑧]指迷，皆有益于民生，均当传其姓氏，毋令湮没不彰。志仙释、方伎。

仙释

上古

广成子[⑨]《升仙记》云：混沌[⑩]开辟，有广成子先天地而生，后天地而终，在崆峒之上，修真养道。黄帝往见之，问以治身之道，答曰："至道[⑪]之精，窈窈冥冥[⑫]；至道之极，昏昏默默[⑬]。无视无听，抱神[⑭]以静，形将自正。必静必清，无劳尔形，无摇尔精，乃可长生。慎内闭外，多知为败。我守其一，以处其和，故千三百岁而形未尝衰。"黄帝再拜稽首。今崆峒山有广成子洞，为神仙之奥宅，人迹所罕到。

---

① 方伎：亦名"方技"，指通医术、天文、占卜、相命、遁甲、堪舆等术之人。

② 羽流缁素：羽流，指道士。缁素，僧徒衣缁（黑色）素。羽流缁素喻指出家人。

③ 宿植灵根：过去的作为，前世种下的善根、慧根，是修仙成道的资质。

④ 栖心物外：超越世间事物，达于绝对之境界。

⑤ 餐芝吸露：传说仙家以芝草为食，饮露水。

⑥ 尘机：世俗的心计与意念。

⑦ 裨：增添、补助。

⑧ 卜筮：古时预测吉凶，用龟甲称卜，用蓍草称筮，合称卜筮。

⑨ 广成子：传说为黄帝时期上古仙人，修行于崆峒山。《庄子·在宥篇》载有"黄帝问道广成子"故事。

⑩ 混沌：古人想象中天地未开辟以前，宇宙模糊一团的状态。

⑪ 至道：大道。

⑫ 窈窈冥冥：形容微妙精深、恍惚渺茫的样子。

⑬ 昏昏默默：模糊无声的样子。

⑭ 抱神：持守精神。

汉

卢真人，秦州人，号铁马大仙。汉时，与成纪令观灯广陵，飞腾俄顷。今玉泉观[①]，有仙室遗迹。

魏

封衡[②]，陇西东乡人。幼学道术，服黄连五十年。入山采药百余年，复还乡里，如二十者。常乘青牛，故号青牛道士。闻有病死者，辄探腰间竹管中药，与服之，立应。魏武帝召问养性大略，衡曰："减思虑，节饮食。"著有《养气法》《卫生经》数十余卷。

晋

石垣，字洪孙，居无定所，不娶妇，不营产业，食不求美，衣必粗敝。或遗之衣，受而施人。人有丧葬，辄杖策吊之，路无远近，时无寒暑，必在其中，或同日共时，人咸见焉。又能暗中取物，如昼无差。姚苌[③]之乱，不知所终。

檀特〔一〕师，名惠丰。居凉州，饮酒啖肉。语默无常，逆论来事，后皆如言。

法成，凉州人。十六出家，学经律。不饵五谷，唯食松脂〔二〕。居山岩穴，习禅。后有小疾，乃告人曰："我死矣。"明日合掌而卒。

昙无谶[④]，北凉[⑤]沮渠世，于姑臧译《大方等集经》[⑥]三十卷。

慧嵩，北凉沮渠时，与昙无谶于姑臧译《大般若涅槃经》[⑦]四十卷。

---

① 玉泉观：俗称城北寺，又名崇宁寺，位于天水秦州区城北靖山脚下。

② 封衡：又名封君达。其籍贯，《神仙传》卷10作"陇西人"；康熙《宁远县志》卷6作"陇西东乡人"，即清代宁远，今甘肃武山。因与湖南宁远县重名，民国二年（1912）更名为武山县。

③ 姚苌：字景茂，甘肃陇西人，羌族。十六国时期后秦开国君主，公元384—393年在位，谥号武昭帝。前秦苻坚任其为扬武将军。淝水之战后，姚苌在关中羌人的推戴下自称万年秦王，建立后秦。

④ 昙无谶：中天竺人。北凉译经大家。

⑤ 北凉：十六国政权之一，由匈奴支系卢水胡族的首领沮渠蒙逊所建立。

⑥ 《大方等集经》：又名《大方等大集经》。佛教经典。属于各种大乘经籍的汇编，简称《大集经》。

⑦ 《大般若涅槃经》：又称《大般涅槃经》。佛教经典。亦称《大本涅槃经》或《大涅槃经》，简称《涅槃经》。

昙霍，秃发傉檀[①]时，从河南来，持一锡杖，令人跪曰："此波若眼，奉之可得道。"或遗之衣服，受而投之河，后日以还其主，衣无所污。行步如风云。言人死生贵贱，无毫厘之差。或藏其杖，昙霍辄闭目须臾，起而取之。咸奇其神异，莫能测也。

法护[②]，月支[③]人。年八岁出家，随师至西域诸国，遂晓外国语，其余三十六种，亦无不晓。晋武帝[④]末，隐居深山，山有清泉，恒取澡漱。后有樵者秽其水侧，俄顷水涸。护徘徊叹曰："人之无德，清泉流辍，水若永竭，无以自给，我当移去耳。"讫而清泉涌出满涧。

单道开，敦煌人。衣粗褐，不畏寒暑，昼夜不卧。恒服细石子，一吞数枚。好山居，山树诸神见异形，试之，初无惧色。石季龙[⑤]时从西平来，一日行七百里。其一沙弥，年十四，行亦及之。至秦州，表送到邺。季龙令佛图澄[⑥]与语，不能屈也。季龙资给甚厚，道开皆以施人。人或来问者，都不答。佛图澄曰："此道士观国兴衰，若去者当有大乱。"及季龙末，道开南渡许昌[⑦]，寻而邺中大乱。后至南海，入罗浮山[⑧]，年百余岁卒。勅弟子置尸石穴中。陈郡[⑨]袁宏[⑩]为南海[⑪]太守，登罗浮山，至石室，见道开，形骸如生，香火瓦器犹存。曰："法师业行殊群，正当如蝉蜕耳。"

王嘉，字子年，陇西安阳[⑫]人。外丑形貌，而聪睿内明，滑稽语笑。不食五谷，

① 秃发傉檀：365—415年，河西鲜卑人。鲜卑秃发部首领秃发思复鞬之子，南凉武王秃发乌孤、南凉康王秃发利鹿孤的弟弟，十六国时期南凉国君主，公元402—414年在位。

② 法护：名竺法护，音译昙摩罗刹。佛经翻译家。译经论一百五十余部。主要有《光赞般若经》《贤劫经》《正法华经》《大哀经》等。

③ 月支：匈奴崛起以前居于河西走廊、祁连山的古代游牧民族，亦称"月氏""禺知"。

④ 晋武帝：即司马炎（236—290），字世安，河内温县（今河南温县）人。晋朝开国皇帝，司马懿之孙，司马昭之嫡长子。

⑤ 石季龙：即石虎，后赵武帝，字季龙，羯族，上党武乡（今山西榆社）人。后赵石勒堂侄，十六国时期后赵君主，公元334—349年在位。

⑥ 佛图澄：232—348年，西域人。著名高僧。

⑦ 许昌：今河南许昌。

⑧ 罗浮山：位于岭南中南部，属广东博罗县。

⑨ 陈郡：秦置，相当于今淮阳、太康、鹿邑等地。

⑩ 袁宏：328—376年，字彦伯。东晋玄学家、文学家、史学家。任南海太守时，著文《罗浮记》。

⑪ 南海：秦汉南海郡治番禺（今广东广州市）。

⑫ 陇西安阳：前秦陇西郡无安阳县，有首阳县，治今甘肃渭源县东。

清虚服气，不与世人交游。隐于东阳谷[①]，凿崖穴居，弟子亦穴处。石季龙之末，隐于终南山[②]。苻坚[③]累征不起，公侯以下咸躬往参诣。问其当世事者，皆好为譬喻，状如戏调。言未然之事，辞如谶记，事过皆验。坚将南征，遣使问之。嘉乃乘使者马，正衣冠，东行数百步，而策马驰返，脱衣服、弃冠履而归。下马踞床，一无所言。使者还告，坚不悟，复遣问世祚[④]云何。嘉曰："未央。"咸以为吉。明年癸未，败于淮南，所谓未年有殃也。人候之者，不至心则隐形不见。衣服在架，履杖犹存。或欲取其衣者，跂[⑤]而取之，衣架逾高，而屋亦不大。履杖诸物，亦如之。姚苌入长安，与苻登[⑥]相持，问嘉曰："吾得杀苻登否？"嘉曰："略得之。"苌怒曰："得当云得，何略之有？"遂斩之。先此，释道安[⑦]谓嘉曰："世故[⑧]方殷[⑨]，可以行矣。"嘉答曰："卿其先行，吾负债[⑩]未果去。"俄而道安亡，至是而嘉戮死，所谓"负债"者也。苌子兴，字子略，方杀登，"略得"之谓也。嘉之死日，人有陇上见之。

昙猷，或云法猷，敦煌人。少苦行，习禅定，后游江左。太元[⑪]中，有妖星现，帝普下诸国有德沙门精勤佛事，令忏[⑫]禳灾。猷乃祈诚冥感[⑬]，至六日旦，见青衣小

---

① 东阳谷：清雍正《陕西通志》卷9载："郑县有广乡原，东阳水、西阳水并南出广乡原，北垂（入渭）。王嘉在东阳谷口凿岸为穴而居之。"郑县，即今陕西渭南市华州区。据此，东阳谷在今之华州区东阳乡一带。

② 终南山：又名太乙山、地肺山、中南山、周南山，简称南山，是秦岭山脉的一段。西起宝鸡眉县，东至西安蓝田，主峰在西安长安区，素有"洞天之冠""天下第一福地"的美称。

③ 苻坚：338—385年，字永固，又字文玉，小名坚头，氐族，略阳临渭（今甘肃秦安）人。十六国时期前秦世祖昭宣帝，公元357—385年在位。

④ 世祚：国运。

⑤ 跂：通"企"，踮起。

⑥ 苻登：字文高。苻坚族孙。十六国时期前秦皇帝，公元386—394年在位。苻丕被杀后即位，与姚苌连年大战。后被姚兴所杀。

⑦ 道安：本姓卫，常山扶柳（今河北冀县）人。师从佛图澄，为东晋高僧。译经多部。

⑧ 世故：世事变故。

⑨ 方殷：正在兴盛。

⑩ 负债：指亏欠他人。

⑪ 太元：晋孝武帝年号，公元376—396年。

⑫ 忏：同"忏"，指忏悔。

⑬ 冥感：至诚而感通神灵。

儿来悔过，云：“横〔三〕劳法师。”是夕，星退。太元[1]〔四〕末，卒于天台石室，举体绿色。其后人入山登岩，见猷尸不朽。

妙道真人王本豫[2]，景留人。世居三河[3]。年八十有五，鹤发童颜，行不策杖。忽召弟子曰：“吾将逝矣。”于是斋戒沐浴，端坐谈笑，颂曰：“劳苦生涯，萧条活计，九九余年，超凡脱世。”颂毕而化。时中统建元[4]初。

齐

元畅，狄道人。少为寇获，其帅曰：“此儿目光外射，非凡童也。”遂释。乃往凉州出家，复避于扬州。洞晓经律，深入禅要，占记吉凶，无不验。游成都，止大石寺[5]，入齐后山[6]，结草为庵。弟子见神人，乘马绕山一匝，指示造塔之处，乃建塔焉。齐太子[7]遣使征迎，曰：“吾数尽矣。”至京而卒。

北周

无名僧[8]，武帝[9]天和二年[10]，敕为夏州[11]三藏[12]，寻欲官之。冢宰[13]宇文

---

① 太和：东晋废帝年号，公元366—371年。此处疑为“太元”之误。

② 王本豫：按明嘉靖《庆阳府志·仙释篇》载，王本豫是元代道士，此志置于“晋”后“齐”前，误。应置于“元”后。

③ 三河：今河北三河市。

④ 建元：十六国时期前秦苻坚年号，公元365—385年。

⑤ 大石寺：建于东汉，唐僖宗进赐名为“宝光寺”，宋时改名为“大觉寺”，明代毁于兵火。

⑥ 齐后山：在今四川茂县境内。慧皎《高僧传齐蜀齐后山释玄畅》载：“乃于岷山郡北部广阳县界，见齐后山。”广阳县，即今四川茂县。

⑦ 齐太子：指文惠太子，齐武帝萧赜长子。建元四年（482）立为皇太子。永明十年（492）去世，年三十六，谥号文惠太子。

⑧ 无名僧：释亡名，俗姓宗氏，南郡人。南北朝时高僧。唐释道宣《续高僧传》卷7有传。

⑨ 武帝：北周武帝宇文邕（543—578），小字祢罗突，鲜卑族，北周文帝宇文泰四子，公元560—578年在位。

⑩ 天和二年：公元567年。天和，北周武帝年号。

⑪ 夏州：今陕西靖边红墩界镇，隋曾置朔方郡于此。

⑫ 三藏：佛教经典分为经藏、律藏、论藏三部分，通晓三藏的僧人，称三藏法师。

⑬ 冢宰：官名。即太宰。殷商置，位次三公，为六卿之首。此处为大冢宰卿省称。北周依《周礼》置六官，设天官府，以大冢宰卿为主官，正七品。

护[①]以书勉之，答以“收迹岩中，摄心尘外，此本志也，安能愦愦[②]久住阎浮[③]地乎！”因著《宝人铭》[④]曰：“法界中有如意宝人焉，缄其身，铭其膺曰：多知多事，不如息意；多虑多失，不如守一。虑多志散，知多心乱；心乱生恼，志散妨道。英贤才艺，是为愚蔽。”

梁

宝志[⑤]，金城狄道人。七岁出家，长修禅业，止江东道林寺[⑥]。言若谶记，或一身三处宿。梁武帝[⑦]即位，下诏：“志公神游冥寂，勿禁出入。”常与白鹤道人[⑧]争，得潜山麓。武帝以二人俱灵通，各以物识其地。已而鹤飞，去至麓，忽闻空中锡声，遂卓于山麓，鹤止他所。皇子生，志曰：“冤家亦生。”后知与侯景[⑨]同日生。天监十三年[⑩]，无疾而终。累代加号道林真觉禅师。

唐

佛光道悟，姓寇氏，兰州人。生而有齿，年十六，自欲出家，父母不听。数日不食，乃许。之后二年，自临洮归湾子店，夜梦梵僧唤觉，闻马嘶，豁然大悟。将游诸方，乡人求颂，有“水流须到海，鹤出白云头”之句。至熊耳[⑪]，果遇白云禅师

① 宇文护：513—572年，字萨保。北周文帝宇文泰之侄，北周权臣。曾在三年内连杀宇文觉、拓跋廓、宇文毓三帝，成为北周实际主宰。武成二年（560），立宇文邕为帝。天和七年（572），宇文护被宇文邕所杀。

② 愦愦：混乱不安，糊涂。

③ 阎浮：亦称“阎浮提”“南阎浮提”，为须弥山四方的四洲之一。即位于南方的南赡部洲，上面生长许多南赡部树。“阎浮”即“赡部”，一种树名。后泛指人间世界。

④ 《宝人铭》：《法苑珠林》作《自诫》，《续高僧传》作《宝人铭》。

⑤ 宝志：慧皎《高僧传》作“保志”，金城人；《唐书》等典籍作“宝志”，句容县东阳镇（今属南京栖霞区）人。两人事迹多有重合，似为一人。

⑥ 道林寺：位于南京钟山。

⑦ 梁武帝：萧衍（464—549），字叔达，小字练儿，南兰陵郡武进县东城里（今江苏省丹阳市访仙镇）人。南北朝时期梁朝的建立者。

⑧ 白鹤道人：传说有神通的道人。

⑨ 侯景：503—552年，字万景，北魏怀朔镇（今内蒙古固阳南）鲜卑化羯人。梁武帝太清元年（547）率部投降梁朝，越明年，侯景叛乱，起兵攻梁。551年篡位，改国号为“汉”，称南梁汉帝，史称“侯景之乱”。552年，侯景兵败被杀。

⑩ 天监十三年：公元514年。天监，梁武帝年号。

⑪ 熊耳：熊耳山，在今河南陕县支沟村。此处有寺名为空相寺，传为禅宗初祖达摩葬地。

海公。先是，人问海："何不择法嗣？"亦有"芝兰秀发，独出西秦"之语。比师至，夜闻空中有言："来日接郭相公！"黎明，海呼僧，令持香花："接我关西弟子，寺乃唐郭子仪建。"既至，一言相契，径付衣钵。寺前常有剽而杀人者来告急，师呼众擒之曰："即汝是贼！"寻得其巢穴，众请命，师谕释之。其后，路不拾遗。或以师前身为汾阳王[①]云。泰和五年[②]，结厦[③]于临洮之大势寺，开《圆觉经》[④]。一日早，盥漱毕，呼侍者曰："我病也，寻药去。"侍者足未及门，师已卧游。方丈有五色云，如宝盖，中有红光如日者三。年五十有五。

殷道筌[⑤]，不知何许人，亦不测其年寿。行游天下无常名，自称七七。卖药泾州时，病疫甚多，得药即愈，惊为神。所酬钱，辄施于人。周宝[⑥]先于长安识之，寻为泾州节度，延之礼重。

雷牛，成纪人。炼丹于长道县[⑦]之南山[⑧]。唐明皇[⑨]时，宫中有疾，召至长安，调治即愈，封雷王。今山上药臼尚存，有古槐一株，液出似酒，饮之去病，人谓雷峰仙酒。

---

① 汾阳王：郭子仪。安史之乱爆发后，郭子仪率军收洛阳、长安两京，功居平乱之首，晋中书令，封汾阳郡王。

② 泰和：金章宗年号，公元1201—1208年。

③ 结厦："厦"通"夏"。佛教僧尼自农历四月十五日起静居寺院九十日，不出门行动，谓之"结夏"，又称结制。

④《圆觉经》：又名《大方广圆觉修多罗了义经》，由唐朝译师佛陀多罗翻译。全经共有十二章，主要内容是释迦牟尼佛回答文殊菩萨、普贤菩萨、普眼菩萨、金刚藏菩萨、弥勒菩萨、清净慧菩萨、威德自在菩萨、辩音菩萨、净诸业障菩萨、普觉菩萨、圆觉菩萨和贤善首菩萨所提出的问题，以长行和偈颂形式宣说如来圆觉的妙理和方法。《圆觉经》释义著名的版本是明朝憨山大师的《圆觉经直解》。

⑤ 殷道筌：名天祥，自称七七。

⑥ 周宝：814—887年，唐平州卢龙（辽宁锦州市）人。晚唐大臣。曾任泾原节度使。

⑦ 长道县：今甘肃礼县。当地有关于雷王的传说。

⑧ 南山：今传为礼县之雷王山。

⑨ 唐明皇：唐李隆基（685—762），庙号玄宗，清朝为避讳康熙帝之名玄烨，改谥"至道大圣大明孝皇帝"，称为唐明皇。

刘道通，学仙术，居徽州[①]金莲洞[②]修炼，兼晓符箓[③]法，治病效。大德〔五〕间，元帅田守璋[④]荐，赐号曰："清净真人。"

惠印[⑤]，徽州人。幼出家，通经律。文宗[⑥]召至京师[⑦]，授荣禄大夫[⑧]，司徒银印，赐号"真惠国师"。

僧伽大师，西域人，姓何。唐龙朔〔六〕初，游方至泗州[⑨]临淮县[⑩]建寺，颇示神异。景龙二年[⑪]，中宗[⑫]遣使迎入，尊为国师。顶上有一穴，以絮窒之，夜则去絮，香从穴中出，非常芬馥。及晓，香还顶中，仍以絮窒之。师尝濯足，人取其水饮之，痼疾皆愈。时京邑无雨，师将瓶水泛洒，俄顷，阴云骤起，甘雨大降。中宗大喜，诏赐所修寺额为普光王寺[⑬]，御笔亲书。至四年三月二日端坐而终。

乔真人、郭真人[⑭]〔十三〕，俱雪山凤林人。同遇吕仙[⑮]，示以神仙之道。修炼之

---

① 徽州：今甘肃徽县。至元六年（1263），南凤州改名徽州，领徽县、两当县。

② 金莲洞：位于今甘肃成县店村镇新村仙洞湾山腰。一名华阳洞，洞内密布钟乳石，多呈莲花状，故名。

③ 符箓：道教中的一种法术，亦称"符字""墨箓""丹书"。

④ 田守璋：大德二年（1298），徽州管军元帅副使。

⑤ 惠印：按民国《徽县新志·人物志》："惠印，徽州人，姓张。幼出家，通经律。元文宗召至京师，授荣禄、大司徒银印，赐号'真慧国师'（北禅寺碑记事实甚详）。"据此，惠印乃元代文宗年间宗教人物。本志置其于"唐"后，误，应置于"元"后。

⑥ 文宗：孛儿只斤·图帖睦尔（1304—1332），即元文宗，蒙古帝国大汗、元朝第八位皇帝。

⑦ 京师：指元大都，今北京。

⑧ 荣禄大夫：文散官名。金始置，从二品下，元升为从一品。

⑨ 泗州：今江苏泗县、天长、盱眙、明光等区，城在盱眙县境内。

⑩ 临淮：今江苏泗洪县临淮镇。

⑪ 景龙二年：公元709年。景龙，唐中宗年号。

⑫ 中宗：原名李哲，唐高宗李治第七子，武则天第三子，公元656—710年在位。

⑬ 普光王寺：原名普照王寺（位于盱眙淮河镇），中国历史上五大名刹之一。因避武则天讳，中宗李显题为"普光王寺"。

⑭ 乔真人、郭真人：按《陇右金石录》载《玉泉观乔真人碑》，乔真人名乔元阳，郭真人名郭飞阳。嘉庆《河州志》卷2《典礼志》载："大隐庵，州西三里，元壬寅蒙古左厣建。郭飞阳之所居，澄阳仙姑是也。"据此，郭飞阳乃元代道士。另据明郑汝璧等《延绥镇志·仙释》载，乔真人、郭真人均为元代道士。因此，本志此二人传应置于"元"后。

⑮ 吕仙：指吕洞宾。

方，排五色石以象五行[①]。后期年复遇，仍各赐火枣令食之，遗“乌兔海蟾[②]”四字，了然顿悟。能见吉凶，知祸福。后升化于玉泉观[③]，有碑记。

詹道人，庆阳群牧所[④]军，采药贺兰山[⑤]阴，遇神人授学。久之悟，出言成文，唱咏有佳趣。修复普照寺[⑥]，人从牖[⑦]窥见，护法[⑧]泥神起立，听道人计划明日缘事，应答如响。工竣，辞官民告去。异日坐化，有人从数百里来见，道人南去，相与立语，莫知其终。

宋

秦志通、李志亨，俱金县人。自幼聪敏，能读书。即知慕道，两人各相规勉。元宗内外二典，无不精研。得遇太虚真人[⑨]，授以金液大丹[⑩]、五行生克、七返九还[⑪]之道，遂耑[⑫]心烹炼，数足功完。于政和二年[⑬]白日，拔宅升天。今兴龙山[⑭]乃游览处，清虚观[⑮]其故里也。

---

① 五行：中国古代道家系统观，包括金、木、水、火、土五种物质形态，以其相互演变来描述事物运动形式及转化关系。

② 乌兔海蟾：乌兔，中国神话传说日中有乌，月中有兔，日月合称为乌兔。后人用来形容时间。海蟾，代指月亮。

③ 玉泉观：据《陇右金石录》载《玉泉观乔真人碑》，此观在甘肃宁县。

④ 群牧所：全称群牧千户所，明朝牧养军马的机构。设正千户、副千户、镇抚、百户等官与一般千户所同，往往不隶卫，而直属都指挥使司或行都指择使司。

⑤ 贺兰山：指贺兰山脉，位于宁夏回族自治区与内蒙古自治区交界处。

⑥ 普照寺：位于甘肃庆城县政府后院内，始建于北宋太平兴国年间。

⑦ 牖：窗户。

⑧ 护法：保护、维持正法的意思。传说佛陀派请四大声闻、十六阿罗汉等护持佛法。

⑨ 太虚真人：名赤松子，号左圣南极南岳真人左仙太虚真人，秦汉传说中的古仙人，传为神农时雨师。

⑩ 金液大丹：内丹术语，即内丹。据闵智亭等编《中国道教大词典》载，金液大丹，乃取真阴真阳同类两弦之气和合而成。

⑪ 七返九还：也称七返九转，道家内丹丹法之一。

⑫ 耑：同“专”，音亦同。

⑬ 政和二年：公元1112年。政和，宋徽宗年号。

⑭ 兴龙山：甘肃兰州兴隆山，有兴龙、栖云两座山峰。

⑮ 清虚观：本志卷12《祠祀》载：“清虚观，在金县东，昔秦李二仙羽化于此，后废。元至正间重建。”今有二仙洞。

徐神翁[1]，镇原[2]人。修炼飞升之术，居潜夫山[3]。今山后有神翁洞，尝遗诗数首。后宋南渡，翁口占绝句，送高宗[4]，卒如其言。

宋披云，宋时人。少游大梁[5]，后访道入陕，至于太白山[6]五陵，遇纯阳真人[7]。授以金丹[8]，了道于崆峒山[9]。著书行世，号“披云真人”。

朱友，祥符[10]间人。修真养性于回山西真宫[11]。数年绝烟火粒食，餐松柏叶以为常，行履如飞。世传其得道后，隐太和山[12]，不知所终。

元

澄阳真人，姓何氏，枹罕[13]人。生有仙风道骨，弱龄即慕道。一日汲水，遇异人就饮。一见奇之，相与言方外事，咸解悟。隐显林中，动有金光覆映。至正三年五月十四日，双鹤来空，彩云绕室，须臾飞升。今城西有大隐庵[14]。

程守善[15]，素有道行。居万寿观[16]，内有槐，僵死二十余年。守善居此，其槐复

---

① 徐神翁：据《古今图书集成博物汇编神异典》卷253载，名为“徐神翁”的道士共有《陕西通志》《江西通志》《重庆府志》《徐州府志》四种说法。本志与《陕西通志》所载同。

② 镇原：今甘肃镇原县。

③ 潜夫山：位于甘肃庆阳市镇原县城东北，又称玉皇山。

④ 高宗：赵构（1107—1187），宋朝第十位皇帝，字德基，南宋开国皇帝，宋徽宗赵佶第九子。

⑤ 大梁：今河南开封西北。

⑥ 太白山：秦岭山脉最高峰。

⑦ 纯阳真人：即吕洞宾。

⑧ 金丹：中国古代炼丹术名词，包括外丹和内丹两种，外丹用丹砂、铅、硫黄等原料烧炼而成，成品叫金丹。道家认为服食之后可以使人长生不老。内丹指把人体作炉鼎以炼其精、气、神，结成圣胎可以脱胎换骨成仙。

⑨ 崆峒山：道教圣地，传说黄帝问道于崆峒山的广成子。

⑩ 祥符：宋神宗年号，全称“大中祥符”，公元1008—1016年。

⑪ 回山西真宫：据本志卷12《祠祀》载：“王母西真宫，在泾州回中山。”因此，回山，又名回中山。西真宫即王母宫，乃西王母祖庙。

⑫ 太和山：武当山别名。

⑬ 枹罕：即枹罕，今甘肃临夏西郊。

⑭ 大隐庵：今临夏万寿观，创建于元成宗大德六年（1302）。明嘉靖《河州志》载：“大隐庵，州西三里，元壬寅蒙古左厯建，郭飞阳之所居，澄阳仙姑是也。”

⑮ 程守善：《狄道州志》载其为临洮人。

⑯ 万寿观：在今甘肃临洮，《狄道州志》有载，但今址不可考。

苏，枝叶畅茂，咸以为异常。应召，赐号“通真子”。

冯真人，修炼总真观。有道术，凡祈晴祷雨，靡不验。有一石枕，黄润似玉。人有疾者，以枕扪之即愈。

黄居士，元时人。家巨富，好道。弃家入崆峒，不与人交接。一日，感纯阳真人，得修道口诀，持炼。子饮月华，午餐日精。后蝉蜕而化。

梁志通，山西介休[①]人，号达元子，生至元丙子[②]间。慕道来秦，终于玉泉观。时或遇之长安灞桥，与使客传钥。封烟霞无为真人。

赵野云，元季道士，自号赵野云。由庆阳来，簪[③]柏朵插佑德观[④]中，倏不见，竟成参霄之材。人以为神翁复来。云有碑。

明

张三丰，辽东懿州[⑤]人。名全一，一名君宝，三丰其号也。以其不修边幅，又号张邋遢。颀而伟，大耳修髯，一衲一蓑。所啖，升斗辄尽，或数月不食。或处穷山，或游市井，能一日千里。嬉笑谐谑，旁若无人。洪武初，居武当山中。二十三年，云游长安，继至陇上，遍游多方。冬春不履，又号赤脚张。常寓岷州[⑥]杨永吉家，遗一小鼓，虽击大镛[⑦]，莫能混音。成祖[⑧]遣官于四方寻访，未见，封通微显化真人。又，平凉紫极观道士朱元贞，修筑道院，塑云房[⑨]、纯阳、留侯[⑩]，洎三丰像于中。独三丰像结胎已就，不能肖。忽一日，有羽衣至蒲团，杖履，萧然尘外。散步道院，见未成像。问之元贞，对以故。羽衣曰：“此何难，知吾尝会其人于崆峒西崖，其人身可七尺余，面目颀伟，长须修眉，彷佛与贫道同。然坐位如此，有所未安。”元贞问故，曰：“云房、纯阳皆师也，可并坐乎？”众然之。工人依其言，经营

① 介休：今山西介休市。

② 至元丙子：公元1276年。至元，元世祖年号。

③ 簪：插、戴。

④ 佑德观：位于今甘肃镇原城北的潜夫山上。

⑤ 辽东懿州：今辽宁阜新蒙古族自治县，塔营子乡有古城遗址。

⑥ 岷州：今甘肃岷县。

⑦ 镛：大钟。

⑧ 成祖：明成祖朱棣。

⑨ 云房：钟离权，道教全真道祖师，字云房，号正阳子，咸阳人。

⑩ 留侯：张良，河南颍川城父人，秦末汉初谋士。协助刘邦定天下，封留侯。

出像。少焉，羽衣竟失所在，乃知三丰示现也。洪武二十四年，云游甘州[①]，寓张指挥家。寓十年去，莫知所之。舍之老妪，尝伺其出，窃葫芦药一丸，啗之。三丰归，觉，谓妪曰："汝窃食此药，益寿太多，奈所享不继。"后妪寿百余。舍内尝遗中袖一，葫芦一。居人患疫者，借中袖覆之，即愈。童稚患疮疾者，翦少许贴服之，即愈。天顺[②]中，镇守甘肃总兵王敬患中满疾，火化中袖，节服之，遂愈。成化[③]初，定西侯蒋琬[④]会宴守臣，以葫芦搬三度杂剧，其葫芦即席自碎。

慧达[⑤]，肃州[⑥]人，姓刘，名窣和，自幼出家为僧。洪武间，游至凉州，闭关静坐。一日，谓凉州人曰："明日肃州遭水患，吾当救之。"明寅[⑦]西向，巳[⑧]时至肃，讨来河[⑨]水涨泛，势将逼城。慧达至西峰，离城一里许，用手一指，水向北溃，遂不近城。因遂圆寂于此，建有寺塔。人以手迹崖[⑩]为古迹。

白云道人，俗姓黄。洪永[⑪]间，尝依于凉州鲁氏，人莫测其迹。夏坐烈日中，毫无汗湿。冬立风雪，暖气如蒸。与之食则食，不与亦不食。问其事，闷闷不答，否则以隐语一二示之，其休咎[⑫]立见。年九十九立化。

瑞竹领占，狄道人，姓石氏。自幼为本郡宝塔寺僧。永乐四年，以屡使绝域，宣布王化，功升苏州府僧纲司都纲[⑬]。二十一年奉命招降，升僧录司[⑭]右阐教[⑮]。二十

① 甘州：今甘肃张掖。

② 天顺：明英宗年号，公元1457—1464年。

③ 成化：明宪宗年号，公元1465—1487年。

④ 蒋琬：1433—1487年，字重器，直隶江都（今属江苏）人。明代将领。祖蒋贵封定西侯，蒋琬袭封。

⑤ 慧达：刘窣和，又名刘萨诃，其籍贯有并州、慈州。本志亦为一说。魏晋时期高僧。

⑥ 肃州：今甘肃酒泉肃州区。

⑦ 寅：指凌晨三时至五时。

⑧ 巳：早九时至十一时。

⑨ 讨来河：又名讨赖河，甘肃嘉峪关唯一的地表河流，源于祁连山中段，流经嘉峪关、酒泉、金塔，汇入黑河，属黑河水系。

⑩ 手迹崖：传在酒泉城西二里，今已湮灭。

⑪ 洪永：洪武、永乐年间。

⑫ 休咎：吉凶、善恶。

⑬ 僧纲司都纲：僧纲司，府级掌管僧尼事务的官员，设都纲一人，从九品。设官不给俸，隶礼部。

⑭ 僧录司：掌僧侣事务的中央机构，洪武十五年（1382）设，属礼部。

⑮ 右阐教：僧录司属官，从六品，督修坐禅。

二年，升左善世[①]，赐诰命[②]、金图书、服器。宣德元年[③]，升灌顶圆妙广智大国师。二年，奉使乌思藏[④]公干，升号清修静觉崇善慈应辅教阐范灌顶圆妙广智大国师。八年正月内圆寂。天顺七年，追封西天佛子。成化二十二年，追封大敏法王。

贺兰二老。洪武二十七年，中卫人张秋童入贺兰山伐木，见二老坐石上，问曰："秋童何为?"对曰："伐木。"二老乃呼秋童，与钱盈掬。童归，寻往视之，则二老莫知所之，其钱犹存。

孙碧云，冯翊人。幼即慕道，年十三，入华山。明太祖召赴京，与语甚悦。所赐之物，辞不受。肃庄王迎居金天观[⑤]，环室接引徒众，语多奥旨。后还少华山[⑥]。永乐中，赐号虚宣子。年七十三，羽化于武当山。

邵道人，蜀人。至庆阳，年七十余。道人尝不言，凡所欲言，颐指[⑦]色授，馆于钟楼街，筑土被衲，无昼夜露坐，郡中子弟，争礼事之。能治病，令病者张目，嘘气即可活。居十余年，一日，谓诸弟子曰："吾将逝矣！"时夜半屋脊隐隐有霹雳声，若金戈铁马状，诸弟子震慑伏地。天明起视，则道人死矣。

清然，河南通许人。自幼为僧，戒行精严。正德初，游入合水[⑧]子午山[⑨]，乐其地僻人朴，遂久隐焉。常修环山寺及兴教寺[⑩]。或谓其得黄白术[⑪]云。

如和尚，不知何许人。身躯颀伟，髡首[⑫]铜箍，破衲跣足，神光焕发。每游静宁

① 左善世：僧录司属官，正六品，掌印信。

② 诰命：皇帝封僧官员的专用文书。

③ 宣德元年：明宣宗年号，公元1426—1435年。

④ 乌思藏：元代设在西藏的政区名称。"乌思"指前藏，包括今拉萨和山南地区；"藏"指后藏，包括今日喀则地区。

⑤ 金天观：位于兰州七里河西津东路，肃庄王建于明建文二年（1400）。在此之前，唐为云峰寺，宋为九阳观。因地处城池正西，五行中西方属金，故名金天观。现为兰州市工人文化宫。

⑥ 少华山：位于陕西省华县少华乡刘家河村南，在县城东南约五公里处。因与西岳华山峰势相连，遥遥相对，并称"二华"，但低于华山，因名其少华山，又名小华山。

⑦ 颐指：以下巴的动向示意而指挥人。

⑧ 合水：今甘肃庆阳合水县。

⑨ 子午山：又称子午岭、横岭、桥山，地跨陕、甘两省，因与子午线方向一致，因此称子午岭。

⑩ 兴教寺：在庆阳府城北，至元年间建。

⑪ 黄白术：炼丹术的重要组成部分。古代以黄喻金，以白喻银，总称"黄白"。制取"黄白"的方技，即称"黄白术"。

⑫ 髡首：剃去头发。

州[①]市间，无定处。值暑则寒气逼人，严冬则裸体仆雪。或入冰水以浴，终日常笑，了无一言。人问斋否，则点首。与之食，一饭斗米，时人呼为“如子”云。一日忽号于市曰：“我去也！我去也！”连号数日，群小儿尾之，乃趺跏[②]端坐而化。众白于州牧，建塔瘗焉。会万历间天旱，讹传塔中有声，众怪之，乃以火焚。后闻有遇于蜀者。

赵仙，美姿容，善谈论，周济贫乏，施财不匮。然入其室，无他，囊橐[③]衾枕而已。庆阳人咸怪之，称为赵仙。时兵部侍郎陈震方为诸生，闻而往见。未至，赵避去，谓主人曰：“明日庆阳陈生来，善待之，勿令入吾室。”震至不见赵，求入其室而返。明日，赵至，恚曰：“吾嘱汝勿令陈入吾室，乃令入焉，吾弗可以居矣。”遂辞主人而行。素厚者挽留之不可，竟莫知所之。

樊让，阶州所舍人。幼博群书，工于词翰。常云游，遇异人，授奇门遁法，及吐纳之术。年九十二，无疾作赞而逝。词曰：“九九之九，元门立久，混合乾坤，斡旋星斗。保精气以息神思，无中而生有，无无无，天地原来一虚窟；有有有，天地能长而且久。吾今返本含真道，朗朗明明元不朽。咦！赤身无罣[④]碍，飞上白云头。”

牧羊女，成化间，不知姓氏，誓不适人。每入山牧羊，念佛一声，拾羊粪一粒，投于智井[⑤]。数十年，山谷坑堑处，尽为念佛所投之粪粒。一日口吐青气，若莲花之状，端坐而逝。乡人遂于凉州南关厢建阁，移其身饰以泥。至今称为肉身菩萨。

扒沙〔七〕，梵僧。僧焚修于扒沙〔八〕寺[⑥]，夷目供养已久。明万历二十六年，田乐[⑦]、达云[⑧]恢复松山[⑨]，驱丙吉入寺，见僧端坐，令斩之，血出如乳，操刃者立毙。后改扒沙〔九〕为大靖寺，被回禄[⑩]卜者以为枉杀高僧之故，乃立祠塑像，火灾遂息。

---

① 静宁州：始置于元成宗八年（1304），民国二年（1913）改州为县，即今之静宁县。

② 趺跏：双足交迭而坐。

③ 囊橐：袋子。

④ 罣：同“挂”。

⑤ 智井：枯井。

⑥ 扒沙寺：据《乾隆古浪县志》载：“僧焚修于扒沙寿国寺”，“寿国寺，外城东北隅。”

⑦ 田乐：号东洲，鄚州人。万历朝兵部尚书。时任甘肃巡抚，与三边总督李汶、西宁副总兵达云等击败俺答汗侄子永邵卜叛乱，收复松山草原。

⑧ 达云：1550—1609年，字腾霄，号东楼，明凉州卫（今武威市）人。时任西宁副总兵。

⑨ 松山：今甘肃天祝藏族自治县松山乡松山滩草原，是乌鞘岭东侧最大的天然牧场。

⑩ 回禄：相传为火神之名，引申指火灾。

像存，有碑记其事。

张清，肃州中右所人。行履笃实，寡言笑，好诵经，静坐瞑目。后年六十余，隐于寺，至七十。常言未来事人，问何以先知，清曰："夜有梦，故先知。"当时以为神异。及卒，人塑其像于文殊寺侧。

方伎

上古

岐伯，北地[①]人。生而神明，精医术，通脉理，黄帝以师事之。有《素问》[②]、《难经》[③]行于世。

汉

杨子阿，成纪人，善相马。《马援传》："援好骑，善别名马。于交址得铜，乃铸为马式。还上之，因表曰：'近世有西河子舆，亦明相法。子舆传西河仪长孺，长孺传茂陵丁君都，君都传成纪杨子阿。臣援尝师事子阿，受相马骨法，考之于行事，辄有验效。'"

晋

郭黁[④]，西平[⑤]人。少明《老》[十]、《易》，仕郡主簿。张天锡[⑥]末年，苻氏每有西伐之问。太守赵凝使黁筮之，黁曰："若郡内二月十五日失囚者，东军当至，凉祚必终。"凝乃申约属县。至十五日，鲜卑折掘[⑦]送马于凝，凝怒其非骏，幽之内厩。鲜卑惧而夜遁，凝以告黁。黁曰："是也，国家将亡，不可复振。"苻坚末，当阳门震。刺史梁熙[⑧]问黁，黁曰："当有外国二王来朝，一当返国，一死此城。"岁余，而

① 北地：指北地郡，地域大致在今陕、甘、宁交界地带。

② 《素问》：《黄帝内经素问》，简称《素问》，现存最早的中医理论著作。

③ 《难经》：原名《皇帝八十一难经》，又称《八十一难》，是中医现存较早经典著作。

④ 黁：音nún，是指温黁，温暖芳香。

⑤ 西平：今河南驻马店市西平县。

⑥ 张天锡：338—398年，小名独活，初字公纯嘏，后改字纯嘏，前凉文王张骏少子，前凉桓王张重华和前凉威王张祚的弟弟，十六国时期前凉政权最后一位君主。

⑦ 鲜卑折掘：鲜卑折掘氏，原西部鲜卑之一支。

⑧ 梁熙：前秦凉州刺史，梁谠之弟。梁熙与梁谠俱以文藻清丽一时为人看重，人为之语曰："关东堂堂，二申两房。未若二梁，环文绮章。"

鄯善[1]及前部王[2]朝于苻坚，西归，鄯善王死于姑臧。吕光[3]之王河西也，将伐乞伏乾归[4]。廧谏曰："今太白未出，不宜行师，往必无功。"太史令[5]贾曜以为必有秦陇之地。及克金城，光使曜诘廧，廧谓光曰："昨有流星东坠，虽得此城，忧在不守。正月上旬河冰将解，若不早渡，恐有大变。"后二日而败问至。光引军渡河讫，冰泮[6]。时人服其神验。

明

康永惠[7]，万寿宫高士也。遇异人，授以雷法，其术最秘。岁旱，祈雨立应。兼精于医。

张好问，字希明，其先高邮人。始祖仁，以医事韩遂，家平凉。好问尤精祖业，常不拘古方。唯浚病源，弗问贫富。校业礼官，为良医正，诊视神验。所著有《张氏医精》《太素集》《时巢鉴》。由浙寓华亭，为陇西王侍医。又刘聪，本府人，皆能疗治奇应，擅名一时。

张仙童，安化[8]人。少从罗理[9]，凡绘画人物，皆称神妙。今兴教寺有罗汉十八幅，并寒山拾得[10]之像，俨然如生。

禁神，宁州[11]人。精呪[12]法，能禁疮毒，及蛇虫诸害。每旦持水，向四方呪，祝

① 鄯善：今新疆吐鲁番鄯善县。

② 前部王：指车师前部王。

③ 吕光：337—399年，字世明，氐族，略阳人。前秦太尉吕婆楼之子，十六国时期后凉建立者，公元386—399年在位。

④ 乞伏乾归：陇西鲜卑人，西秦烈祖乞伏国仁之弟，十六国时期西秦国君主，公元388—400年、409—412年在位。

⑤ 太史令：也称太史，官职名，相传夏代末已有此职。西周、春秋时太史掌管起草文书，策命诸侯卿大夫，记载史事，编写史书，兼管国家典籍、天文历法、祭祀等，为朝廷大臣。秦汉设太史令，职位渐低。魏晋以后修史的任务划归著作郎，太史仅掌管推算历法。

⑥ 泮：散，解。

⑦ 康永惠：民间传其为定西市安定县巉口镇人。

⑧ 安化：今湖南安化县。

⑨ 罗理：正宁人。善画人物、驴马。

⑩ 寒山拾德：唐代天台山国清寺隐僧，行迹怪诞，言语非常，相传是文殊菩萨与普贤菩萨的化身。民间称为"和合二仙"，是相亲相爱、情深义重的象征。

⑪ 宁州：今甘肃宁县。

⑫ 呪：同"咒"。

愿十里之内，人畜不罹疮毒、蛇虫之害。积年渐加，多至百里。凡人求呪疮毒，隔山应气而愈。远近以法师尊之，后坐化。人立庙祀之。其庙中土，至今取而傅疮，亦有愈者。

蔡嘉善，字建阳，武威人。世传医业，纯以济世为心，活人甚多。没，后人立祠于三皇庙①侧，以祀之。

张琦，宁夏人。精太素②脉，断疾病生死逾二十年，必验。

张皋，宁夏人。精太素脉，可生则药，不可生，断以日时〔十一〕，百无一失，穷通夭寿，以脉推之，亦无不验。所著有《难经直解》。

吴通，宁夏人。精《脉理》《本草》《素问》三书。妙针法，治病辄效，时称儒医。

校勘记

〔一〕特　哈佛本、刻补本、四库本均作“时”。按《北史·檀特师传》《宋高僧传·后魏西凉府檀特师传》均作“特”，据改。

〔二〕松脂　哈佛本、刻补本、四库本均作“慈脂”。按梁释慧皎《高僧传·宋广汉释法成》作“松脂”，据改。

〔三〕横　哈佛本、刻补本、四库本均作“构”。按《高僧传》《法苑珠林》均作“横”，据改。

〔四〕太元　哈佛本、刻补本、四库本均作“太和”。按梁释慧皎《高僧传》作“太元”。考“太元”是晋孝武帝司马曜的年号（376—396），而“太和”为晋废帝司马奕的年号（366—371），据《高僧传》及上文改。

〔五〕大德　哈佛本、刻补本、四库本作“至德”。按至德为唐肃宗李亨年号，公元756—758年。大德为元成宗孛儿只斤·铁穆耳年号，公元1297—1307年。据本志卷27《职官》、卷32《名宦》载，田守璋为元代徽州管军元帅副使。据此，“至德”当为“大德”之误，据改。“刘道通”传亦应置于“元”后。

〔六〕龙朔　哈佛本、刻补本、四库本均作“龙翔”。按龙朔为唐高宗李治年号，公元661—

① 三皇庙：武威县城西大街。已毁。

② 太素：《列子·天瑞》：“太素者，质之始也。”道家认为，太易、太初、太始、太素是天地形成前宇宙演化的四个阶段。太素是第四个阶段，是从无生有演化过程中，气、形、质都已具备，但尚未分化为具体事物的阶段。《黄帝内经太素》，简称《太素》，乃隋朝杨上善编注，亦是中国最早分类编次注释的《黄帝内经》著作。

663年。“龙翔”当为“龙朔”之误，据改。

〔七〕扒沙　哈佛本、刻补本同，四库本作“巴尔斯”，四库馆据新译定名所改。

〔八〕扒沙　哈佛本、刻补本同，四库本作“巴尔斯”，四库馆据新译定名所改。

〔九〕扒沙　哈佛本、刻补本同，四库本作“巴尔斯”，四库馆据新译定名所改。

〔十〕《老》　四库本同，哈佛本、刻补本作“《式》”，误，据四库本改。

〔十一〕日时　哈佛本、刻补本、四库本均作“时日”。按《朔方志》作“日时”，据《朔方志》改。

甘肃通志卷之第四十二　列女一

两河内外，风土刚劲。妇女知重气节，或尽孝怀忠，能识大义；或茹荼①毕世，殉节崇朝②；或强暴侵凌，捐生蹈刃。自古已多，于今更烈。深闺卓行，固属可传；蓬户③贞操，尤堪励俗。纪其姓氏，彰往劝来，博采舆论，宁详毋略。志列女。

临洮〔一〕府

晋

羊躭④妻辛氏，字宪英，狄道人。魏侍中⑤毗⑥之女也，聪慧有才鉴。初，魏文帝⑦得立为太子，抱毗项曰："辛君知我喜否？"毗归，告宪英，叹曰："太子代君主宗庙社稷者，代君不可以不戚⑧，主国不可以不惧，宜戚而喜，何以能久？魏其不昌

① 茹荼：比喻受尽苦难。茹，吃，引申为忍受。荼，苦菜。

② 崇朝：终朝。

③ 蓬户：用草编成的门户。形容穷苦人家的简陋房屋。

④ 羊耽：三国时泰山南城（今山东新泰）人。出身名门望族"泰山羊氏"。曹魏官员，曾任泰山太守，官至太常。

⑤ 侍中：官名。秦始置，是列侯以下至郎中的加官，没有定员，为丞相之史，以其往来东厢奏事，故谓之侍中；魏晋以后，侍中往往成为事实上的宰相。元后废。

⑥ 毗：即辛毗，字佐治，颍川阳翟人。三国时期曹魏大臣。

⑦ 魏文帝：曹丕（187—226），字子桓，豫州沛国谯县（今安徽省亳州市）人。三国时期著名的政治家、文学家。曹魏开国皇帝（220—226年在位）。魏武帝曹操次子，正室卞夫人的嫡长子。

⑧ 戚：忧愁，悲哀。

乎？”弟敞[①]为曹爽[②]参军[③]，司马懿[④]将诛爽，闭城门。敞惧，问宪英，宪英曰：“事有不可知。然以我度之，此举不过以诛爽耳。”敞曰：“然则，敞可无出乎？”曰：“安可以不出！职守，人之大义也。为人执鞭[⑤]而弃其事，不祥也。汝从众而已。”敞遂出，事定。敞叹曰：“吾不谋于姊，几不获于义。”钟会[⑥]为征西将军，将灭蜀。宪英谓躭从子祜[⑦]曰：“会在事纵恣，非持久处下之道，吾虑其有他志也。”及会将行，请其子琇[⑧]为参军。宪英曰：“行矣，戒之！古之君子，入则致孝于亲，出则致节于国；在职思其所司，在义思其所立，不贻父母忧患而已。军旅之间，可以济者，其惟仁恕乎？”会至蜀果反，琇竟全归。辛之识见，类如此。

散骑常侍[⑨]梁纬妻辛氏，狄道人。纬为散骑常侍，西都陷没，为刘曜[⑩]所害。辛氏有殊色，曜将取之。辛氏据地大哭，仰谓曜曰：“妾闻女不再醮，妾夫已死，理无独全，乞就死，地下事舅姑。”遂号泣不止，曜曰：“贞妇也！任之。”乃自缢而死，曜以礼葬之。

---

① 敞：即辛敞，字泰雍，三国时陇西人。曹魏时官员。卫尉辛毗之子，辛宪英之弟。

② 曹爽：？—249年，字昭伯，三国时沛国谯县（今安徽亳州）人。大司马曹真长子，曹魏宗室、权臣。

③ 参军：东汉末始有“参某某军事”的名义，谓参谋军事，简称“参军”。晋以后军府和王国始置为官员。至隋唐，兼为郡官。明、清称经略为参军。

④ 司马懿：179—251年，字仲达，三国时河内郡温县（今河南省焦作市温县）人。曹魏政治家、军事家、战略家，西晋王朝奠基人。

⑤ 执鞭：持鞭驾车。多借指卑贱的差役。

⑥ 钟会：225—264年，字士季，三国时颍川长社（今河南长葛东）人。魏太傅钟繇幼子，青州刺史钟毓弟。曹魏时官居要职，是三国后期曹魏重要策臣与谋士、制定伐蜀计划并参与灭蜀之战的智将。书法家。

⑦ 祜：羊祜（221—278），字叔子。西晋著名战略家、政治家和文学家。羊耽侄子。

⑧ 琇：羊琇（236—282），字稚舒。西晋时期外戚及大臣。父羊耽。

⑨ 散骑常侍：官名。汉有散骑，为皇帝侍从。东汉省散骑，改以宦官任中常侍。魏文帝并散骑与中常侍为一官，称散骑常侍，以士人任职。入则规谏过失，备皇帝顾问，出则骑马散从。资深者称祭酒散骑常侍。魏末增加员额，新增者为员外散骑常侍。晋武帝令员外散骑常侍二人，与散骑常侍共同轮流值班，称通直散骑常侍。

⑩ 刘曜：前赵昭文帝刘曜（？—329），匈奴人，字永明，新兴（今山西忻州市）人。匈奴刘渊养子。

隋

渭源令裴伦妻柳氏。薛举[①]之乱，伦遇害。柳氏有二女及儿妇，皆有色。柳氏谓曰："我辈遭逢祸乱，若辱于贼，其若汝父之死义何?"女妇垂涕曰："惟母所命。"柳氏自投于井，其女妇相继而下，皆死于井中。

明

曹友妻王氏，狄道人。友为广东琼山县丞，卒于官。一子复夭。氏抚育幼孙，始终完节。洪武[②]中旌表。

董守中妻毛氏，狄道人，毛芾女。守中举贤良，任四川布政司都事[③]，卒于官。毛闻讣，恸哭曰："夫死独存，犬豕弗若，吾与俱死。"遂自缢而死。

王绍春妻魏氏，狄道人。春卒，氏年十九，其姑尚存，有幼子曰宗道。以贫故，自负土筑夫坟。既葬，惟勤纺绩，奉姑抚子。年七十余卒。永乐[④]中旌表。

生员张通妻王氏，狄道人。年二十六，通卒，子世安甫一岁。夫亡时即欲自尽，亲族止之曰："有姑有子，何苦如此。"乃奉姑抚子，备历艰辛。富豪闻其贤，欲谋而醮[⑤]之。氏奋骂，以砒霜自随，人莫敢犯。守节四十余年。嘉靖[⑥]间旌表。

魏大信妻任氏，狄道人。大信病且革，任泣告诸亲曰："吾必与夫俱死。"大信卒，任自缢以殉。

张宾妻王氏，临洮卫人。年二十七，宾亡，无子。乃曰："闻古有贞烈女，吾当效之!"乃勤纺绩以养孀姑，取夫侄以承后嗣。有司表之。

司伟妻王氏，狄道人。年十六，夫亡，舅姑尚存，遗腹生一子，誓不再醮。勤纺绩以治生，始终无玷[⑦]。寿六十卒。

张铨妻司氏，狄道人。年二十三而夫亡，遗二孤，俱在襁褓。司誓无他志，甘

---

① 薛举：? —618年，隋河东汾阴（今山西万荣），其父薛汪时徙居兰州金城（今甘肃兰州）。大业十三年（617），薛举起兵反隋，自称西秦霸王，年号秦兴。

② 洪武：明太祖年号，公元1368—1398年。

③ 布政司都事：布政司，全称承宣布政司，地方最高行政机构，长官为布政使；都事指处理布政司府中日常事务的属员。

④ 永乐：明成祖年号，公元1403—1424年。

⑤ 醮：古冠、婚礼所行的一种简单仪式。

⑥ 嘉靖：明世宗年号，公元1522—1566年。

⑦ 玷：白玉上面的斑点，亦喻人的缺点、过失。

贫纺绩。苦节四十余年，抚孤成立。

张纪妻王氏，狄道人。夫病笃，焚香吁[①]天，愿以身代。及卒，哀毁几绝。纺绩教子，五十余年卒。

文载道妻魏氏，狄道人。载道赴选，卒于京。氏年二十有六，遗男来凤，甫七岁。贫不能归祔[②]，称贷[③]于乡之寓京者。母子徒步扶柩[④]而归，营葬讫。勤女红[⑤]，教子读书。有司表之。

刘泽妻曹氏，狄道人。年二十，泽卒，哀痛几绝。竭力襄事抚孤，于舅姑丧葬，殚尽心力。寿六十有六，巡抚[⑥]表其闾。

李奉元聘妻张喜英，狄道人，许字邑人李奉元。未娶而殁。讣闻，父母往吊。英悲痛，缢于家。巡方上其事，奉旨立祠旌表。

赵镗妻滕氏，狄道人。夫卒，即欲身殉，因有姑在。及姑亡，氏曰："姑亡，我安忍独存？"哭不绝声，饮食不入口，浃旬[⑦]而卒。年止二十一。

生员张建中妻赵氏，狄道人。夫死，遗一女，方在襁褓[⑧]。顾其女曰："我无复存之理，但为汝勉活耳。"遂抚成立。及适人，馔女[⑨]毕，即键门焚香再拜，自缢。女发嫁时衣箱，已有齐衰[⑩]一袭。始知从前勉活之言，非虚也。万历[⑪]〔二〕间旌表。

田俊妻尚氏，狄道人。夫亡，时年二十八。寡姑垂老，家极贫，无可依者。尚誓死守节，勤女工。事姑生养死葬，悉有礼。抚遗孤业儒[⑫]，兼抚夫二侄，与子无异。

赵鹤龄妻王氏，狄道人。适赵四年，夫亡。有惜其年幼，劝之嫁者，王以死自

---

① 籲：呼。

② 归祔：合葬。

③ 称贷：举债，向人告贷。

④ 柩：装有尸体的棺材。

⑤ 女红：也称为女事。旧时指女子所做的针线、纺织、刺绣、缝纫等工作和这些工作的成品。

⑥ 巡抚：明清时地方军政大员之一。又称抚台。巡视各地的军政、民政大臣。

⑦ 浃旬：一旬，十天。

⑧ 襁褓：襁指背负婴儿用的宽带，褓指包裹婴儿的被子。古代泛指1岁以下幼童。

⑨ 馔女：古时民间婚礼风俗。嫁女三日，父母家来饷食，谓"馔女"。

⑩ 齐衰：丧服名，为五服之一。服用粗麻布制成，以其缉边缝齐，故称"齐衰"。

⑪ 万历：明神宗年号，公元1573—1620年。

⑫ 业儒：以儒学为业。

誓。惟孝以事姑，慈以抚子。守节三十余年卒。

方瑄妻袁氏，狄道人。瑄病，籲[①]天，愿以身代。瑄卒，袁年二十有四，水浆不入口，哀毁几绝。以翁姑在，勉活奉事。及抚幼孤，未几亦亡。有劝其再醮者，袁翦发杜门，抚养夫侄。寿六十二而卒。

雍不敏妻魏氏，狄道人。年二十九，不敏卒，守节抚孤，纺绩自赡四十余年。巡按[②]表其门。

百户蒋汝勤妻李氏，狄道人。夫卒，氏年二十四，遗孤申甫八岁，氏甘心奉姑，抚子成立，袭父职。年六十四卒。御史表其门。

潘荣妻赵氏，狄道人。荣卒，氏甘贫苦节，抚子成立，袭父职。未几，子亦早逝，遗妇刘氏，年二十有五。时有以家事艰难，劝之再适者，刘叱之曰："上有孀母，孰与事？下有遗孤，孰与抚？"乃守节终身，人称为两世双节云。

邢福妻闵氏，狄道人。福婴[③]重疾，氏脱簪珥[④]，迎医调理。及疾革，福与之诀，令其再适。氏誓不易节，竭力襄葬。鞠[⑤]二孤至成立，孀居五十年，寿八十有六卒。

王宁妻冯氏，狄道人。夫亡，氏年二十四岁。子衡生八月，家无治生。具纺绩为资，非大故不出户庭。苦节终身。

王守山妻鲁氏，狄道人。年二十九，山卒。誓以死殉，家人以抚孤劝，乃毁容，纺绩课子宗舜读书，补郡庠生[⑥]。寿六十有三。巡按旌其门。

姚登明妻郝氏，狄道人。年二十四，夫亡，遗孤二，郝哀痛几殒。丧葬毕，乃日夜拮据[⑦]耕织，以奉翁姑，兼抚二孤。及孤长，命就外傅[⑧]。时诫之曰："子之所以不死者，为姚氏门庭计耳。名弗就，奚以追休前人？"未几，长子俊游庠、廪贡[⑨]，

① 籲天：疾首号呼。

② 巡按：明朝正式确立御史巡按制，派监察御史巡视各道，考察吏治，称巡按御史，简称巡按，又称按台。

③ 婴：触，缠绕。

④ 簪珥：发簪和耳饰。

⑤ 鞠：抚养。

⑥ 庠生：明、清科举制度中府、州、县学生员的别称。

⑦ 拮据：劳苦操作，辛劳操持。

⑧ 外傅：出外就学。

⑨ 廪贡：廪生及贡生。

孙之理登乡举[①]，一门衣冠[②]不绝。寿九十有七。

陈懋妻杨氏，狄道人。懋卒，杨年二十有三。遗孤三，无戚可依。氏号泣卧地，姑慰之。稍息，乃曰："夫死矣，予无生理，如姑衰子幼何?"乃矢志靡他，备尝艰辛。未几姑亡，丧葬如礼。季子业儒，补弟子员[③]，孙膺明经[④]。年八十有七卒。

生员刘迁妻王氏，狄道人。明末迁被流寇执，不屈而死。遗子二，尚幼。王誓死守节，抚养二孤，备历艰辛，终至成立。为邑名士。太守[⑤]表其门。

生员甄鼐妻韩氏，渭源人。正德中兵乱，执鼐及韩氏，欲辱之，氏大骂不屈，遂遇害。

张斌妻朱氏，渭源人。夫亡于京，忧泣不食，誓欲殉节，数日而卒。巡按表其闾。

徐仁得妻孟氏，兰州人。年二十九，夫亡，遗子思温，甫八岁。氏纺绩教养，由乡举任湖广蓝田县丞。思温复故，遗子友谅。孟又抚养成立。永乐中旌表其门。

钟升妻邢氏，兰州人。年二十九，夫亡。姑陈氏性至严，邢承颜顺志[⑥]四十余年，姑亡，邢以礼葬之。享寿八十九卒。

吴彦高妻万氏，兰州人。其姑病剧，万稽首北辰[⑦]，割股作羹以进。寻病愈。后彦高卒，哀毁逾常。孀居六十年，寿九十三卒。

曹洪妻吴氏，兰州人。成化[⑧]间，洪商游蜀，病卒。时吴年二十七。守节甘贫，孝事翁姑，当道奖之。

金鐄妻冯氏，兰州人。适鐄四载，夫亡。冯年二十二，遗孤瑞甫月余。冯孝事孀姑，抚孤子入庠。苦节七十余年而终。

谭宗良妻梁氏，兰州人。于归[⑨]二载，宗良行商，三十余年不归，别娶生子。梁

① 乡举：由乡里选拔人才。《汉书·杜周传》："必乡举求窈窕，不问华色，所以助德理内也。"颜师古注："乡举者，博问乡里而举之也。"

② 衣冠：指绅士，借指礼教、斯文。

③ 弟子员：官学生的称谓。

④ 明经：通晓经学。膺明经，即通晓经学而被征辟。

⑤ 太守：秦至汉对郡守的尊称。明清专称知府。

⑥ 承颜顺志：看父母的脸色，顺从其旨意。

⑦ 北辰：北极星。

⑧ 成化：明宪宗年号，公元1465—1487年

⑨ 于归：指女子出嫁。

纺绩，自甘操守不渝。良邸[①]卒，梁取夫庶子归家，抚养成立。内外肃然。年六十卒。

蔡宁妻于氏，兰州人。宁于天顺[②]间从征，贼刃断左股，舆至家，卒。母老子幼，于纺绩以勤孝养，孀居五十年。乡人未尝睹面。

郭盛妻相氏，兰州人。年二十三，夫卒。遗子尚幼，守节不渝。年六十八卒。

指挥陈溥妻滕氏，兰州人。自幼贞淑，寡言笑。溥卒，滕年少，无子女可依，孀居自励，素衣疏食。苦节四十年殁。

监生[③]李达妻高氏，兰州人。达卒，高少寡，遗孤芝甫四岁，孤苦自守。时有通媒妁者，高斥之。遂决意以礼自防，教子成立。补郡庠生。

黄珍妻杨氏，兰州人。年一十七岁，许黄珍为婚，未及合卺[④]，珍商游江南不归。杨父母相继殁，贫苦特甚。躬勤纺绩，不出中门，寡言笑，以死自誓，乡人服其志。越三十年，珍始归，以礼迎娶。人皆以完节称之。

高英妻树氏，兰州人。适英七载而英亡。时树年二十七，遗孤源四岁。守节奉亲。家贫，舅姑屡欲夺其志。树度不能争，乃自白于州司，誓死苦守。越五十年，寿七十有七。

监生金志妻刘氏，兰州人。夫亡，年二十六岁。姻戚悯其幼，且无出，劝令再醮。刘终不从，奉养舅姑，生事死葬，竭力尽礼。家贫无告，依母家，四十年卒。

滕伦妻宋氏，兰州人。年二十四，伦亡，遗孤连七岁。家贫如洗，甘心纺绩，抚孤就学，底于成立。年八十一，弘〔三〕治[⑤]间旌表。

蔡瑄妻滕氏，兰州人。适瑄方五月，夫业贾旅卒。滕悲痛求死不得，即立志孀居。遗孕三月生子谅，抚育成立。

贡生[⑥]苏源妻石氏，兰州人。源入监旅卒。无子，四女俱幼。石纺绩抚养，出嫁三女，相继而亡。季女适沈训者，迎养石，独居一小楼，如处子然。寿七十四而终。

---

① 邸：旅店。

② 天顺：明英宗年号，公元1457—1464年。

③ 监生：国子监学生的简称。

④ 合卺：古时指结男女共饮交杯酒，后泛指结婚。

⑤ 弘治：明孝宗年号，公元1488—1505年。

⑥ 贡生：科举时代，挑选府、州、县生员（秀才）中成绩或资格优异者，升入京师国子监读书，称为贡生。

义官[①]龚振妻顾氏，兰州人。事翁姑以孝闻，姑尝病，氏竭诚籲天，割股和药而疾愈。年七十三卒。邑人聊让铭诸墓，极著其孝。

赵刚妻戴氏，兰州人。年二十而夫亡。事姑守志，抚子有成。年六十三卒。郡人彭泽[②]尝书双节以表之。

王宁妻冯氏，兰州人。夫卒，年二十四。子衡生一月。家甚贫，攻苦抚养，充州学生。

文晋妻陈氏，兰州人。晋以郡吏给由赴京，陈从之。晋卒，哀毁几绝。其族弟冀托亲以归，陈佯许之。是夕，自缢死。郡人公治棺，买地合葬燕邸。

吴淑干女吴氏，兰州人。孝爱性，生年十四，值父病，割股和药以进。伤重危甚，有一老人遗药敷之，患愈。不知老人为谁。后适指挥刘麟。

铅山王[③]继妃杨氏，兰州人。省祭官[④]杨桐女年十六，选铅山王继妃。未娶，王薨。矢志守节，遂留宫闱。抚媵子[⑤]如己〔四〕出。巡方吴楷[⑥]上其事。万历〔五〕二十八年建坊旌表。曰：贞心天植，苦志霜严。敕封继妃。

高怀义妻陶氏，兰州人。年十七而夫亡，子女俱无。坐卧一小楼，以女红自养者五十余年。乡里公鸣[⑦]当道，肃藩矜其节，岁给米薪布帛。旌曰：完节维风。

刘应举妻高氏，兰州人。年二十，夫亡，并无子女。只身苦节，凡七十年。本道奖之。寿八十九岁终。

生员陆永福妻唐氏，兰州人。年二十九，夫亡。孝事孀姑，教育二子，同时游庠。直指具题旌表。

庠生杨名显妻朱氏，兰州人。年二十，夫亡。抚幼子、幼侄，恩爱笃至，不分

① 义官：一种编外官职，明朝时最为盛行。由官府直接任命或采用其他奖励形式向社会颁布。荣获义官称号后即在社会上拥有一定地位，能直接参与当地官府、域内的管理事宜。

② 彭泽：1459—1530年，初名鄗，后改为泽，字济物，明兰州人。孝宗弘治三年（1490）进士，授工部主事，历刑部郎中、兵部尚书等。

③ 铅山王：肃府铅山康裕王，名朱弼杆（1525—1578），明太祖朱元璋六世孙，铅山荣和王朱真滃嫡子。嘉靖四十年（1561）袭封，谥康裕。

④ 省祭官：即为省察官，古时基层执法、监察类官员。明时多设在地方州县，与杂役、承差、知印、典吏职级相同。

⑤ 媵：古代指随嫁，亦指随嫁的人，即姬妾婢女。

⑥ 吴楷：明山东曹县人，巡按甘肃御史。

⑦ 公鸣：公鸡鸣叫。引申为共同呼吁。

异体。巡方旌表。

戴文光妻杨氏，兰州人。夫早殁，泣血三年。服阕[①]之日，绝饮食自尽。肃藩旌表赐祭。

肃王嫔杨氏、田氏，兰州人。明末流寇薄城，二嫔盥沐[②]簪服，从容投缳[③]。宫人从死者二百余人。

生员杨鸿妻钟氏，金县[④]人。鸿早卒，钟年二十生子二，长三岁，次弥月，即欲自尽，以舅姑老子幼止之。后舅姑欲夺其志，氏痛哭自缢。赖侍女救活，守节七十年。知县表其门。

生员陈师夔妻邵氏，金县人。寡言笑，善治家。夔卒，二日后，缢死于柩前。乡人莫不哀痛。

金鳌妻汉氏，金县人。于归二载，夫卒。氏年二十，遗孤在褓，欲以死殉。众慰乃止，甘贫抚孤卒，年九十。万历〔六〕中表其门。

金国宗妻陈氏，金县人。夫卒，氏年一十八岁，寝食俱废，至七日，以首击柱，未死，抵暮自缢。

吴华妻熊氏，河州人。华死，氏年二十有四，遗孤七岁，一贫如洗。以死自誓，父母不能夺其志。乃纺绩孝姑，养子守节。八十有一而卒。正统[⑤]间旌表。

吴昺[⑥]妻倪氏，河州人。年二十岁，夫死子幼。舅姑劝其再醮，誓死守节。寿七十有六，天顺[⑦]五年旌表。

朱显妻张氏，河州人。夫死，无子。氏时年十九，舅姑欲令再醮。氏以死誓，恪执孝道，守节终身。天顺八年旌表。

张侃妻李氏，河州人。侃卒。氏有姿色，父母欲夺其志。氏以药瞽[⑧]其一目，事舅姑终，养抚子女婚嫁。寿五十卒。嘉靖间旌表。

---

① 服阕：守丧期满除服。

② 盥沐：洗手洗脸。

③ 投缳：自缢。

④ 金县：明太祖洪武二年（1369），降金州为金县，治所在今榆中城关镇，属临洮府。

⑤ 正统：明英宗年号，公元1436—1449年。

⑥ 昺：同“昞”。

⑦ 天顺：明英宗年号，公元1457—1464年。

⑧ 瞽：瞎。

生员李时郁妻陈氏，河州人。年二十四，生一子一女。夫卒，氏次日自缢死。

雷玘妻丘氏，河州人。玘卒，丘年三十。抚孤守节，七十五卒。嘉靖间旌表。

生员王约妻李氏，河州人。年二十七，约卒。李哀毁几绝，抚孤守节。寿六十五卒。

徐理妻王氏，河州人。夫亡，氏年二十二。姑欲夺其志，氏曰："姑老子幼，何所依恃?"于是勤织纴，事姑教子，至七十七卒。嘉靖间旌表。

王锦绣妻谢氏，河州人。夫亡，氏年二十六。甘贫守节，年七十有五。嘉靖间旌表。

指挥姚宁妻金氏，河州人。宁故，金年二十二。抚养幼子，承袭父职。氏苦节终身。年八十三卒。

姚宪妻雷氏，河州人。宪，宁弟也。宪取雷，甫一年，生子七月，宪病笃，语氏曰："我死之后，愿养孤子?"雷闻之，哀痛几死。用艾自灸其面，杜门守节，始终不渝。嘉靖三十九年，与嫂金氏事闻，旌表曰：双节。

雷得时妻杨氏，河州人。得时病故，杨年二十四。甘贫守节，织纴为事，年七十五卒。察院给扁旌之。

马廷凤妻罗氏，河州人。生男未及周而凤故，氏年二十五。屏服饰，养幼子，四十余年，始终一节。事闻旌表。

生员刘濂妻周氏，河州人。濂病故，周年二十五岁，号泣不绝，七日而亡。

监生金昆妻黄氏，河州人。昆故，黄年二十。遗子朴尚在襁褓，黄哀痛几绝，誓不出户庭。抚子成立，年七十卒。

刘秋喜，河州民思信女，年十七，许义官任琏子国卿。未合卺，国卿病死。秋喜欲往吊之，母不允，痛哭不食。次日平旦，整衣裳，母不知所为，投井死。事闻奉旨旌表，给茔田与国卿合葬。

朱麟妻李氏，河州人。生男二，夫亡，氏年二十八岁。母舅欲夺其志，于夫死三周日，祭毕，以二子托之于伯，饮药而亡。有司表其门曰：节烈维风。

捏贞女，河州指挥女。未嫁而婿亡，女遂自缢。死有墓，在河滩关水渠小桥之北。

皇清

生员雷从龙妻赵氏，狄道人。康熙十三年，吴逆之变，郡城失守。氏年方二十遇难，以刀自刎未死。后从龙故，氏二十九岁。一子鸣夏甫五岁，姑年七十四岁。氏饮冰茹檗①，奉姑教子。鸣夏后为贡生。

把总周文礼妻沈氏，狄道人。康熙十八年，文礼随征吴逆，至四川阵亡。氏年二十九岁，遗孤甫二岁，氏闻变，以死自誓。亲邻以奉亲育子劝，乃勉强进食。上奉舅姑，下抚孤儿。凡三十二载。

田启兰妻赵氏，狄道人。年二十二岁，夫故，翁姑俱老，长子方三岁，次子甫数月。氏号哭自缢数次，以生母解救方苏。家贫，纺织度日，奉舅姑，生养死葬，悉尽礼。子亦成立。年六十有五而终。

杜尚智妻寇氏，狄道人。夫故，时年二十七岁。姑老子幼，家贫。姑怜之，私议欲令他适。氏闻自缢，赖救得免，誓不再醮。研磨卖饼，织纴纺绩为活计。奉姑抚子，苦节三十年。

卢蔚妻王氏，狄道人。蔚死，氏年二十六岁，子甫二岁，痛不欲生，其姑晓之，氏立志守节，纺绩度日。奉姑生养死葬，悉尽礼。子亦成立。苦节凡四十八年。

生员牟采妻张氏，牟穉妻，苏氏，俱狄道人。康熙四十一年，兄弟同故。时张氏年二十八岁，有子名继祖，方二岁；苏氏少张四岁，有娠三月。张氏谓苏氏："汝若生男，与吾同守。"后果生男，二人遂身亲农业，协力共济。继祖得列庠生，苏氏先卒，子亦成立。

生员王弘〔七〕祚妻卢氏，狄道人。弘〔八〕祚故，氏年二十三岁，子方二岁，祖姑年八十余，舅亦衰迈。舅姑怜其少艾②，欲嫁之。氏痛哭自矢，守节抚孤，孝养祖姑，舅姑生死尽礼。年五十四而卒。

回民马有骥继妻张氏，狄道人。夫病故，氏年二十二岁。前子一，氏子一女一。氏抚养之，誓不再适。阅一载，姑以家贫，屡次劝嫁，氏不从。姑暗通媒妁，约日令人偷娶。及期，氏早起研磨，忽闻此信，哄前子出，缚子女手足，自缢死。

程翱妻李氏，兰州人。二十九岁丧夫。立志守节，抚孤成立。寿一百一岁，召亲族诀别，沐浴端坐而逝。雍正三年③具题旌表。

百户④范涓妻吴氏，兰州人。年二十七，涓阵亡。吴孕甫七月，后生一子。家

---

① 檗：俗称黄柏，味苦。

② 少艾：年轻貌美。

③ 雍正三年：公元1725年。

④ 百户：官名。金初置，为世袭军职。明卫所兵制亦设百户所，世袭。

贫，亲族劝令再醮，氏毁容，矢死抚孤四十余年。

张友科妻骆氏，兰州人。科早亡，值回变，氏携其妇及已嫁女张氏，同投河而没，阖门殉难。

生员韩陛宠妻周氏，兰州人。年十九，宠病卒，氏即绝食。母及诸亲，以氏有遗腹为劝，少进饮食。及产弗存，氏遂不食死。

武举杨智妻李氏，兰州人，守备[①]李必因女。智会试北上，卒于道。榇将归，先一日，氏始知，夜半整衣自缢死，遂与夫合葬。

杨钟淑妻陈氏，兰州人。夫亡，氏年十七岁，有遗孕，后生子伦，生孙光，甫三岁，而伦又亡。抚其孙，生曾孙，先后六十年，历尽危险，及耄而卒。

周国璧女周烈女，兰州人。年十四岁，值戊子回变[②]，避难东滩，为贼所掠。女度不能脱，泣向母曰："我誓不辱身，为父母羞!"渡至黄河中流，猝跃赴水，牵贼俱下，贼拉马尾以出，女竟溺死。

张希尧妻颜氏，兰州人。十九岁适戍者张希尧。顺治戊子，逆回据河州，攻城，夫中炮而亡，颜闻痛哭自缢。

生员王学文妻韩氏，兰州人。戊子回变，文被害。氏闻即日自缢，其翁收尸合葬焉。遗子誉，甫四岁。

生员方策妻陈氏，兰州人。年二十六，策亡，家贫苦守，冻馁自甘。后三子俱殁，抚幼孙五十余年，寿七十八而卒。

于养鲲妻陈氏，兰州人。年十九岁，适鲲甫四年，鲲病卒。氏水不下咽者，三日一夕，自缢柩旁。

王三问妻张氏，兰州人。年二十二，夫故。氏对尸泣曰："俟我同去。"是日暮，潜投黄河死。

王承礼妻周氏，兰州人。年二十丧夫，子甫三岁。家贫，苦节自守。其后子亡抚孙。年九十卒。

孔启忠妻杨氏，兰州人。夫早亡，伯叔勒嫁。氏抚孤无二志。后复遭族人逼，氏虑不能遂志，遂自缢死。

翟麒妻王氏，渭源人。麒早亡，氏年十九岁，有遗孕，生子。氏上事舅姑，下

① 守备：官名。明清时期城镇守武官，管理营务，职掌粮饷。

② 戊子回变：指清顺治五年（1648），甘肃回族米喇印和丁国栋发动的反清叛乱，攻破河州、兰州、临洮等地。

抚弱息，历十六年。子芾游庠，舅姑以寿终。

张善猷妻张氏，渭源人。夫早亡，氏敬奉孀姑，耕织经营，每食粗粝，自养甘旨供姑，黾勉[①]二十余年。及姑亡，竭力葬祭，皆有礼。

周弘〔九〕祚妻安氏，金县人。十八岁于归。又六年而夫亡。上奉翁姑，下抚幼子，守节五十一年。雍正十年具题旌表。

生员王显猷妻陈氏，金县人。夫故，氏二十一岁，无子。猷弟显谟，有子三人，氏求一子立嗣。矢志守节，历数载。嗣子亦亡，氏志坚金石，又向叔求将次子承继抚养成立。

杨兆奎妻梁氏，河州人。奎亡，遗孤二岁，氏年二十二。矢志守节，葬夫后即持家事，一切不以累舅姑。舅姑或感伤，则抱遗孤以解之。以是舅姑感悦，俱以寿终。

王起凤妻王氏，河州人。凤卒，氏年二十八。抚孤成立，事舅姑，始终一节。

韩万才妻辛氏，河州人。家贫无子，氏夫疾，药饵汤粥，典卖什物供给。及夫病故，氏即于是日投井死。时年三十岁。

柴门兴妻吴氏，河州人。门兴为柬房[②]吏，迎新刺史[③]，至华阴道[④]上，中暑毙。氏闻讣，昼夜哭，不食者数日。女伴劝谕，遂少食，强起脱簪珥、衣物，作搬柩计。至九月榇归停山庄。是夜，氏即缢死柩前。

贾兴祖妻朱氏，河州人。生子麟，甫三岁，次子仅一月，氏年十九。守节抚二孤，日夜饮泣。麟入泮[⑤]，次子亦成立。

生员朱衡妻杨氏，河州人。衡卒，氏二十九岁，欲以身殉。亲姻以抚孤劝，乃勉。事姑嫜[⑥]，教育二子。后二子同时入泮，孙入泮者三人。享寿八十四岁。

王大元妻何氏，河州人。元病故，氏年二十五岁。矢志不茹荤酒，不御环珥。惟闭户教子，三子皆得成立。享年八十而卒。

---

① 黾勉：勉力，努力。

② 柬房：古时官衙中负责书札往来事宜的办公处所。

③ 刺史：清代知州别称。

④ 华阴道：华山以北的通道。

⑤ 入泮：古代学宫前有泮水，故称学校为泮宫。科举时代学童入学为生员称为“入泮”。

⑥ 姑嫜：古时妻子对丈夫的母亲和父亲的称呼。

巩昌府

魏

姜叙[①]母杨氏，冀[②]人，杨阜[③]之姑。叙为抚夷将军，屯历〔十〕城寨。建安[④]中，马超[⑤]攻冀，杀刺史韦康[⑥]。阜至历城候叙母，具言冀中事，歔欷悲甚，母慨然谓叙曰："韦使君遇难，岂一州之耻？亦汝之负。汝无顾我，人谁不死？死国，忠义之大者。但当速发，我自为汝当之，不以余年累汝也。"因勅叙与阜参议，阜乃与赵昂[⑦]、梁宽等合谋举兵攻超，超自出攻，叙、宽等闭冀门。超失据，因进至历城，执叙母，母怒骂，超遂杀叙母及其子而去。阜上状，魏王手令褒扬。

赵昂妻王氏，名异，天水人。昂为羌道[⑧]令，留异在西[⑨]。会同郡梁双反，攻破西城，害异二子。异独与六岁女英在城中。异见二子已死，引刀欲自刎，顾笑〔十一〕曰："尔当谁恃哉？"乃以溷粪[⑩]涅[⑪]麻而被之，尠[⑫]食瘠形[⑬]，自春至冬，异竟免。昂遣迎之，未至三十里，止，谓英曰："妇人无符信保傅，不出房帷。吾遭乱不能死，惟怜汝耳。今官舍已近，吾去汝死矣！"遂饮毒而绝，适有解毒药灌之得苏。建安

① 姜叙：字伯奕，天水郡冀县（今甘肃甘谷东南）人。活跃于东汉末年至魏国前期。官至抚夷将军。

② 冀：秦武公于前688年置冀县，故址约在今甘肃天水甘谷县东。后废。

③ 杨阜：字义山，三国时天水郡冀县人。曹魏名臣。曾任凉州从事、安定长史、参军，赐关内侯。曹操征汉中时，任益州刺史，后又任武都太守。

④ 建安：汉献帝年号，公元196—220年。

⑤ 马超：176—222年，字孟起，三国时扶风茂陵（今陕西兴平）人。汉伏波将军马援后人。少年成名。后投附刘备。

⑥ 韦康：？ —213年，字元将，韦端之子、韦诞之兄，京兆尹人。东汉末年至三国时期的政治人物。

⑦ 赵昂，字伟章（一作伟璋），东汉天水冀人。汉末时曹操部下。初为羌道令，建安中转参军事徒居州治冀城。

⑧ 羌道：西汉置，治所在今甘肃舟曲县北。三国后废。

⑨ 西：指西县，治所在今甘肃礼县红河乡附近。属陇西郡。

⑩ 溷粪：指粪便。

⑪ 涅：染。

⑫ 尠：音xiǎn。指稀有的，罕见的。

⑬ 瘠形：瘦弱的身体。

中，昂以参军徙居冀。会马超攻冀，异躬着布韝[①]，佐昂守备，又悉脱所佩环绣以赏战士。超攻急，刺史韦康与超和，超害康，劫昂，质其子月以要昂。超妻杨闻异节行，请与讌[②]终日。遂重相结，昂得免于祸。及昂与杨阜等结谋讨超，告异曰：“当奈月何？”异厉声应曰：“忠义立于身，雪君父之大耻，丧元不足为重，况一子哉？”遂共闭门逐超，超奔汉中，从张鲁得兵还。异复与昂保祁山，超围三十日，救到乃解。超卒杀异子月。自冀城之难，至祁山，昂出九奇，异辄参焉。

晋

李暠[③]妻尹氏，天水冀人。幼而好学，才辨，有气节。暠之创业谋谟[④]经略，毗[⑤]赞为多。

齐

略阳垣昙深[⑥]妻郑氏，字献英，荥阳[⑦]人。刘楷为交州[⑧]，辟昙深同行，未至而卒。时郑年二十，子文凝始生。仍随楷到镇。昼夜纺织，旁无亲援。年盛美，自厉冰操[⑨]，无敢望其门者。居一年，私装尽，乃告楷求还。楷怆然许之，厚为之送。于是间关危险，至乡葬毕。亲教文凝经礼，训以义方。

元

张忠妻刘氏，伏羌[⑩]人。忠亡，刘年二十。守节终身。至元二年旌表。

明

百户王玙妻石氏，巩昌人。玙卒，石誓不二适。奉舅嫜，抚幼子，终身无失。

百户汪溶妻白氏，巩昌卫人。溶卒，白年二十有七。蓬发垢面，昼织夜纴，以

---

① 韝：布做的胫套，犹后之绑腿。

② 讌：同“宴”。

③ 李暠：351—417年，字玄盛，小字长生，陇西成纪（今甘肃秦安）人。自称西汉将领李广十六世孙，十六国时期西凉政权建立者。

④ 谟：计谋，策略。

⑤ 毗：辅助。

⑥ 垣昙深：其父为垣阅，叔父垣闳，宋孝建初，为威远将军、汝南新蔡太守，据梁山拒丞相义宣贼，以功封西都县子。

⑦ 荥阳：今郑州西荥阳市。

⑧ 交州：今越南北部、中国两广。东汉时治所在番禺，三国时治所在龙编（今越南河内东）。

⑨ 冰操：高尚纯洁的操守。

⑩ 伏羌：今甘肃甘谷。

鞠孤铎。铎长能孝，以奉节母。

指挥赵诰妻闫氏，巩昌卫人。诰卒，闫年二十七。三日不食，欲以死殉，缢将绝，家人救之苏，谕曰："殉夫固高节，奈二孤弱小，将谁依？"因绝迹人事，抚孤成立。虽至亲不能见一面。

百户胡鉴妻韩氏，巩昌卫人。鉴卒，子方七岁。茹苦守节，乡人称之。

指挥闫橘妻陆氏，巩昌卫人。橘亡，陆年二十有五，誓以死殉，人谨防之，不果。守志六十五年，未尝见其逾户。

指挥汪川妻张氏，巩昌卫人。川故，张年十六。奉养孀姑，抚子成立。守志五十余年。

王爱妻朱氏，巩昌卫人。朱年二十八而爱卒。茹苦守节。

生员王彤妻李氏，巩昌卫人。彤亡，氏年二十四岁，誓不欲生。一日缢于室，家人觉而救之。他日送母丧归，缢于室。郡守与卫守闻而吊之。

指挥汪福妻葛氏，巩昌卫人。年十九，福亡。孝事舅姑，誓不再适。舅姑殁，葬祭尽礼。诏旌表其门。

指挥董谅妻雷氏，巩昌卫人。谅早卒，誓不再适。遗腹一子，抚育成立。袭父职，以功升都指挥。诏旌其门。

米烈女，名凤，安定[①]人。米金女，年十七，许聘王生而未归，王卒。凤欲往吊，父母不许。乘间至王生柩所，恸哭而返，遂自缢。宣德[②]间旌表。

王廷贞妻郭氏，名二英，安定人。正德[③]中，寇乱破堡，欲污之。二英大骂，披其颊，寇刺其两目而死。

生员王经妻方氏，安定人。经遇寇被害，方氏闻之号恸，投崖死。时年二十四。

赵全妻张氏，安定人。全坠马死，张至死所，欲投崖，亲党防之，不果，遂自缢。

贾时宜妻张氏，安定人。贾客死于淮，张年二十有六。痛夫客死，偕女伴扶榇归里，孀居四十年。邑令[④]表其事。

杨璿妻郭氏，名顺英，安定人。璿卒，英年二十，舅姑早丧。守寡抚孤，孀居

① 安定：今甘肃定西。

② 宣德：明宣宗年号，公元1426—1435年。

③ 正德：明武宗年号，公元1506—1521年。

④ 邑令：指县令。

六十年。年八十终。

监生王应槐妻张氏，安定人。夫死，遗妾二子幼。有白金六百，张埋之甚密。及二子长有室，乃集亲党出金，均畀[①]，曰："吾事毕矣!"年八十一终。

生员张嘉相妻李氏，安定人。年二十四，相客死于外，遗子襁褓，恸哭欲绝。舅姑怜之，抚子裒[②]，以文行知名。事闻旌表。

王虞封妻刘氏，安定人。年二十三，封殁。生子烈，方两月。刘毅然守节，烈后成立。万历〔十一〕中旌表。

张某妻薛氏，安定人。年十七，夫殁。子勋始生，氏抚育成立，为诸生有声。有司上其事旌表。

王某妻南氏，安定人。夫殁。南年十九，诞子方三月。足不逾阃[③]，垢面蓬发。守节六十余年。

梢藻妻石氏，安定人。藻亡，氏年二十一岁，遗子方三岁。水浆不入口，欲从夫地下。戚党谕以翁老孤幼，乃弗死。终养无阙仪。子凌云亦读书成立。巡方表之。

生员陈周典妻张氏，安定人。年二十，夫殁，子炳方在抱。矢志求死，自缢者数。自是数十年语不谑笑，容不膏沐[④]。

杜时茂妻安氏，安定人。年二十一夫殁，守志自矢，啮指血誓之。抚二子成立。县令上其事旌表。闯贼破城，闻而义之，一门免祸。年七十七终。

生员李培妻杨氏，安定人。归培仅朞年[⑤]，培殁，年始十七。诞遗腹子，氏抚之。舅姑每欲夺其志，氏终不渝。子如松。癸未[⑥]冬，贼杀如松，妻傅氏骂贼不受辱，与夫同死。

康汝善妻陈氏，安定人。年二十五，夫故。氏守节，子姓繁衍。知县应昌士上其事旌表。

生员贾学谊妻安氏，安定人。夫死殓毕，密行缢死帷侧。

举人景彦和妻陈氏，安定人。彦和卒，陈年二十三。矢死守节，侍舅姑，动循

① 畀：给与。

② 裒：用作人名时音 bāo。

③ 阃：门槛。

④ 膏沐：古代女子润发的油脂。沐，洗澡。

⑤ 朞年：一年。朞，同"期"。

⑥ 癸未：即崇祯癸未，公元1643年。

礼度。孀处六十年卒。

生员张大器妻李氏，安定人。大器亡，氏痛哭不食，七日而殂。

李珩妻礼氏，安定人。珩亡，氏自缢而死。

张大韶母杜氏，安定人。闯贼陷西安，杜先期数日不食，及城破，杜义不受辱，触阶而死。

贡生张国鋐妻杨氏，安定人。崇祯十六年冬，贼贺锦[①]攻安定城，急鋐与里绅刘耀龙议，丁壮御贼，女子运石接济。杨与刘之妇，首运石，阛阓[②]女子因共运石。及城陷，杨抱石死于壕。事定，家人迹获尸，两手犹抱石不脱。生员张国维妻安氏、张国颖妻彭氏，俱以运石击贼，死于贼手。

石传玺妻张氏，安定人。癸未，闯贼克城，掠张至兄大韶家，缳其首，死于窗〔十三〕棂之下。时年三十余。

生员杨清妻王氏；王三爵妻，谢氏；杨复阶妻，石氏，安定人。俱从夫自缢。巡方命建祠东关。

生员李鹤妻郭氏，通渭人。鹤遘[③]疾不起，氏凭尸悲号，气绝者三。家人防少懈，乃付其女于伯氏，梳栉整容，蒙被而卧，以绫帕系颈，家人救苏。蒙袂覆面，不复食。越三日而殁。年二十有五。时嘉靖丁未[④]。

生员杨必畅妻王氏，通渭人。必畅死，氏年甫二十。日夜号泣，不食而死。

刘大俊妻金氏，通渭人。年十六，适俊甫三载，俊病风痹[⑤]甚，浴于邑温泉，遇暴风雨，山水陡发不能动。氏在傍扶俊，俊使急走，氏号泣，坚持不肯去，与夫并溺死。尸流数里，两尸始出，氏犹挽夫不释。以微窭[⑥]无后，湮灭二十余年，万历〔十四〕四十二年，知县刘世纶上其事，巡按汇题旌表。

宋棨妻张氏，伏羌人。夫卒，氏年二十有九，守节终身。弘〔十五〕治中奉旨旌表。

谢子显妻张氏，伏羌人。夫卒，氏年二十有七，守节终身。弘〔十六〕治中旌表。

① 贺锦：明末农民军将领。

② 阛阓：街市，街道。

③ 遘：相遇。

④ 嘉靖丁未：嘉靖二十六年，公元1547年。

⑤ 风痹：中医学指因风寒湿侵袭而引起的肢节疼痛或麻木的病症。

⑥ 窭：音jù，贫寒，贫穷。

按：县志，二氏俱经历[①]张珏之女，珏妻王氏，性严谨，有家范。故二女同节，悉蒙旌表。

会宁县丞彭珏妻王氏，河南鄢陵[②]人。正德七年[③]二月，珏解粮入京。会流贼破城，突入县衙，欲掳氏去，氏大骂曰："犬贼何敢污我衣冠家？"贼怒，斧破其脑死。事闻旌表。

任琦妻王氏，宁远人。琦卒，氏年二十，守节抚孤。上闻旌表。

生员周溥妻张氏，宁远人。溥卒，氏二十三，誓死不二，守节五十年。敕赐旌表。

训导魏文训妻韩氏，通渭人。夫卒于官，氏年二十五。扶柩，携幼男还乡，甘贫守节，训子成立，任抚宁卫[④]经历。年八十五卒。

李辰妻赵氏，通渭人。年二十夫卒，氏方孕，欲死以殉。勺水不入者数日，诸亲苦劝，始进饘粥。后举子贫甚，备尝艰辛，抚子成立。巡按表其门。

生员吴秉礼妻贾氏，通渭人。秉礼卒，氏年二十余。守节抚孤，虽内阃[⑤]亦不轻出，终日不举火，亦不向邻觅取。二子俱成立，乡人高之。知县刘世纶因公举旌表。

廪生王大宾妻冯氏，会宁人。年十七归宾，逾岁宾亡。氏哭泣不食求死，家人防之甚密。越旬余，稍懈，就灵帷前缢死。有司旌匾。

生员陈嘉宾聘妻张烈女，名招姐，会宁人，幼字〔十七〕于靖远卫生员陈嘉宾。既而宾家甚贫，值岁饥饿死。女闻之痛哭，三日不食，其母叱詈[⑥]之。居顷，有乡人约其父母趋避，以马迎强娶之，女持刀坚拒，娶者惧，策马而回。父母还责骂之，女遂自缢。

何烈女，名武英，伏羌人，何景元女也。母早丧，事父至孝。嘉靖甲午[⑦]，流贼作乱，入其家欲污之。武英怒骂，力拒，贼遂刺武英。方刺时，忽黄犬从傍啮贼右

① 经历：明时各官衙多有经历一职，职责范围主要是典出纳文移。其品级大小与所在部门关联。
② 鄢陵：今河南许昌鄢陵县。
③ 正德七年：公元1512年。
④ 抚宁卫：今山东秦皇岛抚宁区。《明史·地理志》载：永平府"抚宁（县）：北有抚宁卫，永乐元年二月置。"
⑤ 阃：门槛。
⑥ 叱詈：音chì lì，责骂。
⑦ 嘉靖甲午：公元1534年。嘉靖，明世宗年号。

股，拽七八步。邻人杨景和闻喊，恃勇赴救，贼并景和与犬扑杀之。邑人为立烈女祠。

举人杨安妻贾氏，伏羌人。安卒，贾年尚少，守节坚苦，年七十有七，始卒。

安子景升妻赵氏，升卒，赵年二十二岁，以死自誓，事姑贾曲谨，终身无间言。景升子俊，妻任氏，俊亦早卒，任年二十五，守节不二。俊子时济妻康氏，济亦早卒，康年二十二。姑媳甘贫，伶仃孤苦。杨氏一门，四世柏节，乡人景仰，旌典未及。

郑得时妻吕氏，伏羌人。夫死，翁姑欲嫁之，吕氏负幼女投水而亡。

生员王加鼎妻王氏，伏羌人。夫亡，悲哭泪干，继之以血，因而丧明。

生员魏成谟妻李氏，伏羌人。夫早亡，哀毁成疾，未及两月亦死。

生员卢瀛妻李氏，伏羌人。夫早亡，时李年二十五，保恤二孤，事姑至九十余，始终如一。

张震妻王氏，伏羌人。自二十岁守节，寿至六十。抚前妻之孤，视如己子，始终无二。

黄柏妻冯氏，伏羌人。少年守节，抚侄为子，至于成立。冯以寿终。

生员蒲轮妻杨氏，伏羌人。夫卒，无子，誓不改适。孀居五十年，清苦终身。

李萱妻王氏，伏羌人。萱卒，无子。守节，年幼至老不改。

涿州[①]同知冯云龙妻黄氏，伏羌人。早年守节，贤声茂着。

泸州[②]同知巩养重妻杜氏，伏羌人。孀居三十余年，抚子成立，清苦自持。

蒋毅妻李氏，伏羌人。夫亡，坚志守节，以养舅姑。享年八十五卒。

卢志会妻安氏，伏羌人。合巹甫三月，会卒。安年十九，誓死与夫同穴，家人防之，不果。后守节六十二年。

王本义妻赵氏，伏羌人。夫亡，赵年二十有二，甘贫守节，昼夜号泣，绝而苏者三，族人救之，始得不死。后六十九而卒。

陈嘉谏妻武氏，伏羌人。孀居从子者，殆五十年，足不履门，乡人颂之。

周某妻谢氏，宁远人。夫亡，氏年二十有六。父母欲其别适，氏曰："遗腹在身，何忍言此?"纺绩自给，不复至母家。苦节五十余年。事闻旌表。

---

① 涿州：今河北涿州。

② 泸州：今四川泸州。

西和知县耿桂芳子妇王氏、严氏、女五姐，蠡县[①]人。冢妇[②]王、次妇严与女五姐皆殊色。崇祯八年，贼夜破城，三人惧为所辱，同室缢死。明日，贼首摇天动[③]见之，亦为叹惜。邑人莫不高其节。

生员张斗南妻张氏，西和人。年二十一，流贼入城，逼之行。氏义不受辱，绐贼前行，率二子甲寅、庚午投火焚死。群贼骇散。

王继忠妻李氏，西和人。年二十四，夫亡，母姚孀居，病垂危。李伤母痛夫，遂饮药死。

田烈女，靖远人。许字生员张廷表。未娶，廷表卒，女悲泣奔丧，父母阻焉，抑郁不食而死。

申大亨妻杨氏，岷州人。家极贫，夫遘疾，不能供汤药。氏以裙覆其夫，乞米于邻。及归而夫已亡，氏痛哭仆地即死。知州李侨表其门。

萧正遗妻李氏，洮州卫人。明末流寇遍野，氏少有姿色，奔逃入山，遇贼逼之。氏持斧砍杀其贼，乃被贼害。

千总刘三乐妻张氏，西固所人。天启八年[④]三乐故，氏年甫十八，欲以身殉。或劝之曰："幸有遗腹，安忍尽节而绝夫后？"越七日，果生一子，命名弘〔十八〕声。抚育成立，仍掌西固所印务。题请旌表。

皇清

骆元图妻包氏，陇西人。年二十九，夫故，遗孤三人，氏矢志抚孤。遭荒，典鬻度日。长伯、二伯相继逝，二妇亦皆去帷[⑤]，悉竭力如礼殡葬，教诲诸孤，以至成立。雍正七年具题旌表。

李炳妻陈氏，陇西人。年二十一，夫故，仅遗一女，矢志奉养翁姑。家贫，勤女工以易薪米。翁姑亡，丧葬尽礼。伯嫂继逝，遗孤周岁，氏抚至成立，无异己子，乡邻皆称孝慈。雍正七年具题旌表。

---

① 蠡县：今河北保定蠡县。

② 冢妇：冢，大，引申为嫡长之意。大儿媳。

③ 摇天动：明末清初陕南、四川一带土军，号称"摇黄十三家"。其中首领一为摇天动，又亦称姚天动；二为黄龙。崇祯初年，因响应高迎祥、李自成而起事。所过之地，侵扰甚剧。

④ 天启八年：实为崇祯元年，即公元1628年。

⑤ 去帷：改嫁。帷，用幕布遮挡。

杜峣妻石氏，陇西人。年二十一，夫亡，以奉翁姑、育弱子自任。翁司训[①]兴安[②]，未几卒。氏携孤儿廷璋，跋涉千里，扶榇归葬。氏拮据，课子为庠生。守节五十五年。雍正七年具题旌表。

生员景俊妻张氏，陇西人。性孝，姑王氏患背疽，氏吮脓，中毒几绝，复苏。年二十九，夫亡，誓以身殉，妯娌劝之，抚孤以延夫脉。孤学圣成立，娶媳王氏。

景学圣妻王氏，年二十五岁，学圣又亡。姑媳相依，一门双节。张年登八十，苦守五十余年，王亦三十余年。雍正七年具题旌表。

刘俊妻马氏，陇西人。夫故，氏年二十七。矢志养姑抚子，子亦入庠。雍正七年具题旌表。

张雄妻宋氏，陇西人。年二十七，夫死。遂引刀断发，誓不改醮。遗孤大经甫四岁，家贫抚子，守节四十余年。雍正八年具题旌表。

刘斌妻赵氏，陇西人。二十三岁丧夫。孝事翁姑，生养死葬尽礼。事夫叔如翁，抚夫九岁幼弟，及长，代为婚娶。氏有遗腹一子，教育成立。守节三十五年。雍正十年具题旌表。

石盘妻郭氏，陇西人。年十八，夫亡，遗孤未满三月。氏事翁姑，育幼子，守节四十五年。雍正十年具题旌表。

守备杨承绶妻司氏，四川潼川州[③]人。夫承绶休致回岷州，病故。氏年二十一岁，守节抚孤四十三年。雍正十年具题旌表。

李中梅妾张氏，陇西人。氏事夫与嫡室，俱小心尽礼。中梅亡，氏年二十五岁。嫡室杨氏亦故，嫡子甫三岁，氏爱如己出，养而兼教，历三十余年如一日。雍正十年具题旌表。

杜畅盛妻周氏，陇西人。年二十四，夫亡，上事翁姑，下抚子女，孝慈勤俭，守节三十一年。雍正十年具题旌表。

杨兴妻赵氏，陇西人。夫亡，翁姑老，孤子幼。氏守节三十余年，备尝艰苦。雍正十年具题旌表。

---

① 司训：明清时县学教谕别称。

② 兴安：今广西桂林兴安县。

③ 潼川州：明洪武九年（1376）降潼川府置潼川州，治郪县（今四川三台县）。辖境相当今四川省三台、射洪、中江、盐亭、蓬溪、遂宁、安岳、乐至，重庆市潼南等市县地。清雍正十二年（1734）复升为府。

彭天修妻王氏，陇西人。年二十六岁，夫亡之后，翁姑继殁，丧葬尽礼，教训孤子，守节三十余年。雍正十年旌表。

李大纶妻杨氏，陇西人。年二十五岁，夫殁，翁姑继亡。丧葬俱竭力尽礼，家贫，纺绩度日，苦节四十余年。雍正十年具题旌表。

李琏妻孙氏，陇西人。年二十七岁，夫亡。氏事姑育子，昼耕夜绩，矢志苦守，已三十四年。雍正十年具题旌表。

生员赵之英妻王氏，陇西人。英故，王年二十五岁，三日不食，自缢殉夫。

邓楫妻严氏，陇西人。楫亡，遗孤良材六岁，氏年二十有二，守志不渝，养亲抚孤。良材为邑庠生，无何亦故，遗孤彩。氏复抚之，婚娶生子。邓氏得延一脉。

生员罗在堂妻马氏，陇西人。在堂逝，事翁抚孤，以孝慈称。康熙十四年，吴逆叛，伪将陈元经等窃据陇西，搜括士民。氏留子万锦于翁侧，携媳李氏、女瑞兰，避居斗底山[①]。六月贼至，氏手挽媳、女坠崖下死。同时避乱山中者，有贡生陈文言媳陈氏、邑增生[②]李国祥妻史氏、郡庠生王家驹妻谢氏、女二姐，闻氏死，亦坠崖死。

生员张杰妻李氏，陇西人。杰为贼杀，掠其妇送红旗白四。氏好言哄四他出，及归而氏已自缢。

生员董镇妻杜氏，陇西人。年十六归镇，二十二岁夫亡。翁老子幼，家贫，矢志守节。

张嵋妻杨氏，名慕洁，安定人。嵋死，氏年二十四，有遗腹。及生男，痛绝复苏，亲操井臼[③]，事舅至九十余。孤之翰为庠生。雍正十年具题旌表。

岳存虎妻王氏，安定人。年二十一岁，夫于康熙二十年五月初六日病故。氏号恸终日，于初七日自缢柩前。康熙二十一年具题旌表。

高必达妻袁氏，安定人。十四岁适高，未逾月，高远游云贵。氏竭力孝养其姑。姑殁，夫亦客死于外，氏恸哭投缳，家人救之得苏。誓不复醮，苦守五十余年。

张岚妻苏氏，安定人。年十九，夫死。以女工给菽水[④]，事姑终身。

---

① 斗底山：又名铁笼山，在今甘肃武山县西南。

② 增生：生员的一种，全称“增广生员”。由于生员人数有限，后面增加人数，有禀米的称禀生，增广者无禀米，称增生。

③ 井臼：指汲水舂米，泛指操持家务。

④ 菽水：豆与水。指所食唯豆与水，形容生活清苦。

生员陈鹏翔妻曹氏，安定人。年二十三，夫亡，有遗娠。母家欲夺其志，氏决意不从。数月后生子，躬亲女作，教子以严。子晨遂入泮。以寿终。

卜元吉妻高氏，安定人。夫亡，年二十三。舅欲嫁之，聘者至门，氏即剪发掷地，掣其耳环，血淋漓满颊。姑素贤，相抱而泣。少顷，高给入厕，急趋投崖。乡邻救之得免。

安汝衡妻张氏，安定人。夫死，年二十二，水浆不入口者十余日。家人劝以抚孤大义，始渐食。后备历艰辛，训子成立。

王延寿妻左氏，安定人。夫殁，时年二十三岁。上事翁姑，抚育幼子，克尽妇道，三十年如一日。雍正十年旌表。

生员王心一妻陈氏，安定人。年二十六，夫故，哀毁不欲生。姑老子幼，历尽艰辛，事姑终身，子亦成立。

赵之璧妻魏氏，安定人。氏有殊色。夫久病，遂垢面蓬头。家贫无子，卖屋密具二棺，不使夫知。夫死之夜，遂自缢，亲友义而并葬焉。

会宁县典史[1]汪玉虹妻陈氏，随夫在任。康熙十四年，玉虹赴南安[2]，陈氏竭力事姑。既而姑殁，陈氏独守灵帏。六月逆贼破城，贼兵入署，百般拷打，氏骂贼不屈，遂投井而亡。本年十二月具题，建坊旌表。

高近明妻何氏，会宁人。近明贫苦，夫妻、子女雇工于东岳庙[3]僧宁应贞。康熙四十三年十一月十三日，应贞强奸何氏，不从，将何氏中衣[4]扯破。氏骂詈奔出，白知近明，欲行控告。至十二月二十七日，又求行奸，氏复拒骂。和尚持棒击氏，氏女见母被殴，用斧救护，和尚夺斧砍死，又入室砍伤何氏，至次年正月初八日殒命。和尚拟斩，何氏殒身全节，不受污辱，康熙四十四年具题旌表。

王有君妻王氏，会宁人。有君出外卖柴未回。有王守本，夙羡王氏少艾，潜入卧室，强逼求通。王氏不从，赶骂。守本虑人知，遂拔场门所植之椽，连击王氏顶心，殒命。王氏，村庄少妇，舍生殉节，不为强暴所污。康熙三十七年具题旌表。

柳懋伦妻王氏，会宁人。懋伦病亡，氏抚尸悲恸，绝粒不食，昼夜求死，家人

---

① 典史：县令佐杂官，掌管缉捕、监狱，不入品阶。元始置，明清沿置。

② 南安：明清时称南安者有两处，一是福建泉州三县之一，一是江西赣州大余县南安镇。

③ 东岳庙：位于会宁西岩山上。建于明初，现存。

④ 中衣：又称里衣，是汉服的衬衣，起搭配和衬托作用。

防甚力。越三日，含殓毕，是夜，遂以白练自经[①]灵前。

生员吴友古妻王氏，会宁人。夫亡，遗孤甫三岁，氏年二十有一。课子成立，苦节五十年。

王琮妻尚氏，会宁人。夫亡，氏年二十五，遗子二龄。事翁姑以孝慈着闻，守节六十余年。

赵国璧妻王氏，会宁人。氏年二十三，夫亡。艰苦育子，子入泮。

童生丁居南妻吴氏，会宁人。年二十五，夫故，遗孤丁中俊甫六月。家贫，立志守节，教子中俊入泮。年七十余。

丁建南妻康氏，会宁人。建南故，氏年二十一。翁老子幼，守节历五十年。

吴禹鼎妻梁氏，会宁人。夫故，时氏年十九，遗腹生子。苦守成立。

梁任弘〔十九〕妻，李氏，会宁人。年二十，夫亡无子，抚侄若己出。邻邑富室欲以百金夺其节，氏闻之遂携子独居，困饥寒者历四十年。

王佐妻武氏，会宁人。佐死，氏年十八岁。舅姑老，遗子稚，家甚贫，与弟辅同炊。未几，辅夫妻亦亡，遗孤亦在襁褓。氏拮据尽瘁，奉亲鞠孤，子侄成立。苦节四十余年。

生员吴其蘂[②]妻李氏，会宁人。逆寇破城，家人奔窜。氏以弱质怀七月孕，贼至，恐辱，自投井中。时年十七岁。

武体泰妻杜氏，会宁人。于归时方十四龄，夫贫甚。或采薪拾荼，妇必随之，不少离。夫死，氏易棕含殓，抚棺而哭，遂闭户自经死。

赵福禄妻栗氏，通渭人。福禄病亟，遂绝粒不食。及卒，氏号恸三朝，随柩出，乘间投崖而死。

学生王宪妻侯氏，宁远人。宪亡，氏年二十二，子方四岁。家最贫，氏拮据奉舅，教子有成。

郭材妻王氏，宁远人。年二十余而寡，子才五岁，抚之成立。年八十四而终。

学生张熙妻李氏，年二十一，夫亡。遗子灿斗，始在襁褓。拮据井臼，灿斗长，隶学宫。乡邻感叹，议将闻于当事，氏知力辞。年七十余。

生员孔嗣昌妻董氏，宁远人。昌早亡，遗子甫二岁。家计萧条，父母劝之改适。氏坚不从。

---

① 自经：上吊自杀。

② 蘂：同“蕊”。

魏烈女，宁远民魏有禄女。生长田间，年十七，有姿色。父早亡，独母相伴，家贫。康熙三十四年七月间，同里奸民窥其母他往，直入室逼之，女怒骂不从。邻里闻女喧呼声，往瞰，其人仓皇逸去，女已自刎于室。

王麻狗妻吕氏，宁远人。年及笄，归麻狗。康熙四十八年七月间生一女，甫数日，麻狗病亡，痛哭自投于地。值家人皆往送葬，吕以新产独留，遂缢于室，时年十九。

任济民妻郭氏，伏羌人。济民故，氏年十八，抱尸号恸，遂自缢死。

举人巩敬绢妻蒲氏，秦州人。适伏羌县举人巩敬绢，翰林巩建丰①之长子。雍正四年冬，建丰督学滇南，敬绢随之任，道卒。讣至，氏一恸气绝，妯娌抚慰，誓不独生，乃奋身坠楼，不死，手足俱折。家人防围甚严，乘间投缳自尽。

生员杨蒙妻樊氏，漳县人。夫亡，年二十四，遗子仅周岁。抚棺悲悼，欲以身殉。亲属劝，抚孤成立，以至入泮。守节四十余年。雍正十年具题旌表。

生员李定世妻赵氏，漳县人。事翁姑，生养死葬备极诚敬。年二十八，夫故，遗孤八岁。茕茕独立，教子游庠。守节四十二年。雍正十年具题旌表。

生员杨孚妻李氏，漳县人。二十岁，夫亡，遗子三。氏立志守节，女工度日，艰辛万状。三十余年，人无间言。

生员汪汉宗妻包氏，漳县人。年二十六，夫亡，遗子二，长七岁，幼五岁，又孤侄甫十岁。矢志抚育，甘贫茹苦。三子成立。

王氏，漳县庠生赵世基母。氏夫故，年二十七岁，世基方八岁。氏矢志守节，诲子读书。冬月灯火弗继，氏拾干粪煨火，令以香头映字。卒列学宫。

生员侯天锡妻杜氏，靖远人。顺治四年，年二十七，天锡亡，号痛几绝。遗孤三子俱幼，家贫，立志守节，阅四十余年如一日。康熙三十二年，题请旌表。

马海妻杨氏，靖远人。年二十，海亡。氏悲号绝粒，自缢而死。康熙十年具题旌表。

陈启尧妻王氏，靖远人。康熙二十四年，夫亡，王氏年三十一岁。引刀自刎，家人救解得生，复吞金簪头，不死，日夜号泣绝食。家人劝解堤防，复自缢，救解。尧葬后二日，防范稍疏，遂缢死。康熙二十六年具题旌表。

① 巩建丰：1673—1748年，清代教育家，伏羌县（今甘肃甘谷县）人。康熙五十二年（1713）进士。历任翰林院检讨、国史馆纂修、云南学政等。后告老还乡，以讲学著书为乐，人称“关西师表”。

副将赵率伦妻王氏，靖远人。总兵光瑞之继母，年十六归夫。光瑞甫三龄，抚育若己出。至二十七岁，率伦故。守节抚子，年七十三，以子光瑞受封。

路守愈妻陈氏，靖远人。年二十七，夫亡，家贫。昼夜绩纺，以奉双亲，丧葬俱如礼。教子届远读书，时值饥馑，氏自咽糠秕，以好食食子。后氏面浮肿，届远疑，每食必欲与母俱。母诳使先食，届远坚不独食，氏遂泣下，母子相抱而泣。后届远为监生，曲尽孝道。

生员卢潢妻张氏，靖远人。年二十三，夫亡。苦志守节。年七十八终。

郑治安妻席氏，靖远人。年二十七，夫亡。守节事亲。遗腹生男，抚之成立，孝慈兼全。

马兴妻冯氏，靖远人。年二十二，夫亡，遗一子。苦志抚孤，孝养翁姑，子年三十又亡，孙仅八龄。氏复抚育成人。卒年八十余。

张成妻占氏，靖远人。成亡，时氏年十九，生子仅三月。苦志抚孤，孝养翁姑。

韩有德妻杨氏，靖远人。年二十夫死，苦节奉姑。遗子二岁，抚至成立。

王天水妻张氏，靖远人。年十八夫亡，遗孤周岁。家贫苦守，抚子成立。

杜槐妻刘氏，靖远人。夫死，氏年二十八，遗腹生一子芝蘅。立志抚孤，事翁姑以孝闻。

张宷[①]妻王氏，靖远人。年二十而宷夭，舅老失明。奉侍维谨，没则苴麻尽哀，抚孤茹苦。

陈文耀妻张氏，靖远人。夫亡，氏年二十三。事翁与继姑，敬养交至。及终葬，祭以礼。

武举赵率泰妻叶氏，靖远人。泰亡，氏二十九岁。无子，抚侄光璧，以延泰祀。苦节五十余年。

路寅妻郭氏，靖远人。事翁姑孝谨，家贫，菽水不继。年二十六，夫亡四日，即绝粒投缳以死。

韩育惠妻黑氏，靖远人。夫死，年二十三，遗子甚幼。氏佣绩以哺孤儿。方至成立。

营兵杨畅茂妻展氏，靖远人。畅征川阵亡，氏时年二十八。苦节抚孤。

傅良栋妻左氏，靖远人。年二十七，夫亡。奉养舅姑，丧祭尽礼。教子光俊入泮。

① 宷：音cài，同“采”。亦音shěn，同“審”。

王德元妻刘氏，靖远人。年二十三，夫故。遗孤道昌，抚教完娶。道昌复早逝，遗孙五人，鞠育成人。氏年百有二岁。曾孙林立。

营兵李国昺妻张氏，靖远人。昺阵亡，氏年十九。甘守苦节，事养翁姑，殡葬以礼。抚二子成立。享年七十有一。

豆生桂妻陈氏，靖远人。夫死，氏年二十一，二子俱幼。贫无所倚，捻毛线度活，二子俱成立。

刘爵妻马氏，靖远人。爵征川阵亡，氏年十八，并无子。女甘贫苦节，女工自给。

吕元声妻王氏，岷州人。夫亡，年二十七岁，家贫。矢志守节，养翁姑，抚孤儿，历〔二十〕四十五年。雍正十年具题旌表。

杨桂龄妻闵氏，岷州人。二十四岁，夫故，无子，止有一女。氏断发誓守，针指自给，抚育弱女，成人婚嫁，守节五十八年。雍正十年具题旌表。

生员徐永清妻虎氏，岷州人。年二十三而寡，苦节四十年。抚孤成立。

杨佳栋妻张氏，岷州人。年二十四，夫亡。苦节四十余年，抚孤成立。

徐添顺妻陈氏，岷州人。添顺以墙崩压死，氏痛哭三昼夜，勺水不入口，誓欲从夫地下。家人防之稍疏，遂自缢死。

王旦召妻周氏，洮州卫人。年二十三岁，夫故。遗孤承尧，未周岁。氏苦节抚子，及长，性至孝，饮食起居，必亲焉。氏寿一百一十三岁，承尧九十岁。人以为节孝寿考，并出一门。

马体元妻张氏，洮州卫人。年二十一岁，夫亡，遗孤甫周岁。家极贫，无翁姑兄弟。族之伯叔逼之改嫁，氏誓死不从，以针指抚孤成立。以寿终。

刘世华母谈氏，西固人。夫在日，赔纳①屯粮十余石。夫亡，年始二十，遗孤始生。志励冰霜，身任耕织，招佃垦田，粮无赔累，家渐饶裕。遗子成立。寿八十有奇。

平凉府

后汉

皇甫规妻，安定人，不知何氏女。妻善属文，能草书，时为规答书记，众人怪

① 赔纳：赔偿缴纳亏损。

其工。及规卒，时妻年犹盛而容色美。后董卓为相国，承其名，聘以軿辎[①]百乘，马二十匹，奴婢钱帛充路。妻乃轻服诣卓门，跪自陈请，辞甚酸怆。卓使傅奴[②]侍者悉拔刃围之，而谓曰："孤之威教，欲令四海风靡，何有不行于一妇人乎？"妻知不免，乃立骂卓曰："君羌胡[③]之种，毒害天下犹未足耶？妾之先人，清德奕世[④]，皇甫氏文武上才，为汉忠臣，君亲非其趣使[⑤]走吏[⑥]乎？敢欲行非礼于尔君夫人耶？"卓乃引车庭中，以其头悬轭[⑦]，鞭扑交下。妻谓持杖者曰："何不重乎？速尽为惠。"遂死车下，后人图画，号曰"礼宗[⑧]"云。

北魏

贞女兕先[⑨]氏，泾州女，许彭老生为妻。聘币既毕，未及成礼。兕先率行贞淑，常自舂汲[⑩]以养父母。老生辄往逼之，女曰："与君礼命虽毕，二门[⑪]多故，未及相见。何由不禀命父母，擅见陵辱？若苟行非礼，止可身死耳！"遂不肯从。老生怒而刺杀之，取其衣服。临死谓老生曰："我所以执节自固者，正欲奉给君耳！今反为君所杀，若魂灵有知，自当相报。"言终而绝。老生持女珠瓔[⑫]至其叔宅，以告叔。叔曰："此是汝妇，奈何杀之？天不佑汝！"遂执送官。太和七年[⑬]，有司劾以死罪，诏曰："老生不仁，侵陵贞淑，便可戮之。女守礼履节，没身不改，宜赐美名，以显风操。其标墓旌善，号曰："贞女"。

---

① 軿辎：音pēng zī，軿车与辎车的并称。軿，前有帷盖的车子；辎，前后都有帷盖的车子。

② 傅奴：亲幸的奴婢。

③ 羌胡：对北方少数民族的卑称。因董卓为临洮岷县人，故骂他羌胡之种。

④ 奕世：累世。

⑤ 趣使：通"驱使"。

⑥ 走吏：替人奔走的小吏。

⑦ 轭：驾车时套在牲口脖子上的曲木。

⑧ 礼宗：遵奉礼法的典范。

⑨ 兕先：音sì xiān，复姓。

⑩ 舂汲：舂米挑水。

⑪ 二门：指订亲两家。

⑫ 珠瓔：珍珠瓔珞，多用为项饰。

⑬ 太和七年：公元483年。太和，北魏孝文帝年号。

明

指挥佥事[①]甘忠妾彭氏，平凉卫人。正统八年忠死，氏哀戚不绝，自缢于室。事闻旌表。

张经妻刘氏，华亭县人。有二子平康、德隆，女春姐。正德十年敌入寇，掠刘氏及春姐，执赴北，驱以刃。氏及女咸大骂，承刃死。之后，二子俱仕。

鲁烈女，泾州人。年二十，嘉靖元年春，寇掠妇女，皆胁以从。氏独冒刃骂贼而死。巡按俞茂坚[②]立碑，表其墓。

赵廷璧妻彭氏，平凉县人。年二十三，生子云汉即寡。翦发纳于璧棺云。汉稍长，亦薄游客死。氏抚幼孙，守败屋，常空腹，年八十余。嘉靖丙辰年[③]，饥饿而死。

生员梁思聪妻张氏，平凉人。聪早卒，氏年二十一。家极贫，二子俱幼。氏誓不他适，立志守节，女红自给，日不再食，初志弥笃。苦节贞操五十年。万历中，巡按徐乔迁[④]题请旌表。

生员张化龙妻谢氏，平凉县人。夫痼疾，氏侍汤饵唯谨，至溺矢[⑤]狼藉床褥间，日为拭浣，三年终无倦色。夫久病多恚，稍不慊意，即大诟，氏婉词谢之。夫死三日，敛毕，是夕，缢死于柩前。

朱朗釿[⑥]妻孙氏，平凉县人。夫亡，遗子海山方数岁，氏托之翁姑。七日不食，未死，以刀自刭。遂同穴葬。

生员朱复初妻张氏，平凉县人。夫亡，氏守节抚子璟埶入庠。李自成攻陷城，大肆劫掠。氏自度孤孀恐或见逼，遂投井死。其子璟埶亦从死，烈妇孝子，人皆哀之。

杨自有女孝姐，平凉县人。明末流贼猝至，父母俱逃散。孝姐以污泥涂其面，匿蔷薇丛中。贼搜得，胁之行，大骂不从而死。

---

① 指挥佥事：明代京卫指挥使司所辖，协理禁中警卫部队，为“分巡道”前身，秩正四品。

② 俞茂坚：或作喻茂坚（1474—1566），字月梧，号心庵，明重庆府荣昌县（今重庆市荣昌区）人。嘉靖元年任陕西巡按，后官至刑部尚书。

③ 嘉靖丙辰年：公元1556年。嘉靖，明世宗年号。

④ 徐乔迁：明正德十一年（1516）云南大理文举人。

⑤ 溺矢：大小便失禁。矢同屎。

⑥ 釿：同“斤”。

教谕①黄锦妻李氏，崇信人。锦卒，氏二十六岁，抚遗孤彦相守志。泾州何某从其父求婚，氏告父曰："生则与夫配，死当全节。"掷以炽汤。何愧遁。灵台李某亦闻其贤，从其兄求婚。适岁凶，兄以饿死惧之。对曰："死则死耳。"涕泣，峻辞闭门，不纳其兄。乡党闻之，莫不肃敬。

学生黄彦相妻李氏，崇信人。夫死守节，亦如其姑。督学②姜表其贤曰：一门双节。

教谕梁自立妻蒲氏，崇信人。遇难，避匿山窟，贼攻执之。氏不受辱，贼持刃胁从，氏骂不绝口，遂遇害。

贡生梁毓龙妻关氏，崇信人，蒲氏之媳也。寇至，病不及避，方着礼服，持绳自缢，为贼所阻。贼惜其姿色，不忍加害，怒骂不休，坚意求死，贼杀之。

赵存谟妻关氏，崇信人。谟卒，霜操自矢，遗子国抡，训诲备至。卒底成名。

刘三重妻刘氏，崇信人。三重遘笃疾病，不可忍，暗投崖下。氏觉，亦号泣投崖。夫妇同死，观者如堵。

庠生马若豸妻关氏，崇信人。豸卒，甘贫守节，抚子成立。

张国珍妻朱氏，崇信人。国珍被寇掠，三年未还。氏茹苦自守，母与叔谋令他适，已与某姓定聘。氏泣曰："媳去谁事姑？且儿归奈何？况子尚孩提耶！"执不应，母迫促之。氏度不可回，乃绐母曰："母命不敢违，然嫁时衣裳须检点也。"遂入室缢死。

生员薛铨妻阎氏，华亭人。陇州鸿胪③阎仲容④女也，识古训，有家风。事姑甚执妇道。铨早死，氏年二十九，哀毁甚，誓不他适。家室匮乏，艰辛抚孤成立。年七十余卒。

柴安庆妻李氏，华亭县人。安庆早死，无子。氏孤苦守志，食贫五十余年。寿八十卒。

辛永康妻刘氏，华亭人。生子女各一。永康家贫，典史⑤冷霖困楚之，归，匿窖

① 教谕：元、明、清县学均置，掌文庙祭祀、教育所属生员。

② 督学：明清派驻各省督导视察教育行政及主持考试，也称视学，是教育行政及考试的专职官员。

③ 鸿胪：官署名。主要职掌为朝祭礼仪等事务。

④ 阎仲容：曾任河南按察司经历。

⑤ 典史：县令佐杂官员，不入品阶，明清时掌管缉捕、监狱等。

中自缢。氏甘贫守节，抚养子女，虽昆弟未尝言笑。每耕耘，使子伺道，无行人乃适田。

纪言妻李氏，华亭人。产未弥月，流寇陷城。一贼入其家欲污之，氏绐贼近床，以切面刀斫死。后数贼入杀氏，碎其尸。

知县石起凤妻赵氏，华亭人。流贼陷城，恐为所污，潜入南察院[①]自缢死。

生员潘云霄女潘烈女，华亭人。未出闺，流贼逼之，投井而死。贼见者并为垂涕。

王永绍女王烈女，华亭人。甫笄，未出闺，寇陷城执之。女大骂不绝，贼怒加捶楚，女骂愈厉，以首触石，寻见杀。

知县马选魁妻陈氏，华亭县人。崇祯[②]七年，魁赴京谒选[③]。氏闻贼警，携幼子与侍儿，匿石渠山谷中。贼寻陷城，执其仆，问主母所在，胁与至匿所索数日，甚急。陈氏知不免，乃以子付侍儿，藏短刃出，绐贼曰："若欲吾从，幸勿伤吾子。"行至萧氏庄，逼之，陈氏瞋目厉骂，遂出刃自刎而死。贼相顾骇愕去。事闻，敕旌其节，赠"孺人[④]"。

李廷璧妻张氏，镇原人。年二十丧夫，守志抚孤，卒年八十。

李时畅妻黄氏，镇原人。夫应贡，卒于京。氏年二十，携子扶柩归，守节四十余年。

生员范孟坚妻王氏，镇原人。少年丧夫，无子，守志终身。巡按表其门。

段应试妻张氏，镇原人。年二十，孀居。家极贫，亲党屡逼改适，氏辄以死拒之。守志抚孤，二子俱成立。年七十余终。

生员段大章妻董氏，镇原人。年三十，夫亡。哭泣殒身。巡按范立朝[⑤]上闻，建坊旌表。

张世龙妻戴氏，镇原人。年二十四，孀居，守节不渝。卒年八十。

生员段徽妻张氏，镇原人。年二十余，夫故，昼夜哀泣，水粥不下咽者五日，

---

① 察院：古代御史的"馆驿"，朝里来的御史在这里办公或居住。由于往来的御史等官较多，因此很多城里有南、北察院。

② 崇祯：哈佛本、四库本同，刻补本作"崇正"，避雍正皇帝讳改。

③ 谒选：赴吏部应选。

④ 孺人：古时称大夫的妻子，明清时为七品官的母亲或妻子的封号。

⑤ 范立朝：名昆明人，万历二十五年（1597）举人。曾出任平凉知府。

食苦杏仁数粒而死。

冯宣妻赵氏，固原州人。年二十三而寡，家贫守节，抚育幼子。寿八十四。

彭珏妻杨氏，固原卫人。年二十四而寡，家贫，誓死自守。寿七十七。

黄淮妻夏氏，固原卫人。年二十四，生二子未周月，淮亡。氏抚遗子，养舅姑。姑悯其孤穷，欲嫁之，氏以死自誓。为女工以给养，寿七十三。

梁辅妻王氏，固原卫人。年二十三，辅亡，有二子在襁褓。备历艰苦，勤女工以养姑育子，凡五十余年，乡人重之。寿八十三。

生员赵钦妻叶氏，固原人。年二十五，钦卒，遗二子，甫三岁。氏抚养劬劳[1]，备历艰辛。虽亲戚邀请亦不往。

百户陈琮妻郭氏，固原卫人。琮战没，氏年二十四，抚孤源嗣官。寿八十三，旌表其门。

生员翟元妻白氏，固原卫人。年二十五，元亡。贫苦抚遗孤成立。乡里称贤，寿六十三。

生员周继妻张氏，固原人。继没，氏年二十五。抚育幼子，有司表之。

生员徐效妻张氏，固原人。效殁，氏年二十七。鞠育二子，咸成立。寿八十有四，有司表之。

李子友妻温氏，固原州人。子友殁，氏慷慨以殉。时年二十四。天启中旌表。

景可乐妻李氏，固原州人。可乐以疾卒，氏哀伤死。

单养栋妾赵氏，固原州人。养栋死，氏方十有九岁，夜殉柩前。

韩杞聘妻徐贞女，固原州人。受应袭韩杞聘，未合卺而杞殇。女闻之，潜自经死。

生员魏宗一妻赵氏，泾州人。氏年十八，生子仅三月，夫亡。誓与夫同死。或劝之抚遗孤，卒成人，寡居四十余年。

雷秀贞，泾州人。年十八，家贫，采蔬于野。恶少辛添礼方锄，逼而求通，女叱号力拒，以蔬刃刺礼。礼反锄击女颈，垂绝，而逃。女父执礼闻，巡按吉澄论礼死，而表女门。

进士杨重[2]妻毛氏，灵台人。重早丧，氏方盛年，育一男一女。抚养教训有方，

① 劬劳：音qú láo，劳苦、苦累。

② 杨重：明甘肃灵台邵寨镇人。成化五年（1469）进士。任翰林修撰、肃政大夫、汉南道监察御史。曾与南京才子比诗文，倒背《春秋》，一字不差，令人折服，号称“天下《春秋》第一人”。

女适解元刘钺[1]，男森为廪生，皆先氏而卒。艰难辛苦，节操愈励，年八十一岁卒，人无间言。

举人史详妻闫氏，灵台人。详亡时，氏年二十余，守节终身。人常曰："父死于忠，女终于节，父子皆无悔焉。"

习文妻杨氏，灵台人。夫故，氏方二十岁。守节事舅姑朝夕匪懈，抚遗孤耕读继业，甘贫固守。年七十有五，艰苦备历。

张企和妻姚氏，灵台人。年二十三岁，夫故，孀居六十四年。善事舅姑，抚育幼子。享寿九十，卒。事闻旌表。

习良民妻陈氏，灵台人。年二十，夫故。家贫，有求娶者，辄缢，几死。事姑杨氏，躬持巾栉[2]。及殁，氏哀痛泣血，殡葬尽礼。抚孤子成立。年七十有三，艰难苦楚，老而弥坚。按院题请旌表。

生员卢阁妻王氏，灵台人。夫卒，氏二十一岁。事翁姑，育幼子，饥寒备经，始终无渝。

生员苟士元妻胡氏，灵台人。士元以应乡试暴卒。氏号泣，日夜不息，亲邻劝谕，方进饮食。遗二子，长亦卒。其翁姑垂白，晨昏侍养，无少怠。及殁，哀毁切痛，闻者称叹。事闻旌表。

吕九功妻李氏，灵台人。嫁逾年，夫故，遗腹三月。氏即矢志誓不再适，抚养孤子，奉侍老姑，年八十，视膳问寝，日夕不懈。尝涕泣祝曰："姑幸无恙。儿长，为吕家后。夫其有知，庶瞑目乎！"

彭水[3]令姚惟兢妻李氏，灵台人。氏及笄于归，遂值姑丧，孝谨尽礼。前室遗子，氏抚养爱逾己出。相夫宦所，闻有鞭扑之声，氏即温言劝之。夫卒，氏方盛年，矢志苦守，闺阃矜式[4]。

王氏，灵台人。王养贵女，适陇州民。未一月，因元宵节归宁，被流贼掠去，执刀挟制之。氏涕泣骂詈，强夺贼刀，并扑崖求毙。贼感其节烈，释之。氏归，父家以为身虽全节，手已受辱。适其夫至，氏佯慰之，即于是夜自缢。

贡生李思芳妻董氏，隆德人。芳卒，氏誓必死，遂不食，七日卒。

① 刘钺：明西安前卫人，任吴桥知县。

② 巾栉：巾和梳篦。泛指盥洗用具。

③ 彭水：今重庆彭水县。

④ 闺阃矜式：妇女德行的榜样。

多烈女，灵台庠生多荩臣之女。因父早卒，未及聘嫁。明末流寇攻掠城邑，女避于隐形山[①]北窑窨内，被贼搜山获之。见其姿艾，舁[②]之马上。女不从，跃投地下者三次。贼以美言诱之，女两手遮面，骂不绝口。贼怒，遂断其手而杀之。

曹椒叶，静宁州人，曹福女。生而端庄，不轻言笑，工女红，暇则其父教以《列女传》。许配王守正，未嫁而守正死。曹氏闻之，惧再婚，不食而死。

生员吴应正妻党氏，静宁州人。为女时，父党礼病目，痛不能忍，欲自尽。氏多方防救，哀毁几绝，延医调治。有人谓曰："欲目明，须以人肉食之。"氏潜入室，举刀割股，烹羹以进。父食之，其目果愈。人咸以为至孝所感。

知县马应麟妻娄氏，静宁州人。年二十五，夫亡守志。每抚二子泣曰："非汝辈，我当从尔父于地下矣！"后子成立，寿八十六。

监生周塘妻沐氏，静宁州人。年二十二，夫故。氏毁形自誓，茹苦守志。每抚孤泣曰："须尔成立，尔父始瞑目九原矣！"后子成人，氏寿八十。

监生张琔妻陈氏，静宁州人。年二十四，守节孝，事翁姑。遗孤甫三龄，鞠育成立。卒年八十三。

贡生方向妻唐氏，静宁州人。向卒，遗四子，氏年二十七。守节教子，常泣责诸子曰："尔等无成，我何颜见尔父地下。"子皆悲愤励志，乡贡者二人。长应规知楚雄县[③]事，仲应矩任崞县[④]簿。卒年八十有六。

学博[⑤]李淳妻王氏，静宁州人。居水洛城，值寇变，贼入其室，挟氏欲乱。氏怒骂拒之，贼益逼，氏投井而死。

生员邵腾凤妻霍氏，静宁州人。崇祯七年，流贼突入庄舍，氏被执，忿骂，头触石死。

监生杜汝楫妻朱氏，庄浪县人。年十九，楫亡。舅姑在堂，遗孤良琨幼。氏哀毁几绝，寻悟托孤重于死节，乃矢志养亲抚子。后琨为崞县簿，甚孝。守节五十余年。

贡生杨文英妻岳氏，庄浪人。英卒，氏年二十有五。嫠居逾五十年，抚孤从

① 隐形山：又称高志山、志公山，位于灵台县城东，灵台八景之一。

② 舁：抬，带。

③ 楚雄县：今云南楚雄州。

④ 崞县：今山西浑源县。

⑤ 学博：唐制，府郡置经学博士各一人，掌以五经教授学生。后泛称学官为学博。

学，官典膳[①]。

蒙冠妻蒋氏，庄浪人。冠亡，氏年二十一，誓不独生。时姑尚在，遗孤在抱，诸亲劝谕，至再方起，乃竭力奉姑，抚孤成立。孀居五十余年，年七十六卒。

杜继美妻崔氏，庄浪人。明末，流寇入其庄舍，欲犯之。抗节不屈，骂不绝口，竟遇害。

王笃妻，庄浪人，失氏。明末流寇入庄，欲污之。氏遂假事诳贼，稍宽，竟投崖死。

进士齐廷珪[②]妻张氏，隆德人。珪卒，氏产一子在襁褓中。时年十九，常虑为家人所逼，防御甚固。卒抚孤成立，终其身。

同知杨文奎妾刘氏，隆德人。文奎卒，氏年二十七。家人劝以更适，氏以死自誓，遂抚孤终身。年八十三卒。

同知齐恩妾张氏，隆德人。恩战死，氏年二十六。痛其夫没于王事，而孤未成立。遂以死自守，抚其子终身。

生员剡英妻王氏，隆德人。英亡，氏年二十六。泣曰："吾谊当从死，但无如遗孤何耳?"遂抚子就学，后子亦成，诸生乡人毕贺。王感郁成疾，泣曰："吾极知可喜，顾恫[③]乃父不见，以此郁郁，不能自解耳。"疾遂不起，卒。

生员刘钺妻靳氏，隆德人。钺亡，氏年二十八，遗孤甫一岁。贫甚，靳抚其孤，艰苦五十余年。

生员刘栋妻辛氏，隆德人。栋卒，氏年十八。栋上有父母，遗孤二，在襁褓中。氏泣曰："父母饥寒，嗣续存灭，尽在我身。"遂矢死自守，奉养翁姑，抚育二子，人无间言。后二子俱成立。氏年九十卒。

生员李成梁妻闫氏，隆德人。梁卒，氏年十九，遗一女。哀毁殆将灭性，遂成疾。父母致医药，不肯服，曰："第恐不得死耳。"临绝，瞪目，顾家人曰："得死所矣。"语讫，目瞑。

生员闫汝化妻王氏，隆德人。夫卒，氏哭泣昼夜不绝，两目遂瞽成疾，积数月，病革。氏有一子，呼之曰："吾今得从尔父地下。"遂卒，时年二十。

生员赵应科妻范氏，隆德人。夫卒，遗孤年十三。氏哀毁不食，家人劝曰："此

① 典膳：王府管理膳食的官。

② 齐廷珪：明隆德人，都事。成化十一年（1475）进士。

③ 恫：痛也。

子与尔为存亡者也，抚孤与殉死孰重?”氏悟，遂强饭。卒抚其子，获成立。

许登海妻张氏，隆德人。家甚贫。登海死，氏年二十九，采薪拾马矢，炊糠核而啖之。夏日冬夜不免冻馁。茕居三十余年，卒。

闫荣妻董氏，隆德人。荣卒，氏年二十九。无子，寡居四十年。备尝艰辛，苦节。

生员雍学易妻孙氏，隆德人。易卒，有老母，遗子才三岁。氏备极艰难，事姑色养，抚成其子。年七十八，卒。

武生王信妻董氏，隆德人。信卒，氏年二十五。奉翁姑，育幼子。翁姑殁，质衣市殡葬物。遗孤获成立，氏年逾七十，卒。

杜老女，隆德人。杜曰山女，曰山老，无子，家甚贫。同县民梁宰求聘女为妻，父将许之。女曰：“父母老，无子，止一女。女嫁，父母曷依?”自誓终身不嫁，拮据力作，以养父母。父卒，营葬毕，复竭力养母。越十八年，母卒。营葬毕，女遂曰：“吾已许父母，不嫁矣。今复嫁，是渝言也，且父母坟墓何托乎?”终不嫁，茕苦自守，年逾七十卒。乡人感其孝，呼曰“老女”。

真阳[①]令董三秦妻于氏，隆德人。三秦为宰[②]，多有惠政，氏多从内赞成之。三秦卒，氏寡居四十年。抚教三子，俱以明经入仕。有司疏其节行，诏县给米岁十二石，绵布岁十二斤，终其身。

王历〔二一〕妻董氏，隆德人，真阳令三秦女。崇祯[③]七年，贼犯隆德，城破，氏率二女同赴池溺死，三日尸浮出，颜面如生。

段烈女，隆德人。父遇科，字同县李氏，崇祯八年为贼所执，坚守不可犯。贼逼之，啮其左擘，力拒之。贼怒，刃杀之，时年十六。

雍烈女，隆德人，父凤鸣。贼克县获之，女坚执不从。贼手刃杀之。

监生方大儒妻雍氏，隆德人。儒卒，氏持节自守。贼犯隆德，城陷，自缢死。

生员张士俊妻齐氏，隆德人。明末，贼克城，氏从士俊并三子俱赴井溺死。

何自新妻仇氏，静宁人。贼至，自缢死。

贾德友妻陈氏，静宁人。寇掠，骂贼，剖腹而死。

---

① 真阳：今河南驻马店正阳县。

② 宰：即县令。

③ 崇祯：哈佛本、四库本同，刻补本作“崇正”，避雍正皇帝讳改。

皇清

姚永福聘妻何氏，平凉县人。同邻妇采苦于野，田进礼见氏少艾，乘其空野，强拉求奸。何氏坚拒叫骂，抓裂进礼面貌。进礼用掀把击何氏顶心，仆地殒命。何氏因强奸不从被杀。康熙三十七年具题旌表。

王应亨妻沈氏，平凉县人。应亨远出，有生员郭钟者，排入其室，戏诱之。沈变色正词叱之，郭惧出。氏遂自缢死。雍正二年具题旌表。

纪成妻闫氏，平凉人。甫婚娶，王辅臣①叛，为贼逼投崖，落崖半树稍未坠。贼退，援之，三日始苏。年二十一，夫死，遗腹八月生子。辛苦鞠育成立，寿七十八。

祁化普妻崔氏，平凉人。年二十五，夫死，历尽辛苦，背粪壅田，养姑抚子。普系庶出，兄屡逼嫁，暗通媒妁，欲强娶。氏以死相拒而免。

贡生连泰拔妻王氏，平凉人。明末流寇犯境，拔中矢毙。氏年十八，子甫周岁。苦节自甘，流离颠沛，无渝志。年八十余而终，

生员陈志妻王氏，平凉人。志故，王年二十三岁，产遗腹子勋。备极艰辛，抚养成人，年八十二而终。

生员贾文煐妻张氏，镇原人。年二十八岁，夫故，守节事姑，养生送死无憾。抚遗腹子成立。雍正二年具题旌表。

生员段淑古妻贾氏，镇原人。二十五岁，夫亡，未有子女。氏守节奉姑，曲尽孝道。历二十八年，姑殁，丧葬尽礼。雍正十年具题旌表，

脱海龙妻赵氏，镇原人。遇兵避趋崖窟，海龙后奔。氏遥望，见夫为追兵手刃仆地，遂投崖而绝。土人怜之，立石碣于道旁。

王弘〔二二〕纲妻柴氏，固原州人。年二十二，夫亡。抚孤守节，岁遇荒歉，日不举火，以死自守。守节三十一年，孝养翁姑，抚二孤成立。康熙十六年具题旌表。

生员赵国宁妻尚氏，固原州人。夫亡，氏年二十八。孝养翁姑，后相继逝。丧葬尽礼，抚子成立。寿九十三岁。康熙五十年具题旌表。

马志启妻李氏，固原州人。启故，氏年二十二，欲自绝，念翁姑在堂，坚志毁形，守节。雍正三年具题旌表。

段氏，固原州人。因夫兄陈大年自外醉归，见其弟在书馆歇宿，径奔段氏卧房求合，段氏拒骂，大年掌击、棍殴，殒命，投尸井中。将陈大年拟斩；段氏强奸不

① 王辅臣：？—1681年，清山西大同人。绰号“西路马鹞子”。本为李姓，明末清初军阀。

从，以致身死。雍正九年十二月具题旌表。

黎天禄妻吴氏，固原州人。天禄亡，氏年二十六，持刀自刎。官立石表之曰："白刃明心，杀身成仁。"

吴承恩妻韩氏，固原营守备韩宁女。姑病，刲[①]股和药以进，疾竟瘥[②]。

功加守备文理妻王氏，固原州人。文理于雍正七年出征巴里坤[③]，至十年七月二十七日在军营病故。十一月，携骨回里。王氏闻讣悲号，即欲捐生。因防守严密，于是月二十三日赚母归爨[④]，投缳自尽。

生员杨嘉玥妻柳氏，固原州人。玥疾笃，氏以死许玥。及卒，家人共防之。氏衣麻衣三日，悲戚不甚。防稍疏，氏潜自缢。年未满二十。

生员李瀛妻于氏，泾州人。年二十四，丧夫。守节，抚孤成立。

儒童李永蓁妻闫氏，泾州人。氏年二十五，蓁亡。抚周岁孤儿，苦节六十余年。

苏氏，泾州民妇。王辅臣叛逆平凉，氏与李氏俱被兵虏，临崖遇水，投河而死。

李氏，泾州民妇。与苏氏被兵掠，相继溺水死。州牧闫竖碑，表二氏墓。

庄邑生员刘管妻夏氏，静宁州人。夫卒，无子，氏年二十六。归母家守节，会父兄继逝，养母抚侄，终身无二志。

生员王傅妻王氏，静宁州人。与张氏同被兵掠，拘于一室，经一索，死。

常能妻张氏，静宁州人。同王氏死时被拘者尚多，惟二氏惧污，自经。

庄浪县庠生张标妻杨氏，静宁州人。王辅臣之乱，氏被兵获，欲污之，坚拒不从，自刎而死。

贾德友妻陈氏，静宁州人。骂贼，剖腹。

生员杨盛业妻李氏，庄浪人。盛业死，氏年十九，欲殉之。因前妻遗二幼子，抚孤守节，至老不改。

生员张尔绅妻齐氏，隆德人。年二十七，夫亡，遗二幼子。家贫翁老，荒岁绝粮，旬日不能举火，以豆渣充饥。族人欲夺其节，死争得免。葬翁教子，历尽艰苦，年七十五岁。

杜伟妻程氏，隆德人。年十八，夫亡，泣欲从死。遗腹三月，后生子，食贫抚

① 刲：音kuī，割取。

② 瘥：音chài，病愈。

③ 巴里坤：今新疆维吾尔族自治区哈密市巴里坤哈萨克族自治县。

④ 爨：音cuàn，烧火做饭。

诲，年六十一。

董福妻高氏，灵台人。二十丧夫，孝养翁姑。值逆贼为寇，兼岁饥，能以礼送葬。子方周岁，抚训成立。

生员张大伦妻吴氏，盐茶厅人。上事孀姑，极尽孝养。氏年十九，甫生一子，未期夫殁。家道贫寒，勤苦纺织，抚子长成。屏迹家居，并不出外，守节五十余年，始终如一。雍正三年具题旌表。

校勘记

〔一〕临洮　哈佛本、四库本同，刻补本作“兰州”。乾隆三年（1738），临洮府移治到兰州，改称兰州府。

〔二〕历　哈佛本作“厯”，刻补本作“歴”，四库本作“歴”，避乾隆皇帝讳改。

〔三〕弘　哈佛本作“弘”，刻补本作“宏”，四库本作“弘”，避乾隆皇帝讳改。

〔四〕已　四库本同，哈佛本、刻补本作“巳”，误，据四库本改。

〔五〕历　哈佛本作“厯”，刻补本作“歴”，四库本作“歴”，避乾隆皇帝讳改。

〔六〕历　哈佛本作“厯”，刻补本作“歴”，四库本作“歴”，避乾隆皇帝讳改。

〔七〕弘　哈佛本作“弘”，刻补本作“宏”，四库本作“弘”，避乾隆皇帝讳改。

〔八〕弘　哈佛本作“弘”，刻补本作“宏”，四库本作“弘”，避乾隆皇帝讳改。

〔九〕弘　哈佛本作“弘”，刻补本作“宏”，四库本作“弘”，避乾隆皇帝讳改。

〔十〕历　哈佛本作“厯”，刻补本作“歴”，四库本作“歴”，避乾隆皇帝讳改。

〔十一〕笑　哈佛本、刻补本同，四库本作“英”。

〔十二〕历　哈佛本作“厯”，刻补本作“歴”，四库本作“歴”，避乾隆皇帝讳改。

〔十三〕窓　哈佛本、刻补本作“窗”，四库本作“窓”，“窓”同“窗”。

〔十四〕历　哈佛本作“厯”，刻补本作“歴”，四库本作“歴”，避乾隆皇帝讳改。

〔十五〕弘　哈佛本作“弘”，刻补本作“宏”，四库本作“弘”，避乾隆皇帝讳改。

〔十六〕弘　哈佛本作“弘”，刻补本作“宏”，四库本作“弘”，避乾隆皇帝讳改。

〔十七〕字　哈佛本、刻补本作“聘”，四库本作“字”。

〔十八〕弘　哈佛本作“弘”，刻补本作“宏”，四库本作“弘”，避乾隆皇帝讳改。

〔十九〕弘　哈佛本作“弘”，刻补本作“宏”，四库本作“弘”，避乾隆皇帝讳改。

〔二十〕历　哈佛本作“厯”，刻补本作“歴”，四库本作“歴”，避乾隆皇帝讳改。

〔二一〕历　哈佛本作“厯”，刻补本作“歴”，四库本作“歴”，避乾隆皇帝讳改。

〔二二〕弘　哈佛本作“弘”，刻补本作“宏”，四库本作“弘”，避乾隆皇帝讳改。

甘肃通志卷之第四十三　列女二

庆阳府

明

刘金住妻常氏，宁州[①]人。父伯良，洪武[②]初，谪戍夏州[③]，随母郭偕行。适同戍乡人刘金住，寻殁于战。常矢志不贰，事继姑以孝。姑殁，丧葬如礼。有恶少强通媒妁，氏绐[④]以终丧奉侍。翌日，赴水死，越三日，尸出，面宛如生。

陈泰妻马氏，宁州人。泰亡，氏守志抚孤。家贫，织纺自给，寒暑不废。永乐[⑤]间，诏旌其门，仍复其家。

指挥[⑥]黄启妻陈氏，庆阳卫人。启卒，陈年二十四，子泽尚幼。家贫无以自存。有劝改适者，陈以死自誓。抚泽成立，官环庆守备[⑦]。泽又卒，陈复抚幼孙正，亦历官指挥，前后五十余年，节操凛然。弘〔一〕治间旌表。

吴旻妻龙氏，庆阳卫人。年二十五，夫亡。事亲抚孤，劳苦万状，闺门静肃，节凛冰霜。弘〔二〕治间旌表。

曹锺妻刘氏，安化[⑧]人。年二十一，夫亡。事舅姑以孝，抚二幼女，守节不渝。弘〔三〕治间旌表。

王信妻沈氏，安化人。信卒，沈年二十，子二，尚在襁褓，抚以成立。嫠[⑨]守六十五年，人称节寿。弘〔四〕治间旌表。

李源妻朱氏，宁州人。源卒，止遗幼女，甫五岁。朱事舅姑以孝。源有弱弟

---

① 宁州：今庆阳宁县。西魏废帝二年（553），改豳州为宁州。1913年改宁州为宁县，隶甘肃省。

② 洪武：明太祖年号，公元1368—1398年。

③ 夏州：今陕西省靖边县红墩界镇白城子村。

④ 绐：同“诒”，欺骗。

⑤ 永乐：明成祖年号，公元1403—1424年。

⑥ 指挥：官名。各卫的指挥使简称指挥。指挥使为卫所最高军事长官，秩正三品。

⑦ 守备：官名。明镇守边防的军官，位次于游击将军，无品级，无定员，因事增置，统兵戍守。

⑧ 安化：即安化县，治所与庆阳府治所在同在庆阳城内，即今庆城。

⑨ 嫠：音lí，寡妇。

华，仅十岁，抚而教之，为择婚配，推家产悉付之。四十余年，志节凛然。正德间旌表。

曹奉禄妻尹氏，庆阳卫人。禄卒，尹求一死，戚属劝之，以遗子在襁褓，乃抚孤以存宗祀。时有势宦，欲娶尹，以重贿赂姑，姑将夺之，尹誓死不从。及子殇，姑知尹必死，防之。尹绐之，及两月防稍弛，乃自缢死。时方盛暑，蝇不侵尸，面宛如生。嘉靖间旌表。

生员刘朝宗妻王氏，真〔五〕宁①人。赋性端恪②，克娴妇道。宗卒，家贫如洗，王励节抚孤，二子俱各成立。嘉靖间旌表。

余瑁妻牛氏，庆阳卫人。瑁卒，氏家贫抚孤，守志不渝，内外肃然。嘉靖间旌表。

吴钦妻张氏，庆阳卫人。钦卒，张年二十五。贫不能举葬，乃卖房治棺归窆③。夫兄逼令他适，张以死誓。安贫抚孤五十余年，辛苦万状。寿八十四而终。嘉靖间旌表。

郭达妻沈氏，庆阳卫人。适达甫数岁，有子尚幼，夫亡，家贫不能自保。沈矢志愈坚，女工④度日。后子亦卒，沈以年老复贫苦，有司怜之，给以衣食。及卒，复给棺敛。嘉靖间旌表。

杨承庆妻徐氏，庆阳卫人。夫亡，子友桂尚幼。抚育成立，入太学。后子亦卒，复育诸孙。垂三十年，始终如一，门阈肃然。嘉靖间旌表。

张纪妻梁氏，环县人。年二十七，纪亡，誓以死殉。戚属防之甚密，越三日，竟缢死。与夫合棺葬。当道致祭上闻。嘉靖二十九年旌表。

陈经妻强氏，安化人。端庄沉静，不苟言笑。年十七于归，值舅姑早逝，经祖父在堂，年九十余卧病，强朝夕奉侍。年二十七，经亡。时家道萧索，遗三孤俱幼，强躬任纺绩，辛苦万状，抚育诸子成立。后一子入太学。历四十余年，坚持如

① 真宁：今甘肃正宁。

② 端恪：端正恭谨。

③ 窆：音biǎn。下葬。墓穴。

④ 女工：又作“女红”“女功”。指旧时妇女从事刺绣、编织等手工劳动及其制成品。

一日。当道屡加优恤，尚书张珩[①]为之立传。嘉靖间旌表。

生员孙顺妻王氏，安化人。年二十九，夫亡，遗孤伸甫三岁。家贫，衣裳百结，日不再食。躬女工以自给。冉家河有庄，携孤涕泣，往来负薪秉耒[②]，劳苦万状。戚属不堪，王泣曰："死易耳！所以苟延者，为弱息在，期亡人一脉不绝耳！"历四十余年，节操凛然。伸充府庠生，时年七十余。嘉靖间旌表。

庆阳卫百户宁威妻方氏，正德中，威病死，遗子勋尚幼。方绩纺抚育承袭。未几，勋亦死。方又抚孙吉，承袭勋职，而吉又死。时方年七十八，苦节四十九年，与子妻何氏、孙妻张氏，誓同死守，内外无间，言称为"宁门三节"。

余邦麟妻李氏，夫死，李年二十余，即翦发泣焚，蓬头垢面，誓以死守冰操。四十余年，始终不贰。嘉靖间旌表。

苟廷瑞妻周氏，环县人。年二十四夫亡，愿以死殉，誓不他适。事舅姑以孝，抚育孤子，至于成立。四十余年，守节不渝。嘉靖间旌表。

生员何虞凤聘妻冯氏女，安化人，许字生员何虞凤。凤殁，冯欲往吊，母不许，悲泣三日不食。母始怜而许之，往吊，遂触柩前死。万历〔六〕间旌表。

廪生冯思闻妻刘氏，夫亡，七日不食而死。万历〔七〕间旌表。有烈妇坊。

生员杨旒妻强氏，安化人。旒卒，强年二十四，遗子维勤、维升，女一，俱在襁褓，家贫如洗。有富豪闻其美色，求娶之。叔翁欲夺其志，强乃毁容摈饰，携二子白于官，词气凛然，誓以死守。以女工所入，给子读书成名。乡人推重，年七十以寿终。有司具闻，建坊旌表。

生员张敏妻刘氏，安化人。敏卒，刘抚育四子，俱至成立。九思、九皋贡入太学[③]授职。刘以寿终。有司具闻，旌表其门。

生员谯应运妻牟氏，合水[④]人。运卒，三日不食而死，与夫合棺葬焉。有司上其事，建坊旌表。

---

① 张珩：字佩玉，号南川，明山西石州（今山西离石）人。明武宗正德十六年（1521）进士，历任监察御史、大理寺少卿。嘉靖二十二年（1543）以都察院右副都御史巡抚宁夏。次年春，升兵部右侍郎兼都察院右佥都御史总督陕西三边军务。

② 秉耒：执耒，指从事农田劳作。

③ 太学：明代太学指国子监。

④ 合水：地名。今甘肃庆阳合水县。

魏邦妻王氏，环县人。孝敬夙着。嘉靖辛丑①，邦遘疾②卒，王抱，痛不就寝室。先期语妹曰："夫死，我必从之。"后月余，夜起易衣，整簪饬容，自缢而死。有司上闻表其墓。

李廷玺妻沈氏，环县人。玺兄弟同居，妯娌甚相爱敬。后玺兄弟继亡，嫂周有子三，沈有子二，共抚诸孤。寻周亦亡，沈年二十四，独抚五子如一。俱至成立，垂五十年，内外凛然，寿七十而终。有司具闻旌表。

路拱枢妻袁氏，真〔八〕宁人。夫亡，守节终身，建坊旌表。

巩国正妻褚氏，真〔九〕宁人。正卒，长子焴③方二岁，次子烰④甫三月，氏年二十二。誓以死殉，妯娌戚属劝以抚孤。氏遂艰苦育子，昼夜纺绩。后焴成进士，烰补弟子员。六十余岁卒，建坊旌表。

张小畅聘妻王买姐，宁州人王加庆女。父母早逝，伯父抚之，年十六，许贫家子张小畅。畅亡，请往吊，不许。复请馈畅母汤馔，许造，令人馈之。是日，哭声未绝，勺水不入口，至晚缢死。解其尸，则身挟一利刃，意得请往吊，必自刃柩前矣。时盛暑，停尸三日，无一蝇至。适督学⑤按部，题请旌表，仍复其家。

指挥黄钦妻赵氏，庆阳卫人。钦有事系官，惧罪自缢。时赵年二十二，闻夫死，亦自尽以殉。

王泰妻刘氏，庆阳卫人。适泰，甫岁余，泰亡，刘自缢死。

李深妻王氏，庆阳卫人。子甫周岁，深疾，王誓以死殉。及卒，果克践其言。子成立，叨⑥有衣冠，其妇亦克尽妇道。

生员陈大纶妻宋氏，宁州人。纶死，且乏嗣。宋矢志守节四十余年，辛苦备历，屡遭荒歉，人咸不堪。宋曰："吾夫名家子，吾即饥死，亦何害?"完节终身。

姚德妻杨氏，庆阳卫人。年二十三，德以病殁，氏生遗腹子。矢志守节，抚孤

① 嘉靖辛丑：公元1541年。嘉靖，明世宗年号。

② 遘疾：患病。

③ 巩焴："焴"音yù，同"煜"。万历二十一年（1591）出生，天启七年（1627）中举，崇祯四年（1631）进士及第，名列第六。是年八月任河南林县知县。明亡后隐居于陕西三水县（今旬邑县）官家洞。顺治十八年（1661），清兵火烧官家洞，巩焴死于大火，终年六十九岁。

④ 烰：音fú：热气上升。亦音páo，通"庖"。

⑤ 督学：派驻各省督导视察教育行政及主持考试的官员。

⑥ 叨：音tāo，承受。

成立。

李堂妻徐氏，庆阳卫人。夫死，哀毁欲绝。人劝慰以弱息尚在，冀延年以存宗祀。乃得不死，矢志守节，五十余年，始终如一。后子成立，有司具闻旌表。

刘勋妻张氏，庆阳卫人。夫死，守节，誓不他适。寿八十三卒。

徐冲妻萧氏，庆阳卫人。子二，冲卒。萧誓死靡他，事舅姑以孝谨闻。抚育二子至成立。

白承武妻张氏，庆阳人。姑疾弗起，百药罔效。氏焚香泣祷，割股以进，姑获愈。有司以至诚格天，匾奖之。

王珪妻王氏，安化人。珪病卒，王矢志靡他，安贫抚孤。闾里重之，有司表其门。

举人蔡贤妻赵氏，安化人。贤任推官，多所内助。贤卒，有显豪欲强娶之，赵毁容刺面誓拒，守节终身。

刘荣妻姚氏，安化人。荣应军役病殁，姚哭之数日，不食死。

盖朝阳妻张氏，安化人。夫死，乃潜缢于桑下，遂合棺葬焉。

冯一清妻刘氏，安化人。夫卒，年十九，有子尚在襁褓。氏欲死，亲戚劝抚弱孤，乃止。后事姑王氏，克尽妇道，守节四十余年，备历辛苦，寿七十五终。

生员孙箱妻陈氏，安化人。归箱半载，夫殁，得遗腹子。以贞节自誓，苦守四十余年。后子为贼所杀，即七日不食而死。

少卿麻僖①妻，杨氏，安化人。秉性聪慧，读书能通大义。明末癸未②，城将陷，僖誓必骂贼死。杨曰："君能死忠，吾独不能死节乎？请先死以殉。"乃饮鸩酒数升，比贼至，已死矣。

侯举妻夏氏，安化人。贼欲辱之，坚拒不从，强之，再骂，曰："何物死贼，敢吾辱耶!"遂抱子力求死，贼怒，碎母子尸。

王加宾妻杨氏，安化人。夫亡，守节四十年。城陷，投井死。

麻惟清妻黄氏，安化人。城将陷，语夫曰："我必投井。"卒如其言。

廖弘〔十〕毅妻曹氏，安化人。城陷，同夫毅、子光国俱携手投井死。

---

① 麻僖：字立轩，号淳甫，明安化人。麻永吉之子。万历三十五年（1607）进士。授翰林院庶吉士，升兵科给事中。因屡次上书诤谏，被阉党弹劾落官，后致仕家居。1643年，李自成部将刘宗敏率兵攻打庆阳城，麻僖与叔伯子侄同死者四十余人。

② 明末癸未：公元1643年，是年李自成军攻陷庆阳城。

曹思忠妻梁氏，安化人。贼至，投城下，复苏，又投水死。

苏成麟妻苏氏，安化人。贼执不屈，投城下死。

李启明妻杨氏，安化人。城将陷，与夫永诀，缢死。

张槐妻高氏，安化人。贼执其翁，高哀泣请救，贼并杀之。

孙养廉妻杨氏，安化人。贼陷城，伏避柴堆，五日不食而死。

陈逢兰妻赵氏，安化人。贼执，欲辱之，氏正色大骂，贼怒杀之，弃其尸于井。

梁瑞妻赵氏，合水人。夫亡，三子俱幼，赵自缢以从。戚属觉而救之，乃苏。后抚三子，俱成立。嫠处终身，寿八十九而终。

魏伦妻何氏，合水人，训导[①]何其昌女，幼佩姆训，人称女中君子。适魏伦，无出[②]，以兄子天宠嗣焉。伦卒，七日不食，自缢死。

石若璞妻李氏，环县人。年二十五岁，夫亡，家贫苦节，训子成名。八十一岁，遇变自缢。

只应诏妻杨氏，环县人。年二十八，夫亡嫠居，艰辛万状，抚孤守节，遇变自缢。

苗云芳妻贾氏，环县人。德性温良，持躬淑慎。闻贼至，恐为贼辱，自缢。

张凤翎妻姚氏，环县人。遇贼入城，持节自缢。

知县王鸣灿[③]妻禹氏，环县人。性贞慧，通《烈女传》，讽诵不忘。闯贼破城，自誓全节，投井死。

周某妻郑氏，环县人。夫早故，止遗一女，方二岁，孀居五十年。明末，贼克城，郑举火然房，投火中而死。

刘某妻韩氏，环县人。夫早故，遗子泽深，年方四岁，抚育四十余年，积行善事。贼破城，自缢死。

生员路之逢妻何氏，真〔十一〕宁人。夫死，不食，屡欲自缢，家人防护甚严。氏治食奠夫毕，乘间自缢而死。

生员赵一凤妻董氏，真〔十二〕宁人。夫死，拜辞舅姑，投崖殉之。有司亲奠，为

① 训导：学官名。明清府、州、县儒学的辅助教职，通常为辅佐地方知府，负责教育方面的事务。

② 无出：未曾生子。

③ 王鸣灿：明安化（今甘肃庆阳）人。崇祯六年（1633）举人。顺治十六年（1659）任河南西平县知县。

造坟建坊。

巩圣都妻何氏，真〔十三〕宁人。夫亡，服毒而死。府县表其门。

焦思妻郭氏，真〔十四〕宁人。夫亡，苦节终身，没齿[①]无间。

生员巩珍妻李氏，真〔十五〕宁人。年二十二岁珍亡，无子家贫，守节终身。

石应第妻巩氏，真〔十六〕宁人。夫亡，苦节终身，以寿终。

生员王鸿典妻姚氏，真〔十七〕宁人。典卒，氏甘贫训子，矢死靡他。仲子皞如中乡举。

赵邦清妻张氏，真〔十八〕宁人。清殁于王事[②]，期以身殉。以一子尚幼，保孤报夫，布衣蔬食，教子持家者三十余年，以寿终。乡人称之。

生员赵举贤妻徐氏，真〔十九〕宁人。贤卒无子，氏少寡，苦节终身。

廪生赵任贤妻袁氏，真〔二十〕宁人。夫亡守节，以寿终。

杨日进妻吴氏，真〔二十一〕宁人。年十九夫亡，守节，无子，甘贫茹檗。

生员王用奇妻何氏，真〔二十二〕宁人。夫亡，安贫教子，苦节终身。

生员王养蒙妻阎氏，宁州人。年十七夫亡，遗孤襁褓，善事舅姑。有富家生通媒妁。氏恶恨，逐媒出户，入寝自缢，比人觉已鼻孔流血矣。姑抱救，竟日方苏。自是再无敢言者。抚孤王元臣，补郡庠生。又抚遗孤侄女，无异己出。卒五十有三。府州表之。

邵梅妻刘氏，宁州人。梅死，遗孤五岁，家贫。躬自樵苏[③]，耕耘餬口，守志终身。寿九十二而终。

刘恕妻米氏，宁州人。恕卒，哀毁几死。舅姑怜其年少，欲夺之。氏以死自誓，终执妇道，内外无间言。有司表其门。

廪生左司记妻王氏，宁州人，年十四于归。夫染疾，王朝夕泣祷，翦发沥血，愿以身代，断左手食指示夫。夫卒，遂以指殉，毁容终身。时二子俱幼，氏尝胆教子，迭遭奇荒，母子并日而食[④]，终无变志。寿七十三而终。二子俱列庠序。

王自实妻权氏，宁州人。随夫京邸，夫亡，扶衬三千里，抵家治窀[⑤]。矢志金

---

① 没齿：终身。《论语・宪问》："人也，夺伯氏骈邑三百，饭疏食，没齿无怨言。"

② 王事：王命差遣的公事。

③ 樵苏：采薪取草。喻生计。

④ 并日而食：不能天天得食，两三天才得一天的粮食。形容生活穷困。

⑤ 窀：音tún，墓穴；厚葬。

石，奉姑教子，三十余年如一日。

邵相周妻吕氏，宁州人。十四于归，事翁姑以孝。夫亡，氏年十九，不食七日而死。士民公举，竖贞烈碑于墓侧。

朱颜妻李氏，宁州人。颜死，氏年二十，子甫三岁。茹苦守节，终身不贰。州守扁奖之。

邵厚妻阎氏，宁州人。年二十夫亡，氏毁容垢面，示无二志。抚二子成就，寿七十二终。

生员邵芝妻杨氏，宁州人。芝力学不第，杨每苦之。年十九夫亡，氏深自痛悔，抚遗孤汝栋，教养兼备，冀得伸夫志。后入庠为廪生。寻亦卒，遗子甫周岁，杨哭抚之曰："两世之望，在此矣!"人莫不怜其节而哀之。

王遇隆妻贾氏，宁州人，年十八适王。贼破堡，姑暨夫妇被执，系至前村，辄欲辱氏，氏绐曰："若释母及夫，便可相从，不则宁先杀我，决不从汝。"贼如其言。见母夫行远，度贼追不及，遂抽身投崖死。州守匾表其门。

千户王家芳妻姜氏，宁州人，芳妾李氏，同芳子生员宏印妻邵氏，见贼破堡，姑媳相谓曰："吾家世清白，岂为贼辱!"携手连袂，投崖而死。士民公举题请，旌其门曰："一家三烈。"

皇清

贡生张鹏翎妻梁氏，安化县人。年十五归翎。翎母老疾，氏以幼妇偕夫奉汤药，顷刻不离。二十八岁，翎亡家贫，姑老女幼，氏奉姑抚女，绩纴度日，苦节四十余年。雍正三年旌表。

麻印龄妻卢氏，安化人。年二十九岁，夫亡，立志守节，孝养翁姑。五子俱幼，家贫，衣食不继，针指度日。教养五子成立，苦节五十八年。雍正八年旌表。

方策妻赵氏，安化人。夫亡，年二十八岁。翁姑老，遗子幼。姑以家贫媳少，欲夺其志。氏翦发，誓死供奉菽水，抚三子成立。苦节五十余年。雍正八年具题旌表。

张秉彝妻杨氏，安化人。夫亡，氏年三十岁。家贫，佣针工以奉翁姑。抚养三子三十余年。雍正八年旌表。

生员双骢妻徐氏，安化人。二十八岁丧夫，矢志守节，事姑抚子，屡遭荒旱，艰苦备尝，历四十七年。雍正十年旌表。

礼生牛如麟妻田氏，安化人。夫亡，时年二十八岁。家贫姑老，二子俱幼。氏昼夜勤作，以供菽水，立志守节三十八年。雍正十年旌表。

童生李仲妻力氏，安化人。年十九岁丧夫，遗子未周岁。氏甘心贫苦，守节四十五年。雍正十年旌表。

宇桂妻冯氏，安化人。夫亡，年二十三岁，矢志守节。翁姑衰老，竭力供养。子方周岁，抚之成立。已三十余年。雍正十年具题旌表。

兵丁胡琏妻张氏，庆阳人。康熙三十五年，琏随征噶尔旦[①]，死于黑水河[②]。氏年二十七岁，翁姑老，遗子四岁。张氏奉事翁姑，生养死葬，尽哀尽礼。抚四岁孤子，至于成立，苦节三十五年。雍正八年具题旌表。

赵思务妻雒氏，宁州人，年二十七，夫亡，遗孤幼。氏甘贫抚孤，衣百结，日惟一粥，有时绝食，百苦备尝，守二子入泮。卒年八十二岁。

梁运开妻庞氏，宁州人。夫病革，氏誓同死，夫亡，待其兄弟来泣别，闭户自经。时年二十六。

医官[③]赵运旺妻雒氏，宁州人。夫死将葬，氏扶柩出门，向兄赵运升哭拜曰："善视诸儿!"众愕然，氏行数武，投崖而死。

生员杨国彦妻徐氏，宁州人。彦亡，氏年十九，一恸而绝，亲族救苏，以抚孤劝，乃延。阅三月，孤殒，氏泣曰："今无望矣!"不食而死。

生员杨经继妻邵氏，宁州人，年二十六，夫亡，誓以身殉，家人环守之，不得遂。氏有一子一女，前妻亦遗一子一女，氏采荼[④]给食以抚孤，视之如一。

儒童[⑤]汤守仁妻韩氏，环县人，年二十四岁，夫亡。叔欲夺其志，氏投水窖，被救不死，复翦发誓守。岁荒，采蓬籽为食，其志愈坚。苦节三十余年。雍正八年旌表。

儒童高连妻马氏，环县人，二十岁夫亡。奉侍翁姑，抚养遗子，女工度日三十

① 噶尔旦：1644年—1697年，绰罗斯氏，是十七世纪厄鲁特蒙古（卫拉特）准噶尔汗国大汗，也先后裔，巴图尔珲台吉第六子。噶尔旦夺得准噶尔统治权后，便积极向外扩张。1697年，康熙第三次征讨噶尔丹，他死于科布多。

② 黑水河：今新疆伊犁霍尔果斯河的喀拉苏河，霍尔果斯河的下游支流。喀拉苏，维语"黑水河"之意。

③ 医官：掌管医药政令的官吏，或军队、政府机构雇佣的医生。

④ 荼：古书上说的一种苦菜。

⑤ 儒童：明清科举制度，凡应考生员（秀才）之试者，不论年龄大小，皆称童生，别称文童或儒童。

余年。雍正十年旌表。

徐自信妻酆氏，环县人。夫故，年二十一岁，誓不再适。奉养翁姑，抚育孤儿成立，入庠，历五十二年如一。雍正十年旌表。

廪生徐大椿妻王氏，真〔二十三〕宁人，年十八岁夫亡。氏即扃[①]户自经，家众急救，门坚不可启，遂死，面如生。

生员郭壮猷妻路氏，真〔二十四〕宁人，年二十岁，夫亡既葬，投崖死。

李丕建妻郭氏，真〔二十五〕宁人，夫亡，一恸更不涕泣，扶柩出葬，投崖死。

生员姚升斗妻王氏，真〔二十六〕宁人，年十九岁，夫亡殓毕，触棺而死。

范锡鼎妻赵氏，真〔二十七〕宁人，年十七岁，夫亡恸哭，成殓，即投崖死。

姚成妻魏氏，真〔二十八〕宁人，成亡，魏年二十岁，治棺殓葬毕，自经。

兵丁贺廷相妻陈氏，红德营[②]人。康熙三十七年，廷相随征哈喇乌苏[③]阵亡。陈年二十六岁，矢志守节。岁饥，身自负薪，以奉翁姑，抚二岁孤成立。苦节三十余年。

甘州府

明

儒生吴福妻房氏，甘州右卫军房信女，适肃州卫儒生吴福。夫亡，氏年二十，守节终身，成化[④]中旌表。

百户高宣妻汪氏，甘州人，生子明，方半岁，夫亡。氏年二十，守节不贰，年逾七十。成化中旌表。

百户杨镇妻吴氏，甘州右卫人。年二十七，夫亡，子浩二岁，翁年七十。吴誓死守节，克勤孝养。及子浩袭荫，每以廉慎忠勇训饬之。浩有小过，辄不食，浩泣悔方解。由是居官，有冰檗[⑤]声。正德中旌表。

守备毛浚妻鲁氏，甘州人。正德间中官[⑥]用事，谓庄浪都督鲁鉴女，姿善可纳为嫔。时鲁氏先已适浚，上未之知也，命太监赵璘来迎。鲁氏闻之，辄引刀欲自刎。

---

① 扃：音shǎng，门上环钮。音jiōng，从外面关门的闩、钩等。

② 红德营：清绿营编制，属庆阳协。乾隆末改属固原提督。

③ 哈喇乌苏：今新疆乌苏县。

④ 成化：明宪宗年号，公元1465—1487年。

⑤ 冰檗：喻指居官清白。

⑥ 中官：指太监。

其婢觉，救之，得不死。以艾熏灼其面，抱忿[①]成疾，竟以疾卒。后巡按刘翀[②]、巡抚陈九畴[③]、张鹏[④]俱移文祭之。

舍余[⑤]陈道妻石氏，山丹卫人。年二十八岁，夫故，家极贫难，誓不改嫁，力抚孤延祀。一女未岁，因盲，不许笄字[⑥]，与同寝，处三十五岁童终[⑦]。乡里称叹，志节可哀。享年八十五岁。嘉靖三十二年，奏闻建坊旌表。

李附凤妻锺氏，甘州人。嘉靖三十六年，大寇[⑧]入西川，锺在村与妇女三四人为寇所驱，氏盛年有色，知不免辱，乃行近大河[⑨]，乘间投急流死。

监生邹鲁妻王氏，甘州人。夫亡，氏年二十。舅姑许嫁，王弗听。舅姑竟纳聘金，氏投井死。

生员游枢妻杨氏，甘州人，年二十八，枢疾。氏奉侍汤药不少懈，及死，痛哭气绝。次日，自缢柩傍。事闻旌表其门。

军丁王彦妻李氏，甘州人。彦奉调东征，泣不忍别，氏劝以努力王事，勿以妾为念，夫不听，李先一日自缢死。巡按以闻，旌其门曰："贞烈"。

游击[⑩]万峘[⑪]妻孙氏，甘州人。闯贼陷城，峘被执，不屈死。氏年方二十，守节自矢，寿七十余卒。

柴希远妻张氏，甘州人。闯贼陷城，张手执利刃，潜伏门旁，伺贼入，连杀数人。突围投火死。

生员樊爱人妻岳氏，甘州人。年十八，城陷，夫被执，脱回，寻岳及幼女不

---

① 抱忿：抱愤。

② 刘翀：字文翔，明山西平陆人。正德六年进士，任四川道监察御史等。

③ 陈九畴：字禹学，明曹州（今山东菏泽）人。弘治十五年（1502）进士。历任刑部主事、肃州兵备副使等职、陕西按察使、右佥都御史（巡抚甘肃）。

④ 张鹏：1502—1545年，明沁州人，字鸣南。正德间历按山东、甘肃，终大理寺右丞。

⑤ 舍余：明代卫所士兵也有家室，卫所军官的子弟叫舍人，士兵子弟叫余丁，合称舍余。

⑥ 笄字：笄，女子盘头用簪称笄。字，女子许配与人。

⑦ 童终：终身未嫁而死。

⑧ 大寇：或指俺答汗于嘉靖三十六年（1557）分兵攻打瓦剌。据《万历武功录》卷7《中三边一》载："虏不敢发，遂西往收捕瓦剌。甘肃镇臣大勒兵败之。"

⑨ 大河：指黄河。

⑩ 游击：武官名。明为指挥一营或指挥一省一地机动部队的将官。

⑪ 峘：音huán，高于大山的小山。

见，于煨烬[①]中见骨骸甚伙，内有岳衣襟半幅，方知妻女死于火中。

指挥胡用贤妻杨氏，甘州人。城陷，投火死。

生员齐养质妻王氏，甘州人。闯贼破城，氏恐为贼辱，投火死。

董嗣孟妻姚氏，甘州人。城陷，投火自焚死。

祁士英妻董氏，甘州人。城陷，及二子俱焚死。

马献图妻孔氏，甘州人。城陷，合家六口俱投火死。

指挥张秀妻李氏，甘州人。城陷被执，骂贼见杀。

马腾锦妻武氏，甘州人。城陷，抱一女携一子，见夫被杀，遂投火死。

知县段自宏妻朱氏，甘州人。贼执，骂不绝口，遂被杀。妾杨氏、王氏俱投缳死。

生员杨丕裕妻李氏，甘州人。贼执骂贼，不屈见杀。

马医生妻吕氏，甘州人。贼陷城被执，骂贼见杀。

生员冯克都妻段氏，甘州人。贼入室，段手执厨刀扑砍，贼首中伤，遂自刎。

郭洪妻武氏，甘州人。城陷，夫妇被执，牵挽不忍舍。贼杀其夫，武骂不绝口，贼怒碎其尸。

生员闵师舜妻雷氏，甘州人。贼入城，自刎死。

薛登科妻段氏，甘州人。被贼执，骂不屈，见杀。

李文实妻钱氏，甘州人。贼入城，被执见杀。

总兵罗俊杰妻赵氏，甘州人。贼入城，同夫投缳死。

总兵王汝金妻柳氏，甘州人。贼入城，自缢。

总兵赵宦妻杨氏，甘州人。贼入城，恐为贼辱，自缢。

守备李洪远妻祁氏，甘州人。崇祯[②]十七年闯寇抵湟[③]，洪远率所部土兵守城。城陷，奔山庄集兵，为恢复计。贼率兵卒围之，屠其山庄，擒洪远并祁。祁不屈，厉声骂贼，夫妇被杀。乡人表其门曰："忠臣烈妇。"

生员康万秋妻段氏，甘州人。贼入城，同夫及三女俱缢死。

罗俊士妻杨氏，甘州人。贼入城，遂自缢。

刘禧妻闻氏，甘州人。闯贼入城，同媳自缢。

---

① 煨烬：灰烬。

② 崇祯：哈佛本、四库本同，刻补本作"崇正"，避雍正皇帝讳改。

③ 湟：湟水，青海东部，源出海晏县，东南流经湟源、西宁，至甘肃兰州入黄河。

生员黄阶妻龚氏，甘州人。闻城陷，自缢死。

任光启妻朱氏，甘州人。夫被贼杀，氏自缢。

百户谈文德妻赵氏，甘州人。文德给咨赴部，贼入城，氏及二女闭户投缳同死。

生员李启明妻黄氏，甘州人。贼执不屈，被杀。

生员蒋明理妻王氏，甘州人。城陷自缢，姑王氏见氏死，亦投井死。

生员罗俊彦妻杨氏，甘州人。孀居二十三载，城陷投井死。

邹裔儒妻任氏，甘州人。氏有姿色，贼入城，投于井，贼从井捞出，抚慰之，任怒骂甚厉，终不肯屈，贼断其臂，仍推于井，投瓦石击死。

生员张笃忠妻任氏，甘州人。流贼入城，笃忠被执，任恐见辱，挟幼子投井死。

武宦妻王氏，甘州人。城陷惧辱，投井死。

陈良策母孙氏，甘州人。流贼入城，投井死。

赵国正妻王氏，甘州人，同赵国祥妻任氏，俱孀居。闻贼入城，共饮药死。

李天俞妻王氏，甘州人。崇祯[①]癸未[②]，夫被贼执，王谓妾匡氏曰："此吾自尽时，汝可逃命。"匡不肯逃，遂同登山险处投崖死。

车氏，甘州人。遗其夫名。氏年十七时孀居，闻闯贼犯甘，先语人曰："我必死，决不令贼氛污我也。"及贼过峡口，遂投井死。

烈妇石氏，甘州卫人，河南南阳府同知[③]郑我完之母。我完既之官，妻王氏奉姑家居。明末，闯贼围甘州，将陷，石氏预戒家人，积薪中庭。及城陷，携王氏及一孙女入积薪中，趋命纵火，并自焚死。越十日，发视之，姑妇遍体焦灼，犹相牵挽，女稍远，发卷曲，颜面如生，时年十一。赵济美[④]勒石纪事曰："一门三烈。"有传。

皇清

韩桂姐，张掖人，四川重庆总兵韩成[⑤]女，年十四许字济南参将[⑥]孙进礼次子兆

---

① 崇祯：哈佛本、四库本同，刻补本作"崇正"，避雍正皇帝讳改。

② 崇祯癸未：公元1643年。崇祯，明思宗年号。

③ 同知：官名。为知府的副职，正五品，因事而设。州同知，从六品，分掌本州内诸事务。

④ 赵济美：清山东蒲台人，康熙二十年任平凉知府。

⑤ 韩成：字君辅，甘肃民乐县六坝乡人。康熙三十九年（1700）任四川重庆总兵。

⑥ 参将：明代镇守边区的统兵官，无定员，位次于总兵、副总兵，分守各路。明清漕运官设置参将，协同督催粮运。

麟。康熙三十三年，兆麟病殁，女闻讣，悲泣不食，即于是日自缢，死时年十九岁。雍正六年奉旨加恩旌表。

杨运泰妻牟氏，张掖人。年二十二岁。夫亡，矢志守节，抚育孤子，历四十余年，辛苦备尝。年至七十卒。子进福监生。雍正十年旌表。

姚巍妻杨氏，张掖人。夫亡，时年一十八岁，生遗腹子士新。老姑在堂，竭力奉养，教子业儒。

李凤印妻李氏，年二十。凤印贸易江南，殁于旅次。生遗腹子，抚养成立。其姑权氏亦自幼孀居，李奉事克尽妇道，三十余年如一日。

尉迟犒勋妻高氏，张掖人。生子一，未周岁，夫故。高时年二十。守节抚孤，后其子亦卒，抚育孤孙，备极艰苦，志节愈坚。年七十三而终。

生员保黄妻张氏，张掖人。夫死，截耳自残，示无二志。六十六岁卒。

客民[1]秦忠龙妻，曹氏，夫死，号恸几绝，饮食俱废，自缢柩傍。

指挥刘鹏妻朱氏，甘州右卫人。夫殁，绝粒七日，泣血而死。

孟文达妻刘氏，张掖人。生子宗贤，方四岁，夫亡，守节抚孤，四十余年，及宗贤死，其妇刘氏，有子三，亦矢志守节，奉姑教子。

雷显妻张氏，张掖人。生子振域。显殁，张时年三十，抚育孤子，矢志靡他，四十余年，及振域死，其妇陈氏，年亦三十，有子世荣，坚志抚孤，事姑以孝，克尽妇职。

花君美妻陈氏，张掖人。生子二，夫亡，时年二十余。坚志守节，抚孤四十余年。

王国珍妻段氏，张掖人。年二十三夫亡，子尚幼，家极贫难。誓死守节，教子成立。年七十余卒。

凉州府

明

千户王刚妻张氏，镇番[2]人。宣德[3]间，刚战殁，氏年二十八。遗幼子二，翁姑年七十余。氏以缝纫为奉养抚育之资。二子俱成，允称[4]节孝。成化间建坊旌表。

① 客民：异乡迁来的民户。

② 镇番：今甘肃民勤。

③ 宣德：明宣宗年号，公元1426—1435年。

④ 允称：称职之义。

指挥刘恭妻李氏，镇番人。年二十三，恭亡。氏封发矢死，抚育子宇承袭世职，历至守戎[①]。嘉靖中旌表。

千户蔡栋妻张氏，武威人。生子甫五月，夫殁。氏年二十七，誓死守节，养姑马氏极孝。嘉靖中旌表。

生员顾鹏妻刘氏，武威人。鹏没，氏年仅十九，有遗腹。生一子，名宗学。翁姑欲氏再嫁，氏誓死不从，孝奉翁姑，抚育幼子，备极艰辛。万历〔二九〕三年建坊旌表。

蔡氏，武威人。年十六，适邑人秦姓者，甫一岁夫没。氏有遗腹，家甚贫，氏矢志靡他。生子祚周，及长，以针指供其读书。后周入泮受室。氏乃曰："吾之所以不死者，为汝未成立也，今吾事毕矣！"遂绝食七日而死。万历〔三十〕四十四年奏闻，建坊旌表。

孟希颜妻董氏，武威人。苦志守节。万历〔三一〕四十四年诏建坊旌表。

千户文振妻陈氏，永昌人。嘉靖间，振于黑涝池阵亡。氏方十八岁，闻夫死，自缢者三，救免。后守节五十一年，寿七十九岁。奉文旌表。

千户赵思义妻文氏，永昌人。嘉靖间，虏〔三二〕入寇，思义战亡。氏闻欲死，以姑老子幼，朝夕哭泣。后事姑极孝，抚孤袭职，苦节四十余年。有司表之。

指挥何其显妻刘氏，镇番人。显故，氏年甫十七，少艾无子，誓死守节。上台怜其苦，给以指挥半俸，足不出门阈者，终身如一日。年七十余卒。

生员陆之遇妻廖氏，平番[②]人。自幼贞淑，少寡，遗孤襁褓。氏艰苦备尝，教子瑜进学。诸孙成立。

周士成妻郭氏，平番人。嫁逾年，夫暴卒。氏悲痛欲死，姻戚劝之，氏言："夫死无子，不死何待?"水浆不入口十余日而死。

郭栋妻曹氏，平番生员曹可敬女。年二十八夫亡，氏事姑嫜尽孝，延师训子，相继游泮通庠。公举节孝。

袁大器妻氏，平番人。天启三年，其夫援辽阵亡，遗母垂老，子勋甫四岁。氏以女红养姑教子，取妻生孙。孀居五十余年，乡里罕见其面。寿八十七卒。

常德妻甄氏，永昌人。年十八岁，有姿色。时遇闯变，贼见而悦之。氏用香头燃面成泡，贼怒，将德凌虐而死。氏负尸哭骂，遂投井亡。

---

① 守戎：当指守御边疆。

② 平番：今甘肃永登。

韩逢春妻马氏，平番人。崇祯癸未，闯贼入城，虞其受辱，投缳而死。

监生俞可极妻郭氏，平番人。年二十六孀居，甘守清贫，矢志不渝，且严于义方。教子成立。闾里称之。

徐氏，平番人，张继宗子妇。崇祯[①]十五年，闯贼入，氏匿于屋壁，被贼拽出。氏遂左手扼贼吭，右手持刀砍颈，即自刎，犹挺立不僵。

生员胡其美女延寿姐，平番人。其美常向寿讲说曹大家[②]《烈女传》等书，寿即领悟。崇祯十五年正月，闯贼用火攻烧堡门，大肆杀掠，欲挟之上马。寿多方脱身，投井而死。直指刘秉政[③]表为烈女胡氏之门。

皇清

刘金玺妻褚氏，凉州卫人。年二十八岁夫亡，遗孤三人。苦节五十余年，抚育后皆成立。寿至七十七岁。雍正三年旌表。

刘大滨妻金氏，凉州卫人，即褚氏之媳也。大滨殁，氏年二十二，上有老姑，下有幼子。氏孝事其姑，抚育幼子，一门节孝。雍正三年旌表。

徐可选继妻李氏，凉州卫人。年二十四岁夫亡。氏抚前妻所遗四子，及氏出一子，女工胡口，诸子成立。苦节三十余年。岁时伏腊[④]身办祭品，必致丰洁。雍正三年旌表。

徐自璧妻李氏，凉州卫人。节妇李氏之媳。夫故，氏年二十七，孝事孀姑，备尽妇道，教养孤子，与姑同寝，晷刻不离，年五十余。一门双节，雍正三年旌表。

王尚宾妻穆氏，凉州卫人。夫亡，年二十七岁，苦心守节，志不更移，上有年老舅姑，下有幼稚子女。氏纺绩奉养，苦节四十余年，已七十余岁。雍正三年旌表。

丁弘〔三三〕妻王氏，凉州卫人。氏年二十四岁，夫亡，守节孝奉翁姑，存殁尽礼，抚育幼子俱成立。雍正三年旌表。

林可梧妻孙氏，凉州卫人。夫贸易殁于云南，氏年二十一岁，立誓守节，祗事姑舅，抚遗腹子，茹荼饮檗，五十余年，寿七十六而终。于雍正三年旌表。

---

① 崇祯：哈佛本、四库本同，刻补本作“崇正”，避雍正皇帝讳改。

② 曹大家：即班昭（约45—117），又名姬，字惠班，东汉扶风安陵（今陕西咸阳东北）人。史学家、文学家。史学家班彪之女、班固之妹。十四岁嫁同郡曹世叔为妻，故后世亦称“曹大家”。著有《女诫》一卷。

③ 刘秉政：清奉天广宁人。顺治十六年（1659）巡抚宁夏都御史，后奉裁。

④ 伏腊：古代两种祭祀名称，即伏祭和腊祭。“伏”在夏季伏日，“腊”在农历十二月，即腊月。

马逢云妻牛氏，武威人。夫逝，氏年二十二，亲老子幼，孤苦难堪。氏以事亲抚子为己任，四十余年妇道无亏。雍正八年旌表。

梁可正妻衡氏，武威人。正殁，氏年二十五，其子荫甫四岁，家贫守节，金石不移，训子勤学，列名黉序[①]。雍正八年旌表。

安尚玉妻韩氏，武威人。庠生安伟母。夫殁，氏年二十六，甘贫守节，事亲孝敬，历三十余年如一日。雍正八年旌表。

生员张璧妻杨氏，武威人。十七适夫张璧。璧游庠即故，遗子道孔尚在乳抱，氏年二十，誓志抚孤成立入泮，以明经岁荐。雍正八年旌表。

兵丁张兆斌妻李氏，年及笄于归兆斌。康熙五十四年，其夫从征西藏病殁，丧未能归。氏闻讣哀痛，乘夜深投井而死。雍正八年奉旨加恩旌表。

段铎妻牛氏，武威人。二十五岁夫故，翦发自誓，孝养翁姑，教子课读，守节二十六年。雍正十年旌表。

侯用锡妻张氏，武威人。二十七岁夫亡，遗腹生一子，立志守节，奉翁姑，抚孤子，历二十八年。雍正十年旌表。

狄金榜妻岳氏，武威人。夫亡，氏年二十九岁，孝翁姑抚二子，守节三十余年。雍正十年旌表。

蔡茂妻鲍氏，武威人。年二十九岁丧夫，守节三十九年，奉养翁姑，教育二子，亲操井臼，备历艰辛。雍正十年旌表。

孙瑞麟妻韩氏，武威人。夫亡，年二十岁，遗腹生一子。家贫，孝养翁姑，训子读书，守节三十余年。雍正十年旌表。

朱良贵妻张氏，古浪人。年二十三而寡，二孤甫数龄，度用艰窘，氏矢志靡他，抚子成立，苦节四十余年而殁。

李栖凤妻俞氏，古浪人。夫故，氏年二十五，茹檗饮冰，孝事其姑，抚孤成立，四十余年如一日。

儒士吴道晃妻胡氏，镇番人。年十九夫亡，止有一女。舅姑与父承琏怜其少艾无子，欲移之，氏誓不更适，承嗣一子，孝奉翁姑，养生送老，曲尽其礼。

千总[②]周甲鼎妻张氏，镇番人。年十六适周甲鼎。合　旬余，鼎从戎西宁，以军

① 黉序：音hóng xù，指古代的学校。

② 千总：官名。明初于三大营置千总、把总等重要武职，皆授予功臣；清代时职权日轻，而成为下级武职，位在守备之下。

功授四川千总，随奉调赴部，回家仅居七月赴任，抵蜀而亡。氏年二十余，痛不欲生，遗产一男，寻殒。时幼侄绕膝，耄姑在堂，氏守节不改，缝衽供之。

宁夏府

明

胡勗妻殷氏，宁夏人。年十六适勗，勗病革，语氏曰："殁后幸无他适。"氏曰："诺。"勗没之夕，氏遂自缢夫柩前。事闻旌表。

都指挥[①]王俶妻时氏，宁夏人。俶以战死，氏闻之即自缢殉。夫死于敌，妻殉夫死，忠义两尽，号为双节。

都指挥何淋妻施氏，宁夏人。夫亡，氏年二十二，誓节不辱，抚其遗孤钦至于成立。

卫千户[②]孙泰妻王氏，宁夏人。年十八夫亡，遗腹未娩，氏以存宗祀不死，及抚育遗孤，慈且严，不问门以外事。强族利其有，欲构害，王则闭门事女工以供衣食，日夜号泣，祝夫祈庇佑，备历艰苦，及子洪成立而双目瞽矣。

千户彭泰妻李氏，宁夏人。夫阵亡，年甫二十，孀居抚孤旭成立，誓守不改。

汪铨妻黄氏，宁夏右卫[③]人。夫死乏嗣，时氏年二十，抚其女适配，茕孑[④]勤苦以终其身。

指挥曹润妻雍氏，宁夏中屯卫[⑤]人。年二十六，夫亡，遗孤宗尧二岁。氏上事孀姑，下育幼子。暨宗尧承袭，死于战，又抚遗孙伸，历官游击。抚按题请旌表。乡称三世节妇云。

都指挥李时妻刘氏，宁夏人。夫阵亡，无嗣，守节三十余年。夏人以夫为忠臣，妻为节妇云。

---

① 都指挥：官名。明代置，统军官。《明史·兵志》："乃请于诸营选胜兵十万，分十营团练。每营都督一，号头官一，都指挥二，把总十，领队一百，管队二百。"

② 卫千户：明代在卫之下亦设千户所，以千户为长官，驻于重要府州，统兵一千一百二十人，分为十个百户所，统隶于卫。

③ 宁夏右卫：明置，清雍正三年（1725）改为宁朔县，辖境相当于今宁夏青铜峡市。

④ 茕孑：孤单。

⑤ 宁夏中屯卫：即宁夏中卫，明置，清雍正三年改为中卫县，辖境相当于今宁夏中卫、中宁县地。

都指挥汪鸾妻郭氏，宁夏前卫[①]人。夫死，时氏年二十五，矢志不贰，守节三十七年而终，教子有成。

千户刘镇妻陈氏，宁夏人。镇御敌战殁，氏年二十六，父母欲夺其志，氏抱其孤济曰："背夫不义，弃儿不慈，吾安忍为之？"遂不再适，抚济成立。

陶淥妻张氏，宁夏人。夫死，氏年二十九，遗孤在襁，更无伯叔兄弟。夫姊陶利人之贿，逼之嫁，氏自缢，赖邻妇救之活。自是蓬垢自毁，勤女红，办衣食，育其孤宾。三十九年，未尝出外户，年六十八终。事闻旌表。后宾　立功，官正千户。

参将种兴妾陈氏，中卫人。景泰[②]间兴殁于贼，陈自缢而死。

指挥黄雅仲妻耿氏，中卫人。夫亡，氏年十八。于葬夫时嘱令预修双圹，人皆讶之，以其幼无所出也。后苦节至七十余年卒，同归穴。巡按表其门。

永康堡官侯仪妻张氏，中卫人。夫故，茹苦饮冰，坚持妇道，孀居四十余年。西路同知张羽翀表其门。

生员苏民望妻凌氏，中卫人。氏性柔婉，孝于姑，姑病失明，旦夕扶掖，不少倦。闻姑声，即置儿亟前，以听使令。躬女红，佐夫读书，每篝灯[③]达曙。民望疾革[④]，语氏自为计，氏即以死许之。民望故，即引刃自裁，家人匿其刃，遂不食。越日，家人寝，乃自缢。时氏年二十二。事闻，建坊旌表。

指挥赵炳妻李氏，宁夏人。炳子承先妻李氏。姑媳俱有淑德。万历〔三四〕二十年，哱[⑤]贼反，官军至，承先谋献西城，顾母有难色，母曰："儿苐[⑥]往，勿吾虑！"妻亦促之，谓："事不谐，吾当先死。"及事泄被缚，二氏果自缢。

庆宪王[⑦]妃方氏，宪王薨，方年二十有七。万历〔三五〕二十年，哱、刘[⑧]构乱，播

① 宁夏前卫：明置，辖境相当于今贺兰县、平罗县地。

② 景泰：明代宗年号，公元1450—1457年。

③ 篝灯：置灯于笼中。

④ 疾革：病情紧急。

⑤ 哱拜：1526—1592年，明朝蒙古鞑靼部的一个酋长，嘉靖中率部投奔宁夏官军，后因军功授宁夏卫世袭都指挥使。万历二十年（1592）发动叛乱，失败后全家自尽。

⑥ 苐：同"第"，但也。

⑦ 庆宪王：明诸庆王之一，名朱伸域，万历十九年（1591）袭封庆宪王，即死。

⑧ 刘：指刘东旸，哱拜部将。

虐宗祊[①]。妃匿嗣王帅鋅[②]于窨中，贼益猖獗，遂殉节以死。事闻，奉旨建祠，额曰：褒节；表坊曰：宗烈。

千户杨汝松妻朱氏，宁夏人。因男杨湛为王师粜粮[③]决水，哱贼恨，执氏城头，欲污之，不从，因囚之，氏投缳而死。

千户杨宷妻范氏，宁夏人。因夫运粮饷兵，被贼执氏，城头欲污之，不从，棰楚[④]死。

百户陈缙妻梅氏，宁夏人。缙擒杀逆丁张保，贼缚缙杀之。氏痛夫死，又惧为贼所污，自缢死。

冠带总旗[⑤]白福妻王氏，宁夏人。因子葵献城于官军，事泄被杀，氏愤恨不食而死。

冠带官熊彦吉妻林氏，宁夏人。彦吉从官兵讨贼，贼欲执氏配其党。氏闻死。

王明理妻王氏，宁夏右卫人。余丁明理谋献西城，事泄，贼持刀击之，伤，伏地复苏，执氏，氏不受贼污，至中途见杀。

孙时顺妻谢氏，夫系平罗家丁，同夫俱被贼掠去，氏惧污，暗抽贼刀，自刎而死。

以上皆万历〔三六〕间建祠致祭。

廪生钱镗妻杨氏，宁夏人。夫亡，氏年甫二十七，抚孤苦守四十余年。巡抚黄嘉善[⑥]表其门。

李氏、王氏，宁夏常信堡[⑦]女子，其夫之姓名不详。被贼执，至支解二妇，至死骂不绝口。又韩氏、陆氏等三十七妇不详夫姓名，贼屠堡，一时尽杀。旌表祠祭。

把总王彻妻施氏，宁夏人。彻以密报巴拜[⑧]逆谋，为拜所杀，并灭其族。时氏年

---

① 宗祊：宗庙、家庙。

② 帅鋅：鋅，音zuì。庆宪王二子，万历二十三年（1595）袭封庆王。

③ 粜粮：买粮。

④ 棰楚：指鞭杖之刑。

⑤ 冠带总旗：明陵、卫所守军职位之一。明代卫所制，一般每卫辖五千户所，每千户所辖十百户所，每百户所辖二总旗，每总旗共有军士五十六人，其长官也称总旗。

⑥ 黄嘉善：字惟尚，明山东即墨人。万历四年（1576年）考中举人，第二年中进士。1610年授总督陕西三边军务，统率延绥、宁夏、甘肃三边重镇的军事。

⑦ 常信堡：属宁夏右屯卫，今贺兰县中西部。

⑧ 巴拜：即哱拜，四库馆据新译定名所改。

十八，逃母家得免，遗腹生子曰有光。抚养成立，得荫千户之职。氏年九十余岁卒。

副总兵戴三才妻刘氏，宁夏人，遭流贼之乱，解赴襄阳，自缢于旅舍中。

张守廉妻王氏，宁夏人，年二十五夫亡，守节五十年，凭机杼以营葬，教子课读，家范谨严，子奎成名，以孝着。

百户杨映春妻赵氏，宁夏人。夫亡，始殓之夕，氏以簪自刺其喉，家人救之得活。时年二十一，长子开泰三岁，次子开运甫周岁。茹荼抚孤，其嫂怜而迎之归，劝其改适。氏怒以灯檠[①]投之，折其二齿，终身不复过赵门。寿七十卒。开运仕为石屏营参将。

鲁中元保，宁夏人，天启间女子，中元保，其小字也。受某家聘，其家贫，不能娶。姑故以秽言污女，女闻之，遂自经。副使丁启睿[②]罪其姑与夫。

朱氏、武氏、孟氏，宁夏人。功加参将杨名题之叔祖母朱氏，嫁夫一年而寡，遗腹有子，抚之成立。其嫂武氏亦守志抚孤，家道克昌。又名题之妻孟氏，亦年未三十而寡，食贫抚孤，三子成立。人称一门三节。

指挥张克简妻季氏，宁夏人，年二十八夫亡，守节五十余年，抚子成立。

知县李杍妻王氏，宁夏人，年二十九夫亡，抚其子，子亡，又抚其孙郁，教养成名。守节六十年，寿八十八终。

庆藩[③]宗属允斋妻闫氏，宁夏人，年二十夫亡，守节抚子暨孙成立。

百户鲁敏妻夏氏，宁夏人，年二十七夫亡，阅历饥馑，坚志不移，苦节五十年，孝事公姑，教子成立。

宗室妻闫氏，夫故时，氏年十八。抚子倬濹，子亡，又抚遗孙奇。贫苦守节，凛冰霜。

千户石昆妻孙氏，宁夏人。少年守节，训子成名，督抚皆表其节。

① 灯檠：照明用具，上面是灯盘，盛油置灯芯，下面有立柱，叫做灯架或灯檠。

② 丁启睿：1595—1647年，字性如，号圣临，明河南永城（今永城市马牧乡丁老家）人。万历四十八年（1620）中进士。崇祯初任陕西副都御史，后升右佥都御史，巡抚陕西，总督陕西三边军务。朱由崧建立南明，任兵部尚书，被攻灭后降清。顺治四年（1647）因“京师王道士案”被杀。

③ 庆藩：明皇亲名称。朱元璋的第十六个皇子朱栴被封为庆王，封地在庆阳、宁夏、延安、绥德等地。此后其子孙后代袭封，形成的世系就称为庆藩。庆藩世系一直延续到崇祯十七年（1644）明亡。

冯国瑞妻王氏，庆藩教授冯用贤子国瑞之妻也。国瑞亡，氏年二十四，教授老而贫，氏日夜纺织，以供甘旨，教子尔晖成立。年至七旬以寿终。

副总兵解文英妻徐氏，宁夏人，年二十七，夫殉难。守节三十余年，教子绳祖成立。

奉国将军[①]朱倪点妻眭氏，宁夏人。倪点被掠赴襄阳，临岐，属眭他适，眭呜咽不能出声，给倪点出，遂自缢死。

总旗李某妻王氏，名善清，宁夏人。舅病风，累年遗秽卧榻，氏日侍侧涤除。夫死，夫弟逼之嫁，氏不从，又胁之析居[②]。氏不得已，携二子还母家，其母病热思冰，时八月不可得。氏夜以二器贮水，露庭中，祈祝明旦，水果成冰，母病遂愈。

生员胡琏妻陈氏，宁夏人。琏赴举，琏父病笃，氏率幼子，昼夜候寝门外，调汤药，涤秽恶，一出诚恳。琏父将死，呼氏之父语曰："吾病甚苦，累汝女，愿汝女有子孙好如汝女也。"乡党皆称孝妇。

千户徐圯妻梁氏，灵州[③]人。圯早亡，氏年二十，子勇少孤，训读习射，卒袭前职。氏年九十四寿终。

卢士堂妻杨氏，灵州人。士堂之母年近七十，兄士序夫妇早亡，遗孤长三岁，次两月，而士堂亦卒。氏年二十有五，生二子，长夭次弱，养姑抚幼，备极艰苦，卒能成立。子侄奉葬孀姑。

陈凤妻郭氏，灵州人。凤贾于维扬[④]死，氏年二十一，守节事姑，巨室多求配，誓不二夫，年八十终。

罗伏受妻马氏，灵州人，闻夫阵亡，哭五日，绝食而死。事闻旌表。

指挥苏俊妻杨氏，灵州人。俊故时，氏年二十五，子霈甫半岁。戚豪欲夺其志，氏坚守大义，抚孤成立。年至七十。奉旨旌表。

指挥杨珍妻杨氏，灵州人。珍暴卒，氏年二十四，遗腹生子善，苦心抚育，坚

① 奉国将军：爵名。明朝为宗室封爵之第七等，位辅国将军之下。

② 析居：分开居住。

③ 灵州：汉置，属北地郡。明置灵州守御千户所，属陕西省宁夏卫。今宁夏吴忠市。

④ 维扬：今江苏省扬州市维扬区。

守四十余年。河东道[①]张九德[②]表其门。

李国俊妻黎氏，灵州人。察罕破吴堡，国俊自刎，氏亦自经。

韩某妻李氏，灵州人，年十八，居村落，遭察罕之变，贼猝至，见氏，挟之上马。氏有乳下子，抱之不舍，因坠马下。贼复挟之，氏大骂不绝，且啮贼手，贼怒杀之，守城者目击其事。三日后贼退，家人觅尸，原隰[③]时五月酷暑，氏面色如生，婴儿犹伏尸饮乳，乡里异之。

李世松妻李氏，灵州人。松死察罕之变，氏年二十八，无子，惟有遗腹，三月后生子愈薰，抚养成立。年八十四寿终。

王养杰妻赵氏，灵州人，察罕之变，养杰战死。氏立志守孤，年百有二岁卒。

千户张俊才妻孟氏，灵州人。俊才故，遗子出图七岁，抚育成立。历三十二年。

高关索，灵州人，高宣之女。其父本军籍，善制火器，遂为灵营炮手。以年老无子，赘婿于家。不数载，婿卒，亦无子。索年二十，即不嫁。其后父卒，无充军者。索买一妇，经营其家务，竟代父职。索躯长伟，多力善射，当事者试以弓马火器诸务，悉中窍。会牛成虎围灵州，索随众守城。贼作云梯，鱼贯而上，众惊惧，索为火筒烧之，贼不得上，且乘间更焚其梯。灵城保全，火器之力居多。后宁夏总兵札授火器千总，河东道表其门曰："女中丈夫。"

徐氏，后卫[④]人，生员郑管之伯母也，年二十夫亡，遗孤仅半岁。又值兵燹，家贫如洗，氏备尝辛苦，抚孤成立，守节五十年。乡人立碑表之。

贡生宣大治妻魏氏，后卫人。夫亡，氏即撞夫棺而死。巡抚陈价[⑤]题旌其门曰"贞烈"。

生员宁汝愚妻郑氏，后卫人。夫死，氏年二十七，教子成立，任教授。寿八十终。

---

① 河东道：亦作河东兵粮道、督储河东道。明宁夏监察机关，治灵州城。明隆庆二年（1568）增创。

② 张九德：字成仲，明浙江慈溪县人。万历二十九年（1601）进士。泰昌元年（1620）以按察副使任督储河东道，兼摄灵州学政。后巡抚延绥，多惠政。

③ 隰：低湿的地方。

④ 后卫：指宁夏后卫，明置，治花马池（今盐池县城关）。后卫辖境相当于今盐池县全境、灵武、同心二县部分地区。

⑤ 陈价：字维藩，明合州铜梁（今重庆市铜梁区）人。明正统四年（1439）进士。历官江西副使、山西监察御史、河南巡按御史、都察院右副都御史，宁夏巡抚。

毛伦妻徐氏，后卫人。夫亡，氏年二十二，子在襁褓。苦节教育其子及孙振鹭，俱入庠。寿八十，蒙旌表。

刘天祥妻王氏，后卫人。夫死，自尽棺侧。

王天渠妻张氏，渭南人。李自成之叛，夫妇因兵荒逃窜，天渠中途病故。氏年二十九，携六岁之孤，就食宁夏，佣针指以度日。守节五十三年。

庆府安西郡王妃邓氏，闯贼伪将牛成虎入宁夏，涂炭宗藩，妃守志不辱，自缢而死。庆世孙奇权妻王氏，与邓妃同日死。

后卫操守[1]高遴妻孙氏，后卫人，城破，贼挟之，愤骂不屈。贼怒以刀刺之，身被七创，已死，贼去复苏。

皇清

金梦旸妻王氏，宁夏人，年二十二岁夫亡。翁姑俱老，养生送死，备极艰苦，守节教子成名。

李茂功妻陈氏，宁夏人，年二十八夫亡，守节抚前妻子如己出，诸孙珣等皆氏教养成名。周亲抚孤，施药活众，以孀妇持家。

千总姚毓俊妻刘氏，宁夏人，年二十六夫亡。守节誓不再适，抚两岁孤儿，教训读书成立。守节四十余年。康熙三十七年旌表。

生员俞皋谟妻陈氏，宁夏人，年十八岁于归，二十二岁夫亡。守节四十余年，事姑育子，孝慈两全，教子成名。康熙四十四年旌表。

参将罗万仓妾蒋氏，宁夏人。台湾朱一贵[2]之乱，万仓战殁，蒋闭户自缢于署。雍正二年具题。奉旨给银六十两，立碑墓旁，镌姓名，表其贞烈。

郑贞女。宁夏都司[3]郑金女，许字监生张鹏羽。鹏羽前妻朱氏，生一子而殁。续聘郑，未娶，鹏羽卒。氏时年十八，闻讣涕泣欲往。父母不可，女饮泣不食，不得已听之。至则哀恸欲绝，守节张门，不复归郑。先是，女梦鹏羽捧一纱，若付托

---

① 操守：明代边境卫所军屯士兵分两种，一是战斗部队，称操守旗军；一是生产部队，称屯种旗军。

② 朱一贵：1690—1722年，原名朱祖，清台湾府凤山县人。祖籍福建漳州长泰县，于康熙五十二年（1713）移民台湾。年轻时曾任衙役，后种田养鸭，为人豪爽好客，有“小孟尝”“鸭母王”之称。康熙六十年（1721），台湾知府王珍税敛苛虐，朱一贵举旗起义，打着“大明重兴”的旗号，很快控制整个台湾。他是清代自称亡明宗室起兵反清第一人，后失败被俘遇害。

③ 都司：都指挥使司的简称。行省三司之一，明代地方最高军事领导机构，类似现代的军区。

者。前妻子五岁，乳名纱哥，自此遂为张氏妇，抚子如己出，守节几四十年。雍正七年旌表。

千总刘尽孝妻冯氏，宁夏人。尽孝出征瓮金[①]阵亡，遗子三岁，氏年二十六岁，立志守节。雍正七年旌表。

王之茂妻杨氏，宁夏县人。夫亡，年二十八岁，矢志守节。上事翁姑，下抚子女，始终如一。雍正八年旌表。

董立寰继妻杨氏，宁夏人，年二十二夫亡，矢志守节。抚前妻子含璞如己出，含璞亦早亡。抚孙用威，教之成名。存两世之孤，备极艰辛。

生员王人龙妻石氏，宁夏人。人龙病死，子荫纔六岁，时氏年二十六。守节抚孤，资女红以养，生年七十卒。

吴良宰妻苏氏，灵州人，年二十七夫亡，遗子豪六岁，为娶马氏，生孙七岁而豪卒，复抚养其孙，守节育孤。后苏与马俱享大年。

韩永禄妻沈氏，宁夏人，年十八夫亡，并无子女。孝事翁姑，守节五十余年。

指挥黄三凤妻朱氏，宁夏人，十九岁夫亡，抚三月之孤，至于成立。后子媳俱亡，有孙女四人，又劬劳[②]抚养，遣嫁而后终。守节五十年。

张木工妻郭氏，宁夏人，二十八岁夫亡。矢誓不嫁，孝事翁姑，抚子成立。守节三十五年。女适游击冯绣，绣遣人迎氏就养，氏以舅年九十不从，其节孝皆可传。

陈化先妻刘氏，宁夏人，年二十余岁夫亡。抚子念孝，娶妇刘氏，念孝复亡，遗妇刘氏，年二十三岁，姑妇同守节，教孙显祖成立。

生员李桂妻武氏，宁夏人，年二十八夫故守节，子幼家贫，针工度日，至七十五岁，子孙成立，无疾而终。

黄文璧妻管氏，宁夏人，年二十八岁夫亡，遗孤三岁。氏甘贫抚子，守节终身。其侄亦早失父母，氏并抚之，皆成立。

王咨母周氏，宁夏人，年二十夫亡，抚子成立，咨亦早亡，遗妻苏氏，年甫十九，同姑守节，抚子佳宾成立。

樊韫[③]秀妻江氏，宁夏人，年二十五夫亡，守节四十余年。抚子邦彦又早亡，邦

① 翁金：今贵州惠水县摆金镇翁金村。

② 劬劳：劳苦、苦累的意思，也指父母抚养儿女的劳累。《诗经·小雅·蓼莪》："哀哀父母，生我劬劳；念劬劳之恩，星夜前来，以全孝道。"

③ 韫：音wēn，名词，赤色；音yùn，动词，收藏。

彦妻高氏，年十九，立志苦守。两世贞节。

生员孟鎏妻张氏，灵州人。鎏早夭，无所出。氏矢志守节，孝事翁姑，视夫之两幼弟鏋、钰笃如手足。

宋天宠妻王氏，灵州大沙井人。宠卒，氏二十四岁，守志抚孤，子孙成立，卒年一百一十七岁。

王尽忠妻郑氏，灵州人，生二子一女，年三十。吴逆[1]贼党李黄鹰将攻灵州，驻兵中营堡[2]，其部卒悦氏色，乃鞭其夫出城刈草，乘便挑之。氏撄[3]贼大骂，贼拔佩刀挟之，氏携刃击贼不中，乃掩户自刎者三，晕绝仆地。氏苏，复奋起刺肋者再，卒以死殉。

张伯元妻孟氏，灵州人。伯元戍蜀卒，氏年二十五，育一女，更无旧业。茹荼饮檗者五十年。

顾吕妻李氏，灵州人。吕从军滇省卒，氏年二十六，遗腹五月。氏亲携骸骨归里。苦节抚孤成立。五十有三载。

守备教允文继妻孙氏，宁夏中卫人。允文任石空寺堡[4]守备。康熙六十一年四月病故，时氏年二十九岁，即欲从夫。因三子跪劝，至五月二十八日，自缢于夫柩旁。雍正七年具题旌表。

井田妻刘氏，中卫宁安堡[5]人。年二十八夫亡，守子体仁成立。体仁又早亡，同妇张氏共守其孙牧。姑妇孀居各数十年。

生员马逢禹妻朱氏，中卫宁安堡人。夫亡，年二十岁，遗子隆甫一岁。氏上事翁姑，下抚弱子，克尽妇道。冰檗之操，始终不渝。隆亦能孝养其母。

万国元妻张氏，中屯卫人。夫亡，时氏年二十有六，舅姑垂白，子女稚幼。氏勤女红，事亲以孝，抚孤象新入泮。卒年七十。

生员吴国儒妻王氏，后卫人。儒殁，时子振基生甫五月，氏年二十五岁。食贫纺绩，抚孤成名，苦节四十四载。

把总谈英妻单氏，后卫人。英从征湖广阵亡，时氏年未满二十，誓不改节。教

① 吴逆：指吴三桂。

② 中营堡：宁夏中屯卫屯堡之一，今吴忠市马家湖乡中营村。

③ 撄：接触，触犯。此处应指抵抗。

④ 石空寺堡：今宁夏中宁县石空镇。

⑤ 宁安堡：今宁夏中宁县城。

子维翰成诸生，旋复早卒，抚孙宗舜入太学。卒年八旬。

宋氏，后卫人，生员成明、成清之母。惠安遭兵变，城破，氏被执，时年二十九，骂贼不屈，炙以火，身无完肤。终不屈，遂杀之。

汪涌妻华氏，惠安[1]人。城破，人皆遁去。氏以姑病在床，不肯遁。贼挟氏欲去，氏抗拒愤骂，激怒杀氏于姑旁。贼去，夫至，见血渍中婴儿尚哺乳焉。

陈氏，卫廪生陈安策之姊也。夫故，年三十岁，号泣不绝声，深夜自缢柩前。

张良吉妻宋氏，平罗人。年二十八岁夫故，守节四十七年。雍正十年旌表。

张文声妻李氏，平罗人。年二十三夫亡，抚遗腹子栋成立。守节三十余年。

西宁府

皇清

生员郭荣祖妻邹氏，西宁人。时年二十七岁，荣祖赴长安乡试，疾卒。氏立志守节，事姑孝，抚二子俱成立。读书出仕，又抚诸孙，孙守邦为长子[2]县令。茹冰苦守，五十余年而卒。顺治十二年年已七十九岁，十三年具题旌表。

烈女贾玉玛，西宁人。贾洪基女，许字本卫童生周琦。未婚，琦死，讣至。女欲往吊，父母不许，水浆不入口者七日。父母劝慰，令弟妹防守，女乘隙即自缢死。众议与婿合葬。顺治十六年具题旌表。

李芝玉妻何氏，西宁人。年二十三，生子昌甫一岁，夫故，氏矢志守节，抚子入泮。未几，昌亡，又继侄孙荫桐，不数年而亦殇。苦节五十余年。

樊增谏妻吕氏，西宁人，年十六于归。十年而夫亡，遗四子皆幼。氏历尽辛苦，抚子成立。卒年七十有四。

贾多宁妻严氏，西宁人。年二十八夫故。氏立志守节，抚三子皆成立。寿终七十三岁。

宋奇士妻任氏，西宁人。年十四归宋门，十二载而夫故。家贫守节，教子成立，荼苦三十余年。

张进东妻程氏，西宁人。年二十四夫死，遗孤二岁。氏誓抚孤成立，守节三十余年。

赵裔振妻杨氏，西宁人。年二十七夫故，遗子绪周甫三岁。氏上事孀姑，下育

---

① 惠安：指惠安堡，今宁夏盐池县惠安堡镇。

② 长子：秦置，明属冀南道潞安府。今山西长治长子县。

幼子，历三十年，艰苦备尝。

生员赵裔锦妻谭氏，西宁人。年二十八夫故，亲老子幼，家计维艰。氏坚持节操，誓死无二，奉姑教子，历三十年如一日。

杜成时妻贾氏，西宁人。年二十三岁夫故。家贫子幼，艰辛万状。守节三十余年。

郝麟妻张氏，西宁人。年二十九夫故，遗孤子饔飧①不继。誓死无二，甘贫抚孤三十余年。

田世爵妻王氏，西宁人。年二十九夫故，遗二子皆幼。氏食贫茹苦，守节三十六载，抚孤成立。

把总马云妻马氏，西宁人。年二十七夫故，立志守节，抚孤成人。历三十余年。

张广均妻刘氏，西宁人。年二十六夫故，遗子在襁褓。氏甘贫抚子，艰苦备尝，历三十八年。

张天德妻李氏，西宁人。年二十四夫故。守节三十年，子文魁妻张氏，年十八，文魁亦死。守节三十八年。

晁云秀妻李氏，西宁人。年二十七夫故。氏坚志守节抚孤，亲族有劝改适者，氏面斥之。孀居四十八载。

李标妻闫氏，西宁人。年二十七，标疾，氏籲天愿以身代。标故，哀痛不欲生，时子尚未周岁，甘贫守节，抚孤入泮。

贾涵珍妻崔氏，西宁人。夫故，氏昼夜号恸，绝食求死。延至七日，殡夫之夜，伺人睡熟，投井自尽。时年三十二岁。

李舒妻张氏，西宁人，年二十五，明末时流贼入室，氏恐受污，投缳自尽。遗长子永福，娶张氏，年二十四；次子永禄，娶张氏，即张氏妹，年十九。兄弟相继疫亡。长妇守节四十一年，抚子亨嘉入泮。介妇守节四十五年，抚子亨泰成立。一门之内，姑妇节烈。

直隶秦州

晋

苻坚妾张氏，秦安人，明辨有才识。坚将入寇，江左②群臣切谏，不从。张氏进

① 饔飧：音yōng sūn。指一天的两餐，饭食。

② 江左：即江东，包括苏南、皖南、浙北、赣东北。

曰："妾闻天地之生万物，圣人之驭天下，莫不顺其性而畅之。故黄帝服牛乘马[①]，因其性也；禹凿龙门[②]决洪水，因水势也；后稷[③]之播植百谷，因地之气也；汤武之灭夏、商，因人之欲也。是以有因成，无因败。今陛下复何所因也？闻人君有伐国之志者，必上观乾象[④]，下采众祥。天道崇远，非妾所知，以人事言之，未见其可。愿陛下详思之！"坚不听，遂兴兵。张氏请从。坚果大败于寿春[⑤]，张氏乃自杀。

苻登[⑥]妻毛氏，不知何许人，壮勇善骑射。登为姚苌所袭，营垒既陷，毛氏犹弯弓跨马，率壮士数百人与苌交战，杀伤甚众。众寡不敌，为苌所执。苌欲纳之，毛氏哭且骂曰："姚苌无道，前害天子，今辱皇后。皇天后土，岂不鉴照？"苌怒杀之。

吕纂[⑦]妻杨氏，弘〔三七〕农[⑧]人，美艳有义烈。夫纂为吕超[⑨]所杀，杨氏与侍婢数十人殡纂于城西。超虑赍[⑩]珍物，出外使人搜之。杨氏厉声责超曰："尔兄弟不能和睦，手刃相屠，我旦夕死人，何用金宝？"超惭而退。又问杨氏玉玺所在，杨氏怒曰："尽毁之矣！"超将妻之，谓其父桓曰："后若自杀，祸即及卿宗。"桓以告杨氏，杨氏曰："大人卖女与氐，以图富贵，一之已甚，其可再乎？"乃自杀。时吕绍[⑪]

① 服牛乘马：指役使牛马驾车。

② 龙门：今陕西韩城县与山西河津县中间。

③ 后稷：姬姓，名弃，天帝之子。尧舜时期掌管农业之官，周朝始祖。后稷出生于稷山（今山西稷山县），被称为稷王（也称稷神或农神）。

④ 乾象：天象。

⑤ 寿春：今安徽省寿春镇，寿县政府驻地。

⑥ 苻登：343—394年，字文高，前秦宣昭皇帝苻坚的族孙，十六国时期前秦皇帝。

⑦ 吕纂：？—401年，字永绪，氐族，略阳（今甘肃天水）人。后凉武懿帝吕光庶长子，后凉隐王吕绍异母兄，母淑媛赵氏（赵淑媛），十六国时期后凉君主。

⑧ 弘农：郡名。西汉元鼎四年（前113）置，辖境约相当今河南黄河以南、宜阳以西的洛、伊、淅川等流域和陕西洛水、社川河上游、丹江流域。唐朝时，弘农郡分为陕州、虢州。北宋时，弘农县先改为常农，后以州名改为虢略。

⑨ 吕超：？—416年，小字胡奴，略阳郡氐族人。后凉开国皇帝吕光侄子，后主吕隆弟弟。弑杀灵帝吕纂，推吕隆即天王位，吕隆封其为安定公。后凉灭亡后，吕超在后秦被任命为安定太守。后秦弘始十八年（416），因参与南阳公姚愔图谋杀死太子姚兴，事泄被杀。

⑩ 赍：送给。

⑪ 吕绍：？—399年，略阳（今甘肃天水）人。氐族。后凉武懿帝吕光之子，十六国时期后凉第二位君主。吕光去世，吕绍继位。不久，吕绍被吕纂所杀，谥号隐王。

妻张氏，亦有操行，年十四，绍死，便请为尼。吕隆[①]见而悦之，欲秽其行。氏遂开楼自投于地，二胫俱折而死。

唐

卢甫妻李氏，成纪人。父澜，永泰元年[②]任蕲县[③]令。梁宋[④]兵兴，界内有剧贼二千余人。澜挺身入贼，结以诚信，贼并降附，百姓复业。时徐州刺史曹升知贼降，掩袭之。贼得脱，入县将杀澜。澜从父弟渤，诣贼救澜，请代兄死，澜又请留弟女。卢甫妻又泣，请代父死，并为贼所害。宣抚御史[⑤]以节义闻，诏书嘉美，赠孝昌县君，澜、渤亦赐官秩。

明

关士毅妻王氏，秦安人。毅早卒，无子。氏誓以死不更事他姓，事姑柴氏至孝，家贫纺绩自给。宣德[⑥]间旌表。

千户阮泰妻杨氏，秦州人。泰卒于天顺八年[⑦]，杨痛悼几绝，时年二十有三，幼子在抱。葬夫后，矢不贰节，乃不轻出闺门，守节五十余年。年七十五卒。

指挥陈耀妻马氏，秦州人。耀早卒，氏守节终身，正德[⑧]中旌表。

千户高鹏妻赵氏，秦州人。鹏早卒，事姑抚子，至老靡他。正德中旌表。

指挥向玺妻坚氏，秦州人。玺卒，氏坚守苦节，终其身。嘉靖[⑨]中旌表。

董璧妻李氏，秦安人。璧早卒，氏年二十有三，抚遗腹子克用，亦早卒。氏耕

---

① 吕隆：？—416年，字永基，后凉吕光之弟吕宝的儿子，十六国时期后凉君主。401年，吕隆的弟弟吕超杀天王吕纂，拥立吕隆，改元神鼎。吕隆即位后，诛杀豪族，树名立威，内外扰攘不宁，人人不能自保。403年，在南凉和北凉夹攻之下，吕隆被迫投降后秦，后凉灭亡。后秦姚兴任命吕隆为散骑常侍，公爵照旧。416年，吕隆因与其子吕弼谋反而被诛杀。

② 永泰：唐代宗年号，公元765—766年。

③ 蕲县：今江苏宿州市埇桥区蕲县镇。秦时设县，属泗水郡。唐时先后隶属徐州、宿州。民国时宿州改宿县，蕲县为其辖区。

④ 梁宋：今河南商丘为中心的地区。

⑤ 宣抚御史：又称宣抚使，唐后期派大臣巡视战后地区有水旱灾区而称宣抚使。

⑥ 宣德：明宣宗年号，公元1426—1435年。

⑦ 天顺：明英宗年号，公元1457—1464年。

⑧ 正德：明武宗年号，公元1506—1521年。

⑨ 嘉靖：明世宗年号，公元1522—1566年。

织寡处，垂四十余年。嘉靖癸巳[①]，有司上其事，诏旌其闾。

安克慈妻刘氏，秦州人。慈卒，氏抚二孤，守节终身。州牧建坊表之。

庠生侯清妻张氏，两当县人。清亡，氏年近三旬，甘贫守节，教子成立。嘉靖间奉旨旌表其门。

生员李兰继妻胡氏，秦安人。兰元配姚遗子邦乾及女皆幼，氏抚之如己出，二子视之，犹生母焉。兰卒，氏年二十有七，乃断发闭帷，饭蔬饮水，人不能堪。守节三十余年。

郭进妻张氏，秦州人。进卒，张年二十五，甘贫守节四十余年。州守以闻旌表。

吴从道妻王氏，秦州人。从道早卒，王誓靡他，抚幼子昭成。诏旌其门。

李书勤妻高氏，秦州人，高年十六，恸夫早卒，每欲同死，其家百计防之得免。高赤贫而持节益坚，乡闾义之，孀居五十余年。御史题旌。

张绪妻王氏，秦州人。绪早卒，王抚二孤，以守节。诏旌其门。

翟文妻李氏，秦州人。文早卒，氏年二十，苦守数十年如一日。事闻旌表。

杨景和妻何氏，秦州人。和卒，氏年二十有五。守节至老。

杨一乾妻黄氏，秦州人。乾卒，氏年二十，至老不变。

李勇妻刘氏，秦州人。勇卒，氏年二十有二，守节至老。

徐尹正妻禄氏，秦州人。正卒，氏年二十有五，子在抱，抚鞠[②]至老。

指挥尹正妻徐氏，秦州人。正死于阵，氏年二十有一，无子，矢志守节。

千户王凤妻高氏，秦州人。凤早卒，氏孀居守节，抚育幼子。有司上闻旌表。

黄钦妻谢氏，秦州人。钦卒，氏年二十四，苦节至老。有司表之。

郭佑妻孟氏，秦州人。佑卒，氏年二十，家贫，日绩麻拾禾以抚二孤。年八十卒。

韩内妻薛氏，清水人。年二十夫亡，誓不再醮，抚幼子成立。

曹邦彦妻樊氏，清水人。少丧，夫家贫，守节抚子成立。乡人共推。

庠生顿谦妻雷氏，清水人。夫没，以节自守，训子成立。

柳尽性妻李氏，清水人。年十八丧夫，又无子，以死自矢，更无异志。后抚侄为嗣，以供先祀。

庠生王柱妻马氏，清水人。夫没时年最少，哭之丧，明贞节，自持训孤成立。

---

① 嘉靖癸巳：公元1533年。嘉靖，明世宗年号。

② 抚鞠：抚育。

庠生周训妻李氏，清水人。家至贫，夫故，亲族怜其苦，皆劝之嫁，终不易节。

杜邦基妻崔氏，清水人。年十九夫亡。终身守节，抚孤成立。

庠生王之耳妻雍氏，清水人。年二十夫没。痛哭沥血，抚遗孤至成立，终身不改。

孙攀妻张氏，清水人。年十九夫亡，守节终身不易。抚子有成，贞静贤孝，巡抚给匾旌奖。

刘仲妻柳氏，清水人。年二十有五丧夫，苦节五十八年，抚孤成立。巡抚旌奖。

生员李翰杰妻王氏，清水人。年二十夫亡，守节育孤成名。

监生李玘妻周氏，秦安人。玘卒，氏矢死不二，以女红自给，年逾五十而卒。

伏友英妻张氏，秦安人。年二十一，英没，守节终身。

王恺妻李氏，秦安人。年二十，恺卒。遗腹生子环，守节抚育，虽亲党亦不轻见。年八十八。县令给匾表之。

生员孙丕显妻雷氏，秦安人。事公姑至孝，因贼伤姑，口骂逆贼，触石而死。有司表之。

生员张登缙妻王氏，秦安人。年二十二岁，流贼陷城，贼欲辱之，厉声骂贼，自刎而死。有司表其门。

生员蔡兆魁妻党氏，秦安人。夫死，年二十，抚子苦守终老。事闻旌表。

贡生成三俊妻梁氏，秦安人。夫死，氏年二十四。二子惠吉、廸吉尚孩抱。甘贫守志终身，俱抚成立。

魏景芳妻李氏，礼县人。芳早丧，氏年十九，不饰服，不修容，笑不见齿。年八十。事闻旌表。

赵永妻孙氏，礼县人。永死，氏年二十，以刀断发，誓不再适。遗子一岁名翰，抚养读书，由贡生任宁海①州判。奉旨旌表。

生员刘密妻赵氏，礼县人。夫死，氏年二十六岁，誓死靡他。抚二子完节。

赵贞妻赵氏，礼县人。氏年二十岁夫死，生子方三月。纺绩度贫，始终完节。

独弘〔三八〕士妻魏氏，礼县人。氏年二十，弘〔三九〕士亡，遗孤二岁。氏痛哭几绝，终身无二志。

赠员外郎郭玑妻淡氏，徽州人。玑早卒。氏忍饥力田自活，艰辛万状，抚遗孤

---

① 宁海：西晋太康元年（280）置县，治白峤（跃龙街道白桥村），属临海郡（治今浙江台州市椒江区章安街道）。明洪武元年（1368）属台州府。今属宁波市。

垂三十年，乡里无间然。诏旌其门，后诰赠太宜人。

于一化妻许氏，徽州人。氏年十九，化卒，子尚提抱。氏佣绩以葬其夫，抚遗子成立。年八十余。诏旌其门。

生员张统妻任氏，徽州人。统卒，氏年二十一，善事舅姑，及舅姑亡，殡葬如礼。以寿终。

生员郭篆妻郭氏，徽州人，年二十，篆没茹苦四十余年，训子成立。

尚夫其妻周氏，徽州人。蜀盗入徽，夫妇避难至两岐亭遇盗，夫其逃奔。周为所执，强挟上马，周自投地，再挟再投地，大骂不从，遂遇害。

王烈女，名枝儿，徽州人，王文女也。年十八，蜀寇入徽，父兄被杀，又以刀胁枝儿欲污之，枝儿哭骂不从，遂遇害。州人为立祠祀之。

贡生孙光先妻罗氏，徽州人。光先廷试，回殁于旅邸。氏闻之痛哭，饮毒而死。题请旌表。

黄烈女，两当县人，庠生黄元凯之妹。崇祯[①]丙子[②]年，流寇入嘉陵江上，烈女被掳，强逼不从，骂贼，冒刃而死，时年十九。

皇清

邹守业妻马氏，秦州人。年二十四岁夫亡。家贫矢志，抚子成立。守节三十六年。雍正十年旌表。

杨启泰继妻张氏，秦州人。年十七适泰，克修妇道，乡里称贤。吴逆之变，氏避难南山中，忽遇贼龟峰山[③]之巅，举家惊散。氏与弱子女被执，氏遂抱一子二女投山崖下。及暮，家人迹之，氏已殒命，子女无恙，人咸叹异云。

四川副将[④]吕锦[⑤]妻马氏，秦州人。锦亡，守节四十年，治家严肃，教子读书。又建义学，教吕氏族中子弟。卒年七十一，犹及见诸孙为生员。

闫皋妻韦氏，秦州人。皋得疾暴亡，氏痛泣几绝，夜分自缢。

韩昌有妻李氏，秦州人。康熙十四年六月，时值逆变，游兵四掠。氏年二十

① 崇祯：哈佛本、四库本同，刻补本作“崇正”，避雍正皇帝讳改。

② 崇祯丙子：公元1636年。崇祯，明思宗年号。

③ 龟峰山：今甘肃天水市麦积区归凤山。

④ 副将：清代绿营武官名。清沿明制之副总兵而改称副将，秩从二品，位次于总兵。

⑤ 吕锦：1630—1684年，清山西洪洞县人。康熙十八年（1679）任四川督标右营游击，升四川督标副将。在进剿吴三桂叛乱的战争中，屡立军功。

二，以负幼子遁迟，为贼执。氏连批贼颊，詈不绝口，贼恚，刃之，氏身受七创，气不少挫，以头骨未断，至夜复苏，七日而绝。

张岐凤妻侯氏，秦州人。凤卒，遗子璘五岁，次子玠在襁褓。氏痛哭泣血，欲殉夫，其姑劝止之。氏葬夫毕，茹荼纴绩，仰事俯育四十余年，璘、玠俱游泮。

陈尧道妻胡氏，秦州人。道早亡，遗孤三省甫四岁，氏备历艰辛，抚育成人，食饩郡庠，寿七十三。

郭邦域妻王氏，秦州人。域亡，氏抚二孤成名，子肇周复亡，抚遗孙，年七十六，勤劳不倦。

监生胡汝荐继妻王氏，秦州人。年二十夫故守节，年五十九卒。

廪生胡如英妻周氏，年二十而英亡，或以氏无子劝嫁，不从，立志守节，年六十八卒。王氏子庠。

生胡璇娶路氏，年二十五，璇亡，教育幼子志寅，奉侍二孀姑，色养[1]备至。年三十九，先姑卒。时称一门三节。

张曙妻邓氏，秦州人。佐夫奉亲，色养丧葬。夫殁，氏年二十余，子幼家贫，纺绩自给，年八十余如一日云。

生员蔡曰康妻张氏，秦安人。年二十八岁，曰康殁，未有子。惟杨氏妾有孕，氏以夫嗣未立，祷于神祇，冀生一子。及产，得男，亲为哺乳，爱如己出。苦节三十余年如一日。雍正三年旌表。

生员蔡曰干妻周氏，秦安人。年二十七岁夫故，哀痛不欲生。以翁老子幼，勉强存活，迨翁弃世，丧葬尽礼。守节三十余年，二子成立。雍正三年旌表。

生员张怀光妻庞氏，秦安人。二十七岁夫亡，投缳几绝，家人救之得免。亲操井臼奉亲，抚九岁孤孩，竟至成立。年逾六旬。雍正三年旌表。

儒童路灏妻孙氏，秦安人。灏卒，氏年二十六岁，无子，欲以死报，念孀母无依抚养，犹子以承夫祀，甘贫苦守四十余年。奉母九旬寿终。雍正三年旌表。

吴顺妻李氏，秦安人。夫亡无子，氏年十九岁，育兄子承祧[2]，苦节终身。年七十三卒。

赵清望妻邓氏，秦安人，年二十生一子，名思春，甫八月，夫贸易不知所往，氏守之终身，衣不完，食不饱，抚子成立。年六十七而卒。

① 色养：和颜悦色奉养父母，或承顺父母。

② 承祧：祧，音 tiāo。过继为子。

何洛瑞妻杨氏，秦安人。年二十二夫卒，子会仅二岁。矢志抚孤，及会亦夭，与其媳安氏抚孙如信。

桑成章妻姚氏，秦安人。年二十六，成章逝，孤绣衣甫三岁，守节茹苦，及子长，教以读书，遂入庠。年七十有余。

李汉生妻成氏，秦安人。年二十岁，汉生亡，守节抚子四十余年。

伏氏，秦安乡民庞汉馥、汉秀母也。年二十守节，身亲稼穑，抚二子成人，至老不变。

庠生张金榜妻傅氏，清水人。夫亡，誓以死从，及葬之夕，遂自缢焉。

儒生乔博妻张氏，清水人。年十九丧夫，人劝之再醮，指遗腹为誓，果生男，抚育成立，寿及七旬。

陈俊妻白氏，清水人。年逾二十夫亡，守节抚遗，子帝训为庠生。

儒童刘元湘妻怡氏，礼县人。夫亡，断发守节四十三年，上事翁姑，下抚幼子，不出闺门。雍正七年旌表。

周彩妻马氏，徽县人。彩有甥锁克会，佃种郭瑚之地，彩夫妇移居同种。彩病故，氏守志抚孤。瑚见氏年少有姿，起意招赘。氏拒绝不从，瑚强立婚约。氏见瑚奸计强锋，随于次早自缢深山树上。郭瑚问拟发边卫充军。氏荒村嫠妇，守正捐躯，不为强暴所逼。雍正七年旌表。

邢世耀妻张氏，耀死，夜跪缢棺下。

直隶阶州

明

张镇妻王氏，文县人。夫早死，姑怜其少，欲令再适，王誓死靡他。天顺[1]中旌表。

王某妻姚氏，成县人。夫死，誓不再适。成化中旌表。

李某妻杨氏，成县人。夫卒，艾年守志终养。嘉靖中旌表。

虎正威妻王氏，文县人。年方二十，威病死，氏襄事毕，乘夜缢于墓侧。嘉靖中旌表。

庠生张梦月妻闫氏，成县人。娶二载而梦月亡。氏年十七，誓不再适。戒腥茹苦，抚养幼男昌期成立。建坊旌表。昌期既长，娶闫氏，昌期又卒，遗孙幼小，妻

① 天顺：明英宗年号，公元1457—1464年。

闫亦矢与姑同守抚孤。历二十余载，守养乳孙成名。姑闫氏八十四卒，媳闫氏六十五卒，一门双节。万历〔四十〕中旌表。

二烈女，俱阶州窦氏女。万历〔四一〕三十八年，矿贼左朝登等作乱，抢掠至窦家坪，乡人惊逃，妇女被污。二女恐及其身，逾墙投崖而死。知州余新民①以礼葬焉，并表其门。

齐朝儿妻王氏，阶州人。娶七日，大雨，江水泛涨，木薪蔽江而下，朝儿入水取木被溺。王氏沿江哭三日，求尸不得，从夫溺处投下，后于下流见二尸携手而出。事闻旌表。

千户龙韬妻徐氏，阶州人。甫嫁而夫死，舅姑逼之改适，氏翦发刺目以示，终身靡他。州守上其事，奉旨旌表。

刘世经妻袁氏，阶州人。夫死，家贫苦守，朝夕绩纴以营生。人有劝其改嫁者，妇以大义拒之。年七十卒。

生员司仕妻王氏，阶州人。仕早亡，氏有殊色，人争取之，矢志不从。子宗成立。太守卢照表其门。年八十六而卒。

刘进业妻王氏，阶州人。年二十八夫故，有子应奇。守孀教子，母绩子诵，夜分始寐。后奇食饩于庠。州牧上闻旌表。

生员司价妻党氏，阶州人。年二十四，价亡，遗子七岁。家贫，无所倚，甘心守节，子亦成名。年七十七而卒。知州表其门。

处士赵孔嗣妻唐氏，阶州人。孔嗣早逝，氏年二十三。守节抚子，艰苦万状。寿八十三而卒。知州表其门。

王举才妻赵氏，阶州人。年二十二，夫卒。誓不渝节，终身缟素，孀居五十余年。

生员王举士妻巩氏，阶州人。举士卒，家贫，冬夏皆衣单。舅姑不能夺其志，惟以女工自给，终身苦节。年七十卒。

王琰妻朱氏，阶州人。朱年二十有五，琰卒，终身不改节，年八十卒。

监生胡澜妻王氏，阶州人。澜卒，王年二十有四，无子。誓不再适，守节五十年。

汪廷秀妻张氏，成县人。廷秀卒，氏年二十有三，无子，遗二幼女。乃断发示

① 余新民：明湖广黄阪举人。万历四十四年（1616）知阶州。

信，矢不再醮。孀居六十年。知县傅贤[①]上闻题旌。

乔某妻鲍氏，成县人。夫故，孀居六十余年。

刁某妻陈氏，成县人。夫卒，守节终身，诏旌其闾。

同知陈尚表妻姚氏，成县人。夫卒，崇祯七年，流寇破城，投井而死。

庠生石华如妻权氏，成县人。贼逼掠不从，贼怒，连砍数刀，气尚未绝，乃嘱子曰："汝年幼稚，谅贼不杀，当藏避以留石门之嗣。"异日在此处收我尸骸，遂触石而死。

李时畅妻张氏，成县人。夫卒，坚节茹苦，纺绩抚孤，以终其身。

监生李含章妻张氏，文县人。章殁于京邸，氏闻讣即欲自缢，劝者曰："如三子何？"乃勉生。抚子备历艰苦，年八十余。次子晋以明经起家。表奏其节。

生员李含英妻陈氏，含章弟妇。夫故，氏方二十未嗣。张氏妯娌相誓守节。

生员李恒妻高氏，恒系含章三子。恒因考试故于秦州。氏方青年无子，苦志守节，坚贞不移，且事姑以孝。奉旨有一门三节之旌。

杨忠妻张氏，文县人。忠因救父为番所杀，氏年二十，伏尸痛哭几绝，至夜即自缢于家。一门孝节并着。

张道育妻慕氏，文县人，夫遇水淹死，氏年二十有二，家无寸产，针指为生，坚贞抚孤，贫苦万状。院司表其节。

刘元妻张氏，文县人。元卒，时氏年十八，尚未育子。立志守节，甘贫茹苦，年八十三乃卒。院司表之。

百户王政妻张氏，文县人。娶方一年，政以事故于秦州。氏即求自尽，为家人严守，不得，誓不再适。无翁姑弟侄，依母家为生，年八十六而卒。

张维妻王氏，文县人。夫故，氏年十九，哀痛绝浆，志在必死。有遗女甫七月，父母力劝，遂以节自誓，闭户独居，即亲姻亦难覩其面。有司表其门。

举人秦日昌妻张氏，文县人。夫卒于官，氏年二十有一，自官扶柩归里，家贫就母家守节，哀悼成疾，不食药饵，卒于母家。

生员郭万春妻米氏，文县人。居南桥山头，夫为虎衔去，米追夺其夫，以石击虎，虎怒，舍其夫而食之。邑人公举上闻旌表。

生员米绍元妾王氏，文县人。生一女未嫁，流寇变，避于山林，母子被执，氏知女难免，以斧砍女颈，几死，贼怒，杀氏，女遂得免。

① 傅贤：明山东人。成化十九年（1483）知成县。

任某妻李氏，成县人。崇祯七年，贼入其家，执斧逼从，氏矢死不辱，贼怒，以斧击死。

庠生王植妻米氏，文县人。娶甫一年，崇祯[1]十一年，遇流贼乱，避万丈崖上，忽崖破，氏危坐不动，贼以好言抚氏，氏投崖而死。

皇清

张荣德妻何氏，阶州人。荣德出外贸易，氏独处在家。有赵番僧子在邻家念经，窥氏家无人，潜入室强奸，何氏不从声喊，因念经鼓声喧混，无人听闻，何氏情急喊救，番僧用左手掐住何氏咽喉，按倒仆地，右手取切面刀，将何氏连砍殒命。何氏，乡村贫妇，守节不辱，以致杀身。康熙六十年具题旌表。

生员夏锎妻张氏，阶州人。夫亡，时年十九，毁形自缢。姑赵氏解救复苏，事姑抚子。会吴逆变乱，氏负姑抱子，偕弟妻武氏逃入深山，掘葛根以食。苦节五十二年。雍正三年具题旌表。

儒生夏志妻武氏，阶州人，年十七夫死，绝食五日。姑劝之曰："汝有五月孕，当为亡儿延一脉。"遂不复死，与嫂张氏历兵荒，遭豪强逼夺，远遁得免。苦节五十一年，与其嫂夏锎之妻张氏同诚，一门双节。雍正三年具题旌表。

营兵王天眷妻李氏，阶州人。事继母以孝闻。康熙五十三年，天眷出戍，卒于汛所[2]。李氏痛不欲生，有议姻者。氏乃栉沐拜姑，复至母家告其故。氏兄美素知氏秉性贞烈，虑有他变，因送之归。及入门，兄方与姑致诚款，而氏已雉经于卧榻之右矣。时六月二十有五日，氏年始二十也。

宋德隆妻姚氏，阶州人。年三十岁，雍正八年，德隆患疫身亡，姚氏誓不欲生，昼夜抚棺，啼泣自缢柩前。

陈常修妻罗氏，阶州人。年十九孀居，子模方二岁，甘贫守节，延师教模，入庠食饩。

生员葛雯妻张氏，文县人。年二十夫亡，生子未满一月。守节三十六年，教子读书成立。康熙三十七年具题旌表。

生员葛絺妻周氏，文县人。氏年二十八岁絺死，即寻自尽，奔救获全。事姑抚子，守节二十七年，与姑同操。雍正三年具题旌表。

生员张明征妻鄢氏，文县人。夫故，幼年守节。顺治四年，遇土寇变，避于山

① 崇祯：哈佛本、四库本同，刻补本作"崇正"，避雍正皇帝讳改。

② 汛所：明清时期军队驻防地点。

寨，寨破，携其女投岩下俱死。

母月娃妻王氏，文县向化里人。夫故未殓，旋缢死于夫之左腿，年方一十有八。

生员张于泰妻何氏，成县人。夫亡，氏年二十七岁，遗子甫及周月。后滇逆变，伪守将欲逼娶之，氏翦发忿詈，矢死不从。教子读书成立。康熙三十七年具题旌表。

生员张拱宸妻袁氏，成县人。拱宸卒，氏二十三岁，翁姑俱七十余，一子一女在襁褓。送养嫁娶，备尽心力，苦节三十余年。雍正十年旌表。

镡献廷妻韦氏，成县人。夫没于水，氏日往其处设饮食奠泣，历七日，以身投水死。

直隶肃州

汉

赵娥亲，酒泉庞淯之母也。父为同县李寿所杀，娥兄弟三人，时俱病物故，寿喜，以为莫已报也。娥伤父雠[①]未报，乃潜备刀兵，常帏车以候仇家，十余年不能得。后遇于都亭，刺杀之，因诣县自首，曰："父仇已报，请就刑戮。"福禄[②]长尹嘉义之，解印绶，欲与俱亡。娥不肯去，曰："怨塞身死，妾之明分。结罪理狱，君之常理。何敢苟生，以枉公法！"后遇赦得免。州郡表其间，太常[③]张奂[④]嘉叹，以束帛[⑤]礼之。

明

都指挥锺振妻万氏，肃州卫人。正统[⑥]间，振殁于战，氏年少守节，终身不贰，人以忠节并称之。

指挥周玺妻杨氏，肃州卫人。生子钦七月，夫亡，氏年二十。守节四十余年，

---

① 雠：同"仇"。

② 福禄：古县名。西汉置，治今甘肃省酒泉市。东汉《郃阳令曹全碑》："拜酒泉禄福长"，即此。《续汉书·郡国志》及《晋书·地理志》作福禄县。隋改名酒泉县。

③ 太常：掌建邦之天地、神祇、人鬼之礼，吉凶宾军嘉礼以及玉帛钟鼓等威文物的官员。汉代太常属太尉，掌礼仪祭祀。

④ 张奂：104—181年，字然明，东汉敦煌渊泉（今甘肃瓜州）人。著名将领、学者，凉州三明之一。汉阳太守张惇之子。

⑤ 束帛：捆为一束的五匹帛，用来聘问、馈赠的礼物。

⑥ 正统：明英宗年号，公元1436—1449年。

有司题请旌表。

指挥师经妻芮氏，肃州人。生子瑾甫四岁，夫亡。氏年二十二，哀痛欲绝，尽日不食。戚属劝慰之，誓死守节。后生遗腹子曰诰。抚瑾承袭父职，年逾六十卒。

参将崔麒妻徐氏，肃州人。夫亡，守节五十余年。公请旌表。

生员刘体干妻高氏，肃州卫人。年二十一岁夫亡，痛哭，双目俱瞽。乡举节操旌奖。

生员张德奇妻陈氏，肃州卫人。年二十九岁夫亡，誓以死殉，众劝方止。守节抚孤，子政熙官至别驾①。万历〔四二〕十六年公举旌表。寿七十而终。

皇清

高台营兵福赐爵妻白氏，高台人。年二十，赐爵故，孝敬翁姑，养女训子，六十七岁无间言，四十余年如一日。雍正十年旌表。

校勘记

〔一〕弘　哈佛本作“弘”，刻补本作“宏”，四库本作“弘”，避乾隆皇帝讳改。

〔二〕弘　哈佛本作“弘”，刻补本作“宏”，四库本作“弘”，避乾隆皇帝讳改。

〔三〕弘　哈佛本作“弘”，刻补本作“宏”，四库本作“弘”，避乾隆皇帝讳改。

〔四〕弘　哈佛本作“弘”，刻补本作“宏”，四库本作“弘”，避乾隆皇帝讳改。

〔五〕真　哈佛本、四库本同，刻补本作“正”，避雍正皇帝讳改。

〔六〕历　哈佛本作“曆”，刻补本作“歷”，四库本作“歴”，避乾隆皇帝讳改。

〔七〕历　哈佛本作“曆”，刻补本作“歷”，四库本作“歴”，避乾隆皇帝讳改。

〔八〕真　哈佛本、四库本同，刻补本作“正”，避雍正皇帝讳改。

〔九〕真　哈佛本、四库本同，刻补本作“正”，避雍正皇帝讳改。

〔十〕弘　哈佛本作“弘”，刻补本作“宏”，四库本作“弘”，避乾隆皇帝讳改。

〔十一〕真　哈佛本、四库本同，刻补本作“正”，避雍正皇帝讳改。

〔十二〕真　哈佛本、四库本同，刻补本作“正”，避雍正皇帝讳改。

〔十三〕真　哈佛本、四库本同，刻补本作“正”，避雍正皇帝讳改。

〔十四〕真　哈佛本、四库本同，刻补本作“正”，避雍正皇帝讳改。

〔十五〕真　哈佛本、四库本同，刻补本作“正”，避雍正皇帝讳改。

〔十六〕真　哈佛本、四库本同，刻补本作“正”，避雍正皇帝讳改。

① 别驾：别驾从事史，官名。亦称别驾从事，简称“别驾”。汉置，为州刺史的佐官。宋各州的通判，职任似别驾，后世因以别驾为通判之习称。

〔十七〕真　哈佛本、四库本同，刻补本作“正”，避雍正皇帝讳改。
〔十八〕真　哈佛本、四库本同，刻补本作“正”，避雍正皇帝讳改。
〔十九〕真　哈佛本、四库本同，刻补本作“正”，避雍正皇帝讳改。
〔二十〕真　哈佛本、四库本同，刻补本作“正”，避雍正皇帝讳改。
〔二一〕真　哈佛本、四库本同，刻补本作“正”，避雍正皇帝讳改。
〔二二〕真　哈佛本、四库本同，刻补本作“正”，避雍正皇帝讳改。
〔二三〕真　哈佛本、四库本同，刻补本作“正”，避雍正皇帝讳改。
〔二四〕真　哈佛本、四库本同，刻补本作“正”，避雍正皇帝讳改。
〔二五〕真　哈佛本、四库本同，刻补本作“正”，避雍正皇帝讳改。
〔二六〕真　哈佛本、四库本同，刻补本作“正”，避雍正皇帝讳改。
〔二七〕真　哈佛本、四库本同，刻补本作“正”，避雍正皇帝讳改。
〔二八〕真　哈佛本、四库本同，刻补本作“正”，避雍正皇帝讳改。
〔二九〕历　哈佛本作“曆”，刻补本作“歷”，四库本作“歴”，避乾隆皇帝讳改。
〔三十〕历　哈佛本作“曆”，刻补本作“歷”，四库本作“歴”，避乾隆皇帝讳改。
〔三一〕历　哈佛本作“曆”，刻补本作“歷”，四库本作“歴”，避乾隆皇帝讳改。
〔三二〕虏　哈佛本、刻补本同，四库本作“敌”。
〔三三〕弘　哈佛本作“弘”，刻补本作“宏”，四库本作“弘”，避乾隆皇帝讳改。
〔三四〕历　哈佛本作“曆”，刻补本作“歷”，四库本作“歴”，避乾隆皇帝讳改。
〔三五〕历　哈佛本作“曆”，刻补本作“歷”，四库本作“歴”，避乾隆皇帝讳改。
〔三六〕历　哈佛本作“曆”，刻补本作“歷”，四库本作“歴”，避乾隆皇帝讳改。
〔三七〕弘　哈佛本作“弘”，刻补本作“宏”，四库本作“弘”，避乾隆皇帝讳改。
〔三八〕弘　哈佛本作“弘”，刻补本作“宏”，四库本作“弘”，避乾隆皇帝讳改。
〔三九〕弘　哈佛本作“弘”，刻补本作“宏”，四库本作“弘”，避乾隆皇帝讳改。
〔四十〕历　哈佛本作“曆”，刻补本作“歷”，四库本作“歴”，避乾隆皇帝讳改。
〔四一〕历　哈佛本作“曆”，刻补本作“歷”，四库本作“歴”，避乾隆皇帝讳改。
〔四二〕历　哈佛本作“曆”，刻补本作“歷”，四库本作“歴”，避乾隆皇帝讳改。

甘肃通志卷之第四十四　艺文　御制　碑文　谕旨

艺文首重王言[①]，德音[②]已〔一〕列，蠲恤[③]款内。纶綍[④]宣布，安内攘外，除暴安良，上荷天庥[⑤]，下恤民隐[⑥]，勒珉[⑦]泽宫[⑧]，播告天下。垂诸万世，永为法则。志艺文。

御制

圣祖仁皇帝：谕陕西四川总督[⑨]吴赫[⑩] 康熙三十六年

上谕：朕巡幸沿边地方，询察闾井[⑪]生聚及土田沃瘠之状。自晋抵秦，经行二千余里，直抵宁夏，所以勤求民隐，至殷且切。惟朔方资大河之灌注，疏渠溉田，宜于稼穑。当兹春气鬯遂[⑫]，正三农[⑬]尽力南亩[⑭]之时，诚恐有司官员不体朕怀，因车驾

---

① 王言：帝王的言语、诏告。

② 德音：帝王的诏书。

③ 蠲恤：免除赋役，赈济饥贫。

④ 纶綍：皇帝的诏令。

⑤ 天庥：上天的庇护。庥，荫也。

⑥ 民隐：民众的痛苦。

⑦ 勒珉：把字刻在石头上。珉，像玉一样的石头。

⑧ 泽宫：古代习射取士之所。

⑨ 陕西四川总督：顺治十四年（1657），专置四川总督。康熙十九年（1680），四川省隶陕甘总督。

⑩ 吴赫：满洲人，康熙三十三（1694）年任。

⑪ 闾井：指百姓聚居之处。闾，古代二十五家为一闾，后指人聚居之处。

⑫ 鬯遂：鬯，音chàng，同畅；遂，顺也。谓生物生长舒肆旺盛。

⑬ 三农：按《事林广纪》载：三农为“山农、泽农、平地农”。这里的山农当指猎户，泽农指渔夫，平地农指农耕之民。

⑭ 南亩：谓农田。

经临，调遣师旅，借辞供亿，扰累小民。既东作[①]之有违，将西成[②]之奚望？今一切军需刍糗[③]，俱经储备，足以资用。至扈从人役，概从简约。所有马匹，悉牧放水草善地，并不须以供办草豆，动烦民力。尔可传饬有司，禁勿借端，妄行科派，违旨事觉，定行处分。仍徧谕地方百姓，各安本业，廛[④]〔二〕无废市，陇无辍耕，庶不负朕亲历边圉[⑤]，轸恤[⑥]民依之意。特谕。

谕宁夏官绅兵民[⑦] 康熙三十六年

上谕：朕体天育物，日以治安为念。虽身在宫庭，而心恒周四海。顷因指画军务，不惮勤劳，远莅宁夏，无非为荡涤寇氛，绥乂[⑧]生灵计也。缘边千余里土壤硗瘠[⑨]，惟宁夏洪流灌输，诸渠环匝。廵览所至，甚惬朕怀。夫农桑者，衣食之本；积储者，殷阜[⑩]之原。尔官吏宜董劝[⑪]父老子弟，三时[⑫]力田，以尽地利，比屋勤殖，以裕盖藏。纵使岁偶不登[⑬]，亦可无忧匮乏。若夫秦风健勇，自昔为然，其在朔方尤胜他郡。尔等或职居将领，或身列戎行，尚各厉精鋭以效干城[⑭]御侮之用，斯国家有厚望[⑮]焉。至于忠孝慈惠，服官之良规[⑯]，孝弟齿让，生人之大经。法纪不可不明，礼教不可不肃。勿以地处边陲而不治以经术，勿以习尚气力而不泽以[⑰]诗书。总期上率

① 东作：指春耕。
② 西成：指秋收。
③ 刍糗：糗，指干粮，炒熟的米或面。刍糗，指军需粮草。
④ 廛：同“缠”。市廛，集市。
⑤ 边圉：边疆，边地，边缘。
⑥ 轸恤：深切顾念和怜悯。恤，四库本《圣祖仁皇帝御制文》作“悉”。
⑦ 谕宁夏官绅兵民：四库本《圣祖仁皇帝御制文》（第2集）卷28有载，题为《谕宁夏文武官员兵民人等》。
⑧ 绥乂：安抚，治理，安定。
⑨ 硗瘠：又作“墝瘠”“硗埆”，指土地坚硬瘠薄，亦指瘠薄之地。
⑩ 殷阜：富足。
⑪ 董劝：督导劝勉。
⑫ 三时：春、夏、秋三季农作之时。
⑬ 岁偶不登：登，指谷物成熟。岁偶不登，指偶有欠收年份。
⑭ 干城：指盾牌和城墙，又比喻捍卫者。
⑮ 望：四库本《圣祖仁皇帝御制文》作“赖”。
⑯ 规：四库本《圣祖仁皇帝御制文》作“轨”。
⑰ 以：四库本《圣祖仁皇帝御制文》作“于”。

下从，庶几驯臻雅化。兹乘舆返跸，距灵[①]、朔虽远，而睠念塞垣，如在几席。尔等诚〔三〕能敬体朕言，将吏协恭，兵民咸理，生聚日益厚，风俗日益淳，则疆圉实有攸裨，朕心亦用深慰。慎毋视为具文，辜朝廷惓惓[②]牖道[③]之意。钦哉。特谕。

圣祖仁皇帝：御制平定朔漠告成太学碑 康熙四十三年

维天尽所覆，海内外日月所出入之区，悉以畀予[④]一人。自践阼迄今，蚤夜[⑤]殚思，休养生息，冀臻熙皞[⑥]，以克副维皇大德好生之意。庶几疆域无事，得以偃兵息民。乃厄鲁特[⑦]噶尔丹阻〔四〕险北陲，困此一方。人既荼毒，塞外辄狡焉，肆其凶逆，犯我边鄙，虐我臣服，人用弗宁。夫荡寇所以息民，攘外所以安内，边寇不除，则吾民不安。此神人所共愤，天讨所必加，岂惮一人之劳，弗贻天下之逸？于是断自朕心，躬临朔漠，欲使悔而革心，故每许以不杀。彼怙终不悛[⑧]，我师三出绝塞，朕皆亲御以行，深入不毛，屡涉寒暑，劳苦艰难，与偏裨士卒共之。迨彼狂授首，胁从归诚，荒外君长，来享阙下。西北万里，灌燧销烽，中外乂谧。惟朕不得已，用兵以安民。既告厥成事，乃蠲释[⑨]眚[⑩]灾，洁事禋[⑪]望，为亿兆祈升平之福，而廷臣请纪功太学，垂示来兹。朕劳心于邦本，尝欲以文德化成天下，顾兹武略，廷臣佥谓所以建威消萌，宜昭斯绩于有永也。

朕不获辞，考之《礼·王制》[⑫]有曰："天子将出征，受成于学。出征执有罪，

---

① 灵：指灵州，今宁夏吴忠市。

② 惓惓：深切思念。

③ 牖道：牖，通"诱"，诱导也。

④ 畀予：给予。

⑤ 蚤夜：早晚。蚤，通"早"。

⑥ 熙皞：和乐，怡然自得。

⑦ 厄鲁特：指厄鲁特蒙古，是中国清代时期对西部蒙古的称呼，中国西北地区以畜牧业为主的游牧民族。

⑧ 怙终不悛：有所恃而终不悔改。怙，依靠；悛，悔改。

⑨ 蠲释：消除，解除。

⑩ 眚：音shěng。本意指眼睛长了遮蔽视线的病。疾病，灾难。

⑪ 禋：古代烧柴升烟以祭天，引申为诚心祭祀。

⑫ 《礼·王制》：即《礼记·王制篇》，所载内容为古代天子、诸侯治理国家时所倚仗的法律法规和各种制度，涉及分封、职官、祭祀、刑罚、教育等多个方面。

反释奠于学，以讯馘[①]告。”而《泮宫》[②]之诗亦曰：“矫矫虎臣，在泮献馘。”又《礼》：“王师大献[③]，则奏恺乐[④]，大司乐掌其事。”则是古者文事武事为一，折冲之用，具在樽俎之间。故受成献馘，一归于学，此文武之盛制也。朕向意于三代，故斯举也，出则告于神祇，归而遣祀阙里。兹允廷臣之请，犹礼先师，以告克之，遗意而于六经[⑤]之指为相符合也。爰取“思乐泮水”之义，为诗以铭之，以见取乱侮亡之师，在朕有不得已而用之之实，或者不戾[⑥]于古帝王伐罪安民之意云尔。铭曰：

巍巍先圣，万世之师。敬信爱人，治平所基。煌煌圣言，文武道一。礼乐征伐，自天子出。朕临域中，逾兹三纪[⑦]。尝见羹墙[⑧]，寤寐永矢[⑨]。下念民瘼[⑩]，上承帝谓。四海无外，尽隶侯尉。维彼凶丑，渎乱典常。既梗声教，遂窥我疆。譬之于农，患在螟螣[⑪]。秉畀不施，将害稼穑。度彼游魂，险远是怙。震以德威，可往而取。朕志先定，龟筮[⑫]其依。属车万乘，建以龙旗。祝融[⑬]骖鸾[⑭]，风伯[⑮]戒途。宜旸而旸，利我樵苏。大野水涸，川渎效灵。泉忽自涌，其甘如醴。设为掎角，一出其西，一出其东，中自将之。绝域无人，兽群受掩。五日穷追，彼狂走险。大歼于路，波血其孥[⑯]。翦其党孽，俘彼卒徒。众乌昼号，单马宵遁。恐久驻师，重为民困。慎固戍守，还辕于京。自夏徂冬，雨雪其零。载驰载驱，我行至再。蠢兹穷

① 讯馘：古代战争中的俘虏和已毙之敌。

② 泮宫：古代国家的高等学校。此处指《诗经·鲁颂·泮水》中鲁国的泮宫。

③ 大献：谓献捷于祖庙。

④ 则奏恺乐：按《周礼·春官·大司乐》，此处缺一“令”字，即“则令奏恺乐”。

⑤ 六经：《诗》《书》《礼》《易》《乐》《春秋》的合称。六部儒家经典。

⑥ 戾：暴恶，罪过。

⑦ 三纪：指年龄。一纪为一轮回，即十二年，三纪即三十六年。

⑧ 羹墙：指对圣贤的思慕。南朝宋范晔《后汉书·李固传》：“昔尧殂之后，舜仰慕三年，坐则见尧于墙，食则睹尧于羹。”

⑨ 寤寐永矢：寤寐，日夜思念、渴望。永矢，发誓永远要牢记。

⑩ 民瘼：人民的疾苦。

⑪ 螟螣：两种吃庄稼幼苗的害虫。

⑫ 龟筮：指占卦。《尚书·大禹谟》：“鬼神其依，龟筮协从。”

⑬ 祝融：三皇五帝时夏宫火正的官名，后世传为祭祀的火神。

⑭ 骖鸾：音cān luán，指仙人驾驭鸾鸟云游。

⑮ 风伯：又称风师、箕伯，名字叫飞廉，是中国古代神话传说中的神怪，蚩尤的师弟。

⑯ 孥：子女，亦指妻子和儿女。

寇，昏惑不悔。我边我氓，以休以助。爰宁其居，爰复其赋。藩落老稚，斯恬斯嬉。岁晏来归，春与之期。春风飘翩，扬我旆旆。我今于迈，如涉我郊。言秣我马，狼居胥山[①]。登高以眺，闵彼弹丸。天降凶罚，孤雏就羁。三驾三捷，封狼舆尸。既腊枭獍，既狝[②]豺貙[③]。大漠西北，解甲弃殳[④]。振旅凯入，泽霈郊卜。明禋[⑤]肆赦[⑥]，用迓景福。昔我往矣，在泮饮酒。陈师鞠旅，詟屈群丑。今我来思，在泮献功。有赫颂声，文轨来同。采芹[⑦]采藻，颂兴东鲁，车攻马同[⑧]，亦镌石鼓。师在安民，非出得已。古人有作，昭示此旨。缅维虞廷[⑨]，诞敷[⑩]文德。圣如先师，战慎必克。惟兵宜戢，惟德乃绥。亿万斯年，视此铭词。

皇上御制：平定青海告成太学碑 雍正三年

我国家受天眷命，抚临八极[⑪]，日月所照，罔不臣顺，遐迩乂安，兆人蒙福。乃有罗卜藏丹津[⑫]者，其先世固始汗[⑬]，自国初稽首归命。当时使臣建议，畀以驻牧之地，其居杂番羌，密[五]近甘凉。我皇考圣祖仁皇帝，睿虑深远，每厪于怀，既亲御

---

① 狼居胥山：古山名。汉元狩四年（前119），霍去病出代郡塞击匈奴，封狼居胥山，一说在今蒙古国境内肯特山。

② 狝：音xiǎn，古代秋天打猎。

③ 貙：音chū，古书中对云豹的称呼。

④ 殳：古代的一种武器，用竹木做成，有棱无刃。也指戟柄。

⑤ 禋：古代烧柴升烟以祭天。

⑥ 肆赦：犹缓刑，赦免。

⑦ 采芹：古时学宫有泮水，入学则可采水中之芹以为菜，故称入学为“采芹”、“入泮”。后亦指考中秀才，成了县学生员。《诗经·鲁颂·泮水》：“思乐泮水，薄采其芹。”

⑧ 车攻马同：战车坚固，马匹整齐。

⑨ 虞廷：亦作“虞庭”，指虞舜的朝廷。相传虞舜为古代的圣明之主，故亦以“虞廷”为“圣朝”的代称。

⑩ 诞敷：遍布。

⑪ 八极：八方极远之地。八方指指东、西、南、北、东南、西南、西北、东北八个方向。

⑫ 罗卜藏丹津：青海蒙古和硕特部右翼首领，顾实汗孙子，达什巴图尔的儿子。雍正元年（1722）发动反清叛乱，雍正二年平叛。

⑬ 固始汗：1582—1656年，又译顾实汗，明末清初卫拉特（厄鲁特蒙古）所属和硕特部首领、卫拉特盟主、青藏高原和硕特汗国（清朝属国）的创建者，姓孛儿只斤，本名图鲁拜琥，为成吉思汗之弟哈布图哈萨尔十九世孙。祖上世代为卫拉特盟主。

六师[①]，平定朔漠。威灵所加，青海部落扎什巴图儿[②]等，震詟[③]承命。圣祖仁皇帝因沛殊恩，封为亲王，兄弟八人，咸赐爵禄，羁縻包容，示以宽大。而狼心枭性，不可以德义化，三十年来，包藏异志。朕绍登宝位，优之锡赉[④]，荣其封号，尚冀革心，辑宁部众。而罗卜藏丹津昏谬狂悖，同党吹拉克诺木齐、阿尔布坦温布[⑤]、藏巴扎布等，实为元恶。谓国家方弘〔六〕浩荡之恩，不设严密之备，诞敢首造逆谋，迫胁番羌，侵犯边城，反状彰露，用不可释于天诛，遂命川陕总督太保公年羹尧[⑥]为抚远大将军[⑦]，声罪致讨。以雍正元年十月师始出塞，自冬涉春，屡破其众。凡同叛之部落，戈鋋[⑧]所指，应时摧败，招降数十万众，又降其贝勒[⑨]、贝子[⑩]、公台吉[⑪]等二十

---

① 六师：天子所统六军之师。

② 扎什巴图儿：固始汗第十子。固始汗去逝之后，因五世达赖的安排，青海蒙古分为左右翼。右翼长初为固始汗第六子多尔济号达赖巴图乐，康熙三十六年青海台吉朝觐之后，扎什巴图儿为右翼长。又作“达什巴图尔”。

③ 震詟：震惊畏惧。

④ 锡赉：赏赐，赏赐之物。

⑤ 阿尔布坦温布：又作“阿喇布坦鄂木布”，和硕特蒙古台吉之一，固始汗曾孙达赖汗朋素克的儿子，左翼长之一。

⑥ 年羹尧：1679—1726年，字亮工，号双峰，清朝名将。原籍凤阳府怀远县（今属安徽），后改隶汉军镶黄旗。清代康熙、雍正年间人。进士出身。官至四川总督、川陕总督、抚远大将军等。他率清军平息青海罗卜藏丹津，立下赫赫战功。后因罪赐自尽。

⑦ 抚远大将军：清朝设立的武将职位，著名的还有常宁、允禵。

⑧ 鋋：音 chán。一种铁柄短矛，也泛指短矛。

⑨ 贝勒：全称“多罗贝勒”，原为满族贵族称号，即金代“勃极烈”的异译。宗室封爵第三级，清建国后，成为宗室封爵名，全称为多罗贝勒。清初，天命年间置八和硕贝勒共议国政。崇德元年（1636），定王公以下九等爵以封宗室，多罗贝勒为三等爵，位次多罗郡王之下，固山贝子之上。亦用以封蒙古贵族。

⑩ 贝子：固山贝子的简称，原为满语“贝勒”的复数，有王或诸侯之意，是清朝建国后的宗室爵位名。崇德元年（1636）定王公以下九等爵以封宗室，固山贝子为宗室封爵第四级，低于多罗贝勒，而高于奉恩镇国公。亦用以封蒙古贵族。

⑪ 台吉：清对蒙古贵族封爵名。位次辅国公，分四等，自一等台吉至四等台吉，相当于一品官至四品官。惟土默特左翼旗及喀喇沁三旗称塔布囊。台吉，源于汉语王太子、王太弟，是蒙古部落首领的一种称呼，黄金家族女婿身份的首领称塔布囊蒙古人常用“台吉”来作称号，尤喜在前面加上“红（有的人写作洪或浑）”“黄”等词。

余人。朕犹悯其蠢愚，若悔祸思愆[1]，束手来归，尚可全宥。而怙恶不悛，负险抗违，乃决翦灭之计。以方略密付大将军羹尧，调度军谋，简稽将士。用四川提督岳钟琪[2]为奋威将军，于仲春初旬，禡牙[3]徂征[4]，分道深入，捣其窟穴。电扫风驱，搜剔岩阻，贼徒苍黄縻溃，穷蹙失据。罗卜藏丹津之母及逆谋渠魁[5]，悉就俘执。擒获贼众累万，牲畜军械，不可数计。贼首逃遁，我师逾险穷追，获其辎重人口殆尽。罗卜藏丹津孑身易服，窜匿荒山，残喘待毙。自二月八日至二十有二日，仅旬有五日，军士无久役之劳，内地无转输之费，克奏肤功，永清西徼。三月之朔，奏凯旋旅，铙鼓喧轰，士众欣喜。四月十有二日，以倡逆之吹拉克诺木齐等三人献俘庙社。受俘之日，臣民称庆。伏念圣祖仁皇帝威灵震于遐方，福庆流于奕叶[6]，用克张皇六师，殄灭狂贼。行间将士，亦由感激，湛恩厚泽，为朕踊跃用命。斯役也，芟夷[7]凶悖，绥靖番羌，俾烽燧永息，中外人民胥享安阜，实成先志，以懋有丕绩[8]。廷臣上言，稽古典礼，出征而受成于学，所以定兵谋也；献馘而释奠于学，所以告凯捷也。宜刊诸珉石，揭于太学，用昭示于无极。遂为之铭曰：

天有雷霆，圣作弧矢[9]，辅仁而行，威远宁迩。维此青海，种类实繁，锡之茅土[10]，列在藩垣[11]。被我宠光，位崇禄富，负其阻遐，祸心潜构。恭惟圣祖，虑远智周，睠念荒服[12]，绥抚怀柔。朔野既清，西陲攸震，爵号洊[13]加，示之恩信。如何凶

① 愆：过失，罪过。

② 岳钟琪：1686—1754年，字东美，号容斋，四川成都人。原籍凉州庄浪（今甘肃临洮）。四川提督岳升龙之子，清代康熙、雍正、乾隆时期名将。

③ 禡牙：古时出兵行祭旗之礼。

④ 徂征：前往征讨。

⑤ 渠魁：指首领、大头目。

⑥ 奕叶：累世，代代。

⑦ 芟夷：比喻戡除乱贼。

⑧ 丕绩：大功业。

⑨ 弧矢：弓箭。

⑩ 茅土：指王、侯的封爵。古天子分封王、侯时，用代表方位的五色土筑坛，按封地所在方向取一色土，包以白茅而授之，作为受封者得以有国建社的表征。

⑪ 藩垣：藩篱和垣墙，比喻卫国的重臣。

⑫ 荒服：古“五服”之一。称离京师二千到二千五百里的边远地方。亦泛指边远地区。

⑬ 洊：同“荐”。再，屡次，接连。

狡，造谋逆天，鼓动昏憝[①]，寇侵于边。惟彼有罪，自干天罚[②]，桓桓[③]虎貔，爰张九伐。王师即路，冬雪初零。日耀组练[④]，霜响鼙钲[⑤]。蠢兹不顺，敢逆戎旅。奋张螳臂，以当齐斧[⑥]。止如山岳，疾如雨风。我战则克，贼垒其空。彼昏终迷，曾不悔戾。当翦而灭，斯焉决计。厉兵简将，往捣其巢。逾历嵚岖[⑦]，坦若坰郊。贼弃其家，我絷而获。牛马谷量，器仗山积。蹇兔[⑧]失窟，何所逋逃。枯鱼游釜，假息煎熬。师以顺动，神明所福。旬日凯归，不疾而速。殪彼逆谋，悬首稿街。献俘成礼，金鼓调谐。西域所瞻，此惟雄特。天讨既申，群酋惕息。櫜戈偃革[⑨]，告成辟雍[⑩]。声教遐暨，万国来同。惟我圣祖，亲平大漠。巍功焕文，迈桓[⑪]轶酌。流光悠久，视此铭辞。继志述事，念兹在兹〔七〕，宣谕化导。

上谕：朕御极以来，继述皇考圣祖仁皇帝乂安[⑫]区宇之圣心，旰食宵衣，朝干夕惕[⑬]，欲使薄海内外，休养生息，物阜民安，永戢兵戈，咸登衽席[⑭]，以成荡平熙皞[⑮]之治。是以宣猷[⑯]敷治[⑰]之间，宏纲庶务，凡有益于民生者，莫不兴举，不便于民生者，莫不屏除。若有几微措置失宜，即五内展转，寤寐难安，岂肯好大喜功，兴兵

① 憝：怨恨，憎恶；奸恶。引为恶人。

② 天罚：上天的诛罚。旧时帝王自谓禀承天意行事，其诛罚不臣常以此为名。

③ 桓桓：威武的样子，高大的样子。

④ 组练：指精锐的部队或军士的武装军容。

⑤ 鼙钲：出征的鼓声。亦比喻战事。

⑥ 齐斧：音 zī fǔ。指利斧，借指象征帝王权力的黄钺。

⑦ 嵚岖：音 qīn qū。险阻不平。

⑧ 蹇兔：跛足之兔。

⑨ 櫜戈偃革：指停止战争。

⑩ 辟雍：亦作“辟廱”。“辟”通“璧”。本为西周天子所设大学，校址圆形，围以水池，前门外有便桥。“四面环水为雍”。东汉以后，历代皆有辟雍，大多为行乡饮、大射或祭祀之礼的地方。

⑪ 桓：古代立在城郭、宫殿、陵墓或驿站路边的木柱。

⑫ 乂安：太平，安定。

⑬ 朝干夕惕：谓终日勤奋谨慎，不敢懈怠。

⑭ 衽席：亦作“袵席”。床褥与莞簟。借指太平安居的生活。

⑮ 熙皞：亦作“熙皥”。和乐，怡然自得。

⑯ 宣猷：亦作“宣犹”。指明达而顺乎事理。

⑰ 敷治：治理。

构难，使百姓有供应之劳，不遑宁处哉！惟是锄暴乃所以安良，抚内必兼乎攘外，此古今不易之至理，帝王治世之常经。凡尔百姓粗通大义者，即莫不知之，不必待高远之识也。惟彼准噶尔一部落，原系元朝之臣仆，其始祖曰额森[①]，额森之子托浑，渐至大员，因扰乱元之宗族，离间蒙古，惟恐获罪，遂背负元朝之恩，逃遁藏匿于西北边远之地，煽惑匪类，要结党与，自称准噶尔。当我朝定鼎之初，各处蒙古倾心归顺，求为属国。独准噶尔一部落，违越于德化之外。至噶尔丹、策妄阿喇布坦二人，则尤狡狯凶顽之甚者[八]。

雍正八年四月十三日奉上谕

古称黄河之神，上通云汉，光启图书。《礼》曰："三王[②]之祭川也，皆先河[③]而后海，此之谓务本。"惟神泽润万国，福庇兆民，自古及今，功用昭著。我朝自定鼎以来，仰荷神庥，尤为彰显。或结为木桥，以济师旅；或淤成沃壤，以惠黎元；或涌出沙洲，作天然之保障；或筑成堤岸，屹永固之金汤。他如济运通漕，安澜顺轨，有祷必应，无感不通。至于澄清六省之遥，阅历于七旬之久，稽诸史册，更属罕闻。神之相佑我国家者至矣，朕敬礼之心，至为诚切。因念江南河南等处，皆有庙宇，虔恭展祀。而河源相近之处，向来未建专祠，以崇报享。典礼亟宜举行。查河源发于昆仑，地隔遥远，人稀境僻。其流入内地之始，则在秦省之西宁地方。朕意于此地特建庙宇，专祀河源之神，敬奉烝尝[④]，以答神贶[⑤]。其如何加封神号，及度地建庙一应典礼，着九卿悉心详议具奏。特谕。

敕赐广惠寺碑文 雍正十年

黄教之兴盛于西土，其道根源天竺。演说因果，觉悟群生，使为善者知劝，作恶者思惩，与"作善降祥，作不善降殃"之理默相符会。所以易俗移风，裨助于王

① 额森：即绰罗斯·也先，？—1455年，蒙古族，绰罗斯·脱欢之子，简称也先，清朝时期译作额森，第二十八代蒙古大汗，也是相当于明朝中叶时蒙古瓦剌部的领袖，向明朝朝贡被封为敬顺王，同时被脱脱不花封为太师，在他统治期间，瓦剌达到极盛。

② 三王：夏、商、周三代之君。

③ 先河：后以起倡导作用的事物为先河。

④ 烝尝：本指秋冬二祭。后亦泛称祭祀。

⑤ 神贶：指神灵的恩赐。

化，为益弘〔九〕矣。西宁旧有郭莽寺[①]，地处通途，为边方古刹，从西藏进口之喇嘛皆于兹托足，即佛家所谓十方院也。自罗卜藏丹津悖义作逆，兹寺奸顽喇嘛相与连结，煽动部落，遂使修行之区，转为藏奸之薮。是以大兵进讨，除其众而毁其寺。所以鉏恶止乱，非得已也。迩来氛翳[②]廓清，疆土宁谧，宜振兴黄教以绥抚番夷。爰发帑金，遣官往为重建，佛殿、经堂、僧舍、山门，规模复旧，丹雘[③]一新。常住之僧，以二百人为限，俾其宣扬妙法，且使往来僧众有所栖憩。董役[④]之臣请易嘉名，赐额曰“广惠寺”。所望重建之后，遐迩番夷一心信奉，敦崇善行，以延庆佑，永享我国家亿万载太平之乐。是朕锡福蒸民[⑤]，跻诸仁寿之意也。纪文勒石，用昭示于久远焉。

敕赐佑宁寺碑文 雍正十年

西宁郭隆寺，地处通途，喇嘛之自西藏来者，于兹取道，为边陲古刹。自罗卜藏丹津之叛，结连奸顽喇嘛，煽惑番夷，一时蠢动。是以大兵进讨，烧焚寺宇，俾奸宄无所藏匿。凶徒既殄，边境敉宁，梵刹旧基，理宜修复。爰发帑鸠工[⑥]，遣官往董其事。山门佛殿，规制秩然，僧舍经堂，一準旧式。限令延僧二百人，常住薰修，宣扬妙法，往来梵众，亦得栖息之所。役既告竣，以旧称不雅，敕定嘉名，赐额曰“佑宁寺”，并纪文勒石，以诏久远。夫黄教之传，盛于西域，凡厥部众，尊崇信奉，远迩一心。其为道盖佛氏之支流，开示迷途，因俗利导，于治化不为无助。《书》[⑦]曰：“惠廸吉，从逆凶，惟影响。”[⑧]览兹寺废兴之由、顺逆之理昭然矣。我国家弘〔十〕敷德泽，以振兴黄教，绥抚番夷。继自今其恪守清规，虔修梵行。诸部落皈依崇奉之，愿久且益坚。见鸿慈普佑，永戴清宁。兹寺与西土山川，同其悠久可也。

---

① 郭莽寺：位于大通县东峡乡衙门庄。1650年由赞布·顿珠嘉措创建，后与塔尔寺、佑宁寺、夏琼寺、隆务寺并称青海五大格鲁派寺院。

② 氛翳：阴霾之气。唐李白《答高山人兼呈权顾二侯》诗：“应运生夔龙，开元扫氛翳。”

③ 丹雘：涂饰色彩。

④ 董役：正其事理。

⑤ 蒸民：众民，百姓。

⑥ 鸠工：聚集工匠。

⑦ 书：指《尚书》。引文出自《尚书·大禹谟》。

⑧ 惠廸吉，从逆凶，惟影响：惠，顺；迪，道也。顺吉道，从逆凶。吉凶之报若影之随形，响之应声。

勅赐河源神庙碑文 雍正十年

四渎[①]之中河为大。自星宿发源，经行数千里，而入中国。亘络坤维[②]，泽润九宇[③]，方望[④]之祭，三代以来尚矣。我国家敬共明神，钦崇祀事，精禋昭格，灵贶[⑤]丕彰。南北隄[⑥]工安澜[⑦]底绩[⑧]，漕艘利济，输挽以时。以至引河自汕[⑨]，于中泓〔十一〕[⑩]沮洳[⑪]，悉淤为沃壤，澄清千里，经历三旬。上瑞光昭，鸿庥[⑫]屡著。兖、豫、江、淮之境，各建庙宇，春秋展祀，尊崇令典，视前代为加虔。顾河源所自，庙貌阙焉，于礼未称。朕念昆仑远在荒徼[⑬]，命使不能时至；而《禹贡》有导河积石之文，考其地在今西宁、河州境内，黄河流入中国自此始，则建庙以祀河源之神，实惟兹地为宜。乃命礼官详议，敕甘肃抚臣于河州相度善地，恭建新庙。高门广殿，肃穆闳深。发帑鸠工，专官董役，雍正九年冬十月告成。朕亲洒宸翰[⑭]，赐额曰："福佑安澜。"先是，谕旨甫颁，经营伊始，雍正八年六月之望[⑮]，河州有庆云捧日之瑞，自午至申[⑯]，万众瞻仰。七月五日，临洮道臣相地积石关外，见河流澄澈，上下百有余里，彻底莹洁，凡三昼夜。同时入告共庆嘉祥。朕惟河岳山川，均为造化之功用，

---

① 四渎：星官名，属井宿。古人认为它们与我国的四条大河相对应，故名。四条独流入海的大河，即"江、河、淮、济"（长江、黄河、淮河、济水）。

② 坤维：指西南方、大地之中央。此处应指西南方。

③ 九宇：指九州。

④ 方望：帝王郊祀时望祭四方群神之礼。

⑤ 灵贶：指神灵赐福。

⑥ 隄：同"堤"。以土石修筑，用来防水的建筑物。

⑦ 安澜：本意为水波平静，现也常常被人们比喻为时世太平、祥和之兆。

⑧ 底绩：获得成功，取得成绩。

⑨ 汕：鱼游水貌。

⑩ 泓：水深而广。

⑪ 沮洳：低湿之地。

⑫ 鸿庥：指鸿荫，敬称尊长的庇荫关怀。

⑬ 荒徼：荒远的边域。

⑭ 宸翰：帝王的墨迹，一般指皇帝亲笔手诏、御札之类。

⑮ 六月之望：六月十五，即圆月那一天。

⑯ 自午至申：从午时到申时，即上午十一点到下午五点。午时指上午十一点到一点，申时指下午三点至五点。

而润泽广远，利赖溥[①]被，惟河最灵。河神之福国佑民，历有明验。今兹立庙之地，显著休征。益以知天心降鉴，感则必通。神德昭明，诚无不格。爰志建庙岁月，揭诸贞珉，兼纪明神显应之迹，垂示永久，以昭朕夙夜懋勉、恭承天眷、敬迓神庥之至意云。

校勘记

〔一〕巳　哈佛本、刻补本同，四库本作“已”。

〔二〕廛　哈佛本、刻补本同，四库本作“㕓”。

〔三〕诚　四库本同，哈佛本、刻补本作“勤”，误，据四库本改。

〔四〕阻　四库本同，哈佛本、刻补本作“咀”，误，据四库本改。

〔五〕密　哈佛本、四库本同，刻补本作“蜜”，误。

〔六〕弘　哈佛本作“弘”，刻补本作“宏”，四库本作“弘”，避乾隆皇帝讳改。

〔七〕四库本本卷以下内容均缺。哈佛本、刻补本此后内容为“雍正八年四月十三日专祀河源之神上谕”、“雍正九年四月庚子康熙剿灭噶尔丹等上谕”开头部分、“雍正十年敕赐广惠寺碑文”、“雍正十年敕赐祐宁寺碑文”、“雍正十年敕赐河神庙碑文”。但两个本子的错误在于：哈佛本把“雍正八年四月十三日专祀河源之神上谕”错订于“平定青海告成太学碑”之末，并将该碑文最后“宣谕化导”四字结束语置于“雍正九年四月庚子上谕”之首。大误。而刻补本则把把“雍正八年四月十三日专祀河源之神上谕”、“雍正十年敕赐广惠寺碑文”及“雍正十年敕赐祐宁寺碑文”的文首错订于“平定青海告成太学碑”之末，将该碑文最后“宣谕化导”四字结束语置于“雍正九年四月庚子上谕”之首，并将“雍正十年敕赐祐宁寺碑文”的文首与正文部分分置不同页面。亦大误。

〔八〕哈佛本、刻补本关于“雍正九年四月康熙巢灭噶尔丹等上谕”，只录开头部分内容，至“至噶尔丹、策妄阿拉布坦二人，则尤狡狯凶顽之甚者”，以下即缺。查雍正朝《清实录》卷105载有该上谕的完整内容，现将所缺内容补录如下：

噶尔丹身为喇嘛，不守清规，不遵佛教，破戒还俗，娶青海鄂齐儿图车臣汗之女为妻，又潜往青海地方，贼害伊之妻父而掳其人众。又复巧构衅隙，乘喀尔喀之不备，发兵猝击，以致喀尔喀人众溃散，纷纷投我天朝。蒙圣祖仁皇帝施恩抚恤，遣使前往噶尔丹处，谕令戢兵和好，多方开导。乃噶尔丹冥顽不灵，转借追袭喀尔喀之名，犯我边汛。彼时即行剿灭，复有何难。我圣祖仁皇帝至仁如天，好生为德，特遣官员前往责问。是时噶尔丹惶愧恐惧，设誓撤兵。仍复潜住近边，暗图窥伺，且乘间抢掠蒙古牲畜，俾其不获安居。我圣祖仁皇帝始亲统六师，躬行天讨。噶尔丹逆天背理，自速灭亡。此噶尔丹之始末也。策妄阿喇布坦者，乃噶尔丹

① 溥：大，普遍。

之侄也。彼时既平噶尔丹，即可锄绝根株，不留余孽。祇因我圣祖仁皇帝宽大仁慈，赦罪宥过，且念策妄阿喇布坦，素与伊叔不相和睦，情有可原。于是加以天高地厚之恩，将噶尔丹余剩部落赏伊收管。此时伊力弱势微，甚为恭顺。其后则离间伊妻之父子，诱其妻弟携带万余户，至伊住牧之地，因而强占入己。由是势力渐增，竟敢肆意妄行，窥伺青海，侵犯哈密。又潜兵入藏，杀害伊妻弟拉藏汗，毁坏寺庙，荼毒人民。我圣祖仁皇帝特遣大臣，前往询问，乃伊愍不畏死，阻兵抗命。因使臣率师甚少，兵力单弱，伊得肆其猖狂，此实天下臣民所共愤者。我圣祖仁皇帝仍赐包容，谕令两路官兵，姑缓前进，以俟其悔罪输诚。若怙终不悛，则命将徂征，犁庭扫漠，此我皇考之本意也。朕即位以来，伊虽遣使求和，而诈伪作奸，仍复如故。且将我青海叛臣罗卜藏丹津收留藏匿。朕屡次降旨，谕以定界息兵，而伊狡饰支吾，巧幻百出。及策妄阿喇布坦身故，伊子噶尔丹策零继立，其妄乱之性，狂悖之行，更过于其父。其遣使陈奏之词，甚属支离妄诞。即如前年西藏阿尔布巴等之戕害康济鼐，亦因与准噶尔地方相近，而逃匿之罗卜藏丹津，又系伊等姻戚，彼此相依，是以敢于悖逆朝命，而仗准噶尔以为狡兔之三窟也。似此世济其恶之人，以逞凶挟诈为心，以劫物伤人为事，不可以德感，不可以理喻，无赖无耻，怀逆藏奸，时时欲戕害臣服我朝之蒙古部落，以坏我屏垣。若当此可以经理之会，而瞻顾因循，避兴师动众之名，为耽逸偷安之计，将狡寇一日不灭，则蒙古一日不安，边境一日不宁，内地之民一日不得休息，而首先疲于奔命者，即三秦之黎庶也。即以上年之事论之，贼夷先遣使臣，伪称请和。及朕降旨停兵，以待信息。而彼于深冬冰雪之时，倾其丑类，乘我不备，侵犯汛界，盗窃驼马。然则此等狡寇，固可置之度外，听其贻害于将来乎？从来穷兵黩武，为圣帝明王之所深戒，而以大加小，以强陵弱，又仁人君子之所不忍为者。况准噶尔弹丸之地，远在极北之区，得其地，不足以耕耘，得其民，不足以驱使。即使灭此朝食，亦不足以夸庙略而耀武功，此皆皇考与朕熟思审处，先后筹画数十年，而出于万不得已者也。惟是地方有军旅之事，厉兵秣马，诸务纷繁，虽不取办于民财，恐不免借资于民力。向蒙皇考轸念秦民劳勩，所以加恩而优恤之者，无待朕之缕述矣。

朕御极之元年，即将陕甘二省康熙六十年以前民屯卫所未完银米豆草等项，悉行蠲免。又将旧例应完之三厘三合，免其徵收。数年以来，西安所属额徵钱粮，或免四十万，或免八十万。甘肃所属钱粮，则连岁全行豁免。他如展纳课之定期，宽带征之旧欠，开垦地亩，修筑河渠，悉动帑金，永为民利。此皆朕之加惠于秦民者，可约略举之也。即以西陲用兵之事言之，北路军需，交与怡贤亲王等办理。西路军需，交与大将军岳钟琪办理，皆定议于雍正四年者。王大臣等密奉指示，一丝一粟皆用公帑制备，纤毫不取给于民间。是以经理数年，而内外臣民并不知国家将有用兵之举。及至雍正七年，大军将发，飞刍挽粟，始有动用民力之时，朕皆敕令地方有司，照数给与脚价，严禁克扣短发侵蚀等弊。倘有不肖官员，借称军需，科派扰民者，著该管大臣，即行题参革职。先动帑金，传集百姓，如数给还。朕所以为百姓防患除弊者，亦极严切矣。上年该督抚先后奏称，民人中有愿捐草束以供牧养者，绅衿士庶中有愿捐车辆以资挽运者，朕皆奖以温谕，仍令照数给与价值。去冬贼夷猖獗之后，将来军饷较前未免繁多，又特加添运价。一切军务，悉令有司宽裕办理。朕岂肯因戎事紧急，稍涉权宜，使闾阎骚扰于万一哉。意谓三秦众庶，必能谅朕不得已而用兵之苦心，悉朕不忍累民之至意矣。乃近来风闻陕西之民，竟有怨朕而私相谤议者，总因十数年来，陕西居住之允禵、塞思黑、年羹尧、延信等，皆怀挟异志，包藏祸心，其胁从之党，实繁有徒，如塞思黑之令狐士仪、年羹尧之邹鲁、净一道人、延信之道姑王氏等，皆公然以反叛为众人之倡。则其他匪类之造作妖言、暗中煽动者，又不知其几矣。地方既有奸回之人，而又值军兴旁午，或有司自顾考成，间有奉行不善之处，是以愚民无知，惑于邪说，溺于私情。偶因用力于目前，遂忘受恩于平日，此亦事势之所不免者。夫秦风朴直，自古为然。朴则易被人欺，直则善言易入，祗以向来未有宣谕化导之人。而该省督抚以及有司，既有刑名钱谷之专责，又有征兵筹饷之军需，簿书鞅掌，难于兼顾。是准噶尔之始末，边防关系之情形，皇考与朕奉天讨罪、除暴安民、万不得已之苦衷，并未家谕而户晓。但听佥邪小人，摇唇鼓舌，讪谤朝政，变乱是非，无怪乎草野之中，被其迷惑者不少也。今朕特颁此旨，遣左都御史史贻直、侍郎杭奕禄、署内务府总管郑禅宝，率领翰林院庶吉士及六部学习人员、国子监肄业之选拔贡生等，前往陕、甘二省，开导训谕，觉悟愚蒙。傥合省民人等，果能笃尊君亲上之义，消亢戾怨怼之情，将见和气致祥，必邀上天默佑，迅奏肤功，边塞永宁，烽烟屏息，不但尔等安居乐业，俯仰优游，即尔等世世子孙、共享升平之乐矣。至于军需各项，悉动帑金，差员办理，不得扣克短少，贻累小民。所降谕旨，至再至三，著钦差大臣悉心访察，傥有不遵谕旨，即行题参；或所定官价有不敷用之处，亦即据实奏闻；若兵马经过之地有不遵纪律，骚扰民间者，小过即告知该管大臣惩治，大过即行参奏，不得姑容。务使兵民和洽，内外辑宁，以迓天庥，以副朕念。

〔九〕弘　哈佛本作“弘”，刻补本作“宏”，四库本作“弘”，避乾隆皇帝讳改。

〔十〕弘　哈佛本作“弘”，刻补本作“宏”，四库本作“弘”，避乾隆皇帝讳改。

〔十一〕泓　哈佛本作“泓”，刻补本作“宏”，四库本作“弘”，避乾隆皇帝讳改。

甘肃通志卷之第四十五　艺文　奏疏

甘省自羲皇画卦，肇启文明[①]，千古文章，孰大于是。从汉迄今，或良臣谋国，硕画吁谟[②]；或学士名儒，立言著述，皆足信今传后，鼓吹休明。即吟咏篇什，輶轩[③]采风，亦所必录，搜辑荟萃，备载简编。至于月露风云，浮词缛语，无关治忽[④]，则不取焉。志艺文。

奏疏

汉

赵充国：上书陈兵利害[⑤]

臣窃见骑都尉安国前幸赐书，择羌人可使使罕[⑥]，谕告以大军当至，汉不诛罕，以解其谋。恩泽甚厚，非臣下所能及。臣独私美陛下盛德至计亡已，故遣幵豪[⑦]雕库宣天子至德，罕、幵之属皆闻知明诏。今先零羌杨玉，此羌之首帅名王，将骑四千及煎巩骑五千，阻石山木，候便为寇[⑧]，罕羌未有所犯。今置先零，先击罕，释[⑨]有罪，诛无辜，起一难，就两害，诚非陛下本计也。

臣闻兵法“攻不足者守有余”，又曰“善战者致人，不致于人[⑩]”。今罕羌欲为敦煌、酒泉寇，宜饬兵马，练战士，以须其至，坐得致敌之术，以逸击劳，取胜之道

① 羲皇画卦，肇启文明：伏羲画八卦，开启了中华文明。

② 硕画吁谟：远大宏伟的谋画。

③ 輶轩采风：使臣到各地了解社情民意。

④ 治忽：治理与怠忽。

⑤ 上书陈兵利害：此书奏送时间在汉宣帝神爵元年（前61）六月戊申（二十八日），此时赵充国率军至金城郡平定羌乱。

⑥ 罕：音hǎn，青海羌人的一支。

⑦ 幵豪雕库：幵（音jiān）羌部落头领靡当儿的弟弟雕库。

⑧ 阻石山木，候便为寇：依靠山石和林木阻挡以自保，同时等待机会为寇贼。

⑨ 释：放，不顾。

⑩ 致人，不致于人：引诱敌前来以取之，而不是被敌引诱而去。

也。今恐二郡兵少不足以守，而发之行攻，释[①]致虏之术而从为虏所致之道，臣愚以为不便[②]。先零羌虏欲为背畔[③]，故与罕、幵解仇结约，然其私心不能亡恐汉兵至而罕、幵背之也。臣愚以为其计常欲先赴罕、幵之急，以坚其约，先击罕羌，先零必助之。今虏马肥，粮食方饶，击之恐不能伤害，适使先零得施德[④]于罕羌，坚其约，合其党。虏交坚党合，精兵二万余人，迫胁诸小种，附著者稍众，莫须[⑤]之属不轻得离也。如是，虏兵寖[⑥]多，诛之用力数倍，臣恐国家忧累繇[⑦]十年数，不二三岁而已。

臣得蒙天子厚恩，父子俱为显列。臣位至上卿，爵为列侯，犬马之齿七十六，为明诏填沟壑，死骨不朽，亡所顾念。独思惟兵利害至熟悉也，于臣之计，先诛先零已，则罕、幵之属不烦兵而服矣。先零已诛而罕、幵不服，涉正月击之，得计〔一〕之理，又其时也。以今进兵，诚不见其利。唯陛下裁察。

赵充国：上屯田奏[⑧]

臣闻兵者，所以明德除害也，故举得于外，则福生于内，不可不慎。臣所将吏士马牛食，月用粮谷十九万九千六百三十斛，盐千六百九十三斛，茭稾[⑨]二十五万二百八十六石。难久不解，徭役不息。又恐它夷卒[⑩]有不虞之变，相因并起，为明主忧，诚非素定庙胜之册[⑪]。且羌虏易以计破，难用兵碎也。故臣愚以为击之不便。

计度[⑫]临羌[⑬]东至浩亹[⑭]，羌虏故田及公田，民所未垦，可二千顷以上，其间邮

---

① 释：废除，放弃。

② 便：合宜，适当。

③ 畔：同“叛”。

④ 施德：给予恩惠。

⑤ 莫须：小种（部落）羌的名称。

⑥ 寖：渐。

⑦ 繇：此处为由、从之义。

⑧ 屯田奏：此奏上呈时间是汉宣帝神爵元年（前61）秋。

⑨ 茭稾：茭，干草料，稾，禾麦杆。

⑩ 卒：猝，仓促。

⑪ 庙胜之册：朝廷（庙堂）谋划的胜敌之策。

⑫ 计度：估计。

⑬ 临羌：金城郡属县名，治今青海湟源东南。

⑭ 浩亹：今作浩门，金城郡属县名，治今甘肃永登县西南河桥镇。

亭[①]多坏败者。臣前部士入山，伐材木大小六万余枚，皆在水次。愿罢骑兵，留弛刑应募，及淮阳、汝南步兵与吏士私从者，合凡万二百八十一人，用谷月二万七千三百六十三斛，盐三百八斛，分屯要害处，冰解漕下[②]，缮乡亭，浚沟渠，治湟陿[③]以西道桥七十所，令可至鲜水[④]左右。田事出，赋[⑤]人二十亩。至四月草生，发郡骑及属国胡骑伉健各千，倅马什二[⑥]，就草，为田者游兵[⑦]。以充入金城郡，益积畜，省大费。今大司农所转谷至者，足支万人一岁食。谨上田处及器用簿，唯陛下裁许。

赵充国：复上屯田状

臣闻帝王之兵，以全取胜，是以贵谋而贱战。战而百胜，非善之善者也。故先为不可胜以待敌之可胜。蛮夷习俗虽殊于礼义之国，然其欲避害就利，爱亲戚，畏死亡，一也。今虏亡其美地荐[⑧]草，愁于寄托远遁，骨肉离心，人有畔志，而明主般师罢兵[⑨]，万人留田，顺天时，因地利，以待可胜之虏，虽未即伏辜[⑩]，兵决可期月而望。羌虏瓦解，前后降者万七百余人，及受言去者[⑪]凡七十辈[⑫]，此坐支解羌虏之具也。

臣谨条不出兵留田便宜十二事。步兵九校[⑬]，吏士万人，留屯以为武备，因田致谷，威德并行，一也。又因排折羌虏，令不得归肥饶之地，贫破其众，以成羌虏相畔之渐，二也。居民得并田作，不失农业，三也。军马一月之食，度支田士一岁，罢骑兵以省大费，四也。至春省甲士卒，循河、湟漕谷至临羌，以示〔二〕羌虏，扬威武，传世折冲之具，五也。以闲暇时下所伐材，缮治邮亭，充入金城，六也。兵

① 邮亭：即驿站，古代传递文书接待过往人员的机构。

② 漕下：以流水运木而下。

③ 湟陿：今青海西宁东小峡。陿，同“峡”。

④ 鲜水：今青海湖。

⑤ 赋：给予。

⑥ 倅马十二：每十匹战马，配以两匹副马。

⑦ 为田者游兵：作为种田卒的巡逻警戒军队。

⑧ 荐：稠密。

⑨ 般师罢兵：停止战争，军队还归。般师，即班师。

⑩ 伏辜：伏罪。

⑪ 受言去者：接受汉军宣传劝告而退出战场的。

⑫ 辈：批次。

⑬ 校：汉代军队编制名称，时大将军统领五部，每部设校尉一人为其长官，故部又称校。

出，乘危徼幸，不出，令反畔之虏窜于风寒之地，离霜露疾疫瘃堕之患[①]，坐得必胜之道，七也。亡[②]经阻远追死伤之害，八也。内不损威武之重，外不令虏得乘间之势，九也。又亡惊动河南大幵、小幵使生它变之忧，十也。治湟陿中道桥，令可至鲜水，以制〔三〕西域，信[③]威千里，从枕席上过师[④]，十一也。大费既省，繇役豫[⑤]息，以戒不虞，十二也。留屯田得十二便，出兵失十二利。臣充国材下，犬马齿衰，不识长册，唯明诏博详公卿议臣采择。

赵充国：复奏屯田

臣闻兵以计为本，故多算胜少算。先零羌精兵今余不过七八千人，失地远客，分散饥冻。罕、幵、莫须又颇暴略其羸弱畜产，畔还者不绝，皆闻天子明令相捕斩之赏。臣愚以为虏破坏可日月冀，远在来春，故曰兵决可期月而望。窃见北边自敦煌至辽东万一千五百余里，乘塞列隧有吏卒数千人，虏数大众攻之而不能害。今留步士万人屯田，地势平易，多高山远望之便，部曲相保，为堑垒木樵[⑥]，校联不绝[⑦]，便兵弩，饬斗具，烽火幸通，势及并力，以逸待劳，兵之利者也。臣愚以为屯田内有亡费之利，外有守御之备。骑兵虽罢，虏见万人留田为必禽[⑧]之具，其土崩归德，宜不久矣。从今尽三月，虏马羸瘦，必不敢捐其妻子于他〔四〕种中，远涉河山而来为寇，又见屯田之士精兵万人，终不敢复将其累重[⑨]还归故地。是臣之愚计，所以度虏且必瓦解其处，不战而自破之册也。至于虏小寇盗，时杀人民，其原未可卒禁。臣闻战不必胜，不苟接刃；攻不必取，不苟劳众。诚令兵出，虽不能灭先零，亶[⑩]能令虏〔五〕绝不为小寇，则出兵可也。即今同是[⑪]而释坐胜之道，从乘危之势，往

---

① 离霜露疾疫瘃堕：遭受风霜严寒，患疾病或冻掉手脚趾。

② 亡：即无，没有。

③ 信：伸。

④ 从枕席上过师：意为行军安全，犹如从枕席上经过一样。

⑤ 豫：同“预”，提前。

⑥ 樵：即谯，为高楼以远望敌情。

⑦ 联校：将木料互相贯穿联接。

⑧ 禽：即擒，捕捉。

⑨ 累重：指妻、子等累赘。

⑩ 亶：即、但。

⑪ 同是：同样，指一样不能禁止羌人小规模的寇盗。

终不见利，空内自罢[1]敝，贬重而自损，非所以示蛮夷也。又大兵一出，还不可复留。湟中亦未可空，如是徭役复发也。且匈奴不可不备，乌桓不可不忧。今久转运烦费，倾我不虞之用以澹[2]一隅，臣愚以为不便。校尉临众幸得承威德，奉厚币，拊循众羌，谕以明诏，宜皆乡风[3]。虽其前辞尝曰“得亡效五年”，宜亡他心，不足以故出兵。臣窃自惟念，奉诏出塞，引军远击，穷天子之精兵，散车甲于山野，虽亡尺寸之功，偷得避嫌之便，而亡后咎余责，此人臣不忠之利，非明主社稷之福也。臣幸得奋精兵讨不义，久留天诛[4]，罪当万死。陛下宽仁，未忍加诛，令臣数得孰计[5]。愚臣伏计孰甚，不敢避斧钺之诛，昧死陈愚，唯陛下省察。

班超[6]：上书请兵[7]

臣窃见先帝欲开西域，故北击匈奴，西使外国，鄯善、于寘实时向化[8]，今拘弥、莎车、疏勒、月氏、乌孙、康居复愿归附，欲共并力破灭龟兹，平通汉道。若得龟兹，则西域未服者百分之一耳。臣伏自惟念，卒伍小吏，实愿从谷吉[9]效命绝域，庶几张骞弃身旷野。昔魏绛列国大夫，尚能和辑诸戎[10]，况臣奉大汉之威，而无铅刀一割之用乎？前世议者皆曰取三十六国，号为断匈奴右臂。今西域诸国，自日之所入[11]莫不向化，大小欣欣，贡奉不绝，惟焉耆、龟兹独未服从。臣前与官属三十六人奉使绝域，备遭艰戹。自孤守疏勒，于今五载，胡夷情数，臣颇识之。问其城

---

① 罢：此处同“疲”，疲劳。

② 澹：同赡，给，供给。

③ 乡风：向风，“乡”同“向”。

④ 久留天诛：长时间未能消灭反叛羌人。

⑤ 孰计：成熟的计谋。

⑥ 班超：32—102年，字仲升，东汉扶风平陵（今陕西咸阳西）人。军事家、外交家。曾带领吏士三十六人，立功西域，使西域五十余国都归附汉廷，所派使者甘英一直到达波斯湾地区。

⑦ 上书请兵：汉章帝建初三年（78），班超率疏勒等西域国兵攻破姑墨石城（今新疆温宿西），遂上书朝廷请兵，以联合乌孙攻破龟兹。

⑧ 向化：归化，指归附汉廷。

⑨ 谷吉：西汉长安人。元帝时以卫司马出使西域，护送郅支单于侍子回国，被郅支杀害。

⑩ 魏绛列国大夫和辑诸戎：魏绛，春秋时晋国大夫，向晋悼公建议和辑诸戎，遂使其与诸戎盟誓。

⑪ 日之所入：古人以为，由条支国（在今伊拉克境）乘船往西走百余日，就接近太阳落下去的地方了。

郭小大〔六〕皆言“倚汉与依天等”。以是效[①]之，则葱岭[②]可通，葱岭通则龟兹可伐。今宜拜龟兹侍子白霸为其国王，以步骑数百送之，与诸国连兵，岁月之间，龟兹可禽。以夷狄攻夷狄〔七〕，计之善者也。臣见莎车、疏勒田地肥广，草牧饶衍，不比敦煌、鄯善间也，兵可不费中国而粮食自足。且姑墨、温宿二王，特为龟兹所置，既非其种，更相厌苦，其势必有降反。若二国来降，则龟兹自破。愿下臣章，参考行事。诚有万分，死复何恨。臣超区区，特蒙神灵，窃冀未便僵仆，目见西域平定，陛下举万年之觞，荐勋[③]祖庙，布大喜于天下。

曹凤[④]：请建复西海[⑤]郡县

西戎为害，前世所患，臣不能纪古，且以近事言之。自建武以来，其犯法者常从烧当种起。所以然者，以其居大、小榆谷[⑥]，土地肥美，又近塞内，诸种易以为非，难以攻伐。南得锺存以广其众，北阻大河因以为固，又有西海鱼盐之利，缘山滨水以广田畜，故能强大，常雄诸种。恃其权勇，招诱羌、胡[⑦]。今者衰困，党援坏沮，亲属离叛，余胜兵者[⑧]不过数百，逃亡栖窜，远依发羌。臣愚以为宜及此时，建复西海郡县，规固二榆，广设屯田，隔塞羌、胡交关之路，遏绝狂狡窥欲之源。又殖谷富边，省委输之役，国家可以无西方之忧。

班昭[⑨]：上书请兄超

妾同产兄西域都护定远侯超，幸得以微功特蒙重赏，爵列通侯[⑩]，位二千石[⑪]。天恩殊绝，诚非小臣所当被蒙。超之始出，志捐躯命，冀立微功，以自陈效。会陈

① 效：验。

② 葱岭：今中亚帕米尔高原。

③ 荐勋：进呈功业。

④ 曹凤：东汉敦煌效谷（今敦煌市东北）人。任隃麋相任时上书朝廷，请求复建西海郡县，次年，即和帝永元十四年（102）曹凤转任金城西部都尉，驻守龙耆（今青海民和县古鄯镇）。

⑤ 西海：即青海湖，或指青海湖周围地区。

⑥ 大小榆谷：在今青海贵德东河曲一带。

⑦ 胡：当时指匈奴人。

⑧ 胜兵者：指能当兵上战场的人。

⑨ 班昭：49—120年，字惠班，东汉才女，班固、班超之妹，曹世叔妻，扶风平陵（今陕西咸阳西）人。班固死后，受诏续成《汉书》。以博学被召入宫为皇后诸贵人之师，称曹大家。

⑩ 通侯：即彻侯，汉时最高一级爵位。

⑪ 二千石：汉代九卿、郡守俸二千石，遂作为此级官吏的代称。

睦之变[①]，道路隔绝，超以一身转侧绝域，晓譬诸国，因其兵众，每有攻战，辄为先登，身被金夷[②]，不避死亡。赖蒙陛下神灵，且得延命沙漠，至今积三十年。骨肉生离，不复相识。所与相随时人士众，皆已物故[③]。超年最长，今且七十。衰老被病，头发无黑，两手不仁，耳目不聪明，扶杖乃能行。虽欲竭尽其力，以报塞天恩，迫于岁暮，犬马齿索[④]。蛮夷之性，悖逆侮老，而超旦暮入地，久不见代，恐开奸宄[⑤]之源，生逆乱之心。而卿大夫咸怀一切[⑥]，莫肯远虑。如有卒暴[⑦]，超之气力不能从心，便为上损国家累世之功，下弃忠臣竭力之用，诚可痛也。故超万里归诚，自陈苦急，延颈[⑧]逾望，三年于今，未蒙省录。

妾[⑨]闻古者十五受兵，六十还之，亦有休息不任职也。缘陛下以至孝理天下，得万国之欢心，不遗小国之臣，况超得备侯伯之位，故敢触死为超求哀，匄超余年，一得生还，复见阙廷[⑩]，使国永无劳远之虑，西域无仓卒之忧，超得长蒙文王葬骨之恩[⑪]，子方哀老之惠[⑫]。《诗》云："民亦劳止，汔[⑬]可小康，惠此中国，以绥四方。"超有书与妾，生诀恐不复相见。妾诚伤超以壮年竭忠孝于沙漠，疲老则便捐死于旷野，诚可哀怜。如不蒙救护，超后有一旦之变，冀幸超家得蒙赵母、卫姬先请之贷[⑭]。妾愚戆不知大义，触犯忌讳。

① 陈睦之变：公元75年，北匈奴与焉耆、龟兹攻杀汉西域都护陈睦，且分别包围戊己校尉关宠和在疏勒国的班超。

② 夷：此处指创伤。

③ 物故：死亡。

④ 犬马齿索：年纪大。狗和马都是通过观察牙齿磨损和存亡情况，知其年岁。索，尽。

⑤ 奸宄：乱在外为奸，乱在内为宄。

⑥ 一切：偶而，此处指侥幸心理。

⑦ 卒暴：突然死亡。卒，即猝。

⑧ 延颈：伸长脖子，形容极为期待。

⑨ 妾：古代妇女自谦之称。

⑩ 阙廷：即宫廷，此处指都城。

⑪ 文王葬骨：周文王见路边枯骨，即令随从埋葬。

⑫ 子方哀老：战国魏文侯师田子方，见被国君遗弃的老马，哀其曾经为国尽力，遂收养之。

⑬ 汔：其。

⑭ 赵母、卫姬先请之贷：战国时赵括被任命为大将指挥长平之役，其母反对，赵王不听，遂向赵王请求若赵括战败时，家人不因之连坐。春秋时齐桓公与管仲决定伐卫，其爱妾卫姬要求桓公说出理由，公无言以对，只得取消伐卫计划。

虞诩[①]：上疏请复三郡[②]

臣闻子孙以奉祖为孝，君上以安民为明，此高宗、周宣[③]所以上配汤、武也。《禹贡》雍州之域，厥田惟上。且沃野千里，谷稼殷积。又有龟兹盐池[④]，以为民利。水草丰美，土宜产牧，牛马衔尾，群羊塞道。北阻山河，乘阨据险。因渠以溉，水舂[⑤]河漕，用功省少，而军粮饶足。故孝武皇帝及光武筑朔方，开西河，置上郡，皆作此也。而遭元元无妄之灾[⑥]，众羌内溃，郡县兵荒二十余年。夫弃沃壤之饶，损自然之财，不可谓利；离山河之阻，守无险之处，难以为固。今三郡未复，园陵单外[⑦]，而公卿选懦[⑧]，容头过身，张解设难，但计所费，不图其安。宜开圣德，考行所长。

段颎[⑨]：上言讨先零东羌

臣伏见先零、东羌虽数叛逆，而降于皇甫规[⑩]者，已二万许落，善恶既分，余寇无几。今张奂[⑪]踌躇，久不进者，当虑外离内合，兵往必惊。且自冬践春，屯结不散，人畜疲羸，自亡之势，徒更招降，坐制强敌耳。臣以为狼子野心，难以恩纳，势穷虽服，兵去复动。唯当长矛挟胁，白刃加颈耳。计东种所余三万余落，居近塞内，路无险折，非有燕、齐、秦、赵从横之势，而久乱并、凉，累侵三辅，西河、

① 虞诩：？—136年，字升卿，东汉陈国武平（今河南拓城南）人。安帝、顺帝时名臣，官至尚书令。此疏为顺帝永建四年（129）所上。时虞诩任尚书仆射。

② 三郡：指因羌人反叛而前已放弃的安定、北地、上郡三郡。

③ 高宗、周宣：指商代高宗武丁和周宣王姬静。

④ 龟兹盐池：上郡龟兹属国（今陕西榆林北）有盐池，产盐，属于雍州境内。

⑤ 水舂：水碓，以水为动力的粮食加工机械。

⑥ 遭元元无妄之灾：老百姓遭受无法抗拒的巨大灾难。

⑦ 园陵单外：长安附近诸座汉皇帝陵寝都无法守护。

⑧ 选懦：过于怯懦。

⑨ 段颎：？—179年，字纪明，东汉武威姑臧（今甘肃凉州区）人。凉州三明之一。曾任辽东属国都尉、中郎将、护羌校尉等职，主张对羌人反叛坚决镇压。此为永康元年（167）段颎答东汉桓帝诏问。

⑩ 皇甫规：104—174年，字威明，东汉安定朝那（今宁夏彭阳西古城）人。凉州三明之一。曾任太山太守、中郎将、度辽将军等。

⑪ 张奂：104—181年，字然明，东汉敦煌渊泉（今甘肃瓜州）人。凉州三明之一。曾任安定属国都尉、护匈奴中郎将、武威太守、度辽将军、大司农、太常等职，著《尚书记难》。

上郡，已各内徙，安定、北地，复至单危。自云中、五原，西至汉阳，二千余里，匈奴、种羌并擅其地，是为痈疽伏疾，留滞胁下，如不加诛，转就滋大。今若以骑五千、步万人、车三千辆，三冬二夏，足以破定，无虑[①]用费为钱五十四亿。如此，则可令群羌破尽，匈奴长服，内徙郡县得反[②]本土。伏计永初[③]中诸羌反叛，十有四年，用二百四十亿。永和[④]之末，复经七年，用八十余亿。费耗若此，犹不诛尽，余孽复起，于兹作害。今不暂疲人，则永宁无期。臣庶竭驽劣，伏待节度。

魏[⑤]

刁雍[⑥]：凿艾山[⑦]渠表

臣蒙宠出镇，奉辞西藩，总统诸军，户口殷广。又总勒戎马，以防不虞，督课诸屯，以为储积。夙夜惟忧，不遑宁处。以今年四月末到镇，时以夏中不及东作，念彼农夫，虽复布野，官渠乏水，不得广殖。乘前以来，功不充课，兵人口累，率皆饥俭。略加检行，知此土稼穑艰难。

夫欲育民丰国，事须大田。此土乏雨，正以引河为用。观旧渠堰，乃是上古所制，非近代也。富平[⑧]宁夏灵州有富平废城。西南三十里有艾山，南北二十六里，东西四十五里，凿以通河，似禹旧迹。其两岸作溉田大渠，广十余步，山南引水入此渠中。计昔为之，高于水不过一丈，河水激急，沙土漂流。今日此渠高于河水二丈三尺，又河水浸射，往往奔颓。渠溉高悬，水不得上。虽复诸处，按旧引水，水亦难求。今艾山北河中有洲渚，水分为二，西河小狭，水广百四十步。臣今求入来年正月，于河西高渠之北八里，分河之下五里，平地凿渠，广十五步，深五尺，筑其两岸，令高一丈。北行四十里，还入古高渠。即循高渠而北，复八十里，合百二十里，大有良田，计用四千人，四十日功，渠得成讫。所欲凿新渠口，河下五尺，水

① 无虑：总计大约。

② 反：即返。

③ 永初：东汉恭帝年号，公元114—120年。

④ 永和：东汉顺帝年号，公元136—141年。

⑤ 魏：此处指北魏。

⑥ 刁雍：390—484年，字淑和，北魏勃海郡饶安（今河北盐山县西南）人。历仕文成、献文、孝文三朝，曾任建义将军、征南将军、四川都督、薄骨律（今宁夏灵武南）镇将、特进等职，此表为太平真君四年（443）初至薄骨律任时所上。

⑦ 艾山：今青铜峡。

⑧ 富平：县名，治今宁夏吴忠市金积堡。

不得入。今求从小河东南岸斜断到西北岸，计长二百七十步，广十步，高二丈，绝断小河，二十日功计得成毕，合计用功六十日。小河之水，尽入新渠，水则充足，溉官私田四万余顷。一旬之间，则水一遍，水凡四溉，谷得成实。官课常充，民亦丰赡。

刁雍：运屯谷付沃野表[①]

奉诏高平、安定、统万[②]及臣所守四镇，出车五千乘，运屯谷五十万斛付沃野镇[③]，以供军粮。臣镇去沃野八百里，道多深沙，轻车来往，犹以为难，设令载谷，不过二十石，每涉深沙，必致滞陷。又谷在河西，转至沃野，越度大河，计车五千乘，运十万斛，百余日乃得一返，大废生民耕垦之业。车牛艰阻，难可全至，一岁不过二运，五十万斛乃经三年。臣前被诏，有可以便国利民者动静以闻。臣闻郑、白之渠，远引淮海之粟，泝流[④]数千，周年乃得一至，犹称国有储粮，民用安乐。今求于牵屯山[⑤]河水之次，造船二百艘，二船为一舫[⑥]，一船胜谷二千斛，一舫十人，计须千人。臣镇内之兵，率皆习水。一运二十万斛，方舟顺流，五日而至，自沃野牵上[⑦]，十日还到，合六十日得一返。从三月至九月三返，运送六十万斛，计用人功，轻于车运十倍有余，不费牛力，又不废田。

刁雍：河西修城表[⑧]

臣闻安不忘乱，先圣之政也。况绥服[⑨]之外，带接边城，防守不备，无以御敌者

① 运屯谷付沃野表：此表于太平真君七年（446）所上。

② 高平、安定、统万：高平，镇名，治今宁夏固原；安定，镇名，治今甘肃泾川；统万，镇名，治今陕西横山。

③ 沃野镇：在今内蒙古乌拉特前旗东南。

④ 泝流：逆流。

⑤ 牵屯山：今宁夏隆德县东六盘山，有高平川（今名清水河）发源于此，流入黄河。

⑥ 舫：两船相并之名。

⑦ 自沃野牵上：因返程系逆水，故需要人力牵挽。

⑧《河西修城表》：此表于太平真君九年（448）所上。

⑨ 绥服：《尚书·禹贡》称，王城外五百里为甸服，再外五百里为侯服，再外五百里为绥服。意为此处离都城已远。绥，安，安服王者之政教。

也。臣镇所绾[①]河西，爰在边表[②]，常惧不虞。平地积谷，实难守护。兵人[③]散居，无所依恃。脱[④]有妖奸，必致狼狈。虽欲自固，无以得全。今求造城储谷，置兵备守。镇自建立，更不烦官。又于三时之隙，不令废农。一岁、二岁不讫，三岁必成。立城之所，必在水陆之次。大小高下，量力取办。

宋

宋琪[⑤]：论边事疏

臣顷任延州节度判官，经涉五年，虽未尝躬造夷落，然常令蕃落将和断公事，岁无虚月，藩部之事，熟于闻听。大约党项[⑥]、吐蕃风俗相类，其帐族有生户、熟户，接连汉界、入州城者谓之熟户，居深山僻远、横过寇略者谓之生户。其族多有世雠[⑦]，不相来往，遇有战斗，则同恶相济，传箭相率，其从如流。虽各有鞍甲，而无魁首统摄，并皆散漫山川，居常不以为患。

党项界东自河西银、夏，西至灵、盐，南距鄜、延，北连丰、会。厥土多荒隙，是前汉呼韩邪所处河南之地，幅员千里。从银、夏至青、白两池，地惟沙碛，俗谓平夏；拓拔，盖蕃姓也。自鄜、延以北，多土山柏林，谓之南山；野利，盖羌族之号也。

从延州入平夏有三路：一、东北自丰林县苇子驿至延川县〔八〕接绥州，入夏州界；一、正北从金明县入蕃界，至卢关四五百里，方入平夏州南界；一、西北历万安镇经永安城，出洪门至宥州四五百里，是夏州西境。我师如入夏州之境，宜先招

---

① 绾：此处为控制的意思。

② 边表：边境。

③ 人：即民，百姓。

④ 脱：若，假如。

⑤ 宋琪：917—996年，字叔宝，五代幽州蓟县（治今北京城西南隅）人。后晋天福六年进士，入宋后为开封府尹、知龙州、太常丞、参知政事、刑部尚书、吏部尚书、延州节度判官、右仆射等职，谥惠安。此疏系宋太宗淳化二年（991）所上。

⑥ 党项：古代羌族的一支，又称作党项羌，原居住在四川松潘一带。唐末，党项首领拓拔思恭因帮助唐朝攻打黄巢，被封为夏州节度使，赐姓李，封夏国公。遂以陕、甘、宁、青一带党项羌族为主体，包括西北其它民族在内，组建夏州政权，辖夏、绥、银、宥四州。宋初，夏州李氏与宋朝发生多次战争。1038年首领李元昊称帝，立国号“大夏”（因在宋之西，人称“西夏”），西夏统治西北地区一百九十年，1227年为蒙古所灭。

⑦ 雠：同“仇”。

致接界熟户，使为乡导，其强壮有马者，命去官军三五十里踏白[1]先行。缘此三路，土山柏林，溪谷相接，而复隘陋不得成列[2]，蹑此乡导，可使步卒多持弓弩枪锯[3]随之，以三二千人登山侦逻，俟见坦途宁静，可传号勾马[4]遵路而行，我皆严备，保无虞也。

长兴四年，夏州李仁福死，有男彝超擅称留后。当时诏延州安从进与李彝超换镇，彝超据夏州，固不奉诏，朝廷命邠州药彦稠总兵五万送从进赴任。时顿兵城下，议欲攻取，军储不继，遽命班师。而振旅之时，不能严整，失戈弃甲，遂为边人之利。

臣又闻党项号为小蕃，非是劲敌，若得出山布阵，止劳一战，便可荡除。深入则馈运艰难，穷追则窟穴幽隐，莫若缘边[5]州镇，分屯重兵，俟其入界侵渔，方可随时掩击，非惟养勇，亦足安边。凡乌合之徒，势不能久，利于速斗，以骋兵锋。莫若持重守疆，以挫其锐。彼无城守，众乏糇粮[6]，威赏不行，部族分散，然后密令觇其保聚之处，预于麟、府、鄜、延、宁、庆、灵、武等州约期会兵，四面齐进，绝其奔走之路，合势击之，可以翦除无噍类[7]矣。仍先告语诸军，击贼所获生口[8]、资畜，许为己有，彼为利诱，则人百其勇也。

灵武路自通远军入青冈峡五百里，皆蕃部熟户，向来使人[9]、商旅经由，并在部族安泊，所求赂遗无几，谓之“打当”，亦如汉界逆旅之家宿食之直也。此时大军或须入其境，则乡导踏白，当如夏州之法。况彼灵州便是吾土，刍粟储蓄，率皆有备。缘路五七程，不烦供馈，止令逐都兵骑，裹粮轻赍，便可足用。谚所谓“磨镰杀马”，劫一时之力也，旬浃[10]之余，固无阙乏矣。

---

① 踏白：谓开路，打先锋。也指打先锋的人。

② 成列：指列队。

③ 弓弩枪锯：弩，能够远射的强弓。锯，一种似钺的武器。弓弩枪锯均为冷兵器时代所用兵器。

④ 勾马：宋有勾马户、勾马军，前者指出资为国家购买羌戎马匹的民户，后者似乎是专门对付敌军战骑的兵种。

⑤ 缘边：沿着边界。

⑥ 糇粮：干粮。

⑦ 噍类：指活着的或活下来的人或生物。

⑧ 生口：活口，即俘虏。

⑨ 使人：使者，使节。

⑩ 旬浃：十天，谓时间短。

张齐贤[①]：上备边疏

清远军陷没以来，青冈砦烧弃之后，灵武一郡援隔势孤，此继迁[②]之所觊觎而必至者也。以事势言之，加讨则不足，防遏则有余。其计无他，蕃部大族首领素与继迁有隙者，若能啗以官爵，诱以货利，结之以恩信，而激之以利害，则山西之蕃部族帐，靡不倾心朝廷矣。臣所领十二州军，见[③]二万余人，若缘边料柬〔九〕[④]本城等军，更得五万余人，招致蕃部，其数又逾十数万。但彼出则我归，东备则西击，使之奔走不暇，何能为我患哉？今灵武军民不翅[⑤]六七万，陷于危亡之地，若继迁来春于我兵未举之前，发兵救援灵武，尽驱其众，并力攻围，则灵州孤城必难固守。万一失陷，贼势益增，纵多聚甲兵，广积财货，亦难保必胜矣。臣所以乞封潘罗支为六谷王而厚以金帛者，恐继迁旦暮用兵断彼卖马之路也。苟朝廷信使得达潘罗支，则泥埋等族西南远蕃不难招集。西南既禀命，而缘边之势张，则鄜、延、环、庆之浅蕃，原、渭、镇戎之熟户，自然归化。然后使之与对替[⑥]甲兵及驻泊军马互为声援，则万山[⑦]闻之，必不敢于灵州、河西顿兵矣。万山既退，则贺兰蕃部亦稍稍叛继迁矣。若曰名器不可以假人，爵赏不可以滥及，此乃圣人为治之常道，非随时变易之义也。

---

① 张齐贤：942—1014年，字师亮，北宋曹州冤句（今山东菏泽南）人。太平兴国二年（977）进士，先后担任通判、枢密副使、兵部尚书、吏部尚书、司空等职，谥文定。著有《书录解题》《洛阳搢绅旧闻记》等。此疏系宋真宗咸平四年（1001）齐贤任泾原等州军安抚使时所上。

② 继迁：李继迁（963—1004），党项羌人首领。太平兴国七年（982）抗宋自立，渐以强大，辽封其为夏国主，宋封其为定难军节度，咸平五年（1002）攻陷灵州，改西平府，定都。次年，攻西凉府（今甘肃武威），被吐蕃首领潘罗支袭击，中箭，次年死。其子李德明（981—1032）继立。

③ 见：现在，当下。

④ 料柬：拣择，挑选。

⑤ 不翅：犹不啻，不仅，不止。翅，通啻。

⑥ 对替：对换，替换。

⑦ 万山：人名，吐蕃部落首领。

张齐贤：上灵州事宜疏[①]

灵州斗绝一隅，当城镇完全、碛路未梗[②]之时，中外[③]已言合弃，自继迁为患以来，危困弥甚。南去镇戎约五百余里，东去环州仅六七日程，如此畏途，不须攻夺，则城中之民何由而出，城中之兵何由而归？欲全军民，理须应接。为今之计，莫若增益精兵，以合西边屯驻、对替之兵，从以原、渭、镇戎之师，率山西熟户从东界而入，严约师期，两路交进。设若继迁分兵以应敌，我则乘势而易攻。且奔命道途，首尾难卫，千里趋利，不败则禽[④]。臣谓兵锋未交，而灵州之围自解。然后取灵州军民，而置砦于萧关、武延川险要处以侨寓之，如此则蕃汉土人之心有所依赖。裁候平宁，却归旧贯，然后纵〔十〕蕃汉之兵，乘时以为进退，则成功不难矣。

张齐贤：上经制西边疏[⑤]

臣在先朝，常忧灵、夏两镇终为继迁并吞，言事者以臣所虑为太过，略举既往之事以明本末[⑥]。当时臣下皆以继迁只怀恋父祖旧地，别无他心，先帝与以银州廉察，庶[⑦]满其意。尔后攻劫不已，直至降麟、府州界八部族蕃酋，又胁制贺兰山下帐族，言事者犹谓封奖未厚。洎[⑧]陛下赐以银、夏土壤，宠以节旄，自此奸威愈滋，逆志尤暴。屡断灵州粮路，复挠缘边城池，数年之间，灵州终为吞噬。当灵池、清远军垂欲陷没，臣方受经略之命。臣思继迁须是得一两处强大蕃族与之为敌，如汉断匈奴右臂，此乃以蛮夷攻蛮夷〔一一〕，古今〔一二〕之上策也。遂请以六谷名目封潘罗支，俾其展效[⑨]。其时近臣所见，全与臣谋不同，多为阻挠。及继迁为潘罗支射死杀〔一三〕，边患谓可少息。今其子德明依前攻劫，析逋游龙钵等尽在部下，其志又似不小。臣虑德明乘大驾东幸之际，去攻六谷，则瓜、沙、甘、肃、于阗诸处，渐为控制矣。向使潘罗支尚在，则德明未足为虞；今潘罗支已亡，厮铎督恐非其敌。望

---

① 《上灵州事宜疏》：此疏亦系宋真宗咸平四年（1001）张齐贤任泾原等州军安抚使时所上。

② 梗：不通，受阻。

③ 中外：指朝廷内外。

④ 禽：同“擒”，捕捉，俘获。

⑤ 《上经制西边疏》：此疏系景德二年（1005）张齐贤任吏部尚书时所上。

⑥ 本末：前因后果。

⑦ 庶：或许，忖测之词。

⑧ 洎：及，到。

⑨ 展效：发挥效应，起作用。

委大臣经制其事。

范仲淹：论西事札子

臣闻兵家之事，在先观虚实之势，实则避之，虚则攻之。今缘边城寨有五七分之备，而关中之备无二三分。若昊贼[①]知我虚实，必先胁边城，不出战则深入，乘关中之虚，小城可破，大城可围。或东阻潼关，隔两川贡赋，缘边懦将不能坚守，则朝廷不得高枕矣。

为今之计，莫若且严边城，使之久可守，实关内使无虚可乘。西则邠州、凤翔，为环、庆、原、渭之声援；北则同州、河中府，扼鄜、延之要害；东则陕府、华州，据黄河、潼关之险；中则永兴，为都会之府，各须屯兵三二万人。若寇至，使边城清野，不与大战。关中稍实，岂敢深入？复命五路修攻取之备，张其军声，分彼贼势，使弓马之劲无所施，牛羊之货无所集，三二年间，彼自困弱，待其众心离叛，自有间隙，则行天讨[②]，此朝廷之上策也。

又闻，边臣多请五路入讨，臣窃[③]计之恐未可以轻举也。太宗朝以宿将精兵北伐西讨，艰难岁月，终未收复。缘大军之行，粮车甲乘动弥[④]百里，敌骑轻捷，邀击前后，乘风扬沙，一日数出，进不可前，退不可息，水泉不得饮，沙漠无所获，此所以无功而有患也。况今承平[⑤]岁久，中原无宿将。精兵一旦兴深入之谋，击难制之敌，未可知也。然则汉唐之时能拓疆万里者，盖当时受任与今不同，既委之以兵，又与之税赋，而不求速效。故养猛士、延谋客，日练月计，以待其隙，进不俟朝廷之命，退不关有司之责。观变乘胜，如李牧之守边，可谓善破敌者。唯陛下深计而缓图之。

---

① 昊贼：指元昊（1002—1048），小字嵬理，党项羌人首领。1031年继位，1038年称帝，建国号大夏。

② 天讨：指朝廷大军的讨伐。

③ 窃：私下。

④ 弥：充溢，满。

⑤ 承平：社会安定和平。

苏轼[①]：论西羌夏人事宜

臣窃见近者熙河路奏生擒鬼章[②]，百官称贺，中外同庆。臣愚无知，窃谓安危之机正在今日，若应之有道，处之有术，则安边息民，必自是始。不然，将骄卒惰，以胜为灾，亦不足怪。故臣区区欲乞陈前后致寇之由，次论当今待敌之要，虽狂愚无取，亦臣子之常分。

昔先帝[③]用兵累年，虽中国靡敝，然夏人困折亦几于亡。横山之地沿边七八百里，不敢耕者至二百余里，岁赐[④]既罢，和市亦绝，彼中匹帛至五十余千，其余老弱转徙，牛马堕坏，所失盖不可胜数。饥羸之余，乃始款塞。当时执政大臣谋之不深，因中国厌兵，遂纳其使。每一至〔一四〕赐予、贸易，无虑得绢五万余匹，归鬻之其直〔一五〕[⑤]匹五六千，民大悦。一使所获，率不下二十万缗。使五六至，而累年所罢岁赐可以坐复。既使虏〔一六〕因吾资以德其民，且饱而思奋，又使其窥我厌兵欲和之意，以为欲战欲和权皆在我，以故轻犯边陲，利则进，否则复求和，无不可者。若当时大臣因虏〔一七〕之请，受其词不纳其使，且诏边臣与之往返商议，所获新疆[⑥]，取舍在我，俟其词意屈服，约束坚明，然后纳之，则彼虽背恩反复，亦不至如今日之速也。彼虽有易我意，然不得西蕃解仇结好，亦未敢动。

夫阿里骨，董毡[⑦]之贼臣也，挟制其公主，以弑其君之二妻。董毡死，匿丧不发，逾年众定，乃诈称嗣子，伪书鬼章、温溪心等名，以请于朝。当时执政，若且令边臣审问鬼章等，以阿里骨当立与否，若朝廷从汝请，遂授节钺，阿里骨真汝主矣，汝能臣之如董毡乎！若此等无词，则是诸羌心服。既立之后，必能统一都部，

---

① 苏轼：1037—1101年，字子瞻，又字和仲，号东坡居士，北宋眉州眉山（今四川省眉山市）人。文学家、政治家、书法家、画家。此奏札系哲宗元祐二年（1087）九月所上，时苏轼任翰林学士、朝奉郎、知制诰，兼侍读。

② 鬼章：熙河地区吐蕃首领青宜结鬼章，曾被宋委以刺史，但屡犯宋境，哲宗元祐二年（1087）被宋岷州行营将种谊擒获。

③ 先帝：指宋神宗赵顼，公元1068—1085年在位。

④ 岁赐：中央王朝每年赏给归附民族首领固定数量的银钱缣帛。

⑤ 直：即值，价值。

⑥ 所获新疆：指西夏人这些年所侵夺的地方。

⑦ 阿里骨，董毡：阿里骨，于阗人。为河湟地区吐蕃人首领董毡嗣子。吐蕃首领唃厮啰建政权于青唐（今青海西宁市），与宋联合反西夏，势力强大。1065年唃厮啰死后，三子瞎毡、磨氊角、董毡分立，董毡最强。1086年，董毡死，其嗣子阿里骨继位。

吾又何求！若其不服，则衅自彼生，爵命未下，曲不在吾。彼既一国三公，则吾分其恩礼，各以一近上〔一八〕使[①]额命之鬼章等，各得所欲，宜亦无患。当时执政不深虑此，专以省事为安国，因其妄请，便授节钺。阿里骨自知不当立，而忧鬼章之讨也，故欲借力于西夏以自重，于是始有解仇结好之谋。而鬼章亦不平朝廷之以贼臣君我也，故怒而盗边。夏人知诸羌之叛也，故起而和之。此臣所谓前后致寇之由，明主不可以不知者也。虽既往不咎，然可以为方来之鉴。

元昊本怀大志，长于用兵。谅祚[②]天付凶狂，轻用其众。故其为边患，皆历年而后定〔一九〕。今梁氏专国[③]，素与人多不协，方内自相图，其能以创残呻吟之余，久与中国敌乎？料其奸谋，盖非元昊、谅祚之比矣。意谓二圣在位，恭默守成，仁恕之心，著〔二十〕于远迩，必无用武之意，可肆无厌之求。兰、会诸城，鄜、延五寨，好请不获，势胁〔二一〕必从。猖狂之后，求无不获，计不过此耳。今者窃闻朝廷降诏诸路，勅励战守，深〔二二〕逆顺曲直之理，此固当今之急务。而诏书之中亦许夏人之自新，臣窃以为开之太易，纳之太速，曾未一战，而厌兵欲和之意已见[④]乎外，此复蹈前日之失矣！臣甚惜之。

今既闻鬼章之捷，或渐有款塞之谋，必将为恭狠[⑤]相半之词，而继之以无厌[⑥]之请。若朝廷复纳其使，则是欲战欲和，权皆在虏〔二三〕。有求必获，不获必叛。虽偷一时之安，必起无穷之衅。故臣愿明主断之于中，深诏大臣，密勅诸将，若夏人款塞，当受其词而却其使。然后明勅边臣，以夏人受恩不赀[⑦]，无故犯顺，今虽款塞，反复难保[⑧]。若实心向化，当且与边臣商议，苟词意未甚屈服，约束未甚坚明，则且却[⑨]之，以示吾虽不逆其善意，亦不汲汲求和也。彼若心服而来，吾虽未纳其使，必不于往返商议之间遽复盗边。若非心服，则吾虽荡然开怀待之如旧，能必其不叛

① 近上使：接近皇帝的人担任的使者。

② 谅祚：1047—1067年，元昊子，夏毅宗，1048—1067年在位。

③ 梁氏专国：夏毅宗谅祚去世后，子秉常（1061—1086）七岁嗣位，其母梁太后摄政，故称梁氏专国。

④ 见：同现，显现，暴露。

⑤ 恭狠：恭敬和狠毒。

⑥ 无厌：没有节制。

⑦ 不赀：无从计量，表示多或贵重。

⑧ 反复难保：难保反复，难以保证其不重新反叛。

⑨ 却：拒绝。

乎？今岁泾原之人，岂吾待之不至耶！但使吾兵练士饱，斥堠精明，彼无大获，不过数年，必自折困。今虽小劳，后必坚定。此臣所谓当今待敌之要，亦明主不可以不知者也。

今朝廷意在息民，不惮屈已，而臣献言，乃欲艰难其请，不急于和，似与圣意异者。然古之圣贤欲行其意，必有以曲成之，未尝直情而径行也。将欲翕之，必固张之；将欲取之，必固予之。夫直情而径行，未有获其意者也。若权其利害，究其所至，则臣之愚计于安边息民必久而固，与圣意初无少异。然臣窃度，朝廷之间似以畏事为无事者，臣窃〔二四〕以为过矣！夫为国不可以生事，亦不可以畏事。畏事之弊，与生事均[①]。譬如无病而服药，与有病而不服药，皆可以杀人。夫生事者，无病而服药也；畏事者，有病而不服药也。乃者阿里骨之请[②]，人人知其不当予，而朝廷予之，以求无事。然事之起，乃至于此，不几于有病而不服药乎！今又欲遽纳夏人之使，则是病未除而药先止，其与几何？臣于侍从之中，受恩至深。其于委曲保全，与众独异。故敢出位先事而言，不胜恐悚待罪之至！

元

帖木儿〔二五〕：盐法疏[③]

近蒙委巡历奉元东道，至元元年各州县户口额办盐课[④]，其陕西运司官不思转运之方，每年预期差人分道赍引，遍散州县，甫及旬月，杖限追钞，不问民之无有。窃照诸处运司之例，皆运官召商发卖，惟陕西等处盐司，近年散于民户，且如陕西行省食盐之户，该办课二十万三千一百六十四锭有余。于内巩昌、延安等处认定课钞一万六千二百七十一锭，庆阳、环州、凤翔、兴元等处岁办课一万七千九百八十五锭，其余课钞，先因关、陕旱饥，民多流亡，准中书省咨，至顺三年盐课，十分为率，减免四分，于今三载，尚有亏负。盖因户口凋残，十亡[⑤]八九，纵或有复业者，家产已空，迩来岁额丰收，而物价甚贱，得钞为艰。本司官皆勒有司征办，无

① 均：同样。

② 阿里骨之请：哲宗元祐三年（1088）阿里骨上疏谢罪，哲宗即下诏边将不再出兵，

③《盐法疏》：至元二年（1336），监察御史帖木儿不花奉命巡查奉元东道盐业后所上奏疏。

④ 盐课：即盐税。古代实行食盐专卖，以出售盐引（贩运销售许可证）的方法征收盐税。盐引一般都是召商户购买，而陕西却是将盐引散发到居民手中，然后向其收取课钞（即盐引费用），造成百姓的沉重负担。

⑤ 亡：逃亡或死亡。

分高下，一概给散[①]，少者不下二三引，每一引收价银三锭，富家无以应办，贫民安能措画！粜终岁之粮，不酬一引之价，缓则输息而借贷，急则典鬻妻子。纵引目到手，力窘不能装运，止从各处盐商勒价收买。旧债未偿，新引又至，民力有限，官赋无穷。

又宁夏所产韦红盐池[②]，不办课程，除巩昌等处循例认纳干课[③]，从便食用外，其池邻接陕西环州百余里，红盐味甘而价贱，解盐味苦而价贵，百姓私相贩易[④]，不可禁约。以此参详，河东盐池，除捞盐户口食盐外，办课引数，今后宜从运官设法，募商兴贩。但遇行盐之处，诸人毋得侵扰韦红盐法。运司〔二六〕每岁分轮官吏监视，听民采取，立法抽分，依例发卖，每引收价钞三锭。自黄河以西，从民食用，通办运司元额课钞。因而夹带至黄河东南者，同私盐法罪之，陕西兴贩解盐者不禁。如此庶望官民两便，而课亦无亏矣。

明

杨一清[⑤]：请复茶马旧例疏

臣于茶马事例[⑥]，知圣祖神宗[⑦]睿谋英略，度越前代远也〔二七〕。自唐世回纥入贡，以马易茶，至宋熙宁间，乃有以茶易蕃马之制。所谓以摘山之利，而易充厩之良，戎人得茶，不能为我害，中国得马，足以为我利，计之得者，无越于此。至我朝，纳马谓之差发，如田之有赋，身之有庸[⑧]，必不可少。彼既〔二八〕纳而酬以茶斤，我体既尊，彼欲亦遂，较之前代曰互市、曰交易，得失轻重，较然可知。且金城之西，绵亘数千里，北有狄[⑨]，南有番。狄终不敢越番而南，以番人为之世仇，恐议其后，此天所以限别区域，绝内外者也。国初散处降夷，各分部落，随所指拨地方安

① 一概给散：全都发放给盐引。

② 韦红盐池：宁夏韦州有红盐池，所产盐称红盐，或韦红盐，质量甚好，元代尤为著名。

③ 认纳干课：自愿交纳食盐的课税。

④ 贩易：贩运交易。

⑤ 杨一清：1454—1530年，字应宁，祖籍云南安宁，定居江苏丹徒（今江苏镇江），明成化八年（1472）进士。历仕成化、弘治、正德、嘉靖四朝，久任总制陕西三边军务，官至首辅。

⑥ 茶马事例：朝廷用茶叶与蕃人交换马匹的制度。

⑦ 圣祖神宗：指前代皇帝，并非特指明神宗朱翊钧（1563—1620），因上此疏时，明神宗尚未出生。

⑧ 赋、庸：土地税为赋，人口税为庸。

⑨ 狄：此处指蒙古人。

置住札，授之官秩，联络相承，以马为科差，以茶为酬价，使知虽远外小夷，皆王官王民[①]，志向中国，不敢背畔。且如一背中国，则不得茶。无茶则病且死，以是羁縻之，贤于数万甲兵矣。此制西番以控北边之上策，前代略之，而我朝独得之者也。顷自金牌制[②]废，私贩盛行，虽有抚谕巡察〔二九〕之官，卒莫之〔三十〕能禁，坐失茶马之利，垂百六十年。岂徒边方缺马，将意外之虑或从此生。乞勅该衙门将金牌旧额查出，仍遣廷臣赍捧前来，会同臣等昭示番族，使知朝廷修复旧制，各当本等差发，不许违背。附近番族，调取原降金牌，前来纳马给茶赏劳。有不受约束招调者，官兵诛剿，以警其余。庶几恩威并施，番人怀畏，永为藩篱之固。

刘天和[③]：陈边计疏

访得汉人历年被驱掠在虏〔三一〕中者常数万人，每虏〔三二〕骑南牧近边则脱身而归。然以守墩[④]官军残忍贪功，遇有到边，则伪举火炮，杀取首级，冒报功次，希图升赏，是以来归者尚少。查得旧例，遇有到边，镇巡官查取姓名乡贯[⑤]，差人伴送宁家。夫彼皆中土良民，我不能卫之保安，致彼被掠，彼不忘我，冒死逃归，我不加恤，又从而利其盗得之物，此何理也！

切念先年曾因边方缺军，悬赏召募，每军一人，给银五两，能召及百人者升一级。其所召者，多老弱逋囚[⑥]之人。然走回人口，少小而去，强壮而归，彼之伎俩，知之稔矣。其耐寒暑、习战斗，犹夫彼也。以此赴敌，所谓以夷御夷〔三三〕也。乃纵之使归民伍，谓之何哉？近来各镇将官，亦有私蓄以备爪牙者，缘未著为令[⑦]，故所收者不多。合无[⑧]通行各该镇巡官，晓谕守墩官军，但有敌中走回人口，随即收送镇

---

① 王官王民：国家的官员和平民。

② 金牌制：明洪武年间，发给归附各族金牌信符，规定其贡纳马匹定额及进觐时间，相关官衙见其金牌则按规定接收其贡马，给予相应数量茶叶。

③ 刘天和：字养和，明麻城（今属湖北）人。正德三年（1508）进士。历任南京礼部主事，陕西巡按御史、湖知府、甘肃右佥都御史、陕西巡抚、兵部左待郎、总制三边军务、兵部尚书，谥庄襄。

④ 墩：即烟墩、烽火台，古代边境沿线所建高台形的军事设施，用以观察敌情、传递消息、防守边境。

⑤ 乡贯：居住乡里所在州县。

⑥ 逋囚：逃犯。

⑦ 缘未著为令：由于没有相应的正式规定。

⑧ 合无：是否。

巡官处，时刻不许迟留。除老弱妇女照旧伴送宁家，其精壮男子及十四五岁幼童，若系本镇附近军民，俱倍加抚恤，编入卫所，与正军一体食粮，无妻者官为娶妻，无屋者官为买屋，发游兵部下，名为先锋军。每逢出战，用以当先，使之踊跃呼噪，以倡士气，先登陷阵，以挫贼锋。虏〔三四〕中骑回马匹，有堪以出战者，官给时价收买。不堪者，听其自行变卖。收送墩军、夜不收[①]，仍给官银三两，以塞其贪功妄杀之心。其视用银五两召募不堪之人以耗边饷，似有间矣。若有贪功妄杀者，下手之人抵命，该管官知情者问发充军。

仍行各该抚臣出给告示，发各墩悬挂晓谕，或别行召诱，庶风闻塞外，来归者日众，每镇若得千人以上，鼓噪于军中，则三军气胜，所向不怯，而武功大振矣。

杨博[②]：查处屯田计安地方疏

臣以庸劣，误蒙圣明付以边抚[③]重寄。任事以来，其于地方利弊，靡不悉心讲求大要。河西事体重且大者，莫过于屯田一事。遂即案行守、巡、兵、备四道，各将境内荒芜田地通行查出，或上下水利不通应该挑浚，或人力牛种不敷应该处给，或从来抛荒未种应该开垦，逐一议处明白，每处画一小图，贴说其上，陆续送阅。果有父子兄弟相率力田者，即以姓名开呈，动支官钱，买办羊酒花红犒赏。惰农自安者，各举数人，量加惩治，以警其余。去后，节据分巡西宁道副使锺鉴，先将镇城[④]以南荒田开报到官，如黑河木龙坝则有荒田二十余顷，洞子渠则有荒田一十三顷，马子渠则有荒田一顷，大满渠则有荒田四顷。即镇城一面，荒芜之田至于如此，其它十五卫所可概知矣。臣即督同锺鉴，前去各该地方逐一踏勘，召人承种，不见有响应者。会集父老问之，咸以为往年兴复屯田，或种未入土，名已入册，或人已在，逃粮犹如故。不知虏至则不得耕牧，水淤则不能灌溉，其从来抛荒之地，虽节奉事例，永不起科，官司一概追征，更无分别。未受富饶之利，先罹剥肤之害，以故宁甘贫窭，不敢承认。

---

① 夜不收：明代军队中哨探，因其彻夜在外活动，故称夜不收。

② 杨博：？—1574年，字惟约。明嘉靖八年（1529）进士。先后任周至知县、职方郎中、山东提学副使、甘肃巡抚、兵部右侍郎、兵部尚书、吏部尚书，谥襄毅。

③ 边抚：指杨博于嘉靖二十五年（1546）被破格提拔为右佥都御史，巡抚甘肃。甘肃镇处于明代九个边镇中最西边，故称边抚。

④ 镇城：指甘肃镇治所甘州城（今甘肃张掖甘州区）。

臣惟甘肃地方与延绥[①]事体大略相同。先年河东[②]民运皆系本色[③]，后因输纳不便，改本为折，遂致二镇渐次萧索，延绥守臣无岁不讨内帑[④]者，以其计无所出，不得不仰给也。甘肃苟且支持，未尝率意陈乞者，非守臣之才过于延绥，以其地土肥饶犹可耕牧故也。臣自入境以来，见所至荒田不下万顷，遂极力经理，期于少[⑤]效。乃今备咨舆情，始知其受病源委，全在于催科之不法，而法令废阁，实由于劝惩之未至。若不急为处分，河西生计日就穷蹙，臣恐万不得已，又将如延绥之奏讨矣。以内帑有限之财，应诸镇无厌之请，非惟该部难以区画，亦非臣等边臣体国之忠也。

昔汉赵充国、唐郭元振[⑥]，在河西咸卓然著声。考其所为，充国则上屯田便益，以逸待劳；元振则修通河渠，尽水陆之利。今时虽云异，势不甚殊，仿二臣之意而不泥于其迹，固亦存乎其人焉耳。如蒙乞勅该部，将原奉各边抛荒地土，听其尽力开垦，永不起科；其旧曾起科，荒芜年久，仍要用力开耕，应纳子粒一体蠲免事例，再加申明，行臣遵守。仍听臣将在城甘州左等五卫并山丹卫、高台所行分巡副使锺鉴，凉州、镇番〔三六〕、永昌、庄浪、古浪五卫所行分守参政张玺，肃州卫、镇夷所行兵备副使赵得佑，西宁卫行兵备副使王继芳，各会同副、参、游、守[⑦]等官，督同卫所掌印、管屯官员，及兹边警少缓之时，将一应荒田查议停当，候明年春暖，刻期[⑧]举行。合用钱粮人工等项，并未尽事宜，臣当往来调度，次第整理。各官果能加意区画，有益地方，事宜查上劳绩，该部一并录叙。怠惰误事者，具实论劾。其卫所官吏，知数人等，若仍敢将荒田作弊，朦胧起科，严行挐问，从重治罪。中间如有应完子粒，亦许从实查免，不得徒事虚文。庶政有条理，人自乐从。

臣犹恐议者必以为永不起科大便小民为疑，不知损上益下，藏富于民，实自古经略之长策。若使民果富饶，臣欲盐粮，则盐粮有余；臣欲银粮，则银粮有余；臣欲清补接年屯粮，则屯粮有余。所谓投之所向，无不如意。不然则民方糊口不给，

① 延绥：明边镇名，治榆林城（今属陕西），辖今陕西北部、甘肃陇东、宁夏诸地。

② 河东：指今山西等地。

③ 本色：即粮食、布帛等实物。

④ 内帑：国库的钱财。

⑤ 少：稍，稍微。

⑥ 郭元振：655—713年，唐代军事家。曾任凉州都督、安西大都护等，长期经营西北，在凉州大兴水利，进行屯田，稳定西北局势，和抚诸族。

⑦ 副、参、游、守：指甘州镇下属的副将、参将、游击将军、守备等军官。

⑧ 刻期：限定时间。

遑恤其它。万一虏骑充斥，仓廪匮竭，河西不几于坐困乎！此臣之所以早夜图维，不能已于有言也。臣不任悬切觊望之至。

杨博：修筑紧要城堡以弭外患疏

议得本镇地方，斗绝羌戎之中，孤悬河湟之外。度势审时，较之沿边诸镇独为难守，而经制长策大要[①]，亦不出于赵充国留兵屯田、部曲相保、堑垒木樵、校联不绝之数言。盖以静致动，以逸待劳，自足以坐收成算，而区区攻战之末不与焉[②]。

臣以驽劣，以今岁七月之初始至镇城，深为〔三七〕积谷重农第一要务，故亟将屯田事宜议拟题请。其次则缮城郭、起坞堠、谨烽燧，良不容缓。乃备行[③]守、巡、兵、备四道将，概镇、城、堡、墩、台通行查处。昨[④]因八月九月农工告毕，已将甘州张钦等堡、山丹石峡口等堡、风营等墩、高台老鸦等墩、永昌明沙等墩、洪水闫王边等墩、凉州张义等堡、红城子大红石等墩、古浪可可等墩、肃州谭家等堡，应添置者次第添置，应修饬者次第修饬，事涉琐细，不敢陈渎圣听[⑤]外。

但惟镇番地方，北出凉州二百余里，旷远寥阔，实与宣府独石马营相类。昔人谓于凉州北境碛中建置城垣，控其冲要，自是寇不敢复至凉州城下，即此处也。乃今风沙壅积，几与城埒[⑥]。万一猾虏〔三八〕突至，因沙乘城，岂惟凉、永坐撤藩篱[⑦]，实甘肃全镇安危所系。至于凉州柔远、怀安、靖边，亦皆番虏往来出没之所，垣墙低薄，壕堑淤塞，虽尝屡议修筑，止缘无人任事，旋议旋罢。今右参政张玺，欲要于镇番添筑关厢，一则消除沙患，一则增置重险，并将修饬柔远等堡事宜，开呈前来。谋之父老，咸谓可行，质之官僚，殊无异议，急当整理。但夫役动调众多，钱粮经费浩繁，事体颇重，固非臣愚所敢擅举。如蒙乞勅该部再加查议，稍待来年春暖，土脉融和，容臣查照所议，刻期举行。未尽事宜，竟自查处。仍行参政张玺、凉州副总兵萧汉，往来督视，务期一劳永逸，保障地方。事完将用过钱粮，拨过夫役，备细造册奏缴，仍行守备蔡勋往来提调，刻期完报。

---

① 大要：大略，大体。

② 不与焉：不在其中。

③ 备行：全部行文通知到。

④ 昨：此处为最近之义。

⑤ 陈渎圣听：奏陈说明污损了圣上的视听，大臣上疏皇帝时的谦词。

⑥ 几与城埒：几乎与城墙一样高。

⑦ 坐撤藩篱：一下子没有了守护的障碍。

张伦：救荒弭患疏

奏为救荒弭患事。切[①]见陕西，三年雨雪愆期[②]，赤地千里，饥窘枕藉，流移亡数，赈贷罄仓廪之储，劝借竭富家之积，诚可痛哭流涕！且外控三边，内制番夷，自古用武之地，俗多强悍，军民杂处。有回回、土达〔三九〕、河西西番、委兀儿[③]啰哩〔四十〕诸种族，虽系附籍当差，狼子野心，终不能保。成化四年开城县土达[④]满四〔四一〕相聚为盗，据险石城，特劳大军剿灭，费出万计。即今之患，又非满四〔四二〕之比。况虏贼〔四三〕猖獗，各边防御，诚恐风闻山西饥馑，仓廪空虚，谋大举深入，动调边民截杀，则军饷何以备之？转输何以处之？此可虑者一也。平、庆地方，盗贼蜂起，诚恐势至燎焰，不可扑灭，此可虑者二也。流民俱在汉中荆襄万山，患出不测，又非刘千斤比，此可虑者三也。王府禄米不足，啼饥号寒，此可虑者四也。故曰思患预防，有备无患。

臣有一得之愚，非身家利，上为朝廷，下为民命，内防激变，外防边患，昧死规画条陈：一曰救荒无善政，兴水利而已。臣见河南客船，俱从黄河达淮，直抵南京新河，水利莫此为便。照得南京常平仓乌龙潭等仓，粮米不下数百余万，且近年岁颇丰稔。乞勅内外守备、南京户部、总督、粮储等官会议，将前项仓粮借拨二十余万石，于南京江淮、济川二卫马快船，拨一千驾船军人，给口粮盘缠，查取应天府官银雇民船一千，载运至河南孟津县等处水次收贮。仍勅户部，将南方折粮银、太仓银，运至孟津县。督有司雇骡车二千，运至潼关仓并合空闲处，如法堆放，以赈陕西、山西、河南。各司、府、州、县官，斟酌缓急难易，设法运赈，务在尽心殚力，俾民得实惠，庶几人心安而外患可防也。二曰浙、淮、长芦，存积官盐，所获私盐通卖银，运至南直隶苏松等府。又各府库银，督令有司以礼召积粟之家，依时估给米价船脚，令其自行载运至前项水次。有能仗义输米五百石者，给与七品散官；三百石者，冠带荣身。庶官民两利。三曰庆阳、灵州盐课司池盐，勅陕西巡、镇等官，召商纳米于缺粮处上纳，斟酌米盐低昂定价，如米贵籴买无出，依时价纳银，别行区处籴赈。四曰河州、西宁等处官茶，并获私茶，许客商于缺粮去处，纳米领茶备赈。五曰陕西司、府、州、县官隶银免征，以赃罚银物减半支给，以苏民

① 切：即窃，私下。

② 愆期：过期。愆，超过。

③ 委兀儿：后称维吾尔。

④ 土达：明时对西北卫所居住的蒙古族人的统称。

困，待丰年签补。六曰加意招抚复业，将官银易牛具种子，给招流亡，将拖欠粮草官物及一应不急之务，暂令宽免，有司体询民瘼，曲加抚字。七曰专委布政司官，督有司修理预备仓，多方蓄积。行问刑衙门，赎罪纳米备赈。八曰终南、华、吴山一带，深谷之中，多有无藉，假以僧道潜住，或聚众为盗，或造为妖言，煽惑人心。今饥民流移，诚恐被其诳诱，谋为不轨，宜出榜①严加禁约。

朱笈②：豁免屯粮赔累疏

臣伏读皇上登极诏书，“一陕西沿边及两广等处军民田地，先年被贼蹂践抛荒者，及各处荒闲官民田地，各该巡按御史勘实具奏，该征夏秋税粮，户部悉与蠲免。又各处水坍沙压等项民屯田地，税粮负累，军民赔纳，曾经抚、按官查勘明白具奏者，该部即与除豁。钦此。”臣有以仰窥皇上损上益下，而轸恤民艰，甚大惠也。是故海内臣民欢欣鼓舞，莫不翘首拭目，愿太平之治。

谨以夏③民负累屯粮疾苦情上恳。照得宁夏孤悬河外，逼邻虏巢〔四四〕，地土硝硷，膏腴绝少，而当时定税遽拟一斗二升，其后因缺马缺料加增地亩草束，赋日益重。又其后河势迁徙，冲没良田，遂至河坍沙压，高亢宿水，荒芜无影等项，而田不得耕矣。继又加以杂差，则挑渠、修坝、采草、纳料、卷埽、起坞等项，而劳者弗息矣。比先当事臣工，不忍前项田粮苦累，节经具题，未蒙豁免。由是岁无丰凶，例取登足④，故粮有拖欠，撒派包赔。包赔不过，勒逼逃窜。逃窜不已，则又摘丁顶补⑤，派及婴孩。年复一年，以有限之丁，受无穷之累驯，至户口流亡，生齿凋耗。臣先任宁夏，顶田军余见在二万八千余人，每卫所开报逃亡辄为踧踖⑥。自臣去大同⑦，丁忧起复，仍莅斯土，距今仅四年，而逃移者又不啻五千余矣。屡经前抚臣招徕复业，毕竟伤弓之鸟，惊栖不定，但闻清派，相继逃移。遂使市井萧条，村落荒废，有不忍言者。夫国保于民，民保于食。今罔念夏民贻累之残伤，而乃撄情于

---

①榜：告示，布告。

②朱笈：？—1575年，明嘉靖、隆庆、万历间官员，隆庆六年（1572）任宁夏巡抚都御史，万历元年（1573）任巡抚山西都察院右副都御史、户部右待郎。隆庆六年六月万历皇帝登位时发《大赦诏》，此疏即上于其后。

③夏：此处泛指宁夏地区。

④岁无丰凶，例取登足：不管当年收成如何，照例都是收足额田粮。

⑤摘丁顶补：指从现有丁口中选择人口来顶替逃亡了的负担田粮的人口。

⑥踧踖：恭敬而不安的样子。

⑦臣去大同：指俺答围大同，时朱笈任巡抚大同都察院右佥都御史，因处置不当被逮捕。

催科之殿最，追逋负之税者，逐见在之民，撒抛荒之田者，驱安堵之众。

臣不佞，切有条陈民瘼之计，先已行宁夏。兵粮道佥事刘之蒙查报勘过，河坍、沙压、高亢、宿水、抛荒、无影等田，共一千六十顷三十五亩，计征粮一万二千一十石谷，草一万七千五百余束，地亩银一百一两，折粮草银四十三两，造册呈缴。到臣覆查间，忽覩邸报，因该兵科给事中刘铉，题为《摘陈边民困耗之状，恳乞圣恩破格蠲恤》，荷蒙皇上勅下该部查勘。臣窃私忧，夏镇素有江南之名，惟恐溺于旧闻者，见此蠲免，必曰夏有水利，税不可免，军饷岁用额不可缩，不蒙亟赐蠲恤。辄复不识忌讳，为皇上陈之。夫夏方何为而敝也，以粮差繁重之累也。粮差何为而累也，以塞北江南之称也。谚曰："耳闻不如目见"。彼拟宁夏于江南者，果经历其地而灼见乎？亦使夏人冒鱼米之虚名，受征敛之实祸乎！且江南财赋之地，泉货所通。宁夏戎马之区，较于陆海，本相霄壤，而顾有声于寰宇之内，自有小江南之名。故夏镇盐引曾议增淮减浙，而计部亦谓地饶粮贱，借口滋驳。故淮引不添，浙引不减，请给内帑，亦不肯多发也。臣先任抚夏，思为边氓告哀，今奉查勘，据该道勘实造册前来，并勘实各项赔粮田地文册一本，进呈御览。伏望圣明，勅该部通将包赔粮草原额，悉与开除。其高亢等项，量为减征。流民复业，官助开垦，待后地辟财丰，渐次补复旧额。一以尽损上益下之爱，一以昭聚人导利之公，庶脱之于汤火之中，而登之于衽席之上。无事必谨，惟正之供。有事必摅[①]，敌忾之志。臣所谓固护人心，而保安地方者，此之谓也。

雒遵[②]：请垦屯田疏

恭惟皇上念边人之疾苦也，计多得良司牧[③]。顷言官、部臣请增科额，即可其奏。盖广罗才俊，重边牧，甚至德也。臣窃惟得可用之人，即为可为于可为之时。今时可为，莫急于九边之屯田，而其废举系司牧焉。敬为皇上陈之。

西起敦煌，东距辽海，边陲延袤万余里者，初立军卫，时军各予屯田，虽坐落地方，远近不一，其数相当，不至少缺。相沿至今，边军多缺伍，而田以屯征课者，每每告匮，不能饷什之二三。夫度田非益寡，而计兵未加益，以口量地，视昔

① 摅：音shū。发表或表示出来。

② 雒遵：1527—1590年，字道行，号泾波，明陕西泾阳（今陕西泾阳）人。嘉靖四十四年（1565）进士。授吏科都给事中，明朝官员，官至浙江布政司照磨、光禄卿、都察院右佥都御史、巡抚四川。

③ 良司牧：好的地方官。

犹有余，而食之甚不足者，无乃屯田之失其初也。近来议复屯田者，不知有几，讫未见效。而复其旧者，其说固多，大较不过有二焉。一则戎马之出入无常，边人畏而不敢耕；一则佃屯之顶补多差，边人苦而不肯耕。时虏〔四五〕释桀心，未有骚于边境。失此不复，后难为力。今复屯田，相近而实不同。田以屯名，岂非以屯兵而名耶！见屯见佃者，依旧办课，不容复议。比访之边人，及经彼守令，皆云：沿边旧田，今多荒弃，间有愿自开垦者禁之何？未食新田之粒，先有顶军之苦，是能弃良田为荒芜，不能舍荒田而许耕耘。执此筹边，臣愚窃谓非计也。然与其额征而禁民之耕，孰若弛禁以尽益穷卒乎！

臣反复永思，必须重望科甲之人，布列沿边州县，方可藉以举行[①]。但往年议者，重惜科甲多畏边地孤危，授官稀鲜。岂知志士垂勋念不异远，忠臣报主义不辞难。况入官一时之苦，易边塞万姓之福。而先试诸难，又作成人才之一要机也。有识之士，伊谁惮而不救耶！伏愿皇上勿忘边备之单弱[②]，推广临轩之德意，敕吏部遵照钦依，查将沿边一带州县，每遇选期，先尽进士相应者选授正官，如员缺太多，间从见例择年力精健举人稍填补之。分符专牧[③]，广托民社之寄；星列棋布，密坚捍御之司。其前项傍边近地，逃绝抛荒，凡可田去处，悉令各正官听督、抚委用，亲自履行，相度地里，得便宜悬令，不论官军、土著、流民各色人等，愿佃者许其开垦，即以所垦田为永业，不起科，复其它徭，量给租种。或相险阨以结团堡，或挑沟畛以遏冲突。诸可备边安百姓者，任设方略，互为永图，不必屑屑然数日计功，则荒塞余民困弊可苏。又况耒耜之农夫，即皆保障之力士。不数年间，边食既丰，兵丁亦足。万一有警，呼吸成聚，家自为守，人自为战，可恃纾宵旰之忧者，策未出此也。

再，乞仍勅兵部速咨各边督抚，责令司道官，不许沿袭故套，听委军职，概隐见屯[④]，巧作抛荒。惟许专令州县正官，分区画域，亲踏荒地，急为开垦，毋令后时[⑤]。其宽课如议，不得分毫科扰。统待三年，考绩奏报，酬以异格，不次超擢[⑥]。

---

① 举行：推行，实施。

② 单弱：孤立无力。

③ 分符专牧：分别任以官职，专管某一地方或事务。

④ 概隐见屯：隐瞒现在屯田的真实情况。

⑤ 毋令后时：不许延误时节。

⑥ 不次超擢：破格提拔。

倘督责于上者，发文移为了事，奉行于下者，呈文移而报完，不求实效，坏我边事，许各该巡按御史的查[①]参奏，重治不少贷[②]。则皇上增额之德意流溢塞下，而垦田之实政可及时振举矣。

戴才[③]：议处极边地方兵将疏

臣惟甘肃一镇最为孤悬，而防范机宜尤当严密。所以然者何也？盖各边止知防秋，而甘肃四时皆防；各边止知防虏〔四六〕[④]，而甘肃则又防番、防回，兵马奔驰，殆无虚日。凡可权宜裁处者，皆次第举行外。窃照高台所设，在甘州之西，相去二百余里，土壤肥饶，军民庶富，滑虏〔四七〕素所垂涎，贼番不时窥伺。先年议设操守一员，管领马步官军一千余员名在彼防御，缘官卑兵寡，番虏〔四八〕易玩[⑤]，每遇大虏〔四九〕侵犯，动发兵马设伏，不惟徒劳军士，亦且糜费刍粮。且住居〔五十〕之民，多系四外流移，奸伪百出，难以制驭。又照西宁巴暖三川[⑥]，介于山溪之中，东接兰州，南抵河州，西连碾伯，尤为旷远，且土[⑦]汉杂居，番回环峙，中间膏腴相望，梨枣成林，少有不足，则肆剽掠。此时虽设防守官一员，摘拨西宁官军二百余员名，并彼处屯长土兵相兼防范，每遇有警，去西宁颇远。加以兰、河逃逋之民附于其中，相诱为非，动倡悖逆，此二处实不容不处也。然欲为处，必须增置兵将，而增置兵将又当会计钱粮。当此极边困乏之时，如之何其可也。

臣查得甘州既设总兵官一员，统领正兵三千，及标下前锋家丁、勇士一千，居中调度，已足捍卫。又设协守左副总兵一员，统领奇兵三千，共驻一城，似将有制之兵，置于无用之地。中间裒多益寡，移彼驻此，要必有道以通之也。及质诸守、巡二道李敏德、张廷槐等，会同总督三边军务右侍郎郭乾，及巡按御史雷稽古议

---

① 的查：准确查明。

② 少贷：稍微有所宽容。

③ 戴才：？—1586年，明朝嘉靖至万历间官员。嘉靖四十四年（1565）任巡抚甘肃都御史，四十五年陕西巡抚，后为巡抚河南、大理寺卿、刑部左侍郎等，隆庆五年（1571）任总督陕西右都御史，总督陕西三边都御史，万历元年（1573）以兵部尚书掌南京都察院事，万历二年总督陕西尚书，南京兵部尚书。

④ 虏：对蒙古人的称呼。

⑤ 易玩：轻视而随意耍弄。

⑥ 巴暖三川：即今青海民和县南古鄯镇。

⑦ 土：今称土族，今青海民和、大通等地的少数民族。

照[①]。高台与巴暖三川地方，俱系富饶要害之处，无事则弹压军民，有事则防御番虏〔五一〕，诚不可缺人也。酌量已久，故敢冒昧上陈。伏望皇上轸念河西极边重地，乞勅兵部再加详议。如果臣言不谬，合无将高台操守裁革，左副总兵移驻高台，就将奇兵官军摘拨[②]一千员名，与高台所见在官军共合二千之数，付之本官统领防御。其东而平川守备，西而镇夷操守，势相联属，亦听本官管辖调度，应援截杀。高台既议裁革，却于巴暖三川地方，比照碾伯添设操守一员，再于西宁游兵下班军内拨发二三百名，或召募一二百名，与前军士付之统领防守。臣等又思，作事贵于谋始，选将尤在得人。查得甘肃坐营都司莫倦，宅心[③]勤谨，生长西宁，彼中土俗民情、山水险易，素所稔知。若将本官改授巴暖三川操守，添设之初，凡一应防御事宜，必能有济。如此庶兵将增重，番虏〔五二〕詟服，军民既有所赖，地方可保无虞矣。

郑洛[④]：收复蕃族疏

据西宁兵备道按察使石槚呈，会同赞画主事梁云龙、佥事万世德议照。西宁古湟中地也，乃甘、肃、凉、庄之右臂，河州、洮、岷之前户，万山回合二千余里，诸蕃罗列奚啻数万。顾附近境内，而岁纳茶马者，谓之曰属蕃；其散出山外，而易茶属蕃者，谓之生蕃。种类不一，远近攸分，要之，皆作中国之藩篱。向未款[⑤]之先，松、套诸虏〔五三〕[⑥]，远莫敢犯，间有海虏〔五四〕[⑦]诸寇，诸蕃兵力既足相抗，又畏汉兵之尾其后步，捣其巢穴，以故忽来忽去，未为大害。第自数年以来，虏〔五五〕借中国之款，不独海上，而延、宁、松、套诸虏〔五六〕，会盟蚁聚，长驱大进，始而抢山外之蕃矣。在该镇则曰此生蕃也，非吾族类，坐视荼毒，恬不为异。以故生蕃俯首归顺，岁纳添巴[⑧]，愿为部落。如红帽儿、姑古只等，不知其几已。继而抢境内之蕃矣，在该镇则曰此虽属蕃，非吾百姓也，曲为隐忍，莫之一救。以故属蕃甘心顺

① 稽古议照：查考过去，讨论对照当今。

② 摘拨：调拨。

③ 宅心：居心，存心。

④ 郑洛：字禹秀，明安肃（今河北徐水）人。嘉靖三十五年（1556）进士。历任御史、山西巡抚、兵部右侍郎、总督宣大山西军务、兵部尚书兼右副都御史、经略陕西延宁甘肃及山西边务，谥襄敏。

⑤ 款：指诸族部落归附朝廷。

⑥ 松、套诸虏：指松山和河套的蒙古势力。

⑦ 海虏：指居住于青海湖一带的蒙古势力。

⑧ 添巴：系添钵的转音，为明清时青海等地藏族向蒙古贵族缴纳的赋税。

从，亦岁纳添巴，而招中渐废。如俺官、阿落受等族，又不知其几已。诸蕃既顺，又因而抢土、汉之民矣，阴实劫夺，阳为误及。在将领亦曰蕃、汉杂处，原无分别，互相容隐，量为些须罚服①，粉饰塘报②，以邀重赏细梭等物，利不止于数倍。故土民无依，亦仿效诸蕃添巴之例，而岁纳不缺，甚至有土官为土民而赏给有差者，亦添巴之别名也。年复一年，剥削日甚，以麦、豆、青稞口食取之蕃也，褐、匹、毛布轻暖取之蕃也，迫其抢掠，或令为向导，或驱为前锋，兵力亦取之蕃也。且往年该路将领既不能保蕃，又能害众，如以鼠窃小事，辄率兵攻打堡帐，希图牛羊资财之利。其偷赶达子〔五七〕马匹，本为报复，则又代为追还，倍加罚服。内困于法，外困于虏〔五八〕，诸蕃蹙额之情，诚仰天而莫诉矣。然虏〔五九〕党日增，则虏〔六十〕谋叵测，渐生不轨之心。故一犯而西宁杀副总兵李魁等，再犯而洮州杀副将李联芳，又犯而河州杀游击李芳。长驱洮、渭，骚动三秦，掳掠之惨，道路痛心。今特令大臣经略赞画，司、道分猷，创虏〔六一〕招蕃，招回生、属蕃人共一百六十族部落，该③七万四千七百一十余名，倾心归顺，各无异词等因到臣。

议得两河皆蕃，而河西为甚；河西四郡皆蕃，而西宁为甚。盖缘远连青海，近接河、湟，古先零罕、幵遗种在焉。其于匈奴，种类既殊，住居各异。故甘肃一镇，北则匈奴，南则羌蕃，汉称河西五郡断匈奴右臂者，以虏〔六二〕不能越此而南牧也。祖宗略地西陲，缘俗立教④，加意诸羌。故大建梵宇，特赐专勅，蕃僧为众推服者，大者国师，小者禅师。其诸豪有力者，或指挥、千户、百户，各授有差。各寺崇奉敕书及原领金玉印章在焉。又以诸蕃资茶为命，故许纳马中茶，以示羁縻。属蕃无异编民，生蕃虽不敢内向，而所资茶篦，则转资于属蕃，二百年来，分方住牧，内外相安。若时有跳梁，或抚或剿，旋即安定。其松、套诸虏〔六三〕，虽尝垂涎抢掠，然以甘镇斥堠联络，虏〔六四〕即溃墙而南，畏我乘之，旋即宵遁。且虏〔六五〕敢掠蕃，蕃亦杀虏〔六六〕，利害得失，亦略相当。故蕃人为我保疆，无敢异志，自款贡以来，虏〔六七〕王南牧，许之借途，因而收蕃。此后虏〔六八〕骑因仍，不为禁制，遂致虏〔六九〕纵蹂躏，蕃失凭借，子女牛羊皆虏〔七十〕所有，生死予夺惟彼所制，日招月引，蕃安得不尽归之虏〔七一〕也！以故虏〔七二〕舍故巢，率趋西海，岂独水草丰美，实

① 量为些须罚服：稍微做一点处罚表示归服。

② 塘报：军事情报。清代自京至省，驿站设有塘兵，沿途接替递送，故称军事情报为塘报。

③ 该：合计，总共。

④ 缘俗立教：根据其风俗决定教化的方法内容。

以诸蕃可利。初尚利蕃之财物，继则利蕃为爪牙，久之则利为心腹矣。盖虏〔七三〕驱蕃以掠汉，而其祸本胚胎则汉为虏〔七四〕而驱蕃也。臣细问积弛，皆谓蕃虏〔七五〕交通，大防已溃，西海四郡，何地非蕃，何地非虏〔七六〕，驱之不能，招之不可。盖驱蕃则明以予敌，招蕃又恐阴为虏〔七七〕应。即地方官员，亦谓此辈浸淫①日久，必不可招，招则引贼入室，难与共居，将付之无可奈何而已！

臣窃谓蕃虏〔七六〕之势不分，则心腹之患无已。故欲荡两川，须清西海，欲清西海，须鼓诸蕃，乃大修播告，广询群策，乘其极困，诱以真情，略其往愆，开之新路。乃各蕃远近传闻，风势感动，始而尔加七族，自虏〔七七〕逃回，既而红帽一族，宾妻送返。臣至西宁，凡蕃首投见者，皆进之台阶，抚之善语，慰其苦楚，赏以口食，各蕃无不感激泣下。愿归故巢，奋勇杀虏者，臣益加鼓舞。乃守备祁德遍历蕃巢，游击曾光祖多方树帜，按察使石槚悉心区画，主事梁云龙、佥事万世德极力经营，且条分缕析，部落有数，中马有额，安插有所，保护有方。不惟属蕃复归，即生蕃亦附。不惟蕃慕义而逃归，即虏〔七八〕亦畏威而速返。千里之藩篱，既撤而复附；数万之戎、羌，既叛而复归。从此土宇如常，边疆无改，戎羌安堵，俺、囊〔七九〕②不侵，张天朝之灵宠，擅国家之盛事。

盖收此羌戎，有六利焉：蕃不附虏〔八十〕，虏〔八一〕必雠蕃，虏〔八二〕既雠蕃，蕃益叛虏〔八三〕，其约既解，其势即分。虏〔八四〕既难侵，蕃亦易制。利一也。虏〔八五〕越甘凉，惟蕃是掠。今我保蕃，蕃气自壮，或偷赶马畜，或窃杀虏〔八六〕级。使虏〔八七〕不宁居，流寇自息。利二也。羌富畜牧，筋角皮革，可供军需。利三也。牛羊毡酪，绎络来市，边民财货日通，闾阎无匮，连年残坏，可以苏息。利四也。山林通道，樵牧来往，蕃汉无猜，小而薪爨③，大而材木，源源资给。利五也。我既示恩，蕃必怀感，日与土人相亲相睦，不出五六十年，与西纳等族，俱可化为良蕃。利六也。而其安危吃紧，犹在于蕃虏〔八八〕势分，虏〔八九〕难深入者。此皆事理易见，土俗之人俱能言之。然臣之所以皇皇为善后之虑，故不在今日安插之妥，而特为后日纷更之虑也。

---

① 浸淫：浸染，濡染。

② 俺、囊：指蒙古俺答、搭不囊诸部。

③ 爨：音 cuàn，烧火做饭。

校勘记

〔一〕计　哈佛本、刻补本、四库本均作“利”，《汉书·赵充国传》作“计”，据改。

〔二〕示　哈佛本、刻补本、四库本均作“眎”，《汉书·赵充国传》作“示”，据改。

〔三〕制　哈佛本同，刻补本、四库本作“致”，按《汉书·赵充国传》作“制”。

〔四〕他　哈佛本、刻补本、四库本均作“它”，按《汉书·赵充国传》作“他”，据改。

〔五〕虏　哈佛本、刻补本同，四库本作“敌”。

〔六〕小大　哈佛本、刻补本、四库本均作“大小”按，《后汉书·班超传》作“小大”，据改。

〔七〕以夷狄攻夷狄　哈佛本、刻补本同，四库本作“以外域攻外域”。

〔八〕延川县　哈佛本、四库本、刻补本均作“延州县”，《宋史·宋琪传》作“延川县”。按自隋至今皆有延川县，无延州县，仅有延州，其下辖延川县，据《宋史》改。

〔九〕柬　哈佛本、刻补本同，四库本作“东”，误。

〔十〕纵　哈佛本、四库本、刻补本作“从”，《宋史·张齐贤传》作“纵”，据改。

〔一一〕此乃以蛮夷攻蛮夷　哈佛本、刻补本同，四库本无此句，

〔一二〕古今　哈佛本、刻补本同，四库本作“乃古今”。

〔一三〕杀　哈佛本、刻补本同，四库本作“死”。

〔一四〕至　哈佛本、刻补本、四库本均作“使”，《苏轼文集》卷54作“至”，据改。

〔一五〕直　哈佛本、刻补本、四库本均作“民”，《苏轼文集》卷54作“直”，据改。

〔一六〕虏　哈佛本、刻补本、四库本均作“彼”，《苏轼文集》卷54作“虏”，据改。

〔一七〕虏　哈佛本、刻补本、四库本均作“彼”，《苏轼文集》卷54作“虏”，据改。

〔一八〕上　哈佛本、刻补本、四库本均作“土”，《苏轼文集》卷54作“上”，据改。

〔一九〕定　哈佛本、刻补本、四库本均作“克定”，《苏轼文集》卷54作“定”，据改。

〔二十〕著　哈佛本、刻补本同，四库本作“着”。

〔二一〕胁　哈佛本、刻补本、四库本均作“挟”，《苏轼文集》卷54作“胁”，据改。

〔二二〕深　哈佛本、刻补本、四库本均作“明”，《苏轼文集》卷54作“深”，据改。

〔二三〕虏　哈佛本、刻补本、四库本均作“彼”，《苏轼文集》卷54作“虏”，据改。

〔二四〕窃　哈佛本、刻补本、四库本均作“切”，《苏轼文集》卷54作“窃”，据改。

〔二五〕帖木儿　哈佛本、刻补本同，四库本作“特穆尔”，四库馆据新译定名所改。

〔二六〕运司　哈佛本同，刻补本、四库本作“运使”。

〔二七〕远也　哈佛本、刻补本、四库本均作“也”，《关中奏议》卷3作“远也”，据改。

〔二八〕既　哈佛本、刻补本、四库本均作“即”，《关中奏议》卷3作“既”，据改。

〔二九〕察　哈佛本、刻补本、四库本均作“茶”，《关中奏议》卷3为“察”，据改。

〔三十〕卒莫之　哈佛本、刻补本、四库本作“莫之”，《关中奏议》卷3作“卒莫之”，据改。

〔三一〕虏　哈佛本同，刻补本、四库本作“敌”。

〔三二〕虏　哈佛本同，刻补本、四库本作“敌”。

〔三三〕以虏御虏　哈佛本、刻补本同，四库本作“用我所长”，《西宁府新志》卷33作“以夷御夷”。

〔三四〕虏　哈佛本、刻补本同，四库本作“敌”。

〔三五〕虏　哈佛本、刻补本同，四库本作“敌”。

〔三六〕镇番　哈佛本、刻补本同，四库本作“镇潘”，误。

〔三七〕为　哈佛本、刻补本同，四库本作“惟”。

〔三八〕猾虏　哈佛本、刻补本同，四库本作“敌骑”。

〔三九〕土达　哈佛本、刻补本同，四库本作“土默特”，四库馆据新译定名所改。

〔四十〕委兀儿啰哩　哈佛本、刻补本同，四库本作“辉和尔拉哩”，四库馆据新译定名所改。

〔四一〕土达满四　哈佛本、刻补本同，四库本作“土默特穆苏”，四库馆据新译定名所改。

〔四二〕满四　哈佛本、刻补本同，四库本作“穆苏”，四库馆据新译定名所改。

〔四三〕猾虏　哈佛本、刻补本同，四库本作“敌骑”。

〔四四〕虏巢　哈佛本、刻补本同，四库本作“敌境”。

〔四五〕虏　哈佛本、刻补本同，四库本作“敌”。

〔四六〕止知防虏　哈佛本同，刻补本作“止知防秋”，四库本作“止防一处”。

〔四七〕滑虏　哈佛本、刻补本同，四库本作“猾回”。

〔四八〕番虏　哈佛本、刻补本同，四库本作“番回”。

〔四九〕虏　哈佛本、刻补本同，四库本作“敌”。

〔五十〕住居　哈佛本、刻补本同，四库本作“居住”。

〔五一〕虏　哈佛本、刻补本同，四库本作“回”。

〔五二〕虏　哈佛本、刻补本同，四库本作“回”。

〔五三〕虏　哈佛本、刻补本同，四库本作“部”。

〔五四〕虏　哈佛本、刻补本同，四库本作“边”。

〔五五〕虏　哈佛本、刻补本同，四库本作“敌”。

〔五六〕虏　哈佛本、刻补本同，四库本作“部”。

〔五七〕达子　哈佛本、刻补本同，四库本作“番子”。

〔五八〕虏　哈佛本、刻补本同，四库本作“敌”。

〔五九〕虏　哈佛本、刻补本同，四库本作“敌”。

〔六十〕虏　哈佛本、刻补本同，四库本作“敌”。

〔六一〕虏　哈佛本、刻补本同，四库本作“敌”。

〔六二〕虏　哈佛本、刻补本同，四库本作“敌”。

〔六三〕虏　哈佛本、刻补本同，四库本作“部”。
〔六四〕虏　哈佛本、刻补本同，四库本作“彼”。
〔六五〕虏　哈佛本、刻补本同，四库本作“彼”。
〔六六〕虏　哈佛本、刻补本同，四库本作“之”。
〔六七〕虏　哈佛本、刻补本同，四库本作“其”。
〔六八〕虏　哈佛本、刻补本同，四库本作“敌”。
〔六九〕虏　哈佛本、刻补本同，四库本作“敌”。
〔七十〕虏　哈佛本、刻补本同，四库本作“彼”。
〔七一〕虏　哈佛本、刻补本同，四库本作“敌”。
〔七二〕虏　哈佛本、刻补本同，四库本作“竟”。
〔七三〕虏　哈佛本、刻补本同，四库本作“敌”。
〔七四〕虏　哈佛本、刻补本同，四库本作“敌”。
〔七五〕虏　哈佛本、刻补本同，四库本作“回”。
〔七六〕虏　哈佛本、刻补本同，四库本作“回”。
〔七七〕虏　哈佛本、刻补本同，四库本作“敌”。
〔七八〕虏　哈佛本、刻补本同，四库本作“敌”。
〔七九〕俺囊　哈佛本、刻补本同，四库本作“敌骑”。
〔八十〕虏　哈佛本、刻补本同，四库本作“敌”。
〔八一〕虏　哈佛本、刻补本同，四库本作“敌”。
〔八二〕虏　哈佛本、刻补本同，四库本作“敌”。
〔八三〕虏　哈佛本、刻补本同，四库本作“敌”。
〔八四〕虏　哈佛本、刻补本同，四库本作“敌”。
〔八五〕虏　哈佛本、刻补本同，四库本作“敌”。
〔八六〕虏　哈佛本、刻补本同，四库本作“敌”。
〔八七〕虏　哈佛本、刻补本同，四库本作“敌”。
〔八八〕蕃虏　哈佛本、刻补本同，四库本作“彼此”。
〔八九〕虏　哈佛本、刻补本同，四库本作“敌”。

甘肃通志卷之第四十六　艺文　赋 论 议 颂 铭

赋

汉

班彪[①]：北征赋[②]

余遭世之颠覆兮，罹填塞之阨灾[③]。旧室[④]灭以邱〔一〕墟兮[⑤]，曾不得乎少留[⑥]。遂奋袂以北征兮[⑦]，超[⑧]绝迹[⑨]而远游。

朝发轫[⑩]于长都兮[⑪]，夕宿瓠谷之元〔二〕宫[⑫]。历云门[⑬]而反顾[⑭]，望通天[⑮]之崇

---

① 班彪：3—54年，字叔皮，东汉扶风安陵（今陕西省咸阳市）人。史学家、文学家。

② 北征赋：作于更始（23—25）年间，此值王莽篡汉败亡后淮阳王刘玄称帝、豪强并起之时。青年班彪避乱凉州（今甘肃及宁夏部分地区），行经北地、安定等郡县时，看到沿途前朝遗迹而感发成辞。北征，北行。

③ 罹填塞之阨灾：遭遇政治混乱的苦难。罹，遭遇。填塞，道路阻塞不通，比喻政治混乱。阨，同“厄”，苦难。

④ 旧室：故宅，此处隐喻西汉王朝。

⑤ 邱墟：废墟。

⑥ 少留：稍事逗留。

⑦ 奋袂：举起袖子。

⑧ 超：越过。

⑨ 绝迹：人迹罕至之地，指西北部的荒原。

⑩ 发轫：出发。轫，停车时用以阻止车轮转动的木头，行车时先把它移去，所以“发轫”引申有启程之意。

⑪ 长都：地名。即长安，西汉国都，在今陕西省西安市西北。

⑫ 元宫：即玄宫，北方之宫。古人以四方与四色相配，北方配黑，故北方之宫称“玄宫”。又因甘泉宫在西汉诸宫中位置处于最北边，故此“玄宫”当指甘泉宫。

⑬ 云门：云，即云阳县，在今陕西省淳化县西北；云门，即云阳县城门。

⑭ 反顾：回头张望。

⑮ 通天：建筑名。即通天台，甘泉宫内台观，因其高而得名。

崇[1]。乘[2]陵岗以登降[3]，息[4]郇邠之邑乡[5]。慕公刘[6]之遗德，及《行苇》之不伤[7]。彼[8]何生之优渥[9]，我独罹此百殃[10]？故时会[11]之变化兮，非天命之靡常。

登赤须之长坂[12]，入义渠[13]之旧城。忿义渠〔三〕之淫狡，秽[14]宣后之失贞[15]。嘉秦昭之讨贼[16]，赫斯[17]怒以北征。纷[18]吾去此旧都兮，騑[19]迟迟以历兹[20]。

---

① 崇崇：高峻貌。

② 乘：登上。

③ 登降：上下。

④ 息：歇息。

⑤ 郇邠之邑乡：郇邠，地名。《汉书·地理志》载，右扶风（故址在今西安市西北）栒县有豳乡。郇，音xún，同“栒”。邠，音bīn，同“豳”。邑乡，即豳乡，在甘泉山之北。

⑥ 公刘：古代周部族之祖，相传为后稷曾孙，率众迁都于豳。

⑦ 《行苇》之不伤：典出《诗·大雅·行苇》：“敦彼行苇，牛羊勿践履。”意为不要让牛羊践踏路旁草木。旧说此乃歌颂公刘仁德涉及草木。行苇，生长在路边的苇草。

⑧ 彼：那时，指公刘之时。

⑨ 优渥：优越，优厚。

⑩ 百殃：各种祸殃。

⑪ 时会：时代。

⑫ 赤须之长坂：赤须，地名。《文选》李善注：“赤须坂在北地郡。”坂，山坡。

⑬ 义渠：春秋战国时西戎国名，都今甘肃庆阳市宁县西，其地当时属北地郡。

⑭ 秽：污秽，此为意动用法，“以……为秽”。

⑮ 宣后：秦昭襄王之母宣太后。失贞事见《史记·匈奴列传》：“秦昭王时，义渠戎王与宣太后乱，有二子。宣太后诈而杀义渠戎王于甘泉，遂起兵伐残义渠。于是秦有陇西、北地、上郡，筑长城以拒胡。”

⑯ 秦昭之讨贼：秦昭，即昭襄王。讨贼，指灭义渠之事。

⑰ 赫斯：大怒的样子。

⑱ 纷：心绪纷乱。

⑲ 騑：音fēi，在辕马两边拉车的马。

⑳ 历兹：至此。

遂舒节[①]以远逝[②]兮，指安定[③]以为期[④]。涉长路之绵绵[⑤]兮，远纡回以樛流[⑥]。过泥阳[⑦]而太息兮[⑧]，悲祖庙之不修[⑨]。释[⑩]余马于彭阳[⑪]兮，且弭节[⑫]而自思。日晻晻[⑬]其将暮兮，睹牛羊之下来[⑭]。寤旷怨[⑮]之伤情兮，哀诗人之叹时[⑯]。

越安定以容与[⑰]兮，遵长城之漫漫[⑱]。剧[⑲]蒙公之疲民兮[⑳]，为强秦乎筑怨[㉑]。舍高

---

① 舒节：放松羁辔使马快行。

② 远逝：远行。

③ 安定：汉郡名。治所在今宁夏回族自治区固原县。

④ 期：目的地。

⑤ 绵绵：漫长貌。

⑥ 樛流：樛，音jiū。曲折貌。

⑦ 泥阳：汉县名。属北地郡，在今甘肃宁县东。

⑧ 太息：叹息。

⑨ 祖庙：据《汉书·叙传》，班彪的祖先班壹在秦始皇末年避乱于楼烦，故泥阳县有班氏之庙。以上二句说，路过泥阳县，看到班氏祖庙破败无修，顿生悲叹。

⑩ 释：放开。

⑪ 彭阳：汉县名。属安定郡，治所位于今甘肃省镇原县东。

⑫ 弭节：弭，音mǐ。停车。

⑬ 晻晻：晻，音yǎn。昏暗不明。

⑭ 牛羊之下来：典出《诗·王风·君子于役》："鸡栖于埘，日之夕矣，羊牛下来。"意谓牛羊下山归圈。

⑮ 寤旷怨：寤，通"悟"，感悟。旷怨，旷夫怨妇，指年老而无偶的男女。

⑯ 叹时：感叹时世。

⑰ 容与：慢行。

⑱ 漫漫：同"曼曼"，绵长貌。

⑲ 剧：很，甚。

⑳ 蒙公之疲民：蒙公，战国末期秦国大将蒙恬（？—前209）。疲民，使民疲惫。蒙恬曾率兵三十万修筑长城，使百姓困苦不堪。

㉑ 筑怨：指筑长城民疲劳生怨。

亥之切忧[①]兮，事蛮敌之辽患[②]。不耀德[③]以绥远[④]兮，顾厚固[⑤]而缮藩[⑥]。首身分而不痦兮，犹数[⑦]功而辞諐[⑧]。何夫子[⑨]之妄说兮，孰云地脉而生残[⑩]。

登障隧而遥望兮[⑪]，聊须臾以婆娑[⑫]。闵凶枭〔四〕之滑肆〔五〕兮[⑬]，吊尉印于朝那[⑭]。从圣文之克让[⑮]兮，不劳师而币加[⑯]。惠父兄于南越[⑰]兮，黜[⑱]帝号于尉佗。降几

---

① 高亥之切忧：高，秦宦官赵高，权臣，曾参与李斯阴谋，在秦始皇死时伪造遗诏杀始皇公子扶苏、将军蒙恬，立胡亥为秦二世。亥，胡亥，秦始皇第十八子，秦二世皇帝，因昏暴而使秦朝灭亡。切忧，近忧，眼前的忧患。

② 事蛮敌之辽患：蛮狄，此指当时北方的少数民族匈奴等。辽，远。以上二句谴责蒙恬昏殊不明，弃置身边赵高、胡亥所造成的巨大隐患于不顾，却去从事修筑长城、防御远敌之事。

③ 耀德：发扬仁义道德。耀，用作动词，光耀，发扬光大。

④ 绥远：安抚远方的百姓。

⑤ 厚固：厚而坚固。

⑥ 缮藩：缮，修缮，修整。藩，篱笆，此指长城。

⑦ 数：计算，查点。

⑧ 辞諐：推诿罪责。据《史记・蒙恬列传》载，秦二世派使者威逼蒙恬，恬仍不悟，而叹息说："我何罪于天，无过而死乎？" 諐，qiān，同"愆"，罪过。

⑨ 夫子：指蒙恬。

⑩ 地脉而生残：地脉，古人以为地有脉络，动土则易伤地的脉络。《史记・蒙恬列传》载，蒙恬死前曾说："起临洮属之辽东，城堑万余里，此中不能无绝地脉哉？此乃恬之罪也。"生残，生害。

⑪ 鄣隧：鄣，同"障"，小城。隧，同"燧"，边塞用来传递消息的烽火亭。

⑫ 聊须臾以婆娑：聊，聊且，暂时。须臾，片刻。婆娑，逍遥。

⑬ 闵凶枭之滑夏：闵，忧虑。凶枭，又作獯鬻（音 xūn yù），即"猃狁""荤粥"，古时对北方少数民族的一种称呼，此处指匈奴。猾，骚扰。夏，华夏。

⑭ 吊尉印于朝那：吊，悼伤，凭吊。按《史记・孝文本纪》："十四年冬，匈奴谋人边为寇，攻朝那塞，杀北地都尉印。"朝那（音 zhū nuó），汉县名，位于安定郡，治所在今宁夏固原县东南。

⑮ 从圣文之克让：指汉文帝以安抚为主的对外政策。从，自从。圣文，汉文帝刘恒。克，能。让，忍让。

⑯ 币加：以钱币货物与四境之外的邻邦相沟通，指采取安抚政策。

⑰ 父兄于南越：指南越王尉佗称帝事。《汉书・文帝纪》载："南越尉佗自立为帝，（文帝）召贵佗兄弟，以德怀之，佗遂称臣。"因文帝以兄弟相称而感动了南越王，故去帝号而称臣。

⑱ 黜：罢，弃。

杖于藩国兮[①]，折吴濞之逆邪[②]。惟太宗之荡荡兮，岂曩秦之所图[③]。

剂高平而周览[④]兮，望山谷之嵯峨[⑤]。野萧条以莽荡[⑥]兮〔六〕，迥千里而无家[⑦]。风猋发[⑧]以漂摇〔七〕[⑨]兮，谷水漼[⑩]以扬波。飞云雾之杳杳[⑪]兮，涉积雪之皑皑[⑫]。雁雍雍[⑬]以群翔兮，鹍鸡[⑭]鸣以哜哜[⑮]。

游子悲其故乡兮，心怆悢[⑯]〔八〕以伤怀。抚长剑〔九〕而慨息[⑰]兮〔十〕，泣涟落[⑱]而沾

---

① 降几杖于藩国：降，赐予。几杖，案几与手杖。几，坐时可依；杖，行时所持，都是老人恃以支持身体的工具。藩国，诸侯国。《史记·吴王濞列传》载：刘濞“稍失藩臣之礼，称病不朝。”《汉书·文帝纪》载：“吴王（濞）诈病不朝，赐以几杖。”此句言文帝以宽和的政策对待图谋不轨的藩王刘濞。

② 折吴濞之逆邪：折，折服。吴濞，吴王刘濞，汉高帝刘邦兄刘仲之子，汉高帝立为吴王。逆邪，叛逆。

③ 惟太宗之荡荡兮，岂曩秦之所图：此二句意谓文帝以德政治理天下，岂是秦朝帝王所能企及。惟，思。太宗，汉文帝庙号。荡荡，本指水面浩大的样子，此处形容恩惠广大。曩，音nǎng，昔日。

④ 剂高平而周览：剂，登上。高平，县名，属安定郡，治所在今宁夏固原市原州区。周览，四下观望。

⑤ 嵯峨：山势高峻貌。

⑥ 野萧条以莽荡：野，原野。萧条，冷落无人。莽荡，辽远开阔，无边无际。

⑦ 迥：远。

⑧ 猋发：刮起狂风。猋，音biāo，同“飙”，暴风。

⑨ 漂摇：风吹貌。

⑩ 谷水漼：谷水，溪水。漼，音cuǐ，水深貌。

⑪ 飞云雾之杳杳：此句谓山中云雾弥漫，深幽晦暗。杳杳，深幽晦暗。

⑫ 皑皑：霜雪洁白貌。

⑬ 雍雍：象声词，鸟鸣叫声，此指雁叫。

⑭ 鹍鸡：鹍，音kūn。亦作“昆鸡”，一种大鸟，似鹤而羽色黄白。

⑮ 哜哜：音jiējiē，象声词，鸟鸣声。

⑯ 怆悢：音chuàng liàng，内心悲伤。

⑰ 慨息：感慨而叹息。

⑱ 涟落：泪落不断。

衣。揽余涕以於邑兮[①]，哀生民之多故[②]，夫何阴曀之不阳兮[③]，嗟久失其平度[④]。谅时运之所为兮[⑤]，永伊郁其谁愬[⑥]？

乱[⑦]曰：夫子固穷，游艺文兮[⑧]。乐以忘忧[⑨]，惟圣贤兮[⑩]？达人从事，有仪则兮[⑪]？行止屈申[⑫]，与时息兮[⑬]？君子履信，无不居兮[⑭]。虽之蛮貊[⑮]，何忧惧兮？

晋

成公绥[⑯]：黄河赋

览百川之弘〔一一〕壮兮，莫尚[⑰]美于黄河。潜昆仑[⑱]之峻极兮，出积石[⑲]之嵯峨。登

① 揽余涕以於邑：揽，以手拭泪涕。於邑，音wú yì，同“呜唈”，犹呜咽，因悲伤而抽噎。

② 故：变故。

③ 阴曀之不阳：阴曀（音yì），阴沉昏暗，比喻天下混乱。阳，天气晴朗，比喻天下太平。

④ 平度：正常的法度。

⑤ 谅时运：谅，估计。时运，天下的形势变化。

⑥ 永伊郁其谁愬：永，长久。伊郁，即“抑郁”，幽怨。愬，同“诉”，倾诉。

⑦ 乱：辞赋的结语或乐歌的末章。

⑧ 夫子固穷，游艺文兮：意谓孔子提倡安于贫贱，而将志趣专注于六艺与文章，便不会觉得困苦。固穷，安于贫困。典出《论语·卫灵公》：“子曰：‘君子固穷，小人穷斯滥矣’。”游，沉浸。艺文，六艺与文章，六艺即礼、乐、射、御、书、数。

⑨ 乐以忘忧：言快乐时就能忘记忧愁。典出《论语·述而》：“发愤忘食，乐以忘忧，不知老之将至云尔。”

⑩ 惟圣贤兮：只有圣贤才能做到。

⑪ 达人从事，有仪则兮：此二句意谓通达的人有既定的原则，能坚守法度，所以任何时候都不会乱了方寸。达人，通达明理之人。从事，行事。仪则，法度，原则。

⑫ 行止屈申：指各种不同状况，出行在外或安止于家，受屈压抑或志趣得以申发。

⑬ 与时息：即与时消息，与时势变化相一致。

⑭ 君子履信，无不居兮：此二句意谓君子在任何艰苦条件下均可履行自己的原则。履信，履行自己的执着追求。无不居，没有哪里不能安居。

⑮ 蛮貊：貊，音mò。古代南方和东北的少数民族，这里代指边荒之地。

⑯ 成公绥：231—273年，字子安，晋代东郡白马（今河南滑县）人。初召为博士，后升中书郎，擅长辞赋，著有《天地赋》《啸赋》《乌赋》《弃故笔赋》等。

⑰ 尚：超过，高出。

⑱ 昆仑：山名。在新疆、西藏之间，东延入青海省境内，为黄河发源地。

⑲ 积石：山名。即阿尼玛卿山，在青海省东南部，延伸至甘肃省南部边境，为昆仑山脉中支，黄河绕流东南侧。相传大禹治水，曾导河自此。

龙门[①]而南游兮，拂华阴[②]与曲阿。凌砥柱[③]而激湍兮，逾洛汭[④]而扬波。体委蛇[⑤]于后土兮，配灵汉[⑥]于穹苍。贯中夏[⑦]之畿甸[⑧]兮，经朔北[⑨]〔一二〕之遐荒[⑩]。历二周之北境[⑪]兮，流三晋之南乡[⑫]。秦自西而启壤[⑬]兮，齐据东而画疆[⑭]。殷徙涉而永固[⑮]，卫迁济

① 龙门：山名。在陕西省韩城县与山西省河津县之间。《尚书·禹贡》载："导河积石，至于龙门。"

② 华阴：汉县名。因在华山北麓而得名。

③ 砥柱：山名，亦称三门山。原在今河南三门峡市东北黄河中，河水至此分流，包山而过。因山见水中若柱，故称。后因修三门峡水库，山已炸毁不见。

④ 洛汭：位于洛水的下游，洛水入黄河处。汭，水北曰汭。

⑤ 委蛇：蛇，音yì。蜿延曲折。

⑥ 灵汉：天河。

⑦ 中夏：华夏，中原地区。

⑧ 畿甸：京师及其周边地区。畿，京畿，古代王都所领辖的方千里地面，后指京城所管辖的地区。甸，郊外。

⑨ 朔北：长城以北的游牧民族地区。朔，北方。

⑩ 遐荒：边远荒僻之地。

⑪ 二周之北境：二周，地区名。指战国末期周王室分裂成的西周与东周两个小国。前367年，周王室发生权力争夺，韩、赵用武力加以支持，由此分裂成西周、东周两部分。在河南（今河南省洛阳市）的称西周公，在巩（今河南巩义市西南）的称东周公。二周不仅各自独立，且经常相互攻打。因其地在黄河以南，故曰"北境"。

⑫ 三晋之南乡：前403年，赵、魏、韩三家瓜分晋国，分别立国，故后人常将赵、魏、韩三国合称"三晋"，其地约当今之山西省、河南省中部北部、河北省南部中部。因黄河流经其南境，故称"南乡"。

⑬ 启壤：开疆辟土。

⑭ 画疆：划定疆界。

⑮ 殷徙涉而永固：殷，商朝。历史上商朝国都曾多次迁移。至商王盘庚时，将国都迁至北蒙（今河南省安阳市西北），改名为"殷"。殷在黄河之北，故称"徙涉"。盘庚迁殷后，商朝二百多年再未迁都，故称"永固"。

而遂强[1]，赵决流而却魏[2]，嬴引沟而灭梁[3]。思先哲之攸叹[4]，何水德[5]之难量。

唐

李翱[6]：释怀赋[7]

读《党锢传》，哀直道之多尤不容，作《释怀赋》，其词〔一三〕曰：

怀夫人之郁郁兮，历悔吝[8]〔一四〕而伤〔一五〕离。吾心直以无差[9]兮，惟上天其能知。袤[10]于〔一六〕德而必好兮，忠何尤而甚〔一七〕疑。彼陈词之多人兮，故〔一八〕不去众而讥〔一九〕之。进荩言[11]之不信兮，退远去而不获。弗验实而考省[12]兮，固余道之所厄。昔师商之神〔二十〕圣兮，德既均而行革。惟肝肠之有殊兮，守不同其何责。愿披怀而竭闻兮，道既塞而已行。路非险而不通兮，人忘〔二一〕我而异情。王章[13]直而狱死兮，

---

① 卫迁济：卫，西周周文王嫡九子康叔的封国，定都朝歌（今河南省鹤壁市区南部淇河边）。春秋时，于前661年被北狄所破，依赖齐桓公的援助，于前659年迁卫于楚丘（今河南省浚县东），重新建国。前629年又迁往帝丘（今河南省濮阳市），经百年休养生息，经济始现繁荣。濮阳因位于濮水（黄河与济水支流，后因黄河泛滥淤没）之阳，故曰“迁济”。

② 赵决流而却魏：前332年，齐、魏联合攻赵，赵决黄河水灌齐魏联军，迫使齐魏退兵。

③ 嬴引沟而灭梁：前225年，秦国突袭魏国，包围魏都大梁（今河南省开封市）。秦军强攻无效，遂引黄河、鸿沟之水灌城。三个月后，大梁城坏。魏王假出降，魏亡。嬴，秦国为嬴姓，此处指秦国。

④ 攸叹：长叹。

⑤ 水德：水的性质、品性。

⑥ 李翱：774—836年，字习之，唐陇西成纪（今甘肃省秦安县）人。贞元十四年（798）进士，历任国子博士、史馆修撰，朗州、庐灼刺史、谏议大夫、中书舍人、郑州刺史，桂管、湖南观察使、刑部侍郎、户部侍郎、山南东道节度使等职。谥曰文，世称李文公。李翱为韩愈侄婿，与愈志同道合，为当时著名古文家之一。

⑦ 释怀赋：唐朝自顺宗、宪宗以来，宦官专权，朋党倾轧，国势日趋衰微。李翱生当此时，目睹“直道之多尤不容”的黑暗现实，于是在读《后汉书·党锢传》所记东汉正直之士备受打击之记载时，悲从中来，写下了这篇忧时愤世之赋。

⑧ 悔吝：灾祸。典出《易·系辞上》：“悔吝者，忧虞之象也。”

⑨ 无差：没有过错。

⑩ 袤：纵长或南北距离的长度，此处形容宽广。

⑪ 荩言：忠言。荩，通“进”，进用，后引申为忠诚。

⑫ 考省：考校查核。

⑬ 王章：字仲卿，西汉泰山钜平（今山东省泰安市磁窑镇西太平）人。元、成帝时期大臣，曾任京兆尹，性格刚直敢言，后因奏弹王凤，被诬陷系狱死，后成为为官刚直的典实。

李固[①]忠而陷刑。自古世之所悲兮，矧[②]末俗之衰诚。哀贞心[③]之洁白兮，疾苗莠[④]之纷生。令农夫以手锄兮，反翦[⑤]去乎嘉茎。岂捐[⑥]〔二二〕秽而语之兮，详〔二三〕瞪瞢[⑦]而不肯听。欲〔二四〕释去而不忍兮，终留滞亦何成。当晨夕〔二五〕而步立〔二六〕兮，仰白日而自明。处一世之若流兮，何久求〔二七〕而伤情。乐此言而自〔二八〕抑兮，壮大观[⑧]于兢〔二九〕生[⑨]。拔馨香之茝兰[⑩]兮，树蒿蔚[⑪]以罗列。斥通路〔三十〕而使无[⑫]〔三一〕兮，恋棘径之中绝。置《春秋》而徇[⑬]〔三二〕心兮，羌[⑭]与此其奚别[⑮]。昔誓辞而约〔三三〕文兮，期共死以〔三四〕皆居。嗟所〔三五〕守之既异兮，乃漫汗[⑯]〔三六〕而遗初。心皓白[⑰]而不容兮，非市直而望利[⑱]。忠不顾兮立忘〔三七〕，交不同而行弃。悲夫！不徇〔三八〕己[⑲]而必仇兮，谅非水火其可〔三九〕畏。猥〔四十〕[⑳]吾行之不然兮，直愧心而惧义。嘉山松之苍苍

① 李固：94—147年，字子坚，东汉汉中城固（今陕西省城固县）人。因不肯立刘志（汉桓帝）为帝，遭权臣梁冀诬告杀害。

② 矧：音shěn，另外，何况。

③ 贞心：纯洁的心灵。

④ 苗莠：嘉禾和莠草。

⑤ 翦：割截，去除。

⑥ 捐：舍弃，抛弃。

⑦ 瞪瞢：音dèng méng，亦作“瞪瞢”，睁眼楞视貌。

⑧ 大观：洋洋大观，形容美好的事物复杂繁多，丰富多彩。

⑨ 兢生：当作“庄生”。庄生，即庄周。

⑩ 茝兰：茝，音chǎi。白芷与兰草的合名，泛指具有香气的草本植物。

⑪ 蒿蔚：泛指各类杂草。蒿，亦称“青蒿”、“香蒿”，二年生草本植物，叶如丝状，有特殊的气味，开黄绿色小花，可入药。蔚，一种多年生菊科草本植物，可入药。

⑫ 无：即“芜”，荒芜。

⑬ 徇：顺从，依从。

⑭ 羌：文言助词，用在句首。

⑮ 奚：文言疑问代词，相当于“胡”“何”。

⑯ 漫汗：广大散乱貌。

⑰ 皓白：雪白，洁白。

⑱ 市直而望利：市直，博取正直的名声。望利，盼望得到利益。

⑲ 徇己：营私。

⑳ 猥：谦辞，犹言辱。

兮，岁苦寒而亦瘁[①]〔四一〕。吾固乐其贞刚兮[②]，天〔四二〕何尤[③]乎小异。欲静默而绝声兮，岂不悼[④]厥初之所志。抑此怀而不可兮，终永夜以歔欷[⑤]〔四三〕。

明

薛瑄[⑥]：黄河赋[⑦]

吾观黄河之浑浑[⑧]兮，乃元气[⑨]之萃蒸[⑩]。浚洪[⑪]源于西极兮[⑫]，注天派[⑬]〔四四〕于沧瀛[⑭]。贯后土之庞博兮[⑮]，沓元〔四五〕沟之晶明[⑯]。过积石而左转兮，龙门呀而峻倾[⑰]。

---

① 瘁：憔悴，枯槁。

② 贞刚：贞纯刚正。

③ 尤：责备，怪罪。

④ 悼：悲伤，哀念。

⑤ 歔欷：音xū xī，哀叹抽泣声。

⑥ 薛瑄：1389—1464年，字德温，号敬轩，明河津（今山西省运城市）人。著名理学家。永乐十九年（1421）进士。历任御史、大理寺少卿、大理寺丞、礼礼部右侍郎兼翰林院学士等职。曾因触怒宦官几乎被杀，又因不满权臣当道致仕。赠礼部尚书，卒谥文清。赋善写景，有《敬轩文集》。

⑦ 黄河赋：与以往专写山川的辞赋多铺陈地理形势、沿途景物，有如地志类书不同，此篇《黄河赋》抓住黄河雄浑壮阔的气势和曲直沉浮的变化，突出了它始终奔流不息的万千气象，从而展示了一种由自然到人生的阔大境界。

⑧ 浑浑：同“滚滚”，水流奔涌貌。

⑨ 元气：指天地未分前的混沌之气。

⑩ 萃蒸：聚集升腾。蒸，同“烝”。

⑪ 浚洪：水深流急的大水。

⑫ 西极：西方极远之处。

⑬ 天派：亦作天脉。天河的支流，此指黄河。

⑭ 沧瀛：沧海。

⑮ 贯后土之庞博：贯，贯通。庞博，即庞博，高达宽广。

⑯ 沓元沟之晶明：沓，会合。元沟，即玄沟，避康熙皇帝讳改；深谷。晶明，明亮。

⑰ 龙门呀而峻倾：呀，感叹词。峻倾，高耸侧立。

薄太华[1]而东骛兮，撼砥柱之峥嵘。入大陆[2]而北徙兮，迷不辨夫九河[3]之故形[4]。经两〔四六〕海[5]而纪[6]众流兮，擅浮沉之濯灵[7]。览颓波[8]而怀明德[9]兮，又何莫非姒氏[10]所经营？

登昆仑而俯视兮，固彷佛其初迹[11]。驭高风[12]而骋望兮[13]，遂周游其曲直[14]。何末流[15]之混浊兮，始[16]清澄〔四七〕而湜湜[17]。羌〔四八〕澹滟[18]而徐趋[19]兮，势沄沄[20]而自得。触

① 薄太华：薄，迫近。太华，山名，即西岳华山，在陕西省华阴县境内。

② 大陆：湖泊名，即大陆泽，故址在今河北省任县东北，现已干涸，古时黄河曾流入大陆泽。

③ 九河：古代黄河自孟津而北，分为九道，故名。《尚书·禹贡》："九河既道。"孔传引《尔雅》："徒骇一，太史二，马颊三，役釜四，胡苏五，简六，絜七，钩盘八，鬲津九。"

④ 故形：昔日的形状。

⑤ 两海：扎陵湖和鄂陵湖，均在青海省内。

⑥ 纪：总领。

⑦ 擅浮沉之濯灵：擅，拥有，据有。浮沉，古河川之祭，《尔雅·释天》："祭川日浮沉。"注："投祭水中，或浮或沉。"濯灵，光明的神灵。

⑧ 颓波：向下奔流的水波。

⑨ 明德：完美的德性。

⑩ 姒氏：治理黄河的大禹。

⑪ 初迹：发源地。

⑫ 高风：高处之风。

⑬ 骋望：极目远眺。

⑭ 曲直：指黄河的弯曲与平直之处。

⑮ 末流：河水下游。

⑯ 始：上游。

⑰ 湜湜：水清貌。

⑱ 澹滟：水波荡漾貌。

⑲ 徐趋：水缓慢流动。

⑳ 沄沄：水势浩荡汹涌貌。

险石以斗暴兮[①]，诧雷轰[②]而毂击[③]。天宇扩[④]其沆漭[⑤]兮，渺上下之苍〔四九〕黄[⑥]。雾雨霪霪[⑦]而滃集兮[⑧]，混邃古之洪荒[⑨]。微风荡拂而涣散[⑩]兮，天机组织其文章[⑪]。颓猋[⑫]浩而汹涌兮，百怪垂涎而簸扬[⑬]。腥云浊浪以荡汩兮[⑭]，恍〔五十〕忽颠倒夫舟航[⑮]。灵曜[⑯]升而赫照兮[⑰]，乘正色[⑱]于中央。望舒在御[⑲]而下临兮，列宿涵泳[⑳]其光芒。

① 斗暴：博击。

② 雷轰：形容水声之大，如雷鸣一般。

③ 毂击：车毂相击，形容拥挤。

④ 天宇扩：天宇，天空。扩，帷幔之类，此处为遮盖、笼罩。

⑤ 沆漭：音 hàng mǎng，水波浩渺貌。

⑥ 苍黄：当为“玄黄”，避康熙皇帝讳改。玄黄，黑色与黄色。典出《易・坤》：“夫玄黄者，天地之杂也，天玄而地黄。”后因以玄黄指天地。

⑦ 霪霪：久雨连绵不绝貌。

⑧ 滃集：滃，音 wěng。云气聚集。

⑨ 混邃古之洪荒：混，混同。邃古，远古。洪荒，混沌蒙昧的状态，指远古时代。

⑩ 涣散：离散，散漫。

⑪ 天机组织其文章：天机，造化的奥秘。组织，经纬相交，织成布帛，编织。文章，错杂的色彩或花纹，青与赤相配合为文，赤与白相配合为章。

⑫ 颓猋：下注的激流。

⑬ 百怪垂涎而簸扬：百怪，各种怪物。垂涎，流口水，形容想吃的样子。簸扬，播动扬去谷类中的糠秕，引申为张扬，此处形容百怪张牙舞爪貌。

⑭ 腥云浊浪以荡汩：腥云，含有腥气的云。浊浪，浑浊的波浪。荡汩，动荡不安貌。

⑮ 恍忽颠倒夫舟航：恍惚，隐约不清，难以捉摸或辨认。颠倒，倾覆。舟航，浮桥，把船连起来以渡。

⑯ 灵曜：太阳。

⑰ 赫：鲜明。

⑱ 正色：古代以纯色为正色，两色相杂为间色。此指太阳的光色。

⑲ 望舒在御：望舒，神话传说中为月神驾车的仙人，后用为月亮的代称。在御，犹在位，居官任职。

⑳ 列宿涵泳：列宿，众星。涵泳，水中潜行，此指收敛。

若乃震秉符以行令[①]兮，百谷滛滛〔五一〕其冻释[②]。山泽沮洳[③]以上气[④]兮，增混漾[⑤]之洋溢。鱼龙[⑥]乘涛以变化兮，杳[⑦]莫测其所极。祝融[⑧]载节[⑨]以南届兮，雷雨奋达[⑩]以雱霈[⑪]〔五二〕。潢〔五三〕[⑫]支流而股合兮[⑬]，百川奔而来会[⑭]。木轮囷[⑮]而漂拔[⑯]兮，蔽云日而淘汰[⑰]。狂澜汹而啮岸[⑱]兮，块土[⑲]焉塞夫冲溃。霜戒[⑳]严而木脱兮[㉑]，少昊执矩以司秋[㉒]。

---

① 若乃震秉符以行令：若乃，转折连词。震，威严。秉，拿着，手持。符，指古代朝廷用以传达命令、调兵遣将的凭证。行令，发布命令。

② 百谷滛滛其冻释：百谷，众多的河谷。滛滛，水流动貌。冻释，冰雪融化。

③ 沮洳：音jù rù，低湿之地。

④ 上气：蒸发着湿热的云气。

⑤ 混漾：浮动的水。

⑥ 鱼龙：指黄河中的水生动物。

⑦ 杳：远。

⑧ 祝融：传说中的火神。

⑨ 节：符节，出使的凭证。

⑩ 奋达：猛烈震动。

⑪ 雱霈：音pāng pèi，雨势浩大貌。

⑫ 潢：积水。

⑬ 股：分支。

⑭ 会：汇集。

⑮ 轮囷：囷，音qūn。盘曲貌。

⑯ 漂拔：波浪起伏貌。

⑰ 淘汰：去除杂质。

⑱ 啮岸：侵蚀河岸。

⑲ 块土：一块土，极言其小。

⑳ 霜戒：霜的命令。

㉑ 木脱：树木凋零。

㉒ 少昊执矩以司秋：少昊，传说古部落首领名，名挚，字青阳，黄帝之子。以别于太昊，而称少昊。以金德王，故也称金天氏。古金属秋，故此句说他司秋。执矩，掌握着规则法度。司，管理。

洲渚缅邈而石出兮[①]，始杀湍[②]而安流[③]。霰雪纷其四集兮[④]，颛顼乘坎以奋神[⑤]。大块噫气而摩轧兮[⑥]，流澌[⑦]下而龙鳞[⑧]。层冰横绝而山委[⑨]兮，河伯[⑩]驱石以梁津[⑪]。羌险夷而明晦[⑫]兮，变朝暮与四时[⑬]。飙风[⑭]起而冲木〔五四〕兮，蟒〔五五〕怪骇其难推[⑮]。睹圆方[⑯]之一气[⑰]兮，恒来往而密移[⑱]。

昔尼父之叹逝兮[⑲]，跨百世而罕知[⑳]。顾[㉑]川流之有本兮，与终古[㉒]以为期。启龙

① 洲渚缅邈：洲渚，江中沙洲。缅邈，遥远貌。

② 杀湍：使流速减弱。

③ 安流：平静地流动。

④ 霄：小雪珠，雨点下降遇冷凝结而成的微小冰粒，俗称米雪。

⑤ 颛顼乘坎以奋神：颛顼，古帝名，五帝之一，相传为黄帝之孙，昌意之子，号高阳氏。乘坎，凭借水。坎，八卦之一，象征水。奋，震动。

⑥ 大块噫气而摩轧：大块，大自然。典出《庄子·齐物论》："夫大块噫气，其名为风。"成玄英疏："大块者，造物之名，亦自然之称也。"噫气，气壅塞而忽通。噫，摩轧，冲击。

⑦ 澌：夹着冰块的流水。

⑧ 龙鳞：龙的鳞甲，此处形容光彩如鳞甲。

⑨ 层冰横绝而山委：层冰，重叠的冰块。横绝，当间截断，绝流而渡。山委，堆积如山。委，聚积。

⑩ 河伯：传说中的黄河水神。

⑪ 梁津：即津梁，桥梁与渡口。

⑫ 险夷而明晦：险，险要、阻难。夷，平坦。明，白昼。晦，晚上。

⑬ 变朝暮于四时：一年之中，黄河的水势每日每夜都在变化。

⑭ 飙风：暴风。

⑮ 莽怪骇其难推：莽，草。怪骇，诧异。难推，难以推测。

⑯ 圆方：天地的代称，古人认为天圆地方。

⑰ 一气：构成天地万物的基本素质。

⑱ 密移：频繁地变动。

⑲ 昔尼父之叹逝兮：典出《论语·子罕》："子在川上曰：'逝者如斯夫！不舍昼夜!"'尼父，即孔子。

⑳ 罕知：很少懂得。

㉑ 顾：回首，回视。

㉒ 终古：久远。

图而玩六一兮[①]，悟主宰之所为。喟余心之未纯[②]兮，感道妙[③]之如斯。聊诵言以自明兮，庶[④]昼夜之靡亏[⑤]。

李梦阳[⑥]：竹石赋

有杳者筱丛彼阿[⑦]，徒置得地槈[⑧]以华。托根灵石发生直，翕飒[⑨]佛〔五六〕楼翠凤阁。[⑩]长竿巉巉翼纷若[⑪]，截为双箫雏凤鸣。任心[⑫]吹之灵雾生，乘鸾[⑬]挈[⑭]友腾烟雾。餐霞[⑮]戏委永无虑，中虚允直性介固[⑯]。

---

① 启龙图而玩六一：启，开。龙图，即河图。传说有龙马从黄河中负图而出，故称。六一，指阴阳，《易》卦阴爻称六，阳爻称一。

② 纯：精纯，专一。

③ 道妙：玄理的精深、奥妙。

④ 庶：希望。

⑤ 靡亏：没有亏减。

⑥ 李梦阳：1472—1530年，字献吉，号空同，祖籍河南扶沟，出生于庆阳府安化县（今甘肃省庆城县）。明代中期文学家、书法家，复古派前七子的领袖人物。

⑦ 杳者筱丛彼阿：杳，幽深。筱（音xiǎo），小竹子。阿（音ē），曲隅，角落。

⑧ 槈：音nòu，树木名。

⑨ 翕飒：翕，合聚。飒，形容风声。

⑩ 翠凤阁：疑当作“翠凤阁”，此诗借用萧氏弄玉传说写竹。典出《列仙传·卷上·萧史》：“萧史善吹箫，作凤鸣。秦穆公以女弄玉妻之，作凤楼，教弄玉吹箫，感凤来集，弄玉乘凤，萧史乘龙，夫妇同仙去。”

⑪ 巉巉翼纷若：巉（音chán），山势险峻陡峭，此处形容竹身高直貌。翼，此处指竹叶。纷若，盛多貌。

⑫ 任心：犹任意，任随心意，不受拘束。

⑬ 鸾：又名青鸾、青鸟、鸡趣等，古代中国神话传说中凤凰一类的鸟。

⑭ 挈：带，领。

⑮ 餐霞：餐食日霞，借指修仙学道。

⑯ 中虚允直性介固：中虚，指竹子中空。允直，诚实正直。介固，耿直且坚定。

述征赋[①]

仲夏赫炎[②]兮草木毕揭[③]。羁缧[④]赴征兮夜发梁国[⑤]。抑情顺志[⑥]兮强食自解[⑦]。乱流渡河兮忽焉而寐。所以懭恨挥霍兮[⑧]，中情菀[⑨]而内伤。明星散而交加兮，翩[⑩]冥冥[⑪]吾以行。揽众芳[⑫]而横涕[⑬]兮，莽皇皇[⑭]莫知所投。曷暾[⑮]杲杲[⑯]方上进兮，云披离而蔽之。飘风磕[⑰]而曾波兮，湖水击而震荡。慨川广而难越兮，朝余翱翔乎河上。既涉卫[⑱]以奔骛兮[⑲]，又逾淇[⑳]而渡漳[㉑]。去故乡以就远兮，沾余襟兮浪浪[㉒]。

---

① 述征赋：李梦阳最著名的作品之一，为骚体赋。主要叙写李梦阳因弹劾刘瑾，受到阉宦迫害，从开封家中被押解至京师，路途中遭遇的诸多艰辛。文末则表示出虽遭坎坷，但却矢志不渝的情绪，以赋明志。

② 赫炎：大火燃烧貌，这里指强烈炙热的阳光。

③ 揭：暴露。

④羁缧：音jī léi，比喻被绑缚、拘禁。羁，马笼头。缧，捆绑犯人的绳索。

⑤ 梁国：战国时魏惠王迁都大梁（今河南省开封市西北），故魏国也称梁国。李梦阳由开封家中被解往京师，故称夜发梁国。

⑥ 抑情顺志：抑制情感，顺从志向。

⑦ 强食自解：勉强饮食以求自我解脱。

⑧ 懭恨挥霍：懭，音kuǎng，恨。挥霍，奔放，洒脱。

⑨ 中情菀：思想郁结。中情，内心的思想感情。菀（音yù），通“蕴”，郁结。

⑩ 翩：轻快，飘忽。

⑪ 冥冥：昏暗，不明亮。

⑫ 众芳：草木的香气。

⑬ 横涕：涕泪交流貌。

⑭ 皇皇：匆忙。

⑮ 暾：音tūn，刚升起的太阳。

⑯ 杲杲：明亮貌。

⑰ 磕：碰击，碰撞。

⑱ 卫：水名。源出河北省灵寿县东北，南流至县东南，合滹沱河。

⑲ 奔骛：奔驰。

⑳ 淇：水名，源出中国河南省淇山，流入卫河。

㉑ 漳：水名，源出中国山西省，流至河北省入卫河。

㉒ 浪浪：水流动貌。

山峻高而造天[①]兮，又阴晦而多雨。观蕴[②]虫之相搏兮，忳于邑[③]汗又交下。哀人命之有常[④]〔五七〕兮，祸福杳[⑤]其无门。孰非义之可蹈兮，焉作忠而顾身。余独怪夫謇博[⑥]之罹患[⑦]兮，亲好修而逢〔五八〕殆[⑧]。箕子[⑨]狂而悲歌兮，彼比干[⑩]固以菹醢[⑪]。观前世谁不然兮，矧吾怀愆而造尤[⑫]。聊[⑬]周张[⑭]以婵媛[⑮]兮，盖不忍此心之常愁。涉汤阴[⑯]余怆怳兮[⑰]，乃又瞻兹羑里[⑱]。鄂庙[⑲]屹而傍路兮，驷超轶[⑳]而过止。怀诚有离慜[㉑]兮，

① 造天：山势高耸貌。造，到。

② 蕴：积聚。

③ 忳于邑："忳"与"于邑"的连用，指心情不舒展，内心懑涨。忳（音 tún），忧懑烦乱。于邑，即郁邑，双声兼叠韵联绵词，指心情抑郁不畅。

④ 有常：一作"有当"，指有定数。

⑤ 杳：渺茫，高远。

⑥ 謇博：音 jiǎn bó。性格刚直，学识广博。

⑦ 罹患：遭遇不幸。

⑧ 殆：危险。

⑨ 箕子：名胥余，商王文丁的儿子，帝辛（商纣王）的叔父，官太师，封于箕。相传因其道不得行，志不得遂，披发佯狂为奴。

⑩ 比干：商王文丁的次子，帝乙的弟弟，帝辛（商纣王）的叔父，官少师。相传因屡谏纣王，被剖心而死。

⑪ 菹醢：音 zū hǎi。古时的一种把人剁成肉酱的酷刑。

⑫ 造尤：犯过错。

⑬ 聊：姑且、勉强。

⑭ 周张：惆怅。

⑮ 婵媛：关心爱护而显得婉转痛恻貌

⑯ 汤阴：县名，隶属今河南省安阳市。

⑰ 怆怳：音 chuàng huǎng。失意貌。

⑱ 羑里：音 yǒu lǐ。古地名，又称羑都。今河南省安阳市汤阴县北的羑里城遗址，相传为商纣王囚禁周文王的地方。

⑲ 鄂庙：即岳飞庙。岳飞死后追封鄂王，后人为纪念他而修建的祠庙，故称鄂庙。

⑳ 超轶：指后车超过前车，形容车速飞快。轶，车辙。

㉑ 离慜：慜，音 mín。亦作"离愍"，遭遇忧患痛苦。

任道有承尤。侍中颠陨兮[①]，扁鹊[②]被刘[③]。

专惟君而遘殃[④]兮，眩[⑤]〔五九〕吾不知其何谓。极终古[⑥]而长愤兮，羌炯炯[⑦]其犹未昧[⑧]。翼[⑨]绵绵[⑩]之无聊兮[⑪]，眇[⑫]翩翩[⑬]莫知所骋。忧悄悄[⑭]之闷瞀[⑮]兮，历山川余弗省[⑯]。迹[⑰]有隐[⑱]而难察兮[⑲]，物有微[⑳]而先彰[㉑]。负[㉒]蚊蟁[㉓]以抗山兮[㉔]，固切[㉕]人之未

① 颠陨：死亡。

② 扁鹊：前407—前310年，姬姓，名缓，字越人，战国时名医。因其医术高超，被时人借用黄帝时神医“扁鹊”之名来称呼他。后因秦太医李醯术不如他而妒忌，乃使人刺杀之。

③ 刘：杀戮。

④ 遘殃：遭遇灾祸。

⑤ 眩：迷惑。

⑥ 终古：往昔，自古以来。

⑦ 炯炯：目光明亮。

⑧ 昧：目不明貌。

⑨ 翼：借助，凭借。

⑩ 绵绵：连续不断貌。

⑪ 无聊：无所依赖与寄托。

⑫ 眇：瞎一只眼，此处指谛视，眯着眼睛看。

⑬ 翩翩：运动自如貌。

⑭ 悄悄：忧虑不安貌。

⑮ 闷瞀：心烦意乱貌。瞀（音mào），错乱。

⑯ 省：知觉，觉悟。

⑰ 迹：经行。

⑱ 隐：藏匿，不显露。

⑲ 难察：难以辨别。

⑳ 微：精深；精妙。

㉑ 彰：显露。

㉒ 负：背负，担当。

㉓ 蟁：音wén，同“蚊”。

㉔ 抗：举起。

㉕ 切：契合，与……相一致。

量[①]。欲结言[②]以自明[③]兮，拙而莫之谋[④]也。将高举[⑤]以远群[⑥]兮，又绊[⑦]而莫之能也。经沟渎[⑧]吾不悦兮，亦何必为此行也。謇[⑨]相羊[⑩]以俟至兮，莫好修之证也。

路辽逴[⑪]之裔裔兮[⑫]，埃风[⑬]旋而簸扬[⑭]。烟液[⑮]蒸[⑯]而练练[⑰]兮，夕吾次[⑱]于沱阳[⑲]。岭茀曲[⑳]以敛容[㉑]兮，原[㉒]暧晻[㉓]〔六十〕而嵣嵭[㉔]。风草剡[㉕]而冥冥兮[㉖]，狼狸号而夜鸣。指

① 未量：自不量力。
② 结言：连缀文辞。
③ 自明：自我辩白。
④ 莫之谋：不知如何谋划。
⑤ 高举：高其行，行为超出凡俗。
⑥ 远群：远离群庶。
⑦ 绊：为……羁绊。
⑧ 沟渎：犹沟洫，指田间水道，暗喻困厄之境。
⑨ 謇：音 jiǎn，口吃，言辞不顺利。
⑩ 相羊：亦作“相佯”“相徉”。徘徊，盘桓。
⑪ 辽逴：遥远。逴，同“踔”，远。
⑫ 裔裔：行貌，引申为连绵不断。
⑬ 埃风：卷着尘埃的风。
⑭ 簸扬：将谷物等扬起，利用风或气流分离或吹掉其中的谷壳、灰尘等，此处形容尘土飞扬。
⑮ 烟液：烟波。
⑯ 蒸：上升。
⑰ 练练：洁白貌。
⑱ 次：停留，止宿。
⑲ 沱阳：滹沱河北岸。
⑳ 茀曲：山势曲折。茀（音 fú），半山腰上的路。
㉑ 敛容：端庄肃穆貌。
㉒ 原：平地。
㉓ 暧晻：音 ài yǎn，日光昏暗不明。
㉔ 嵣嵭：音 dàng bēng，山石崩塌貌。
㉕ 风草剡：形容风吹过草地，野草低伏像被割过一样。剡（音 yǎn），削、割。
㉖ 冥冥：晦暗，不明亮。

黄昏以为期兮，骖[1]骎骎[2]又夜行。曰〔六一〕雷霆不可玩[3]兮，孰刑人而不戒。悲辕马[4]之喘嚏兮[5]，常十策[6]而九退。朝揽木末[7]之清风兮，夕瞻[8]明月指[9]列星。我既处幽[10]羌谁告兮，魂[11]中夜之营营[12]。欲展诗[13]以效志[14]兮，又恐增愆而倍尤[15]。众聚观而潜谇[16]兮，或掩涕[17]为余乎淹留[18]。予朝餐中山[19]之初蕨[20]兮，暮挈易[21]之香莽[22]。睇[23]北山而不见兮，彼南州又邈[24]焉而弗予睹。气怦怦[25]而絓结[26]兮，心纬繣[27]而弗怡[28]。纷流

① 骖：音 cān，古代驾在车前两侧的马，此处代指马车。

② 骎骎：音 qīn qīn，马快跑貌。

③ 玩：轻视，忽视。

④ 辕马：驾车之马。

⑤ 喘嚏：极速呼吸，打着喷嚏，形容马匹因疾行而劳累。

⑥ 策：古代一种头上有尖刺的马鞭，这里指鞭打。

⑦ 木末：树梢。

⑧ 瞻：往上或往前看。

⑨ 指：对着，向着。

⑩ 幽：囚禁。

⑪ 魂：神志、精神。

⑫ 营营：往来不绝，反复盘旋貌。

⑬ 展诗：赋呈或吟唱诗歌。

⑭ 效志：亦作“効志”。察核心志，反省。

⑮ 倍尤：使罪过加倍。

⑯ 潜谇：偷偷地问告。

⑰ 掩涕：掩面流泪。

⑱ 淹留：挽留，留住。

⑲ 中山：指河北正定一带地区，因先秦时鲜虞曾在此建立中山国，故名中山。

⑳ 初蕨：蕨菜的嫩芽。

㉑ 易：易水的简称 。在今河北省西部，发源于易县，在定兴县汇入南拒马河。

㉒ 香莽：香草。

㉓ 睇：斜着眼看。

㉔ 邈：遥远。

㉕ 怦怦：拟声词，形容心跳的声音，多描写人紧张不安的情绪。

㉖ 絓结：心中郁结。

㉗ 纬繣：音 wěi huà。乖戾，相异不合。

㉘ 怡：和悦，愉快。

目[①]以相观兮，见金台[②]之崔嵬[③]。轸[④]雄虹之迅光兮[⑤]，忾[⑥]乌白与马角[⑦]。燕昭[⑧]既剧[⑨]该辅[⑩]兮，厥躬亡而国削[⑪]。何秦嬴之虎视[⑫]兮，厥二世以不禄[⑬]。固盈虚[⑭]之环沓兮[⑮]，春秋奄[⑯]其代续[⑰]。自前代乃已然[⑱]兮，吾又何怨乎人心。杂乱反复岂毕究[⑲]兮，由邃古[⑳]而至今。

---

① 流目：流览，放眼随意观看。

② 金台：指古燕都北京。

③ 崔嵬：高峻、雄伟貌。

④ 轸：轮转运行。

⑤ 迅光：疾光。

⑥ 忾：叹息。

⑦ 乌白、马角：典出《史记・刺客列传》。战国末年，燕国太子丹在秦国当人质，与秦王政发生冲突被囚禁起来。太子丹请求放他回国。秦王说："乌头白，马生角，乃许耳。"后遂以"乌白""马角"等比喻不可能出现的事。

⑧ 燕昭：即燕昭王（前335—前279年），本名姬职，战国时燕国第三十九任君主，燕王哙之子，燕国在其治下曾一度复兴，后世称其为渴于求贤之君。

⑨ 剧：多。

⑩ 该辅：备为辅佐。

⑪ 躬亡而国削：燕昭王死后，其子燕惠王即位，因对将领乐毅不满，而中齐国将领田单的反间计，以骑劫代替乐毅担任主帅，结果致使燕军大败，骑劫战死，燕国丢失所占领的齐国土地。

⑫ 虎视：如老虎般极为凶猛的注视。

⑬ 不禄：死的委婉说法，指亡国。

⑭ 盈虚：月之圆缺，指盛衰成败。

⑮ 环沓：循环往复。

⑯ 奄：覆盖。

⑰ 代续：一代代地赓续。

⑱ 已然：已经如此。

⑲ 毕究：穷究，深入研究。

⑳ 邃古：远古。

重曰[①]：隆隆[②]三伏[③]，铄[④]金石兮。如羹[⑤]如沸[⑥]，行路喙兮。道思[⑦]作诵，轸[⑧]尔类兮。南有乔木[⑨]，不可以憇[⑩]兮。念我徂征[⑪]，日憔悴兮。含精内蚀[⑫]，世莫可说兮。

乱曰：已矣哉！凤鸟之不时，与燕雀类兮，横海[⑬]之鲸，固不为蝼蚁制兮。诚解三面之网〔六十二〕纲[⑭]，吾宁溘[⑮]死于道路而不悔兮。

娄奎[⑯]：朔方风俗赋

西夏有元虚[⑰]居士，贤而隐。文子偕华先生客夏，耳其名，以刺谒[⑱]之。款叙[⑲]既

---

① 重曰：再说道，是另起一层的意思。此处是借用《楚辞》的形式。

② 隆隆：形容程度很深。

③ 三伏：初伏、中伏和末伏的统称，是一年中最热的时节。每年出现在阳历七月中旬到八月中旬，其气候特点是气温高、气压低、湿度大、风速小。伏，表示阴气受阳气所迫藏伏地下。

④ 烁：熔化。

⑤ 羹：指五味调和的粘稠的浓汤。

⑥ 沸：开水。

⑦ 思：语气词，用于句首或句中，无实义。

⑧ 轸：悲痛。

⑨ 乔木：高大的树木。

⑩ 憇：音qì，同“憩”，泛指小睡、休息。

⑪ 徂征：音cú zhēng，出征，此处指远行。

⑫ 蚀：损伤，亏缺。

⑬ 横海：谓能横行海上。

⑭ 诚解三面之网纲：诚，假如，如果。解三面之网纲，把捕禽的网撤去三面，比喻采取宽大态度，给人一条出路。纲，提网的总绳。

⑮ 溘：突然地。

⑯ 娄奎：字应奎，明天台（今属浙江省）人。

⑰ 元虚：当作“玄虚”，避康熙皇帝讳改。

⑱ 刺谒：投名刺以求见。刺，名帖。谒，拜见。

⑲ 款叙：亲切叙谈。

已。文子乃称曰："盖闻过高唐者，必聆清商；游睢涣者，必观藻缋[①]。蒙蹑蹻[②]海内有年，所至处无不习交其贤豪长者，因获周知谣俗矣。语云：'百里不同风，千里不同俗。'君世家于夏，且翱翔文学之囿，栖迟[③]载籍之林，上烛往古，下镜来今，其于朔方建置之巅末[④]，洎[⑤]山川风物，毕载于腹，敢以为请，毋予靳[⑥]哉！"

居士谡尔興曰：仆也恂愗[⑦]，未尝苏[⑧]于故，间[⑨]从长老后，而窃闻其概[⑩]焉。夫草昧[⑪]方祛[⑫]，睢盱[⑬]无诘[⑭]〔六三〕。轩唐阐绎[⑮]，上哉敻[⑯]乎，靡得而究。已自姬王[⑰]命使

① 过高唐者，必聆清商；游睢涣者，必观藻缋：典出陈琳《为曹洪与魏文帝书》："盖闻过高唐者，效王豹之讴；游睢涣者，学藻缋之彩。"王豹，春秋时卫国人，善讴。《文选》李善注引《孟子》："淳于髡曰：'昔王豹处淇，而河西善讴；绵驹处高唐，而齐右善歌。'"则《与魏文帝书》以"绵驹"误作"王豹"，或以"河西"误作"高唐"，后人沿之。高唐，春秋时齐邑，在今山东省城县西南。清商，商声为古代五音之一，清商则比商调高半个音，古谓其调凄清悲凉。睢涣，《文选》李周翰注："睢涣，二水名。其处人能织藻缋绵绮，有游于此者，亦将学其风土所为也。"后人随以"游睢"谓学藻绘之彩。藻缋，彩色的绣纹，后指文辞、文采。

② 蹑蹻：音 niè juē，即"蹑蹻檐簦"的省略，指远行、跋涉。蹻，草鞋。簦，斗笠。

③ 栖迟：游息。

④ 巅末：从开始到末尾，谓事情的全过程。

⑤ 洎：音 jì，到，及。

⑥ 靳：吝惜。

⑦ 恂愗：音 xún mào，蒙昧无知貌。

⑧ 苏：取。

⑨ 间：间或，断续。

⑩ 概：梗概。

⑪ 草昧：蒙昧，未开化的时代。

⑫ 祛：消散。

⑬ 睢盱：音 suī xū，浑朴貌。

⑭ 诘：询问，追问。

⑮ 轩唐阐绎：黄帝轩辕氏和帝尧陶唐氏发展延续。

⑯ 敻：音 xiòng，久远。

⑰ 姬王：周王。

来城，嬴氏[①]因河为塞，权舆于葩经之咏〔六四〕[②]，昭著于太史之载。按职方[③]为雍州区，考天官分井、柳界[④]。甫要服[⑤]于中华，继编户于炎代[⑥]，启于青而筑于建，郡于汉而县于唐。为宋隋之州镇，为伪夏[⑦]之都邦。面阳明[⑧]而翼赤县[⑨]之卫，背阴陆[⑩]而抵户遂之防。右酒泉兮控引[⑪]，左云谷[⑫]兮相望。徼橹[⑬]星繁，雉堞云长，势形绣若，天险孔张[⑭]。洵[⑮]九围之[⑯]无匹，展四野之独臧[⑰]。

其山则贺兰[⑱]擅其奇，金积[⑲]标其胜，拓跋[⑳]之所避暑，瞿昙[㉑]之所演乘[㉒]。绵亘则

① 嬴氏：秦国。

② 权舆于葩经之咏：权舆，起始，萌发。葩经，典出韩愈《进学解》："《诗》正而葩。"后因称《诗经》为"葩经"。

③ 职方：古指职掌天下地方之官，《周礼·夏官》所属有职方氏，辨九州之國，内有"雍州"。

④ 井、柳界：古代占星家为了用天象变化来占卜人间的吉凶祸福，将天上星宿与地上的国州互相对应，按《史记·天官书》记载，东井、舆鬼二宿对应雍州，柳、七星、张三宿对应三河地区。

⑤ 要服：古五服之一，相传古代王畿以外按距离分为五服，一千五百里至二千里为要服。

⑥ 炎代：汉代。

⑦ 伪夏：西夏。

⑧ 阳明：光明，亦指向阳之面。

⑨ 赤县：华夏，中土。

⑩ 阴陆：背阴之面。

⑪ 控引：控制，掌握。

⑫ 云谷：云雾所笼罩的山谷。

⑬ 徼橹：顶部没有覆盖的远望楼。徼，巡逻，巡察。

⑭ 孔张：孔道伸张，比喻控制交通要隘。

⑮ 洵：诚实，实在。

⑯ 九围：九州。

⑰ 臧：美好。

⑱ 贺兰：山名。即贺兰山，位于宁夏。

⑲ 金积：地名。即今宁夏吴忠县。

⑳ 拓跋：拓跋氏，本为北魏皇族之姓，后改姓元。因西夏建立者李元昊以自己所属党项族为鲜卑拓跋之后，故此处拓跋实指西夏王族。

㉑ 瞿昙：本为释迦牟尼之姓，亦为佛的代称，后借指僧侣。

㉒ 演乘：讲授佛法。乘，佛教的教派或教法。

百舍不止，穹崇[1]则万寻[2]未竟。杰壁[3]霞构，攒峰[4]鹤立，邃壑[5]莽苍[6]，灵岑[7]崱屴[8]。根连金母之[9]瑶房[10]，椒载上清[11]之玉色。干[12]秋云而叵度[13]，碍朝日而行迟。猿不敢扳[14]，鸟不能飞。逖[15]而望之，讶[16]炼石兮撑碧落；就而仰之，犹鳌足[17]兮奠四维。至若黄草葳[18]焉欲衰，黑鹰翛[19]乎将翥[20]。伏地饮河，狼眠虎踞，特秀觜起[21]，敦邱[22]爪聚。登惸子而流览无穷，访天都[23]而难觅其处。

其水则漭漭渼渼[24]，汗汗沺沺[25]，黑水沃日，灵河涨天。方其趣[26]乎峡口，泻乎石

---

① 穹崇：高耸貌。
② 寻：古代的长度单位，一寻等于八尺。
③ 杰壁：高大，高耸的岩壁。
④ 攒峰：聚集的山峰。
⑤ 邃壑：深远的丘壑。
⑥ 莽苍：景色迷茫
⑦ 岑：小而高的山。
⑧ 崱屴：音 zè lì，山峰高大峻险貌。
⑨ 金母：西王母。
⑩ 瑶房：仙境里的玉屋。
⑪ 上清：上天，天空。
⑫ 干：犯。
⑬ 叵度：不可越过。
⑭ 扳：古通"攀"，攀援。
⑮ 逖：远。
⑯ 讶：惊奇，奇怪。
⑰ 炼石、鳌足：典出女娲补天故事，相传女娲炼五彩石补天，又折神鳌之足以撑四极。
⑱ 葳：草木茂盛，枝叶纷披下垂貌。
⑲ 翛：音 xiāo，无拘无束、自由自在貌。
⑳ 翥：鸟向上飞。
㉑ 觜起：像鸟喙一样的突起。觜（音 zuǐ），鸟嘴。
㉒ 敦丘：一层之丘。
㉓ 天都：古代传说上天帝王居住的地方。
㉔ 漭漭渼渼：水广大无边貌。渼，音 yǎo。
㉕ 汗汗沺沺：广大无际貌。沺，音 tián。
㉖ 趣：通"趋"，趋向，奔向。

濑[1]，旁薄[2]惊腾，轰豗[3]澎湃，山摧岳舞之势，排江倾海之派。及其寓安，流没追埼[4]。轧盘涌裔[5]，咸夷逦迤[6]。朔波凌湍，虹洞无纪[7]。环郛带郭[8]，散漫萦纡[9]。枝[10]而为渠，潴[11]而为湖。其为渠也，溢螮蝀[12]，驾螭虬，条分缕析，曲折周流。经城市而脉脉[13]，道浍洫[14]而滮滮[15]。溉千林之果蓏[16]，浸万顷之塍畴[17]。其为湖也，萑苇[18]之场，蒹葭[19]之薮[20]，皛皛[21]无垠，涵藏百有[22]，刍牧[23]者驰骛[24]，茭藁[25]者奔走。

---

① 石濑：水为石激形成的急流。濑，音 lài。

② 旁薄：亦作“旁礴”、“旁魄”，广大，宏伟。

③ 轰豗：众声喧阗。豗（音 huī），撞击声。

④ 埼：音 qí，弯曲的河岸。

⑤ 轧盘涌裔：水波广大腾涌貌。

⑥ 逦迤：连续不断，曲折连绵貌。

⑦ 虹洞无纪：相连没有终极。

⑧ 郛、郭：古代城圈外围的大城。

⑨ 萦纡：盘旋弯曲，回旋曲折。

⑩ 枝：支流。

⑪ 潴：水积聚。

⑫ 螮蝀：音 dì dōng，虹的别名，借指桥。

⑬ 脉脉：水流静缓连绵不断貌。

⑭ 浍洫：田间的水沟。

⑮ 滮滮：音 biāo biāo，水流貌。

⑯ 果蓏：蓏，音 luǒ。瓜果的总称。

⑰ 塍畴：泛指田地。塍（音 chéng），田间的土埂、小堤。

⑱ 萑苇：音 huán wěi，芦类植物。初生名“菼”，幼小时叫“蒹”，长成后称“萑”。

⑲ 蒹葭：芦苇。蒹为没长穗的芦苇，葭为初生的芦苇。

⑳ 薮：生长着很多草的湖泽。

㉑ 皛皛：皛，音 xiǎo。洁白明亮貌。

㉒ 涵藏百有：出产富饶。

㉓ 刍牧：指割草放牧。

㉔ 驰骛：奔走疾驰。

㉕ 茭藁：干草，牲畜饲料。

其产则溢池神液[1]，因风自生，调铛[2]济味，国计芘盈[3]。马芽地掬[4]，牦尾[5]沙寻，纑旄连丹[6]，三币五金[7]，旃裘胶革[8]，觔角豫章[9]，以全民用，作贡尚方[10]。土植有山矾[11]江离[12]，沙葱石竹，射干[13]雕胡[14]，流彝苜蓿。浅渚平原，菁菁郁郁。香有金钱，甘有青玉，枣实鸡心[15]，槐生兔目[16]。龙珠称百果之宗，乌稗[17]蕴七绝之淑。渌池[18]并蒂而荂，青门[19]合茎而熟。露长苴莲[20]，蔓孳蘡薁[21]。来禽种于汉苑，马乳抵于西域。蔷薇郁于东山，牡丹富于金谷。碧梧栖鸾凤之柯，金桃啄鹦鹉之肉[22]。荐雕

① 溢池神液：盐池。

② 铛：音 chēng，指烙饼或做菜用的平底浅锅。

③ 国计芘盈：国家的经济、国家的财富依靠其盈余。芘（音 bì），同“庇”，庇护。

④ 马芽地掬：马芽花随地可以采撷。马芽，即马芽花，紫苜蓿的俗称，为优良的饲料植物；掬，抓取。

⑤ 牦尾：疑为肉苁蓉，一种在沙漠树木梭梭根部的寄生植物，多出产于西北地区，是传统的名贵中药材，素有“沙漠人参”之誉。

⑥ 纑旄连丹：纑，苎麻。牦，牦牛尾。连，铅矿。丹，丹砂。

⑦ 三币五金：泛指各种玉石金属。三币，古指珠玉、黄金、刀币。五金，金、银、铜、铁、锡五种金属。

⑧ 旃裘胶革：旃，毛毡。裘，皮毛。胶，用兽筋熬制的胶。革，皮革。

⑨ 觔角豫章：觔同“筋”。角，兽角。豫章，枕木与樟木的并称，这里指大木材。

⑩ 作贡尚方：作为献给国家的贡赋。

⑪ 山矾：药用植物，根、叶、花均药用，叶可作媒染剂。

⑫ 江离：香草名，为伞形花科，有药用价值。

⑬ 射干：为多年生草本，植物根状茎药用，味苦、性寒、微毒，用于治疗扁桃腺炎及腰痛等症。

⑭ 雕胡：即茭白，一种称为“菰”的水生植物，果实就是“菰米”。

⑮ 鸡心：鸡心枣，状若鸡心，故名。

⑯ 兔目：槐树的新叶。

⑰ 乌稗：即乌椑，柿树的一种，其实色青黑。

⑱ 渌池：清澈的池塘。

⑲ 青门：瓜名，即甜瓜，又名“东陵瓜”。

⑳ 苴莲：即球茎甘蓝，二年生草本植物，又名苤蓝、玉蔓青。

㉑ 蘡薁：音 yīng yù，葡萄科葡萄属落叶藤本植物，浆果黑紫色，可以酿酒，茎的纤维可以做绳索。

㉒ 金桃啄鹦鹉之肉：此句似当作“鹦鹉啄金桃之肉”。典出杜甫《山寺》诗中“麝香眠石竹，鹦鹉啄金桃”句。金桃，相传为西域进献的一种水果。

俎[1]于芳筵[2]，莳琼[3]砌于华屋。兼以秋黄之苏[4]，白露之蔌[5]，益人之蒜，御饥之葍[6]。青稞胡麻，芗秔[7]美菽[8]，可酿可炊，粒珠颗玉。又枸檵[9]成林，蘦菖[10]若稼，干[11]不冬彫[12]，华[13]不寒谢，臾跗[14]咀之疗人，偓佺[15]炼之羽化。至于鳞虫羽族[16]，圹走[17]穴居。若《图经》[18]之所逸，若《尔雅》[19]之所无。指百詘[20]而未尽，剡[21]十袭而难书[22]。爰耳目之所睹记，衹能忆其大都。鼠珍貂鼺[23]，马异騊駼[24]。牴[25]突羱羜[26]，趫

① 雕俎：一种雕绘的木制礼器，祭享时以盛牺牲。

② 芳筵：美好的宴席。

③ 莳琼：美玉。莳，移植。琼，美玉。

④ 苏：植物名，即紫苏，嫩叶可调味，茎、叶等入药。

⑤ 蔌：音sù，蔬菜的总称。

⑥ 葍：音fú，一种多年生的蔓草，又名“小旋花”“面根藤儿”，地下茎可蒸食，有甘味。

⑦ 芗秔：音xiāng jīng，即“香秔”，一种有香味的粳米。秔，同“粳”。

⑧ 菽：豆类的总称。

⑨ 枸檵：植物名，即枸杞。

⑩ 蘦菖：蘦，音lìng，植物名，即甘草。菖，植物名，菖蒲的简称。

⑪ 干：枝干。

⑫ 彫：通“凋”，草木衰落。

⑬ 华：通“花”，花朵。

⑭ 臾跗：传说中黄帝的臣子，善医术。《淮南子》《韩诗外传》《说苑》等书中均有其事迹记载，或作“俞跗”“逾跗”“俞柎”。

⑮ 偓佺：音wò quán，神话传说中的仙人。

⑯ 鳞虫羽族：鳞虫，体表有鳞甲的动物，一般指鱼类和爬行类。羽族，鸟类。

⑰ 圹走：在旷野上奔走。圹，通“旷”，荒废。

⑱ 图经：附有图画、地图的书籍或地理志，又称图志、图记，此处特指《山海经》。

⑲ 尔雅：中国古代最早解释词义的专著，汉代学者缀辑而成，本三十篇，传至今为十九篇。

⑳ 詘：尽，穷尽。

㉑ 剡：音yǎn，举荐。

㉒ 袭：衣上加衣，引申为重迭。

㉓ 鼺：音liú，即竹鼠，似鼠而大，喜食竹根。亦称竹鼺。

㉔ 騊駼：音táo tú，北方产的一种毛色以青为主的野马。

㉕ 牴：同“羝”，公羊。

㉖ 羱：一种大角羊。羜，出生五个月的小羊。

捷[1]龙卢[2]。迒[3]足则三窟之兔，内[4]迹则九尾之狐。麝餐柏而香远，麖[5]戴玉而班[6]殊，趋则儦儦[7]，行则于于[8]。橐驼[9]可服，大武[10]善楼[11]，既以引重，亦以长驱。集观乘雁，蜚[12]睹双凫[13]，交精属玉[14]，旋目[15]庸渠。翪翪[16]之翼，鷕鷕[17]之雏，毵毵[18]之啄，鳦鳦[19]之呼。黄陵之庙，青草之湖，颉之颃之[20]，以游以娱。丁首莘尾[21]，鼓鬐[22]清流，跃瀺灂[23]兮为乐，啮荇藻[24]兮沈沈。问其名兮鰋[25]鲤，取不竭兮鲇鯈[26]。詹何[27]引兮

① 趫捷：音 qiáo jié，矫健敏捷。

② 龙卢：龙，音 máng。良犬。

③ 迒：音 háng，鸟兽的脚印。

④ 内：音 róu，同“蹂”，践踏。

⑤ 麖：音 jīng，马鹿。

⑥ 班：同“斑”，鹿身上的斑点或花纹。

⑦ 儦儦：音 biāo biāo，跑动的样子。

⑧ 于于：自得貌。

⑨ 橐駞：音 tuó tuó，骆驼，又作“橐驼”“槖驼”。駞，同“驼”。

⑩ 大武：牛，古代祭祀所用的牛称“一元大武”或简称“大武”。

⑪ 楼：音 lú，攒聚貌。

⑫ 蜚：通“飞”。

⑬ 凫：野鸭。

⑭ 交精属玉：交精、属玉，均为鸟名。典出司马相如《上林赋》：“鴐鹅属玉，交精旋目。”

⑮ 旋目：鸟名。

⑯ 翪翪：音 zhǎnzhǎn，迅飞貌。

⑰ 鷕鷕：音 yǎo yǎo，雉鸣声。

⑱ 毵毵：音 sān sān，细长貌。

⑲ 鳦鳦：音 yǐ yǐ，燕鸣声。鳦，燕子。

⑳ 颉之颃之：鸟上下翻飞。

㉑ 莘尾：长尾。典出《诗·小雅·鱼藻》：“鱼在在藻，有莘其尾。”莘，长貌。

㉒ 鬐：音 qí，通“鳍”。

㉓ 瀺灂：音 chán zé，水流声。

㉔ 荇藻：音 xìng zǎo，一种多年生水草。

㉕ 鰋：音 yǎn，鲇鱼。

㉖ 鯈：音 tiáo，同“鲦”，白鲦鱼。

㉗ 詹何：战国时道家，哲学家，楚国术士，曾用单股的蚕丝做成钓线在激流中钓鱼。此处借指钓者。

独茧，渔子泛兮孤舟。烟消日出兮欸乃[①]，聚緵罟[②]兮渡头。鲙饪红缕细[③]，味与丙穴[④]厹[⑤]。蒸尝以品，宾客用羞[⑥]。

其宫室则飞观[⑦]基诸元昊[⑧]，台榭[⑨]创自狄公[⑩]。崔嵬千祀[⑪]，故址犹崇。且郁郁[⑫]兮仙人之馆，矗矗[⑬]兮帝子之宫。兰堂[⑭]生雾，桂榭凌飚[⑮]，金坛[⑯]爌朗[⑰]，珠刹玲珑。

---

① 欸乃：音 ǎi nǎi，象声词，开船的摇橹声。

② 緵罟：音 zōng gǔ，网眼细密的渔网。

③ 鲙饪红缕细：鲙，同“脍”，细切的鱼肉。缕，细线。本句指切成的鱼片泛着红光。典出韩翃《宴杨驸马山池》“鲙下玉盘红缕细”句。

④ 丙穴：鱼名，泛指嘉鱼。典出左思《蜀都赋》：“嘉鱼出于丙穴，良木攒于褒谷。”

⑤ 厹：同“蹂”。

⑥ 羞：同“馐”，精美的食物。

⑦ 飞观：高耸的宫阙。

⑧ 元昊：即李元昊（1003—1048），党项拓跋氏，西夏开国皇帝。

⑨ 台榭：中国古代将地面上的夯土高墩称为台，台上的木构房屋称为榭，两者合称为台榭，亦泛指楼台等建筑物。

⑩ 狄公：即狄青（1008—1057），字汉臣，北宋名将，在对西夏的战争中多次取得胜利，曾建桥子谷城，筑建招安、丰林、新砦、大郎等城堡。

⑪ 千祀：千年。

⑫ 郁郁：兴盛，茂盛。

⑬ 矗矗：高峻貌，重叠貌。

⑭ 兰堂：芳洁的厅堂，厅堂的美称。

⑮ 飚：大风。

⑯ 金坛：道教供奉神仙的坛。

⑰ 爌朗：光明宽广。爌（音 kuàng），光明。

廊櫩[①]纚纚[②]，甍栋[③]隆隆[④]。疏[⑤]窈窕[⑥]而沙紫，琐翕赩[⑦]而泥彤[⑧]。文栌[⑨]华桷[⑩]，玉舄[⑪]镂题。笼以朱网[⑫]，覆以琉璃。照耀星汉，挥霍云霓。甲第[⑬]名园，参差城郭。户植羽葆[⑭]，门悬钟铎[⑮]。金波荡漾，丽景联络。舣[⑯]画鹢于围塘[⑰]，饰翠鹬[⑱]于帘箔[⑲]。市廛[⑳]孔道[㉑]，万落重闉[㉒]。青帘[㉓]飘雨，红楼[㉔]〔六五〕媚人。烟花不夜，歌管长春。陟丽谯[㉕]而睇眄[㉖]，第见[㉗]乎广厦之粼粼[㉘]。

---

① 櫩：同“檐”，屋檐。

② 纚纚：音lí lí，有次序。

③ 甍栋：音méng dòng，屋梁。

④ 隆隆：高，高起。

⑤ 疏：通畅。

⑥ 窈窕：幽深貌。

⑦ 翕赩：音xī xì，光色盛貌。

⑧ 彤：红色。

⑨ 文栌：带有花纹的斗拱。栌，柱头承托栋梁的短木。

⑩ 华桷：带装饰的椽子。桷，方形的椽子。

⑪ 玉舄：音yù xì，亦作“玉舄”，玉制的柱脚石。

⑫ 朱网：古时挂于殿阁或车箱中的装饰或防护。

⑬ 甲第：豪门贵族的宅第。

⑭ 羽葆：古代仪仗中以鸟羽联缀为饰的华盖。

⑮ 铎：大铃，形如铙、钲而有舌，古代宣布政教法令所，亦为古乐器。

⑯ 舣：音yǐ，停船靠岸。

⑰ 画鹢：船的别称。鹢，音yì，原为一种大鸟，古时画其像语船头，故又将船称作“画鹢”。

⑱ 翠鹬：翠鸟也。

⑲ 帘箔：帘子，多以竹、苇编成。

⑳ 市廛：廛，音chán。店铺集中的市区。

㉑ 孔道：大道，大路。

㉒ 重闉：音zhòng yīn，几重宫门或城门。

㉓ 青帘：旧时酒店门口挂的幌子，借指酒家。

㉔ 红楼：泛指华美的楼房。亦指妓院。

㉕ 丽谯：华丽的高楼。

㉖ 睇眄：顾盼貌。

㉗ 第见：但见。

㉘ 粼粼：明净貌。

其人则飞英[①]于国史之著，厕名于金柜[②]之藏。傅燮以黄金而取誉[③]，傅昭[④]以学府而流芳。宇文赫赫于弢略，侯程煜煜[⑤]于居丧。三史伟于行师，三傅神于折讼[⑥]。勋绩擅于乔梓[⑦]，功名炳于伯仲[⑧]。称豹变[⑨]则韩游瓌[⑩]，论汗马则史敬奉[⑪]。是皆人世之龙，尘寰之凤，遐迩景风[⑫]，今古雅重[⑬]。迨我明时，誉髦[⑭]尤众，忠者义者，孝者节者，有芝英[⑮]云气片藤拱璧[⑯]者，有黼黻[⑰]河汉[⑱]只语千金者，有娴儒雅而师表士林者，有持风裁[⑲]而正色立朝者，有倚剑崆峒抑天骄[⑳]之横者，有宁衔刀[㉑]都市不易虑以

① 飞英：比喻行文流畅。

② 金柜：亦作“金匮”，铜制的柜。古时用以收藏文献或文物，引申谓传之久远。

③ 傅燮：？—187年，字南容，北地灵州（今宁夏吴忠市）人。东汉大臣。在平定黄巾之乱中功勋卓著。后为汉阳太守，在凉州叛乱中战死，追谥“壮节侯”。

④ 傅昭：字茂远，南朝北地灵州人。晋司隶校尉傅咸七世孙，傅淡之子。仕南朝齐、梁。代表作品有《恭职北郊》等。

⑤ 煜煜：明亮貌。

⑥ 折讼：判决诉讼案件。

⑦ 乔梓：比喻父子。因乔木高，梓木低，而父位尊，子位下，故称父子为“乔梓”。

⑧ 伯仲：兄弟间排行的次序，形容才能相当，不相上下者。此处指兄弟。

⑨ 豹变：典出《周易·革》：“上六，君子豹变，小人革面。”指像豹纹般发生显著的变化，因幼豹长大退毛，然后疏朗焕散，其毛光泽有文采，以喻人的行为变好或势位显贵，

⑩ 韩游瓌：？—798年，灵州灵武（今宁夏灵武）人。唐朝名将。

⑪ 史敬奉：灵武（今宁夏吴忠）人。唐代将领。元和十四年（819）曾率唐军大破吐蕃于盐州城下，以此扬名。

⑫ 景风：指四时祥和之风，此处指声明播扬。

⑬ 雅重：非常敬重。

⑭ 誉髦：髦，音máo。有名望的英杰之士。典出《诗·大雅·思齐》：“古之人无斁，誉髦斯士。”

⑮ 芝英：传说中的瑞草。

⑯ 拱璧：大璧，泛指珍贵的物品。

⑰ 黼黻：音fǔ fú。绣有华美花纹的礼服，象征文章好，才华横溢。

⑱ 河汉：银河，比喻博大精深的事物。

⑲ 风裁：风宪，风纪，亦指刚正不阿的品格。

⑳ 天骄：因汉代人称北方匈奴单于为天之骄子，故后称某些北方强盛民族或其君主为“天骄”。

㉑ 衔刀：饮刀，指被杀害。

生者，有蝉蜕壒埃[1]而翔区外以舒翼者。丱角[2]而茂者云翔[3]，华颠[4]而彦[5]者鳞萃[6]。金貂右蝉[7]，缨緌绅佩[8]，嚄唶[9]之胄[10]，翩翩铃阁之前；偊旅[11]之儒，济济阙里[12]之内。鸿渐[13]肃雍雍之仪，虎螭[14]振桓桓之概[15]。冠盖[16]交于道途，轩马[17]填于阛阓[18]。譬犹钟山之阜[19]，泗水之汇，累圭璧不为之盈，采浮磬[20]不为之匮[21]。

---

① 蝉蜕壒埃：脱离尘世，避世。蝉蜕，幼蝉化为成蝉时所脱下的皮，比喻摆脱或脱离。壒埃（音 ài āi），亦作“埃壒”，尘土。

② 丱角：音 guàn jiǎo，头发束成两角形，旧时多为儿童或少年人的发式，借指童年或少年。

③ 云翔：像云一样高翔，比喻众多而四散。

④ 华颠：头发上黑白相间，指年老。

⑤ 彦：才德出众的人。

⑥ 鳞萃：亦作“鳞崒”，像鱼一样群集。

⑦ 蝉：古代的一种薄绸，薄如蝉翼。

⑧ 缨緌绅佩：典出蔡邕《郭有道碑文》：“缨緌之徒，绅佩之士，望形表而影附，聆嘉声而响和。”缨緌（音 yīng ruí），亦作“缨绥”，冠带与冠饰。绅，古代士大夫束腰的大带。佩，系在衣带上的玉饰。缨緌绅佩借指官位或有声望的士大夫。

⑨ 嚄唶：音 huò zè，大声呼叫，形容勇悍，亦借指勇悍之士。

⑩ 胄：帝王或贵族的子孙，泛指世系。

⑪ 偊旅：音 yǔ lǚ，身体弯曲貌，形容恭敬有礼。

⑫ 阙里：孔子居住的地方，借指儒学。

⑬ 鸿渐：典出《易·渐》，谓鸿鹄飞翔从低到高，循序渐进，后比喻仕进于朝的贤人。

⑭ 虎螭：虎与龙，比喻勇猛威武，这里指威武的武人。

⑮ 桓桓：高大威武貌。

⑯ 冠盖：官员的冠服和车乘，特指使者。

⑰ 轩马：车马。

⑱ 阛阓：音 huán huì，街市，街道。

⑲ 阜：泛指山，亦形容丰富，富有。

⑳ 浮磬：音 fú qìng，水边一种能制磬的石头。

㉑ 匮：少，匮乏。

其俗则四民[①]杂居，五技赘聚[②]，獶石洒削[③]，甄冶[④]古铸。日者[⑤]星人[⑥]，觋史驵侩[⑦]，与夫俳伶优侏[⑧]之侪[⑨]，咸旁午[⑩]而交臂[⑪]。自高门鼎贵，下比齐民，靡不羹鲜饮凿，茹毳含醇[⑫]。曼揄[⑬]被服，轻暖绵纯。当夫春日载阳，布谷[⑭]催种，民狎[⑮]其野，耙锄并用，室无悬器，田无剩壅[⑯]。新景鬯韶[⑰]，华明锦轴[⑱]〔六六〕。则有弱冠[⑲]王孙，

① 四民：旧称士、农、工、商为四民。

② 五技赘聚：汇集各种技能。五技，本指多能而不精一技，此处指各种技艺。赘聚，会聚。

③ 獶石洒削：典出《庄子·徐无鬼》："郢人垩漫其鼻端，若蝇翼，使匠石斫之。匠石运斤成风，听而斫之，尽垩而鼻不伤。"及《汉书·扬雄传下》："獶人亡，则匠石辍斤而不敢妄斲。"獶，音náo，古代善于涂刷墙壁的人。石，石匠。

④ 甄冶：烧制陶器和熔炼金属。

⑤ 日者：中国古代观察天象的人。

⑥ 星人：占星者。

⑦ 觋史驵侩：觋，音xí，男巫，泛指巫师。史，史官，中国古代掌管天文历法和记载史事的官。驵侩，音zǎng kuài，马匹交易的经纪人，后泛指经纪人、掮客。

⑧ 俳伶优侏：泛指各种表演艺人。俳伶，演杂戏的艺人。优，古代指演剧的人。侏，侏儒，古代常从事杂耍表演。

⑨ 侪：音chái，同类。

⑩ 旁午：交错纷繁，到处。

⑪ 交臂：接交。

⑫ 茹毳含醇：吃肉喝酒。茹毳，本指吃生肉，此处代指吃肉。茹，吃。毳，兽毛皮。醇，酒味厚，此处泛指酒类。

⑬ 曼揄：轻柔地挥动。

⑭ 布谷：杜鹃鸟。

⑮ 狎：亲近，接近。

⑯ 壅：用土或肥料培在植物的根部。

⑰ 鬯韶：美好繁荣。鬯，通"畅"，旺盛。韶，美好。

⑱ 华明锦轴：光亮明媚的天空。轴，同"宙"，天空。

⑲ 弱冠：古代男子二十岁行冠礼，表示已经成人，但体还未壮，所以称做弱冠，后泛指男子二十左右的年纪。

游闲公子，饰冠剑，联裀褥[①]，引类呼朋，吹竽搏筑[②]，走狗斗鸡，六博[③]蹋鞠[④]。驰逐于章台之红，嬉戏于郊圻之绿[⑤]。及序届朱明[⑥]，流金傲甚[⑦]，箑[⑧]制缃[⑨]轻，笋舒薤锦[⑩]。支公[⑪]于是乎手谈[⑫]，羲皇于是乎高枕。乃有武力鼎士[⑬]，络骇札柳[⑭]，诸伎毕逞，绝伦超丑[⑮]。金注觯浮[⑯]，争先竞首。农者戴蒲茆[⑰]，衣袯襫[⑱]，抱桔槔[⑲]，沃阡

① 裀褥：坐卧的垫具。

② 搏筑：击筑。筑，古代弦乐器，形似琴，有十三弦，演奏时，左手按弦的一端，右手执竹尺击弦发音。

③ 六博：又作陆博。中国古代民间一种掷采行棋的博戏类游戏，因使用六根博箸所以称为六博，以吃子为胜。

④ 蹋鞠：亦作“踏鞠”。古代一种用于习武、健身和娱乐的踢球运动。

⑤ 章台之红、郊圻之绿：沈义父《乐府指迷》：“说柳，不可直说破柳，须用‘章台’‘灞岸’等字。”因长安东有灞水岸边，水上有桥名为灞桥，送别多在此分手并折柳相赠，取其同音“留”意，故古代诗词中常以“章台”和“灞岸”代指柳。此处似用“郊圻”替换“灞岸”，“章台之红”与“郊圻之绿”则泛指春季郊外花红柳绿之处。

⑥ 序届朱明：时序到达夏季。届，到达。朱明，夏季。

⑦ 流金傲甚：比喻阳光充足，天气炎热。傲，厚。

⑧ 箑：音shà，扇子。

⑨ 缃：浅黄色的帛，此处泛指衣服。

⑩ 薤：音xiè，多年生草本植物，地下有鳞茎，鳞茎和嫩叶可食。

⑪ 支公：即晋高僧支遁，字道林，时人也称为“林公”，后泛称高僧为“支公”。

⑫ 手谈：围棋对局的别称。

⑬ 鼎士：力能举鼎的人。

⑭ 络骇札柳：络腮胡子和成绺的长胡子。骇，通“颏”，下巴。

⑮ 丑：同类。

⑯ 金注觯浮：金注，金制的酒注子。觯（音zhì），古时饮酒用的器皿，青铜制，形似尊而小，或有盖。

⑰ 蒲茆：草帽。茆（音máo），同“茅”，茅草。

⑱ 袯襫：音bó shì，古时农夫穿的蓑衣。

⑲ 桔槔：音jié gāo，亦作“桔皋”。井上汲水的工具。

陌，禾黍百里，藨蓘[①]矻矻[②]。行者出圃草之陂[③]，憩灌木之樾[④]。来封夷[⑤]之常羊[⑥]，忘祝融[⑦]之烁烈。疑[⑧]姗姗于画图[⑨]，僊仙仙[⑩]于阆阙。迄夫商吹[⑪]觱发[⑫]于林皋[⑬]，霄露[⑭]厌浥[⑮]于芊草[⑯]。翘然[⑰]劲者离披[⑱]，蔚然[⑲]茂者枯槁〔六七〕。万树千畦，生成垂实[⑳]。

① 藨蓘：音 biāo gǔn，耕耘和培育。藨，通“穮”。

② 矻矻：音 kū kū，辛勤劳作，勤劳不懈貌。

③ 陂：音 bēi，山坡，斜坡。

④ 樾：yuè，树荫 。

⑤ 封夷：古代神话传说中的风神，这里借指凉风。

⑥ 常羊：徜徉，逍遥。

⑦ 祝融：古代神话传说中的火神，这里借指炎热的天气。

⑧ 疑：类似，好像。

⑨ 姗姗：走路从容，不紧不慢貌。

⑩ 仙仙：轻盈飘逸貌。

⑪ 商吹：秋风。

⑫ 觱发：音 bì bo，寒风。

⑬ 林皋：树林高阜，即山林。

⑭ 霄露：云露。

⑮ 厌浥：音 yàn yì，潮湿。

⑯ 芊草：茂盛的野草。芊，草木茂盛貌。

⑰ 翘然：挺直貌。

⑱ 离披：分散下垂，纷纷下落貌。

⑲ 蔚然：繁荣貌。

⑳ 垂实：结下果实。

翦[①]摘芟获[②]，场圃[③]狼籍。离离[④]穰穰[⑤]，唪唪[⑥]硊硊[⑦]，于橐[⑧]于囊，盈篝[⑨]满槅[⑩]。豨膏棘轴[⑪]，衔尾相属[⑫]，塞于庄馗[⑬]，輷輷殷殷[⑭]，纵横络绎。已而贡禹[⑮]举，元英[⑯]莅，场功[⑰]竣，畚挶偫[⑱]，狐貂〔六八〕成，盖藏[⑲]既[⑳]。则见畜牧被野，风鬃雾鬣[㉑]，鱼目

① 翦：同"剪"。

② 芟：音 shān，原指铲除杂草，此处指收获。

③ 场圃：场地和园圃，指收获等农事。

④ 离离：井然有序貌。

⑤ 穰穰：五谷丰熟貌。

⑥ 唪唪：音 běng běng，结实累累貌。

⑦ 硊硊：音 wéi wéi，堆积貌。

⑧ 橐：口袋。

⑨ 篝：可盛物的竹笼。

⑩ 槅：音 gé，古代一种盛食物的器具。

⑪ 棘轴：棘木做的车轴，此处指拉货的车辆。

⑫ 衔尾相属：马嚼子接着马尾巴，形容一个紧跟着一个，成单行前进。衔，马嚼子。属（音 zhǔ），连缀，接连。

⑬ 庄馗：四通八达的道路。馗，同"逵"，大路。

⑭ 輷輷殷殷：音 hōng hōng yīn yīn。形容车声、雷鸣等巨大的声音。

⑮ 贡禹：即《禹贡》。《尚书》中的一篇，古代学者以其为大禹所制九州贡赋之法，此处借指各种贡赋。

⑯ 元英：即"玄英"，指冬天。避康熙皇帝讳改。

⑰ 场功：指修筑场地和翻晒、脱粒等农事。功，工作。

⑱ 畚挶：音 běn jú。盛土和抬土的工具，泛指土建工具。偫：音 zhì，具，完备。

⑲ 盖藏：贮藏。

⑳ 既：完毕，完结。

㉑ 风鬃雾鬣：形容骏马奔跑时鬃鬣犹如风雾般飘浮。

龙文，蒲梢汗血[①]，兰筋权奇[②]，群奔互啮，抉壑斸[③]山，元〔六九〕黄杂遝[④]。于是赳赳矫矫[⑤]之士，臂夏服手，乌号罘削[⑥]，格载畋獠[⑦]，星流景集，飙奋霆击[⑧]，决眦[⑨]弇心[⑩]。覆草蔽地[⑪]，冤伏陵窘[⑫]，充轫车骑，无飞不有，靡走不备。伏腊岁时，[⑬]迎釐[⑭]

---

① 鱼目龙文，蒲梢汗血：均为西域良马名。典出《汉书·西域传》："蒲稍、龙文、鱼目、汗血之马充于黄门。"杜甫《画马赞》："鱼目瘦脑，龙文长身。"故"鱼目""龙文"亦指马的头型和体态。"蒲捎"，亦作"蒲稍"，指深灰色的马。

② 兰筋权奇：典出李白《天马歌》："兰筋权奇走灭没"句。兰筋，马目上部的筋名，筋节坚者能行千里，因之为骏马的代称；权奇，多形容良马善行。

③ 斸：音zhú。大锄，引申为挖、砍。

④ 元黄杂遝：众多毛色的马匹混杂一起。元黄，即玄黄，泛指颜色。杂遝（音zá tà），亦作"杂沓"，众多杂乱的貌。

⑤ 赳赳矫矫：勇武矫健貌。

⑥ 乌号罘削：弓箭与捕兽的网。乌号，传说为黄帝所用过的弓，后泛指良弓。罘削，捕兽网。罘（音mǒu），网。

⑦ 格载畋獠：格，来到，到达。载，语助词，嵌在动词前边。畋獠，田猎。畋（音tián），打猎。獠（音liáo），夜猎，亦泛指打猎。

⑧ 星流景集，飙奋霆击：典出陈琳《为曹洪与魏文帝书》："星流景集，飙雷霆击，长驱山河，朝至暮捷若今者也。"星流景集，像流星飞驰，影子汇聚，形容行动迅速。飙奋霆击，像狂风劲吹，迅雷猛击，形容猛烈迅疾。

⑨ 决眦：亦作"决眥"。睁裂眼角，形容张目极视的样子。

⑩ 弇心：射中心脏。典出《史记·苏秦列传》："远者括蔽洞胸，近者镝弇心。"

⑪ 覆草蔽地：描写猎物藏于草中，躲于地下。

⑫ 冤伏陵窘：典出枚乘《七发》："履游麕兔，蹈践麖鹿，汗流沫坠，冤伏陵窘。"比喻动物被追得四处躲藏，走投无路。冤伏，屈伏。陵窘，窘迫。

⑬ 伏腊：亦作"伏臈"。古代两种祭祀的名称，"伏"在夏季伏日，"腊"在农历十二月，亦泛指节日。岁时：一年，四季。

⑭ 迎釐：祭神。釐（音xī），胙肉，祭过神的福食。

赛社[①]，人事纷拏[②]，莫可覼缕[③]。夫夏之黔黎[④]，既尠[⑤]呰窳逋荡[⑥]，夏之土壤，又尽膏腴美利。此所以丰乐甲于关中，声称[⑦]浃乎宇内也。

文子曰："美哉，边陲若此者罕矣！"

居士曰："未也。青铜之峡[⑧]，雷斧劈划，断山为两，冲流激石。招提[⑨]百座，森耸[⑩]乎其上；桧柏千章[⑪]，掩映乎其侧。莎罗之峰，嵯峨万仞，三泉地涌，渟泓[⑫]〔七十〕澄澖。精爽[⑬]招徕[⑭]乎远近，膏泽[⑮]偏敷于灵蠢[⑯]。西山屹秀，翠若薄苔，惟绝巘[⑰]之积雪，历四时而不开。即溽暑[⑱]兮伊郁[⑲]，常色泽兮皑皑。牛首飞霞，洞天弘〔七一〕敞。天下之苾刍[⑳]蜂合[㉑]，四外之泥緪[㉒]斗仰。其中有龙渊喷玉，石罅珠溅，若倒囊与倾

① 赛社：古代的遗俗之一，源于周代十二月的蜡祭，在农事结束后，陈列酒食祭祀田神，并相互饮酒作乐。

② 纷拏：纷乱错杂。拏，音ná。

③ 覼缕：音luó lǚ，详述。

④ 黔黎：黎民百姓。

⑤ 尠：音xiǎn，罕有。

⑥ 呰窳逋荡：游手好闲。呰窳，音zǐ yǔ，懒惰。逋荡，音bū dàng，散漫游荡。

⑦ 声称：名声。

⑧ 青铜峡：宁夏平原中部的黄河峡谷，位于今宁夏吴忠市。

⑨ 招提：梵语，音译为"拓斗提奢"，省作"拓提"，后误为"招提"，指寺院。

⑩ 森耸：高耸。

⑪ 章：棵，根。

⑫ 渟泓：积水深貌。

⑬ 精爽：精神。

⑭ 招徕：招揽。

⑮ 膏泽：精华。

⑯ 灵蠢：生灵。

⑰ 绝巘：音jué yǎn，极高的山峰。

⑱ 溽暑：暑湿之气，指盛夏。

⑲ 伊郁：聚而不散貌。

⑳ 苾刍：音bì chú，亦作"苾蒭"，即比丘，本西域草名，梵语以喻出家的佛弟子。

㉑ 蜂合：如群蜂聚集。

㉒ 泥緪：音gēng，穷苦平民。

瓮，贯桐枝兮为线，放远池兮犹沸，当祁冬兮可湔[①]。及气肃天高[②]，撼石动地，则曰“灵武秋声”。青鬣入云，素华[③]涵影，则曰“玉关白雪”。沙明水映，乾坤锦灿，则曰“羚羊落照”。疏星的历[④]，乍见乍没，则曰“石空夜火”。望之则有，即之则无，此官桥之奇木也。明河在天，星斗在地，此月湖之殊景也。表立则顺，影堕则逆，此浮图之幻迹也。晴日钟鸣，风雨镛振[⑤]，此沙关之异响也。以至灵豨变兮吉善臻，神驹刷兮夜光炽，元兔[⑥]进兮飞龙闲，金牛现兮白马寺。秋童儷躅[⑦]于刘晨[⑧]，安门媲德于公艺[⑨]。朱大夫齐名于谪仙[⑩]，程先生等节于孔伋[⑪]。靖王[⑫]有东平[⑬]、河间之风[⑭]，仇侯有嫖姚[⑮]、车骑[⑯]之绩。斯亦殊尤绝轨[⑰]也，宁非世之所稀觌[⑱]。”

---

① 湔：音jiān，濯。

② 气肃天高：形容秋日晴空高朗，气候凉爽宜人。

③ 素华：白色的花，此处借指雪花。

④ 的历：光亮、鲜明貌。

⑤ 镛振：像大钟一样振响。镛（音yōng），大钟。

⑥ 元兔：当作“玄兔”，避康熙皇帝讳改。

⑦ 儷躅：等同，相似。儷，同“俪”，并、同。躅（音zhú），足迹。

⑧ 刘晨：东汉时期仙人。返天台山寻访仙女，行迹渺然，其事见刘义庆《幽冥录》。

⑨ 公艺：即张公艺（578—676），郓州寿张（今河南台前县孙口乡桥北张村，一说今山东阳谷县寿张镇）人。历北齐、北周、隋、唐四代，家族九辈同居，合家九百人，是历史上治家有方的典范。

⑩ 谪仙：原指神仙被贬入凡间后的一种状态，引申为才情高超、清越脱俗的人物。中国历史人物中，汉朝的东方朔，唐朝的李白、杜甫，宋朝的苏轼等极有才能的文人，都曾被称为谪仙。

⑪ 孔伋：字子思，尊称“子思子”“述圣”，孔子之孙、孔鲤之子。战国时期著名的思想家。儒家的主要代表人物之一。

⑫ 靖王：即明代藩王朱栴（1378—1438），朱元璋第十六子，封地庆阳，谥曰靖，故史称庆靖王。一生乐于吟诗填词、选文撰志、成就斐然，被誉为“才子王爷”。

⑬ 东平：东汉东平宪王刘苍（？—83），东汉光武帝刘秀之子，汉明帝刘庄同母弟弟，以贤良文采著称。

⑭ 河间：西汉河间献王刘德（前171—130年），汉景帝刘启第二子，汉武帝刘彻异母兄，以搜求天下遗书，广招天下贤士，弘扬儒学著称。

⑮ 嫖姚：即霍去病。因其曾任剽姚（嫖姚）校尉、骠骑将军，故称。

⑯ 车骑：即窦宪。因其曾任车骑将军，故称。

⑰ 殊尤：特别优异。绝轨：犹远迹，指先贤的事迹。

⑱ 稀觌：觌，音dí。罕见。

文子叹曰："伟哉！不谓[①]西夏有此。"

曹琏[②]：朔方形胜赋

繄[③]夏州之大郡，实陕右之名邦。当三边[④]之屏翰，辟千里之封疆。廓冈阜而为垣，浚川泽而为湟[⑤]。角[⑥]鼋鼍[⑦]而为道，卧螮蝀[⑧]而为梁。带河渠之重沮，奠屯戍之基张。垦良田之万顷，撑乔木之千章。盐池滉瀁[⑨]渎其隈[⑩]，菊井[⑪]馥郁馨其傍。桑梓相接，栋宇相望，若率土[⑫]而论其边陲，则非列郡之所拟方也。

今焉载瞻[⑬]其四维[⑭]也，汉陇蟠[⑮]其西，晋洛梗[⑯]其东，北跨沙漠之险，南吞巴蜀之雄。山奔突[⑰]而若驰，水旋绕如环雍[⑱]。邝遐郊其坦夷[⑲]，耸孤城之崇窿[⑳]。内则敞

① 不谓：不料，想不到。

② 曹琏：字廷器，明永兴（今属湖南）人。明代官员、诗人。宣德四年（1429）解元，以诗魁省试，历任国子监学正、河南提学佥事、陕西按察副使、大理寺少卿等职。著有《裕斋集》。

③ 繄：音yī，助词，用于句首或句末，表语气。

④ 三边：刘献廷《广阳杂记》载："明三边总制驻扎固原，军门为天下第一，堂皇如王者。其照墙画麒麟一、凤凰三、虎九，以象一总制、一巡抚、九总兵也。河西巡抚驻甘州，河东巡抚驻花马池，陕西巡抚驻西安。甘、肃、凉、西宁、宁夏、延绥、神道岭、兴安、固原，各一总兵。"

⑤ 湟：城池，护城河。

⑥ 角：平，使平。

⑦ 鼋鼍：音yuán tuó。大鳖和猪婆龙（扬子鳄）。

⑧ 螮蝀：音dì dōng。亦作"蝃蝀"。虹的别名，又借指桥。

⑨ 滉瀁：音huàng yǎng。水深广貌。瀁，通"漾"。

⑩ 隈：音wēi。山水等弯曲处。

⑪ 菊井：种植菊花之处。

⑫ 率土："率土之滨"之省，谓境域之内。

⑬ 载瞻：查看。载，词缀，嵌在动词前。

⑭ 四维：四方。

⑮ 蟠：盘曲，盘结。

⑯ 梗：阻塞。

⑰ 奔突：横冲直撞，奔驰。

⑱ 环雍：如环绕辟雍一般。雍，即辟雍，本为西周天子所设大学，校址圆形，围以水池，前门外有便桥。

⑲ 坦夷：平坦貌。

⑳ 崇窿：高耸貌。

街衢兮辐辏[①]，纷舆马兮交通[②]。外则经沟塍兮刻镂，畇原隰[③]兮腴丰。

任土作贡[④]而域雍兮[⑤]，星分井鬼[⑥]，罢侯置守而隶灵[⑦]兮，民杂汉戎。出河朔山川之外，临藩落境界之中。青窥华岳[⑧]之隐隐，翠挹岷峨[⑨]之重重。遥跻西岭之屹屹，近俯东湖之溶溶。营兴广武[⑩]，坊旌效忠。坝滨积石，关迩临潼。桥横通济兮，接宾之铺连栋。园开丽景兮，望春之楼凌空。澹清潭兮，天光云影。翠秀色兮，绿水芙蓉。赫连[⑪]春晓兮，日烘桃李。灵武秋高兮，风坠梧桐。残阳夕照荒垌[⑫]兮，落花啼鸟。飞瀑暗悬峭壁兮，玉涧垂虹。辘轳[⑬]咿轧兮，影落芦沟之夜月。渔歌欸乃兮，响穷古渡之秋风。于是高台日上，长塔烟浮。晴虹之影乍弄，蒲牢[⑭]之声初收。

---

① 辐辏：车辐凑集于毂上，比喻人或物集聚一处。

② 交通：往来通达。

③ 畇原隰：典出《诗·小雅·信南山》："畇畇原隰，曾孙田之"句。畇（音yún），平坦整齐，指已开垦田地；原隰（音xí），新开垦的田。

④ 任土作贡：依据土地的具体情况，制定贡赋的品种和数量。《尚书 禹贡》序说禹在画九州的同时，让被征服的部落根据土地的肥沃程度缴纳贡赋，为"任土作贡"。

⑤ 域雍：地处雍州。

⑥ 井鬼：秦分野，属雍州。古代占星学认为，人间祸福同天上星象有关系，因此，根据星辰的十二星次（二十八星宿）将地上的州、国划分为十二个区域，使二者相对应，并据某一天区星象的变异来预测、附会相应地区的吉凶。这种划分，在天称"十二分星"，在地称"十二分野"。

⑦ 灵：即灵州。故城在今宁夏灵武县西南。始设于北魏，代有迁改。

⑧ 华岳：华山。

⑨ 岷峨：岷山和峨眉山。

⑩ 广武：地名，即广武营，在山西雁门关北二十里，明洪武七年（1374）创置，亦曰广武城（陉、站），距今宁夏青铜峡市小坝镇三十公里。

⑪ 赫连：少数民族姓氏。十六国时，南匈奴铁弗部勃勃称大夏天王，自称赫赫连天，以赫连为氏。赫赫连天在位约十九年，据有河套之地，南抵三城（今陕西延安）和高平（今宁夏固原）。此处指赫连勃勃建立的果园。郦道元《水经注》："河水又北薄骨律镇城。在河渚上，赫连果城也。"《元和郡县图志》：灵州"城赫连勃勃所置果园，今桃李千余株，郁然犹在。"

⑫ 荒垌：荒郊。垌（音jiōng），都邑的远郊。

⑬ 辘轳：安在井上绞起汲水斗的器具。

⑭ 蒲牢：古代传说中的一种生活在海边的兽，据说它吼叫的声音非常宏亮，故古人常在钟上铸上蒲牢的形象。

大河之水未波，蠡山[①]之云不流。蔼华实之蔽野，漫黍稷之盈畴。石关雪积兮，银铺曲径。汉渠[②]春涨兮，练拖平邱〔七二〕。骐骥如云兮，花马之池[③]。鳟鲫盈肆兮，应理之州[④]。平罗城[⑤]兮执讯获丑[⑥]。鸣沙州[⑦]兮落雁浮鸥。城倾黑水[⑧]兮，颓雉残堞。津问黄沙兮，短棹[⑨]轻舟。神槎[⑩]湮兮，犹存博望[⑪]之迹。石硖[⑫]凿兮，尚传大禹之游。高塜[⑬]巍峨兮，元昊之魂已冷。古刹煨烬[⑭]兮，文殊[⑮]之像常留。表贺献俘而忠贯日月兮，唐将之精灵耿耿书。抗伪号[⑯]而名重邱〔七三〕山兮，宋贤之遗韵悠悠。此名天下，播海陬[⑰]，而为西夏之胜概，可与江南之匹俦[⑱]者。

---

① 蠡山：山名。在今宁夏吴忠市同心县境内，是宁夏三大天然林区之一。蠡，音 luó。

② 汉渠：渠名。宁夏平原上灌溉农田的引水渠，其开凿可以追溯到秦汉时期，故称。

③ 花马池：明代宁夏镇重要关堡，亦称花马池营，治今宁夏盐池县城关。

④ 应理州：地名。西夏置应理县，元太祖二十一年（1226）升应理州，明永乐元年（1403）改置宁夏中卫。在今宁夏中卫市区。

⑤ 平罗城：即“平虏城”，治所在今宁夏平罗。

⑥ 执讯获丑：典出《诗·小雅·出车》：“执讯获丑，薄言还归”。执讯，对所获敌人加以讯问。获丑，俘获敌众。

⑦ 鸣沙州：地名。在今宁夏中宁县鸣沙镇。

⑧ 黑水：即黑水城。西夏城名，在今内蒙古额济纳旗东北，西夏十二监军司之一黑山威福司治所。最初是因额济纳河而得名。“额济纳”，西夏党项族语，意为“黑水”，该河来源于祁连山的雪水。黑水城，位于额济纳河下游的巴丹吉林沙漠的边缘地带，因旁有黑水河流过，遂取名黑水城。

⑨ 棹：摇船之用具。

⑩ 槎：同“楂”，木筏 。

⑪ 博望：汉置县名，治所在今河南省方城县西南。汉武帝曾封张骞为博望侯，故“博望”亦借指张骞。此处所指乃“张骞泛槎”的典故，《汉书》载张骞出使西域，寻黄河源头的事。张华《博物志》又记述有海边居民泛槎天河之事。后人将此二事牵合一起，遂有张骞泛槎至天河的传说，后人常以此典喻至神仙之境。

⑫ 石峡：今宁夏有石峡沟。

⑬ 塜：音 péng，同“塳”，尘土。

⑭ 煨烬：犹灰烬，燃烧后的残余。

⑮ 文殊：文殊师利的略称。佛教大乘菩萨之一，以智慧知名。

⑯ 伪号：指西夏称帝事。

⑰ 海陬：海隅，海角。

⑱ 匹俦：配得上的，比得上的。俦，同辈。

然犹未也，若乃考其四时也，春则杏坞、桃蹊[①]，霞鲜雾霭。秋则鹤汀[②]凫渚[③]，月朗风微。夏则莲濯碧沼之金波，娇如太液池[④]边之姬媵[⑤]。冬则柏傲贺兰之暗雪，癯若首阳山下之夷齐[⑥]。与夫观鹰鹯[⑦]之雄度，则凛凛乎周家之尚父[⑧]也。靓芝兰之葱蒨[⑨]，则奕奕乎谢庭[⑩]之子侄也。对松竹之森立，则挺挺乎汲黯[⑪]之刚直也。玩鸥鹭之莹洁，则皎皎乎杨震[⑫]之清白也。以至芳林莺语，柳榭蝉声，又有若回琴点瑟[⑬]之立夫孔楹也[⑭]。此皆玩耳目娱心志，而为西夏之美观，不减江南之佳致者。

是使骚人墨客硕士英贤，寻幽览胜，游乐流连，于以罗珍馔，列绮筵[⑮]，飞羽觞[⑯]，奏管弦〔七四〕，品题词藻，绣句锦篇，觥筹交错，屡舞仙仙，抚乾坤之坱圠[⑰]，

① 杏坞、桃蹊：杏树、桃树众多的地方

② 汀：水边平滩。

③ 渚：水中的小块陆地。

④ 太液池：古池名。汉太液池亦称蓬莱池，在长安建章宫北，今西安市西北。唐太液池在长安城大明宫北，今西安市北偏东。元、明、清太液池即今北京故宫西华门外的北海、中海、南海。元亦称西华潭，明又称金海。

⑤ 姬媵：音jī yìng，妾。

⑥ “癯若”句：癯，音qú，瘦弱。首阳山，又称雷首山，在山西省永济县南，传为伯夷、叔齐采薇隐居处。夷齐，夷，伯夷，商末孤竹君长子，齐，孤竹君次子。初，孤竹君以叔齐为继承人，孤竹君死后，叔齐让位，伯夷不受。后二人都投奔到周，又反对周武王进军讨伐商王朝。武王灭商后，他们又逃到首阳山，不食周粟而死。

⑦ 鹰鹯：鹰与鹯，比喻忠勇的人。鹯，音zhān，鹰鹞类猛禽，亦称“晨风”。

⑧ 尚父：即姜太公，本名吕尚，姜姓，字子牙。周文王称吕望为尚父，意为可尊尚的父辈。

⑨ 葱蒨：草木青翠茂盛貌。

⑩ 谢庭：谢安的门庭，喻指子弟优秀之家。

⑪ 汲黯：？—前112年，字长孺，濮阳人，西汉初名臣。为政以民为本，处世不究礼数，为安邦治国一忠耿之臣。

⑫ 杨震：59—124年，字伯起，东汉弘农华阴人。少好学，博览群经，时称“关西孔子”，历任荆州刺史、涿郡太守、司徒、太尉等职。安帝乳母王圣及中常侍樊丰等贪侈骄横，他多次上疏切谏，被樊丰所诬罢官，自杀。

⑬ 回琴点瑟：谓师生融融，寓教于乐的情景。

⑭ 孔楹：指学习的地方。

⑮ 绮筵：华丽丰盛的筵席。

⑯ 羽觞：古代一种酒器，作鸟兽状，左右形如两翼。

⑰ 坱圠：音yǎng yà，亦作“坱轧”。漫无边际貌。

扫亭障之烽烟，询古今于故老，稽成败于遗编[①]。方其王命南仲[②]，往城于方，此何时乎？迨汉郭璜[③]，缮城置驿，浚渠溉田，省费万计，盖一盛也。整居焦濩，侵镐及方[④]，此何时乎？迨唐李听[⑤]，兴仆举废，复田省饷，人赖其利，又一盛也。嗟夫！时有盛衰，治有隆替，天道循环，斯亦何泥。

方今圣主启运应符，丕建[⑥]人极，重熙[⑦]皇图。混车书于六合，覃恩威于九区。登斯民于怀葛[⑧]，跻斯世于唐虞。矧兹夏州超轶[⑨]往古，诗礼彬彬，衣冠楚楚，建学立师，修文偃武。尚陶匏[⑩]，贵簪组[⑪]，祛异端，御狎侮[⑫]。抑工商之浮华，敦士农之寒苦。沙漠尘空，闾阎[⑬]安堵。白叟黄童，讴歌鼓舞。熊罴[⑭]奋勇于阵行，麋鹿潜行于巢所。弓矢藏于服韔[⑮]，干戈戢于库府。而况荫土封者，惟德惟义，远超乐善之。

① 遗编：前人留下的著作。

② 南仲：周文王时将帅。受命到朔方筑城讨伐西戎。

③ 郭璜：东汉时人。《文献通考》：顺帝时，“谒者郭璜督促徙者，各归旧县，缮城郭，置候驿。既而激河浚渠为屯田，省内郡费岁一亿计。”

④ “整居”二句：典出《诗·小雅·六月》：“猃狁匪如，整居焦获。侵镐及方，至于泾阳。”焦濩，即“焦获”，湖泊名，又名瓠口，在今陕西泾阳县北。镐，地名，通“鄗”，非周朝的都城镐京。方：地名。

⑤ 李听：字正思，洮州临潭（今属甘肃）人。西平郡王李晟之子，凉国公李愬的兄弟，唐朝将领。《旧唐书·李听传》记载，唐宪宗元和十五年（820），灵都大都督长史、灵盐节度使李听谋屯田“以代转输”，主持疏浚“废塞岁久”的光禄渠，溉田千顷。

⑥ 丕：大。

⑦ 重熙：旧时称颂君主累世圣明。

⑧ 怀葛：无怀氏、葛天氏的并称。二人皆为传说中的上古帝王名，古人以为其世风淳朴，百姓无忧无虑。

⑨ 超轶：超越、胜过。

⑩ 陶匏：教化。

⑪ 簪组：冠簪和冠带，借指官宦。

⑫ 狎侮：轻慢，戏弄，常用以形容人物言行举止。

⑬ 闾阎：里巷内外的门，后多借指里巷。

⑭ 熊罴：皆为猛兽，喻勇士或雄师劲旅。

⑮ 韔：音chàng，弓袋。

东平握将柄者，有严有翼，端继为宪之吉甫[①]。予也一介之书生，敢拟韩范[②]之参伍，聊泚笔[③]而纪行，议者幸勿诮[④]〔七五〕其狂鲁[⑤]。

黄谏[⑥]：昆仑山赋

瞻彼西域，猗欤[⑦]昆仑。擘[⑧]地势以特起，指太清[⑨]而高蹲。控玉门以设险，涌朝宗[⑩]之河源。其方也里八百而可考，其高也数万仞而堪论。大鹏之翼，高举而莫及；都卢[⑪]之足，善缘而难升。其阴则坚冰厚凝，镜见人形，风气凛冽，寒不可胜。其阳则瀑布飞流，声震雷霆，群猿下饮，接臂流肱。

至若瑶池之水，粼粼涣涣[⑫]。有龟六足，有鳖三趾，游鱼吹波，超群鸥起。元〔七六〕圃[⑬]之中，广轮[⑭]莫拟，药阑[⑮]花槛，布縠散绮[⑯]。离娄[⑰]之明，殆不能视；隶

---

① 吉甫：指周宣王时贤臣尹吉甫，曾率师北伐犷狁，后代诗文中多以之作为贤能宰辅的典型。

② 韩范：指韩雍、范瑾，明代将领，时俱在边。

③ 泚笔：泚，音cǐ。以笔蘸墨。

④ 诮：音qiào，责备，讥笑。

⑤ 狂鲁：张狂鲁莽。

⑥ 黄谏：1403—1465年，字廷臣，号卓庵，又号兰坡，庄浪卫（今甘肃永登县）人。明正统七年（1442）探花，授翰林院编修，迁侍读学士。著有《书经集解》《诗经集解》《使南稿》《从古正义》《兰坡集》《兰县志》等。

⑦ 猗欤：亦作“猗与”，叹词，表示赞美。

⑧ 擘：音bò。分开，剖裂。

⑨ 太清：天空。

⑩ 朝宗：比喻小水流注大水。

⑪ 都卢：古国名，在南海一带，国中之人善爬竿之技。

⑫ 涣涣：水满盈貌。

⑬ 元圃：传说中昆仑山顶的神仙居处，中有奇花异石。元，即玄，通“悬”，避康熙皇帝讳改。

⑭ 广轮：土地的面积。

⑮ 药阑：庭园中芍药花的围栏，亦泛指一般花栏。

⑯ 布縠散绮：繁华富贵貌。縠（音hú），皱纱，用细纱织成的皱状丝织物。绮，有文彩的丝织品。

⑰ 离楼：传说中的视力特强的人。

首[①]之数，亦不可记。木则琪玕[②]参差，文玉[③]森然；琅玕[④]子实，如玉且圆。豫章[⑤]松桧，枫梧楩柟[⑥]；山柿女桑[⑦]，木犀[⑧]秋香。冬青[⑨]万年，蓊郁翳荟[⑩]，亘地连天。草则朱英[⑪]玉芝[⑫]，幽兰芳蕙[⑬]，枸杞根灵，薇菜[⑭]可茹[⑮]。丛卉灌芳，阜滋蕃庶[⑯]。其禽则女床[⑰]之鸾蹁跹[⑱]，丹穴之凤翔翥[⑲]。鸑鷟[⑳]双飞，鹔鷞[㉑]群舞。衔木精卫[㉒]，能语鹦鹉，散则霞开，止则云聚，自相喧聒，各得其所。兽则狒狒见人而叹，猩猩披发而

① 隶首：黄帝史官，始作算数，亦借指善算数者。

② 琪玕：美玉，此处相容珍异的树木。琪，美玉。玕（音 gān），即琅玕，像珠子一样的美石。

③ 文玉：即文玉树，传说中的五彩玉树。

④ 琅玕：神话传说中的仙树，其实似珠。

⑤ 豫章：传说中的一种树，一说即今之樟树。

⑥ 楩柟：pián nán，亦称“楩楠”。黄楩木与楠木，皆大木。楠同“柟”。

⑦ 女桑：小桑树。

⑧ 木犀：即“木樨”。常绿小乔木或灌木，开白色或暗黄色小花，有特殊的香气，可供观赏，亦可做香料，通称“桂花”。

⑨ 冬青：常绿乔木，叶子长椭圆形，边缘有浅锯齿，花小，白色，雌雄异株，核果椭圆形，红色。木材坚韧，种子和树皮可入药。

⑩ 翳荟：音 yì huì，草木丛密。

⑪ 朱英：朱草。

⑫ 玉芝：芝草的一种，又称白芝。

⑬ 芳蕙：香草名。

⑭ 薇菜：多年生草本植物，学名紫萁，又称牛毛广，俗称大巢菜、野鸡头、扫帚菜。

⑮ 茹：吃。

⑯ 阜滋蕃庶：繁盛众多。

⑰ 女床：山名。《山海经·西山经》：“西南三百里，曰 女床之山……有鸟焉，其状如翟而五采文，名曰鸾鸟。”张衡《东京赋》：“鸣女牀之鸾鸟，舞丹穴之凤皇。”

⑱ 蹁跹：亦“翩跹”，旋转的舞姿。

⑲ 翔翥：飞翔。

⑳ 鸑鷟：音 yuè zhuó，古代传说中的五凤之一。

㉑ 鹔鷞：音 sù shuāng，亦作“鹔鸘”。鸟名，雁的一种，颈长，羽绿。一说鹔鷞为传说中的西方神鸟。

㉒ 精卫：古代神话中鸟名。传说炎帝小女儿女娃，溺水而亡，化作精卫鸟，衔西山之木石以填海。

言。犛牛[①]体重，騉駼[②]轻儇。元[③]豹雾隐，文虎昼〔七七〕眠。貔貅[④]狮兕[⑤]，麋鹿麈[⑥]麃。熊罴[⑦]狻猊[⑧]，狐貂豵豜[⑨]。其所孔有[⑩]，不可殚焉。或遥涉乎蒸霞之水，或弄影于阆风[⑪]之颠，或群或友，儦儦俟俟[⑫]于种玉[⑬]之田。何奇不有，何异不储，乃上帝之下都，岂常人之所居。

轩辕之宫，王母之室，碧瓦鳞比，青琐[⑭]栉密[⑮]。画栋[⑯]飞虹，朱帘[⑰]炫〔七八〕日，高阁千寻，长廊万丈。赭垩[⑱]丹青[⑲]，杂以金碧[⑳]，适中乎文质，乃辉耀于今昔。是以仙乡留舄[㉑]之辈，缑山吹笙之徒[㉒]，崆峒之老，蓬莱之流，莫不驾云舆而是趋。于是

---

① 犛牛：犛，音máo。野牛，形状毛尾全同牦牛，但比牦牛大。

② 騉駼：騉，音kūn。即“騉蹄”，一种蹄平正、善登山的良马。

③ 元：当作“玄”，避康熙皇帝讳改。

④ 貔貅：别称“辟邪”“天禄”，古代神话传说的一种凶猛的瑞兽。

⑤ 兕：音sì。传说中的上古瑞兽，状如水牛，苍黑，一角；一说为犀牛。

⑥ 麈：音zhǔ。古书中记载的鹿一类的动物，其尾可做拂尘。

⑦ 罴：熊的一种，也叫棕熊、马熊或人熊，古称罴，毛棕褐色，能爬树游水。

⑧ 狻猊：音suān ní，传说中与狮子同类能食虎豹的猛兽。

⑨ 豵豜：豵音zōng，小猪，亦泛指小兽。豜，音jiān，三岁的豬，亦泛指大猪，大兽。

⑩ 孔有：所有。孔，甚、很。

⑪ 阆风：即“阆风岩”，又名石角岩。道教有“昆仑山三角，其一角干辰之辉，名曰阆风巅”之说。

⑫ 儦儦俟俟：音biāo biāo sì sì，行走跑动貌。典出《诗·小雅·吉日》：“儦儦俟俟，或羣或友。”

⑬ 种玉：形容雪景。

⑭ 青琐：装饰皇宫门窗的青色连环花纹，后借指借指宫廷，泛指豪华富丽的房屋建筑。

⑮ 栉密：密集排列犹如梳齿貌。栉，梳子和篦子的总称。

⑯ 画栋：有彩绘的栋梁楼阁。

⑰ 朱帘：红色帘子。

⑱ 赭垩：赤土和白土，古代用为建筑涂料。

⑲ 丹青：丹砂和青雘，两种可作颜料的矿物，因中国古代绘画常用此两种颜色，故又借指绘画。

⑳ 金碧：中国画颜料中的泥金、石青和石绿。

㉑ 留舄：驻留。舄，音xi，鞋子。

㉒ 缑山吹笙之徒：缑，音gōu。缑山，即“缑氏山”，位于今河南省偃师市东南二十公里的府店镇府南村。相传西王母姓缑，曾在此修练，故得名缑氏山，后简称缑山。又传周灵王王子乔（太子晋），好吹笙，随道士入山学道成仙，三十年余后，骑鹤在缑氏山头与家人会面。

王母开筵，侍以麻姑[①]，宓妃[②]鼓瑟，双成[③]吹竽。琼浆玉液，盛馔佳蔬，蟠桃异果，苾芬芳敷[④]。延周穆[⑤]于瑶席之上[⑥]，邀汉武于回邱[⑦]〔七九〕之隅。元〔八十〕冥[⑧]涤器，蓐收[⑨]司壶，少皞[⑩]行令，太白[⑪]操觚。劝酬[⑫]之礼既毕，羲和[⑬]趋御，而日色已晡[⑭]。岂特产奇瑰之物，招游燕之娱而已哉。尔乃质凝重厚，气钟[⑮]淳粹。静而有常，类仁者之寿；动以致用，方君子之不器。云从而起，雨从而致，休征[⑯]以时而若于焉，而发生乎万类也。

恭〔八一〕惟圣明，一统区宇，极地际天，咸施恩惠，海渎岳镇，各有典制。视伯视公，皆以次第咸秩，无文名山以祭兹山也，同海岳而效灵，故其功巨而不细。是以笃生贤良，而非止于一才一艺。乃拜手稽首而作颂曰：

大哉圣人之御世也！旰[⑰]亦未食，宵亦未寝也。治人礼神，各尽其义也。山岳效灵，而人才辈出，薄海内外，而皆享雍熙[⑱]之盛治也。

---

① 麻姑：神话中仙女名。

② 宓妃：宓，音fú。传说中的洛水女神。

③ 双成：即“董双成”，神话中西王母侍女名。

④ 苾芬：音bì fēn。祭品的馨香，泛指芬芳。

⑤ 周穆：即周穆王，姬姓，名满，周昭王之子，西周第五位君主。

⑥ 瑶席：瑶池的筵席，相传周穆王曾西行会西王母于瑶池。

⑦ 回邱：疑作“蓬丘”，即蓬莱山，古代中国神话传说中的地名。《十洲记》载汉武帝听西王母说海中有祖洲、瀛洲、玄洲、炎洲、长洲、元洲、流洲、生洲、凤麟洲、聚窟洲等十洲，便召见东方朔问十洲所有的异物，后附沧海岛、方丈洲、扶桑、蓬丘、昆仑五条。

⑧ 元冥：即玄冥，中国古代神话中的北方之神和水神，司冬。

⑨ 蓐收：即“蓐收”，中国古代神话中的西方神名，司秋。

⑩ 少皞：嬴姓，名挚，中国神话中的五方上帝之一，又称白帝，又作少昊、少皓、少颢，史称青阳氏、金天氏、穷桑、云阳氏或朱宣。一说其为玄嚣，为黄帝长子。

⑪ 太白：星名，即金星，又称长庚、启明，又为中国民间信仰及道教中的神仙。

⑫ 劝酬：互相劝酒，敬酒。

⑬ 羲和：中国古代神话中驾御日车的神。

⑭ 晡：音bū，傍晚。

⑮ 钟：集聚。

⑯ 休征：吉祥的征兆。

⑰ 旰：音gàn，晚。

⑱ 雍熙：和乐升平。

论

汉[①]

后汉书·西域传论

西域风土之载，前古未闻也。汉世张骞怀致远之略，班超奋封侯之志，终能立功西遐，羁服[②]外域。自兵威之所肃服，财赂之所怀诱，莫不献方奇，纳爱质，露顶肘行[③]，东向而朝天子。故设戊己之官[④]，分任其事；建都护之帅，总领其权。先驯则赏籝〔八二〕金[⑤]而赐龟绶[⑥]，后服则系头颡而衅北阙[⑦]。立屯田于膏腴之野，列邮置[⑧]于要害之路。驰命走驿，不绝于时月；商胡贩客，日款[⑨]于塞下。其后甘英乃抵条支而历安息，临西海[⑩]以望大秦[⑪]，距玉门、阳关者四万余里，靡不周尽焉。若其境俗性智〔八三〕之优薄，产载物类之区品，川河岭〔八四〕障之基源[⑫]，气节凉暑之通隔，梯山

---

① 汉：当作“宋”，《后汉书》为南朝宋范晔所撰，《甘肃通志》误列于汉。

② 羁服：羁縻使慑服。

③ 露顶肘行：俯伏则现出头顶，肘行谓爬行，意为臣服归顺。

④ 戊己之官：即戊己校尉，戊校尉、己校尉的统称，西汉政府管理西域屯田的官员，驻交河城（今新疆吐鲁番西北）。

⑤ 籝金：满箱笼的黄金。籝（音 yíng），竹制的箱笼。

⑥ 龟绶：印绶。龟为龟纽之印，即龟形的印。汉代银印为龟纽。绶，系印的丝带。汉代印章制度，皇帝玉印，王金印赤绶，公侯金印紫绶，官吏二千石银印青绶。

⑦ 系头颡而衅北阙：指悬首级于北阙，献首朝廷。头颡，头颅。颡（音 sǎng），额头。衅，本指用牲畜之血涂祭器物，此谓斩首流血。北阙，宫殿北面的门楼，此指朝廷。

⑧ 邮置：驿站。

⑨ 款：敲，叩。

⑩ 西海：青海湖古称，又称鲜水、鲜海、卑禾羌海。

⑪ 大秦：古国名，又名犁靬、海西。古代中国史书对罗马帝国的称呼。

⑫ 基源：本源。

栈谷，绳行沙度之道[①]，身热首痛，风灾鬼难之域[②]，莫不备写情形，审求根实。至于佛道神化，兴自身毒，而二汉方志[③]，莫有称焉。张骞但著地多暑湿，乘象而战，班勇虽列其奉浮图，不杀伐，而精文善法[④]导达之功，[⑤]靡所传述。余闻之后说[⑥]也，其国则殷乎中土，玉烛和气[⑦]。灵圣之所降集，贤懿[⑧]之所挺生，神迹[⑨]诡怪，则理绝人区，感验明显，则事出天外。而骞、超无闻者，岂其道闭往运[⑩]，数开叔叶[⑪]乎？不然，何诬异之甚也！汉自楚英[⑫]始盛斋戒之祀[⑬]，桓帝又修华盖之饰[⑭]。将微义未

① 梯山栈谷绳行沙度之道：艰险难行的道路。梯山，架梯攀缘险山。栈谷，架木通过险谷。绳行，牵拉绳索以通过山险。沙度，越过沙漠。

② 身热首痛风灾鬼难之域：《汉书·西域传》载，成帝时准备派使者去罽宾国，杜钦说到那里须"历大头痛、小头痛之山，赤土、身热之阪，令人身热无色，头痛呕吐，驴畜然。"王先谦《后汉书集解》引惠栋之说，据宋膺《异物志》，大头痛、小头痛之山在疏勒之西，渠搜之东，经过者身热头痛，夏不可行，行则致死，唯冬天可过，然亦呕吐。东晋高僧法显去天竺取经回国后撰的《佛国记》说到沙漠中的风灾鬼难，曰："沙河中多有恶鬼、热风，过则皆死，无一全者。"

③ 方志：记载四方地理、风土、人情等内容的著作。

④ 精文善法：指佛教经典及其教义等。

⑤ 导达之功：指佛教徒的自我修养佛性及向人说法劝人为善使人觉悟的方法。

⑥ 后说：范晔生活于刘宋时代，这时佛教已大行于中国，佛教经典已大量翻译。后说即指这些关于佛教的经典和著作。

⑦ 玉烛和气：四季天气和暖，无冬夏明显区别。《尔雅·释天》："四时和谓之玉烛。"

⑧ 灵圣、贤懿：指释加牟尼佛祖及其弟子们。

⑨ 神迹、感验：指佛经中记述的一些关于佛的神异故事。

⑩ 道闭往运：道，指佛教。闭，未流传开来。往运，从前的时运。

⑪ 数开叔叶：数开，行运，指佛教流行。数，命运。叔叶，叔世，衰乱的时代。佛教从魏晋后大行于中国，此时正是中国割据混乱的时代。

⑫ 楚英：即东汉楚王刘英，汉光武帝刘秀庶出之子，后因图谋取代汉明帝被废去王位，而后自杀，曾开创了中国最早的佛寺浮屠祠。

⑬ 斋戒之祀：指信奉佛教。

⑭ 华盖之饰：汉桓帝在宫中设黄老浮屠寺，祭黄帝、老子和佛。据司马彪《续汉书·祭祀中》，他往往亲祀，祭祀时"文厨为坛，设华盖之坐，用郊天乐也"。华盖，帝王或贵族所用的伞盖，装饰十分华丽，故称。

译，而但神明之邪？详其清心释累[①]之训，空有兼遣[②]之宗，道书[③]之流也。且好仁恶杀，蠲[④]敝崇善，所以贤达君子多爱其法焉。然好大不经[⑤]，奇谲[⑥]无已，虽邹衍[⑦]谈天之辩，庄周蜗角之论[⑧]，尚未足以概其万一。又精灵起灭[⑨]，因报相寻[⑩]。若晓而昧者，故通人[⑪]多惑焉。盖导俗无方[⑫]，适物异会[⑬]，取诸同归[⑭]，措夫疑说[⑮]，则大道通矣。

隋[⑯]

皇甫谧[⑰]：元〔八五〕守论

或谓谧曰："富贵人之所欲，贫贱人之所恶，何故〔八六〕委形[⑱]待于穷而不振〔八七〕

① 清心释累：忘掉世俗之虑，除去贪欲之累，这是佛教要义。

② 空有兼遣：空，佛教认为超脱世情现实这种境界就是"空"。有，固着于世情现实不能超脱就叫"有"。兼遣，不空不有、虚实两忘、物我皆无这种境界就叫"兼遣"。

③ 道书：指《老子》《庄子》一类的道家思想及著作。老庄思想之要义为"虚无"，故说佛教乃道家之流。

④ 蠲：除去，抛弃。

⑤ 好大不经：铺张、浮夸到不真实的程度。

⑥ 奇谲：奇特而有计谋。

⑦ 邹衍：战国齐人。阴阳家的代表人物。好发奇宏大论，阐阴阳五行与世事兴衰之关系。据《史记·孟子荀卿列传》，当时齐人称其为"谈天衍"。

⑧ 蜗角之论：指《庄子·则阳》中所述故事，谓蜗牛左角上有一国家叫触氏，右角一国叫蛮氏，两国相争大战，伏尸数万流血遍野，极想象夸张之能事。

⑨ 精灵起灭：佛教认为灵魂不灭，一切生灵包括人类都在不断轮回生死中变化，即"精灵起灭"。

⑩ 因报相寻：佛教认为，轮回变化是按"因果报应"进行的，人在今生修行做好事，来世就可转生天国；做坏事来生就会下地狱，做饿鬼，变畜生。

⑪ 通人：明达的人。

⑫ 导俗无方：开导教化世俗之人，不必固守一定的方法和理论。

⑬ 适物异会：以不同的方法来适合各种人情需要。

⑭ 同归：共同的指归，指对世道人心有益的旨趣、说教。

⑮ 措夫疑说：措，置。疑说，指佛教中为人不理解不赞同的说法。夫，助词，无意义。

⑯ 隋：当作"晋"，皇甫谧为汉末晋初时人，《甘肃通志》误作隋。

⑰ 皇甫谧：215—282年，幼名静，字士安，自号玄晏先生。安定郡朝那县（今甘肃省灵台县）人，后徙居新安（今河南新安县）。三国西晋时期学者、医学家、史学家，东汉名将皇甫嵩曾孙。

⑱ 委形：委屈自身。

乎？且道之所贵者，理世也；人之所美者，及时也。先生年迈齿变，饥寒不赡，转死沟壑，其谁知乎？”

谧曰：“人之所至惜者，命也；道之所必全者，形也；性形所不可犯者，疾病也。若扰全道[①]以损性命，安得去贫贱存所欲哉？吾闻食人之禄者，怀人之忧，形强犹不堪，况吾之弱疾乎！且贫者士之常，贱者道之实[②]，处常得实，没齿不忧，孰与富贵扰神耗精者乎！又生为人所不知，死为人所不惜，至矣！喑聋之徒[③]，天下之有道者也。夫一人死而天下号者，以为损也；一人生而四海笑者，以为益也。然则号笑非益死损生也。是以至道不损，至德不益。何哉？体足也[④]。如回[⑤]天下之念以追损生之祸，运四海之心以广非益之病，岂道德之至乎！夫惟〔八八〕无损，则至坚矣；夫惟〔八九〕无益，则至厚矣。坚故终不损，厚故终不薄。苟能体[⑥]坚厚之实，居不薄之真[⑦]，立乎损益之外，游乎形骸之表，则我道全矣。

宋

张方平[⑧]：屯田论

臣闻古者师役不逾时，无远征久戍之劳，宿军转馈[⑨]之费，故在三代无屯田之事。及秦、汉，务恢封略[⑩]。疲敝中夏，外事边疆。魏氏之后，吴、蜀鼎立。永嘉东徙[⑪]，遂成南北。天下割解，更相鄙薄。分疆占域，各分戍守。力穑之夫鲜，披甲之士众，旷日持久，兵势未解，而屯田之利惠兴矣。汉昭始调战射士，设屯于张掖；

① 扰全道：扰乱保全身体之道。

② “贱者”句：低贱是道的本质。

③ 喑聋之徒：哑口不言和耳聋不闻之人，喻对事物不闻不问，闭目塞听。喑，哑。

④ 体足：道德完备。体，道之体，即道德。

⑤ 回：与下句“运”义同，运转。

⑥ 体：体察，领悟。

⑦ 真：天性禀赋。

⑧ 张方平：1007—1091年，字安道，号“乐全居士”。北宋大臣，应天府南京（今河南商丘）人。仁宗朝，宋绶、蔡齐举茂才异等，历官至礼部尚书参知政事，以太子少师致仕，赠司空，谥文定。著有《乐全集》四十卷。

⑨ 宿军转馈：驻扎军队，运送军粮。

⑩ 封略：封界、边境。

⑪ 永嘉东徙：西晋永嘉五年（311），前赵君主刘聪派兵攻破洛阳，俘获西晋皇帝晋怀帝，史称“永嘉之乱”。永嘉之乱后，晋室南渡，定都建康（今南京）建立东晋。

充国[①]后击先零羌[②]，留佃于浩亹。魏武[③]之经略四方，取济许、颍[④]之积。晋氏之南征吴会[⑤]，仰给江淮之储。唐太宗既定天下，思欲散兵权，省国用，遂因隋制，相要冲以设府[⑥]，计隙地[⑦]而置屯。三时务农，一时讲武。居则有扞城之庸[⑧]，而廪食自足；动则备调发之籍，而戎〔九十〕事无废。及明皇[⑨]恃海宇之泰宁，承国力之全盛，府兵耗散，田莱不垦。后又停折冲府，立武士帐，于是乎罢丁兵而有正兵矣。宠将骄卒，坐而蠹[⑩]食。帑庾[⑪]虚竭，财用不赡。而商利侵刻[⑫]之臣，百方诛取。生人困瘁，渐至危乱，范阳构祸[⑬]，日寻干戈。代宗、德宗，专用姑息，自诸[⑭]方岳之任[⑮]，徒兼营田之名。荷戟之夫，箕踞[⑯]待哺。至宪宗时，有司上《元和国计簿》，校天下兵农之数，率以两户而资兵卒〔九一〕，人力凋敝，可举而知，天下兵农之业，遂离而不复焉。今国家之务，莫大于养兵。四圣同仁，恭俭慎德，靡游于逸于观于畋，念四方惟正之供[⑰]，悯小人作业之劳，节爱[⑱]惟微，啬用[⑲]罔小。然出纳之吝，在乎有司，刻

① 充国：即赵充国（前137—前52），字翁孙，西汉著名将领，曾计定羌人叛乱，并开展屯田。
② 先零羌：两汉时期西羌族的一支。
③ 魏武：即魏武帝曹操。
④ 许、颍：许昌和颍川。
⑤ 吴会：地区名。东汉分会稽郡为吴、会稽二郡，并称吴会，后亦泛称此两郡故地为吴会。
⑥ 设府：即设立折冲府。折冲府为唐代府兵制基层组织军府的名称，折冲府分上、中、下三等，上府一千二百人（有时增至一千五百人），中府一千人，下府八百人，所属的兵士通称卫士。
⑦ 隙地：空着的地方。
⑧ 扞城：保护，保卫。
⑨ 明皇：唐明皇，即唐玄宗李隆基。
⑩ 蠹：蛀蚀。
⑪ 帑庾：音tǎng yǔ。储藏钱财、粮食的仓库，亦泛指指钱粮。
⑫ 侵刻：侵害、剥夺。
⑬ 范阳构祸：指安史之乱。
⑭ 自诸：其余。
⑮ 方岳之任：地方官员。
⑯ 箕踞：两脚张开，两膝微曲地坐着，形状像箕，以喻轻慢傲视的姿态。
⑰ “靡游”二句：典出《尚书·无逸》：“继自今嗣王，则其无淫于观、于逸、于游、于田，以万民惟正之供。”句。靡，无。逸，安逸。观，特殊的观赏。畋，打猎。正，赋税。供，进。
⑱ 节爱：有操守而又仁爱。
⑲ 啬用：俭省节用。

敛[①]勾收，锱毫圭撮[②]。天地所产，山海之富，动植之物，悉管于官。妇织不裳，夫耕不食，黎民力尽，寒暑不息，以供军士衣稍[③]、匪颁[④]之费，汲汲[⑤]乎其不能足也。伏见议者有献屯田之策，虽未能该尽[⑥]〔九二〕乎体要，显辨其利迹，而或者猥[⑦]为异说，破其端绪。臣辄为之扬搉[⑧]。

或者曰："盖聚众边境，战守相持，留则刍粮[⑨]不足，解则寇患未息，故且耕且守，而后有屯田之事，未闻平时兴屯于内地也。"臣应之曰："昔枣祗建安之迹，迩布都畿[⑩]；邓艾正始之谋，近缘陈、项[⑪]。晋荀羡兴石鳖之利，分界东阳[⑫]；齐嵇华置怀义之屯，乃在河内[⑬]。唐氏府兵就田，天下相望。后上元中，因洪泽、芍陂之饶，大资国用[⑭]。我朝自唐、汝、河朔之郡，皆有田务，此固不待边境而后有屯田也。今淮阳、许昌、汝南之域，人希土旷，地力不尽，密接京辅，便于漕发[⑮]，虽内师禁旅[⑯]更出就食，往复浃日[⑰]，不废卫护。又东平、巨野至于彭城，率多[⑱]闲田，民力不

---

① 刻敛：极力搜刮。

② 锱毫圭撮：锱毫，比喻细微处。圭撮（音guī cuō），古代两种很小的容量单，比喻微量或微小。

③ 稍：俸禄，禄米。

④ 匪颁：分赐。匪，通"分"。

⑤ 汲汲：急切。

⑥ 该尽：完全。该，同"赅"，完备。

⑦ 猥：怕。

⑧ 扬搉：约略举其大概，扼要进行论述。

⑨ 刍粮：粮草，多指供军队用的饲料和粮食。

⑩ "枣祗"二句：指东汉建安元年（196），曹操用枣祗、韩浩等议，募民屯田许下之事。

⑪ "邓艾"二句：指曹魏正始年间，邓艾为尚书郎，行陈项以东至寿春，建议开渠引水溉田之事。

⑫ "晋荀"二句：指东晋穆帝升平初，荀羡为北部都尉，镇下邳，屯旧于东阳之石鳖。石鳖，地名，在临淮郡。

⑬ "齐嵇"二句：指北齐孝昭帝皇建中，平州刺史嵇晔建议于河内置怀义等屯，以给河南费，省转输之劳之事。嵇华，当作"嵇晔"，避康熙皇帝讳改。

⑭ "后上"三句：指唐肃宗时，于楚州古射阳湖置洪泽屯，寿州置芍陂屯之事。

⑮ 漕发：即漕运，利用水道转运粮食。

⑯ 内师禁旅：即禁军，保卫京城或宫廷的军队。

⑰ 浃日：古代以干支纪日，自甲至癸一周十日为"浃日"。

⑱ 率多：大多。

赡[①]，决河之所坟淤[②]，皆为沃野。岁所收入，东自济、汶，漕而北洄，可至河北东境；西入广利渠，可至太仓；曹南陶邱〔九三〕，可为廪积。置戍之地，无便于此。江淮之境，人稠地狭，田无体易，何以布屯。且国家岁漕东南之粟，度其复制〔九四〕，费已兼倍，此为谋之迂也。”

或者曰：“唐氏之前，兵民同业，本调取于农坂[③]〔九五〕。故可任于农事。今之军士，皆市井桀滑去本惰游之民，至于无所容，然后入于军籍。且其骄也久矣，呴濡保息[④]，莫敢拂[⑤]其心者，是可使之寒耕暑耘者乎？”臣应之曰：“昔之为屯田者，多在师旅之中，解甲胄而执耒耜，释耒耜而执干戈，出死入劳，莫之憾[⑥]也，惟所御用之而已。又况四方无事，边疆无役，衣食足而起居时，安室家而守妻子，使趋南亩[⑦]，各食其力，又何嫌焉？盖智者谋始，因势推移，使势济而众安，在资权[⑧]而成务。臣虽不敏，请试效愚。盖汉氏之屯田也，发弛[⑨]刑焉；曹氏之屯田也，募百姓焉；晋氏之屯田也，置营卒焉；后魏之屯田也，借民力焉；唐氏之屯田也，以府兵焉。或兵或民，惟所用者。今天下浮户依强家而为佃客者，取分末之利，大半输主率[⑩]，由无以自业也。傥〔九六〕优制招来，艳[⑪]之以利，宽其赋入，复[⑫]其它徭，则愿屯之夫襁负[⑬]而至矣。为置典农之官，专司力穑之事，功劳报赏，为法必信，因使冬隙简[⑭]其强锐，教之角射[⑮]，赏其精力。古者因农事而寄军令，盖此之谓。此是募屯田

① 不赡：不足。

② 坟淤：黄河决口改道后堆积下的淤泥。

③ 版：户籍。

④ 呴濡保息：呴濡，音hǒu rú。相互呼应救援，使之共存。

⑤ 拂：违背，不顺。

⑥ 憾：怨恨，不满。

⑦ 南亩：农田，南坡向阳，利于农作物生长，古人田土多向南开辟，故称“南亩”。

⑧ 资权：取权，变通。

⑨ 发弛：荒废。发，通“废”，停止。弛，放松，解除。

⑩ 大半输主率：《乐全集》卷14作“输大半之率”，补刻本、四库本皆误作“大半输主率”。

⑪ 艳：吸引。

⑫ 复：免除赋税徭役。

⑬ 襁负：用襁褓背负，比喻人物归附。

⑭ 简：检阅。

⑮ 角射：竞技射击。

夫，得屯田兵也。居则稼穑之人，用则战骑之士，不衣库帛，不食廪谷。是骄卒可放省，屯仓可待盈，虽有凶荒水旱之变，而军不乏乎储峙[①]，民不增乎横赋[②]。建屯之利，其亦溥[③]矣。”谨论。

苏辙：隗嚣论[④]

隗嚣初据陇坻[⑤]，谦恭下士，豪杰归之，刑政修举，兵甲富盛，一时窃据[⑥]之雄，有贤将之风矣。然圣公[⑦]乘王莽之败，拥众入关[⑧]，君臣贪暴，不改盗贼之旧，败亡之势，匹夫匹妇皆知之矣。而嚣举大兵〔九七〕，束手称臣，违方望[⑨]之言，陷诸父[⑩]于死地，仅以身免。及光武[⑪]自河北入洛，政修民附，贤士满朝，群盗[⑫]十去六七。而嚣忽既往之祸，方拥兵自固，为六国之计[⑬]。谋臣去之，义士笑之，而嚣与王

---

① 储峙：亦作“储偫”，储备，特指存储物资以备需用。

② 横赋：额外或强征的赋税。

③ 溥：广大，周遍。

④ 苏辙：1039—1112年，字子由，一字同叔，晚号颍滨遗老，北宋眉州眉山（今属四川）人。文学家、诗人、宰相，“唐宋八大家”之一。苏辙与父亲苏洵、兄长苏轼齐名，合称“三苏”。生平学问深受其父兄影响，以散文著称，擅长政论和史论，亦善书。著有《诗传》《春秋传》《栾城集》等行于世。

⑤ 陇坻：即陇山，六盘山南段的别称，又称陇坻、陇坂，在今陕西陇县至甘肃平凉一带，山势险峻，为陕甘要隘。

⑥ 窃据：用不正当的手段占据，此指割据一方的反朝廷军队。

⑦ 圣公：即刘玄（？—25），字圣公，光武帝刘秀的族兄，称帝，都洛阳，改元更始，后迁都长安，被赤眉军所败。

⑧ 关：即关中，此特指长安。

⑨ 方望：？—25年，东汉平陵人。隗嚣起事，请为军师。公元24年，隗嚣应汉更始帝刘玄征召，方望旋即辞官而走，与安陵人弓林聚众数千立刘婴为天子，被李松、苏茂统兵击破，最后被杀。

⑩ 诸父：对同宗伯叔辈的通称，此指隗崔、隗义等人。

⑪ 光武：即汉光武帝刘秀（前6—57），汉高祖九世孙，东汉开国君主。

⑫ 群盗：谓新莽时起来造反的地方势力。

⑬ 六国之计：意为像战国时六国一样各守一方。

元、王捷一二人以死守之[①]。始从圣公而不疑，终背光武而不悔，去就之义，无一得者，至于杀身亡国[②]，盖不足怪也。

明

赵时春[③]：马政论

天有天驷[④]，天子有牧仆之职。自轩辕以来，坟典[⑤]经史不绝书。逮周始详，穆王征西戎，责以不享[⑥]，在今平凉之域，而八骏[⑦]皆是物也。孝王命秦非[⑧]养马汧[⑨]渭，大蕃息。宣王中兴，比物闲[⑩]则北至太原，南平荆蛮，大蒐[⑪]郑圃[⑫]，皆以车马之

---

① “及光武”诸句：据《后汉书·光武帝纪》《后汉书·隗嚣列传》，光武起兵南阳，转战黄河以北。更始年间，更始帝刘玄征光武，光武辞以河北未平，不就征。光武于更始三年（25）即帝位，定都洛阳。光武曾遣来歙、马援等人多次劝说隗嚣来朝，许诺给他高官重爵，隗嚣虽遣长子恂入侍，但其将王元、王捷常以为天下成败未可知，不愿专心内事，因负其险峻，欲自霸一方，于是游士、长者渐渐离去；大将军王遵归光武；之后，牛邯及十三将、十六属县、十余万众归光武。其将王捷面对汉军围城，自杀以明死守之志；王元以死战护嚣，嚣死后，更立嚣少子纯为王。

② 杀身亡国：汉军围西城、上邦，隗嚣大败，因王元死力相救，得归冀，不久病饿而死，少子纯即位后不久降光武。

③ 赵时春：1509—1567年，字景仁，号浚谷，甘肃平凉人。嘉靖五年（1526）进士。历户部主事、翰林编修，擢御史巡抚山西等职，著有《赵浚谷集》十六卷等。赵时春幼年读书善记，文章豪肆，且知兵善谋。本文写作时当大将军仇鸾倡马市，时春愤曰：“此秦桧续耳，身为人将，而效市侩，可乎？”因之而写《马政论》。

④ 天驷：天马。

⑤ 坟典：三坟、五典的并称，泛指古书。

⑥ 不享：诸侯不来朝。

⑦ 八骏：传说中周穆王的八匹名马。

⑧ 秦非：即秦非子，嬴姓，名非子，伯益之后。因善于养马，得到周孝王的赏识，获封秦地，成为秦国始封君，号称秦嬴。

⑨ 汧：水名，渭河支流，今名千河。

⑩ 比物闲：典出《诗经·六月》：“比物四骊，闲之维则”句。物，指马。比物，把力气和毛色一致的马套在一起。

⑪ 蒐：田猎。

⑫ 郑圃：古地名。在今河南省中牟县西南。

盛为言。秦乌赢[①]谷量牛马[②]，即乌氏人[③]。而汉文景时，阡陌成群，六郡良家[④]，驰射是利。马援之边郡，田牧数年，得畜产数万。

唐人养马，亦于泾渭，近及同、华[⑤]，置八坊[⑥]。其地止千二百三十顷，树苜蓿、茼〔九八〕麦，用牧奚[⑦]三千，官寮无几，衣食皮毛是资，不取诸官。盖合牧而散畜之，牧专其事，不杂以耕。而太仆张万岁[⑧]、王毛仲[⑨]官职虽尊，身本帝圉[⑩]，生长北方，贯历牧事，躬驰抚阅，无点集追呼之扰，科索[⑪]之烦，顺天因地，马畜滋殖。万岁至七十万六千，毛仲至六十万五千六百有奇。色别为群，号称云锦。地狭不容，增置河西，史赞其盛，图传至今。夫岂有它术哉？法简而专，诚而不二故也。

元宗[⑫]既以嫌诛毛仲，后遂以付安禄山。禄山统北方三道，又使兼掌京西牧马。地既隔越，而职守难专。重以匈胡叛逆，覆用蹂践。唐室其余存者，犹足以资肃宗

① 乌赢：即乌氏倮，名倮，战国末年秦国乌氏人。大约生活在战国末年和秦始皇统治时期，是当时著名的畜牧主。

② 谷量牛马：用山谷计算牛马数量，谓其牲畜之多。

③ 乌氏人：乌氏地方之人。乌氏，地名，古属乌氏戎地，在今甘肃平凉西北。

④ 六郡良家：汉代从军不在七科谪内者或非医、巫、商贾、百工之子女称为为良家子。陇西、天水、安定、北地、上郡、西河六郡因，其地理环卫关中地区，民风高上勇力、人精骑射，其良家子为国家选兵择将的重要来源，政府给予他们特别的优待，称为六郡良家子。

⑤ 同、华：皆为地名。同，今陕西大荔县一带。华，今陕西华县一带。

⑥ 八坊：唐朝代监牧所属八处养马之所。《新唐书·兵志》："自贞观至麟德四十年间，马七十万六千，置八坊岐、豳、泾、宁间，地广千里，一曰保乐，二曰甘露，三曰南闰，四曰北普闰，五曰岐阳，六曰太平，七曰宜禄，八曰安定。八坊之田，千二百三十顷，募民耕之，以给刍秣。"

⑦ 牧奚：古代奴隶的一种。

⑧ 张万岁：唐初人。从唐太宗贞观十五年（641）到唐高宗麟德元年（664年），任太仆卿，专门掌管养马。

⑨ 王毛仲：？—731年，高句丽人。唐朝禁卫军将领。起初为临淄王李隆基家奴，李隆基成为太子后，负责东宫的马驼鹰狗等坊。因参与平定韦后、太平公主之乱，授大将军，又因诛杀萧至忠等有功，升为辅国大将军。后因居功触怒唐玄宗，被流放至零陵，在永州被赐死。

⑩ 帝圉：皇帝的养马官。圉，养马的地方，亦指负责养马的官。

⑪ 科索：官吏向民间非法索取财物。

⑫ 元宗：即唐玄宗李隆基，避清康熙玄烨讳改。

之中兴。宪宗命张茂宗[①]监牧，茂宗不能远略，乃籍汧、陇民田，人争言其不便牧，事遂废。唐亦丧乱，由此言之，人事得失，马政盛衰，益昭然矣。

自宋以来，马藏民间。泾原[②]为边重镇，日不暇给，然颇贸易蕃马以给战士。金、元悉从民牧，兵兴随宜取用，官以〔九九〕无事。

皇朝远稽周、唐，大振马政，自大将军[③]得李思齐[④]、李茂之骑，继破王保保[⑤]，掳马驼杂畜数十万。御史大夫丁玉[⑥]、凉公蓝玉[⑦]四征西番，部族悉服，乃制金牌合符。番人以马充差朝廷，以茶为赉[⑧]，体统正而名义严。马日蕃庶，始置苑马寺，联以监苑，巡以御史。日久法弛，弘〔一〇〇〕治末年，遂命都御史杨公一清[⑨]董治[⑩]之。公

---

① 张茂宗：唐代官吏，张孝忠子。初任光禄少卿，贞元三年（787）任银青光禄大夫、驸马都尉，后娶德宗女义章公主，颇受帝恩宠。元和中为闲廊使，复收陇右贫民田赋；又收岐阳等地三百余顷牧地于闲廊。后历任检校工部尚书，兖州刺史、御史大夫，兖、海、沂等节度使，检校兵部尚书、左卫使、左龙武统军等职。

② 泾原：唐方镇名，长期辖有泾、原二州，相当今甘肃、宁夏六盘山以东，浦河以西地区

③ 大将军：即明初大将徐达（1332—1385），字天德，濠州（今安徽凤阳人）。助朱元璋建立明朝，封魏国公，死后追封中山王。

④ 李思齐：1323—1374年，字世贤，元末罗山人。曾组织武装割据陕西，洪武二年（1369）归明，后奉命至蒙古见王保保，被断一臂，南还后即死。

⑤ 王保保：即扩廓帖木儿（？—1375），蒙古伯也台部人。元朝末年将领，察罕帖木儿之侄，受封为河南王、中书左丞相。至正二十八年（1368）明朝攻占大都，扩廓帖木儿自山西退至甘肃，在沈儿峪被明军击败后于至正三十年（1370）北奔和林，辅佐北元昭宗爱猷识理达腊，力图光复元朝，在宣光二年（1372）大破明军于漠北。曾被明太祖朱元璋誉为“天下奇男子”。后卒于哈剌那海之衙庭。

⑥ 丁玉：山东河中人。明初大臣。初名国珍，历任九江知府、平羌将军、左都督，屡著功勋，后坐罪诛。

⑦ 蓝玉：？—1393年，明初凤阳定远人。初在常遇春部下，勇敢善战，以征西番功封永昌侯，多次领兵打击残存的元军事力量，封凉国公，后恃功不法，为朱元璋所杀。

⑧ 赉：赏赐。

⑨ 杨公一清：即杨一清（1454—1530），字应宁，号邃庵，别号石淙，南直隶镇江府丹徒（今属江苏）人。祖籍云南安宁，明代官员。成化八年进士。曾任陕西按察副使兼督学。弘治十五年以南京太常寺卿都察院左副都御史的头衔出任督理陕西马政。后又三任三边总制。历经成化、弘治、正德、嘉靖四朝，为官五十余年，官至内阁首辅，号称“出将入相，文德武功”。

⑩ 董治：监督管理。

振肃纪纲，增置官属，蒐括[①]垦田，益市民马，一时观美。然三年二驹，其计利[②]深矣。数年之后，所利不补所费，何哉？岂非官多牧扰，法烦弊生，缙绅衣锦[③]，难御边塞之风霜；而肩舆驺从[④]，点集追呼，非孕字重累之所能堪乎？且牧地十七万七千余顷，养马一万四千余匹，牧军才三千三百余人，田重牧轻，皮肉收银三两有奇，公用银三千余两，责之三千三百余人，物轻输重。每岁各各入贺，督监参谒不绝，迁代[⑤]岁月繁促，南北习俗异宜，道路往来劳费，牧人之不支如此。州县地不逾二万顷，为粮站徭二十余万，轻重之相悬如彼。

嘉靖三十七年，平凉通判嘉定陈应详举籍平固以北，皆为牧地，民村落室庐皆度为牧，代之养马偿驹[⑥]，遂号二税。按制先定州县田税后，以隙地为牧。本自相间，安得齐一？应详务虚名而民重被病，牧既少获，种马日削，责民市马，吏缘为奸，民不堪命矣。世之君子，其思有以善后哉，今粗举其大端[⑦]云。

议

汉

虞诩[⑧]：凉州不可弃议

窃闻公卿定策当弃凉州，求之愚心，未见其便。先帝开拓土宇，劬劳[⑨]后定。而今惮小费，举而弃之。凉州既弃，即以三辅[⑩]为塞；三辅为塞，则园陵[⑪]单外[⑫]。此不

---

① 蒐括：搜集。蒐，通“搜”。

② 计利：谋利。

③ 缙绅衣锦：旧时官宦的装束，转用为官宦的代称。缙绅，插笏于带。缙，亦作“搢”，插。绅，束与衣服外面的大带。

④ 肩舆驺从：肩舆，即轿子。驺从，古代贵族、官员外出所带的骑马的侍从。

⑤ 迁代：职官之迁升与替代。

⑥ 偿驹：宣统《新修固原州志》作“偿饷”，当是。

⑦ 大端：大概。

⑧ 虞诩：？—137年，字升卿，小字定安，东汉陈国武平县（今鹿邑武平）人。永初四年（110），羌族作乱，大将军邓骘认为军情紧急，不能兼顾，想要放弃凉州，集中力量对付北边。于是召集公卿商议，众皆附和。虞诩听闻后乃发此论。

⑨ 劬劳：劳苦、苦累。

⑩ 三辅：汉以京兆、左冯翊、右扶风为三辅，即陕西省中部之地。

⑪ 园陵：帝王的墓地。

⑫ 单外：孤露于外。

可之甚者也。谚曰："关西出将，关东出相。"[①]观其习兵壮勇，实过余州。今羌胡所以不敢入据三辅，为心腹之害者，以凉州在后故也。其土人所以摧〔一〇一〕锋执锐[②]，无反顾之心者，为臣属于汉故也。若弃其境域，徙其人庶，安土重迁[③]，必生异志。如使豪雄相聚，席卷而东，虽贲、育[④]为卒，太公为将，犹恐不足当御。议者喻以补衣犹有所完[⑤]，诩恐其疽食侵淫而无限极[⑥]，弃之非计〔一〇二〕。

宋

郑文宝：城古威州议[⑦]

威州在清远军西北八十里，乐山[⑧]之西。唐大中时，灵武朱叔明收长乐州，邠宁[⑨]张君绪收六关[⑩]，即其地也。故垒未圮[⑪]，水甘土沃，有良木薪桔[⑫]〔一〇三〕之利。约

① 关西：指函谷关以西之地，即今陕西，甘肃两省。关东，指函谷关以东，即今河南、山东等地。

② 摧锋执锐：摧挫敌人的兵刃，拿着武器冲锋，泛指用兵、进兵。

③ 安土重迁：安于在本土居住生活，害怕迁居。重，对 看得很严重。

④ 贲、育：即孟贲、夏育，均为古代的勇士。

⑤ "议者"句：《后汉书·虞诩传》载：邓骘谓并、凉二州，"譬若衣败，坏一以相补，犹有所完。若不如此，将两无所保。"议者咸同。

⑥ "疽食"句：如疽之侵蚀肉体，逐渐溃烂而无止极。疽，烂疮。

⑦ 郑文宝：953—1013年，字仲贤，一字伯玉，北宋汀洲宁化（今属福建）人。郑彦华子。太平兴国八年（983）进士。师事徐铉，初仕南唐为校书郎，后历官陕西转运使、兵部员外郎。善篆书，工琴，以诗名世，著有《江表志》《南唐近事》等。咸平年间北宋西部边境经常遭受以李继迁为首的党项族地方武装的侵扰，朝廷商议要在灵武境内筑威州城（今宁夏同心县韦州镇），宋太宗因郑文宝十分熟悉灵武的山川地理和党项的风气习俗，派内侍冯从顺访问郑文宝，乃有此议。

⑧ 乐山：即罗山，位于宁夏南部同心县。

⑨ 邠宁：唐方镇名。治所在邠州，即今陕西彬县。

⑩ 六关：唐代的石门、木峡、制胜、六盘、驿藏、山峭、石峡关，均在今宁夏固原市境内，史称"原州七关"。唐贞元年间全部陷于吐蕃。大中三年（849），吐蕃内乱，宰相论恐热杀其东道节度使，愿以秦州、原州、安乐州及石门等七关归还唐朝。六月，泾原节度使康季荣接管原州和七关，灵武节度使朱叔明接受安乐州，邠宁节度使张君绪接受萧关。因此，张君绪接受六关与历史记载不符。

⑪ 圮：塌坏，坍塌。

⑫ 薪桔：即"薪秸"，柴草。

葫卢[①]、临洮二河，压明沙、萧关两戍，东控五原，北固峡口，足以襟带西凉，咽喉灵武，城之便。

然环州至伯鱼，伯鱼抵青冈，青冈距清远皆两舍[②]，而清远当群山之口，扼塞门之要，刍车野宿，行旅顿绝。威州隔城东隅，坚石盘互，不可浚池[③]。地〔一〇四〕中旧乏井脉，又飞鸟泉去城尚千余步，一旦缘边[④]警急，贼引平夏[⑤]胜兵[⑥]三千，据清远之冲，乘高守险，数百人守环州甜水谷、独家原，传箭[⑦]野狸十族[⑧]，胁从山中熟户[⑨]，党项孰敢不从，又分千骑守碛北[⑩]清远军之口，即自环至灵七百里之地，非国家所有，岂威州可御哉？请先建伯鱼、青冈、清远三城，为顿师归重[⑪]之地。

古人有言："金城汤池，非粟不能守。"俟二年间，秦民[⑫]息肩[⑬]，臣请建营田[⑭]积粟实边之策，修五原故城，专三池盐利，以金帛啖党项酋豪子弟，使为朝廷用。不惟安朔方，制竖子[⑮]，至于经营安西，绥复河湟，此其渐也。

---

① 葫卢：即葫芦河，渭水支流，古称瓦亭水、陇水。因河床狭窄多曲折，形似"葫芦"得名，发源于宁夏西吉县与海原县交界处的月亮山南麓，向南流经西吉、静宁、庄浪、秦安，在天水三阳川与渭河交汇。

② 舍：古代行军一宿或三十里为一舍。

③ 浚池：深池，此处指挖掘水池。

④ 缘边：即沿边，指边境。

⑤ 平夏：即党项族平夏部，为唐初时期居于银州（今陕西榆林）以北、夏州（今陕西靖边县北白城子）以东地区的少数民族党项族的部落之一。因地"平沙漠漠无林阻"，又是南北朝时期赫连夏政权所在地，遂被称为"平夏部"。

⑥ 胜兵：精兵。

⑦ 传箭：传递令箭，古代北方游牧民族起兵令众，以传箭为号。

⑧ 野狸十族：即野利族，亦称环州野利，系党项大族，有十族，数千帐，居环州方渠镇（今甘肃环县南方渠镇）、青冈峡（一名青冈岭，今甘肃环县西北）境。

⑨ 熟户：旧时指归顺的或发展程度较高的少数民族。

⑩ 碛北：蒙古高原大沙漠以北地区。

⑪ 顿师归重：屯兵倚重。顿师，按兵不动。

⑫ 秦民：指秦州百姓。

⑬ 息肩：指让肩头得到休息，比喻卸除责任或免除劳役。

⑭ 营田：屯田。

⑮ 竖子：小子，对人的蔑称，此处指外族。

明

徐贞明[①]：西北水利议

夫雨旸[②]在天，而时其蓄泄[③]以待旱潦者，人也。乃西北之地，旱则赤地千里，潦则洪流万顷，惟寄命于天，以幸其雨旸时若[④]，庶几乐岁无饥耳。此可以常恃哉？惟水利兴而后旱潦有备。其利一也。

神京北巩[⑤]，财赋取给于东南。忠于谋国者，镜[⑥]胜国[⑦]之往事，怀杞人之隐忧，尚有出于河流外者，惟兴水利。而西北储蓄，近取常裕，视东南为外府[⑧]可也。中人之治生，必有附居常稔之田，始可安土而无饥。乃国家处全盛之势，据上游以控六合，独待哺于东南，近废可耕之田，远资难继之饷，岂计之全哉？今运早而积久，储蓄信有赖矣。然运蚤[⑨]而收之，不及其熟，有浥损[⑩]之患。积久而散之，恒过其期，有红腐[⑪]之忧。水利既兴，则田畴之间，要皆仓庾之积。其利一也。

东南转输，每以数石而致一石，民力竭矣。而国计所赖，欲暂纾之未能也。惟西北有一石之入，则东南省数石之输。所入渐富，则所省渐多。先则改折之法可行，久则蠲租之诏可下，东南民力，庶几获苏。其利一也。

今西北之地，平原千里，寇骑得以长驱。若使沟浍尽举，则田野之间，皆金汤之险。而田间植以榆柳枣栗，既资民用，又可以设伏而避敌。其利一也。

往者刘六、刘七[⑫]之变，持竿一呼，从者数万，则游惰归之也。盖业农者，縻其

① 徐贞明：约1530—1590年，字孺东，明江西贵溪人。隆庆五年（1571年）进士。授浙江山阴知县，后历任工科给事中太平府（今安徽当涂县）同知、尚宝司少卿等。徐贞明是明代倡导海河水利的代表人物，其著作《潞水客谈》更被后人评为："终明代良策，无以逾此"。

② 旸：晴天。

③ 蓄泄：积聚与分散；蓄存与泄放。

④ 雨旸时若：晴雨适时，气候调和。

⑤ 神京北巩：指明成祖朱棣迁都北京事。

⑥ 镜：借鉴。

⑦ 胜国：被灭亡的国家。

⑧ 外府：外库，与王室的仓库称内府相对。

⑨ 蚤：通"早"。

⑩ 浥损：受潮而霉烂变质。浥，湿润。

⑪ 红腐：陈米色红腐烂。

⑫ 刘六、刘七：明武宗正德六年（1511）中原地区农民起事领袖。

田里。惟游惰之民轻去乡土，而易于为乱。今西北之境，土旷民游，识者常惴惴焉。诚使水利兴则旷土可垦，而游民有所归，消衅弭乱，深且远矣。其利一也。

东南之境，生齿日繁，地苦不胜其民，而民皆不安其土。乃西北蓬蒿之野，常疾耕而不能徧。苏子谓“聚则争于不足之中，散则弃于有余之外。”其不均固如此也。今若招抚南人，修水利以耕西北之田，则民均而田亦均矣。其利一也。

东南多漏役之民，而西北罹重繇之苦，则以南之赋繁而役减，北之赋省而繇重也。使田垦而民聚，民聚则赋增，而北繇可轻。其利一也。

沿边诸境，有转输不能至者，招商以代输，盖有数顷之田，困于一商，遂弃业以他徙。其有曲避转输之苦者，则私以折色[①]兑军。商得苟安，军无宿储，即承平勿论，设有烽警，何以待之？惟近边田垦，转输不烦。其利一也。

屯田之成熟者，多属隐占，久则难稽矣，然亦不必稽也。西北非无田之为患，而不垦之为患。彼既垦而熟矣，何必归官，始为国家之利哉？惟自其荒芜不理者，召募垦之，则新屯固种种也。兵之壮悍者，既心耻于负锄，而其羸弱者，又力疲于荷戈。驱兵为农，势固难行，惟募之为农，而简之为兵，则心安而力奋，屯政无不举矣。今天下浮户，依富家以为佃客者何限？募而集之，可立致也。募农以修水利，修水利以举屯政。其利一也。

昔之有志者，尝欲仿井田之遗意，授民之产，而惜其时之不可，痛豪杰之兼并，限民之田，而恨其势之难行。今若于西北空闲之地，修举水利，则仿古井田亦可也，限民名田亦可也。古者〔一〇五〕养民之政，以渐可举。其利一也。

古者以井画地，度地居民，比间[②]族党，井自为界。民不可多得尺寸之地，而地亦不可多得一介之民，民与地适相均也。今通都大邑之民，踵接肩摩，而争繁习靡，多梗化[③]而败俗。其争少习朴者，惟寥廓[④]之乡为然。今若画井居民，裒益[⑤]其多寡，使民与地均，如古比间族党之意，则教化可兴而俗尚自美。其利一也。

① 折色：古代征收田税，以交纳米谷实物为本色，以折价征银为折色。

② 比间：古代户籍编制基本单位。《周礼·地官·大司徒》：“令五家为比，使之相保，五比为间，使之相受。”后因以“比间”泛称乡里。

③ 梗化：顽固不服从教化。

④ 寥廓：空旷深远。

⑤ 裒益：减少和增加。

嗟乎！水在天壤间，本以利人，非以害之也。惟不利，斯为害矣。人实贻[1]之，而咎水可乎？盖聚之则害，而散之则利；弃之则害，而用之则利。如血之在人身，流贯于肢节，而润泽其肌肤。一有壅注，则上而为痈，下而为痔，又或溢出于口鼻，而因以戕其躯。遂曰血之于人害也，亦舛矣！

今之咎水之害者，即山川之委原未悉，胡不引人身观之也？古昔盛时，列国分布，画井而田，甽[2]达于沟，沟达于洫[3]，洫达于浍，浍达于川，纵横因其地势，以取利于水。今西北皆其故疆也，岂古以为利，而今以为害乎？且东南之民，争涓流于尺寸之间。何者？彼固利之也。谓水利于南，而独为北害，此必无之理也。

南方之民，披簑而耕，抱湿而获，盖恒与雨相值也。长夏苗将立槁，则讼风伯而祝雨师，盻盻[4]焉以一沾濡[5]为快。乃西北之雨，多于长夏，而耕获之时少雨，其易于南，天时则然也。西北地旷而水平，稍一疏引，水即为利。东南之地，高下相悬，有转水于数仞之深者。再日不雨，则桔槔之声彻于郊原，竭人力以资灌溉，苦且难，地势使然也。

考之古昔甽深尺许，遂深二尺，沟深四尺，洫深八尺，浍深二仞而已。未有如东南转水于数仞之深者。至如京东，山之涌泉，溢地而出。河之支流，等地而平。其于西北，尤为易易也。

西北在三代盛时，沟洫时修，农功毕举。厥后，魏史起[6]引漳水溉邺，邺以富。秦开郑国渠，溉舄卤[7]之地四万余顷，关中为沃野，秦以富强。至汉，文翁[8]溉灌繁田千七百顷，而蜀饶。白公[9]穿渠，引泾水溉田四千五百余顷，而民以饶富。马援引

---

① 贻：遗留。

② 甽：音 zhèn，同“圳”，田边水沟。

③ 洫：田间的水道，沟渠。

④ 盻盻：音 xì xì，勤苦不休息貌。

⑤ 沾濡：恩泽普及，此处指降雨。

⑥ 史起：战国魏襄王时邺（今河北临漳西南）令，引漳水溉田，被称为“贤令”。

⑦ 舄卤：同“潟卤”，盐碱地。

⑧ 文翁：西汉循吏。汉景帝末年为蜀郡守，兴教育、举贤能、修水利，政绩卓著。

⑨ 白公：西汉赵中大夫，因提议在关中地区修建“白公渠”而得名。

洮水种秔稻[①]，而狄道[②]并塞[③]之民得以乐业。虞诩复三郡，激河浚渠为屯田，而省内郡之费。盖三代之时，沟洫遍于列国，水之为利也弘〔一〇六〕。魏、秦国擅其利，文翁以下诸子，人兴其利，水之为利也专。然皆在西北之境，若东南称水利者，在汉以前，惟马臻[④]开鉴湖而已，他未有闻也。

及汉后之乱，中原生齿[⑤]渐耗，从晋室而东徙者，谓之侨人。久则安其土而乐其生，西北民散而东南利兴，非细故[⑥]也。即如东南之饶，三吴称最，在《禹贡》扬州之域，厥土涂泥，厥田下下而已，汉之时亦一泽国耳。惟晋室既东，民日聚而利渐兴，然其财赋，亦未至于今日之盛也。至五代时，钱镠[⑦]窃据以称饶。及南宋，偏安以致富，则民益聚，利益兴，而财赋遂甲于天下矣。尝考宋绍兴五年，屯田郎中樊宾言："荆、湖、江南与两浙膏腴之田，弥亘[⑧]数千里，无人可耕，则地有遗利。中原士民，扶携南渡几千万人，则人有余力。若使流寓失业之人，尽田荒闲不耕之田，则地无遗利，人无遗力，以资中兴。"由此观之，则宋室方南之时，东南尚有旷弃之地。及其季年，人多而田少，豪右擅陂湖以自殖，地利尽而民不聊生者，聚故也。东南地利尽，而西北旷废，厥有由哉。

盖劝农而兴水利，牧养斯民之首务也。今若另设劝农，而水利又有专职，则若于牧养斯民之外，增劝农水利一事。彼之号为牧养斯民者，又将何为耶？今之开府持节与藩臬守令，皆以牧养斯民也。劝农水利，责将谁诿？惟于开府持节者得人，以择藩臬，以择守令，久任而责成之，殿最[⑨]系焉，利兴而民不知者，可坐而致也。世之言费者，吾惑焉。夫捐数万金之费于春，而收数万石之获于秋，费于帑[⑩]而偿于田，此庸人操十一之利者尚甘心焉。曾谓善于谋国者，而顾以费为惮乎？且始为而

① 秔稻：音jīng dào，粳稻。

② 狄道：古地名，今甘肃临洮县。古代为狄人所居，故名狄道。

③ 并塞：靠近边塞。

④ 马臻：88—141年，字叔荐，东汉扶风茂陵（今陕西兴平）人。一说是会稽山阴人（今浙江绍兴人），东汉水利专家。

⑤ 生齿：小孩长出乳齿，借指人口。

⑥ 细故：细小而不值得计较的事。

⑦ 钱镠：852—932年，字具美（一作巨美），小字婆留，杭州临安人。五代十国时期吴越国创建者。

⑧ 弥亘：绵延。

⑨ 殿最：古代考核政绩或军功，下等称为"殿"，上等称为"最"，泛指等级高低上下。

⑩ 帑：音tǎng，古代指收藏钱财的府库，亦泛指钱财。

获，继是有兴，即以所获者为资，渐而广焉，不烦再费也。

北之治田也逸，南之治田也劳。彼其以惰心而乘之以逸习，卒而驱之，宜有未从者。然彼之卤莽而耕，亦卤莽而获，所入固微也。以南之劳，治北之田，则一亩之入，倍于数亩，而旱涝可以无忧。诚一驱之，其嗜利之心，必潜易其好逸之习，且相率而为逸者，以其习之故然。比闾族党皆然也。官为倡率[①]，有能争先力田者，稍优异之，则皆耻于逸而趋于劳矣。昔张全义[②]起于群盗，其尹河南也，当丧乱之后，白骨蔽地，荆棘弥望[③]，居民不满百户。全义择人以修屯政，招徕农户，流民渐归，远近趋之如市。全义为政宽简，出见田畴美者，辄下马与僚佐共观之，召田主劳以酒食。有蚕麦善收者，或亲至其家，悉呼出老幼，赐以茶彩衣物。民间言张公不喜声伎，见之未尝笑，独见佳麦良蚕则笑耳。有田荒芜者，则集众杖之。或诉以乏人牛，则召邻里责之曰："彼乏人牛，何不助之？"由是邻里相助，比户有积蓄。在洛四十年，遂成富庶。盖其劝农力本，生聚教诲，变荒墟为富壤，非偶然也。诚使西北牧养斯民者，能以全义之心为心，未有狃于故习而不变者。不一倡率，而遂曰习之难变，可乎？

边地屯田以饷军也，其道有三：倡力耕之机，定赏功之典，广世职之法而已。内地垦田以阜民也，其道有三：优复业之人，立力田之科，开赎罪之条而已。盖大将固偏裨[④]卒伍所望而趋也，今诸边沃土，多大将养廉之地，使大将肯以其地画井以田，以率偏裨卒伍，无不响应而竞耕者。昔郭子仪因河中军尝乏食，乃自耕一亩，将校以是为差，于是士卒皆不劝而耕。是岁河中野无旷土，军有余粮。昔宋廖给事中刚[⑤]，亦尝首陈是说也。将卒捐生而赴敌者，冀以功而获赏也。今若计田行赏，又如廖给事所谓执耒之安，方之操戈之危，岂不特易？此赏一行，万顷不难得者，信然矣。今富民得纳赀以列武弁[⑥]职冗，而军政无裨也。若仿虞文靖公之意，听富民欲

① 倡率：率先从事，引导。

② 张全义：852—926年，初名居言，又名宗奭（朱温赐名），字国维，唐末濮州临濮（今山东鄄城西南）人。历仕后梁、后唐，累官守太尉、中书令、河南尹并兼领河阳节度使，封齐王。生性勤俭，善抚军民，政绩卓著。

③ 弥望：充满视野，满眼。

④ 偏裨：偏将，裨将，将佐的通称。

⑤ 廖给事中刚：即廖刚（1070—1143），字用中，号高峰居士，北宋顺昌谟武人。一生亲历北宋、南宋两朝荣辱兴衰，历任刑部侍郎、御史中丞、工部尚书，被称为"道南高弟，绍兴名臣"。

⑥ 武弁：汉代武将所戴之冠，由赵惠文冠演变而来，后亦指代武官。

得官者，能以万夫耕，则为万夫之长，千夫、百夫亦如之。先试以虚衔，缓其征科，俟其田入既饶，积蓄渐充，则命以官而量征其税。就所征者，给以禄，佩之印绶，得世其官。练集其耕夫，以寓兵于其间，真良法也。民之流离，弃其业而畏不敢复，盖疮痍未起，科督又严，甚则举其宿负者而取盈焉。此宜上有以招徕之，蠲其负，宽其征，时其赈贷，则流离竞复，荒芜渐垦矣。

汉之盛时，孝悌力田[1]同科，盖务本重农以寓劝率之微权也。今若定为之制，有能于荒芜之乡垦田而井者，田得自业，而输其税于官，官因税而稽田，因田而定等。上者如纳粟待铨[2]，次者遥授散职，又其次者，补胥吏而役于官，则力田者竞起矣。赎罪有条，借贪墨以行私者何限也。使令罪而有力者，捐赀[3]垦田，官课其垦田之费，与赎罪相当，则归其田而收其税。即无力宜近配者，亦得近属于田亩之间，以力垦田而赎其罪。此屯法行而人亦乐从也。倘举数者而行之，屯田可兴，垦田可多，又何必费出公帑，而后烦募民哉？

国家分兵而屯，授之以田，统于卫所之官，法非不详，然久则田隐占而屯亦渐废。盖田授于官兵，非己业也。惟富民得官屯驻，则其田固己业，子孙相承，稽核自详，无隐占之患，盖井田而寓封建之意也。夫富民捐己之赀，辟荒区以输税，养耕夫以寓兵，其利于国者多矣。就其所入给以禄，朝廷御之以虚名，使之世其职而守其业，有增课之饶，无养兵之费，又何靳而不与乎？彼即汗马之勋者，禄入兵费，皆仰给于县官，岁縻而无补，安可以此例论也。

今民间子弟入胄监[4]者，例得输三百五十金。若使力田者于荒芜之野，垦田三百五十亩，得比输三百五十金者而同科，则国家一时虽未得三百五十金之入，而岁收三百五十亩之税，岁岁积之，其得更倍。谚谓"千镪[5]而家藏，不若铢两而时入。"此尤易晓也。田少而杀，与赎罪而入者，即是可推也。若恐力田可同于输金，则必有伪增田亩以欺上，或始而垦，旋而废，难以一一稽之，则又不然。夫民间始系名于胄监，距其入铨得官之时，多者三十年，少亦不下二十年。所垦之田，岁入官税，总而计之，当不止于三百五十金。彼既垦田，岁以其田之入而输官不难也。亦何乐于伪

① 孝悌力田：孝顺父母，尊敬兄长，努力务农。在汉代，"孝悌力田"是作为一种荣誉头衔。

② 铨：古代称量才授官，选拔官吏。

③ 捐赀：私人或团体出资金办理或资助公共事业。

④ 胄监：国子监，亦指国子监的生员。

⑤ 镪：通"繦"。穿钱的绳子，引申为成串的铜钱，也泛指钱币。

田增税，岁以厉已乎？即有田伪而税负者，有司将时稽而除其名，彼亦何利焉？

行之积久，田辟而税广，费省而用足，则力田之科与输金者皆可渐罢。又不必商盈诎于财贿，酌多寡于开纳也。

张炼[①]：盐法议

夫食盐，山泽自然之利，天地所以养民也。上古无征，近古薄征，以佐国用。要在先不病民，而后利国，为可贵耳。

关中食盐，一出于河东[②]，一出于花马池，一出于灵州，一出于西漳[③]。灵州、西漳去三辅绝远，专供灵、夏、洮、岷西北兵民之用，无容议矣。

花马池盐，北供延、庆、平三府，宁、榆二镇，南与河东盐并行于三辅间。河东盐上下公行〔一〇七〕，谓之官盐。花马池盐私自贸易，谓之私盐。民间便于私盐而不便于官盐者，百年于兹矣。

必欲行河东官盐，其弊有四：盖行盐郡县，各有分界，所司徒知纸上陈迹。河东盐行三省，不可越缩。若究其实，在山西、河南未知何如，其在关中，自长安以西，河东美盐绝迹不至。间有至者，皆泥滓苦恶，中人不以入口，惟耕夫、寡妇黾勉[④]食之。计其所售，无几也。名虽谓行，其实未尝行之，一也。往年商人，虑恶盐不售，告发郡县，使所在辇运[⑤]，外加样盐，包封印记之。及以给民，封者自佳，辇者自恶。唱户分盐，畏如饮鸩，计帐征价，峻于正税。今虽暂止，既为故事，恐不能已，二也。商人卖盐与贩夫，随以小票[⑥]，盐尽，票不收毁。官盐不至西路，则无票。无票，则通责店肆负贩。细人[⑦]请东路自买未毁之票缴官，公人亦幸免责。不问由来，互相欺抵，三也。买票日久，奸人依式私制盗卖。侥幸者冒利，败露者破家。虽有防御，迄今未已，四也。

---

① 张炼：字伯纯，陕西武功人。明嘉靖进士。官至湖南按察司佥事。著有《经济录》《太乙诗集》等。

② 河东：指今山西西南部，产池盐。

③ 西漳：其地未见载史籍。《明史·食货志四·盐法》谓："陕西灵州有大小盐池，又有漳县盐井、西和盐井。"据此西漳或为西和、漳县合称。

④ 黾勉：典出《诗经·邶风·谷风》："黾勉同心，不宜有怒。"勤勉、努力，此处有勉强义。

⑤ 辇运：人推车谓辇。本处意谓运载、运输。

⑥ 小票：明清时运销食盐须有引票，有大小之别。开列百二十引以下者谓之小票。

⑦ 细人：旧指见识浅短或地位低下之人。《礼记·檀弓上》："君子之爱人也以德，细人之爱人也以姑息。"

必欲禁花马池私盐，其弊有五：关中民贫，衣食驱遣，赋税催切，罄家所有，走北地贩盐，冀牟斗升之利。一为公人所获，则身入陷阱，家计尽空，一也。贫人既为囚絷，内无供馈，冬月多毙于狱。考驿递囚帐，盐徒居半，死者又居强半，民命可恤，二也。小贩惧捕，结聚大伙，经山溪要隘，偶遇公人，势强则抵敌，势弱则冒险奔迸[①]，投崖落涧，人畜死伤涂地，三也。公人与有力惯贩者交关，终岁不捕，反为导护，惟单弱贫瘠者捕之，或以升斗恶盐，强入路人筐袋，执以报功，使无辜受害，四也。众役工食，悉有定例，惟巡捕工食，私帮公费，岁增十倍。官吏比销，徒御劳悴，动经时月，候文旷职，旅食空囊，或罚或贷，俱为无补，五也。

夫物力不齐，物之情也。好美恶恶，趋利就便，民之情也。所欲与聚，所恶勿施，裒多益寡[②]，因俗成务，司国计者之情也。以物力言，河东旧商，带支坐困，新商起纳无几，浇晒徒劳，增课未减，公私俱称歉矣。河东一池虽差大，供三省则不足。花马二池虽差小，供三郡二镇则有余，自然之势也。

以人情言，河东盐百方督之使行，至以泥沙勒售，假票甘罪，而终不能行。花马池盐百方禁之使不得行，至于比屋破产，接踵丧生，而终不能禁者，民之大欲大恶，不可强也。

以国计言，河东岁课一十九万有奇，花马二池岁课不盈数千。河东盐一引三钱有奇，二池盐一石六分有奇。如是相悬者，意河东与天下六运，自祖宗朝俱有定额，由来久远。二池迫近塞垣，弃取不时，故课亦微渺。后来因循，取足原办而止耳。

夫河东盐既不能及远，二池盐卒不能禁。民间又不可一日无盐，而盗买盗卖终非常理。今当直开二池盐禁，使西凤、汉中沛然通行。计三府所当常食河东盐一十二万有奇，岁课即照河东，责三府代办，以其事权统归河东巡盐御史，则达观无异，督禁有程。两地岁征，四镇年例，保无纤爽[③]，而关中可少事矣。

夫居害者择其寡，兴利者取其多，傥今不弛二池盐禁，则愚民被逮供馈为费，罪赎为费，奸人骗诈为费，兵民岁增工食为费，官吏比销为费。一切显隐猥杂[④]不可会计，财足抵河东、花马二池正课，出于千疮百痛，徒然费之，而下残民命，上损国体，又余殃也。傥今一弛二池之禁，则愚民被逮供馈可省，罪赎可省，奸人骗诈

① 迸：散走，逃散。

② 裒多益寡：移多余以补不足。裒，减少。益，增补。

③ 纤爽：没有丝毫差失。纤，微小。爽，失、差。

④ 猥杂：繁杂，杂乱。

可省，岁增工食可省，官吏比销可省。一切显隐猥杂不可会计，财足抵河东、花马二池正课，出于不识不知，漠然省之，而下活民命，上全国体，又余福也。

夫人情不甚相远，比闻盐法侍御，皆一时英硕，表表长者。使其闻见，悉如关中人，习知利病，则亦何惮而不为良处哉？但其受命而来也，惟以行官盐、禁私盐为职，而反是则骇矣。地非素履，事未前闻，虽圣人有所不知者，何可遽望改易其常耶！虽然，安国家、利百姓，大夫出疆义也。究理从长，议政从便。人心不昧，因革有时，此又关斯民之幸不幸也。

张炼〔一〇八〕：屯田议

自古英贤之君、奇智之士，当诸侯割据，华夏分争之代，以师行而粮从。馈运不继，相其临戎广野，使戍卒耕稼其间。耕而有获，以十一二输官，以十八九自赡。由来以为良法美意者，屯田是也。赵充国以二羌反叛，广田金城，期年之间，使先零坐毙。曹操以征伐四方，屯田许下，垦荒积谷，无远运之劳。诸葛亮与魏将严拒[①]，乃从容渭滨，分兵屯田，司马懿畏而欲避。邓艾与吴为邻，开河渠溉田，通于江淮，大为伐吴之资。嗣是历世因之，其法浸备[②]，其利浸溥[③]。于今强敌陆梁[④]，非兵无以御敌，非粮无以养兵。百计集兵〔一〇九〕，千方足食，而独不及屯田者，何也？

我太祖体国经野，屯田遍天下，而西北边最多。开屯之例，军以十分为率，以七分守城，三分屯种。垦田之令，边方闲田许军民开种，永不起科。限亩输租者，为额内之田；不起科者，为额外之田。然法久弊生，弊久法尽。瘠田荒芜不治，腴田为豪强兼并，为官校侵夺，为巧慧移邱〔一一〇〕易亩，汩没[⑤]于田，混乱于籍。征输徒有其名，刍粟不为国用。至于招商开中[⑥]，责令募兵垦田，保伍屯聚，视功力给牒[⑦]，予盐酬值。初时上下同利，今复为敝商蛊坏，泥[⑧]而不行。然经界在田中，开列在纸上，非高远难行之事，无幽隐不可究之理。但求忧国敏事之臣，专任责成，

① 严拒：对峙。

② 浸备：逐渐完备。

③ 浸溥：逐渐扩大。

④ 陆梁：嚣张，猖獗。

⑤ 汩没：埋没。

⑥ 开中：明代政府鼓励商人输送米粮等至边塞而给予食盐运销权的制度。

⑦ 牒：官方颁发的证明文件。

⑧ 泥：阻塞，阻滞。

待以不次之位。其规画措置一事，听其自为，直以期年为限，使田额如旧，课程如旧，无占种影射包赔如旧。随处有田，随处行师，刍粮如峙，内省帑运，外省民输。有卒徒将领以足兵，有沟洫陇畛以助险，有树艺园林以护耕。转盼[1]〔一一一〕之间，变荒碛为丰壤，易流莩[2]而乐康。阜民足国未有善于此者。

昔唐德宗问李泌复府兵之策，以兵多食少，欲减京西戍兵。泌请发左藏[3]积缯，因党项易牛，铸农器，粜麦种，分赐缘边[4]军镇，夏秋耕荒田而种之，沃土久荒，收入必多。戍〔一一二〕卒获利，则愿耕者众。既因田致富，则不思归。及戍期将满，下令有愿留者，即以所开田为永业[5]。家人愿来者，本贯给食而遣之。是后收入既腆，耕者愿留，家人愿来，变关中之疲敝为富强。泌之一言，即日行之，如彼其速，即年获效，如彼其厚。矧在今日，大修屯政，简付得人。今年举之，则明年报功，决食其利矣。其他筹边远略，十百千万，无如此事为急要也。

颂

汉

扬雄[6]：赵充国颂

明灵惟宣，戎有先零。先零猖狂，侵汉西疆。汉命虎臣，惟后将军。整我六师，是讨是震。既临其域，谕以威德。有守矜功，谓之弗克。请奋其旅，于罕之羌。天子命我，从之鲜阳[7]。营平[8]守节，屡奏封章[9]。料敌制胜，威谋靡亢[10]。遂克

① 转盼：犹转眼，喻时间短促。

② 流莩：流浪而饿死的人。

③ 左藏：古代国库之一，以其在左方，故称左藏，唐代左藏掌钱帛、杂彩、天下赋调。

④ 缘边：即沿边，指边境。

⑤ 永业：即永业田，古时称私有土地为永业田或世业田。

⑥ 扬雄：前53年—公元18年，字子云，蜀郡成都（今四川成都郫都区）人，西汉著名辞赋家、思想家。

⑦ 鲜阳：鲜水北岸。

⑧ 营平：赵充国封营平侯。

⑨ 封章：机密章奏皆用皂囊重封以进，故名封章，亦称封事

⑩ 靡亢：没有人能抵抗。

西戎，还师于京。鬼方[①]宾服，罔有不庭[②]。昔周之宣[③]，有方有虎[④]。诗人歌功，乃列于雅[⑤]。在汉中兴，充国作武。赳赳桓桓[⑥]，亦绍[⑦]厥后[⑧]。

晋

陆士衡[⑨]：纪信颂[⑩]

纪信诳项，轺轩是乘[⑪]。摄齐[⑫]赴节[⑬]，用死[⑭]孰惩，身与烟消[⑮]，名与风兴[⑯]。

---

① 鬼方：古族名，此处泛指外族。

② 庭：谓来天子之庭朝见。

③ 周之宣：即周宣王姬静。

④ 有方有虎：方，即方叔，西周周宣王时卿士，曾南征荆楚，北伐獯狁，为周室中兴功臣。虎，即召穆公虎，周宣王时，淮夷不服，宣王命召虎领兵出征，平定淮夷。

⑤ 乃列于雅：指《诗经》中《大雅·江汉》《小雅·采芑》等篇。

⑥ 赳赳桓桓：典出《诗·周南·兔罝》："赳赳武夫，公侯干城。"《鲁颂·泮水》："桓桓于征，狄彼东南。"后遂以"赳赳桓桓"形容威武雄健貌。

⑦ 绍：继承。

⑧ 厥后：其后，指方叔、召虎之后。

⑨ 陆士衡：即陆机（261—303），字士衡，吴郡吴县（今江苏苏州）人。西晋著名文学家、书法家。出身吴郡陆氏，为孙吴丞相陆逊之孙、大司马陆抗第四子，与其弟陆云合称"二陆"，又与顾荣、陆云并称"洛阳三俊"。

⑩ 纪信颂：此文节选自陆机所作《汉高祖功臣颂》，该颂颂扬了萧何、曹参、张良、陈平、韩信等三十一位汉初名将相辅佐汉高祖刘邦开创西汉天下的功绩，文辞浑阔，极尽溢美之辞。

⑪ "纪信"二句：纪信迷惑项王，乘轺车假装成高祖。事见《史记·高祖本纪》。轺轩，即轺车，一马驾驶的轻车。

⑫ 摄齐：音 shè zī。提起衣摆，古时官员升堂时谨防踩着衣摆，跌倒失态，表示恭敬有礼。齐，衣下的锁边。

⑬ 赴节：赴义尽节。此处指赴义捐生。

⑭ 用死：犹言效死。用，效，献出。

⑮ 烟销：烟消火灭，比喻事物消失，不见踪迹。

⑯ 风兴：风起云涌，比喻事物迅速发展，声势浩大。

唐

元结[①]：大唐中兴颂[②]

天宝十四年，安禄山陷洛阳。明年，陷长安。天子[③]幸蜀，太子[④]即位于灵武。明年，皇帝移军凤翔[⑤]，其年复两京[⑥]，上皇还京师。于戏[⑦]！前代帝王有盛德大业者，必见于歌颂。若令歌颂大业，刻之金石，非老于文学，其谁宜为？颂曰：

噫嘻前朝，孽臣奸骄[⑧]，为昏为妖。边将[⑨]骋兵，毒乱国经[⑩]，群生失宁。大驾南巡，百官窜身，奉贼称臣。天将昌唐，繄睨[⑪]我皇，匹马北方。独立一呼，千麾万旗[⑫]，戎卒前驱。我师其东，储皇[⑬]抚戎，荡攘群凶。恢复指期[⑭]，曾不逾时，有国无家[⑮]。事有至难，宗〔一一三〕庙再安，二圣重欢[⑯]。地辟天开，蠲除妖灾，瑞庆大来。凶徒逆俦，涵濡天休，死生堪羞。功劳位尊，忠烈名存，泽流子孙。盛德之兴，山高

① 元结：719—772年，字次山，号元子、浪士、漫叟，洛阳人。天宝十三年（754）进士，曾任道、容二州刺史。他的诗注重反映现实政治和民生疾苦；散文亦多关注时政，风格古朴，为唐古文运动的先驱者。有《元次山文集》。

② 大唐中兴颂：又称《中兴颂摩崖》《中兴颂》，俗称《摩崖碑》，在今湖南祁阳县浯溪东崖。《集古录》载："大唐中兴颂，元结撰，颜真卿书。书字尤奇伟，而文辞古雅。碑在永州，摩岩石而刻之。"题原注"有序"。

③ 天子：即唐玄宗李隆基。

④ 太子：即唐肃宗李亨。

⑤ 皇帝：指唐肃宗李亨。

⑥ 两京：长安及东都洛阳。

⑦ 于戏：音wū hū，同"乌乎"，叹词。

⑧ 前朝：指玄宗朝。孽臣，指李林甫、杨国忠。

⑨ 边将：指安禄山。

⑩ 国经：国之常规。

⑪ 繄睨：繄，句首语气词，犹"是"。睨，视，形容天意属望。

⑫ 千麾万旗：麾、旗皆谓旗帜。

⑬ 储皇：太子，指唐代宗李豫。

⑭ 恢复指期：言恢复之速，为古所未有。

⑮ 家：哈佛本、刻补本、四库本同，误。据《摩崖碑》当作"之"。

⑯ 二圣：指玄宗与肃宗。此处语含微词。

日升，万福是膺①。能令大君②，声容沄沄③，不④在斯文？湘江东西，中直浯溪⑤，石崖天齐；可磨可镌，刊此颂焉，何⑥千万年！

杨炎⑦：灵武宫受命颂〔一一四〕

臣闻享天隆命〔一一五〕，惟德也；戡难奉时，惟圣也。必有非常之运，是兴拨乱之功。君以苍生为忧，不以濡足⑧为患〔一一六〕。此陶唐所以舍而不畏，舜禹所以受而不疑。

灵武宫，皇帝龙跃⑨〔一一七〕之所。日者奸臣窃命，四海荡波。我圣皇天帝探命历之数，启龙图⑩作受命之书，付于我皇帝。皇帝方游崆峒，以求至道。于是群公卿士，负玉旒金玺，望气芒砀之野，三进于阊阖⑪之中。曰：“臣闻在昔，蚩尤连祸，大盗中国，神农氏兵莫能胜。天降元〔一一八〕女敕轩辕氏，大定其灾。厥后尧有九州之害而命禹，禹以四海之功而受舜。陛下主鬯⑫大位，十有九年。〔一一九〕玄〔一二〇〕德⑬上达，景福⑭有归。六圣睹命历⑮之期，兆人⑯有临难之请。陛下畏灾运而不宁〔一二一〕，弃黎元⑰而不顾，以至仁为薄，以大宝为轻。臣等若不克所请，与亿兆之众，将被发

---

① 膺：受。

② 大君：天子。

③ 声容沄沄：礼乐文章繁盛。沄沄（音yún yún），沸流，以水之沸流喻声容之盛。

④ 不：岂不。谓岂不在斯文乎？

⑤ 浯溪：水名。在湖南祁阳县西南。当湘水之南，北汇于湘。

⑥ 何：何止。

⑦ 杨炎：727—781年，字公南，唐凤翔府天兴县（今陕西凤翔县）人。财政改革家、诗人，两税法的创造和推行者。

⑧ 濡足：音rú zú，沾污了脚，指被沾污。

⑨ 龙跃：喻王者兴起。

⑩ 龙图：天子的雄图，亦借指君权。

⑪ 阊阖：音chāng hé，典出《楚辞·离骚》。原指传说中的西边的天门，后泛指宫门或京都城门。

⑫ 主鬯：鬯，音chàng，为古代祭祀用的一种香酒。主鬯即指主掌宗庙祭祀，后又称太子为“主鬯”。

⑬ 玄德：天德。

⑭ 景福：洪福，大福。

⑮ 命历：天命历数。

⑯ 兆人：即兆民，万民。

⑰ 黎元：黎民百姓。

拊膺[①]，号于天而诉于帝矣。”皇帝唯然[②]改容曰：“岂人心欤！”

丁卯，广平王俶[③]、太尉光弼、司徒子仪[④]、尚书左仆射冕[⑤]、兵部尚书辅国[⑥]与北军将士、西土耆老，万五千人，排闼[⑦]以诉帝曰：“今豺狼穴居宫阙，陛下兆庶为饵，宗庙为墟。若臣等诚恳未通，是高祖不歆[⑧]于太庙，且陛下涉渭则洪流涸，回銮[⑨]则庆云见，布泽而川池广，勤道而嘉禾生。灵祇仿佛，元〔一二二〕贶幽感[⑩]。臣闻符命待圣而作，天运否终而会[⑪]〔一二三〕。葳蕤[⑫]肸蠁[⑬]，会也。睿武英明，圣也。臣等敢昧死上闻。”

帝乃洒斋宫[⑭]，启金匮，呜咽拜受。诏有司大赦天下，改元曰至德元年，尊圣父为文武大〔一二四〕皇帝。是日，烟云变作，士庶踊跃，黄龙见于东野，紫气满于天门。翌日也，数百里衣裳会；兼旬也，数千里朝贡会；逾月也，天下兵车会；浃时[⑮]也，四方重译〔一二五〕会。以一旅成百万之师，率六军〔一二六〕平社稷之难。礼郊祀，戴圣

---

① 被发拊膺：披散头发捶击胸口，表示哀痛或悲愤。

② 唯然：独有貌。

③ 广平王俶句：广平王俶，即唐代宗李豫（727—779），初名李俶，唐肃宗李亨长子，原封广平王，后改封楚王。安史之乱中，以天下兵马元帅名义先后收复长安、洛阳。乾元元年（758年），被立为皇太子。宝应元年（762年）即位。

④ 太尉光弼、司徒子仪：即唐代中兴名将李光弼、郭子仪。

⑤ 尚书左仆射冕：即裴冕（703—770），字章甫，唐河中河东（今山西永济）人。安史之乱时，因参与拥立唐肃宗，授中书侍郎、同平章事，后为右仆射，两京收复后封冀国公。

⑥ 兵部尚书辅国：即李辅国（704—762），唐朝中期权宦。本名静忠，曾赐名护国，安史之乱期间，劝说太子李亨继承帝位，后被加封为元帅府行军司马，掌握兵权，并改名为辅国。后又因拥戴代宗李豫即位，被封为司空兼中书令，因其跋扈嚣张，终为代宗派人刺杀。

⑦ 排闼：推门，撞开门。

⑧ 歆：飨，祭祀时神灵享受祭品、香火。

⑨ 回銮：君王出巡后还宫。銮，帝王及后妃的车驾为“銮驾”。

⑩ 元贶：即玄贶（音 kuàng），上天的赏赐。

⑪ 否终而会：否、泰为《周易》中的两个卦名，否卦不顺利，泰卦顺利，否终而泰指坏运到了头好运就来了。

⑫ 葳蕤：草木生长茂盛貌。

⑬ 肸蠁：音 xì xiǎng，亦作“肹蠁”，散布，弥漫，多指声响、气体的传播。

⑭ 斋宫：皇帝行祭天祀地典礼前的斋戒之所。

⑮ 浃时：一季。

皇，与人合诚心，以气消天厉；动罔不吉，歆无不报。是以白鹿扰于王庭，灵芝产于延英[①]。化动而功成，渊默而颂声。言禅代者，陋苍梧易姓之名[②]；语嗣守者，羞唐尧〔一二七〕积善之辱；述戡定者，叹四纪而复夏[③]；美中兴者，嗤三六[④]而灭新。

於戏！神祇之所归往，品物之所法象。鼓飞龙于尺水，仗大义而东向。矢谟发号[⑤]，实在兹都。愿篆石宫庭，以垂万古。俾过山泽知风雨之奥[⑥]，穷造化识天地之炉[⑦]。臣炎稽首，敢献颂曰：

赫赫河图，启天之佑。云从亿万，皇居九五[⑧]。惟昔陶唐，克传舜禹。濩也武也，夫何足数。彼妖者勃，惟暴惟贪。天实即命，人将不堪。皇曰内禅，于再于三。尽武之善[⑨]，去汤之惭[⑩]。兵车百万，汹汹雷震。横会九州，为行为阵。恃力者踣[⑪]，从命者顺。孝以奉天，神而抚运。至德唐尧，崇功大禹。皤皤[⑫]兆叟，垂白而睹。沛邑空歌，周原已古。徘徊颂声，永介兹土。

张蒙：椒功昭德颂

圣唐九叶，皇帝平内盗，攘外敌〔一二八〕，建中兴永图，以崇王业。乃命潼关镇国军节度使、检校尚书右仆射兼御史大夫、华州刺史、武康郡王李元谅[⑬]，整兵陇右，

① 延英：即延英殿，唐代宫殿名，在延英门内。

② 苍梧易姓之名：苍梧，指舜。易姓，借指尧舜时代的禅让制度。

③ 四纪而复夏：指夏朝时的太康失国到少康中兴。

④ 三六：十八，借指王莽新朝延续十八年。

⑤ 矢谟发号：商讨谋议，发表誓辞号令。矢，通“誓”，古代告诫将士的言辞。誓，谟，议谋。号，号令。

⑥ 奥：深奥，精深不易理解。

⑦ 炉：喻天地容纳、熔炼万物。

⑧ 九五：典出《易·乾》：“九五，飞龙在天，利见大人。”九，谓阳爻。五，第五爻，指卦象自下而上第五位。后因以“九五”指帝位。

⑨ 武之善：指周武王伐纣事。

⑩ 汤之惭：指商汤放夏桀于南巢事。

⑪ 恃力者踣：以武力抗拒者灭亡。踣：倒毙，僵死。

⑫ 皤皤：白发貌，形容年老。

⑬ 李元谅：732—793年，祖籍安息（今伊朗），唐朝中期名将。本姓安，因幼时为宦官骆奉先所养，遂改姓骆，名元光，后因战功，被唐德宗赐姓李，遂改名元谅。

分镇京西。朝野訢[①]，军州[②]翕[③]而益重。复我洮罕，期在于兹。且谓分星辰之精，山河之灵，彧穆英明，为国而生者也。于是行军司马、御史中丞董叔经，以州人感公救其涂炭，荷公拯其瘥厉[④]，露表群言，赞于云堤曰：

臣闻鼓天下之大节，莫先于忠义；却天下之大难，莫出于才能。奏勋庸，播金石，以为天下表，莫盛于碑版。然则陛下宗臣元谅，雄杰英勇，沉断明谋，虎身之望夙成，龙额之封果及。武齐七德，而克用为模；文有九功，而能举为法。故炳烛方、召[⑤]，粃稗[⑥]韩、彭[⑦]。桓桓然殉国之功，皆可揭而昌言[⑧]也。

昔陛下薄狩郊甸，爰幸巴梁。虵虺[⑨]畜而患生，豺狼饱而害作。内奰[⑩]宫阙，党与诪张[⑪]。何望之垦掘咸林[⑫]，敬釭窥觎蒲坂[⑬]。同逆相扇，倾陷巨州。元谅时以散员，副戎关镇，无一廛[⑭]之土，无一旅之众。感愤而发，招辑白徒[⑮]，斩贼使于潼

① 訢：同“欣”，喜。

② 军州：古行政区划的名称，多指战略上的军事要地。

③ 翕：合聚，和顺。

④ 瘥厉：疫病。

⑤ 炳烛方、召：效法西周宣王时的方叔与召穆公虎。

⑥ 秕稗：音 bǐ bài，秕子和稗子，比喻微薄、浅薄的东西。

⑦ 韩、彭：韩信和彭越。

⑧ 昌言：善言、直言。

⑨ 虵虺：音 shé huī，毒蛇。

⑩ 奰：音 bì，作乱。典出《诗经·大雅·荡》：“内奰于中国。”

⑪ 诪张：欺诳诈惑。

⑫ “何望之”句：唐德宗建中四年（783），淮宁节度使李希烈叛乱，德宗李适调泾原军五千人东下征讨。泾原军途经长安（今陕西西安），因得不到犒赏，激起兵变，攻入长安，拥戴闲居的太尉朱泚为帝，德宗逃奔奉天（今陕西乾县）。朱泚派其部将何望之率领轻装骑兵偷袭华州，华州刺史董晋弃城逃跑。何望之想聚集人马截断华州东面的道路，李元谅从潼关领兵直逼华州城下，一举收复华州。因功被加授为御史中丞。咸林，古地名，本为棫林，后误传为咸林，位于今陕西华县。

⑬ “敬釭”句：敬釭，泾原兵变时叛将，与何望之同被朱泚封为节度使。蒲坂，即蒲坂津，或称蒲津，古黄河津渡名，以东岸在蒲坂（今山西永济西蒲州）得名。自先秦历汉、唐至元、明，凡秦晋间兵事，往往济自蒲津，为战守必争之地。

⑭ 一廛：古时一夫所居之地。

⑮ 白徒：临时征集未经训练的兵卒。

津，破贼将于敷谷。乘胜连击，遂克城池，闾阎[1]载安，室家相庆。此其殉国之功一也。

勇而〔一二九〕重闭[2]，以备不虞。创续墉堤，是征板干[3]。环回裹于修郭，延袤[4]载于通衢，冀防驰突之锋，庶窒[5]搜牢[6]之掠。四封辐辏[7]，不震不惊。益凶竖[8]东顾之忧，壮义夫西讨之势。此其殉国之功二也。

州之器备，自昔其空，乃剔镬鼓为兵[9]，撒毡彯[10]为甲，剡[11]蒿揉[12]为弩，载箦巩为排[13]。严约誓于五申，肃部队于三令。劳逸斯共，甘苦必分。德以导其怀，刑以齐其力，义以启其愤，忠以发其诚。由是士皆向方，乐公战矣。此其殉国之功三也。

籍马蒐乘[14]，补卒济师，始编簿者二千，终载书者一万。进次昭应[15]，禀命于副元帅之军；列屯兴泰，分援〔一三〇〕于尚可孤[16]之垒。元凶恃众，犯我中营，或靡

---

① 闾阎：古代里巷内外的门，后泛指平民百姓。

② 重闭：重重禁闭，谓防护严密。

③ 板干：古代夯土筑城或筑墙的用具。干，夹板两旁支撑的木柱。

④ 延袤：绵亘，绵延伸展。

⑤ 窒：抑止。

⑥ 搜牢：掳掠。牢，搜刮。

⑦ 辐辏：形容人或物聚集像车辐集中于车毂一样。

⑧ 凶竖：凶险的小人，此处指叛军。

⑨ 剔镬鼓为兵：挑拣铁锅鼓铸成兵器。剔，挑拣。镬，锅。鼓，鼓铸，鼓风扇火，冶炼金属。

⑩ 彯：音 piào，图画，彩饰。

⑪ 剡：削，削尖。

⑫ 揉：使木弯曲

⑬ 载箦巩为排：将竹席捆扎成水排。箦（音 zé），竹席。巩，用皮革捆东西。排，竹或木平摆着编扎成的水上交通工具。

⑭ 籍马蒐乘：登记征用马匹，检阅兵车。

⑮ 昭应：相应。

⑯ 尚可孤：？—784年，字可孤，鲜卑族宇文部人，唐朝将领。尚可孤世居松漠。天宝末年归顺唐朝，先后隶属范阳节度使安禄山、平卢节度使史思明。安史之乱时，尚可孤跟随叛军，后背离叛军而归顺朝廷，历任右威卫大将军、神策大将等。

矜[1]〔一三一〕而来，或掉鞅[2]而去。因其去也，霆激飙冲，分翼夹驰，邀覆其阵。血斗浐川[3]之水，尸膏灞岸之田，狡势迷穷，不能复振。此其殉国之功四也。

苍茫御苑[4]，横矗长云，摧百堵而洞开，拥三军而径入。姚令言望旗而溃，张光晟弃甲而奔[5]，彀骑[6]争追，若燎于薮。贼泚[7]忧迫，躬率全军，驱其恟恟之徒，挥我堂堂之众。一鼓而北，窜死真宁。氛祲[8]廓而黄道清，腥秽消而彤庭[9]肃。顿师[10]章敬，都邑晏如，迎大驾复于咸秦，还大兵散于阴晋[11]，此其殉国之功五也。

李怀光[12]阻河拒命，窃弄戈鋋[13]，北连绛台，南抵黄巷，选朔方之健将，保朝邑之离宫。陛下特诏攻围，重鞠戎旅，总于经略，丕冒平凉[14]。或犄击其救兵，或邀绝[15]其餫卒[16]，力殚命窘，因乃求降。未歼当道之豺，且踝[17]〔一三二〕吠篱之犬。此其殉

---

① 靡矜：即“靡旌”，旌旗披靡，谓战车疾驱之状。

② 掉鞅：本谓驾战车入敌营挑战时，下车整理马脖子上的皮带，以示御术高超，从容有馀，后泛指从容驾驭或掌握战斗的主动权。鞅，套在马颈或马腹上的皮带。

③ 浐川：即浐河，源出陕西蓝田县西南秦岭山中，流入渭河，是古代长安的重要水源之一。

④ 御苑：君主的花园。

⑤ “姚令言”二句：姚令言、张光晟均为随朱泚反叛的唐将。

⑥ 彀骑：持弓弩的骑兵。

⑦ 贼泚：泚：音 cǐ。即朱泚（742—784），幽州昌平（今北京昌平南）人。唐朝中期将领、叛臣。建中四年（783），泾原兵变，朱泚被哗变的士兵拥立为帝，国号秦，年号应天。兴元元年（784），改国号为汉，年号天皇。不久，李晟收复长安，朱泚逃往泾州，因泾原节度使田希鉴闭门不纳，只得继续西逃。在逃到彭原西城屯时，被部将杀死。

⑧ 氛祲：预示灾祸的云气，此处比喻战乱、叛乱。

⑨ 彤庭：汉代宫廷，因以朱漆涂饰，故称“彤庭”。后泛指皇宫。

⑩ 顿师：按兵不动。

⑪ 阴晋：地名。在今陕西华阴东。

⑫ 李怀光：729—785年，渤海靺鞨人，本姓茹，唐朝将领。其先徙幽州，以战功赐姓李氏。泾原兵变，德宗逃奔奉天，前往救援，击退朱泚，因功进副元帅、中书令。德宗因听信卢杞等人挑唆，不让他入朝，乃联合朱泚反叛，迫使德宗逃往汉中。贞元元年（785），兵败被杀。

⑬ 戈鋋：音 gē chán，戈与鋋皆为兵器，借指战争。

⑭ 丕冒：犹言广被。

⑮ 邀绝：拦击，截击。

⑯ 餫卒：音 yùn zú，运输粮草的部队。

⑰ 踝：音 zhé，当作“磔”，古代的一种分裂肢体的酷刑。

国之功六也。

进屯河县，接逻官桥，虽竹缆已焚，而水口将渡。大憝[①]知窘，犹怀斗心，乘时出奇，幸于有胜。迟明[②]遇伏，卒以无归，恚蹙穷城，因绞中阁。三条[③]以谧，二辅[④]斯宁，此其殉国之功七也。

戎〔一三三〕羌不道，俶扰[⑤]西陲，骤掠邠泾，深入盐夏，狃其横滑，溽暑[⑥]仍留。苟不用权，若何攘暴，乃励我鹰扬之旅，乘其马瘠之时，张皇军形，缓俘令逸，然后排烽结队，加灶翻营。师未逾于洛源，寇已还于河曲。此其殉国之功八也。

婪婪藩戎，匿诈求和，重违修好之言，用许寻盟[⑦]之约。诸军毕会，是独沉疑，陈其不诚，请以为备。且曰："古者诸侯相见，兵卫不撤，警也。今敌人反覆，未可以端拱[⑧]待之。"乃距平凉二十里所栅为壁，堑为壕，设晋师敖前之伏，修楚臣劲后之殿。练锐三千，涉泾式遏[⑨]。既而升坛将歃[⑩]，果以恶来，声若河翻，势如山进，望我旗鼓，惊眙[⑪]而还。御侮[⑫]之道既弘〔一三四〕，折冲[⑬]之威亦著。此其殉国之功九也。

良原县间在泾陇，西压穷边，罹彼烟尘[⑭]，翦除荆棘，事未经启，密令兴功，遂发轸而遽行，即建标[⑮]而特起。恢其制度，峻以规模，役不二旬，隐然岳立。乃修庐井，乃辟田畴，商旅载通，流庸[⑯]偕附。烽堠交于塞表，保障连于岐右，虽周筑虎

---

① 大憝：音 dà duì，极为人所怨恶，此处指叛军。

② 迟明：黎明。

③ 三条：都城的三条大道，亦泛指都城通衢。

④ 二辅：汉时京畿的左冯翊、右扶风，此处泛指长安地区。

⑤ 俶扰：开始扰乱。

⑥ 溽暑：暑湿之气，指盛夏。

⑦ 寻盟：重温旧盟。

⑧ 端拱：正身拱手，指恭敬有礼。

⑨ 式遏：防卫，抵御。

⑩ 歃：即歃盟。古人盟会时，嘴唇涂上牲畜的血，表示诚意。

⑪ 眙：音 yí，直视，瞪。

⑫ 御侮：抗击外来侵略。

⑬ 折冲，使敌方的战车折返，意谓克敌制胜。

⑭ 罹彼烟尘：遭受战火侵害。罹，遭逢，遭遇。烟尘，烽烟和战场上扬起的尘土，意指战火。

⑮ 建标：树立标识，立物以为标记。

⑯ 流庸：流亡在外之人。

牢，汉凭马邑，式遏乱略，曾何足云。此其殉国之功十也。

朝廷所以降丕命[①]，策高勋，重位以崇之，丰爵以荣之，歌钟以乐之，邸宅以宁之。自建中以来，卫社稷之臣，秉旄钺之将，除宰辅董阃〔一三五〕，外其孰能畴匹于此哉。况明允豪贤，勤于理要，清庶〔一三六〕以康黎献[②]，简恤以裕公私。推信诚，弘〔一三七〕敬让，薄九赋，励三农。抑浮窳[③]之风，兴廉正之教。一年而人知禁，二年而人知惠，三年而人知爱，四年而人知诵。夫然，又安可使懋功[④]昭德，沉隐无闻也欤？愿听华人，篆之乐石。

制曰："可。"

于是耆寿荔非升古沙门释僧会道士游方外等，千乃心，万乃口，喜从所欲，祈我笔端，乃约奏章，以纂成绩。

公本姓安氏，武威姑臧人。盖黄轩帝孙，降居安息，高阳王裔，留宅姑臧。仆射元魏之股肱，武卫巨唐之牙爪牙，世济其贵，公又昌明。而弱岁羁孤[⑤]，感于知己某某之族，从骆统之姓，镇潼关者五年矣。既申武节[⑥]，克建戎勋。天子以敦淳可亲，诚明可信，更名锡氏[⑦]，以昭实焉。《书》所谓"践修厥猷"、"灵承多宠"[⑧]者矣。若夫校功王府，撰德侯家，虽冯异扬言，已传徽于昔岁；而吉甫作颂，庶弘〔一三八〕美于今辰〔一三九〕。词曰：

洸洸[⑨]武康兮，有虔[⑩]秉钺。即戎临敌兮，原火烈烈。队如星兮阵如云，进如流

---

① 丕命：大命。

② 黎献：黎民中的贤者，此处指黎民百姓。

③ 浮窳：音fú yǔ，游荡懒惰。

④ 懋功：大功。

⑤ 羁孤：亦作"羇孤"，羁旅孤独的人。

⑥ 武节：武德，使用武力应遵循的道义准则。

⑦ 锡氏：指"平凉劫盟"时，李元谅救副元帅浑瑊出险，唐德宗为此勋劳，赐其李姓，改名元谅。锡，同"赐"。

⑧ "《书》所谓"句：《尚书·微子之命》："尔惟践修厥猷，旧有令闻。"意谓你惟能践履其言，修前人之德行。《尚书·多方》："惟我周王，灵承于旅。"意谓惟有周王善于顺从民众。灵承，善于顺应。

⑨ 洸洸：音guāng guāng，威武貌。

⑩ 虔：恭敬而有诚意。

兮止如䴏[①]。转电激兮冲风发，坏苑垣兮复宫阙。既东征兮又西伐，鼙鼓雄兮才气杰。涤昬霾[②]兮扫妖孽，河渎清兮渭源澈。功既成兮恩亦结，倚铁防兮赉[③]金穴[④]。华山麓兮敷水澨[⑤]，惠汪濊[⑥]兮威凛冽。庶氓[⑦]安兮群盗绝，舞稚童[⑧]兮歌大耋[⑨]。城窣[⑩]云兮营偃月，望麾幢[⑪]兮想旌节。树丰碑兮颂英哲，词不愧兮勋不灭。

铭

古

黄帝：巾几铭[⑫]

毋弃弱[⑬]，毋俷德[⑭]，毋违同[⑮]，毋敖礼[⑯]，毋谋非德[⑰]，毋犯非义[⑱]。无掘壑而附邱〔一四〇〕，无舍本而逐末。日中必彗[⑲]，操刀必割，执斧必伐。日中不彗，是谓失时；操刀不割，是谓失利；执斧不伐，贼人将来。涓涓[⑳]不塞，将为江河。荧荧[㉑]不

① 䴏：古同“迭”，累次。

② 昬霾：音hūn mái，喻指昏愦惑乱的人。昬，古同“昏”。

③ 赉：赐予。

④ 金穴：藏金之窟，喻豪富之家。

⑤ 澨：音shì，指涯岸，水边地。

⑥ 汪濊：亦作“汪秽”，深广。

⑦ 庶氓：百姓。

⑧ 稚童：幼童。

⑨ 大耋：老人。

⑩ 窣云：音sū yún，浮云。

⑪ 麾幢：官员出行时仪仗中的旗帜。

⑫ 巾几铭：《汉书·艺文志·道家》载《黄帝铭》六篇。蔡邕《铭论》载：“黄帝有巾几之法。”此篇为《路史·疏仡纪》载黄帝《巾几铭》，当为后人伪托黄帝之名所作。巾几，几案。

⑬ 弃弱：欺压弱小。

⑭ 俷德：背弃正义。

⑮ 违同：违背共同权利。

⑯ 敖礼：违逆礼节。

⑰ 谋非德：谋求违背品德的事情。

⑱ 犯非义：做违背道义的事。

⑲ 彗：音wèi，通“熭”，曝晒。

⑳ 涓涓：细小的水流。

㉑ 荧荧：小火。

救，炎炎奈何。两叶不去，将用斧柯。

汉

班固①：封燕然山铭②

铄③王师兮征荒裔④，剿凶虐兮截⑤海外。敻⑥其邈兮亘⑦地界，封神邱⑧〔一四一〕兮建隆碣⑨，熙帝载⑩兮振万世！

傅毅：车左铭⑪

卢氏〔一四二〕作车，取象玑〔一四三〕衡⑫。君子建左，法天之阳。正位受绥⑬，车不内顾。尘不出轨，鸾⑭以节步。彼言不疾，彼指不躬。元〔一四四〕览⑮于道，永思厥中。

---

① 班固：32—92年，字孟坚，扶风安陵（今陕西咸阳东北）人。东汉著名史学家、文学家。

② 封燕然山铭：汉和帝永元元年（89），归汉的南匈奴单于请兵讨伐北匈奴，车骑将军窦宪率军出征。汉军大败北匈奴于稽落山（今蒙古国额布根山），北单于仓皇逃窜，汉军追击诸部落，抵达私渠比鞮海（今蒙古国邦察干湖），北匈奴投降者二十馀万人。汉军登上去塞北三千馀里的燕然山（今蒙古国杭爱山），刻石纪功。时班固以中护军随行，参与谋议，命班固撰写此铭。《封燕然山铭》是一篇重要的历史文献，也是一篇著名的文学作品。2017年此铭的摩崖石刻在蒙古国境内被发现，为重要考古发现。封，在山上筑土为坛祭天，以报天之功。

③ 铄：光辉美盛之貌。典出《诗经·周颂·酌》："於铄王师。"

④ 裔：边远的地方。

⑤ 截：整治。典出《诗经·商颂·长发》："海外有截。"郑玄笺："截，整齐也。"

⑥ 敻：音xiòng，远，此处用作动词，远至。

⑦ 亘：直至，穷尽。

⑧ 神丘：即燕然山。

⑨ 隆碣：高而圆顶的碑石。

⑩ 熙帝载：谓发扬光大汉朝的事业。熙，广，发扬光大。载，事，事业。

⑪ 傅毅：？—约90年，字武仲，扶风茂陵（今陕西兴平东北）人。东汉文学家。章帝时为兰台令史，与班固等同校内府藏书。大将军窦宪击匈奴时，以傅毅为记室，迁司马，早卒。著有《舞赋》《七激》等作品。

⑫ 玑衡："璇玑玉衡"的省称，北斗七星的泛称。

⑬ 绥：古代指登车时手挽的索。

⑭ 鸾：指车衡上的金属铃。

⑮ 元览：即玄览。远望，远眺。

车右铭

择御卜右[①]，采德用良。询纳耇老，于我是匡[②]。惟贤是师，惟道是式[③]。箴阙旅贲[④]，内顾自式[⑤]〔一四五〕。匪望其度[⑥]，匪愆其则[⑦]。越戒敦约[⑧]，礼以华国[⑨]。

车后铭

敬其在路，体貌思恭。望衡[⑩]顾毂[⑪]，允慎兹容。毋〔一四六〕或好佚〔一四七〕，匪盘于游[⑫]。顾省厥遗[⑬]，虎尾[⑭]斯求。昭德塞违[⑮]，抑盈以无。虽有三晋，欿〔一四八〕然若虚。

梁〔一四九〕

庾信[⑯]：秦州麦积崖佛龛铭[⑰]

麦积崖者，乃陇坻[⑱]之名〔一五〇〕山，河西之灵岳。高峰寻云，深谷无量。方之鹫

---

① 择、卜：都有选择的意思。御，驾驶车马的人。右，车右，即参乘，古代战车上站在右边负责警卫和推车的武士。

② 匡：辅助，纠正。

③ 式：规范，榜样。

④ 箴：劝告，劝戒。旅贲，古代帝王或诸侯出巡时护车的勇士。诸侯有旅贲，御灾害也。这里引申为御祸害。

⑤ 内顾：反过来想到自己，此指反省、自责之意。自式，自我告诫、约束。

⑥ 匪望其度：匪，通“非”。望，埋怨，责备。度，限度。

⑦ 匪愆其则：愆，超过，延误。则，准则。

⑧ 越戒敦约：或作“越戒敦俭”，谓笃守戒约。

⑨ 华国：为国家增添光彩，光辉。

⑩ 衡：车辕前端的横木。

⑪ 毂：车轮中心，有洞可以插轴的部分。

⑫ 盘于游：即盘游，亦作“槃游”，游乐。

⑬ 厥遗：缺失，疏忽。

⑭ 虎尾：典出《周易·履》：“履虎尾，不咥人，亨。”比喻危险的境地。

⑮ 昭德塞违：彰明美德，杜绝错误。

⑯ 庾信：513—581年，字子山，小字兰成，南阳新野（今河南新野）人。南北朝时期文学家、诗人。官至北周骠骑大将军、开府仪同三司。

⑰ 秦州麦积崖佛龛铭：此文为北周秦州大都督李允信在麦积山造七佛阁，竣工后，请庾信所撰之铭，原刻于麦积山东崖石岩，以摩崖传世。麦积山藉此声名远播，惜今无存。

⑱ 陇坻：指陇山一带的地方，主要指甘肃东南部的天水一带。

岛，迹遁三禅[①]。譬彼鹤鸣，虚飞六甲[②]。鸟道[③]乍穷，羊肠或断。云如鹏翼，忽已垂天。树若桂华，翻能拂日。是以飞锡[④]遥来，乘杯[⑤]远至。疏山凿洞，郁为净土[⑥]。拜灯王于石室，乃假驭风[⑦]；礼花首于山龛，方资控鹤[⑧]。

大都督李克〔一五一〕信者，以藉宿檀〔一五二〕，深悟法门。乃于壁之南崖，梯云凿道，奉为亡〔一五三〕父造七佛龛。似刻浮檀[⑨]，如攻水玉[⑩]，从容满月，照曜青莲。影现须弥[⑪]，香闻忉利[⑫]。如斯尘野，还开说法之堂；犹彼香山，更对安居之佛〔一五四〕。昔者如来追福，有报恩之经；菩萨去家，有思亲之供。敢缘斯义，乃作铭曰：

镇地郁盘[⑬]，基乾峻极。石关十上，铜梁九息。百仞崖构〔一五五〕，千寻松植。阴兔假道，阳乌回翼。载辇疏山，穿龛架岭。纠纷星汉，回簇〔一五六〕光景。壁累经文，龛重佛影。雕轮月殿，刻镜花堂。〔一五七〕镌石壁，暗凿山架梁〔一五八〕。雷乘法鼓[⑭]，树积天香。嗽泉珉谷，吹尘石床。集灵真馆，藏仙册府。芝洞秋房，檀林春乳。水〔一五九〕谷银沙，山薮〔一六〇〕石柱。异岭共云，同峰别雨。冀城余俗，河西旧风。水声幽咽，山势崆峒。法云[⑮]常住，慧日[⑯]无穷。方域芥尽，不变天宫。

---

① 三禅：佛教谓色界之第三禅天，此天名定生喜乐地。

② 六甲：古星名，共六星，属紫微垣，位于鹿豹座和仙王座内。

③ 鸟道：只有鸟才能飞越的路，比喻狭窄陡峻的山间小道。

④ 飞锡：佛教语，谓僧人等执锡杖飞空，借指僧人游方。

⑤ 乘杯：乘坐木杯渡水，后泛指乘船。

⑥ 净土：佛教指没有尘世庸俗气的清净世界。

⑦ 驭风：乘风。古人谓仙道御风而行，故驭风借指得道成仙。

⑧ 控鹤：意为骑鹤，古人谓仙人骑鹤上天，故控鹤亦借指得道成仙。

⑨ 浮檀：佛教造像。

⑩ 水玉：水晶。

⑪ 须弥：梵文音译，古印度神话中的名山，为诸山之王，世界的中心。

⑫ 忉利：即忉利天，梵语的音意兼译，即三十三天，亦即一般所说的天堂。佛教谓须弥山顶四方各有八天城，合中央帝释所居天城，共三十三处，故云。

⑬ 郁盘：曲折幽深貌。

⑭ 法鼓：佛教法器之一，举行法事时用以集众唱赞的大鼓。

⑮ 法云：喻佛法如云，可覆盖一切。

⑯ 慧日：佛教语。指普照一切的法慧、佛慧。

唐

吕温[①]：三受降城碑铭[②]

韩侯受命，志在朔易[③]。北方之强，制以全策。亘漠横塞，揭兹雄壁。如三斗龙，跃出大泽。并分襟带，各闭风雷。俯视阴山，仰看昭回[④]。一夫登陴，万里洞开。日晏秋尽，纤尘不来。时维韩侯，方运神妙。观衅则动，乃诛乃吊。廓乎穷荒，尽日所照。天乎未赞[⑤]，不策清庙。我圣耀德，罢扃北门[⑥]。优而柔之[⑦]，用息元元。曷[⑧]若完守，推亡固存。于襄于夷[⑨]，永裕后昆。

---

① 吕温：771—811年，字和叔，又字化光，唐河中人（今山西永济市）。德宗贞元十四年（798）进士。曾以侍御史为入蕃副使，在吐蕃滞留经年。后历任户部员外郎。历司封员外郎、刑部郎中。因奏李吉甫除事，贬道州刺史，后徙衡州，甚有政声，世称“吕衡州”。

② 三受降城碑铭：唐中宗神龙三年（707），韩国公张仁愿在黄河以北修筑了中、东、西三座受降城，巩固了唐王朝的北部边疆。此篇碑文的序文回顾秦汉以来中国抵御北方外患的历史，考察其成败得失，议论了高岸峻防、重门击柝与盛德明臣的关系。《甘肃通志》仅录其铭文。

③ 朔易：北称朔，朔易，谓岁改易于北方。冬月岁事已毕，除旧更新，所当改易之事。此指张仁愿于北方除旧布新之举。

④ 昭回：昭，光。回，迴转。《诗·大稚·云汉》：“个倬云汉，昭回于天。”

⑤ 赞：佐助。

⑥ 罢扃北门：指北方边境无事。扃，门扇上的环钮。

⑦ 优而柔之：宽舒。

⑧ 曷：与何同音，义同。

⑨ 于襄于夷：典出张衡《西京赋》：“襄岸夷涂。”襄为高，夷为平，此处泛指疆土。

宋

石介[①]：击蛇笏铭[②]

天地至大，有邪气干于其间，为凶暴，为残贼[③]，听其肆行，如天地卵育之而莫御也。人生最灵，或异类出于其表，为妖怪，信其异端，如人蔽覆之而莫露也。

祥符[④]间，宁州天庆观有蛇妖，极怪异。郡刺史日两至于其庭朝[⑤]焉，人以为龙，举州人内外远近，罔不骏奔[⑥]于门以觐[⑦]，恭庄肃祗[⑧]，无敢怠者。今龙图侍御孔公[⑨]，时佐幕任〔一六一〕是邦，亦随郡刺史于其庭。公曰："明则有礼乐，幽则有鬼神，是蛇不亦诬乎？惑吾民，乱吾俗，杀无赦。"以手板[⑩]击其首，遂死于前，则蛇无异焉。郡刺史暨[⑪]州内外远近庶民，昭然若发蒙[⑫]，见青天，睹白日，故不能肆其凶残而成其妖惑。《易》曰："知鬼神之情状"，公之谓乎！〔一六二〕

然〔一六三〕天地锺刚正之气，在公之笏，岂徒毙一蛇而已。轩陛[⑬]之下有罔上欺

---

① 石介：1005—1045年，字守道，北宋兖州奉符（今山东泰安）人。宋初文学家。讲学于徂徕山，后人称"徂徕先生"。出身农家，好学有志，天圣八年（1030）进士，任郓州观察推官，后为国子监直讲。庆历三年（1043年），以撰《庆历圣德颂》赞"庆历新政"，指斥夏竦为大奸被诬陷外放，抑郁而终。其文尊韩、柳，与柳开、穆修、尹洙等为宋初古文运动的中坚。

② 击蛇笏铭：宋真宗大中祥符间，宁州（今甘肃宁县治）天庆观（后名真武庙）有大蛇盘踞，郡人以为龙而礼敬之，不敢懈怠。孔道辅时任宁州军事推官，以为惑民乱俗，以笏板击蛇首而杀之，人皆叹服。石介闻其事，为作《击蛇笏铭》。通过孔道辅用笏板击蛇、破除迷信的故事，借题发挥，歌颂了历代秉"纯刚至正之气"的忠臣义士，勉励文武百官争作"朝廷正人"，摒除"凶暴残贼"。

③ 残贼：残忽暴虐。

④ 祥符：大中祥符的略称，宋真宗年号，公元1008—1016年。

⑤ 朝：拜见。

⑥ 骏奔：急速奔走。

⑦ 觐：莫拜。

⑧ 恭庄肃祗：严肃恭敬。

⑨ 龙图侍御孔公：指孔道辅。字原鲁，北宋官吏，孔子四十五代孙，官至龙图阁待制。时任宁州军事推官。

⑩ 手板：即笏板。古代朝见时大臣所执的手板，用以记事。

⑪ 暨：和，同。

⑫ 发蒙：揭天蒙盖物。

⑬ 轩陛：殿堂的台阶。

民、先意顺旨者，公以此笏指之。庙堂之上有蔽贤蒙恶、违法乱纪者，公以此笏麾[①]之。朝廷之内有谀容佞色、附邪背正者，公以此笏击之。夫如是，则轩陛之下不仁者去，庙堂之上无奸臣，朝廷之内无佞人，则笏之功也，岂止在一蛇？〔一六四〕作笏铭曰：

至正之气〔一六五〕，公乃能得。笏之在公，能破淫妖。灵气未竭，斯笏不折。正道未亡，斯笏不藏。惟公宝之，烈烈其光。

明

孟侃[②]：鹅池[③]铭

庆阳下，鹅名池，深窈窕，来清漪。源不竭，兵民宜。通或塞，在人为。千万祀，视兹辞。

校勘记

〔一〕邱　哈佛本、刻补本同，四库本作“丘”，康熙间避孔子讳新所造字。

〔二〕玄　哈佛本、刻补本作“元”，四库本作“玄”，避康熙皇帝讳改。

〔三〕义渠　哈佛本、刻补本同，四库本作“戎王”。

〔四〕凶枭　哈佛本、刻补本同，四库本作“獯鬻”。

〔五〕肆　哈佛本、刻补本作“肆”，四库本作“夏”。

〔六〕兮　哈佛本、刻补本脱，据四库本补。

〔七〕漂摇　哈佛本、刻补本同，四库本作“飘飖”。

〔八〕恨　哈佛本、刻补本同，四库本作“恨”，误。

〔九〕剑　哈佛本、刻补本同，四库本脱“剑”字。

〔十〕兮　哈佛本、刻补本脱。据四库本补。

〔一一〕弘　哈佛本作“弘”，刻补本作“宏”，四库本作“弘”，避乾隆皇帝讳改。

〔一二〕朔北　哈佛本、刻补本同，四库本作“朔狄”。

〔一三〕词　哈佛本、刻补本、四库本皆作“词”，《全唐文》卷634作“辞”。

〔一四〕悔吝　哈佛本、刻补本、四库本皆作“晦蚤”，《全唐文》卷634作“晦吝”，据改。

---

① 麾：通“挥”，挥斥。

② 孟侃：明代官员，时任庆阳卫指挥。

③ 鹅池：即鹅池洞，位于庆城县城东南古城墙下一平台之上，内连城墙与城内相通，外有天然屏障，与柔远河相通，称“鹅池春水”，为庆阳“八景”中第一胜景。与周祖陵隔河遥望，相传为周祖养鹅之处，实为御防外族入侵而修筑以供城内军民汲水之用。

〔一五〕伤　哈佛本、刻补本、四库本同，《全唐文》卷634作“不”。

〔一六〕袤于　哈佛本、刻补本、四库本同，《文苑英华》卷98作“袤”，注云：一作“崇何”，《全唐文》卷634作“邪何”。

〔一七〕甚　哈佛本、刻补本、四库本同，《文苑英华》卷98作“甚”，注云：一作“彼”，《李文公集》作“彼”，《全唐文》卷634作“被”。

〔一八〕故　哈佛本、刻补本、四库本同，《文苑英华》卷98、《全唐文》卷634皆作“胡”。

〔一九〕讥　哈佛本、刻补本同，四库本作“讯”。

〔二十〕神　哈佛本、刻补本同，四库本作“规”，《文苑英华》卷98作“亲”，注云：一作“规”。

〔二一〕忘　哈佛本、刻补本、四库本以及《文苑英华》卷98同，《全唐文》634卷作“忌”。

〔二二〕岂捐　哈佛本、刻补本、四库本同，《全唐文》634作“岂不指”，《文苑英华》卷98作“岂捐”，注云：一作“岂不指”。

〔二三〕详　哈佛本、刻补本、四库本同，《文苑英华》卷98作“详”，注云：一作“佯”，《全唐文》卷634作“佯”。

〔二四〕欲　哈佛本、刻补本、四库本同，《文苑英华》卷98作“欲”，《全唐文》卷634作“叹”。

〔二五〕夕　哈佛本、刻补本、四库本同，《文苑英华》卷98作“夕”，注云：一作“旦”，《全唐文》卷634作“旦”。

〔二六〕立　哈佛本、刻补本同，四库本作“丘”，《文苑英华》卷98作“丘”，注云：一作立，《全唐文》卷634作“立”。

〔二七〕求　哈佛本、刻补本、四库本同，《文苑英华》卷98作“永”，注云：一作“求”。《全唐文》卷634作“永”。

〔二八〕自　哈佛本、刻补本、四库本同，《文苑英华》卷98作“内”，注云：一作“自”。《全唐文》卷634作“内”。

〔二九〕兢　哈佛本、刻补本、四库本同，《全唐文》卷634作“庄”。

〔三十〕路　哈佛本、刻补本、四库本同，《文苑英华》卷98作“路”，注云：一作“道”。《全唐文》卷634作“道”。

〔三一〕无　哈佛本、刻补本、四库本同，《全唐文》卷634作“芜”。

〔三二〕徇　哈佛本、刻补本同，四库本、《文苑英华》卷98作“徇”，《全唐文》卷634作“询”。

〔三三〕幼　哈佛本、刻补本作“幼”，四库本作“约”，《文苑英华》卷98作“幼”，注云：一作“约”。《全唐文》卷634作“约”。

〔三四〕以　哈佛本、刻补本、四库本同，《全唐文》卷634作“而”。

〔三五〕所　哈佛本、刻补本皆作“而”，四库本作“所”，《文苑英华》作“而”，注云：一作“所”，《全唐文》634作“所”。

〔三六〕漫汗　哈佛本、刻补本、四库本同，《全唐文》卷634作“汗漫”。

〔三七〕忠不顾兮立忘　哈佛本、刻补本、四库本同，《文苑英华》卷98作“忠不顾兮立忘”，注云：一作“忠不顾而立忘兮”，《全唐文》卷634作“忠不顾而立忘兮”。

〔三八〕徇　哈佛本、刻补本同，四库本作“旬”，《文苑英华》卷98、《全唐文》卷634作“徇”。

〔三九〕可　哈佛本、刻补本、四库本同，《文苑英华》卷98作“可”，注云：一作“何”，《全唐文》卷634作“何”。

〔四十〕猥　哈佛本、刻补本、四库本同，《文苑英华》卷98作“猥”，注云：一作“独”，《全唐文》卷634作“独”。

〔四一〕瘁　哈佛本、刻补本、四库本同，《文苑英华》卷98作“瘁”，注云：一作“顇”，《全唐文》卷634作“悴”。

〔四二〕天　哈佛本、刻补本同，四库本作“夫”。

〔四三〕歔欷　哈佛本、刻补本、四库本同，《文苑英华》卷98作“歔欷”，注云：一作“嘘唏”，《全唐文》卷634作“嘘唏”。

〔四四〕派　哈佛本、刻补本、四库本同，《历代赋汇》、《敬轩文集》卷1皆作“脉”。

〔四五〕元　哈佛本、刻补本同，四库本作“玄”，避康熙皇帝讳改。

〔四六〕两　哈佛本、刻补本、四库本同，《历代赋汇》作“南”。

〔四七〕澄　哈佛本、四库本皆作“澄”，刻补本作“徵”。

〔四八〕羌　哈佛本、刻补本、四库本作“羗”，《历代赋汇》、《敬轩文集》卷1皆作“羌”。

〔四九〕苍　哈佛本、刻补本、四库本同，《历代赋汇》、《敬轩文集》卷1皆作“玄”，避康熙皇帝讳改。

〔五十〕恍　哈佛本、刻补本、四库本同，《历代赋汇》作“怳”。

〔五一〕滛滛　哈佛本、刻补本同，四库本作“淫淫”。

〔五二〕霶霈　哈佛本、刻补本、四库本同，《敬轩文集》卷1作“滂沛”。

〔五三〕潢　哈佛本、刻补本、四库本同，《历代赋汇》作“演”。

〔五四〕木　哈佛本、刻补本、《敬轩文集》卷1同，四库本作“水”。

〔五五〕蟒　哈佛本、刻补本、《敬轩文集》卷1同，四库本、《历代赋汇》作“莽”。

〔五六〕佛　哈佛本、刻补本、《空同集》同，四库本作“拂”。

〔五七〕常　哈佛本、刻补本、四库本同，《历代辞赋总汇》作“当”。

〔五八〕逢　哈佛本、刻补本、四库本皆作“逄”，误，据义径改。

〔五九〕眩　哈佛本、刻补本同，四库本作“眩”，避康熙皇帝讳改。

〔六十〕暧晻　哈佛本、刻补本同，四库本作“曖晻”。

〔六一〕曰　四库本同，哈佛本、刻补本“日”，误，据四库本改。
〔六二〕网　哈佛本、刻补本同，四库本作“纲”。
〔六三〕诘　哈佛本、刻补本、四库本作“诏”，康熙《陕志》作“诘”，据改。
〔六四〕咏　哈佛本、刻补本同，四库本作“脉”。
〔六五〕楼　哈佛本、刻补本同，四库本作“褸”。
〔六六〕轴　哈佛本、刻补本同，四库本作“铀”。
〔六七〕槁　哈佛本、刻补本同，四库本作“稿”。
〔六八〕貉　哈佛本、刻补本同，四库本作“貂”。
〔六九〕元　哈佛本、刻补本同，四库本作“玄”，避康熙皇帝讳改。
〔七十〕泓　哈佛本、刻补本同，四库本作“泓”，避乾隆皇帝讳改。
〔七一〕弘　哈佛本、刻补本同，四库本作“弘”，避乾隆皇帝讳改。
〔七二〕邱　哈佛本、刻补本同，四库本作“丘”，康熙间避孔子讳新造字。
〔七三〕邱　哈佛本、刻补本同，四库本作“丘”，康熙间避孔子讳新造字。
〔七四〕弦　哈佛本、刻补本同，四库本作“弦”，避康熙皇帝讳改。
〔七五〕诮　哈佛本、刻补本同，四库本作“谓”。
〔七六〕元　哈佛本、刻补本同，四库本作“玄”，避康熙皇帝讳改。
〔七七〕昼　哈佛本、刻补本同，四库本作“画”。
〔七八〕炫　哈佛本、刻补本同，四库本作“炫”，避康熙皇帝讳改。
〔七九〕邱　哈佛本、刻补本同，四库本作“丘”，康熙间避孔子讳新造字。
〔八十〕元　哈佛本、刻补本同，四库本作“玄”，避康熙皇帝讳改。
〔八一〕恭　哈佛本、刻补本同，四库本作“恭”，误。
〔八二〕簒　哈佛本、刻补本同，四库本、《后汉书・西域传》皆作“簒”，“簒”同“簒”。
〔八三〕智　哈佛本、刻补本、《后汉书・西域传》同，四库本作“习”。
〔八四〕岭　哈佛本、刻补本、四库本同，《后汉书・西域传》作“领”。
〔八五〕元　哈佛本、刻补本同，四库本作“玄”，避康熙皇帝讳改。
〔八六〕故　哈佛本、刻补本、《晋书・皇甫谧传》同，四库本误作“敢”。
〔八七〕振　哈佛本、刻补本、四库本同，《晋书・皇甫谧传》、《册府元龟》卷770作“变”。
〔八八〕惟　哈佛本、刻补本、四库本同，《晋书・皇甫谧传》、《册府元龟》卷770作“唯”。
〔八九〕惟　哈佛本、刻补本、四库本同，《晋书・皇甫谧传》、《册府元龟》卷770作“唯”。
〔九十〕戎　哈佛本、刻补本、四库本皆作“戌”，《乐全集》卷14作“戎”，据改。
〔九一〕兵卒　哈佛本、刻补本、四库本同，《乐全集》卷14作“一卒”。
〔九二〕该尽　哈佛本、刻补本、四库本同，《乐全集》卷14作“尽该”。
〔九三〕邱　哈佛本、刻补本同，四库本作“丘”，康熙间避孔子讳新造字。
〔九四〕复制　哈佛本、刻补本、四库本同，《乐全集》卷14作“运致”。

〔九五〕坂　哈佛本、刻补本、四库本同，《乐全集》卷14作“版”。

〔九六〕傥　哈佛本、刻补本、四库本同，《乐全集》卷14作“倘”。

〔九七〕兵　哈佛本、刻补本、四库本、宋刻《苏文定公文集》、宋婺州王宅桂堂刻本《三苏先生文粹》同，《唐宋八大家文钞》、《历代名贤确论》作“众”，皆可，不改。又“匹夫匹妇皆知之矣”句，哈佛本、刻补本、四库本脱，据《苏文定公文集》补。

〔九八〕苘　哈佛本、刻补本、四库本皆作“筒”，误，据义迳改。

〔九九〕以　哈佛本、刻补本同，四库本作“亦”。

〔一〇〇〕弘　哈佛本作“弘”，刻补本作“宏”，四库本作“弘”，避乾隆皇帝讳改。

〔一〇一〕摧　哈佛本、刻补本、四库本同，《后汉书·虞诩传》作“推”。

〔一〇二〕计　哈佛本、四库本同，刻补本脱“计”字。

〔一〇三〕桔　哈佛本、刻补本、四库本同，《宋史》卷277作“秸”。

〔一〇四〕地　哈佛本、刻补本、四库本同，《宋史》卷277作“城”。

〔一〇五〕昔　哈佛本、刻补本作“昔”，四库本作“者”。

〔一〇六〕弘　哈佛本作“弘”，刻补本作“宏”，四库本作“弘”，避乾隆皇帝讳改。

〔一〇七〕行　哈佛本、刻补本作“行”，四库本作“用”。

〔一〇八〕炼　哈佛本、刻补本作“炼”，四库本作“练”。

〔一〇九〕百计集兵　哈佛本、四库本同，刻补本作“至识郡兵”。

〔一一〇〕邱　哈佛本、刻补本同，四库本作“丘”，康熙间避孔子讳新造字。

〔一一一〕转眄　哈佛本、刻补本作“转盼”，四库本作“转眄”。

〔一一二〕戍　哈佛本、刻补本作“戍”，四库本作“戌”，误。

〔一一三〕賨　哈佛本、刻补本同，四库本作“宗”。

〔一一四〕灵武宫受命颂　哈佛本、刻补本、四库本同，《文苑英华》卷774、《唐文粹》卷19上皆作“灵武受命宫颂并序”。

〔一一五〕隆命　哈佛本、刻补本、四库本同，《文苑英华》卷774作“降幅”，《唐文粹》卷19上作“降命”。

〔一一六〕为患　《文苑英华》卷774、《唐文粹》卷19上“为患”后多“以宁济为业，不以修身为道”十一字。

〔一一七〕龙跃　哈佛本、刻补本、四库本同，《文苑英华》卷774、《唐文粹》卷19上作“跃龙”。

〔一一八〕元　哈佛本、刻补本同，四库本作“玄”，避康熙皇帝讳改。

〔一一九〕九年　《文苑英华》卷774、《唐文粹》卷19上于“九年”后多“精爽者皆美德馨，乾坤也必闻幽赞”十四字。

〔一二〇〕元　哈佛本、刻补本同，四库本作“玄”，避康熙皇帝讳改。

〔一二一〕宁　哈佛本、刻补本、四库本同，《文苑英华》卷774、《唐文粹》卷19上作

"处"。

〔一二二〕玄　哈佛本、刻补本作"元"，四库本作"玄"，避康熙皇帝讳改。

〔一二三〕会　哈佛本、刻补本作"会"，四库本作"泰"。

〔一二四〕大　哈佛本、刻补本、四库本同，《唐文粹》卷19上作"太"。

〔一二五〕重译　哈佛本、刻补本、四库本同，《文苑英华》卷774作"戎夷"、《唐文粹》卷19上作"戎狄"。

〔一二六〕六军　哈佛本、刻补本、四库本同，《文苑英华》卷774、《唐文粹》卷19上皆作"胡夷"。

〔一二七〕唐尧　哈佛本、刻补本、四库本同，《文苑英华》卷774作"戎夷"、《唐文粹》卷19上作"陶唐"。

〔一二八〕敌　哈佛本、刻补本、四库本同，《全唐文》卷617作"夷"。

〔一二九〕而　哈佛本、刻补本、四库本同，《全唐文》卷617作"夫"。

〔一三〇〕援　哈佛本、刻补本、四库本同，《全唐文》卷617作"迥"。

〔一三一〕矜　哈佛本、刻补本、四库本同，《全唐文》卷617作"旌"。

〔一三二〕蹀　哈佛本、刻补本、四库本同，《全唐文》卷784作"磔"。

〔一三三〕戍　哈佛本、刻补本、四库本同，《全唐文》卷784作"戎"，据改。

〔一三四〕弘　哈佛本作"弘"，刻补本作"宏"，四库本作"弘"，避乾隆皇帝讳改。

〔一三五〕阃　哈佛本、刻补本、四库本同，《全唐文》卷784作"戎"。

〔一三六〕庶　哈佛本、刻补本、四库本同，《全唐文》卷784作"恕"。

〔一三七〕弘　哈佛本作"弘"，刻补本作"宏"，四库本作"弘"，避乾隆皇帝讳改。

〔一三八〕弘　哈佛本作"弘"，刻补本作"宏"，四库本作"弘"，避乾隆皇帝讳改。

〔一三九〕辰　哈佛本、四库本同，刻补本作"国"。

〔一四〇〕邱　哈佛本、刻补本同，四库本作"丘"，康熙间避孔子讳新造字。

〔一四一〕邱　哈佛本、刻补本同，四库本作"丘"，康熙间避孔子讳新造字。

〔一四二〕卢氏　哈佛本、刻补本、四库本同，《艺文类聚》卷71、《太平御览》卷773皆作"虞夏"。

〔一四三〕玑　哈佛本、刻补本、四库本同，《艺文类聚》卷71、《太平御览》卷773皆作"机"。

〔一四四〕元　哈佛本、刻补本同，四库本作"玄"，避康熙皇帝讳改。

〔一四五〕式　哈佛本、刻补本、四库本同，《艺文类聚》卷71、《初学记》卷25、《太平御览》卷773皆作"敕"。

〔一四六〕毋　哈佛本、刻补本、四库本同，《艺文类聚》卷71、《太平御览》卷773皆作"无"。

〔一四七〕佚　哈佛本、刻补本、四库本同，《艺文类聚》卷71、《太平御览》卷773皆作

“失”。

〔一四八〕欿　哈佛本、刻补本、四库本同，《艺文类聚》卷71、《太平御览》卷773皆作“咸”。

〔一四九〕梁　哈佛本、刻补本同，四库本作“周”。

〔一五〇〕名　哈佛本、四库本皆作“名”，刻补本作“行”。

〔一五一〕克　哈佛本、补刻同，四库本、《文苑英华》卷785、《庾开府集笺注》卷7、《庾子山集》卷12皆作“允”。

〔一五二〕以籍宿檀　哈佛本、刻补本同，四库本、《庾开府集笺注》卷7皆作“藉于宿植”，文苑英华》卷785作“籍以宿植”、《庾子山集》卷12皆作“籍于宿植”。

〔一五三〕王　哈佛本、刻补本作“王”，四库本、《文苑英华》卷785、《庾开府集笺注》卷7、《庾子山集》卷12皆作“亡”，据改。

〔一五四〕佛　哈佛本、刻补本、《文苑英华》卷785、《庾子山集》卷12同，四库本、《庾开府集笺注》卷7皆作“刹”。

〔一五五〕构　哈佛本、刻补本、四库本同，《文苑英华》卷785、《庾开府集笺注》卷7、《庾子山集》卷12皆作“横”。

〔一五六〕簇　四库本、刻补本、哈佛本同，《文苑英华》卷785、《庾开府集笺注》卷7、《庾子山集》卷12皆作“旋”。

〔一五七〕花堂　《文苑英华》卷785、《庾开府集笺注》卷7、《庾子山集》卷12“花堂”句后多“横”字。

〔一五八〕暗凿山架梁　哈佛本、刻补本、四库本同，《文苑英华》卷784、《庾开府集笺注》卷7、《庾子山集》卷12皆作“暗凿山梁”。

〔一五九〕水　哈佛本、刻补本、四库本同，《文苑英华》卷785、《庾开府集笺注》卷7、《庾子山集》卷12皆作“冰”。

〔一六〇〕薮　哈佛本、刻补本同，四库本、《文苑英华》卷785、《庾开府集笺注》卷7、《庾子山集》卷12皆作“楼”。

〔一六一〕任　哈佛本、刻补本、四库本同，《徂徕集》卷6、《宋文选》卷15作“在”。

〔一六二〕谓乎《徂徕集》卷6、《宋文选》卷15于“谓乎”后多“夫天地间有纯刚至正之气，或钟于物，或钟于人，人有死，物有尽，此气不灭，烈烈然弥亘亿万世而长在。在尧时为指佞草[①]，在鲁为孔子诛少正卯刃[②]，在齐为太史简[③]，在晋为董史笔[④]，在汉武朝为东方朔戟[⑤]，在成帝朝为朱云剑[⑥]，在东汉为张纲轮[⑦]，在唐为韩愈《论佛骨表》《逐鳄鱼文》[⑧]，为段太尉击朱泚笏[⑨]，今为公击蛇笏。故佞人去，尧听聪；少正卯诛，孔法举；罪赵盾，晋人惧；辟[⑩]崔子，齐刑明；距[⑪]董偃，折[⑫]张禹，劾梁冀，汉室乂[⑬]；佛老微，圣德行；鳄鱼徙，潮患息；朱泚伤，唐朝振；怪蛇死，妖气散。”一百八十二字。

〔一六三〕然　哈佛本、刻补本、四库本皆作“然”，《徂徕集》卷6、《宋文选》卷15作

---

① “在尧”句：晋张华《博物志》卷四：“尧时有屈轶草，生于庭。佞人入朝，则屈而指之。一名指佞草。”

② “在鲁”句：孔丘为鲁司寇，大夫少正卯乱政，孔子摄行相事，诛之。少正，复姓，一说为官名。

③ “在齐”句：春秋时齐国权臣崔杼弑齐庄公，齐太史在国史上记载：“崔杼弑庄公”，崔杼杀之。其弟复书，崔杼复杀之。南史氏闻之，执简而往，崔杼乃舍之。

④ “在晋”句：《左传・宣公二年》：“乙丑，赵穿杀（晋）灵公于桃园。宣子（赵盾）未出山而复。太史书曰‘赵盾弑其君’，以示于朝。宣子曰：‘不然’。对曰：‘子为正卿，亡不越境，反不讨贼，非子而谁?’……孔子曰：‘董狐，古之良史也，书法不隐’。”董史，泛指良史。

⑤ “在汉”句：《汉书・东方朔传》载，汉武帝设酒宴于宣室（帝王所居正室），招待宠臣董偃。东方朔持戟在殿下，历数董偃三条罪状，使之不得入。

⑥ “在成”句：《汉书・朱云传》：“成帝时，丞相故安昌侯张禹以帝师位特进，甚尊重。云上书求见……曰：‘今朝廷大臣上不能匡主，下亡以益民，皆尸位素餐……臣愿赐尚方斩马剑，断佞臣一人以厉其余。’上问：‘谁也?’对日：‘安昌侯张禹。’”

⑦ “在东”句：《后汉书・张纲传》：“汉安元年，选遣八使徇行风俗，皆耆儒知名，多历显位，唯纲年少，官次最微。余人受命之部，而纲独埋其车轮于洛阳都亭，曰：‘豺狼当路，安问狐狸!’遂奏曰：‘大将军（梁）冀……甘心好货，纵恣无底，多树谄谀，以害忠良。……谨条其无君之心十五事，斯皆臣子所切齿者也。’书御，京师震竦。”

⑧ “在唐”句：唐元和十四年正月，宪宗自风翔迎佛骨至京师，韩愈一向排斥佛教，遂上《论佛骨表》，竭力谏阻，由此触怒宪宗，贬为潮州刺史。至潮，听说有鳄鱼为患，便作了篇《祭鳄鱼文》，即文中所谓《逐鳄鱼文》。

⑨ “为段”句：段太尉，指段秀实，唐德宗时任司农卿。建中四年，朱泚叛唐，窃据长安称帝，召他谋议。他伪与合，而暗与旧部图谋杀泚，乘泚召其议事之机，突起夺人笏，猛击朱泚头额，致泚流血逃窜。后遇害，追赠太尉。

⑩ 辟：刑罚。

⑪ 距：通“拒”。

⑫ 折：责备。

⑬ 乂：安宁。

“噫”。

〔一六四〕一蛇　《徂徕集》卷6、《宋文选》卷15于“一蛇”后多“公以笏为任，笏得公而用。公方为朝廷正人，笏方为公之良器。敢称德于公”二十九字。

〔一六五〕之气　《徂徕集》卷6、《宋文选》卷15于“之气”后多“天地则有。笏为灵物，笏乃能受。笏之为物，纯刚正直。公惟正人”二十四字。

甘肃通志卷之第四十七　艺文 记

记

唐

裴度[①]：西平王李公碑记

惟天锡成命于我唐，保兹国祚，生此大杰，则西平王李公其是乎？不然何覆暴如风振槁叶，戴君若鳌冠灵山[②]，横流之中，一匡而定？

公讳晟，字良器。其先陇西人，徙京兆。曾祖嵩，皇岷州刺史。祖思恭，皇洮州刺史，赠幽州大都督。考[③]钦，皇金吾卫大将军、陇右节度经略副使，赠太子太保。代有名迹，雄于西土。公幼好学，学不为人。及读吕、张、孙、吴之书，慨然有经邦济物之志。未弱冠，游秦、凉间，元侯[④]宿将见者咸器异之。

乾元初，尝客武都，值渠豪[⑤]以缺守构乱，杀略[⑥]平人[⑦]。公与所从十数骑，驰而射之，殪[⑧]其为魁者，余党遂遁。寇所掳获，积如邱〔一〕山，公一无所取，椎牛酾酒[⑨]，享士而去。邦人感服，具状以闻，特拜左清道率[⑩]，饰金紫[⑪]。将朝京师自献方略，寇盗纷扰，有土急贤，河陇将帅相继表用。历〔二〕二府右职[⑫]，所至常以才谋为

---

① 裴度：765—839年，字中立，唐河东闻喜（今山西闻喜东北）人。中唐政治家、文学家。

② 鳌冠灵山：典出左思《吴都赋》："巨鳌赑屃，首冠灵山。"吕向注："灵山，海中蓬莱山。"相传女娲炼五色石以补苍天，断鳌足以立四极。此处用来比喻国家的栋梁之才。

③ 考：父亲，后多指已死的父亲。

④ 元侯：周称诸侯之长为元侯，后泛指重臣大吏。

⑤ 渠豪：即大豪，有势力的地方豪强，此处指强盗。

⑥ 杀略：亦作"杀掠"，杀戮掳掠。

⑦ 平人：即平民百姓，因避唐太宗名讳改民为人。

⑧ 殪：音yì，杀死。

⑨ 椎牛酾酒：杀牛分酒。

⑩ 清道率：太子东宫属官有左、右清道率，掌东宫内外昼夜巡警之事，并统领外府直荡番上者。

⑪ 金紫：金鱼袋及紫衣，唐代的官服和佩饰，亦可指代贵官。

⑫ 右职：重要的职位。

其委重，累迁至光禄太常卿，阶爵在第一品。泾原四镇北庭节度都知兵马使，悬识[①]寇态，周知地形，应变不穷，有夺有予。骥騄庭而莫展，云出岫而斯飞。代宗征以左金吾卫将军为神策兵马使。属羌蛮犯蜀，朝廷济师，命公督禁旅，绝栈道而往救焉。公衔枚过险，出贼不意，连下坚壁，遂诛首恶。还，授检校太子宾客，且复旧职。建中二年，田悦[②]以魏叛，德宗极意致讨，悉起徂征。以公为神策先锋都知兵马使，加御史中丞，与河东、河南等道诸军合击。公济河而行，能以众正。及破洹水阵[③]，解临洺围，轹[④]魏属城，抵燕通邑，其摧锋衄锐[⑤]，皆先群帅而勚力焉[⑥]。遥拜左散骑常侍兼御史大夫。厥功未成，闻贼泚肆逆，皇居失守，西向恸哭，载驰载驱。行及代北，授检校工部尚书，充神策行营节度。公提孤军，募散卒，拊循训励[⑦]，以达行在[⑧]。值怀光中叛，大驾再迁。加检校右仆射，余如故。寻转左仆射同平章事，兼京兆尹神策军京畿、鄜、坊、节度观察管内及商、华等州副元帅。公固守渭城，决平秦垒。调食制用，先发我私；捐甘攻苦[⑨]，皆自我始。每一言一誓，声泪俱发。勇夫义士，感而使之，蔑不济矣。时自雍而东，延于汝洛，震于河、汴，所在征镇，乱掠相从。公介巨盗之间，使声援断绝。立成师之法，致号令严肃。蒐补[⑩]十旬[⑪]，指挥一举。乘墉壑而通轨道，磔枭獍[⑫]以清宫禁。俾九市三条，无辍肆[⑬]

---

① 悬识：深切的认识。

② 田悦：751—784年，唐平州卢龙（今河北省卢龙）人。唐朝中期军阀，魏博节度使田承嗣之侄。

③ 破洹水阵：建中三年（782），河东节度使马燧在洹水（今河南安阳河，一说洹水在河北南部旧魏县）地区挫败抗拒朝廷的魏博节度使田悦的作战。

④ 轹：音lì，车轮碾压，此处指经过。

⑤ 衄：音nǜ，畏缩，退缩。

⑥ 勚：音yì，劳苦。

⑦ 拊循训励：安抚训练，教诲勉励。

⑧ 行在：也称行在所，指天子所在之地。

⑨ 捐甘攻苦：放弃甜味而求苦味，比喻过艰苦的生活。

⑩ 蒐补：寻求并弥补。

⑪ 旬：十天。

⑫ 枭獍：音xiāo jìng，亦作“梟镜”。旧说枭为恶鸟，生而食母；獍为恶兽，生而食父。比喻忘恩负义之徒或狠毒的人。

⑬ 辍肆：荒废或肆意。

之惊，无秋毫之犯。羽书速告，銮辂[1]爰归。廓氛祲[2]为祥光，摅忧愤为喜气。《诗》曰："允矣君子，展也大成。"[3]斯之谓欤？考古视今，论功称忠者多矣。若至危而安，至难而易。卓荦跨迈[4]，如公莫俦[5]。拜司徒兼中书令，俄以凶孽未宁，边防犹警，岐下任重，乃以本官兼凤翔尹、凤翔陇右节度观察使及四镇、北庭、泾原等州副元帅，改封西平郡王，加食邑实封至一千五百户。公名慑遐方，政和蕃部。始至而生植[6]，少安而训齐。逮四载，赋舆[7]十倍其初。会诏入辅，拜太尉，中枢如故。或谓公勋望已高，宠渥[8]已极，宜从容颐养，稍稍逊避。公曰："不然，人臣外则尽力，内则尽心。若止偷荣[9]，孰为且哲？"故每承帷幄之间，则言咈[10]无隐，理夺不回。大指以东夏可平，西陲可复。或已行而事终不显，或未用而身遽不遗。

以贞元九年八月四日，薨于位，春秋六十七。德宗抚几[11]，哭于寝次[12]。自都邑达关畿，无士庶，无老幼，皆发哀相吊。则曩时安人戢兵之德，可谓浃于元元[13]之骨髓矣。明赠[14]太师，赙赗[15]加等。以其年十二月十六日，葬于高陵县奉正原。郑国夫人杜氏祔[16]焉。自捐寝至安宅，皆上所[17]办护，中贵反复，万情所奉，如不及焉。

呜呼！以公之靖难扶倾，不言所利。虽存殁极位，始终殊礼。而天意若曰其福享未至，故以迤延于后。有子曰愿，故检校司空河中节度等使，赠司徒。五列雄

① 銮辂：銮驾。
② 氛祲：指预示灾祸的云气。
③ "《诗》曰"句：语出《诗经·小雅·车攻》。
④ 卓荦跨迈：卓越，突出。跨迈，跨越。
⑤ 莫俦：难以匹及。
⑥ 生植：农业生产。
⑦ 赋舆：原指兵车，后泛指军事、赋税。
⑧ 宠渥：皇帝的宠爱与恩泽。
⑨ 偷荣：窃取荣禄。
⑩ 咈：同"拂"，辅助。
⑪ 抚几：凭几，拍几，表示感叹。
⑫ 寝次：当为"别次"之讹。别次，犹别第，正宅以外的住所。
⑬ 元元：平民，老百姓。
⑭ 明赠：当为"册赠"之讹。
⑮ 赙赗：音 fù fèng，送给死者的布帛、车马等财物。
⑯ 祔：合葬。
⑰ 所：所下当脱"司"字。

镇，三为上公。曰聪，故光禄司主簿。曰揔，故太子中允，赠兵部郎中。曰恳，左神武大将军，赠洪州都督。曰恕，故光禄卿，赠右散骑常侍。曰凭，故右威卫大将军。曰宪，检校左散骑常侍岭南观察等使，进因贵胄，达以善政。曰愬，故检校左仆射同中书门下平章事，赠太尉，克广前修，仍执丑逆。曰懿，故渭南尉。曰听，检校司徒义成军节度使，统戎安俗，是以似之。曰惎，右羽林将军。曰慇，岚州刺史。并地势吏用，兼而有焉。粤太和元年秋七月，听拜疏上言，以公之徽烈[①]，则御制碑文于渭川矣；以公之风度，则诏命图形于灵台矣。惟大其邱〔三〕陇，郁彼松槚。望有祁山之象，拜无岘首之碑[②]。将刊贞石，式表幽隧。乃命臣度，称代言诗。其词曰：

建中季年，大盗忽焉。皇舆避寇，狩于梁川。顾谓太师，汝才汝略。将威致讨，必殄寇虐。太师泣奉，捐躯誓众。度其成城，可以利用。赫矣墉壑，傅于墙垣。手搏足踦，如冲如援。一鼓而破，一麾而奔。扫清宫闱，刷荡妖昏。我师莅止，我令行矣。都人不知，己事方喜。飞章告庆，饬驾[③]言旋。鸿烈耀古，欢声动天。车服之锡，河山之誓。九命而俯，一心若厉。俾侯于岐，阜安边陲。藩政既成，衮职攸宜。岳降帝赉[④]，矢言危词。我后嘉猷，我躬何为？道直气和，劳谦终吉。福履所绥，未至万一。上天不惠，厚穸遄归。垂裕流光，用延恩晖。翼子承家，将坛台席。继立奇功，代传休绩。听与伯仲，永怀高踪。请于朝廷，表是邱〔四〕封。帝曰孝哉，胡可不从？宣我祖之丕业，繄尔父之嘉庸。乃诏作铭，以观亿龄。

韩愈[⑤]：故相国权公碑

上之元和六年[⑥]，其相曰权公，讳德舆，字载之。其本出自殷帝武丁[⑦]，武丁之子降封于权[⑧]；权，江、汉间国也。周衰，入楚为权氏。楚灭徙秦，而居天水略阳。

---

① 徽烈：宏业、伟业。

② 岘首之碑：西晋羊祜任襄阳太守，有政绩。后人以其常游岘山，故于岘山，立碑纪念，称“岘山碑”。此处指记载生平业绩的纪念碑。

③ 饬驾：整备车驾。

④ 帝赉：皇帝的赏赐。赉，赐予。

⑤ 韩愈：768—824年，字退之，唐河南河阳（今河南省孟州市）人。自称“郡望昌黎”，世称“韩昌黎”、“昌黎先生”。唐代杰出的文学家、思想家、哲学家、政治家。

⑥ 元和六年：公元811年。元和，唐宪宗年号。

⑦ 殷帝武丁：指殷高宗武丁。

⑧ 权：故城在今湖北省当阳县。

苻秦之王中国，其臣有安邱〔五〕公翼[①]者，有大臣之言。后六世至平凉公文诞，为唐上庸太守、荆州大都督长史，焯有声烈。平凉曾孙讳倕，赠尚书礼部郎中，以艺学与苏源明[②]相善，卒官羽林军录事参军，于公为王父。郎中生赠太子太保讳皋，以忠孝致大名，去官，累以官征不起，追谥贞孝，是实生公。

公在相位三年，其后以吏部尚书授节镇山南，年六十以薨[③]，赠尚书左仆射，谥文公。

公生三岁，知变四声[④]，四岁能为诗。七岁而贞孝公卒，来吊哭者见其颜色声容，皆相谓权氏世有其人。及长，好学，孝敬祥顺。贞元八年，以前江西府监察御史征拜博士，朝士以得人相庆。改左补阙，章奏不绝，讥排奸幸[⑤]，与阳城[⑥]为助。转起居舍人，遂知制诰，凡撰命词九年，以类集为五十卷，天下称其能。十八年，以中书舍人典贡士，拜尚书礼部侍郎。荐士于公者，其言可信，不以其人布衣不用；即[⑦]不可信，虽大官势人交言，一不以缀意。奏广岁所取进士、明经，在得人，不以员拘。转户兵吏三曹侍郎、太子宾客，复为兵部，迁太常卿，天下愈推为巨人长德。

时天子以为宰相宜参用道德人，因拜礼部尚书，同中书门下平章事。公既谢辞，不许。其所设张举措，必本于宽大；以几[⑧]教化，多所助与；维匡调娱[⑨]〔六〕，不失其正；中于和节，不为声章；因善与贤，不矜主己。以吏部尚书留守东都[⑩]，东方

---

① 安邱公翼：即权翼，字子良，十六国时略阳人。为苻坚谋臣，封安丘公。苻坚欲伐晋，权翼力谏不从。

② 苏源明：原名苏预，字弱夫，唐京兆武功人。少孤，工文辞。唐肃宗时，屡陈时政得失，官至秘书少监。

③ “公在”三句：元和八年（813）五月，权德舆罢相。元和十一（816）年十月，任检校吏部尚书，山南西道节度使。元和十三年（818）秋，以病乞还，死于道中。

④ 四声：指汉字读音的平、上、去、入四种声调。

⑤ 讥排奸幸：贞元八年（792），裴延龄以巧幸之伎得任户部侍郎判度支，权德舆上疏论其奸。

⑥ 阳城：字元宗，定州北平人。德宗时任谏议大夫。宪宗欲任裴延龄为相，阳城痛哭于廷，力阻之。

⑦ 即：如果。

⑧ 几：接近，靠近。

⑨ 维匡调娱：扶持匡正，调和使两情相欢。

⑩ 守东都：元和八年（813），权德舆以检校吏部尚书，为东都留守。东都，洛阳。

诸帅有利病不能自请者，公常与疏陈，不以露布①。复拜太常，转刑部尚书，考定新旧令式为三十编，举可长用。其在山南、河南，勤于选付，治以和简，人以宁便。以疾求还，十三年某月甲子，道薨于洋之白草。奏至，天子痛伤②，为之不御朝，郎官致赠锡。官居野处③，上下吊哭，皆曰："善人死矣！"其〔七〕年某月日，葬于河南北山，在贞孝东五里。

公由陪属升列，年除岁迁，以至公宰，人皆喜闻，若己与有，无忌嫉者。于頔坐子杀人，失位自囚，亲戚莫敢过门省顾，朝莫敢言者。公将留守东都，为上言曰："頔之罪既贳不竞，宜因赐宽诏。"上曰："然，公为吾行谕之。"頔以不忧〔八〕④。凡〔九〕前后考第进士及廷所策试士，踵相蹑为宰相达官，与公相先后。其余布处台、阁、外府，凡百余人。自始学至疾未病，未尝一日去书不观。公既以能为文辞擅名累朝〔十〕，多铭卿大夫功德；然其为家，不视簿书，未尝问有亡⑤，费不侍余。

公娶清河崔氏女，其父造，尝相德宗，号为名臣。既葬，其子监察御史璩，累然服丧来，有请。乃作铭文曰：

权在商周，世无不存。灭楚徙秦，嬴刘之间。甘泉始侯，以及安邱〔十一〕。诋诃浮屠，皇极之扶⑥。贞孝之生，凤鸟不至。爵位岂多？半涂以税。寿考岂多？四十而逝。惟其不有，以惠厥后。是生相君，为朝德首。行世祖之，文世师之。流连六官，出入屏毗。无党无雠，举世莫疵⑦。人所惮为，公勇为之。其所竞驰，公绝不窥。孰克知之？德将在斯。刻诗墓碑，以永厥垂。

---

① 露布：披露。

② 痛伤：悲伤。

③ 官居野处：意即无论在朝做官还是在野闲居的人。

④ 頔以不忧：于顿因此没有忧伤。以，以之，因此。

⑤ 亡：通"无"。

⑥ 诋诃浮屠，皇极之扶：指权翼的事。苻坚曾游东苑，命沙门道安同辇。权翼劝谏道："天子法驾，侍中陪乘，清道而行，进止有度。道安毁形贱士，不宜参秽神舆。"浮屠，亦作"浮图"，即和尚。

⑦ 疵：指责，挑毛病。

郤昂[①]：岐邠泾宁四州八马坊颂碑

垂象者元，上昭乎天厩天驷。体元者圣，下列乎庾人[②]、校人[③]。骥称其德，亦已远矣。愿言马之志，曾有意乎？粤若[④]乾道为良，坤元利牝。驹从渥水[⑤]，骏发中庐。屈产[⑥]贵其能鸣，雁门多其美脊。岂止宗生冀北，功施汧西而已哉。

自相土[⑦]〔十二〕运其天机，孙阳[⑧]明其骨性，夫〔十三〕赞莅其前后，许卫评其色毛。悲伐任其股膺，寒管议其唇齿，麻朝訾其颊颏，女厉辨其目眸[⑨]。昔轩辕得之过寒门，穆满[⑩]得之游昆仑。周王得之平东邻，汉帝得之定西秦。我高祖[⑪]得之四方〔十四〕至，我开元[⑫]得之五辂备[⑬]。敢问毛虫[⑭]三百六十，其谁力多于是乎？

夏殷以还，经传莫纪。周制厩马，始颁厥官。凡十二闲[⑮]，马三千四百五十六。始皇吞并宇内，六万骑之国，马尽归秦。汉武大修甲兵，崇饬[⑯]战马，至四十万匹，是多乎哉。自魏及隋，天下骚动，劳疲死转，数不足征。我有唐之新造国也，于赤

---

① 郤昂：亦作“郗昂”，字高卿，唐朝官员。历任拾遗、补阙、员外、郎中、谏议大夫、中书舍人、左庶子等职务，以太子詹事致仕。

② 庾人：庾通“圉”，管养马之人。

③ 校人：马官之长。

④ 粤若：句首发语词。

⑤ 驹从渥水：传说渥洼水中有神马，为汉武帝所得。

⑥ 屈产：春秋晋国地名，产良马。

⑦ 相土：商民族的第三任首领，商汤十一世祖，相传曾作乘马，驯养马作为运载工具。

⑧ 孙阳：即春秋中期伯乐，原名孙阳。

⑨ “夫赞”六句：“夫赞”当作“秦赞”。典出《吕氏春秋.观表》载：“古之善相马者，寒风是相口齿，麻朝相颊，子女厉相目，卫忌相髭，许鄙相尻，投伐褐相胸胁，管青相膹肳。陈悲相股脚，秦牙相前，赞君相后。凡此十人者，皆天下之良工也。”以上皆为古时著名的相马师。

⑩ 穆满：即周穆王。

⑪ 我高祖：指唐高祖李渊。

⑫ 我开元：指唐太宗李世民。

⑬ 五辂：古代帝王所乘的五种车子，即玉路、金路、象路、革路、木路。

⑭ 毛虫：古代所称的“五虫”之一，指除人外的兽类，因身体被毛而得名。

⑮ 闲：马厩，养马的地方。

⑯ 崇饬：整顿，治理。

岸泽[①]，仅得牝牡三千匹，命太仆张万岁〔十五〕傍陇右驯字之[②]。四十年间孳息，成七十万六十匹。属张氏替职，圉师败官，马之教駣[③]，日失其序。逮开元初，惟得二十四万匹。至十九年，复成四十四万匹。今之盈缩，亦不甚过。

上耕籍之明年[④]，命我郕公典斯马政。公齐其饮食，视其良驽，廥刍庌凉[⑤]，网恶去害。天子以公有伯翳宜生之德，爰锡土田，日磾圉养之功[⑥]，真堪宰相。即召公入掌三事，外司百揆[⑦]，调饪鼎实[⑧]。缉熙[⑨]帝繇，夷吾[⑩]果理于高傒[⑪]，咎单[⑫]谌畅于伊尹。帝曰："若予郕之后，亮采惠畴[⑬]？"佥[⑭]曰："元祐。"帝曰："俞[⑮]，咨祐。汝作小司空，兼孜牧圉。"李公言成允令，才实允宗，恪居本朝，能率大戛[⑯]。载习载步，穊之秣之，疏秽镇浮[⑰]，受剂听讼[⑱]。匪烧匪剔，斯马斯材，荷天之宠，未可涯

① 赤岸泽：古水泽名，在陕西省大荔西南，今湮。

② 驯字：驯养繁育。字，通"滋"，滋生，繁育。

③ 教駣：驯生驹。駣，音 táo，三四岁的马。

④ 耕籍：亦作"耕耤"。古时每年春耕前，天子、诸侯举行仪式，亲耕藉田，种植供祭祀用的谷物，并以示劝农。

⑤ 廥刍庌凉：贮存饲草，整治马棚。廥，音 kuài，存放草料的房舍。庌，音 yǎ，马棚。

⑥ 日磾：音 mì dī，即金日磾（前134—前86），字翁叔，西汉匈奴休屠王太子，汉武帝因获休屠王祭天金人而赐其姓为金，曾任马监之职。汉昭帝即位后，担负了辅佐少主的重任。

⑦ 百揆：总理国政之官。

⑧ 鼎食：鼎中所盛之物，此处借指重要政务。

⑨ 缉熙：指光明，光辉。

⑩ 夷吾：即管仲，管仲名夷吾，故称。

⑪ 高傒：字白兔，春秋时世为齐卿，辅佐齐桓公开创霸业。

⑫ 咎单：商初大臣，商汤时任司空，作《明居》篇，以明度居之法。伊尹卒，作《沃丁》篇，用伊尹事迹训诫沃丁。

⑬ 亮采惠畴：有谁能够辅佐我的政事？典出《尚书·尧典》："舜曰：咨！四岳，有能奋庸熙帝之载，使宅百揆，亮采惠畴？"亮，辅佐。采，事务、政事。惠，发语词，无义。畴，谁。

⑭ 佥：皆。

⑮ 俞：文言叹词，表示允许。

⑯ 大戛：大法。

⑰ 疏秽镇浮：去除污秽，抑制轻浮。典出《国语·楚语上》："教之乐，以疏其秽而镇其浮。"

⑱ 受剂听讼：处理契约，听取诉讼。剂，古代买卖时用的契券。

也。判官尚乘奉御长孙曷、寿安尉贺兰弼、华阴主簿常冀，并心悬规镜[①]，家韫[②]赐书[③]，投刃靡全[④]，应机立断。侣昌门之骖乘，行翼圣仙，偕子况之能官，坐登卿相。有原迓浦，非大而何？《雅》所谓："恺悌君子，干禄恺悌"[⑤]，信矣！

先是国家以岐山近甸，豳土晚寒，宁州壤甘，泾水流恶，泽茂丰草，地平鲜原。当古公走马之郊，接非子犬邱〔十六〕之野。度其四境，分署八坊。其五在岐，其余在三郡。保乐第一，苏忠主之。甘露第二，刘义尸[⑥]之。南普润第三，田敬董[⑦]之。北普润第四，邵业监之。岐阳第五，李行守之。太平第六，马庆尹之。宜禄第七，曾睿领之。安定第八，李仙正[⑧]之。八人者，或折冲御侮[⑨]，或果毅[⑩]娴兵〔十七〕，射御不违，始终惟一。又命朝散大夫都苑总监韦绩总以统之。韦公敢行利物，克壮远猷[⑪]，悉心效官，尽瘁事国。口授〔十八〕诸吏，躬亲百为。攻特[⑫]执驹[⑬]，禁蝱[⑭]驱𧍮[⑮]。抚龢趣马[⑯]，慰荐[⑰]扈人[⑱]。陈损益以示其方，明赏罚以防其慢。立封准以程其

① 胸悬规镜：指能洞察一切。

② 韫：音yùn，收藏。

③ 赐书：君王赐给的书籍。

④ 投刃靡全：比喻处理事务如庖丁解牛般得心应手。典出《庄子·养生主》："始臣之解牛之时，所见无非牛者；三年之后，未尝见全牛也。"

⑤ "《雅》所"句：语出《诗·大雅·旱麓》。

⑥ 尸：执掌，主持。

⑦ 董：管理。

⑧ 正：通"整"，整治。

⑨ 折冲御侮：指抗击敌人。折冲，打退敌人的战车。

⑩ 果毅：果敢坚毅。

⑪ 克壮远猷：指年纪高了仍然谋划深远。典出《诗·小雅·采芑》："方叔元老，克壮其犹。"克，能。壮，壮年。猷，计划、谋划。

⑫ 攻特：阉割公马。

⑬ 执驹：使马驹离开母马。

⑭ 蝱：通"虻"。

⑮ 𧍮：音wèi，牛虻。

⑯ 抚龢：安抚和辑。龢，通"和"。趣马：古官名，掌管王马。

⑰ 慰荐：慰藉。

⑱ 扈人：随从，伴当。

课，均众寡以节其宜。告之以畏威，申之以诱掖[①]。曰：“善而筐蜃，酘而璎纕，除而兹，翦而盖。偕当循尔职制，无使我马元黄[②]〔十九〕。抱公绝私，匪怒伊教[③]。”君子曰：“韦公之悚下如此，欲辞福禄得乎？”人从话言，马赖调豢，将蕃其类，必谨其初。故春祭房星[④]，尊祖也。夏祭先牧[⑤]，尚养也。秋祭马社[⑥]，敬乘也。冬祭马步[⑦]，存神也。然后时其出入，侦其肥羸。一其种性，殊其皁枥[⑧]。旌别淑慝[⑨]，无相夺伦。试言夫名，且曰献状[⑩]。其名则汗血山子，桃骖绿耳。金喙腾黄，驺吾吉光。蒲梢启服，野麋娥鹿。白蚁鸡斯，蜚鸿母儿。遗风腰裹[⑪]〔二十〕，兹白铁离。项王之骓，符主之騧。桓氏之驄，晋侯之驳。魏公绝影，唐国骕骦。刘之的颅，吕之赤兔。其状则八尺之駥，七尺之騋，六尺之驳，三尺之果下。文臂花肩，阴唇白颠。握蜿作足，昆蹄素悬。缟形如练，紫目如电。有驡有騱，有翎有驠。隲騐异群，骊騵亦分。散如摛锦，聚若屯云。若乃审其容貌，观其尾鬣，司其正骨，鉴其回毛。膺为宜桀〔二一〕，肘为咸阳，干为茀方，背为阙光。水火又明，城郭又张。逸跃翘陆，趁蹔[⑫]踽顾[⑬]。升巘龁草，降阿饮沱。骙而翔，駆而走，如龙如彪，或寝或吪。骉[⑭]至特立，仰鸣俯喷。威仪变态，不可谈群〔二二〕。

田事既昭，军容大备。有马如此，何忧乎兵。由是判官长上果毅都尉成公雅贞尹承顺兼诸寮吏，及四郡齐人、八方长户，因杂然相与谋曰：“天子亭育[⑮]我，邠公

---

① 诱掖：引导扶植。

② 元黄：即“玄黄”，指马病貌。典出《诗·周南·卷耳》：“陟彼高岗，我马玄黄。”

③ 匪怒伊教：意为并非生气而是宣教。典出《诗·鲁颂·泮水》：“载色载笑，匪怒伊教。”

④ 房星：星宿名，即房宿，古时以之象征天马。

⑤ 先牧：牧马创始人，后奉为司牧之神。

⑥ 马社：养马之地所设立的祭祀后土之社，以发明用马驾车之人配食。

⑦ 马步：马之灾神，历代均有奉祀，以求免灾。

⑧ 皁枥：音 zào lì，亦作“皂枥”，马厩。养马之所。

⑨ 淑慝：音 shū tè，善恶。

⑩ 献状：呈现形态。

⑪ 腰裹：音 yǎo niǎo，即“騕褭”，良马名。典出孔融《荐祢衡表》：“飞兔騕褭，绝足奔放。”

⑫ 趁蹔：音 cān tán，马匹相随奔逐貌。

⑬ 踽顾：观望不前。典出潘岳《寡妇赋》：“轮按规以徐进兮，马悲鸣而踽顾。”

⑭ 骉：音 biāo，众马奔腾貌。

⑮ 亭育：养育，培育。

覆露[①]我，李公司牧我，韦公噢休[②]我。君臣同德，其利溥哉。若不毛举数事，指牧〔二三〕大较，虽隶圉之后，将不食其〔二四〕余。且保乐者，隋石门马坊也。其旧制逼狭〔二五〕，多历〔二六〕年所，栋折榱摧，隤墙填堑。甘露先置在九成苑外，土良荐美不逮苑中。今兹数公得请于帝，有诏令新保乐，徙甘露，所云创葺[③]，许用正钱。今则量抽掌闲供饲国马数内商榷，纳其资课[④]，回给工人，计一岁省库钱七百贯有奇，以约财裨国，其利一也。甲令[⑤]曰：诸坊马每年四月十一日停料野放。今则以三月中候，阳崖坟盈[⑥]，春草先长，使停稾谷，俾逐川原，计一岁减菽粟四千石，箕杆三万围，徯来年之用，以随时预蓄，其利二也。八坊营田一千二百三十余顷，析置十屯，密迩农家，悦来租垦，王在京邑，则税其生刍，天旋洛师，乃藏厥嘉实，岁中收贮二万五千石，新蒸倍之，以安甿[⑦]尽地，其利三也。又缘马所须，羁绊翦刷，鬴镬畚帚[⑧]，油药灌劀[⑨]之物，乂鐽涤除之器[⑩]，比年皆旁劳州县，长度公钱，诛求无时，不给其用，寖以承弊，人多惧忧。今则权差夫丁，率自采造，成二万六千五百三十石升枚具，岁中省百姓供费三千贯，以柅[⑪]烦激惰，其利四也。内厩马每年有瘠者病者，老者疲者，择其不任者，以颁诸坊，则必餧[⑫]之艾[⑬]之，行之节之。俟其跳梁，俟其充腯，而后入之，以内癯[⑭]起废，其利五也。是五者，有仁人焉，有正政〔二七〕焉，何独师古，始为成宪。则知从郯公之教可以阜，从李公之法可以经，从

① 覆露：荫庇，养育。

② 噢休：音ō xiū，亦作“噢咻”，抚慰病痛。

③ 创葺：建立和修缮房屋。葺，原指用茅草覆盖房子，后泛指修理房屋。

④ 资课：唐代散官及各种色役所纳的代役金。

⑤ 甲令：朝廷颁发的重要的法令。

⑥ 阳崖：向阳的山崖。

⑦ 安甿：安定百姓。甿，同“氓”，平民百姓。

⑧ 鬴镬畚帚：养马所用器具。鬴，音fǔ，同“釜”，古代的一种锅。镬，音huò，大锅。畚，音běn，古代用草或竹编成的盛器。

⑨ 劀：古同“刮”，刮削。

⑩ 乂鐽：乂，音yì，割。鐽，音chā，古代的一种农具，即锹。

⑪ 柅：音nǐ，阻塞，遏止 。

⑫ 餧：同“喂”。

⑬ 艾：艾草，此处指用草饲喂。

⑭ 癯：音qú，瘦。

三判官之干蛊[①]，可以事事无留，从韦公之训词，可以孜孜不怠。古者有劳于国则纪，之有功于人亦纪之。里克[②]赋在坰之颂[③]，燕公篆监收之作。吾从二史臣之后，安敢坠于斯文。其词曰：

天生乘玉兮德山陵，泽马于阜兮屡惟休至征。君命臣力兮庶绩其凝，八坊载就兮毕来斯升。岐山之下兮田畴好，泾水之将兮多孅草。缭垣墉兮积刍稾，天马来兮从东道。群紫燕兮骈绿蛇，骨象奇兮归帝家。毛御风兮蹄践雪，举籋云兮低喷沙。既伯既祷兮无灾害，有駜有容兮真沛艾。缟身朱鬣兮又白颠，睆影长鸣兮声造天。今安匹兮龙为友，吾君驭兮寿千年。

宋

范仲淹[④]：宁州狄梁公庙记[⑤]

天地闭，孰将辟焉？日月蚀，孰将廓[⑥]焉？大厦仆[⑦]，孰将起焉？神器[⑧]坠，孰将举焉？岩岩[⑨]乎克当其任者，惟梁公之伟欤！

公讳仁杰，字怀英，太原人也。祖宗高烈，本传在矣。公为子极于孝，为臣极于忠。忠孝之外，揭如日月者，敢歌于庙中[⑩]。公尝赴并州掾，过太行山，顾瞻河阳，见白云孤飞，曰："吾亲在其下。"久而不能去，左右为之感动。《诗》有陟岵陟

① 干蛊：典出《周易·蛊卦》："干父之蛊"。谓儿子能继承父志，成其未竟之业。此处借指干练有才能。

② 里克：? —前650年，嬴姓，里氏，名克，春秋前期晋国卿大夫。

③ 在坰之颂：指《诗·鲁颂·駉》，其中有"駉駉牡马，在坰之野"之句。

④ 范仲淹：989—1052年，字希文，苏州吴县人。北宋杰出的思想家、政治家、文学家。

⑤ 宁州狄梁公庙记：此文作于景祐五年（1038）。时范仲淹贬知饶州（今江西鄱阳），后徙知润州（今江苏镇江），道出彭泽，谒狄梁公祠（狄仁杰曾任彭泽令），因仰慕狄仁杰德行功业，立碑以褒扬之。宁州（今宁县）旧有狄梁公庙，勒此文于石上，题目《宁州狄梁公庙碑记》，以二公皆任职于此故。狄梁公，即狄仁杰（607—700），唐代名臣，以主持公道、不畏权势著称。

⑥ 廓：清除，谓清除覆盖日月的阴影。

⑦ 仆：向前倒塌。

⑧ 神器：代表国家政权的实物，如玉玺、宝鼎之类。亦借指帝位、政权。

⑨ 岩岩：高大，高耸。

⑩ "忠孝"三句：谓狄公除尽忠尽孝之外，其所作所为有如高悬之日月，我敢在奉祀前贤的庙堂中歌颂他。揭，高举，高悬。

屺[①]，伤君子于役，弗忘其亲之深。吁嗟乎！孝之至也，忠之所由生乎？

公尝以同府掾当使绝域[②]，其母老疾，公谓之曰："奈何重太夫人万里之忧？"诣长史府请代行[③]。时长史、司马方眦睚不协[④]，感公之义，欢如平生。吁嗟乎！与人交而先其忧，况君臣之际乎？

公为大理丞，决诸道滞狱万七千人[⑤]，天下服其平。武卫将军权善才坐伐昭陵[⑥]柏，高宗命戮之，公抗奏不却[⑦]。上怒曰："彼致我不孝。"左右瞩[⑧]〔十四〕公令出。公前曰："陛下以一树而杀一将军，张释之所谓假有盗长陵一抔土，则将何法以加之[⑨]？臣岂敢奉诏，陷陛下于不道？"帝意解，善才得恕死。吁嗟乎！执法之官，患在少恩，公独爱君以仁，何所存之远乎？

高宗幸汾阳宫，道出妬女祠[⑩]下。彼俗谓盛服过者，必有风雷之灾。并州发数万人别开御道。公为知顿使，曰："天子之行，风伯清尘，雨师洒道，彼何害哉？"遽命罢其役。又公为江南巡检使，奏毁淫祠千七百所，所存惟夏禹、泰伯、季子、伍员四庙。曰："安使无功血食，以乱明哲之祠乎？"吁嗟乎！神犹正之，而况于人乎？

---

① "《诗》有"句：《诗经·魏风·陟岵》中："陟彼岵兮，瞻望父兮。""陟彼屺兮，瞻望母兮。"后人因以"陟岵"为思念父亲之典，以"陟屺"为思念母亲之典。

② "公尝"句：谓狄公曾有一位同僚应当出使极远之地。掾，官府中佐助官吏的通称。绝域，极远之地。

③ "诣长"句：特地到长史处请求代同僚出使。

④ "时长"句：那时长使和司马两人因小的怨忿互不协调。眦睚，怒目而视，亦借指微小的怨忿。

⑤ "公为"句：狄仁杰任大理寺丞时，判决各地因积压或拖延而未予判决的案件计一万七千人。大理寺：掌管刑狱的官署。决：判决。道：古代行政区划名。滞狱：因积压或拖延而未予判决的案件。

⑥ 昭陵：唐太宗墓，在陕西省礼泉县。

⑦ "公抗"句：谓狄公呈上奏文不肯退下。抗奏，呈上奏文。却，退下。

⑧ 瞩：别本作"筑"或"策"，打，击。

⑨ "张释"二句：意谓正如张释之所说假使有人偷盗长陵一捧土，哪里还有更严厉的刑法来处置他？张释之，南阳人，字季，西汉官员。汉文帝时以资选为郎，累迁公交车令，中郎将，后任廷尉。长陵，汉高祖墓，在成阳市东。抔，用两手捧东西。

⑩ 妬女祠：亦作"妒女祠"。张鷟《朝野佥载》卷6载："俗传妬女者，介之推妹。与兄竞，去泉百里，寒食不许举火，至今犹然。女锦衣红鲜，装束盛服，及有人取山丹、百合经过者，必雷风电雹以震之。"

公为宁州刺史，能抚诸夏[①]〔二九〕郡人纪之碑。及迁豫州，会越王乱后，缘坐七百人，籍没者五千口[②]。有使促行刑，公缓之，密表以闻曰：“臣言似理逆人[③]，不言则伤陛下好生之意。既成复毁，意不能定。彼咸非本心，惟陛下矜焉。”有诏贷死[④]〔三十〕，流于丰州〔三一〕。道过宁州之旧治[⑤]，父老迎而劳之曰：“我狄使君活汝辈耶！”相携哭于碑下，斋三日而去。吁嗟乎！古谓民之父母，如公则过焉。斯人也，死而生之，岂父母之能乎？

时宰相张光辅率师平越卒之乱，将士贪暴，公拒之不应[⑥]。光辅怒曰：“州将忽元帅耶？”对曰：“公以三十万众除一乱臣，彼胁从辈闻王师来，弃城而降者万计，公纵暴兵杀降以为功，使无辜之人肝脑涂地。如得上方斩马剑加于君颈，虽死无恨。”光辅不能屈，奏公不逊，左迁复州刺史。吁嗟乎！孟氏〔三二〕有言威武不能屈，是为大丈夫，其公之谓乎？

公为地官侍郎、同凤阁鸾台平章事，为来俊臣[⑦]诬构下狱。公曰：“大周革命[⑧]，万物维新。唐室旧臣，甘从诛戮。”因家人告变[⑨]，得免死，贬彭泽令。狱吏尝抑[⑩]公诬引杨执柔，公曰：“天乎！吾何能为？”以首触柱，流血被面，彼惧而谢焉。吁嗟乎！陷井之中，不义不为，况庙堂之上乎？

---

① 诸夏：当作“戎夏”，戎狄和华夏，犹中外。

② “会越”三句：谓正碰上越王叛乱之后，连坐的七百人，被没收财产的五千人。越王乱，指越王李贞举兵反武则天，兵败被杀。缘坐，犹连坐。因牵连而获罪。籍没，谓登记所有财产，加以没收。

③ “臣言”句：我说要宽恕他们好像是让法理迎合人意。逆，迎候，迎合。

④ 有诏贷死，别本作“敕贷之”，谓帝王诏令宽恕。贷，宽恕。

⑤ “道过”句：谓流放的人途经宁州原来管辖的地区。旧治，从前或原来所管辖的地区。

⑥ “公拒”句：谓狄公抵制他不予供应。

⑦ 来俊臣：651—694年，雍州人。唐代酷吏。因告密为武则天所信任，历任侍御使、左台御使中丞等职。设立推事院，大兴刑狱，与其党造《告密罗织经》，专用酷刑逼供，前后被其族杀冤死者一千余家。后因得罪武氏诸王和太平公主，被处死。

⑧ 大周革命：指武则天自立为帝，改国号为周。

⑨ 家人告变：谓家人报告发生变故。《旧唐书·狄仁杰传》：“仁杰求守者得笔砚，拆被头帛书冤……仁杰子光远得书，持以告变，则天召见。”

⑩ 抑：强迫。

契丹陷冀州①，起公为魏州刺史以御焉。时河朔震动，咸驱民保郛郭②。公至，下令曰："百姓复尔业，寇来吾自当之。"敌〔三三〕闻风而退，魏人为之立碑。未几入相，请罢戍疏勒等四镇③，以肥中国。又请罢安东，以息江南之馈输，识者韪之④。北兵〔三四〕再寇赵、定⑤间，公出为河北道元帅。敌〔三五〕退，就命公为安抚大使。前为敌人〔三六〕所胁从者，咸逃散山谷。公请曲赦河北诸州，以安反侧⑥，朝廷从之。吁嗟乎！四方之事，知无不为，岂虚尚清谈而已乎？

公在相日，中宗幽房陵，则天欲立武三思为储嗣⑦。一日问群臣可否，众皆称贺，公退而不答。则天曰："无乃有异议乎？"对曰："有之。昨陛下命三思募武士，岁时之间得数百人。及命庐陵王代之，方数日之间应者十倍。臣知人心未厌唐德。"则天怒，令策出⑧。又一日，则天谓公曰："我梦双陆⑨不胜者何？"对曰："双陆不胜。宫中无子也。"复命策出。又一日，则天有疾，公入问阁中。则天曰："我梦鹦

① "契丹"句：谓契丹攻入冀州。契丹，古族名、古国名，源于东胡，北魏以来，在今辽河上游一带游牧。唐以其地置松漠都督府，并任契丹首领为都督。冀州，州名。辖境相当于今河北中南部、山东西端及河南北端。

② "时河"二句：谓当时河朔地区震动，各地官府驱赶百姓去守卫外城。河朔，地区名。泛指黄河以北。郛郭，外城。

③ "请罢"句：请求免去军队防守疏勒四镇的任务。疏勒，唐军镇名。故地在今新疆喀什市。和龟兹、于阗、碎叶同为唐安西都护府及安西节度使所统，号称安西四镇。

④ "又请"三句：谓又请求免去防守安东的任务，以停止江南地区输送粮食物资的负担，有见识的人都肯定这个建议。安东，旧县名，在辽宁省东南部。馈，输送粮食等。韪，是，对。

⑤ 赵、定：州名。赵，今河北省赵县一带。定，辖境相当于今河北满城以南地区。

⑥ "公请"二句：谓狄公请求特赦河北各州，以安定惶恐不安的人民。曲赦，犹特赦。反侧，惶恐不安。

⑦ "公在"三句：谓狄公任宰相之日，中宗被幽禁于房陵，武则天想立武三思为继承人。中宗，唐高宗第七子，名显。立为太子，甫嗣位，被武则天废为庐陵王，迁于房陵，又迁均州。长安四年（704）张柬之举兵讨武，始复位，并复国号。房陵，古县名，治所即今房县。则天，即武则天。

⑧ 令策出，命令侍卫用鞭棒驱赶出去。策，用鞭棒驱赶。

⑨ 双陆：古代博戏，盛行于南北朝及隋唐时。因局如棋盘，左右各有六路，故名。马作椎形，黑白各十五枚，两人相搏，骰子掷采行马，白马从右到左，黑马反之，先出完者获胜。

鹉双翅折者何？”对曰：“武者，陛下之姓。相王[①]、庐陵王，则陛下之羽翼也，是可折乎？”时三思在侧，怒发赤色。则天以公屡言不夺[②]，一旦感悟，遣中使密诏庐陵王矫衣[③]而入，人无知者。乃召公坐于帘外而问曰：“我欲立三思，群臣无不可者，惟俟公一言。从之则与卿长保富贵，不从则无复得与卿相见矣。”公从容对曰：“太子天下之本，本一摇而天下动。陛下岂以一心之欲，轻天下之动哉？太宗百战取天下，授之子孙，三思何与焉？昔高宗寝疾，令陛下权亲军国。陛下奄有[④]神器数十年，又将以三思为后，如天下何？且姑与母孰亲？子与侄孰近？立庐陵王，则陛下万岁后享唐之血食；立三思，则宗庙无祔姑之礼[⑤]。臣不敢爱死以奉制，陛下其图焉！”则天感泣〔三七〕，褰帘[⑥]，使庐陵王拜公，而谓曰：“今日国老与汝天子。”公哭仆地，则天命左右起之，拊[⑦]公背曰：“岂朕之臣，社稷之臣也！”已而奏曰：“还宫无仪，孰为太子？”复置庐陵王于龙门，备礼以迎，中外大悦。吁嗟乎！定天下之业，断天下之疑，其至诚如神，雷霆之威，不得而变乎？

则天尝命公择人，公曰：“欲何为？”曰：“可为将相者。”公曰：“如求文章，则今宰相李峤、苏味道足矣。岂文士龌龊[⑧]，思得奇才以成天下之务乎？”曰：“此朕之心也。”公曰：“荆州长史张柬之[⑨]，真〔三八〕宰相才，诚老矣，一朝用之，尚能竭其心。”乃召拜洛州司马。他日又问人于公，对曰：“臣前言张柬之，虽迁洛州，犹未

---

① 相王：唐高宗第八子，名旦，始封豫王。武后废中宗，立为皇帝。及改国号周，以为皇嗣。中宗自房州还，复为皇太子，封旦为相王。

② 屡言不夺：意谓屡次谈及储嗣问题都不能用强力使狄公动摇、改变其主张。夺，用强力使之动摇、改变。

③ 矫衣：更换衣服。

④ 奄有：全部占有。

⑤ “立三”二句：谓若立武三思为嗣，则武氏宗庙没有将姑母神位附祭的礼节。祔，祭名。原指古代帝王在宗庙内将后死者的神位附于先祖旁而祭祀，亦泛指配享、附祭。

⑥ 褰帘：卷起帘子。褰，音 qiān，撩起。

⑦ 拊：拍，也作抚。

⑧ 龌龊：器量局促狭小。

⑨ 张柬之：625—706年，字孟将，唐襄州人。初任清源丞，擢监察御史，出任合州、蜀州刺史。武周后期任宰相。神龙元年（705），武则天病，他与恒彦范、敬晖等乘机发动政变，恢复中宗帝位。

用焉。"改秋官侍郎。及召为相，果能诛张易之[①]辈，反〔三九〕正[②]中宗，复则天为皇太后。吁嗟乎！薄文华，重才实，其知人之深乎！又尝引拔桓彦范、敬晖、姚元崇等至公卿者数十人。

公之勋德，不可殚论。有议论数十万言，李邕载之别传。论者谓松柏不夭，金石不柔，受于天焉。公为大理丞，抗天子而不屈。在豫州日，拒元帅而不下。及居相位，果能复废主，以正天下之本。岂非刚正之气出乎诚性，见于事业？时优游缙绅之中，颠而不扶，危而不持者，亦何以哉？

仲淹谒公之祠而述焉。且系[③]之曰：

商有三仁[④]，弗救其灭。汉有四皓[⑤]，正于未夺。呜呼！武暴如火，李寒如灰。何心不随？何力可回？我公哀伤，拯天之亡。逆长风而孤骞[⑥]，遡大川以独航。金可革，公不可革，孰为乎刚？地可动，公不可动，孰为乎方？一朝感通，群阴披攘。天子既臣而皇，天下既周而唐。七世发灵[⑦]，万年垂光。噫！非天下之至诚，其孰能当？

---

① 张易之：唐定州人。晓音乐。由弟宗昌引荐入侍武则天。历任控鹤监、奉宸令、麟台令，封恒国公。武则天晚年他与弟宗昌专朝政。

② 反正：即"返政"。反，通"返"。正，通"政"。

③ 系：继续。

④ 三仁：指商末的微子、箕子、比干。

⑤ 四皓：指秦末隐居商山的东园公、角里先生、绮里季、夏黄公。四人须眉皆白，故称商山四皓。汉高祖召，不应。后高祖欲废太子，吕后用张良计，迎四皓，使辅太子。高祖以太子羽翼已成，乃打消废立之意。

⑥ 孤骞：孤独地高飞。骞，高飞貌。

⑦ 七世发灵：谓历代祖先显示灵验。

张载[①]：大顺城碑[②]

记曰：兵久不用，文修武纵。天警我宋，羌蠢而动。恃地之强，谓兵之众。傲侮中原，如抚而弄。天子曰："嘻，是不可舍。养奸纵残，何以令下。"讲谟于朝[③]，讲兵于野。椹[④]刑斧诛，选付能者。皇皇范侯，开府于庆。北方之师，坐立以听。

公曰："彼羌，地武兵劲。我士未练，宜勿与竞。当避其强，徐以计胜。吾视塞口，有田其中。贼骑未近，卯横午纵[⑤]。余欲连壁，以御其冲。保兵储粮，以俟其穷。"将吏曹掾，军师走卒。交口同辞，乐赞公命。月良日吉，将奋其旅。出卒于营，出器于府。出币于帑[⑥]，出粮于庾[⑦]。公曰："戒哉，无败我举。汝砺汝戈，汝凿汝斧。汝干汝诛，汝勤汝与。"既戒既严，遂及城所。索木箕土，编绳畚杵。敌骑之来，百十其伍。自朝及晨，众积我倍。公曰："无哗，是亦何害。彼奸[⑧]我乘[⑨]，及我未备。势虽不敌，吾有以恃。"爰募强弩，其众累百。依城而阵，以坚以格[⑩]。戒曰："谨之，无斗以力。去则勿追，罢我以役。"贼之逼城，伤死无数。莫大〔四十〕我加[⑪]，因溃而骛。公曰："可矣，我功汝全。无怠无遽[⑫]，城之惟坚。"劳不累日，池

① 张载：1020—1077年，字子厚，凤翔郿县（今陕西眉县）横渠镇人。北宋思想家、教育家、理学创始人之一。世称横渠先生，尊称张子。

② 大顺城碑：宋仁宗庆历元年（1041）三月，北宋名臣范仲淹知庆州时，为了有效地防御夏兵入侵，率将士、民工在柔远城东秦直道旁的战略要地马铺寨，仅用旬日新起军城一座。李元昊知，速领三万夏兵侵扰，范仲淹率军民同心协力，挥兵血战，击退夏军，大获全胜。至此，纠转了宋西北御夏连吃定川寨、镇川堡、三川口三大败仗的被动局面。捷报送到朝廷，仁宗阅后大悦，扶案命笔，赐城号曰"大顺"。殿中丞张载听到此消息后，以崇敬之情写此百言韵文相贺。范仲淹接此文后，即命人勒碑竖石于大顺城（今山庄乡二将城）中门之侧，后遭战乱兵燹废毁。

③ 讲谟：谋议政事。

④ 椹：音zhēn，砧板，古代亦用作斩人的刑具。

⑤ 卯横午纵：南北为纵，东西为横，子午主中为纵，卯酉在旁横。

⑥ 帑：音tǎng，收藏钱财的府库或钱财。

⑦ 庾：音yǔ，谷仓。

⑧ 奸：干犯。

⑨ 乘：兵车。

⑩ 格：击，打。

⑪ 莫大我加：当作"莫不我加"，即莫不加我的倒装。

⑫ 遽：音jù，急，仓猝。

埤以完。深以如泉，岿[①]焉如山。百万雄师，莫可以前。公曰："济矣，吾议其旋。"择士以守，释民而迁。书劳赏才，以敛以筵。图列而上，荐闻于天。

天子曰："嗟！我嘉汝贤。"锡号大顺，因名其川。于金于汤，保之万年。

陶谷[②]：王母宫碑记[③]

《祭法》曰："法施于人则祀之。"[④]辨方[⑤]之为法制也，不亦大哉！神有所职，足以垂训者，孰可阙焉。按《尔雅》："觚竹、北户、西王母〔四一〕、日下，谓之四荒。"王母事迹其来久矣，名载方策，理非语怪。西周受命之四世，有君曰王满[⑥]〔四二〕，享国五十载，乘八骏，宴瑶池，捧王母之觞，乃歌《黄竹》[⑦]。西汉受命之四世，有君曰帝彻[⑧]〔四三〕，享国亦五十载，期七夕，会甘泉，降王母之驾，遂荐仙桃。周穆之观西极也，濯马潼，饮鹄血[⑨]，践巨搜之国乃升弇山，故汲冢[⑩]有《穆天子传》；汉武之祷灵境[⑪]也，祀雍畤，幸朝那，立飞廉之馆以望玄〔四四〕圃，故乐章有《上之回》

---

① 岿：音kuī，高大屹立貌。

② 陶谷：903—970年，本姓唐，字秀实，五代邠州新平（今陕西彬县）人。早年历仕后晋、后汉、后周，北宋建立后，陶谷出任礼部尚书，后历任刑部尚书、户部尚书、翰林学士等职。

③ 王母宫碑记：宋开宝戊辰（968），王母宫由于年久失修，栋宇毁坏，后周时曾任彰义军（治所在泾州）节度使的北宋检校太师、泾州刺史、清河公张铎复镇泾州时主持重修了王母宫，并由翰林学士陶谷撰写碑文。碑文是对宋以前的有关西王母历史研究的概括总结。刊石三十年后，篆书大家僧梦英受邀削去"重修回山王母宫颂"碑旧字，重新书写刊刻上石。又二十五年后，大书法家、员外郎上官佖到泾州，认为梦英书法伪俗，磨去僧书，用籀状斯冰玉箸之体重写，命工刊刻。此碑现王母宫石窟寺文管所。

④ 《祭法》句：《祭法》为《礼记》当中的一篇，主要记载关于祭祀先祖仪礼制度方面的内容。此句意为：凡能给人作典范的就应该得到祭祀。

⑤ 辨方：辨别四方。此处指辨别神的方法。

⑥ 王满：即周穆王，名满，故称。

⑦ 《黄竹》：即《黄竹歌》。黄竹为地名，传说周穆王游黄竹之丘，遇风雪，见路有冻人，作此歌三章以哀之。

⑧ 帝彻：即汉武帝，名彻，故称。

⑨ "濯马"二句：相传周穆王游览直到极西的地方，曾在马潼洗浴，饮过鸿鹄的血。

⑩ 汲冢：即战国魏襄王墓，西晋初在汲县被发掘，故称。

⑪ 祷灵境：到天下有灵气的地方祈祷。

曲[①]。呜呼！湘灵鼓瑟，虞舜二妃[②]也；黄姑[③]有星，天河织女也。或《楚词》〔四五〕所传，或巫咸[④]所记，犹能编祀典，配严祠。箫鼓豆笾[⑤]，预四时之享；牺牲玉帛，陪百神之祭。岂若王母为九光圣媛，统三清上真，佩分景之玉剑[⑥]，纳瑶琼之凤焉。八琅仙璈[⑦]以节乐，九色班驎而在驭。啸咏[⑧]则海神鼓舞，指顾[⑨]则岳灵[⑩]奔走。辅五帝于金阙，较[⑪]三官[⑫]于绛河[⑬]，位冠上宫，福流下土。则回中有王母之庙，非不经也。

年祀寖远，栋宇隳坏。坛攲[⑭]杏朽，蔽荆棘于荒庭；井废禽亡，噪乌鸢于古垒。物不终否[⑮]，崇之在人。太师清河公[⑯]受脤[⑰]建牙[⑱]，三临安定，军功政事，纪在旗常。是邦也，压泾水之上游，控西羌之右地，土宜菽麦，俗习骑射。抚之有道，则风能偃草；驭之非理，则水亦覆舟。中权[⑲]失政，不可一日而处，矧三镇乎？岁戊辰

① 《上之回》曲：汉乐府《铙歌》歌曲名，因首句“上之回”三字而得名。回，指回中宫，曾被匈奴烧毁，元封四年（前107），复通回中道，汉武帝数出游幸，歌辞当为赞美此事而作。
② 虞舜二妃：即舜帝的两个妃子娥皇和女英，死后为湘水之神。
③ 黄姑：即牵牛星，本称河鼓星，后人讹称为黄姑星。
④ 巫咸：上古传说中的大巫。
⑤ 笾：音biān，古代祭祀和宴会时盛果品等的竹器。
⑥ 分景：古代名剑。《汉武帝内传》：“王母腰佩分景之剑。”
⑦ 璈：音áo，古乐器名。《汉武帝内传》：“王母乃命诸侍女王子登弹八琅之璈。”
⑧ 啸咏：歌咏。
⑨ 指顾：指挥。
⑩ 岳灵：五岳神灵。
⑪ 较：考核。
⑫ 三官：天官、地官、水官。
⑬ 绛河：即银河，又称天河、天汉，古代观天象者以北极为基准，天河在北极之南，南方属火，尚赤，因借南方之色称之。
⑭ 攲：音qī，倾斜。
⑮ 否：音pǐ，坏。
⑯ 太师清河公：即张铎。
⑰ 受脤：古代出兵祭社，祭毕，以社肉颁赐众人，谓之受脤。脤：音shèn。
⑱ 建牙：古代出师前树立军旗，引申指武臣出镇。
⑲ 中权：主将。

春二月，公介圭[①]入觐，天子设庭燎[②]以延之，奏肆夏以宠之，临轩绝席[③]以绥怀[④]，大辂繁缨而锡命。礼成三接[⑤]，诏还旧镇。公既旋所理，来谒灵庙，斋庄有感，肸蠁[⑥]如答。申命主者，鸠工缮修。薙[⑦]蔓草于庭除[⑧]，封植嘉树；易颓檐于廊庑，缔构宏材。丹青尽饰于天姿，黼藻增严于羽帐。云生画栋，如瞻西土之遥；水阅长川，若讶[⑨]东溟之浅。容卫既肃，精诚在兹。何须玉女投壶，望明星于太华；瑶姬感梦，洒暮雨于阳台。合征幼妇之辞[⑩]，庶尽上真之美。谷也，学非博古，才不逮时。论思谬冠于词臣，叙事敢逾于实录？久直金銮之殿，视草[⑪]无功；强窥朱雀之窗，偷桃[⑫]知愧。颂曰：

昆仑之墟，崦嵫之下，戴胜蓬发，虎豹为伍。是耶？非耶？怪哉！王母丹台命驾，七夕为期。云軿凤辇，剑佩光辉。倩兮盼兮，穆若仙姿。宅元都[⑬]兮如彼，降汉宫兮若是。奚灵圣之多端，骇变化之神异。考《山经》与《竹书》，故两留于前事。山之巅兮水之湄，奠玉斝兮荐金徽。白云零落归何处，黄竹摧残无一枝。抚弇山之旧石，纪泾水之仙祠。

---

① 介圭：亦作“介珪”，大圭。圭，上尖下方的一种玉。

② 庭燎：宫廷中照亮的火炬。

③ 绝席：独坐一处，不与他人同席，以示显贵。

④ 绥怀：安抚关切。

⑤ 三接：典出《易·晋》：“晋，康侯用锡马蕃庶，昼日三接。”意谓三度接见，后多以“三接”为恩宠优奖之典。

⑥ 肸蠁：音 xī xiǎng，缥缈，隐约的声响。

⑦ 薙：音 tì，除草。

⑧ 庭除：庭前阶下，庭院。

⑨ 讶：同“迓”，迎接。

⑩ 幼妇之辞：典出《世说新语·捷悟》：“魏武尝过曹娥碑下，杨修从碑背上见题作‘黄绢幼妇外孙齑臼’八字…… 修曰：黄绢，色丝也，于字为绝；幼妇，少女也，于字为妙；外孙，女子也，于字为好；齑臼，受辛也，于字为辞。所谓绝妙好辞也。”后泛指极好的诗文。

⑪ 视草：古代词臣奉旨修正诏谕一类公文，后亦称词臣起草诏谕为“视草”。

⑫ 偷桃：古神话，西王母种桃，三千年一结子，东方朔曾三次偷食，乃被谪降人间，事见《汉武故事》。后常以此入诗。

⑬ 元都：当作“玄都”，避康熙皇帝讳改。

元

潘昂霄[①]：穷河源记[②]

河源在吐蕃朵甘斯西鄙，有泉百余泓〔四六〕，或潦水沮洳[③]涣散，方可七八十里，且泥弱[④]不胜人迹近，观弗克。傍立高山下视，灿若列星。以故名火墩脑儿〔四七〕，译言星宿海也。群流奔湍，近五七里，汇二巨泽，名阿刺脑儿〔四八〕。自西徂东，连属吞噬，广轮马行一日程。迤逦东骛成川，号赤宾〔四九〕河。二三日程，水西南来，名亦里出〔五十〕，合赤宾〔五一〕。三四日程，水南来，名忽兰〔五二〕。又水东南来，名也里术〔五三〕，合流入赤宾〔五四〕。其流寖大，始名黄河。然水清人可涉。又一二日，岐裂八九股，名也孙斡论〔五五〕，译言九渡。通广六七里，马亦可渡。又四五日程，水浑浊，土人抱革囊，乘马过之。民聚部落纠集木干象舟，傅毛革以济。仅容两人。继是两山岐束，广可一里二里或半里，深莫测矣。朵甘斯东北鄙有大雪山，名亦耳麻不莫剌〔五六〕，其山最高，译言腾乞里塔〔五七〕，即昆仑也。山腹至顶皆雪，冬夏不消。土人言远年成冰，六月见之。自八九股水至昆仑，行二十六日程。河行昆仑南半日程，既又四五日程，至地名阔即及阔提〔五八〕，二地相属。又三日，地名哈剌别里赤儿〔五九〕，四达之冲也。多寇盗，有官兵镇防。昆仑迤西人简少，多处山南。山皆不穹峻，水亦散漫。兽有牦牛、野马、狼、狍、羱羊之类，其东山益高。地亦渐下，岸狭隘，有狐可一跃而越之处。行五六日程，有水西南来，名纳邻哈剌〔六十〕，译言细黄河也。又两日程，水南来，名乞儿马出〔六一〕。二水合流入河，河北行，转西至昆仑北。二日程，地水过之，北流少东，又北流入河。半月程，至归德州地，名必赤里〔六二〕，始有州治官府。州隶河州，置司吐蕃等处宣慰司所辖。又四五日程，至积石州，即《禹贡》积石云。

---

① 潘昂霄：字景梁，号苍崖，济南历城人。元代官员、学者。历官昆山县尹、南台御史、闽海宪佥。成宗大德六年（1302），转任南台都事，累官翰林侍读学士、通奉大夫。雄文博学，为世所重，谥号“文僖”。著有《河源记》一卷，《金石例》十卷，诗文集《苍崖类稿》《苍崖漫稿》各数卷。

② 穷河源记：潘昂霄著有《河源记》一卷，记至元十七年（1280）朝廷遣官员都实至星宿海寻找黄河源头之事。潘昂霄据都实之弟阔阔出所言，撰成此书，对黄河源头一带地形、水系、动植物、人口分布等风情物产记述较详，被视为第一部黄河源头的风土志。

③ 沮洳：音jù rù，低湿之地。

④ 泥弱：泥泞。

明

徐兰[①]：镇远桥记[②]

维明既受命，威德远加，道通西域。兰州古属金城郡，距河为城，河故有津[③]，控扼冲要。洪武四年，宋国公[④]奉命西征，守御指挥佥事[⑤]赵祥去城西一里许，造浮桥以济师，师还遂撤弗用。又四年，魏国公[⑥]帅师定地，置西凉、西宁、庄浪诸卫[⑦]，仍去城西约十里造桥，以通往来给馈饷，因而弗革，名曰“镇远”。然河流悍急，堤壖[⑧]弗固，咸谓非久远计。又十年，兰州卫指挥[⑨]，相城西北河水少缓，拟改置桥，近且易守。询诸父老，以为古之金城关在焉；谋诸同僚，佥以为允。某月某

① 徐兰：明代文人，余姚（今浙江余姚县）人，字秀夫，善书画。

② 镇远桥记：徐兰为明洪武年间所建“定远桥”撰写之记。镇远桥，洪武五年（1372）大将军、宋国公冯胜和守御指挥佥事赵洋于兰州城西架设浮桥，以济师旅。洪武八年（1375），征西将军、卫国公邓愈将浮桥移至城西十里处，取名“镇远桥”。用巨舟二十四艘，横亘河上。上架木梁，并铺木板，围以拦。桥的两端建有牌坊，上有横额，北岸题“三边利济”，南岸题“九曲安澜”。洪武十八年（1385），兰州卫指挥佥事杨廉把桥移于城西北三里金城关。这种浮桥有一定的季节性，秋季河水暴涨、冬季河面结冰时，桥需拆除，来年春天再架设。

③ 故有津：过去有渡口。

④ 宋国公：即冯胜，明定远（今属安徽）人。初名国胜，又名宗异，最后名胜。明代将领。雄勇多智谋，与兄国用同时归太祖，积功为元帅，封宋国公，累官太子少师。后遭太祖猜忌，赐酒死。

⑤ 指挥佥事：官名。明代以卫、所统兵，设守卫指挥使司、亲军指挥使司，指挥使下属有同知、佥事等。

⑥ 魏国公：当为“卫国公”，即邓愈，明虹县（今安徽泗县）人。本名友德，明太祖赐今名。明开国名将，年十六即以善战称，累功官江西行唐参政，曾任右丞、御史大夫、卫国公等。

⑦ 卫：明代军队编制名，于要害地区设卫，每卫五千六百人，由指挥使率领，防地可以包括几府。一般驻在某地，即称某卫。西凉卫，在今甘肃武威县地。西宁卫，治所在今青海西宁市。庄浪卫，治所在今甘肃永登。

⑧ 壖：江河边地。

⑨ 兰州卫指挥：即杨廉，明丰城（今江西丰城）人，字方震。举成化进士。正德时累官南京礼部侍郎，嘉靖初迁尚书，卒谥文恪。自礼乐钱谷至星历算数，都很精通，学者称月湖先生。

日，图上形势，陕西都指挥使[①]转闻。制若曰："可。"爰于六月内鸠工[②]，明年春二月冰解，斋祓[③]，率僚属，虔祀于神，协心齐力。某日桥成，士民咸请文以纪成绩。按汉史赵充国初击西羌，遣三校衔枚夜渡，即营阵以防冲突，时则桥未造也。逮上方略其一，以为治道桥以制西域，信威千里，从枕席上过师，是桥之利，涉自古而然。今祇承上命，屏翰藩维，乃能以古良将自期，躬督吏士，决意改作造舟二十有八，常用二十有五，河涨则用其余以广之。每舟相去一丈五尺，上流定以石鳖[④]，如舟[⑤]，上加板，栏楯两旁[⑥]，以卫行者。桥南北岸各树铁柱一，木柱六，系铁锁大绳贯桥，令相属随波升降，帖[⑦]若坦途。桥之南去城八十步，新筑小城延袤数丈[⑧]，中置门以诘[⑨]行旅。城上建楼，东偏创公廨[⑩]，凡若干桥门，西偏创祠宇[⑪]以奉河神。桥之北因山为城，延袤百余丈，东西置门，悉建楼其上，又创寿亭侯祠[⑫]，制度一一各适其宜。

嗟夫！大河沄沄，天险莫逾。舟梁横亘，径接康衢[⑬]。栋宇翚飞[⑭]，照耀丹碧。雉堞环缭，隐约蔽亏[⑮]。诚边徼[⑯]要津，千古之伟观也。诸葛武侯有曰："治世以大德，不以小惠。"若斯桥者，其可谓上昭圣天子威德，下以康济斯人者乎？夫善作者

① 都指挥使司：官名。明于各省置都指挥使司，为地区军事总机构，简称都司，设都指挥使一人，为地方最高军事长官，隶属京师的五军都督府。

② 鸠工：聚集工匠，引申为动工。

③ 斋祓：举行斋祓仪式。斋，古人在祭祀前或举行典礼前清心洁身以示庄敬。祓，古除灾祈福的仪式。

④ 石鳖：石刻之鳖，在河上流用石鳖固定船只以防冲走。

⑤ 如舟：指石鳖数如船数。

⑥ 栏楯两旁：在船两旁设置栏杆。栏楯，栏杆，纵为栏，横为楯。

⑦ 帖：平稳。

⑧ 延袤数丈：数丈见方。

⑨ 诘：查问。

⑩ 公廨：官署。

⑪ 祠宇：祠堂，古时祭祀祖宗或贤能有功德者的庙堂。

⑫ 寿亭侯祠：即关羽庙，桥旁建关羽庙以镇水怪。关羽封寿亭侯，故称。

⑬ 康衢：四通八达的大路。

⑭ 翚飞：翚，五采山雉，后以"翚飞"形容宫室的高峻壮丽。

⑮ 蔽亏：掩蔽，遮护。

⑯ 边徼：边界，边塞。

必藉夫善继，善始者必赖夫善终。若是桥也，咨谋之详审，规度之宏深，财用之完美，将事之勤恪，作始之善谋，蔑以加矣。岁月滋久，风水撼顿，葺理敝漏，必赖后人承继之重。敢因士民之请，为之纪其始末。俾锓于石，以垂不朽，庶嗣事者之有所征焉。

黄谏：兰州卫哨〔六三〕马营记

正统十二年四月初六日丁酉，都阃[①]李公奉命筑哨马营堡于河北大岔口，越十有四日工完。二十又二日癸丑，大合卫县之官属将校熊罴之士，及邑人之老稚以落之，军民和会，阗[②]郭溢郛[③]。既卒事，其邑之官僚士庶，咸以此为御边之重务，不可不纪其岁月。乃致书于予，请为之记。予，邑人也。既受命，不敢辞。其词曰：

粤维皋兰，乃古金城。郡西控大河，素称雄镇。大河之北，有山嵲嶫[④]，环卫列峙。下瞰广川，既平且旷。通乎绝塞不毛之地，介乎西境大夏之墟。迢递绵邈，来通斯邑。寇贼往来〔六四〕，必经乎是。然其形势险隘，允为阨塞。圣天子在位之十年，以是为重镇，命公守此。单车来临，遂相其土地，用是规画。逮次年之冬请于朝，今年春，申命陕西藩臬之司[⑤]乃往，偕公相其地宜，集工庀材，经之营之。人皆乐趋，不日而就。崇墉[⑥]接汉[⑦]，高垒连云。边备以固，邑居以宁。控扼险要，束制咽喉。斯为重事，大莫是举。天子之武，惟公是布。天子之文，惟公是宣。山势巍巍，河流浑浑。天子万年，邦国永安。乃伐山石，刻之日月。尚俾来者，知作之所始。

娄谦[⑧]：平凉利民渠记

陕之平凉郡治东，抵泾州有平衍壤地，广袤数百里，而泾河之水实经流其间，引以津灌，则土田膏液，年谷可拟丰登，尚何熯旱[⑨]之足恤乎？特《图志》所载故无

① 都阃：音dū kǔn，统兵在外的将帅。

② 阗：充满，填塞。

③ 郛：音fú，古代城圈外围的大城。

④ 嵲嶫：音niè yè，高耸险峻。

⑤ 藩臬之司：藩司和臬司，明清两代的布政使和按察使的并称。

⑥ 崇墉：高墙、高城。

⑦ 汉：银河。此处借指天空。

⑧ 娄谦：江西上饶人，明代官员。成化间进士，提督学政时躬自施教，士子受其影响，学风得正，累迁四川布政使。

⑨ 熯旱：干旱。

渠埭[①]，而居人习以成俗，举目前浈阏之水，则信其奔流，置为弃物。凡有播种，岁率仰给于天。天雨及时，则坐享有年。一遇魃虐[②]流行，则计无所施。不但距河入深之地不沾其利，虽夹河两岸之间，亦不蒙余波之润。局蹙[③]告灾之外，惟束手待毙而。已历〔六五〕千百载间，竟无兴念于此而倡之者。

成化甲辰岁，夏秋不雨，属岁大祲[④]，侍御史中丞南舒郑公时实受简命[⑤]重托，镇抚关中。尝符移[⑥]六道，周诹[⑦]民隐，兴堰淢[⑧]以佐耕。至冬，会卬僰有警，告变日急，上命版曹[⑨]亚卿[⑩]妫川李公衎，畀以节钺之寄。越今年乙巳春，推毂入境内，即檄籲[⑪]守臣疏决河渠以劝农事。其弭灾兴利之心，盖与中丞公不谋而自同也。佥宪阳城李君经分道关西，首以所部平凉之地论列，请命二公曰："急图之，勿后也。"宪使延平，罗君明时与闻之，亦力赞兴事。维时李君续食[⑫]平凉，敦琢[⑬]官属，荒度土功，适郡之豪右强梁龃龉百出，君则不暇顾恤，毅然调役属工，始自府治城北瀹暖泉以灌蔬圃，而官民赖之。继分引泾水，五里铺至东二十里铺为一渠，杨家磨抵四十里铺为四渠，袁家庄至七十里铺为二渠。迤东至九十里铺北引泾水一渠，南引金龙池、白水驿河二渠，合流花家庄，东行三十里，逾平凉境，连亘开一大渠，又流四十里抵泾州城西，会汭入泾。官路之南渠不可通，乃疏百泉、王村等沟，析为七渠。泾河之北，河岸渐高，又疏金池、瓦窑等沟，析为六渠。州城西引汭水帮城北，析东山下，荫注附郭田园，独令成渠。汭以西至崇信县界，散引河子楮家等沟，别为一十一沟。州城之东地高，河下难于筑堰，隶南山者引木家沟至范家沟作

① 渠埭：水渠和堤坝。埭，音dài，堵水的土坝。

② 魃虐：旱灾。魃，音bá，即旱魃，传说中能引起旱灾的鬼怪。

③ 跼蹙：音jú cù，亦作"跼踧"，不安貌。

④ 大祲：亦作"大侵"，严重歉收，大饥荒。

⑤ 简命：简任，选派任命。

⑥ 符移：符教移檄等官府征调敕命文书的统称，亦指行文书于不相统属的官署。

⑦ 诹：音zōu，咨询，询问。

⑧ 淢：音xù，同"洫"，沟渠。

⑨ 版曹：宋代户部左曹的别称，因职掌版籍，故称，后借指户部。

⑩ 亚卿：唐以后太常寺等官署少卿的别称。此处借指户部侍郎。

⑪ 籲：音yù，呼。

⑫ 续食：相继供给食物。

⑬ 敦琢：雕琢，引申为选择。

一十五渠，隶北山者引路家沟至白水沟作为一十一渠。合而计之，以渠则六十有二，以道里几二百里许，以溉田则三千顷有奇也。渠之制，深十五六尺，浅者亦居其五之四，广六七尺，窄者亦居其三之二，长短大率不齐，惟视水力所至，故不限于丈尺也。渠当路衢，则就渠身掊土[①]，剜通[②]为梁，以便行旅。又揵[③]石刊、木架、水槽以接不通，垒堰坝以固河防。

始事于是岁三月之朔，民欢趋之，百日而告成。部吏、工匠皆无所预，惟拱手以受李君成算[④]而已。未几，亚卿公按节平凉[⑤]，因命之曰“利民渠”。于是渠水衍溢，土脉渐渍，来牟[⑥]获收成之望，秋田遂长养之天。其功甚大而费则省。

使非亚卿中丞发端开示于前宪，使君怂慂[⑦]于成则，李君规抚综理之密，亦将遏佚[⑧]而弗章矣。又况穹壤间利民盛事，秘久不发，必有神物以撝护之者。失此机会，抑不知当几何出以建万年无穷之泽也。有司砻石，请记其事。予惟此渠之功，州郡利户，与凡往来目击之人固已颂而歌之，宜不待记。而显且二公，当此兵殣之日，分阃镇静，决策如流，非独烽堠烟消，边徼安堵，而八郡垂亡所赖以全活者，动以万众水利之兴，又特其一事也。姑以志其本末，以告后之长民者，使知成之不易，如此相与维持而增葺[⑨]之。是固二公之心，抑亦罗君、李君之志也，遂书为记。

王华[⑩]：甘肃行太仆寺[⑪]记

甘肃古河西诸郡，地交戎虏之区，距京师数千里。至明洪武二十四年，始置行

---

① 掊土：掊，音 bó。挖土。

② 剜通：挖通。

③ 揵：同“楗”，堵塞河堤决口所用的竹木等材料。

④ 成算：指已定的计划。

⑤ 按节：停挥马鞭，表示徐行或停留。

⑥ 来牟，音 lái móu，亦作“来麰”，古时种植的大小麦子的统称。

⑦ 怂慂：从旁劝说鼓动。

⑧ 遏佚，断绝，丧失。

⑨ 增葺：增加，修整。

⑩ 王华：旧题为右谕德王华，生平不详。谕德，官名，唐代于东宫官属中设左、右谕德各一员，主管对太子的讽谏规劝，历代因之。

⑪ 太仆寺：明代沿袭古制所置官署，掌皇帝乘用舆马及马政。行太仆寺，明洪武三十年（1397）置山西、甘肃等五处行太仆寺，掌各边卫所营堡之马政，受兵部领导。甘肃行太仆寺设少卿（正四品）、寺丞（正六品）各一人，择病退辞官的指挥等官担任。

都司于此，以隶甘肃诸卫所。三十年，复建行太仆寺，设官以综理马政[①]，而诸卫所亦隶焉。然官之名位，视京秩虽同[②]，而力势反出连帅[③]郡守下，故士之勇于功名者，率不乐居是职，至或以老疾弃去。由是视廨宇[④]如逆旅[⑤]之视邸舍[⑥]，不特人无固志，政亦因之以弛，人与政而交病[⑦]，其来非一日矣。孰肯以补敝兴废为己任哉？

弘〔六六〕治八年，皇上明见万里，知马政之弛，由于官之不举其职[⑧]。特诏所司[⑨]，慎选材贤以居[⑩]。而廷章田美[⑪]，遂以治襄阳、乾州有声，获与简擢[⑫]。适都宪[⑬]周公[⑭]，按节[⑮]于兹，宣上德[⑯]以柔远人，严宪度以贞百辟[⑰]，修戎政[⑱]，靖夷鲁[⑲]，以安固疆圉。抚治之暇，询视寺署，见其栋宇摧压，垣墉颓圮，心甚病之。遂慨然以修建为己任，乃会计公私羡利[⑳]，贸群材[㉑]，召众工，易朽敝以坚良，治残毁为完固。其中为前堂五间，后亦如之。其左为主簿厅三间，右亦如之。为廊房翼于东西

① 综理马政：管理军马牧养、印烙、训练等马政。

② 视京秩虽同：太仆寺少卿与任巡抚的佥都御史、任分巡道的按察副使，都是正四品，级别相同。

③ 连帅：指地方高级军事长官。

④ 廨宇：官府。

⑤ 逆旅：旅客。

⑥ 邸舍：旅店。

⑦ 人与政而交病：任官者与马政因相互影响而俱受损失。

⑧ 不举其职：不尽职尽责。

⑨ 所司：指总管马政的兵部。

⑩ 以居：任其职。

⑪ 廷章田美：人名，田美，字廷章。

⑫ 简擢：选拔提升。

⑬ 都宪：明都御史的别称。

⑭ 周公：即周季麟，江西宁州（今修水）人，以副都御史任巡抚。

⑮ 按节：持节，握节，古代大臣外出任官，必持符节以为凭证。

⑯ 宣上德：宣扬皇帝恩德。

⑰ 贞百辟：整肃百官。

⑱ 戎政：军政。

⑲ 靖夷鲁：安定边境夷虏。

⑳ 羡利：盈利，盈余。

㉑ 贸群材：购买各项材料。

者各五间，为重门蔽于其前者各三间。并修葺廨舍之可依栖者，总计其成，共五十余间。外内周匝[①]，公私辑宁[②]，由是官有常宇，吏有定居。不特数十年之废坠至是聿兴[③]，而昔之弛政亦因之毕举，人与政而交理，固都宪公经营谋度之功。而董功役[④]按度程[⑤]以迄于成，田美则尤有劳焉。

公昔旬宣[⑥]于浙、于汴，汴、浙人至于今思之不置。顾予亦浙人，而廷章昔为御史，与予比邻，相知复稔[⑦]，义不容虚其请，遂为记之。

杨一清：巡抚陕西都察院题名碑

今天下藩省重地，朝廷勑遣内台重臣以临莅之，谓之巡抚。巡抚之职，凡有司政务若钱谷、士马，若刑名，若赋役、农桑、水利之类，悉听剸裁[⑧]。文臣自方伯、监司，武臣自连帅、偏裨而下，咸奉法令，遵受约束。事有益于兵民，得承制以便宜从事，不拘文法焉，可谓重矣。

陕西古称秦中，天府四塞之国，内领八郡，绵亘数千里。北接沙漠〔六七〕西控羌戎，为四方根本枢要之地。若延绥、宁夏、甘肃三镇，虽俱宿重兵，各有内外重臣，仗节握符，开府其地，然馈饷供亿[⑨]，率仰给内郡。至于屯戍之兵，统领之将，多自陕西调遣，三镇不得专焉。是其为任，又非他省巡抚比矣。凡巡抚阙人，吏部请于上，于廷臣及方岳中举才行素著者二人以闻，而亲简其一用之。比岁陕西巡抚阙人，则又多自他省巡抚有勋绩、负时望者改命而来，盖难之也。

弘〔六八〕治戊午，都察院右副都御史汝南熊公自巡抚山东移镇于兹，顾瞻行台宏丽靓深，稽阅[⑩]庶务，察凡所以安内全外者，规画井井纤细备具。叹曰："前任经理之功大矣。"求其名位、世次之详，不可悉得。爰命有司稽之籍牒，询之父老，砻贞

① 外内周匝：内外周到。

② 辑宁：和平安宁。

③ 聿兴：兴盛。聿，助词，无义。

④ 董功役：监督管理工程。功役，兴建土木工程的劳役。

⑤ 按度程：按照格局标准。

⑥ 旬宣：周遍宣示王政教化之意，即指任官治民。典出《诗·大雅·江汉》："王命召虎，来旬来宣。"

⑦ 稔：熟悉。

⑧ 剸裁：音 tuán cái，裁决，裁处。

⑨ 供亿：供给，供应。

⑩ 稽阅：查阅。

石将刻之，乃进提学副使杨一清而属之以文。惟厅事有石，题名有记，非古也，而后世行之，于政治不为无助。列贤、不肖，有劝戒之义焉；识宽猛、弛张、繁简、先后，得损益之宜焉。邦人之去思，士林之仰止，率于是乎在，而岂徒哉？按陕西巡抚宣德间吉水罗公汝敬①，以工部侍郎始受兹任。自罗公而下，所及知者凡二十一人，或以惠爱闻，或以风力显，或以讨叛树勋烈，或以修筑城堑、疏通水利著劳效。进位尚书者已十二人；位兼保傅者五人；为冢宰者一人；为大司马者三人；而今在朝者方来所进固未涯也。其无闻于世者，才一二人尔。呜呼！可谓盛哉！

夫惟天下之重地，当用天下之正人。夫惟天下之正人，斯受天下之重任。之数公者，咸以正人被简擢，临重地，其卒当天下之重任而有余力也宜矣。继自今巡抚于兹者，宜何如绍承之哉？国家设郡县以统民，设卫所以统兵，虑其不职也，而领之以三司。复虑三司之不职也，而纠之以巡按。又以巡按岁代不常，且官有常职，未免为文法所制，势有所格，柄有所不专，于是乎有巡抚、都御史之设焉。今之民与兵皆创伤困惫之余，愁苦之状有不忍言者。郡县不能为之所，望之三司，三司不能为之所，望之巡按，又望之巡抚，至巡抚则止矣。巡抚不能为之所，民将复谁望哉？故为巡抚者，知为朝廷爱养兵民而已。政有为民病者，我得而厘之；事有为民利者，我得而兴之。诸司百执事，有剥民财、穷民力、残民肌体以行若私者，我得而除之；宿奸巨盗凭藉②以逞，为民大蠹者，我得而发〔六九〕之。坐一堂之上，有兵有刑，有梃有刃，有斧钺，有华衮，有阳春，有霜雪。其未来也，以无心待之；其已来也，以至公将之。不诡不随，不矫不亢，不挠不夺，为之在我者，尽吾心焉。而毁誉荣辱，成败利钝，皆有所不计。呜呼！为巡抚者，不当如是耶？抑此皆数公所常行而已效焉者，余将致忠告于后来，意无出此。故承熊公命，于题名之石极言之。

公名翀，字腾霄，举己丑进士。起县令，为御史，历〔七十〕山西按察使，进擢都宪。好善恶恶，出于天性，刮奸剔蠹，风采凛然，义所当为，不遗余力。其树立卓卓，他自有述之者，兹不及致详云。

王宁：穷汭记③

汭水纪于《禹贡》。《广韵》："汭，音儒。"《说文》："汭，从水从内"。训曰：

---

① 罗汝敬：1372—1439年，名简，以字行，明江西吉水人。明初朝廷重臣落复仁之孙，1404年中进士，官历任庶吉士、翰林侍讲、监察御史、工部右侍郎等职。

② 凭藉：亦作"凭籍"，亦作"凭借"。依靠，依赖。

③ 王宁：明代泾州庠生。

“两水合流之谓也。”又曰：“小水入大水之名。”质其实，雍、豫二州有专名之者，有通名之者。专名者以义也，通名者以类也。以类通名，如“会于渭汭”、“东过洛汭”是也。盖渭自鸟鼠而东逝，泾出笄头而北来，二水至高陵而汇于河，经龙门东注豫州。洛由熊耳东北入河。既皆小水入大水，且两流合为一。以故不曰“泾渭”，而曰“渭汭”，不曰“河洛”，而曰“洛汭”。由是推之，则凡诸州之水类于是者，皆不拘于定名，而得通称为“汭”也。以义专名者，“泾属渭汭”是也。汭在华亭城东三里，乃两水合流。而其北源，西出小陇山之马峡，俗呼北河。南源西出陇山之仙姑峪，俗呼南河。北河环朝那山前，盖山有古朝那王庙。其西北有湫，东去县东三里而别称为雨山。南源环王母山，山巅有古王母宫，东去四里别称为仪山，俗呼为回头山，仪州实以是名也。仪、雨两山南北对峙，豁开如门，故两水合而东流，名之曰汭也。又二水交流而下，亦专名为汭也。汭汇为深潭，潭名合水。水之北岸一台，高广平夷，荆榛瓦砾错杂，相传为禹王庙也。北陟两山之巅，遥见东南隐隐峰峦，侵入太虚陇州吴山也。沿汭，峡石三十里皆断崖摧壁，神禹疏凿之迹也。峡行十五里，南堧[①]有女神之庙，扁曰“坻汭元君”，土人呼“底茹娘娘”。汭读为“茹”，茹、孺同音。庙东十五里至石堡，汭北受柴邸水，源出朝那湫山之阳，而阴即为泾水。又东五里至安口岘牛心山，南受武村水，汭至是益大。北有断万山，自马铺岭柴邸而来；南有五马山，自石柜寺武村而至。两壁削立巉岩百仞，束汭于中，雪浪湍激。经行五里为屯城，唐李元谅屯兵扼吐蕃者也。屯东为崇信川，汭水益大，深不可涉，湍不可乱，行旅皆袒而济。又东三十里，北过崇信县城，崇信人曰：“汭水绕北又东七十里，东过泾州，过回山乃属于泾。”

弘[七一]治戊午，督学宪副虎谷王公按泾州试诸生竣，乃涉水登王母宫，宁从行。王公东眺曰：“北流而浊者，何水乎？”宁对曰：“泾也。”“南流而清者，何水乎？”宁对曰：“汭也。”公曰：“是《禹贡》‘雍州属泾’之汭乎？周《职方》‘其川泾汭’乎？昔《公刘》有‘汭鞫之即’，吾过豳西行三十里涉一大河，北入泾，是何名乎？”宁曰：“灵台之达溪也。”公曰：“朱子注‘汭鞫之即’曰：豳地日广也。试且广求之，斯地有百泉乎？”宁曰：“去华亭西北三十五里，山朝那湫阴，有泉百余，为泾源，乃百泉也。”“有溥原乎？”宁曰：“亭口灵台之西，汧阳陇州之北，华亭龙门之东，有广原。唐尉迟敬德破突厥，郭子仪破吐蕃之西原也。李元谅开美田千顷，号曰良原。今为溥润原。”公又曰：“此与吴山南北乎？”宁曰：“正相南北。”

① 堧：音 ruán，河边的空地。

公曰："必兹西去百里外有两水合流者，始可谓之汭矣。若其穷之乎！"宁计华亭至泾，程一百三十五里，果符公言。还白之。公曰："朱子注《诗》，言汭水出吴山西北者，以名山而志名水，穷源泝流也。今遂谓出陇州，东入于泾。今陇水乃汧入渭，去泾远矣。且将置溥原于何地乎？"

管律[①]：铁柱泉记

去花马池之西南、兴武营之东南、小盐池之东北，均九十里交会之处，有水甘洌，是为铁柱泉。日饮数万骑弗涸，左右数百里又皆沃壤可耕之地。北虏入寇，往返必饮于兹，而散掠灵、夏，长驱平、巩实自兹始。以其婴[②]是患也，委沃壤为旷土者百七十年矣。

嘉靖十五年丙申，都察院左都御史兼兵部左侍郎松石刘公，奉天子命，制三边军务，乃躬涉诸边，意在悉关隘之夷险、城砦[③]之虚实、兵马之强弱、道路之缓急，而画御戎之策，以授诸将。是故霜行藿食，弗避厥劳，至铁柱泉，驻瞻移时。喟然谕诸将曰："御戎其在兹矣。可城之，使虏绝饮，固不战自惫，何前哲弗于是是图哉？"维时巡抚宁夏右副都御史字川张公，谋与公协，乃力襄之。即年秋七月丙申，按察佥事谭大夫闇，度垣墉，量高厚，计丈尺。镇守总兵官都督王效率师徒，具桢干[④]，从畚锸[⑤]，人乐趋事，竞效乃力。越八月丁酉，城成。环四里许，高四寻有奇，而厚如之。城以卫泉，隍以卫城，工图永坚，百七十年要害必争之地，一旦成巨防矣。置兵千五，兼募土人守之。设官操驭，皆检其才且能者。虑风雨不蔽之患，则给屋以居之；因地之利而利，则给田以耕之。草莱辟，禾黍茂，孳畜蕃。弃于百七十年者，一旦大有资矣。其廨宇[⑥]仓场，无一不备；宏纲细节，无一不举〔七二〕；又肇来者，无穷之益。是皆出于公之卓识特见，而能乎人所未能。

今年丁酉，去兹泉南百里许，亘东西为墙堑，于所谓梁家泉者亦城之。重关迭险，御暴之计益密矣。借虏骋骄亡忌入境，骑不得饮，进则为新边所扼，退则为大

① 管律：字芸庄，明宁夏卫（今宁夏银川）人。宁夏名士。正德十一年（1516）中举人，名列乡试"书经魁"。十六年（1521）登进士，官至刑科给事中，后退休回乡，以教育终老。

② 婴：遭受。

③ 城砦：音 chéng zhài，即城寨。

④ 桢干：筑墙时所用的木柱。

⑤ 畚锸：音 běn chā，挖运泥土的用具。

⑥ 廨宇：音 xiè yǔ，官舍。

边所邀，天授之矣。用是以息中原之扰，休番戍之兵，宽馈饷之役〔七三〕。功在社稷，与黄河、贺兰实相悠久，公之功谓有纪极哉。

松石名天和，湖南麻城人。字川名文魁，中州兰阳人。俱正德戊辰进士。谭闇，西蜀蓬溪人，正德辛未〔七四〕进士。王效，陕西榆林人，正德丁丑武举。法得备书。

胡缵宗：卦台记[①]

成纪之北约三十里，曰三阳川，其西北隅有台焉，羲皇画卦处也。夫成纪故地名也。汉为郡，唐为州，宋为军，国朝亦为州。然自晋至南北朝，与雍州并称焉。陇坻亘于东，朱圉雄于西，嶓冢屏于前，空峒望于后。汉起于南，渭衍于北，乃生羲圣。而三阳则渭河纳陇河处也，今为三阳里。三阳云者，朝阳启明，其台光莹；太阳中天，其台宣朗[②]；夕阳返照，其台腾射[③]。卦山俨于南，长山负于北，龙马山集于西，尉迟峡约于东。承渭于上流而资沃，纳陇于下流而纳污。故是台也，前揖卦山，卦山若屏若拱；后俯龙马山，龙马山若围若掎。渭水环乎其北，周道修乎其南。而卦山自西倾南蜿蜒，随引漳而来，未至三阳之东南而止。于其止也，突出一小山，其出如维，其止如竚[④]，自上视之如缀珠，自下视之如充纩[⑤]，高可若干丈，广可若干亩。其台层起，俯视之如台之出，其周壁立；仰视之如台之升，故今谓之卦台。龙马山自西倾北迤逦约渭，截陇而来，至三阳之西北而止。于其既止也，循渭之滨，若启轩开襟，纳台然者，而台与龙马山若相连，而实不相连也，盖界以渭矣。

渭水自陇西首阳县鸟鼠山东流，经襄武、豲道、冀三县，乃受荆泉诸水。出岑峡，径新阳川，自西循北，径东沿洄台下，其溪才容其流，而两岸皆滨山，其水若为台环抱然者。前有新阳下城，下瞰新阳川；后有番城，下瞰三阳川。故登台而望

① 胡缵宗：1480—1560年，字孝思，又字世甫，号可泉，又别号鸟鼠山人。明巩昌府秦州秦安（今甘肃秦安县）人。明武宗正德三年（1508）进士，任翰林院检讨。后历经嘉定州判官，安庆、苏州知府，山东、河南巡抚等职，以廉洁辩治著称。1534年罢官归里，遂开阁著书，有《鸟鼠山人集》《安庆府志》《苏州府志》《秦州志》等著作传世。

② 宣朗：彰明，明朗。

③ 腾射：放射。

④ 竚：同“伫”，立。

⑤ 充纩：音chōng kuàng，冠冕两旁的绵制饰物，用以塞耳。

之，视卦山若却若顾；视龙马山，若抱若倚；视渭水，若环若带；视新阳川，若吞若吐；视三阳川，若沉若浮；视陇水，若引；视长山，若附。故二山一水之间，其台若坐若盘。而羲皇观天察地于此，画卦于此也，岂天设此以启其神哉！抑地因此以兆其灵哉！夫岂偶然哉！

嗟夫！岷，江之源也；嶓冢，汉之源也；鸟鼠，渭之源也。河出于昆仑，扬于积石也；洮出于西倾也；陇出于陇首也。则西北水流，皆自陇而之东南，支委繁衍，不有渊源耶！是羲圣之所以毓，而卦爻之所以画也。

郡人相传，台有羲皇遗画，着雪即融，今候之无验。盖居人见诸田畦界址，横直层列卦山之麓，有类于画，雪将融而形益彰，遂指以为先圣灵迹。不知羲皇天生大圣也，务骇人视听而遗是迹，示人以黎邱〔七五〕之幻[①]耶？抑岂居人仰瞻圣皇不欲见，其遗台荆棘而互为相传耶？

赵锦[②]：陕西行都指挥使司[③]记

仰惟[④]我高皇帝[⑤]混一区宇[⑥]，稽古建官[⑦]，分理四海。内而诸藩，外而诸边，各设都指挥使司，以统领卫所。御侮防奸之任虽均[⑧]，而辑戎固圉[⑨]之责尤重也。惟兹

---

① 黎丘之幻：典出《吕氏春秋·疑似》："梁北有黎丘部，有奇鬼焉，喜効人之子姪昆弟之状。"传说黎丘有奇鬼，喜效人子侄昆弟之状，以戏弄他人，故黎丘之幻借指假象。

② 赵锦：1516—1591年，字元朴，号麟阳，明余姚人。嘉靖年间进士。师事王守仁，授江阴知县，擢南京御史，因驰疏劾严嵩罪，斥为民。穆宗即位后，起故官，进光禄卿，后历任右副都御史、刑部、礼部、兵部尚书等职，卒于任。

③ 陕西行都指挥使司：明代在河西等地设陕西行都指挥使司，下辖甘州左卫、甘州右卫、甘州中卫、甘州前卫、甘州后卫、肃州卫、山丹卫、永昌卫、凉州卫、镇番卫、庄浪卫、西宁卫、碾伯守御千户所、沙州卫、镇夷守御千户所、古浪守御千户所、高台守御千户所。

④ 仰维：旧时公文用语，表敬仰。

⑤ 高皇帝：指明太祖朱元璋。

⑥ 区宇：境域，天下。

⑦ 稽古建官：考查古制作为借鉴而建置官署。

⑧ 虽均：虽然等同。

⑨ 辑戎固圉：安抚外族，守卫边境。

甘肃[①]，古雍州河西之域，据三秦之上流[②]，控全陕[③]之阨塞[④]，因以陕西行都指挥使司建焉。

嘉靖甲辰春，平阳李子忠[⑤]奉命来视司篆[⑥]，于凡政之弊者厘之[⑦]，利者与之，期月之间，焕然振举。暇与同僚宁夏黄子绮、西安夏子继武[⑧]言及名宦，因喟然曰："先达仕兹者多矣，善不善皆吾辈师也，何姓氏之不载，而漫无所稽耶？"于是砻石[⑨]，以题名记请。予惟西北之边有九[⑩]，全陕实当其三[⑪]。而甘肃又为关陇[⑫]重地，东有金城之固，西有玉关之严，南有祁连之屏翰[⑬]，北有合黎之拱护[⑭]。辖甘、凉、山、永、肃、镇、西宁、庄浪十五卫所之官军，抚赤斤〔七六〕蒙古、罕东〔七七〕、哈密、安定、曲先〔七八〕、苦峪[⑮]诸部落之番族。近而藩垣四镇，远而纲领九边。通玉帛

① 甘肃：此指甘肃镇，辖地为今河西走廊与青海西宁一带，包括整个行都司境域。

② 三秦之上流：秦亡以后，项羽三分关中，封秦降将章邯为雍王，司马欣为塞王，董翳为翟王，合称三秦。后泛指今陕西一带。因明代陕西辖境包括行都司在内，故将河西及青海视为三秦之上游。

③ 全陕：指陕西布政使司辖地，含今陕西、甘肃、宁夏及青海省东部地区。

④ 扼塞：险阻要塞。

⑤ 李子忠：山西平阳（今山西临汾）人。时任陕西行都司掌印都司。

⑥ 来视司篆：就职治事。司篆，掌印，古代官署印信多为篆文，故称。

⑦ 厘之：改变，改正。

⑧ 黄绮、夏继武：均为甘肃镇属官。

⑨ 砻石：磨石制碑。

⑩ 西北之边有九：指明代东起鸭绿江，西至嘉峪关于北部边境设置的九个军事重镇，即辽东、宣府、大同、延绥（榆林）、宁夏、甘肃、蓟州、太原、固原，通称"九边"。

⑪ 全陕实当其三：陕西三镇为延绥、宁夏、甘肃。固原镇亦在陕西布政使司辖区内（驻今宁夏固原），因置镇较晚，距边界较远，故多称前三者为"三边"。

⑫ 关陇：关指函谷关或潼关以西的地区，今为陕西。陇，指陇山（六盘山南段的别称）以西地区，今为甘肃。

⑬ 屏翰：屏障辅翼。

⑭ 拱护：拱卫屏护。

⑮ 赤斤蒙古、罕东、哈密、安定、曲先、苦峪：赤斤蒙古，卫名，在今玉门市。罕东，亦作罕都，罕东卫，在今安西县南部与肃北蒙古自治县东部，罕东左卫，在今甘肃敦煌。哈密，卫名，在今新疆哈密地区。安定，卫名，在今青海当金山、冷湖以南柴达木地区。曲先，亦作察逊，卫名，在今青海西台吉乃尔湖西北茫崖、油沙山一带。苦峪，地名，在今安西县城东南。

于天方[①]，列毡庐[②]于疆场。黄河黑水，青海流沙，昆仑、崆峒际天极地，巍然一大镇也。

国初，以都督重臣临之，畀[③]以干城[④]之责，付以分阃[⑤]之隆，政令惟其弛张，甲兵归其掌握。又降以玺书，给以关防，凡机密重情，许其径达。至于各卫经历[⑥]〔七九〕蔡秉彝、张纳等，亦蒙颁勅，赐以御寒袭服，特示优异。圣祖明见万里之外，肇建永世宏基，渊乎微矣。是以上之晋锡[⑦]骈蕃[⑧]，下之忠义感奋，西夷[⑨]职贡[⑩]，北虏潜形〔八十〕，属番归心，军民乐业，过化存神[⑪]之功效，真足以比隆唐虞三代，猗欤[⑫]盛哉！爰自成化年来，土鲁番酋，敢肆悖逆，仇袭哈密，虏〔八一〕忠顺[⑬]以西迁；侵逼瓜沙，逐羌戎而内徙。声教虽及乎昧谷，藩篱实彻乎敦煌。且西海[⑭]为海寇窃据，南山

① 通玉帛于天方：玉帛，古人以瑞玉和束帛作为礼品；天方，泛指阿拉伯帝国，因今沙特阿拉伯西部的麦加为伊斯兰教圣地，中有著名圣殿称“天房”。此句谓甘肃镇乃中国同西方友好往来之通道。

② 毡庐：毡帐，代指环居边境的鞑靼各部。

③ 畀：给予。

④ 干城：捍卫。典出《诗·周南·兔罝》：“赳赳武夫，公侯干城。”

⑤ 分阃：出任将帅或封疆大吏。阃，京城城门。

⑥ 经历：官名。职掌出纳文书。蔡秉彝、张纳均为行都司经历。

⑦ 晋锡：晋升官职和赐予恩宠和财物。

⑧ 骈蕃：繁多。

⑨ 西夷：指住牧于今哈密地区的蒙古安克帖木尔部和今青海西北角与甘肃阿克塞、肃北一带的畏兀尔（维吾尔）部。

⑩ 职贡：称臣纳贡。

⑪ 过化存神：谓圣人所到之处，人民无不被感化，而永远受其精神影响。过，经过。存，保存，具有。

⑫ 猗欤：叹词，表示赞美。

⑬ 忠顺：即忠顺王，明哈密王称号。永乐二年（1404），原归元朝辖属的哈密肃王安克帖木儿遣使朝贡于明，表请赐爵。明朝遂封其为忠顺王。其后代沿袭此职不断。正德八年（1513），最后一位忠顺王拜牙即为东察合台汗国速檀诱引，投吐鲁番，明朝失去对哈密地区的控制权。

⑭ 西海：指驻牧于今青海湖一带的蒙古鞑靼部。

皆番回环居，套贼[①]出没于河湟[②]，瓦剌[③]〔八二〕特睥睨[④]乎嘉峪。千古之金汤，始多事矣。

呜呼！玺书责任之专，关防奏疏之密，不亦废阁也哉？虽然，文武之道，待人后行，要亦在乎转移间尔。诚能忧时愤虏〔八三〕，殚力毕，心抚黔黎，练士卒，足兵食之计，修安攘之规[⑤]，以大义结番夷，以至诚安反侧[⑥]，酌古而宜于今，拨乱而反之正，则大禹之西戎即叙[⑦]，成周[⑧]之底贡旅獒[⑨]将复见于今日矣。我圣天子中兴之盛，岂不与商高、周宣[⑩]同光万世也哉？

若夫虚文塞责[⑪]，徒事纷纭[⑫]，尸位素餐，罔知展布[⑬]，衹见日流于敝，公议[⑭]安能逭耶[⑮]？予承乏[⑯]抚循[⑰]，用是深惧[⑱]，所赖同志二三子，以匡厥不逮[⑲]，因述其张本[⑳]，以告夫将来之勒名于兹者。

---

① 套贼：在河套（今内蒙古黄河以南、宁夏贺兰山以东地区）驻牧的鞑靼部。

② 河湟：青海黄河上游与湟水流域。

③ 瓦剌：蒙古族之一部。原驻牧于鞑靼之西（今蒙古国阿尔泰山以东、乌布苏诺尔湖、吉尔吉斯湖一带）。明正统时，酋长也先征服蒙古北部，西掠哈密，东逼朝鲜，为明朝一大边患。

④ 睥睨：音 pì nì，斜着眼看，侧目而视。此处有觊覦之意。

⑤ 安攘之规：安定边境、抵御强虏的方略规划。

⑥ 反侧：不安分、不顺服的人。

⑦ 西戎即叙：叙，亦作“序”，意为使西戎诸族有秩序。

⑧ 成周：指西周初期，周公辅佐成王的兴盛时代。

⑨ 底贡旅獒：指西戎旅国向周王进贡特产大犬事。

⑩ 商高、周宣：商高，即商代第二十三代国君武丁，死后庙号高宗，故称“商高”。周宣，即周宣王姬静。二者均为王朝中兴之君。

⑪ 虚文塞责：空文敷衍职责。

⑫ 徒事纷纭：追求表面繁忙。

⑬ 罔知展布：不知有所施展。

⑭ 公议：社会舆论。

⑮ 逭：宽恕。

⑯ 承乏：谦词，表示自己无能而勉强担任官职。

⑰ 抚循：安抚存恤，指任巡抚。

⑱ 用是深惧：因此深切忧惧。

⑲ 匡厥不逮：匡正不足之处。

⑳ 张本：预先说在前面的叙述原由的话。

抑愚又有说焉，昔予行役[①]各边，形势险隘，颇得其详。尝谓：京师犹人之腹心也；宣、大[②]，项背也；晋、蓟、东辽[③]，肘腋也；延、宁[④]，肢体也；甘肃，踵足也。迩者[⑤]，西北诸边率为贼薮[⑥]，若残元遗孽，住牧于宣府之窝穴；俺答[⑦]〔八四〕贼酋，屯集于大同之青山；吉囊[⑧]〔八五〕群丑，盘据于延宁之河套。深根固蒂，党恶肆凶。近又假以收捕海寇，迫胁诸番，外交内攻，奸谋叵测，正吾人卧薪尝胆之日也。苟或少有怠忽，则荣卫滞虚[⑨]，腠理疏弱[⑩]，元气渐耗矣。能免腹心之无恙乎？是知甘肃一镇，寓乎全陕之动静；全陕动静，系夫云晋之安危；云晋安危，关乎天下之治乱。庙堂之上，必有能建万世治安之长策者，而区区远臣，宁忍已于言哉？因并以为记。

李梦阳：华池杂记

华池，古乐蟠县也。故城川，华池东。天子沟、夫人洞并故城川，蒙恬斩山堙谷处也，今驰道存焉。稍东则阳周城也。牡丹园，华池城东北。太和观，牡丹园西。张将军墓，华池城北边路。将军名吉，宋范仲淹卒也，以节死，赠将军，详见郡志。兴阳洞，华池西崖也。不窋陵，庆阳东山。傅介子墓，西山。范仲淹宅，今为府库。范纯仁遗栋，今为府仪门过木[⑪]。鹅池，庆阳城凿通河处。临川阁，鹅池上，宋蒋之奇建，今废。威武楼，庆阳北城楼也，宋建。公刘庙，在庆阳，其两壁

---

① 行役：因公务而出外跋涉。

② 宣、大：宣府镇（今河北宣化）、大同镇（今山西大同）。

③ 晋、蓟、东辽：晋，即太原镇，又称山西镇，初治所在偏头（今山西偏关东北）寻移宁武。蓟即蓟州镇，总兵官驻三屯营（今河北迁西西北）。东辽，即辽东镇，总兵官驻广宁（今辽宁北镇），隆庆时冬季移驻辽阳。

④ 延、宁：延绥镇（陕西榆林）、宁夏镇（宁夏银川）。

⑤ 迩者：近来。

⑥ 贼薮：贼人聚集之处。

⑦ 俺答：亦作“谙达”。明代鞑靼土默特万户的首领，驻今呼和浩特。

⑧ 吉囊：亦作“济农”。鞑靼首领，驻牧河套，多次侵袭今宁夏、青海、甘肃、陕西等地。

⑨ 荣卫滞虚：中医学名词，“荣”指血的循环，“卫”指气的周流，滞虚指不畅通而虚弱。

⑩ 腠理疏弱：腠理指中医学指皮下肌肉之间的空隙和皮肤、肌肉的纹理，为渗泄及气血流通灌注之处，疏弱不通则致病。此处用以比喻边防与京师的关系。

⑪ 过木：过梁的俗称，因老式建筑常使用木过梁，故称。

画周三十七王云。李子①曰：余如华池，在弘〔八六〕治乙卯年焉②，居盖三年云。从予游者，尉氏左国玑，庆阳高尚志，暨其弟尚德，华池王祐。

马理③：忠节祠碑记

嘉靖间，中丞赵公节镇河西，下教诸道，俾修举祀〔八六〕事。教至西宁，兵备宪副李侯报曰：“兹湟中自汉迄今，多柔远殿邦及委身报国人，副使欲祠之，未敢。”公曰：“兹国典匪僭，盍举诸?”宪副得报，乃经营。因辟地一区，为垣门二，堂庑碑亭维备。乃拟应祀贤报，公曰：“某祠于张掖某地，某法不应祀。他所拟汉后将军壮侯讳充国赵公、强弩将军乐成侯讳延寿许公、伏波将军忠成侯讳援马公、平寿敬侯讳训邓公、隋卫尉讳权刘公、唐平章事幽州都督讳师德娄公、宋秦凤经略使讳韶王公、河州团练讳永年高公、陇右节度使讳厚王公、明长兴侯讳秉文耿公、世袭土官指挥讳南哥李公、会宁伯讳英李公，合序列正祠。指挥使陈治、千户李淳、百户佛元④、葛昶、丁显，合序列两庑。祠依文庙，式为木主，四位一席，春秋致祭。”宪副得报遂，以时禋祀，如公言。

光禄寺卿马理闻而善之，曰：“湟中自汉武使去病开疆，至壮侯讨叛，用王师屯田其间，前后降羌至三万一千二百余人，卒全胜以还。及老，朝廷有四夷大议，常与咨谋。比卒后，思其功德不置，图形未央。至成帝时，尤感事追美，召黄门扬雄即图颂焉。伏波建议不弃湟中，以除羌害，讨叛至矢贯其胫，桓桓自若，卒恩威远孚，诸羌咸附。又为奏置长吏，开导水田，劝以耕牧。敬侯用恩信结羌，得其死力，破歼迷唐⑤，使诸羌归服，威信大行。羌〔八七〕俗，亲死，歌呼不哭。比侯殁，羌临者日数千人，至欲捐生⑥以殉，遂家立侯祠，恒祷祀焉。是皆功德着于中外〔八八〕，垂于后世，真社稷础楹⑦，人臣表模，何可訾也！乐成下，独娄公长者，无忝先烈，足为后矩⑧。其次长兴诸贤，亦开疆展土，仗节死义，宜报祀者。然遗弃弗祀久矣，

① 李子：李梦阳自称。

② 弘治乙卯：即弘治八年（1493）。

③ 马理：1474—1556年，字伯循，号谿田，明陕西三原人。正德甲戌年（1514）进士。历任吏部稽勋主事、稽勋员外郎、南京通政司右通政、稽考功郎中光禄卿等职。

④ 佛元：当作“佛玄”，避康熙皇帝讳改。

⑤ 迷唐：烧当羌首领，羌王迷吾的儿子，多次率领羌人起事，反抗东汉。

⑥ 捐生：舍弃生命。

⑦ 础楹：即“楹础”，楹柱下的石墩。

⑧ 后矩：后世法度。

不有君子，何以劝忠？于戏！兹举，中丞公之教也，宪副之力也，有裨风教多矣！

王家屏[①]：中路宁河台记

河从昆仑、积石，历〔八九〕河州，注于峡口。流经宁夏东南，直北穿障下，其于宁夏犹襟带[②]之固也。顾自东胜[③]既弃，虏〔九十〕入据套中，时时猖猘[④]侵我。濒河诸砦[⑤]，疆事滋棘矣。会大中丞罗公以文武俊望被上简命，镇抚宁夏。至之日，率诸将暨宪大夫[⑥]按行塞，西望贺兰，北视高阙，东瞰洪流，南游目于环庆之野。还至渡口，见津人操舟渡焉。渡者蚁集河壖，而无亭以守之，则顾谓诸将曰："嗟乎！天设之险以扞蔽区夏，而弃与虏〔九一〕共之，又弛要害不为备，奈何欲却虏〔九二〕，使毋数侵也？吾兹揣虏〔九三〕所向，一旦有变，不逾河而西绕贺兰之北，以临广武，则有乘长城，遡流而南下，以窥横城之津耳。然逾河之虏〔九四〕，有河山以阑之，有列屯以间之，我知而为备，犹距之外户也。虏〔九五〕即南下，地无河山之阑，列屯之间，飚驰而狎至[⑦]。贼反居内，我顾居外，急在堂奥[⑧]间矣。计宜益筑长城塞，用遮虏〔九六〕，使不南下。而建亭堠[⑨]于河之东涯，以护横城之津，此要害之守也。"诸将敬诺，乃约日发卒筑长城塞，横亘凡五百余里。别征卒筑台河上，台高五丈五尺，周环四倍之。上构亭三楹，厢房四墁[⑩]。前施迤桥数级，上嶙嶙翼翼如也。外列雉为城，城周环九十余丈，高二丈四尺，缭[⑪]以重门，设津吏及堠卒守焉。

是役也，卒皆见兵，材皆夙具，不五旬而告成。事众且以为烽堠，且以为津亭，登眺其上，而山岩陇坂，委蛇曲折，历历〔九七〕在目。伟哉！诚朔方一壮观矣！宪大夫解君，驰状征记王子，王子曰："昔南仲城朔方而玁狁襄，重在守也。赵阻漳

---

① 王家屏：1535—1603年，字忠伯，号对南，明山阴县河阳堡人。曾任吏部左侍郎、礼部尚书兼东阁大学士等职。

② 襟带：衣襟和腰带。

③ 东胜：地名。位于今内蒙古鄂尔多斯市中部偏东。

④ 猖猘：纵恣猖獗。猘，音zhì，疯狗。

⑤ 砦：同"寨"，守卫用的栅栏、营垒。

⑥ 宪大夫：即中宪大夫，在明代为正四品文官。

⑦ 狎至：接连而来。狎，交替，更替。

⑧ 堂奥：厅堂和内室。

⑨ 亭候：亦作"亭堠"。古代边境上用以瞭望和监视敌情的岗亭、土堡。

⑩ 墁：用砖石铺砌。

⑪ 缭：围绕。

滏之固，用能抗秦。汉据白马之津，终以蹙项。则守要之谓矣。今濒河亭堠，牙错棋布，守非不坚，顾徒知守疆，而不知守要。要地不固，即列堠数万，举烽蔽天，安所用之？宁夏虽边镇，而京朝之使、藩集之长、列郡之吏，下逮行商、游士、工技、徒隶之人，往来境上者繈相属也。有如津吏不戒，猝直〔九八〕道路之警，曾不得聚庐而托处，安能问诸水滨？岂惟客使是虞。横城之津厄，则灵州之道；梗灵州之道梗，则内郡之输挽不得方轨而北上，而宁夏急矣。此公所计为要害者也。人见是台之成，居者倚以为望，行者恃以为归，乃指以为烽堠，以为津亭。”呜呼！公之意岂直为烽堠、津亭计哉？公甓坒[①]镇城，石甃闸坝，筑控夷堡，修胜金关，建庾兴学，疆理之功，不可殚述。述其防河者如此，后之登斯台者尚有味乎余言！

姜图南[②]：双忠祠[③]记

双忠者何？祀明大中丞邹公应龙、庐江太守张公万纪也。金城人物，自武贤[④]、庆忌[⑤]、李晟[⑥]、浑瑊[⑦]而下众矣，何为乎于二公祀之？曰：以谏。曰：谏何为乎？以今祀之先此矣。不有太康王公请祭葬复爵秩额忠谏乎？既祀矣，曷为乎合之？曰：二公地同，时同，建言同也。同则从同，曷为祀于书院？曰：以讲学明道也。讲学

① 甓坒：音pì bì，用砖砌连接。

② 姜图南：字汇思，号真源，清浙江钱塘（一说仁和）人。顺治六年（1649）进士。初任栾城县教谕，后选翰林为庶吉士，出为巡视两淮盐课御史、巡视陕西茶马监察御史等职。有《有客堂》诸集行于世，晚复悔而焚之，现存之诗文多散见各地方志碑石中。按，姜图南为清人，《甘肃通志》误录于明人行列。

③ 双忠祠：顺治九年（1652），时任陕西茶马监察御史的姜图南，于临洮城东岳麓山超然台建“双忠祠”，祀明邹应龙与张万纪，并撰此文为碑记。

④ 武贤：即辛武贤，西汉陇西狄道（今甘肃临洮）人。曾任酒泉（今甘肃酒泉）太守、破羌将军。

⑤ 庆忌：即辛庆忌（？—前12），字子真，西汉将领，辛武贤之子。

⑥ 李晟：727—793年，字良器，唐洮州临潭（今甘肃临潭）人。因爵封西平郡王，世称李西平。

⑦ 浑瑊：736—800年，本名日进，唐铁勒族浑部人。朔方节度留后浑释之之子。瑊，音jiān。

明道曷为乎不庑[1]？曰：以忠也。呜呼！忆明世宗时，代来入继，大礼议[2]起杖[3]窜殆数百人，以为人才用之不胜用矣。不数十年，士气颓落，奸邪杂出，以浊乱朝政，而时之在位者，奄奄如抱叶蝉[4]，无复敢有出声者。唯二公抗疏直陈，一枚一戍，而所为奸邪亦稍稍削去。由今思之，明之世宗得称为中兴，神、穆得延为至治，皆二公一击之力也。张公之救杨忠愍也，曰："如以臣为党护，将臣处死万不足惜。"邹公之纠分宜也，曰："如臣言不实，愿斩臣头，悬之稿竿以谢世蕃父子。"当乎此时，岂意得全首领、为完人哉？即贸首椹胸[5]，血藏化碧[6]，不易于此矣。抚军六诏出守庐江，犹是天王圣明，不忍以未死之身苟且耳。呜呼！凡为国家，平居无事，九宾庭燎，万里风行，以为所欲为，百世无忧也，既势屈形尽，颠覆一朝。朱全忠欲以牙将为太常卿，裴枢执不可，全忠杀之，天子不能救，而唐因以亡。呜呼！使言路得如裴枢者数十人，相与消弭逆折[7]，必不至于亡。即亡矣，亦不至于如此之速也。贤者不位而位者不贤，急者不谏而谏者不急，此万世之所以叹息痛恨于昭宣也。二公之忠，犹钩党[8]也，其为李杜；犹睢阳[9]也，其为张许[10]。汉世之所以乱而不亡者数十年，唐世之所以得安驱至蜀，皆此物、此志也。苹藻[11]之祀出于观风，河湟

① 庑：堂下周围的走廊、廊屋。

② 大礼议：指发生在明正德十六年（1521）到嘉靖三年（1524年）间的一场皇统问题上的政治争论，因明世宗以地方藩王入主皇位，为其改换父母而引起争议，是明朝历史第二次小宗入大宗的事件。

③ 杖：即廷杖，在朝廷上行杖打人，是对朝中的官吏实行的一种惩罚。大礼议事件中被廷杖而死的官员有十六人之多，此后明世宗遇到不合己意的大臣都会下狱廷杖，导致明朝官员阿谀奉承之风盛行，政风日败。

④ 抱叶蝉：即寒蝉，形容像深秋的蝉那样一声不吭。

⑤ 贸首椹胸：形容处以死刑。贸，通"牟"，谋取。椹，刑具，古代斩首用的垫板。

⑥ 血藏化碧：典出《庄子·杂篇·外物》："故伍员流于江，苌弘死于蜀，藏其血三年而化为碧。"周敬王时刘文公属下的大夫苌弘蒙冤被杀，其血三年化为碧玉。后遂以"化碧"等称颂忠臣志士。

⑦ 逆折：原指水流回旋貌，亦指挫折。

⑧ 钩党：相牵引为同党。

⑨ 睢阳：即睢阳之战，唐代安史之乱时期的一场著名战役，张巡、许远激励将士固守睢阳，最终击败叛军。

⑩ 张许：张巡、许远的并称。

⑪ 苹藻：皆水草名，古人常采作祭祀之用，故苹藻用作祭祀的代称。

之灵式于英绝。直养无害[①]，成杖西市与谈道天年总是一致。故即以双忠祠，次忠愍之右。呜呼！凡为国家，必当思所以开通言路，而言路亦必思所以为于可为之时。吾盖因双忠而有所感矣。

刘敏宽[②]：北山铁厂碑[③]

往者主和议，边备久弛，塞上数苦兵输，率敝于道。田公镇抚五郡，峙储简锐[④]，主客骑步，各程其材，盐策屯田[⑤]，靡废不举。介胄锋镝[⑥]，炮石神器，战守之具也，而悉资坑冶[⑦]。故事[⑧]，陕西行省岁供甘州军需熟铁十万九百余斤，凤翔岁供西宁熟铁七千五百余斤。乏则复赍[⑨]行李，鬻之关以东。稽程[⑩]则数千里而遥，稽时则以月以岁，徒糜费，罢征发转输已耳，且无能济缓急。公乃策诸监司，遍搜山泽，复征冶氏[⑪]于秦晋，得冶氏来襄其事。余不佞，备兵湟中，始得矿下马圈北山之麓，既得之大山峡，冶氏谓："北山矿广而坚，视大峡良便。"其山崷崒[⑫]，涧中石粼

① 直养无害：典出《孟子·尽心下》："其为气也，至大至刚，以直养而无害，则塞于天地之间。"意为以坦荡正直的胸怀去培养。

② 刘敏宽：字伯功，明山西安邑（今山西运城）人。万历五年（1577）进士。万历四十三年（1615）由延绥巡抚升任陕西三边总督，兵部右侍郎兼右右佥都御史，开府固原，节制延绥、宁夏、甘州和固原四大军镇兵马和统一指挥西北各战区的战守军务，先后奏捷三十余次，加少保。

③ 北山铁厂碑：此碑文作于万历二十四年（1596），刘敏宽时任西宁兵备副使，在西宁五峰地修建铁厂，并撰写《北山铁厂碑记》，记录了铁厂修建的原因、经过以及产生的影响等。

④ 简锐：简选精锐。

⑤ 盐策：征收盐税的政策法令，盐务。

⑥ 介胄锋镝：甲胄和箭簇，泛指兵器。

⑦ 坑冶：开采与冶炼。

⑧ 故事：旧日制度，例行之事。

⑨ 赍：音jī，旅行的人携带衣食等物。

⑩ 稽程：核算行程。

⑪ 冶氏：犹冶工，铸造金属器物的工人。

⑫ 崷崒：音qiú zú，高峻。

粼积无算。逾数里，山木蕃殖。薪槱[①]者报曰："可以冶铁。"余躬诣相度[②]，乃即北山下置官厅六楹，铁炉二座，营舍五十间。跨山为墩，上建墩栅四楹，周围墙堑，足备不测。合简西宁各营步卒四百，供版筑之役。择指挥卢忠，爰督厥成，仍选士习其艺。复令如《周官》所载，物其地图而授之。煅者采者，各责其人，为长久计。是役也，有五利焉：河西四面用武之国，朝冶而夕效，取之源源，一利也；无输运数千里之劳，民获休息，二利也；随取随给，无岁月之淹，三利也；工役则取诸坐食之步卒，炭石则采诸无禁之山林，下不扰闾阎[③]，上不烦公帑[④]，四利〔九九〕也；以五郡之材资五郡之用，旁郡额供，止输折价，以备除器之需，五利也。况迩者彼数内奰[⑤]，数为我兵所衄[⑥]，为之咋舌，称铁壁云。今复闻在在坑冶，宁复有不逞志？坚甲利刃，烈火迅机，行且凌昆仑，沸青海，建万世无穷之利。公可谓忠于国矣。昔管子以策试齐，遂表东海。管子，策士〔一〇〇〕耳，且富强之说，不足述也。顾齐以管子霸，乃今用事岂少管子哉？即局促因循，而以纲纪经画，为迂且扰，奈国事何？诚能度不费之利，兴不怨之劳，事半而倍于古人，务久远以裕国计，当保世世无疆场忧。余惟前事者，后事师也，因伐北山之石而纪之若此。公名乐，戊辰进士，任邱〔一〇一〕人。

张九德[⑦]：灵州河堤记

灵州阻河而城，其西南当河流之冲，复趋而北可十里，每夏秋湍激受害不啻剥肤，〔一〇二〕虽秦汉二渠溉田至数千顷，而利与害错，其侵城实甚。

---

① 薪槱：音 xīn yǒu，亦作"薪楢"。典出《诗·大雅·棫朴》："芃芃棫朴，薪之槱之。"毛传："槱，积也。山木茂盛，万民得而薪之；贤人众多，国家得用蕃兴。"后以"薪槱"喻贤良的人材或选拔贤良的人材。

② 躬诣相度：亲自前往勘查。

③ 闾阎：原指古代里巷内外的门，后泛指平民老百姓。

④ 公帑：公款。

⑤ 内奰：音 nèi bì。典出《诗·大雅·荡》："内奰于中国，覃及鬼方。"毛传："奰，怒也。"言商纣的恶行激起国内百姓的怨怒，后引申指内乱。

⑥ 衄：音 nǜ，同"衂"，挫败。

⑦ 张九德：字成仲，又为威仲，别号曙海，明浙江慈溪（今浙江省宁波市慈溪市）人。万历二十九年（1601）进士。万历、天启年间任宁夏河东兵备道，官至工部尚书兼右佥都御史、全国河道总督，曾为治理黄河作出重要贡献。

粤稽[1]洪武甲子[2]迄今，城凡三徙，皆以河故，而河亦益徙而东。自不佞来，受事不一载，去城仅数十武矣。先是，御河岁役夫三千，束薪十万，亡虑数百千金，率委诸壑。人情汹汹，〔一〇三〕议徙民徙城以为长策。不佞则谓御河犹御虏〔一〇四〕也，虏〔一〇五〕阑入[3]不逼之去，更延之入乎？且势若建瓴，而仅仅积薪委土与阳侯[4]争，此助之决[5]耳。计非巨石砥柱之不可，独虑费且不訾。计无出，不佞即捐月俸二百金为役者先。而谋之荐绅邑令戴君任，及诸生辈〔一〇六〕，议堤以石，无所事薪，改征河西年例柴价五百金。军民愿输地基银八十两，暨诸捐助，验库藏之羡[6]，合之得千四百有奇。赀用集矣，则议民间量地亩出夫，量田里出车，调两河营卒，更番受役，工力备矣。乃造船百艘，运峡口石，往来不绝，材具庀[7]矣。遂请于先抚宁夏今制台少司马介石李公、前制台今大司徒瞻予李公，俱报可。则以守备张大绶董堤务，指挥孟养浩司出纳，经历〔一〇七〕李盛春程工作，大兴石堤之役。而议者纷若，谓滨河皆流沙，不任受石，恐卒无成功。适旋筑旋溃，众口愈嚣。予坚持之曰："此根虚易倾耳，水岂能负石而趋耶？"益令聚石投之，一日尽八百艘，三日基始定。于是从南隅实地始，累石为堤。首四十余丈，用遏水冲。继以次迤西而北，其累石亦如之。计堤长六千余丈，功甫成而河西徙，复由故道。视先所受啮地淤为滩，可耕可艺，去城已十数里矣。

是役也，经始于天启癸亥[8]之正月，告成于天启乙丑[9]之四月，凡费时二年有半，费金九百一十两有奇，费米麦六十石，而贮尚有余羡。念往岁议堤，请帑金万二千，业奉旨下，部覆不果。今议约三千金，犹虑不足，至廑少司马公捐俸金百两，而同守卢君自立、参戎高君师孟等，亦醵助[10]有差。然卒以有余羡，故蔺还。是皆百执事殚心经画，靡有虚縻之成效也。

---

① 粤稽：查考，考证。

② 洪武甲子：洪武十七年（1284）。

③ 阑入：指擅自闯入。

④ 阳侯：古代传说中的波涛之神，借指波涛。

⑤ 决：堤岸被水冲开。

⑥ 羡：剩余。

⑦ 庀：音pǐ，具备。

⑧ 天启癸亥：天启三年（1623）。

⑨ 天启乙丑：天启五年（1625）。

⑩ 醵助：音jù zhù，凑钱帮助。

忆不佞初抵灵行河，筹之再三，始而秦渠堤隤[①]，水暴泄，不能灌溉，为筑长堤潴[②]之，岁比稔。而汉伯渠又苦无尾闾[③]，腴田皆成巨浸，因以治堤之余，为开芦洞，长十三丈五尺，高广各三丈五尺。自秦渠北岸抵洼桥，疏渠道三十里，泻水入河，复故田数百顷，增税额数千石〔一〇八〕。凡费金五十六两有奇，而椿铁诸费不与焉。古有言："河者，天下之大利大害也。"故《周礼》慎水政，以防止水，以潴蓄水，以沟荡水，其法甚备。自堤石而城无受啮，庶几于河之害远矣。而二渠之役，亦借以收其利。

不佞三年于此，未事则忧物力，方事则忧成劳，已事则忧久远。今幸三忧且释，得藉手告终事矣。抑天下事，惟贤者能虑始，其次莫若因。是三役者，因法于古，因石于山，因力于民，因能于众，因主裁于上，获逭[④]喜事之辜，是皆今日所以成功之本也。例不可以无记，遂次其终始，以系之铭。铭曰：

浑浑经渎，亘以金堤。顺流而西，潜于灵府。禔福下土，聿巩灵武。爰固我圉，用昌我稷黍。匪处白璧，而崇绀益。是维川后之仁，俾无逢其菑害。亦越千禩，曰宁以泰。

沈犹龙[⑤]：河东兵备道张公去思碑记[⑥]

灵州自秦汉以来，或称州，或称郡，或称军，与镇城仅隔一河，而东、西两道并建，盖其重也。神庙之季，天下纷然用兵矣。廷议遴选才德宿望之臣，分莅九边，而曙海张公以按察副使饬河东兵备。当是时，辽左、川、贵并军兴，多调边兵为援，绎骚[⑦]无宁日。本镇援卒方遣行，而悍丁金白、张威等路杀领兵官，伪署左、右将军，焚掠而前〔一〇九〕，远近震骇，公至固原，闻变，星驰[⑧]进，大书前导曰："戍士远役诚可念，即有所需，何不以情请，而轻蹈国宪，且父母妻子各在城，而自贻

---

① 隤：音 tuí，倒下，崩溃。

② 潴：音 zhū，蓄积。

③ 尾闾：古代传说中海水所归之处，此处指泄水的通道。

④ 逭：音 huàn，逃避。

⑤ 沈犹龙：？—1645年，字云升，明松江华亭（今上海松江）人。万历四十四年进士。官至兵部右侍郎兼右佥都御史，总督两广军务，兼广东巡抚。清顺治二年（1645），清兵下江南，犹龙率义军抗清。八月初三，松江城破，沈犹龙殉难。

⑥ 张公去思碑：张公，即张九德。去思碑，地方为离职之官宰竖立的纪念碑。

⑦ 绎骚：骚动，扰动。

⑧ 星驰：形容速度很快。

族灭，何也?”军门发兵擒剿汝，进退何以自全?幸本道未受事，可开汝一面。如悔罪者，速投戈，随本道莅镇，以明无叛志也。”众环跪而哭，声震山谷间，叩头请死，有流血者。公随路慰遣原营安插，而密擒渠魁[①]，置之法，宁镇以安。其定变有如此者。

银定、宾歹[②]拥众牧边，声言抢花马池。公曰：“彼素利我市赏，且中国无衅不敢叛，可不劳师而服也。”因计诱通事[③]僧人，宣谕朝廷恩威。通事曰：“无他也，意求增岁赏耳。”公怒曰：“国家定制，谁敢议增，必欲增者，当决一战。后虽稽颡[④]求贡，岂可得哉。”乃勒兵[⑤]令遍观营伍而纵之归，二部各诛帐下一人以谢过焉。其制胜有如此者。

熊经略廷弼[⑥]，威震九边，得便宜调发。有伪充经略使者，勒取马价[⑦]，传鼓[⑧]而入，甚倨。公曰：“镇故市马，然不取马而价者，何也?”其人曰：“道远恐疲，折价至近关买易，为便耳。”公疑之，简故牒，印文小异。遂伏罪。其发奸有如此者。

镇临极边，武备盛而文事寡。公摄学政，月有课，岁有较，朔望莅黉宫[⑨]，讲业论道。辛酉[⑩]获隽迭双，边方侈为盛事。其育材有如此者。复创设商学，以便商贾子弟肄业。于是群商辐辏，岁课羡溢。其柔远有如此者。

灵州濒河而城，岁费薪夫数千金以御河。壬戌[⑪]，河大决，居民屡夜惊，议他徙。公相度水势，从十里外建石堤，为一劳永逸策，岁省薪价工役无算，而向所冲淤转成腴壤。其保障有如此者。

---

①渠魁：首领，头领。渠，大。魁，帅。

②银定、宾歹：蒙古鞑靼银定、宾歹部。

③通事：翻译人员。

④稽颡：古代一种跪拜礼，屈膝下拜，以额触地，表示极度的虔诚。

⑤勒兵：陈兵。

⑥熊经略廷弼：即明末著名将领熊廷弼（1569—1625），字飞白，号芝冈，湖广江夏人（今湖北武汉），万历进士，由推官擢御史，巡按辽东。后为阉党所害。天启五年（1625年）被杀。

⑦勒取马价：强行索取马的价格。

⑧传鼓：击鼓通报。

⑨黉宫：音hóng gōng，学宫。

⑩辛酉：天启元年（1621）。

⑪壬戌：天启二年（1622）。

秦家渠常苦涸，汉伯渠常苦涨。三农[①]失业，辍耒而嗟。公筑长湃以护秦，别开芦洞以泄汉。计疏渠道三十里，复芜田数百顷，而岁额骤增数千石，时号张公堤。又创制水戽[②]，利民灌溉，号张公车。其裕农有如此者。

公为政大抵先事绸缪，临机制变，声色不动，而指挥若神。目〔一一〇〕光如电，坐堂上，人从辕门外窥，闪闪如双灯。故虽色笑亲人，而人不敢干以私。若夫内靖寇氛，外销边衅，谈笑折冲，岂不贤于甲兵百万哉？公庚申[③]以按察副使受事，壬戌[④]长按察使，甲子[⑤]加右布政使。履任六年，而摄河西者再。至乙丑[⑥]，凡两考卓异，擢巡抚都御史去。

先是，城北有二贤祠，祀杨公一清、王公琼，以报修边之功也。及公去任二年，而镇人思公之功不下杨、王，于是貌公像而三之，更其额曰“三贤”。今年春，宁夏举人张先春、沙圻，贡士沈谏等以计偕至京师，谒予请为文，以留公爱。夫龙向奉命阅边，已疏公治状入告，所为闻且见之，而非无征不信者矣。前二十年，公守云间，全活饥民数百万，奖育士类，龙亦厕门下，知公非一日也，又乌敢以不文辞哉。今上即位，公以少司马陈新政六要。上嘉纳，召对〔一一一〕。行见秉中枢如王公，掌纶扉[⑦]如杨公，事业彪炳，真堪鼎足而立矣。

公讳九德，字咸仲，别号曙海，浙江慈溪人，登万历〔一一二〕辛丑进士。

南居仁[⑧]：三贤祠碑记

成天下事者，岂不存乎其人哉？今之人见古人之丰功骏烈可传后世者，或遡[⑨]瞻庙貌，未尝不敬而慕之，以为吾亦可以为此也。及乎临事，则又畏缩逊谢，谓此殆

① 三农：古谓居住在平地、山区、水泽三类地区的农民，后泛称农民。

② 水戽：即戽斗，一种取水灌田用的旧式农具。用竹篾、藤条等编成，略似斗，两边有绳，使用时两人对站，拉绳汲水，亦有中间装把供一人使用的。

③ 庚申：泰昌元年（1620）。

④ 壬戌：天启二年（1622）。

⑤ 甲子：天启四年（1624）。

⑥ 乙丑：天启五年（1625）。

⑦ 纶扉：音lún fēi，犹内阁。明清时称宰辅所在之处为“纶扉”。

⑧ 南居仁：陕西渭南人。明天启二年（1622）进士。曾任翰林院编修。

⑨ 遡：音sù，同“溯”，追求根源。

有天授，抑或遘[1]时会之便以成厥功，而非吾所能及。嗟乎！岂古今人若是辽绝[2]哉！

昔武庙初，杨公邃庵[3]以都御史临边，奏筑延、宁二镇长城，为复东胜计。会逆瑾[4]阻之，功虽未竟而先声驰塞外，戎马裹足。及寘鐇[5]谋叛，就家征起公。镇人闻公至，斗气百倍，至则鐇已就擒，遂留制三边逾二十年。而王公晋溪[6]，位大司马，督三边军事，循杨公之绪，拓城四百余里。夏人念二公功不忘，合祠灵州城北，所由来久矣。又百年，而张公曙海[7]以藩臬长备兵河东，适阳侯鼓怒，吞噬城闉[8]，民将弃厥居而巢窟是栖。先是河屡决而东，城亦屡避而东且迤北，洪武以来三徙城矣。张公曰："若此，是无灵州也。城可徙而东，水独不可徙而西乎？"乃循河故道，躬理畚锸，筑石堤长六千丈。初河流甚驶，少投石则旋倾。张公曰："此力弱不能胜耳。石能砥水，水岂能浮石乎？"遂排群议，为艘者百。从峡口运石，积而顿投之，一日罄八百艘。石堤克巩，河乃西徙，城赖以全。由前言之，夏人之不捐于锋镝[9]，杨、王二公之所留也。由后言之，夏人之不汩为鱼鳖，张公之所生也。于是跻[10]张公与杨、王并祀，旌曰"三贤"。嘻！亦盛矣。

予因思兵犹水也，治水与治兵孰难？意者堤犹水之城与，水决而移民以避之，犹兵交而割地以求和也。虽欲永保其不坏，讵可得哉？且疆场之事，吉凶存亡，我与敌共者也，或望尘而避焉。若夫惊涛迅湍，一扫而为鼋鼍[11]之窟，岂有幸乎？况兵

---

① 遘：遇。

② 辽绝：相去甚远，悬殊。

③ 杨公邃庵：即杨一清，号邃庵。

④ 逆瑾：即明代宦官刘瑾（1451—1510），官拜司礼监掌印太监。掌权后趁机专擅朝政，为"八虎"之首。正德五年（1510）八月，被判以凌迟。

⑤ 寘鐇：音 zhì fán，即朱寘鐇（？—1510），明庆靖王朱㮵曾孙，安化惠懿王秩炵孙，安化恭和王邃墁（追封）庶子，弘治五年（1492）袭封，正德五年（1510），反逆，伏诛。

⑥ 王公晋溪：即王琼，字德华，号晋溪，又号双溪老人，山西太原人。曾任户部主事，出治漕河，后历任户部右侍郎、吏部右侍郎、户部尚书、兵部尚书、吏部尚书等职。与于谦、张居正并列，为明代三重臣。

⑦ 张公曙海：即张九德，别号曙海，故称。

⑧ 城闉：音 chéng yīn，城内重门，亦泛指城郭。

⑨ 锋镝：兵器。

⑩ 跻：登，上升。

⑪ 鼋鼍：音 yuán tuó，大鳖和猪婆龙（扬子鳄）。

但避其害，而水更收其利。张公又筑长湃于秦渠，开芦洞于汉渠，使涸者有所蓄，而涝者有所泄。今两渠间翼翼彧彧[①]，绿野如云，伊谁赐与？至于挺而走险者，感片言以投戈，是刘弘〔一一三〕一纸书胜十部从事也[②]。狡焉启疆[③]者，慑天威而稽颡，是赵充国以威信服罕幵[④]也。嶫嶫[⑤]乎无形之长城也哉！杨、王振卓轨[⑥]于前，张公接芳躅[⑦]于后，孰谓古今人不相及耶？

杨公讳一清，丹徒人。王公讳琼，太原人。张公讳九德，慈溪人。颂曰：

屹屹金墉，区分昴毕[⑧]。燧寝锋销，天险是设。文襄创始，司马绍述。倬彼二公，俎豆有秩。张公继起，循禹之迹。昔也洪流，今艺黍稷。买犊弃剑[⑨]，计安反侧。鼎鼎三贤，贞珉[⑩]永勒。

杨博[⑪]：甘州山南关记

甘州城北四十里，有人祖山。内通瓦窑、太平、草湖诸寨，外连砚瓦、孤山、木架诸墩。两峰夹峙，殆若紫荆[⑫]、居庸[⑬]然。骄虏〔一一四〕每袭甘州，率多由此，盖虏〔一一五〕冲[⑭]也。

---

① 翼翼彧彧：黍稷茂盛貌。翼翼，茂盛众多。

② “是刘”句：刘弘（236—306），字和季，一作叔和，沛国相县（今安徽濉溪）人。西晋名将，每有人事任免的调动，刘弘都亲自写信给荆州的守相，诚恳仔细的嘱咐他们，所以人们即感动又兴奋，争相归附他，都说：“得刘公一纸书，远胜十部从事”。

③ 狡焉启疆：指怀贪诈之心谋图领土。

④ 罕幵：即罕幵羌，羌族的一支。

⑤ 嶫嶫：yè yè，高大貌。

⑥ 卓轨：形容光彩鲜明。

⑦ 芳躅：音 fāng zhú，前贤的踪迹。

⑧ 昴毕：昴宿与毕宿的并称，同属白虎七宿，古人以昴毕为冀州的分野。

⑨ 买犊弃剑：买入牛犊扔掉武器，从事农业生产，比喻改业务农。

⑩ 贞珉：音 zhēn mín，石刻碑铭的美称。

⑪ 杨博：1509—1574年，字惟约，号虞坡，明山西蒲州（今运城永济）人。明朝名臣。出入朝廷四十余年，以兵事著称。著有《虞坡集》及各类奏议共八十四卷。

⑫ 紫荆：即紫荆关，在河北易县紫荆岭上，为河北平原进入太行山的重要关口。

⑬ 居庸：即居庸关，在北京市昌平县西北部，长城要口之一。

⑭ 冲：要冲，要地。

先是，镇守太监陈浩于砚瓦沟南，尝伐石作叠水[①]〔一一六〕，一丈四尺。叠水〔一一七〕之南，又凿石井，深一丈许。丙申[②]十月，虏〔一一八〕三万骑突至叠水〔一一九〕，上不能逾，迟回良久，始由城儿沟入。烽燧所到，藉以收保，甘之人至今诵陈浩之功不衰。

博抚政少暇[③]，得与副总兵吉象遍阅诸隘。东自东乐大口子、灰沟、烟墩、大小盘道、观音山，抵逃军沟。西自红墙、青山小口子，抵茨儿沟。上下山坂，靡不究极幽显。稍有缺漏不举之处，寻即缮治如法。已而，至人祖山，博谓象曰："丙申之虏〔一二〇〕，初不知有叠水〔一二一〕，以故仓皇无以为计。今若来，人持束草可以飞渡，此险不足恃也。必须大建关城，屯兵戍守，庶几万夫莫敌之义。"象曰："山形北仰南俯[④]，时值阴雨，水弥漫一二丈，前人不设关者，惟恐其冲决故尔。都司柳栋熟知地利，可令栋相度[⑤]之。"栋承檄[⑥]周爰咨诹[⑦]，三宿始还[⑧]。曰："石井迤[⑨]南，半山有原[⑩]如掌，天造地设，可以作关。近关更作叠水〔一二二〕一道，不惟可免壅淤之患，自是重险叠〔一二三〕障矣。"

时总兵王公继祖甫至[⑪]，议亦合[⑫]。简属吏之精敏者，得指挥曹凤、千户张勋董其事[⑬]。凤与勋议曰："是关一成，实为扼吭先制之计，但役夫千人，晨夕炊爨，苦于无水。"相与祝于神。一日，偶于岩石间掘地盈尺，泉流沛发[⑭]，役夫赖焉。栋曰："维汉寿亭侯关公，自我明启运[⑮]以来，岁岁有功河右。此泉灵异，或汉寿亭侯

① 叠水：亦作"迭水"或"跌水"，水渠或排水沟中在水流突然下降的地方修筑的台阶状衔接设施。

② 丙申：嘉靖十五年（1536）。

③ 抚政少暇：巡抚政务稍有余暇。

④ 北仰南俯：北麓陡峻高耸，南坡地势低缓。

⑤ 相度：观察测量。

⑥ 承檄：奉命。

⑦ 周爰咨诹：多方访问商酌。

⑧ 三宿始迁：经三晚才离开。迁，去，离开。

⑨ 迤：介词，向、往。

⑩ 原：山上的平坦之地。

⑪ 甫至：刚到任。

⑫ 议亦合：商议意见相合。

⑬ 董其事：总理相关事宜。

⑭ 沛发：泉水充沛。

⑮ 启运：开启时运，建国。

锡也，请作庙以答神贶[①]。”博曰：“善。”爰即[②]关城之中，构屋一楹，敬塑公象，饰以丹青，蔽以帏幕，左钟右鼓，百尔[③]咸备。轮兵三十人戍之，官一人领之，兼以司神之香火云。

是役也，肇工于嘉靖二十七年四月十又二日，讫工于是年六月十又九日。关城高一丈七尺，四面凡二十丈有奇[④]。城墩三面，凡三十丈有奇。城有悬楼，如矢如翚[⑤]，颇为壮观。增旧迭水〔一二四〕九尺，通高二丈三尺。新迭水〔一二五〕高一丈三尺，尾长八丈。斩城儿沟崖二丈，庙之左右，小屋各二楹，为戍兵栖止之所。关之北山绝顶，又作一墩，防虏〔一二六〕乘高击射，且大书题诸关门曰：“山南关”。其它工之微者，不复具载。后之守斯土者，幸[⑥]时加修浚，俾[⑦]勿坏焉。

陈棐[⑧]：防边碑记

关中出崤函之西，去今京师二千七百里。皋兰大河所经，与禹导水积石相接，去关中一千二百里。而张掖去皋兰复一千二百里，酒泉尤远六百里。撑突[⑨]河外，孤悬绝塞，开一路以通西夷之贡，所谓断北虏〔一二七〕之臂，义则次矣[⑩]。乃我境开拓于戎狄之区，而迤逦祁连，北阻龙荒[⑪]，南遮青海，西引阳关之外。瓜沙之墟，皆自古

---

① 神贶：神灵赐福保佑。

② 爰即：于是。

③ 百尔：一切。

④ 有奇：有零，有余。

⑤ 如矢如翚：典出《诗·小雅·斯干》：“如矢斯棘，如翚斯飞。”矢，箭，形容建筑物棱角笔直。翚，五色雉鸡，比喻建筑物檐角朝上似鸟飞。

⑥ 幸：希望。

⑦ 俾：使。

⑧ 陈棐：字文冈，明河南鄢陵人。嘉靖十四年（1535）进士。官至甘肃巡抚。撰有《文冈集》二十卷行于世。

⑨ 撑突：延伸突出于。

⑩ “断邻”二句：霍去病于汉武帝元狩二年（前121年）击败匈奴，占有河西之地，史家称为“断匈奴右臂”。陈棐认为其意义主要是打通了与西方的交通孔道，而战胜匈奴的意义还在其次。

⑪ 龙荒：漠北。龙，指匈奴祭天处龙城。荒，荒服。

毡毳[①]息喙[②]之区，千里昃途[③]，三面邻虏〔一二八〕，今之胜算，不在于能逐之，在能御之耳。御之方，城守为上。而河西城堡，土沙咸而制低薄，全无砖石，券洞[④]皆板，门关无铁，挖之即颓，烧之即煨，乃知金墉[⑤]玉关，徒为称美，全无事实也。

予岁丁巳[⑥]夏以陕臬廉访[⑦]，奉命抚兹土，大以弗称为惧[⑧]。渡河即行四道各将，令于大小城堡俱筑垣陴[⑨]，浚池湟[⑩]，券更甓石[⑪]，门表[⑫]铁叶。切虑近岁囊、俺[⑬]黠酋导以周、邱[⑭]〔一二九〕，攻城辄以钩竿、梯绳、扎架、挖蹬[⑮]、填壕、洞堤、凿门、烧橹[⑯]，诸巧并力，环以甲骑，层射陴人，陴人不敢倚堞而瞰，彼即毁堞登陴，虽垣堑稍修，仍不足恃。乃镇城先筑敌台，屹倚城外，台围夹墙，墙开放火器孔洞。向外者，远击出壕堤；向两傍者，顺城雉而击。孔洞留三层：下层用石凿孔，径五七寸，可放将军炮，击贼近城下者；中层用木刳[⑰]通中孔，径三四寸，可放盏口诸炮，击贼附城而上者；上层孔可放快枪强弩，击贼已攀近睥睨[⑱]者。每台周围洞孔，开向八方，而城每面六台，则火器往来交击，绕一城矣。镇城先筑东南面十二台，乃照

① 毡毳：游牧民族住毡帐，借指异族。

② 息喙：多指停止议论评说，此处为生养歇息之义。

③ 昃途：狭窄的路途。昃，通“仄”，狭窄。

④ 券洞：城门洞弧形部分。

⑤ 金墉：即金城，坚固的城。

⑥ 丁巳：嘉靖三十六年（1557）。

⑦ 陕臬廉访：即陕西按察使。明、清时称按察使为臬台，元代的肃政廉访使司至明代改称提刑按察使司，此处用了别称。

⑧ 弗称为惧：因不称职而担忧。

⑨ 垣陴：城墙。

⑩ 浚池湟：疏浚护城河。

⑪ 更甓石：换上砖或石。

⑫ 表：蒙上。

⑬ 囊、俺：鞑靼首领吉囊、俺答。

⑭ 导以周、邱：以周、邱为向导。周原、邱富，白莲教徒，因犯法逃人鞑靼，与赵全等助敌扰边。

⑮ 挖蹬：挖台阶坡道。

⑯ 烧橹：烧毁城墙上的望楼。

⑰ 刳：挖空。

⑱ 睥睨：雉堞，城墙的短墙。

式行。各卫所城堡，各设四隅四座，虽小堡亦各二座。河西新设敌台，一时仅千座。以联接不可无大墩，因敌台之式推广之。先制木墩为式，令各筑大墩，中建实台，用悬洞天桥而上。墩外筑城垣，四面暗砌铁门，放将军大炮，多安放火枪孔，券名[①]曰“铁城迅击台”。复广[②]前墩之式，于墩之围城外二隅，建火洞炮眼敌台二座，台制如城堡者而差小[③]，厝[④]火器向外点放，二台护城四面，名曰“轰电却胡台”。复广前墩之式，中建一台，即安火炮铁门券洞于台之，下通出四面，以大将军炮诸火器，向外击贼。台上有房，多储器粮，台中之底凿井，防久攻困，名曰“玉空飞震台”。复广前墩之式，中建墩台，四隅筑二实台、二虚台，虚台中设火洞炮眼，悬空安门，置梯从此以上下，名曰“风雷太极台”。造转轴、翻拍[⑤]、鹿角[⑥]、陷马品字坑、木钻、地网，总名曰“阨边六险”。

以城堡敌台虽增，而守之不可无械，乃造诸械：一曰夜叉悬木牖并架，一曰悬石并架，一曰流星铁飞炮并架，一曰钩头铳，一曰铁巨斧，一曰四股飞叉，总名曰“守城六将”。镇城造一千二百座件，卫所次之。虽城堡小者，亦造六十座件。计河西各城堡总造万余，又铸铁飞炮万余。以诸械虽可守，而行可为阵，止可为营[⑦]，尤莫便于火车[⑧]。乃竭智殚思，先造飞轮游刃八面应敌万全霹雳火车一百辆，召选家丁勇士千二百，立一营，考火车阵图为书，付主者习演。修整旧旋风炮火车百辆，令洪水、黑城等五堡，共造百辆。修整冲枪飞火独脚车四百辆。诸种车通行各道各卫，照样制各千余辆，安置兵火器各万余，名为“破虏三车”。以胜敌莫利于火器，而大炮尤可以击厚敌[⑨]，破坚阵。乃奏讨[⑩]京制大将军、二将军炮各十位，三将军十五位；讨京制鸟觜铳二十杆，随用火药什物，及皮袋、药规、药管等皆。备再行分巡道行局，用京降式造鸟觜铳，造金刚腿诸大炮，连珠双头诸枪，及铸生铁石榴炮

---

① 券名：拱门上题名。

② 复广：又扩大。

③ 差小：略微小。

④ 厝：安放。

⑤ 转轴、翻拍：均为防守设施，其形制不详。

⑥ 鹿角：用带枝的树木削尖埋在营地周围，以阻敌，因形似鹿角，故名。

⑦ 行可为阵，止可为营：行军作战火车可排成阵势，驻扎休止火车可结联营寨。

⑧ 火车：安装有火器的战车。

⑨ 厚敌：密集的敌人。

⑩ 奏讨：向朝廷上奏章索讨。

共二千余。行分、守、兵备三道，各造炮数称是。再发价山西造快枪等近千件。以火器尤资于硝黄、马子[①]，行阖镇地方各熬硝，各俾人赴局学制，未几各处俱能熬硝制火药，药逾数万。且令局铸石榴炮一千余铸，生铁马子三万。各处俱令铸铁及磨石者，而尤虑铅则难继，泥则易碎。有献计谓："磁窑造磁子，可多办试之，大小八等，坚圆光滑可用。"乃令镇城烧百万个，每万个量一石，今已造五十余石，行各道俱如式造。先是，委官向京领年例硫黄，逾年未返。予遣骑督责，乃领硫黄三千斤来。而往晋省造火器者，亦鬻硫黄二千斤至。顾火器已夥，煮硝更繁，硫足配合铁磁子，盈屋堆积，剩供习放。于是河西火器雄甲诸镇矣。此皆分巡王副使继洛[②]协谋效力，分守张参政玭[③]、兵备陈副使其学[④]、太仆寺黎卿尧勋[⑤]，咸资画理[⑥]诸务。稍次第[⑦]，而总戎徐双峰公仁[⑧]适至，将城垣敌台未完者，相与[⑨]督责筑完，即议并堡浚壕。凡阖镇之堡，城隘人尠者归大堡，而堡垣之趾[⑩]，俱浚壕，深阔以三丈为准，足堪障御。

予惟在昔哲臣[⑪]，问学功业，致极中和[⑫]，寅亮天地[⑬]。而今膺筹边之寄者[⑭]，只从事于制度修为之间[⑮]，虽悉心综理，未免驰情机械，宜乎来曲智[⑯]之评而非辅世之略。然汉之诸葛孔明，宋之范文正，称百代殊绝人物。诸葛之治军，流马木牛[⑰]以供

① 马子：子弹。

② 分巡王宪副继洛：指分巡西宁道王继洛，因由陕西按察司副使担任，故称"宪副"。

③ 分守张大参玭：指分守道（驻凉州）张玭，因由陕西布政司参政或参议担任，故称"大参"。

④ 兵备陈宪副其学：指兵备道（驻肃州）陈其学，由按察司副使担任。

⑤ 黎卿尧勋：指行太仆寺卿黎尧勋。

⑥ 咸资画理：都帮助谋画料理。

⑦ 稍次第：稍有条理头绪。

⑧ 总戎徐双峰公仁：指总兵官徐仁，字双峰，绥德人，以都督佥事任总兵官。镇守甘肃镇。

⑨ 相与：互相配合。

⑩ 堡垣之趾：城堡墙脚下。

⑪ 予惟在昔哲臣：我想古昔的贤良大臣。

⑫ 致极中和：达到中庸之道。

⑬ 寅亮天地：典出《尚书·周官》："二公弘化，寅亮天地。"指恭敬信奉天地之教。

⑭ 膺筹边之寄者：接受筹划边务大计的官员。

⑮ 从事于制度修为之间：研究探讨城防建设与兵器规模样式的制作。

⑯ 曲智：小聪明。

⑰ 流马木牛：古时运载工具名，诸葛亮伐魏时，造以运粮，今已不传。

运饷，制作精妙，后世莫传，而营成八阵[①]，开合奇正[②]。予观鱼复江边之垒，见者称为天下奇才。文正之治边[③]，通斥堠，城十二寨，细微纤悉。予观其峡山之屯，取水秘井[④]，侦卒间道，旧迹故在也。二公当中夏稍弱，虏敌〔一三〇〕方张，故于此求殚心尽职，随事补裨，固开诚布公[⑤]之运用，先忧后乐[⑥]之敷施，岂可以烦细而议二臣哉？不此从事，而清谈[⑦]废事，沉溟玩时[⑧]，以惜阴[⑨]为俗吏，以名教为赘物，卒至荒偷[⑩]堕落，靡可收拾，此晋魏之所宜戒。而近世亦或崇尚浮虚，论议空寂，钩奇延誉[⑪]，至目经略[⑫]为曲智。彼自谓弃知之学[⑬]，不自觉其为不智之归矣。以若人而任之，锁钥[⑭]其能克副[⑮]哉？后来者以兹为鉴，庶[⑯]修此防边之绪，而不使坠焉矣。

---

① 八阵：即八阵图，古代作战时的一种战斗队形及兵力部署。《三国志·蜀志·诸葛亮传》："（亮）推演兵法，作八阵图。"相传诸葛亮在鱼复（今四川奉节东白帝城）平沙之下，垒石为八行，行相去二丈，名八阵图。

② 奇正：古时兵法术语，以对阵交锋为正，设伏掩袭为奇。

③ 文正之治边：范仲淹于宋仁宗宝元年间，任陕西经略安抚招讨副使、兼知延州（治今陕西延安）。《宋史·范仲淹传》："仲淹又请修承平、永平等砦，稍招还流亡，定堡障，通斥候，城十二砦，于是羌汉之民，相踵归业。"

④ 秘井：隐蔽的水井。

⑤ 开诚布公：指诸葛亮。《三国志·蜀志·诸葛亮传论》："诸葛亮之为相国也……开诚心，布公道；尽忠益时者虽仇必赏，犯法怠慢者虽亲必罚，服罪输情者虽重必释．游辞巧饰者虽轻必戮。"

⑥ 先忧后乐：典出范仲淹《岳阳楼记》："先天下之忧而忧，后天下之乐而乐。"

⑦ 清谈：原为魏晋时期士族中崇尚老庄、空谈玄理的风气，后来泛指一般不切实际的谈论。

⑧ 沉溟玩时：沉溺于虚无空谈而旷废时日。

⑨ 惜阴：爱惜光阴。

⑩ 荒偷：荒废怠惰。

⑪ 钩奇延誉：探求宣扬怪异之说而沽名钓誉。

⑫ 经略：治国安民。

⑬ 弃知之学：道家主张屏弃聪明智巧的学说。《老子》："绝圣弃智，民利百倍。"《庄子·胠箧》："故绝圣弃知，大盗乃止。"

⑭ 锁钥：比喻防守军事重镇的责任。

⑮ 副：相称，胜任。

⑯ 庶：希望。

陈祥：兰州卫重疏水利记

天地之利于人者莫大乎水，然必托诸人而后利始大焉。吾兰古金城郡，密迩北塞〔一三一〕，城郭内外军民屋庐不下万余区。北逼黄河岸峻，东西两川田亩，水不能上下，经宁夏始渠引，以佃以渔，获大利焉。城西南水自马寒山经阿干来者，傍城直泻黄河东去。厥后守土者采众谋，乃于阿干河凿渠，引水十分之三：一自龙尾山麓经关王庙下，入灌东川田圃，随渠势有力者置水硙焉；一自西郭入注东、西、南三面隍堑，以固城垣，御突冲，城北黄河已当一面之天堑；一自高崖子经古峰寺下，入灌西川田圃，居民始获利矣。

成化间，巡抚都宪眉阳余公以两川水利微而弗能当岁旱，欲仿宁夏汉延、唐来等渠，于黄河上流引水以灌溉。筹划已具，会转佐部回京，未果。既而水入西郭者亦湮塞，隍堑久涸，识者病之。今年秋，总制都宪河间张公行部过兰，政暇注意举废，遂允兰州卫之请，循西郭故道而疏通之，复开小渠以利城居者，余悉由东郭出，亦达于川。甫弥月间，而隍堑周满城郭，沟渠所经之衢巷，凡官民蔬圃暨艺业者，无不沾其利。然阿干之利固若此，而黄河之利尤大焉。矧吾兰俗业耕牧，而土地莫善于河北，所谓金城沃壤千里者在是。顾以数年，边备弛而虏〔一三二〕侵扰，耒耜不敢越河。梁租赋竭产以盈数者非一日，倘后来者，势可为而时可举，购求余公之议以成之，吾兰之利不尤大与？因并记之以俟。

王鸿儒[①]：都察院题名记[②]

甘肃在中原之西数千里，当玉门、阳关之内，汉史称为故匈奴浑邪王、休屠王地，予考之于书，殆不其然。昔唐虞都冀，即今平阳帝都，四距[③]各五千里，所谓“弼成五服，至于五千”[④]是也。《夏书》[⑤]亦曰：“黑水西河惟雍州。”敦煌在甘肃为

① 王鸿儒：1459—1519年，字懋学，别号凝斋，明南阳府（今河南省南阳县）人。成化二十三年（1487年）中进士。授南京户部主事，出为山西提学佥事，进副使，官至户部尚书。明前、中期著名诗人、政治家、文学家、书法家。

② 都察院题名记：都察院，官署名。甘州明代为巡抚都御史驻地，都察院即巡抚官署。题名，指把历任巡抚都御史的姓名刻于石碑上，以资纪念。此文即题名碑的前言。

③ 四距：四面距边境。

④ 弼成五服，至于五千：甸服、侯服、绥服、要服、荒服，各以五百里为一区划，由近及远辅拱王畿，因而四方相距为方五千里。

⑤ 《夏书》：即《尚书》之《禹贡》等有关夏代文献的旧称。

极远地，而《后汉志》注乃谓敦煌“去洛阳五千里。”则其去平阳又不充此数[①]矣，且黑水又在其地。昔商道既衰，弃稷不务，不窋处豳、邰之壤，而犹曰自窜于戎狄之间。周末《小雅》尽废，四夷交侵，畿甸[②]之中，尚有戎落[③]，况甘肃之远乎？由是观之，甘肃在三代之前，固中国诸侯封畛[④]也。其疆域如此。

初，汉武徙民[⑤]，或以关东下贫[⑥]，或以报怨过当[⑦]，或以悖逆亡道[⑧]，后皆为衣冠大族。名臣良将、策画之士[⑨]、艺能之人，累出其地。石虎逞其凶逆，气吞四海，及败于谢艾[⑩]也，乃叹曰：“吾以偏师[⑪]定九州，今以九州之力，困于枹罕，彼有人焉，未可图也。”其人材如此。

酒礼之会[⑫]，上下相通，政事宽厚，吏民相亲，风雨时节，谷籴常贱，盗贼稀少，和气之应，贤于内郡。其风俗如此。

地广民稀，水草宜刍牧，其畜为天下饶。不但如张天锡革响之对[⑬]，陈伯玉采玉

---

① 不充此数：不及此数。意在说明敦煌于尧舜时已属五服之内，为教化所及之地。

② 畿甸：京城附近地区。

③ 戎落：戎族的部落。

④ 封畛：亦作“畛封”，封地，疆界。

⑤ 汉武徙民：汉武帝移民充实边地。

⑥ 关东下贫：函谷关以东地区的贫民。

⑦ 报怨过当：报仇过分，即杀人犯法。

⑧ 悖逆亡道：不遵王法，大逆不道。亡，通“无”。

⑨ 计画之士：有计谋的人。

⑩ 谢艾：301—353年，凉州敦煌人，十六国时期前凉将领。儒生出身，官至酒泉太守、福禄县侯。史载其文武兼备，受到前凉国君张重华的赏识。曾三次以少胜多，击败后赵名将麻秋，迫使石虎放弃灭前凉的企图。

⑪ 偏师：指主力军以外的部分军队。

⑫ 酒礼之会：地方官在儒学举行的敬老的乡饮酒礼。

⑬ 张天锡革响之对：张天锡，前凉的最后一位国君。376年，前凉为前秦苻坚所灭，天锡降前秦。淝水之战苻坚被东晋击败，张天锡归东晋，被封为西平郡公。东晋朝臣因其国破身虏，多共毁之。会稽王司马道子曾问他西凉特产，天锡应声回答：“桑葚甜甘，鸱鹗革响，乳酪养性，人无妬心。”

之篇[①]而已。其土产如此。

王莽末，关东兵起，窦融独以河西殷富，带河为固，属国精兵万骑，一旦缓急，杜绝河津，足以自守，而可为遗种之处。其险固如此。

《诗》列十三风[②]，苟有所关系，微如曹、郐犹录于经[③]。不然，虽吴、楚之强大，亦在所弃也。后世之乐，虽非古乐比，亦各有取焉。古今乐府，兼收并包，九州万国，所采无几，而郭茂倩[④]所录，乃有敦煌乐、西凉伎，其声乐如此。即是数者而观之，夫岂可以荒漠其地，而鄙夷其人哉？

明太祖高皇帝既定中原之五年，命宋国公冯胜拓地西陲，而甘肃始入职方氏[⑤]。自是而后，率以宿将镇守其地，后复益以文臣保厘[⑥]其所，以南辑羌戎，北御胡虏，西控西域城郭诸国者，无复遗算[⑦]。自是关中无事，而海内晏然矣。

正德戊辰[⑧]，内乡胡公[⑨]由山西左布政使[⑩]进拜都察院右副都御史[⑪]，被以玺书[⑫]，

① 陈伯玉采玉之篇：陈伯玉，即唐代诗人陈子昂，字伯玉。他在《观荆玉篇序》中说："丙戌岁，余从左补阙乔公北征。夏四月，军幕次于张掖河。河洲草木无他异者。惟有仙人杖往往丛生。"他把这种菜介绍给同行者，并说明它的功效，共同食用十多天。有行人说是白棘，乔公讥笑他如同宋人不识玉而把珉当作宝贝，作《采玉篇》取笑他。他确认无误，作《观荆玉篇》，有"勿信玉工言，徒悲荆国人"之句。

② 《诗》列十三风：《诗经》的国风包括《周南》《召南》《邶风》《鄘风》《卫风》《王风》《郑风》《齐风》《魏风》《唐风》《秦风》《陈风》《桧风》《曹风》和《豳风》，称十五国风。此处说"十三风"，是把"二南"《周南》《召南》和《王风》算在王畿地区的诗，与其他十二国风并列计算。

③ 曹、郐犹录于经：指像曹、郐这样的小国名，尚且收录入《诗经》，为《曹风》《桧风》。郐即"桧"。

④ 郭茂倩：1041—1099年，字德粲，宋郓州须城（今山东东平）人。音乐家。编有《乐府诗集》，收录汉魏到唐五代的乐府歌辞，兼及先秦至唐末歌谣，资料丰富。

⑤ 职方氏：周代官名，掌天下地图与四方职贡。此处作版图解。

⑥ 保厘：治理百姓，保护扶持使之安定。

⑦ 遗算：失算，失策。

⑧ 正德戊辰：正德三年（1508）。

⑨ 内乡胡公：即胡瑞，河南内乡人。正德初以佥都御史任甘肃巡抚。

⑩ 左布政使：布政使司长官，为一省行政首长。

⑪ 都察院右副都御史：此处为巡抚的加衔。

⑫ 被以玺书：犹言奉诏令。

出殿[①]兹土。公至镇，与元戎勅使[②]协规一心，萈军实[③]，缮甲胄，积刍粟，完亭障，谨斥堠[④]，校旗[⑤]简士[⑥]，号令精明，而赏罚信，必内足以固圉[⑦]，外足以遏敌矣。暇日，因稽按故牍[⑧]，考求尝巡抚于此者，砻石题名，置于公署，用存政绩。远遣使币[⑨]，而命予记之。

窃闻自宋司马温公著《谏院题名记》[⑩]，而有忠诈直回可权之说[⑪]。天下之论，莫能易之。予尝以为中人之资可导而上下[⑫]者，以是惧之可也。自利仁之士[⑬]，其为善也，非诱之以赏；其不为不善也，非畏之以刑，而况又有出乎利仁之士之上者乎？题名之意，疑不出此。昔赵文子[⑭]校数[⑮]晋之名卿，而独取[⑯]士会[⑰]；谢混历〔一三三〕

---

① 殿：镇抚，镇守。

② 元戎敕使：总兵官和镇守太监。

③ 萈军实：聚集军用器械和粮饷。

④ 谨斥堠：加强侦察。

⑤ 校旗：谓将帅挥旗操演军阵。

⑥ 简士：检阅军队。

⑦ 固圉：巩固边境。

⑧ 稽按故牍：考查旧日文卷。

⑨ 遣使币：派使者带着礼物。

⑩ 司马温公：宋代名臣司马光，宋仁宗嘉祐时任谏议大夫时，曾写下《谏院题名记》。

⑪ 忠诈直回可权之说：《谏院题名记》结尾说：“光恐久而漫灭，嘉祐八年，刻著于石。后之人将历指其名而议之曰：‘某也忠，某也诈，某也直，某也曲’。呜呼！可不惧哉？”

⑫ 导而上下：由于外界的教育或引诱可以变好或变坏。

⑬ 利仁：典出《论语·里仁》：“仁者安仁，智者利仁。”即有德行的人能自然地实践仁德爱人，聪明的人知道仁是美德，就利用仁德实现功业。

⑭ 赵文子：即春秋时晋国大夫赵武，被立为赵氏后嗣之后，历任新军、上军之将，后为执晋国政。

⑮ 校数：逐一评价。

⑯ 独取：唯独称赞。

⑰ 士会：春秋时晋国的大夫，食邑在随（今山西介休东南），亦称随会、随武子。晋哀公死，奉命至秦国迎立公子雍，为赵盾所拒，因而奔秦。后仍归晋，任上军之将。景公时，伐赤狄有功，升为中军元帅，兼任太傅，执掌国政。时人称他顺柔而多智。赵武称赞士会“纳谏不忘其师，言身不失其友，事君不援而进，不阿而退。”语见《国语·晋语八》。

评族之子弟，而深与弘〔一三四〕微①。君子尚友②，千古之士而论其世，必有所从违③，以为处身应事之则，而况居边州之雄镇，当国家之隆委④。前人之政，或宽或猛，或繁或简，通变适宜，各有攸当⑤。耳目之所睹记，掌故之所藏录，尚可征也。勒其名于石，公务有暇，召老校退卒⑥，指其名，问其事，而订其取舍之宜⑦，事会之来，资以应卒⑧，不亦善乎？此与徒惧之以忠诈直回之迹，而不示之以主善得师⑨之方者，亦若有间⑩矣。公之意，或兼出于此乎？

予昔与公同游于容思⑪段先生之门，每见公属缀⑫流速，固已服公之敏。及公之仕也，鸣玉禁庭⑬，均劳外服⑭者二十余年，益明悉天下事。今兹持宪临戎，统制千里，其机神算略，虽非愚浅所能测知。然缘此而求之，亦可以得其阡陌⑮矣。《传》曰："作而不法，后嗣何观？"⑯公之作法矣。公行还朝，此则当附凉州故事⑰，以为百世之观云。

---

① 弘微：谢弘微，《南史·谢弘微传》："谢密，字弘微……以字行。童幼时精神端审，时然后言。所继叔父混（谢弘微过继给叔父谢峻，谢混是谢峻之弟），名知人，见而异之，谓思（谢思是弘微生父）曰："此儿深中夙敏，方成佳器。有子如此，足矣。"

② 尚友：重视朋友。

③ 从违：赞同或反对。

④ 隆委：重托。

⑤ 攸当：所当。

⑥ 老校退卒：老年退役的军官和士卒。

⑦ 订其取舍之宜：论证前人所采用或弃置的政治措施是否合乎时宜。

⑧ 事会之来，资以应卒：借鉴这些事物以应付猝发事件。卒，同"猝"。

⑨ 主善得师：师法前人的善政嘉行。

⑩ 亦若有间：也好像有所区别。

⑪ 容思：段坚之号。段坚（1419—1484），字可久，号柏轩，又号容思，兰州人。明代官员、学者。景泰五年（1454）进士。授山东福山县知县、莱州知府、河南南阳知府等职。

⑫ 属缀：写诗文。

⑬ 鸣玉禁庭：指在朝为官。鸣玉，古人腰间佩玉，行走时相击发声。禁庭，宫廷。

⑭ 外服：王畿以外的地方，即外出为官。

⑮ 阡陌：田间小路，此指梗概、门路。

⑯ 作而不法，后嗣何观：典出《左传·庄公二十三年》："书而不法，后嗣何观？"谓记载国君不合先王法度的举动，后人有什么可以借鉴的。作，记载。观，借鉴、鉴戒。

⑰ 凉州故事：凉州的掌故、典故。

赵时春：典祀忠烈碑记

昔夏后氏之王天下也，穷河源，浚弱水，以叙西荒。声教被于流沙，故全凉之境遂属雍州。其后王略[①]寖微[②]，沦于西域。汉武帝始播威灵，雷振西庭，风行塞外，表河曲而列四郡，芟[③]楼兰以震百蛮，虽文德未称，而雄略庙算[④]，巍哉邈乎！

按汉初置凉部刺史，郡太守、令长、丞官以治民，都尉、护军、护羌诸校尉、属国官以捍边，后复有河西都尉行大将军权宜诸职。异代因革，虽名称异，宜要在强兵富民而已。地既僻远，众杂羌回，犬牙相错，怙力负强[⑤]，竞锐争先，人怀贲育[⑥]之志。乔峰[⑦]四阻，缭以大河，黄沙白草，弥漫连天，风骑生〔一三五〕列[⑧]，兽屯鸟散，形拟金汤之险。捍御秦雍，联络西域，襟带万里，控制强敌，势居必争之最，德隆后服，道污先叛。周被骊山之难，汉列河津之营，唐设泾原之戍，宋罢洮河之师。小者称公侯，大者僭帝王。强弱相噬，互为雄长，积骸崇邱〔一三六〕，流血丹川，代有秦项之祸。

有明受命，海宇内外，各奠方位，奉琛效顺[⑨]，惟臣惟妾，弦〔一三七〕诵之声，洋溢四表，然犹建关设戍，彪虎之将，熊罴之师，棋布角张，法罔或渝。时用刀斧，锄诛鲸鲵[⑩]，威让[⑪]文告，羽檄四驰。故有策勋王府，勒名石室，祚流子孙，闻望无穷，其效端可睹矣。

然则升平之世，良臣布德以宣化；抢攘之时，勇夫陈力以除凶。大节既临，烈士陨身而效义，润泽流于生民，勤劳在于社稷。五祀之典[⑫]，礼莫先焉。而令血食靡备，报享未称，佥以为歉。嘉靖间，厘定典礼，百神禋祀，或兴或革，具如经义。

---

① 王略：王法，国法。

② 寖微：音 jìn wēi，逐渐衰微。

③ 芟：割草，引申为除去。

④ 庙算：朝廷或帝王对战事进行的谋划，因最早要在庙堂占卜吉凶，祈求神灵护佑，故称。

⑤ 怙力负强：凭借力量，自负强大。

⑥ 贲育：战国时勇士孟贲和夏育的并称，借指勇猛之士。

⑦ 乔峰：高峰。

⑧ 生列：当作“森列”，排列繁密、森严。

⑨ 奉琛效顺：献上贡物，表氏归顺。琛，珍宝、宝物，借指贡物。

⑩ 鲸鲵：音 jīng ní。即鲸，雄曰鲸，雌曰鲵，亦比喻凶恶的敌人。

⑪ 威让：严厉谴责。

⑫ 五祀之典：谓禘、郊、宗、祖、报五种祭礼。

于是甘肃抚军赵君载，祗承德意，考据图籍，质诸见闻。自汉迄于近代卓然可表者，具以爵里姓氏，檄下有司，建忠节祠，以报功崇德。既而，凉州始兴营田，都御史牛君天麟初设行院，亦共惇厥典。遂下宪副崔君允，鸠工程作，祠以落成。盖表其尤著者，自孔奋而下，凡十八人。北堂南向，中分左右以差。其次则吴克忠、慕弘〔一三八〕义。东序西向：李晟、丁刚。西序东向，两庑则指挥包翼等八人。主书爵里姓氏具如式，春秋祀事如典制，无或不虔。牲将丽崔君，属时春为文以记之。时春惟古之忠臣贤士，没而庙食于其土者，非惟人心有所不忘，且将使后之人见之者，有所劝而兴起。今诸君祀前人忠贤，以示后人，安知后人不有高诸君之风，复将以继前人而示后人也？法当为铭，铭曰：

昆仑西极，实生大河。千里一曲，秦凉是过。惟河萃灵，蛟龙鼋鼍。其光属天，宝藏兴焉。骏驰名马，沄沄如泉。国之所重，以制百蛮。基自汉皇，遡乎神禹。右臂既渥，九山实旅。茫茫凉野，遂通诸华。张官置吏，中外一家。纷纷五王，陵籍魏晋。凶德参争，居仁则润。叔唐衰宋，九州振动。天人济时，百则咸正。云雷解屯，旱极而雨。喁喁黎庶，云胡不喜。亦有俊豪，能捍大患。芟柞獍枭，救灾止乱。或勤王家，奉以义勇。有嘉折首，不戁[①]不悚。是曰忠贤，实惟文武。名垂竹帛，震耀今古。帝畀重臣，来抚来巡。佐以宪使，保厘边民。既绳徽绩[②]，爰修祀典。佑启后人，永矢弗谖[③]。为臣思忠，为政思贤。佐我升平，于亿万年。

赵时春：游崆峒记

雍山之镇维吴山，之阪为陇。其西而北二百里为笄头山，泾水出焉。泾出山，放之花平川[④]四十里，束于崆峒山之前峡，至于山之东麓，与后峡水会，循龙尾山之北十余里，至于龙尾，始与弹筝峡之水会，而泾始大。龙山下至平凉府十里而既，而南北两原廓然对峙，而川始阔。泾之水引而陟之，两岸以为硙[⑤]，为池，为圃，卉木茂而禽鸟聚，则府城西北之势愈增奇。

凡游崆峒，自城者西之，自东郭者循城之北而会于西。余家东郭，而别墅距笄

① 戁：音nǎn，恐惧，动摇。

② 徽绩：伟绩。

③ 永矢弗谖：谖，音xuān。决心永远牢记。

④ 花平川：今名化平川，在宁夏泾源县。

⑤ 硙：石磨。

头甚迩，故凡崆峒之首尾能悉之。崆峒得泾而势愈尊，盖由凿前后峡以疏泾，而崆峒始敻出[①]。譬犹正人君子，礼义以峻其防，巍然莫屈，彼淫夫小人望之而可知其卑且陋。故凡言崆峒者，舍泾则无以见其尊。

凡游崆峒，遵泾南岸，道府西，越干沟、银洞沟，经石头塞、西岳庙，掠大峒山，乱[②]泾汭，至于问道宫。宫者，轩后[③]与赤松、广成[④]二子授受之所，故以为名。正德间，有道流王翁，自号"全真"，貌若七八十者，颇自矜大，然亦不能辟谷[⑤]，但能啖巨豚，肩粟至数升，膊肐一壮酒，饮百觥。俗云解为五龙转降术，其术亦非道流所甚异，然王持此术眩〔一三九〕耀于士大夫间，以居其赀[⑥]。将侈其宫，群执役者艳[⑦]而劫焉，王斥其名以怖之，盗惧败露，遂取其元[⑧]以灭口。素与王全真者争执，城市之恶少劾之狱，又期年始获真盗，乃云云。然其先枉死者已数辈矣。今宫之后，建一阁，阁下为王全真像。云江南有商，遘疾[⑨]，得道士疗之而愈，自称崆峒道士王全真，命商肖像于崆峒以为报，且彰其异。此为其徒羞全真之死，故设计以解之，不足信。

由宫之北遂升前峡坡，皆流石飞沙。可四里许，至山腰，一巨石僵道[⑩]，左内有小石，光圆如月状，攀跻[⑪]而倦者据石而休且饮。再登一里许，西壁有石碑，嵌岩间，宋游师雄[⑫]题名处。夫王全真求长生而横罹夭折，游师雄欲得名而埋没荒芜，可一为之嘅叹。又上，穿荟蔚[⑬]，历〔一四〇〕曲盘，如前途之半，始得平地，为滹沱寺。寺之后稍东高峰寺，中峰益东之高峰，为东峰寺。东峰之旁为眺丰亭，亭之下去崖

① 敻出：远出。敻，音xiòng，远。

② 乱：横渡。

③ 轩后：即黄帝轩辕氏。

④ 赤松、广成：传说中的仙人。

⑤ 辟谷：即不食五谷，亦名去谷、却谷，为道家养生术。

⑥ 赀：同"资"。

⑦ 艳：羡慕。

⑧ 元：首，头颅。

⑨ 遘疾：遇病。

⑩ 僵道：立在道间。

⑪ 攀跻：亦作"攀隮"，犹攀登。

⑫ 游师雄：1037—1097年，字景叔，京兆府武功人。北宋名臣、诗人、书法家。

⑬ 荟蔚：草木繁盛貌，此处指树丛。

几百丈，有洞焉，皂鹤[①]巢其中。亭上坐，则泾川南北山之流峙，城郭、村坞之罗布，烟云、花鸟之变态，操之指掌而无遗，故曰“眺丰”。眺丰之南曰南峰寺，亦悬出泾之上。中峰北行半里有小冈，冈上乔松六株，崆峒之松以万数，皆俯仰众植中，而此松独迥然透出。噫！可敬畏也！松冈有小宇，亦禅居。北有二绝涧，独木为桥，南桥丈余，北桥倍之，号“仙人桥”。过桥登峻坡，即北峰寺。寺后万壑峥嵘，幽巇[②]莫测，而一塔悬立其西北隅，塔后下数仞为丹穴，穴窦圮泐[③]，余昔曾游焉，思之可竦神[④]也。其西南林木愈茏郁，径愈险，扪藤萝百折而上，为西峰寺。西峰之右为故虎穴，虎穴益西有冽泉，大旱则微，而终不涸。泉之上复里许，登马崚山、真武庙，庙之南平视为三官庙。其西仰攀为香山寺三峰，崆峒之绝巇，下瞰眺丰五峰，览泾川南北山原，若波浪之伏挫焉。真武庙之东，直下滹沱寺，为石蹬千百级，折回以数十，视诸径为极艰曲。余昔游未之，及今与大梁熊子修氏乃登之云。熊子曰：“余昔游嵩、岱、华，升峨嵋绝顶，视此山互有异同，其俱得称为名山，宜矣！独疑其灵泉抱閟[⑤]”。呜呼！世代往矣，元化[⑥]推移，陵谷变易，吾安知其终无是与？吾安知其终无是与？

皇清

武全文[⑦]：芮谷诸胜记

芮谷距邑城二里，出城西郊，由新柳滩北渡汭水，桃柳夹岸，畦园成列，居民背山倚谷者，十余家，曰“芮谷庄”。庄行百余步，芮谷口直其东，回峰环抱，隐不见，谷中有溪水，横塞谷口，卒不获入〔一四二〕。蹊曰“横溪渡”，溪前一带林树迷离，惝怳四顾，如武陵人舟行入桃源，曰“迷溪林”。渡溪而北，山麓灵湫[⑧]，涌出深阔，各数尺许，祷雨辄应，土人立碑祀〔一四三〕之。湫畔老柳蓊翳，浓阴掩盖，望之

① 皂鹤：当为玄鹤，为避清圣祖玄烨讳改。

② 巇：音 xī，险恶，险峻。

③ 圮泐：土石坍塌开裂。

④ 竦神：振作精神。

⑤ 抱閟：掩蔽、埋没。

⑥ 元化：造化，天地。

⑦ 武全文：字藏夫，号石庵，清朝孟县人。顺治四年（1647）进士，后授崇信知县，累升工部郎中、平凉兵备道、布政司参议、布政司参政等职务。著有《旷观园文集》《旷观园诗集》《武氏家学汇编》等。

⑧ 灵湫：深潭，大水池，古时以为大池中往往多灵物，故称。

翼然如亭。复有勺泉，褊小深洌，在柳盖亭之西。透迤北向，泝[①]曲道以盘登，经邱〔一四四〕绕谷数折至叠〔一四五〕石桥。桥中处山谷之半，西接山门，循扉而入，依山面势[②]，建圣母宫于东，构梵刹于西，昔人称殿子坡。自此始殿西北隅有沼，渟泓[③]〔一四六〕荇藻，交浮游鳞[④]，隐见其际，曰“化鱼沼”。沼傍筑室数楹，烧鼎烹茗，是曰“丹室”。室西崖次垂石如幕，不厦屋而帡幪[⑤]，是曰“幕石洞”。又西，则峭壁幽岩，复峙邃处，攀高临壑，最极者曰“摩云顶”。侧立数仞，款跨[⑥]而下覆者曰“覆壁凌空”。晴崖霁日[⑦]，淋漓滴岩，平空作雨声者曰“悬崖浮雨”。若乃飞泉瀑坠，散布如珠，则曰“瀑珠岩”。晶莹窟聚，错落如星，则曰“聚星窟”。苍佶玲珑，可与探奇抉秘，则曰“石穴藏书”。水滴石受，日久成穿，则曰“石穿处”。巨石临隈[⑧]，独坐兀如[⑨]，则曰“兀坐石”。水集渠成，回曲可以流觞，则曰“曲水渠”。中产蟹，泥潜而族类繁衍，则曰“蟹渠”。镂迹揽胜，美不胜书，是曰“芮谷深处”。稍南则岩石奇耸，秀削不成，是为嶙峋石。石上古柏挺生，苍枝老干，千百年如是，不闻消长荣衰。自柏而南，突于崖半，苔石团结，中空外萃，圜亘[⑩]盈尺，有泉汔汔[⑪]。由苔石出，绳贯股分，森然直注至底，曰“贯珠泉”。水石相搏，响音激越，目击耳聆，言莫能喻。芮谷诸泉，当推此为第一。泉上架梯，凿石穿洞，吐纳烟霞。反而扳乎北崖别为石洞者九，安神静息，万虑屏除。既下则由山门左侧出，观积冰岩。诸岩莫不凝冰，光怪离奇，斯为最盛，故有“积冰”之目。又北而东，陡壁绝立，水源潇洒，如栉比[⑫]，如帘垂，又如浓露零零，络绎不绝，视瀑珠岩、贯珠泉水势更殊，故曰“浓露崖”。崖下浚地为泉，曰“浓露泉”。泉东林木丛

① 泝：同“溯”。
② 面势：形势之义。
③ 渟泓：积水深貌。
④ 游鳞：游鱼。
⑤ 帡幪：音 píng méng，帐幕。
⑥ 款跨：连绵不断貌。
⑦ 霁日：晴日。
⑧ 隈：山水等弯曲处。
⑨ 兀如：直立貌。
⑩ 圜亘：音 huán gèn，周长。圜，围绕。
⑪ 汔汔：音 qì qì，水小貌。
⑫ 栉比：像梳子齿般密排。

杂，途穷境阻，缘木以济，辟山通道，附藤萝而北上，曰“攀藤径”。随径西转，更上一层，曰“更上坂”。坂行见峪，石渠摩荡，独临峪口，下听浓露泉，其音淙淙然，曰“俯听峪”。又西徐步，忽至一所，周回履坦，势如平台，凭高远眺，物无遁形，游人眼界，至此旷然一辟，曰“旷观台”。台南东下削壁孤傲，曰“寄傲岩”。危石叠〔一四七〕峙，曰“箕踞石”。又南蹑，柳陌翱翔[1]，至纵游原，喘息俱定，游衍闲适，无邅迍[2]局蹐[3]之度。原前昂首凌风，屹立峰头，俯视汭水，波洄澜涌，直达泾川，洋洋乎又一大观，曰“观汭峰”。由峰北还，下践驼邱〔一四八〕，邱〔一四九〕势延袤，有类偃驼[4]。既乃达横竖岭，岭小而峻自成一岑，益降而北，急流澎湃，磴[5]折层翻，曰“叠〔一五〇〕浪坡”。突兀无枝，虬颜下垂，曰“覆渡柳”。鞠躬跨渡，则东至古槐峰，槐历〔一五一〕年永根，产连珠接，峰使高柱，日“承天抚槐”。憩止虽迥，临深谷险，不可即而，潜溪低树，莫不献技峰前。爰为施斤凿拓，鸟路蜿蜒递降，厥步盘跚，曰“盘跚坂”。坂尽及壑，林深濑[6]爽，任意所如，曰“纵壑林”。林北罗渡布株，聚荫垂柯，上蔽晴空，下息人影，时方盛夏可辟暑而忘薰，曰“密林渡”。逆流上溯，乱石稠沓[7]，嵬岩波泻，遥望叠〔一五二〕石桥门，如云衢天阙，非复人间恒觏[8]，曰“灵槎门”。顺流而南，则贯珠泉之水自纵壑林来，浓露泉之水自密林渡来，皆交会于汇口。纡回旋绕，东流为回溪，新蒲、细柳杂植其间，游人每低徊久之不能去。溪背有石，雄踞如冈，振衣[9]登啸，不啻置身千仞之上，曰“振衣冈”。又东则碣石盘据，左夹溪水，转而南流，行经石磴，湍折不可狎视，曰“碣石峡”。峡南溪坦，其势委蛇，俄至半流，盘石中亘，水分为二，上开而下合，曰“盘石碛”。环石列坐，容客可什八九，飞觞泛月，或曰如临岛，或曰如登舟。去碛数武[10]，溪行穷

---

① 柳陌：植柳之路。

② 邅迍：音 zhān zhūn，亦作“邅屯”，行走困难。

③ 局蹐：狭窄、不舒展。蹐，音 jí，小步走路。

④ 偃驼：趴着的骆驼。

⑤ 磴：音 dèng，山路上的石台阶。

⑥ 濑：音 lài，溪流。

⑦ 稠沓：多而重复。

⑧ 恒觏：常见。

⑨ 振衣：抖衣去尘，整衣。

⑩ 数武：不远处。

处，层磵[①]继之，流并入而力加勇，磅礴震撼，澜雪涛飞，心目俱为洞駴[②]，曰“戛石冲”。此外则回峦屏其内，烟树弥其阙谷口，于是乎在佳境既尽，能事[③]复殚[④]，是曰观止[⑤]。

宋琬[⑥]：重修秦州城垣记

陇以西为州者五，惟秦为最巨，官之所莅为卫城，环郭而为城者，东西有四睥睨[⑦]，相属如联珠。南通巴僰，北控朝那。东则关山峻险，此为上游，辕蹄络绎，冠盖接武[⑧]。西则康居、大夏、敦煌、张掖，述职修贡、织皮采玉之使，岁无虚日。故其规模阔壮丽，谯雉橹之雄[⑨]，非他郡所敢校。阳九[⑩]以来，生齿[⑪]凋耗，哀我黔黎，凿山穴谷，麋鹿散而熊虎邻也。顺治甲午[⑫]六月乙未，坤维失驭[⑬]，阳骄阴奋，载震载崩，邱〔一五三〕夷渊实，氓居荡圯[⑭]，覆压万计，屹屹坚墉[⑮]，坏为平壤。三版[⑯]靡存，跛羊可越〔一五四〕。

① 磵：音jiàn，同“涧”，山间的水沟。

② 洞駴：即“洞心骇目”，形容使人惊异。駴，同“骇”。

③ 能事：游览美景之事。

④ 殚：尽。

⑤ 观止：看到这里就可以休止了，赞美看到的事物好到极点，达到无以复加的程度。

⑥ 宋琬：1614—1673年，字玉叔，号荔裳，清山东莱阳人。顺治四年（1647）进士，曾任户部河南司主事、吏部稽勋司主事、陇西右道佥事、左参政、四川按察使司按察使等职。著名诗人，清八大诗家之一。著有《安雅堂集》《二乡亭词》。

⑦ 睥睨：城墙上面呈凹凸状的短墙。

⑧ 接武：步履相接。形容人多拥挤。

⑨ 谯雉橹：谯，城门上的望楼。雉，雉堞。橹，顶部没有覆盖的远望楼。

⑩ 阳九：古代术数家的学说，以四千六百一十七岁为一元，初入元一百零六岁，内有旱灾九年，谓之“阳九”。后借指指灾荒年景和厄运。

⑪ 生齿：古时把已经长出乳齿的男女登入后来指户籍，借指人口、家口。

⑫ 顺治甲午：顺治十一年（1654）。

⑬ 坤维失驭：即地震，此处指1654年7月21日发生在秦州大地震。地震年余不止，城墙、官坻以及民房全都遭到破坏。

⑭ 氓居荡圯：民居和桥梁。

⑮ 坚墉：坚固的城墙。

⑯ 三版：古代夯土筑墙所用的挡板，每块高二尺，三板为六尺。

余小子躬率吏民，素服郊哭。遍祷群望[①]，旁行原隰[②]。飞鸿爰集，百堵斯作。但城罔遗堞，疆圉[③]是忧。夙夜彷徨，当餐废箸。或曰："桢干[④]之需，乡遂是征。徒輂之役[⑤]，邱〔一五五〕甸[⑥]是问。钧〔一五六〕金束矢[⑦]之人，可以庀[⑧]材木焉。子大夫下尺一以令，国人其孰敢不从。"余曰："吾闻之也，国有大祲[⑨]，咎在邦伯。是以泽中之谣[⑩]，子皙兴刺。城筑不以其时，则《春秋》书之。今天方降威，俾我民不康厥居。余小子省諐[⑪]毖[⑫]往，灾患之不恤，而兴土工以召怨，余则曷敢？"爰出匪颁[⑬]之赐，购杞梓[⑭]于岷山，已而遣健足[⑮]括故园囷廪以益之。于是秦人乃欢，知其非厉己[⑯]也。胜衣[⑰]之男，占毕之士[⑱]，连肩蹋踊[⑲]，负蒉[⑳]而趋。郡守姜君，身自编于畚锸之间，

① 群望：受祭于天子、诸侯的山川星辰。望，谓不能亲到，望而遥祭。

② 原隰：原野。

③ 疆圉：边境。

④ 桢干：筑墙时所用的木柱。此处代指修补城墙的工程的材料和资金。

⑤ 徒輂之役：指修补城墙的人力。

⑥ 邱甸：古代划分田地和政区的单位名称，古井田制，四丘为甸，亦谓之乘。此处借指乡村。

⑦ 钧金束矢：铜三十斤，箭一束。本为古代狱讼双方致官之物，金者取其坚，矢者取其直。及断，胜者官司还其金、矢，败者则没入。后借指古代民间诉讼按规定缴纳的财物，亦借指处理讼事。

⑧ 庀：音pǐ，具备。

⑨ 大祲：即"大侵"，严重歉收，大饥荒。

⑩ 泽中之谣：即越人歌，《说苑·善说篇》记载楚威王时令子皙，封于鄂（今鄂州市），因称鄂君，常乘青翰之舟，会钟鼓之音，泛游于大江之上，与越人时有交往。越人乃作《越人歌》歌颂子晰。

⑪ 省諐：音xǐng qiān，亦作"省訾"，反省过失。

⑫ 毖：音bì，小心谨慎。

⑬ 匪颁：分赐。匪，通"分"。

⑭ 杞梓：原指两种木材名字，亦比喻优秀的人才，此处指建筑用的木料。

⑮ 健足：善于走路之人，此处指精壮之人。

⑯ 厉己：有害于己。

⑰ 胜衣：谓儿童稍长，能穿起成人的衣服。

⑱ 占毕之士：读书人。占毕，诵读，吟诵。

⑲ 连肩蹋踊：肩并肩相互踏地跳跃，形容踊跃，争相恐后。

⑳ 蒉：音kuì，盛土的筐子。

量广狭，准寻尺，视其勤窳[①]而先后之[②]。缩版[③]既兴，冯冯登登[④]，曾未期月而厥工告成。太子太保总督尚书金公凭轼[⑤]天水，顾而嘉之，即日拜疏列状[⑥]以请。诏增佥事臣琬秩一级，赐蟒服[⑦]。知州臣光颖予纪录[⑧]。呜呼！余于是而知朝廷激劝[⑨]之典，与秦人风义之盛也。

夫《诗·雅》所称元黄朱芾之锡[⑩]，惟功德之显烁者当之。今微末小臣以区区版筑之劳，蒙天子之锡赉，恩至渥也。然小臣何功之有？亦惟是父老子弟，执公而急社稷之务，故得藉手成事，以免复隍[⑪]之虞。君子谓是役也，庶几犹有《小戎》袍泽之遗义[⑫]焉。语曰："十人树杨，一人拔之。"此言成功之难。今秦之为秦，其城郭峙如[⑬]也，其楼观翚如[⑭]也，其馆解[⑮]翼如[⑯]也，其坛壝[⑰]亭鄣[⑱]巍如也，烟火万家，鸣吠

① 勤窳：勤劳与懒惰。窳，懒惰。
② 先后之：跑前跑后。
③ 缩版：亦作"缩板"，谓以索束墙板。版，筑墙之版。
④ 冯冯登登：众多繁盛貌。
⑤ 凭轼：亦作"凭式"，指倚在车前横木上，谓驾车或出征，亦借指做官。
⑥ 拜疏列状：指上奏章。
⑦ 蟒服：皇帝赐予太子、皇后、太后、有功文武大臣、属国国王、朝贡国酋长、部落首领的赐服，以衣身饰蟒纹而称为蟒服或蟒袍。蟒纹与龙纹相似，区别在于龙为五爪，蟒为四爪。
⑧ 纪录：官吏有功绩或犯有罪过，记录在案，以为其后升迁、黜罚之依据。纪，通"记"。
⑨ 激劝：激发鼓励。
⑩ "夫《诗·雅》"句：指《小雅·采芑》："服其命服，朱芾斯皇"及《斯干》："朱芾斯皇，室家君王"句。芾，音fú，通"韨"，皮制的蔽膝，类似围裙，天子用纯朱色，诸侯用黄朱色。元，当作"玄"，为避清圣祖玄烨讳改。
⑪ 复隍：典出《易·泰》："城复于隍，勿用师。"城倒覆于隍上。复，通"覆"，比喻君道倾危，此处指城墙崩塌。
⑫ 《小戎》袍泽之遗义：即《诗·秦风·小戎》，因其内容为描写秦师出征之事，故称袍泽之遗义。袍泽，军队中同事的交情、友谊。
⑬ 峙如：屹立貌。
⑭ 翚如：光彩貌。
⑮ 馆解：官署和馆驿。
⑯ 翼如：姿态端好貌。
⑰ 坛壝：音tán wéi，坛场，祭祀之所。
⑱ 亭鄣：亦作"亭障"，古代边塞的军事建筑。

之声相闻也。皇华之使，揽辔而至止，几以为未始有灾焉。而不知余与姜君躬丁大厄，筚路褴褛，呼号于荆榛瓦砾之场者，秦之人实耳目焉。后之君子，念前人音羽之劳，轸兆姓阽危[①]之苦，御之以恕，载之以宽，为保障勿为茧丝，为韦佩勿为束湿[②]，二三子遗，庶有豸[③]焉。不然者，虽金城汤池，安知不凿山穴谷，相率而去我也。世不乏尹铎[④]、召信臣[⑤]其人，因记城工之始末，而并致相勖之意如此。

刘斗[⑥]：兰州新建抚署题名碑记

粤稽在昔，甘、凉置中丞以专弹压[⑦]，重疆域也。我朝中外一家，率土普天悉入版图，治在偃武修文，以底三秦[⑧]〔一五七〕。是以皇上初御九五[⑨]，即归兵事，而以临巩肩之。敻哉[⑩]！圣谟矢文德以洽四国之道也。余从青琐[⑪]，特简[⑫]西陲，衔敦本安内之意，拜命而出式。遄其行，历〔一五八〕太华，逾关陇，问津天汉，爰抵五凉。满目黄沙，寒烟数点，岩城一线，孤系天垠，且地瘠民贫，逃亡过半，赋逋[⑬]如山，饷亟[⑭]于雨。余喟然曰：圣天子加惠元元，无远弗届。遡矣！西土咸荷炯鉴[⑮]中也。爰殚力

① 阽危：音 diàn wēi，面临危险。
② 束湿：捆扎湿物，形容旧时官吏驭下苛酷急切。
③ 豸：通“解”，解决。
④ 尹铎：春秋晋国卿大夫赵鞅的家臣，曾多次劝谏赵鞅，为强大赵氏立下功劳。
⑤ 召信臣：字翁卿，九江郡寿春（今安徽寿县）人。西汉元帝时良吏，为官视民如子，所到之处都为民众称颂，被南阳百姓誉为“父母官”。
⑥ 刘斗：字耀薇，直隶清苑（今河北省清苑县）人。约明崇祯、清顺治、清康熙前半朝期间在世，先在兵部、宗人府任职，后曾任国史院学士、甘肃巡抚、福建总督等职，为清初重臣。
⑦ 弹压：音 tán yā，控制，制服。
⑧ 三秦：指关中地区，项羽破秦入关，把关中之地分给秦降将章邯、司马欣、董翳，因称关中为三秦。
⑨ 九五：典出《易·乾》：“九五，飞龙在天，利见大人。”九五是《易》卦爻位名，九，谓阳爻；五，第五爻，指卦象自下而上第五位，代指皇帝之位。
⑩ 敻哉：遥远啊。
⑪ 青琐：原指装饰皇宫门窗的青色连环花纹，后借指宫廷。
⑫ 特简：皇帝对官吏的破格选用。
⑬ 赋逋：逃漏或拖欠的税赋。逋，拖欠、逃亡。
⑭ 亟：急切。
⑮ 炯鉴：明显的鉴戒。

拮据，如葺破屋，如整乱丝，如斧错节，请免积逋[①]三十万奇。奏可。民命稍苏[②]。

越五年，上复量地酌官[③]，总九围[④]，而计之划然。分陕，又以宁、夏、平、庆裁归，甘属仍勅移驻兰州，宅中图治。余凛颜咫，夙夜不遑，即进僚属，而谋之。佥曰："兰蹂躏之余，未有衙宇，其何以息事而宁人。无已，惟故肃邸遗址可建焉。"余惟捐俸经营，而各司属复量输以襄厥成。挥瓦砾，披荆榛，鸠工庀材，肇于春，竣于夏，于六月上浣而视事[⑤]。是役也，地取诸废藩，材取诸市易，砖石取诸烬余，夫匠取诸雇募，不劳民，不捐帑，屹乎峙都会焉。斯役也，慨然念，南垒岫而北松山，西玉门而东银夏，蜿蜒数千里，跨州郡者五十余区，半壁长城，咸责匪躬[⑥]。非穆之治剧[⑦]之才而膺遗[⑧]大投艰之任，即黾勉从事，曷以仰答宸衷哉[⑨]。或曰：凡建公署，必纪事题名，昭兹来许。盖兰为七剧九达之地。酒泉、张掖、武威、湟中则班定远、赵营平、卫霍诸公之所开拓也；回中、原州则李西平、范文正之所经营声教也。摩云、岳麓、雪山、嶓冢则马文渊、虞升卿、信与纪、玠与璘之所驰驱固守也。白豹、乌仑、贺兰、鸣沙则方叔、南仲、狄怀英、种仲平之所筑凿招辑也。旷古人豪赫赫若睹，今皇上奠万世丕基[⑩]，毋俾往哲，专美于前。余曰：嘻！之数君子后先相望良慕之重之，敢谓车书万里[⑪]，遂以优游塞太〔一五九〕平乎？顾名思义，用是瞿瞿[⑫]第名[⑬]者，实之宾也。有其实斯，垂鉴勿替，余固不敢不勉。踵

① 积逋：累欠的赋税。

② 稍苏：略为恢复。

③ 量地酌官：勘量土地，选派职官。

④ 九围：九州。

⑤ 视事：官吏到职办公。

⑥ 咸责匪躬：尽心尽力，不顾自身。

⑦ 治剧：处理繁重难办的事务。

⑧ 膺遗：承担。

⑨ 仰答宸衷：报答朝廷。宸，王位、帝王的代称。

⑩ 丕基：伟大的基业。

⑪ 车书万里：记载众多的历史。

⑫ 瞿瞿：有德操貌。

⑬ 第名：评定名次。

此意以矞皇[①]之俾，一代勋名绍休前烈，光简册著，旗常磨崖[②]，志美铭碣，纪功于不朽，使此碑与皋兰永峙，而姓字〔一六〇〕之芳，当一度之河清，更有望于后之君子，则今日择言，是为异日之嚆矢[③]也。爰爰镵[④]石，而记其事。

许孙荃[⑤]：孙将军碑记

孙提台[⑥]者，乔木故家也[⑦]。康熙壬寅[⑧]，公秉钺[⑨]来镇甘肃。是时海氛[⑩]不靖，廑圣明西顾之忧[⑪]，公以世臣而膺重寄，则保障两河，屏翰[⑫]三秦，胥于一身是赖。公励精振刷[⑬]，不遑宁处，剔军政之蠹蚀[⑭]，汰冗食[⑮]之羸卒[⑯]，简才良以备扞御，核储饷以资饱腾[⑰]。凡所以筹边计而固封疆者，靡不划然毕举，而将士精强，威令严整，甘肃一镇称为天下雄藩矣。由是海夷丧胆，西羌寒心，二十余年不复萌窥边之志者，惟公之先声有以夺其气也。尝戒诸将曰："河西戎马之地，兵民杂处，兵戢则民

① 矞皇：繁荣昌盛、富丽堂皇。

② 磨崖：亦作"磨厓"，山崖石壁上镌刻的文字。

③ 嚆矢：响箭，因发射时声先于箭而到，故常用以比喻事物的开端，犹言先声。

④ 镵：音 chán，凿。

⑤ 许孙荃：字四山，清安徽合肥人。康熙九年（1670）进士。曾官翰林院侍讲、陕西学使等职。

⑥ 孙提台：即孙思克（1628—1700），字荩臣，号复斋，清汉军正白旗人。康熙二年（1663）任镇守凉州总兵官，康熙二十三年（1684）任提督甘肃总兵官。康熙三十五年（1696），参加昭莫多之战，击退噶尔丹。卒赠太子太保，谥襄武。

⑦ 乔木故家：世家的人才。

⑧ 康熙壬寅：即康熙元年（1662）。

⑨ 秉钺：持斧，借指掌握兵权。

⑩ 海氛：海上的云气，借指海疆动乱的形势。

⑪ 廑：音 jǐn，蒙受，接受。

⑫ 屏翰：典出《诗·大雅·板》："价人维藩，大师维垣。大邦维屏，大宗维翰。"后因以"屏翰"比喻国家重臣，此处指保卫。

⑬ 励精振刷：振奋精神，奋起图新。

⑭ 蠹蚀：亦作"蠹蚀"，指被虫蛀坏，此处比喻暗中侵占、侵吞。

⑮ 冗食：吃闲饭，指坐食官禄之人。

⑯ 羸卒：疲弱的士兵，此处指无用之人。

⑰ 饱腾：士饱马腾，形容军需充足，士气高。

安，民安则国本自固。况此一块之土，先经寇扰，继罹回残[①]，茕茕孑遗[②]，疮痍未复，正宜安全而苏息之，或可以渐至起色也。奈何一意治兵，而于此残黎[③]，竟不曲为保护[④]乎？”于是劝饬[⑤]文武衙门，轻徭薄敛，慎狱清刑，利者兴之，弊者除之。即或纤毫有病于民，民不敢琐渎[⑥]者，公闻之，转嘱有司，立行剔革而后已。盖公胸怀豁达，举动光明，虽屡以民事忤当路者，而属僚同寀[⑦]皆谅其大公无我之心，所以诚能动物，而德孚于上下群情也。故驻节[⑧]凉州二十载，井里市廛[⑨]熙穰自如，而民若不知有兵者，所谓兵戢民安而威令素行，故如此。至于因材器使，一秉至公，吐贤豪之气，杜幸滥[⑩]之门。参将游击，半出部伍，以至领节旄而专阃[⑪]者，接踵而起，皆公造就提拔。为国得人之效，班班可指数也。吴逆之乱[⑫]，陇右诸郡皆陷，公提兵东渡，所向成功。靖远、平凉相继收复，南安、天水以次削平。然师旅所经，秋毫无犯，室家庐舍，安堵如故。至今靖远诸处，家尸户祝[⑬]，盖报公生全之德有如此者。底定[⑭]后，春秋有加，而公撝谦[⑮]自如，好贤乐善，厚下亲民，二十载如一日也。甲子岁，奉命提督三镇，移驻甘州，公去凉三岁，而阖属官绅兵民思之而不能已也。会荃视学来西，按部至凉，则有大靖，所属营员兵民以去思碑记来请余。想夫公之在凉，其湛恩汪濊[⑯]之所，被既深且久，而凉人戴天而忘其高，履地而忘其

① 回残：指清代顺治年间，米喇印、丁国栋于1648年发动的穆斯林反清起事。

② 茕茕孑遗：形容孤单，无依无靠。

③ 残黎：残留的民众，疲敝的民众。

④ 曲为防护：形容周密而详审的防备。

⑤ 劝饬：勉励告戒。

⑥ 琐渎：琐琐絮聒而渎犯对方，常作书信套语。

⑦ 同寀：音tóng cǎi，同一官署或同僚。

⑧ 驻节：高级官员驻在外地执行公务。

⑨ 市廛：音shì chán，店铺集中的市区。

⑩ 幸滥：依靠权幸而被滥授官职的人。

⑪ 专阃：音zhuān kǔn，专主京城以外的权事。

⑫ 吴逆之乱：指吴三桂叛清之乱。

⑬ 家尸户祝：家家户户都予以祭祀。尸，古代祭祀时，代表死者受祭的人。

⑭ 底定：平定，安定。

⑮ 撝谦：音huī qiān，谓施行谦德。泛指谦逊。

⑯ 湛恩汪濊：音zhàn ēn wāng huì，恩泽深厚。

厚，今去三载，如婴儿之失父母，谓有能已于思者乎？虽然甘州去凉五百里，政令威惠，可呼吸立至者，甘与凉何分远迩？惟是公之功业在社稷，德泽在生民，纾朝廷西顾之忧，奠疆宇盘石之固。荃备员学职，宜得珥笔①而记其事，以俟纂入史册，传之后世，为封疆大臣之鉴，岂不烂然光大也哉？公讳思克，字复斋，奉天之广宁人。

通智：惠农渠碑记②

黄河发源于昆仑，历〔一六一〕积石，经银川，由石嘴而北绕鄂尔多斯六部落入黄甫川，逾潼关，会泗沂，合淮归海，源远流长。而朔方一带导引灌溉，厚享其利焉。独查汉托护地方，沃野膏壤，因汉唐二渠余波所不及，遂旷为牧野。我皇上轸念③宁夏为边陲重镇，建新城，设将军，领兵驻防，特命侍郎臣通智会同督臣岳钟琪，详细踏勘。嗣命臣通智偕侍郎臣单畴书，专董是役。复拣选在部道府州县十五员，命赴工所分司其事。又奏请调取守备官弁武举等十有二人，共勷④厥工。

乃相土宜，度形势，以陶家嘴南花家湾为进水口，近在叶升堡之东南也。黄流自青铜峡口而下支派分流，至此而滔滔汩汩，顺流远引，足溉数万顷之田。其渠口石子层累，底岸维坚。由此而东北，遍历〔一六二〕大滩。择地脉⑤崇阜⑥处，开大渠三百里。口宽十三丈，至尾收为四五丈，底深丈一二尺以至五六尺不等。高者洼之，卑者培之，引入西河尾，并归于黄。建进水正闸一，曰“惠农闸”。建退水闸三，曰“永护”，曰“恒通”，曰“万全”。节宣吐纳⑦，进退无虞。设永泓〔一六三〕、永固暗洞二，以通上下之交流。设汇暗洞一，以接汉渠之余水。正口加帮石囤，头闸竖造石桥，则渠源不患冲决。特建尾闸以蓄泄之，外累石节以巩固之，则渠稍可以永赖。大渠口以东俱引灌大渠水，其田势高处，刳木凿石为槽，以飞渡汉枝渠之水而东之，仍不失其已然之迹。西坂渠尾以南直抵渠口，其西岸不能归暗洞之小退水，特

① 珥笔：音ěr bǐ，古代史官、谏官上朝，常插笔冠侧，以便记录，谓之“珥笔”。

② 通智：满族，清代大臣。曾任大理寺卿、工部侍郎和兵部侍郎等职，雍正四年至十年（1726—1732）在宁夏主持水利事务，对宁夏平原北部地区的开发建设功不可没。

③ 轸念：音zhěn niàn，怀念。

④ 勷：音xiāng，同“襄”，辅助。

⑤ 地脉：地形。

⑥ 崇阜：高冈，高丘。

⑦ 节宣吐纳：调适水流多寡，使之不散漫，不壅闭。

留獾洞[①]，放之大渠一带出之。亦绝无涨漫之患。任春、叶升二堡，为往来孔道，于正闸覆造桥房，旁列数楹，可为守者居，兼为行者憩。建龙王庙，立碑亭以记工程，并壮观瞻。沿渠之桥二十有二，西河之桥十六，行旅往来，赖以普济。

其枝渠四达，长七八里以至三四十里者百余道，均作陡口飞槽[②]，而户口人民沿渠又各制小陡口、小獾洞千余道，以相引灌。自此沟塍绣错[③]，二万余顷良田无不沾足[④]。于渠之东，循大河涯筑长堤三百二十余里，以障黄流泛溢。于渠之西，疏通西河旧淤三百五十余里，以泻汉、唐两渠诸湖碱水。各闸旁建水手房四十二所，以司启闭。遍置塘房三十七处，稽察边汛。而大渠长堤以至西河，兼恃防护渠堤。两岸俱夹植垂杨十万余本，其盘根可以固湃岸，其取材亦可以供岁修。

至于东北隅一带，其地尤广，其土尤沃。改六羊河为渠一百一十余里，以佐大渠所不及。奏请建县城二：其一在田州塔南，为新渠县；其一在省嵬城西，为宝丰县。立县令以膺民社[⑤]，设通判以司水利，建学校以育人材，置营弁[⑥]以备防汛。移市口于石嘴，汉夷皆便；建城堡于山后，守御相资。

兹役也，蒙皇上特颁帑银十六万两，以为工匠车船一切物料之用，纤微不累于民。肇始于丙午[⑦]之孟秋，工竣于己酉[⑧]之仲夏。向之旷土，今为乐郊。复蒙皇恩广，被又颁帑银十五万两，以为招徕户口恒产耕种之资。由是亿兆欢呼，争先趋附。辟田园，葺庐舍，犁云遍野，麦浪盈畴[⑨]。勤耕凿[⑩]者歌帝力[⑪]，安陇亩者颂高深，奏之九重，锡以嘉名曰"惠农渠"。遐陬[⑫]赤子尽戴光天，边塞黎民欣逢化日。

---

① 獾洞：涵洞。

② 飞槽：跨渠的木槽，用以通水。

③ 绣错：原指色彩错杂如绣，此处指交错。

④ 沾足：用水充足。

⑤ 民社：民间祭祀土神，此处指行政管理。

⑥ 营弁：中下级武官。

⑦ 丙午：雍正四年（1726）。

⑧ 己酉：雍正七年（1729）。

⑨ 麦浪盈畴：农作物遍布田野。

⑩ 耕凿：耕田凿井，泛指耕种，务农。

⑪ 帝力：《帝王世纪》载："帝尧之世，天下大和，，百姓无事。有八九十老人，击壤而歌。"后传其歌词为："日出而作，日入而息。凿井而饮，耕田而食。帝力于我何有哉！"

⑫ 遐陬：音 xiá zōu，边远一隅。

诚国家万年之基，而民生世享之业也。爰立石而为之记。

通智：钦定昌润渠碑记

雍正四年岁次丙午，皇帝命侍郎臣通智、单畴书，会督臣岳钟琪，经营查汉托护地方。开大渠以资灌溉，筑长堤以障狂澜，易畜牧为桑麻者三百余里。但大渠之东北隅，滩形广阔，水难遍及。有黄河之支流名六羊河者，口形如列指，泝游数里，复合为一。迤逦而北，经大小方墩，越葫芦细，历〔一六四〕省嵬城，而仍归于大河。沃野腴壤，绵亘百余里。因迤黑龙沟而西，故水势顺下，漫无停蓄，不能引之滩〔一六五〕中，河之下流遂淤。率诸执事，循其已然之迹，顺其势而利导之。凡湃岸之倾圮者，培[①]之使平；河流之淤塞者，浚之使通。爰于渠口建正闸一，曰“昌润”。闸外设退水闸，曰“清安”，使水有所泻，以备岁修堵口也。内设退水闸，曰“清畅”，使水有所分，以杀[②]湍流涨溢也。相地制宜，分列支渠二十余道。中多高壤，不能尽达。复设逼水闸三，曰“永惠”、“永润”、“永屏”，束之使其势昂而盈科[③]而进，仍由故道以入于河。诸闸既建，俱跨桥以通耕牧往来。正闸之上覆以桥房，其旁则立有龙王庙、碑记亭。渠两旁俱插柳秧，资其根力，以固湃岸。自此启闭以时，蓄泄有方，而大渠以东遂无不溉之田矣。钦定名曰“昌润渠”，以昭示来兹，垂之永久。是役也，用以仰副我皇上仁育万物，无远弗届之至意。渠之两旁良田万顷，比户千家。白叟黄童，均沾圣德，青山绿水，悉载皇仁。诚盛世之弘〔一六六〕模，而万年之乐利云。

杨应琚[④]：新建庆祝宫记并序

乾隆三年八月壬辰，新建庆祝宫成，欣逢圣天子万寿之期，文武寮属将校盛服博带聚于会城。商贾士庶，张目拱手，欢呼动地。癸巳五鼓[⑤]，官吏毕集，咸次于位，灯火如昼，修陛飞阁[⑥]，云布于上，华旗凤盖，金节析羽，星罗于下。钟鸣乐

---

① 培：培土。

② 杀：削减。

③ 盈科：水充满坑坎。

④ 杨应琚：1696—1766年，字佩之。隶汉军正白旗。广东巡抚杨文乾之子。历官至总督，任经两广、闽浙、陕甘、云贵各处，东阁大学士。乾隆中，经理伊犁等地屯田，兴水利，修城郭，治绩颇著。乾隆三十一年（1766）督师云贵，用兵缅甸，屡次以败奏胜，以欺罔罪赐死。

⑤ 五鼓：即“五更”，拂晓时分。

⑥ 修陛飞阁：长阶与高楼。

奏，跄跄翼翼，如对丹扆[①]，猗欤盛哉。既退，西宁佥事应琚请纪其成，词曰：

维甘宁八郡，自军兴后檄书旁午，文武士吏趋事不遑，故凡礼文典章略而未举。中丞奉命莅止[②]，即询朝贺之所，竟无专宫。曰："官吏虽诚敬在心，而亿兆之观瞻国家之大典，不可缺也。"爰择地选官，征工僦役，筑高墉，砻巨础，伐木陶埴[③]，力协功速，门阙崇闳，殿楹棘翼，表道有坊，待漏[④]有舍，边陲之地，亦可谓规模少备矣。且夫事贵因时，值此边烽已息，海宇清和，士庶无内外之繇[⑤]，商贾有殷富之乐，冠裳济济，恪恭尽职，正当修明典礼以答升平。而朝贺之所，威仪首重尤，不可缓。《书》不云乎："一人有庆。"[⑥]《诗》曰："君子万年。"[⑦]此物此志也。夫河水发于昆仑，皓月盈于南极。维地维时，天子受祉[⑧]。百工稽首，永勒金石。四方来贺，于斯万祀。知作之所始。

杨应琚：西宁新筑黑古摆羊戎九城堡碑记

背郡城东南驰一日，二日抵雪山下，为黑古城、千户庄、亦杂石、乩思观、什扎巴、摆羊戎、甘都堂，折而西百五十里，为河拉库托，渡河而南为康家寨，皆古羌戎地。逼介[⑨]诸番，岁为商旅边氓害，以贻官忧。今天子即位之叁年，前制府相国查公巡阅至郡，余与古鄯游击将军杨君垣条悉其事，谓非就险建城，设官增兵，不可以理。制府毅然以俞，奏可。适四年，宁郡饥，余任其责，巨细必躬亲，半岁未尝蓐寝[⑩]，小民幸免于转死，而少壮者不可俾以坐食。爰请于大府[⑪]割工价六分之一，加粮升六合，以价自养，以粮养家。檄西宁靳令梦麟、碾伯徐令志丙分督之，始于四年之孟夏，迄工于五年之仲秋，完城堡九，周回自一百二十丈至三百八十四

---

① 丹扆：宫殿。

② 莅止：来临。

③ 陶埴：烧制砖瓦。

④ 待漏：大臣在五更前到朝房等待上朝的时间。

⑤ 繇：通"徭"，徭役。

⑥ "《书》不"句：见《尚书·吕刑》，常用为歌颂帝王德政。

⑦ "《诗》曰"句：见《诗·小雅·鸳鸯》。

⑧ 受祉：接受天地神明的降福。

⑨ 逼介：迫近，靠近。

⑩ 蓐寝：安卧。

⑪ 大府：上级官府。

丈，咸相其阴阳，依其岩阻，随其广袤而成。言言仡仡[①]，实墉实壑，诸番悉缩项桥舌[②]，屏气而伏，起视四境，羊牛满野，一童子牧之矣。帑以两计，凡九万四千九百七十，廪以石计，凡一万四千八百。增兵将，益俸饷，其为役亦大矣哉。然小民不以为劳，度支不以为多，皆仰荷圣主宽大之德也。呜呼！国家设一官而帑廪增一费，将以利民也。地方设一官而百姓增一累，以其有害也。何谓利？慎固封守，抚番恤下是也。何谓害？键闭[③]不修，征私扰众是也。同一官耳，利害如反复手，可不惧哉！昔人云："有其患而图之无其具，有其具而守之非其人"[④]，皆足以致败。故纪其俶末[⑤]，以告后之司险[⑥]者。

校勘记

〔一〕邱　哈佛本、刻补本同，四库本作"丘"，康熙间避孔子讳新造字。

〔二〕历　哈佛本作"厤"，刻补本作"歴"，四库本作"厯"，避乾隆皇帝讳改。

〔三〕邱　哈佛本、刻补本同，四库本作"丘"，康熙间避孔子讳新造字。

〔四〕邱　哈佛本、刻补本同，四库本作"丘"，康熙间避孔子讳新造字。

〔五〕邱　哈佛本、刻补本同，四库本作"丘"，康熙间避孔子讳新造字。

〔六〕娱　四库本同，哈佛本、刻补本作"剂"，误，据四库本改。

〔七〕其　哈佛本、刻补本同，四库本作"某"。

〔八〕忧　四库本于"忧"后有"死"字，哈佛本、刻补本皆脱"死"字。

〔九〕凡　哈佛本、刻补本同，四库本脱"凡"字。

〔十〕擅名累朝　哈佛本、刻补本同，四库本作"擅声于朝"。

〔十一〕邱　哈佛本、刻补本同，四库本作"丘"，康熙间避孔子讳新造字。

〔十二〕土　哈佛本、刻补本、四库本皆作"士"，误，据义径改。

〔十三〕夫　哈佛本、刻补本、四库本同，《唐文粹》卷22作"秦"。

〔十四〕四方　哈佛本、刻补本、四库本同，《唐文粹》卷22作"四夷"。

---

① 言言仡仡：高大雄伟貌。

② 桥舌：惊讶得咋舌。

③ 键闭：封锁。

④ "昔人"句：语出王安石《桂州新城记》，大意为：有忧患，解除它，却没有城池。有城池，但是守卫的人却不行。

⑤ 俶末：开始到结束。俶，开始。末，结束。

⑥ 司险：古代官名。《周礼》夏官所属有司险之职，此处指负责镇守险要之地的官员。

〔十五〕万岁　哈佛本、四库本同，刻补本脱“万岁”二字。

〔十六〕邱　哈佛本、刻补本同，四库本作“丘”，康熙间避孔子讳新造字。

〔十七〕婀兵　哈佛本、刻补本、四库本同，《唐文粹》卷22作“昭戎”。

〔十八〕授　哈佛本、刻补本、四库本同，《唐文粹》卷22作“占”。

〔十九〕元　哈佛本、刻补本、四库本同，《唐文粹》卷22作“玄”，避康熙皇帝讳改。

〔二十〕腰裹　哈佛本、刻补本、四库本同，《唐文粹》卷22作“騁裹”。

〔二一〕宜桀　哈佛本、刻补本、四库本同，《唐文粹》卷22作“称桀”。

〔二二〕群　哈佛本、刻补本、四库本同，《唐文粹》卷22作“详”。

〔二三〕牧　哈佛本、刻补本、四库本同，《唐文粹》卷22作“敉”。

〔二四〕其　哈佛本、刻补本、四库本同，《唐文粹》卷22作“吾”。

〔二五〕逼狭　哈佛本、刻补本、四库本同，《唐文粹》卷22作“褊狭”。

〔二六〕历　哈佛本作“厤”，刻补本作“歷”，四库本作“懕”，避乾隆皇帝讳改。

〔二七〕正政　哈佛本、刻补本、四库本同，《唐文粹》卷22作“王政”。

〔二八〕瞩　哈佛本、刻补本、四库本同，《宋文鉴》卷76作“筑”、《范文正公集》卷11作“策”。

〔二九〕诸夏　哈佛本、刻补本、四库本同，《宋文鉴》卷76、《范文正公集》卷11皆作“戎夏”。

〔三十〕有诏贷死　哈佛本、刻补本、四库本同，《宋文鉴》卷76、《范文正公集》卷11皆作　“敕贷之”。

〔三一〕丰州　哈佛本、刻补本、四库本同，《宋文鉴》卷76、《范文正公集》卷11皆作“九原郡”。

〔三二〕孟氏　哈佛本、刻补本、四库本同，《宋文鉴》卷76、《范文正公集》卷11皆作“孟轲”。

〔三三〕敌　哈佛本、刻补本、四库本同，《宋文鉴》卷76、《范文正公集》卷11皆作“狄”。

〔三四〕北兵　哈佛本、刻补本、四库本同，《宋文鉴》卷76作“北狄”，《范文正公集》卷11皆作“突厥”。

〔三五〕敌　哈佛本、刻补本、四库本同，《宋文鉴》卷76、《范文正公集》卷11皆作“狄”。

〔三六〕敌人　哈佛本、刻补本、四库本同，《宋文鉴》卷76、《范文正公集》卷11皆作“突厥”。

〔三七〕泣　哈佛本、刻补本、四库本“泣”后皆无“命”字，《宋文鉴》卷76、《范文正公集》卷11于“泣”字后有“命”字。

〔三八〕真　哈佛本、四库本同，刻补本作“正”，避雍正皇帝讳改。

〔三九〕反　哈佛本、刻补本同，四库本作“返”。

〔四十〕大　哈佛本、刻补本、四库本同，《宋文鉴》卷81、《张子全书》卷13皆作“不”。

〔四一〕西王　哈佛本、刻补本、四库本皆脱“母”字，据文义补。

〔四二〕王满　哈佛本、刻补本同，四库本作“穆王”。

〔四三〕帝彻　哈佛本、刻补本同，四库本作“武帝”。

〔四四〕玄　哈佛本、刻补本皆作“元”，四库本作“玄”，避康熙皇帝讳改。

〔四五〕楚词　哈佛本、刻补本、四库本皆作“楚词”，误，当作“楚辞”。

〔四六〕泓　哈佛本、刻补本皆作“泓”，四库本作“泓”，避乾隆皇帝讳改。

〔四七〕火墩脑儿　哈佛本、刻补本同，四库本作“鄂端诺尔”，四库馆据新译定名所改。

〔四八〕阿刺脑儿　哈佛本、刻补本同，四库本作“鄂楞诺尔”，四库馆据新译定名所改。

〔四九〕赤宾　哈佛本、刻补本同，四库本作“齐必勒”，四库馆据新译定名所改。

〔五十〕亦里出　哈佛本、刻补本同，四库本作“伊尔齐”，四库馆据新译定名所改。

〔五一〕赤宾　哈佛本、刻补本同，四库本作“齐必勒”，四库馆据新译定名所改。

〔五二〕忽兰　哈佛本、刻补本同，四库本作“呼兰”，四库馆据新译定名所改。

〔五三〕也里术　哈佛本、刻补本同，四库本作“伊拉齐”，四库馆据新译定名所改。

〔五四〕赤宾　哈佛本、刻补本同，四库本作“齐必勒”，四库馆据新译定名所改。

〔五五〕也孙斡论　哈佛本、刻补本同，四库本作“伊逊鄂罗木”，四库馆据新译定名所改。

〔五六〕亦耳麻不莫剌　哈佛本、刻补本同，四库本作“伊拉玛博啰”，四库馆据新译定名所改。

〔五七〕腾乞里塔　哈佛本、刻补本同，四库本作“腾格哩哈达”，四库馆据新译定名所改。

〔五八〕阔即及阔提　哈佛本、刻补本同，四库本作“库济及克特”，四库馆据新译定名所改。

〔五九〕哈剌别里赤儿　哈佛本、刻补本同，四库本作“哈喇伯勒齐尔”，四库馆据新译定名所改。

〔六十〕纳邻哈剌　哈佛本、刻补本同，四库本作“纳琳哈喇”，四库馆据新译定名所改。

〔六一〕乞儿马出　哈佛本、刻补本同，四库本作“奇尔穆苏”，四库馆据新译定名所改。

〔六二〕必赤里　哈佛本、刻补本同，四库本作“必齐勒”，四库馆据新译定名所改。

〔六三〕哨　哈佛本、四库本同，补刻本作“琑”。

〔六四〕往来　哈佛本、四库本同，刻补本作“行来”。

〔六五〕历　哈佛本作“厯”，刻补本作“歴”，四库本作“歴”，避乾隆皇帝讳改。

〔六六〕弘　哈佛本作“弘”，刻补本作“宏”，四库本作“弘”，避乾隆皇帝讳改。

〔六七〕接沙漠　哈佛本、刻补本、四库本同，赵廷瑞《陕西通志》卷32作“捍胡虏”。

〔六八〕弘　哈佛本作“弘”，刻补本作“宏”，四库本作“弘”，避乾隆皇帝讳改。

〔六九〕发　哈佛本、刻补本、四库本同，赵廷瑞《陕西通志》卷32作“法”。

〔七十〕历　哈佛本作“暦”，刻补本作“歴”，四库本作“厯”，避乾隆皇帝讳改。

〔七一〕弘　哈佛本作“弘”，刻补本作“宏”，四库本作“弘”，避乾隆皇帝讳改。

〔七二〕不举　《嘉靖宁志》卷3于“不举”后有“炫觏夺目，疑非草创之者。先时虏常内觇，河东诸堡备甚勤。而必先之以食，虽翔价博易，犹虞弗济。泉既城，虏惮南牧，则戍减费省，籴之价自不能腾，实”五十八字，哈佛本、刻补本、四库本皆无。

〔七三〕之役　《嘉靖宁志》卷3于“之役”后有“岂啻徵公出将入相之才之德而已焉”十五字，哈佛本、刻补本、四库本皆无。

〔七四〕辛未　哈佛本、刻补本、四库本同，《嘉靖宁志》卷3作“辛巳”。

〔七五〕邱　哈佛本、刻补本同，四库本作“丘”，康熙间避孔子讳新造字。

〔七六〕赤斤　哈佛本、刻补本同，四库本作“齐勤”，四库馆据新译定名所改。

〔七七〕罕东　哈佛本、刻补本同，四库本作“罕都”，四库馆据新译定名所改。

〔七八〕曲先　哈佛本、刻补本同，四库本作“察逊”，四库馆据新译定名所改。

〔七九〕历　哈佛本作“暦”，刻补本作“歴”，四库本作“厯”，避乾隆皇帝讳改。

〔八十〕北虏潜形　哈佛本、刻补本同，四库本作“重译来庭”。

〔八一〕虏　哈佛本、刻补本同，四库本作“回”。

〔八二〕瓦剌　哈佛本、刻补本同，四库本作“卫喇”，四库馆据新译定名所改。

〔八三〕虏　哈佛本、刻补本同，四库本作“敌”。

〔八四〕俺答　哈佛本、刻补本同，四库本作“谙达”，四库馆据新译定名所改。

〔八五〕吉囊　哈佛本、刻补本同，四库本作“济农”，四库馆据新译定名所改。

〔八六〕弘　哈佛本作“弘”，刻补本作“宏”，四库本作“弘”，避乾隆皇帝讳改。

〔八六〕祀　哈佛本、刻补本同，四库本作“祠”。

〔八七〕羌　哈佛本、刻补本、四库本同，《西宁志·建置志·祠祀》作“戎”。

〔八八〕中外　哈佛本、刻补本、四库本同，《西宁志·建置志·祠祀》作“华夷”。

〔八九〕历　哈佛本作“暦”，刻补本作“歴”，四库本作“厯”，避乾隆皇帝讳改。

〔九十〕虏　哈佛本、刻补本同，四库本作“敌”。

〔九一〕虏　哈佛本、刻补本同，四库本作“敌”。

〔九二〕虏　哈佛本、刻补本同，四库本作“敌”。

〔九三〕虏　哈佛本、刻补本同，四库本作“敌”。

〔九四〕虏　哈佛本、刻补本同，四库本作“敌”。

〔九五〕虏　哈佛本、刻补本同，四库本作“敌”。

〔九六〕虏　哈佛本、刻补本同，四库本作“敌”。

〔九七〕历历　哈佛本作“暦暦”，刻补本作“歴歴”，四库本作“厯厯”，避乾隆皇帝讳改。

〔九八〕直　哈佛本、刻补本同，四库本作“值”。

〔九九〕利　哈佛本、四库同，刻补本作“初”。

〔一〇〇〕士　哈佛本、四库本同，刻补本作“上”。

〔一〇一〕邱　哈佛本、刻补本同，四库本作“丘”，康熙间避孔子讳新造字。

〔一〇二〕剥肤　万历《朔方新志》卷4于“剥肤”后有“而亦藉以灌溉”六字，哈佛本、刻补本、四库本皆无。

〔一〇三〕汹汹　万历《朔方新志》卷4于“汹汹”后有“意非物力所能支”七字，哈佛本、刻补本、四库本皆无。

〔一〇四〕虏　哈佛本、刻补本同，四库本作“敌”。

〔一〇五〕虏　哈佛本、刻补本同，四库本作“敌”。

〔一〇六〕及诸生辈　哈佛本、刻补本、四库本同，万历《朔方新志》卷4作“诸生辈及邹三老聚族”。

〔一〇七〕历　哈佛本作“厤”，刻补本作“歴”，四库本作“厯”，避乾隆皇帝讳改。

〔一〇八〕千石　万历《朔方新志》卷4于“千石”后有“不三月而竣”五字，哈佛本、刻补本、四库本皆无。

〔一〇九〕而前　万历《朔方新志》卷4于“而前”后有“烟尘翳日”四字，哈佛本、刻补本、四库本皆无。

〔一一〇〕目　哈佛本、刻补本同，四库本作“日”。

〔一一一〕召对　据万历《朔方新志》卷4于“召对”后多“曰：老成敏练，无逾卿者”九字，哈佛本、刻补本、四库本皆无。

〔一一二〕历　哈佛本作“厤”，刻补本作“歴”，四库本作“厯”，避乾隆皇帝讳改。

〔一一三〕弘　哈佛本作“弘”，刻补本作“宏”，四库本作“弘”，避乾隆皇帝讳改。

〔一一四〕骄虏　哈佛本、刻补本同，四库本作“敌骑”。

〔一一五〕虏　哈佛本、刻补本同，四库本作“敌”。

〔一一六〕叠水　哈佛本、刻补本同，四库本作“迭水”。

〔一一七〕叠水　哈佛本、刻补本同，四库本作“迭水”。

〔一一八〕虏　哈佛本、刻补本同，四库本作“敌”。

〔一一九〕叠水　哈佛本、刻补本同，四库本作“迭水”。

〔一二〇〕虏　哈佛本、刻补本同，四库本作“役”。

〔一二一〕叠水　哈佛本、刻补本同，四库本作“迭水”。

〔一二二〕叠水　哈佛本、刻补本同，四库本作“迭水”。

〔一二三〕叠　哈佛本、刻补本同，四库本作“迭”。

〔一二四〕叠水　哈佛本、刻补本同，四库本作“迭水”。

〔一二五〕叠水　哈佛本、刻补本皆作“叠水”，四库本作“迭水”。

〔一二六〕虏　哈佛本、刻补本同，四库本作“敌”。

〔一二七〕虏　哈佛本、刻补本同，四库本作“敌”。

〔一二八〕虏　哈佛本、刻补本同，四库本作“敌”。

〔一二九〕邱　哈佛本、刻补本同，四库本作“丘”，康熙间避孔子讳新造字。

〔一三〇〕虏敌　哈佛本、刻补本同，四库本作“敌势”。

〔一三一〕北塞　哈佛本、刻补本、四库本同，赵廷瑞《陕西通志》卷32作“北虏”。

〔一三二〕虏　哈佛本、刻补本、赵廷瑞《陕西通志》卷32同，四库本作“敌”。

〔一三三〕历　哈佛本作“曆”，刻补本作“歷”，四库本作“歴”，避乾隆皇帝讳改。

〔一三四〕弘　哈佛本作“弘”，刻补本作“宏”，四库本作“弘”，避乾隆皇帝讳改。

〔一三五〕生　哈佛本、刻补本同，四库本作“森”。

〔一三六〕邱　哈佛本、刻补本同，四库本作“丘”，康熙间避孔子讳新造字。

〔一三七〕弦　哈佛本作“弦”，刻补本、四库本皆作“絃”，避康熙皇帝讳改。

〔一三八〕弘　哈佛本作“弘”，刻补本作“宏”，四库本作“弘”，避乾隆皇帝讳改。

〔一三九〕眩　哈佛本作“眩”，四库本、刻补本皆作“眩”，避康熙皇帝讳改。

〔一四〇〕历　哈佛本作“曆”，刻补本作“歷”，四库本作“歴”，避乾隆皇帝讳改。

〔一四一〕山　哈佛本、刻补本同，四库本作“三”。

〔一四二〕入　哈佛本、四库本、刻补本皆作“人”，误，据义径改。

〔一四三〕祀　哈佛本、刻补本同，四库本作“祠”。

〔一四四〕邱　哈佛本、刻补本同，四库本作“丘”，康熙间避孔子讳新造字。

〔一四五〕叠　哈佛本、刻补本同，四库本作“迭”。

〔一四六〕泓　哈佛本作“泓”，四库本、刻补本皆作“泓”，避乾隆皇帝讳改。

〔一四七〕叠　哈佛本、刻补本同，四库本作“迭”。

〔一四八〕邱　哈佛本、刻补本同，四库本作“丘”，康熙间避孔子讳新造字。

〔一四九〕邱　哈佛本、刻补本同，四库本作“丘”，康熙间避孔子讳新造字。

〔一五〇〕叠　哈佛本、刻补本皆作“叠”，四库本作“迭”。

〔一五一〕历　哈佛本作“曆”，刻补本作“歷”，四库本作“歴”，避乾隆皇帝讳改。

〔一五二〕叠　哈佛本、刻补本皆作“叠”，四库本作“迭”。

〔一五三〕邱　哈佛本、刻补本同，四库本作“丘”，康熙间避孔子讳新造字。

〔一五四〕可越　《安雅堂全集》卷11于“可越”后有“考之前代书契所载灾异之征，未有甚于兹土也”十九字，哈佛本、刻补本、四库本无。

〔一五五〕邱　哈佛本、刻补本同，四库本作“丘”，康熙间避孔子讳新造字。

〔一五六〕钧　哈佛本、刻补本、四库本皆作“钩”，误，据义径改。

〔一五七〕秦　四库本同，哈佛本、刻补本作“曾”，据四库本改。

〔一五八〕历　哈佛本作“曆”，刻补本作“歷”，四库本作“歴”，避乾隆皇帝讳改。

〔一五九〕太　哈佛本、四库本同，刻补本作“决”。

〔一六〇〕姓字　哈佛本、刻补本同，四库本作“姓氏”。

〔一六一〕历　哈佛本作“曆”，刻补本作“歷”，四库本作“歴”，避乾隆皇帝讳改。

〔一六二〕历　哈佛本作“曆”，刻补本作“歷”，四库本作“歴”，避乾隆皇帝讳改。

〔一六三〕泓　哈佛本、刻补本皆作“泓”，四库本“泓”，避乾隆皇帝讳改。

〔一六四〕历　哈佛本作“曆”，刻补本作“歷”，四库本作“歴”，避乾隆皇帝讳改。

〔一六五〕滩　哈佛本、四库本同，刻补本作“河”。

〔一六六〕弘　哈佛本作“弘”，刻补本作“宏”，四库本作“弘”，避乾隆皇帝讳改。

甘肃通志卷之第四十八　艺文　赞 序 杂 传 书 说 辨 考 题 跋 杂文

赞

魏

曹植[①]：伏羲赞

木德[②]风姓[③]，八卦创焉。龙瑞名官[④]，法地象天。庖厨[⑤]祭祀，网罟[⑥]渔佃[⑦]。瑟琴以作，时通神轩。

曹植：黄帝赞

少典之孙[⑧]，神明圣哲[⑨]，土德承火[⑩]，赤帝是灭[⑪]。服牛乘马[⑫]，衣裳是制[⑬]。氏云名官[⑭]，功盖〔一〕五列〔二〕。

---

① 曹植：192—232年，字子建，三国时沛国谯县（今安徽省亳州市）人。曹操与武宣卞皇后所生第三子。三国时期著名文学家，建安文学的代表人物与集大成者。

② 木德：五德之一。秦汉方士以金、术、水、火、土五行相生相克的道理来附会王朝兴衰的命运，称五德。

③ 风姓：据《帝王世纪》载："伏羲氏，风姓也。"

④ 龙瑞名官：典出《左传·昭公十七年》："太昊氏以龙纪。"瑞，吉兆，相传太昊时有龙瑞，因以龙为官名。太昊，即伏羲。

⑤ 庖厨：指厨房，也指厨师，引申为肴馔。

⑥ 网罟：捕鱼打猎的网。

⑦ 佃：通"畋"，打猎。

⑧ 少典之孙：《史记·五帝本纪》："黄帝者，少典之子，姓公孙，名曰轩辕。"黄帝即少典氏后代。

⑨ 神明圣哲：特别聪明、智慧。

⑩ 土德承火：土德继承火德。

⑪ 赤帝是灭：赤帝即神农，以火德。相传黄帝曾与赤帝战于阪泉之野，消灭了神农氏族，故称赤帝是灭。

⑫ 服牛乘马：使用牛和马。服，用。乘，亦指用。

⑬ 衣裳是制：开始制作衣和裳。

⑭ 云氏名官：典出《左传·昭公十七年》："昔者黄帝氏以云纪，故为云师而云名。"指黄帝以云纪事而名官。

晋

王彪之[①]：伏羲赞

悠悠皇牺[②]，体尊神澄。无为而化，出道之凝。不知有始，冥感[③]自兴。因应之迹，画象结绳。

唐

李华[④]：侯知道、程俱罗[⑤]二孝赞

厥初生人，有君有亲。孝亲为子，忠君为臣。兆自天命[⑥]，降及人伦。背死不义，忘生不仁。过及智就，为之礼文[⑦]。至哉侯氏，创巨病殷[⑧]。手足胼胝[⑨]，以成高坟。夜黑飚动，如临鬼神。哭无常声，迥彻苍旻[⑩]。苴斩[⑪]三年，尔独终身。嗟嗟程生，其哀也均[⑫]。顾后绝配[⑬]，瞻前无邻。

---

① 王彪之：305—377年，字叔虎（《晋书》因避李虎讳而作叔武），小字虎犊，琅邪临沂（今山东临沂）人。东晋名臣。

② 皇牺：即伏羲。

③ 冥感：至诚而感通神灵。

④ 李华：约715—774年，字遐叔，唐赞皇（今河北元氏）人。散文家。开元间进士。官监察御史、右补阙。安史之乱时曾受伪职，乱平贬官。后起用至检校吏部员外郎。著有集，已散佚。后人辑有《李遐叔文集》。

⑤ 侯知道、程俱罗：均为灵州灵武人。以孝著名。《新唐书》有传。

⑥ 兆自天命：从天命开始。

⑦ “过及”二句：意谓凭借自己的意愿做得过分，就要用礼来教导他。

⑧ 病殷：痛苦深切。

⑨ 胼胝：音pián zhī，俗语中的“老茧”，手掌或脚掌上因摩擦而生成的硬皮，形容经常地辛勤劳动。

⑩ 苍旻：即苍天。

⑪ 苴斩：丧服中的苴杖与斩衰。此指服丧。

⑫ 均：深重。

⑬ 绝配：无人能比。

序

唐

杜牧[①]：李贺诗编序[②]

太和五年[③]十月中，半夜时，舍外有疾呼传缄书[④]者。牧曰："必有异[⑤]，亟[⑥]取火[⑦]来。"及发[⑧]之，果集贤学士沈公子明[⑨]书一通[⑩]。曰："我亡友李贺，元和中，义爱[⑪]甚厚，日夕相与起居饮食。贺且[⑫]死，尝授我平生所著歌诗，杂为四编，凡二百三十三首。数年来，东西南北[⑬]，良为已失[⑭]。今夕醉解[⑮]，不复得寐，即阅理[⑯]箧帙[⑰]，忽得贺诗前授我者。思理[⑱]往事，凡与贺话言嬉游，一处所，一物候[⑲]，一日一

① 杜牧：803—约852年，字牧之，号樊川居士，京兆万年（今陕西西安）人。宰相杜佑之孙，杜从郁之子。唐代杰出的诗人、散文家。

② 李贺：790—816年，字长吉，唐福昌（今河南宜阳县）人。唐代著名的诗人。曾做过奉礼郎的小官。其诗想象丰富，有奇幻色彩，情辞幽诡，别具风格。杜牧此序作于太和五年（831）。

③ 太和：唐文宗年号，公元827—835年。

④ 缄书：信件。缄，封口。

⑤ 必有异：一定有特殊的事情。

⑥ 亟：赶快。

⑦ 取火：拿灯火来。

⑧ 发：打开信。

⑨ 沈公子明：沈子明，是杜牧的好友。

⑩ 一通：一封。

⑪ 义爱：友爱。

⑫ 且：将要。

⑬ 东西南北：意为四处奔波。

⑭ 良为已失：确以为丢失了。

⑮ 醉解：醉后醒来。

⑯ 阅理：翻阅整理。

⑰ 箧帙：箧，小箱子，此处指书箱。帙，书套。

⑱ 思理：回忆。

⑲ 物候：景物，指当年游览所见。

夕，一觞[①]一饭，显显焉[②]无有忘弃者，不觉出涕。贺复无家室子弟[③]，得以给养恤问。长恨想[④]其人，咏味[⑤]其言[⑥]止矣[⑦]。子厚于我[⑧]，与我为贺集序，尽道其所来由，亦少解我意。”牧其夕不果以书道不可[⑨]，明日就公谢[⑩]，且曰：“世谓贺才绝出前。”让居数日[⑪]，牧深维[⑫]公曰：“公于诗为深妙奇博，且复尽知贺之得失长短〔三〕，今实叙贺。”公曰：“子固若是，是当慢我。”牧因不敢复辞，勉为贺序，然甚惭。

贺，唐皇诸孙[⑬]，字长吉。元和中，韩吏部[⑭]亦颇道[⑮]其歌诗。云烟绵联，不足为其态也；水之迢迢，不足为其情也；春之盎盎，不足为其和也；秋之明洁，不足为其高也；风樯[⑯]阵马[⑰]，不足为其勇也；瓦棺[⑱]篆鼎[⑲]，不足为其古也；时花[⑳]美女，不足为其色也；荒国[㉑]陊[㉒]殿；梗莽[㉓]邱陇，不足为其恨怨悲愁也；鲸呿鳌掷[㉔]，牛鬼蛇

① 觞：酒杯，指饮酒。

② 显显焉：印象鲜明貌。

③ 家室子弟：家庭子女。

④ 恨想：想念。“恨”有遗憾、惋惜之意。

⑤ 咏味：吟咏、回味。

⑥ 其言：指李贺的言谈和诗歌。

⑦ 止矣：谓只能如此而已。

⑧ 厚于我：和我的交情深厚。

⑨ “牧其夕”句：我那天夜里没能写封信说明我不能作序。

⑩ 就公谢：去见沈子明推辞此事。就，去。公，指沈子明。谢，推辞。

⑪ 让居数日：辞让了几天。

⑫ 深惟：深思，是说为沈子明考虑。

⑬ 唐皇诸孙：唐代皇家的后代。李贺是皇族的远支，故称。

⑭ 韩吏部：指韩愈，因他当过吏部侍郎，故称。

⑮ 颇道：非常称赞。

⑯ 风樯：顺风的航船。樯，桅杆，借指船。

⑰ 阵马：战场的奔马。阵，战场。

⑱ 瓦棺：远古时烧土为棺。

⑲ 篆鼎：铸刻着篆体字的古鼎。

⑳ 时花：应时的鲜花。

㉑ 国：都城。

㉒ 陊：破败。

㉓ 梗莽：梗，有刺的草木。莽，密生的草。

㉔ 鲸呿鳌掷：鲸的吞吸，鳌的腾跃。呿，音qù，张口。鳌，传说中的海里的大龟。掷，跳跃。

神，不足为其虚荒诞幻也；盖《骚》之苗裔[①]，理虽不及，辞或过之[②]。《骚》有感怨[③]刺怼[④]，言及君臣理乱[⑤]，时有以激发人意。乃贺所为，得无有是？贺能探寻前事，所以深叹恨古今未尝经道者[⑥]，如〔四〕《金铜仙人辞汉歌》《补梁庾肩吾宫体谣》。求取情状[⑦]，离绝远去笔墨畦径间[⑧]，亦殊不能知之[⑨]。贺生二十七年死矣！世皆曰：使[⑩]贺且未死，少加以理[⑪]，奴仆命《骚》[⑫]可也。

明

赵时春：送鞠通判序[⑬]

鞠君，吴松之产也。时春与吴松冯御史子仁同赐第，而其召为宫寮[⑭]也。复佐吴松徐洗马子升于司经[⑮]，御史君以击奸宰濒死，英声振天下。洗马君晋为祭酒，其道且大行，众将倚以经世之任者，俱余所推重，然皆与鞠君交亲。方君之擢判平凉

---

① 盖骚之苗裔：大概是继承了《离骚》的特点。

② “理虽”二句：虽然分析事理不及《离骚》，但辞采或许超过了。

③ 感怨：感慨叹怨。

④ 刺怼：讥讽怨恨。

⑤ 君臣理乱：指君臣关系，治乱缘由。

⑥ “叹恨”句：感叹古今不曾论及的事情。

⑦ 求取情状：对事物的描绘、刻画。

⑧ “离绝”句：离绝远去，指远不相同。笔墨畦径，指创作的常规。此句是说李贺的创作方法和一般人的写作方法远不相同。李贺诗具有意境怪诞、构思奇特、色彩浓重、情调凄冷等特点，所以杜牧说他远离常规。

⑨ 殊不能知之：谓李贺用笔之妙人们很难都能理解。

⑩ 使：假如。

⑪ 加以理：加强事理的分析。

⑫ 奴仆命《骚》：以《离骚》为奴仆，谓高出于《离骚》。

⑬ 鞠通判：事迹不详。从文章可知，其人为吴淞（今上海）人。赵时春交往的吴淞人还有冯恩、徐阶。冯恩以弹劾张璁、方献夫而成为有名的“四铁御史”，徐阶后来成为首辅。鞠通判来平凉时，冯、徐二人俱写信给赵时春以推荐，因而在鞠通判离开平凉时，赵时春作文送别。大概鞠通判解官的理由是“南北之分”，即南人不惯西北生活，赵时春则认为这只是托辞，其辞官的真正原因是“居此思彼”，即谋取更好的职位。为此，他提出了耿直的告诫。

⑭ 宫寮：同“宫僚”，太子属官。

⑮ 司经：即司经局，古代官署名，掌太子宫中图书。明、清司经局洗马官属詹事府，为翰林官迁转之阶。

也，二君与时春书，誉君之才，且良惜其远出边郡，画然[1]同辞。则夫时春于君之释吾郡而他之也，岂敢以俚芜辞，无一言以赠之？按，吴松本江海奥暑之区，而平凉据秦、夏、华、羌之会。黍秔[2]异味，羊鱼改腥，茗酪殊气，葛裘别服。吴松龀[3]者垂髫[4]，削剡而讴吟；平凉三尺童子，柞木为弓，纫筋为弦〔五〕，被竹木以乌雉羽而射，不避狼虎。才离保姆，已手掣生马鬃，骋乎峻阪兀崖之上，以相笑乐，使挽一苇茷行泾汭岸，乃愕然失措。嗟夫！禹别九土，周辨职方。世以扬、雍指为秦、越，其风土嗜好，背驰悬绝固若是哉。况宋以文献渡江，中原久委域外，南北之俗尤异。大圣人受锡四海，行三尺法[5]以用人，故鞠君远超南服[6]，莅止西邑，揆之人情，似有不相宜者。而平凉强宗悍牧，藩卫兵骑，星错奕布。三尺法，六籍术[7]，亡奈之何！而君周旋期月间，数搏执[8]强梗[9]，罔所恫悚，使底于成，必有可观矣。君遽以南北之分为解，大僚[10]不察，从而听之。夫君子所诎者道，非必其身之安也；所存者志，非贵乎外物之奉也。居此而思彼，营物而役志，君子之戒也。君岂为是哉？不察其志而狥夫物情，不用其道而苟荣其身，此君子之所不敢安，而鞠君之所必去此郡而他适也。故敢于其行而僭言之，且以章君之志也。

黄谏：帝王纪年纂要序

予家西陲，幼时闻老于从征者，道使西域时，出玉关数千里，其地广漠，皆平沙，一望无有涯际。又无山阜、林木、城郭、民居、墩堠[11]为之表识[12]，惟信马徐行。昼则视日之出入为东西，夜则望北斗而西走。暨抵其国，则所行不少差。比来[13]

---

① 画然：分明貌。

② 黍穄：泛指庄稼。

③ 龀：音 chèn，小孩换牙，泛指童年。

④ 垂髫：古时汉族儿童不束发，头发下垂，亦泛指儿童。

⑤ 三尺法：指法律。古代以三尺竹简书法律，故称。

⑥ 南服：古代王畿以外地区分为五服，故称南方为“南服”。

⑦ 六籍术：指儒学。六籍，六经。

⑧ 搏执：拘捕。

⑨ 强梗：指骄横跋扈、胡作非为的人。

⑩ 大僚：大官。

⑪ 墩堠：音 dūn hòu，了望敌情的堡垒，烽堠。

⑫ 表识：亦作“表帜”，标记。

⑬ 比来：指近来。

京师会东南之士，语及泛舟海中，亦与是若。吁！使沙漠烟海之中，苟不仰望日月星辰，则趋向无方，不惟迂其道里，劳其心力，而又未始不以终莫能至为怖也。暑夏朝回[①]，日长无事，因阅旧书，得先子[②]寿柏翁所藏历〔六〕代纂要，乃元平章白云翁察罕[③]所编，盖取《皇极经世书》[④]为准，一开卷而古今成败，国家兴衰，运祚长短，皆瞭然可见。真若茫茫万里沙漠烟海中，而获举目于日月星辰，以得指归也。呜呼！自《书》《春秋》诸史以来，简籍浩繁，虽易纪传为编年，其间数千年之事，欲自首至尾观之，信有若司马公所谓读未半卷，即已倦睡也。然史学不可不知，奈以赋禀[⑤]所拘，有朝读暮忘者。是编则摭[⑥]群籍之要，撮万事之统，损繁就简，约编年而为之，盖免搜索之劳，使人不怖其烦。因年以求运祚[⑦]修短，则古今国家成败兴衰，具见于此。遂为订正，自延祐戊午[⑧]至洪武戊申[⑨]，凡若干年，以便考阅。宗友用〔七〕和见而喜之，请锓诸梓[⑩]以传。既不容拒，併序诸篇首以畀之。予闻先辈谓观史有要，然则是编其亦观史之要乎？能熟观此，以知其大要，则如日月星辰之在人目睫，故云海沙漠之渺无涯际，亦自得之矣，又奚以怖。

---

① 朝回：上朝回来。

② 先子：旧时称去世的父亲为先子。

③ 察罕：初名益德，从元太祖征西夏，元太宗时授马步军都元帅，元显宗时以都元帅兼领尚书省事。谥武宣，追封河南王。

④ 《皇极经世书》：宋代史学家、理学家邵雍编撰的一部通史，起自尧，迄止后周显德末年，重点叙述治乱兴亡。

⑤ 赋禀：即禀赋，自然具有的资质。

⑥ 摭：音 zhí，拾取，摘取。

⑦ 运祚：音 yùn zuò，犹言国运祚福。

⑧ 延祐戊午：元仁宗延祐五年（1318）。

⑨ 洪武戊申：明太祖洪武元年（1368）。

⑩ 锓诸梓：把书籍刊刻印刷出版。锓，音 qǐn，雕刻、雕版。梓，古代常用梓木作为雕版，故习称出版为“付梓”。

李梦阳：弘〔八〕德集自序[①]

李子[②]曰：曹县盖有王叔武[③]云，其言曰："夫诗者，天地自然之音也。今途咢[④]而巷讴，劳呻[⑤]而康吟[⑥]，一唱而群和者。其真也，斯之谓风也。孔子曰：'礼失而求之野。'今真诗乃在民间。而文人学子，顾往往为韵言，谓之诗。夫孟子谓：'《诗》亡然后《春秋》作'者，《雅》也，而《风》者亦遂弃而不采[⑦]，不列之乐官。悲夫！"李子曰："嗟！异哉！有是乎？予尝聆民间音矣[⑧]，其曲边[⑨]，其思淫，其声哀，其调靡靡，是金、元之乐也，奚其真？"王子曰："真者，音之发而情之原也。古者国异风[⑩]，即[⑪]其俗成风。今之俗既历〔九〕边，乃其曲乌得而不边也？故真者，音之发而情之原也，非雅俗之辨也。且子之聆之也，亦其谱，而声者也，不有率然而谣，勃然而讹[⑫]者乎！莫知所从来，而长短疾徐无弗谐焉，斯谁使之也？"李

① 弘德集自序：此文是李梦阳为自己诗集所作的自序。文中假托与王叔武的辩论，指出文人学士之作多情寡而词工，提出了"真诗乃在民间"的著名观点，反映了他为诗主情的创作观点及重视民间俗文学的庶民化审美倾向。

② 李子：李梦阳自称。

③ 王叔武：即王崇文（1468—1520），字叔武，号兼山，明曹县（今属山东）人。弘治六年（1493）进士，选庶吉士，授户部主事。历河南布政使，官终左副御史巡抚保定，以疾罢归卒。著有《兼山遗稿》。

④ 咢：击鼓而歌，泛指无伴奏的歌唱。

⑤ 劳呻：忧愁人的呻吟。劳，忧愁。

⑥ 康吟：即《康衢谣》。据《列子·仲尼》，尧治理天下五十年，不知天下治乱，于是微服游于康衢，闻儿童谣云："立我蒸民，莫非尔极。不识不知，顺帝之则。"后世即以《康衢谣》为歌颂太平盛世之歌。

⑦ "而风"句：典出《汉书·艺文志》："故古有采诗之官，王者所以观风俗，知得失，自考正也。"这里即指后世已无采诗之官。

⑧ "予尝"句：沈德符《万历野获编》卷25《时尚小令》："元人小令，行于燕赵，后浸淫日盛，自宣、正至成、弘后，中原又行《锁南枝》《傍妆台》《山坡羊》之属。"李空同先生初自庆阳徙居汴梁，闻之以为可继《国风》之后。

⑨ 其曲边：指曲调受边地少数民族歌曲的影响。

⑩ 国异风：《诗》有十五国风，各有特色。

⑪ 即：依据。

⑫ 讹：唱歌。

子闻之，矍然[1]而兴[2]曰："大哉！汉以来不复闻此矣！"

王子曰："诗有六义[3]，比兴要焉。夫文人学子，比兴寡而直率多，何也？出于情寡而工于词多也。夫途巷蠢蠢[4]之夫，固无文也。乃其讴也，咢也，呻也，吟也，行呫[5]而坐歌，食咄而寤嗟[6]，此唱而彼和，无不有比焉兴焉，无非其情也，斯足以观义矣。故曰：诗者，天地自然之音也。"李子曰："虽然子之论者，《风》耳，夫《雅》《颂》不出文人学子手乎？"王子曰："是音也，不见于世久矣。虽有作者。微矣！"

李子于是怃然[7]失，已洒然[8]省也。于是废唐近体[9]诸篇，而为李、杜歌行[10]。王子曰："斯驰骋[11]之技也。"李子于是为六朝诗。王子曰："斯绮丽之余也。"于是诗为晋、魏，曰："比辞而属义，斯谓有意。"于是为赋、骚，曰："异其意而袭其言，斯谓有蹊[12]。"于是为琴操[13]、古歌诗。曰："似矣，然糟粕也。"于是为四言[14]，入《风》出《雅》。曰："近之矣，然无所用之矣，子其休矣。"李子闻之，暗然[15]无以难也。自录其诗，藏箧笥[16]中，今二十年矣，乃有刻而布者。李子闻之惧且惭，曰：

---

① 矍然：急遽貌。

② 兴：起身。

③ 诗有六义：语本《毛诗序》："故诗有六义焉：一曰风，二曰赋，三曰比，四曰兴，五曰雅，六曰颂。"风即各国的歌谣，雅为周王畿的歌曲，颂是庙堂祭祀的乐歌，乃《诗》的三种体制。赋是赋陈其事，比是指物譬喻，兴是借物起兴，是《诗》的三种表现内容的方法。

④ 蠢蠢：愚昧无知貌。

⑤ 呫：小声轻吟。

⑥ 食咄而寤嗟：吃饭与睡醒后的叹息。

⑦ 怃然：怅然失意貌。

⑧ 洒然：了然而悟。

⑨ 唐近体：唐代兴起的绝句、律诗。

⑩ 歌行：原为古代乐府诗的一体，后发展为古诗的一体，音节格律比较自由，五言、七言、杂言并用，形式多样。

⑪ 驰骋：显扬。

⑫ 有蹊：指学诗找到了途径。

⑬ 琴操：古代诗体名。汉蔡邕著《琴操》二卷，记述四十七件古琴曲的本事，共分成十二操。

⑭ 四言：指《诗经》的风格。

⑮ 暗然：沉默貌。

⑯ 箧笥：藏物的竹器。

"予之诗，非真也。王子所谓文人学子韵言耳，出之情寡而工之词多者也。"然又弘[十]治正德间诗耳，故自题曰《弘[十一]德集》。每自欲改之以求其真，然今老矣！曾子[①]曰："时有所弗及"[②]，学之谓哉。

传

隋[③]

皇甫谧[④]：酒泉烈女庞娥亲传[⑤]

酒泉烈女庞娥亲者，表氏庞子夏之妻[⑥]，禄福赵君安之女也[⑦]。君安为同县李寿所杀，娥亲有男弟三人，皆欲报仇，寿深以为备。会遭灾疫，三人皆死。寿闻大喜，请会宗族，共相庆贺，云："赵氏强壮已尽，惟有女弱，何足复忧！"防备懈弛，娥亲子淯出行，闻寿此言，还以启娥亲。娥亲既素有报仇之心，及闻寿言，感激愈深，怆然陨涕曰："李寿，汝莫喜也，终不活汝！戴履天地[⑧]，为吾门户，吾三弟之羞也。焉知娥亲不手刃杀汝，而自徼幸耶?"阴市[⑨]名刀，挟长持短，昼夜哀酸，志在杀寿。

寿为人凶豪，闻娥亲之言，更乘马带刀，乡人皆畏惮之。比邻有徐氏妇，忧娥亲不能制，恐反见中害，每谏止之，曰："李寿，男子也，凶恶有素，如今备卫在身，尔虽有猛烈之志，而强弱不敌。邂逅不制，则为重受祸于寿，绝灭门户，痛辱不轻也。愿详举动，为门户之计。"娥亲曰："父母之仇，不同天地、共日月者也。

---

① 曾子：即曾参，字子舆，孔子弟子。

② 时有所弗及：《韩诗外传》卷7："曾子曰：'往而不可还者亲也，至而不可加者年也。是故孝子欲养而亲不待也，木欲直而时不待也。"

③ 隋：此处当作"晋"，《甘肃通志》误作"隋"。

④ 皇甫谧：215—282年，幼名静，字士安，自号玄晏先生，安定郡朝那县（今甘肃省灵台县）人，后徙居新安（今河南新安县）。三国西晋时期学者、医学家、史学家，东汉名将皇甫嵩曾孙。著有《针灸甲乙经》《历代帝王世纪》《高士传》《逸士传》《列女传》《玄晏先生集》等书。

⑤ 酒泉烈女庞娥亲传：此文为皇甫谧《列女传》中的一篇，现保存于《三国志·魏书·庞淯传》裴松之的注中。

⑥ 表氏：汉置县名，属酒泉郡。

⑦ 禄福：汉置县名，属酒泉郡，晋以后始改为福禄。

⑧ 戴天履地：头顶着天，脚踩着地，形容人活在天地之间。此处指杀父之仇不共戴天。

⑨ 阴市：暗地里购买。

李寿不死，娥亲视息[①]世间，活复何求。今虽三弟早死，门户泯绝，而娥亲犹在，岂可假手于人哉！若以卿心况我，则李寿不可得杀；论我之心，寿必为我所杀明矣。”夜数磨砺所持刀讫，扼腕切齿，悲啼长叹，家人及邻里咸共笑之。娥亲谓左右曰：“卿等笑我，直以我女弱不能杀寿故也。要当以寿颈血污此刀刃，令汝辈见之。”遂弃家事，乘鹿车[②]伺寿。至光和二年二月上旬，以白日清时，于都亭之前，与寿相遇。便下车扣寿马，叱之。寿惊愕，回马欲走，娥亲奋刀砍之，并伤其马。马惊，寿挤道边沟中。娥亲寻复就地砍之，深中树阑，折所持刀。寿被创未死，娥亲因前欲取寿所佩刀杀寿，寿护刀瞋目大呼，跳梁[③]而起。娥亲乃挺身奋手，左抵其额，右捶[④]其喉，反复盘旋，应手而倒。遂拔其刀以截寿头，持诣都亭[⑤]，归罪有司，徐步诣狱，辞颜不变。

时禄福长汉阳尹嘉不忍论娥亲，即解印绶去官，弛法纵之。娥亲曰：“仇塞身死，妾之明分也。治狱制刑，君之常典也。何敢贪生以枉官法？”乡人闻之，倾城奔往，观者如堵焉，莫不为之悲喜慷慨嗟叹也。守尉不敢公纵，阴语使去，以便宜[⑥]自匿[⑦]。娥亲抗声大言曰：“枉法逃死，非妾本心。今仇人已雪，死则妾分，乞得归法，以全国体，虽复万死，于娥亲已足，不敢贪生为明廷负也。”尉固不听所执，娥亲复言曰：“匹妇虽微，犹知宪制。杀人之罪，法所不纵。今既犯之，义无可逃。乞就刑戮，陨身朝市[⑧]，肃明王法，娥亲之愿也。”辞气愈厉，面无惧色。尉知其难夺，强载还家。凉州刺史周洪、酒泉太守刘班等共表上，称其节义，刊石立碑，显其门闾。大昌〔十二〕弘〔十三〕农张奂[⑨]贵尚所履[⑩]，以束帛二十端礼之。海内闻之者，莫不改容赞，善高大其义。

---

① 视息：苟全活命。

② 鹿车：古时的一种小车。

③ 跳梁：同“跳踉”，指跳跃。

④ 捶：撞击。

⑤ 都亭：都邑中的传舍。

⑥ 便宜：便利，方便。

⑦ 自匿：自己躲藏。

⑧ 朝市：朝廷和市集。典出《左传·襄公十九年》：“妇人无刑，虽有刑，不在朝市。”

⑨ 张奂：104—181年，字然明，敦煌渊泉人（今甘肃安西县东）人。东汉时期名将、学者，凉州三明之一。

⑩ 贵尚所履：崇尚其行为。贵尚，尊崇。所履，行为。

故黄门侍郎安定梁宽追述娥亲，为其作传。元晏先生[①]曰：“父母之仇，不与共天地，盖男子之所为也。而娥亲以女弱之微，念父辱之酷痛，感仇党之凶言，奋剑仇颈，人马俱摧，塞亡父之怨魂，雪三弟之永恨，近古以来，未之有也。《诗》曰：‘修我戈矛，与子同仇。’[②]娥亲之谓也。

唐

李商隐[③]：李长吉[④]小传

京兆杜牧为《李长吉集序》[⑤]，状长吉之奇甚尽，世传之。长吉姊嫁王氏者，语长吉之事尤备。长吉细瘦，通眉[⑥]，长指爪。能苦吟疾书，最先为昌黎韩愈所知[⑦]。所与游者王参元[⑧]、杨敬之[⑨]、权璩[⑩]、崔植[⑪]为密。每旦日出与诸公游，未尝得题然后为诗，如他人思量牵合以及程限为意。

恒从小奚奴[⑫]骑距驴，背一古破锦囊。遇有所得，即书投囊中。及暮归，太夫人使婢探囊出之，见所书多，辄曰：“是儿要当呕出心肝始已耳。”上灯与食，长吉从婢取书，研墨叠〔十四〕纸足成之，投他囊中，非大醉及吊丧日率如此，过亦不复省。王、杨辈时复来探取写去。长吉往往独骑，往来京洛，所至或时有著，随弃之，故

① 元晏先生：皇甫谧号玄晏先生，避康熙皇帝讳改。

② “《诗》曰”句：见《诗·秦风·无衣》。

③ 李商隐：约813—858年，字义山，号玉溪（谿）生，又号樊南生，怀州河内（今河南焦作沁阳）人。晚唐著名诗人。

④ 李长吉：即李贺，字长吉。

⑤ 《李长吉集序》：见本卷前录杜牧《李贺诗编序》。

⑥ 通眉：两眉几近相连。

⑦ “最先”句：《新唐书·李贺传》：“七岁能辞章，韩愈、皇甫湜始闻未信，过其家，使贺赋诗，援笔辄就如素构，自目曰《高轩过》。二人大惊，自是有名。”按，《高轩过》称“庞眉词客感秋蓬”，自比秋蓬，非七岁作。

⑧ 王参元：王茂元之弟，柳宗元之友。元和二年（807）进士。为文章，善小学。工于翰墨，有名当时。

⑨ 杨敬之：字茂孝，祖籍虢州弘农（今河南灵宝）人。安史之乱中移家吴（今苏州）。唐代文学家杨凌之子。约唐宪宗元和末前后在世。

⑩ 权璩：字大圭，略阳（今甘肃秦安）人，权德舆之子。唐宪宗元和初，擢进士。历监察御史，曾做中书舍人。

⑪ 崔植：772—829年，字公修，唐长安人。中书侍郎崔祐甫之侄，官至同中书门下平章事。

⑫ 奚奴：仆人。

沈子明[1]家所余四卷而已。

长吉将死时，忽昼见一绯衣[2]人驾赤虬[3]，持一版，书若太古篆或霹雳石文[4]者，云当召长吉。长吉了不能读，欻[5]下榻叩头言："阿㜷[6]长，吉学语时，呼太夫人云，老且病，贺不愿去。"绯衣人笑曰："帝成白玉楼，立诏君为记，天上差乐，不苦。"长吉独立榻，边人尽见之，长吉气绝。常所居窗中，勃勃[7]有烟气，闻行车嘒管[8]之声。太夫人急止人哭〔十五〕，待之如炊五斗黍许时，长吉竟死。王氏子非能造作谓长吉者，实所见如此。

呜呼！天苍苍而高也，上果有帝耶？帝果有苑囿、宫室、观阁之玩耶？苟信然，则天之高邈，帝之尊严，亦宜有人物文采愈此世者，何独眷眷于长吉而使其不寿耶？噫！又岂所谓才而奇者不独地上少耶？天上亦不多耶？长吉生二十七年，位不过奉礼太常[9]，当时人亦多排摈毁斥[10]之。又岂才而奇者，帝独重之，人反不重耶？又岂人见会胜帝耶？

明

李梦阳：邵道人传

邵道人者，蜀人也，至庆阳年七十余矣。道人不欲言，凡事颐指色授。馆于钟

---

① 沈子明：官至集贤殿学士。杜牧序称李贺将死，以所作诗"杂为四编，凡二百三十三首"授沈子明。见本卷前录杜牧《李贺诗编序》。

② 绯：赤色帛。

③ 虬：龙子有角者。

④ 霹雳石文：石斧文。

⑤ 欻：音xū，突然。

⑥ 阿㜷：㜷，音mi。母亲的别称。

⑦ 勃勃：烟气向上貌。

⑧ 嘒管：管乐发出的声轻。嘒，音huì，小声。

⑨ 奉礼太常：太常，指太常寺，主管礼乐、祭祀等的衙门。奉礼，指奉礼郎，行礼时主管位置司仪等的官。

⑩ 排摈毁斥：贺父名晋肃。他去应进士试，有人认为"进"、"晋"同音，贺应避讳不参加进士试，贺竟不就试。

楼街，筑土[1]，被衲[2]，无昼夜露坐[3]。郡中子弟争事道人，凡所指授，诸弟子善承之。道人能治病，令病者张目嘘气，即可活。目[4]诸弟子置饭，病者前，出 中铁尺横饭上，诵大悲咒。已，起尺摩[5]病者，曰"瘥[6]矣。"脱[7]不可活，道人则趋出。病家以死日请[8]，出指示[9]，日如其数。道人不取钱，每岁自正月始，活一人，取布尺里衲[10]，里完弗取也。饭道人，无问多少美恶。道人善饮水。冬月冰，道人齿间瀺瀺声，顷之，肩踊面红，汗簌簌下。

予世父[11]患胫疡[12]，久不愈，以问道人。道人曰："此祟也。若往聘某氏，谓其女陋，将更聘之，女惭而缢死，此其祟也。"世父大惊，伏地顿首曰："奈何？"道人曰："今遇我，三日解矣。"三日疡果瘥。

居十余年，忽谓诸弟子将归。诸弟子曰："先生福庆之人[13]，庆之人无敢慢先生者，何遽言归邪？"道人不应。一日，道人令设几三层，坐其上。诸弟子始悟，环守之。夜有登几伺其息者。夜半，霹雳阴阴[14]起屋脊，若戈士甲马战斗之声，诸弟子震慑伏地。天明起视，则道人死矣。

赞曰：子不语怪，则道人者为何如人哉？老氏[15]惑人乱政，而道人口悛悛[16]不欲道辞，急人之难，毙而后已。呜呼！是所谓逃于墨者，非邪？

---

① 筑土：用土筑屋。

② 被衲：身披僧衣。

③ 露坐：坐在露天。

④ 目：用目光示意。

⑤ 摩：抚摸。

⑥ 瘥：音chai，病愈。

⑦ 脱：假如。

⑧ 以死日请：请问患者死亡的日子。

⑨ 出指示：用手指示意。

⑩ 取布尺里衲：拿取一尺布作衲衣里子。

⑪ 世父：大伯父。

⑫ 胫疡：烂脚病。

⑬ 福庆之人：为庆阳造福之人。

⑭ 霹雳阴阴：此处指雷电声。阴阴，当作"隐隐"。

⑮ 老氏：道教。

⑯ 悛悛：音quān quān，谨厚貌。

书

皇清

王全臣[1]：上巡抚言渠务书

唐、汉两渠，宁夏民命攸关。康熙四十八年正月，内蒙饬水利都司王应龙尽力春工，而令职全赞理[2]其事，幸睹成效。兹蒙以各渠情形及修浚利弊下询，谨详陈之：

宁夏，古朔方也。黄河绕于东，贺兰峙于西，相距或四五十里，远者亦不过百余里。南至唐坝堡之分守岭，北至威镇堡之边墙，仅二百七十五里，延袤[3]不甚宽广。而所属宁夏卫并左、右二卫及平罗所，共辖五十二堡，约计田地九千八百二十九顷有余。其正供除麦馔等项，纳银二千六百五十两有零外，田土之赋计：纳粮九万八千三百八十余石，纳七斤谷草并年例秋青草共三十八万三百余束零，纳坝草六十一万零，纳地亩银八百六十余两，其湖滩又纳潮硷银一千五百九十两，赋亦綦[4]重矣。况地大半尽属沙硷，必得河水乃润，必得浊泥乃沃。古人于黄河西岸开浚唐、汉两渠，诚万世利也。四十七年春，职全莅任之时，值春工方兴，随本道鞠宸咨[5]亲诣各渠细勘。窃查黄河自南而北，其入宁夏之处，两岸俱系石山，名曰“峡口”。河初向东北流入峡，微折注于西北，不一二里即仍向东北出峡。峡之尽处，有一观音堂，古人于此傍石山之麓开唐渠一道。渠口宽十八丈，深七尺。至明代，宁夏道汪文辉[6]于右卫之唐坝堡，距渠口二十里建石正闸一座，闸之外建石退水闸四座。正闸下入渠之水以五寸为一分，止以十分为率。水小则闭塞退水各闸，使水入渠，水大则开退水以泄其势。其正闸系六空，西四空为唐渠，东两空为贴渠，每空各宽一丈。

---

① 王全臣：字仲山，清湖北安陆府钟祥（今湖北钟祥）人。进士出身。康熙四十一年（1702）任河州（今甘肃临夏）知州，四十七年（1708）调赴宁夏，协助水利都司王应龙整修唐、汉二渠。

② 赞理：代理，助理。

③ 延袤：音 yán mào，长度和广度，引申指面积。

④ 綦：音 qí，极，很。

⑤ 鞠宸咨：字公度，康熙初进士，曾任陕西宁夏海东等处水利兵备道按察司副使、甘肃布政使等职。

⑥ 汪文辉：字德充，明江西婺源人。隆庆四年（1570）改工部主事御史，后出为宁夏佥事，为宁夏水利建设作出重要贡献。

唐渠自闸以下，西北至玉泉桥，名曰“上上段”。宽八丈，深三五尺，长五十里。自玉泉桥向东北流，复微转西，至良田渠口，名曰“上段”。宽七丈，深五六尺，长七十里。自良田渠口西北至西门桥，名曰“上中段”。宽六丈，深七尺，长四十里。自西门桥西北至站马桥名曰“下中段”。宽六丈深七尺，长六十里。自站马桥北至威镇堡稍[①]止，名曰“下段”。宽三丈，深三四尺，长一百三里。合计共长三百二十三里。其贴渠一道，宽三丈五尺，深六尺。至郭家寺地方分为两稍：一至汉坝堡稍止，长四十里，名曰“旧贴渠”；一至蒋鼎堡稍止，长五十里，名曰“新贴渠”。此因唐渠正闸之东岸，地土甚高，故引此渠。虽闸分两派，而实与唐渠同口，盖唐渠之附庸也。渠两岸之堤及堵水之坝，俱名曰“湃”。沿湃居民，挖小渠以引水入田，名曰“枝渠”。大者或百余里，小者或数十里，及七八里不一。各于湃上建小木闸，以便蓄泄，名曰“陡口”。唐渠东西两岸，共陡口四百三十六道。

旧例百姓有田一分者，岁出夫一名，计力役三十日，又纳草一分，计四十八束，每束重十六斤，又纳柳桩十五根，每根长三尺，此输将定额也。其或需用红柳、白茨、席萁[②]，则于草内折收。每草一分，折红柳四十八束，或折白茨，或折席萁，亦各四十八束，每束重七斤，总名曰“颜料”。或石灰，亦于草内折银烧造。每草一束折银一分，其草曰“坝草”。以备于险要处和土筑湃，及启闭各闸堵叠[十六]渠口也。桩曰“沙桩”，或“钉闸底”，或“钉湃岸”，使土坚固也。渠内水冲之处，必用土草筑一墩以逼水，而外用红柳、白茨护之，更钉以沙桩，名曰“马头”。席萁则绳缆之具也，或修理闸底，亦必用红柳、白茨铺垫，而以沙桩钉之。乃盖以石条，使无冲动之患也。

每岁河冻之时，将渠口用草闭塞，名曰“卷扫”。至清明日，派拨夫役赴渠挑浚，各官分段督催，以一月为期，名曰“春工”。至立夏日，掣[③]去所卷之埽[④]，放水入渠，名曰“开水”。开水之后，田地浇灌，其法先委官闭塞上流各陡口，以逼水至稍，其名曰“封”。封之之际，各陡口仍酌量留水一二分，其名曰“俵”（俗作“淲”）。迨水已至稍，乃开上流各陡口任其浇灌，既足，又逼令至稍。封与俵，周而复始，上流下稍，皆浇灌及时也。唐渠、贴渠原灌宁左、右三卫及平罗所共三十

① 稍：同“梢”，末尾。

② 席箕：音 xí jī，一种牧草，可做堵水的材料。

③ 掣：抽，拽。

④ 埽：音 sào，用以堵口或护岸之物，多用树枝、秫秸、石头等捆扎而成。

四堡，田地六千二顷有余。卫所各官分段封俵，一岁须轮灌数次，乃获丰收。

至于汉渠，在唐渠之下，左卫陈俊堡四道河口地方，距唐渠口三十里。地形低洼，直迎河流，水势易入。其渠口宽三十一丈，深七尺五寸。明汪文辉于汉坝堡距渠口十二里建石正闸一座，计四空，每空宽一丈。闸外建石退水闸三座。自正闸北至唐铎桥，名曰“上段”。宽五丈，深六七尺，长六十五里。自唐铎桥西北至张政桥，名曰“中段”。宽四丈五尺，深六七尺，长七十五里。自张政桥北至殷家夹道稍止，名曰“下段”。宽三丈，深五六尺，稍末宽一丈，长九十八里，共长二百三十八里。渠之东西两岸共陡口三百六十九道。原灌溉宁左右三卫所属十八堡，田地共三千八百二十七顷有余。后因开导西河，水势变迁，何忠堡竟隔在河中，各自开引小渠，灌田三十余顷。今汉渠止灌溉十七堡田地，共三千七百九十七顷有余。其挑挖封俵，与唐渠一例。此渠得水甚易，而又稍短田少，所以通利如故。

比年以来，唯唐渠淤塞过甚，滨于废弃。居民虽纷纷借助于汉渠，不过稍分余沥①，地之高者竟屡年荒芜，而汉渠亦因以受困。职全细按唐渠之大病有三：一苦于渠口之不能受水也。相传先年唐渠口下河中有一石子沙滩，障水之势以入渠。厥后滩渐消没，河流偏注于东，而渠口竟与河相背，其入渠者不过旁溢之水耳。水之入渠也无力，遂往往有澄淤②之患。一苦于地渠之不能通水也。唐坝以下，自杜家嘴至玉泉营，尽系淤沙。每大风起，辄行堆积。唐渠经由于此，实为咽喉。向者以风沙不时，旋去旋积，遂相与名曰“地渠”。盖因两岸无湃，与平地等，故名之也。此处自来不在挑浚③之列，因循既久，竟致渠底与两岸田地齐平，甚有渠底高于两岸田地者。较唐坝闸底约高三四尺，河水泛涨时，入渠之水非不有余，乃自入闸以来至此阻梗，由是旁灌月牙、倒沙两湖，迨两湖既满，然后溢于渠内，徐徐前行，不知费几许水力，经几许时日，乃得过玉泉桥也。况有此阻梗，水势纡回，水未前行而挟入之浊泥，已淤积闸底数尺矣。一苦于渠身之过远也。水之入口者原自无多，而又苦于咽喉之不利，以有限之水流三百余里，供数百口之分泄，其势自难以遍给，若遇河水减落，则束手无策矣。

唐渠有此三大病，而又加以年年挑浚之法积弊多端。如渠夫、渠草除绅衿优免

① 余沥：本指剩酒，此处借指剩余的渠水。

② 澄淤：泥沙沉积。

③ 挑浚：清除淤塞，开通河道。

外，豪衿[①]、地棍[②]及奸胥[③]、滑吏[④]肆意侵蚀，每将百姓应纳草束、沙桩折收银钱，代为买备输纳，名曰“包纳”。草则多系朽烂，桩则尽属短小。又巧立名色，隐射[⑤]规避。若桥梁，若口，倘有损坏，俱属官修，乃藉称须人看守，每处免夫草一二分，名曰“看丁”，又曰“坐免”。甚至徒杠亦有坐免，有力尽为看丁，即曰陡口须人启闭，未闻天下桥梁俱须人看守也。是渠夫、渠草只为奸积之利窟，而渠工已受病实多矣。每年兴工之时，并不查明某处淤塞，某处阻梗，量度工程之轻重，酌用夫役之多寡。唐渠自口至稍，止分三工五段：汉渠自口至稍止，分两工三段。如某工旧例，用夫五百名，年年拨给五百。某段旧例，用夫三百名，年年拨给三百。工轻之处，夫多怠玩。工重之处，夫实短少。且催纳颜料之役，必故为迟延，及时至工迫，各段督工者即令挑渠之夫役采取颜料，两岸园林庄柳，任其砍伐。微论[⑥]止半供渠工，半充私橐[⑦]。额征[⑧]颜料，尽被干没，而所拨三百五百之夫，亦止虚有其数而已。

渠道湾曲之处，东岸高者，西必低；西岸厚者，东必薄。以高厚者力逼水势，刷洗对岸也。每年挑浚之法，如夫一百名，止有三四十名在渠内取土，余五六十名俱排列高厚岸上，递相转运一锹之土，经七八人之手，而对面低薄之岸，必不肯加帮[⑨]尺寸，谓低薄岸底必有刷洗深沟，恐因加帮撒土填塞，以致高厚者愈增，低薄者愈减。是以每年有冲崩[⑩]之虞，或水由湃底钻（俗作汞）溃，或水由湃上漫（俗作“坔”）倒，皆不肯加帮低薄所致也。至渠夫则止由卫所经承派拨，名曰“安渠”。贿嘱[⑪]者，派之路近而工轻；贫穷者，派之路远而工重。且将一段之夫杂派数十堡之

① 豪衿：泛指地方上有势力的人，青衿为生员所服，故称。

② 地棍：地痞。

③ 奸胥：官府中巧于舞弊的小吏、衙役。

④ 滑吏：奸猾的官吏。

⑤ 隐射：暗中渔利。

⑥ 微论：更不用说。

⑦ 私橐：私人的钱袋。

⑧ 额征：应征税赋数。

⑨ 加帮：清代河工为加固堤坝，在堤坝之外加筑一层石、土、木或芦苇等埽堤，称为加帮。

⑩ 冲崩：溃堤。

⑪ 贿嘱：贿赂嘱托。

人，听其自赴工所，管工者莫知谁何，中有逃者，报官查册，拘提[①]往返，动至半月。而一堡之夫又分派数处，必远至百里或二百里以外，使之奔走不遑。更将拨夫单内故意填写错乱，使之赴各工段自行查问。总欲令民不得不致迟悮，以便定取罚工。又各工段设立委管、渠长等役，各五六人，或七八人，每人免渠一二分，彼俱系用贿钻营充当者。一到工所，每人包折[②]夫役一二十名不等。更有豪衿、地棍指称旁枝小渠请讨人夫，多至五六十名，少亦二三十名。官必如数拨给，实无一名赴彼所请之处，伊等竞折钱分肥。是以额夫虽一万一千有零，而在渠挑浚者仅可得半，又率以老弱充数。官司查渠，止走大路，沿途问夫在何处，就彼查点。委管渠长人等探知，即雇附近庄农应名，点后即散。甚且预知官司到来，令人夫于渠内挖土，堆积如墖[③]形，以堆土之高诈为挑挖之深，使高低莫辨。官司一见，便夸称工好，并不问及上段如何，下段如何。官司去后，夫役仍将所堆之土摊平渠内，其运上高岸者，不过数十锹。八段之内，官司必由之处，或挑挖数里，其僻远不到之处，亦夫役足迹之所不到也。总因两渠分为八段，每段必远至数十里，无一定之责成，无一定之程式而奸棍折去夫役，因循延至一月，遂相率[④]而散。其未经挑挖者，虽有十之六七，只谓工多夫少，付之无可如何。渠道之淤塞，实由于此。

职全于莅任[⑤]之初，巡视渠，工见汉渠口之上有一小渠，名曰“货〔十七〕兰渠”。宽数尺，长十余里，乃前任宁夏道管竭忠据居民所请开浚者，别引黄河之水灌田数顷。职全上下相度，见河水直冲渠口，而第[⑥]苦于口低身小，导引不得其方，莫能远达。乃谋诸司水王应龙，请于本道，欲借此渠形势另开一渠，以助汉、唐水力之所不逮。本道谓：“此渠曾奉前抚宪据士民呈请饬，委惠安堡盐捕通判王惠民勘验形势，甚有裨益。后以工程浩大，约计用夫万余，一月尚不能竣。又虑修理闸坝需费不赀[⑦]，遂尔中止。吾有志久矣，汝第力行之。”职全谓：“用夫不得其法，虽数里亦觉艰巨。若量土以计工，量工以计夫，此数十里之渠计日可成。渠若告成，闸坝自

① 拘提：传讯押送。

② 包折：包揽冲折。

③ 墖：音tǎ，同“塔”。

④ 相率：相继，一个接一个。

⑤ 莅任：上任。

⑥ 第：仅，只。

⑦ 赀：计量。

易易也。”本道乃令职全与都司役用额夫，距旧贺兰渠口之上三里许，直迎水势另开一口，至马家庄地方引入旧渠，而扩之使宽。行三四里至陈俊、汉坝两堡之交，即弃旧渠，而西引水由高处行，以达于唐渠。虽远至数十里，而庄园、坟墓皆绕以避之，毫无所伤。其所损田亩尽为除厥差徭[①]，居民莫不欢忻乐役。于四十七年九月初七日兴工，至十三日渠成。十五日本道亲诣渠口开水，不崇朝[②]而徧[③]注田间，自来高亢之地一旦水盈阡陌。妇女孩童咸出聚观，惊喜之状若有意外之获。其渠口上距唐渠口二十五里，下距汉渠口五里，乃右卫唐坝堡所属刚家嘴地方。口宽八丈，深五尺，渠身长七十五里二分。上三十里，宽四丈，深六七尺；下三十里，宽三丈五尺，深五六尺。稍末十五里二分，宽一丈六尺，深五尺。东西共陡口一百六十七道，灌溉陈俊、蒋鼎、汉坝、林皋、瞿靖、邵刚、玉泉、李俊、宋澄九堡田地，共一千二百二十三顷有余。至宋澄堡地方，仍汇入唐渠。

本道以此渠阅十数年聚议[④]，止为道旁之筑者，今告成于七日，且相度形势，较王惠民向所勘验引水更易，不觉喜形于色。谓移此用夫之法以修唐、汉两渠，不难坐令各渠疏通也。于是于四十八年，竟以此渠闻之宪台[⑤]。当蒙倡捐俸资，于陈俊堡地方建石正闸一座，计两空，每空宽一丈，闸外建石退水闸三座。工既成，蒙命其闸曰“大清闸”，渠曰“大清渠”。职全复于闸上建桥房五间，左侧建游亭一所，其规模竟与汉、唐两坝鼎峙矣。此建闸之处，乃旧贴渠经由之地。贴渠较清渠高六尺有余，竟为清渠截断。职全乃造木笕[⑥]，置诸闸后两旁石墙之上，中更用大木架之，傍桥房之栏，以渡贴渠之水自西而东。笕宽四，尺长三丈，名曰“过水”。此不特贴渠无伤，而闸上闸下水流交错，波声互应，风景殊有可观也。彼陈俊等九堡田地乃素用唐渠之水者，清渠既成，则不须唐渠灌溉，其入唐渠之水可使之直趋而下。而所省灌溉九堡之水，实足以补唐渠水利之不足，不患渠身之过远矣。况清渠余水汇入唐渠者，又能大助其势耶。唐渠之病去其一。至于唐渠口，则于黄河内筑迎水湃一道，用柳囤数千，内贮石子。排列两行，中间用石块、柴草填塞，上复用石草加

---

① 差徭：徭役。

② 崇朝：一整天。崇，通“终”。

③ 徧：同“遍”。

④ 聚议：聚集商议 。

⑤ 宪台：旧时对上官的尊称。

⑥ 笕：音jiǎn，引水的长竹管。

叠〔十八〕，过于水面更用大石块衬其根基。其湃宽一二丈，高一丈六七尺不等。自观音堂起，至石灰窑止，共长四百五十余丈，逆流而上，直入峡内，中劈黄河五分之一，以为渠口。口宽至二十余丈，较旧渠口约高数尺。挽河流东注之势，逼令西折入渠。是迎水湃之力，已能逆水使之高，束水使之急，吞噬洪流，势若建瓴，不患澄淤矣！而口又加宽，受水实多，渠内之水赖以倍增。唐渠之病，又去其一。历〔十九〕年不挑之地渠，则多用夫役挑浚，使之低于闸底，以通水路。两旁复立高厚湃岸，使渠流至此得以疾趋，不致绕道于湖。水行既疾，则沙随水走，莫能淤积。唐渠之病又去其一，由是口内洋溢，咽喉无阻。向之唐渠以有限之水灌溉三十四堡田地，常虑不足者，今以有余之水，又省九堡之分泄，止灌溉二十五堡，自无不充裕矣！不须借助于汉渠，而汉渠亦并受其益矣。

至若奉委协助都司挑浚各渠，则革尽从前积弊，唯以新渠用夫之法为例，于清明兴工前一月，将汉、唐各渠自口至稍，逐细查丈，更用水平量其高低。如某处渠道淤塞，应挖深若干，宽若干；某处湃岸低薄，应筑高若干，厚若干；某处工重，应用夫若干；某处工轻，应用夫若干；预造一工程册。乃以额夫合算，除修理闸坝、迎水及各大枝渠用夫若干外，计挑挖唐、汉、大清各渠实止夫若干，于是量土派夫，每夫一日以挖方一丈，深三尺为率。夫数既定，乃自下而上，挨堡顺序。如威镇堡在唐渠之稍，该堡额夫若干名，以土合算，应挖若干里，即定以里数，分立界限，开明宽、深丈尺，令从稍末挖起。至分界处，接连即用平罗堡之夫。又接连，即用周澄堡之夫。余俱逐堡顺派，以近就近，各照分定界限挑挖。其夫即用本堡堡长督率，每工开一丈尺细单，务令挑挖如式。挑挖之土，俱令加叠〔二十〕低薄湃岸。高厚之处，不许妄排多人，致妨正工，其枝渠之大者，俱度量工程，拨给夫役。但往岁于各堡中混派，今则止令受水之民自行挑挖。夫数或稍减于旧额，而用工则不啻①数倍。至十余里及三五里之小枝渠，即算入正渠工程之内，一并挑挖，不另拨夫役，以杜隐射、包折之弊。职全复每日于渠身内往返巡查，如某堡分工几里，其挑挖不合单开丈尺致渠底不平，或低薄之岸叠〔二一〕筑不坚，即责究堡长。工程无包折之弊，夫役无远涉之劳，而逐段皆有责成，皆有程式，自相率尽力，不敢怠玩。况兴工之后，复蒙宪台遣标下守戎王捷督查其工，又蒙廉察坝草六十一万不无侵渔，特对半减免三十万有余。民间有田一分，旧例纳草四十八束者，今止纳二十四束。以是宁民踊跃趋事，争先恐后。各渠疏通无阻，湃岸又极坚固，所以立夏

① 不啻：不只，不止。

开水之日，黄河水不加增，而每年开水月余水不能到稍者，今不过四五日，稍末即浇灌偏足矣。镇城以北往年不沾涓滴[①]者，今且徧种稻稗矣！宁镇各渠之情形及修浚之利弊如此，此皆差员王捷所目击者也。独是职全革弊[②]太尽，立法太严，委管渠长尽遭革除，豪衿、地棍势难包折，隐射之弊俱为清出，枝渠之夫不能分肥，而奸胥、滑吏岁岁恃渠工以填溪壑者，今且无所施其巧。是数万生灵虽云受利，而积年奸宄[③]未免侧目矣。窃思古人之于渠务，额设[④]有夫，力役有期，物料有备，分五工八段，使各尽其力，立法何尝不善，迄于今非徒无益，而又害之，总皆趋利之辈作弊于所忽，坏法于不觉，竟使利民者反以累民，古人立法之美意泯没殆尽。职全亦何人斯？安保其所立之法不即坏于旋踵[⑤]耶？伏乞[⑥]严饬司水利者，每年以去岁春工为例，而再为神明变通于其间，不使已效之法复致更张[⑦]，已通之渠复致淤塞，宪恩[⑧]直与河流并永矣！

说

明

刘绍周：褒斜同谷说

古今志褒斜者，皆谓南北同谷，惟何氏《雍大记》[⑨]不然，谓自秦入蜀，有三谷四道：西南曰褒谷；南曰骆谷，从洋[⑩]入；东南曰斜谷，从郿[⑪]入，其栈道有四出；

① 涓滴：水滴，极少的水。

② 革弊：革除弊害。

③ 奸宄：音 jiān guǐ，违法作乱的人。

④ 额设：定员设置。

⑤ 旋踵：掉转脚跟，比喻时间极短。

⑥ 伏乞：向尊者恳求。

⑦ 更张：重新张设，比喻变更。

⑧ 宪恩：上司的恩惠。

⑨《雍大记》：明代学者何景明所撰，共三十六卷。何景明，字仲默，信阳人。弘治十五年（1502）进士，官至陕西提学副使。

⑩ 洋：洋县，今属陕西省汉中市。

⑪ 郿：郿县，今属陕西省宝鸡市。

从成、和、阶、文出者[①]，为沓中[②]阴平道，邓艾伐蜀由之；从两当出者，为故道，汉高帝攻陈仓由之；从褒、凤出者，为今连云栈道，汉王之南郑由之；从城固、洋县出者为斜骆道，武侯屯渭上由之。此四道三谷。

余未履其地，但就其所分疏求之。夫既以骆谷为南，则斜谷当在西南，且斜、骆二谷，地望各异，何得概称一道，为武侯[③]屯渭所经由耶？盖褒谷在蜀汉西北，不得为自秦入蜀之路。若从秦川言，则南曰骆谷，在盩厔西南[④]，为郿，则斜谷耳。乃讹西南曰东南，将以郿在盩厔之东乎哉？故程大昌[⑤]述高帝[⑥]之入关也，正月，羽封沛公为汉王，都南郑，封秦将章邯为雍王，都废邱[⑦]。四月，汉王入蚀中[⑧]，至南郑。蚀中不见地书，以地望言，关中南面碍山，不可直达，其有微径可达汉中者，惟子午关，在长安南次，西有骆谷关，又西则褒、斜也。此蚀中非骆谷则子午耳，若大散则在西南，不与咸阳对出，非其地矣。其年五月[⑨]，汉王引兵袭雍，则自褒斜出[⑩]，盖雍之陈仓也。汉兵既出，章邯走废邱，遂定雍县，东围废邱，邯自杀，复遣樊哙、周勃引兵下郿，安得谓骆谷在南，而斜谷又在东耶？又按郑氏《地理略》[⑪]，当蜀魏时，陈仓东北十五里为郿城[⑫]，亮攻陈仓不拔，又攻郿不能克，乃引还。《国

① 成、和、阶、文：成，即成县，今属甘肃陇南市。和，即和政县，今属甘肃临夏回族自治州。阶，即阶州，治所在今甘肃武都市。文，即文县，今属甘肃陇南市。

② 沓中：古代地名，约在今甘肃省舟曲县，为处于岷山、迭山环抱中的小型盆地。

③ 武侯：即蜀汉丞相诸葛亮，因封武乡侯，故称。

④ 盩厔：音zhōu zhì，县名，即今陕西周至县。

⑤ 程大昌：1123—1195年，字泰之，宋徽州休宁（今属安徽）人。政治家、思想家、文学家、哲学家。

⑥ 高帝：即汉高帝刘邦。

⑦ 废邱：又称“废丘”。古地名，在今陕西兴平市境内，周朝时名犬丘，周懿王所都，秦欲废之，故曰“废丘”。邱，康熙间避孔子讳新造字。

⑧ 蚀中：古地名。入汉中道川谷名。

⑨ 其年五月：据《史记·高祖本纪》：“八月，汉王用韩信之计，从故道还，袭雍王章邯。”《汉书·高帝纪》：“五月，汉王引兵从故道出袭雍。”《资治通鉴》：“八月，汉王引兵从故道出，袭雍。”

⑩ 自褒斜出：刘邦由汉中北出三秦，经由故道，非经褒斜道，见上注所引《史记》《汉书》《资治通鉴》所载。

⑪ 郑氏《地理略》：指郑樵《通志·地理略》。

⑫“陈仓”句：此句疑为“陈仓东百十五里为郿城”之误。

志》虽无其文，而渔仲博雅，必有所本，则高帝后亮亦攻陈仓及郿，而不独屯渭上，由斜、骆道矣。盖骆谷出扶风，隔南山中有三岭：一曰沈岭，近芒水，在盩厔；一曰衙岭，一曰分水岭，固郿斜谷水所从出以入渭者也。乃知斜、骆二谷在南山中，其脉势实相联接，缘本着末，则郿与盩厔皆有骆谷，而《雍大记》乃统称斜骆道云，所以记事者又有元、僖[①]西幸由斜谷之说，见于《柳氏旧闻》及张彭《耆旧传》。

辨

明

俞安期[②]：昆仑积石二山辨

按《后汉书》志郡国云："临羌有昆仑山。"班固《汉书》志地理，其"金城郡，临羌县"下疏云："西北有西王母石室、仙海、盐池，西有弱水、昆仑山祠。"至唐而吐蕃自云昆仑山在其国中。长庆中，刘元鼎使吐蕃[③]，称"三山中高四下。曰紫山，古所谓昆仑，亦曰闷摩黎山。"潘昂霄[④]《黄河志》云："吐蕃朶甘思东北鄙有雪山，即昆仑。"明洪武三年西平侯沐英，九年征西将军邓愈追羌人至此山，咸云昆仑，是昉[⑤]于凉张骏[⑥]时马岌傅会之言也。马岌为凉酒泉太守，上言酒泉南山即昆仑，周穆王见西王母，谓此山宜立西王母祠，以裨朝廷无疆之福。骏从之。西王母既祠，厥后范晔〔二二〕遂以昆仑载之临羌，而疏[⑦]班固《地理志》者亦约[⑧]晔〔二三〕书张大之。酒泉之南山，非临洮之西北乎？然《禹本纪》云："河出昆仑，昆仑高，三千五百余里，日月相避隐为光明也。其上有醴泉、华池。"去嵩高五万里，地之中也。

① 元、僖：即唐玄宗和唐僖宗。元当作"玄"，避康熙皇帝讳改。

② 俞安期：明代学者，约万历中前后在世。著有《寥寥集》《唐类函》《类苑琼英》《启隽类函》等。

③ "长庆"句：唐穆宗长庆元年（821）吐蕃赞普赤热巴金礼部尚书论讷罗到长安请和，唐朝派大理卿御史大夫刘元鼎作为会盟使，前往吐蕃逻些（今西藏拉萨）会盟。

④ 潘昂霄：字景梁，号苍崖。元济南历城人。历官昆山县尹、南台御史、闽海宪佥。成宗大德六年（1302），转任南台都事，累官翰林侍读学士、通奉大夫。雄文博学，为世所重。著有《河源记》一卷，《金石例》十卷，诗文集《苍崖类稿》《苍崖漫稿》各数卷。

⑤ 昉：通"仿"，效仿，参照。

⑥ 张骏：307—346年，字公庭，十六国时期前凉君主。

⑦ 疏：注解，说明。

⑧ 约：总结，概括。

《龙鱼河图》[①]云："昆仑山，天中柱也。"《水经》云："昆仑墟在西北，去嵩高五万里，河水出其东北陬。"《淮南子》云："高万一千里有奇，上有木禾、珠树，沙棠琅玕在其东，绛树在其，南碧树在其北。"《佛图西域志》[②]云："阿耨达大山，其上有大渊水，即昆仑山。"康泰[③]《扶南传》云："天竺，恒水之源，乃极西北，出昆仑山。"《穆天子传》云："天子自昆仑山入于宗周，里西土之数，自宗周瀍水以西，至于昆仑侧瑶池上，万有一千一百里。"郦道元注《水经》，按是数说，参以《山海经》，谓里至互殊，难以详究。盖考之《山海经》而不悟昆仑有海内、大荒之别也。《山海经》之《海内西经》云："海内昆仑之墟，在西北，帝之下都。方八百里，高万仞，百神之所在。河水出其东北隅，入禹所导积石山。"郭璞注云："言海外复有昆仑山。"又《山海经》之《大荒西经》云："西海之南，流沙之滨，赤水之后，黑水之前，有大山，名曰昆仑之邱〔二四〕。其下有弱水之渊环之，其外有炎火之山。有人戴胜[④]，虎齿，有豹尾，穴处，名曰西王母。"是有二昆仑焉。盖穆天子所登，《山海经》所谓，海内之昆仑。班固《西域传》所载南北有大山，中央有河东西六千余里，南北千里，东则接汉，阨以玉门、阳关，西则限以葱岭，计其里至，度其在所，是介葱岭、于阗之间矣。葱岭以西为天竺国又西有大昆仑是为天柱，是为地中。《山海经》所谓大荒中之昆仑，《西域志》所谓阿耨达大山，《禹本纪》《水经》所谓去嵩高五万里，《水经》所谓"河水出其东北陬[⑤]，屈从其东南流"，"入于阗"，是其重源也。张骞寻河源，至于阗、葱岭，以为河源。而司马迁遂有乌覩、昆仑之论，不信夫〔二五〕《禹本纪》《山海经》之载。又言九州山川，《尚书》近之，独不睹《尚书》亦有"织皮、昆仑、析支、渠搜"之纪乎？又《水经》载河水由葱岭径西域十三国而注泑泽[⑥]，班固《西域传》云：河有葱岭、于阗两源，合而东注蒲昌海，一名盐泽，即泑泽也。"去玉门、阳关三百余里，广袤三百里，其水冬夏不增减，潜行

① 《龙鱼河图》：汉代纬书，作者不详，其书记玄女助黄帝制服蚩尤及昆仑天柱、玄洲、祖洲等事。原书已佚，《说乳洛》《汉学堂丛书》及《古微书》等均有辑录。

② 《佛图西域志》：即释道安所著《西域志》。释道安（312—385），东晋时代著名的佛教学者。

③ 康泰：三国时吴国出使南海的官员。相传曾著《扶南传》（或作《扶南记》或《吴时外国传》《吴时外国志》），已亡佚。《水经注》《艺文类聚》《梁书》《通典》《太平御览》等书有所征引，是研究中国和南海诸国早期经济文化交流的重要文献。

④ 戴胜：戴玉琢之华胜，为古神话人物西王母的服饰。

⑤ 陬：音 zōu，隅，角落。

⑥ 泑泽：即罗布泊。

地下，南出积石山，为中国河。”范晔〔二六〕云西域内属诸国，自玉门、阳关西至葱岭六千余里，其纪河源同。夫汉自敦煌西至盐泽，列起亭障，戊己校尉屯于车师，都护之府置于乌垒，介西域之中，督察动静。是葱岭、于阗之流，入于蒲昌，汉之官卒目所经见。班固记之，谅非绵邈计度①之辞。《水经》所载十三国，郦道元亦引固书入证，往往吻合，是非诞妄。至云盐泽之水，洄湍②电转，为隐沦③之脉，当其环流，飞禽上经，无不坠之，是即河水所潜，出于积石，亦岂臆造！由汉以来，彰彰较著④。嗣后，唐咸亨元年，薛仁贵征吐蕃，败绩大非川⑤。二年，乃以河关静边镇置积石军，久之遂讹“河关两山夹峙，河出其间”者，为《禹贡》所导之积石，矧又辅以马岌西王母之祠，范晔〔二七〕临羌之纪，昆仑既在河关之上，益为积石明证矣。《水经》云河水“南至积石山，下有石门，河水冒以西南流。”郦道元谓之“重源”。东方朔《十洲记》云：“昆仑南接昆仑圃，实昆仑之支辅。”与《水经》：“南至积石山”之文合。《山海经》云：“积石之山，其下有石门，河水冒以西南流，万物无不有。”郭璞注云：“山在金城河关县西南羌中。”《后汉书》云：“段颎为护羌校尉，追烧当羌，北斗且行，割肉餐雪四十余日，遂至河首积石山，出塞二千余里。”隋置河源郡积石镇，命刘权镇之，统远化、赤水二县，在古赤水城，又在曼头城西，宇文述追破吐谷浑处，所谓“得地东西四千里，南北二千里，置郡县镇戍，徙天下轻罪居之”者也。注云：有积石山，河水所出。又有乌海，贞观中诏李靖、侯君集等西征吐谷浑，军次乡州。始议所向，后战于曼都山，穷追出塞，登汉哭山，复战于乌海，破天柱部于赤海。君集、建宗行空荒之地二千里，乃次星宿川，达柏海，上望积石山，观河源。自是以上，曷尝言积石在河关也。唐置军而更名积石，借其嘉称，犹之征吐谷浑近在青海，而以君集等为积石道、鄯善道、赤水道、且末道、盐泽道也，岂实隶其地耶？置河源军于鄯城县，又非河源郡之故地盖可证也。逮至开元中，张守节作《史记正义》云：“河州有小积石山，河源出大昆仑。入盐

① 绵邈计度：因时间相隔久远而推测臆断。

② 洄湍：音 huí tuān，回旋的急流。

③ 隐沦：隐匿，埋没。

④ 彰彰较著：明显，彰明。

⑤ 败绩大非川：唐咸亨元年（670）四月至八月，唐与吐蕃为争夺龟兹、疏勒、于阗、焉耆四镇，在大非川（今青海共和西南切吉旷原）交战。唐军因远道出征，供给不畅，加之军中将领不和，终陷败局。

泽，东南潜行，入吐谷浑界大积石山，又东北流入小积石山”。指河源所出者为大昆仑，似以临羌山为小昆仑矣。又以河源关为小积石，吐谷浑界者为大积石，其名迹未尽混也。肃、代之季，吐蕃据有河湟，中外〔二八〕隔越，既易五朝，历〔二九〕数十年，邈无经载[①]。长庆中，刘元鼎使吐蕃，胡怪乎以关为积石，紫山为昆仑，以积石冒出之流星宿川为河源也。而杜佑之《通典》、欧阳元[②]之《潢记》、马端临之《通考》以至邓展、都实、潘昂霄辈不悟，置军名所由起，寖假[③]相延，遂坚执元鼎之说，极诋《山海》《水经》以及班固、郭璞、郦道元之俦。呜呼！曲士拘儒[④]，经见不广，及于知识未逮者，辄为荒唐，诚谚所谓“少所见，多所怪”，妄鼓笔札，而令前人之与古迹受诬千载，直如长夜。至于昂霄之志一行，奉为指南，而明朝〔三十〕按河关者建立禹庙，祀在有司，积石之讹，益莫可辨。昆仑之墟，终古不移，深可慨惜矣。客有难予者曰：“《尚书》昆仑析支，差次叙之，所在相去，似不应遥。《后汉书》称金城之西南滨于析支，则临羌之有昆仑，独不可以理推之，而乃信不可知之载牒[⑤]，以置辨乎？”余曰：“不然。《水经》云河自朔方东转径渠搜北，盖渠搜在今榆林北，析支、渠搜亦差次叙之，相去大远。又析支即河曲羌所居，盖都实所称九渡水是已。又称由九渡至昆仑，行二十六日程。河始行昆仑南，经叙昆仑在析支之上，又岂应山在析支下哉？蒲昌之水，潜出积石，既有经证于汉，而昆仑流入葱岭，独无是理乎？矧《尚书》亦称道沇水[⑥]东流为济，溢为荥，东出于陶邱[⑦]，沇水亦既潜而复见，《尚书》亦诡诞[⑧]矣。”余赋黄河，悉陈群籍，究其源委，会通其故，乃备列之，以发千百年之覆云。

---

① 邈无经载：因相隔时间久远而没有记载。

② 欧阳元：即欧阳玄（1274—1358），字元功，号圭斋，湖南浏阳人。元代史学家、文学家。曾参与编写辽、金、宋三史，有《圭斋文集》十五卷遗世。此处因避清圣祖玄烨讳，改称欧阳元。

③ 寖假：音 jìn jiǎ，逐渐。

④ 曲士拘儒：乡曲之士和固执守旧、目光短浅的儒生。比喻孤陋寡闻之人。

⑤ 载牒：文献记载。牒，文书，证件。

⑥ 沇水：沇一作“兖”，古河名，济水的别称，源出河南，流经山东入渤海。

⑦ 陶邱：即陶丘，地名，古称陶，陶邑，在今山东菏泽市定陶区。

⑧ 诡诞：怪异荒诞。

皇清

武全文[①]：泾源辨

按〔三一〕《地志》[②]，泾水出原州百泉县笄头山[③]。《山海经》则曰："数历〔三二〕山之西百五十里曰高山，泾水出焉。"考高山在平凉郡西，水由瓦亭川而东。笄头山在平凉西，南下有百泉，流为泾。皆汇于郡城之西数里。如以《地志》为据，则百泉为源，高山为支；以《山海经》为据，则百泉为支，高山为源。两说并存，则泾水南北有二源，与汭同矣。揆二水之形，百泉诸水大倍于瓦亭川水，经小水入大水，以大纳小，不以小纳大，则泾源当在笄头。以地里计之，高山距平凉一百二十里，地颇远笄头，距平凉四十里，地较近。其瓦亭居空同之西北，笄头出高山之东南，似又不当以远者为支，近者为源，下者为源，上者为支也。无已[④]，则随山而度其势，循流而考其源。百泉之水由空同而东下，山环水涌，其势澎湃，于势为最顺。高山之水西出瓦亭川，地远流细，北乱[⑤]于泾，势则少逆矣。后世述河源者曰"昆仑"，又曰"星宿海"，泾之大也，不及河而达于河。泾源人称百泉者，谓其离奇湍泻不可狎视[⑥]，几与星宿海同。《禹贡》泾水兼属渭、汭，绵亘八百余里，为雍、梁之间巨浸[⑦]，则其发源必有神灵瑰异[⑧]、非常之观。高山诸流固不可与百泉深广同日而语也，故《山海经》虽出于前，而纪泾源者必毅然属笄头。禹治水必随山，顺其势也；礼祭海者必先河，神其源也。然则《山海经》称泾水出高山，何以故？曰高山支接终南，原本太华，雄峙陇山西北。笄头密迩[⑨]高山，视之如太山培塿然[⑩]。故

① 武全文：字藏夫，号石庵，清山西孟县人。顺治四年（1647）进士。历任工部郎中、平凉兵备道、布政司参议、衡永郴道布政司参政等职。著有《旷观园文集》《旷观园诗集》《武氏家学汇编》等。

② 《地志》：即《括地志》，由唐初魏王李泰主编的一部大型地理著作，全书共正文五百五十卷、序略五卷，征引广博，保存了许多六朝地理书中的珍贵资料。

③ 笄头山：又作"鸡头山"，崆峒山的古称。

④ 无已：不得已。

⑤ 乱：横渡，此处指汇入。

⑥ 狎视：音 xiá shì，轻视。

⑦ 巨浸：大水，指大河流。

⑧ 瑰异：特异，珍奇之物。

⑨ 密迩：音 mì ěr，贴近，靠近。

⑩ 培塿：音 péi lǒu，亦作"部娄"，小土丘。

志山者舍卑而从高，犹志水者舍小而从大，统笄头于高山而泾水因之。朱子注“汭源”曰“吴山”①，义固与高山同也。

武全文：汭源辨

后世称汭水者，以误沿误，千载滋疑②。止缘朱子注《诗》“汭水出吴山西北”，蔡氏③注《禹贡》：“出弦〔三三〕蒲薮之西北”，遂不复详察其地，而以陇州汧源县为汭水之源。今考陇州诸水，皆由汧入渭，不与泾通，此不待辨而知其与汭无涉也。惟吴山、弦〔三四〕蒲薮二说，先儒抑岂无据，而妄称之。考古《志》，华亭有陇山，有汭水，纪载甚确。则汭水出华亭，固无疑矣。吴山即陇山。华亭与陇州山连壤接，界内诸山，皆属陇，又曰“小陇山”。且唐、宋之际，县旧属陇，尚未入平凉也。则朱子所称“吴山西北”，安知不在华亭境内，而必执陇以问汭耶？载考弦〔三五〕蒲薮，在今陇州蒲峪，是汧、陇之西薮也，而其西北即为华亭西山。是蔡氏之说，亦非刺谬。后人不深考西北之义，误以汭水为汧，则泥古所致，不审于《禹贡》“泾属汭渭”及《公刘》“芮鞫之即”④果何所解也。是不可不辨。

考

皇清

达礼善：泾渭考

水利者，民事之所急也。自周起西陲，历〔三六〕秦汉至唐，关中遂为建都之地，名山大川，历历〔三七〕可数，而渭清泾浊，君子存鉴别之思焉。按《周官》雍州，其泾〔三八〕、渭、洛为关中三川，周幽王时三川震⑤是已。泾、渭二水合灞、浐、涝、潏、沣、滈，又谓关中八水。渭水出陇西首阳县鸟鼠同穴山东北，过狄道县南、上邽县北、陈仓县南、武功县北、槐里县南与涝、沣二水合。东至高陵与泾水合，又与漆、沮水合，至潼津入河。《尚书》所谓：“导渭自鸟鼠同穴东，会于沣，东会于泾，又东过漆沮，入于河”是也。泾水出安定朝那县西开头山东南，经兴平、扶风，至京兆高陵县而入渭，与渭水合流三百里，清浊不相杂。东合漆沮水，亦自潼

① “朱子”句：朱子即朱熹，此处所谓“注”，即朱熹注《诗》所作的《诗集传》。

② 滋疑：引起怀疑。

③ 蔡氏：即蔡沈（1167—1230），字仲默，号九峰，宋建州建阳人。少从朱熹游，后隐居九峰山下。注《尚书》，撰《书集传》，为元代以后试士必用。

④ “《公刘》”句：见《诗·大雅·公刘》，谓在芮水流域发展。

⑤ 三川震：即周幽王二年（前780）发生的一场大地震，震源在西周的发源地岐山一带。

津入河。

《禹贡》所称“导渭自鸟鼠同穴，又东会于泾”，又云“泾属渭汭”是也，二水之所自出者如此。《诗》云：“文王初载，天作之合。在洽之阳，在渭之涘。文定厥祥，亲迎于渭。”[①]又云“我送舅氏，曰至渭阳。何以赠之，路车乘黄。”[②]《三辅旧事》云：“秦都渭北，渭南作长乐宫桥，表河为秦东门，表汧〔三九〕秦西门，二门相去八百里。渭水贯都，以象天河；横桥南渡，以象牵牛。汉都渭南，开北阙以临渭，渭北则陵庙所在。”《史记》云：“太公钓渭，周西伯[③]将猎。卜曰：‘所获非龙、非螭、非熊、非罴[④]，所获霸王之辅。’于是西伯猎，果遇太公于渭之阳。与语，大悦。”又云：“汉文帝十五年，赵人新垣平[⑤]以望气见，因说上设立渭阳五帝庙，欲出周鼎。”又云：“张释之[⑥]为廷尉，文帝出中渭桥，有一人从桥下走出。乘舆马惊，使骑捕属廷尉。”陈寿《益都耆旧传》云：“汉武帝时，蜀张宽[⑦]为侍中，从祀甘泉。有女子浴渭水，乳长七尺。上怪，遣问之。女曰：‘帝后第七车知我所来。’宽在第七车，对曰：‘天星主祭祀者[⑧]，斋戒不洁则见。”渭水之见于经史者如此。

《诗》云：“淠彼泾舟，烝徒楫之。”[⑨]《左传》：“晋侯伐秦，帅诸侯之师以进济泾而次，秦人毒泾上流，师人多死。”《史记》：“秦二世梦白虎啮其左骖，卜，泾水为祟，二世乃斋望夷宫欲祠泾。”后汉章帝北巡，下长平御池阳宫，东至高陵，造舟至于泾而还。泾水之见于经史者如此。

而泾渠之利最大。先是秦数伐韩，韩命水工郑国[⑩]说秦凿引泾水，令秦师不得东

① 《诗》云句：出自《诗·大雅·大明》。

② “又云”句：出自《诗·秦风·渭阳》。

③ 西伯：周文王姬昌。

④ 罴：熊的一种，即棕熊，又叫马熊。

⑤ 新垣平：？—前163年，西汉文帝时期的著名方士。

⑥ 张释之：字季，堵阳（今河南南阳方城）人。西汉法学家，法官。

⑦ 张宽：字叔文，成都人。汉景帝时，蜀郡太守文翁选派张宽等人到长安，就博士受业。后教授于蜀，由是蜀学比齐鲁。官至扬州刺史。作《春秋章句》十五篇。

⑧ 天星主祭祀者：天上主持祭祀的星宿。

⑨ “《诗》云”句：出自《诗·大雅·棫朴》。

⑩ 郑国：战国时期韩国水利专家，生于新郑（今河南省新郑市），曾任韩国管理水利事务的水工（官名），参与治理荥泽水患以及整修鸿沟之渠。后被韩王派去秦国修建水利工事以“疲秦”。渠修建之后，秦以富强，卒并诸侯，因命名曰“郑国渠”。

伐。秦觉，欲杀之。国曰："为韩延数岁之命耳，然渠成亦秦之利也。"于是秦令国卒成其功，溉田四万余顷，名曰"郑渠"。汉元鼎间，左内史兒宽[1]因郑渠旁有田高不及溉者，奏请开六辅渠以溉之。赵中大夫白公[2]又穿渠引泾水，首起谷口，尾入栎阳，注渭中二百里，溉田四千五百顷，因名"白渠"。人歌之曰："田于何所，栎阳谷口。郑国在前，白渠起后，举锸为云，决渠为雨。泾水一石，其泥数斗。且溉且粪，长我禾黍。衣食京师，亿万之口。"嗣后宋大观中，有丰利渠[3]。元至大间，有王御史渠[4]。明成化中，巡抚项忠又有广惠渠[5]。渠名数更，要之皆发源郑国耳。

二水，一清一浊，各禀天地自然之气，无容勉强，且皆足以备亢旱济农，功开亿万年民事之利。非若君子、小人判然有熏[6]，莸[7]冰炭之异也。然《易》之道，以阳画为君子，阴画为小人[8]，阳则轻清而象天，阴则重浊而象地。所谓君子、小人者，特其象耳。渭水之清非真有胜于泾，而其象有似乎君子；泾水之浊非真有逊于渭，而其象有似乎小人。君子所以起鉴别之思者此也。

---

① 兒宽：？—前103年，字仲文，西汉千乘（今山东广饶县）人。历仕廷尉、掾举侍御史、中大夫、左内史、御史大夫。汉武帝元封六年（前105年），奉诏与司马迁等共定《太初历》，精通经学和历法，且善文辞。

② 白公：西汉赵中大夫，因提议在关中地区修建"白公渠"（"郑白渠"、"白渠"）而之名。

③ 丰利渠：在泾阳县西北、白渠上流，建于北宋末年。先后两次施工，一期由侯可主持，工期九年，因遭荒年而中止。二期工程于大观二年（1108），两年完工，由赵佺主持。渠建成后，凡溉泾阳、礼泉、高陵、栎阳、云阳、三原、富平七县田三万五千九十三顷，故赐名"丰利渠"。

④ 王御史渠：又称王御史新渠。元至大元年（1308），西台御史王琚建议，在丰利渠口上游续开石渠，下段与丰利渠并行十余米后，折向汇入丰利渠。该渠自延佑元年（1314）动工，五年完成。

⑤ 广惠渠：建于明成化初年（1465），由陕西巡抚项忠倡议并组织修建，是明盛世时修建的大型工程。

⑥ 熏：气味，此处借指人的品行、习惯。

⑦ 莸：通"犹"。

⑧ 阳画、阴画：组成八卦的长短横道符号，"—"为阳爻，"--"为阴爻。

跋

宋

曾巩[①]：西狭颂跋[②]

武都太守汉阳阿阳李翕，字伯都，以郡之西狭阁，道通梁、益，缘壁立之山，临不测之溪，危难险峻，数有颠覆霣坠[③]之害，乃与功曹吏李旻定策，勑衡官掾[④]仇审治东坂，有秩[⑤]李瑾治西坂，鐉烧大石[⑥]，改高即平，正曲广阸[⑦]。既成，人得夷涂，可以夜涉，乃相与作颂刻石。其颂有二，其所识一也。其一立于建宁四年六月十三日壬寅，其一是年六月二十日立也。又称翕尝令渑池[⑧]，治崤嵚[⑨]之道，有黄龙、白鹿之瑞。其后治武都，又有嘉禾、甘露、木连理之祥。皆图画其像，刻石侧。盖嘉祐之间，晁仲约质夫[⑩]为兴州，还京师，得《郙阁颂》[⑪]以遗余，称析里桥郙阁，汉武都太守李翕字伯都之所建，以去沉浚之患。而"翕"字残缺，不可辨得。欧阳永叔[⑫]《集古目录跋尾》以为李会[⑬]，余亦意其然。又熙宁十年，马中玉为

---

① 曾巩：1019—1083年，字子固，宋建昌军南丰（今江西省南丰县）人。文学家、史学家、政治家。

② 西狭颂跋：《西狭颂》，全称《汉武都太守汉阳阿阳李翕西狭颂》，亦称《李翕颂》、《黄龙碑》，位于甘肃省成县天井山，东汉建宁四年（171）六月刻，仇靖撰刻并书丹。与陕西省汉中市的《石门颂》、略阳县的《郙阁颂》同列为汉代书法"三颂"，是三大颂碑中保存最完整的一座摩崖刻石。此文为曾巩为《西狭颂》所写跋文。

③ 霣坠：音yǔn zhuì，坠落。

④ 衡官掾：官名。汉置，为郡国属吏，掌山林和开山修路等。

⑤ 有秩：官名。乡官之一。掌听讼收税等事。

⑥ 鐉烧大石：指将石头烧热在浇以凉水使其碎裂的开凿方法。鐉，音quān。

⑦ 正曲广阸：平整曲面，拓宽狭小处。阸，窄小。

⑧ 令渑池：任渑池县令。

⑨ 崤嵚：音xiáo qīn，即崤山。

⑩ 晁仲约质夫：即晁仲约，字质夫，北宋官吏，工于文学，与王安石、苏轼、文同等都有文字交往。有《文集并杂著》二十五卷。

⑪ 《郙阁颂》：东汉灵帝建宁五年（172）为纪念汉武都太守李翕重修郙阁栈道而书刻的一方摩崖石刻，全称《汉武都太守李翕析里桥郙阁颂》。

⑫ 欧阳永叔：即欧阳修，字永叔，故称。

⑬ 会：哈佛本、刻补本、四库本皆误作"翕"，《曾巩集》卷50作"会"，据《曾巩集》改。

转运判官[①]于江西，出成州，所得此颂以示余，始知其果为李翕也。永叔于学博矣，其于是正文字尤审，〔四十〕近士大夫喜藏画，而汉画则未有能得之者。及得此图，所画龙、鹿、露木[②]〔四一〕、嘉禾〔四二〕，然后汉画始见。又皆出于石刻。郙阁立于建宁五年，然一西狭郙阁之道，有益于人，而史不传，则颂之作，其可备史之阙与。

墓表[③]

汉

冯奉世[④]：赵壮侯墓表[⑤]

永光二年秋八月，奉世承命击逆羌，道出陇上。骑都尉赵印侯谒，状父行请表。呜呼！兹世友赵翁孙墓也。翁与世有刎颈交，表其行事，以风来世，固世心也，亦世职也，敢以不文辞！

先生讳充国，字翁孙，世居陇西上邽人也。曾祖讳真，秦为隃麋[⑥]令。祖讳岩皋，高后朝拜校尉。父讳破奴，后元时为材官，元封间以击楼兰功领前将军，太初战殁。三年己卯[⑦]，先生以材名，见知贰师将军，从征宛城[⑧]，补校尉，领护西域轮台、渠犁[⑨]田卒事。天汉二年[⑩]，冬匈奴围贰师于酒泉，先生督壮士百人，溃围陷阵，身被二十余创，遂解贰师围。诏征诣行在所[⑪]，帝亲视疮，嗟叹良久，拜中郎

① 转运判官：官名。宋代始于转运使、发运使下设判官，职位略低于副使，称转运判官、发运判官，简称“运判”。

② 露木：当作“承露人”。武帝为神仙降露，在长安建章宫内建造神明台，上铸造铜仙人双手捧铜盘，以此来求得仙露。此形象作为刻画的祥瑞，在汉代画像石中可见。

③ 墓表：犹墓碑，因其竖于墓前或墓道内，表彰死者，故称。

④ 冯奉世：？—前40年，字子明，原籍上党潞县（今山西潞城东北）人，后移居杜陵（今陕西西安东南），西汉将领。

⑤ 赵壮侯墓表：此文言辞不类西汉，记史实亦多有讹误难通处，疑为后人伪作。

⑥ 隃麋：古县名。在今陕西省千阳县城东。

⑦ 三年己卯：汉武帝元封三年（前108年）。

⑧ 宛城：即大宛。

⑨ 渠犁：古西域国名。在今新疆库尔勒市，孔雀河从其西流过。

⑩ 天汉：汉武帝年号，前100—前97年。

⑪ 行在所：也称“行在”，天子所在的地方，专指天子巡行所到之地。

将。征和四年①，罢轮台亭隧诏，回拜护军都尉。元凤三年②，乌桓反，大将军欲邀击，问先生。先生曰："匈奴击之于汉便，我今发兵邀击，招寇生事，非计也。"后共捕上官③，功拜中郎将、车骑将军。元平秋，大将军④捐馆⑤，先生识霍氏微，绝交。及霍氏败，连坐者千计，先生不与焉。元康间，匈奴弱，上欲出兵击右地，先生首倡不可击之策。帝意未释，及丞相书进，始罢谋。三年，先零诸羌叛，先生谋方略谕安国⑥。及至西域，违算⑦，羌侯杨玉怨怒背畔。先生年已七十有六矣，上老之，使御史大夫问将。先生曰："无逾老臣。"复问卒数。先生曰："兵难隃度，愿驰至金城，图上方略，羌戎灭亡不久，陛下勿以为忧。"上笑，赐后将军印，祖饯⑧西行。先生诣金城，以远斥堠为务，行为战备，止坚营壁，持重爱士，先计后战。遂至西部，欲树恩威，招降罕、幵。辛太守首建急攻之策，上从先生计，罕、幵竟不烦兵而下。度先零势必败坏，罢骑兵，留步卒屯田陿中，以待其毙。乃上留田便宜十二事及封事以闻。每上，辄下议。初是十三，中十五，终十八。上从之。二年夏五月，先生振旅班师，粮卒不烦，而羌戎自破。封营平侯，居京邸。每有大议，上亲问筹策。无何，乞骸骨，上赐安车、驷马、黄金、白玉归第。上后思股肱之美，图像麒麟阁。家居八载，杜门谢客，不植私交，不积锱重。谕子以勤俭。尝曰："无奢纵，霍氏鉴也！"易箦⑨之日，则曰："安国家，静西戎，吾事毕矣。为吾后者，能以礼物身，谨守家门，瞑目甘矣。"

---

① 征和：汉武帝年号，前92—前89年。

② 元凤：汉昭帝年号，前80—前75年。

③ 捕上官：指俘获匈奴西祁王事。上官，高官，大官。

④ 大将军：即霍光。

⑤ 捐馆：对死亡的委婉说法，一般指官员的去世。

⑥ 安国：姓义渠，名安国，西汉义渠（今甘肃宁县西）人。宣帝时为光禄大夫，奉命巡视诸羌，后被任为骑都尉率兵御羌，为羌击败，引归。

⑦ 违算：违背计谋。指义渠安国召先零诸羌首领三十余人，以桀黠为名，加以诛杀，激起羌人反叛事。

⑧ 祖饯：古代饯行的一种隆重仪式，祭路神后，在路上设宴为人送行，又称"祖道"。

⑨ 易箦：更换床席，指人病危将死。

生于武帝建元四年[①]夏六月，卒于宣帝甘露二年[②]夏四月，年八十有六，葬邽山[③]之阳。呜呼！惜哉！先生刚直沉勇，有方略。配杨氏，生子二。印，其长也；印，其次者。孙曰汲。女曰兰，适魏丞相公子。先生历〔四三〕事三朝，奉职惟谨，庙堂谋议，边务经略，靡不精确。不但为中兴良将，亦堪为救时贤相。谥曰“壮”，岂过情[④]哉？兹其概也，奉世所共睹者，谨掇之以表诸墓，俾作传者采焉。

唐

张九龄[⑤]：牛意仁墓铭

公讳意仁，字行恭。殷后，有牛父[⑥]者，宋大夫。邯[⑦]为护羌校尉，崇为陇西主簿[⑧]，因官安定，爰处鹑觚[⑨]，为郡人。公之族祖奇章公[⑩]，隋宗臣[⑪]，天下称之。大父通，秉志守道，交辟不起[⑫]。父会，弱龄[⑬]早代[⑭]。公考盘[⑮]邱〔四四〕园，屡空[⑯]晏

---

① 建元：汉武帝年号，前140—前135年。

② 甘露：汉宣帝年号，前53—前50年。

③ 邽山：山名，在今甘肃省清水县东南，为大陇山向西的延伸。

④ 过情：超过实际情形。

⑤ 张九龄：678—740年，字子寿，一名博物，谥文献，唐韶州曲江（今广东省韶关市）人。世称“张曲江”或“文献公”。唐朝开元年间名相，诗人。

⑥ 牛父：子姓，春秋时宋国司寇，宋武公时，鄋瞒进攻宋国，司徒皇父充石带兵抵御。公子谷甥为皇父充石的车右，司寇牛父为驷乘，在长丘打败狄人，俘虏了长狄缘斯。

⑦ 邯：即牛邯，字孺卿，狄道人。东汉初将领。曾任护羌校尉，与来歙平定陇右。

⑧ 主簿：古代官名。是各级主官属下掌管文书的佐吏。

⑨ 鹑觚：县名。秦始皇二十七年（前220年）始置，隶属北地郡领辖，位于今甘肃省灵台县。

⑩ 奇章公：即牛弘（545—610），字里仁，安定鹑觚人。北周时，专掌文书，修起居注。隋文帝即位后，授散骑常侍、秘书监，进爵奇章郡公，故称。

⑪ 宗臣：为人所景仰的大臣。

⑫ 交辟：交相征聘。

⑬ 弱龄：弱冠之年，此处泛指青年时期。

⑭ 早代：早逝。

⑮ 考盘：亦作“考磐”。典出《诗·卫风·考槃》：“考槃在涧，硕人之宽。”毛传：“考，成；槃，乐。”后即以喻隐居。

⑯ 屡空：经常贫困，谓贫穷无财。

如[①]。或劝之仕，但笑而不语。开元六年[②]，随子西征就养，终于伏羌[③]官舍，时年七十有六。冬十一月，归葬北原。夫人同郡王氏，先卒。有子仙客，官银青光禄大夫、太仆卿判梁州持节河西节度使，兼陇右群牧支度营田、采访处置使，摄御史大夫、陇西县开国子[④]。以子贵，赠公使持节泾州诸军事、泾州刺史，夫人追封太原郡夫人。铭曰：

陇上多豪，山西好武。使君贞独[⑤]，幼不斯取。惟道与徒，与代立矩[⑥]。善有余庆，风亦变古。不学而能，不行而至。迹有相混，名无自异。出入百年，终始一意。福流于后，神明其事。行止于身，用存元体。厥子嘉绩，中朝缛礼[⑦]。印回垄隧[⑧]，门重旌棨[⑨]。逸人之墓，今同郡邸。

宋

范仲淹[⑩]：种世衡墓铭

君讳世衡，字仲平，国之劳臣[⑪]也。不幸云亡[⑫]，其子泣血请于予。予尝经略陕

① 晏如：安然自若貌。

② 开元：唐玄宗年号，公元713—741年。

③ 伏羌：唐代旧县名。治所在今甘肃甘谷县。

④ 开国子：爵名。晋代始置，秩第二品。南朝梁、陈亦置，位在开国县伯下、开国男之上，秩五品。北魏、北齐为第四品。北周正六品。隋初为第八等爵，秩正四品下，炀帝不置。唐复置，正五品上。

⑤ 贞独：坚贞的德操无人可及。

⑥ 与代立矩：为世人确立可以效法的规则。

⑦ 缛礼：繁密的礼节，此处指给予高规格的待遇。

⑧ 印回垄隧：指赠官的幡节在墓道上空回旋。印，疑为“节”字之讹。垄隧，墓道。

⑨ 旌棨：音jīng qǐ，旌旗与棨戟，借指贵官。唐制，节度使给双旌双节，三品以上官吏，得门列棨戟。

⑩ 范仲淹：989—1052年，字希文，北宋苏州吴县人。杰出的思想家、政治家、文学家。谥号“文正”，世称范文正公。

⑪ 劳臣：功勋卓著之臣。

⑫ 云亡：死亡。典出《诗，大雅·瞻仰》：“人之云亡。”

西[①]，知君最为详，惧遗其善，不可不从而书之。

初康定元年春，夏人犯延安，我师不利[②]。朝廷以保障众多，有分兵之患，其间远不足守者，即命罢之。寇骄而贪，益侵吾疆，百姓被其毒。君时为大理丞[③]，任鄜州从事，建言：延安东北二百里有故宽州[④]，请因废垒而兴之，以当寇冲[⑤]。左可致河东之粟，右可固延安之势，北可图银夏之旧[⑥]。有是三利，朝廷从之，以君董役事[⑦]。君胆勇过人，虽俯逼戎落，曾不畏惮，与兵民暴露数月，且战且城[⑧]。然处险无泉，议不可守。凿地百有五十尺，始至于石，工徒拱手曰："是不可井矣。"君曰："过石而下，将无泉耶？尔攻其石，屑而出之[⑨]，凡一畚，偿尔百钱。"工复致其力，过石数重，泉果沛发，饮甘而不耗[⑩]。万人欢呼曰："神乎！虽敌兵重围，吾无困渴之患矣。"用是复穿数井，兵民马牛皆大足。自兹西陲保障患无泉者悉仿此，大蒙利焉。既而朝廷署[⑪]故宽州为青涧城[⑫]，授君内殿承制[⑬]，知城事[⑭]，复就迁供备库

① 经略陕西：范仲淹于仁宗康定元年（1040）为经略安抚副使，兼知延州。庆历二年（1042）为经略使，驻泾州。经略，官名。唐初边州别置经略使，其后多以节度使兼任。宋置经略安抚司，掌一路兵民之事。经略使渐成陕西、河东、广南等践长官，由各路帅府之知州、知府兼任，并兼马步军都总管。

② "初康"三句：康定元年（1040）正月，西夏攻延州。振武节度使知延州范雍遣刘平、石元孙御之，二将皆战败被执。

③ 大理丞：官名。掌执刑狱的中央机构大理寺的属官。

④ 宽州：今陕西清涧县。

⑤ 寇冲：敌人入侵的要冲。

⑥ 银夏之旧：银州（今陕西榆林）、夏州一带，唐末为党项族拓跋思恭所有。宋太宗时西夏李继捧尽献其地。后又为西夏夺去。

⑦ 董役掌事：管理经办兴建废垒之工役。

⑧ 且战且城：一面与来犯的西夏作战，一边筑城。

⑨ 屑而出之：石硬，只能凿成碎屑取出。

⑩ 不耗：指水位不下降。

⑪ 署：命名。

⑫ 青涧城：《范文正公集·西夏堡塞》云："故宽州，在延州东北三程。公言昨废却承平、塞门等砦，惟此一处，最为控扼蕃贼。牒监修官相度，一并下手修筑。后又奏乞以宽州城为青涧城。"

⑬ 内殿承制：内职武官，指官阶。

⑭ 知城事：负责青涧城渚事务。

副使[①]，旌[②]其劳也。

塞下多属羌，向时将帅不能恩信，羌皆持两端[③]。君乃亲入部落，申劳问，如家人意，多所周给[④]，常自解佩带与其贤豪[⑤]可语者[⑥]。有得敌中事来告于我，君方与客饮，即取坐中金器以奖之。属羌爱服，皆愿效死。

青涧东北三舍[⑦]而远，距无定河[⑧]。河之北有敌寨，敌常济河为患。君屡使属羌击之，往必破走，前后取首级数百，牛羊万计，未尝劳士卒也。故功多而费寡，建营田三千顷，岁取其利。募商贾使通其货，或先贷之本，速其流转，岁时间其息十倍。乃建白[⑨]凡城中刍粮钱币，暨军需城守之具，不烦外计，一请自给。爱养士卒病者，遣一子视其汤饵，常戒以笞责[⑩]，期于必瘳[⑪]，士卒无不感泣。

今翰林承旨[⑫]王公尧臣[⑬]安抚陕西，言君治状。上悦，降诏褒之曰："边臣若此，

① 供备库副使：内职武官。

② 旌：表彰。

③ 持两端：怀二心。

④ 周给：周济供给。

⑤ 贤豪：一作"酋豪"，部落领袖。

⑥ 可语者：可以说上话，晓以理者。

⑦ 舍：长度单位，一舍为三十里。

⑧ 无定河：水名，在青涧东北八十里。

⑨ 建白：建言，建议。

⑩ 戒以笞责：用鞭责戒儿子不准懈怠。

⑪ 瘳：病愈。

⑫ 翰林承旨：官名。以久任翰林学士者充任，掌起草制、诰、诏、令。

⑬ 王公尧臣：即王尧臣（1003—1058），字伯庸，北宋应天虞城（今属河南）人。天圣五年（1027），进士第一，累擢权知制诰、翰林学士。宋夏战事起，历任陕西体量安抚使、泾原路安抚使，于边防部署、将帅任用等事多所建白。后迁翰林承旨兼端明殿学士，为群牧使，官至参知政事。尧臣为陕西体量安抚使时，韩琦因好水川兵败徙秦州，范仲淹以擅复元昊书贬耀州。尧臣为言二人忠义智勇，置闲可惜；复荐种世衡、狄青有将帅之才。

朕复何忧！”二年，就兼鄜延路驻泊兵马都监[①]，制置[②]本路粮草，迁洛州副使[③]。

庆历〔四五〕二年春，予按巡[④]环州，患属羌之多，而素不为用，与夏人等相助，为边患。乃召蕃官慕恩与诸族君长，犒于城下，与之衣物缯彩以悦其意，又采忠顺者增银带[⑤]马绂[⑥]以旌之，然后谕以好恶，立约束，而俾之遵向[⑦]。然悍滑之性，久失其驭，非智者处之，虑复为变。时青涧既完，人可循守[⑧]，乃请于朝，愿易君理环[⑨]。朝廷方以青涧倚君，又延帅上言[⑩]，人重其去，命予更择之。予谓夏人日夜诱吾属羌，羌爱其类[⑪]，益以外向，非斯人[⑫]亲之，不能革其心，朝廷始如其请。君既至环，安边之利病，大要在属羌难制，惧合夏人为暴发之患。又地瘠谷贵，屯师为难，聚粮则力屈，损兵则势危，斯急病也。君乃周行境内，入属羌聚落，抚以恩意，如青涧焉。

有牛家族[⑬]首[⑭]奴讹[⑮]者，倔强自处[⑯]，未尝出见官长，闻君之声，始来郊迎。君戒曰：“吾诘朝[⑰]行劳尔族[⑱]。”奴讹曰：“诺。”是日大雪三尺，左右曰：“此羌凶诈，

① 鄜延路驻泊兵马都监：鄜延路负责统辖更戍军的军官。驻泊，北宋军队实行“更戍法”，轮流出戍各地，出戍军由总管统辖者，称驻泊。兵马都监，官名，位于钤辖下，掌屯戍、边防、训练政令。路分都监以路为辖区。

② 制置：主管。

③ 洛苑副使：内职武官，为诸司副使之一。

④ 按巡：审查巡行。

⑤ 银带：据《宋史·舆服志》载：有金涂银带，朝廷用以赏赐军吏。

⑥ 马绂：马缨。

⑦ 俾之遵向：使诸属羌遵守约束。

⑧ 人可循守：指别人可循其制而戍守。

⑨ 易君理环：改任种君治理环州。

⑩ 延帅上言：指时任经略使、知延州庞籍不放种君调离。

⑪ 羌爱其类：指属羌与西夏同种族相亲。

⑫ 斯人：指种君。

⑬ 牛家族：羌部落名。

⑭ 首：酋长。

⑮ 奴讹：酋长名。

⑯ 倔强自处：倔强不顾服。

⑰ 诘朝：明早。

⑱ 行劳尔族：巡行慰劳你们部族。

尝与高使君继嵩[①]挑战，又所处险恶大雪，非可前。”君曰：“吾方与诸羌树信，其可失诸？”遂与士众缘险而进。奴讹初不之信，复会大雪，谓君必不来。方坦卧帐中，已至，蹙而起之[②]。奴讹大惊曰：“我世居此山，汉官无敢至者，公了[③]不疑我耶？”乃与族众拜伏额手曰：“今而后惟父所使。”自是属羌咸服于君。

有兀二[④]族受夏戎伪署[⑤]，君遣人招之，不听。即使慕恩出兵诛之[⑥]，死者半，归者半，尽以其地暨牛羊赏诸有功。其僭受伪署如兀二族者百余帐，咸股栗[⑦]请命[⑧]，纳其所得文券袍带[⑨]，由是属羌无复敢贰。

君戒诸族各置其烽火，夏戎时来抄掠，则举烽相告，众必介马[⑩]而待之，破贼者数四。

泾原帅葛怀敏定川之败，戎马入纵于渭[⑪]，予领庆州[⑫]蕃汉兵往扼邠城[⑬]，又召君分援泾原，君即时而赴，羌兵从者数千人。属羌为吾用自此始。

---

① 高使君继嵩：即高继嵩（982—1040），晋州霍邑（今山西霍州）人。北宋武将。主要任职于河东路和陕西路，由地方巡检官至边防统兵官，为防御西夏作出了重要贡献。使君，对州郡长官的尊称。

② 蹙而起之：用脚踢他，让他起来。蹙，音cù，通“蹴”，踢，踏。

③ 了：全。

④ 兀二：羌部落名。

⑤ 伪署：受敌方委任。

⑥ 使慕恩出兵诛之：《宋史・种世衡传》：“羌酋慕恩部落最强，世衡尝夜与饮，出侍姬以佐酒。既而世衡起入内，潜于壁隙中窥之。慕恩窃与侍姬戏，世衡遽出掩之，慕恩惭惧请罪。世衡笑曰：‘君欲之耶？’即以遗之。由是得其死力。……有兀二族，世衡招之不至，即命慕恩出兵诛之。其后百余帐皆自归，莫敢贰。”

⑦ 股栗：腿发抖。

⑧ 请命：请纳降饶命。

⑨ 文券袍带：指西夏委任的文书和官服。

⑩ 介马：马披铣甲，指备战。

⑪ “泾原帅”二句：庆历二年（1042）闰九月，西夏发兵进攻泾原路镇戎军（今宁夏固原）。宋泾原路经略安抚招讨使王沿派泾原副都部署葛怀敏抵御，西夏诱兵深入，引宋军主力至定川砦（今宁夏固原西北），断其归路，重围猛攻，宋军大败。葛怀敏与部将曹英等十六人被杀，宋军损失九千余人。元昊乘胜直抵渭州（今甘肃平凉县），大掠而还。

⑫ 庆州：今甘肃庆阳县。

⑬ 邠城：今陕西邠县。

君曰："羌兵既可用矣。"乃复教土人习弧矢以佐官军，吏民有请某事辞某事者，君咸使之射，从其中否而与夺之[①]。坐过失者亦用此得赎[②]，吏农工商，无不乐射焉。由是缘边诸城，独环不求增兵，不烦益粮，而武力自振。夏戎闻属羌不可诱，土人皆善射，烽火相望，无日不备，乃不复以环为意。

前后经略使交荐君之才能，朝廷益知可倚。明年，迁东染院使，充环庆路[③]兵马钤辖[④]，仍领环州。

西南古原州之疆，有明珠、灭臧、康奴三种，居属羌之大，素号强梗[⑤]。在原为孽，寖及于环，抚之狠不我信，伐之险不可入。北有二川，交通于夏戎，朝廷患焉。其二川之间，有古细腰城[⑥]，复之可断其交路。又明年，予为宣抚使[⑦]，乃谕君与原守[⑧]蒋偕共干其事[⑨]。君久悉利病[⑩]，即日起兵，会偕于细腰，使甲士昼夜筑之。夏戎固忌此城，君遣人入敌中以计款[⑪]之，兵遂不至。又召明珠等三族豪长犒抚之，俾以御寇。彼既出其不意，又无外援，因而服从。君之谋也。

君处细腰月余，逼以苦寒，城成而疾作。庆历〔四六〕五年正月七日甲子，启手足[⑫]，神志不乱，享年六十一。葬于京兆万年县[⑬]之神和原。

君之先，河南洛阳人也。曾祖存启，河南寿安令。祖仁诩，京兆长安令，赠[⑭]太

---

① 从其中否而与夺之：根据他们射中与否而决定许与不许他们之所请辞。

② 用此得赎：以能射中而得以免罪。

③ 环庆路：宋仁宗康定二年（1041）分陕西路置，治庆州，辖今陕、甘一带。

④ 兵马钤辖：宋制每一路有路分钤辖，每州有州钤辖，位高于兵马都监，由朝官及诸司使以上充任。

⑤ 强梗：桀骜不训。

⑥ 古细腰城：古城名。在环县西。

⑦ 宣抚使：官名。不常置，多以执政或武将充任，统率一路至数路军旅。

⑧ 原守：原州长官。

⑨ 共干其事：共同经营这件事。

⑩ 悉利病：知晓其中的利弊。

⑪ 款：修好。

⑫ 启手足：《论语·泰伯》："曾子有疾，召门弟子曰：'启予足，启予手。"儒家重孝道，谓身体受之父母，不敢毁伤。将死，恐手足拘挛，令展布开之。后人以指代"临终"。

⑬ 京兆万年县：今陕西临潼县。

⑭ 赠：朝赐诰敕，生前曰封，身后曰赠。

常博士[①]。父昭衍，登进士第，累赠职方[②]员外郎[③]。季父放[④]，字明逸，初隐于终南山。君少孤，依之，服勤左右，以力学称。明逸道高德纯，太宗朝再召，以事亲不起，真宗复加聘礼，起拜左司谏[⑤]，直昭文馆[⑥]，累迁尚书工部侍郎[⑦]。大中祥符五年[⑧]，君用工部荫[⑨]，得将作监主簿[⑩]，五迁[⑪]至太守中舍[⑫]。初监[⑬]秦州[⑭]太平监，以母老求养，又监京兆府渭桥君邛州[⑮]惠民监，知泾之保定[⑯]、京兆之武功、泾阳三邑。在武功，毁淫祠[⑰]，崇夫子庙以来学者。在泾阳，有里胥[⑱]王知谦者，奸利事露，逃

① 太常博士：审定礼制的太常寺官员。

② 职方：官署名，属兵部，掌地图、图经等。

③ 员外郎：掌本司事务，位低于郎中。

④ 季父放：种世衡之叔父种放（956—1016），字明逸，北宋洛阳人。不事举业，隐居终南山豹林谷，以讲习为业，自称“退士”，号“云溪醉侯”。屡召不起。咸平五年（1002），以张齐贤荐，召对，授左司谏，直昭文馆，累迁工部侍郎。曾上《时议》十三篇，议论时政。晚节颇饰，广置良田，纵子弟不法，为时论所鄙。

⑤ 左司谏：官名。掌规谏讽谕之职，位高于正言，隶门下省，而右司谏则隶中书省。

⑥ 直昭文馆：昭文馆，宋三馆之一，掌收藏经、史、子、集四部图籍及修写、校雠等事。直馆，以京朝官充任。

⑦ 工部侍郎：官名。尚书省所属工部（掌兴修营造等工役）的副长官。

⑧ 大中祥符：宋真宗年号，公元1008—1016年。

⑨ 用工部荫：因种放之荫。宋有荫补（亦称“任子”“世赏”）制，中高级文武官员按品级高低，其子孙、本宗等皆可补官。

⑩ 将作监主簿：官名。掌管土木工程的官署将作监的属官。

⑪ 五迁：五次升迁。

⑫ 太子中舍：东宫官，位在太子侍读、侍讲之下。

⑬ 监：宋制，有盐铁矿山处，设监以管理。

⑭ 秦州：州名。治所在今甘肃天水市。

⑮ 邛州：州名。治所在今四川邛崃县。

⑯ 保定：今甘肃泾川县。

⑰ 淫祠：泛滥的祠庙。

⑱ 里胥：地保类的乡里胥吏。

之，逼郊礼乃出①。君曰："送府则会恩，益以长恶②。"从所坐③杖脊于县庭④，而请待罪⑤，府君李公⑥咨奏释之，自是豪黠莫不敛手⑦。其嫉恶如此。又邑有三白渠⑧，比年浚疏，用数邑力，主者非其才，而劳逸弗等，功利日削。君使勤惰齐其力，故功倍；贫富均其流，故利广。至今民能言之。历〔四七〕通判⑨镇戎军⑩，环、凤⑪二州。凤之守王蒙正托章宪外姻，以私干君，复欲以贿污君，君正色不纳。蒙正大怨之，乃使人谕王知谦讼君，蒙正内为之助⑫。狱成，流宾州⑬；上亲政⑭，量移⑮汝州⑯。君

① 逼郊礼乃出：临近三年举行一次的天子亲祭天神于南郊的大礼才出现，以为能得大赦。

② "送府"二句：如送府衙遇恩赦，则会助长罪恶。

③ 从所坐：根据所犯罪行。

④ 杖脊于县庭：就在县衙庭院中杖其脊背。

⑤ 请待罪：因遇赦而用刑，所以请求处分发落自己。

⑥ 府君李公：即李谘（968—1036），字仲询，北宋官员，时任知京兆府。府君，知府。

⑦ 敛手：收敛自己的行为。

⑧ 三白渠：在泾阳县西北。汉武帝太始二年（前95），用赵中大夫白公建议而开凿，长二百里，溉田二十八万亩。唐时自北面南，分为太白、中白、南白三渠，总称三白渠。宋元以后，渠渐废。

⑨ 通判：州府的副长官，有监察州府官员权，文书须由知州、知府与通判连署，方能生效。

⑩ 镇戎军：宋代秦凤路有镇戎军（府州级的军事重镇），在今甘肃固原县。

⑪ 凤：凤州，今陕西凤县。

⑫ "凤之守"七句：凤州知州王蒙正倚仗是章献后的外姻之亲，以私事求种君，又用贿赂收买种君，遭拒绝后恼羞成怒，让人唆使王知谦告种君，蒙正暗中相助。"章宪"，当作"章献"。章献皇后，真宗刘后，仁宗之嫡母，曾垂帘听政掌军国大权达十一年之久，卒谥"章献明肃"。

⑬ 宾州：今广东信宜县。哈佛本、四库本皆误作"窦州"。

⑭ 上亲政：明道二年（1033），章献后病死，宋仁宗开始亲自执政。

⑮ 量移：谪官遇赦酌情移近安置。

⑯ 汝州：州名。治所在今河南汝南县。

之弟世材，以一官[①]让君，乃除孟州[②]司马[③]。龙图阁直学士[④]李公纮[⑤]雪于朝，授卫尉丞[⑥]，主随州[⑦]権酤[⑧]。又礼部尚书宋公绶[⑨]、工部侍郎狄公棐[⑩]，皆言君非辜[⑪]，改知虔州赣县[⑫]。君辞，得监京兆军资库。以同、鄜交辟[⑬]，改佥署同州判官事[⑭]，又移鄜州，因从军延安，乃有故宽州之请。

君少尚气节，昆弟有欲析其家者，君推资产与之，惟取季父[⑮]图书而已。莅[⑯]官，能摘恶庇民，青涧与环人，皆画君之像而享事之[⑰]。及终，吏民暨属羌豪长朝夕临[⑱]柩前者数日，朝廷深惜之，赐三子恩。

君娶刘氏，封万年县君。男八人：长曰诂，文雅纯笃，养志不仕，有叔祖明逸

---

① 一官：指一级官爵。

② 孟州：州名。治所在今河南孟县。

③ 司马：州府司马，称上佐官，无实际职掌。有时以特恩授士人，有时以犯有过失官员充任。

④ 龙图阁直学士：景德四年（1007）置。龙图阁，宋阁名，收藏御制文集、典籍、图画及所谓祥瑞之物。

⑤ 李公纮：即李纮，字仲纲，历知地方，俱有惠政，拜监察御史，累进龙图阁直学士。为人方介有吏才，复笃于友谊。范仲淹被谪，朝士无送者，纮独郊饯之。

⑥ 卫尉丞：卫尉寺的属官，此为官阶。

⑦ 随州：州名。治所在今湖北随县。

⑧ 権酤：主管酒税。

⑨ 宋公绶：即宋绶，字公垂，赵州平棘（今河北赵县）人。真宗朝赐同进士出身。判三司凭由司，蠲积负数百万，脱械系数千人，仁宗朝两度任参知政事。

⑩ 狄公棐：即狄棐，字辅之，北宋长沙人。咸平进士。历任知广州、右谏议大夫、龙图阁直学士等，为政清廉恺悌。

⑪ 非辜：无罪。

⑫ 虔州赣县：虔州州治即在赣县（今属江西）。

⑬ 同、鄜交辟：同州（今陕西大荔县）和鄜州同时征辟。

⑭ 签署判官事：官名，简称“签判”。京官以上充州府判官称签书判官厅公事，掌诸案文移事务。“署”，治平中为避英宗改曰“书”。

⑮ 季父：叔父，即种放。

⑯ 莅：临，到。

⑰ 享事之：供奉他。

⑱ 临：哭于柩前。

之风；次曰诊，试[①]将作监主簿；曰咏，同州澄城尉；曰咨，郊社斋郎；曰谔，三班奉职[②]，皆有立。欣、记、谊，三子尚幼。一女，适[③]西头供奉官田守政。

君在边数年，聚货食，教弧矢，抚养士伍，牢笼羌夷，无贤不肖皆称之。又出奇以济几事，尝遣谍者入敌中，凡半岁间，而羌诛握兵用事二三人，谍者还言其〔四八〕谋得行[④]。会君已没，又天子方事怀来[⑤]，故其绩不显。

铭曰：呜呼种君，出于贤门。吾志必立，吾力是陈。宁以刚折[⑥]，果由直伸[⑦]。还自瘴海[⑧]，试于塞垣[⑨]。权以从事，意其出人[⑩]。捍羌之患，乂[⑪]边之民。夙夜乃职[⑫]，星霜厥身[⑬]。生则有涯，死宜不泯。边俗祀之，子子孙孙。

---

① 试：宋以寄禄官定官员等级，职事官定其实际职务。凡所任职事官高于寄禄官二品以上都称试某官。

② 三班奉职：为低级武臣阶官，无职掌。

③ 适：女子出嫁。

④ 其谋得行：《宋史・种世衡传》载："初世衡在青涧城，元昊未臣，其贵人野利刚浪唛、遇乞兄弟有材谋，皆号大王、亲信用事。边臣欲以谋间之。"世衡遣悟空寺僧王光信入西夏，诈以书致野利，"命为夏州节度使，奉钱月万缗，旌节已至，趣其归附。"事露，元昊杀野利。其后，世衡又伪作祭文，言遇乞有意归宋，却为元昊乳母僭死，悼其功败垂成。元昊见文，赐遇乞死。久之，始悟乃世衡反间之计。

⑤ 怀来：对边远少数民族招致归附。

⑥ 以刚折：因刚直不受王蒙正的请托贿赂而获罪。

⑦ 由直伸：由李纮、宋绶、狄棐为其申冤辩白。

⑧ 瘴海：指窦州，以近南海，多瘴疠之气而指代之。

⑨ 塞垣：指西北边境。

⑩ "权以"二句：指其用兵如神，权变诈谲，出人意料。

⑪ 乂：安定。

⑫ 夙夜乃职：起早贪黑，勤于职守。

⑬ 星霜厥身：风餐露宿，身先士卒。

张舜民[①]：游师雄[②]墓铭

游本姬姓，吉兴于郑。元魏靖侯，儒风聿修。悠悠千祀，典型孰继？公生陕州，文武之器。文则华矣，其武伊何？矢谋[③]于军，书劳实多。在昔熙宁，鬼章[④]方命。先帝不诛，以待嗣圣。武功继明，公初请缨。指踪将士，机发雷霆。既破洮州，仍执强虏[⑤]。告庆庙陵，百寮蹈舞。穷发鬼区[⑥]，詟[⑦]我皇武。桓桓[⑧]奇功，焜耀[⑨]海寓[⑩]。乘轺关陇，剖竹[⑪]蒲豳。省曹卿寺[⑫]，出入拖绅[⑬]。忠以利国，仁以爱民。其所施设，同风古人。憬彼[⑭]夏羌，屡啮[⑮]西境。公提将符，岳立山挺。忽徙一邦，志不获骋[⑯]。乃令强梁，尚保要领。大勋不遂[⑰]，非公独然。廉颇去赵，乐毅离燕。惟

---

① 张舜民：字芸叟，自号浮休居士，又号矴斋，北宋邠州（今陕西彬县）人。文学家、画家。英宗治平二年（1065）进士，为襄乐令。元丰中，环庆帅高遵裕辟掌机密文字。元祐初做过监察御史。徽宗时升任右谏议大夫，以龙图阁待制知定州，后又改知同州。曾因元祐党争事，牵连治罪，被贬为楚州团练副使，商州安置。后又出任过集贤殿修撰。

② 游师雄：1037—1097年，字景叔，北宋京兆府武功（今陕西武功县）人。北宋将领、诗人、书法家。

③ 矢谋：施行计谋。

④ 鬼章：亦称青宜结鬼章或果庄，北宋时期吐蕃青唐羌酋长。北宋熙宁年间屡次侵扰河湟地区。

⑤ 仍执强虏：指北宋元祐二年（1087），在游师雄的策划下，北宋俘获了鬼章，槛送汴京，这是宋朝开国以来首次俘获敌国元凶，百官称贺。游师雄曾作《贺岷州守种谊破鬼章》二首。

⑥ 穷发鬼区：极北不毛之地。此处借指西北边区。

⑦ 詟：音zhé，丧胆，惧怕。

⑧ 桓桓：威武高大貌。

⑨ 焜耀：音kūn yào，光辉，辉煌。

⑩ 海寓：亦作“海宇”，犹海内、宇内，指国境以内之地。

⑪ 剖竹：古代授官封爵，以竹符为信，剖分为二，一给本人，一留朝廷，相当于后来的委任状。

⑫ 省曹卿寺：三省、九卿的官署，泛指高级官职。

⑬ 拖绅：朝服后腰悬挂的大带，其上有组绶，合称绶带。

⑭ 憬彼：遥远貌。

⑮ 屡啮：屡次侵犯。

⑯ “忽徙”二句：指洮州之战指擒获鬼章后，捷报传至京师，百官上表庆贺，朝廷准备厚赏游师雄，但有人上言认为这是邀功生事，因而只升一官，调为陕西转运判官、提点秦凤路刑狱。

⑰ 不遂：不顺利，不成功。此处为游师雄未能得到重用、没有尽其才能而深感遗憾。

有令名，炯如星悬。刻铭幽宫[1]，万世哀焉。

胡世将[2]：开府仪同三司赠少师吴玠[3]墓志

绍兴九年[4]春三月，开府仪同三司吴公以寝疾[5]奏乞谢事[6]，天子恻然忧之，命四川安抚制置使成都守臣世将，访善医治疾，又驰国医往视公。以六月己巳薨于军，享年四十有七。七月，遗表[7]闻，上震悼[8]，辍朝[9]二日。赠公少师，凡恤典悉加厚。其弟璘与诸孤奉丧归葬于德顺军水洛城北原先茔[10]之次。十一月，上念公之已葬，诏有司赐钱三十万，擢璘继龙神卫四厢都指挥使，以慰恤其家，恩义备矣！

盖自天下用兵，乘舆省康吴会，公以偏师[11]起西鄙，奋孤忠抑大难，保川陕共五十六州，以重上流之势，屏翰[12]王室，屹如长城。方敌国深侵，叛臣僭窃，道路阻绝，公未尝得一见天子。独其精忠上达，圣主明见万里之外，谓公可属大事，当方面，凡军事不从中御，而赏罚付之不疑，以卒成却敌固圉[13]之功者，惟天子之明而公

---

① 幽宫：坟墓。

② 胡世将：1085—1142年，字承公，北宋常州晋陵（今江苏武进）人。枢密副使胡宿曾孙、浙西安抚使胡唐老之弟，北宋末年至南宋初年大臣。崇宁五年（1106）登进士第，历尚书右司员外朗、兵部侍郎等职。绍兴八年（1138），以枢密直学士出任四川安抚制置使，兼知成都府。谥“忠献”，后改谥“忠烈”。有《胡忠献集》六十卷，已佚。

③ 吴玠：1093—1139年，字晋卿，德顺军陇干县（今甘肃省静宁县）人。南宋抗金名将。宋高宗绍兴九年（1139），吴玠病逝于仙人关（今甘肃徽县东南），归葬于水洛城北原（今甘肃庄浪县白堡乡）。墓志作者胡世将时任四川安抚制置使，镇守成都，当为吴玠生前好友。

④ 绍兴：南宋高宗年号，公元1131—1162年。

⑤ 寝疾：卧病。

⑥ 谢事：辞职。

⑦ 遗表：古代大臣临终前所写的章表，于卒后上奏。

⑧ 震悼：惊愕悲悼。

⑨ 辍朝：皇帝停止临朝听政。

⑩ 先茔：先人坟茔。

⑪ 偏师：在主力军翼侧协助作战的部队。

⑫ 屏翰：典出《诗·大雅·板》：“大邦维屏，大宗维翰。”后因以“屏翰”比喻国家重臣，此处指屏障辅翼。

⑬ 固圉：使边境安静无事。

之忠也。诸孤以行状[①]来请，谨序而铭之。

吴氏出泰伯[②]之后，以国为姓。自季札[③]避位，其子孙家鲁卫之间。厥后散处四方，虽谱谍遗逸，不可尽考，而起[④]守西河，芮[⑤]国长沙，汉[⑥]封广平，皆本德义，尚忠实，为世良将。而公天挺英奇[⑦]，崛起数千载之后，赫然功名，与之俱盛，迹其流风余烈，盖有自焉。

公曾祖讳谦，赠太子太保，李氏永宁郡夫人。公考讳扆，赠少保，刘氏嘉国夫人。自少保而上，世居德顺，以公贵，追荣三世。公讳玠，字晋卿，少沉毅，有志节，善骑射，知兵法，读书能通大义。未冠，以良家子隶泾原军。政和中，夏人犯边，力战有功，补进义副尉，稍擢队将，从讨浙西贼方腊，破其众，擒酋长一人。及击破河北群盗，累功转忠训郎[⑧]，权泾原第十将[⑨]。夏人攻怀德军，公以百余骑突击追北，斩首级百四十有六，转秉义郎[⑩]，擢本路第二副将，自是威名益震。

建炎二年[⑪]，金人内侵已三载矣。渡河出大庆关[⑫]，略秦雍，所过城邑辄下，自

① 行状：亦称“状”或“行述”，叙述死者世系、生平、生卒年月、籍贯、事迹的文章，常由死者门生故吏或亲友撰述，留作撰写墓志或为史官提供立传的依据。

② 泰伯：又称吴太伯，先秦时期吴国第一代君主。

③ 季札：前576—前484年，又称公子札、延陵季子，春秋时吴王寿梦第四子，封于延陵（今常州），后又封州来，传为避王位“弃其室而耕”。

④ 起：即战国著名军事家吴起。

⑤ 芮：即西汉初长沙王吴芮。

⑥ 汉：即吴汉（？—44），字子颜，东汉开国名将、军事家。

⑦ 天挺英奇：天生卓越超拔，才智特出。

⑧ 忠训郎：阶官名。北宋定武臣官阶五十三阶中的第四十七阶。

⑨ 十将：宋朝军队低级指挥员，隶属都一级统兵官，即由步兵部队的都头、副都头或骑兵部队的军使、副兵马使管辖，位置在军头下，将虞侯上。

⑩ 秉义郎：阶官名。北宋定武臣官阶五十三阶中的第四十六阶。

⑪ 建炎：宋高宗年号，公元1127—1130年。

⑫ 大庆关：本名蒲津关，宋大中祥符四年（1011）改名，故址在今陕西省大荔县东。

巩州至凤翔[①]。陇右都护张严邀战失利，敌势愈张，谋取泾州。大将曲端[②]拒守麻务镇，命公为前锋，公进据青溪岭，逆击[③]，大破之，敌始有惮公意。转武义郎，权泾原路兵马都监，兼知德顺军。冬，以本道军复华州，师入，命将无杀略，居民安堵[④]。转武功大夫，忠州刺史。三年冬，剧贼[⑤]史斌寇兴凤[⑥]，据长安，谋为不轨，公执斩之。转右武大夫。四年春，擢泾原路马步军副总管。金人谋取环庆，大将娄室以兵数万〔四九〕众出麻务镇，公与战于彭店原，士殊死斗，杀伤过半，敌引去。而曲端劾公违节制[⑦]，坐降武显大夫，罢总管，论者不平。未几，复故官职，改秦凤路马步军副总管，凤翔府兼权永兴军路经略安抚司。公进复长安，转右武大夫，忠州防御使。

宣抚处置司将合五路兵与金人决战，公谓："宜各守要害，以待其敝。"秋九月，师次富平，都统制会诸将议战，公又曰："兵以利动，今地势不利，何以战？宜据高阜，先为不可胜者。"众曰："我师数倍，又前苇泽，非敌骑所宜。"不听，既而敌骤至，囊土逾淖[⑧]，以薄[⑨]吾营，军遂大溃，而五路悉陷，巴蜀大震。公独整众保散关之东和尚原，积粟给兵，列栅其上。或谓公宜屯汉中，以安巴蜀。公曰："敌不可破，我不敢进，坚壁重兵以临之，彼惧吾蹑其后，保蜀之道也。"明年，改元绍兴。春三月，敌将没立果率锐兵犯我，期[⑩]必取而后进，公击败之。拜忠州防御使，

① "自巩"句：此句当在"所过"句之前。

② 曲端：1091—1131年，字正甫，南宋镇戎（今宁夏固原）人。高宗建炎初年，任泾原路经略司统制官，屯兵泾州，多次击败金兵。建炎二年（1128），任延安府知府。后迁康州防御使、泾原路经略安抚使，拜威武大将军，统率西军。后因布阵问题，与张浚争执，被贬为团练副使。富平之战，宋军失利。张浚接受吴玠密谋，以谋反的罪名将曲端交由康随审问。绍兴元年，因酷刑死于恭州。后追复端宣州观察使，谥壮愍。

③ 逆击：迎击。

④ 安堵：安定，安居。

⑤ 剧贼：大盗，亦称势力大的反叛者。

⑥ 史斌：？—1128年，南宋初年陕西叛军首领，原为宋江部将，随宋江降宋，后又起兵反宋，为吴玠俘杀。可能为《水浒传》中九纹龙史进的原型。

⑦ 违节制：不听节制，不听调遣。

⑧ 囊土逾淖：以麻袋装土垫道通过苇泽。

⑨ 薄：迫近。

⑩ 期：盼望。

兼帅泾原。夏五月，没立复会乌鲁折合众数万，使大将由阶成出散关先至。公与之大战三日，大败而去。没立方攻箭筈关[①]，公复遣击，退卒不得与二将合。转明州观察使。丁嘉国忧[②]，起复，寻兼陕西诸路都统制。敌自破契丹以来，狃[③]于常胜，至每与公战，辄败，不胜其愤〔五十〕。冬十月，元帅四太子[④]者，会诸路兵十余万，造浮梁，跨渭水，自宝鸡连营三十里。又垒石为城，夹涧水与官军对拒。公指授诸将，选劲弓弩，号"驻队"，番休叠〔五一〕射[⑤]，矢发如雨。敌稍却，则以奇兵旁击。如是三日，度其困且走，则为伏于神岔以待其归。伏发，敌众大乱，俘其将羊哥孛堇及酋领三百余人，甲士五百六十人，尸填谷二十余里，获铠仗数万。拜镇西节度使。二年，兼宣抚处置使司都统节制兴、文、龙州。

敌久窥蜀，必欲以奇取之。三年春，裒[⑥]其兵，又尽发五路叛卒，声言东去，反自商于出汉阴，捣梁洋，金州失守。公亟率麾下倍道[⑦]疾驰，且调兵利阆[⑧]。既至，适与敌遇，使人以黄柑遗其帅。撒离喝[⑨]惊曰："吴公来何速耶！"遂大战饶风关[⑩]，凡六日，敌皆败，杀伤不可胜计。撒离喝怒，斩其千户孛堇[⑪]数人，以死犯关，出官军后。公徐结阵，趋西县。或曰："蜀危矣！"公曰："敌去国远斗，而死伤大半，吾方全师以制，蜀何忧耶?"月余，敌果退。加检校少保、充利州路阶成凤州制置使。

---

① 箭筈关：筈，音kuò。古关隘名，在今陕西省千阳县城南，形势险要，为宋金战争中双方争夺之关隘。

② 丁嘉国忧：朝廷官员在位期间，如若父母去世，必须辞官回到祖籍，为父母守制二十七个月，称作"丁忧"。嘉国，指吴母刘氏，因赐号嘉国夫人，故称。

③ 狃：习惯。

④ 四太子：即完颜宗弼（？—1148），又作兀术、斡出、晃斡出，金朝名将，因其为完颜阿骨打第四子，故称。

⑤ 番休迭射：轮流发射箭簇。

⑥ 裒：聚集。

⑦ 倍道：兼程而行，指一日走两日的路程。

⑧ 利阆：古驿道，为连接广元与阆中交通商贸往来的要道。

⑨ 撒离喝：？—1150年，即完颜撒离喝，又作完颜撒里曷，金朝大将，开国功臣。

⑩ 饶风关：关隘名，在今陕西省石泉县西北。

⑪ 勃堇：女真语中"长官"的意思。

四年二月，敌复大入，犯仙人关[①]。公豫[②]为垒，榜曰“杀金坪”，严兵以待。敌据阜战，且攻垒，公命将士更射，又出锐兵击其左右。战五日，皆捷，敌复遁去。上闻之嘉叹，赐以亲札曰：“朕恨不抚卿背也。”是役也，敌决意入蜀，自元帅以下，皆尽室[③]以来，又以刘豫[④]腹心为四川招抚使。既不得志，度公终不可幸胜，则还据凤翔，授甲士田，为久留计，自是不复轻动矣。夏四月，徙镇定国徐州陕西宣抚副使。秋七月，录仙人关功，进检校少师、奉宁保静军节度使。

五年春，攻下秦州。六年，兼营田大使，徙镇保平静难军。公与敌对垒十载，常患远饷劳民，屡汰冗员，节浮费，岁益屯田至十万斛。又调兵命梁洋守将治褒城废堰，广溉民田，复业者数万家。朝廷嘉之，每降玺书[⑤]褒谕。

七年冬，敌废刘豫，且益兵众以为疑，公策其将去。九年春，和议成，上以其功高，复赐亲札，进开府仪同三司，迁四川宣抚使。遣内侍赍[⑥]诰赐公，以病甚，扶掖[⑦]听命。自以赏过其劳，固辞，优诏不许。时舆地[⑧]既复，方倚绥附，而疾不可为矣。

公娶张氏，封永宁郡夫人。男五：拱，右武郎；扶、撝皆承奉郎；扩、揔尚幼。女四人。公能乐善，每观史，前事可师者，必书而识之左右。用兵本孙吴而能知其变，务远大不求近效，故能保其必胜。御下严而有恩，视卒之休戚[⑨]如己，而同其甘苦，故人乐为之用。既贵而自奉之约，不逾平时，至推以予士，则不少吝，故家无赀[⑩]而至无宅以居。呜呼！虽古名将何加焉！

---

① 仙人关：古关隘名。在今甘肃省徽县东南，临嘉陵江，南接略阳北界，北有虞关紧接铁山栈道，是关中、天水进入汉中的要地，也是由陕入川的重要咽喉。

② 豫：通“预”，预先，事先。

③ 尽室：全家。

④ 刘豫：1073—1143或1146年，字彦游，永静军阜城人。金朝扶植的傀儡政权伪齐皇帝。

⑤ 玺书：古代以泥封加印的文书，秦以后专指皇帝的诏书。

⑥ 赍：音jī，送给。

⑦ 扶掖：扶持，搀扶。

⑧ 舆地：土地，领土。

⑨ 休戚：喜乐和忧虑。

⑩ 赀：音zī，同“资”。

明

盛以弘[①]〔五二〕：铅山王继妃[②]杨氏墓志铭

妃姓杨氏，铅山恭庄王聘为继妃，未婚而王薨。妃岁甫[③]十六，泣请于父母，欲入府吊。不许。则自缢，屡解，不得缢。则潜入黄河滨，追持，不得溺。则数日绝粒[④]，父母乃勉强从之。入府，妃拊王柩痛哭，乞留。曰："父母业以儿许王，不得殉王地下，则愿称未亡人，以抚成其孤。"父母泣，喻以未婚与铅山之贫窘，令姑姊族姻百方譬[⑤]阻之。其志益坚，不得已，听留苫次[⑥]。妃谢华衣布，茹蔬[⑦]，躬司[⑧]启闭办烝[⑨]，尝闱以内谧如肃如[⑩]，间剖决[⑪]府内事，未尝不中窾[⑫]。于是阍[⑬]较皆受约束，而妃日以抚孤为己任。厪心[⑭]于饮食、衣被，省护无跬步少置。既长，令就外傅，亲考课业。

当恭庄王薨时，嗣子方五岁，赖妃以成立。上闻其苦节[⑮]，特破例命封为铅山王继妃。铅山府贫，嗣子少，报生请名之典，既缺令甲[⑯]，不得嗣封。妃力请于肃王，王悯之，为转奏请上，亦以其节，故特准嗣子绍封嗣。逾年婚礼成，嗣王妃亦得册

---

① 盛以弘：字子宽，明陕西潼关卫人。万历二十六年（1598）进士。由庶吉士累官礼部尚书。天启三年（1623）谢病归。魏忠贤削其职。崇祯初年，起复故官，协理詹事府，卒于任内。

② 铅山王继妃：铅山王，即铅山恭庄王，明太祖庶十四子肃庄王朱楧六世孙朱缙囧。继妃，续弦所娶的王妃。

③ 甫：刚刚。

④ 绝粒：不吃不喝，断绝饮食。

⑤ 譬：晓谕，说服。

⑥ 苫次：音shān cì，指居亲丧的地方。苫，旧时居丧睡的草席。

⑦ 茹蔬：吃蔬菜，形容饮食简朴。

⑧ 躬司：亲自负责。

⑨ 启闭办烝：各节气的祭祀活动。

⑩ 谧如肃如：平静肃然。

⑪ 剖决：分析解决。

⑫ 中窾：恰当、合适。

⑬ 阍较：指门庭。阍，音hūn，看门人。

⑭ 厪心：用心，专心。厪，音qín，同"勤"。

⑮ 苦节：过分节俭，坚守节操。

⑯ 令甲：法令。

命。妃且喜且悲，曰：“我幽忧甘荼[1]者，十六年往矣，凡为王嗣计耳。今幸以微节徼天贶[2]，得号继妃，儿封、儿婚毕吾夙志[3]，逾年适岁三十，可以报先王于地下矣。”左右讶[4]其言，劝止之。明年甲寅九月二十六日，果卒。妃若预知云。讣闻，上命照例给祭葬，仍加祭一坛，以旌其节。盖至是而妃之贞操，昭然播于天潢[5]中，而圣明惇尚风化至意，亦晓然[6]传播于天下。奇节懿典[7]，交相辉耀，为熙时一庥踪[8]，曷可以无纪勒哉？

妃父名桐，母罗氏，兰州人也。初生时，有光如月，照四壁。母病，泣涕祷神，愿身代之。在府中，日制女工，货于市，以供费。嗣王婚，罄簪珥资之[9]。嗣王间进华美服饰，坚却不受。曰：“儿贳贷办此[10]，余何心能著诸躬？”嗣王名绅，调卜于某年月日，祔葬[11]妃于恭庄王之墓。铭曰：

未耦也，惇节倍耦。未子也，惇节是子，皭然[12]坚贞。孚[13]藩府，而上动乎宸扆[14]。命号恩，都以暨王封之续用。溢常涘[15]，天下叹完操。特旌而，因灼然知圣皇重纲常之旨。吁嗟乎！其节震耀[16]夫终始。

① 幽忧甘荼：过度忧伤，吃苦耐劳。甘荼，苦菜的一种，此处指吃苦。

② 贶：音 kuàng，赠，赐。

③ 夙志：平素的志愿。

④ 讶：惊奇，奇怪。

⑤ 天潢：皇族，宗室。

⑥ 晓然：明白。

⑦ 奇节懿典：特殊的节操，美好的典范。

⑧ 熙时一庥踪：盛世的美好印迹。熙，光明。庥，同“休”，美好。

⑨ 罄：空，此处指尽卖。

⑩ 贳贷：借贷。贳，音 shì。

⑪ 祔葬：合葬，亦谓葬于先茔之旁。

⑫ 皭然：音 jiào ran，洁白貌。

⑬ 孚：为人所信服。

⑭ 宸扆：音 chén yǐ，借指帝廷、君位。扆，帝王座后的屏风。

⑮ 常涘：一般的妇德标准。涘，边际。

⑯ 震耀：显耀。

校勘记

〔一〕冠　哈佛本、刻补本皆作“盖”，四库本作“冠”。

〔二〕帝　哈佛本、刻补本皆作“列”，四库本作“帝”。

〔三〕长短　哈佛本、刻补本同，四库本作“短长”。

〔四〕如　哈佛本、刻补本同，四库本无“如”字。

〔五〕弦　哈佛本、四库本、刻补本皆作“弦”，避康熙皇帝讳改。

〔六〕历　哈佛本作“暦”，刻补本作“歷”，四库本作“厯”，避乾隆皇帝讳改。

〔七〕用　哈佛本、四库本同，刻补本作“思”。

〔八〕弘　哈佛本作“弘”，刻补本作“宏”，四库本作“弘”，避乾隆皇帝讳改。

〔九〕历　哈佛本作“暦”，刻补本作“歷”，四库本作“厯”，避乾隆皇帝讳改。

〔十〕弘　哈佛本作“弘”，刻补本作“宏”，四库本作“弘”，避乾隆皇帝讳改。

〔十一〕弘　哈佛本作“弘”，刻补本作“宏”，四库本作“弘”，避乾隆皇帝讳改。

〔十二〕大昌　哈佛本、刻补本、四库本同，《三国志注》作“太常”。

〔十三〕弘　哈佛本作“弘”，刻补本作“宏”，四库本作“弘”，避乾隆皇帝讳改。

〔十四〕叠　哈佛本、刻补本同，四库本作“迭”。

〔十五〕足　哈佛本、刻补本同，四库本作“哭”。

〔十六〕叠　哈佛本、刻补本同，四库本作“迭”。

〔十七〕贺　哈佛本、刻补本同，四库本作“货”。

〔十八〕叠　哈佛本、刻补本同，四库本作“迭”。

〔十九〕历　哈佛本作“暦”，刻补本作“歷”，四库本作“厯”，避乾隆皇帝讳改。

〔二十〕叠　哈佛本、刻补本同，四库本作“迭”。

〔二一〕叠　哈佛本、刻补本同，四库本作“迭”。

〔二二〕晔　哈佛本作“晔”，刻补本作“奕”，四库本作“曄”，避康熙皇帝讳改。

〔二三〕晔　哈佛本作“晔”，刻补本作“奕”，四库本作“曄”，避康熙皇帝讳改。

〔二四〕邱　哈佛本、刻补本同，四库本作“丘”，康熙间避孔子讳新造字。

〔二五〕夫　哈佛本、刻补本同，四库本作“大”。

〔二六〕晔　哈佛本作“晔”，刻补本作“奕”，四库本作“曄”，避康熙皇帝讳改。

〔二七〕晔　哈佛本作“晔”，刻补本作“奕”，四库本作“曄”，避康熙皇帝讳改。

〔二八〕中外　哈佛本、刻补本、四库本同，《天下郡国利病书·陕西备录》作“华夷”。

〔二九〕历　哈佛本作“暦”，刻补本作“歷”，四库本作“厯”，避乾隆皇帝讳改。

〔三十〕明朝　哈佛本、刻补本、四库本同，《天下郡国利病书·陕西备录》作“我明”。

〔三一〕按　哈佛本、刻补本同，四库本作“案”。

〔三二〕历　哈佛本作“暦”，刻补本作“歷”，四库本作“厯”，避乾隆皇帝讳改。

〔三三〕弦　哈佛本、四库本、刻补本皆作“弦”，避康熙皇帝讳改。

〔三四〕弦　哈佛本、四库本、刻补本皆作“弦”，避康熙皇帝讳改。

〔三五〕弦　哈佛本、四库本、刻补本皆作“弦”，避康熙皇帝讳改。

〔三六〕历　哈佛本作“厯”，刻补本作“歴”，四库本作“厯”，避乾隆皇帝讳改。

〔三七〕历历　哈佛本作“厯厯”，刻补本作“歴歴”，四库本作“厯厯”，避乾隆皇帝讳改。

〔三八〕泾　哈佛本、四库本、刻补本皆作“浸”字，误，据义径改。

〔三九〕汧　哈佛本、四库本、刻补本皆脱“汧”字。

〔四十〕尤审　《曾巩集》卷50于“尤审”后多“然一以其意质之，遂不能无失。则古人之所以阙疑，其可忽与？据”二十五字，哈佛本、刻补本、四库本皆无。

〔四一〕露木　哈佛本、刻补本、四库本同，《曾巩集》卷50作“承露人”。

〔四二〕嘉禾　《曾巩集》卷50于“嘉禾”后多“连理之木”四字，哈佛本、刻补本、四库本皆无。

〔四三〕历　哈佛本作“厯”，刻补本作“歴”，四库本作“厯”，避乾隆皇帝讳改。

〔四四〕邱　哈佛本、刻补本同，四库本作“丘”，康熙间避孔子讳新造字。

〔四五〕历　哈佛本作“厯”，刻补本作“歴”，四库本作“厯”，避乾隆皇帝讳改。

〔四六〕历　哈佛本作“厯”，刻补本作“歴”，四库本作“厯”，避乾隆皇帝讳改。

〔四七〕历　哈佛本作“厯”，刻补本作“歴”，四库本作“厯”，避乾隆皇帝讳改。

〔四八〕其　哈佛本、四库本、刻补本皆作“某”，误，据义径改。

〔四九〕万　哈佛本、四库本、刻补本皆脱“万”字。

〔五十〕愤　哈佛本、刻补本同，四库本作“坟”。

〔五一〕叠　哈佛本、刻补本同，四库本作“迭”。

〔五二〕弘　哈佛本作“弘”，刻补本作“宏”，四库本作“弘”，避乾隆皇帝讳改。

甘肃通志卷之第四十九　艺文　诗

诗

汉

武帝：马生渥洼水中作[①]

太乙[②][一]况[③]，天马下，沾赤汗，沫[④]流赭。

志俶傥[⑤]，精[⑥]权奇[⑦]，籋[⑧]浮云，晻[⑨]上驰。

体容与[⑩]，迣[⑪]万里，今安匹[⑫]，龙为友。

获宛马作[⑬]

天马徕[⑭]，从[⑮]西极，涉[⑯]流沙[⑰]，九有[⑱][二]服。

---

① 马生渥洼水中作：此诗为汉武帝于元鼎四年（前114）在渥洼水中得到一匹宝马后所作，诗中描写了宝马的神骏。

② 太乙：当作“太一”，天帝别名。

③ 况：同“贶”，赐与。

④ 沫：口水。一作“染”。

⑤ 俶傥：洒脱不羁。

⑥ 精：通“情”。

⑦ 权奇：奇谲非常。

⑧ 籋：音niè，通“蹑”，踏。

⑨ 晻：通“奄”，迅速，突然。

⑩ 容与：放任。

⑪ 迣：音lì，飞越。

⑫ 匹：比，配。

⑬ 获宛马作：此诗为汉武帝于太初四年（前101），诛大宛国王，获大宛良马所作。

⑭ 徕：一作“来”。《白帖》下有“兮”字。

⑮ 从：一作“自”。

⑯ 涉：经历。

⑰ 流沙：沙漠。

⑱ 九有：当作“九夷”，即众夷。

天马徕，出泉水，虎脊两[①]，化若鬼[②]。

天马徕，历〔三〕无草[③]，径[④]千里，循[⑤]东道。

天马徕，执徐时[⑥]，将摇[⑦]举，谁与期。

天马徕，开远门，竦[⑧]予身[⑨]，逝昆仑[⑩]。

天马徕，龙之媒[⑪]，游阊阖[⑫]，观玉台[⑬]。

朝陇首歌[⑭]

朝[⑮]陇首[⑯]，览西垠[⑰]，雷电尞[⑱]，获白麟。

爰[⑲]五止[⑳]，显黄德，图[㉑]匈虐[㉒]，熏鬻殛[㉓]。

---

① 虎脊两：马毛色的形状像虎脊，有两脊骨。

② 鬼：通“魂”，浅黑色的马。

③ 无草：指不生草木的地方。草，一作“阜”。

④ 径：或作“经”。

⑤ 循：一作“来”。

⑥ 徐时：指太岁在辰时。

⑦ 摇：通“遥”，一本作“遥”。

⑧ 竦：通“耸”，往上跳。

⑨ 予：一作“子”；一本“身”下有“兮”字。

⑩ 逝：去，往，一作“道”。

⑪ 媒：凭借。

⑫ 阊阖：天门。

⑬ 玉台：传说中天帝的居处。

⑭ 朝陇首歌：此诗为元狩元年（前122），汉武帝行幸雍，获白麟而作。

⑮ 朝：见。

⑯ 陇首：陇阪之首。

⑰ 垠：边。

⑱ 尞：同“燎”，指设烛燎祭。

⑲ 爰：发语辞。

⑳ 止：同“趾”。

㉑ 图：谋。

㉒ 匈：通“凶”。

㉓ 殛：诛。

辟[①]流离[②]，抑[③]不祥，宾[④]百僚，山河[⑤]飨。

掩[⑥]回辕，鬗[⑦]长驰，腾[⑧]雨师，洒路陂[⑨]。

流星陨，感惟风[⑩]，籋[⑪]归云，抚怀心[⑫]。

古乐府：饮马长城窟行[⑬]

青青河边草，绵绵[⑭]思远道。远道不可思，宿昔[⑮]梦见之。

梦见在我旁，忽觉在他乡。他乡各异县，展转[⑯]不相见。

枯桑知天风，海水知天寒[⑰]。入门各自媚，谁肯相为言[⑱]。

客从远方来，遗我双鲤鱼[⑲]。呼童烹鲤鱼[⑳]，中有尺素[㉑]书。

---

① 辟：屏除。

② 流离：即枭，恶鸟，此处比喻恶人。

③ 抑：压抑。

④ 宾：敬。

⑤ 山河：指山河神。

⑥ 掩：同“奄”，超忽。

⑦ 鬗：音mán，长发貌。

⑧ 腾：升。

⑨ 路陂：路旁。

⑩ 流星陨，感惟风：指观流星的陨落，感受庶民的好恶。

⑪ 籋：音niè，通“蹑”，踏，追踪。

⑫ 怀心：怀柔之心。

⑬ 饮马长城窟行：汉代乐府古题。相传古长城边有水窟，可供饮马，曲名由此而来。此诗在《昭明文选》中载为“古辞”，在《玉台新咏》中署名蔡邕。为一首思妇诗，抒写女主人公的怀人情愫。

⑭ 绵绵：延续不断，形容草，也形容对远方人的相思。

⑮ 宿昔：指昨夜。

⑯ 展转：亦作“辗转”。意谓在他乡做客的人行踪无定，亦形容不能安眠，意谓其醒后翻来覆去不能再入梦。

⑰ “枯桑”二句：此句意谓枯桑虽然无叶，仍能感到风吹，海水虽不冻结，亦可感到天寒。比喻远方的人纵感情淡薄，也应知道其孤凄与思念。

⑱ “入门”二句：媚，爱。言，问讯。此二句是把远方的人没有音信归咎于别人不肯代为传送。

⑲ 双鲤鱼：藏书信的函，即刻成鲤鱼形的两块木板，一底一盖，书信夹在其中。

⑳ 烹鲤鱼：烹，煮。假鱼本不能煮，诗人为了造语生动，故意将打开书函说成烹鱼。

㉑ 尺素：素是生绢，古人用绢写信，故称。

长跪[①]读素书，书中竟何如。上有加餐食，下有长相忆。

陇头吟[②]

陇头[③]流水，鸣声呜咽[④]。遥望秦川[⑤]，肝肠断绝。

朝发欣城，暮宿陇头。寒不能语[⑥]，舌卷入喉[⑦]。

晋

傅玄[⑧]〔四〕：秦女休行[⑨]

庞氏有烈妇，义声驰雍凉[⑩]。父母家有重怨[⑪]，仇人暴且强。虽有男兄弟，志弱不能当。烈女念此痛，丹心为寸伤。外若无意者，内潜思无方[⑫]。白日入都市，怨家如平常。匿剑藏白刃，一奋[⑬]寻[⑭]身僵[⑮]。身首为之异处，伏尸列肆[⑯]旁。肉与土合成

---

① 长跪：古人席地而坐，坐时两膝着地，臀部压在脚后跟上。跪时将腰伸直，上身就显得长些，故称为“长跪”。

② 陇头吟：《梁鼓角横吹曲》之一，《乐府诗集》收录三首，内容都是写游子飘流在外之艰卒苦痛和怀念故乡的思想感情。《甘肃通志》收录二首，其中“陇头流水”起为第三首，“朝发欣城”起为第二首。

③ 陇头：即陇山，在今陕西陇县西北。

④ 呜咽：形容水流的响声。此句是用流水呜咽之声表现思乡的悲哀。

⑤ 遥望秦川：远望秦川。秦川，指“关中”，今陕西省中部地区。

⑥ 寒不能语：冷得不能讲话。

⑦ 舌卷入喉：冻得舌头卷上去，极言气候寒冷。

⑧ 傅玄：217—278年，字休奕，北地郡泥阳县（今陕西铜川耀州区东南）人。西晋时期文学家、思想家。

⑨ 秦女休行：此诗出自《乐府诗集》卷61，为咏东汉末烈女赵娥亲事迹而作，事见《三国志·魏书·庞淯传》裴松之注引皇甫谧《列女传》（参见本书卷四十八《酒泉烈女庞娥亲传》）。

⑩ 雍凉：指雍州和凉州一带。

⑪ 重怨：大怨家，大仇家。

⑫ “内潜”句：在内思无良策。

⑬ 奋：奋力一刺。

⑭ 寻：随即。

⑮ 身僵：尸身倒地。

⑯ 肆：店房。

泥，洒血溅飞梁。猛气上干云霓[1]，仇党失守为披攘[2]。一市称烈义，观者收泪并慨忼。百男何当益，不如一女良。烈女直造[3]县门，云“父不幸遭祸殃。今仇身以分裂，虽死情益伤。杀人当伏法，义不苟活隳[4]旧章。”县令解印绶，令我伤心不忍听。刑部垂头塞耳，令我更举[5]不能成。烈著希代之绩，义立无穷之名。夫家同受其祚[6]，子子孙孙咸享其荣。今我作歌吟咏高风，激扬壮发悲且清。

周〔五〕

车敹：陇山诗[7]

陇头征人[8]别，陇水[9]流声咽[10]。只为感君恩，甘心从苦节[11]。

雪冻弓弦〔六〕断，风吹旗竿折。独有孤雄剑[12]，龙泉[13]字不灭。

---

① 云霓：云气。

② 披攘：震伏貌。

③ 造：到。

④ 隳：毁坏。

⑤ 更举：当作“吏举”，官务。

⑥ 祚：福。

⑦ 车敹：南朝诗人，生平未详。今存诗四首，均收入《乐府诗集》。

⑧ 征人：出征之人。

⑨ 陇水：河流名，源出陇山，因名。郦道元《水经注·渭水一》：“渭水又东与新阳崖水合，即陇水也。东北出陇山，其水西流。”

⑩ 流声咽：流水发出呜咽声。

⑪ 苦节：俭约过甚。后以谓坚守节操，矢志不渝。

⑫ 孤雄剑：孤独的雄剑。典出《列士传》：“干将、莫耶为晋君作剑，三年而成。剑有雄雌，天下名器也。乃以雌剑献君，留其雄者。谓其妻曰：‘吾藏剑在南山之阴，北山之阳。松生石上，剑在其中矣。君若觉，杀我，尔生男以告之。’及至，君觉，杀干将。妻后生男，名赤鼻，具以告之。赤鼻……乃逃朱兴山中，遇客，欲为之报，乃刎首，将以奉晋君。客令镬煮之，头三日跳不烂。君往观之，客以雄剑倚拟君，君头堕镬中。”

⑬ 龙泉：宝剑名，即龙渊，唐人避高祖李渊讳，改称龙渊曰“龙泉”。

唐

王勃[1]：陇西行[2]

陇西多名家，子弟复豪华。千金买骏马，蹀躞[3]长安斜。

雕弓侍羽林[4]，宝剑照期门[5]。南来射猛虎，西去猎平原。

既夕罢朝参[6]，薄暮入终南[7]。田间遭骂詈[8]，低语示乘骖[9]。

入被銮舆[10]宠，出视辕门[11]勇。无劳豪吏猜，常侍当无恐。

充国[12]出上邽，李广出天水[13]。门第倚崆峒[14]，家世[15]垂[16]金紫[17]。

---

① 王勃：649—676年，字子安，唐代绛州龙门（今山西河津县）人。著名诗人。麟德初应举及第，曾任虢州参军。后往海南探父，渡海溺水而死。与杨炯、卢照邻、骆宾王并称"初唐四杰"，有《王子安集》。

② 陇西行：乐府曲名。王勃作《陇西行》共十首，涉及内容较广泛，主要反映了陇西尚武任侠的民风。

③ 蹀躞：小步行走。

④ 羽林：皇帝禁卫军的名称。汉武帝时置。唐亦设左、右羽林卫，也叫羽林军，置有大将军、将军等官。

⑤ 期门：官名。汉武帝时置，掌执兵扈从护卫。武帝喜微行，多与西北六郡良家子能骑射者期约在殿门会合，故称。《汉书·地理志下》有"汉兴，六郡良家子选给羽林、期门，以材力为官，名将多出焉。"

⑥ 朝参：官吏上朝参见皇帝。

⑦ 终南：即终南山，又称南山，秦岭山峰之一，在陕西西安市南。

⑧ 詈：骂，责备。

⑨ 乘骖：乘，车乘。骖，骖马。

⑩ 銮舆：銮驾，天子之车驾，用以代指天子。

⑪ 辕门：古代帝王巡狩田猎，止宿处以车环绕，作屏障。出入处仰两车使车辕相向以表示门，称辕门，后指军营营门。

⑫ 充国：即西汉名将赵充国。

⑬ 李广：西汉陇西成纪（今甘肃天水秦安）人。著名将领。多次出击匈奴，勇敢善战，与士卒同甘共苦。

⑭ 崆峒：山名。在甘肃平凉。

⑮ 世：世代。

⑯ 垂：佩带。

⑰ 金紫：金印紫绶。

麟阁[①]图良将，六郡[②]名居上。天子重开边，龙云垒相向。

烽火照临洮，榆塞[③]马萧萧。先锋秦子弟，大将霍嫖姚[④]。

开壁[⑤]左贤败[⑥]，夹战楼兰[⑦]溃。献捷上明光[⑧]，扬鞭歌入塞[⑨]。

更欲奏屯田[⑩]，不必勒燕然[⑪]。古人薄军旅，千载谨[⑫]边关。

少妇经年别，开帘知礼客。门户尔能持，归来笑投策[⑬]。

宿长城诗[⑭]

阴云凝朔气[⑮]，陇上正飞雪。四月草不生，北风劲如割。

朝来羽书[⑯]急，夜宿长城窟。道隘[⑰]行不前，相呼抱鞍歇。

---

① 麟阁：汉宣帝为表彰佐汉名臣，于甘露年间将霍光、赵充国等十一人的肖像画于麒麟阁。

② 六郡：指汉时陇西、天水、安定、北地、上郡、西河六郡。

③ 榆塞：古塞名，即榆林塞，故址在今内蒙古准格尔旗。秦将蒙恬北击匈奴，在河套一带植榆为塞，故称。

④ 霍嫖姚：即霍去病。因其曾任剽姚（嫖姚）校尉、骠骑将军，故称。

⑤ 壁：军垒。

⑥ 左贤：即左贤王，匈奴贵族的封号，泛指敌酋。

⑦ 楼兰：古西域国名。汉元封三年（前108）内附，遗址在今新疆若羌县境，罗布泊西，位于汉代通西域南道上。因居汉与匈奴之间，常持两端，或杀汉使，阻通道。元凤四年（前77），汉遣傅介子斩其王安归，另立尉屠耆为王，更名为鄯善。事见《汉书·西域传上》及《傅介子传》。

⑧ 明光：汉宫名。建于汉武帝太初四年（前101），位于长乐宫北。

⑨ 入塞：乐府古题，属横吹曲。

⑩ 屯田：屯兵边境地区，让士兵耕种，兼积粮草及御边。

⑪ 燕然：山名，即今蒙古人民共和国境内的杭爱山。东汉永元元年（89），车骑将军窦宪领兵出塞，大破北匈奴，登燕然山，刻石勒功，记汉威德。

⑫ 谨：慎重防备。

⑬ 策：马鞭。

⑭ 宿长城诗：此诗不见《全唐诗》，《全唐诗》载长孙佐辅《陇西行》与此诗相近，《全唐诗外编》只存王勃《宿长城》题目。此诗写边塞军情紧急，将士奔向边塞，宿于长城脚下。

⑮ 朔气：寒气。

⑯ 羽书：军事文书，插鸟羽以示紧急。

⑰ 隘：狭窄险要。

人寒指欲堕，马冻蹄皆裂。射雁旋充饥，斧冰[1]还止渴。

宁辞解围斗，但恐乘波〔七〕没[2]。早晚边候[3]空，归来事耕作。

散关[4]晨渡诗

关山凌旦开，石路无尘埃。白马高谭去[5]，青牛真气来[6]。

重门临巨壑，画栋起崇限[7]。即今杨策度，非是弃繻回[8]。

陇上行[9]

负羽[10]到边州[11]，鸣笳[12]度陇头。云黄[13]知塞近，草白[14]见边秋。

① 斧冰：凿冰。

② 乘波没：指战马在战斗中死去。乘疲，当作“乘疲”，即“疲乘”，指疲乏的马。

③ 边候：即“边堠”，边塞。堠，古代瞭望敌情的土堡。

④ 散关：即大散关，在今宝鸡市西南秦岭的大散岭上，为关中四大门户之一，有“川陕襟喉”之称。

⑤ 白马高谭去：典出《韩非子·储说》。谓宋国有善辩者以白马非马的论辩压倒了齐国稷下诸辩士，而在回国过关时，却因白马要上税而无言以对。谭，通“谈”。

⑥ 青牛真气来：相传老子骑青牛出函谷关时有紫气升起。

⑦ 崇限：山弯曲处为限，喻高险的势态。

⑧ 繻回：繻，丝绸做的信符。此处用汉代终军过函谷关时扔掉繻的典故，表示永不回来之意。

⑨ 陇上行：一说此诗为王涯所作。王涯（约764—835），字广津，唐太原（今山西太原市）人。贞元八年（792）进士，任蓝田尉、翰林学士。元和时，任中书侍郎。穆宗时，出任剑南、东川节度使。文宗时，以吏部尚书代王播总盐铁。有诗集十卷，《全唐诗》载其诗一卷。

⑩ 负羽：背负羽箭而行。

⑪ 边州：犹言边地。

⑫ 鸣笳：吹笳。笳：古管乐器名，流行于北方少数民族间。

⑬ 云黄：边地风沙大，漫天皆黄，似黄云。

⑭ 草白：长在西北的一种草，秋冬干枯而变成白色。

卢照邻①：陇山诗②

陇山飞落叶，陇雁度寒天。愁见三秋水③，分为两地泉④。

西流入羌郡⑤，东下向秦川。行客频回首，肝肠空自怜。

入秦川界⑥

陇坂长无极，苍然望不穷。石径萦⑦疑断，回流映似空。

花开绿野露〔八〕，莺啭⑧紫岩风。春芳勿遽尽⑨，留赏故人同。

蚤⑩度关山分水岭⑪诗

十年游蜀道，万里向长安。徒费周王粟⑫，空弹汉史〔九〕冠⑬。

马蹄穿欲尽，貂裘敝转寒。层冰横九折，积石凌七盘⑭。

---

① 卢照邻：约636—680年，字升之，自号幽忧子，唐幽州范阳（治今河北省涿州）人。著名诗人，与王勃、杨炯、骆宾王号为“初唐四杰”。曾为王府典签，后任益州新都（今四川成都附近）尉。有《卢升之集》七卷，明张燮辑注《幽忧子集》存世。一说此诗为沈佺期所作，题为《陇头水》。

② 陇山诗：一说此诗为沈佺期所作，题为《陇头水》。沈佺期：约656—713年，字云卿，相州内黄（今属河由）人。高宗上元进士，官至太了少詹事。律体谨严精密，臻于格式定型，与宋之问齐名，并称“沈宋”。原集散佚，后人辑有《沈佺期集》。

③ 三秋水：深秋的流水。

④ 分为两地泉：指陇头水有的流入陕西，有的流入甘肃。

⑤ 羌郡：东汉时，羌族多居住在甘肃境内，所以把甘肃地区说成“羌郡”，此处指陇山以西地区。

⑥ 入秦川界：此诗为诗人自蜀中经清水越陇山赴关中长安时所作。

⑦ 萦：迂回盘绕。

⑧ 啭：鸟婉转鸣叫。

⑨ 遽尽：很快地结束。

⑩ 蚤：通“早”。

⑪ 分水岭：岭名，地处漳县、渭源交界处，系洮水与渭水之分水岭。又据《岷州志》载，分水岭在县城东南四十里处，其下有南北水二支，北入迭藏河，南为岷江。

⑫ 周王粟：周武王灭商，商贵族伯夷、叔齐耻食周粟，逃到首阳山，采薇而食，终于饿死在山里。此处用“周王粟”代指朝廷的俸禄。

⑬ 汉史冠：《汉书·王吉传》载，王吉与贡禹为友，王吉做官，贡禹也准备出仕，也称“王阳（吉）在位，贡公弹冠”。后用“弹冠”比喻出仕做官。

⑭ 积石：积石山。

重溪既下漱[①]，峻峰亦上干[②]。陇头闻戍鼓，岭外咽飞湍。
瑟瑟[③]松风急，苍苍山月团。传语后来者，行路诚独难。

骆宾王[④]：陇山诗[⑤]

陇坂高无极，征人一望乡。关河别去水，沙塞断归肠。
马系千年树，旌悬九月霜。从来共呜咽，皆是为勤王[⑥]。

晚泊蒲类[⑦]

二庭[⑧]归望断，万里客心愁。山路犹南属，河源自北流。
晚风连朔气，新月照边秋。灶火通军壁，烽烟上戍楼。
龙庭但苦战，燕颔[⑨]会封侯。莫作兰山下[⑩]，空令汉国羞。

边城诗

紫塞[⑪]流沙北，黄图[⑫]灞水东。一朝辞俎豆[⑬]，万里逐沙蓬[⑭]。

---

① 漱：从河石上流过的急水。

② 上干：上插云天.。

③ 瑟瑟：形容松风的声音。

④ 骆宾王：约638—684年，字观光，唐婺州义乌（今浙江义乌）人。著名诗人。与王勃、杨炯、卢照邻合称“初唐四杰”，又与富嘉谟并称“富骆”。武则天光宅元年（684），徐敬业（又名李敬业）起兵扬州反武则天，骆宾王代作《为徐敬业讨武曌檄》。著有《骆宾王集》行世。

⑤ 陇山诗：一说此诗为卢照邻所作，题为《陇头水》。

⑥ 勤王：为王事情尽力，此指征戍事。

⑦ 蒲类：即蒲类津，渡口名，在唐庭州蒲类县（今属新疆）。

⑧ 二庭：指匈奴的南庭、北庭。

⑨ 燕颔：指班超。典出《后汉书·班超传》：“超为人有志，不修细节，曾诣相者，相者曰：‘生燕颔虎颈，飞而食肉。此万里侯相也。’”

⑩ 莫作兰山下：兰山，当指浚稽山。汉天汉二年（前99），李陵出居延，与贰师将军李广利同攻匈奴。在浚稽山与匈奴遭遇，李陵率领士卒苦战连日，终因寡不敌众，后援不至，兵败投降匈奴。

⑪ 紫塞：秦所修筑的长城，因土色皆紫，故名。后代用紫塞泛指北方的边塞。

⑫ 黄图：指京都。

⑬ 俎豆：俎和豆都是祭祀的礼器。此处是说诗人辞去司礼之职而参加军队。

⑭ 沙蓬：比喻漂泊不定。蓬，蓬草。

候月恒持满，寻源[①]屡凿空[②]。野昏边气合，烽迥戍烟[③]通。

膂力[④]风尘倦，疆场岁月穷。河流控积石，山路远崆峒。

壮志凌苍兕[⑤]，精诚贯白虹[⑥]。君恩如可报，龙剑有雌雄[⑦]。

李峤[⑧]：奉和幸望春宫送朔方军大总管张仁亶[⑨]

玉塞惩[⑩]骄子[⑪]，金符[⑫]命老臣[⑬]。三军张武旆[⑭]，万乘[⑮]饯行轮[⑯]。

猛气凌玄〔十〕朔[⑰]，崇恩降紫宸[⑱]。投醪[⑲]还飨[⑳]士，辞第[㉑]本忘身。

---

① 寻源：指汉张骞通西域找到黄河的源头。

② 凿空：开辟道路。

③ 戍烟：指边防哨所烽火台之间互传消息的信号。

④ 膂力：即体力。

⑤ 苍兕：古代的犀牛一类动物，为传说中的水兽名。

⑥ 白虹：《汉书·邹阳传》注引应劭云：“精诚感天，白虹为之贯日也。”此处谓诗人极效皇帝的忠心。

⑦ 龙剑：传说西晋雷焕、张华得到一双宝剑，二人去世后，剑变化为双龙，入延平津中。

⑧ 李峤：644—713年，唐河北赵州人。著名诗人。与同乡苏味道齐名，合称“苏李”，时为中书令。

⑨ 奉和幸望春宫送朔方军大总管张仁亶：此诗为唐中宗饯送张仁亶时，李峤与唐中宗相唱和的送别诗，共三首。望春宫，唐宫殿名，在大明宫内，为皇帝宴会大臣之所。张仁亶（？—714），又名张仁愿，华州下邽（今陕西渭南临渭区）人，唐朝宰相、名将。

⑩ 惩：讨伐。

⑪ 骄子：典出《汉书·匈奴传上》：“单于遣使遗大汉书云：‘南有大汉，北有强胡，胡者，天之骄子也。”此处借指突厥。

⑫ 金符：唐代征调兵将用的凭证多以金属制成，故称。

⑬ 老臣：指张仁亶。

⑭ 武旆：军中旌旗。

⑮ 万乘：周制，天子地方千里，能出兵车万乘，因以“万乘”指天子。

⑯ 饯行轮：用酒食送行。

⑰ 玄朔：北方。

⑱ 紫宸：即紫宸宫，在大明宫内，唐时为皇帝接见群臣及外国使者朝见庆贺的内朝正殿。

⑲ 投醪：置酒。

⑳ 飨：用酒食招待。

㉑ 第：府第。

露下鹰初击，风高雁欲宾[①]。方销[②]塞北祲[③]，还静漠南尘[④]。

杜审言[⑤]：赠苏绾书记[⑥]

知君书记本翩翩[⑦]，为许[⑧]从戎赴朔边[⑨]。

红粉[⑩]楼中应计日，燕支山[⑪]下莫经年。

沈佺期：出塞

十年通大漠[⑫]，万里出长平。寒日生戈剑，阴云拂旆旌[⑬]。

饥乌啼旧垒[⑭]，疲马恋空城。辛苦皋兰北，胡尘[⑮]损汉兵[⑯]。

---

① 雁欲宾：（突厥）像大雁要南飞一样地归顺。宾，顺、服从。

② 销：通“消”，消灭。

③ 祲：不祥之气，借指突厥入侵之患。

④ 还静漠南尘：此句意为漠南突厥地平静而无战事。尘，战争烟尘。

⑤ 杜审言：约645—708年，字必简，唐襄州襄阳人，后迁河南巩县（今河南巩义），“诗圣”杜甫的祖父。曾任隰城尉、洛阳丞等小官，累官修文馆直学士，与李峤、崔融、苏味道被称为“文章四友”，是唐代“近体诗”的奠基人之一。后人辑有《杜审言诗集》。

⑥ 苏绾：杜审言同时代人，曾任工部郎中、荆南府司马。书记：古时在官府从事公文书信工作的人。

⑦ 翩翩：形容有风度及文采优美。

⑧ 为许：为何。

⑨ 朔边：北疆。

⑩ 红粉：代指妇女，这里指苏绾的妻子。

⑪ 燕支山：即焉支山，在今甘肃山丹县东南五十里。

⑫ 大漠：指蒙古高原的大沙漠，古称翰海。

⑬ 旆旌：泛指旗帜。

⑭ 垒：营垒。

⑮ 胡尘：指塞外的风沙。

⑯ 汉兵：指唐朝官兵，唐人多用汉代指唐。

李乂[①]：奉和幸望春宫送朔方大总管张仁亶[②]

边郊草具腓[③]，河塞有兵机[④]。上宰[⑤]调梅[⑥]寄，元戎[⑦]细柳[⑧]威。

虎貔[⑨]东道出，鹰隼北庭飞。玉匣谋中野[⑩]，金舆下太微[⑪]。

投醪衔酌饯，缉衮[⑫]事征衣。勿谓公孙老，行闻献凯归。

郑愔：塞外三首[⑬]

阳鸟[⑭]南飞夜，阴山北地寒。汉家征戍客，年岁在楼兰。

玉塞朔风起，金河秋月团。边声入鼓吹，霜气下旌竿。

海外归书断，天涯旅鬓残[⑮]。子卿犹奉使[⑯]，恒向节旄[⑰]看。

---

① 李乂：647—714年，字尚真，唐赵州房子人（今河北邢台市临城县人）。著名诗人。与兄尚一、尚贞，俱以文章见称。

② 奉和幸望春宫送朔方大总管张仁亶：此诗为唐中宗饯送张仁亶时，李乂所作送别诗。

③ 具腓：全都枯萎。具，通“俱”。

④ 兵机：用兵的机宜，此处指战事。

⑤ 上宰：宰相。

⑥ 调梅：谓用盐梅调味。典出《书·说命下》：“若作和羹，尔惟盐梅。”殷高宗让傅说作相，曾把傅说比作和羹的调料，后人遂以“调梅”喻指宰相执掌政柄，治理国家。

⑦ 元戎：军中主将，指张仁宜。

⑧ 细柳营。为西汉周亚夫屯兵处，在今西安西南。

⑨ 虎貔：比喻勇猛的军士。貔，传说中猛兽名。

⑩ 中野：荒野之中，代指朔方少数民族地区。

⑪ 太微：原指天帝南宫，此处代指皇宫。

⑫ 衮：龙袍。

⑬ 郑愔:？—710年，字文靖，唐河北沧县人。诗人。十七岁举进士。武后时，张易之兄弟荐为殿中侍御史，后被贬为宣州司户。唐中宗时，任中书舍人，太常少卿，与崔日用、冉祖壅等倭附武三思，郑情迎合韦后之意，作《桑条乐词》十首进献，擢升吏部侍郎。景龙三年（709）二月，升任宰相，六月，因贪赃贬为江州司马。翌年谯王李重福阴谋叛乱，预推重福为天子，郑惜自任右丞相，不久败亡，被诛。《全唐诗》录存其诗二十九首，编一卷。

⑭ 阳鸟：鸿雁之类候鸟。

⑮ 鬓残：喻头发稀疏。

⑯ 卿：古代对人敬称。

⑰ 节旄：出使的符节。

塞外萧条望，征人此路赊[①]。边声[②]乱朔马，秋色引胡笳。
遥嶂[③]侵[④]归日，长城带晚霞。断蓬飞古戍，连雁[⑤]聚寒沙。
海暗云无叶，山春雪作花。丈夫期报主，万里独辞家。

荒垒三秋夕，穷郊[⑥]万里平。海阴[⑦]凝独树，日气下连营。
戎旆[⑧]霜旋重，边裘夜更轻。将军犹转战，都尉不成名。
折柳[⑨]悲春曲，吹笳断夜声。明年汉使返，须筑受降城[⑩]。

苏颋：奉和圣制幸望春宫送朔方大总管张仁亶[⑪]

北风吹早雁，日夕渡河飞。气冷胶应折，霜明草正腓。
老臣帷幄算，元宰庙堂机。饯饮回仙跸，临戎解御衣。
军装乘晓发，师律候春归。方伫勋庸盛，天词降紫微。

---

① 赊：遥远。

② 边声：边塞的声音，如马嘶、人喊、风吼、笳鸣等。

③ 遥嶂：远处如屏风一样的山峰。

④ 侵：迫近。

⑤ 连雁：雁群。

⑥ 穷郊：荒僻的郊野。

⑦ 海阴：大漠的阴气。

⑧ 戎旆：军旗。旆，旗帜的通称。

⑨ 折柳：古人离别时，有折柳枝相赠之风俗。最早出现在汉乐府《折杨柳歌辞》中，故“折柳”一词寓含“惜别怀远”之意。

⑩ 受降城：汉武帝命李广利西伐大宛，而令公孙敖筑受降城，故址在今内蒙乌拉特旗北。

⑪ 苏颋：670—727年，字廷硕，京兆武功（今陕西武功）人。唐代政治家、文学家。

张说[1]：和饯王晙巡边[2]

六月歌周雅，三边[3]谂[4]夏卿[5]。欲施攻战法，先作简稽[6]行。

礼乐知谋帅，春秋识用兵。一劳堪定国，万里[7]即长城。

策布和戎利，威传破虏名。军前雨洒道[8]，楼上月临营[9]。

别藻[10]瑶华[11]降，同衣锦襮[12]荣。关山由义近，戈甲为恩轻。

丝竹[13]路傍散，风云马上生。朝廷谓吉甫[14]，邦国望君平。

---

① 张说：667—730年，字道济，一字说之，河南洛阳人。唐朝政治家、文学家。曾前后三次为相，执掌文坛三十年，与苏颋齐名，号称“燕许大手笔”。

② 和饯王晙巡边：此诗为张说奉玄宗旨赋诗相送出任朔方节度使王晙所作。

③ 三边：原指东、西、北边陲，或泛指边境。此特指西北边之灵州。

④ 谂：音shěn，思念。

⑤ 夏卿：周以夏官掌管军事，为六卿之一，后遂以夏卿为兵部尚书之别称。此特指兵部尚书、朔方军大总管王晙。

⑥ 简稽：查核、考察。

⑦ 万里：泛指遥远。

⑧ “军前”句：谓出兵时正值下雨天。

⑨ “楼上”句：谓长安的楼阁、灵州的军营，都在同一个月亮的照耀下。

⑩ 别藻：惜别之辞。

⑪ 瑶华：比喻诗文的珍美，此指唐玄宗诗《饯王晙巡边》。

⑫ 锦襮：本指绣有花纹的衣领，此指锦衣。

⑬ 丝竹：音乐，此指奏乐欢迎。

⑭ 吉甫：即尹吉甫，西周宣王时，于灵州一带大败猃狁，此喻王晙是唐玄宗时的“尹吉甫”。

将赴朔方军应制[①]

礼乐逢明主，韬钤用老臣[②]。恭凭神武策[③]，远静鬼方人[④]。

供帐荣恩饯[⑤]，山川喜诏巡[⑥]。天文日月丽[⑦]，朝赋管弦〔十一〕新[⑧]。

幼志传《三略》[⑨]，衰材谢六钧[⑩]。胆由忠作伴，心故道为邻。

汉保河南地，胡清塞北尘。连年大军后[⑪]，不日小康辰[⑫]。

剑舞轻离别，歌酣忘苦辛。从来思博望[⑬]，许国不谋身[⑭]。

王翰[⑮]：凉州词

蒲桃美酒夜光杯，欲饮琵琶马上催。醉卧沙场君莫笑，古来征战几人回。

---

① 将赴朔方军应制：开元九年（721）六月，唐玄宗诏令陇右节度使、御林军使郭知远和王晙等共同讨伐康待宾，二人不合。王晙因功受爵位，郭知远对王晙已招抚的康待宾部纵兵攻杀，六胡州人认为他们为王晙所出卖。九月，六胡州人又反唐，唐玄宗认为王晙不能平定六胡州之乱，贬王晙为漳州刺史。开元十年（722），以宰相张说为朔方军节度大使，往巡河外五城（即黄河以西灵州辖下的弘静、怀远、灵武、定远、雄州，也即今宁夏永宁、银川、平罗、青铜峡、中卫等地），处置朔方军兵马使。此首诗为张说于开元九年离朝赴朔方（治回乐，今灵武西南）时，应唐玄宗之命而写。应制，特指应皇帝之命写作诗文。

② 韬钤：借指用兵谋略。

③ 恭凭：恭敬地凭借。

④ 鬼方人：鬼方为对戎狄部落的称呼，此代指灵州“六胡州”之少数民族。

⑤ 供帐：本指陈设宴会用的帷帐、用具、饮食等物。这里是说唐玄宗举行盛大宴会。饯：设酒食送行。

⑥ 诏巡：奉诏巡边。

⑦ 丽：附著，依附。

⑧ 赋：创作。这句是说，朝堂上演奏的是创作的新曲。

⑨ 幼志：从小就立志。《三略》：古兵书名，相传为汉初黄石公作。

⑩ 衰材：衰老。谢：辞别。六钧：强弓，因张满强弓用力六钧，故称。钧，古重量单位，三十斤为钧。

⑪ “连年”句：一连几年大军征讨之后。

⑫ 辰：日子。

⑬ 博望：指张骞。张骞曾受封博望侯，故称。

⑭ 许国不谋身：以身许国，奋不顾身。

⑮ 王翰：687—726年，字子羽，唐并州晋阳（今山西太原市）人。著名边塞诗人。其集不传，《全唐诗》收其诗十四首。

崔颢[①]：赠凉州张都督[②]

闻君为汉将，敌骑罢南侵[③]。出塞清沙漠，还家拜羽林。

风霜臣节苦，岁月主恩深。为语西河使[④]，知余报国心。

送单于[⑤]裴都护赴西河

征马出翩翩，城秋月正圆。单于莫近塞，都护欲临边。

汉驿[⑥]通烟火[⑦]，胡〔十二〕沙[⑧]乏井泉。功成须献捷[⑨]，未必去经年[⑩]。

崔融[⑪]：西征军行遇风

北风卷尘沙，左右不相识。飒飒吹万里，昏昏同一色。

马烦不敢进，人急未遑[⑫]食。草木春更悲，天景昼相匿[⑬]。

夙龄慕忠勇，雅尚存孤直[⑭]。览史怀浸骄[⑮]，读《诗》叹孔棘[⑯]。

---

① 崔颢：704—754年，唐汴州（今河南开封市）人。著名诗人。开元年间进士。官至太仆寺丞，天宝中为司勋员外郎。《全唐诗》收录其诗四十二首。

② 凉州张都督：据谭优学《唐诗人行年考·崔颢年表》，当是凉州都督张敬忠。凉，诸本多误作“梁”。此诗为一首赠酬诗。

③ “闻君”二句：张敬忠曾随张仁愿在朔方分判军事，尝筑三受降城以绝南寇之路，突厥不敢逾山牧马。事见两《唐书·仁愿传》。

④ 西河使：西河使，指河西节度使，河西节度使驻凉州，主要任务是控制河西走廊，对付突厥和吐蕃。开元十一年（723）张敬忠为凉州都督、河西节度使。

⑤ 单于：指单于都护府，唐六都护府之一。

⑥ 驿：驿道，指唐代各边防要塞之间的通道。

⑦ 烟火：烽火。

⑧ 胡沙：沙漠地区。

⑨ 献捷：古代打胜仗后，进献所获的俘虏。

⑩ 经年：常年。

⑪ 崔融：653—706年，字安成，唐齐州全节（今山东济南东）人。中宗时为太子侍读，后历任著作郎，凤阁舍人。因依附张易之兄弟，被贬为袁州刺史，不久召为国子司业。其文章华婉典丽，深受武后赞赏，与苏味道、李峤、杜审言合称为“文章四友”。有集六十卷。

⑫ 未遑：来不及。

⑬ 匿：藏，此指遮蔽。

⑭ 尚：崇尚。

⑮ 怀浸骄：胸中充满自豪之情。怀，胸怀。浸，沉浸。骄，骄傲，自豪。

⑯ 孔棘：典出《诗·小雅·采薇》：“岂不曰戒，玁狁孔棘。”意为军情紧急。

及兹戎旅地，忝[1]从书记职。兵气腾北荒，军声振西极。

坐觉威灵[2]远，行看氛祲[3]息。愚臣何以报，倚马申[4]微力。

李白[5]：塞下曲[6]三首

五月天山雪，无花祇有寒。笛中闻折柳，春色未曾看[7]。

晓战随金鼓，宵眠抱玉鞍。愿将腰下剑，直[8]为斩楼兰[9]。

骏马似风飙[10]，鸣鞭出渭桥。弯弓辞汉月，插羽[11]破天骄。

阵解星芒尽[12]，营空海[13]雾消[14]。功成画麟阁，独有霍嫖姚[15]。

---

① 忝：谦词，愧，辱没。

② 威灵：声威。

③ 氛祲：灾祸的气氛，此指敌军气焰。

④ 申：贡献。

⑤ 李白：701—762年，字太白，号青莲居士，又号“谪仙人”，唐代伟大的浪漫主义诗人，被后人誉为“诗仙”，与杜甫并称为“李杜”。

⑥ 塞下曲：唐代新乐府曲名，古代诗人用来描写边塞战争生活。

⑦ “笛中”二句：折柳，即“折杨柳”，古乐府“横吹曲”的调名。二句谓塞上无春，“柳色”只能在《折杨柳》的笛声中想象。

⑧ 直：径自，一往直前。

⑨ 楼兰：楼兰部族的首领。西汉昭帝时，楼兰部族首领屡次拦杀汉朝通往西域的使者，傅介子奉命到楼兰，用计杀了楼兰部族首领。这里只是借用汉代时的典故，比喻骚挠边疆的叛乱势力。

⑩ 飙：暴风。

⑪ 羽：箭的代称，箭杆上端饰有羽毛，故称。天骄：匈奴首领，此指强敌。

⑫ “阵解”句：意谓战争结束，边疆平靖。星，指髦头星。《史记·天官书》：“昴曰髦头，胡星也。”张守节《正义》：“摇动若跳跃者，胡兵大起。”星芒尽，言胡星不再放射摇动的光芒。

⑬ 海：瀚海，即大漠。

⑭ 雾消：象征战争结束。

⑮ “功成”二句：意谓战胜归来，朝廷论功行赏，轮不到广大士兵和普通将领，暗含讽刺唐玄宗用人唯亲之意。麟阁，麒麟阁的简称，汉高祖时萧何所建，用来储藏图书，宣帝时，为了纪念功臣，画霍光等十九人像于其上，其中并没有霍去病。此处以“画麟阁”泛指取得最大的功勋和荣誉。

塞虏[1]乘秋下[2]，天兵[3]出汉家。将军分虎竹[4]，战士卧龙沙[5]。

边月随弓影，胡霜拂剑花[6]。玉关殊未入[7]，少妇莫长嗟。

杜甫[8]：高都护[9]骢马[10]行

安西都护胡青骢[11]，声价欻然[12]来向东。此马临阵久无敌，与人一心成大功。

功成惠养[13]随所致[14]，飘飘远自流沙[15]至。雄姿未受伏枥[16]恩，猛气犹思战场利。

腕促蹄高[17]如踣铁[18]，交河几蹴[19]层冰裂。五花散作云满身，万里方看汗流血[20]。

长安壮儿不敢骑，走过掣电[21]倾城知。青丝络头为君老，何由却出横门[22]道。

---

① 塞虏：塞外敌人。

② 乘秋下：北方游牧部族，往往在秋爽马肥时发动侵扰。

③ 天兵：指唐朝军队。

④ 虎竹：兵符。古代调遣军队的凭信，有铜符和竹符两种，出行时朝廷与率军将帅各执其半。

⑤ 龙沙：泛指边塞沙漠。《后汉书·班超传》："咫尺龙沙。"李贤注："白龙堆，沙漠也。"

⑥ 边月"二句：写月夜行军的情景，边疆的月亮照着佩弓行进的战士，刀剑泛着冷光，与霜花相映。剑花，剑刃泛起的白光。

⑦ 殊：犹，还。未入：未能进入，谓未得归返。

⑧ 杜甫：712—770年，字子美，本襄阳人，后徙河南巩县。自号少陵野老，唐代伟大的现实主义诗人，与李白合称"李杜"。

⑨ 高都护：指高仙芝。时任安西大都护府的副都护。

⑩ 骢马：毛色青白相间的马。

⑪ 胡青骢：西域出产的骢马。

⑫ 欻然：忽然，形容快速。

⑬ 惠养：受到关怀备至的豢养。

⑭ 随所致：指骢马随主人之所致。

⑮ 流沙：泛指西北沙漠地区。

⑯ 伏枥：伏于马槽边受饲养。枥，马槽。

⑰ 腕促、蹄高：都是良好的特征。促，短。高，厚。

⑱ 踣铁：踏地如铁，形容马蹄坚硬有力。踣，踏。

⑲ 蹴：音cù，踏。

⑳ 汗流血：相传西域大宛出产的千里马，流出的汗颜色如血。

㉑ 掣电：闪电，形容速度极快。

㉒ 横门：古长安城北西头第门，门外有桥名横桥，故称。经横门，通西域。

送韦书记赴安西①

夫子歘通贵②，云泥③相望悬。白头④无籍在⑤，朱绂⑥有哀怜⑦。

书记赴三捷⑧，公车⑨留二年。欲浮江海去，此别意茫然⑩

投赠哥舒开府翰⑪二十韵

今代麒麟阁，何人第一功。君王自神武，驾驭必英雄。

开府当朝杰，论兵迈古风。先锋百胜在，略地两隅空⑫。

青海无传箭⑬，天山早挂弓⑭。廉颇仍走敌⑮，魏绛已和戎⑯。

---

① 安西：即安西都护府，在今新疆吐鲁番境内。

② 歘通贵：忽然富贵起来。

③ 云泥：贵贱相距之远，好像天上浮云与地下泥土。

④ 白头：杜甫自谓。

⑤ 无藉在：无所凭依。

⑥ 朱绂：指韦书记。唐制，御史赐金印朱绂，韦书记可能兼官御史。

⑦ 有哀怜：希望得到他的帮助。

⑧ 三捷：典出《诗·采薇》："岂敢定居，一月三捷。"郑笺："前往征战之地，不敢停下定居，一月之中，三有战功。"

⑨ 公车：汉代以公家车马送举子入京应试。后来用以为人京应试者代称。此处为借用，杜甫叙说自己留在京城参加考试。

⑩ "欲浮"二句：意谓想离长安，但又不知前往何处，感到有些茫然。

⑪ 哥舒开府翰：《旧唐书·哥舒翰传》："哥舒翰于天宝十一载以陇右节度副大使，加开府仪同三司。"

⑫ "略地"句：《旧唐书·哥舒翰传》："翰初事河西节度使王倕，任攻新城，使翰经略，三军元不震慑。后节度使王忠嗣补为衙将。忠嗣为大斗军副使，尝使翰击吐蕃于新城。后吐蕃寇边，翰拒之于苦拔海。"所谓"两隅"，即指河西、陇右而言。

⑬ 无传箭：指哥舒翰筑城于龙驹岛，吐蕃兵不敢逼近。胡人起兵，以传箭为号，故称。

⑭ 挂弓：谓没有军事行动。

⑮ "廉颇"句：廉颇，战国时赵国的著名将军，因打败齐国和魏国有功，被封为信平君。走敌：使敌人窜走，即打败敌人。此处是借用廉颇事迹，赞美哥舒翰。

⑯ "魏绛"句：魏绛，春秋时晋国大夫，曾劝说晋悼公和戎有五利，悼公听从其言，与戎结盟。此处用以比喻哥舒翰和边境民族的关系。

每惜河湟弃，新兼节制通[①]。智谋垂睿想，出入冠诸公。
日月低秦树，乾坤绕汉宫。胡人愁逐北，宛马又从东。
受命边沙远，归来御席同[②]。轩墀曾宠鹤，畋猎旧非熊[③]。
茅土[④]加名数[⑤]，山河誓始终[⑥]。策行遗战伐，契合动昭融[⑦]。
勋业青冥上，交亲气概中。未为珠履客，已见白头翁[⑧]。
壮节初题柱，生涯独转蓬[⑨]。几年春草歇，今日暮途穷。
军事留孙楚，行间识吕蒙[⑩]。防身一长剑，将欲倚崆峒[⑪]。

---

① “每惜”句：河，黄河。湟，湟水，出青海东群山中，东南流至兰州西南人黄河。吐蕃与唐接境，时有冲突。天宝十二年（753），哥舒翰攻破吐蕃洪济、大漠门等处，收九曲之地。以其地置洮阳郡，筑神策、宛秀二军。

② “受命”二句：因哥舒翰收复河湟有功，朝廷设宴款待。边沙，指河西一带。

③ “轩墀”二句：《左传・闵公二年》载：狄人伐卫。卫懿公爱鹤，把鹤载在车子上面，国人说：“叫鹤去打仗吧，我们不能作战。”因此战败。《六韬》记载：周文王将去田猎，问卦说：将得到一位能人，果在渭水边上果然遇到了姜太公，用车子把他接回来。此处引用这两个典故，意谓当今皇上与卫懿公不同，得到哥舒翰这样的贤臣，就像周文王得到了姜太公。轩墀，音 xuān chí，殿堂前的台阶，借指朝廷。

④ 茅土：古天子分封诸侯时，用代表方位的五色土筑坛，按封地所在方向取一色土，包以白茅而授之，作为受封者得以有国建社的表征，后遂以“茅土”指诸侯的封爵。

⑤ 名数：指户籍。古代天子封分诸侯按其爵位高低而授以名数。天宝十二年（753）加封哥舒翰为西平郡王，食实封五百户。

⑥ “山河”句：汉高祖封功臣，曾誓曰：“使黄河如带，泰山若砺，国以永存，爰及苗裔。”此处借指对歌舒翰的信任。

⑦ “策行”二句：谓哥舒翰符合朝廷用兵计策，已得到成功，不必再继续进行战争。

⑧ “未为”二句：战国楚春申君养客三千人，其中上客皆穿珠履。此处杜甫是说自己未作哥舒翰的客人而头发已白。

⑨ “壮节”二句：《成都记》载：成都城北十里有升仙桥，司马相如初次西去，在桥柱上题字说：“不乘赤车驷马，不过此桥。”杜甫借此典故，说明自己曾有此壮志，但到处辗转，今已日暮途穷。

⑩ 孙楚、吕蒙：二人都是幕僚中的英才。《晋书・孙楚传）载：孙楚为石苞参军。他颇为自负，初见面时即说：“天子命我参卿军事。”《三国志・吴书》载：吴使至魏，魏主问他：“吴主如何？”吴使回答说：“吴主是聪明仁智雄略之主。……纳鲁肃于凡品，是其聪也。拔吕蒙于行阵，是其明也。”

⑪ “防身”句：意谓自己想参加哥舒翰的军幕。

寄高三十五书记[①]

叹息高生老，新诗日又多[②]。美名人不及，佳句法如何。
主将[③]收才子[④]，崆峒足凯歌[⑤]。闻君已朱绂，且得慰蹉跎[⑥]。

送蔡希曾都尉还陇右因寄高三十五书记[⑦]

蔡子勇成癖[⑧]，弯弓西射胡。健儿宁斗死，壮士耻为儒[⑨]。
官是先锋得，材缘挑战须。身轻一鸟过，枪急万人呼。
云幕[⑩]随开府[⑪]，春城赴上都[⑫]。马头金匼匝[⑬]，驼背锦模糊。
咫尺雪山路，归飞青海隅。上公[⑭]独宠锡，突将[⑮]且前驱。
汉使黄河远，凉州白麦枯。因君问消息，好在阮元瑜[⑯]。

---

① 寄高三十五书记：此诗当为杜甫于天宝十三年（754）在长安时作，是杜甫与高适别后的寄信问候之作。诗中称赞了高适的诗才，对高适仕途有成表示了喜悦之情。高适，排行三十五，时任河西节度使哥舒翰掌书记，故杜甫称他为“高三十五书记”。

② “叹息”二句：《旧唐书·高适传》：“适年五十，始留意诗作，数年之间，体格渐变，以气质相高。每吟一篇，已为好事者称诵。”两句意谓：高适年老之后新诗却日日增多，这真使我感叹。

③ 主将：指哥舒翰，时为河西节度使。

④ 才子：指高适。

⑤ 凯歌：《乐府诗集》载：哥舒翰破吐蕃收九曲黄河置洮阳郡，高适为作《九曲词》。此处意谓主将哥舒翰接收了才子高适，崆峒大胜足以使你写出得胜之歌。

⑥ 蹉跎：失时，虚度光阴。

⑦ 送蔡希曾都尉还陇右因寄高三十五书记：天宝十三年（754），哥舒翰入朝，途中得了风疾，遂留京师，蔡都尉先归。此诗为杜甫送他所作。

⑧ 勇成癖：勇猛善战已成为癖好。

⑨ 儒：指文弱书生。

⑩ 云幕：泛指帐幕。

⑪ 开府：府兵军职，指哥舒翰。

⑫ 上都：首都，指长安。

⑬ 匼匝：周围环绕。

⑭ 上公：泛指高官显爵。

⑮ 突将：中锋陷阵的剽悍将士。

⑯ 阮元瑜：即阮瑀，字元瑜，为曹操掌书记，善军国书檄。后喻指执掌文书的官员。

赠田九判官梁邱〔十三〕①

崆峒使节②上青霄③，河陇降王④款⑤圣朝。宛马总肥春苜蓿，将军只数汉嫖姚。
陈留阮瑀谁争长，京兆田郎⑥早见招。麾下⑦赖君才并入，独能无意向渔樵⑧。

赤谷⑨西崦⑩人家

跻⑪险不自安，出郊已清目。溪回日气暖，径转山田熟。
鸟雀依茅茨⑫，藩篱带松菊。如行武陵暮，欲问桃源宿⑬。

秦州杂诗二十首⑭

满目悲生事⑮，因人作远游。迟回度陇怯，浩荡⑯及关⑰愁。

---

① 田九判官梁邱：哥舒翰幕中佐理军务的官员。

② 崆峒使节：指哥舒翰，天宝六年（747）代王忠嗣为河西节度使，八年被任命为陇右节度使。

③ 上青霄：入朝觐见天子。

④ 河陇降王：天宝十二年（753）秋，哥舒翰领河西节度使，与吐蕃作战，悉收九曲部落。

⑤ 款：即款塞，扣塞门来朝。

⑥ 京兆田郎：《三辅决录》载：汉田凤为郎，容仪端正，入朝奏事，汉灵帝目送之曰："堂堂乎京兆田郎。"此处用来赞美田九判官。

⑦ 麾下：谓田九判官在哥舒翰旌麾之下。

⑧ 渔樵：杜甫自谓。意谓因田九判官的推荐，许多有才能的人都投入哥舒翰麾下，自己岂能无动于衷，而甘心于渔樵？也希望他把自己推荐给哥舒翰。

⑨ 赤谷：山谷名。距秦州西南七里，即今天水市西南的暖和湾河谷。谷两面山崖皆呈红色，故名"赤谷"。

⑩ 西崦：村庄名。赤谷西有崦嵫山，故此村借此得名。

⑪ 跻：登上。

⑫ 茅茨：茅草房。

⑬ "如行"二句：此处引用陶潜《桃花源记》中所说的故事以喻赤谷西崦地僻人稀。

⑭ 秦州杂诗：唐肃宗乾元二年（759）秋，杜甫弃华州（今陕西华县）司功参军职务，开始远游。他从长安出发，先到秦州。在秦州期间，写了二十首五律，歌咏当地山川风物，抒写伤时感乱之情和个人身世遭遇之悲。

⑮ 生事：生养之事，人生之事。

⑯ 浩荡：心无所主貌。

⑰ 关：指陇山附近的安戎关。

水落鱼龙[①]夜，山空鸟鼠[②]秋。西征[③]问烽火[④]，心折[⑤]此淹留[⑥]。

秦州城北寺[⑦]，传是隗嚣宫。苔藓〔十四〕山门古，丹青[⑧]野殿空。
月明垂叶露，云逐度溪风[⑨]。清渭[⑩]无情极[⑪]，愁时独向东[⑫]。

州图领同谷[⑬]，驿道出流沙[⑭]。降虏[⑮]兼千帐[⑯]，居人有万家。
马骄[⑰]朱汗落[⑱]，胡舞白题[⑲]斜[⑳]。年少临洮子[㉑]，西来亦自夸。

---

① 鱼龙：即汧水，渭河支流，今名千水，源出甘肃六盘山南麓，上游东南流经陕西陇县、千阳注入渭河。河中出五色鱼，俗以为龙而莫敢捕捉，因称此水为鱼龙水，也通称鱼龙川。又《水经》载，鱼龙以秋日为夜。此句中含用两事。

② 鸟鼠：即鸟鼠山。

③ 西征：西行，秦州在长安西，故称“西征”。

④ 问烽火：意谓担忧吐蕃。安史之乱中，吐蕃乘机侵占了西北大片土地。烽火，指战争。

⑤ 心折：心碎，伤感到极点。

⑥ 淹留：滞留，停留。此句谓自己不欲久客于秦。

⑦ 城北寺：即隗嚣宫。《元和郡县志》：（秦州）“伏羌县……汉冀县。属天水郡。后汉隗嚣自称西伯，都于此。”

⑧ 丹青：图画。此处指寺中梁、柱、檐间的彩绘及壁画。

⑨ 度：同“渡”，指渡过江河湖溪。溪风，小溪间的风。

⑩ 清渭：古以为渭水清，泾水浊，故有清渭浊泾之语。

⑪ 无情极：谓没有情义，没有感情。极，穷尽，竭尽。

⑫ “愁时”句：愁，忧国念家，虽然此时杜甫离开长安，离开家乡，但仍忧念国家之安危。独，副词，相当于转折词“却”。念东，杜甫的故乡和长安均在秦州东，故称。

⑬ “州图”句：州图，秦州的图志。领，管辖。同谷，地名，故址在今甘肃成县，魏置同谷县，唐亦置同谷郡。唐代秦州都督府管辖天水，陇西、同谷三郡。

⑭ 流沙：指西北沙漠地区。此句谓秦州地当东西来往的要冲。

⑮ 降虏：归顺于唐的少数民族。

⑯ 帐：少数民族居住的毡帐。

⑰ 马骄：剽悍强壮的马。

⑱ 朱汗落：即汗血。一作“珠汗落”，谓汗流如珠。

⑲ 白题：舞蹈名。薛梦符曰：“题者，额也。其俗以白垩涂其额，因得名。”一说是毡笠的名称。

⑳ 斜：舞蹈时头偏斜。

㉑ 临洮子：古代临洮人勇劲，多出名将，故美称曰“临洮子”。

鼓角[1]缘边郡[2]，川原[3]欲夜时。秋听殷地发[4]，风散入云悲。
抱叶寒蝉[5]静，归山独鸟迟。万方声[6]一概[7]，吾道竟[8]何之？

南使[9]宜天马[10]，由来万匹强[11]。浮云[12]连阵没[13]，秋草[14]遍山长。
闻说真龙种[15]，仍残老骕骦[16]。哀鸣思战斗，迥立[17]向苍苍。

---

① 鼓角：战鼓和号角。

② 缘边郡：沿边疆的地区。此句指唐与吐蕃的战事。

③ 川原：沟壑与其之上的高平之地。

④ 殷地发：如同响雷一般在大地上回响。

⑤ 寒蝉：秋蝉。

⑥ 声：声音，此处指鼓角声。

⑦ 一概：一样，同样。此指鼓角遍地，到此都是战乱之地。

⑧ 竟：结局，结果。

⑨ 南使：唐代掌管陇右养牧马匹的官职。

⑩ 宜天马：宜于养殖良马。

⑪ 强：多，有余。

⑫ 浮云：骏马名。《西京杂记》卷2：“文帝自代还，有良马九匹，皆天下骏马也，一名浮云。”此处泛指一切良马。

⑬ 连阵没：连同战役一起陨殁。阵，战役。

⑭ 秋草：即秋天的草。在牧场，秋草不但茂盛，秋季也是百草结籽实之期，草籽可作饲料，故秋草是育马的好草料。

⑮ 龙种：骏马。《魏书·吐谷浑传》：“青海周回千馀里，海内有小山，每冬冰合后，以良马置此山，至来春收之，马皆有孕，所生得驹，号为龙种。”《北史·隋炀帝纪》：“置马牧于青海渚中，以求龙种。”

⑯ “仍残”句：残，剩余，残存。骕骦，良马名。此句似有所指，是年郭子仪因相州之败，宦官鱼朝恩短毁之，七月召还京师，当指此。

⑰ 迥立：屹立，独立。

城上胡笳奏，山边[①]汉节[②]归。防河[③]赴沧海[④]，奉诏发[⑤]金微[⑥]。
士[⑦]苦形骸黑，林疏鸟兽稀。那堪往来戍，恨解邺城围[⑧]。

莽莽万重山，孤城[⑨]山谷间。无风云出塞，不夜[⑩]月临关。
属国归何晚[⑪]，楼兰[⑫]斩未还[⑬]。烟尘独长望，衰飒[⑭]正摧颜[⑮]。

① 山边：指山旁侧的驿道。

② 汉节：汉天子所授予的符节，此处借指唐朝使臣，时战乱未平，需调集西域兵马东征，故常有使节从秦州经过。

③ 防河：即防守河北一带的战争。

④ 赴沧海：即去到沧海郡。

⑤ 发：征发，征调。

⑥ 金微：古山名，即今阿尔泰山。唐贞观年间，以铁勒卜骨部地置金微都督府，隶安北都护府，乃以此山得名。

⑦ 士：武士，兵士。

⑧ 解邺城围：乾元元年（758）十一月，郭子仪和李光弼、王思礼等九节度使所率二十万大军，围安庆绪于相州（今河南安阳）。翌年二月，史思明领兵救援，于三月三日大败唐军于相州城下，史称“相州之败”或“邺城之役”。解，离散，此处是对溃败的委婉说法。

⑨ 孤城：指秦州。

⑩ 不夜：天还没有黑尽。

⑪ “属国”句：属国，典属国的省称，此处指使臣。此句谓边乱未平，使节尚未回来。

⑫ 楼兰：此处以楼兰代指与唐为敌的吐蕃。

⑬ 斩未还：杀楼兰国王安归未回，借指唐朝出使属国的使者未回，或许遇上麻烦，使诗人望西而忧于形色。

⑭ 衰飒：衰落，指年老体衰。

⑮ 摧颜：怅然自伤，容颜憔悴貌。

闻道[①]寻源使[②]，从天[③]此路[④]回。牵牛去几许[⑤]，宛马至今来。
一望幽燕[⑥]隔，何时郡国开[⑦]。东征[⑧]健儿尽，羌笛暮吹哀。

今日明人眼[⑨]，临池[⑩]好驿亭[⑪]。从篁[⑫]低地碧[⑬]，高柳半天[⑭]青。
稠叠[⑮]〔十五〕多幽事[⑯]，喧呼[⑰]阅使星[⑱]。老夫如有此，不异在郊坰[⑲]。

---

① 闻道：听说。

② 寻源使：指张骞。

③ 从天：顺从天意。

④ 此路：即这条路，指秦州驿道。

⑤ “牵牛”句：牵牛，指牵牛宿，星宿名。去，犹距，距离。几许，若干，多少，多远。据晋张华《博物志》卷3载：传说有人发现每年八月总有浮槎自海上飘来。有一年，他乘浮槎到达一座宫殿，便问河边牵牛者这是何处，牵牛者告诉他去问蜀郡人严君平便知。翌年八月，他乘浮槎回到海边，去问严君平。严君平掐指一算，告诉此人，说他乘浮槎已走到天边。相传天河与海相通，河边的牵牛者即牵牛星。据《荆楚岁时记》载，汉人张骞奉命乘浮槎寻找河源，故杜诗引用这一典故。

⑥ 幽燕：今河北北部及辽宁一带。唐以前属幽州，战国时属燕国，故称。

⑦ 开：开启，打开。此二句意谓：眺望幽燕之地仍为叛军所阻隔，什么时候郡国之路才能重新打开？

⑧ 东征：向东征伐，此指以西域所调去河东征讨安史之乱的兵丁。

⑨ 明人眼：使人眼睛明亮。

⑩ 临池：指靠近池塘。

⑪ 驿亭：驿站所没的供行旅止息的处所。古时驿传有亭，故称。

⑫ 从篁：丛生的竹子。

⑬ 低地碧：指竹子的低下之处，通底凝着碧绿色。

⑭ 半天：半空中。

⑮ 稠叠：稠密重叠，密密层层。

⑯ 幽事：幽景，胜景。

⑰ 喧呼：喧闹呼叫。

⑱ 使星：典出《后汉书·李郃传》：“和帝即位，分遣使者，皆微服单行，各至州县观采风谣。使者二人当到益部，投郃侯舍。时夏夕露坐……郃指星示云：‘有二使星向益州分野。’”后因称使者为“使星”。

⑲ 坰：都邑的远郊，此处泛指郊外。

云气接昆仑，涔涔[①]塞雨[②]繁。羌童[③]看渭水，使客[④]向河源[⑤]。
烟火[⑥]军中幕[⑦]，牛羊岭上村。所居[⑧]秋草净，正闭小蓬门[⑨]。

萧萧[⑩]古塞冷，漠漠[⑪]秋云低。黄鹄[⑫]翅垂雨[⑬]，苍鹰饥啄泥。
蓟门[⑭]谁自北[⑮]？汉将[⑯]独征西。不意[⑰]书生耳[⑱]，临衰[⑲]厌鼓鞞[⑳]。
山头南郭寺[㉑]，水号北流泉[㉒]。老树空庭[㉓]得，清渠[㉔]一邑传[㉕]。

---

① 涔涔：雨不止貌。
② 塞雨：指西部边塞的雨。
③ 羌童：即羌族的儿童。
④ 使客：即使者。
⑤ 河源：指河源军，唐时在鄯州鄯城县有河源军，属陇右道。
⑥ 烟火：指炊烟，亦泛指人烟，此处指军营。
⑦ 幕：帐幕，幕帐。
⑧ 所居：指诗人居处。
⑨ 蓬门：以蓬草为门，指贫寒之家。
⑩ 萧萧：象声词，此处形容风声。
⑪ 漠漠：密布貌，布列貌。
⑫ 黄鹄：鸟名。
⑬ 翅垂雨：即雨中低垂着雨翼。
⑭ 蓟门：即蓟丘，古地名，在北京城西德胜门外西北隅，此处代指北方幽、蓟之地，时为安史叛军所据。
⑮ 谁自北：任用谁人去征讨河北的叛军？
⑯ 汉将：汉代将军，借指唐朝的将军。
⑰ 不意：不料，意想不到。
⑱ 书生：本指读书人，此处为诗人自谦之词。
⑲ 衰：衰老，暮年。
⑳ 鼓鞞：古代军中常用的乐器，借指征战。
㉑ 南郭寺：又称南山寺。位于秦州城东南约四华里的慧音山北坡。其寺前临藉水，背负幽林，是秦州城最古老的一座梵宫古刹。
㉒ 北流泉：在南郭寺内，因泉水北流而得名，今存泉水一眼，水味甘甜。
㉓ 空庭：幽寂的庭院。
㉔ 清渠：指渠水清澄。
㉕ 一邑传：流遍全县。一，犹全、满。

秋花危石[①]底，晚景[②]卧钟边[③]。俛仰[④]悲身世[⑤]，溪风[⑥]为飒然[⑦]。

传道[⑧]东柯谷[⑨]，深藏[⑩]数十家。对门藤盖瓦，映竹水穿沙。
瘦地翻宜粟[⑪]，阳坡[⑫]可种瓜。船人[⑬]近相报，但恐失桃花[⑭]。
万古仇池穴[⑮]，潜通[⑯]小有天[⑰]。神鱼人[⑱]不见，福地语真传。
近接西南境[⑲]，长怀十九泉[⑳]。何时一茅屋，送老白云边[㉑]。

① 危石：高大的岩石。
② 晚景：傍晚时的景色，此处指晚霞之影。
③ 卧钟边：指推倒卧地的废钟边。
④ 俛仰：比喻时间短暂。
⑤ 悲身世：对自己经历、遭遇感到悲慨。
⑥ 溪风：顺山间小河沟吹的风。
⑦ 飒然：象声词。形容风雨声之萧索冷落。
⑧ 传道：听说。
⑨ 东柯谷：地名。在天水东南五十里。宋粟亭令王知章记云："工部（杜甫）弃官西行，寓东柯谷侄佐之居。"
⑩ 深藏：谓东柯谷是幽僻之所。
⑪ 宜粟：适宜种谷子。
⑫ 阳坡：向阳的山坡。
⑬ 船人：河中船上的人。
⑭ 桃花：桃花源，此处是借用陶潜《桃花源记》的寓意，说东柯谷是一个像桃花源那样避世的好地方。
⑮ 仇池：即仇池山，也叫百顷山，在今甘肃西和县境内，山有东西两门，盘遭可登，山上有池，叫仇池，池水可以煮盐。
⑯ 潜通：暗通。典出《水经注》："地道潜通"。
⑰ 小有天：道家所传的洞府名，此处借指仇池穴。
⑱ 神鱼：相传仇池穴出神鱼，食之可以成仙。
⑲ 西南境：仇池山在秦州西南二百余里，《唐书·地理志》："成州同谷县有仇池，与秦城接壤。"
⑳ 十九泉：《成县志》："仇池山上有地百顷，泉十九眼。"
㉑ 白云边：即白云乡，此指仇池。末两句是说何时能于仇池山盖一茅屋，度过自己的晚年。

未暇泛[①]沧海，悠悠[②]兵马[③]间。塞门[④]风落木[⑤]，客舍雨连山[⑥]。
阮籍[⑦]行多兴[⑧]，庞公[⑨]隐不还。东柯[⑩]遂疏懒[⑪]，休[⑫]镊鬓毛斑[⑬]。

东柯好崖谷，不与众峰群。落日邀[⑭]双鸟，晴天卷[⑮]片云[⑯]。
野人[⑰]吟险绝[⑱]，水竹[⑲]会平分[⑳]。采药吾将老[㉑]，儿童[㉒]未遣闻[㉓]。

---

① 泛：乘船浮行。
② 悠悠：连绵不断。
③ 兵马：借指战争，战事。
④ 塞门：指边关。
⑤ 风落木：风吹叶落。风，犹吹。
⑥ 连山：犹满山。
⑦ 阮籍：魏晋名士，好老庄，纵酒谈玄，为竹林七贤之一。
⑧ 行多兴：出游兴致颇多。兴，兴致。
⑨ 庞公：即庞德公，东汉隐士，襄阳人，躬耕垅亩，不慕官位，曾拒刘表邀请，后携妻儿隐居鹿门山，采药以终。
⑩ 东柯：即东柯谷。
⑪ 疏懒：懒散。
⑫ 休：表示否定的副词，相当于“莫”“不要”。
⑬ 镊鬓斑：谓拔除鬓角上的白发。斑，指头发花白。
⑭ 邀：迎候。
⑮ 卷：收，收起。
⑯ 片云：极少的云。
⑰ 野人：庶人，平民。
⑱ 险绝：犹极险，亦指极险之处。
⑲ 水竹：水和竹，常借指清幽的景色。
⑳ 会平分：自当能平分。会，犹能。
㉑ 老：终老，度晚年。
㉒ 儿童：此处指儿辈。
㉓ 遣闻：让人知道。遣，使、让。

边秋[①]阴易久[②]，不复辨晨光。檐雨[③]乱淋幔[④]，山云低度[⑤]墙。
鸬鹚窥浅井[⑥]，蚯蚓上深堂[⑦]。车马何萧索[⑧]，门前百草长[⑨]。

地僻[⑩]秋将尽，山高客未归[⑪]。塞云多断续，边日少光辉。
警急烽[⑫]常报，传闻檄[⑬]屡飞。西戎外甥国[⑭]，何得迕[⑮]天威[⑯]。
凤林戈未息，鱼海[⑰]路常难。候火[⑱]云峰峻[⑲]，悬军[⑳]幕井干[㉑]。

---

① 边秋：指边境、塞边的秋天。
② 阴易久：秋雨连绵。阴，雨。易，蔓延，连绵。
③ 檐雨：由屋檐滴落的雨水。
④ 幔：以布帛制成，遮蔽门窗等用的帘子。
⑤ 度：通“渡”。
⑥ 浅井：本指水不深的水井，此处指久雨积于低凹处的水坑，鸬鹚以为水中生鱼，故窥视之。
⑦ 深堂：内堂，屋宇深处的厅堂。
⑧ 萧索：萧条冷落，凄凉。
⑨ 门前百草长：写雨中无人来客舍走访，故门前萧条冷落百草盛长。
⑩ 地僻：偏僻之地，指秦州。
⑪ 客未归：杜甫自叹飘泊客地。
⑫ 烽：即烽火。
⑬ 檄：古代官府传达命令的文书，用木简做成，长一尺二寸。此处指军事情报。
⑭ 西戎外甥国：指吐蕃。唐太宗时以文成公主，中宗时以金城公主下嫁吐蕃，故称吐蕃为“外甥国”。
⑮ 迕：违背。
⑯ 天威：帝王的严威，此处指唐朝皇帝。
⑰ 鱼海：吐蕃境内湖泽名，又名鱼海子，即古之休屠泽、白亭海。在今内蒙古阿拉善右旗境。
⑱ 候火：即烽火。候，犹伺望，侦察。
⑲ 云峰峻：本指状如山峰的云，此处指烽火台放出的烟云如山峰那样的高耸。
⑳ 悬军：深入敌方的孤军。
㉑ 幕井干：指军中所用的水井干涸。

风连西极动[①]，月过北庭[②]寒。故老[③]思飞将[④]，何时议筑坛[⑤]。

唐尧真自圣[⑥]，野老[⑦]复何知[⑧]。晒药[⑨]能无妇，应门亦有儿。

藏书闻禹穴[⑩]，读记[⑪]忆仇池。为报[⑫]鸳行旧[⑬]，鷦鷯[⑭]在一枝。

① 风连西极动：喻风势很大。西极，指西边的尽头。

② 北庭：指汉代北单于所统治之地，亦泛指塞北少数民族所统治之地。

③ 故老：作者自称。

④ 飞将："飞将军"的省称。飞将军，汉时匈奴对汉将李广的称呼，后借指行动神速、骁勇善战者。唐时"飞将"当指郭子仪。

⑤ 筑坛：即筑坛拜将，亦指仰仗贤能。

⑥ 真自圣：古人云"以谏则圣"，肃宗拒绝杜甫等人的忠谏，并冷落于他，故讽其为"自圣"。真，犹真正，名符其实。

⑦ 野老：村野老人，杜甫自称。

⑧ 何知：晓得什么。《列子·仲尼第四》："尧治天下五十年，不知天下治欤？不治欤？不知天下亿兆之愿戴己欤？不愿戴己欤？顾问左右，左右不知。问外朝，外朝不知。问在野，在野不知。尧乃微服游于康衢，闻儿童谣曰：'立我蒸民，莫匪尔极。不识不知，顺帝之则。'"诗中暗用其意。

⑨ 晒药：杜甫后半生常以卖药维持生计。

⑩ 禹穴：旧注地点有三：一在浙江绍兴会稽山上，相传为禹藏书处；一在陕西洵阳县东；一在蜀地石纽。此三处说法皆不切秦州地理。近人冯国瑞认为禹穴即在今甘肃永靖县炳灵寺石窟中（见《炳灵寺石窟考察记》）。可备一说。

⑪ 读记：阅读书籍。

⑫ 报：告知。

⑬ 鸳行旧：借指朝廷的旧交。鸳行，即鸳鹭行，比喻朝官的行列，和鹭止有班，立有序，故称。旧，旧交，旧谊。

⑭ 鷦鷯在一枝：典出《庄子·逍遥游》："鷦鷯巢于深林，不过一枝。"鷦鷯，鸟名，因此鸟形微处卑，故用于比喻弱小者或易于自足者。

西枝村寻置草堂地夜宿赞公土室二首[1]

出郭[2]眄[3]细岑[4]，披榛[5]得微路。溪行一流水，曲折方屡渡[6]。

赞公汤休[7]徒，好静心迹[8]素[9]。昨枉[10]霞上作[11]，盛论岩中趣[12]。

怡然[13]共携手，恣意[14]同远步。扪萝[15]涩先登，陟巘[16]眩〔十六〕反顾。

要求阳冈[17]暖，苦陟阴岭[18]沍[19]。惆怅老大藤，沉吟屈蟠树。

卜居[20]意未展[21]，杖策[22]回且暮。层巅[23]余落日，草蔓已多露。

---

①《西枝村寻置草堂地夜宿赞公土室》二首：此诗于乾元二年（759）末，作于秦州。西枝村，在秦州东南，今甘肃天水县甘泉乡有西枝村，又名元店。赞公，唐代僧人，曾与杜甫相过从。土室，土窑洞。

② 郭：秦州城的城郭。

③ 眄：看。

④ 细岑：小山。

⑤ 披榛：分开丛生灌木。

⑥ 屡渡：沿溪水曲折往来，故云。

⑦ 汤休：即僧惠休，姓汤，能作诗。此处杜甫以赞公与之相比。

⑧ 心迹：指存心与行事。

⑨ 素：素雅好静。

⑩ 枉：敬词，指屈尊就卑。

⑪ 霞上作：言赞公身伴云霞而作书相寄。

⑫ 岩中趣：隐居山林的乐趣。

⑬ 怡然：犹欣然。

⑭ 恣意：任意。

⑮ 扪萝：抓住藤萝。

⑯ 陟巘：登山。

⑰ 阳冈：向阳的山坡。

⑱ 阴岭：山背阴处。

⑲ 沍：寒冷。

⑳ 卜居：古人用占卜选择定居之地，后泛指择地定居。

㉑ 展：达到。

㉒ 杖策：拄着拐杖。

㉓ 层巅：重峦叠嶂。

天寒鸟已归，月出山更[1]静。土室延[2]白光[3]，松门耿[4]疏影。

跻攀[5]倦日短，语乐[6]寄夜永。明燃林中薪，暗汲石底井。

大师[7]京国旧[8]，德业[9]天机秉[10]。从来支许[11]游，兴趣江湖迥。

数奇[12]谪[13]关塞[14]，道广[15]存箕颍[16]。何知戎马间，复接尘事屏[17]。

幽寻[18]岂一路，远色有诸岭。晨光稍曚昽[19]，更越西南顶。

---

① 更：全

② 延：迎。

③ 白光：月光。

④ 耿：清晰。

⑤ 跻攀：登攀。

⑥ 语乐：谈兴。

⑦ 大师：佛十尊号之一。见《瑜珈论》卷82，后因用为僧徒的尊称。

⑧ 京国旧：京城的老朋友。

⑨ 德业：德行和道业。

⑩ 天机秉：天赋的悟性。

⑪ 支许：支，支遁。许，许询，字玄度，东晋名士，与支遁善，好游山水。事见《世说新语·栖逸》。

⑫ 数奇：命运不好。

⑬ 谪：贬谪。

⑭ 关塞：指秦州。

⑮ 道广：道业广大。

⑯箕颍：箕山和颍水。相传尧时，贤者许由曾隐居箕山之下，颍水之阳，后因以“箕颍”指隐居者或隐居之地。

⑰ 尘事屏：屏除尘事，超然世外。

⑱ 幽寻：即寻幽，寻找幽雅的住地。

⑲ 稍曚昽：天色微明。

送人从军[①]

弱水[②]应无地[③]，阳关[④]已近天[⑤]。今君渡沙碛[⑥]，累月断人烟。

好武宁论命[⑦]，封侯不计年[⑧]。马寒防失道[⑨]，雪没锦鞍鞯[⑩]。

发秦州[⑪]

我衰更懒拙，生事[⑫]不自谋[⑬]。无食问乐土[⑭]，无衣思南州[⑮]。

汉源[⑯]十月交[⑰]，天气凉如秋。草木未黄落，况闻山水幽。

栗亭名更佳[⑱]，下有良田畴[⑲]。充肠多薯蓣[⑳]，崖蜜[㉑]亦易求。

---

① 送人从军：此诗于乾元二年（759）作于秦州。

② 弱水：即张掖河，今称黑河。源出祁连山下，经甘肃张掖市西北流，至内蒙额济纳旗缘园分为东西二河，分别流入苏克诺尔和嘎顺诺尔二湖（即古代的居延海）。

③ 应无地：应在大地的尽头。

④ 阳关：故址在今甘肃敦煌市西南，因在玉门关之南而得名。

⑤ 近天：天边，天的尽头。

⑥ 沙碛：沙漠。

⑦ 宁论命：置生死于度外。

⑧ 不计年：不计较迟早。

⑨ “马寒”句：此句反用老马识途之典，意谓天寒防马迷路。

⑩ 锦鞍鞯：用丝锦做成的马鞍坐挚。

⑪ 发秦州：乾元二年（759）十月，杜甫在秦州因衣食困难，决定南赴成州同谷县（今甘肃成县），途中作纪行诗十二首。此为第一首，即序诗。

⑫ 生事：犹生计，衣食之事。

⑬ 不自谋：不能自己养活自己，要依赖别人资助。

⑭ 乐土：丰衣足食的地方。典出《诗·魏风·硕鼠》：“逝将去女，适彼乐土。”

⑮ 南州：指成州，在秦州之南，故称。

⑯ 汉源：指同谷，因是西汉水（入嘉陵江）的发源地，故称。

⑰ 十月交：十月初。交，先后交替之际。

⑱ 栗亭：镇名，在同谷东五十里。

⑲ 田畴：田地。谷田称田，麻田称畴。

⑳ 薯蓣：俗名山药。

㉑ 崖蜜：又称石蜜，野蜂在山岩间酿的蜜。

密竹复冬笋，清池可方舟[①]。虽伤旅寓远，庶遂[②]平生游。

此邦[③]俯[④]要冲，实恐人事稠[⑤]。应接[⑥]非本性，登临未销忧。

溪谷无异石[⑦]，塞田[⑧]始[⑨]微收。岂复慰老夫，惘然难久留。

日色隐孤戍[⑩]，乌啼满城头。中宵[⑪]驱车去，饮马寒塘流。

磊落[⑫]星月高，苍茫云雾浮。大哉乾坤内，吾道[⑬]长悠悠。

赤谷[⑭]

天寒霜雪繁，游子[⑮]有所之[⑯]。岂但岁月暮[⑰]，重来未有期。

晨发赤谷亭，险艰方自兹[⑱]。乱石无改辙，我车已载脂[⑲]。

山深苦多风，落日童稚饥。悄然村墟[⑳]迥[㉑]，烟火[㉒]何由追[㉓]。

---

① 方舟：两舟并行。

② 遂：遂愿，如意。

③ 此邦：指秦州。

④ 俯：下临。

⑤ 人事稠：人事应酬频繁。

⑥ 应接：迎来送往。

⑦ 异石：奇石。

⑧ 塞田：边塞地区的田地。

⑨ 始：才，仅。

⑩ 孤戍：即孤城，指秦州。

⑪ 中宵：半夜，古人行旅往往半夜动身。

⑫ 磊落：错落分明貌。

⑬ 吾道：二字双关，既写征途道路，又写理想追求。

⑭ 赤谷：《一统志》："赤谷，在巩昌府秦州西南七里，中有赤谷川。"

⑮ 游子：杜甫自称。

⑯ 之：往。

⑰ 岁月暮：年底。

⑱ 方自兹：从这里开始。

⑲ 载脂：在车轴上加油，使之润滑。

⑳ 村墟：村落。

㉑ 迥：遥远。

㉒ 烟火：指饭食。

㉓ 何由追：何处去寻找。

贫病转零落，故乡不可思[①]。常恐死道路，永为高人[②]嗤[③]。

铁堂峡[④]

山风吹游子，缥缈[⑤]乘[⑥]险绝。峡形藏堂隍[⑦]，壁色立积铁[⑧]。

径摩穹苍[⑨]蟠[⑩]，石与厚地裂[⑪]。修纤[⑫]无限竹[⑬]，嵌空[⑭]太始[⑮]雪。

威迟[⑯]哀壑底，徒旅惨不悦。水寒长冰横，我马骨正折。

生涯抵[⑰]弧矢[⑱]，盗贼[⑲]殊未灭。飘蓬[⑳]逾三年[㉑]，回首肝肺热[㉒]。

---

① "故乡"句：战乱未平，归乡无望，故云。

② 高人：超世绝俗之人。

③ 嗤：嗤笑。

④ 铁堂峡：地名。在今甘肃天水市西南七十里。

⑤ 缥缈：衣衫飞扬貌。

⑥ 乘：攀登险崖绝壁。

⑦ 堂隍：无墙壁的殿堂台榭。

⑧ 铁：指峡内岩石呈铁色。

⑨ 摩穹苍：迫近天空。

⑩ 蟠：盘曲蜿蜒。

⑪ 地裂：形容峡谷如地裂开的一条缝。

⑫ 修纤：细长。

⑬ 无限竹：无边际的竹林。

⑭ 嵌空：玲珑剔透貌。

⑮ 太始：原始，远古。

⑯ 威迟：迂迴曲折貌。

⑰ 抵：当，逢。

⑱ 弧矢：弓箭。喻战争。

⑲ 盗贼：指安史叛军。

⑳ 飘蓬：蓬草随风飘动，喻人之漂泊无定。

㉑ 三年：杜甫自天宝十五年（756）五月自奉先往白水，至作此诗时，已逾三年。

㉒ 肝肺热：形容内心焦虑。

盐井[①]

卤中草木白[②]，青者官盐烟。官作[③]既有程[④]，煮盐烟在川。
汲井[⑤]岁榾榾[⑥]，出车[⑦]日连连[⑧]。自公[⑨]斗[⑩]三百，转致[⑪]斛[⑫]六千。
君子慎止足[⑬]，小人[⑭]苦喧阗[⑮]。我何长叹嗟，物理[⑯]固自然。

积草岭[⑰]

连峰积长阴，白日递隐见[⑱]。飕飕林响交，惨惨石状变。
山分积草岭，路异[⑲]明水县[⑳]。旅泊吾道穷，衰年岁时倦。
卜居尚百里，休驾[㉑]投诸彦[㉒]。邑有佳主人[㉓]，情如已会面。

---

① 盐井：在今甘肃礼县东北。
② 草木白：卤气浸渍，草木凋枯。
③ 官作：唐初盐井、盐池由地方政府经营，自乾元元年（758）开始，收归朝廷直接管理。
④ 程：规定的产盐数量和完成期限。
⑤ 汲井：从盐井中汲取盐水。
⑥ 榾：用力貌。
⑦ 出车：往外运盐的车。
⑧ 连连：接连不断貌。
⑨ 自公：谓官价。
⑩ 斗：量具。
⑪ 转致：转手倒卖。
⑫ 斛：量具，十斗为一斛。
⑬ 止足：知足。
⑭ 小人：指盐商。
⑮ 喧阗：嘈杂。此指争利。
⑯ 物理：事物的常理。
⑰ 积草岭：山名。在同谷县，距县城百里。
⑱ 递隐见：时隐时现。
⑲ 路异：歧路，分道。
⑳ 明水县：亦作“鸣水县”，在今陕西略阳县西。《旧唐书·地理志》：鸣水县属兴州，本汉沮县地，隋为鸣水县。
㉑ 休驾：暂时停息。
㉒ 投诸彦：投宿人家。诸彦，指投宿之家。彦，士的美称。
㉓ 佳主人：指同谷县令。

来书语绝妙，远客[1]惊深眷[2]。食蕨[3]不愿[4]余，茅茨[5]眼中见。

泥功山[6]

朝行青泥[7]上，暮在青泥中。泥泞非一时，版筑[8]劳人功。

不畏道途永，乃将汩没同[9]。白马为铁骊[10]，小儿成老翁[11]。

哀猿透却坠[12]，死鹿力所穷[13]。寄语北来人，后来莫匆匆。

凤凰台

亭亭[14]凤凰台[15]，北对西康州[16]。西伯[17]今寂寞[18]，凤声亦悠悠[19]。

山峻路绝踪，石林气高浮。安得万丈梯，为君上上头。

恐有无母雏，饥寒日啾啾[20]。我能剖心血，饮啄慰孤[21]愁。

---

① 远客：杜甫自称。

② 深眷：深切的关怀、照顾。

③ 蕨：羊齿类植物，此泛指野菜。

④ 愿：全。

⑤ 茅茨：草房。

⑥ 泥功山：青泥岭的别名，在甘肃省徽县南，为甘肃入蜀要道。以岭高多雨，泥泞路滑得名。

⑦ 青泥：即青泥岭。

⑧ 版筑：夯土筑墙用两板夹，置土其中，以杵筑之，叫做版筑。

⑨ 汩没同：沦陷在泥浆中。

⑩ 铁骊：青黑色的马。此句说白马被泥浆所污，染成青黑色。

⑪ 小儿成老翁：小孩本来是轻捷的，但走在青泥岭上，就象老头子一样，走得很慢。形容青泥岭难走。

⑫ 哀猿透却坠：此句谓猿猴想跳过去，反而跌落在泥浆之中。透，犹跳。

⑬ 死鹿力所穷：此句谓奔鹿因力尽而死在陷泥中。穷，力尽。

⑭ 亭亭：耸立貌。

⑮ 凤凰台：山名。在今甘肃成县东南七里飞龙峡口。

⑯ 西康州：即同谷县。唐武德元年（618）以同谷县置西康州，贞观元年（627）废。凤凰台在同谷县东南，故云“北对”。

⑰ 西伯：即周文王姬昌。曾被商纣王封为西伯，故称。

⑱ 寂寞：指逝去已久。

⑲ 悠悠：遥远貌。传说周文王时凤鸣岐山，是为周兴之瑞。

⑳ 啾啾：雏凤的鸣叫声。

㉑ 孤：指无母的雏凤。

心以当竹实[①]，炯然无外求[②]。血以当醴泉[③]，岂徒比清流[④]。

所重王者瑞，敢辞微命休[⑤]。坐看彩翮长[⑥]，举意八极周[⑦]。

自天衔瑞图[⑧]，飞下十二楼[⑨]。图以奉至尊，凤以垂鸿猷[⑩]。

再光中兴业[⑪]，一洗苍生忧。深衷正为此[⑫]，群盗何淹留[⑬]。

万丈潭[⑭]

青溪[⑮]含冥寞[⑯]，神物[⑰]有显晦[⑱]。龙依积水蟠[⑲]，窟压[⑳]万丈内。

跼步[㉑]凌垠堮[㉒]，侧身[㉓]下烟霭。前临洪涛[㉔]宽，却立苍石[㉕]大。

---

① 竹实：竹米。竹不常开花，结实尤难，所以珍贵。传说凤凰非竹实不食。

② 外求：犹他求，别求。

③ 醴泉：甘泉。传说凤凰非醴泉不饮。

④ 岂徒比：更胜过。清流：即醴泉。

⑤ 敢辞：岂敢辞。

⑥ 坐看：犹将看。彩翮：色彩艳丽的羽翼。

⑦ 举意：放怀。八极周：周游八方极远之处。

⑧ 瑞图：符命。

⑨ 十二楼：传说昆仑山有玉楼十二，为神仙所居。

⑩ 垂鸿猷：垂盛德于后世。

⑪ 光：发扬。中兴：由衰落而重新兴盛。

⑫ 深衷：深意。

⑬ 群盗：指安史叛军。淹留：久留。

⑭ 万丈潭：此诗为杜甫于乾元二年（759）冬暂住同谷时作。万丈潭，在今甘肃成县东南七里的飞龙峡内。相传有龙自潭中飞出，故又称龙潭。

⑮ 青溪：即东河。因溪水清湛，故称。

⑯ 冥寞：幽深貌。

⑰ 神物：指龙。

⑱ 显晦：时隐时现。

⑲ 蟠：弯曲蟠伏。

⑳ 窟压：龙洞深藏在潭底。

㉑ 跼步：小步。形容小心戒惧之貌。

㉒ 凌垠堮：登上悬崖。垠堮，悬崖。

㉓ 侧身：俯身下望。

㉔ 洪涛：指嘉陵江。同谷的东河、南河皆流经飞龙峡而汇入嘉陵江。

㉕ 苍石：指飞龙峡口立于东河之中的两块巨石。

山危一径尽，崖绝两壁[①]对。削成[②]根虚无，倒影垂澹瀩[③]。
黑[④]如湾澴[⑤]底，清见光炯碎[⑥]。孤云倒来深，飞鸟不在外[⑦]。
高萝成帷幄[⑧]，寒木垒旌旆。远川[⑨]曲通流，嵌窦潜泄濑[⑩]。
造幽无人境，发兴自我辈。告归遗恨多，将老斯游最。
闭藏修鳞蛰，出入巨石碍。何事暑天过，快意风雨会。

发同谷县

贤有不黔突，圣有不暖席[⑪]。况我饥愚人，焉能尚安宅。
始来兹山中，休驾喜地僻。奈何迫物累[⑫]，一岁四行役[⑬]。
忡忡[⑭]去绝境[⑮]，杳杳[⑯]更远适[⑰]。停骖[⑱]龙潭云[⑲]，回首虎崖石。

---

① 两壁：两岸峭壁。
② 削成：形容石壁陡立，如刀削成。
③ 澹瀩：荡漾。
④ 黑：水深无底貌。
⑤ 澴：旋流。
⑥ 光炯碎：波光粼粼。
⑦ “飞鸟”句：形容潭大，鸟飞了很久，却还在潭水里能看到它们的倒影。
⑧ 高萝：高挂在山崖上的藤萝。
⑨ 远川：指嘉陵江。
⑩ 濑：湍急的流水。
⑪ “贤有”两句：语本“墨子无黔突，孔子无暖席”。黔，黑色。突，灶孔。灶孔不黑，坐席不暖，都是指人流徙不定。
⑫ 迫物累：为衣食之累所迫，即为生计所迫。
⑬ 一岁四行役：指杜甫这一年迁移了四次。先是从洛阳到华州，后从华州到秦州，再从秦州到同谷，如今又从同谷去剑南。
⑭ 忡忡：忧虑貌。
⑮ 绝境：绝好的地方，此指山川美好的同谷。
⑯ 杳杳：遥远渺茫。
⑰ 适：往，去。
⑱ 停骖：停下车马。骖，驾车的边马，也指用三匹马驾车。
⑲ 龙潭：同谷县东南七里处有龙峡，峡旁有潭名叫万丈潭。

临岐[①]别数子[②]，握手泪再滴。交情无旧深[③]，穷老多惨戚[④]。

平生懒拙意，偶值栖遁迹[⑤]。去住[⑥]与愿违，仰惭林间翮[⑦]。

木皮岭[⑧]〔十七〕

首路[⑨]栗亭[⑩]西，尚想凤凰村[⑪]。季冬[⑫]携童稚，辛苦赴蜀门[⑬]。

南登木皮岭，艰险不易论。汗流被我体，祁寒为之暄[⑭]。

远岫[⑮]争辅佐[⑯]，千岩自崩奔[⑰]。始知五岳外，别有他山尊[⑱]。

仰干塞大明[⑲]，俯入裂厚坤[⑳]。再闻虎豹斗，屡跼[㉑]风水昏。

---

① 岐：同“歧”，岔路口。

② 子：对送行者的敬称。

③ 旧深：旧知深交。

④ 惨戚：悲伤忧愁。

⑤ 栖遁迹：隐居避世。

⑥ 去住：离开和留下。

⑦ 翮：鸟的硬羽毛，此处代指鸟。

⑧ 木皮岭：在同谷县东约二十里处，或在徽州（今甘肃省徽县）西四十里。乾元二年（759）十二月一日，杜甫发同谷赴四川成都，取道栗亭，南历当房村，度木皮岭，由白水峡入蜀。

⑨ 首路：开始上路。

⑩ 粟亭：在同谷县东。

⑪ 凤凰村：在同谷县东南的凤凰台下。杜甫有《凤凰台》诗。仇注引《杜臆》《地志》：“凤凰山，在徽州城西一里，即杜诗凤凰村。”

⑫ 季冬：即阴历十二月。

⑬ 蜀门：指通往四川的剑门关。

⑭ 祁寒为之暄：此句谓大寒天气，还是走得身暖汗流。祁寒，大冷天。暄，暖和。

⑮ 远岫：远处的山峰。

⑯ 辅佐：群山环抱着它就象朝臣辅助皇帝一样。

⑰ 自崩奔：像是自己在奔跑似的。

⑱ 他山：指木皮岭。

⑲ 塞大明：遮住太阳。

⑳ 裂厚坤：裂开大地。

㉑ 屡跼：形容恐惧。

高有废阁道[①]，摧折[②]如短辕。下有冬青[③]林，石上走长根[④]。

西崖特秀发[⑤]，焕[⑥]若灵芝繁[⑦]。润聚金碧气[⑧]，清无沙土痕。

忆观昆仑图，目击悬圃[⑨]存。对此欲何适，默伤垂老魂。

王维[⑩]：燕支行[⑪]

汉家天将才且雄，时来谒帝明光宫[⑫]。

万乘亲推[⑬]双阙下，千官出饯五陵[⑭]东。

誓辞〔十八〕甲第[⑮]金门[⑯]里，身作长城玉塞[⑰]中。

---

① 阁道：即栈道。

② 摧折：折断。

③ 冬青：常绿乔木，高丈余，多生在山谷中。

④ "石上"句：谓树根盘在石头上。

⑤ 特秀发：特别茂盛。

⑥ 焕：明灿。

⑦ 繁：多。

⑧ "润聚"句：谓山林秀润黄绿。

⑨ 悬圃：传说中昆仑山顶神仙居住之处。此处形容木皮岭像仙境一般。

⑩ 王维：699或701—761年，字摩诘，号摩诘居士，唐河东蒲州（今山西运城）人，祖籍山西祁县。著名诗人、画家。

⑪ 燕支：山名。即焉支山。亦作胭脂山，在今甘肃山丹境，东西百余里，南北二十里，水草丰美，与祁连山同为放牧良场。《史记·匈奴列传》："汉使骠骑将军去病将万骑出陇西，过焉支山千余里，击匈奴，得胡首虏万八千余级，破得休屠王祭天金人。"此诗歌颂武将出征获胜，故取名为《燕支行》。

⑫ 明光宫：汉宫名。一在长乐宫，一在甘泉宫。

⑬ 亲推：古代将军出征时皇帝履行的一种礼节。据《史记·张释之冯唐列传》载，上古王之遣将，跪而推毂，即象征性地为将军推车。

⑭ 五陵：汉高祖葬长陵，惠帝葬安陵，景帝葬阳陵，武帝葬茂陵，昭帝葬平陵，其地皆在渭水北岸今成阳附近，故合称五陵。

⑮ 辞甲第：典出《史记·卫将军骠骑列传》："天子为治第，令骠骑（霍去病）视之，对曰：'匈奴未灭，何以家为也。"' 甲第，最好的府第。

⑯ 金门：汉代未央宫前的金马门。

⑰ 玉塞：即玉门关，在今甘肃敦煌西。

卫霍[①]才堪一骑将[②]，朝廷不数贰师[③]功。
赵魏韩燕多劲卒，关西侠少何咆〔十九〕勃[④]。
报仇只是闻尝胆[⑤]，饮酒不曾妨刮骨[⑥]。
画戟雕戈白日寒，连旗大旆黄尘没。
叠〔二十〕鼓遥翻瀚海波，鸣笳乱动天山月。
麒麟锦带佩吴钩，飒沓[⑦]青骊[⑧]跃紫骝[⑨]。
拔剑已断天骄臂，归鞍共饮月支头[⑩]。
汉兵大呼一当百，虏骑相看哭且愁。
教战须令赴汤火，终知上将先伐谋[⑪]。

陇头吟[⑫]

长安少年游侠客，夜上戍楼看太白[⑬]。
陇头明月迥临关，陇上行人夜吹笛。
关西老将不胜愁，驻马听之双泪流。
身经大小百余战，麾下偏裨万户侯[⑭]。

---

① 卫霍：西汉名将卫青、霍去病。

② 骑将：即骑将军，在西汉为普通将领，与卫、霍的大将军和骠骑将军地位悬殊。

③ 贰师：贰师将军李广利。此句谓：比起“天将”来，卫青、霍去病乃至李广利之功显得微不足道。

④ 咆勃：气势旺盛、勇气过人的样子。

⑤ 尝胆：指越王勾践卧薪尝胆事。

⑥ 刮骨：指关羽刮骨疗毒事。

⑦ 飒沓：众多而盛大貌。

⑧ 青骊：毛色青黑相杂的马。

⑨ 紫骝：或称枣骝、赤色马，与“青骊”相对称。

⑩ 月氏头：用月氏王头骨做的饮器。《汉书·张骞传》：“匈奴破月氏王，以其头为饮器。”此借指汉也曾征服过西域国家。

⑪ 伐谋：用谋略制服敌人，与用武力征伐不同，《孙子·攻谋篇》：“上兵伐谋，其次伐交，其次伐兵，其下攻城。”

⑫ 陇头吟：属相和歌辞，乐府古题之一，常用于书写边地征戍之情。此诗又题作《边情》。

⑬ 戍楼：边防军塞用以嘹望敌情的哨楼。太白：即金星，又称启明、明星、长庚。古人认为太白星主兵相，根据它出没的情况来占卜预测国家的治乱，战争的凶吉。

⑭ 偏裨：副将。

苏武才为典属国，节旄[①]空尽海西头[②]。

送刘司直赴安西[③]

绝域[④]阳关道，胡烟与塞尘。三春时有雁，万里少行人。

苜蓿随天马，葡萄逐汉臣。当令外国惧，不敢觅和亲。

送平淡然判官

不识阳关路，新从定远侯[⑤]。黄云断春色，画角[⑥]起边愁。

瀚海经年别[⑦]，交河出塞流。须令外国使，知饮月支头。

使至塞上[⑧]

单车[⑨]欲问边[⑩]，属国过居延[⑪]。征蓬[⑫]出汉塞，归雁[⑬]入胡天。

大漠孤烟[⑭]直，长河落日圆。萧关逢候骑[⑮]，都护在燕然。

---

① 节旄：古代使臣所持的符节，竹制，长八尺，旄为节上以牦牛尾做的饰物。

② 海西头：指苏武牧羊的北海，今贝加尔湖。

③ 司直：官名，唐属大理寺，从六品上。《资治通鉴》卷218载，至德元年（765）征河西、安西兵赴行在。估计此诗写于安史之乱前夕。

④ 绝域：极远的地域。

⑤ 定远侯：指东汉班超，以功受封定远侯，故称。

⑥ 画角：饰有彩绘的号角。

⑦ 经年别：历经一年以上谓之经年，此极言路途遥远。

⑧ 使：出使。

⑨ 单车：一辆车，车辆少，形容此次出使随从不多。

⑩ 问边：慰问边塞官兵。

⑪ 居延：地名。汉代称居延泽，唐代称居延海，在今内蒙古额济纳旗北境。

⑫ 征蓬：随风飘飞之蓬草，此为诗人自喻。

⑬ 归雁：春天大雁北飞，故称“归雁”，亦为诗人自喻。

⑭ 孤烟：赵殿成注有二解：一云古代边防报警时燃狼粪，“其烟直而聚，虽风吹之不散”；二云塞外多旋风，“袅烟沙而直上”。

⑮ 候骑：负责侦察、通讯之骑兵。

送张判官[①]赴河西

单车曾出塞，报国敢邀[②]勋。见[③]逐[④]张征虏[⑤]，今思霍冠军[⑥]。

沙平连白雪，蓬卷入黄云。慷慨倚长剑，高歌一送君。

出塞作

居延城外猎天骄，白草连天野火烧[⑦]。暮云空碛时驱马，秋日平原好射雕。

护羌校尉朝乘障[⑧]，破虏将军夜度辽[⑨]。玉靶[⑩]角弓珠勒马[⑪]，汉家将赐霍嫖姚。

送元二使安西[⑫]

渭城[⑬]朝雨浥[⑭]轻尘，客舍青青柳色新。劝君更尽一杯酒，西出阳关无故人。

送韦评事[⑮]

欲逐[⑯]将军取[⑰]右贤[⑱]，沙场走马向居延。遥知汉使萧关外，愁见孤城落日边。

---

① 张判官：其人未详。判官，唐代节度使、观察使的辅属官吏。河西，指河西节度使府，治所在凉州，今甘肃武威。

② 邀：希求。

③ 见：同“现”。

④ 逐：追随。

⑤ 张征虏：指三国蜀将张飞。《三国志·张飞传》：“先主既定江南，以飞为宜都太守、征虏将军。”故称。

⑥ 霍冠军：指霍去病。

⑦ 白草：西域所产牧草。《汉书·西域传》颜师古注：“白草，似莠而细，无芒，其干熟时正白色，牛马所嗜也。”

⑧ 乘障：登上城堡御敌。

⑨ 渡辽：汉昭帝时辽东乌桓反，以范明友为度辽将军率兵击之。《汉书·昭帝纪》颜注：“应劭曰：‘当度辽水往击之，故以度辽为官号。’”

⑩ 玉靶：有玉饰之马辔。

⑪ 珠勒马：配有珠勒之骏马。

⑫ 送元二使安西：此诗亦题《渭城曲》《赠别》。

⑬ 渭城：据《汉书·地理志》，秦成阳县，汉改为新城县，又改为渭城县。至唐，属京兆府成阳县，其地在今陕西成阳市东北。

⑭ 浥：沾湿。

⑮ 评事：唐大理寺官员，掌出使推核诉讼等事。

⑯ 逐：追随。

⑰ 取：俘获。

⑱ 右贤：即右贤王，汉时匈奴贵族封号。

王昌龄[①]：塞下曲[②]

蝉鸣空桑林，八月萧关道。出塞复入塞，处处黄芦草。

从来幽并[③]客，皆共尘沙老。莫学游侠儿，矜夸紫骝好。

饮马渡秋水，水寒风似刀。平沙日未没，黯黯见临洮。

昔日长城战[④]，咸言意气高。黄尘足[⑤]今古，白骨乱蓬蒿。

从军行[⑥]

烽火城西百尺楼[⑦]，黄昏独上海风秋。更吹[⑧]羌笛关山月，无那[⑨]金闺[⑩]万里愁。

琵琶起舞换新声，总是关山离别情。撩乱[⑪]边愁听不尽，高高秋月照长城。

青海长云暗雪山[⑫]，孤城遥望玉门关。黄沙百战穿金甲，不破楼兰终不还。

秦时明月汉时关，万里长征人未还。但使龙城飞将[⑬]在，不教胡马度阴山。

---

① 王昌龄：698—757年，字少伯，唐河东晋阳（今山西太原）人，一说京兆长安人（今西安）人。著名边塞诗人。

② 塞下曲：一作《塞上曲》，二首。塞上、塞下皆新乐府辞。

③ 幽并：古幽州、并州。《隋书·地理志》："自古言勇侠者，皆推幽并。"

④ 长城战：指开元二年（714）薛讷、王忿在临洮大破吐蕃，杀获数万人。

⑤ 足：充满。

⑥ 从军行：王昌龄采用乐府旧题写的一组边塞诗，共有七首，此处收录五首。

⑦ 百尺楼：嘹望敌情的高楼。

⑧ 更吹：一遍一遍地吹。

⑨ 无那：无奈。

⑩ 金闺：华美的闺房，即深闺。此指住在深闺里的征人之妻。

⑪ 撩乱：扰人心烦乱不宁。

⑫ 雪山：指祁连山。

⑬ 龙城飞将：指李广。龙城，汉时的右北平，李广曾出任右北平太守，匈奴对他颇为敬畏，尊称他为飞将军。

大漠风尘日色昏，红旗半卷出辕门。前军夜战洮河北，已报生擒吐谷浑[1]。

储光羲[2]：弹筝峡[3]

鸟雀知天雨，群飞息复鸣。原田无遗粟，日暮满空城。

达士[4]忧世务[5]，鄙夫[6]念王程[7]。晨过弹筝峡，马足凌兢行[8]。

双壁隐灵曜[9]，莫能知晦明。皑皑坚冰色，漫漫阴云平。

始信古人言，苦节不可贞[10]。

关山月[11]

一雁过连营[12]，繁霜覆古城。胡笳在何处，半夜起边声。

---

① 吐谷浑：古部族名，居于洮水西南一带，唐时不断侵扰西北边地，贞观九年（635），李靖、侯君集等大破之而臣服于唐。贞观十年（636），册封吐谷浑王诺曷钵为河源郡王、乌地也拔勒豆可汗。此处泛指敌人首领。

② 储光羲：707—767年，唐山东兖州人。开元十四（726）年进士。尝为监察御史。安禄山之乱，被署伪职，平乱后自归，被贬官。有集七十卷，诗四卷。

③ 弹筝峡：在甘肃平凉西。《元和郡县志》载，泾水南流经都卢山，山路之中，常如弹筝之声，因此得名。此诗作于天宝十二年（753）前，储光羲任监察御史出使西北边地时。

④ 达士：贤达之士。

⑤ 世务：谋身治世之事。

⑥ 鄙夫：浅陋之人，作者自谦之词。

⑦ 王程：奉公命差遣的路程。

⑧ 凌兢：战栗、恐惧貌。

⑨ 灵曜：天。

⑩ “苦节”句：典出《易·节》：“节，亨。苦节，不可贞。”孔颖达疏：“节须得中，为节过苦，伤于刻薄。物所不堪，不可复正。故曰‘苦节，不可贞’也。”意谓不可俭约过分，否则人们会忍受不了。作者借此暗示朝廷对穷边地区应多加关怀。

⑪ 关山月：乐府诗题，属横吹曲辞。

⑫ 连营：连接在一起的营垒。

高适[①]：从哥舒大夫破洪济城回登积石军多福七级浮图[②]

塞口连浊河[③]，辕门对山寺。宁知鞍马上，独有登临事。

七级凌太清[④]，千崖列苍翠。飘飘方寓目[⑤]，想象见深意[⑥]。

高兴[⑦]殊未平，凉风飒然至。拔城阵云合，转旆妖星坠[⑧]。

大将何英灵[⑨]，官军动天地。君怀生羽翼，本欲附骐骥。

款段[⑩]苦不前，青冥[⑪]信[⑫]难致。一歌阳春后[⑬]，三叹终自愧。

登陇诗[⑭]

陇头远行客，陇上分流水。流水无尽期，行人去未已[⑮]。

浅才登一命[⑯]，孤剑通万里。岂不思故乡，从来感知已[⑰]。

---

① 高适：704—765年，字达夫，一字仲武，唐渤海蓨（今河北沧州）人，后迁居宋州宋城（今河南商丘睢阳）。曾任刑部侍郎、散骑常侍，封渤海县候，世称高常侍。

② 从哥舒大夫破洪济城回登积石军多福七级浮图：此诗为唱和吕諲所作。吕諲，哥舒翰度支判官。天宝十二年（753），哥舒翰攻破吐蕃洪济（今青海东）、大漠门等城，此诗当作于此时。积石军，在今甘肃临夏西。浮图，佛塔。

③ 浊河：黄河。

④ 太清：天空。

⑤ 寓目：举目远眺。

⑥ 想象见深意：设想战况，明白这场战争的意义。

⑦ 高兴：高昂的兴致。

⑧ 妖星坠：指吐蕃军溃败。妖星，当作“胡星”，即昴星，古人认为昴星象征胡人，昴星落下，即象征胡人必败。

⑨ 英灵：英明神武。

⑩ 款段：马行迟缓。

⑪ 青冥：天空，此处借指指显达。

⑫ 信：实。

⑬ 一歌阳春后：谓吕諲诗作如同一曲高雅的“阳春白雪”。

⑭ 登陇诗：此诗作于天宝十一年（752）秋冬之际，为赴河西、陇右节度使哥舒翰幕经陇山而作。

⑮ 未云已：络绎不绝。云，语助词。

⑯ 浅才：自谦之词。一命：周代官秩有九命，一命为低微之官。此指这次出塞，任哥舒翰幕掌书记一职。

⑰ 知己：高适辞封丘尉后客游长安，于彷徨中受到哥舒翰幕府判官田良丘之荐，入哥舒翰幕，被哥舒翰表为左骁卫兵曹，任掌书记，官职虽低，但能遂从军之愿，故高适视二人为“知己”。

滴水崖[①]〔二一〕

山股逗飞泉[②]，泓〔二二〕澄[③]傍岩石。乱垂寒玉条，碎洒珍珠滴。

澄波[④]涵万象[⑤]，明镜泻天色。有时乘月来，赏咏还自适[⑥]。

送刘评事充朔方判官

征马向边州，萧萧[⑦]嘶未休。思深应带别，声断为兼秋[⑧]。

岐路[⑨]风将远，关山月共愁。赠君从此去，何日大刀头[⑩]。

送李侍御赴安西

行子[⑪]对飞蓬[⑫]，金鞭指铁骢[⑬]。功名万里外，心事一杯中。

虏障[⑭]燕支北，秦城[⑮]太白东[⑯]。离魂[⑰]莫惆怅，看取[⑱]宝刀雄[⑲]。

---

① 滴水崖：《甘肃通志》脱此诗题名，《全唐诗》作《题合水县玉泉诗》，又称《滴水崖》，据补。滴水崖，又名珠泉，在今甘肃省清水县北约二里，泉从崖有上滴落，有如悬珠，故称。

② 逗：住。

③ 泓澄：水深广清沏貌。

④ 澄波：清沏。

⑤ 涵万象：包含千形万状的事物。

⑥ 自适：自己感到舒服。

⑦ 萧萧：马鸣声。

⑧ 兼秋：数个秋天，指分别长久。

⑨ 岐路：岔道，指分别的地方。

⑩ 大刀头：刀头有环，环与“还”谐音，故以“大刀头”表示归还。

⑪ 行子：远行的人。

⑫ 飞蓬：飘飞的蓬草。

⑬ 铁骢：披铁甲的马，指战马。骢，毛色青白相间的马。

⑭ 虏障：泛指西北边塞防御城堡。

⑮ 秦城：指长安。

⑯ 太白：太白山，秦岭的高峰。

⑰ 离魂：指离别时的心情。

⑱ 看取：且看。取，语助词。

⑲ 宝刀雄：宝刀威武有力，指施展才能。

送白少府之陇右[①]

践更[②]登陇首，远别指[③]临洮。为问关中事，何如州县劳。

军容随赤羽[④]，树色引青袍[⑤]。谁断单于臂[⑥]，今年太白[⑦]高。

送蹇秀才赴临洮

怅望[⑧]目千里，如何今二毛[⑨]。犹思阳谷去，莫厌陇山高。

倚马见雄笔[⑩]，随身惟宝刀。料君终自致[⑪]，勋业[⑫]在临洮。

九曲词[⑬]

铁骑横行铁岭头，西看逻逤[⑭]取封侯[⑮]。

青海只今将饮马，黄河不用更防秋[⑯]。

塞上听吹笛

雪净胡天牧马还，月明羌笛戍楼间。

① 送白少府之陇右：高适将赴武威任哥舒翰幕府掌书记，在陇山途中和送兵去临洮的白少府相遇，乃写此诗相赠。少府，唐代对县尉的尊称。陇右，唐方镇名，节度府驻地，在今青海省乐都县。

② 践更：古代被雇代替别人去服徭役，叫做“践更”。这里借指奉命送兵。

③ 指：指向。

④ 赤羽：军中旌旗上的装饰品，此处借指军旗。

⑤ 青袍：唐代八、九品低级的官穿青袍。这里借指白少府。

⑥ 断单于臂：指这次增兵边境，以击败吐蕃的侵扰，等于砍断西北边地叛乱者的手臂。

⑦ 太白高：指边境的叛乱将被平息之意。

⑧ 怅望：惆怅地远望。

⑨ 二毛：头发斑白。

⑩ 倚马见雄笔：形容文思敏捷。雄笔，雄浑的文笔。

⑪ 终自致：终于会由于自己的努力而达到目的。

⑫ 勋业：建立功勋和业绩。

⑬ 九曲词：天宝十二年（753）五月，陇右、河西节度使哥舒翰收复黄河九曲，后以其地置洮阳郡。高适于这年秋天赴哥舒翰幕府任掌书记。次年春，作此组诗，以颂扬哥舒翰收复九曲之役。此处选录组诗中之第三首。九曲，今青海省贵德县东河曲一带。

⑭ 逻逤：唐时吐蕃都城，即今西藏拉萨，亦称“罗娑”“乐些”，均为译音。

⑮ 封侯：收复九曲后，哥舒翰进封凉国公，不久又进封西平郡王。

⑯ 防秋：古代边境每到秋天，草肥麦熟，游牧民族辄来侵扰，为了加强防备，叫做“防秋”。

借问梅花[1]何处落，风吹一夜满关山。

岑参[2]：酒泉太守席上作

琵琶长笛曲相和，羌儿胡雏[3]齐唱歌。

浑炙[4]犁牛烹野驼，交河美酒归叵罗[5]。

三更醉后军中寝，无奈秦山[6]归梦何。

白雪歌送武判官归

北风卷地白草折[7]，胡天[8]八月即飞雪。 忽如一夜春风来，千树万树梨花开。

散入珠帘湿罗幕，狐裘不暖锦衾薄。将军角弓不得控，都护铁衣冷难着。

瀚海[9]阑干[10]百丈冰，愁云惨淡万里凝[11]。中军[12]置酒饮归客，胡琴琵琶与羌笛。

纷纷暮雪下辕门，风掣[13]红旗冻不翻[14]。轮台东门送君去，去时雪满天山路。

山回路转不见君，雪上空留马行处。

---

① 梅花：此为双关，说落梅亦指《梅花落》，一种笛曲名。

② 岑参：720—770年，唐湖北江陵人。著名边塞诗人。天宝三年（744）登进士第。曾任安西、关西节度判官。肃宗时，杜甫等曾荐举他为左补阙。后出任嘉州刺史，死于蜀中。

③ 羌儿胡雏：指西北少数民族的大人和小孩。

④ 浑炙：把动物整只烤熟。

⑤ 叵罗：酒卮。

⑥ 秦山：即秦岭，此处借指长安。

⑦ 卷地：卷地而来，风势很猛。

⑧ 胡天：此处指西北地区。

⑨ 瀚海：沙漠。

⑩ 阑干：纵横貌。

⑪ 凝：聚集不动，此处指冻结。

⑫ 中军：主帅率领的军队，此处代指主帅的营帐。

⑬ 掣：牵动。

⑭ 冻不翻：因红旗冻硬，虽有风掣而不飘动。

轮台歌奉送封大夫出师西征[①]

轮台城头夜吹角[②]，轮台城北旄头[③]落。羽书[④]昨夜过渠黎，单于[⑤]已在金山西。
戍楼西望烟尘黑，汉兵屯在轮台北。上将[⑥]拥旄[⑦]西出征，平明[⑧]吹笛大军行。
四边伐鼓雪海涌，三军大呼阴山动。虏塞兵气[⑨]连云屯[⑩]，战场白骨缠草根。
剑河风急雪片阔，沙口石冻马蹄脱。亚相[⑪]勤王[⑫]甘苦辛，誓将报主静边尘[⑬]。
古来青史谁不见，今见功名胜古人。

胡笳歌送颜真卿[⑭]使赴河陇[⑮]

君不闻胡笳声最悲，紫髯绿眼胡人吹。吹之一曲犹未了，愁杀楼兰征戍儿。
凉秋八月萧关道，北风吹断天山草。昆仑山南月欲斜，胡人向月吹胡笳。
胡笳怨兮将送君，秦山遥望陇山云。边城夜夜多愁梦，向月胡笳谁喜闻。

玉门关与盖将军[⑯]歌

盖将军，真丈夫。

---

① 轮台歌奉送封大夫出师西征：歌，古诗体裁，是一种能唱的诗。封大夫，即封常清，754年任北庭都护、持节充伊西节度、瀚海军使，驻军轮台。

② 角：军中乐器，即画角。

③ 旄头：即昴星，亦称胡星。古人认为昴星象征胡人，昴星落下，即象征胡人必败。

④ 羽书：即羽檄，军用紧急文书，上插羽毛以示特急。

⑤ 单于：此指播仙首领。

⑥ 上将：指封常清。

⑦ 拥旄：持着旄节。使臣和镇守一方的军政长官均拥有旄节，亦称旌节。节，竹制，以旄牛尾作饰。唐代节度使拥有双旌双节，作为天子授以节制军队、掌握赏罚权力的象征。

⑧ 平明：天刚亮。

⑨ 兵气：战争气氛。

⑩ 屯：聚集。

⑪ 亚相：指封常清。封常清为御史大夫，汉代御史位列上卿，掌副丞相，故称“亚相”。

⑫ 勤王：为王事而操劳。

⑬ 静边尘：使边境安定下来。

⑭ 颜真卿：709—785年，字清臣，唐朝官员，著名书法家。

⑮ 河陇，唐时指河西与陇右，今甘肃、青海、新疆部分地区。

⑯ 盖将军：河西兵马使盖庭伦。

行年[1]三十执金吾[2]，身长七尺颇有须。

玉门关城迥且孤，黄沙万里白草枯。南邻吐蕃北伊吾，将军到来备不虞[3]。

五千甲兵胆力粗[4]，军中无事但欢娱。暖屋绣帘红地炉，织成壁衣[5]花氍毹[6]。

灯前侍婢泻玉壶，金铛[7]乱点野驼酥[8]。紫绶金章左右趋，问着即〔二三〕是苍头奴。

美人一双闲且都[9]，朱唇翠眉映明眸。清歌[10]一曲世所无，今日喜闻凤将雏[11]。

可怜绝胜秦罗敷[12]，使君五马谩踟蹰[13]。野草绣窠[14]紫罗襦[15]，红牙[16]镂金对樗蒲[17]。

玉盘纤手撒作卢[18]，众中夸道不曾输。枥[19]上昂昂[20]皆骏驹，桃花叱拨[21]价最殊[22]。

---

① 行年：年纪。

② 执金吾：唐置左右金吾卫，有金吾大将军，为武官中的显职。

③ 备不虞：防备意料不到的事情。

④ 粗：壮，大。

⑤ 壁衣：装饰墙壁的挂毯。

⑥ 氍毹：毛毯。

⑦ 金铛：铜质的平底锅。

⑧ 野酡酥：一种用乳酪做的食品。

⑨ 闲且都：闲雅而美丽。

⑩ 清歌：没有乐器伴奏的独唱。

⑪ 凤将雏：古曲名。

⑫ 秦罗敷：古乐府《陌上桑》中的主人公，美丽动人。

⑬ “使君”句：典出《陌上桑》：“使君自南来，五马立踟蹰”。使君，汉代称太守为使君。五马，太守车驾用五匹马。谩，枉然，徒。踟蹰，徘徊不前貌。

⑭ 野草绣窠：绣野草的花纹图案。

⑮ 紫罗襦：紫色绫罗做的短衣。

⑯ 红牙：象牙嵌红雕刻的物品。

⑰ 樗蒲：古代的一种博戏，像后代的掷色子。

⑱ 撒作卢：掷成卢，五个骰子都露黑面为卢，得最高彩。

⑲ 枥：马槽。

⑳ 昂昂：高大的样子。

㉑ 桃花叱拨：良马名。《续博物志》：“唐天宝中，大宛进汗血马六匹……六日桃花叱拨。”

㉒ 殊：异，指贵重。

骑将猎向城南隅，腊日[①]射杀千年狐。我来塞外接边储[②]，为君取醉酒剩沽[③]。

醉争酒盏相喧呼，忽忆咸阳旧酒徒。

送李副使赴碛西〔二四〕官军[④]

火山[⑤]六月应更热，赤亭[⑥]道口行人绝。知君[⑦]惯度[⑧]祁连城[⑨]，岂能愁见轮台月。

解鞍暂入酒家炉，送君万里西击胡[⑩]。功名只向马上取，真是人间一丈夫

发临洮将赴北庭留别[⑪]

闻说轮台路，连年见雪飞。春风曾不到，汉使亦应稀。

白草通疏勒[⑫]，青山过武威。勤王敢道远，私向梦中归。

---

① 腊日：汉代以后以农历十二月初八为腊。

② 按边储：巡行检查沿边州郡粮草器械的储备。按，巡行检查。

③ 酒剩沽：多买酒。

④ 送李副使赴碛西官军：此诗为天宝十年（751）六月，岑参在河西节度使驻地武威送别李嗣业时所作。李副使，即李嗣业（？—759），唐玄宗、肃宗时名将，天宝年间，曾作为高仙芝裨将出征西域，战功赫赫。历任安西四镇之一的疏勒镇守使、河西节度副使、骠骑大将军，封虢国公。碛西，本指西域，这里指安西都护府，治所在龟兹（今新疆阿克苏地区库车县）。官军，统帅军队，指李嗣业作为高仙芝的副帅赴西域统领军队。高仙芝于天宝七年（748）末任安西四镇节度使（又称碛西节度使），次年岑参入其幕中任职。十年（751）五月，高仙芝作为主帅率安西都护府二万多军队出征西击大食（阿拉伯帝国），六月河西节度副使李嗣业受命作为副帅亦赶去履职支援。

⑤ 火山：即今吐鲁番盆地的火焰山。

⑥ 赤亭：边塞名，位于火焰山东端赤岭上，在今鄯善县七克台镇境内，唐代设有镇戍、烽堠两级军事单位，塞上立烽燧警戒，并建有驿站，是内地通安西都护府治所龟兹的要道。

⑦ 君：指李嗣业。

⑧ 惯度：时常往还经过。李嗣业此前多次出西域打仗，故称。

⑨ 祁连城：故址在今甘肃省张掖市民乐县永固镇。秦汉时先后为月氏人、匈奴人之城。汉武帝元狩二年（前121年）霍去病打败匈奴，该城属张掖郡管辖。

⑩ 胡：此处指大食。

⑪ 发临洮将赴北庭留别：此诗为岑参于天宝十三年（754）赴北庭途中，途经临洮时所写。

⑫ 疏勒：唐军镇名，一说在今新疆奇台县境内。

金城关[①]

古戍[②]依重险，高楼接五凉[③]。山根盘驿道，河水浸城墙。

庭树巢鹦鹉，园花隐麝香。忽如江浦[④]上，忆作捕鱼郎。

武威暮春闻宇文判官西使还已到晋昌[⑤]

片雨[⑥]过城头，黄鹂上戍楼。塞花飘客泪，边柳挂乡愁。

白发悲明镜，青春换敝裘[⑦]。君从万里使，闻已到瓜州。

送李别将摄伊吾令充使赴武威便寄崔员外[⑧]

词赋满书囊，胡为在战场。行间脱宝剑，邑里挂铜章[⑨]。

马疾飞千里，凫翔[⑩]向五凉。遥知竹林下，星使对星郎[⑪]。

---

① 金城关：此诗为岑参于天宝十三年（754）赴北庭途中所作。金城，天宝元年（742）改为金城郡，治所在今甘肃兰州市。

② 古戍：古代用于边防的营垒、城堡，金城郡治西有金城关。

③ 五凉：前凉、后凉、南凉、西凉、北凉，是公元317至439年间北方建立的地方政权，辖区在今甘肃一带，后因沿称这一带地区为五凉。

④ 江浦：长江边。浦，水边。

⑤ 武威暮春闻宇文判官西使还已到晋昌：天宝十年（751）正月，朝廷拟任高仙芝为河西节度使，仙芝幕僚亦赴武威。时宇文判官出使安西返至晋昌，岑参闻之，乃作此诗。晋昌，即瓜州，天宝元年改为晋昌郡，治所在今甘肃瓜州县东南。

⑥ 片雨：阵雨。

⑦ 敝裘：破败的貂裘。

⑧ 送李别将摄伊吾令充使赴武威便寄崔员外：此诗作于岑参任职北庭期间。别将，唐代实行府兵制，每府置一名别将。摄，兼任。伊吾，唐伊州治所，故地在今新疆哈密。员外，即员外郎。

⑨ 铜章：县令官印，县令用铜印。

⑩ 凫翔：指县令离任。典出《后汉书·方士列传》，东汉王乔为叶县县令，每月朔日从县中至京朝见皇帝。“帝怪其来数而不见车骑，密令太史伺望之，言其临至，辄有双凫从东南飞来。于是候凫至，举罗张之，但得一双舄焉”。

⑪ 星使对星郎：古代天文家认为天节八星主使臣持节，宣威四方，因称皇帝的使者为“星使”，又称使星。星郎，即郎官，古人认为朝廷的官位与天上的星宿相应。

送张都尉东归[①]

白羽[②]绿弓弦〔二五〕，年年只在边。还家剑锋尽，出塞马蹄穿。

逐虏西逾海，平胡北到天。封侯应不远，燕颔[③]岂徒然。

送人到安西[④]

上马带吴钩[⑤]，翩翩度陇头。小来[⑥]思报国，不是爱封侯。

万里乡为梦，三边[⑦]月伴愁。早须清黠虏，无事莫经秋[⑧]。

首秋轮台[⑨]

异域阴山外，孤城雪海边。秋来惟有雁，夏尽不闻蝉。

雨拂毡墙湿，风摇毳幕[⑩]膻[⑪]。轮台万里地，无事历〔二六〕三年。

陇水

陇水何年有，潺潺逼路傍。东西流不歇，曾断几人肠。

---

① 送张都尉东归：此诗于天宝十五年（756）春作于北庭，作者题后自注："时封大夫初得罪。"封常清在天宝十四年（755）冬入朝，值安禄山之乱，玄宗以常清为范阳、平卢节度使，赴东都募兵讨贼，战于洛阳，官军大败，封常清被削除官爵，不久处死。都尉，唐时每府置折冲都尉一人，左、右果毅都尉各一人，为统兵官。

② 白羽：箭名，以白色羽毛为箭羽，故名白羽。

③ 燕颔：指班超，此处借喻张都尉。

④ 送人到安西：天宝十三年（754），岑参将赴北庭都护府任职，稍前送人去安西节度使府，因有此作。

⑤ 吴钩：一种吴地所产"似剑而曲"的兵器。

⑥ 小来：小时。

⑦ 三边：北、西、南三处边境，亦用为边地的通称。

⑧ 经秋：犹言经年。

⑨ 首秋轮台：此诗至德元年（756）秋作于轮台。首秋，农历七月。

⑩ 毳幕：毡帐。

⑪ 膻：膻气。

见渭水思秦川[①]

渭水东流去，何时到雍州[②]。凭添两行泪，寄向故园[③]流。

封大夫破播仙凯歌[④]

汉将[⑤]承恩[⑥]西破戎，捷书先奏未央宫[⑦]。天子预开麟阁待，只今谁数贰师功。

日落辕门鼓角鸣，千群面缚[⑧]出蕃城[⑨]。洗兵[⑩]鱼海[⑪]云迎阵，秣马[⑫]龙堆[⑬]月照营。

赴北庭度陇思家[⑭]

西向轮台万里余，也知乡信日应疏。陇山鹦鹉能言语[⑮]，为报家人数寄书。

---

① 见渭水思秦川：此诗作于赴安西途经渭州之时。渭州治所在襄武即今甘肃陇西县西南，渭水经此流过。

② 雍州：唐初沿旧制置雍州，治所在长安，开元 元年改为京兆府。

③ 故园：故乡。

④ 封大夫破播仙凯歌：此诗作于天宝十三（754）或十四年（755），时封常清征播仙获胜，岑参写下六首诗献捷诗，此处收录其中第一、四首。封大夫，即封常清。播仙，在今新疆且末东北车尔臣河北岸。凯歌，《乐府诗集》卷20："唐《凯歌乐辞》《唐书·乐志》曰：'唐制，凡命将出征，有大功献俘馘，其凯歌用铙吹二部，乐器有笛筚篥箫笳铙鼓歌七种，迭奏《破阵乐》等四曲。'"

⑤ 汉将：指封常清。

⑥ 承恩：奉旨领命。

⑦ 未央宫：汉代宫殿名，故址在今陕西西安西北。这里指唐代宫殿。

⑧ 面缚：双手反绑在背后。

⑨ 蕃城：播先的城邑。

⑩ 洗兵：指战后洗去兵器上的血污。

⑪ 鱼海：泛指湖泊。

⑫ 秣马：喂马。

⑬ 龙堆：即白龙堆，今新疆南部库穆塔格沙漠，因白色沙岗蜿蜒起伏如卧龙，故名。

⑭ 赴北庭度陇思家：天宝十三年（754）岑参被封常清表为安西、北庭节度判官，此诗即为赴北庭经过陇山时作。

⑮ "陇山"句：典出《禽经》："鹦鹉出陇西，能言。"

玉关寄长安李主簿[①]

东去长安万里余，故人那惜一行书[②]。玉关西望肠堪断，况复明朝是岁除[③]。

碛中作[④]

走马西来欲到天，辞家见月两回圆。今夜不知何处宿，平沙万里绝人烟。

酒泉太守席上醉后作[⑤]

酒泉太守能剑舞，高堂置酒夜击鼓。胡笳一曲断人肠，坐客相看泪如雨。

送人还京[⑥]

匹马西从天外归，扬鞭只共鸟争飞。送君九月交河北，雪里题诗泪满衣。

送刘判官赴碛西[⑦]

火山五月行人少，看君马去疾如鸟。都护〔二七〕行营太白西[⑧]，角声一动胡天晓。

苜蓿峰[⑨]寄家人

苜蓿峰边逢立春，葫芦河[⑩]上泪沾巾。闺中[⑪]只是空相忆，不见沙场愁杀人。

---

① 玉关寄长安李主簿：此诗大约为岑参自北庭行役至玉门关时所作，友人李某在京兆府长安县任主薄，音书久疏，恰逢除夕，乃写此诗以慰乡情。

② 一行书：指短书信。

③ 岁除：除夕。

④ 碛中作：此诗约为天宝八年（749）岑参赴安西节度使高仙芝幕掌书记任时所作，从长安赴安西，途径大沙漠，即写在沙漠中旅行的思乡之情。

⑤ 酒泉太守席上醉后作：至德二年（757）开春，岑参离开酒泉东归，途经酒泉时，受到太守热情招待，乃写此诗。分作两首，后多合为一首。此处录其前四句。

⑥ 送人还京：此诗原题《送崔子还京》。

⑦ 送刘判官赴碛西：天宝十年（751）五月，西北边境石国太子引大食等部袭击唐境，当时的武威太守、安西节度使高仙芝率兵三十万出征抗敌。岑参作此诗送刘判官赴军前。刘判官，即刘单，时为高仙芝属下判官。碛西，即安西。

⑧ 太白：太白星，古人以太白为西方之星。太白西意谓极远的西方。

⑨ 苜蓿峰：峰当为“烽”之误。苜蓿烽当为胡芦河附近的一座烽火台。《唐三藏西域记》：“塞上无驿亭，又无山岭，止以烽火为识，玉门关外有五烽，苜蓿烽其一也。”

⑩ 胡芦河：河流名。在今新疆乌什县。

⑪ 闺中：内室，指妻子。

逢入京使[①]

故园东望路漫漫，双袖龙钟[②]泪不干。马上相逢无纸笔，凭君传语报平安。

卢象[③]：送赵都护赴安西

结发候旌麾，元戎复在斯。门开都护府，兵动羽林儿。

黠寇多翻覆，谋臣有别离。智同天所授，恩共日相随。

汉使开宾幕，胡笳送酒卮。风霜迎马首，雨雪事鱼丽。

上策应无战，深情属载驰。不应行万里，明主寄安危。

王之涣[④]：凉州词

黄河远上白云间，一片孤城万仞山[⑤]。羌笛何须怨杨柳，春风不度玉门关。

张谓[⑥]：送人使河源[⑦]

故人行役[⑧]向边州，匹马今朝不少留[⑨]。长路关山何日尽，满堂丝竹为君愁。

---

① 逢入京使：天宝八年（749），岑参任安西节度使高仙芝幕府书记，于赴任途中邂逅回京的使者，乃作此诗。

② 龙钟：沾湿。

③ 卢象：字纬卿，唐汶水人。约唐玄宗开元末前后在世，与王维齐名，仕为秘书郎，转右卫仓曹掾，累官司勋员外郎。著有文集十二卷。

④ 王之涣：688—742年，字季淩，唐并州（今山西省太原市）人。著名诗人。官文安郡文安县（今河北省文安县）尉。其诗《全唐诗》仅存六首。

⑤ 孤城：指今甘肃瓜州县内的锁阳城。

⑥ 张谓：字正言，唐怀州河内（今河南沁阳）人。天宝二年（743）进士。大历间，官至礼部侍郎。《全唐诗》录其诗一卷。

⑦ 送人使河源：此诗原题为《送卢举使河源》。河源，唐仪风二年置河源郡，治所在今青晦西宁市东南，属陇右道。乾元初地人吐蕃。

⑧ 行役：因公事而在外跋涉。

⑨ 少留：稍作停留。

常建[①]：塞下曲[②]

玉帛朝回望帝乡[③]，乌孙归去不称王[④]。天涯静处无征战，兵气销为日月光。

刘长卿[⑤]：送南特进[⑥]赴行营

闻道军书[⑦]至，扬鞭不问家。朔云连白草，汉月对黄沙。

汗马河源饮，烧羌[⑧]陇坻〔二八〕遮[⑨]。翩翩新结束[⑩]，去逐李轻车[⑪]。

平蕃曲[⑫]

渺渺[⑬]戍烟孤，茫茫塞草枯。陇头那用闭，万里不防胡。

绝漠[⑭]大军还，平沙独戍闲。空留一片石[⑮]，万古在燕山。

---

① 常建：唐长安人。开元十五年（727）进士，与王昌龄同榜。大历时曾任盱眙县尉，一生仕宦不得意，常游览山水名胜，过着漫游自娱的生活。

② 塞下曲：出于汉乐府《出塞》《入塞》，属横吹曲辞，内容多描写边疆战争。本题原作共六首，此处选其第一首。

③ 帝乡：指汉朝。

④ 乌孙：汉时西域属国国名。此二两意谓，乌孙远道來汉朝进贡，带着汉朝赠送的玉帛回到本国，甘愿取消王号，对汉称臣。

⑤ 刘长卿：约726—786年，字文房，唐宣城（今属安徽）人，后迁居洛阳。天宝年间进士，曾任监察御史、长洲县尉、转运使判官、睦州司马等职。官终随州刺史，世称刘随州。

⑥ 送南特进赴行营：此诗约大历三年（768）作于长安。特进，文散官名，唐制，文散官凡二十九阶，特进为正二品。

⑦ 军书：军事文书。

⑧ 烧羌：即烧当羌，汉时西羌部族名，局地在今青海湖南至贵德一带。此处借指吐蕃。

⑨ 遮：拦阻。

⑩ 结束：装束，打扮。

⑪ 李轻车：即李广，李广曾为轻车将军，故称。此处以喻在战场上建立功业。

⑫ 平蕃曲：此题原作共三首，此处选录其第二首。

⑬ 渺渺：辽远貌。

⑭ 绝漠：横渡大沙漠。

⑮ 一片石：指碑碣等刻石、或摩崖。此处当特指特指东汉窦宪大破匈奴，登燕然山，命班固作《燕然山铭》，刻石记功事。

钱起[①]：送张将军西征

长安少年惟好武，金殿承恩争破虏。沙场烽火隔天山，铁骑西征几岁还。

战处黑云霾[②]瀚海，愁中明月度阳关。玉笛声悲离酌晚，金方[③]路极行人远，

计日霜戈尽敌归，回首戎城空落晖。始笑子卿心计失，徒看海上节旄稀[④]。

卢纶[⑤]：送韩都护还边

好勇知名早，争雄上将间。战多春入塞，猎惯夜烧山。

阵合龙蛇动[⑥]，军移草木闲。今来部曲[⑦]尽，白首过萧关。

和张仆射塞下曲[⑧]

月黑雁飞高，单于远遁逃。欲将轻骑逐，大雪满弓刀。

戴叔伦[⑨]：关山[⑩]

月出照关山，秋风人未还。清光[⑪]无远近，乡泪[⑫]半书间。

---

① 钱起：约722—780年，字仲文，唐吴兴（今浙江吴兴）人。进士出身。曾任考功郎中、翰林学士等职，为“大历十才子”之一。《送将军西征》是当时流行的文人和将士间的应酬作品。

② 霾：同“埋”，掩盖。

③ 金方：即西方。

④ “始笑”二句：典出《汉书·苏武传》。苏武以中郎将使持节至匈奴。单于欲降之，乃幽于大地窖中。天雨雪，苏武卧啮雪与旃毛并咽之，数日不死，匈奴以为神，乃徙武北海上，使牧羊。既至，杖汉节牧羊，节旄尽落。

⑤ 卢纶：739—799年，字允言，唐河北涿州人，大历十才子之一。天宝末年进士，官至检校户部郎中。著有《卢户部诗集》。

⑥ 龙蛇动：比喻阵形，势如龙蛇。

⑦ 部曲：古代军队编制单位，此指部署。

⑧ 和张仆射塞下曲：张仆射：即张延赏，唐德宗贞元三年（787）官至左仆射同平章事。卢纶答和此诗时，正在浑瑊镇守河中的幕府中当幕僚。卢纶和诗共有六首，此处选录其第二首。

⑨ 戴叔伦：732—789年，字次公（一作幼公），唐润州（今江苏镇江市）金坛人。官至抚州刺史、容管经略使。晚年上表自请为道士。有集十卷。

⑩ 关山：此题原作二首，此处选录其第一首。

⑪ 清光：月光。

⑫ 乡泪：思乡之泪。

杨巨源[①]：观征人回[②]

两河[③]战罢万方清[④]，原上军回识旧营。立马望营秋塞静，射雕临水晚天晴。

戍闲部伍分岐路，地远家乡寄旆旌。圣代[⑤]止戈[⑥]资庙略[⑦]，诸侯不复更长征。

李益[⑧]：盐州[⑨]过饮马泉

绿杨着水[⑩]草如烟[⑪]，旧是胡儿饮马泉。几处吹笳明月夜，何人倚剑白云天[⑫]。

从来冻合[⑬]关山路，今日分流[⑭]汉使前[⑮]。莫遣行人[⑯]照容鬓[⑰]，恐惊憔悴入新年。

夜上受降城[⑱]闻笛

回乐峰[⑲]前沙似雪，受降城外月如霜。不知何处吹芦管[⑳]，一夜征人尽望乡。

---

① 杨巨源：约755—?，字景山，后改名巨济。唐河中治所（今山西永济）人。贞元五年（789）进士。曾任秘书郎、太常博士，虞部员外郎、凤翔少尹等职。

② 观征人回：此诗原题为《和侯大夫秋原山观征人》。征人，出征之人。

③ 两河：安史之乱后，称河南、河北两道为两河。

④ 万方清：各地清平，没有战乱。

⑤ 圣代：圣明的朝代。

⑥ 止戈：停止战争。

⑦ 庙略：旧时帝王或朝廷对国家大事的策划，也称庙策。

⑧ 李益：约748—827年，字君虞，郑州人。唐陇西狄道（今甘肃临洮）。代宗大历四年（769）进士，历任营田副使、秘书少监、集贤学士、右散骑常侍。文宗大和初，以礼部尚书致仕。益于诗尤所长，名与李贺相当。著有《李益集》。

⑨ 盐州：西魏废帝三年（554）改西安州置，因境内有盐池而得名，治所在五原（今陕西定边）。

⑩ 着水：犹拂水。

⑪ 草如烟：草色因水汽而朦胧如烟。

⑫ 倚剑白云天：典出宋玉《大言赋》："长剑耿耿倚天外。"

⑬ 冻合：犹言冰封。

⑭ 分流：谓春暖解冻，泉水流动于汉使之前。

⑮ 汉使：作者自谓。

⑯ 行人：亦是作者自谓。

⑰ 容鬓：容颜鬓发。

⑱ 受降城：唐时在西北筑有东、中、西三受降城，此应指西受降城，在灵州，即今宁夏灵武市。

⑲ 回乐峰：回乐，县名，故址在今宁灵武市西南。峰，当为"烽"，即烽火台。沙似雪：在月光的映照下荒沙像雪一样明亮。

⑳ 芦管：即芦笛。

从军北征过凉州

天山雪后海风[①]寒，横笛偏[②]吹行路难[③]。碛里征人三十万，一时回首月中看。

夜上西城[④]听梁州曲[⑤]

鸿雁新从北地来，闻声一半却飞回。金河[⑥]戍客肠应断，更在秋风百尺台[⑦]。

张籍[⑧]：泾州塞

行到泾州塞，惟闻羌戍鼙[⑨]。道边双古堠[⑩]，犹记向安西。

王建[⑪]：陇头流水

陇水何年陇头别，不在山中亦呜咽。征人塞耳马不行，未到陇头闻水〔二九〕声。谓是西流入蒲海[⑫]，还闻北去绕龙城。陇东陇西多屈曲，野麋饮水长簇簇[⑬]。收兵夜回水傍〔三十〕住，忆着来时磨剑处。向前无井复无泉，饮马回看陇头树。

---

① 海风：指从瀚海大漠吹来的风。

② 偏：通“遍”，全，都。

③ 行路难：属乐府杂曲歌辞。《乐府解题》曰：“《行路难》，备言世路艰难及离别悲伤之意，多以‘君不见’为首。”

④ 西城：西受降城的简称。

⑤ 梁州曲：即《凉州曲》。《容斋随笔》卷14《伊凉大曲》：“《凉州》，今转为《梁州》，唐人已多误用，其实从西凉府来也。”

⑥ 金河：当指今内蒙古乌梁素海以北的金河水。

⑦ 百尺台：指烽火台。

⑧ 张籍：768—约830年，字文昌，祖籍苏州，后移居和州（今安徽省和县）。唐贞元十四年（798）进士，历任太常寺太祝、水部员外郎，终于国子司业。有《张司业集》。

⑨ 戍鼙：音shù pí，即戍鼓，边防驻军的鼓声。

⑩ 堠：烽火台。

⑪ 王建：768—835年，字仲初，唐颍川（今河南许昌）人。曾一度从军，约四十六岁始入仕，曾任昭应县丞、太常寺丞、陕州司马、光州刺史等职，世称王司马。今存有《王建诗集》《王建诗》《王司马集》等及《宫词》一卷。

⑫ 蒲海：蒲昌海，今新疆罗布泊。

⑬ 簇簇：聚集貌。

薛逢[1]：送灵州田尚书[2]

阴风猎猎[3]满旗竿，白草飕飕[4]剑气攒[5]。九姓羌浑[6]随汉节，六州蕃落[7]从戎鞍[8]。
霜中入塞雕弓[9]硬，月下翻营[10]玉帐寒。今日路傍谁不指，穰苴[11]门户惯登坛[12]。

白居易[13]：城盐州[14]

城盐州城盐州，城在五原[15]原上头。蕃东节度钵阐布[16]，忽见新城当要路。
金乌飞传赞普闻[17]，建牙传箭集群臣。君臣赭面[18]有忧色，皆言勿谓唐无人。
自筑盐州十余载，左衽毡裘不犯塞。昼牧牛羊夜捉生[19]，长去新城百里外。

---

① 薛逢：字陶臣，唐蒲州河东（今山西永济）人。会昌元年（841）进士，授万年尉。后直弘文馆，历任侍御史、尚书郎等职。曾出任巴州刺史、蓬州刺史，不久以太常少卿召还，任给事中，官终秘书监。有《薛逢歌诗》十卷，已佚。

② 田尚书：指曾做过检校尚书左仆射的田牟。

③ 猎猎：象声词。形容风吹物之声。

④ 飕飕：象声词。形容风声。

⑤ 攒：聚集，簇聚。

⑥ 九姓羌浑：即昭武九姓，此处泛指唐代西北各少数民族。

⑦ 蕃落：少数民族聚居之地。

⑧ 戎鞍：战马、坐骑。

⑨ 雕弓：有雕饰的弓，亦为弓的美称。

⑩ 翻营：即蕃营。

⑪ 穰苴：春秋时齐国名将司马穰苴，为田氏的同族。

⑫ 登坛：指登将坛被拜为将帅。

⑬ 白居易：772—846年，字乐天，号香山居士，又号醉吟先生，祖籍太原，至其曾祖父时迁居下邽。生于河南新郑。唐代著名诗人。

⑭ 城盐州：贞元八年（792），唐德宗特诏城盐州（今甘肃盐池县），以防吐蕃。按《旧唐书·德宗纪下》："贞元三年，（盐州）城为吐蕃所毁，自是塞外无堡障，犬戎入寇。既城之后，边患息焉。"此诗即为此而作。

⑮ 五原：盐州五原县，有龙游原、乞地干原、青领原、可岚贞原、横槽原。

⑯ 钵阐布：吐蕃宰相。

⑰ "金乌"句：《新唐书·吐蕃传》上："其举兵以七寸金箭为契，百里一驿，有急兵，驿人臆前加银鹘，甚急，鹘益多。"使者上马如飞，号为鸟使。赞普，也作"赞府"，吐蕃君长的称号。

⑱ 赭面：赭，红褐色，吐蕃有赤面之俗。

⑲ 捉生：抓俘虏。

诸边急警劳戍人，惟此一道无烟尘。灵夏[①]潜安谁复辩[三一]，秦原[②]暗通何处见。
鄜州[③]驿路好马来，长安药肆黄蓍贱[④]。城盐州，盐州未城天子忧。
德宗按图自定计，非关将略与庙谋。吾闻高宗中宗世，北虏猖獗最难制。
韩公创筑受降城[⑤]，三城鼎峙屯汉兵。东西亘绝数千里，耳冷不闻胡马声。
如今边将非无策，心笑韩公筑城壁。相看养寇为身谋，各握强兵固恩泽。
愿分今日边将恩，褒赠韩公封子孙。谁能将此《盐州曲》，翻作歌词闻至尊。

李商隐[⑥]：安定城楼

迢递[⑦]高城百尺楼，绿杨枝外尽汀州[⑧]。贾生[⑨]年少虚垂泪[⑩]，王粲[⑪]春来更远游。
永忆江湖归白发[⑫]，欲回天地[⑬]入扁舟。不知腐鼠成滋味，猜意鹓雏竟未休[⑭]。

---

① 灵夏，指灵武、银夏。

② 秦原，指秦州、原州。

③ 鄜州，今陕西延安。

④ “黄蓍”句：黄蓍，即黄芪，一种中药。黄蓍出原州者最佳，秦原暗通，故黄蓍价贱。

⑤ “韩公”句：指张仁愿筑三受降城事。

⑥ 李商隐：812—858年，字义山，号玉谿生，唐怀州河内（今河南沁阳市）人。著名诗人。诗名与杜牧齐，世称“小李杜”。有《李义山诗集》三卷。

⑦ 迢递：极高貌。.

⑧ 汀洲：指安定城东泾水岸边的沙洲。

⑨ 贾生：即贾谊（前200—前168），西汉政治家。年二十余为博士，因权贵诋毁，贬为长沙王太傅。后世成为才高遭贬之士的代称。

⑩ 虚垂涕：白白痛哭流涕而不起作用。

⑪ 王粲：177—217年，东汉末年文学家，十七岁避乱到荆州，于春日登当阳城楼，作《登楼赋》，抒写去国远游，感世伤时的慨叹。此两句以贾谊、王粲自比。

⑫ “江湖”句：年老辞官，归隐江湖。

⑬ 回天地：建立回天转地的显赫功绩。

⑭ “不知”句：典出《庄子·秋水》：“惠子相梁，庄子往见之。或谓惠子曰：‘庄子来，欲代子相。’于是惠子恐，搜于国中。三日三夜，庄子往见之，曰：‘南方有鸟，其名为鹓雏，子知之乎？夫鹓雏发于南海，而飞于北海，非梧桐不止，非练食不食.非醴泉不饮。于是鸱得腐鼠，鹓雏过之，仰而视之曰：吓！今子欲以子之梁国而吓我邪’！”此二句借庄子寓言表示自己不屑功名利禄，正告他人不要妄加猜测。

杜牧[①]：河湟诸郡次第归降[②]

捷书皆应睿[③]谋期，十万曾无一镞[④]遗。汉武惭夸朔方地[⑤]，宣王休道太原师[⑥]。威加塞外寒来早，恩入河源[⑦]冻合迟。听取满城歌舞曲，凉州声韵喜参差[⑧]。

温庭筠[⑨]：苏武庙

苏武魂消汉使前[⑩]，古祠高树两茫然。云边雁断[⑪]胡天月[⑫]，陇上[⑬]羊归塞草烟[⑭]。回日[⑮]楼台非甲帐[⑯]，去时[⑰]冠剑是丁年[⑱]。茂陵不见封侯印[⑲]，空向秋波哭逝川[⑳]。

---

① 杜牧：约803—852年，字牧之，号樊川居士，京兆万年（今陕西西安）人。唐代杰出的诗人、散文家。著有《樊川文集》。

② 河湟诸郡次第归降：唐宣宗大中三年（849），吐蕃内乱，河湟地区百姓乘机起义，唐朝派兵接应，数月之间，收复大片失地。杜牧因作此诗为贺。

③ 睿：圣上才智聪明。

④ 镞：箭头。此句言不费力便取得成功。

⑤ 汉武：即汉武帝。曾派兵击溃匈奴，收河南地，置朔方、五原郡。

⑥ 宣王：即周宣王。周宣王北伐猃狁，至于太原（今宁夏固原一带）。

⑦ 河源：指河源军，唐代边戍名，在今青海西宁市东南。此处泛指河湟一带。

⑧ 参差：原意为不整齐，此处指音乐的高低。

⑨ 温庭筠：约812—866年，又作温庭云，本名岐，字飞卿，唐太原祁县（今山西祁县东南）人。诗人、词人。与李商隐齐名，时称“温李”。

⑩ 汉使：指昭帝派往匈奴迎苏武的使者。汉昭帝始元六年（前81年）遣使迎苏武回长安。

⑪ 雁断：雁，代指书信，雁断指与汉朝音信阻隔。

⑫ 胡天月；胡地的月亮。

⑬ 陇上：丘陇之上，指苏武牧羊之处。

⑭ 塞草烟：指塞外傍晚时的炊烟。

⑮ 回日：从匈奴回归汉之时。

⑯ 楼台非甲帐：指汉武帝已死，楼台非旧。《汉武故事》载，汉武帝以琉璃珠玉等络为帷帐，因其数量多，故以甲乙分列。故称甲帐。

⑰ 去时：离汉出使匈奴之时。

⑱ 丁年：壮年。

⑲ “茂陵”句：茂陵，汉武帝陵墓，也常作汉武帝代称。此句谓苏武归汉，武帝既死，故得不到封侯之赏。

⑳ 逝川：典出《论语·子罕》：“子在川上曰：‘逝者如斯夫，不舍昼夜。’”指逝去的时间，此处泛指往事。

曹唐[①]：送康祭酒赴轮台[②]

灞水桥[③]边酒一杯，送君千里赴轮台。霜黏海眼[④]旗声冻，风射犀文[⑤]甲缝开

断碛簇烟山似米[⑥]，野营轩地[⑦]鼓如雷。分明会得将军意，不斩楼兰不拟回[⑧]。

罗隐[⑨]：陇头水[⑩]〔三二〕

借问陇头水，年年恨何事。全疑呜咽声，中有征人泪。

自古无长策，况我非深智。何计谢潺湲，一宵空不寐。

登夏州[⑪]城楼

寒声猎猎戍旗风，独倚危楼[⑫]怅望中。万里山河唐土地，千年魂魄晋英雄。

离心不忍听边马，往事应须问塞鸿。好脱儒冠从校尉，一枝长戟六钧弓[⑬]。

胡曾[⑭]：交河塞下曲

交河冰薄日迟迟，汉将思家感别离。塞北草生苏武泣，陇西云起李陵悲。

---

① 曹唐：? —约870年，字尧宾，唐桂州（今广西桂林）人。年轻时当过道士，后考进士未中。懿宗咸通年间，曾受聘使府从事。

② 祭酒：官名。唐代国子监（中央教育机构）长宫。宝应元年（762），吐蕃攻占河西、陇右地区，赴北庭之路被隔断。贞元六年（790），吐蕃又占领北庭。至大中五年（850），张义潮收复沙、瓜、伊等十一州，赴北庭之路方通。又《通鉴》咸通七年二月载："归义节度使张义潮奏北庭回鹘固俊克西州、北庭、轮台、清镇等城。"故此诗当作于咸通七年（866）后。

③ 灞水桥：在长安东灞水上，古人多于此处送别。

④ 海眼：即水井。

⑤ 犀文：古以犀牛皮为铠甲，犀甲上的纹理叫犀文。

⑥ 山似米：谓沙山。

⑦ 轩地：敞朗开豁之地。

⑧ "不斩"句：此句意本王昌龄《从军行七首》之四："不破楼兰终不还。"

⑨ 罗隐：833—909年，字昭谏，新城（今浙江省杭州市富阳区新登镇）人。唐末五代时期诗人、文学家、思想家。著有《谗书》及《太平两同书》等。

⑩ 陇头水：此诗又题作《陇头吟》，乐府旧题，属横吹曲。

⑪ 夏州：又名榆林，故城在今陕西横山县境。

⑫ 危楼：高楼。

⑬ 六钧弓：拉力一百八十斤的弓。

⑭ 胡曾：号秋田，唐邵阳（今属湖南）人。屡举进士不第。曾为汉南从事，又曾为高骈剑南西川节度观察使掌书记。其漠视人生富贵，而游历必公卿门第，上交不谄，下交不渎，人称"奇士"。有《咏史诗》三卷、《安定集》十卷。

晓侵雉堞乌先觉[①]，春入关山雁独知。何处疲兵心最苦，夕阳楼上笛声时。

居延海[②]

漠漠平沙际碧天，问人云此是居延。停骖一顾犹魂断，苏武争禁[③]十九年。

胡宿[④]：金城感旧

千里青云未致身，马蹄空踏几年尘。曾迷玉洞花光老，欲过金城柳眼新[⑤]。

粉壁已沉题凤字[⑥]，酒垆犹记姓黄人[⑦]。坞中横笛偏多感，一涕阑干白角巾[⑧]。

塞上

汉家神箭定天山，烟火相望万里间。颉利[⑨]请盟金匕酒[⑩]，将军归卧玉门关。

---

① 雉堞：指城墙上的女墙。

② 居延海：地名。位于内蒙古自治区阿拉善盟额济纳旗北部，发源于祁连山，流经青海、甘肃、内蒙古，汇入巴丹吉林沙漠西北缘两片戈壁洼地，形成东、西两大湖泊，总称居延海。汉代称“居延泽”，后也称“西海”，唐以来一直称“居延海”。

③ 争禁：怎么受得了。争，同“怎”；禁，经受。

④ 胡宿：995—1067年，字武平，北宋常州晋陵（今江苏常州市）人。天圣二年（1024）进士。历任扬子尉、集贤校理、宣州通判、湖州知州、两浙转运使等职，官至枢密副使。原有集七十卷，久佚，清修《四库全书》时，从《永乐大典》中辑得其诗文一千五百馀首，编为《文恭集》五十卷、《补遗》一卷。《唐诗鼓吹》卷8误以胡宿为唐人，选录其诗二十三首。《全唐诗》乃沿其误，小传云：“唐末人。诗十九首。”《甘肃通志》亦失考，列其于唐代。

⑤ “欲过”句：晋桓温自江陵北伐，行至金城，见少时所种柳皆十围，慨然曰：“木犹如此，人何以堪!”攀枝折条，泫然流涕。

⑥ “粉壁”句：《世说新语·简傲》：“嵇康与吕善，每一相思，千里命驾。安后来，值康不在。喜出户延之，不入。题门上作‘凤’字而去。喜不觉，犹以为欣故作。‘凤’字，凡鸟也。”后即用“凤字”表示对人的讥刺。

⑦ “酒垆“句：晋王戎为尚书令，公服过黄公垆，谓后车客曰：“吾昔与嵇叔夜、阮嗣宗酣畅于此垆，自嵇、阮亡来，便为时所羁绁。今视此，虽近，邈若山河。”

⑧ “一涕”句：刘向《说苑》：雍门子周引琴而鼓之，徐动宫徵，微挥角羽，终而成曲。孟尝君雪涕阑干，增欷而就之曰：“先生鼓琴，令文立若破国亡邑之人也。”

⑨ 颉利：即颉利可汗（579—634），突厥族，姓阿史那氏，名咄苾，启民可汗之子，东突厥可汗。于626年侵唐，唐太宗亲临渭水，与颉利隔水而语，结渭水便桥之盟。629年，唐太宗派李靖、李绩出兵与薛延陀可汗夷男等夹攻颉利，次年大败颉利于阴山，颉利被擒送长安，东突厥前汗国亡。颉利至京，太宗赐以田宅，授右卫大将军，634年死于长安，赠归义王，谥曰荒。

⑩ 金匕酒：金匕，典出南朝宋鲍照《代淮南王》：“琉璃作盌牙作盘，金鼎玉匕合神丹。”金匕指神丹，仙丹。金匕酒，似指仙酒。

云沉老上[①]妖氛断，雪照回中探骑闲。五饵[②]已行王道胜，绝无刁斗[③]至阗颜[④]。

卢汝〔三三〕弼[⑤]：边庭冬怨

朔风吹雪透刀瘢[⑥]，饮马长城窟更寒。夜半火来知有敌，一时齐保贺兰山。

韦蟾：送卢潘之朔方[⑦]

贺兰山下果园成，塞北江南旧有名。水木万家朱户暗[⑧]，弓刀千队铁衣明〔三四〕。

心源落落堪为将[⑨]，胆气堂堂合用兵。却使六蕃诸子弟[⑩]，马前不信是书生。

张乔[⑪]：宴边将

一曲凉州[⑫]金石清[⑬]，边风萧飒[⑭]动江城。坐中有老沙场客[⑮]，横笛休吹塞上声[⑯]。

---

① 老上：即老上单于，名稽鬻，匈奴首领，冒顿单于之子。在位时曾攻打月氏，占据全部河西地区，亦曾多次侵扰汉境。

② 五饵：典出《汉书·贾谊传》，原为贾谊提出的怀柔、软化匈奴的五种措施，后泛指笼络外族的种种策略。

③ 刁斗：古代军队中用的一种器具，白天来烧饭，晚上用来敲击巡更，又名“金柝”“焦斗”。

④ 阗颜：即寘颜山，在今蒙古高原杭爱山南面的一支。汉元狩四年（前119年）卫青追匈奴至寘颜山赵信城，得匈奴积粟食军。

⑤ 卢汝弼：字子谐，范阳（今属北京市）人，诗人卢纶之孙。唐昭宗景福时进士，官祠部员外郎、知制诰。后依附李克用父子，李克用曾任为节度副使。

⑥ 刀瘢：刀痕，刀疤。

⑦ 韦蟾：？—约873年，字隐珪，唐下杜（今陕西省西安市东南）人。大中七年（853）进士。辟徐商襄阳掌书记。咸通中，历翰林学士、中书舍人、刑部侍郎。乾符初，出为鄂岳观察使。咸通末，终尚书左丞。《全唐诗》存其诗作十首。

⑧ 暗：绿荫掩映。

⑨ 心源落落：胸怀磊落。

⑩ 六蕃诸子弟：各族士兵。

⑪ 张乔：唐池州（今安徽贵池）人。咸通十二年（871）年进士。黄巢之乱，隐居九华山，与李昌符、许棠、郑谷等人被称为“咸通十哲”。

⑫ 凉州：即《凉州曲》，乐曲名，多述征戍之情。

⑬ 金石：指钟磬等打击乐器。

⑭ 边风萧飒：谓乐曲悲凉，如同边风四起。

⑮ 沙场客：来自战场的客人，指边将。

⑯ 塞上声：即指《凉州曲》。意谓为不要奏边塞乐曲，以免惹得边将动情。

杨凝[①]：送客往夏州[②]

怜君此去过居延，古塞黄云共渺然。沙阔独寻边马迹，路迷遥指戍楼烟。

夜投孤店愁吟笛，朝望行尘喜控弦[③][三五]。闻有故交今从骑，何须着论更言钱[④]。

张敬忠[⑤]：边词

五原[⑥]春色旧来迟，二月垂杨未挂丝[⑦]。即今河畔冰开日，正是长安花落时。

宋

范仲淹：劝农[⑧]

烹葵剥枣古年丰，莫管时殊俗自同。太守劝农农勉听，从今再愿诵《豳风》[⑨]。

---

① 杨凝：？—803年，字懋功，唐虢州弘农（今河南灵宝县北）人。大历十三年（778）状元及第。兴元元年（784）以校书郎为山南东道节度使樊泽掌书记。贞元三年（787）随泽徙镇荆南，入为起居郎。历司封、吏部员外郎，迁右司郎中，官至兵部郎中。有《杨凝集》二十卷，已佚。

② 夏州：州名。治今内蒙古乌审旗南白城子。

③ 控弦：拉弓，借指士兵。

④ “何须”句：典出《晋书·隐逸传》：“鲁褒字元道，南阳人也。好学多闻，以贫素自立。元康之后，纲纪大坏，褒伤时之贪鄙，乃隐姓名，而著《钱神论》以刺之。”

⑤ 张敬忠：唐代诗人，曾官监察御史，开元中为平卢节度使。《全唐诗》存其诗二首。

⑥ 五原：今内蒙古五原县。

⑦ 未挂丝：指柳树还未吐绿发芽。

⑧ 劝农：此诗作于范仲淹知庆州时。

⑨ 豳风：指《诗·豳风·七月》，此诗反映了周代早期的农业生产情况和农民的日常生活情况，此处有劝勉农耕之意。

苏轼[①]：送范纯粹知庆州[②]

才大古难用，论高常近迂。君看赵魏老，乃为滕大夫[③]。

浮云无根蒂，黄潦能须臾。知经几成败，得见正贤愚。

羽旄照城阙，谈笑安边隅。当年老使君，赤手降于菟[④]。

诸郎更何事，折棰鞭其雏。吾知邓平叔[⑤]，不斗月支胡。

游师雄：崆峒山[⑥]

崆峒一何高，崛起乾坤辟。峻极倚杳冥，峥嵘亘今昔。

势将玉绳齐，位据金野窄。

马跑泉[⑦]

清甘一派古祠边，昨日亲烹小凤团[⑧]。却恨竟陵无品目，烦君精鉴为尝看。

---

① 苏轼：1037—1101年，字子瞻，号东坡居士，北宋眉州眉山（今四川眉山县）人。著名文学家。仁宗嘉祐二年（1057）进士。历官密、徐、湖、杭、颍等州知州，哲宗元祐间迁翰林学士。后贬惠州、儋州。徽宗时赦还，病逝于常州。文与欧阳修并称“欧苏”，为“八大家”之一；诗与黄庭坚并称“苏黄”；词与辛弃疾并称“苏辛”，开创豪放词派。有《东坡集》《东坡乐府》。

② 范纯粹：1046—1117年，字德孺，北宋官员。范仲淹第四子，出生于邓州（今河南省邓州市），以荫入仕，性沉毅，有干略。有集，已佚。宋神宗熙宁间，范纯仁以反对王安石新法，被贬出朝，先后任河中知府，成都路转运使，和州知州。熙宁七年（1074），知庆州，后其弟纯粹复代兄纯仁知庆州。苏轼与范纯仁、纯粹，政见相同，故作诗以赠。

③ “君看”二句：典出《论语·宪问》：子曰：“孟公绰为赵魏老则优，不可以为滕薛大夫。”老指家臣。

④ 于菟：音wū tú，老虎。

⑤ 邓平叔：即邓训，字平叔，东汉大司徙邓禹子。汉章帝章和二年（88），任护羌校尉，纳月支胡人，结以恩信，不令与羌人斗，边境大定。此处用此典以勉范纯粹行怀柔安远之策。

⑥ 游师雄：1037—1097年，字景叔，宋京兆武功（今陕西武功〉人。英宗治平元年（1064）进士。历任仪州（今甘肃华亭》司户参军、德顺军（今甘肃静宁）通判、提点秦凤路刑狱、陕西转运使、直龙图阁兼秦州知州、秦凤路马步都总管、陕州（今河南三门峡）知州等。为人慷慨豪爽，能诗，有谋略，败吐蕃、西夏军，曾上《绍圣安边策》六十条，为宋哲宗所重，是当时西北边防知名的将领。

⑦ 马跑泉：位于甘肃天水马跑泉镇东。据《秦州志》载：“相传唐尉迟敬德与番将站，军中苦无水，其马刨地出泉。”故名马跑泉。

⑧ 小凤团：宋代贡茶名，即小凤茶。宋制，史官月赐小凤茶。

擒鬼章[①]

王师一举捷〔三六〕于雷，顷刻俄闻破敌回。且喜将门还出将[②]，槛车[③]生致鬼章来。

李师中[④]：麦积山[⑤]

路入青松翠霭间，斜阳倒影下溪湾。此中猿鹤休相笑，谢傅[⑥]东归自有山。

赵抃[⑦]：青泥岭

老杜休夸蜀道难[⑧]，我闻天险不同山。青泥岭上青云路，二十年来七往还。

文绅仪：游灵岩[⑨]

一入灵岩寺，凭栏望眼遥。山深云障日，江阔夜生潮。

古洞遗仙迹，流泉傍石桥。醉来搔首咏，得句兴偏饶。

---

① 擒鬼章：唐末，吐蕃占据岷州、河州（今甘肃临夏）、洮州（今甘肃临潭），至宋熙宁六年（1073）收复河州、岷州，元祐二年（1087），收复洮州，俘获吐蕃首领鬼章等九人。本诗即写此收复洮州之役。原题《贺岷州守种谊破鬼章》，共二首，此处收录其一。岷州，州名，治所即今甘肃岷县。种谊，岷州知州，洛阳人，洮州收复战役的主要指挥者之一。

② 将门还出将：种谊父种世衡、兄种古、种谔皆曾率军为将，古、谔、谊兄弟皆有将略，人称“三种”。

③ 槛车：古代押送囚犯的车。

④ 李师中：字诚中，宋楚丘（今河南滑县）人。熙宁、绍圣间，与滕元发、游师熊诸人御西夏，有殊功。

⑤ 麦积山：李师中于熙宁间知秦州，此诗即作于其时。

⑥ 谢傅：指东晋谢安。谢安曾隐居东山，后出山入仕，官至太保，卒赠太傅。谢安曾指挥淝水之战，大败前秦苻坚。作者以谢安自况。

⑦ 赵抃：1008—1084年，字阅道，号知非子，衢州西安（今浙江衢州市）人。北宋名臣。

⑧ “老杜”句：指杜甫和他的《青泥岭》诗。

⑨ 游灵岩：灵岩，即灵岩寺，在四川略阳县城南嘉陵江畔，寺建在天然的岩穴上，形如虎口。据寺内碑文记载，该寺创建于唐开元年间，寺内多碑碣及罗汉佛像。据《陕西通志》卷93录《游灵验诗序》，此诗作于熙宁三年（1070）秋，文绅仪时为殿省臣。

鲁百能：鸡山①

鹫岭②何年辟，鸡巢③此地传。松声长似雨，峦气自成烟。

梦散疏钟外，心清古佛前。欲从仙吏隐，结宇共栖禅。

刘景文④：登正洞

鸑鷟山前古洞深，苍崖老木共阴森。游人看取溪中水，只此无尘是道心。

王膺：登王母宫

雾幄云屏迤逦开，霓旌仙仗下瑶台。碧桃留赠成何事⑤，飙驭⑥空中候尔回。

梅询⑦：登王母宫

西母辎軿⑧下碧空，汉皇箫鼓幸回中⑨。青鸾消息沉桑海，目断金鳌第一峰。

---

① 鸡山：鸡山，即鸡峰山，在今甘肃成县大坪乡西北，西南距县城约十五公里。旧题此诗为清人宋琬所作，《甘肃通志》作鲁百能，不知何故。宋琬，字玉叔，清山东莱阳人，顺治四年（1647）进士，历官陕西陇西道，浙江按察使，四川按察使，以诗文著于时。清顺治甲午（1653）冬，琬与友人赵一鹤、欧阳介庵同游鸡山寺，作《宿鸡山寺》三首，此诗即第二首。

② 鹫岭：即灵鹫山，佛说法之地。此处借指鸡山寺。

③ 鸡巢：即指佛教的鸡胤部。释迦牟尼逝世后二百年，鸡胤部从大众部分出，传说其创始人是鸡的后代，故名。

④ 刘景文：1033—1092年，即刘季孙，字景文，宋祥符（今河南开封）人。仁宗嘉祐间，以左班殿直监饶州酒务，摄州学事。宋哲宗元佑中以左藏库副使为两浙兵马都监，因苏轼荐知隰州，仕至文思副使。

⑤ “碧桃”句：典出《博物志》：“西王母七夕降九华殿，以五桃与汉武帝。”

⑥ 飙驭：神驾。

⑦ 梅询：964—1041年，字昌膏，北宋宣州人。梅尧臣从父。端拱二年（989）进士，为利丰监判官。真宗朝，历任三司户部判官、知苏州、湖北转运使、陕西转运使等职。坐荐举朱能，贬怀州团练副使。仁宗即位，以度支员外郎知广德军。累迁翰林侍读学上、知审官院。宝元二年（1039），以足疾出知许州。康定二年（1041）六月，卒于任上。

⑧ 辎軿：辎车和軿车的并称，后泛指有屏蔽的车子。

⑨ 回中：秦宫名。故址在今陕西陇县西北。西汉元封四年（前107）汉武帝自雍县（今陕西凤翔南）经回中道，北出萧关。

明

王越[①]：过韦州[②]

停骖[③]凭眺旧韦州，古往今来恨未休。有酒不浇[④]元昊骨，无诗可吊[⑤]仲淹[⑥]愁。秦川形势通西夏，河朔襟喉控上流[⑦]。借问蠡山[⑧]山下路，几人从此觅封侯。

王琼[⑨]：九日登花马池城[⑩]

白池[⑪]青草古盐州，倚啸高城豁望眸[⑫]。河朔毡庐千里迴，泾原[⑬]旌节来年留。

---

① 王越：字世昌，浚县（今河南浚县）人。明朝中期名将、诗人。明景泰二年（1451）进士。历官至兵部尚书，后因三次出塞收复河套地有功，封咸宁伯。他的诗露流性情，不假雕饰。

② 韦州：地名。在今宁夏同心县东部，汉代属北地郡地，唐灵武郡地时称安乐州和长乐州，北宋咸平年间为西夏地，西夏李元昊改为韦州。

③ 骖：音cān，古代驾在车前两侧的马，此处代指马车。

④ 浇：祭奠，古时有以酒洒地表示祭奠的风俗。

⑤ 吊：对死者的祭奠。

⑥ 仲淹：即范仲淹，曾在陕北、宁夏一带镇守边塞。

⑦ “河朔”句：河朔，黄河以北地区。襟喉二字连用形容地势重要。此二句谓韦州既为通宁夏和陕西的战略要地，又是控制黄河以北的要冲。

⑧ 蠡山：山名。在今同心县韦州西二十余里。

⑨ 王琼：1459—1532年，字德华，号晋溪，别署双溪老人，明山西太原人。历成化、弘治、正德、嘉靖四朝，主持治理漕河，平定朱宸濠叛乱，又加强西北边防。后世将他与于谦、张居正并称为“明代三重臣”。

⑩ 九日登花马池城：嘉靖九年（1530）九月九日重阳节，王琼于花马池奏报兴筑“深沟高垒”，故题“九日登花马池城”。

⑪ 白池：白色的盐池。

⑫ 豁望眸：视野开阔。豁，开阔。眸，眼珠子。

⑬ 泾原：唐方镇名。治所在泾州（今甘肃泾川县北），长期辖有泾、原二州，相当于今甘肃、宁夏六盘山以东，蒲河以西地区。

辕门菊酒[①]生豪兴。雁塞[②]风云[③]惬壮游。诸将只今多卫霍，伫[④]看露布[⑤]上龙楼[⑥]。

张鹏[⑦]：乌稍岭[⑧]

乌稍雨霁乱云飞[⑨]，汉使旌旗绕翠微[⑩]。沙鸟远从关口渡，离人独向古浪归[⑪]。

天边万木依玄〔三七〕洞[⑫]，山上孤城对夕晖。想到酒泉应驻马，无劳西去问支机[⑬]。

王竑[⑭]：凤凰山[⑮]

十年不见凤凰山，今喜承恩得暂还。快睹朝阳丹凤翥[⑯]，争如出岫[⑰]白云闲。

---

① 菊酒：用菊花酿的酒。《西京杂记》："菊花舒时，并采茎叶，杂黍米酿之，至来年九月九日始熟，就饮焉。"故谓之菊花酒。

② 雁塞：关名。唐置，也叫西经关。东西峭峻，中路盘旋崎岖。宋为防契丹重地。元废。明复置，并移今代县西北。为山西三关之一。又名雁门塞。

③ 风云：喻指才气豪迈或行事壮烈。

④ 伫：久立而等待。

⑤ 露布：捷书之别名，诸军破贼，则以帛书建诸竿上，兵部谓之"露布"。

⑥ 龙楼：比喻皇帝所在之处。

⑦ 张鹏：字腾霄，号拙庵，保定涞水人。明代官员。景泰二年（1451）进士。官至兵部尚书，资政大夫加太子少保。

⑧ 乌稍岭：即乌鞘岭，藏语称哈香聂阿，意为和尚岭，又称分水岭、乌沙岭，位于位于祁连山东端的甘肃中部，是东西部的交通要道。

⑨ 霁：雨过天晴。

⑩ 翠微：轻淡青葱的山色，此处指乌稍岭。

⑪ 古浪：即今甘肃古浪县。

⑫ 玄洞：幽深的山洞。

⑬ 支机：即支机石，相传汉武帝命张骞寻河源，张乘槎至天河，见一妇人浣沙，妇人与张一石，张归问成都卜人严君平，严说是织女支机石。

⑭ 王竑：1413—1488年，字公度，号休庵、戆庵，明湖北江夏（今属武汉市）人。生于河州（今甘肃临夏）。

⑮ 凤凰山：山名，在今甘肃省西和县城北部长道镇大柳河畔，为"河州八景"之一。此诗约作于天顺五年（1461）王竑贬谪河州时。

⑯ 丹凤翥：盘旋飞举的凤凰，常比喻美妙的舞姿。翥，音zhù，鸟向上飞。

⑰ 出岫：音chū xiù，出山，从山中出来。

河源来自昆仑境，地势遥连积石关[①]。寄语吾乡钟秀[②]者，好临绝顶共跻攀[③]。

马文升[④]：游崆峒

偶上崆峒万仞山，恍疑身在碧云端。遥看华岳峰三垤[⑤]，俯视秦川弹一丸。

雨后苍龙归石洞，夜深玄[三八]鹤[⑥]下瑶坛[⑦]。何须更问蓬莱岛，此地令人欲挂冠。

靖远怀古

陡绝孤城古会州[⑧]，防边设险几经秋。地连紫塞[⑨]通西夏，势扼黄河控上游

雉堞尚遗前代制，危楼[⑩]想见旧时筹。岩边巩固如盘石，永使羌戎职贡[⑪]修。

秦陇道中

问俗曾来过陇山，西征今复出秦关。雁[三九]声叫日迷寒渚[⑫]，枫树经霜带醉颜。

世路羊肠千里曲，功名蜗角[⑬]几人闲。林间鹦鹉能言语[⑭]，笑我年来两鬓斑[四十]。

---

① 积石关：是明朝设置的河州二十四关第一关，其西端即积石峡。

② 钟秀：聚集灵秀之气。

③ 跻攀：音jī pān，攀登。

④ 马文升：1426—1510年，字负图，别号约斋，又号三峰居士、友松道人，明钧州（今河南禹州市）人。明代重臣、诗人。一生功勋显著，先后辅助代宗、英宗、宪宗、孝宗、武宗五朝，历仕五十六年，后人有“五朝元老马文升”之称，又与王恕、刘大夏合称“弘治三君子”。

⑤ 垤：音dié，丘垤，小土堆。

⑥ 玄鹤：黑鹤，崆峒山有玄鹤洞。

⑦ 瑶坛：用美玉砌成的高台，多指神仙的居处。

⑧ 会州：州名，西魏末宇文泰置，辖境约当今甘肃会宁县地。

⑨ 紫塞：长城，北方边塞。

⑩ 危楼：高楼。

⑪ 职贡：藩属或外国对于朝廷按时的贡纳。

⑫ 寒渚：寒冷天水中的小块陆地。

⑬ 蜗角：典出《庄子·杂篇·则阳》，传说有建立在蜗牛角上的国家，右角上的叫蛮氏，左角上的叫触氏，双方常为争地而战，伏尸数万。后以“蜗角”比喻微小之地。

⑭ 鹦鹉能言语：典出岑参《赴北庭度陇思家》：“陇山鹦鹉能言语”句。

杨一清：边城诗[①]

漠漠[②]穷边[③]路，迢迢一骑尘[④]，四时长见雪，五月未知春。

宵旰[⑤]求贤意，驰驱[⑥]报主身。逢时今老大，羞作素飧人[⑦]。

过河州

四面峰峦锁翠帷[⑧]，万家花柳及春栽。缆横河岸桴为渡[⑨]，磨引溪流水自推[⑩]。

汉将屯田闲虎帐[⑪]，羌儿[⑫]交市[⑬]献龙媒[⑭]。便宜[⑮]有疏[⑯]凭谁上，圣代边功久不开。

《固原鼓楼》三首

西阁风高鼓角雄，南来形胜倚崆峒。青围睥睨[⑰]诸山绕，绿引潺湲一水通。

---

① 边城诗：此诗作于甘州，表现了作者老当益壮的进取精神。

② 漠漠：寂寞无声。

③ 穷边：荒远的边境。

④ 一骑尘：匹马践起的尘土。

⑤ 宵旰：即宵衣旰食，指天未亮就穿衣起身，天黑才吃饭，常用来比喻勤于政事。

⑥ 驱驰：策马疾驰，此处比喻奔走效力。

⑦ “逢时”句：谓自己不甘老大，耻于无为。素飧，典出《诗·伐檀》：“不素餐兮”，不劳而食，此处指无功食禄。

⑧ 翠帷：青翠的山色如同帷幕。

⑨ “缆横”句：意为把缆绳横架在黄河上，搭成浮桥，就可渡河。据《河州志》记载，在河州城东北五十里的剌麻川莲花寨，宋代建筑安乡关，夹河立堡，以护浮梁，称为黄河下渡。明嘉靖年间废止，但仍设千户一员把守。此句描写的可能就是这座浮桥。

⑩ “磨引”句：意为引来溪流，利用水力，推动水轮，可以使石磨转动。

⑪ “汉将”句：指西汉名将赵充国在青海（今青海民和县一带）屯田事。虎帐，勇武将领的军帐，此指赵充国的军帐。

⑫ 羌儿：羌人，此指吐蕃。

⑬ 交市：互市，两个民族之间的贸易。

⑭ 龙媒：骏马，明朝在河州积石关附近，设茶马司，为汉、藏互市茶马之处。此句写的就是藏族在此卖马的情形。

⑮ 便宜：便君益民。

⑯ 疏：臣下给皇帝的奏章，赵充国在青海屯田时，曾向汉宣帝上便宜十二策，言及屯田的意义。此句缘充国事而发，表现了作者当时的心情。

⑰ 睥睨：城墙上的小墙。

击壤[①]有歌农事足，折冲多暇塞尘空。登楼不尽筹边意，渺渺龙沙一望中〔四一〕。

设险真成虎豹关，层楼百尺枕高寒。重城列戍[②]通三镇，万堞缘云俯六盘[③]。
弦〔四二〕诵[④]早闻周礼乐，羌胡今着汉衣冠。分符授钺知多少，谁有勋名后代看。

千里关河入望微，四山烟雨翠成围。蒹葭浅水孤鸿尽，苜蓿秋风万马肥。
圣主不教勤远略[⑤]，书生敢谓识戎机[⑥]。狂胡已撤穹庐遯[⑦]，体国初心[⑧]幸不违。

李梦阳：从军诗

久处行伍间，渐知苦乐情。能蟠丈八枪[⑨]，徒御[⑩]不我轻[⑪]。
府帖[⑫]昨夜下，烧荒[⑬]有我名。秣马待天曙[⑭]，肃肃寒霜零。
左鞬[⑮]插雕羽，雄剑[⑯]跃且鸣。日高渡黄河，东过受降城。

---

① 击壤：即击壤歌，是一首淳朴的民谣。据《帝王世纪》记载："帝尧之世，天下大和，百姓无事。有八九十老人，击壤而歌。"

② 列戍：防守边塞。

③ 六盘：即六盘山。

④ 弦诵：弦歌和诵读，泛指授业、诵读之事。

⑤ 远略：经略远方。

⑥ 戎机：战争，军事机宜。

⑦ 遯：通"遁"，逃。

⑧ 体国初心：治理国家，体念国家的初衷。

⑨ 丈八枪：即马矟，一种马上所持的长矛。

⑩ 徒御：挽车、御马之人。

⑪ 不我轻：此处为倒装，即我不轻。

⑫ 府帖：即军帖，唐代实行府兵制，故称军帖为府帖，后世因之。

⑬ 烧荒：古代防范骑兵的一种措施，秋日纵火焚烧野草，使入侵骑兵缺乏水草，无从取得给养。此处泛指御敌。

⑭ 天曙：天亮。

⑮ 鞬：音 jiān，马上盛弓箭的器具。

⑯ 雄剑：春秋吴国干将所铸二剑之一，此处泛指宝剑。

生系五单于[①]，归来献天庭。

送仲副使赴陕西[②]

骢马[③]白玉鞍，长鸣下云端。今朝发汴水[④]，何日到长安。

孝王台[⑤]前雪如山，垂杨扫地春风还。使君不带冰霜色，却带春风入汉关。

相思明月楼，西望古秦州。河南咫尺不可见，何况千山万水头。

西望秦州是我乡，陇树秦云空断肠。褰帷仗钺[⑥]经行地，欲寄双鱼[⑦]到庆阳。

秋怀

庆阳亦是先王地，城对东山不窋坟[⑧]。白豹寨头惟皎月，野狐川北尽黄云。

天清障塞[⑨]收禾黍，日落溪山[⑩]散马群[⑪]。回首可怜鼙鼓[⑫]急，几时重起郭将军[⑬]。

---

① 五单于：典出《汉书·匈奴传下》，西汉后期，匈奴势弱内乱，分立为呼韩邪单于、屠耆单于、呼揭单于、车犁单于、乌藉单于五个单于，五单于互相争斗，后为呼韩邪单于所并。此处泛指匈奴各部首领。

② 送仲副使赴陕西：李梦阳革职赋闲，家居开封，以诗酒射猎自娱。武宗正德十三年（1518），好友何景明（字仲默）升陕西提学副使，自京域城赴陕西上任，过开封，梦阳设宴饯行，为此诗以赠。

③ 骢马：亦作“騘马”，青白色相杂的马。

④ 汴水：即河南开封城北的汴河。

⑤ 孝王台：即吹台，传为存秋时师旷吹乐之台。汉梁孝王增筑，称明台，后人亦名孝王台。后有繁姓居台之则，亦名繁台，地址在今开封小禹王台公园。

⑥ 褰帷仗钺：叠起帷仗，拿起兵器。此处指明孝宗弘治十六年（1503）奉命搞军巡边，路过故土庆阳之事。

⑦ 双鱼：典出《古乐府》：“客从远方来，遗我双鲤鱼。呼儿烹鲤鱼，中有尺素书。”后以“双鱼”或“双鲤”代指书信。此句言思乡之情，欲托友寄书故乡。

⑧ 不窋坟：后稷之子不窋的陵墓，故址在庆阳东南三里。

⑨ 障塞：长城。

⑩ 溪山：山谷。

⑪ 散马群：散开马群放牧。

⑫ 鼙鼓：军中乐器，此处借指军情。

⑬ 郭将军：指郭子仪。

宁州狄梁公庙[①]

狄相昔为州刺史，于今伏腊[②]土人[③]思。向来伊水[④]瞻遗墓，此处宁江拜古祠。
鹦鹉梦[⑤]中天地转[⑥]，太行山上旆旌迟[⑦]。稔知[⑧]忠孝平生事，更读希文[⑨]万古碑[⑩]。

韩范祠

范公人物方三代，韩相[⑪]元勋定两朝。延庆曾连唐节度，平生不数汉嫖姚。
一封攻守安边策[⑫]，千岁威名破胆谣[⑬]。郡府城南双庙貌，异时追慕此情遥。

---

① 宁州狄梁公庙：此诗为李梦阳在庆阳时，拜谒后人为狄仁杰在宁州（今庆阳宁县）所修庙，看到范仲淹为狄仁杰撰写的碑文，有感而作。

② 伏腊：亦作“伏臈”，伏祭和腊祭之日，泛指节日。

③ 土人：当地人。

④ 伊水：洛阳的伊河，此处代指洛阳，狄仁杰的坟墓在洛阳市白马寺大门前，故称。

⑤ 鹦鹉梦：范仲淹《宁州狄梁公庙记》载：“则天有疾，公（狄仁杰）入问阁中。则天曰：‘我梦鹦鹉双翅折者何？’对曰：‘武者，陛下之姓。相王、庐陵王，则陛下之羽翼也，是可折乎？’”由此，狄仁杰动之以情，晓之以理，劝武则天恢复了庐陵王的太子职位，挫败了武三思夺嫡的阴谋，为以后恢复李唐的江山社稷打下了基础。

⑥ 天地转：指朝代的更替，由武周变成了李唐。

⑦ “太行”句：范仲淹《宁州狄梁公庙记》记载，狄仁杰初任并州（即今太原）法曹，“过太行山，反瞻河阳，见白云孤飞，曰：‘吾亲在其下。’久而不能去，左右为之感动。”诗中举此例为表现狄仁杰怀念双亲的孝心。旆旌迟，旆旌指狄仁杰一行人的行在，意指狄仁杰望着父母亲所在的地方，迟迟不能启步。

⑧ 稔知：熟知。

⑨ 希文：范仲淹，字希文，故称。

⑩ 万古碑：指范仲淹所作的《宁州狄梁公庙记》。

⑪ 韩公：即韩琦（1008—1075），字稚圭，自号赣叟，相州安阳（今河南安阳）人。北宋宰相、词人。

⑫ 安边策：指范仲淹在庆阳时任安抚经略招讨使，曾先后向朝廷上《攻守议》和《再议攻守》。

⑬ 破胆谣：指北宋边地流传“军中有一韩，西贼闻之心胆寒；军中有一范，西贼闻之尽丧胆”的歌谣。

夏城漫兴[①]

行尽沙陲[②]又见河，贺兰西望碧嵯峨[③]。名存异代唐渠[④]古，云锁空山夏寺多[⑤]。

万里君恩劳馈饷[⑥]，三边[⑦]封事[⑧]重干戈。朔方今难汾阳老[⑨]，谁向军门[⑩]奏凯歌。

唐龙[⑪]：红石峡歌[⑫]

黄河十月风猎猎，天光黯淡水声咽。蛟鼍挛拳[⑬]缩如猬，波涛震荡涌为雪。

牛心山前百草腓[⑭]，羊圈津口冰山结。胡人十万声雄虓[⑮]，赤睛黄须[⑯]呼天骄。

① 夏城漫兴：此诗当为明孝宗弘治十六年（1503），李梦阳赴宁更搞军巡边经宁夏镇时所作。

② 沙陲：沙漠边沿地带。

③ 嵯峨：山势高峻貌。

④ 唐渠：即宁夏唐徕渠，又名唐梁渠，俗称唐渠。始修于汉代，后因唐代扩建延长，并招徕民户垦种，故名唐徕渠。

⑤ 空山夏寺多：空山，此指贺兰山。西夏历代君王都笃信佛教，把佛教作为国教并广建寺院，其中在贺兰山建有不少寺庙。

⑥ 馈饷：送军粮。

⑦ 三边：明代防边，分为九区，称为九边，各设重兵镇守。正统以后，因河套一带蒙古部族时由偏关（在今山西西北）渡河，以掠晋疆，特设重臣提督于榆林、宁夏、甘肃三镇，称为三边。

⑧ 封事：密封的奏章。

⑨ 汾阳老：即郭子仪，为汾阳人，故称。此处用郭子仪借指当时镇守宁夏的军队统帅。

⑩ 军门：明代命文臣总督军务或提督军务，称为军门。

⑪ 唐龙：1477—1546年，字虞佐，号渔石，兰溪县人。明代官员、文学家。正德三年（1508）进士。历任郯城知县、陕西提学副使、山西按察使、太仆寺卿、左副都御史、吏部侍郎、兵部尚书、刑部尚书、吏部尚书等职，官声卓著。所著有《易经大旨》《群忠录》《黔南集》《江右集》《关中集》《晋阳集》及《淮阳集》等。

⑫ 红石峡：又名雄石峡，位于陕西省榆林市北，峡谷东西对峙，峭拔雄伟，在明代曾是边城之天堑，一度是前沿哨所，塞外将士于此屯兵，御敌守疆。此诗为唐龙在三边总制任上所作。

⑬ 挛拳：蜷曲如拳不能伸。

⑭ 腓：草木枯萎。

⑮ 虓：音 xiāo，虎啸。

⑯ 赤睛黄须：指某些少数民族的长相外貌。

竿头直指武花月，革帐[①]斜卷狼山[②]飙[③]。踏冰渡河如走坂[④]，须臾千里腾腥臊。

黄沙荧荧猎火发，皂雕[⑤]矫矫阵云歊[⑥]。千骑万骑驰且突，长兵短兵相摩击。

口吹牛角生捉军，头插鹖毛死攻壁。将军忙解黄金印，半夜开门传羽檄[⑦]。

老幼抽身匿草间，壮丁守埤[⑧]无颜色[⑨]。奏书朝达明光宫，天子特命司马龙[⑩]。

提兵早向玉塞[⑪]中，震慑沙漠斯尔功[⑫]。微臣敢不奋孤忠，彭彭[⑬]十乘[⑭]当元戎。

分合叠〔四三〕张貔虎[⑮]阵，出入不避豺狼锋。健儿鼓行一当百，猛将横槊[⑯]气如虹。

再接再厉敌胆落，屡战屡克边尘空。红石峡对骆驼峰，朱岩丹嶂凌苍穹。

云屯密结细柳营[⑰]。日出高挂扶桑弓[⑱]。中侍矍铄[⑲]冠峨貂[⑳]，中丞[㉑]慷慨车蟠熊[㉒]。

---

① 革帐：用毡革制成的帐篷。

② 狼山：山名，在内蒙古中部，属阴山山脉西段。

③ 飙：疾风，暴风。

④ 坂：同“阪”，山坡，斜坡。

⑤ 皂雕：黑色的大雕。

⑥ 歊：音 xiāo，气上升貌。

⑦ 羽檄：古代军事文书，插鸟羽以示紧急，必须迅速传递。

⑧ 守埤：防守城上矮墙。

⑨ 无颜色：指天色暗淡。

⑩ 龙：比喻为有才能的豪杰之士。

⑪ 玉塞：本指玉门关，此泛指关塞。

⑫ 斯尔功：这是你的功劳。

⑬ 彭彭：强壮有力貌。

⑭ 十乘：典出《诗·小雅·六月》：“元戎十乘。”古时一车四马为一乘。

⑮ 貔虎：貔和虎，亦泛指猛兽，比喻勇猛的将士。

⑯ 槊：古代兵器，即长矛。

⑰ 细柳营：汉文帝年间匈奴入犯，汉文帝命周亚夫驻扎在细柳（今咸阳市西南），此处代指明军屯兵之地。

⑱ 扶桑弓：用扶桑木做的弓。扶桑，神话中的树木名。

⑲ 矍铄：形容老人目光炯炯，精神健旺。

⑳ 冠峨貂：戴着高高的貂皮帽子。

㉑ 中丞：御史中丞的简称，明清时用作巡抚的别称。明朝都察院副都御史职位相当于御史中丞，常用作巡抚的加衔，故有此称。

㉒ 车蟠熊：战车像熊一样蟠踞。

佛阁神坛列虎帐，从来樽俎能折冲[①]。玉关嵠岝[②]天险设。雪澜澎湃军声洪。
塞草青青六马秣[③]，耕牛渴饮长城窟。禾黍万顷连秋云，边头三月狼烟灭。
直欲上取一丸泥[④]，应弦[⑤]〔四四〕落闭阴山穴。单于大旆不敢东，年年沙场息战伐。

刘宪[⑥]：过摩云岭[⑦]

九月秋初到，千山雪已深。石危妨去马，林晚怯栖禽。
草没平沙[⑧]黯，云涵邃谷阴。谁言边塞苦，今日属登临。

和政驿[⑨]

行行和政驿，下马夕阳初。官路依山转，人家傍水居。
地寒幽草短，风细落花疏。试问西番事，于今正晏如[⑩]。

薛瑄[⑪]：送陈御史出镇关中

九重[⑫]深念及西人，出镇还须老大臣。宪节[⑬]入关随爽气，玺书行部[⑭]布阳春。
山连玉井晴飞雨，地接金城迥绝尘。经济[⑮]本为儒者事，功成还拟画麒麟。

---

① 樽俎能折冲：指不用武力而在酒宴谈判中制敌取胜。樽俎，古代盛酒肉的器皿，樽以盛酒，俎以盛肉，后来常用做宴席的代称。折冲，打退敌人的战车，指抵御敌人。

② 嵠岝：音é zuò，山势高峻不齐貌。

③ 六马秣：六马，指种马、戎马、齐马、道马、田马、驽马，泛指各种马，此谓驾车之马众多。秣，牲口的草料。

④ 一丸泥：典出《东观汉记·隗嚣载记》："元（王元）请以一丸泥为大王东封函谷关，此万世一时也。"谓函谷关地势险要，易于防守。后用于比喻以极少的力量，可以防守险要的关隘。

⑤ 应弦：原指应合琴音，此指扣弦射箭，指军事行动。

⑥ 刘宪：字廷试，益阳人。明朝成化间进士。曾任都御史，巡抚宁夏，后因忤刘瑾，卒于狱。

⑦ 摩云岭：位于兰州市七里河区与临洮交界处，南通临洮、临夏、甘南、岷县，北达靖远、宁夏，西通河西走廊。明代在摩云岭依山险设"巡检司"，立关卡稽查来往行旅。

⑧ 平沙：广阔的沙原。

⑨ 和政驿：驿名。在今岷县之东北。

⑩ 晏如：安然。

⑪ 薛瑄：1389—1464，字德温，号敬轩。明河津（今山西省运城市万荣县）人。思想家、理学家、文学家。河东学派的创始人，世称"薛河东"。

⑫ 九重：朝廷。

⑬ 宪节：廉访使、巡按等风宪官所持的符节。

⑭ 行部：巡行所视察的地方。

⑮ 经济：经世济民。

杨继盛[①]：游卧龙山寺[②]

出门已觉精神爽，况复阳回宇宙清[③]。野树含烟迷寺迴，晴山披雪倚云明。

杨守礼[④]：夏城巡边晓发[⑤]

寂寞边城道，春深不见花。山头堆白雪，风里卷黄沙。

计拙心惟赤[⑥]，愁长鬓已华。晋云连塞草[⑦]，回首各天涯。

抵靖远

黄沙扑面急，烽火觉心摧[⑧]。万马冲云入，孤臣待月来。

远纾明主虑，还仗济时[⑨]才。碌碌惭无补，壮心未许灰。

---

① 杨继盛：1516—1555年，字仲芳，号椒山，明直隶容城（今河北容城县北河照村）人。嘉靖二十六年（1547）进士。历任南京吏部主事、官兵部员外郎、诸城知县、南京户部主事、刑部员外郎、兵部武选司员外郎等职。嘉靖三十二年（1553），因上疏力劾严嵩“五奸十大罪”，遭诬陷下狱，两年后在狱中遇害。明穆宗时，追赠太常少卿，谥号“忠愍”，世称“杨忠愍”。有《杨忠愍文集》。

② 卧龙山寺：位于甘肃定西市临洮县洮河西岸的小洼山上，兴建于晚唐，称“西岩卧龙”，为古“洮阳八景”之一。此诗为杨继盛被贬狄道时，会同门生游卧龙寺所作。

③ 阳回：冬至的别称，冬至节阴气尽而阳气始回，故称。

④ 杨守礼：？—1555年，字秉节，明山西蒲州（今山西永济县蒲州镇）人。正德六年（1511）进士。历任湖广签事、叙州通判、右副都御史巡抚四川、河南参政等职。嘉靖十八年（1539）秋任宁夏巡抚，次年冬，以功升右都御史总督陕西三边军务。在任期间，加固边墙，增筑关堡，调整驻防，屡胜入犯的俺答、阿不孩和吉囊等部，以战功先后加兵部尚书和太子少保。

⑤ 夏城巡边晓发：夏城，今宁夏银川，一说夏城为大夏城，在河州（今甘肃省临夏市）东南。杨守礼在宁夏任巡抚仅一年，但能锐意经略，尽心边务，在明代历任宁夏巡抚中，他是一位受到宁夏地方父老高度赞扬的官员。此诗当作于宁夏巡抚任上。

⑥ 计拙：计谋短少，形容自己年事渐高，思维迟缓。

⑦ 晋云：低云。晋，低俯。

⑧ 心摧：极度伤心。

⑨ 济时：济世、救时。

入平虏城[①]

黄风吹远塞，暝色[②]入荒城。门掩钟初度[③]，人喧鸡乱鸣。

胡笳如在耳，军饷倍关情。惆怅浑无寐，隔帘山月明。

宿平羌堡[④]

驻节平羌堡，残霞入照多。寒烟浮土屋，衰草藉山阿[⑤]。

立马传新令，张灯奏凯歌。明朝应出塞，鼙鼓万声和。

大涝池[⑥]

大涝池边十数家，土墙茅屋傍黄沙。开樽[⑦]遣兴分春色，击节[⑧]吟诗对月华。

夷夏有天皆雨露，郊原何日足桑麻。筹边许国心犹壮，回首长安[⑨]入望赊[⑩]。

石茂华[⑪]：驻节干盐池[⑫]

道路何倾侧[⑬]，仆夫苦难驰。山尽利平旷，遥见古盐池。

---

① 平虏城：即今宁夏平罗县，明弘治六年（1493）筑平虏城（因当时平定游牧于河套地区的鞑靼、瓦剌等游牧部落，故名）。嘉靖三十年（1551）置平虏守御千户所，隶陕西都司。

② 暝色：夜色。

③ 度：越过，此处形容钟声越过小城的上空。

④ 平羌堡：即平吉堡，明代宁夏右屯卫所领18屯堡之一，以平定羌族入寇之义得名，在今宁夏银川市西南四十里。

⑤ 山阿：小山。

⑥ 大涝池：涝池是挖在路边、村头的一种蓄水塘，供附近之民以及城内官商营兵饮食之需。此诗所写的大涝池，当在固原地区。

⑦ 开樽：亦作“开尊”，举杯饮酒。

⑧ 击节：打拍子。

⑨ 长安：此处以长安借指明京城北京。

⑩ 赊：音shē，长，远。

⑪ 石茂华：1521—1583年，字君采，号毅庵，明益都（今山东青州）人。嘉靖二十三年（1544）进士，历浚县知县、扬州知府、山西按察副使、河南副使、陕西参政、按察使等职。隆庆元年（1567）升都察院右佥都御史，巡抚甘肃、山西。万历元年（1573）升都察院右都御史，总督陕西三边军务，后升任兵部尚书，掌南京都察院事。万历十一年（1583）在巡察陕西、甘肃地区时，正值大饥荒，他奏准朝廷，蠲免徭赋，开仓救灾，因操劳成疾，呕血身亡。赠太子少保，谥“恭襄”。

⑫ 干盐池：淤积干涸的盐池。

⑬ 倾侧：亦作“倾仄”，偏斜，倾斜。

中途积行潦[①]，南风胡[②]不吹？高台存旧址，短墙委水涯[③]。

经营自何代，云是宋人遗。成毁恒相共[④]，达者[⑤]能解题。

踌躇策马去，原上草离离[⑥]。

防秋过八营牧儿苑[⑦]

万骑如云野径微，惊鸿遥过塞垣[⑧]飞。那堪朔气[⑨]侵征幰[⑩]，更际[⑪]秋风上客衣[⑫]。

牧马苑中思騄耳[⑬]，峡城[⑭]门外敞牙旗[⑮]。壮心直逐伊吾[⑯]北，驻节邮亭[⑰]对晚晖。

---

① 行潦：路沟里的积水。

② 胡：何。

③ 水涯：当作"水涘"，即水边。

④ 恒相共：常相通，意指互相转化。

⑤ 达者：达人，通达之人。

⑥ 离离：盛多浓密貌。

⑦ 八营牧儿苑：在今固原市原州区七营镇境内，明代固原草场大都被划为藩王的牧地和陕西苑马寺所辖的各监、苑的军屯牧地，固原开城苑下辖八营。

⑧ 塞垣：长城，借指边境地带。

⑨ 朔气：北方的寒气。

⑩ 征幰：犹征盖。指远行之车。幰，音 xiǎn，车上的帷幔。

⑪ 更际：再加上遭遇。

⑫ 客衣：客行者的衣着。

⑬ 騄耳：亦作"騄駬"，良马名，传说为周穆王八骏之一。

⑭ 峡城：两山间的溪谷。

⑮ 牙旗：古称官署为牙，称所居之城为牙城，所居之屋为牙宅，称朝见主帅为牙参、所亲之将为牙将、卫队为牙队，而亲兵则称牙兵，称所树之旗为牙旗。

⑯ 伊吾：古地名。汉伊吾卢地，东汉置宜禾都尉，隋大业六年置伊吾郡，治所在今新疆哈密县，亦泛指边疆。

⑰ 邮亭：驿馆，递送文书投止之所。

复登长城关

拥传[①]提兵两岁过，朔城[②]戎幕[③]动鸣珂[④]。茫茫大野飞鸿[⑤]度，漠漠平沙晚照多。万古塞愁沉戍垒，千年征怨付烟萝。而今已报欃枪[⑥]扫，饮马遥看瀚海[⑦]波。

陈讲[⑧]：登卦台诗[⑨]

落日登平台，周道[⑩]循荆棘。抠衣入玄〔四五〕宫[⑪]，百拜心翼翼。

不见卦爻文，但见莓苔[⑫]色。南山揖其前，渭水环其北。

突出复纡回，龙为羲皇翊。立极[⑬]俯九寰[⑭]，群圣仰遗则。

古庙已尘土，新垣犹稼穑。殿阁瓦零乱，轩墀[⑮]石倾仄。

想象天弥高，瞻依[⑯]日未昃[⑰]。斯文付草莱，迟回空太息[⑱]。

---

① 拥传：出使，因使用驿站的车马，故云。传，音 zhuàn，驿站或驿站的车马。

② 朔城：北方的城池。

③ 戎幕：军府，幕府。

④ 鸣珂：显贵者所乘的马以玉为饰，行则作响，谓之鸣珂。

⑤ 飞鸿：大雁。

⑥ 欃枪：欃，音 chán，彗星的别名，亦作“搀枪”。古代以这种星为妖星，出现即有兵乱。

⑦ 瀚海：大漠。

⑧ 陈讲：字子学，号中川，明四川遂宁人。正德十六年（1537）进士，历任巡察甘肃御史、山东按察使、河南布政使、山西巡抚，著有《中川集》《如鸟集》。

⑨ 登卦台诗：此诗描写的是天水卦台山伏羲庙。

⑩ 周道：遍于道路。

⑪ 玄宫：道观。

⑫ 莓苔：青苔。

⑬ 立极：树立最高准则。

⑭ 九寰：九州大地，全天下。

⑮ 轩墀：音 xuān chí，殿堂前的台阶。

⑯ 瞻依：zhān yī，瞻仰依恃。

⑰ 昃：音 zè，太阳偏西。

⑱ 太息：叹息。

谒太昊宫

大块[①]倾西北，土厚水复深。岷嶓[②]何峻极，河汉[③]亦浑沦[④]。
昆仑跨鸟鼠，支委犹未繁。羲皇毓[⑤]成纪，观察开乾坤。
周公衍其流，文王敷其源。乃知卦爻理，斯文今古存。

伍福[⑥]：过铁山[⑦]诗

晓发河池郡，日薄风色寒。霜干马蹄疾，步步跻层峦。
崎岖绕涧谷，鸟道[⑧]多折盘。危桥架悬崖，深沟泻飞湍。
登眺六十里，巇崄[⑨]千万般。行行至绝顶，积雪骇奇观。
铁山古所称，壁立出云端。仰接霄汉近，俯视舆图[⑩]宽。
屏障扼剑阁，形胜[⑪]壮秦关。众山在其下，势绝邈可攀。
伊昔[⑫]宋良将，义烈[⑬]何桓桓[⑭]。衄[⑮]贼曾藉此，旧垒榛莽[⑯]间。
善战贵得地，孰谓兵法难。经过感遗迹，拊膺每长叹。

---

① 大块：大自然，大地。

② 岷嶓：岷山与嶓冢山的并称。

③ 河汉：银河。

④ 浑沦：浑沌不清。

⑤ 毓：生育，养育。

⑥ 伍福：字天锡，江西抚州人。明代诗人。正统九年（1444）举人。授陕西咸宁（今属西安市）县学教谕。不久升济南府学教授。天顺年间升陕西按察佥事，再升副使，奉旨提督学政。

⑦ 铁山：又名巾子山、泥公山，因山色如铁俗称铁山，位于甘肃省徽县东南，为青泥山脉最高峰，地处古代古蜀道要津。

⑧ 鸟道：只有鸟才能飞越的路，比喻狭窄陡峻的山间小道。

⑨ 巇崄：音 xī xiǎn，艰险、险恶。

⑩ 舆图：地图，借指疆域。

⑪ 形胜：地势险要。

⑫ 伊昔：从前。

⑬ 义烈：忠义节烈。

⑭ 桓桓：威武貌。

⑮ 衄：音 nǜ，同“衂”。出血，借指挫伤、挫败。

⑯ 榛莽：丛杂的草木。

挥毫挹[1]灵秀，题诗刻孱颜[2]。

胡缵宗：入塞诗[3]

拥骑捣祁连，叩马勒燕然[4]。六军齐奏凯，野中[5]纷割鲜[6]。

今日汉宫花，昨夕羌地雪[7]。赐酒洒征袍，回看战时血。

出塞诗[8]

带剑侍吾皇，弹冠[9]入建章[10]。酒泉[11]奏烽火[12]，简命[13]下河湟[14]。

策马塞门高，扬鞭塞门远。薄伐[15]破居延，穷追收大宛。

入东川

鸠杖[16]入东川，鸾迎小有天[17]。梧桐三径[18]月，杨柳一溪烟。

---

① 挹：音yì，引，牵引。

② 孱颜：高峻的山岭。

③ 入塞诗：明朝自弘治八年（1495）开始的西北边防战争，延续三十余年之久，直至嘉靖八年（1529），吐鲁番势力渐衰，边防始告稍安。此诗即歌颂了荣立边功的明朝将领。

④ “拥骑”二句：借东汉窦宪北击匈奴事来颂扬明朝卓立边功的将领。

⑤ 野中：原野上。

⑥ 割鲜：割杀畜兽，即享用美味。

⑦ “今日”二句：昨晚尚在羌地雪天中战斗，今日竟能在宫中看到百花争艳，谓苦尽甘来。

⑧ 出塞诗：此诗当为唐代诗人钱起所作。《甘肃通志》误列于此。钱起（722—780），字仲文，唐吴兴（今浙江吴兴）人，天宝进士，曾任兰田尉（陕西兰田县），考工郎中，翰林学士，大历十才子之一，有《钱考功集》。

⑨ 弹冠：掸去帽子上的灰尘，比喻当官或升官。

⑩ 建章：汉宫名。这里借指唐朝的皇宫。

⑪ 酒泉：唐时置肃州，大历元年（766）陷于吐蕃。

⑫ 奏烽火：举起烽火，报告敌情。

⑬ 简命：用简书下达命令。

⑭ 河湟：黄河上游及湟水一带，唐时指甘肃、青海。

⑮ 薄伐：征伐。典出《诗·小雅·出车》：“赫赫南仲，薄伐西戎。”

⑯ 鸠杖：老人所用手杖，杖头刻有鸠形，故称。

⑰ 小有天：道家所称山洞名，为“小有清虚之天”之省，洞在山西阳城县西南，人称王屋山洞，诗中指东川所见山洞。

⑱ 三径：西汉末，兖州刺史蒋诩告病辞官，隐居乡里，院中辟三径，唯与隐者求仲、羊仲来往，后以三径喻隐者所居。

呼鹤崆峒外，餐霞[1]鸟鼠边。奚囊[2]投五色[3]，初咏白云篇[4]。

毛伯温[5]：将入宁州

群山如列戟[6]，忽尔见孤城。冰解春流细，云开夕照明。

飞尘迷宿莽[7]，过鸟拂行旌。百里浑忘倦，微吟兴转清。

宋贤[8]：瞻少陵祠[9]

九日成州道，千年杜甫祠。松留云覆屋，菊带雨垂篱。

秋老归鸿急，山回去马迟。能无荐苹藻，吟眺有余思。

孟霦[10]：宁夏吟

贺兰山连北海[11]头，河水西来出塞流。边城尽是披甲士，满眼旌旗拂戍楼。

健卒登高望胡骑，将军倚马防燧燧。角声入耳暮云愁，杀气凌空飞鸟避。

秦皇逐虏[12]至今谈，挥剑曾将虎穴探。当时拓地称荒远，今望长城更在南。

边楼

关楼大风号古木，楼外连天荒草绿。降虏时骑白马来，胡营只在黄河曲。

---

① 餐霞：以霞为餐，为道家修炼之术，其术为清晨对着朝霞作深呼吸。

② 奚囊：典出李贺故事，贺每出游，命奚僮负诗囊随后，故称。

③ 五色：五色笔的简称，典出江淹故事，相传江淹梦中得五色笔，诗作日佳，此处借指诗歌佳作。

④ 白云篇：元代诗人许谦终身不仕，家居四十年，号白云山人，命其集为《白云集》。“初咏白云篇”，以示从此不复出仕。

⑤ 毛伯温：1482—1545年，字汝厉，号东塘，明江西吉水人。武宗正德三年（1508）进士。历官绍兴府推官、监察御史、福建、河南巡按。明世宗嘉靖初任大理寺丞、右佥部御史，宁夏巡抚。后官至工部、兵部尚书，平安南有功。有《毛襄懋集》十八卷、《东塘诗集》十卷、《平南录》等著作。

⑥ 列戟：宫庙、官府及显贵之府第陈戟于门前，以为仪仗。

⑦ 宿莽：野草。

⑧ 宋贤：字及甫，号定宇，今上海市奉贤县人。明嘉靖二十三年（1544）进士，曾任浙江新昌县知县、广西道监察御史，并曾出按四川、甘肃等地。

⑨ 少陵祠：又称杜公祠，修筑于甘肃成县东南凤凰山麓、青泥河两岸的纪念杜甫的祠堂。

⑩ 孟霦：山西泽州人，嘉靖十七年（1538）任宁夏督储河西道。

⑪ 北海：古时指北方最远的地方。也指今俄罗斯的贝加尔湖。

⑫ 秦皇逐虏：指秦始皇派大将蒙恬率领三十万大军北击匈奴，收复“河南地”之事。

百战沙场鸟不飞，朔云羌笛晚凄微。长城戍卒鸣刁斗，夜夜清霜上铁衣[①]。

杨汝业：浑瑊庙次高适韵[②]

浑邪部曲素称强，有唐再造忠武王。祠宇森森生青野，英风凛凛千载下。

林响疑是宝刀鸣，岩啸犹如嘶战马。娟娟新月肖弯弧，想象扬鞭赴帝都。

立意从知超卫霍，勒勋[③]故不让孙吴。翠华[④]西幸散缇骑[⑤]，奉天赖有将军至。

师出每听刁斗声，凯奏常闻朱鹭鸣。铁勒三千皆壮士，蛇矛丈八敢横行。

迄今血食[⑥]丰于后，异代仰之若山斗。阶下清泉万古鸣，门前蓊郁[⑦]数株柳。

绕朝赠策[⑧]今伊谁，游人共说鹰扬[⑨]时。我固醉狂无赖客，婆娑浪和达夫[⑩]诗。

丁晋[⑪]：庄浪诗

金城天险控边关，有客凭高落照[⑫]间。粉堞鸦啼风满树，碧潭鱼跃水平滩。

---

① 铁衣：铁甲，铠甲。

② 浑瑊庙次高适韵：浑瑊（736—800），唐朝名将，本名进，皋兰州（今宁夏青铜峡南）人。铁勒族浑部。曾任中郎将、左厢兵马使、大都护、节度使、左金吾卫大将军等职，善骑射，屡立战功，以忠勇著称。高适韵，即高适《送浑将军出塞》诗。

③ 勒勋：记载功勋。

④ 翠华：天子仪仗中以翠羽为饰的旗帜或车盖等，代指帝王。

⑤ 缇骑：穿红色军服的骑士，泛称贵官的随从卫队。

⑥ 血食：受享祭祀供奉。

⑦ 蓊郁：草木茂盛貌。

⑧ 绕朝赠策：典出《左传·文公十三年》，春秋时晋国士会（随会）因事逃亡到秦国，晋国怕秦国任用士会，派魏寿余伪装逃亡至秦，在朝中遇见士会时，偷偷踩他的脚，暗示士会归晋。寿余请秦伯派晋人随他去魏，于是秦伯派遣了士会。在士会临行时，秦大夫绕朝赠给他马鞭，并对他说："你不要以为秦无人看出你们的计谋，只不过我的意见没被采纳而已。"后以此典形容有先见之明的谋划，也形容临别友人赠行。

⑨ 鹰扬：威武貌。典出《诗·大雅·大明》："维师尚父，时维鹰扬。"

⑩ 达夫：见识高超的人，此处指高适。

⑪ 丁晋：字仲敏，一字希敏，明昆山人。洪武元年（1368）谪戍甘肃庄浪卫，永乐元年（1403）选为肃王府仪卫司校尉。与沈绎、陆禧等友。明医术，善吟咏，尤精于画。著有《樵云集》。

⑫ 落照：夕阳的余晖。

乘槎博望[①]何年去，握节中郎[②]此路还。怪底渡头人影乱，琵琶山上月如环。

傅振商[③]：环县怀古

闲倚东风眼界开，乌仑山[④]色自崔嵬。牛羊共踏长城窟，鸟雀空啼灵武台[⑤]。

事去千秋余感慨，春归一骑故徘徊。愁看直北[⑥]银州[⑦]路，日暮笳声鼓角哀。

王遴[⑧]：西夏远眺

孤客三春暮，登楼四望开。崆峒横地出，星海[⑨]接天来。

节钺[⑩]资文武，恩威洽[⑪]草莱[⑫]。左贤[⑬]已款附[⑭]，何处有尘埃。

载酒倚危堞[⑮]，春风坐夕阳。泉流通渭曲[⑯]，野色尽秦疆[⑰]。

---

① 乘槎博望：即张骞。

② 握节中郎：指苏武。《汉书・苏武传》："乃遣武以中郎将使持节送匈奴使留在汉者。"

③ 傅振商：1573—1640年，字君雨，亦作君雨，明汝阳（今汝南）人。万历三十五年（1607）进士。选庶吉士，改江西道御史，出按畿南，建恒阳、国士、天雄三所书院。后任大理寺丞、大理寺右少卿、太常卿、南都兵部右侍郎、兵部参政、机务尚书等职。后称病乞请致仕，自号养拙瘦，赠太子太保，谥庄敏。著有《爱鼎堂文集》《珠渊异宝》《蜀国弦》《辑玉录》等。

④ 乌仑：山名。在环县北，山甚高峻。

⑤ 灵武台：即唐肃宗即位的灵武古台。

⑥ 直北：正北。唐代州名，辖境约当今陕西米脂、佳县地区。

⑦ 银州：唐置州名，辖境约当今陕西米脂、佳县地区。

⑧ 王遴：字继津，明霸州（今属河北省）人。嘉靖二十六年（1547）进士。除绍兴推官，入为兵部主事，历员外郎，四十五年（1566）擢右佥都御使巡抚延绥，万历元年（1573）以兵部右侍郎阅边至宁夏。

⑨ 星海：即星宿海，在青海省鄂陵湖以西，为黄河源散流地面而形成的浅湖群，罗列如星，故名。

⑩ 节钺：符节和斧钺，古代授予将帅，作为加重权力的标志。

⑪ 洽：沾湿，浸润。

⑫ 草莱：典出《汉书・蔡义传》："臣山东草莱之人。"本义为草莽，以喻在野未出仕之人。

⑬ 左贤：即匈奴左贤王。

⑭ 款附：诚心归附。

⑮ 危堞：高城上的矮墙。堞，城上的矮墙，亦称女墙。

⑯ 渭曲：地名。在陕西大荔县东南。

⑰ 秦疆：汉时西域诸国称中国为秦，故秦疆代指华夏大地。

看剑悲时事，长歌恋故乡。谁知班定远，勋烈在殊方。

李文[①]：金天观[②]

琳宫[③]寻羽客[④]，野服[⑤]过仙家。溪合双流水，桃开一片霞。

午香烧柏子，春酿压松花[⑥]。归路重回首，云横石径斜。

白塔层峦[⑦]

隔水红尘[⑧]断，凌空宝刹幽。龙归山月晓，鹤唳海天秋。

白塔凌连〔四七〕云起，黄河带雨流。倚栏凝望久，烟树晚悠悠。

金城关外寺，殿宇枕岩阿[⑨]。地僻飞尘少，山高怪石多。

钟声闻紫塞，塔影浸黄河。最爱谈禅处[⑩]，何妨载酒过。

李中[⑪]：行宿伏羌[⑫]诗

西来曙色郁苍苍，独宿孤城刻漏长[⑬]。云尽千峰山似戟，天开万里月如霜。

人家渔火明沙溆[⑭]，井树风烟锁夕阳。何事欲眠愁不稳，无端羌笛到绳床[⑮]。

---

① 李文：字焕章，山西大同人，能诗善书。明正统中，随其父兰州守备李进宦游兰州，于兰州多所题咏。

② 金天观：观名。明肃庄王朱模与永乐丙戌（1406年）所建，1949年后改为兰州市工人文化宫。

③ 琳宫：道观的美称，此处指金天观。

④ 羽客：亦称“羽士”，道士的美称。

⑤ 野服：粗衣。

⑥ 松花：松花酒，以松花粉和糯米酿制的酒。

⑦ 白塔层峦：即白塔山，因山顶有白塔寺得名。塔寺创建于元代，明代重修，“白塔层峦”旧为兰州一景，现为白塔山公园。

⑧ 红尘：人世。

⑨ 岩阿：石崖边。

⑩ 谈禅处：谈论佛理之处，此处指白塔寺。

⑪ 李中：1478—1542年，字子庸，江西吉水人。明正德九年进士。授工部主事，因抗疏谪广东通衢驿丞。后历官广西提学副使、四川右参政、山东巡抚，嘉靖间官至总督，都察院副御史，总督南京粮储。卒于官，居里名谷平，故学者称“谷平先生”，卒谥“庄介”。

⑫ 伏羌：唐置县名，治所在今甘肃甘谷县。

⑬ 刻漏：又称漏刻、漏壶。古代的漏水计时器。

⑭ 沙溆：亦作“沙溆”。沙滩临水处。

⑮ 绳床：又称“胡床”“交床”。一种可以折迭的轻便坐具，以板为之，并用绳穿织而成。

顾其志[①]：《登镇边楼》二首

黄河自昔重防秋[②]，此日凭高古戍楼。忽忆当年班定远，等闲[③]手斩郅支头[④]。

千家砧杵[⑤]又惊秋，战士思归月满楼。遥听数声南去雁，拟教传札陇山头。

刘仑[⑥]：鸟鼠山

六月驱车塞外行，洮云渭水不胜情。晚来更上层楼望，羌笛一声山月明。

张瀚：出塞五首

泾原北望塞门秋，漠漠沙尘暗戍楼。羽檄不来毡帐远，前军夜猎海西头[⑦]。

边城夜月听胡笳，戍卒寒眠万里沙。征马骄嘶飞将出，晶晶剑甲凛霜花。

被甲鞮鍪[⑧]控骕骦[⑨]，霓旌[⑩]羽纛[⑪]奋干将。分麾[⑫]百道萧关下，何处飞来赤白囊[⑬]。

贺兰山后骑如云，接地风尘惨不分。觱栗[⑭]声随征雁过，乌氏[⑮]独夜梦中闻。

---

① 顾其志：字冲吾，又字太冲，南直隶苏州府长洲（今江苏苏州）人。明隆庆五年（1571）进士。授长兴知县，迁南昌同知，进工部员外郎，历荆南道副使、陕西参政。

② 防秋：古代西北各游牧部落，往往趁秋高马肥时南侵，届时边军特加警卫，调兵防守。

③ 等闲：轻易。

④ 郅支：即郅支单于（？—前36），名呼屠吾斯，匈奴分裂为南北两部之后的北匈奴第一代单于，曾击败大宛、乌孙等国，强迫四方各族进贡，威震西域，一度领导了匈奴的短暂复兴，最后被汉朝远征军击灭。

⑤ 砧杵：音zhēn chǔ，亦作“碪杵”，捣衣石和棒槌，亦指捣衣。

⑥ 刘仑：明嘉靖二十三年（1544）进士，曾任湖广巡抚。

⑦ 海西头：北海边上。海，指北海，今俄罗斯西伯利亚贝加尔湖。

⑧ 鞮鍪：音dī móu，即鞮鍪，古代战士的头盔。

⑨ 骕骦：音sù shuāng，骏马。

⑩ 霓旌：音níjīng，缀有五色羽毛的旗帜，为古代帝王仪仗之一。

⑪ 羽纛：纛，音dào。古代军队或仪仗队中以羽为饰的大旗。

⑫ 分麾：分兵几路。麾，古代指挥军队的旗子。

⑬ 赤白囊：古代递送紧急情报的文书袋。

⑭ 觱栗：音bì lì，亦作“筚篥”“悲栗”，又名“笳管”。簧管乐器，起源于西域龟兹，后为隋唐燕乐及唐宋教坊音乐的重要乐器。

⑮ 乌氏：战国时期北方民族名，分布于今甘肃省平凉一带。

已散胡群〔四八〕赤水湾，秦云汉月满关山。翩翩羽骑[①]欢声近，麾下偏裨[②]较猎[③]还。

皇清

宋琬[④]：杜子美草堂二首

最爱溪山好，因成秉烛游[⑤]。碧潭春响乱，红树晚香浮。

橡栗遗歌在，苹蘩过客修。先生如可起，为我听吴讴[⑥]。

少陵栖隐处，古屋锁莓苔。峭壁星辰上，惊涛风雨来。

人从三峡去，地入《七歌》哀[⑦]。欲作招魂赋，临流首重回。

许孙荃[⑧]：题甘泉寺[⑨]

甘州城南甘泉寺，槛泉觱沸流云气[⑩]。散作千家宛转溪[⑪]，汇为绝塞清凉地[⑫]。

我来寺下俯流泉，历历〔四九〕游鱼并在渊。秋高潦水寒潭尽，绘出[⑬]天山[⑭]雪后天。

---

① 翩翩羽骑：行动轻疾的羽林军骑兵。

② 偏裨：偏将与裨将，将佐的通称。裨，音 pí。

③ 较猎：比赛谁打猎收获多。较，通“角”。

④ 宋琬：1614—1673年，字玉叔，号荔裳，清山东莱阳人。顺治四年（1647）进士。曾任户部河南司主事、吏部稽勋司主事、陇西右道佥事、左参政、四川按察使司按察使等职，著名诗人，清八大诗家之一，著有《安雅堂集》《二乡亭词》。

⑤ 秉烛游：典出《古诗十九首》：“昼短苦夜长，何不秉烛游。”比喻及时行乐，此处指欢乐的游玩。

⑥ 吴讴：即吴歌，吴地之歌，亦指江南民歌。

⑦ 《七歌》哀：《七歌》，即杜甫所作《同谷七歌》，因其作于杜甫穷愁绝境之时，故称“七歌哀”。

⑧ 许孙荃：字四山，清安徽合肥人。康熙庚戌进士。曾官翰林院侍讲、陕西学使等职。

⑨ 甘泉寺：据《甘州府志》载，甘州“城南门内，东数十武，亦有甘泉清冽，水流出城”。明初，于其地建甘泉祠，一名甘泉寺。嘉靖三十七年（1558）巡抚都御史陈棐在此寺谢雨，并著文祭祀。

⑩ 觱沸：泉出貌。典出《诗·小雅·采菽》：“觱沸槛泉，言采其芹。”

⑪ 宛转溪：曲折的小溪，指灌溉渠道。

⑫ “汇为”句：谓甘泉水汇为塞上佛教圣地。清凉，五台山别名，此处指佛寺。

⑬ 绘出：此指倒影。

⑭ 天山：祁连山。

郭朝佐[①]：积石诗

尝读大禹书，导河始积石[②]。神功洵[③]巨哉，两山如削壁。

疑是鬼斧凿，疑是巨灵擘。余来千载后，山势犹如昔。

烟岚郁不开，与天常咫尺。下瞰黄河流，风翻昔浪白。

涛声如怒雷，奔腾何迅疾。我欲溯其源，星宿[④]杳难即。

我欲登昆仑，举头惟瞑色。君不见此地当年吐谷浑，汉魏以来常反侧[⑤]。

而今四海颂升平，羌戎稽颡[⑥]烽烟息。车书[⑦]一统尽朝宗，此山此水亘[⑧]西域。

朱轼[⑨]：书王司马渠图碑阴后[⑩]

奔腾浩瀚出毫端，唐汉新渠次第安。三闸平分均水力，长堤突兀挽狂澜。

城依东壁知灵武，云锁西山识贺兰。自是韩陵石一片[⑪]，行人莫作画图看。

---

① 郭朝佐：清奉天人，荫生，康熙四十二年（1703）任河州监收兼管捕务茶马同知临洮府事。

② “导河”句：典出《尚书·禹贡》：“导河自积石，至于龙门。”

③ 洵：诚然，实在。

④ 星宿：即星宿海。

⑤ 反侧：反叛。

⑥ 稽颡：跪拜之礼，这处指请罪。

⑦ 车书：车同“轨”，书同文，借指国家制度。

⑧ 亘：连结。

⑨ 朱轼：1665—1737年，字若瞻，号可亭，清江西高安市村前镇艮下人。康熙、雍正、乾隆三朝重臣，经学家、文学家。

⑩ 书王司马渠图碑阴后：王司马，即王全臣，字仲山，湖北安陆府钟祥（今湖北钟祥）人，进士出身，康熙四十一年（1702）任河州知州，四十七年（1708）调赴宁夏，协助清政府水利都司王应龙整修宁夏唐、汉二渠。王全臣在完成了汉唐渠口的改造之后将渠口的工程绘图刻于石碑，不仅给后人留下了一幅图，而且给以宁夏城为中心的引黄灌区保留下了永世造福的工程技术。此诗即朱轼有感于此而作。

⑪ 韩陵石一片：韩陵指韩陵山，在河南安阳市东北，北魏高欢曾败尔朱兆于此，建定国寺并让御史温子升撰写碑文旌功。南朝梁庚信出使北方，回来评论北朝人物只说：“唯韩陵片石耳!”后遂比喻少见的好文章。

蔡升元[①]：题大清渠[②]二首

为怜膏壤[③]弃边荒，七日功成百里塘。引入河流沙碛里，凿开夹口贺兰旁。

支分九堡通沟浍，鼎峙三渠并汉唐。作吏尽如君任事，不难到处乐丰穰。

两渠中划大清渠，畚筑无劳民力纾。心画万家沟洫志，胸藏一卷水经书。

岚光[④]树色晴川外，鸿影鸥波夕照余。浑似江南好风景，岂惟灌溉遍村墟。

通智[⑤]：惠农渠工竣恭颂四首

竭尽驽骀[⑥]力，为臣分所宜。自从膺使命，惟欲答昌期[⑦]。

渠水非容易，民生实在兹。规模初就绪，圣主是明师。

疏浚[⑧]路三百，蟠延[⑨]波浪高。渠心分暗洞，龙尾[⑩]架飞槽[⑪]。

闸水开来涌，余波退去豪。自然灌溉利，翻觉桔槔[⑫]劳。

边庭诸父老，常幸戴尧天[⑬]。丰熟年年庆，恩波世世传。

---

① 蔡升元：1652—1722年，字方麓，号征元，清浙江德清人。康熙二十一年（1682）状元。授翰林院修撰，后历任中允、少詹事、詹事、内阁学士等职。

② 大清渠：康熙四十八年（1709年）开凿，在今宁夏汉、唐二渠之间。自宁朔（今银川市）汉渠口上游五里，引黄河水北流七十余里，至贺兰县界合唐来渠。两岸共有支渠十余道，溉田一千余顷。

③ 膏壤：肥沃的土地。

④ 岚光：音lán guāng，山间雾气经日光照射而发出的光彩。

⑤ 通智：满族，清代大臣，曾任大理寺卿、工部侍郎和兵部侍郎等职，雍正四年（1726）至十年（1732）在宁夏主持水利事务，对宁夏平原北部地区的开发建设功不可没。

⑥ 驽骀：音nú tái，劣马，此处以喻低劣的才能。

⑦ 昌期：兴隆昌盛时期。

⑧ 疏浚：为疏通、扩宽或挖深河湖等水域进行的水下土石方开挖工程。

⑨ 蟠延：蜿蜒。

⑩ 龙尾：河堤防洪之物，伐大树连梢，置之堤旁。

⑪ 飞槽：跨渠的木槽，用以通水。

⑫ 桔槔：音jú gāo，一种汲水的工具。

⑬ 尧天：称颂帝王盛德和太平盛世。

一方成乐土，二万是良田。无限风光好，都由凤诏宣[1]。

四十几回役，劳劳踏塞尘。敦煌会计遍，恒水绘图频。

疏凿兰峰下，经营黄水滨。借兹工告竣，稍致事君身。

昌润渠[2]工竣恭纪

黄河别派六羊通，石闸巍然跨彩虹。激起众流增浪力，引开曲水灌田功。

川辉原润千村聚，野绿禾青一望同。从此遐荒欢鼓腹，群歌大有慰宸衷[3]。

作甘稼穑轸黎民，西陕年来奉使频。力竭驽骀酬主德，普沾雨露戴皇仁。

昭回[4]人物山川旧，吐纳洪波气象新。共庆恩膏贻乐利，银疆[5]北鄙万年春。

单畴书[6]：昌润渠工竣恭纪

水利劳宸衷，恩膏洽朔方。九重亲指授，群力共劻勷[7]。

疏浚因川泽，经营驾汉唐[8]。碧云辉半月，绿柳卧横塘。

星宿来千里，阴精[9]劈六羊。支条各滚滚，挹注[10]尽洋洋。

原隰[11]初成界，南东细画疆。篝车[12]盈畎亩，士女乐仓箱[13]。

---

① 凤诏：诏书。

② 昌润渠：渠名，在宁夏平罗东。清雍正六年（1728）就黄河西岸支流六羊河疏凿而成，自黄河分出后，东北流百余里，仍入黄河。筑有进水、退水、逼水等闸，两旁分支渠二十余道，溉田万余顷。

③ 宸衷：音chén zhōng，天子的心意。

④ 昭回：谓星辰光耀回转。

⑤ 银疆：宁夏地区。

⑥ 单畴书：？—1729年，字演先，又字惟访，号砺峰，清高密（今属山东）人。康熙进士。康熙五十四年（1715）由进士任赣榆知县，五十八年署任海州知州，历官大理寺正卿，后迁御史，累官户部右侍郎，官至尚书。

⑦ 劻勷：音kuāng ráng，急迫。

⑧ 汉唐：即汉唐渠。

⑨ 阴精：月亮。

⑩ 挹注：音yìzhù，把液体盛出来再注入，此处指用渠水灌溉。

⑪ 原隰：音yuán xí，原野。

⑫ 篝车：水车。

⑬ 仓箱：指丰收。典出《诗·小雅·甫田》："乃求千斯仓，乃求万斯箱。"

睿虑[1]周荒服[2]，斯民迪永康。敢言如史白，丰豫赖天王[3]。

惠农渠工竣恭纪长歌[4]

黄河之水来星宿，江永汉广共汤汤。达乎秦晋豫兖之境，奔放直抵夫淮与杨。夏伏而秋汛，处处固堤防。安其就下性，独利在银疆。昔人相势而利导，两渠并浚汉与唐。用以资灌溉，岁岁志农祥。水泽不到处，沃土膏壤弃为牧畜场。我朝幅员广，睿虑更周详。钦承天子命，经营此一方。率彼群工力，竭力共劻勷。洪流劈一派，灌注万顷荒。爰采石以为闸兮，更架木以为梁。往来通乎行旅兮，其蓄泄则有良方。栋宇凌霄汉，庙貌更堂皇。渠堤三百里，沿湃植垂杨。绿树阴浓处，渠水恣汪洋。昔也荆榛之地，今也乐利之乡。两城建百雉，章设邑宰[5]遴贤良。招徕几万户，恩膏[6]发国帑。涣汗[7]来北阙，天语[8]更煌煌。绅士首倡[9]率，子孙世业常。翳彼南亩，郁郁苍苍。西成东作，千仓万箱。士女乐，乃积之殷阜。军国溢，岁取于红仓[10]。兹惟圣天子在上，迩[11]不泄[12]而远不忘。创此城郭，田墅贻万年，有道之长。

---

① 睿虑：皇帝的思考。

② 荒服：古“五服”之一，称离京师二千到二千五百里的边远地方，亦泛指边远地区。

③ 丰豫：富盛安乐。天王：帝王。

④ 惠农渠：渠名。在宁夏永宁、银川市、平罗一带黄河西岸。清雍正四年（1726年）始于陶家嘴南花家湾凿渠引水，北流三百里，下入西河。渠东岸筑长堤以防黄河泛滥，渠西疏西河旧淤以泻汉唐两渠诸湖的溢水，两岸各开支渠百余道。七年（1729年）工成，共溉田二万余顷。

⑤ 邑宰：县邑之长，即县令。

⑥ 恩膏：恩泽。

⑦ 涣汗：音huàn hàn，帝王的圣旨、号令。

⑧ 天语：天子的言语。

⑨ 首倡：首先倡导，最先发起。

⑩ 红仓：国子监粮仓，供养住监学生的妻子，此处借指国库。

⑪ 迩：近。

⑫ 泄：荒怠。

汪漋[1]：城工告成四首

化被[2]流沙万里清，敦煌境辟建岩城[3]。使臣祇肃[4]衔恩命[5]，边士辛勤集庶氓[6]。
基厚[7]山川开蕴蓄，地灵[8]草木备经营。帑金[9]优给储粮足，力役[10]欢趋喜气盈。

塞垣坚筑势隆崇[11]，造作纷纭督百工。事倚群曹[12]分效职[13]，期逾一载告成功[14]。
云峦[15]翠列[16]层楼外，城郭烟环[17]四望中。疆宇新开增气象，边民辐辏往来通。

牙旗幕府建高标[18]，雉堞光腾绝域遥。屋宇环连排绣壤[19]，楼台耸出逼丹霄[20]。
春融沙境千禽集，膏沃郊原百谷饶。弓矢载橐[21]逢暇日，清风遍野塞尘[22]消。

---

① 汪漋：1669—1742年，字岵怀，号荇洲，清安徽休宁人（今安徽省芜湖市）人。康熙三十三年（1694）进士。曾奉使以少卿督理口外城工事务，在肃州多年。
② 化被：教化所及。
③ 岩城：险要的城堡。
④ 祇肃：敬拜。
⑤ 衔恩命：领受皇帝的恩典和使命。
⑥ 集庶氓：召集平民，指雍正间移民实边事。
⑦ 基厚：基业厚实。
⑧ 地灵：山川灵秀之气。
⑨ 帑金：库藏的金银。
⑩ 力役：服劳役的民工。
⑪ 隆崇：高峻貌。
⑫ 群曹：群吏。
⑬ 分效职：分职治事，各尽其责。
⑭ “期逾”句：指雍正五年（1727）建安西、沙州各城堡工务，至六年（1728）秋，各告竣。
⑮ 云峦：高耸入云的山峦。
⑯ 翠列：形容青绿色的远山起伏对峙貌。
⑰ 烟环：云烟环绕。
⑱ 高标：高耸的建筑物。
⑲ 绣壤：形容田野的沟塍交错成文如绣。
⑳ 丹霄：天空。
㉑ 载橐：典出《诗·周颂·时迈》：“载橐弓矢。”把弓矢收盛起来，引申为休战。
㉒ 塞尘：边塞上的烟尘，指战争。

鸣沙[①]兴作萃元元[②]，五堡[③]新营接镇垣。巩固藩屏[④]依险设，周防[⑤]士马比云屯[⑥]。月明野水通蒲海，风接岩疆控玉门。盛世安攘[⑦]弘〔五十〕缔造，金汤[⑧]千载纪皇恩。

登沙州城楼出郊看千佛洞墩台二首[⑨]

敦煌地拓极西边，纵步高城望渺然。远碛荒烟[⑩]连异域[⑪]，废垣[⑫]古塔[⑬]建何年。流沙环叠〔五一〕千峰岫，党水遥通万顷田。妇子芸芸[⑭]编户[⑮]盛，秋成麦熟乐尧天。

塞垣清暇柳营[⑯]开，为觅边郊策骑[⑰]来。峰指三危[⑱]寻径僻，洞[⑲]藏千佛半尘堆[⑳]。

---

① 鸣沙：即鸣沙山。

② 萃元元：聚集平民百姓。元元，百姓。

③ 五堡：雍正年间，清政府为安置吐鲁番九千二百余回民，在安西镇城以西二十五里外，每隔十里左右建筑一堡，即头堡、二堡、三堡、四堡、五堡五个回民堡子。

④ 藩屏：藩篱屏蔽。

⑤ 周防：周密防御。

⑥ 云屯：如云之聚集，形容盛多。

⑦ 安攘：安抚和攘除。

⑧ 金汤：金城汤池的省称，形容城池的坚固。

⑨ 沙州千佛洞墩台：沙州，即敦煌，前凉置沙州，唐武德五年（622）称西沙州，清朝雍正间置沙州卫，隶安西同知。千佛洞墩台，即千佛硖墩，在敦煌城东南四十里，清代属沙州营东路防汛之一。

⑩ 荒烟：荒凉的烟户。

⑪ 异域：此处指西域。

⑫ 废垣：倾倒的墙垣。沙州旧城，即古敦煌郡治，在今新城之西，墙垣基址犹残存，以党水北冲，城墙东圮，故筑新城于旧城东。

⑬ 古塔：沙州白马塔，在沙州旧城遗址南部，相传为后凉高僧鸠摩罗什的白马葬处。

⑭ 芸芸：众多貌。

⑮ 编户：编入户籍的平民。

⑯ 柳营：即细柳营，借指军营。

⑰ 策骑：骑马扬鞭。

⑱ 三危：即三危山，位于敦煌市东南，主峰在莫高窟对面，三峰危峙，故名三危。

⑲ 洞：即千佛洞。

⑳ 半尘堆：一部分洞窟因年久无人清理，堆满了沙尘。

穿幽忽入溪岩路[①]，望远同登斥候台[②]。万里秋澄天宇[③]阔，阳关绝域任徘徊。

惠回堡[④]

地起边关[⑤]第一程，敦煌从此赋西征。荒原犹指番回冢[⑥]，化宇[⑦]今屯甲骑营。山拥晓烟村店集，风吹沙径野泉清。升平万里游踪远，车马辚辚[⑧]过堡城。

黄敦堡[⑨]

郊原四望尽平畴[⑩]，壁垒[⑪]新增耸雉楼[⑫]。浩淼河源来党水，嶙峋山色见沙州。营开甲帐[⑬]风清昼，戍靖烽烟[⑭]月照秋。五堡边疆推[⑮]险隘，伊吾[⑯]北去是咽喉。

游千佛洞

古郡敦煌远，幽崖佛洞传。建垣[⑰]新日月[⑱]，访胜旧山川。

---

① 溪岩路：溪涧旁的石子路。溪，即指洞前的大泉河。

② 斥候台：侦察隙望的墩台，此处指千佛洞墩台。

③ 天宇：天空。

④ 惠回堡：在今甘肃玉门市清泉乡新民堡村一组，雍正五年（1727）建城，堡东有“回回墓”。

⑤ 边关：指嘉峪关。

⑥ 番回冢：即指“回回墓”。

⑦ 化宇：教化所达到的地方。

⑧ 辚辚：车行声。

⑨ 黄墩堡：在今敦煌城正北六十三里，黄墩子农场北，土城一座，周围二里四分，东西城楼两座，东西瓮城楼二座，腰楼二座，系雍正五年（1727）建。清代设守备驻防，是通往哈密的要路。

⑩ 平畴：平坦的田地。

⑪ 壁垒：军营的围墙，这里指黄墩堡城。

⑫ 雉楼：城楼。

⑬ 甲帐：军帐按甲乙编次，故有甲帐、乙帐之称。

⑭ 戍靖烽烟：边塞上止息了烽火狼烟。

⑮ 推：推重赞许。

⑯ 伊吾：即伊吾卢，在今新疆哈密。

⑰ 建垣：筑城，指修筑 敦煌新城。

⑱ 新日月：新的朝代，此处指雍正年间。

窦启[1]琳宫[2]现，沙凝法象悬。神功劳劈划[3]，匠手巧雕镌。

排列[4]云迢递[5]，嵌空境接连[6]。金身腾百丈，碧影[7]肃诸天[8]。

贝叶[9]双林[10]展，维摩一榻眠。威尊龙象[11]伏，慧照[12]宝珠悬。

大地形容[13]盛，灵光绘画[14]宣[15]。庄严[16]挥四壁。妙善[17]写重巅[18]。

门拥层层塔，岩盘朵朵莲[19]。恒河难指数，法界[20]讵云千。

侧立衣冠伟，分行剑佩联[21]。炫〔五二〕奇疑异域，缔造[22]自何年？

---

① 窦启：洞门敞开。

② 琳宫：佛的居所，是对寺庙、佛洞的美称。

③ 劈划：筹划处理。

④ 排列：指洞窟的行列。

⑤ 迢递：高貌。

⑥ 接连：指洞窟蜂巢相连。

⑦ 碧影：仙人的画像。

⑧ 诸天：佛家认为天界共有三十二天，总称诸天。

⑨ 贝叶：贝多树，一名菩提树，其叶可写佛经。

⑩ 双林：佛逝世于拘尸那国阿利罗拨提河边娑罗双树间，故称。

⑪ 龙象：佛家称诸阿罗汉中，修行勇猛有最大力者。

⑫ 慧昭：佛的智慧之光。

⑬ 形容：容貌，风光。

⑭ 灵光：神异之光。

⑮ 宣：显示。

⑯ 庄严：佛家指装饰美盛。

⑰ 妙善：庄严美好的壁画。

⑱ 重巅：高山的顶巅。

⑲ 朵朵莲：此处以莲房比喻层层洞窟。

⑳ 法界：佛教指整个宇宙现象界，即三千大千世界。

㉑ 剑佩联：佩剑相连，指壁画中武士鱼贯相续。

㉒ 缔造：经营创造，此处指千佛洞的开创。

宗子唐家计，西凉李氏延[1]。但夸祇树景[2]，不惜水衡钱[3]。
霜雪[4]时频易[5]，兵戈代屡迁[6]。汗尘迷净土[7]，战血染流泉[8]。
阒寂[9]凭谁顾，摧颓[10]实可怜。兹逢清塞[11]暇，闲眺化城[12]边。
色相[13]嗟多毁，丹青讶尚鲜。问禅无释侣[14]，稽首冷香烟[15]。
字落残碑[16]在，丛深蔓草缠。徘徊荒刹外，怀往意悠然[17]。

姚培和[18]：沙州六月连得时雨

圣主精诚格[19]万方，如膏时雨[20]遍敦煌。点来沙碛丝丝密，声入渠流脉脉长。

---

① “宗子”两句：即《唐宗子陇西李氏再修功德记》等碑文中功德主李氏自称是唐朝的宗室、皇族，也是西凉武昭王之系。

② 祇树景：比喻千佛洞的风景如同祇林。古印度侨萨罗国祇陀太子的园林称祇园，也叫祇树林，是祇洹精舍所在地，后泛称寺院。

③ 水衡钱：皇家所储藏的钱财，因汉代由水衡都尉掌管造币，故称。

④ 霜雪：借喻恶劣严峻的时局。

⑤ 频易：屡次变化。

⑥ 代屡迁：朝代经常变迁。

⑦ 净土：佛教所谓无五浊（劫浊、见浊、烦恼浊、众生浊、命浊）垢染的清净世界。此处指千佛洞。

⑧ 流泉：与“净土”均指千佛洞。

⑨ 阒寂：寂静。

⑩ 摧颓：衰败破废。

⑪ 清塞：清平的边塞。

⑫ 化城：佛教所称一时幻化的城郭，后指佛寺，此处指千佛洞。

⑬ 色相：佛家称一切事物的形状和外貌，此处指佛洞内的塑相、设施等。

⑭ 释侣：僧侣，取释迦弟子之意。

⑮ 香烟：焚香时所生的烟，这两句是说千佛洞久无香火。

⑯ 残碑：指莫高窟当时残存的一些碑碣。

⑰ 悠然：忧思貌。

⑱ 姚培和：字钧风，号一亭，清娄县廊下（今属上海金山区）人。康熙五十二年（1713）进士。由太常博士历官河东盐运使，后丁父忧归里，以著述自娱。著有《调圩集》《出关集》《汉南集》等，后合为《敦信堂诗集》。

⑲ 格：感通。

⑳ 如膏时雨：滋润土壤的及时雨。

一带瓜绵[1]齐引蔓，千塍麦秀尽舒芒。由来涓滴皆天赐，拜手岩城[2]切颂扬。

叆叇[3]云容向晚低，杨枝洒尽列边堤。旁听戍鼓[4]三更湿，遥望烽台一路迷。

匪懈[5]农官[6]舒劝稼，服勤田父罢浇畦。城南烟景堪行乐，泥滑偏愁碍马蹄。

万寿圣节[7]奉使沙州恭同叩祝

红云一朵日曈昽[8]，圣寿齐天拜舞同。渥水[9]堤长闻说泽，鸣沙山近效呼嵩。

投醪[10]挟纩[11]涵濡[12]内，凿井耕田胞与[13]中。军士欢腾农父乐，家家顶祝[14]矢愚衷[15]。

威仪犹是汉唐前，一点葵心向日悬。蒉[16]缶声喧谐舜乐，土阶[17]班肃颂尧年。

望中[18]紫气[19]关山满，到处瑶花奎璧连[20]。鹓鹭[21]两行齐拜手，恍疑身在五云[22]边。

---

① 瓜绵：典出《诗·大雅·緜》："緜緜瓜瓞，民之初生，自土沮漆。"

② 岩城：此指沙洲城。

③ 叆叇：音 ài dài，云盛貌。

④ 戍鼓：戍楼上打更的的鼓声。

⑤ 匪懈：不懈。

⑥ 农官：劝农的官员。

⑦ 万寿圣节：皇帝诞辰纪念日，此为万民同庆的国家盛典。

⑧ 曈昽：日初出渐明貌。

⑨ 渥水：即渥洼水，水名，在今甘肃敦煌，传说产神马之处。

⑩ 投醪：典出《吕氏春秋·顺民》："越王苦会稽 之耻……下养百姓以来其心，有甘脆，不足分，弗敢食，有酒，流之江，与民同之。"后因以"投醪"指与军民同甘苦。

⑪ 挟纩：典出《左传·宣公十二年》："申公巫臣 曰：'师人多寒。'王巡三军，拊而勉之，三军之士皆如挟纩。"本指披着绵衣，此处以喻受人抚慰而感到温暖。

⑫ 涵濡：音 hán rú，滋润，沉浸。

⑬ 胞与："民胞物与"之省，典出张载《西铭》："民吾同胞，物吾与也。"犹言泛爱一切人与物。

⑭ 顶祝：顶礼祝祷，顶礼祝颂。

⑮ 愚衷：自己心意、心愿的谦称。

⑯ 蒉：音 kuài，古代用草编的筐子

⑰ 土阶：居室简陋。

⑱ 望中：视野之中。

⑲ 紫气：紫色云气。古代以为祥瑞之气，附会为帝王、圣贤等出现的预兆。

⑳ 奎璧连：奎，即二十八宿中的奎宿，象征天之武库，又为鲁国分野。《孝经·援神契》："奎主文昌，虽为武库，实文章之府。"故奎宿与文昌，称"奎璧联辉"。

㉑ 鹓鹭：音 yuān lù，鹓和鹭飞行有序，比喻班行有序的朝官。

㉒ 五云：五色瑞云，借指皇帝所在地。

万年有道乐鸿钧[①]，阳月暄和大地春。叶满枫林边景丽，香凝玉案瑞烟新。

由来北斗尊皇极[②]，恰遇西方祝圣人。闻得昆仑缥缈处，祠开王母颂声频。

南极呈祥紫殿[③]高，曾趋凤掖[④]庆殊遭。玉盘广赉[⑤]安期枣[⑥]，彩袖荣携方朔桃[⑦]。

礼洽百神司祝嘏[⑧]，畴陈五福羡词曹[⑨]。于今塞上频追忆，似海君恩岂易叨[⑩]。

王全臣[⑪]

汉渠之下，旧有三暗洞，泄各渠余水，岁久寖废，余重为修葺，且易以石，夏秋之交竟免泛滥，诗以纪之。

河流分泻汉唐中，并拖白练如双虹。唐来西绕兰山麓，汉延绵亘唐之东。

中间万顷纷挹注，余波总向湖中聚。群湖宛转东归河，汉延堤高截去路。

古人立法妙有余，地底钻穴透汉渠。就下能消群湖水，彷佛沧溟[⑫]泄尾闾[⑬]。

慨自河迁唐口咽，蓄之乌有焉用泄。虽然古洞迹犹存，一任泥沙久埋灭。

大清渠开水洋洋，迎水堤成势更狂。田间水满翻为虐，到处泛溢嗟怀襄[⑭]。

寻得古洞皆木植，支撑渠底苦无力。经营石甃[⑮]洞惟三，奥若[⑯]蛟宫不可测。

石梁潜架邃且幽，坚牢稳载汉渠流。任他灌溉盈沟浍，暗把狂澜细细收。

---

① 鸿钧：天或大自然，此处比喻鸿恩。

② 皇极：帝王统治天下的准则，此处指皇帝。

③ 紫殿：帝王宫殿。

④ 凤掖：古代皇后或皇太子的宫室。

⑤ 赉：音 lài，赐予，引申为赠送。

⑥ 安期枣：典出《史记·封禅书》。指传说中仙果名，后以“安期枣”咏仙道，或称美瓜果。

⑦ 方朔桃：传说东方朔窃王母仙桃，后喻仙果。

⑧ 嘏：音 gǔ，古代祭祀时，执事人（祝）为受祭者（尸）致福于主人，亦借指寿辰。

⑨ 词曹：文学侍从之官，亦借指翰林。

⑩ 叨：音 dāo，承受，用于对受人恩惠及礼物表示感谢的谦词。

⑪ 王全臣：字仲山，清湖北安陆府钟祥（今湖北钟祥）人。进士出身。康熙四十一年（1702）任河州知州，四十七年调赴宁夏，协助水利都司王应龙整修宁夏唐、汉二渠。此诗为重修汉渠暗洞落成而作，《甘肃通志》收录此诗有序无题。

⑫ 沧溟：大海。

⑬ 尾闾：古代传说中海水所归之处，后多用来指江河的下游。

⑭ 怀襄：“怀山襄陵”的简称，谓洪水汹涌奔腾溢上山陵。

⑮ 甃：音 zhòu，砖砌的井壁。

⑯ 奥若：句首发语词，无具体词义。

老农欣欣喜相告，年来鸣蛙产釜灶①。三洞赖我使君修，夏不旱兮秋不涝。
曾闻河源来自天，一曲伏流路几千。可是天吴②聊小试，暂③移鳅穴④到银川。
纷纷行客频过此，惊看渠底水弥弥。道是策马历〔五三〕东阳，一派宫商⑤清人耳。
使君政暇可郊行，洞侧清凉好驻旌。为听澶湉⑥河中去，尽是三渠击壤⑦声。
予也闻之深愧谢，功以幸成劳奖借。开渠修洞踵先贤，但愿岁岁宜禾稼。

题大清渠落成二首

规模直与汉唐同，甃石浮杠落彩虹。远近萦纡⑧分上下，纵横挹注任西东。
惟知顺水行无事，敢谓开渠辄有功。最是亭成临孔道⑨，喜闻过客话年丰。

顺导洪河入地中，汉唐得助益沖瀜⑩。群氓久失千秋利，此日新添一溉功。
沙际堤环春草绿，桥头额映晚霞红。闲来徙倚虚亭下，翻爱旁流笕⑪向东。〔五四〕

校勘记

〔一〕太乙　哈佛本、刻补本、四库本作“太乙”，《汉书》卷22《礼乐志二》作“太一”。
〔二〕九有　哈佛本、刻补本、四库本作“太乙”，《汉书》卷22《礼乐志二》作“九夷”。
〔三〕历　哈佛本作“厤”，刻补本作“歴”，四库本作“厯”，避乾隆皇帝讳改。
〔四〕玄　哈佛本、刻补本作“元”，四库本作“玄”，避康熙皇帝讳改。
〔五〕周　哈佛本、刻补本同，四库本作“梁”。
〔六〕弦　哈佛本、刻补本、四库本皆作“弦”，避康熙皇帝讳改。

① 鸣蛙产釜灶：即“沉灶产蛙”，典出《国语·晋语九》：“晋师围而灌之，沉灶产蛙，民无叛意。”指灶没于水中，产生青蛙，形容水患之甚。
② 天吴：古代神话传说中的水神。
③ 暂：音zàn，踱步、去。
④ 鳅穴：泥鳅洞穴，此处比喻黄河之水。
⑤ 宫商：古代音律中的宫音与商音，泛指音乐。
⑥ 澶湉：音chán tián，水流平静和缓貌。
⑦ 击壤：即击壤歌，见前注。
⑧ 萦纡：音yíng yū，盘旋弯曲，回旋曲折。
⑨ 孔道：要道。
⑩ 沖瀜：音chōng róng，水深广貌。
⑪ 笕：音jiǎn，连接起来引水用的长竹管。

〔七〕波　哈佛本、刻补本、四库本皆作“波”，《乐府诗集》卷37作“疲”。
〔八〕露　哈佛本、刻补本同，四库本作“雾”。
〔九〕史　哈佛本、刻补本同，四库本作“吏”。
〔十〕元　哈佛本、刻补本同，四库本作“玄”，避康熙皇帝讳改。
〔十一〕弦　哈佛本、刻补本、四库本皆作“弦”，避康熙皇帝讳改。
〔十二〕胡　哈佛本、刻补本同，四库本作“湖”。
〔十三〕邱　哈佛本、刻补本同，四库本作“丘”，康熙间避孔子讳新造字。
〔十四〕薛　哈佛本、刻补本皆作“苏”，四库本作“鲜”，误，据义径改。
〔十五〕叠　哈佛本、刻补本同，四库本作“迭”。
〔十六〕眩　哈佛本、刻补本、四库本皆作“眩”，避康熙皇帝讳改。
〔十七〕木皮岭　刻补本脱此诗。
〔十八〕辞　哈佛本、四库本、刻补本皆作“将”，误。诸本皆作“辞”，据改。
〔十九〕咆　哈佛本、四库本同，刻补本作“吃”。
〔二十〕叠　哈佛本、刻补本同，四库本作“迭”。
〔二一〕滴水崖　哈佛本、刻补本、四库本皆脱此诗名，据补。
〔二二〕泓　哈佛本、刻补本同，四库本作“泓”，避乾隆皇帝讳改。
〔二三〕即　哈佛本、刻补本同，四库本作“只”。
〔二四〕碛西　哈佛本、刻补本作“积石”，四库本作“碛石”，皆误，据义径改。
〔二五〕弦　哈佛本、刻补本、四库本皆作“弦”，避康熙皇帝讳改。
〔二六〕历　哈佛本作“曆”，刻补本作“歷”，四库本作“歴”，避乾隆皇帝讳改。
〔二七〕护　四库本同，哈佛本、刻补本皆作“使”，误，据四库本改。
〔二八〕坻　哈佛本、刻补本同，四库本作“底”。
〔二九〕水　四库本同，哈佛本、刻补本皆作“人”，误，据四库本改。
〔三十〕傍　哈佛本、刻补本同，四库本作“旁”。
〔三一〕辩　哈佛本、刻补本同，四库本作“辨”。
〔三二〕陇头水　四库本同，哈佛本、刻补本皆脱“水”字，据四库本补。
〔三三〕汝　哈佛本、四库本、刻补本皆脱，据补。
〔三四〕明　哈佛本、刻补本同，四库本作“鸣”。
〔三五〕弦　哈佛本、四库本、刻补本皆作“弦”，避康熙皇帝讳改。
〔三六〕捷　哈佛本、刻补本作“捷”，四库本作“病”。
〔三七〕玄　哈佛本、刻补本皆作“元”、四库本作“玄”，避康熙皇帝讳改。
〔三八〕玄　哈佛本、刻补本皆作“元”、四库本作“玄”，避康熙皇帝讳改。
〔三九〕雁　哈佛本、刻补本同，四库本作“雄”。
〔四十〕斑　四库本同，哈佛本、刻补本作“班”，误，据四库本改。

〔四一〕望中　刻补本于“望中”后脱“设险”至“代看”五十六字。

〔四二〕弦　哈佛本、四库本皆作“弦”，避康熙皇帝讳改。

〔四三〕叠　哈佛本、刻补本皆作“叠”，四库本作“迭”。

〔四四〕弦　哈佛本、刻补本、四库本皆作“弦”，避康熙皇帝讳改。

〔四五〕玄　哈佛本、刻补本皆作“元”，四库本作“玄”，避康熙皇帝讳改。

〔四六〕仄　哈佛本、刻补本同，四库本作“侧”。

〔四七〕连　哈佛本、刻补本同，四库本作“凌”。

〔四八〕胡群　哈佛本、刻补本同，四库本作“长围”。

〔四九〕历历　哈佛本作“厤厤”，刻补本作“歴歴”，四库本作“歴歴”，避乾隆皇帝讳改。

〔五十〕弘　哈佛本作“弘”，刻补本作“宏”，四库本作“弘”，避乾隆皇帝讳改。

〔五一〕叠　哈佛本、刻补本同，四库本作“迭”。

〔五二〕炫　哈佛本、刻补本、四库本皆作“炫”，避康熙皇帝讳改。

〔五三〕历　哈佛本作“厤”，刻补本作“歴”，四库本作“歴”，避乾隆皇帝讳改。

〔五四〕向东　刻补本于“向东”后增：“汪志伊《河西傭》：晚凋葵沃沃，解得倾心并卫足。孤鸿飞冥冥，珍重羽仪防弋人。岂曰贤者集于蓼，智反不如葵与鸟。彼何人哉披葛衣，心怆天日何时了。但留天日系我情，不愿人间知姓名。饥驱来往金城市，雪花荡漾风凄清。阳和何时回黍谷，漂泊河西依豪族。转移执事伍间民，彷徨欲击渐离筑。塞草青青天宇空，书或唱歌夜或哭。表出羊裘敝葛存，一丝一缕故君恩。黯然拂拭衣襟上，点点当时别泪痕。京来旧识欲与语，灰木无心商出处。超然鹤翥入南山，一片白云自容与。可怜郁郁久居此，潦倒心情病且死。怪底遗言焚骸奇，必乘西北风何为。臣必不随烟俱灭，臣魂欲与灰南飞。遥忆当年大内火，耿耿浩气今皈依。君不见，孝孺子宁皆断舌，英风凛凛犹书血。又不见，景清铁铉具奇骨。鼎镬之余仍抗节，以此方之河西傭。有死无二将毋同。岂知当时捐躯者，犹得名留青史中。惟有夔州补锅匠，与傭异地留孤蹤。嗟乎！其人姓名不可指，要知心地元空空。”哈佛本、四库本皆无。

甘肃通志卷之第五十　杂记

《齐谐》①志怪，《酉阳》②记杂，遗言琐事，采谚征谣③，可广见闻，以资博洽。遂仍旧志，另列一卷，并稽前代僭窃④诸人，附载于末。志杂记。

古乐器

琴⑤

伏羲氏斫⑥木为琴，绝⑦丝为弦〔一〕，二十有七，而音乐自是兴。或曰，神农为五弦〔二〕之琴⑧。桓谭以为文王加少宫、少商⑨。释智匠⑩以为文王、武王各加一弦〔三〕，是为七弦〔四〕。

---

① 《齐谐》：先秦时期的一部记载奇闻逸事的志怪书籍。《庄子·逍遥游》载："齐谐者，志怪者也。"后代志怪之书多此名书，如《齐谐记》《续齐谐记》等。

② 《酉阳》：即《酉阳杂俎》，为唐代志怪小说家段成式（803—863）所撰的笔记小说集，分前卷二十卷，续集十卷，内容主要为传奇、神话等。

③ 采谚征谣：采访征集来的谚语和歌谣。谚，谚语。谣，歌谣。

④ 僭窃诸人：地方割据政权。僭窃，超越本分，假冒窃取。

⑤ 琴：即古琴，又称瑶琴、玉琴和七弦琴。中国古代传统拨弦乐器。

⑥ 斫：音 zhuó，用刀、斧等披砍。

⑦ 绝：音 lún，整理丝线。

⑧ 神农：即炎帝，又称神农氏，传说中的上古帝王。

⑨ "桓谭"句：文王，周文王姬昌。《通典》卷144《乐四》引桓谭《新论》曰："五弦，第一弦为宫，其次商、角、徵、羽，文王、武王各加一弦，以为少宫、少商。""宫、商、角、徵、羽"为中国传统五声音阶中五个不同音的名称，相当于现在的Do、Re、Mi、Sol、La，亦称为"五音"。古琴前五弦以此五音定音，第六、七弦则取一二弦的八度中音定音，故称之"少宫""少商"。

⑩ 释智匠：南朝陈僧人，著有《古今乐录》。

瑟①

《通历〔五〕》②云：伏羲氏作二十五弦〔六〕之瑟。"《世本》③云："庖羲④瑟五十弦〔七〕，黄帝使素女鼓瑟，哀不自胜，乃破为二十五弦〔八〕。"《吕氏春秋》⑤云："朱襄氏使士达作五弦〔九〕之瑟。"《世纪》⑥云："伏羲作瑟三十六弦〔十〕，盖瑟属阴，故用十六之数。

都良管　班管⑦

女娲氏⑧命娀陵氏制都良之管，又命圣女氏⑨为班管，合日月星辰，名曰充乐。

玉律⑩

黄帝作，以玉为管。长尺六，孔为十二音。晋武帝时汲冢亦获玉律⑪。《尚书中

---

① 瑟：中国传统拨弦乐器，形状似琴。相传最早的瑟为五十弦，故又称"五十弦"，后改为二十五根弦。弦的粗细不同，每弦有一柱，按五声音阶定弦。

② 《通历》：唐代马总（？—823）撰，记述上古到隋的历代兴亡及帝王贤愚得失的著作，原本十卷，前三卷已佚。又《续通历》五卷，传为五代孙光宪（901—968）所作。

③ 《世本》：由先秦时期史官修撰，记载从黄帝到春秋时期帝王、诸侯、卿大夫的世系和氏姓以及都邑、制作、谥法等内容的史书。原书已佚，后世的学者们根据其他书籍所引内容进行辑补，共分八种不同辑本，合称为《世本八种》。

④ 庖羲：即伏羲。

⑤ 《吕氏春秋》：战国时期秦国相国吕不韦主持编修的一部著作，内容含八《览》、六《论》、十二《纪》，以黄老思想为主，兼采众家学说，自成体系，保存了珍贵的历史资料。

⑥ 《世纪》：即《帝王世纪》，魏晋时期学者皇甫谧（215—282）撰，已佚，今存辑本有陶宗仪《说郛》本、宋翔凤集校训纂堂丛书本、顾观光本、张澍本及今人徐宗元辑本等。

⑦ 都良管、班管：传说中上古的吹奏乐器。

⑧ 女娲氏：神话传说中的上古女帝，人首蛇身，曾炼五色石以补天，并抟土造人。

⑨ 娀陵氏、圣女氏：均为传说中的上古氏族。娀，音sōng。

⑩ 玉律：玉制的标准定音器，以筒之长短分别声音的清浊高下。乐器之音依此为准。

⑪ "晋武"句：指西晋武帝太康初年，盗墓贼不准在汲郡（今河南省汲县）盗发战国魏襄王墓，在墓中获得玉律一事。

候》[①]曰："用玉为律。"东汉以玉律十二候气[②]，先王之法也；以六十律[③]候气，盖京房之陋欤。

玉管

黄帝之时，西王母献昭华玉管[④]。汉入关中，得秦府库所藏，有笛长二尺二寸，亦名昭华管。

双角[⑤]

黄帝会群臣于泰山，作清角之音[⑥]。横吹之似两凤双鸣、二龙齐吟。《乐录》[⑦]亦云：蚩尤氏率魍魉与黄帝战于涿鹿之野，黄帝乃命吹角[⑧]为龙吟以御之。

夔鼓

昔东海流波山[⑨]有兽焉，其音如雷，命之为夔[⑩]。黄帝得之，以皮作鼓，撅[⑪]以雷兽[⑫]之骨，声闻五百里，以威天下。

古缶[⑬]

形如足盆，或曰形如覆盆，以四杖击之。昔秦赵会于渑池，秦王为赵王击缶，

---

① 《尚书中候》：纬书的一种，成书于汉代，已佚。明清以来多有辑本，以日本学者安居香山、中村璋八《纬书集成》辑本较为详备。

② 候气：古人占验节气变化的一种方法。具体是将苇膜烧成灰，放在律管内，到某一节气，相应律管内的灰就会自行飞出，据此，可预测节气的变化。

③ 六十律：西汉律学家京房（前77—37）因见古代三分损益十二律最后一律仲吕（F）依原法回不到黄钟（C），京房又继续损益生至六十律，不仅使第五十三律色育接近黄钟，而且基本上实现了"周而复始"的旋宫转调理论。

④ 昭华玉管：古代吹奏乐器名。

⑤ 角：古代军队中使用的号角，因多用兽角制成，故称角。

⑥ 清角："清"指升高半音，"角"古代五音之一，"清角"指的是比角音高半音的音。例如角音为mi，清角就是fa。"清角之音"与作为吹奏乐器的号角无关，《甘肃通志》误列于此。

⑦ 《乐录》：即释智匠所撰《古今乐录》。

⑧ 吹角：吹奏号角。

⑨ 流波山：传说中的仙山，见于《山海经》卷14《大荒东经》记载。

⑩ 夔：古代传说中的一种独脚龙形异兽。

⑪ 撅：音juē，击打。

⑫ 雷兽：上古神话中的怪兽，有雷电之力。

⑬ 缶：古代一种大腹小口的盛酒瓦器，也可用作伴歌时的打击乐器，为秦人所喜用。

即此是也[①]。唐永泰[②]初，司马滔进《广平乐》[③]，亦有八缶。

筝[④]

筝，秦声也。按《礼乐记》：筝，五弦〔十一〕，筑声[⑤]。今并、凉二州，筝形如瑟，不知谁所改易也。李斯《谏逐客书》云：夫击瓮、叩缶、弹筝、搏髀[⑥]，而歌呼呜呜快耳者，正秦之声也。杨恽《书》云：家本秦也，能为秦声。[⑦]魏文帝诗：秦筝发新声，长笛吹清气。[⑧]

琵琶

一名胡琴。傅玄[⑨]〔十二〕《琵琶赋·序》云："不载作者。故老云，汉送乌孙公主[⑩]嫁昆弥，念其行道思哀，使知音者载筝、筑、箜篌之声作马上之乐。以方语[⑪]目之，故云琵琶取易传于外国也。"《释名》[⑫]："琵琶本出于胡中，马上所鼓[⑬]也。推手前曰琵，引手[⑭]却曰琶，象其鼓时，因以为名。"杜挚[⑮]云："琵琶兴于秦末，苦长城役，

---

① "昔秦"句：指前279年，蔺相如随赵惠文王与秦昭王会于渑池之事，事见《史记·廉颇蔺相如列传》。

② 永泰：唐代宗年号，公元765—766年。

③ "司马"句：据《太平御览》卷582《乐部十二》载，《广平乐》为司马滔于大历元年（766年）所进。

④ 筝：又称古筝、秦筝。中国传统弹拨乐器。

⑤ 筑：中国古代传统弦乐器，形似琴，有十三弦，弦下有柱。演奏时，左手按弦的一端，右手执竹尺击弦发音。筑起源于楚地，其声悲亢而激越，在先秦时广为流传，自宋代以后失传。1993年在长沙河西西汉王后渔阳墓考古中出土了筑的实物。

⑥ 搏髀：在腿上打节拍，以应和歌曲和表示叹息或欢乐。搏，拍。髀，髀，音bì，大腿。

⑦ 杨恽：？—前54年，西汉政治家，史学家司马迁外孙。此处《书》即《报孙会宗书》，是杨恽写给孙会宗的一封著名书信。

⑧ "魏文"句：三国时期曹魏开国皇帝曹丕（187—226），此处诗为曹丕所作《善哉行》。

⑨ 傅玄：217—278年，字休奕，西晋时期文学家、思想家。撰有《傅玄集》五十卷，今已佚。

⑩ 乌孙公主：？—前101年，西汉江都王刘建女刘细君，武帝元封间嫁于乌孙昆弥（昆莫）。

⑪ 方语：方言。

⑫《释名》：东汉末刘熙撰写的一部从语音角度推求字义的训诂著作。

⑬ 鼓：弹奏。

⑭ 推手、引手：琵琶演奏时，右手最重要的弹、挑指法。

⑮ 杜挚：字德鲁，三国时仕曹魏，以擅长作赋著名。

百姓弦〔十三〕鞉[①]鼓之。”唐明皇尝悦之，杨妃[②]每奏于梨园[③]，诸王贵主并为琵琶弟子。文宗[④]内库有琵琶二，号大、小忽雷。时有内弟子郑中丞[⑤]好弹小忽雷，既而中丞没，为梁师厚所得，后遇良辰，弹于花下，有黄门过而听之，曰：“此郑中丞琵琶声也。”闻于文帝，帝喜。遣中使召之，厚加锡赉。

大横吹、小横吹[⑥]

并以竹为之，笛之类也。昔张博望[⑦]入西域，传其法于西京，得《摩诃》《兜勒》二曲[⑧]，李延年[⑨]因之，更造新声二十八解[⑩]，以为武乐，后汉以给边将。晋魏以来，二十八解不存，其所用者，惟《黄鹤》《陇头水》《出关》《入关》《出塞》《入塞》《折杨柳〔十四〕》《黄覃子》《赤之杨》《望行人》十四曲。唐乐所载大横吹部有节鼓[⑪]二十四曲，小横吹部有角、笛、箫、笳[⑫]、觱篥[⑬]〔十五〕、桃皮篥〔十六〕六种曲名，失传。

---

① 弦鞉：亦作弦鼗，乐器名，犹今之三弦。鞉，音 táo。

② 杨妃：即杨玉环（719—756），号太真，唐玄宗贵妃。善歌舞，通音律。

③ 梨园：原为唐代长安皇家禁苑的果木园圃，因唐玄宗李隆基在此地教演艺人，成为集音乐、舞蹈、戏曲的综合性机构，与专司礼乐的太常寺和充任串演歌舞散乐的内外教坊鼎足而三。后世遂将戏曲界习称为梨园界或梨园行，戏曲演员称为梨园弟子。

④ 文宗：唐文宗李昂（809—840）。

⑤ 郑中丞：唐文宗时宫女，善弹琵琶。郑姓。中丞为宫人官名。

⑥ 横吹：吹奏乐器名，即横笛，又名短箫。

⑦ 张博望：即张骞（前164—前114），西汉外交家、探险家。封博望侯，故称张博望。

⑧《摩诃》《兜勒》二曲：《摩诃》《兜勒》实为一曲。“摩诃兜勒”为“摩诃”与“兜勒”组成的梵语词，合为“大吐火罗”（“大夏”）之意。《摩诃兜勒》为张骞得自西域的乐曲，最初见于《史记》《汉书》记载，后唐马缟《中华古今注》及南宋郑樵《通志略》将其误作两曲，《甘肃通志》因沿其误。

⑨ 李延年：西汉音乐家，汉武帝宠妃李夫人的哥哥，曾为协律都尉。

⑩ 二十八解：汉代著名“武乐”，汉武帝时协律都尉李延年据西域横吹乐曲《摩诃兜勒》改编。“解”即乐曲段落间小型的间奏或结束部，古代文人以“解”数称段数，故称二十八解。

⑪ 节鼓：古代乐器。状如博局，中开圆孔，恰容其鼓，击之以节乐。

⑫ 笳：又称胡笳，中国古代北方民族的一种吹奏乐器，形似笛。最初以卷芦叶为笳，吹以作乐。后在形制上有所变化，将芦叶制成的哨插入管中，遂成为管制的双簧乐器。

⑬ 觱栗：音 bì lì，即觱篥、筚篥，俗称管子。中国传统管乐器，多用于军中和民间音乐。

吹鞭[①]

汉有吹鞭之号，笳之类也。其状大类鞭马者，今牧童多卷芦叶吹之.

云和笙[②]

《汉武帝内传》[③]：西王母命侍女董双成吹云和之笙。

乐考

渥洼天马歌

武帝时，南阳新野有暴利长，遭刑，屯田敦煌界。数于此水旁见群野马中有奇异者与凡马来饮此水。利长先作土人[④]，持勒靽[⑤]于水旁，后马玩习[⑥]久之，代土人持勒靽，得其马，献之。欲神异此马，云从水中出，因[⑦]作《天马之歌》。

西极天马歌

太初四年[⑧]，贰师将军广利[⑨]斩大宛王首，获汗血马来献。大宛旧有天马种，踏石汗血[⑩]，从前肩膊出如血，号一日千里，因作《西极天马之歌》。

隋七部乐

开皇[⑪]时初定，令置七部乐。一曰《燕乐伎》，二曰《清商伎》，三曰《高丽伎》，四曰《天竺伎》，五曰《安国伎》，六曰《龟兹伎》，七曰《康国伎》。唐贞[⑫]观中，增西凉、疏勒、高昌为十部伎。

---

① 吹鞭：竹制边棱音气鸣乐器，兼用作笛的马鞭，因军中携带物不宜多，为方便而发明。

② 云和笙：笙名。中国古代簧管乐器，一般用十三根长短不同的竹管制成。

③《汉武帝内传》：又名《汉武内传》《汉武帝传》，中国神话志怪小说，共一卷。旧本多题为东汉班固或晋葛洪所撰，皆无确据，实为后人伪托。

④ 作土人：用泥土做了个假人。

⑤ 勒靽：套马的索具。

⑥ 玩习：习惯。

⑦ 因：于是。

⑧ 太初：汉武帝年号，前104—前101年。

⑨ 李广利：？—前89年，西汉中期将领，汉武帝宠姬李夫人长兄，曾为贰师将军征伐大宛。

⑩ 踏石汗血：踏石，指踏石而有迹，言其蹄坚利；汗血，指汗出如血。

⑪ 开皇：隋文帝年号，公元581—600年。

⑫ 贞观：唐太宗年号，公元627—649年。

玉宸宫调

《唐·礼乐志》[①]：《凉州曲》本西凉所献也。其声本宫调。有大遍、小遍[②]。贞元[③]初，乐工康昆仑[④]寓其声于琵琶，奏于玉宸殿，因号《玉宸宫调》。

葱岭西曲

《唐·礼乐志》：宣宗时有《葱岭西曲》，士女踏歌为队[⑤]。其词言葱岭[⑥]之民乐河湟故地归唐也。

异物

祭天金人

汉骠骑将军去病出陇西，过焉耆山[⑦]，得休屠王[⑧]祭天金人。颜师古[⑨]曰："今佛像是其遗法也。"

昆仑觞

《酉阳杂俎》：魏贾锵[⑩]有苍头[⑪]善别水[⑫]，常令乘小艇于黄河中流，以瓠匏[⑬]接河源水，一日不过七八升。经宿，色如绛，以酿酒，名昆仑觞，芳味世间所绝。

藤杯

《续博物志》[⑭]：藤杯出西域，藤大如臂，叶似葛花，如梧桐，质坚可为杯，以

---

①《唐·礼乐志》：即《新唐书·礼乐志》。

② 大遍、小遍：唐宋大曲用语。遍，乐曲的一套。每套大曲由十余遍组成，凡完整演唱各遍的，称大遍。

③ 贞元：唐德宗年号，公元785—805年。

④ 康昆仑：唐代音乐家，曾学琵琶于段善本。

⑤ 踏歌为队：一种列队成行，舞者手牵着手，臂相连，边歌唱边双脚踩拍的群体歌舞。

⑥ 葱岭：旧时对帕米尔高原及昆仑山、喀喇昆仑山脉西部诸山的总称。

⑦ 焉耆山：亦作"焉支山""燕支山""胭脂山"。汉时匈奴地区山名，位于今甘肃山丹东南、永昌西。

⑧ 休屠王：匈奴王，据今甘肃省武威市。

⑨ 颜师古：581—645年，名籀，字师古。唐初著名经学家、史学家，著有《汉书注》等。

⑩ 贾锵：北魏大臣。

⑪ 苍头：奴仆。

⑫ 善别水：善于辨别水质。

⑬ 瓠匏：用葫芦制成的水瓢。

⑭《续博物志》：十卷，旧题晋李石撰，是继张华《博物志》之后又一博物类专书。

酌酒，有文章映彻可爱，实大如指，味如豆蔻，能消宿酲。

氍毹[①]

《异物志》：西域大秦国埜[②]茧织成氍毹，以群兽五色毛杂之，为鸟兽、人物、草木、云气，千奇万怪。上有鹦鹉，远望轩轩[③]若飞，其文赤、白、黑、绿、红、绛、金、缥[④]、碧、黄十种色。《古乐府》："请客上北堂，坐毡及氍毹。"[⑤]《通俗文》[⑥]："氍毹细者谓之毾㲪。"班固《与弟超书》[十七]："月支[⑦]毾㲪，大小相杂，但细好而已。"

游仙枕

《开元遗事》[⑧]：龟兹国[⑨]进一枕，色如玛瑙，温润如玉。枕之则十洲、三岛、四海、五湖尽在梦中，因名为游仙枕。

龙虎玉

《杜阳杂编》[⑩]：唐顺宗时，西域进美玉二，一员[⑪]、一方，径各五寸，光彩凝冷，可鉴毛发。时伊祈元解[⑫]方坐上前熟视[⑬]之，曰："此龙虎玉也。员者，龙也，生于水中，为龙所宝，若投之水，必有虹霓出焉。方者，虎也，生于岩谷，为虎所宝，以虎毛拂之，即紫光迸逸而百兽慑伏。"询使人，果得之渔猎者。

---

① 氍毹：音 qúsōu，毛织的织物或地毯。因西域古国渠搜特产为毛织品，故被成为氍毹。

② 埜：同"野"。

③ 轩轩：飞动貌。

④ 缥：原指青白色的丝织品，此处指青白色。

⑤ "古乐"句：此即汉乐府诗《陇西行》。

⑥《通俗文》：东汉末学者服虔所著的一部专释俗言俚语、冷僻俗字的训诂专著。

⑦ 月支：匈奴崛起前居于河西走廊、祁连山的古代游牧民族，亦称"月氏""禺知"。前二世纪为匈奴所败，西迁，后建立大夏国。

⑧《开元遗事》：即《开元天宝遗事》，五代学者王仁裕（880—956）撰，是书多载宫中琐事及宫外之风情习俗。

⑨ 龟兹国：又称丘慈、邱兹。古代西域大国之一。都城延城，今新疆库车东郊皮朗古城。

⑩《杜阳杂编》：唐代笔记小说集，共三卷，唐末学者苏鹗撰。

⑪ 员：同"圆"。

⑫ 伊祈元解：即伊祈玄解，唐顺宗时处士，因避清康熙讳改称伊祈元解。

⑬ 熟视：注目细看。

花蹄牛

元封[①]中，大秦[②]国贡花蹄牛。其色驳[③]，高六尺，尾环绕其身，角端有肉，蹄如莲花，善走，多力。帝使辇铜石以起望仙宫，牛迹在石上者皆如莲花形。故阳关之外有花牛津，时辇得异石，长十丈，高三丈，立于望仙宫，因名龙钟石。武帝末，此石自陷入地中，尾出土上，今人谓龙尾墩。

石枕

临洮府[④]城东总真观冯真人修炼处内有石枕，黄润似玉。乡人老幼，或有疾，扪[⑤]此枕即愈。

剑灵

《酉阳杂俎》云：开元[⑥]中，河西骑将宋青春每阵，常运剑大呼，执馘[⑦]而旋，未尝中锋镝[⑧]。西戎惮之，一军始赖焉。后吐蕃入寇，获生口数千。军帅令译问衣大虫皮者曰："尔何不能害青春?"答曰："常见青龙突阵而来，兵刃所及，若叩铜铁，我以为神助将军也。"青春乃知剑之有灵。

月支香

《瑞应图》：天汉二年[⑨]，月支国贡神香，凡三枚，状如燕卵，大〔十八〕如囊。时适大疫，使者请烧香一枚以辟疫气，病者皆起，香闻百里，积月不歇。

龙驹

青海[⑩]周回[⑪]千余里，海内有小山，每冬冰合后，以良牝马置此山。至来春收之，马皆有孕，所生得驹，号为龙种，必多骏异。吐谷浑尝得波斯草马放入海，因

---

① 元封：汉武帝年号，前110—前105年。

② 大秦：中国古代对罗马帝国及近东地区的称呼。

③ 驳：毛色不纯。

④ 临洮府：为金、元、明三朝行政区划，位于今甘肃省中部，治所在狄道（今临洮县），清乾隆三年（1738），临洮府治由狄道移至兰州，改称兰州府。

⑤ 扪：按、摸。

⑥ 开元：唐玄宗年号，公元713—741年。

⑦ 执馘：馘，音guó。馘指敌军首级，执馘意指杀敌献功。

⑧ 锋镝：刀刃和箭镞，用为兵器的通称。

⑨ 天汉：汉武帝年号，前100—前97年。

⑩ 青海：即青海湖，位于青藏高原东北部、青海省境内，中国最大的内陆湖、咸水湖。

⑪ 周回：环绕、回环。

生骢驹[①]，能日行千里，世传青海骢者是也。

青鸟

《山海经》："三危之山[②]，三青鸟居焉。是山广圆百里，青鸟主为王母取食。"陶诗[③]："翩翩三青鸟，毛色奇可怜[④]。朝为王母使，暮归三危山，我欲因此鸟，且向王母言〔十九〕，在世无所须，惟酒与长年。"李诗[⑤]："遥裔[⑥]双彩凤，婉娈[⑦]三青禽，以欢秦娥[⑧]意，复得王母心。"

陇山鹦鹉

天宝[⑨]时，宫中畜一鹦鹉，聪慧能言。一旦，羽毛憔悴。上怜而问之："颇思乡否？"鹉应声曰："以思乡故如此。"命放之陇山[⑩]。后使臣过陇山，忽闻树上有声，问："皇上安否？"视之则鹦鹉也，使臣不觉泪下。

伎儿鸟

两当有鸟群飞，音如箫管。二月从北向南，八月从南向北。春来种米，秋来种麦。土人名伎儿鸟。

鱼洞

两当县[⑪]东五十里有鱼洞，一名长春洞。每岁暮春，鱼涌洞中而出，不知所从来。又成县仇池山亦有神鱼洞，每年清明后连贯而出，土人取之。

---

① 骢驹：青白杂色的马驹。

② 三危山：又名卑羽山，在今甘肃省敦煌市东南博二十五公里处。

③ 陶诗：此诗为陶渊明《读〈山海经〉十三首》之一。

④ 可怜：异常。

⑤ 李诗：此诗为李白《寓言三首》之一。

⑥ 遥裔：遥远

⑦ 婉娈：美貌。

⑧ 秦娥：传说中秦穆公的女儿弄玉，爱吹箫，嫁给仙人萧史。

⑨ 天宝：唐玄宗年号，公元742—756年。

⑩ 陇山：山名，地处宁夏、甘肃、陕西三省交界处，是陕北黄土高原和陇西黄土高原的界山，以及渭河与泾河的分水岭。

⑪ 两当县：位于甘肃东南部，地处陕甘川交界的秦岭山区，属长江上游嘉陵江水系。

安石榴

《博物志》[①]："陆机《与弟云书》曰：'张骞为汉使外国十八年，得涂林[②]安石榴种。'"元稹诗[③]："何年安石国，万里贡榴花，迢递河源道，因依汉使槎。"

昆仑玉李

《抱朴子》[④]云："五原[⑤]蔡誕入山而还，语其家人曰：'到昆仑山，有玉李，形如世间者，但光明洞澈而坚，以玉井水洗之，便软而可食。'"

天仙椒

《敦煌新录》[⑥]："虏苏割剌[⑦][二十]在荅鲁[⑧]之右大浑[⑨]中，高百寻[⑩]，然无草木，石皆艳色。山产椒，大如弹丸，燃之，香彻数里。每燃椒，有鸟自云际蹁跹[⑪]，五色，名赭尔鸟，盖凤凰种也。汉武帝遣将军赵破奴[⑫]逐匈奴，得其椒，不能解，问东方朔，朔曰：'此天仙椒也，塞外千里有之，能致凤。'武帝植之太液池，至元帝时，椒生，果有异鸟翔集。"

---

① 《博物志》：中国古代神话志怪小说集，西晋张华（232—300）撰，分类记载异境奇物、古代琐闻杂事及神仙方术等。

② 涂林：石榴别名。

③ 元稹诗：即元稹《感石榴二十韵》。

④ 《抱朴子》：东晋葛洪（284—364）撰，分为内、外篇。今存"内篇"二十篇，论述神仙、炼丹、符箓等事，"外篇"五十篇，论述时政得失，人事臧否等。

⑤ 五原：今内蒙古自治区五原县。

⑥ 《敦煌新录》：后唐李延范撰，共一卷，叙张义潮本末及当地风物。

⑦ 虏苏割剌：地名。又作扬苏格拉、胡苏割剌、苏噶巴拉等。

⑧ 荅鲁：地名。又作答鲁、达鲁。"在"字，据《广博物志》补。

⑨ 大浑：大泽。

⑩ 寻：古代长度单位。八尺为寻。

⑪ 蹁跹：音 pián xiān，也作"翩跹"，旋转舞蹈貌。

⑫ 赵破奴：西汉时期将领，曾数次参与征伐匈奴，官至浚稽将军，后因巫蛊之祸受到牵连而被灭族。

幻异

《录异传》[①]云：秦文公[②]时，武都故道[③]雍南山有大梓树，文公伐之，辄有大风雨，树生合不断。时有一人病，夜往山中，闻有鬼语树神曰："秦若使人被发，以朱丝绕树伐汝，汝得不困耶?"树神无言。明日，病人语文公，如其言，伐树断，中有一青牛出走，入丰水[④]中。其后牛出丰水中，使骑击之，不胜。有骑堕地复上，发解，牛畏之，入不出，故置髦头[⑤]。汉、魏、晋因之。

李广[⑥]与兄共猎于冥山之北，见卧虎焉，射之，一矢即毙，断其髑髅以为枕。他日，复猎于冥山之阳。见有卧虎，射之，没矢及羽，进而视之，乃石也，其形类虎。退而更射，镞破簳折[⑦]，而石不伤。

北魏姑臧[⑧]段承根，父晖，字长祚，身长八尺余。师事欧阳汤，汤甚器爱之。有一童子与晖同学，后二年，童子辞归，从晖请马。晖戏作木马与之，童子甚悦。谢晖曰："吾太山府君[⑨]子，奉敕游学，今将欲归，烦子厚赠，无以报德，子后位至常伯，封侯，非报也。且以为好。"言终，乘木马腾空而去。

唐玄〔二一〕宗于正月望夜[⑩]上阳宫[⑪]大陈影灯[⑫]，设庭燎[⑬]，自禁门望殿门，皆设蜡炬，连属不绝，洞照宫室，荧煌如昼。有道士叶法善[⑭]在圣真观，上促命召来。既

---

① 《录异传》：原书已佚，《艺文类聚》《初学记》《太平广记》等多有征引，鲁迅《古小说钩沉》辑有佚文二十七条。

② 秦文公：？—前716年，春秋时秦国君主，秦襄公之子。

③ 武都故道：先秦时，武都已有道（县）级建置，秦始皇设武都道，隶属陇西郡。

④ 丰水：古水名，在陕西省户县东南注入渭水。

⑤ 髦头：古代帝王大驾出宫时，武士披发前驱者。

⑥ 李广：？—前119年，陇西成纪（治今甘肃静宁县李店）人。西汉著名将领。

⑦ 镞破簳折：镞，箭头。簳，箭杆。

⑧ 姑臧：也称"盖臧"。武威郡、古雍州、古凉州治所所在地，今甘肃武威市。

⑨ 太山府君：又名泰山府君。道家以泰山之神为泰山府君。

⑩ 正月望夜：指农历正月十五日夜。

⑪ 上阳宫：唐高宗李治在东都洛阳修建的大型宫殿建筑群，南临洛水，北连禁苑，地处洛阳皇城西南、禁苑之东。

⑫ 影灯：以取影装饰为主的彩灯，上绘有人物、花卉或四时景致等的彩画，如走马灯之类。

⑬ 庭燎：宫廷中照亮的火炬，多由苇薪制成。

⑭ 叶法善：606—720年，字道元，号太素，唐时著名道士。

至，潜引法善观于楼下，人莫知者。法善谓上曰："影灯之盛，天下固无与比，惟凉州信为亚此〔二二〕。"上曰："师尝游乎?"法善曰："适自彼来，便蒙召。"上异其言，曰："今欲一往，得否?"法善曰："此易耳!"于是令上闭目，约曰："必不得妄视，若有所视，必当惊骇。"上依其言，闭目距踊，身在霄汉，已而足及地。法善曰："可以观览。"既视，灯烛连亘[①]十数里，车马骈阗[②]，士女纷杂，上称其善。久之，法善曰："观览毕，可回矣。"复闭目，与法善腾虚而上。俄顷还故处，而楼下歌吹犹未终。法善至西凉州，将铁如意质[③]〔二三〕酒肆。异日，上命中官[④]托以他事使凉州，因求如意以还法善。

秦州民赵抱一常牧羊田间。一夕，有叩门召之者，以杖引行。杖端有气如烟，其香可悦。俄至山崖绝顶，见数人会饮，音乐交奏，与人间无异，抱一骇而不测[⑤]。会巡检司过其下，闻乐声，疑群盗欢聚。集村民梯崖而上，至则无所睹，抱一独在，援以下之，具言其故。凡经夕[⑥]，若俄顷。自是不喜熟食，凡火化者未尝历〔二四〕口。茹[⑦]甘菊、柏叶、果实、井泉，间亦饮酒，貌如婴儿。素不习文墨，口占辞句，颇成篇咏，有道家之趣。遂不亲农事，野行露宿。大中祥符四年[⑧]，至京师，犹丱角[⑨]。诏赐名，度为道士。自是间岁，或一至京师，常令居太一宫，与人言多养生事焉。

泾州人朱有，少窜名伍符[⑩]。宋元丰[⑪]初，泸贼犯塞[⑫]，诏秦卒征之，军次资中

① 连亘：连接不断。

② 骈阗：也作"骈填""骈田"。聚集一起。

③ 质：抵押。

④ 中官：宦官。

⑤ 不测：难以意料，不可知。

⑥ 经夕：过了一晚上。

⑦ 茹：吃。

⑧ 大中祥符：北宋真宗年号，公元1008—1016年。

⑨ 丱角：音guàn jiǎo，头发束成两角形，旧时多为儿童或少年人的发式。

⑩ 武符：军队中的簿册。

⑪ 元丰：北宋神宗年号，公元1078—1085年。

⑫ 泸贼犯塞：指宋神宗元丰元年（1078）讨平泸南（云南楚雄一带）叛乱事。

郡[①]。有往来醮坛山[②]试仙台，俄二鸟飞鸣争食，坠地，若松肪。有取食之，即胀渴。求饮，遇一道士，指松曰："食此叶可疗也。"忽不见。有如其言，渴止，觉心爽神清。有不知书、不饮酒，至是高吟剧饮，脱伍符而去。

僭窃

汉

隗嚣

天水成纪人。嚣季父崔闻汉兵起，聚众攻平襄[③][二五]，杀莽镇戎大尹[④]。崔、广[⑤]推嚣为上将军，遂击杀雍州牧陈庆，复攻南安[⑥]大尹王向分。遣诸将徇[⑦]陇西、武都、金城、张掖[二六]、酒泉、敦煌，攻下之。二年[⑧]，更始以嚣为右将军。光武建武元年[⑨]，嚣据天水，自称西州上将军。七年，光武封为朔宁王。九年，嚣卒。其将王元、周宗立嚣少子纯为王。十年，光武遣中郎将来歙[⑩]等大破于落门[⑪]，纯与周宗降汉，其国遂亡。

卢芳

安定天水人。王莽之乱，天下思汉。芳诈称武帝曾孙刘文伯，因言为上将军，遣使与外国[⑫]和亲。外国立为汉帝，据安定[⑬]。光武建武五年，芳入塞，据五

---

① 资中：今四川内江市。

② 醮坛山：俗称"吊台山"，为资中风景名胜之一。

③ 平襄：古县名。西汉置，治所在今甘肃通渭西北。

④ 莽镇戎大尹：莽，即王莽。镇戎大尹，指镇戎郡太守。镇戎郡在今甘肃省天水市一带，治平襄。王莽改太守为大尹，东汉复旧称。

⑤ 广：即杨广（？—32），西汉上邽（今甘肃天水市）人。隗嚣部将。

⑥ 南安：古郡名。辖域为今甘肃陇西县东部和定西县、武山县一带。

⑦ 徇：攻击。

⑧ 二年：更始二年（24）。

⑨ 建武：东汉光武帝年号，公元25—56年。

⑩ 来歙：？—35年，字君叔，南阳新野（今河南新野南）人。东汉名将。

⑪ 落门：今甘肃武山县。

⑫ 外国：指匈奴。

⑬ 安定：安定郡，治临泾，今甘肃镇原县东南。

郡〔二七〕[①]，僭称帝。七年，朔方、云中、中部皆降于芳[②]。十六年，降汉，汉立为代王，其国遂亡。

西晋

氐主杨茂搜

本姓令狐，杨驹[③]之甥，略阳清水[④]氐人也。初杨驹始居仇池[⑤]，有地百顷。至其孙千万附魏[⑥]，封为百顷王。千万孙飞龙浸强盛，徙居略阳，以其甥令狐茂搜为子。茂搜避齐万年之乱[⑦]，率部落还保仇池，自号辅国将军、右贤王，关中人避乱者多依之。寻[⑧]卒，子难敌遂据其地。建兴元年[⑨]，寇陷凉州。二年，为张咸所逐，降于李成。永昌元年[⑩]，称藩于赵，赵主曜[⑪]封难敌为武都王，寻称仇池王，遂卒。子毅嗣，遣使称藩于晋。咸康二年[⑫]，杨初杀毅降赵。永和三年[⑬]初，遣使称藩于晋，晋以初为雍州刺史、仇池公，卒。杨世嗣，晋以为秦州刺史，世卒，杨纂立。咸安元

① 五郡：五原、朔方、云中、定襄、雁门五郡。

② “七年”二句：此段记载有误。按《后汉书》卷1《光武帝纪》载：“（建武七年）冬，卢芳所置朔方太守田飒、云中太守乔扈各举郡降。”卷12《卢芳列传》载：“六年，芳将军贾览将胡骑击杀代郡太守刘兴。芳后以事诛其五原太守李兴兄弟，而其朔方太守田飒、云中太守桥扈恐惧，叛芳，举郡降，光武令领职如故。” 可知朔方、云中二郡实降于刘秀，而非卢芳，“中部”二字当为衍文。

③ 杨驹：？—230年，白马地区氐族首领杨腾的长子。210年承父职，为白马一带的第二任氐族首领。

④ 略阳：县名。西汉武帝元鼎六年（前111年）置，位于今陕西省安康市略阳县。

⑤ 仇池：即仇池山，位于今甘肃省陇南市西和县南境的大桥乡，魏晋南北朝时期氐族杨氏曾以此地为政治中心建立仇池政权。

⑥ 魏：指三国时曹魏。

⑦ 齐万年：？—299年，氐族首领。西晋元康六年（296年），其聚众十余万，围泾阳，袭扰关中，进逼长安，后兵败被杀。

⑧ 寻：顷刻，不久。

⑨ 建兴：西晋愍帝年号，公元313—317年。

⑩ 永昌：东晋元帝年号，公元322—323年。

⑪ 赵主曜：前赵昭文帝刘曜（？—329），匈奴人，字永明，前汉光文帝刘渊养子，前赵最后一位皇帝。

⑫ 咸康：东晋成帝年号，公元335—342年。

⑬ 永和：东晋穆帝年号，公元344—361年。

年[①]，苻秦[②]伐仇池，克之，执杨纂以归，遂亡。

东晋

西秦

乞伏国仁

陇西鲜卑人。父司繁，降秦，苻坚[③]以为南单于，镇勇士川[④]。司繁卒，国仁代镇。苻坚南伐征，国仁从军，以国仁叔父步颓镇勇士。坚寇[⑤]晋，败归。步颓叛坚，使国仁讨之，国仁遂与步颓合据陇右。晋太元十年[⑥]秋九月，自称大都督、大将军，秦、河二州牧，建元建义。十二年春三月，秦王登以国仁为苑川王，立三年。

乾归

国仁弟。国仁卒，子公府幼，众推乾归为河南王，改元太初，迁都金城。太元十四年春正月，秦王登命为河南王。隆安四年[⑦]春正月，还都于苑川[⑧]。夏六月，秦遣其将姚硕德[⑨]来伐，乾归大败，降秦，西秦中绝。义熙五年[⑩]，长子炽磐起兵叛秦。乾归闻之，自秦逃归，命炽磐镇苑川，自率众徙都度坚山[⑪]。秋九月，复称为秦王，改元更始。六年，复都苑川。自是攻秦略阳、南安、陇西，皆克之。八年春，徙都谭郊[⑫]。六月，为兄子公府所弑，立二十四年。

炽磐

乾归长子。义熙五年，乾归复称为秦王，及遇害，炽磐袭位，称河南王，改元

---

① 咸安元年：公元371—372年。咸安，东晋简文帝年号。

② 苻秦：即前秦（350—394），十六国时期氐族人苻健建立的政权，共历六主，享国四十四年。

③ 苻坚：338-385年，字永固，氐族，略阳临渭人，十六国时期前秦的君主。

④ 勇士川：今甘肃榆中县大营川一带。

⑤ 寇：侵犯。

⑥ 太元：东晋孝武帝年号，公元376—396年。

⑦ 隆安：或作崇安，东晋安帝年号，公元397—401年。

⑧ 苑川：今甘肃榆中县大营川，汉在川内置牧师苑。东晋十六国时期为西秦都城。东晋时，鲜卑乞伏部居此。后建立西秦政权，移都至苑川。

⑨ 姚硕德：南安赤亭（今甘肃陇西西）人，羌族，姚弋仲子，十六国时期后秦宗室、将领。

⑩ 义熙五年：东晋安帝司马德宗年号，公元405—418年。

⑪ 度坚山：今甘肃靖远县西部。

⑫ 谭郊：即谭郊城，在今甘肃积石山县刘集乡崔家村。

永康。宋永初元年[①]，改元建弘〔二八〕，立子慕末为太子，立十六年。

慕末

炽磐第二子。炽磐卒，慕末袭位，改元永弘〔二九〕。宋元嘉七年[②]，为北凉所迫，东徙上邽，为夏人[③]所拒，留保于南安。八年春正月，夏主赫连定[④]起兵伐秦，遣将韦伐[⑤]攻南安，慕末出降，寻杀之，其国遂亡，立三年。

后凉

吕光

略阳氐人也。父楼婆为苻坚太尉，光袭[⑥]，累迁骠骑将军。出讨西域，归至高昌[⑦]，闻坚国乱，遂进击凉州，杀刺史梁熙而据其地。晋孝武太元十一年，闻坚凶问[⑧]至，乃自称使持节侍中、中外大都督、督陇右河西诸军事、凉州牧、酒泉公，建元太安。十四年，僭称三河王，改元麟嘉，置百官，立子绍为世子。二十一年，僭天王位，国号大凉，立子绍为太子。隆安三年，立其子为天王，遂卒，立十二年。

吕绍

光之太子，立数日为纂所杀。

吕纂

光庶长子，绍兄也。光卒，绍秘不发丧，帅壮士入宫杀绍而自立，僭即伪位，改元咸宁。后为番和太守吕超所杀，立三年。

吕隆

吕光兄之子，隆兄超杀纂，让位于隆，遂僭位。秦遣其将姚硕德来伐，围姑臧。隆降，凉遂亡，立一年。

---

① 永初：南朝宋武帝年号，公元4204—422年。

② 元嘉：南朝宋文帝年号，公元424—453年。

③ 夏人：十六国时期匈奴铁弗部赫连勃勃建立的大夏政权。

④ 赫连定：？—432年，小字直獀，匈奴铁弗部人，大夏武烈帝赫连勃勃第五子，赫连昌之弟，十六国时期大夏国皇帝。

⑤ 韦伐：赫连定的叔父赫连韦伐。

⑥ 袭：继承。

⑦ 高昌：位于今新疆自治区吐鲁番市高昌区东南之哈喇和卓地方，是古时西域交通枢纽。

⑧ 凶问：死讯。

南凉

秃发乌孤

河西鲜卑人，与后魏同出。初受吕光署[①]，筑廉川堡[②]以都之。累拜征西大将军、益州牧、左贤王。隆安元年，自称大都督大将军、西平王，改元太初。攻吕光金城，取之。二年，取凉岭南五郡[③]，更称武威王。三年，徙于乐都[④]，立三年。

利鹿孤

乌孤之弟。乌孤卒，众推立之，遂僭嗣伪位，改元建和。徙居西平[⑤]，立三年。

傉檀

利鹿孤弟也。鹿孤卒，遂僭称凉王，改元弘〔三十〕昌。元兴三年，畏秦之强，去其年号，罢尚书丞郎官。义熙四年，复称凉王，改元嘉平。义熙六年，为北凉沮渠蒙逊所逼，迁于乐都。义熙十年，傉檀出讨他郡，西秦乞伏炽磐袭乐都，溃乱。太子虎台、傉檀降于炽磐，寻遇害，其国遂亡，立十二年。

北凉

段业

京兆人，吕光以为建康[⑥]太守。光晋昌[⑦]守将沮渠男成与从弟蒙逊起兵叛光，遣使说业，奉以为主。业许男成等，遂推业为大都督、大将军、凉州牧、建康公，改元神玺。隆安三年春二月，自称为凉王，改元天玺。夏五月，为安西〔三一〕太守沮渠蒙逊所杀，立四年。

---

① 署：代理、暂任或试充官职。

② 廉川堡：后梁河西鲜卑大都统秃发乌孤所筑城堡，遗址在今青海省海东市民和回族土族自治县川口镇西北史纳村，现存城墙及城堡墩台。

③ 岭南五郡：即洪池岭（乌鞘岭）以南的广武、西平、乐都、浇河、湟河五郡。

④ 乐都：即乐都郡，十六国时期后凉置，治所在今青海省乐都县城西。

⑤ 西平：即西平郡，东汉建安中分金城郡置。治所在西都（今青海省西宁市），辖境相当今青海湟源、乐都间湟水流域地。

⑥ 建康：前凉所置郡，郡治在今甘肃省张掖市高台县西北。

⑦ 晋昌：即晋昌郡，西晋元康五年（295）分敦煌、酒泉二郡置，治冥安县（今甘肃省安西县东南）辖境相当今甘肃省安西县至玉门市一带地区。

沮渠蒙逊

临松[①]卢水人也。隆安初，起兵立段业为王。业忌蒙逊，出为安西太守〔三二〕。隆安五年，蒙逊入杀业，自称大都督、大将军、凉州牧、张掖公。义熙八年，迁于姑臧，称河西王，改元，置百官。十四年，称藩于晋。宋高祖永初元年，击灭西凉。景平元年，受宋爵命。八年，受魏命，为凉王，立三十二年。

牧犍

蒙逊诸子也。蒙逊卒，牧犍代立，改元永和。元嘉十一年，册命为河西王。十六年，魏主围姑臧，牧犍出降，其国遂亡，在位七年。

夏

赫连勃勃

右贤王[②]之后，卫辰[③]之子。本姓刘，以其上世随母姓，故改姓赫连氏。初为姚兴[④]将，镇朔方。晋义熙三年夏六月，叛兴，称天王，国号大夏，建元龙兴。义熙九年，改元凤翔，用叱干阿利[⑤]领将作大监[⑥]，发十万人筑都城。义熙十四年，即皇帝位于灞上[⑦]，都统万[⑧]，改元昌武。元熙元年，改元真兴。宋元嘉二年卒，立十九年。

夏主昌

勃勃世子。勃勃卒，昌遂嗣立。宋元嘉四年，魏主来伐，昌走上邽，魏取统万。五年，昌为魏将尉眷[⑨]所擒，俘之于平城[⑩]，立三年。

夏主定

勃勃第五子。伪封平原王，昌被魏擒，定收余众，奔还平凉，僭即皇帝位，改

① 临松：今甘肃省张掖市民乐县。

② 右贤王：匈奴贵族封号，二十四长之一。

③ 卫辰：即刘卫辰（？—391），十六国时期匈奴支系铁弗部首领。

④ 姚兴：366—416年，字子略，羌族。十六国时期赤亭（今甘肃陇西西）人。后秦第二位皇帝。

⑤ 叱干阿利：鲜卑族，肤施人（今陕西省延安市）。赫连勃勃重臣。

⑥ 将作大监：职掌宫室、宗庙、陵寝等的土木营建。秦时称将作少府，西汉称将作大匠，南梁称大匠卿，隋时称将作监大匠，后又改大匠。

⑦ 灞上：在今陕西省西安东，因在灞水西高原上得名。

⑧ 统万：夏国的都城，在今陕西省靖边县北。

⑨ 尉眷：？—463年，代郡人。北魏著名将领。

⑩ 平城：北魏中期都城，在今山西省大同市。

元胜光。元嘉五年，取长安。八年，为吐谷浑[①]所擒。明年，逃魏，魏人害之，其国遂亡，立三年。

隋

梁师都

初为朔方郎将，炀帝大业十三年[②]，起兵据郡[③]，略定雕阴[④]、弘〔三三〕化[⑤]、延安等郡，遂即皇帝位，国号梁。始毕[⑥]遗[⑦]以狼头纛[⑧]，号为大度昆伽可汗，师都乃引边寇居河南之地，攻破盐川郡[⑨]。贞观二年，唐太宗遣右卫大将军柴绍[⑩]等讨梁师都，其下弑之以降，以其地为夏州，其国遂亡。

秦王薛举

金城人。初为金城校尉，骁勇绝伦，家赀[⑪]巨万，交结豪杰于西边。炀帝大业十三年夏四月，陇右[⑫]盗起，金城令郝援募兵得数千人，使举将而讨之。方授甲，置酒飨[⑬]士，举与其子仁杲及同党十三人于座劫援发兵，开仓赈施，自称西秦霸王。招集群盗，掠官牧马，贼首宗罗睺率众归之。选精锐克枹罕[⑭]，岷山贼众大振。以仁杲为

① 吐谷浑：313—663年，亦称吐浑。西晋至唐朝时鲜卑族慕容部在祁连山脉和黄河上游谷地建立的国家。谷，音yù。

② 大业十三年：隋炀帝年号，公元605—618年。

③ 起兵据郡：拉起武装，占领郡城。

④ 雕阴：雕阴郡，隋大业中置。在今陕西延安市甘泉县地域，因该郡西南，山多雕穴，故名雕阴。

⑤ 宏化：隋大业三年（607），以庆州为弘化郡，治合水县（今甘肃省庆成县）。辖境相当今甘肃省合水、庆阳、华池、环县及陕西吴旗等县地。

⑥ 始毕：即始毕可汗（？—619），姓阿史那氏，名咄吉世（又作咄吉、吐吉），启民可汗阿史那·染干之子，东突厥可汗。

⑦ 遗：给予、馈赠。

⑧ 狼头纛：用狼头作标志的大旗。

⑨ 盐川郡：隋大业三年（607年），废五原郡，改置盐川郡。

⑩ 柴绍：588—638年，字嗣昌，唐邢州尧山（今河北隆尧县）人。唐凌烟阁二十四功臣之一。

⑪ 赀：同“资”，财货。

⑫ 陇右：古人以西为右，故称陇山以西为陇右。陇右地区位处黄土高原西部，界于青藏、内蒙、黄土三大高原结合部。

⑬ 飨：音xiǎng，用酒食招待客人。

⑭ 枹罕：音fú hǎn，郡名，辖境相当今甘肃临夏县附近地区。

齐王，领东道行军元帅；少子仁越为晋王，兼河州刺史；宗罗睺为兴王，以副仁杲。未几，举得陇右之地，众至十三万。秋七月，举自称秦帝，徙据天水，立仁杲为太子。至唐高祖武德元年[①]八月，举卒，子仁杲立。是年，秦王世民举兵伐之，仁杲出降，唐斩之，其国遂亡。

凉王李轨

初为武威司马。炀帝大业十三年，薛举起兵金城。轨与同郡曹克谋曰："薛举必来侵暴，郡官庸怯，势不能御，吾辈岂可束手，并妻奴为人所虏邪？不若相与拒之，保据河西，以待天下之变。"众以为然，遂相与拜，轨奉以为主。轨乃令安修仁[②]集诸部，自结民间豪杰共起兵，称河西大凉王，置官属。寻攻张掖、敦煌、西平、枹罕，皆克之，尽有河西五郡之地。武德元年，唐高祖立为凉王。十一月，自称帝。武德二年，唐遣安兴贵[③]袭轨，杀之，其国遂亡。

宋

夏

李继迁

拓跋氏元魏之后也。自唐贞观有银〔三四〕、夏等州[④]之地，唐末赐姓李。祖仁福，长兴二年[⑤]为唐定南节度使。仁福卒，子彝超嗣。彝超卒，彝殷嗣。彝殷卒，彝兴嗣。彝兴卒，子克睿嗣。克睿卒，子继筠嗣。继筠卒，弟继捧代领其众。宋太宗太

---

① 武德：唐高祖年号，公元618—626年。

② 安修仁：昭武九姓胡人，初为李轨部将，后归唐，为唐初平定凉州功臣。

③ 安兴贵：其先居中亚粟特人的安国，世居凉州，为武威豪望。因助唐平定大凉王李轨有功，受封右武侯大将军、凉国公。

④ 银、夏等州：银州，治所在隋雕阴郡之儒林县，贞观二年（628）平定梁师都后置为银州，管儒林、抚宁、真乡、开光等四县县及归德州。辖境约当今陕西米脂、佳县地区。夏州，原为朔方郡，隋末，梁师都改为夏州。贞观二年（628）置夏州都督府。天宝元年（742年）改为朔方郡，乾元元年（758）复为夏州。

⑤ 长兴：后唐明宗年号，公元930—9331年。

平兴国七年[①]，与继迁入朝，献银、夏、绥[②]、宥[③]四州。未几，继迁与其党数十人复叛，奔地斤泽[④]。由是从者日众，遂据夏州东南三百里。至道三年[⑤]，继迁请降。太宗以为定南节度使，赐姓名赵保吉，立二十二年。

李德明

保吉子也。既嗣，屡表归款，复奉誓表。景德[⑥]二年，真宗乃遣使授德明检校太师[⑦]兼侍中，充定南节度使。明道[⑧]元年，封德明为夏主。寻卒，立二十九年。

李元昊

更名曩霄，德明子也。德明卒，元昊嗣位。明道元年，仁宗遣杨吉授元昊三使[⑨]，封西平王。景祐四年[⑩]，杀其叔父山遇，称帝于夏州。仁宗削赐姓、官爵。庆历〔三五〕四年[⑪]，上誓表于宋，宋复册为夏国王，立一十五年。

李谅祚

元昊子也。时方期岁，养于母族讹庞[⑫]，讹庞因以三大将分治国政。庆历〔三六〕八年，仁宗册为夏国王，立十九年。

---

① 太平兴国：北宋太宗年号，公元976—984年。

② 绥州：原为上郡，隋之雕阴郡。隋末，梁师都改为绥州。唐天宝元年（742）改为上郡，乾元元年（758）复为绥州。北宋为绥德军，隶永兴军路。

③ 宥：宥州，唐开元二十六年（738）由匡州改，天宝元年（742）改为宁朔郡，乾元元年（758）复为宥州。

④ 地斤泽：当为荒漠中的一小块湿地，旧说据夏州东北三百余里。具体地点说法有三：一说为今内蒙古自治区的巴彦淖尔市一带；二说为位于今内蒙古自治区伊金霍洛旗西南；三说为今内蒙古自治区鄂托克旗。

⑤ 至道：北宋太宗年号，公元995—997年。

⑥ 景德：北宋真宗年号，公元1004—1007年。

⑦ 检校太师：唐、宋时检校官是皇帝下发的文告命令所赐不是下旨册封的正官。宋代检校官加于太师至各部员外郎，共十九等（十九等包括：太师、太尉、太傅、太保、司徒、司空、尚书左仆射、右仆射、吏部尚书、兵部尚书、户部尚书、刑部尚书、礼部尚书、工部尚书、左、右散骑常侍、太子宾客、国子祭酒、水部户外郎），位高于正职。

⑧ 明道：北宋仁宗年号，公元1032—1033年。

⑨ 三使：指授予李元昊定难军节度使，夏、银、绥、静、宥等州观察使等职位。

⑩ 景祐：北宋仁宗年号，公元1034—1038年。

⑪ 庆历：北宋仁宗年号，公元1041—1048年。

⑫ 讹庞：李谅祚的生母没藏氏（？—1056）为李元昊宠妃，其兄为权臣没藏讹庞。

李秉常

谅祚子。谅祚卒，秉常遂嗣。治平四年[①]，英宗遣刘航[②]封夏国王[③]，立十九年。

李乾顺

秉常子。秉常卒，乾顺嗣。元祐元年[④]，宋遣穆衍[⑤]往吊祭，寻遣使封为夏国王，顺立五十一年。

李仁孝

乾顺子。既嗣，建元大庆，立十四年。

李纯祐

仁孝子。既嗣，改元天庆。后为李安全所废，立十三年。

李安全

崇宗孙，越王仁友子也。废纯祐自立，改元应天。嘉定二年[⑥]降于蒙古，立五年。

李遵顼

安全族子也。安全卒，遵顼遂立，改元光定。嘉定十年，蒙古围兴州，遵顼出奔西凉。嘉定十六年，传国与子德旺，自号上皇，立十二年。

李德旺

遵顼子。既立，改元乾定。时蒙古入夏，城邑多降，德旺忧悸而卒，立三年。

李晛

德旺从子也。德旺卒，国人立之。宝庆三年[⑦]，蒙古铁木真〔三七〕[⑧]尽克夏城邑。其民穿凿土石以避锋镝，免者百〔三八〕无一二，白骨蔽野。夏主力屈，出降，其国遂

---

① 治平：北宋英宗年号，公元1064—1067年。

② 刘航：魏县（今河北馆陶县王桥乡刘齐固）人。北宋大臣。历任虞城、犀浦知县和外交使节，官至太仆卿。北宋名臣刘世安之父。

③ 封夏国王：《宋史》卷486《夏国传》载此事为神宗熙宁二年（1069）年。

④ 元祐：北宋哲宗年号，公元1086—1094年。

⑤ 穆衍：字昌叔，河内人。北宋大臣。任过地方官吏和外交使节。

⑥ 嘉定：南宋宁宗赵扩年号，公元1208—1224年。

⑦ 宝庆：南宋理宗赵昀年号，公元1225—1227年。

⑧ 铁木真：即成吉思汗（1162—1227），名铁木真，又作帖木真、忒没真，蒙古国创建者、军事家和政治家。

亡，立一年。

校勘记

〔一〕弦　哈佛本、刻补本、四库本皆作“弦”，避康熙皇帝讳改。

〔二〕弦　哈佛本、刻补本、四库本皆作“弦”，避康熙皇帝讳改。

〔三〕弦　哈佛本、刻补本、四库本皆作“弦”，避康熙皇帝讳改。

〔四〕弦　哈佛本、刻补本、四库本皆作“弦”，避康熙皇帝讳改。

〔五〕历　哈佛本作“厯”，刻补本作“歴”，四库本作“厯”，避乾隆皇帝讳改。

〔六〕弦　哈佛本、刻补本、四库本皆作“弦”，避康熙皇帝讳改。

〔七〕弦　哈佛本、刻补本、四库本皆作“弦”，避康熙皇帝讳改。

〔八〕弦　哈佛本、刻补本、四库本皆作“弦”，避康熙皇帝讳改。

〔九〕弦　哈佛本、刻补本、四库本皆作“弦”，避康熙皇帝讳改。

〔十〕弦　哈佛本、刻补本、四库本皆作“弦”，避康熙皇帝讳改。

〔十一〕弦　哈佛本、刻补本、四库本皆作“弦”，避康熙皇帝讳改。

〔十二〕玄　哈佛本、刻补本皆作“元”，四库本作“玄”，避康熙皇帝讳改。

〔十三〕弦　哈佛本、刻补本、四库本皆作“弦”，避康熙皇帝讳改。

〔十四〕柳　哈佛本、刻补本同，四库本脱“柳”字。

〔十五〕稟　哈佛本、刻补本同，四库本作“粟”。

〔十六〕稟　哈佛本、刻补本同，四库本作“粟”。

〔十七〕班固《与弟超书》　哈佛本、刻补本、四库本皆误作班超《与弟固书》，据义径改。

〔十八〕大　哈佛本、刻补本同，四库本作“太”。

〔十九〕言　哈佛本、刻补本、四库本皆误作“前”，陶诗诸本皆作“言”，据改。

〔二十〕刺　哈佛本、刻补本同，四库本误作“刺”。

〔二一〕玄　哈佛本、刻补本作“元”，四库本作“玄”，避康熙皇帝讳改。

〔二二〕亚此　哈佛本、刻补本、四库本同，《太平广记》卷77作“亚匹”。

〔二三〕质　哈佛本、刻补本同，四库本作“置”。

〔二四〕历　哈佛本作“厯”，刻补本作“歴”，四库本作“厯”，避乾隆皇帝讳改。

〔二五〕平襄　哈佛本、刻补本、四库本皆作“湖襄”，误。按《后汉书》卷43《隗嚣公孙述列传》作“平襄”，据改。

〔二六〕掖　哈佛本、刻补本同，四库本作“液”。

〔二七〕五郡　哈佛本、刻补本、四库本皆作“五都”，误。按《后汉书》卷12《卢芳列传》作“五郡”，据改。

〔二八〕弘　哈佛本作“弘”，刻补本作“宏”，四库本作“弘”，避乾隆皇帝讳改。

〔二九〕弘　哈佛本作“弘”，刻补本作“宏”，四库本作“弘”，避乾隆皇帝讳改。

〔三十〕弘　哈佛本作“弘”，刻补本作“宏”，四库本作“弘”，避乾隆皇帝讳改。

〔三一〕安西　哈佛本、刻补本、四库本皆据《晋书》卷129而误作“西安”，考《十六国春秋》、《魏书》卷87皆作“安西”，据改。

〔三二〕安西　哈佛本、刻补本、四库本皆据《晋书》卷129而误作“西安”，考《十六国春秋》、《魏书》卷87皆作“安西”，据改。

〔三三〕弘　哈佛本作“弘”，刻补本作“宏”，四库本作“弘”，避乾隆皇帝讳改。

〔三四〕银　哈佛本、刻补本同，四库本作“宁”。

〔三五〕历　哈佛本作“厤”，刻补本作“歴”，四库本作“歴”，避乾隆皇帝讳改。

〔三六〕历　哈佛本作“厤”，刻补本作“歴”，四库本作“歴”，避乾隆皇帝讳改。

〔三七〕铁木真　哈佛本、刻补本同，四库本作“特穆津”。

〔三八〕百　哈佛本、刻补本同，四库本脱“百”字。

甘肃通志卷之末〔一〕〔二〕

后序一

直省有通志，犹古列国有史。但史与志，义例不同，详略亦异。夫统一省数千里之境，上下数千年之久，其间典章事实，悉于志是载，其事诚不易。为臣等生逢圣世，恭遇右文[①]盛事，遵奉纶音[②]，敢[③]不悉心延访耆硕[④]，采辑旧闻，搜罗轶事，以荟萃成编！惟是各省通志，俱有成书，甘肃独无旧本，事属创始，纵极考辨，犹恐语焉不详，择焉不精。又河西卫所新改设郡邑，分隶未久，今古异名。臣等统率属员，合各郡邑之志，搜讨故实，博采舆言。凡地方建置沿革，疆域广袤远近，山川关梁之险易，城池公署之布置，田畴水利之疏浚，学校祠祀之昭垂[⑤]，户口财赋之繁庶，兵戎驿政之修明，盐法茶马之成规，风俗物产之同异，职官有古今增损之殊，名宦核其居官政绩，人物论其生平才德，详忠孝节义以风世励俗[⑥]，载古今著述以润色文章。裒旧益新〔三〕[⑦]，捃摭确实，考其条目，综其义例，不敢凭臆见以失实，不敢徇耳目以传讹，删繁举要，编次成帙。统计共五十卷，以备《一统志》之采择。缮稿既竣，鸠工授梓[⑧]，臣谨稽首扬言简末。

时雍正十有三年，岁在乙卯，正月谷旦[⑨]。

巡抚甘肃宁夏临巩等处地方赞理军务兼理茶马
都察院右副都御史加五级纪录三次　臣许　容

谨序

---

① 右文：重视文化。

② 纶音：喻皇帝的旨意。

③ 敢：不敢不。

④ 延访耆硕：延请采访年长者和有学问者。

⑤ 昭垂：昭示，垂示。

⑥ 风世励俗：影响社会，激厉风俗。

⑦ 裒旧益新：裒，音póu，聚也。搜罗旧的东西，增加新的内容。

⑧ 鸠工授梓：鸠，音jiu，聚集。召集工匠交给他们雕版印刷的任务。

⑨ 谷旦：谷，善也。谷旦，美好的日子，吉日。

后序二

窃惟九州之志[①]，兴于上古。自羲、农、轩、顼[②]之代，已〔四〕有八索、九丘〔五〕。解之者曰："九丘〔六〕，九州也。"顾其书弗传。至大禹周行天下，平治水土，咸则三壤，成赋中邦[③]，而九州之纪载，于是较若列眉[④]。迨于《周官》有职方氏掌天下之舆图，内史掌邦国之志，外史掌四方之志，而一切山川原隰[⑤]、户口贡赋、人才物产、风俗歌谣，靡不具载。是汉唐以来，郡国之志皆仿《周官》而为之者也。今一省之通志，犹古者九州之志，非融会古今，条贯本末，详略繁简，咸折厥中，盖难言之。

甘肃一省，虽处西偏，然本唐虞、禹贡之区，声教渐濡之域。自汉武开通西夷以后，名臣贤士经营建置之迹累累相望。我朝列圣重光，太和洋溢，薄海内外，罔不率俾[⑥]。昔缘准噶尔[⑦]自弃于化育之外，侵扰属国，恭承世宗宪皇帝[⑧]命，臣董师[⑨]以正《周官》九伐之典[⑩]，特念甘肃为出口[⑪]要地，加意抚绥，多方宽恤。我〔七〕皇

① 九州之志：指各地区的志书。九州为传说中大禹所划中国境内的行政区域。

② 羲、农、轩、顼：上古的几位帝王，伏羲、神农、轩辕黄帝、颛顼。

③ 咸则三壤，成赋中邦：《禹贡》中将九州土地依其肥瘠定为三等，谓上（上上、上中、上下）、中（中上、中中、中下）、下（下上、下中、下下），量其出产，确定其向中央王朝提交的贡赋。

④ 较若列眉：清楚得好像眉毛的排列。

⑤ 原隰：平原和湿地。

⑥ 薄海内外，罔不率俾：原出《尚书·武成》"华夏蛮貊，罔不率俾"，意为无论华夏还是蛮夷没有人不相率服从归顺。因清统治者忌言"蛮夷"等字，故改为薄海内外，薄海，逼近于海，指从京师而至四方的海边，比喻地域的广大。

⑦ 准噶尔：蒙古准噶尔部在清前期一再反叛，侵扰清朝在西域的属国及西部多地。

⑧ 世宗宪皇帝：清朝皇帝，名胤禛，庙号世宗，年号雍正，谥宪，1723—1735年在位。

⑨ 董师：统帅军队。

⑩ 九伐之典：古代指中央王朝对诸侯九种罪恶的讨伐。《周礼·夏官·大司马》："以九伐之灋（法）正邦国：冯弱犯寡则眚之，贼贤害民则伐之，暴内陵外则坛之，野荒民散则削之，负固不服则侵之，贼杀其亲则正之，放弑其君则残之，犯令陵政则杜之，外内乱、鸟兽行则灭之。"

⑪ 出口：出境。边境设有口岸，出境故称出口。

上[①]嗣登宝位，怀保惠鲜，尤极周详恳挚。于是甘肃士民，敦本力农，牵车服贾，以勤孝养，诵诗〔八〕读书，型仁讲让[②]，以端行习，一道同风，埒[③]于内地。而准噶尔亦慕义输诚，叩关入贽。又与“西戎即叙”[④]、“西旅献獒”[⑤]，后先一辙。是举汉唐以来，兵屯战守之处，而直与《禹贡》《周官》同为太平之盛，何其幸也！

甘省《通志》，于雍正六年奉勅纂修，开局于兰州。臣以军务殷繁，驰驱塞外，未与监修之事。今年九月奉命入都，道过兰州，而志书已〔九〕将雕镌告竣，谨与臣刘於义会同披览。甘省记载，向系阙略，一时采访，虽未必详备，然窃庆甘肃人民数千百年以来号为边鄙荒徼，风声气习不逮[⑥]齐鲁中州远甚，而恭遇我国家列圣相承，湛恩汪濊[⑦]，德化淳浓，浃于肌肤，洽于心志，人才日以茂，风化日以兴，田野日以辟，生聚[⑧]日以繁，官斯土者，日勉为循良，而几于颍川、中牟之政，普于流沙，达于西海，比隆唐虞。声教暨讫，永永无斁[⑨]，是则臣之素志。爰不揣固陋，谨泐芜词缀诸简末[⑩]云。

乾隆元年九月初六日

光禄大夫太子少保文华殿大学士兼兵部尚书仍管川陕总督
印务加四级军功加三级又军功加三级　臣查郎阿

谨序

---

① 我皇上：指雍正十三年（1735）继位的乾隆皇帝弘历。

② 型仁讲让：《礼记·礼运》：“刑仁讲让，示民有常。”意为民众有仁者就以礼奖赏之，使他成为大家的榜样；民众有争夺之事，就讲说礼义，使他们能互相退让，不再争夺。

③ 埒，音liè，等也。

④ 西戎即叙：典出《尚书·禹贡》：“织皮昆仑、析支、渠搜，西戎即叙。”言西方的昆仑、析支、渠搜等穿毛皮的戎人之国都被大禹列入《禹贡》。

⑤ 西旅献獒：《尚书·旅獒》：“西旅献獒。”西方名旅的遥远国家前来贡献大犬。旅，中国古代西方少数民族所建的国名，后亦泛指少数民族。

⑥ 不逮：逮，达。不逮，不如，不到。

⑦ 湛恩汪濊：指恩泽深厚。

⑧ 生聚：指人口。

⑨ 永永无斁：永远不能厌弃。

⑩ 泐芜词缀诸简末：凝聚这些芜杂的词语，放在全书之末尾。这是对自己文章的谦虚之词。

后序三

窃惟甘肃一省，在唐虞三代为雍州西偏，而神圣经营之迹，见于传纪者，班班可考。神农、颛顼、尧舜之《纪》皆云“德被流沙”。《史记》黄帝披山通道，至于空同，今平凉、肃州皆有此山。夏后[①]平治水土，爰作《禹贡》，如西倾、朱圉之在临巩，合黎、黑水之在张掖，三危、流沙之在敦煌，岷山、积石之在洮河，原隰、猪野之在邠宁、武威。至于西戎即叙，昆仑析支厥贡织皮，则经略西陲如此其重也。汉置凉州刺史，唐分陇右、河西二道，皆在今甘肃全境。明制统于陕西布政司，犹古之雍州。今分为甘省，犹汉、唐分置凉州、河陇之意。因时制宜，各适厥中。

顾以地处边陲，一切人风[②]土俗，盛于唐以前，陋于宋以后。其继三皇五帝以来，盛德隆功，东渐西被，声教暨讫者，其惟我朝乎！钦惟我圣祖仁皇帝[③]，睿谋神略，统贯三才[④]，诞敷文德，则典、谟、训、诰之章；赫濯武功，则天、地、风、云之阵；旌旄所指，豪酋面缚，塞垣内外，以清以宁；既启佑于前。我世宗宪皇帝，重华浚哲，容保无疆。远人不服，以武临之；远人既服，以德怀之；初震九伐之声灵，旋舞两阶之干羽；由是戎人稽颡，奉贡入朝，羽檄稀驰[⑤]，烽烟宁息，复善承于后。我皇上缵绍丕基，睠怀西顾，建中和之极，金声玉振，兼综而条贯之，益抚摩而涵育之。于是甘肃士民，沐浴膏泽，沦肌浃髓，凡垂髫之童、戴白之叟，皆皞皞熙熙，鼓腹含哺，有以自乐。《殷武之诗》不云乎“惟彼氐羌，来享来王，曰商是常。”[⑥]欧阳子云：“漠然徒见山高而水清”[⑦]，盖休养生息，涵煦于百年之深也。

① 夏后：即夏王，此处指大禹。

② 人风：即民风，避唐太宗李世民名讳，改民作人。

③ 圣祖仁皇帝：清皇帝，名玄烨，庙号圣祖，年号康熙，谥仁皇帝，1662—1722年在位。

④ 三才：古以天、地、人称为三才。

⑤ 羽檄稀驰：很少有军书边报往来。

⑥ 惟彼氐羌，来享来王，曰商是常：《诗经·殷武》云：“昔有成汤，自彼氐羌，莫敢不来享，莫敢不来王，曰商是常。”意为过去成汤的时候，从西方的氐羌开始，各族没有敢于不来献享，不来晋见王的，都说商王是我们永远的君主。

⑦ 欧阳子云：漠然徒见山高而水清：该句见宋欧阳修《丰乐亭记》（《文忠集》卷39），意为在和平年代，人们将安定平和的社会情景视若平常。

臣躬逢昌运，忝任封疆。自雍正六年恭奉命纂修《通志》，因移驻酒泉，军务殷繁，未遑监理。今年三月钦奉简畀[①]甘肃巡抚事务，移驻皋兰[②]。赴任之始，业经前抚臣许容久已〔九〕付梓，无烦校订。兹值刊刻竣事，装潢成帙，爰会同督臣查郎阿恭进外，惟谨述我列圣之圣德神功，皇上之渐仁摩义，俾甘肃一区声明文物[③]，度越汉唐，而与神农、黄帝、颛顼、尧舜、大禹数圣人先后经营之迹若合符辙，是臣之所咏歌舞蹈赞颂扬言，犹未罄其万一者夫！

乾隆元年九月初六日

赐进士出身光禄大夫吏部尚书署川陕总督

兼甘肃巡抚纪录二十三次　臣刘於义

谨序

---

① 简畀：经过选择而付予，此处即任命。

② 皋兰：兰州府治皋兰县，在今兰州市城关区一带。

③ 声明文物：文化昌明。

校勘记

〔一〕卷之末　该书之末共收有三篇后序，但三本皆将后序附丽于卷五十内，在版心鱼口之下书“卷五十　后序”，显然与历来线装书之习惯分卷方法不同。为利查检，谨将三篇后序另设“卷之末”一卷。

〔二〕卷之末　卷末共收三篇后序，其一署为甘肃巡抚许容撰，其二署为兵部尚书仍管川陕总督印务查郎阿撰，其三署为吏部尚书署川陕总督兼甘肃巡抚刘於义撰。但诸本三序排列顺序各不相同，补刻本为查序第一，许序第二，刘序第三；四库本为许序第一，查序第二，刘序第三；哈佛本为查序第一，其后半一叶却误装订为许序文字，许序第二，其后半却误装订为查序文字，刘序第三。本整理本谨依四库本排列三篇后序，而对哈佛本之装订错误之处则出校勘记。

〔三〕益新——许容谨序　补刻本及四库本如此，哈佛本误装订为“皇上嗣登宝位，怀保惠鲜，尤极周详恳挚——乾隆元年九月初六日光禄大夫太子少保文华殿大学士兼兵部尚书仍管川陕总督印务加四级军功加三级又军功加三级臣查郎阿谨序”。

〔四〕已　补刻本同，四库本、哈佛本作“巳”，误，径改。

〔五〕丘　四库本同，哈佛本、补刻本作“邱”，康熙间避孔子讳新造字。

〔六〕丘　四库本同，哈佛本、补刻本作“邱”，康熙间避孔子讳新造字。

〔七〕窃惟……宽恤。我　补刻本及四库本如此，哈佛本装订于许容序之前部，误。

〔八〕皇上嗣登宝位……诵诗　补刻本及四库本如此，哈佛本装订于查郎阿序“文章衰旧”之后，误。

〔九〕已　补刻本、四库本、哈佛本皆作“巳”，误，径改。

后　记

旧志研究整理是地方志工作部门的一项职能。目前，甘肃省各级地方志工作部门点校整理或影印各类旧志累计达九十多部，起步较早的张掖市、白银市、天水市已基本完成了区域内现存旧志的点校整理工作。由于种种原因，历史上保存较为完整的三部官修省志〔乾隆〕《甘肃通志》、〔宣统〕《甘肃新通志》、〔民国〕《甘肃通志稿》一直未能点校整理，因而这三部旧志的社会功用和历史价值也一直未能得到最大程度的拓展和发挥。

按照国务院办公厅《全国地方志事业发展规划纲要（2015—2020年）》和甘肃省政府办公厅《甘肃省地方志事业"十三五"发展规划》关于做好旧志整理点校工作的要求，2016年甘肃省地方史志办公室决定点校整理〔乾隆〕《甘肃通志》。该志的点校整理工作由甘肃省地方史志办公室组织协调，由兰州大学刘光华教授、汪受宽教授、屈直敏教授等牵头成立编写组具体实施。点校整理工作2017年4月启动，任务分工是：汪受宽负责卷首、卷末及星野、建置等卷，邓明负责疆域、山川等卷，屈直敏负责城池、公署、学校、关梁、祠祀等卷，朱慈恩负责贡赋、兵防、水利、驿递、蠲恤等卷，杨红伟负责茶马、风俗、古迹、祥异、陵墓、封爵等卷，沈祯云负责图考、职官等卷，薛小林负责名宦、选举等卷，李娟负责人物、忠节、孝义等卷，韦明负责隐逸、流寓、仙释方伎、烈女、艺文等卷，丘锋负责艺文、杂记等卷。2018年2月作者们完成初稿，经交叉审定和集中统稿，2018年6月通过甘肃省地方史志办公室审定，移交出版。

《甘肃通志》的点校整理是一项系统工程，为保证点校整理本的质量，编写组做了大量艰苦细致的工作。在甘肃省史志办与编写组达成初步意向后，汪受宽教授起草了点校整理工作的指导性文件《〈甘肃通志〉整理手册》，对如何点校、点校中应该注意的事项等做了规范，并提供了点校整理样稿；屈直敏教授提供了三个版本的《甘肃通志》样本，并对十一人的编写组进行了先期培训。为了使读者全面了解〔乾隆〕《甘肃通志》，汪教授又写了一篇关于通志的来龙去脉、优点与不足的评介文章，作为通志的前言。特别是刘光华教授，以耄耋之年，在督促、指导编写组按时保质保量完成任务的基础上，一遍遍审读志稿。他们这种探求真理、尊重历史、严谨治学的精神，是甘肃省史志战线每一名方志人学习的榜样。

〔乾隆〕《甘肃通志》白文八十余万字，点校整理稿文字翻了一番，达一百六十余万字。由于时间紧、全志的部头大，再加上成自众人之手，点校整理本仍留有些许遗憾和不足，诚恳希望读者批评指正。

甘肃省地方史志办公室

二〇一八年七月十六日